Perspektive Hauswirtschaft
Fachkunde in Lernfeldern

VERLAG EUROPA-LEHRMITTEL · Nourney, Vollmer GmbH & Co. KG
Düsselberger Straße 23 · 42781 Haan-Gruiten
Europa-Nr. 60355

Autoren:
Ute Blask-Sosnowski, Wesel
Roswitha Blömers, Bad Bentheim
Monika Cuylen, Krefeld
Marina Koopmann, Hamburg
Angelika Körber-Kallweit, Großhansdorf
Gabriele Krischel, Frechen
Gabriele Morschhäuser, Frankenberg
Claudia Ohlendorf, Schellerten
Meike Schöps, Bottrop
Dr. Florian von Sothen, Bonn

Verlagslektorat:
Anke Horst

Das vorliegende Werk wurde auf Grundlage der aktuellen amtlichen Rechtschreibung erstellt.

1. Auflage 2012
Druck 5 4 3 2 1
Alle Drucke derselben Auflage sind parallel einsetzbar, da sie bis auf die Behebung von Druckfehlern untereinander unverändert sind.

ISBN 978-3-8085-6035-8
© 2012 by Verlag Europa-Lehrmittel, Nourney, Vollmer GmbH & Co. KG, 42781 Haan-Gruiten
http://www.europa-lehrmittel.de
Satz, Grafik, Illustration und Layout: tiff.any GmbH, 10999 Berlin
Umschlag: braunwerbeagentur, Stefanie Braun, 42477 Radevormwald
Druck: M. P. Media-Print Informationstechnologie GmbH, 33100 Paderborn

Vorwort

Der vorliegende Titel **Perspektive Hauswirtschaft – Fachkunde** in Lernfeldern richtet sich sowohl an Auszubildende im Beruf Hauswirtschafterin/Hauswirtschafter, an Schüler der 2-jährigen Berufsfachschule Hauswirtschaft, als auch an die Absolventen der Meisterschulen. Der Inhalt basiert auf den 13 Lernfeldern des KMK-Rahmenlehrplans.

Zusätzlich zu den Lernfeldern enthält die Fachkunde einen **Exkurs: Basiswissen Ernährung**, der die Zusammenhänge der Ernährungslehre anschaulich verdeutlicht. Diese Seiten sind farblich hervorgehoben und bringen die Grundlagen der Ernährungslehre für die Schüler zusammengefasst und verständlich auf den Punkt.

Jedes **Lernfeld** startet mit einer einführenden Doppelseite, die folgende Inhalte vermittelt:

- Eine **Lernsituation** stellt praxisnah die Aufgaben und Problemstellungen des folgenden Lernfelds dar. Im Mittelpunkt der Lernsituationen stehen Auszubildende, die in unterschiedlichen Betrieben ihre Ausbildung absolvieren. Die Ausbildungsstellen befinden sich sowohl im Privat- als auch im Großhaushalt.

- Die folgenden **Lernziele** verdeutlichen den Lesern, welche Lerngewinne sie aus den Themen des Lernfelds ziehen sollen.

- Den motivierenden Einstieg in das neue Thema stellt eine **Unterrichtsmethode** zum Thema dar. Auf ansprechende Art und Weise wird so Wissen vermittelt und der Spaß am Beruf und für die Hauswirtschaft geweckt.

Ein übersichtliches **Layout**, viele Abbildungen und Übersichten erleichtern die Arbeit mit dem Buch und erlauben ein eigenständiges Arbeiten mittels Aufgabenstellung in Theorie bzw. Praxis.

Merksätze fassen wichtige Inhalte kurz zusammen

Tipps beinhalten interessante Fakten und Informationen für die Auszubildenden.

Aufgaben werden jeweils am Kapitelende gestellt und ermöglichen so die selbstständige Überprüfung des Wissenstands.

Rezepte werden tabellarisch nach der Klammer-Strich-Methode vorgestellt. Die Zutatenmengen sind jeweils für 4 und für 20 Personen angegeben.

Innerhalb der Texte wird von der Hauswirtschafterin gesprochen. Die weibliche Form wurde bewusst gewählt, weil der größte Anteil der Auszubildenden weiblich ist. Wir bitten die männlichen Auszubildenden hierfür um Verständnis.

Wir wünschen allen Auszubildenden und allen, die sich beruflich fortbilden wollen, viel Freude und Erfolg mit diesem Buch.

Kritische Hinweise und Vorschläge, die der Weiterentwicklung des Buches dienen, nehmen wir dankbar entgegen; per E-Mail unter lektorat@europa-lehrmittel.de

Im Sommer 2012   Autoren und Verlag

Inhalt

Lernfeld 1:
Die Berufsausbildung mitgestalten 12

Lernsituation 12
Methode: ABC der Hauswirtschaft 13

1   **Ausbildung zur Hauswirtschafterin** . .   14
1.1   Ein Dienstleistungsberuf geht neue
     Wege 14
1.2   Einsatzgebiete der Hauswirtschafterin   15

2   **Ausbildung im dualen System**   18
2.1   Rahmenbedingungen im dualen
     System 18
2.2   Gesetzliche Regelungen 18
2.3   Berufsausbildung nach dem Berufs-
     bildungsgesetz (BBiG) 19
2.4   Anerkennung der Ausbildungsstätte . .   19
2.5   Ausbilder   19
2.6   Ausbildungsplan 20
2.7   Berufsausbildungsvertrag 22

3   **Gewerkschaften, Berufsverbände**
     und Berufsgenossenschaften   26
3.1   Gewerkschaften. 26
3.2   Berufsgenossenschaften 26
3.3   Hauswirtschaftsverbände und
     -vereine 27

4   **Gesetze** 29
4.1   Jugendarbeitsschutzgesetz
     (JArbSchG) 29
4.2   Das Mutterschutzgesetz (MuSchG) . .   32

5   **Fort- und Weiterbildung**   33
5.1   Meisterin der Hauswirtschaft. 34
5.2   Staatlich geprüfte hauswirtschaftliche
     Betriebsleiterin. 34
5.3   Staatlich geprüfte Familienpflegerin/
     Dorfhelferin   35
5.4   Staatlich geprüfte Fachhaus-
     wirtschafterin 36

6   **Kommunikation im Berufsalltag**   37
6.1   Gruppen bilden 37
6.2   Konflikte vermeiden. 38
6.3   Richtig telefonieren 40

7   **Qualitätssichernde Maßnahmen** 41
7.1   Qualitätsziele erreichen 41

8   **Gestaltung hauswirtschaftlicher**
     Arbeitsprozesse 44
8.1   Tagesleistungskurve. 44
8.2   Arbeitsplanung und Arbeitsplatz-
     gestaltung 45
8.3   Den Arbeitsplatz gestalten 46

Lernfeld 2:
Güter und Dienstleistungen beschaffen   50

Lernsituation 50
Methode: Lernen mit Karteikarten 51

1   **Wirtschaftliches Handeln** 52
1.1   Bedürfnisse nach Maslow 52
1.2   Bedarfsbefriedigung 52
1.3   Vorteile der arbeitsteiligen Wirtschaft   53
1.4   Minimal- und Maximalprinzip 54

2   **Haushaltsfinanzen im Überblick**   . . .   55
2.1   Einkommen 55
2.2   Ausgaben 56
2.3   Budgetplanung mit dem
     Haushaltsbuch. 56
2.3.1   Analyse der Einkommenssituation . . .   56
2.3.2   Analyse der Ausgabenseite 57
2.3.3   Zwischenbilanz 58

3   **Einkauf und Preisfindung** 60
3.1   Marktorte 60
3.2   Kaufentscheidungen anhand von
     Produktinformationen 60
3.2.1   Homogene Güter 60
3.2.2   Warenkennzeichnung 60
3.2.3   Weitere Informationsquellen 65
3.3   Preise. 66
3.3.1   Preisgestaltung 66
3.3.2   Im Fokus: Preise bei Obst und
     Gemüse 67
3.3.3   Strategien beim Einkauf   68

4   **Kaufvertrag** 71
4.1   Natürliche und juristische Personen . .   71
4.2   Rechts- und Geschäftsfähigkeit 71
4.3   Vertragsabschluss durch Angebot
     und Annahme 72
4.4   Positionen eines Kaufvertrages 73
4.5   Nichtige und anfechtbare Geschäfte . .   74
4.6   Nicht ordnungsgemäße Vertrags-
     erfüllung 75
4.6.1   Lieferverzug und Annahmeverzug . . .   75
4.6.2   Mangelhafte Lieferung 76
4.6.3   Reklamation. 77
4.6.4   Zahlungsverzug 77

5   **Zahlungsverkehr** 79
5.1   Barzahlung 79
5.2   Bargeldloser Zahlungsverkehr 79
5.2.1   Überweisungen 80
5.2.2   Dauerauftrag und Lastschrift-
     verfahren. 80
5.2.3   Online-Banking 80
5.2.4   Schecks 82

5.2.5	Kartenzahlung	83
5.3	Weitere Zahlungsvarianten	84

6	**Finanzierungsmöglichkeiten**	**85**
6.1	Sparen	85
6.1.1	Ansparmöglichkeiten	86
6.1.2	Anlagemöglichkeiten	86
6.2	Kredit und Darlehen	87
6.2.1	Dispositionskredit	87
6.2.2	Anschaffungsdarlehen bzw. -kredit	87
6.2.3	Ratenkauf	90
6.2.4	Leasing	90
6.3	Privatinsolvenz	90
6.4	Private Vorsorge	92
6.4.1	Private Haftpflichtversicherung	92
6.4.2	Riesterrente	92
6.4.3	Vermögenswirksame Leistungen	93
6.4.4	Weitere Möglichkeiten der Altersvorsorge	93

Lernfeld 3:
Waren lagern 94

Lernsituation 94
Methode: Mindmapping 95

1	**Lebensmittelvergiftung und -infektion**	**96**
1.1	Verursacher von Lebensmittelvergiftungen und -infektionen	96
1.1.1	Bakterien	97
1.1.2	Pilze	99
1.2	Hygieneregeln im Umgang mit Lebensmitteln	99
1.3	Amtliche Lebensmittelüberwachung	100

2	**Frischhaltung und Haltbarmachung von Lebensmitteln**	**102**
2.1	Kühlung im Kühlschrank	102
2.2	Tiefkühlung	102
2.3	Konservierung mit Hitze	104
2.3.1	Pasteurisieren	104
2.3.2	Herstellung von Marmeladen, Konfitüren und Gelees	104
2.3.3	Einkochen und Sterilisieren	105
2.4	Gezielte pH-Wert-Verschiebung	105
2.5	Ausschluss von Luftsauerstoff	106
2.5.1	Einlegen in Öl	106
2.5.2	Vakuumieren	107
2.5.3	Verpacken unter CO_2 als Schutzatmosphäre	107
2.6	Alkohol	107
2.6.1	Einlegen in Alkohol	108
2.6.2	Gärung	108
2.7	Wasserentzug	109
2.7.1	Trocknung	109
2.7.2	Sublimation	109

2.8	Pökeln	110
2.9	Räuchern	110
2.10	Bestrahlung und Begasung	111
2.11	Spezielle Lebensmittelzusatzstoffe	111

3	**Warenlager**	**113**
3.1	Warenannahme	113
3.1.1	Qualität	113
3.1.2	Quantität	114
3.2	Einlagerung von Lebensmitteln	114
3.2.1	Unterschiedliche Lagerbedingungen der Lebensmittel	114
3.2.2	Lagerräume und deren Innenausstattung	114
3.2.3	Dokumentation der Wareneinlagerung	115
3.3	Lagern von Non-Food-Produkten	116
3.3.1	Lagern von Textilien	116
3.3.2	Lagern von Putz- und Reinigungsmitteln	116
3.4	Entnahmen aus dem Lager	116
3.4.1	Warenbestand	117
3.4.2	Mindestbestand	118
3.4.3	Notverpflegung	118
3.5	Inventur	119

4	**Schädlingsbekämpfung**	**122**
4.1	Schadnager	122
4.2	Schadinsekten	123

5	**Rechtsbestimmungen**	**126**
5.1	Gesetze und Verordnungen	126
5.2	Beispiele aus dem Bereich des Lebensmittelrechts	127

Exkurs:
Basiswissen Ernährung 128

E1	**Bestandteile der Nahrung**	**128**
E 1.1	Eiweiß	129
E 1.2	Fett	130
E 1.3	Kohlenhydrate	133
E 1.4	Ballaststoffe	134
E 1.5	Wasser	135
E 1.6	Mineralstoffe	136
E 1.7	Vitamine	136
E 1.8	Sonstige Bestandteile der Nahrung	139

E2	**Verwertung der Nahrung**	**141**
E 2.1	Verdauung	141
E 2.2	Resorption	143
E 2.3	Energiegewinnung und -verwertung	143

E3	**Zusammenfassung oder was haben Ernährung und Stoffwechsel gemeinsam?**	**145**

Lernfeld 4:
Speisen und Getränke herstellen
und servieren 146

Lernsituation 146
Methode: Karikaturen-Rallye 147

1 Einteilung der Lebensmittel 148
1.1 Die dreidimensionale Lebensmittelpyramide 148
1.2 Lebensmittelqualität 149
1.3 Lebensmittel pflanzlicher Herkunft . . 150
1.3.1 Gemüse und Obst 150
1.3.2 Kartoffeln 153
1.3.3 Hülsenfrüchte 154
1.3.4 Getreide 155
1.3.5 Brot 157
1.3.6 Teigwaren 157
1.3.7 Mittel zum Süßen 158
1.4 Lebensmittel tierischer Herkunft 159
1.4.1 Milch 159
1.4.2 Erzeugnisse aus gesäuerter Milch 160
1.4.3 Erzeugnisse aus Sahne 161
1.4.4 Käse 162
1.4.5 Eier 163
1.4.6 Fleisch 165
1.4.7 Erzeugnisse aus Fleisch 168
1.4.8 Geflügel 169
1.4.9 Fisch 170
1.5 Speiseöle und Speisefette 173
1.5.1 Pflanzenöle 173
1.5.2 Margarine 175
1.5.3 Tierische Fette 176
1.6 Getränke 177
1.6.1 Trinkwasser 177
1.6.2 Mineralwasser 178
1.6.3 Kaffee 179
1.6.4 Tee 179
1.6.5 Kräuter- und Früchtetees 180
1.6.6 Fruchtsäfte und Erfrischungsgetränke 180
1.7 Convenience Food 182

2 Küchentechnik im Privathaushalt . . . 184
2.1 Elektroherd 184
2.1.1 Kochstellen 184
2.1.2 Beheizungssysteme 186
2.1.3 Backofen 187
2.1.4 Mechanische und elektronische
Steuerung 188
2.2 Gasherd 189
2.2.1 Bauformen und Ausstattung 189
2.2.2 Gasbackofen 189
2.3 Mikrowelle 190
2.3.1 Marktangebot 190
2.3.2 Bauformen 191
2.3.3 Mikrowellentechnik 191

2.4 Dampfgarer 192
2.4.1 Gerätearten und Bauformen 192
2.4.2 Funktionen und Ausstattung 193
2.5 Grillgeräte 193
2.6 Fritteuse 194
2.7 Kühl- und Gefriergeräte 195
2.7.1 Bauformen 195
2.7.2 Funktionsprinzip Kühlen 195
2.7.3 Allgemeine Merkmale und
Ausstattung 196
2.7.4 Kühlgeräte 196
2.7.5 Gefriergeräte 197
2.8 Geschirrspüler 199
2.8.1 Bauformen 199
2.8.2 Funktionsprinzip des Geschirr-
spülers 199
2.8.3 Enthärtungsanlage/Regeneration . . . 200
2.8.4 Allgemeiner Aufbau 200
2.8.5 Programmablauf 201
2.8.6 Programmübersicht 201
2.9 Elektrische Küchenkleingeräte 202
2.9.1 Standgeräte 202
2.9.2 Handgeräte 204

3 Küchentechnik im Großhaushalt 206
3.1 Gargeräte 206
3.1.1 Herd 206
3.1.2 Heißluftdämpfer 207
3.1.3 Kippbratpfanne 208
3.1.4 Kochkessel 208
3.1.5 Druckdämpfer (Steamer) 209
3.1.6 Bratplatte 209
3.1.7 Grillgeräte 209
3.2 Kühl- und Gefriereinrichtungen 210
3.3 Warmhalteeinrichtungen 212
3.3.1 Wärmegeräte für Geschirr 212
3.3.2 Wärmegeräte für Speisen 212
3.4 Spüleinrichtungen im Groß-
haushalt 213

4 Arbeits- und Hilfsmittel 216
4.1 Koch-, Brat- und Backgeschirr 217
4.1.1 Kochgeschirr 217
4.1.2 Dampfdrucktopf 219
4.1.3 Bratgeschirr 220
4.1.4 Backgeschirr 221
4.2 Messer 222
4.3 Koch- und Rührgeräte 223
4.4 Reibe- und Schneidegeräte 224
4.5 Schüsseln und Siebe 226
4.6 Sonstige Hilfsmittel 227

5 Herstellen und Präsentieren von
Speisen und Getränken 229
5.1 Arbeitsprozesse 229
5.1.1 Arbeitsplatzgestaltung 230
5.1.2 Arbeitsplanung 231

5.1.3	Rezepte	233
5.2	Hygiene	234
5.2.1	Personalhygiene oder persönliche Hygiene	235
5.2.2	Betriebs-, Arbeitsplatz- oder Küchenhygiene	236
5.2.3	Lebensmittel- oder Produkthygiene	237
5.3	Arbeitssicherheit	240
5.3.1	Unfallschwerpunkt Küche	240
5.3.2	Checkliste gegen Arbeitsunfälle in der Küche	242
5.3.3	Sicherheitszeichen und Gefahrensymbole	243
5.3.4	Erste Hilfe im Betrieb	244
5.4	Abfall im Bereich der Nahrungszubereitung (NZ)	248
5.4.1	Abfall und Kosten	248
5.4.2	Abfallvermeidung	249
5.4.3	Abfallentsorgung im Bereich der Nahrungszubereitung (NZ)	250
5.5	Arbeitstechniken	252
5.5.1	Vorbereitungstechniken	252
5.5.2	Zerkleinerungstechniken	257
5.5.3	Mischen von Lebensmitteln oder Zutaten	263
5.6	Lebensmittel garen	264
5.6.1	Feuchte Garverfahren	265
5.6.2	Trockene Garverfahren	270
5.7	Umgang mit Maßen und Gewichten	275
5.8	Grundrezepte und Abwandlungen	277
5.8.1	Dressings (Salatmarinaden)	279
5.8.2	Hackfleischteig/Fleischteig	280
5.8.3	Gekochte Creme	281
5.8.4	Flammeri	282
5.8.5	Kalt gerührte Creme	283
5.8.6	Gelee	285
5.8.7	Gekochte Cremesoße	285
5.8.8	Rührmasse	286
5.8.9	Mürbeteig	288
5.8.10	Biskuitmasse	290
5.8.11	Brandmasse	292
5.8.12	Hefeteig	294
5.8.13	Quark-Öl-Teig	297
5.8.14	Blätterteig	298
5.9	Konfitüre, Marmelade, Gelee, Chutney und Relish	301
5.10	Speisen präsentieren	304
5.10.1	Anrichten von Speisen	305
5.10.2	Garnieren von Speisen	306
5.10.3	Servieren von Speisen und Getränken (Grundlagen)	308
5.10.4	Eindecken von Frühstücks- und Kaffeetisch	311

Lernfeld 5:
Personen verpflegen 312

Lernsituation		312
Methode: Kartenabfrage		313
1	**Ernährung im Allgemeinen und im Besonderen**	314
1.1	Vollwertige Ernährung	314
1.1.1	Energiebedarf	314
1.1.2	Bedarf an Hauptnährstoffen	317
1.1.3	Flüssigkeitsbedarf	317
1.1.4	Essen und Trinken: praktische Hinweise	318
1.2	Alternative Ernährungsformen	324
1.2.1	Vegetarismus	324
1.2.2	Vollwerternährung	324
1.3	Gesunde Ernährung – ein Leben lang	326
1.3.1	Ernährung während Schwangerschaft und Stillzeit	327
1.3.2	Ernährung des Säuglings	329
1.3.3	Ernährung von Kindern	333
1.3.4	Ernährung im Alter	334
1.4	Von der vollwertigen Ernährung abgeleitete Kostformen und deren Einsatz	337
1.4.1	Leichte Vollkost	338
1.4.2	Energiedefinierte Kost	339
1.4.3	Ernährung bei Schluckstörungen	343
2	**Organisation und Bewertung der Speisen und Speisenherstellung**	345
2.1	Verpflegungssysteme	345
2.1.1	Frischkostsystem	345
2.1.2	Relaisküchensystem	346
2.1.3	Warmverpflegungssysteme	346
2.1.4	Mischkostsysteme/Kaltverpflegungssysteme	347
2.2	Ausgabesysteme	349
2.3	Arbeitsabläufe	352
2.4	Qualitätsbeurteilung der Speisen und ihrer Herstellung	353
2.5	Gesprächsführung	355

Lernfeld 6:
Personen zu unterschiedlichen Anlässen versorgen 358

Lernsituation		358
Methode: Pro-Contra-Debatte		359
1	**Menü**	360
1.1	Menüarten und Menügedeckarten	361
1.2	Zusammenstellung eines Menüs	363
1.2.1	Aufbau des Menüs	363

1.2.2	Kulinarische Abstimmung	364
1.3	Deutsche regionale Küche	366
1.4	Nationale Küchen	367
1.5	Eindecken des Tisches	368
1.5.1	Tafelformen	368
1.5.2	Tischwäsche auflegen	369
1.5.3	Tisch- und Menükarten anfertigen	370
1.5.4	Weitere Elemente der Tischdekoration	371
1.5.5	Servietten falten	372
1.5.6	Besteck	375
1.5.7	Geschirr	375
1.5.8	Gläser	376
1.6	Regeln für das Servieren eines festlichen Menüs	377
1.7	Kalkulation eines Menüs	379

2 Büfett 381
2.1	Büfettarten	382
2.2	Planung eines Büfetts	382
2.2.1	Rahmenbedingungen erfassen	382
2.2.2	Zusammenstellung einer Speisenauswahl	383
2.3	Raumeinteilung	384
2.3.1	Büfettformen	384
2.3.2	Regeln zum Büfettaufbau	385
2.3.3	Anordnung der Speisen	388
2.3.4	Büfettoptik	390
2.3.5	Dekoration eines Büfetts	391
2.4	Anrichten von kalten Platten	393
2.4.1	Grundregeln	393
2.4.2	Fingerfood	395
2.4.3	Exkurs „Canapés"	396

Lernfeld 7:
Wohn- und Funktionsbereiche reinigen und pflegen 402

| Lernsituation | | 402 |
| Methode: Memory | | 403 |

1 Grundlagen des Gesundheitsschutzes 404

2 Basiswissen der Reinigung und Pflege 409
2.1	Schmutzarten	409
2.2	Reinigungsarten	410
2.3	Organisation von Reinigungsarbeiten	411
2.3.1	Arbeitsorganisation	411
2.3.2	Reinigungsplan	411
2.3.3	Leistungsbeschreibung/Reinigungskonzept	411

3 Materialien: Eigenschaften und Verwendung 414
3.1	Glas	414
3.2	Keramische Erzeugnisse	414
3.3	Kunststoffe	415

3.4	Metalle	416
3.5	Holz	417
3.6	Leder	418
3.7	Bodenbeläge	419

4 Grundlagen der Reinigung 423
4.1	Reinigungsfaktoren	423
4.2	Wasser	424
4.3	pH-Wert	425
4.4	Reinigungschemie	425
4.5	Dosiersysteme	428

5 Hilfsmittel zur Reinigung 430
5.1	Reinigungstextilien	430
5.2	Geräte zur Reinigung	432
5.3	Maschinen zur Reinigung	433
5.4	Geschirrspülmaschinen	437

6 Durchführen der Reinigung 440
6.1	Spülen per Hand	440
6.2	Vergleich der Spültechniken	440
6.3	Reinigung und Pflege von Glas	441
6.4	Reinigung von Fenstern	442
6.5	Reinigung von keramischen Erzeugnissen	444
6.6	Reinigung von Kunststoffen	444
6.7	Reinigung von Metallen	444
6.8	Reinigung von Holz	445
6.9	Methoden zur Reinigung	445

7 Qualitätssichernde Maßnahmen 449
7.1	Bereiche der Qualität	449
7.2	Maßnahmen zum Qualitätsmanagement	449
7.3	Instrumente der Qualitätssicherung	450

8 Abfall im Bereich der Reinigung 452
| 8.1 | Abfallvermeidung | 452 |
| 8.2 | Abfallentsorgung | 452 |

Lernfeld 8:
Textilien reinigen und pflegen 454

| Lernsituation | | 454 |
| Methode: Buchstabenfeld | | 455 |

1 Ansprüche an Textilreinigung 456
1.1	Persönliche Hygiene	456
1.2	Betriebshygiene	457
1.3	Arbeitsschutz	458
1.4	Umweltschutz	459

2 Textilkunde 460
2.1	Einteilung der Fasern	460
2.2	Gebrauchswert	464
2.3	Verwendung von Textilien	464
2.4	Ausrüstungsverfahren	465
2.5	Textilien mit Zusatznutzen/Funktionsmaterialien	466

3 Kennzeichnung von Wäsche und Textilien 467
3.1 Textilkennzeichnungsgesetz 467
3.2 Pflegekennzeichnung von Textilien . . 468
3.3 Wäschekennzeichnung 469
3.4 Gütezeichen 470
3.4.1 Ökolabel 470

4 Wäsche sammeln und sortieren 472
4.1 Wäschekreislauf 472
4.2 Aufbewahren der Schmutzwäsche . . . 472
4.3 Vorbereitungsarbeiten vor dem Waschen 473
4.4 Sortieren der Wäsche 474

5 Wäsche reinigen und pflegen 475
5.1 Trockenreinigung 475
5.2 Verschmutzungsgrad 475
5.3 Waschfaktoren 476
5.4 Waschmittel 477
5.5 Waschhilfsmittel 480
5.6 Nachbehandlungsmittel 481
5.7 Fleckentfernungsmittel 482
5.8 Handwäsche 483
5.9 Waschmaschinen 483

6 Trocknen von Wäsche 488
6.1 Trocknen an der Luft 488
6.2 Wäschetrockner 490

7 Wäsche glätten 492
7.1 Bügelgeräte 492
7.2 Arbeitsplatz zum Bügeln 494
7.3 Bügelregeln 494
7.4 Bügelmaschinen/Mangeln 495
7.5 Finishen 497
7.6 Schrankfertige Wäsche 497
7.7 Wäsche lagern und verteilen 498

8 Instandhaltung von Wäsche 499
8.1 Näharbeitsplatz 499
8.2 Arbeits- und Hilfsmittel zum Nähen 500
8.3 Umgang mit der Nähmaschine 501
8.4 Grundtechniken beim Nähen 502
8.4.1 Einfache Naht 502
8.4.2 Rechts-Links-Naht/Doppelnaht 503
8.4.3 Flachnaht/Kappnaht 503
8.4.4 Kanten versäubern/Säume 503
8.5 Stopfen von Hand 505
8.6 Stopfen mit Maschine 506
8.7 Aufhänger annähen 506
8.8 Aufsetzen von Flicken 507
8.9 Verlängern/Kürzen von Hose und Rock 508
8.10 Verschlüsse 508
8.10.1 Knöpfe annähen 508
8.10.2 Druckknöpfe zum Annähen 508
8.10.3 Druckknöpfe zum Einnieten 508

8.10.4 Haken und Ösen 509
8.10.5 Klettverschlüsse 509
8.10.6 Einnähen eines Reißverschlusses 509

9 Kostenberechnung 510
9.1 Kosten ermitteln 510
9.2 Wäschevergabe 511

Lernfeld 9:
Wohnumfeld und Funktionsbereiche gestalten 512

Lernsituation 512
Methode: Zukunftswerkstatt 513

1 Wohnumfeld und Funktionsbereiche 514
1.1 Generelle Wohnbedürfnisse 514
1.2 Individuelle Wohnbedürfnisse 514
1.3 Wohnbedürfnisse im Großhaushalt . . 515
1.4 Wohnungsbewertung 515

2 Gestaltungselemente 519
2.1 Farbenlehre 519
2.2 Licht 522
2.3 Wandgestaltung 523
2.4 Fußböden 525
2.5 Fensterdekoration 526
2.6 Dekorationselemente 527

3 Räume einrichten 529
3.1 Wohnzimmer 529
3.2 Kinderzimmer, Jugendzimmer 530
3.3 Küchen im Privathaushalt 531
3.4 Küchen im Großhaushalt 532
3.5 Bad und WC 533
3.6 Wohnen für Senioren 534

4 Pflanzen 536
4.1 Topfpflanzen 536
4.2 Hydrokulturen 540
4.3 Balkonkästen und Kübel 541
4.4 Blumensträuße 542
4.5 Gestecke 543
4.6 Dekorationen zu verschiedenen Anlässen 545

Lernfeld 10:
Personen individuell wahrnehmen und beobachten 546

Lernsituation 546
Methode: Wahrnehmungs- rundgang 547

1 Wahrnehmung 548
1.1 Wahrnehmungsprozess 549
1.2 Übungen zur Wahrnehmung 550
1.3 Wie „wahr" ist die Wahrnehmung? . . 552

1.3.1	Wahrnehmungsstörungen	552
1.3.2	Mögliche Fehler bei der Wahrnehmung	553

2	**Beobachtung**	556
2.1	Formen der Beobachtung	556
2.1.1	Unsystematische oder freie Beobachtung	556
2.1.2	Systematische oder fachliche Beobachtung	556
2.1.3	Fremdbeobachtung	557
2.2	Mögliche Fehler bei der Beobachtung	557

3	**Kommunikation im Team**	559
3.1	Begrüßung	559
3.2	Das Miteinander gestalten	561
3.3	Kommunikation kompakt	563
3.3.1	Nonverbale Kommunikation	563
3.3.2	Verbale Kommunikation	567
3.3.3	„Ich-Botschaften"	568
3.3.4	Aktives Zuhören	568
3.3.5	Die vier Seiten einer Nachricht	568
3.4	Konflikte	571
3.4.1	Konflikte erkennen und lösen	571
3.4.2	Konflikte am Arbeitsplatz	574

Lernfeld 11:
Personen individuell betreuen 578

Lernsituation 578
Methode: Collgagen erstellen 579

1	**Bedürfnisse unterschiedlicher Personengruppen in verschiedenen Lebenssituationen**	580
1.1	Lebensabschnitte und Altersstufen	580
1.1.1	Bevölkerungsentwicklung in Deutschland	580
1.1.2	Lebenssituationen	580
1.2	Betreuungsbereiche in Bezug auf Bedürfnisse	581

2	**Personenorientierte Durchführung hauswirtschaftlicher Betreuungsleistungen**	583
2.1	Säuglinge und Kleinkinder	583
2.1.1	Körperpflege	583
2.1.2	Entwicklungsstufen	585
2.1.3	Entwicklung des Säuglings	586
2.1.4	Früherkennungsuntersuchungen	587
2.1.5	Entwicklung des Kleinkindes	588
2.1.6	Betreuungsaufgaben beim Säugling und Kleinkind	589
2.2	Vorschulkind	590
2.2.1	Entwicklung des Vorschulkindes	590
2.2.2	Betreuungsaufgaben	591
2.3	Erziehungsstile	593

2.3.1	Erziehungsbegriff	593
2.4	Grundschulkind und Schulkind	595
2.4.1	Entwicklung des Grundschul- und Schulkindes	595
2.4.2	Betreuungsaufgaben	595
2.5	Jugendalter	596
2.5.1	Entwicklung des Jugendlichen	596
2.5.2	Betreuungsaufgaben von Jugendlichen und jungen Erwachsenen	597
2.6	Betreuungsaufgaben Erwachsener in besonderen Lebenssituationen	597
2.6.1	In der Schwangerschaft	597
2.6.2	In der Stillzeit	598
2.6.3	Frauen in den Wechseljahren	598
2.7	Senioren	599
2.7.1	Altersbedingte Veränderungen	599
2.7.2	Betreuungsaufgaben	599

3	**Personenorientierte Durchführung von häuslicher Krankenpflege**	603
3.1	Hausapotheke	603
3.1.1	Behandlung von häuslichen Unfällen	604
3.2	Arzneimittel	607
3.2.1	Arten und Einnahme von Arzneimitteln	607
3.2.2	Umgang mit Arzneimitteln	608
3.3	Wirkung und Einsatz von Kräutern und Früchten	608
3.4	Kurzfristige häusliche Krankenpflege	610
3.4.1	Objektives Beobachten von möglichen Krankheitssymptomen	610
3.4.2	Kinderkrankheiten	611
3.4.3	Ernährung des erkrankten Kindes	615
3.4.4	Zimmergestaltung für einen kurzfristig bettlägerigen Erkrankten	616

4	**Betreuungsleistungen bei körperlich und geistig eingeschränkten Menschen**	617
4.1	Betreuung bei Diabetes mellitus	618
4.2	Betreuung bei Demenz	620
4.3	Menschen mit Behinderungen	623
4.3.1	Körperliche Behinderungen	623
4.3.2	Sinnesbehinderungen	623
4.3.3	Sprachbehinderung	625
4.3.4	Geistige Behinderungen	625

5	**Hilfe bei Alltagsverrichtungen**	626
5.1	Hilfe durch gezieltes Einrichten	626
5.2	Hilfe von Mitarbeitern aus der Küche	627
5.3	Hilfe von Mitarbeitern aus dem Servicebereich	627

6	**Personenorientierte Zusammenarbeit und Gesprächsführung**	629
6.1	Teamarbeit in der Hauswirtschaft	629
6.1.1	Teamstrukturen	629
6.1.2	Rollen im Team	630

6.1.3   Teambildungsphasen 630
6.1.4   Arbeitstechniken in der Teamarbeit . . 632
6.1.5   Ziele festlegen 634
6.2   Teamregeln 635
6.3   Chancen und Widerstände 635
6.4   Gesprächsführung 637
6.4.1   Gespräche strategisch planen 637
6.4.2   Gespräche führen mit Personen in
        unterschiedlichen Lebensaltern und
        Lebenssituationen 639

7   Auszüge aus dem Sozialgesetzbuch
        und dem Betreuungsrecht 643
7.1   Soziale Pflegeversicherung (SGB XI) . . 643
7.2   Sozialhilfe (SGB XII) 645
7.3   Betreuungsrecht 646

Lernfeld 12:
Produkte und Dienstleistungen
vermarkten 648

Lernsituation 648
Methode: Sätze beenden oder:
was wäre, wenn 649

1   Dienstleistung Hauswirtschaft 650
1.1   Zielgruppe 650
1.2   Angebot und Nachfrage 650
1.3   Sortiment 651
1.4   Angebote hauswirtschaftlicher
        Dienstleistungen 651

2   Produkte und Dienstleistungen
        anbieten 653
2.1   Vermarktungswege hauswirtschaft-
        licher Dienstleistungen 653
2.2   Verpackung und Kennzeichnung
        von Lebensmitteln 654
2.3   Verpackungen selbst herstellen 657

3   Werbung 658
3.1   Chancen der Umsetzung 658
3.2   Werbemittel und Einsatz 658
3.3   Wege der Werbung 661

4   Kundenberatung und Verkauf 662
4.1   Verkaufsgespräch 662
4.2   Qualität in der Kundenbetreuung . . . 664
4.3   Gästetypen 664

5   Kostenkalkulation und
        Preisgestaltung 666
5.1   Kosten und Leistungen 666
5.2   Kalkulation 666
5.3   Verkaufspreisberechnung 667

6   Existenzgründung 668
6.1   Orientierungsphase 668
6.2   Konzeptphase 668

6.3   Gründungsphase 668
6.4   Swot-Analyse 669

Lernfeld 13:
Hauswirtschaftliche Arbeitsprozesse
koordinieren 670

Lernsituation 670
Methode: Lernspiele 671

1   Lern- und Arbeitsprozesse
        koordinieren 672

2   Arbeitstechniken 674
2.1   Gegenstände und Arbeitsvorgänge
        beschreiben 674
2.2   Berichte schreiben 676
2.3   Protokolle schreiben 677

3   Erarbeitung – Informationen
        beschaffen und verarbeiten 679
3.1   Texte erschließen 679
3.2   Referate vorbereiten und vortragen . . 681
3.2.1   Vorbereitung des Referats 681
3.2.2   Recherche 681
3.2.3   Informationen auswerten 682
3.2.4   Aufbau eines Referats 682
3.2.5   Reflexion des Vortrags 683

4   Visualisieren und Präsentieren 684

5   Lerntipps – Vorbereitung auf die
        Prüfung 685
5.1   Arbeitsplatz und Lernbedingungen . . 685
5.2   Zeitmanagement 685

6   Reflexion 687
6.1   Das Blitzlicht 687
6.2   Die Meinungslinie 687
6.3   Das stille Schreibgespräch 687

Lösungen 688
Bildquellenverzeichnis 689
Sachwortverzeichnis 691

**Bildungswege
in der Hauswirtschaft**

Hauswirtschaft-
liche Betriebsleiterin

Staatlich geprüfte
Familienpflegerin

Meisterin der
Hauswirtschaft

Dorfhelferin

Wirtschafterin

Hauswirtschafterin

Lernfeld 1
Die Berufs- ausbildung mitgestalten

■ Lernsituation

Im Rahmen des alljährlichen Schulfestes der Schule sollen die Auszubildenden der drei Ausbildungsjahrgänge das Berufsfeld der Hauswirtschafterin vorstellen. Interessierte sollen sich ein Bild von der Vielseitigkeit dieses Berufes machen können.

Die Auszubildende Sarah (18 Jahre) ist im 1. Lehrjahr. Sie arbeitet zusammen mit Ayse (20 Jahre) aus dem 3. Lehrjahr in einem Seniorenwohnheim.
Olga (21 Jahre) ist im 2. Ausbildungsjahr und wird in einem Privathaushalt ausgebildet.
Birgit (19 Jahre) hat im dritten Ausbildungsjahr ihren Ausbildungsplatz im Haushalt eines landwirtschaftlichen Betriebs.
Thorsten (19 Jahre) hat nach der Zivildienstzeit seine Ausbildung in einem Mehrgenerationenhaus angefangen.

An dem Schulfest beteiligt sich auch die Gruppe der Teilnehmerinnen eines 45.2-Lehrganges BBiG (Berufsbildungsgesetz). Frau Schubert ist eine Teilnehmerin des 45.2-Lehrgangs. Sie arbeitet schon seit sechs Jahren in einem Tagungshaus. Dort wird in nächster Zeit die Stelle der stellvertretenden Küchenleitung frei, um die sich bewerben möchte. Mit dem Vorbereitungslehrgang nutzt sie die Möglichkeit, einen Berufsabschluss zur Hauswirtschafterin zu machen.

Auf Plakaten werden die verschiedenen Ausbildungsbetriebe den Besuchern vorgestellt. Eine Übersicht zeigt die Aus- und Fortbildungswege der Hauswirtschaft. In der Vorbereitung haben die Schüler verschiedene Flyer entworfen. Sie geben Auskunft darüber, wer eine Ausbildung zur Hauswirtschafterin machen kann. In einem selbst entworfenen Quiz haben Sarah, Ayse und Olga Fragen zu den verschiedenen Ausbildungsinhalten zusammengestellt. Thorsten hat sich mit der Arbeit im Team beschäftigt. Dazu hat er eine Mindmap entworfen. In seinem Ausbildungsbetrieb ist die Teamarbeit besonders wichtig, da viele Berufsgruppen neben- und miteinander arbeiten müssen.

■ Lernziele

- Berufsbild der Hauswirtschafterin kennenlernen
- Einsatzgebiete der Hauswirtschafterin darstellen
- Regelungen in der betrieblichen Ausbildung kennen
- Aus- und Fortbildungswege der Hauswirtschaft unterscheiden
- Möglichkeiten der Teamarbeit erkennen können
- Methoden zur Erarbeitung und Darstellung von Lerninhalten anwenden können

Methode: ABC der Hauswirtschaft

Sie haben sich entschieden, den Beruf der Hauswirtschafterin zu erlernen. In diesem Lernfeld werden Sie sich intensiv mit dem Anforderungsprofil auseinandersetzen. Sicherlich haben Sie bereits bestimmte Vorstellungen von diesem Beruf, über die Sie sich mit Ihren Klassenkameraden zunächst austauschen sollen.

Für das Abrufen von Assoziationen bzw. das Abfragen von Vorkenntnissen eignet sich die im Folgenden vorgestellte ABC-Methode.

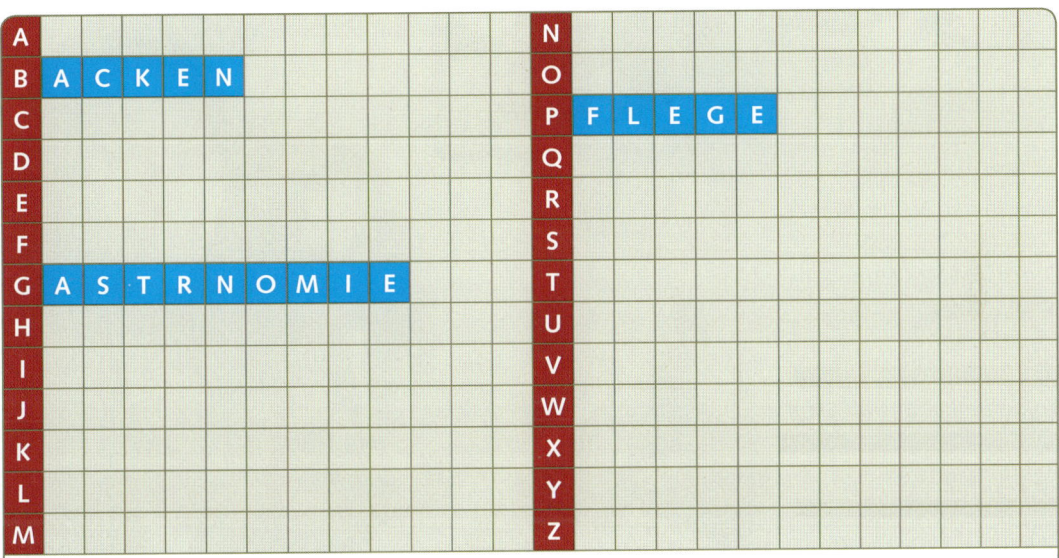

Bild 1: *Tafelbild zum ABC der Hauswirtschaft*

Sie haben zwei Möglichkeiten vorzugehen:

1. Einzelarbeit

Schreiben Sie zu jedem Buchstaben mindestens einen Begriff, den Sie mit dem Stichwort Hauswirtschaft verbinden, in Ihr Heft auf. Jede Assoziation ist erlaubt.

Stellen Sie Ihre Ergebnisse dem Plenum vor. Arbeiten Sie Gemeinsamkeiten oder auch Besonderheiten heraus.

Bei der weiteren Bearbeitung dieses Kapitels können Sie überprüfen, ob Ihre Vorstellungen von dem Beruf der Hauswirtschafterin und die damit verbundenen Anforderungen zutreffen oder nicht.

2. Gruppenarbeit

Bilden Sie zwei oder mehrere Gruppen. Schreiben Sie auf Plakate/Tapetenbahnen das Alphabet und überlegen Sie sich in der Gruppe zu jedem Buchstaben mindestens einen Begriff, den Sie mit dem Stichwort Hauswirtschaft verbinden. Jede Assoziation ist erlaubt.

Stellen Sie Ihre Ergebnisse im Kurs vor. Arbeiten Sie Gemeinsamkeiten oder auch Besonderheiten heraus.

Bei der weiteren Bearbeitung dieses Kapitels können Sie überprüfen, ob Ihre Vorstellungen von dem Beruf der Hauswirtschafterin und die damit verbundenen Anforderungen zutreffen oder nicht.

1 Ausbildung zur Hauswirtschafterin

1.1 Ein Dienstleistungsberuf geht neue Wege

- *Belastbarkeit, Stabilität*
- *Durchsetzungsvermögen*
- *Flexibilität*
- *Kommunikationsfähigkeit*
- *Konfliktfähigkeit*
- *Qualitätsbewusstsein*
- *Sozialkompetenz*
- *Teamfähigkeit*

Bild 1: *Hauswirtschafterin werden – warum?*

Wenn früher Frauen ihre Arbeitskraft anboten, dann dienten sie ihrem Arbeitgeber. Wäsche waschen, Kochen und Putzen wurden als niedrige Arbeiten angesehen. Konnte es sich ein Haushalt leisten, nahm er diese Dienste in Anspruch und bezahlte eher schlecht dafür.

Heute ist die Hauswirtschaft zu einem modernen Dienstleistungsberuf geworden. Der Beruf der Hauswirtschafterin hat eine neue Ausrichtung auf Kundenorientierung, Marktorientierung und Zukunftsorientierung bekommen. Damit passt er sich den heutigen Anforderungen am Arbeitsmarkt an, um der Nachfrage einer professionellen Dienstleistung entsprechen zu können.

In der dreijährigen Ausbildung zur Hauswirtschafterin werden neben den hauswirtschaftlichen Versorgungs- und Betreuungsleistungen auch betriebswirtschaftliche Ausbildungsinhalte vermittelt. Hauswirtschafterinnen sind als hauswirtschaftliche Fachkräfte und in unterschiedlichen Arbeitsfeldern flexibel einsetzbar.

Neue Wohn- und Betreuungsformen erfordern mehr als bisher eine Überlappung von pflegerischen und hauswirtschaftlichen Tätigkeiten. Der Beruf ist eine anspruchsvolle Tätigkeit, die für Frauen und Männer gleichermaßen interessant ist und viele Fort- und Weiterbildungsmöglichkeiten bietet.

1.2 Einsatzgebiete der Hauswirtschafterin

Hauswirtschafterinnen sind in den verschiedenen sozialen Einrichtungen wie Altenhilfe, Behindertenhilfe, der Jugendhilfe und in allen Bereichen der Gemeinschaftsverpflegung einzusetzen. In ihrem Tätigkeitsfeld sorgen sie für optimale hauswirtschaftliche, hygienische und ernährungsphysiologische Grundlagen. Dabei wird das Ziel hauswirtschaftlichen Handelns nach ökologischen und ökonomischen Aspekten nicht außer Acht gelassen. Im Folgenden werden mögliche Einsatzbereiche von Hauswirtschafterinnen vorgestellt.

Im Alten- und Pflegeheim

Ziele und Aufgaben der Hauswirtschaft orientieren sich am Leitbild und an den Leitzielen der Einrichtung.

Besondere Anforderungen:

- Das zumeist hohe Alter der Bewohner
- Die unterschiedlichen Gewohnheiten und Vorlieben der Bewohner
- Förderung der Selbstbestimmung des Bewohners
- Vorbereitung und Durchführung von Festen für die Bewohner im Bereich der Schnittstelle zwischen Betreuung und Versorgung

Im Tagungshaus

Die gesamte Atmosphäre im Haus wird durch die hauswirtschaftliche Leitung beeinflusst.

Besondere Anforderungen:

- Sehr unterschiedliche Gästegruppen mit individuellen Ansprüchen, die mit den übrigen Mitarbeitern des Hauses abgesprochen werden müssen.
- Die Zubereitung der Mahlzeiten muss auf die Gruppen abgestimmt werden.
- Die Seminarräume und die Tische müssen besonders ansprechend sein.
- Gute Präsentation der hauswirtschaftlichen Dienstleistung
- Kundenorientierung

Bild 1: *Hauswirtschafterin beim Anreichen der Speisen*

Bild 2: *Eingangsbereich eines Tagungshauses*

Bild 3: *Hauswirtschafterin beim Eindecken der Tische*

In der Kindertagesstätte oder Ganztagsschule

Die gesetzlichen Vorgaben für die Gemeinschaftsverpflegung sind von der Hauswirtschafterin zu berücksichtigen.

Bild 1: *Hauswirtschafterin in der Kindertagesstätte*

Besondere Anforderungen:

- Optimal auf Kinder abgestimmtes Speisenangebot
- Zusammenstellung der Speisen in Absprache mit Kindern
- Integration von Kindern fördern
- Positive Einstellung zum gesunden Essen verstärken
- Kommunikation mit Erziehern und Erziehungsberechtigten
- Erstellen der Speisepläne mit den Erziehern
- Beachtung der Hygieneanforderungen bei der Speisenausgabe

Bild 2: *Kochen in der Ganztagsschule*

Im landwirtschaftlichen Betrieb

Im landwirtschaftlichen Betrieb mit Direktvermarktung sind die Arbeitsbereiche der Hauswirtschafterin sehr vielfältig.

Bild 3: *Hauswirtschafterin im Hofladen*

Besondere Anforderungen:

- Herstellung von landwirtschaftlichen Erzeugnissen für die Direktvermarktung
- Betreuung und Versorgung der Familie, der Mitarbeiter und der Gäste
- Mitarbeit im Hofladen
- Kundenorientierung und Kommunikation
- Hohe Flexibilität und Einsatzbereitschaft, da die Grenzen zwischen den einzelnen Bereichen fließend sind
- Häufig Einbindung in die Familie der Ausbildungsstätte
- Inhalte aus dem ländlichen Bereich fließen in die Ausbildung ein.
- Öffentlichkeitsarbeit durch den Tag des offenen Hofes

Bild 4: *Direktverkauf von Gemüse*

Der Privathaushalt

Der Privathaushalt ist ein Haushalt mit mehreren Personen, ein Mehrgenerationenhaushalt, Haushalte mit voll berufstätigen Haushaltsvorständen, Wohngemeinschaften von Senioren oder einer der vielen Singlehaushalte.

Bild 1: *Hauswirtschafterin bei der Fensterreinigung im Privathaushalt*

Besondere Anforderungen:

- Selbstständige Versorgung und Betreuung aller im Haushalt lebenden Familienmitglieder, der Angehörigen und Gäste
- Alltagsbegleitung der Senioren im Haushalt
- Dienstleistungsaufgaben, z. B. Wäsche, Hausreinigung
- Spezielle Aufgaben wie Vorbereitung von Festen der Familienmitglieder
- Betreuung der im Haushalt lebenden Kinder in allen Altersgruppen
- Ermitteln von Dienstleistungsangeboten für den Familienhaushalt, wie Wäschepflege, individuelle Reinigungsarbeiten, Gartenarbeiten oder Fensterreinigung

Aufgaben:

In Ihrer Berufsschule soll es einen Tag der offenen Tür geben. Ihre Klasse hat den Auftrag, einen Infostand zu dem Beruf der Hauswirtschafterin zusammenzustellen.

1. Sammeln Sie gemeinsam mit Ihren Mitschülern Ideen, wie der Infostand aussehen könnte.

   a) Stellen Sie mithilfe eines Plakates Ihren Beruf und die unterschiedlichen Einsatzgebiete vor.
   b) Überlegen Sie, wie Sie die wichtigen Eigenschaften, die eine Hauswirtschafterin in die Ausbildung mitbringen muss, darstellen können.

2. Die Besucher sollen über die Einsatzgebiete der Hauswirtschafterin informiert werden.

   a) Erstellen Sie ein Infoblatt, das an Interessierte verteilt werden kann.
   b) Informieren Sie sich in den Betrieben oder Einrichtungen über die möglichen Einsatzgebiete einer Hauswirtschafterin.
   c) Stellen Sie einen Flyer zusammen, der eine Übersicht über mögliche Betriebe in Ihrer Umgebung gibt.

3. Die Ausbildungsbetriebe sollen auf einer Fotowand vorgestellt werden.

   a) Sammeln Sie über Ihren Betrieb Informationen, die ihn besonders hervorheben und für die Öffentlichkeit interessant machen.
   b) Stellen Sie auf einem Plakat Ihren Betrieb und die unterschiedlichen Arbeitsbereiche vor.

4. Jeder Einsatzbereich erfordert besondere Kenntnisse und besonderes Wissen.

   a) Erarbeiten Sie in einer Gruppe die Unterschiede der einzelnen Einsatzgebiete.
   b) Präsentieren Sie das Ergebnis übersichtlich auf einer Schautafel.

2 | Ausbildung im dualen System

Nach Artikel 12 des Grundgesetzes hat jeder Deutsche das Recht auf einen Beruf und Arbeitsplatz. In Deutschland wird die Ausbildung zur Hauswirtschafterin in der Regelausbildung im dualen System durchgeführt. Möglichkeiten von Vollzeit-Berufsschulen sind länderabhängig möglich.

Im **dualen System** verbindet sich die berufliche Tätigkeit der Auszubildenden mit einem regelmäßigen Schulbesuch. Schule und Betrieb arbeiten dabei sehr eng zusammen.

Die praxisnahen, beruflichen Kenntnisse der Auszubildenden werden im Ausbildungsbetrieb vermittelt und vertieft. Die neuen, sozialen Erfahrungen und die unterschiedlichen, veränderten Lernformen zwischen Schule und Betrieb sind aufeinander abgestimmt. Die Auszubildende kann ihr praktisches Wissen aus dem beruflichen Alltag an den Berufsschultagen mit dem theoretischen Wissen verknüpfen.

Das **duale System** baut auf unserem Schulsystem auf. Im Idealfall schließt sich die Berufsausbildung an. Eine Berufsausbildung bietet die Möglichkeit, höhere Bildungsabschlüsse bei entsprechenden Leistungen zu erlangen. Ist die Berufsausbildung abgeschlossen, können Schulabschlüsse nur an berufsbildenden Schulen oder in Abend- oder Fernlehrgängen nachgeholt werden.

2.1   Rahmenbedingungen im dualen System

Betriebliche Ausbildung

In der betrieblichen Ausbildung muss praxisnah ausgebildet werden. Dafür muss der ausbildende Betrieb entsprechende Ausbildungsräume zur Verfügung stellen. Den Auszubildenden soll die Möglichkeit einer realistischen, praxisrelevanten Ausbildung ermöglicht werden. Zur besonderen Förderung der Sozialkompetenzen müssen entsprechende Aufgabenstellungen möglich sein. Der Betrieb muss für die Ausbildung geeignete Ausbilder zur Verfügung stellen. Sind Ausbildungsinhalte nicht zu vermitteln, hat der Betrieb die Verpflichtung, im Rahmen einer Verbundausbildung die fehlenden Inhalte an einem anderen Lernort auszubilden. Während der gesamten Ausbildung sollen durch geeignete Weiterbildungsangebote die Handlungs- und Methodenkompetenz gefördert werden.

Berufsschule

Die Berufsschule vermittelt den Auszubildenden die für einen erfolgreichen Berufsabschluss notwendigen fachtheoretischen Inhalte. In den entsprechenden Lernfeldern werden Lernsituationen vorgestellt. Module für fachpraktische Grundtechniken ergänzen den Unterricht. Zum Unterricht gehören neben fachlichen Fächern auch allgemein bildende Fächer. Sie fördern die persönliche Meinungsbildung zu alltäglichen Themen.

Der Berufsschulunterricht findet regelmäßig wöchentlich in Fachklassen statt. Die theoretische Ausbildung kann auch im Blockunterricht von mehreren Wochen oder mit einer Schulwoche pro Monat stattfinden. Die Regelungen sind von der zuständigen Berufsschule abhängig.

2.2   Gesetzliche Regelungen

Der Ausbildungsbetrieb erhält die rechtliche Grundlage, ausbilden zu dürfen, durch das Berufsbildungsgesetz und die Ausbildungsordnung. Zuständig für die Ausbildung und Aufsicht über den geregelten Ablauf ist das Bundesministerium für Ernährung, Landwirtschaft und Verbraucherschutz oder das Bundesministerium für Arbeit und Soziales. Zwischen dem Auszubildenden und dem Ausbildenden wird ein Ausbildungsvertrag geschlossen. In diesem werden die Rechte und Pflichten beider Vertragspartner festgelegt. Die Berufsschule erhält die rechtliche Regelung durch das Schulpflichtgesetz und den in den Ländern gültigen Rahmenlehrplan. Zuständigkeit und Aufsicht liegen beim Kultusministerium des jeweiligen Bundeslandes.

2.3 Berufsausbildung nach dem Berufsbildungsgesetz (BBiG)

Der gesamte Bereich der Berufsausbildung für die gewerblichen, kaufmännischen und hauswirtschaftlichen Berufe sowie für Umschulungen in Privatbetrieben und in Privathaushalten, Betrieben der öffentlichen Hand, z. B. Krankenhausküchen, und freien Berufen wird vom Berufsbildungsgesetz geregelt.

Das Berufsbildungsgesetz unterscheidet im § 1:

- die Berufsausbildung
- die berufliche Fortbildung
- die Umschulung

Die **Berufsausbildung** ist die Erstausbildung im anerkannten Ausbildungsberuf. Sie vermittelt neben der Grundbildung und der Fachbildung die speziellen Kenntnisse und Fertigkeiten in einem geordneten Ausbildungsgang (Regelausbildung).

Die **Fortbildung** ist die Weiterbildung im erlernten oder ausgeübten Beruf. Sie bietet die Möglichkeit eines beruflichen Aufstiegs mit höherem Einkommen. Sie schützt vor nicht angemessener Beschäftigung, vertieft und erweitert die beruflichen Kenntnisse hinsichtlich der technischen, wirtschaftlichen und sozialen Entwicklung des Berufes.

Die **Umschulung** ist ein Berufswechsel nach der Erstausbildung in einen anderen Beruf. Sie kann unter der Maßgabe der Verhinderung der Arbeitslosigkeit, nach einem Unfall im Rahmen der Rehabilitationsmaßnahme oder zur Sicherung eines Arbeitsplatzes erfolgen.

 Weitere Informationen über das Berufsbildungsgesetz finden Sie im Internet unter www.bbig.de.

2.4 Anerkennung der Ausbildungsstätte

Wer in seinem Betrieb ausbilden will, muss bestimmte Auflagen erfüllen. Die Anerkennung zum Ausbildungsbetrieb erteilt die für die Berufsausbildung zuständige Stelle des jeweiligen Bundeslandes. Eine Zusage bekommt der Ausbildungsbetrieb erst nach Prüfung der eingereichten Unterlagen und Besichtigung des Betriebes.

Fehlen Bereiche, die für einen geregelten Ausbildungsgang nötig sind, können sie entweder innerhalb eines Ausbildungsverbundes oder durch andere Maßnahmen ergänzt werden. Die Ausbildung wird von den Ausbildungsberaterinnen begleitet. In allen Fragen, die die Ausbildung und den Verlauf der Ausbildung betreffen, sind sie Ansprechpartnerinnen.

2.5 Ausbilder

Ausbilden kann, wer eine entsprechende **Berufsausbildung** nachweisen kann, eine **Ausbildereignungsprüfung** abgelegt hat und **mindestens 24 Jahre** alt ist (Ausnahmen sind möglich).

Aufgabe der Ausbilder ist es,

- innerhalb der betrieblichen Ausbildung die Lernschritte zu steuern, um die fachlichen Kenntnisse und Fertigkeiten zu festigen,
- den Tätigkeitsnachweis im Berichtsheft zu kontrollieren und zu überwachen,
- auf die Zwischen- und Abschlussprüfung vorzubereiten,
- den Auszubildenden in den beruflichen Alltag einzubinden, ihn dabei aber nicht zu über- bzw. unterfordern.

Die Stärkung der **Eigenverantwortlichkeit der Auszubildenden** im Betrieb ist nach der neuen Verordnung „Hauswirtschafter/-in" das **oberste Ziel der Ausbildung**.

2.6 Ausbildungsplan

Der **Ausbildungsrahmenplan** ist ein zeitlich ge-gliederter Rahmenplan, der dem Ausbildungsbe-trieb vorgibt, in welchem Zeitraum praktische und theoretische Kenntnisse bis zur Zwischenprüfung oder zur Abschlussprüfung vermittelt werden müssen.

Eingeteilt ist er in:

- berufliche **Grundbildung**
  In der Grundbildung sollen dem Auszubilden-den die Grundfertigkeiten durch entsprechen-de Unterweisungen vermittelt werden.
- berufliche **Fachbildung**
  In der beruflichen Fachbildung wird auf den erlernten Fähigkeiten und den Kenntnissen der Grundbildung aufgebaut und das Wissen vertieft oder ergänzt.
- **Fachaufgaben im Einsatzgebiet**
  Bei der Fachaufgabe im Einsatzgebiet beschäf-tigt sich der Auszubildende mit betriebsspe-zifischen Aufgabengebieten. Aus dem be-triebsspezifischen Aufgabengebiet wählt der Auszubildende seine Fachaufgaben für die Abschlussprüfung.

Die **gesamten Ausbildungsinhalte** in der Ausbil-dung zu Hauswirtschafterin werden eingeteilt in:

Hauswirtschaftliche Versorgungsleistungen

- Speisenzubereitung und Service
- Reinigen und Pflegen von Räumen
- Gestalten von Räumen und des Wohn-umfeldes
- Reinigen und Pflegen von Textilien
- Vorratshaltung und Warenwirtschaft

Hauswirtschaftliche Betreuungsleistungen

- Gesprächsführung mit Einzelpersonen und Gruppen
- Motivation und Beschäftigung der zu betreu-enden Personen
- Hilfeleistung bei Alltagsverrichtungen

Betriebsspezifische Produkt- und Dienstleistungs-angebote (Fachaufgabe im Einsatzgebiet)

- Kundenorientierung
- Marketing

Im individuellen **betrieblichen Ausbildungsplan** wird der **persönliche, zeitliche Ausbildungsablauf** der Auszubildenden im Betrieb festgelegt.

Aufgaben:

1. Die Partner im dualen System haben eine Verpflichtung in der Berufsausbildung übernommen.
   Stellen Sie die Verpflichtungen beider Partner einander gegenüber und erläu-tern Sie diese.

2. Gesetze und Regelungen bestimmen die Ausbildung im Betrieb und die Pflicht zum Besuch der Berufsschule.
   Welche Gesetze und Regelungen müssen im Rahmen der Ausbildung beachtet werden?

3. Im BBiG sind die Begriffe Berufsausbil-dung, Fortbildung und Umschulung defi-niert.
   Erläutern Sie die Begriffe und geben Sie praktische Beispiele für alle drei Möglich-keiten.

4. Welche Voraussetzungen müssen ge-schaffen werden, damit Ausbildung ge-lingt? Geben Sie ein Beispiel.

5. Der Ausbildungsrahmenplan gibt Aus-kunft über die zeitliche und inhaltliche Gliederung der Ausbildung.

   a) Lesen Sie mit Ihrer Ausbilderin den Ausbildungsrahmenplan.
   b) Stellen Sie den für Sie individuellen, betrieblichen Ausbildungsplan dem Ausbildungsrahmenplan gegenüber.
   c) Wie gehen Sie mit fehlenden Ausbil-dungsinhalten um?

Der Ausbildungsrahmenplan

Ausbildungsrahmenplan
für die Berufsausbildung
zum Hauswirtschafter/zur Hauswirtschafterin

Abschnitt I: Berufliche Grundbildung

Lfd. Nr.	Teil des Ausbildungsberufsbildes	Fertigkeiten und Kenntnisse, die unter Einbeziehung selbständigen Planens, Durchführens und Kontrollierens zu vermitteln sind	Zeitrichtwerte in Wochen im Ausbildungsjahr		
			1	2	3
1	2	3	4		
1	Der Ausbildungsbetrieb, betriebliche Zusammenhänge und Beziehungen (§ 4 Abs. 1 Nr. 1)				
1.1	Aufbau und Organisation des Ausbildungsbetriebes (§ 4 Abs. 1 Nr. 1.1)	a) Standort, Aufbau und Aufgaben des Ausbildungsbetriebes erläutern b) Grundfunktionen des ausbildenden Betriebes, wie Einkauf, Produktion, Dienstleistung, Vermarktung und Verwaltung, erklären c) Beziehungen des Ausbildungsbetriebes und seiner Beschäftigten zu Wirtschaftsorganisationen, Berufsvertretungen, Gewerkschaften, Verwaltungen und Verbänden nennen d) Grundlagen, Aufgaben und Arbeitsweise der betriebsverfassungs- oder personalvertretungsrechtlichen Organe des ausbildenden Betriebes beschreiben			
1.2	Berufsbildung (§ 4 Abs. 1 Nr. 1.2)	a) Bedeutung des Ausbildungsvertrages, insbesondere Abschluß, Dauer und Beendigung, erklären b) gegenseitige Rechte und Pflichten aus dem Ausbildungsvertrag nennen c) Möglichkeiten der beruflichen Fortbildung nennen und Informationen einholen			
1.3	Arbeits-, sozial- und tarifrechtliche Bestimmungen (§ 4 Abs. 1 Nr. 1.3)	a) wesentliche Teile des Arbeitsvertrages nennen b) wesentliche Bestimmungen der für den Ausbildungsbetrieb geltenden Tarifverträge sowie die Funktion der Tarifparteien nennen c) Aufgaben und Leistungen der Sozialversicherungsträger nennen	während der gesamten Ausbildung		

Bild 1: *Ausschnitt Ausbildungsrahmenplan Kammer Niedersachsen*

Der individuelle, betriebliche Ausbildungsplan

Individueller, betrieblicher Ausbildungsplan	Wann	Wer
Beschaffen und Bewerten von Informationen Grundregeln PC-Einsatz	32. KW Montag	Ausbilder 1
Betriebliche Abläufe kennen lernen Bedarf für den Einkauf von Gütern ermitteln	34. KW Mittwoch	Ausbilder 2
Reinigen von Räumen Reinigungsarten für verschiedene Räume zuordnen	35. KW Freitag	Ausbilder 1
Berufsbezogene Arbeitsschutz- und Unfallverhütungsmaßnahmen kennen lernen	38. KW Dienstag	Arbeitsschutz Vortrag
Rührteigherstellung kennen lernen	38. KW Donnerstag	Ausbilderin 1

Bild 2: *Beispiel für einen individuellen, betrieblichen Ausbildungsplan (Ausschnitt)*

2.7 Berufsausbildungsvertrag

Im Berufsausbildungsvertrag werden die Rechte und Pflichten des Ausbildenden und des Auszubildenden geregelt.

Das Berufsbildungsgesetz regelt im § 11 die wesentlichen Inhalte des Vertrages. Die Vertragsformulare halten die für die Berufsausbildung zuständigen Stellen bereit. Bereits ein mündlicher Vertrag ist rechtswirksam, muss aber dennoch schriftlich fixiert werden. Der Ausbildungsvertrag muss vor der Aufnahme der Ausbildung schriftlich niedergelegt werden. Erfolgt die schriftliche Niederlegung nicht, so ist der Vertrag trotzdem wirksam, doch muss mit einer Geldbuße gerechnet werden.

Wesentliche Inhalte des Ausbildungsvertrages laut BBiG § 11

- Anschriften beider Vertragspartner
- Genaue Berufsbezeichnung
- Beginn und Dauer der Berufsausbildung
- Dauer der Probezeit
- Höhe der Vergütung für die die drei Ausbildungsjahre
- Urlaubsregelung für die drei Ausbildungsjahre
- Dauer der regelmäßigen wöchentlichen Ausbildungs(arbeits)zeit in Stunden
- Ausbildungsmaßnahmen außerhalb der Ausbildungsstätte
- Berufsschulstandort
- Sonstige Vereinbarungen
- Unterschrift des Auszubildenden und bei Minderjährigen des/der Erziehungsberechtigten
- Statische Angaben über den Eintrag in das Verzeichnis der Berufsausbildungsverhältnisse der Landwirtschaftskammer

Des Weiteren zusätzliche Vereinbarungen:

- Voraussetzungen, unter denen der Ausbildungsvertrag gekündigt werden kann
- ein in allgemeiner Form gehaltener Hinweis auf die Tarifverträge, mögliche Betriebs- und Dienstvereinbarungen sind klar geregelt und müssen Vereinbarungen enthalten, die anzuwenden sind
- Angaben über anteilige Kosten für Unterbringung und Essensgeld, Kleidergeld und Hausordnung

- individueller, betrieblicher Ausbildungsplan (sachliche Gliederung innerhalb des Betriebes). Wird von der zuständigen Stelle bei der Anmeldung kontrolliert.
- Ausbildungsverordnung

Bei der Dauer der regelmäßigen täglichen Arbeitszeit ist die normale Arbeitszeit wie im Betrieb üblich einzutragen. Dabei sind die gesetzlichen Bestimmungen des Jugendarbeitsschutzgesetzes zu beachten.

Die Dauer der Probezeit kann zwischen einem und vier Monaten festgelegt werden. Eine Probezeit ist grundsätzlich erforderlich. Sie kann bei Erkrankung des Auszubildenden in der Probezeit möglicherweise verlängert werden.

Jede Auszubildende erhält in ihrer Ausbildung eine angemessene Ausbildungsvergütung. Das BBiG schreibt vor, dass die Vergütung jährlich ansteigend sein muss.

Eine Vergütung ist unbefristet zu zahlen, auch bei Teilnahme am Berufsschulunterricht, an Prüfungstagen, unverschuldeter Verhinderung der Auszubildenden oder bei Unterbrechung aus betrieblichen Gründen. Die Auszahlung erfolgt an den Auszubildenden, bei Minderjährigen auf Antrag auch an die Erziehungsberechtigten.

Die Dauer des Urlaubs des Auszubildenden richtet sich nach dem Tarifvertrag der Berufsgruppe. Dabei sind die Regelungen des Jugendarbeitsschutzgesetzes oder des Bundesurlaubsgesetzes in die Berechnung mit einzubeziehen. Im Jugendschutzgesetz wird die Urlaubsregelung von Montag bis einschließlich Samstag berechnet. Die Tarifverträge sprechen oft von Arbeitstagen und rechnen von Montag bis einschließlich Freitag.

Sind für die Ausbildung Maßnahmen außerhalb der regelmäßigen Ausbildungsstätte zu treffen, so sind diese bei der Unterzeichnung des Vertrages zu benennen. Das können freiwillig vereinbarte Maßnahmen wie Seminare, die Teilnahme an einem „Erste-Hilfe-Kurs", Zusatzqualifikationen im Service sein, bei fehlendem Wäsche- oder Servicebereich des Betriebes auch zur Vervollständigung der Ausbildungsinhalte.

Berufsausbildungsvertrag

Für die zuständige Stelle

● Landwirtschaftskammer **Niedersachsen**

Zwischen der/dem Ausbildenden/Betriebsinhaber/-in

Name/Anschrift des Ausbildungsbetriebes

Ortsteil

Straße

PLZ/Ort   Landkreis

Tel.:   Fax:

E-Mail:

Als Ausbilder/-in gem. § 2 Nr. 2 ist beauftragt:

Die betriebliche Ausbildung findet abweichend von o. g. Adresse statt in:

und der/dem Auszubildenden

Name, Vorname

Straße

PLZ/Ort

geb. am   in:

Staatsangehörigkeit   Tel.:

Geschlecht   ☐ männlich   ☐ weiblich

gesetzlicher Vertreter
☐ beide Elternteile   ☐ Vater   ☐ Mutter   ☐ Vormund

Anschrift falls abweichend von oben:

wird nachstehender Vertrag zur Ausbildung im Ausbildungsberuf _Hauswirtschafter / Hauswirtschafterin_

Fachrichtung/Schwerpunkt/Betriebszweige _____ **nach Maßgabe der Ausbildungsordnung/Regelung geschlossen**

Für das Ausbildungsverhältnis gelten die Bestimmungen des Berufsbildungsgesetzes vom 23.03.2005 – Bundesgesetzblatt Teil I, S.931 – in der jeweils gültigen Fassung (wesentliche Inhalte siehe Rückseite). Vorbemerkungen zum Berufsausbildungsvertrag siehe Merkblatt zum jeweiligen Beruf.

Eine vorzeitige Lösung sowie Änderung des Berufsausbildungsvertrages sind der Landwirtschaftskammer unter Angabe des Grundes sofort mitzuteilen.

A Ausbildungszeit

Die Ausbildungszeit beträgt insgesamt 3 Jahre.
☐ Die Anrechnung der Berufsfachschule des entsprechenden Berufes wird vorbehaltlich des erfolgreichen Abschlusses vereinbart.
☐ Verkürzung wird beantragt wegen Hochschulreife/Fachhochschulreife.
☐ Verkürzung wird beantragt wegen abgeschlossener Berufsausbildung in einem anderen Ausbildungsberuf.

Das mit diesem Vertrag geschlossene Ausbildungsverhältnis
beginnt   endet
am: am:

Es gilt als: ☐ 1. ☐ 2. ☐ 3. Ausbildungsjahr

Die Probezeit beträgt _____ Monate (1-4 Monate).

Für den Auszubildenden ist dieser Vertrag ein Folgevertrag.
☐ nein ☐ ja; Kopie des/der Vorvertrages/-träge beifügen.

B Vergütung

Der Ausbildende zahlt dem Auszubildenden eine angemessene Brutto-Vergütung. Sie beträgt z.Zt. monatlich:

brutto		Euro	im 1. Ausbildungsjahr
brutto		Euro	im 2. Ausbildungsjahr
brutto		Euro	im 3. Ausbildungsjahr

Der Betrieb gewährt ☐ Unterkunft ☐ Verpflegung

C Urlaub. Der Ausbildende gewährt dem Auszubildenden Urlaub nach den jeweils geltenden Bestimmungen (Jugendarbeitsschutzgesetzes bzw. gültiger Tarifvertrag). Es besteht ein Urlaubsanspruch von zur Zeit

im Jahr	20	20	20	20
Werktage				
Arbeitstage				

D Regelmäßige wöchentliche Ausbildungszeit

Es gelten die Bestimmungen des jeweils gültigen Tarifvertrages bzw. des Jugendarbeitsschutzgesetzes.

Regelmäßige wöchentliche Ausbildungszeit: _____ Stunden

E Ausbildungsmaßnahmen außerhalb der Ausbildungsstätte

Zum Besuch von Lehrgängen zur überbetrieblichen Ausbildung gelten die Beschlüsse des Berufsbildungsausschusses der Landwirtschaftskammer. Darüber hinaus werden folgende ergänzende Ausbildungsmaßnahmen vereinbart:

Berufschulstandort/-e:

F Sonstige Vereinbarungen

(Eine Vereinbarung, die zu Ungunsten des Auszubildenden von den §§ 10-26 Berufsbildungsgesetz abweicht, ist nichtig.)

G Die umstehenden Vereinbarungen sind Gegenstand dieses Vertrages und werden anerkannt. Die Eintragung in das Verzeichnis der Berufsausbildungsverhältnisse wird beantragt. Mündliche Nebenabreden, die das Berufsausbildungsverhältnis betreffen, bestehen nicht. Änderungen und Ergänzungen bedürfen zu ihrer Wirksamkeit der Schriftform.

Ort: _____ , den _____

_____   _____
Ausbildende/-r/Betriebsinhaber/-in   Ausbilder/-in

_____
Auszubildende/r

_____
gesetzliche/-r Vertreter/-in

H Statistische Angaben (siehe Seite 4; unbedingt ausfüllen!)

Dieser Vertrag ist im Original von den Vertragsparteien unterzeichnet und bei der Landwirtschaftskammer in das Verzeichnis der Berufsausbildungsverhältnisse eingetragen unter

Nr.: _____   Siegel

Datum: _____

Im Auftrag

0709

Bild 1: _Berufsausbildungsvertrag_

Welche Pflichten hat ein Auszubildender?		
im Betrieb	**in der Schule**	**die gesetzlichen Pflichten**
▪ an alle Ausbildungsmaßnahmen, die nicht im Betrieb sind, teilzunehmen	▪ regelmäßig lernen	▪ unter 18 Jahre: ärztliche Untersuchung
▪ der betrieblichen Ordnung Folge zu leisten	▪ am Berufsschulunterricht teilnehmen	▪ vor Ablauf des ersten Jahres Nachuntersuchung
▪ im Krankheitsfall sofort melden	▪ Prüfung vorbereiten	▪ Erstbelehrung durch das Gesundheitsamt
▪ Berichtsheftführung		
▪ Maschinen und Geräte		
▪ Anweisungen der Ausbilderin folgen		

Bild 1: *Pflichten von Auszubildenden*

Pflichten der Auszubildenden

Um den Ausbildungsvertrag zu erfüllen, ist die Auszubildende verpflichtet,

- regelmäßig zu lernen,
- am Berufsschulunterricht teilzunehmen,
- an allen Ausbildungsmaßnahmen, die nicht im Betrieb stattfinden und für die der Auszubildende freigestellt ist, teilzunehmen,
- sich auf die Prüfungen entsprechend vorzubereiten,
- den Anweisungen der Ausbilderin und des Ausbildenden zu folgen,
- der betrieblichen Ordnung Folge zu leisten,
- mit den Maschinen und Geräten des Betriebes ordentlich umzugehen und diese regelmäßig zu pflegen,
- das Berichtsheft ordnungsgemäß zu führen und der Ausbilderin ohne Aufforderung vorzulegen,
- über alle Vorkommnisse im Betrieb Stillschweigen zu bewahren,
- den Betrieb im Krankheitsfall oder bei jeglicher Verhinderung umgehend zu benachrichtigen und die Arbeitsunfähigkeit unverzüglich mitzuteilen. Dauert die Arbeitsunfähigkeit länger als drei Tage, muss eine ärztliche Bescheinigung vorgelegt werden. Der Ausbildungsbetrieb ist berechtigt, die Vorlage einer ärztlichen Bescheinigung schon am ersten Tag zu verlangen.

- Bei Jugendlichen, bei denen die Bestimmungen des Jugendarbeitsschutzgesetzes Anwendung finden, ist der Auszubildende
  – vor der Ausbildung ärztlich zu untersuchen,
  – vor Ablauf des ersten Ausbildungsjahres nachzuuntersuchen und die Bescheinigungen hierüber dem Ausbildenden vorzulegen.
- Nach den Regelungen des Infektionsschutzgesetzes muss die Auszubildende alle zwei Jahre an einer Folgebelehrung teilnehmen. Die Bescheinigung darüber muss dem Ausbildungsbetrieb vorgelegt werden.

Ende der Ausbildung/Kündigung

Die Beendigung der Ausbildung erfolgt

- **mit bestandener Prüfung**. Der Zweck der Ausbildung ist erreicht und die Ausbildungszeit abgelaufen.
- Stellt sich im Laufe der Ausbildung heraus, dass der Auszubildende die für die Ausbildung nötigen Merkmale nicht erfüllen kann, ist die Ausbildung durch **einen Aufhebungsvertrag** zu beenden.
- Während der Probezeit kann der Ausbildungsvertrag von beiden Seiten schriftlich ohne Angabe von Gründen fristlos gekündigt werden.
- Besteht Grund zu einer fristlosen Kündigung **nach der Probezeit**, muss die Kündigung **schriftlich unter Beachtung der Fristen des Mahnverfahrens** erfolgen. Der Auszubildende ist im Vorfeld anzuhören.

Eine Kündigung kann z. B. erfolgen bei ständiger Unpünktlichkeit, Vermögensdelikten, anhaltender Krankheit.

- Eine **fristgerechte Kündigung** ist somit **nur durch den Auszubildenden** möglich, damit ihm die Möglichkeit eines Ausbildungswechsels oder der Abbruch einer Ausbildung offengehalten werden kann. Dazu muss der Auszubildende schriftlich unter Angabe des Grundes mit einer Frist von vier Wochen kündigen.
- Eine **Kündigung aus wichtigem Grund** (fristlose Kündigung) ist **für beide Vertragspartner jederzeit möglich**. Ist ein Betriebsrat vorhanden, ist dieser zu benachrichtigen und um Mitwirkung zu bitten.

Bild 1: *Kündigung*

Eintragung der Ausbildungsverhältnisse

Alle Ausbildungsverhältnisse werden bei der zuständigen Stelle in das Verzeichnis der Berufsausbildungsverhältnisse eingetragen. Die zuständigen Stellen und ihr Berufsbildungsausschuss übernehmen dann die Pflicht, die Ausbildung zu überwachen und diese durch Beratung der Ausbildenden und Auszubildenden zu fördern.

Aufgaben:

1. Erstellen Sie zusammen mit Ihren Klassenkameraden eine Mindmap (Methode, s. S. 95) über die Inhalte der Ausbildung zur Hauswirtschafterin.

2. Lesen Sie Ihren Berufsausbildungsvertrag gründlich durch.
   a) Welche Punkte sind für Sie von besonderer Wichtigkeit?
   b) Wer muss den Ausbildungsvertrag unterzeichnen?

3. Die Probezeit ist für beide Vertragspartner ein wichtiges Instrument.
   a) Wie lange dauert die gesetzliche Probezeit?
   b) Welche Möglichkeiten haben beide Vertragspartner während der Probezeit?

4. Ausbildungsverhältnisse können gekündigt werden.
   a) Erläutern Sie die einzelnen Voraussetzungen, unter denen eine Kündigung rechtlich wirksam werden kann.
   b) Welche Fristen müssen eingehalten werden?
   c) Warum kann nur ein Auszubildender innerhalb der Ausbildung **fristgerecht** kündigen?

5. Auszubildende gehen mit dem Ausbildungsvertrag unterschiedliche Verpflichtungen ein.
   a) Schreiben sie auf Metaplan-Karten die Pflichten der Auszubildenden im Betrieb.
   b) Ordnen Sie die Pflichten den Gruppen gesetzliche Pflichten, betriebliche Pflichten und schulische Pflichten aus dem Ausbildungsvertrag zu.

3 | Gewerkschaften, Berufsverbände und Berufsgenossenschaften

Gewerkschaften und Berufsverbände vertreten die Interessen ihrer Mitglieder auf den verschiedensten Ebenen und in den unterschiedlichsten Gremien beruflich wie politisch.

3.1 Gewerkschaften

Bild 1: *Gewerkschaftsmitglieder*

Gewerkschaften gibt es schon seit etwa 130 Jahren. Davor hatten Arbeiter in den Firmen, in denen sie arbeiteten, nicht viel zu sagen. Die Firmenchefs konnten entscheiden, ob ein Mitarbeiter gekündigt wurde, wie lang die Pausen waren, ob die Wochenenden frei waren oder wie viel Urlaub die Mitarbeiter bekamen. Konnte ein Mitarbeiter nicht zur Arbeit gehen, bekam er kein Geld.

Sehr harte Bedingungen, die die Arbeiter nicht mehr hinnehmen wollten. Sie schlossen sich zusammen und gründeten eine Art Verein, unserer heutige Gewerkschaft. Zunächst wurden die Mitarbeiter, die Mitglied in einer Gewerkschaft waren, noch von ihren Arbeitgebern unterdrückt. Doch die Gemeinschaft wurde immer stärker. Nach dem immer mehr Menschen Mitglied in einer Gewerkschaft wurden, konnten sie streiken und so ihre Forderungen durchsetzen.

Heute setzen sie sich für höhere Löhne, bessere Arbeitsbedingungen, mehr Mitbestimmung und auch für eine weitergehende Gesellschaftsveränderung ein. Im Streikfall zahlen sie den Mitgliedern ein Streikgeld und geben Rechtshilfe und Beratung bei Arbeits- und Sozialgerichtsverfahren.

Die Gewerkschaft ver.di

Die Gewerkschaft ver.di ist eine der acht Einzelgewerkschaften im Deutschen Gewerkschaftsbund. Als Dienstleistungsgewerkschaft ist sie die Vertretung vieler Berufsgruppen. Auch Hauswirtschafterinnen, die im sozialen Bereich oder im öffentlichen Dienst tätig sind, können Mitglied von ver.di werden. ver.di vertritt bei den jährlichen Tarifverhandlungen mit den Arbeitgebern die Interessen der Mitglieder. In größeren Betrieben werden sie von Vertrauensleuten vertreten.

Internet: www.verdi.de

3.2 Berufsgenossenschaften

Die gewerblichen Berufsgenossenschaften sind Träger der **gesetzlichen Unfallversicherung** für die Unternehmen der deutschen Privatwirtschaft und ihrer Beschäftigten.

Sie haben die Aufgabe, Arbeitsunfälle und Berufskrankheiten sowie arbeitsbedingte Gesundheitsgefahren zu verhüten. Ereignet sich ein Arbeitsunfall oder erkrankt ein Versicherter an einer Berufskrankheit, wird die Berufsgenossenschaft versuchen, den Versicherten medizinisch, beruflich und sozial zu rehabilitieren, indem sie Unfall- und Krankheitsfolgen durch Geldzahlungen finanziell ausgleicht. Berufsgenossenschaften sind Sozialversicherungsträger und eine Körperschaft des öffentlichen Rechts. Alle Beschäftigten in einem Betrieb sind kraft Gesetzes bei der Berufsgenossenschaft versichert. Wer keinen Arbeitsvertrag hat oder mitarbeitender Ehegatte ist, kann sich freiwillig versichern. Die Berufsgenossenschaften erlassen Unfallverhütungsvorschriften nach § 17 SGB VII und überwachen die Einhaltung und Umsetzung durch Fachkräfte für Arbeitssicherheit.

> Internet: www.bgn.de

3.3 Hauswirtschaftsverbände und -vereine

Um einen Verband oder Verein gründen zu können, ist eine Satzung notwendig, die das Ziel oder den Zweck des Verbandes oder Vereins beschreibt und eine bestimmte Personenzahl hat. Ein Verband kann entweder gemeinnützig sein oder wirtschaftliche Interessen vertreten. Nach einer Eintragung in das Vereinsregister bekommt der Verband oder Verein den Zusatz „e.V.". Eine Eintragung ist aber nicht zwingend und für die Anerkennung einer Gemeinnützigkeit nicht vorgeschrieben.

Im hauswirtschaftlichen Bereich haben wir ein breites Angebot an hauswirtschaftlichen Interessenvertretungen. Das ermöglicht eine auf das persönliche Berufsfeld bezogene freiwillige Mitgliedschaft.

Deutsche Gesellschaft für Hauswirtschaft (DGH)

Die Deutsche Gesellschaft für Hauswirtschaft ist weder ein Berufsverband noch eine wissenschaftliche Gesellschaft. Sie ist für alle hauswirtschaftlichen Verbände ein wichtiger Kooperationspartner. Ihre Aufgabe ist, die Vermittlung zwischen der Forschung und Praxis zu gestalten und bessere Bedingungen für institutionelle Haushalte und Dienstleistungshaushalte zu schaffen. Sie unterstützt die Entwicklung der hauswirtschaftlichen Berufsbilder und ihre notwendigen, fachlichen Voraussetzungen.

> Internet: www.dghev.de

Internationaler Verband für Hauswirtschaft (IVHW)

Auf internationaler Ebene wird die DGH durch den Beirat für internationale Fragen „Deutsche Sektion im Internationalen Verband für Hauswirtschaft

(IVHW)" vertreten. Delegierte nehmen an Konferenzen und Workshops z. B. der Vereinten Nationen (UNO) teil.

> Internet: www.ivhw.de

Die Bundesarbeitsgemeinschaft Hauswirtschaft (BAG-HW)

Die BAG-HW wurde als Beirat der Deutschen Gesellschaft für Hauswirtschaft gegründet. Sie ist er Dachverband der hauswirtschaftlichen Verbände. Ziel der BAG-HW ist es, ein Netzwerk zu schaffen, um die

- hauswirtschaftliche Aus-Fort- und Weiterbildung zu fördern.
- die Wertschätzung der hauswirtschaftlichen Tätigkeiten zu fördern.
- bei Gesetzgebungsverfahren mitzuwirken.
- die Mitgliedsverbände bei ihren Anliegen zu unterstützen und ihre Forderungen in politischen Gremien zu vertreten.

> **Weitere Mitgliedsverbände und Organisationen der BAG-HW**
>
> - Berufsverband Katholischer Arbeitnehmerinnen in der Hauswirtschaft
>   Internet: www.bkhev.de
>
> - Bundesverband der Lehrerinnen und Lehrer an beruflichen Schulen
>   Internet: www.blbs.de
>
> - Deutscher Caritasverband e.V.
>   Internet: www.caritas.de
>
> - Diakonisches Werk der Evangelischen Kirche in Deutschland e.V.
>   Internet: www.diakonie.de

Bundesverband hauswirtschaftlicher Berufe MdH e. V.

Der Bundesverband hauswirtschaftlicher Berufe MdH e. V. (Meisterinnen der Hauswirtschaft) arbeitet in einem Netzwerk Hauswirtschaft mit anderen hauswirtschaftlichen Verbänden und Organisationen eng zusammen.

Mitglieder werden können alle, die in der Hauswirtschaft eine Ausbildung absolviert haben oder an Fachhochschulen sowie Universitäten ausgebildet worden sind:

- Hauswirtschafterinnen, Wirtschafterinnen, Fachhauswirtschafterinnen, Meisterinnen der Hauswirtschaft, Hauswirtschaftsleiterinnen, Hauswirtschaftliche Betriebsleiterinnen
- Oecotrophologinnen, Fachlehrerinnen und Fachpraxislehrerinnen der Hauswirtschaft in Schulen

Internet: www.verband-mdh.de

Berufsverband Hauswirtschaft e. V.

Der Berufsverband Hauswirtschaft ist die Interessenvertretung der hauswirtschaftlichen Fach- und Führungskräfte, um hauswirtschaftliche Professionalität zu fördern und zu kommunizieren. Er setzt sich für die beruflichen, wirtschaftlichen und sozialen Interessen seiner Mitglieder ein. Mitglieder sind hauswirtschaftliche Fach- und Führungskräfte im hauswirtschaftlichen Dienstleistungsbereich.

Zu vielen hauswirtschaftlichen Themen gibt der Verband Publikationen heraus.

Internet:
www.berufsverband-hauswirtschaft.de

Der Deutsche Hausfrauenbund e. V. (DHB)

Der Deutsche Hausfrauenbund ist der Berufsverband der Haushaltsführenden. Er setzt sich für die Interessen derjenigen ein, die einen Haushalt führen oder im Privathaushalt tätig sind. Dabei unterstützt er die Interessen der Haushaltsführenden im Privathaushalt.

Als Arbeitgeberverband ist er der Tarifpartner für Arbeitnehmerinnen im Privathaushalt und in Dienstleistungszentren.

Hauswirtschaftliche Kenntnisse für den Privathaushalt und Kenntnisse der hauswirtschaftlichen Berufsbildung werden in Kursen vermittelt.

Internet: www.hausfrauenbund.de

Aufgaben:

1. Tarifverträge, Arbeitszeitregelungen und Möglichkeiten der Fort- und Weiterbildung sind Themen, mit denen Sie sich in Ihrer Ausbildung beschäftigen müssen.

   a) Verschaffen Sie sich mithilfe des Internets einen Überblick über Gewerkschaften für den Lebensmittelbereich.
   b) Warum muss ein Arbeitsunfall gemeldet werden?
   c) Geben Sie ein Beispiel aus Ihrem Betrieb!

2. Sie möchten nach Ihrer Ausbildung im Privathaushalt oder einer Dienstleistungsagentur arbeiten.

   Wo können Sie sich über die Rahmenbedingungen und Tarife für den Privathaushalt informieren?

3. Viele hauswirtschaftliche Verbände werben um neue Mitglieder. Sie sind Hauswirtschafterin. Gerne würden Sie einem Berufsverband beitreten.

   a) Nach welchen Kriterien würden Sie sich Ihren Berufsverband auswählen?
   b) Stellen Sie die verschiedenen Berufsverbände und ihre Ziele gegenüber und stellen Sie Gemeinsamkeiten und die Fort- bzw. Weiterbildungsangebote heraus.
   c) Erläutern Sie die Aufgaben der BAG-HW und der Deutschen Gesellschaft für Hauswirtschaft (DGH).

4 Gesetze

Zum Wohle und Schutz der Mitarbeiter gelten Gesetze. Das Jugendarbeitsschutzgesetz und das Mutterschutzgesetz werden im folgenden Kapitel auszugsweise vorgestellt.

4.1 Jugendarbeitsschutzgesetz (JArbSchG)

Das Jugendarbeitsschutzgesetz ist ein deutsches Gesetz zum Schutz von Kindern und Jugendlichen in der Arbeit. Es zählt zu den Gesetzen des sozialen Arbeitsschutzes.

§ 1 Geltungsbereich

(1) Dieses Gesetz gilt für die Beschäftigung von Personen, die noch nicht 18 Jahre alt sind,
1. in der Berufsausbildung,
2. als Arbeitnehmer oder Heimarbeiter,
3. mit sonstigen Dienstleistungen, die der Arbeitsleistung von Arbeitnehmern oder Heimarbeitern ähnlich sind,
4. in einem der Berufsausbildung ähnlichen Ausbildungsverhältnis stehen.

(2) Dieses Gesetz gilt nicht
1. für geringfügige Hilfeleistungen, soweit sie gelegentlich
    a) aus Gefälligkeit,
    b) aufgrund familienrechtlicher Vorschriften,
    c) in Einrichtungen der Jugendhilfe,
    d) in Einrichtungen zur Eingliederung Behinderter
    erbracht werden,
2. für die Beschäftigung durch die Personensorgeberechtigten im Familienhaushalt.

§ 2 Kind, Jugendlicher

(1) Kind im Sinne dieses Gesetzes ist, wer noch nicht 15 Jahre alt ist.

(2) Jugendlicher im Sinne dieses Gesetzes ist, wer 15, aber noch nicht 18 Jahre alt ist.

(3) Auf Jugendliche, die der Vollzeitschulpflicht unterliegen, finden die für Kinder geltenden Vorschriften Anwendung.

§ 3 Arbeitgeber

Arbeitgeber im Sinne dieses Gesetzes ist, wer ein Kind oder einen Jugendlichen gemäß § 1 beschäftigt.

§ 4 Arbeitszeit

(1) Tägliche Arbeitszeit ist die Zeit vom Beginn bis zum Ende der täglichen Beschäftigung ohne die Ruhepausen (§ 11).

(2) Schichtzeit ist die tägliche Arbeitszeit unter Hinzurechnung der Ruhepausen (§ 11).

...

(4) Für die Berechnung der wöchentlichen Arbeitszeit ist als Woche die Zeit von Montag bis einschließlich Sonntag zugrunde zu legen. Die Arbeitszeit, die an einem Werktag infolge eines gesetzlichen Feiertags ausfällt, wird auf die wöchentliche Arbeitszeit angerechnet.

...

§ 5 Verbot der Beschäftigung von Kindern

(1) Die Beschäftigung von Kindern (§ 2 Abs. 1) ist verboten.

...

§ 8 Dauer der Arbeitszeit

(1) Jugendliche dürfen nicht mehr als acht Stunden täglich und nicht mehr als 40 Stunden wöchentlich beschäftigt werden.

...

§ 9 Berufsschule

(1) Der Arbeitgeber hat den Jugendlichen für die Teilnahme am Berufsschulunterricht freizustellen. Er darf den Jugendlichen nicht beschäftigen

1. vor einem vor 9 Uhr beginnenden Unterricht; dies gilt auch für Personen, die über 18 Jahre alt und noch berufsschulpflichtig sind,
2. an einem Berufsschultag mit mehr als fünf Unterrichtsstunden von mindestens je 45 Minuten, einmal in der Woche,
3. in Berufsschulwochen mit einem planmäßigen Blockunterricht von mindestens 25 Stunden an mindestens fünf Tagen; zusätzliche betriebliche Ausbildungsveranstaltungen bis zu zwei Stunden wöchentlich sind zulässig.

(2) Auf die Arbeitszeit werden angerechnet
1. Berufsschultage nach Absatz 1 Nr. 2 mit acht Stunden,
2. Berufsschulwochen nach Absatz 1 Nr. 3 mit 40 Stunden,
3. im übrigen die Unterrichtszeit einschließlich der Pausen.

(3) Ein Entgeltausfall darf durch den Besuch der Berufsschule nicht eintreten.

(4) (weggefallen)

§ 10 Prüfungen und außerbetriebliche Ausbildungsmaßnahmen

(1) Der Arbeitgeber hat den Jugendlichen
1. für die Teilnahme an Prüfungen und Ausbildungsmaßnahmen, die aufgrund öffentlich-rechtlicher
oder vertraglicher Bestimmungen außerhalb der Ausbildungsstätte
durchzuführen sind,
2. an dem Arbeitstag, der der schriftlichen Abschlussprüfung unmittelbar vorangeht, freizustellen.

(2) Auf die Arbeitszeit werden angerechnet
1. die Freistellung nach Absatz 1 Nr. 1 mit der Zeit der Teilnahme einschließlich der Pausen,
2. die Freistellung nach Absatz 1 Nr. 2 mit acht Stunden.
Ein Entgeltausfall darf nicht eintreten.

§ 11 Ruhepausen, Aufenthaltsräume

(1) Jugendlichen müssen im Voraus feststehende Ruhepausen von angemessener Dauer gewährt werden. Die Ruhepausen müssen mindestens betragen
1. 30 Minuten bei einer Arbeitszeit von mehr als viereinhalb bis zu sechs Stunden,
2. 60 Minuten bei einer Arbeitszeit von mehr als sechs Stunden.
Als Ruhepause gilt nur eine Arbeitsunterbrechung von mindestens 15 Minuten.

(2) Die Ruhepausen müssen in angemessener zeitlicher Lage gewährt werden, frühestens eine Stunde nach Beginn und spätestens eine Stunde vor Ende der Arbeitszeit. Länger als viereinhalb Stunden hintereinander dürfen Jugendliche nicht ohne Ruhepause beschäftigt werden.

(3) Der Aufenthalt während der Ruhepausen in Arbeitsräumen darf den Jugendlichen nur gestattet werden, wenn die Arbeit in diesen Räumen während dieser Zeit eingestellt ist und auch sonst die notwendige Erholung nicht beeinträchtigt wird.

(4) Absatz 3 gilt nicht für den Bergbau unter Tage.

§ 12 Schichtzeit

Bei der Beschäftigung Jugendlicher darf die Schichtzeit (§ 4 Abs. 2) 10 Stunden, im Bergbau unter Tage 8 Stunden, im Gaststättengewerbe, in der Landwirtschaft, in der Tierhaltung, auf Bau- und Montagestellen 11 Stunden nicht überschreiten.

§ 13 Tägliche Freizeit

Nach Beendigung der täglichen Arbeitszeit dürfen Jugendliche nicht vor Ablauf einer ununterbrochenen Freizeit von mindestens 12 Stunden beschäftigt werden.

§ 14 Nachtruhe

(1) Jugendliche dürfen nur in der Zeit von 6 bis 20 Uhr beschäftigt werden.

(2) Jugendliche über 16 Jahre dürfen
1. im Gaststätten- und Schaustellergewerbe bis 22 Uhr,
2. in mehrschichtigen Betrieben bis 23 Uhr,
...

beschäftigt werden.

...

(4) An dem einem Berufsschultag unmittelbar vorangehenden Tag dürfen Jugendliche auch nach Absatz 2 Nr. 1 bis 3 nicht nach 20 Uhr beschäftigt werden, wenn der Berufsschulunterricht am Berufsschultag vor 9 Uhr beginnt.

...

§ 15 Fünf-Tage-Woche

Jugendliche dürfen nur an fünf Tagen in der Woche beschäftigt werden. Die beiden wöchentlichen Ruhetage sollen nach Möglichkeit aufeinander folgen.

§ 16 Samstagsruhe

(1) An Samstagen dürfen Jugendliche nicht beschäftigt werden.

(2) Zulässig ist die Beschäftigung Jugendlicher an Samstagen nur

1. in Krankenanstalten sowie in Alten-, Pflege- und Kinderheimen,
2. in offenen Verkaufsstellen, in Betrieben mit offenen Verkaufsstellen, in Bäckereien und Konditoreien, im Friseurhandwerk und im Marktverkehr,
3. im Verkehrswesen,
4. in der Landwirtschaft und Tierhaltung,
5. im Familienhaushalt,
6. im Gaststätten- und Schaustellergewerbe.

...

(3) Werden Jugendliche am Samstag beschäftigt, ist ihnen die Fünf-Tage-Woche (§ 15) durch Freistellung an einem anderen berufsschulfreien Arbeitstag derselben Woche sicherzustellen. In Betrieben mit einem Betriebsruhetag in der Woche kann die Freistellung auch an diesem Tag erfolgen, wenn die Jugendlichen an diesem Tag keinen Berufsschulunterricht haben.

...

§ 17 Sonntagsruhe

(1) An Sonntagen dürfen Jugendliche nicht beschäftigt werden.

(2) Zulässig ist die Beschäftigung Jugendlicher an Sonntagen nur

1. in Krankenanstalten sowie in Alten-, Pflege- und Kinderheimen,
2. in der Landwirtschaft und Tierhaltung mit Arbeiten, die auch an Sonn- und Feiertagen naturnotwendig vorgenommen werden müssen,
3. im Familienhaushalt, wenn der Jugendliche in die häusliche Gemeinschaft aufgenommen ist.

    ...

    Jeder zweite Sonntag soll, mindestens zwei Sonntage im Monat müssen beschäftigungsfrei bleiben.

(3) Werden Jugendliche am Sonntag beschäftigt, ist ihnen die Fünf-Tage-Woche (§ 15) durch Freistellung an einem anderen berufsschulfreien Arbeitstag derselben Woche sicherzustellen. In Betrieben mit einem Betriebsruhetag in der Woche kann die Freistellung auch an diesem Tag erfolgen, wenn die Jugendlichen an diesem Tag keinen Berufsschulunterricht haben.

§ 18 Feiertagsruhe

(1) Am 24. und 31. Dezember nach 14 Uhr und an gesetzlichen Feiertagen dürfen Jugendliche nicht beschäftigt werden.

(2) Zulässig ist die Beschäftigung Jugendlicher an gesetzlichen Feiertagen in den Fällen des § 17 Abs. 2, ausgenommen am 25. Dezember, am 1. Januar, am ersten Osterfeiertag und am 1. Mai.

(3) Für die Beschäftigung an einem gesetzlichen Feiertag, der auf einen Werktag fällt, ist der Jugendliche an einem anderen berufsschulfreien Arbeitstag derselben oder der folgenden Woche freizustellen. In Betrieben mit einem Betriebsruhetag in der Woche kann die Freistellung auch an diesem Tag erfolgen, wenn die Jugendlichen an diesem Tag keinen Berufsschulunterricht haben.

§ 19 Urlaub

(1) Der Arbeitgeber hat Jugendlichen für jedes Kalenderjahr einen bezahlten Erholungsurlaub zu gewähren.

(2) Der Urlaub beträgt jährlich

1. mindestens 30 Werktage, wenn der Jugendliche zu Beginn des Kalenderjahrs noch nicht 16 Jahre alt ist,
2. mindestens 27 Werktage, wenn der Jugendliche zu Beginn des Kalenderjahrs noch nicht 17 Jahre alt ist,
3. mindestens 25 Werktage, wenn der Jugendliche zu Beginn des Kalenderjahrs noch nicht 18 Jahre alt ist.

...

(3) Der Urlaub soll Berufsschülern in der Zeit der Berufsschulferien gegeben werden.
Soweit er nicht in den Berufsschulferien gegeben wird, ist für jeden Berufsschultag, an dem die Berufsschule während des Urlaubs besucht wird, ein weiterer Urlaubstag zu gewähren.

...

§ 22 Gefährliche Arbeiten

(1) Jugendliche dürfen nicht beschäftigt werden

1. mit Arbeiten, die ihre physische oder psychische Leistungsfähigkeit übersteigen,
2. mit Arbeiten, bei denen sie sittlichen Gefahren ausgesetzt sind,
3. mit Arbeiten, die mit Unfallgefahren verbunden sind, von denen anzunehmen ist, dass

Jugendliche sie wegen mangelnden Sicherheitsbewusstseins oder mangelnder Erfahrung nicht erkennen oder nicht abwenden können,

4. mit Arbeiten, bei denen ihre Gesundheit durch außergewöhnliche Hitze oder Kälte oder starke Nässe gefährdet wird,

5. mit Arbeiten, bei denen sie schädlichen Einwirkungen von Lärm, Erschütterungen oder Strahlen ausgesetzt sind,

6. mit Arbeiten, bei denen sie schädlichen Einwirkungen von Gefahrstoffen im Sinne des Chemikaliengesetzes ausgesetzt sind.

...

(3) Werden Jugendliche in einem Betrieb beschäftigt, für den ein Betriebsarzt oder eine Fachkraft für Arbeitssicherheit verpflichtet ist, muss ihre betriebsärztliche oder sicherheitstechnische Betreuung sichergestellt sein.

...

Bild 1: *Gesetze zum Schutz von Jugendlichen*

4.2 Das Mutterschutzgesetz (MuSchG)

Das Mutterschutzgesetz schützt alle Frauen, die in einem Arbeitsverhältnis stehen, während der Schwangerschaft und nach der Geburt vor Kündigung und in den meisten Fällen auch vor vorübergehender Minderung des Einkommens. Darüber hinaus wird die Gesundheit der werdenden Mutter und des ungeborenen Kindes vor den Gefahren des Arbeitsplatzes geschützt.

> ▪ Internet: www.bmfsj.de

Jede werdende Mutter sollte sich mit den gesetzlichen Regelungen vertraut machen und den gesetzlichen Anspruch nutzen. Für den Schutz am Arbeitsplatz ist es wichtig, den Arbeitgeber über eine bestehende Schwangerschaft nach **§ 5 Mitteilungspflicht**, bei Bedarf mit einem ärztlichen Zeugnis, zu unterrichten, sobald der Zustand der Schwangerschaft bekannt und der Tag der mutmaßlichen Entbindung vom Arzt oder Hebamme festgelegt ist. Irrt sich der Arzt oder die Hebamme so verkürzt oder verlängert sich diese Frist entsprechend.

Die Kosten für die Zeugnisse trägt der Arbeitgeber.

Bild 2: *Gesetze zum Schutz der Frau während der Schwangerschaft und nach der Geburt*

5 Fort- und Weiterbildung

Durch die sehr umfangreiche Ausbildung hat die Hauswirtschafterin nach bestandener Prüfung gute Möglichkeiten, sich beruflich weiter zu qualifizieren. Die nachfolgende Tabelle gibt eine Übersicht über die Vielfalt der Möglichkeiten.

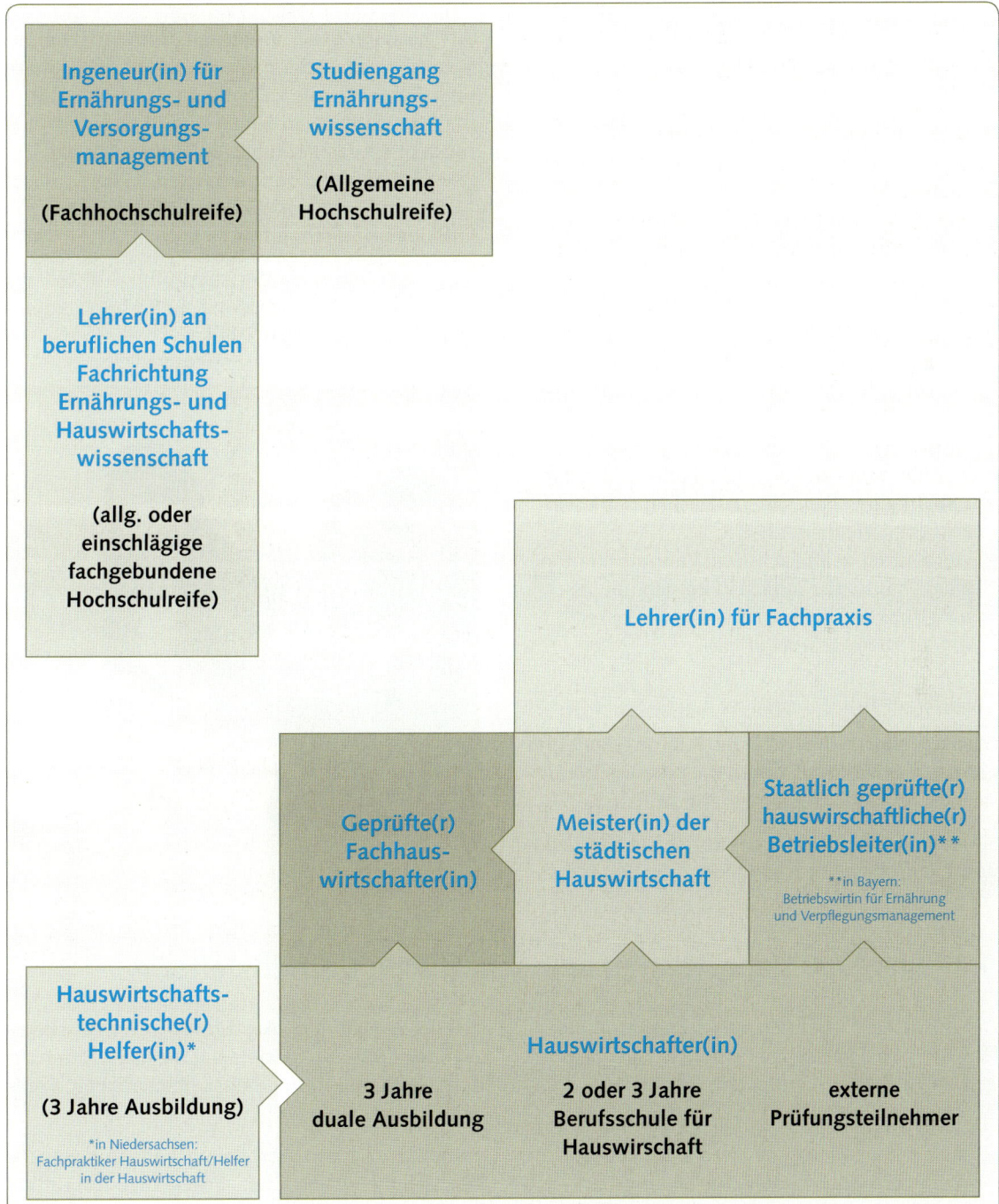

Bild 1: *Fort- und Weiterbildungsmöglichkeiten nach der Abschlussprüfung Hauswirtschafterin*

5.1 Meisterin der Hauswirtschaft

Grundlage ist die neue Verordnung über die Anforderungen in der Meisterprüfung für den Beruf Hauswirtschafterin vom Juli 2005. Die Meisterin der Hauswirtschaft nimmt zur Prüfungsvorbereitung an einem Lehrgang teil. Die Weiterbildung findet berufsbegleitend statt.

Zur Prüfung kann zugelassen werden,

- wer die Ausbildung zur Hauswirtschafterin erfolgreich abgeschlossen hat und eine mindestens zweijährige Berufspraxis nachweisen kann.
- wer als Hauswirtschafterin in Teilzeit tätig ist (mind. 50 %) und keinen eigenen Mehrpersonenhaushalt führt.
- wer in einem eigenen Mehrpersonenhaushalt ohne weitere Erwerbstätigkeit für die Versorgung von drei bzw. zwei Personen, davon eine mit Betreuungsbedarf (Kind, pflegebedürftige Person), für mindestens zwei Jahre verantwortlich war.
- wer fünf Jahre als Fach- und Führungskraft in zwei fremden hauswirtschaftlichen Betrieben in Vollzeit gearbeitet hat.
- wer fünf Jahre als Fach- und Führungskraft in einem hauswirtschaftlichen Betrieb mit Leitungsfunktion in zwei Bereichen in Teilzeit (mind. 50 %) gearbeitet hat.

Qualitätsprofil

Die Meisterin ist eine Fach- und Führungskraft und kann in hauswirtschaftlichen Betrieben mit unterschiedlichen Anforderungen tätig werden.

Sie verbindet fachpraktisches Können mit betriebswirtschaftlichem Wissen, kundenorientiertes Denken und Planen mit sozialer und methodischer Kompetenz, um auf betriebliche Situationen flexibel und qualitätsorientiert reagieren zu können.

Tätigkeitsbereiche

Die Meisterin der Hauswirtschaft findet ihren Tätigkeitsbereich in der hauswirtschaftlichen Leitung eines Betriebes. Sie ist befähigt, hauswirtschaftliche Fachkräfte auszubilden und Mitarbeiterinnen im Rahmen des betrieblichen Konzeptes und der gesetzlichen Vorgaben zu schulen.

Aufstiegsmöglichkeiten

Die abgeschlossene Meisterprüfung bietet die Möglichkeit einer Ausbildung zur Fachpraxislehrerin an berufsbildenden Schulen.

Bild 1: *Meisterprüfung*

5.2 Staatlich geprüfte hauswirtschaftliche Betriebsleiterin

Die Ausbildung ist in den verschiedenen Bundesländern nach dem dort geltenden Schulrecht geregelt.

Nach einem mittleren Schulabschluss und einschlägiger abgeschlossener Berufsausbildung in einem staatlich anerkannten Ausbildungsberuf erfolgt über zwei Jahre die Ausbildung in einer Fachschule oder Fachakademie.

Teil der zweijährigen Ausbildung ist die Ausbildereignungsprüfung. Sie befähigt die hauswirtschaftliche Betriebsleiterin, hauswirtschaftliche Fachkräfte auszubilden.

In der schulischen Ausbildung können die Fachhochschulreife und über die Ergänzungsprüfung (oder bei sehr guten Leistungen) auch die fachgebundene Hochschulreife erreicht werden.

Qualitätsprofil

Die hauswirtschaftliche Betriebsleiterin arbeitet als hauswirtschaftliche Management- und Führungskraft mit Ausbilderfunktion.

Tätigkeitsbereiche

Sie leitet hauswirtschaftliche Bereiche in Großbetrieben oder hauswirtschaftlichen Dienstleistungszentren. Sie übernimmt Lehrtätigkeiten bei Trägern der Erwachsenenbildung und arbeitet als Beraterin in der Industrie.

Aufstiegsmöglichkeiten

Die hauswirtschaftliche Betriebsleiterin kann an Schulen als Fachlehrerin für Hauswirtschaft angestellt werden oder ein Studium an einer Fachhochschule beginnen oder mit fachgebundener Hochschulreife ein Universitätsstudium für das höhere Lehramt an beruflichen Schulen, Fachrichtung Ernährungs- und Haushaltswissenschaft, aufnehmen.

> Informationen über weitere Möglichkeiten der beruflichen Fort- und Weiterbildung finden Sie bei den Berufsverbänden oder den zuständigen Stellen der Länder.

Bild 1: *Hauswirtschaftliche Betriebsleiterin*

5.3 Staatlich geprüfte Familienpflegerin/Dorfhelferin

Nach einer abgeschlossenen Berufsausbildung im Beruf Hauswirtschafterin und der Freude am Umgang mit Menschen schließt sich eine zweijährige Fachschule an. In einigen Bundesländern wird eine berufsbegleitende Fortbildung angeboten.

Familienpflegerin

Durch ihre hauswirtschaftlich-pädagogische Qualifikation kann sie sich schnell auf neue berufliche Situationen einstellen.

Einsatzgebiete

Der Mittelpunkt ihrer beruflichen Tätigkeit liegt im städtischen Bereich vorwiegend in der Jugendhilfe, Einrichtungen und Maßnahmen für Jugendliche und in den Familien zur Entlastung der kranken oder überlasteten Mutter.

Dorfhelferin

Durch ihre hauswirtschaftlich-landwirtschaftliche Qualifikation und die Kenntnisse und Fähigkeiten im pädagogisch-erzieherischen und sozialen Bereich kann sie sich schnell auf neue Situationen einstellen.

Einsatzgebiete

Im Mittelpunkt ihrer beruflichen Tätigkeit steht die Familie im ländlichen Bereich. Dort vertritt sie die Hausfrau bzw. die Bäuerin im landwirtschaftlichen Betrieb und im ländlichen Haushalt, wenn diese durch Krankheit, Unfall oder ähnliche Notfälle nicht mehr in der Lage ist, ihre Familie zu versorgen, oder ihre betrieblichen Aufgaben nicht mehr erfüllen kann.

Bild 2: *Staatlich geprüfte Familienpflegerin*

5.4 Staatlich geprüfte Fachhauswirtschafterin

Fachhauswirtschafterinnen unterstützen Menschen bei ihren Lebensaktivitäten und Alltagsverrichtungen.

Nach der Abschlussprüfung zur Hauswirtschafterin und mindestens zwei Jahren Berufspraxis mit hauswirtschaftlicher und pflegerisch-betreuender Tätigkeit oder mindestens sechsjähriger, hauswirtschaftlicher und pflegerisch-betreuender Berufspraxis ist die Fortbildung zur Fachhauswirtschafterin möglich. Die Fortbildungsprüfung findet nach § 46 Berufsbildungsgesetz statt.

Aufstiegsmöglichkeiten

Die Fachhauswirtschafterin kann bei entsprechender Qualifikation Teamleiterin im Schnittstellenbereich von Hauswirtschaft und Pflege oder Einsatzleiterin im ambulanten Dienst im Bereich Hauswirtschaft werden.

Einsatzgebiete

In ambulanten Diensten, Tagespflegestationen, in der Kurzzeitpflege, Einrichtungen der Alten- und Behindertenhilfe, Privathaushalten, hauswirtschaftlichen Dienstleistungszentren.

> Diese Fortbildung ist nicht in allen Bundesländern möglich. Auskünfte geben die zuständigen Stellen der Länder.

> **Aufgabe:**
>
> Nach bestandener Hauswirtschafterinnenprüfung stehen Ihnen Wege der Fort- und Weiterbildung offen.
>
> **a)** Erstellen Sie in Ihrer Klasse Plakate zum Thema „Hauswirtschafterin – Wege der Fort- und Weiterbildung".
> **b)** Befragen Sie Ihre Mitschüler, welchen Weg sie sich nach bestandener Prüfung vorstellen könnten. Betrachten Sie dabei auch die sogenannten Anrainer-Berufe.

Bild 1: *Fachhauswirtschafterin in einer Altenpflegeeinrichtung*

6 | Kommunikation im Berufsalltag

Jeden Tag kommen wir mit unterschiedlichen Menschen zusammen. In unserer Freizeit können wir uns aussuchen, ob wir mit den Menschen kommunizieren wollen oder nicht. Wir können bleiben oder weggehen. Im beruflichen Alltag ist das anders: Dort müssen wir mit den Menschen, die mit uns zusammenarbeiten, auskommen.

6.1 Gruppen bilden

Als Gruppe bezeichnen wir ein soziales Gebilde, das aus Beziehungen und Kontakten zweier oder mehrerer Personen entsteht. Das Verhalten von Personen einer Gruppe untereinander orientiert sich an dem Verhalten des anderen und nimmt Einfluss auf die Gruppenbildung.

Zu Beginn der Ausbildung müssen sich alle in Schule und Ausbildungsbetrieb auf neue Kolleginnen, Auszubildende, Mitschüler und Lehrkräfte einstellen.

Innerhalb der Gruppe entwickelt sich ein Eigenleben, das durch das Verhalten der Gruppenmitglieder positiv oder negativ auf das Gruppengeschehen wirkt.

Etwas über die anderen Gruppenmitglieder zu erfahren, deren Vorlieben und Grenzen zu kennen, ist notwendig für die weitere Zusammenarbeit.

Bild 1: *Regeln erstellen in der Gruppe*

Gruppenregeln für eine gute Zusammenarbeit

- Ich bin pünktlich!
- Ich nehme Rücksicht auf die anderen!
- Ich beleidige niemanden mit Worten, die verletzen!
- Ich akzeptiere die anderen, so wie sie sind!
- Ich höre zu, wenn jemand spricht!
- Ich lache niemanden aus!
- Ich gehe sorgsam mit den Arbeitsmaterialien um!

- Ich beachte die Anweisungen der Weisungsbefugten (Lehrkräfte und Ausbilder)!
- Ich halte die Pausen- und Arbeitszeiten ein!
- Ich melde mich beim Verlassen des Raumes ab!
- Ich helfe den anderen!

> Regeln müssen eingehalten werden, um mit vielen Menschen in einer Gruppe gut miteinander arbeiten zu können.

6.2 Konflikte vermeiden

Besonders zu Beginn der Ausbildung haben Auszubildende Schwierigkeiten, sich in der Arbeitswelt zurechtzufinden. Viele Fragen schwirren durch den Kopf, wie z. B.:

- Was fordert die Ausbilderin von mir?
- Wie mache ich einen richtigen Eindruck?
- Welche Probleme habe ich mit der Ausbilderin?
- Und hat die Ausbilderin vielleicht auch Probleme mit mir?
- Wie kommen meine Mitschüler oder Kollegen mit mir klar?
- Kann ich den Anforderungen entsprechen?
- Wie komme ich mit den Verhaltensweisen meiner Mitschüler oder Kollegen klar?

Richtig miteinander umgehen

Durch falsche oder fehlerhafte Kommunikation von Ausbilderin oder Auszubildenden können Situationen sehr leicht eskalieren.

Das kann die Auszubildende tun:

- Ruhig noch mal nachfragen, wenn etwas nicht verstanden worden ist.
- Den erhaltenen Auftrag noch einmal wiederholen.
- Den Auftrag gewissenhaft erledigen.
- Nicht gleich beleidigt sein, wenn man kritisiert wird.
- Kritik als Lernprozess betrachten.
- Ihre Meinung vertreten und sich in die Arbeit einbringen.
- Selbstbewusst an die Aufgabe herantreten.

- Nicht „schleimen", sondern natürlich wirken.
- Hat man einen Fehler gemacht, ehrlich sein und dazu stehen.
- Richtige, vorgeschriebene Kleidung auswählen.

Das kann die **Ausbilderin/Lehrkraft** tun:

Dafür sorgen, dass die Auszubildende alle Arbeitsmittel und Geräte bekommt, die für die Durchführung der Aufgabe wichtig sind.

- Sich um die Auszubildende kümmern und nachfragen.
- Nicht über die Auszubildende über Dritte reden, sondern direkt zu ihr gehen.
- Aufträge zu geben, die sinnvoll sind.
- Die Anforderungen nicht zu hoch setzen.
- Die Auszubildende gut in die Arbeitsaufgabe einweisen.
- Verständnisvoll und freundlich bleiben.
- Den Hinweis der Auszubildenden ernst nehmen, wenn sie sich unterfordert fühlt.
- Möglichst Zeitdruck vermeiden, damit kein Stress entsteht.
- Bei möglicher Kritik die richtigen Worte wählen. Kritik soll verbessern.

Bild 1: *Verhalten in der Gruppe*

Die Kollegen/Mitschüler verstehen

„Mobbing", „Druck", „über den Anderen reden", „Androhung von Gewalt" sind Erfahrungen, die täglich gemacht werden. Jeder kann sich sicherlich an so eine Situation erinnern, egal ob er nun selbst beteiligt oder nur Zeuge des Vorfalls war. All diese Dinge können den Arbeitsalltag sehr belasten.

Damit es gar nicht so weit kommt, müssen wir lernen mit Wut, Aggressionen oder schwierigen Menschen umzugehen. Es hat keinen Sinn, einen Menschen verändern zu wollen. Nur wer lernt, mit schwierigen Menschen und aussichtslosen Situationen umzugehen, hat am Ende nicht selbst ein Problem.

Toleranz gegenüber schwierigen Menschen üben bedeutet

- sie so zu nehmen, wie sie sind.
- daran zu denken, dass niemand perfekt ist – auch wir nicht.
- zu versuchen, die positiven Seiten des anderen zu sehen.

- persönlich eine hohe Selbstachtung aufzubauen und zu bewahren.
- die Angriffe des Kollegen oder Mitschülers nicht zu stark zu bewerten. Wer sich selbst mag, der ist nicht so leicht angreifbar.
- schwierige Situationen unter Kontrolle zu halten.
- offen auf den anderen zuzugehen.
- schwierige Situationen mit Humor zu nehmen.

Richtig streiten

Sollte ein Streit unvermeidbar sein, dann darf ein klärendes Gespräch nicht ausgelassen werden.

Die Beteiligten müssen die Möglichkeit haben, sich zu dem Vorfall zu äußern und den Grund der Verärgerung darzulegen. Damit das Gespräch nicht wieder zu einem Streit eskaliert, sollte immer ein Moderator dabei sein. Wichtig ist, Klarheit durch das Gespräch zu bekommen und mit einem guten Gefühl aus dem Gespräch zu gehen.

Bild 1: *Richtig streiten muss gelernt werden*

6.3 Richtig telefonieren

Im betrieblichen Alltag kommt es immer wieder vor, dass wir telefonieren müssen. Für viele keine einfache Angelegenheit. Sie haben Angst, sich zu verhaspeln oder nicht die richtigen Worte zu finden. Häufig haben sie Angst davor, dass sie den Gesprächspartner nicht richtig verstehen können oder auf den Anrufbeantworter sprechen müssen. Richtiges Verhalten lässt Telefonstress nicht entstehen.

Tipps fürs Telefonieren:

1. Die genaue Telefonnummer des Teilnehmers aufschreiben
2. In Stichpunkten aufschreiben, worum es eigentlich geht
3. Sich genau informieren über die Angelegenheit, falls Nachfragen gestellt werden
4. Unnötige Fremdwörter vermeiden
5. Das Buchstabieralphabet bereitlegen, falls etwas buchstabiert werden muss
6. Den richtigen Zeitpunkt wählen
7. Den Namen, Vornamen und den Tagesgruß sagen
8. Lächeln, das macht eine bessere Stimme
9. Deutlich und engagiert sprechen

Das Telefonalphabet

Um Missverständnissen vorzubeugen, gibt es ein allgemein gültiges Alphabet zum Buchstabieren von Wörtern. Dieses Alphabet muss auswendig gelernt werden. Für Telefonprofis ist das Alphabet ein alltägliches Instrument.

Bild 1: *Freundlichkeit kann man hören*

	Inländisches Alphabet	Internationales Alphabet
A	Anton	Amsterdam
B	Berta	Budapest
C	Cesar	Casablanca
D	Dora	Dänemark
E	Emil	Ekuador
F	Friedrich	Fleurop
G	Gustav	Gerbera
H	Heinrich	Hongkong
I	Ida	Interflora
J	Julius	Jerusalem
K	Kaufmann	Kilo
L	Ludwig	Liverpool
M	Martha	Mexiko
N	Nordpol	New York
O	Otto	Oslo
P	Paula	Paris
Q	Quelle	Quebec
R	Richard	Roma
S	Siegfried	Singapore
T	Theodor	Thailand
U	Ulrich	Upsala
V	Viktor	Valencia
W	Walter	Washington
X	Xaver	Xray
Y	Ypsilon	Yokohama
Z	Zeppelin	Zürich

Bild 2: *Buchstabieralphabet*

Aufgabe:

Zum Ausbildungsbeginn treffen sie sich mit Ihren neuen Mitschülern in der Klasse. Alle wollen sich nun näher kennen lernen. Welche Regeln müssen Sie gemeinsam besprechen?

7 | Qualitätssichernde Maßnahmen

Qualitätssicherung und Qualitätsmanagement werden in Betrieben immer häufiger eingefordert. Viele Betriebe, Schulen und auch Kindertagesstätten beantragen heute eine Zertifizierung. Zu diesem Zweck ist es notwendig entsprechende Qualitätskriterien aufzustellen.

Was ist eigentlich Qualität? Welche Maßnahmen werden per Gesetz vorgeschrieben? Was muss alles gemacht werden? Wo kann freiwillig entschieden werden? Fragen, die ein Betrieb zunächst klären muss.

Die Definition von „Qualität"

Das Wort „Qualität" ist ein Lehnwort von dem lateinischen „qualitas". Es bedeutet Beschaffenheit, Eigenschaft, bezogen auf das Wort Qualität auch Brauchbarkeit oder Güte. Nach DIN (Deutsche Industrienorm) wird Qualität definiert als die „Beschaffenheit einer Einheit bezüglich ihrer Eignung, festgelegte und vorausgesetzte Erfordernisse zu erfüllen".

Für den Betrieb oder das Unternehmen bedeutet es, die Produktqualität, die Dienstleistungsangebote und den Service so einzurichten, dass er/es in einem Wettbewerb bestehen kann. Die Mitarbeiter eines Betriebes oder eines Unternehmens müssen die Regeln des Qualitätsmanagements mittragen und bereit sein, die Anforderungen umzusetzen. Bei den Maßnahmen zur Sicherung der Qualität unterscheiden wir zwischen den Pflichtmaßnahmen und den freiwilligen Maßnahmen.

Zu den Pflichtmaßnahmen gehört die Einhaltung von Gesetzen, Verordnungen, Leitlinien, Produktverordnungen oder Richtlinien. Für uns ganz besonders im Lebensmittelbereich die Lebensmittelhygieneverordnung. Bei den freiwilligen Maßnahmen stehen die Zertifizierung und die Einhaltung von DIN-Normen im Vordergrund.

Jeder Betrieb, jedes Unternehmen muss bestrebt sein ein Mindestmaß an Qualitätssicherung zu erfüllen. Der Kunde möchte immer wieder ein gleich gutes Produkt erhalten.

7.1 Qualitätsziele erreichen

Für den Lebensmittelbereich (Hygiene)

Das Personal erhält jährlich Schulungen im Lebensmittelbereich (z. B. nach DIN 10514) oder arbeitsplatzbezogene Schulungen.

Bei Neueinstellung ist eine Erstbelehrung nach § 42 durch das Gesundheitsamt oder einen Arzt durchzuführen, in der Folge alle zwei Jahre eine Nachbelehrung nach § 43 Infektionsschutzgesetz.

Mitarbeiter können durch ausreichende Schulungen die hygienischen Risiken bei der Speisenzubereitung verringern.

Die Mitarbeiter beachten die Arbeits- und Verfahrensanweisungen der Küchenleitung. Produkte werden bei der Lagerung durch richtige Behältnisse vor Verunreinigung geschützt.

Räume, Geräte und Arbeitsmittel werden entsprechend den vorgeschriebenen Arbeitsabläufen gereinigt.

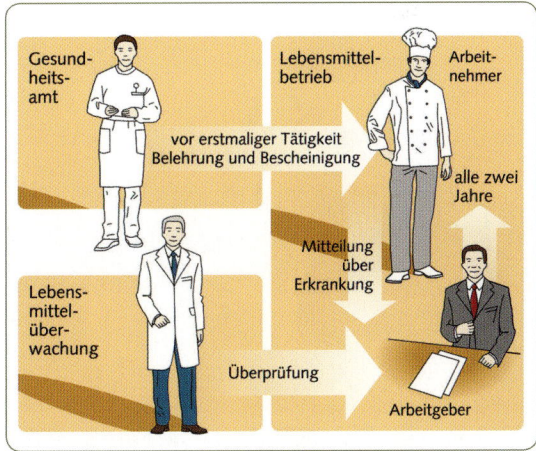

Bild 1: *Erstbelehrung/Folgebelehrung*

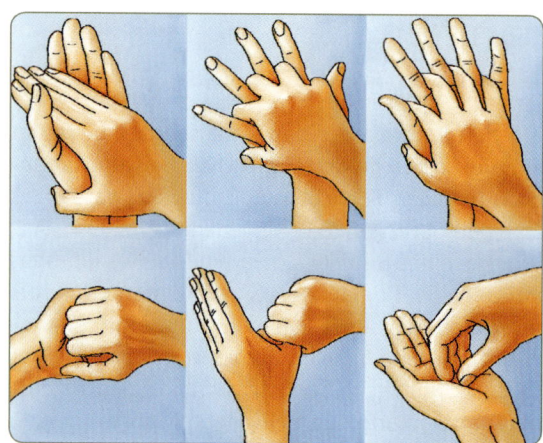

Bild 1: *Händehygiene*

Die Mitarbeiter sind über die richtige Händehygiene aufgeklärt worden.

Die Auswahl der Arbeitskleidung ist besonders wichtig. Die Kleidung muss täglich oder bei Bedarf mehrmals täglich gewechselt werden.

Bild 2: *Beispiele für korrekte Berufskleidung*

Bei der Speisenherstellung (Ernährungsphysiologie)

Bei Erstellung des Speisen- und Getränkeangebotes für die zu versorgenden Personen wird der Energie- und Nährstoffbedarf der einzelnen Personengruppen beachtet.

Die Speisen werden so zubereitet, dass ein Nährstoffverlust vermieden wird.

Zur Steigerung des Mineral- und Vitaminhaushaltes wird ein Rohkost- bzw. Salatbüfett angeboten.

Warmhaltezeiten von Speisen sollen 30 Minuten nicht überschreiten.

Die Verzehrmengen der zu versorgenden Personen werden vermerkt und genau portioniert.

Die zu versorgenden Personen werden in regelmäßigen Abständen über ihre Vorlieben und Abneigungen befragt und die Erkenntnisse bei der Speisenzubereitung berücksichtigt.

Bild 3: *Bewohnerbefragung*

Bei dem Anrichten der Speisen (Sensorik)

Bei der Speisenauswahl ist auf die Wirkung der Farben und Beschaffenheit der Speisen zu achten.

Die Speisen werden appetitlich angerichtet und entsprechend der Speisenzusammenstellung garniert.

Für die Aufwertung, Ergänzung und Verfeinerung der Speisen werden frische Kräuter und Gewürze eingesetzt.

Bild 1: *Appetitliches Anrichten von Speisen*

Für den Umwelt- und Abfallbereich (Ökologie)

Der Müll wird entsprechend dem Abfallsystem des Betriebes getrennt und entsorgt. Die Regelungen der Abfallentsorgung eines Betriebes können bei der zuständigen Behörde nachgefragt werden. Regelmäßige Schulungen und entsprechende Arbeitsanweisungen für die Mitarbeiter legen den geregelten Ablauf der Entsorgung fest.

Restmüll

Verpackungsmüll   Papiermüll

Bild 2: *Beispiel für Mülltrennung im Betrieb*

Auszug aus Arbeitsanweisung/ Müllentsorgung

- Organische Abfälle täglich entsorgen
- nicht über Nacht in der Küche stehen lassen
- Papier zweimal die Woche entsorgen

- Kunststoffe wie beschrieben in den „gelben Sack" entsorgen
- Mülleimer gründlich reinigen

Energie- und Wasserkosten werden in einem Betrieb regelmäßig überprüft. Der Umgang mit Wasser und Energie wird durch entsprechende Vorschriften optimiert.

Durch den Einsatz von Dosierhilfen können Reinigungs-und Pflegemittel genau dosiert werden. Die Menge der Reinigungsmittel und der Wasserverbrauch werden gesenkt.

Bei der Arbeitsgestaltung und Ablaufplanung (Ergonomie)

Die Arbeitsabläufe und die Bewegungsabläufe werden optimal organisiert.

Arbeitsmittel und Arbeitsgeräte werden auf die üblichen Körpermaße eingestellt.

Arbeitshöhen werden den Arbeitsaufgaben angepasst.

Transportwege sind kurz und eben.

Transportwagen stehen in ausreichender Menge zur Verfügung.

Im Sinne der Unfallverhütung haben Geräte keine scharfen Ecken und Kanten und sind leicht zu reinigen.

Aufgabe:

In Ihrem Ausbildungsbetrieb wird auf die Einhaltung qualitätssichernder Maßnahmen sehr großen Wert gelegt

a) In welchen Bereichen ist die Sicherung von Qualität besonders wichtig?
b) Was können Sie in Ihrem Betrieb tun, um die Qualitätssicherung aktiv zu unterstützen?
c) Warum sind regelmäßige Schulungen zur Qualitätssicherung so wichtig?
d) Geben Sie Beispiele aus Ihrem Betrieb, in denen Qualitätssicherung zur Optimierung der Arbeit und der Ressourcen führen kann.
e) Welche Schulungen sollten für Mitarbeiter regelmäßig durchgeführt werden?

8 Gestaltung hauswirtschaftlicher Arbeitsprozesse

8.1 Tagesleistungskurve

Während eines Tages zeigt die Tagesleistungskurve deutlich zwei Höhepunkte. Somit ist die Leistungsbereitschaft am Tag höher als in der Nacht.

Die **beste Arbeitszeit** liegt in der Regel zwischen 08.00 Uhr und 11.00 Uhr morgens und 18.00 Uhr und 21.00 Uhr abends. In dieser Zeit sollten alle Arbeiten, bei denen eine hohe Leistungsfähigkeit oder eine hohe Konzentration erforderlich ist, ausgeführt werden.

Die **geringste Leistungsbereitschaft** am Tage zeigt sich zwischen 13.00 Uhr und 14.00 Uhr. Da befinden wir uns dann im Mittagstief.

Die Zeit zwischen 03.00 Uhr und 04.00 Uhr nachts ist die Zeit der Umstellung von Ruhe auf Tätigkeit. Hier ist die biologische Ermüdung am stärksten ausgeprägt.

Um einer körperlichen Überforderung vorzubeugen, sollen die Arbeiten und Aufgaben dem Tagesablauf angepasst sein. Wie hoch unsere Leistung am Tage ist, steht in Abhängigkeit zu dem biologischen Geschehen in unserem Körper. Von uns unbemerkt verändern sich innerhalb von 24 Stunden unsere Körpertemperatur, der Pulsschlag und die Höhe des Grundumsatzes. Am Tage steigen unsere Pulsfrequenz und unsere Körpertemperatur deutlich an.

So müssen viele Menschen, deren Arbeitszeit in Berufen wie Krankenschwester, Polizeibeamter, Bäcker und Schichtarbeiter in Industriebetrieben in der Nacht liegt, entgegen ihrer biologischen Uhr arbeiten. Bei häufigem Wechsel zwischen Tag- und Nachtarbeit kann sich der Körper nur schwer auf einen Rhythmus einstellen.

Da kein Mensch wie der andere ist, entwickelt sich die Leistungskurve schon in den ersten Lebensjahren. Persönliche Eigenschaften und Prägungen tragen dazu bei, ob wir später ein „Abendmensch" oder ein „Morgenmensch" werden. Bei der Berufsauswahl sollte auch die persönliche biologische Leistungskurve mit in die Berufsauswahlkriterien hineingenommen werden.

Untersuchungen über Fehlerhäufigkeit beweisen, dass in Phasen hoher Leistungsbereitschaft die Fehlerquote sehr gering und in Phasen eines Leistungstiefs die Fehlerquote sehr hoch ist. Die Linie verläuft fast parallel zur Leistungskurve. Für die Häufigkeit von Arbeitsunfällen gilt das gleiche Merkmal.

> Körperlich schwere Arbeiten in die Hochphase, leichtere Arbeiten in die Tiefphase der Tagesleistungskurve legen.

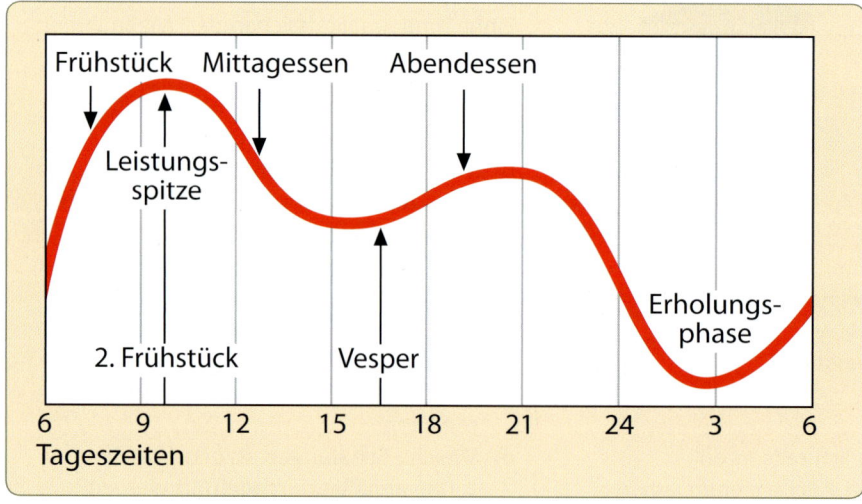

Bild 1: *Verlauf der Tagesleistungskurve*

Einflüsse auf die Tagesleistungskurve

Ob und wie die Leistungsfähigkeit positiv oder negativ beeinflusst wird, ist abhängig von vielen Faktoren.

Positive Faktoren

- Ausreichender Schlaf
- Ruhepausen
- Ausreichende Erholung zwischen Arbeitsende und Neubeginn der Arbeit
- Vitamin- und mineralstoffreiche Ernährung
- Fünf Mahlzeiten pro Tag
- Gut abgestimmte Zwischenmahlzeiten zur Vorbeugung eines Leistungstiefs
- Ausgleichssport, Hobbys, persönliche Verfassung
- Tageslicht, Umwelteinflüsse

Negative Faktoren

- Schlechter Schlaf durch Lärm (Umwelt)
- Schlechte Luft (Raumklima)
- Zu wenig Schlaf (Lebensführung)
- Unregelmäßiges Essen (Verteilung der Mahlzeiten, fehlende Zwischenmahlzeiten)
- Keine Motivation, Antriebslosigkeit, Willensschwäche (geistig-seelische Einflüsse)

In besonderen Fällen kann kurzfristig eine Steigerung der Leistungskurve durch künstliche Mittel gesteigert werden:

- Kaffee, Tee, Energiegetränke
- Medikamente, Doping

Bei dauerhafter Einnahme kann es zur Abhängigkeit kommen oder ein Gewöhnungsprozess tritt ein.

Aufgaben:

1. Die persönliche Tagesleistungskurve und die berufliche Tätigkeit müssen zueinander passen.

   a) Überlegen Sie Möglichkeiten, Ihre persönliche Leistungskurve im Gleichgewicht zu halten.
   b) Warum ist Nacht- und Schichtarbeit für „Morgenmenschen" besonders anstrengend?

2. Erstellen Sie eine Checkliste mit Faktoren und befragen Sie Menschen, die in Schichtarbeit tätig sind.

8.2 Arbeitsplanung und Arbeitsplatzgestaltung

Zeit ist ein Faktor in der Arbeitswelt, der nicht mehr außer Acht gelassen werden kann. Voraussetzungen für eine durchdachte Planung sind neben den maschinellen Hilfen eine richtige Arbeitshaltung und kraftsparende Arbeitsprozesse, außerdem zusätzlich die Bewertung und Betrachtung der menschlichen Arbeit unter Einbeziehung der Tagesleistungskurve.

Eine Arbeit zu planen bedeutet eine Arbeit gestalten. Um dieses Ziel zu erreichen, nutzen wir die Ergebnisse von Studien aus Bereichen der Wissenschaft und der Arbeitswelt.

Bei der Arbeitsplanung wird zwischen einem Arbeitsplan und einem Arbeitsablaufplan unterschieden.

Arbeitsablaufplan: Mandarinen-Reis-Creme Himbeernockeln		
Zeitwert	**Arbeitsfolge**	**Bemerkungen**
7	– Hände gewaschen, – Arbeitskleidung angezogen	
8	– Arbeitsplatz vorbereitet – Arbeitsmittel bereitgestellt	
14	– Zutaten abgewogen	

Bild 1: *Arbeitsablaufplan*

Arbeitsplan: Mandarinen-Reis-Creme Himbeernockeln		
Plan	**Arbeitsfolge**	**Bemerkungen**
5	– Hände waschen, – Arbeitskleidung anziehen	
10	– Arbeitsplatz vorbereiten – Arbeitsmittel bereitstellen	
10	– Zutaten abwiegen – Himbeeren in eine Rührschüssel geben – Reis-Flammeri kochen – Runterschalten – Mandarinen abtropfen lassen	Auftauen lassen quellen lassen 30 Min.

Bild 1: *Arbeitsplan*

Der Arbeitsablaufplan beschreibt eine abgelaufene Arbeit. Er dient der Beurteilung von Arbeitsabläufen einer Arbeitsaufgabe, um deren Nutzen, Arbeitsspitzen oder Leerlauf innerhalb der durchgeführten Aufgabe besser erkennen zu können.

Der Arbeitsplan beschreibt die noch durchzuführende Arbeit. Er hilft durch einen festgesetzten Zeitrahmen bei der Verteilung der anfallenden Arbeitsaufgaben. Die einzelnen Arbeitsschritte sollen einen 10-Minuten-Takt nicht überschreiten. So werden die einzelnen Schritte der Arbeitsaufgabe deutlich sichtbar und überschaubar. Wartezeiten können sinnvoll genutzt werden.

Bestandteile der Arbeitsplanung

Die Gesamtarbeitszeit entsteht aus der Tätigkeitszeit und der Wartezeit. Tätigkeitszeit ist eine planmäßige, unmittelbar der Arbeitsaufgabe dienende Tätigkeit (aktive Arbeit). Wartezeit ist eine ablaufbedingte Unterbrechung, z.B. Backzeit des Kuchens im Backofen.

Während dieser Zeit können Tätigkeiten wie Abwaschen, vorbereitende oder nachbereitende Aufgaben anderer Tätigkeiten im Arbeitsablauf durchgeführt werden. Einrichten und Aufräumen des Arbeitsplatzes werden als Rüstzeit bezeichnet.

Ziele der Arbeitsplanung/Arbeitsgestaltung

- Mit geringstem Aufwand an Energie, Zeit und Kosten das bestmögliche Arbeitsergebnis erzielen
- Eine gestellte Arbeitsaufgabe erfüllen
- Inhalt und Zeitrahmen auf die Arbeit abstimmen
- Wartezeiten ausfüllen
- Arbeitsspitzen entschärfen

> **Aufgabe:**
>
> Für die Kaffeetafel sollen Plätzchen gebacken werden.
>
> a) Stellen Sie die Plätzchen her und schreiben Sie eine Arbeitsablaufbeschreibung für das Plätzchenbacken.
> b) Erstellen Sie nach einem selbst gewählten Rezept den Arbeitsplan für das Plätzchenbacken.

8.3 Den Arbeitsplatz gestalten

Bei hauswirtschaftlichen Tätigkeiten muss die tägliche Arbeit durch bessere Gestaltung des Arbeitsplatzes und den Einsatz arbeitserleichternder Geräte verbessert werden. Dadurch wird einer Überbeanspruchung, Verspannungen und späteren Folgeschäden vorgebeugt. Häufige Fehler bei der Arbeit sind:

- Falsche Handgriffe
- Überkreuzen der Hände
- Arbeitsgeräte, die zu weit oder zu eng stehen oder auf verschiedene Schränke und Schubladen verteilt sind
- Ein Tisch, der zu niedrig ist

- Ein Arbeitsstuhl, der ungeeignet ist
- Kaputte, ungeeignete und unhandliche Arbeitsgeräte wie ungeschliffene Messer, zu kurze Stiellängen
- Ungeeignete Reinigungstücher, die Arbeitszeiten unnötig verlängern

Für die Arbeitsgestaltung gelten die allgemeingültigen Leitsätze nach REFA.

REFA-Leitsätze sind das Ergebnis jahrelanger Untersuchungen und Erprobungen in der Praxis und die Voraussetzung für die Verbesserung einer Arbeit.

> **REFA** ist die Abkürzung für den Verband für Arbeitsstudien und Betriebsorganisation e.V.
>
> Er arbeitet gemeinnützig und wurde 1924 gegründet als Reichsausschuss für Arbeitszeitermittlung. REFA ist die älteste und bedeutendste Organisation für Arbeitsgestaltung. Sie entwickelt brauchbare und bewährte Methoden zur Verbesserung der Arbeitswelt. Der Fachausschuss Hauswirtschaft sorgt dafür, dass sich die REFA-Lehre auf den hauswirtschaftlichen Großbetrieb und den Privathaushalt übertragen lässt.

Leitsatz 1

Jeder Arbeitsplatz soll dem Bewegungsablauf der Arbeit und dem arbeitenden Menschen so weit wie möglich angepasst werden. Er soll weder größer noch kleiner sein, als zu ungehinderten und bequemen Ausführung der Arbeit nötig ist.

Leitsatz 2

Ausführung der Arbeit in richtiger Höhe und bequemer Haltung erspart unnütze Anstrengungen.

Leitsatz 3

Geräte, Arbeitsmittel und -materialien sollen am Arbeitsplatz stets übersichtlich und griffbereit aufbewahrt werden.

Leitsatz 4

Das Tragen schwerer Lasten kann oft durch Fahren oder durch einfache Tragevorrichtungen wesentlich erleichtert werden.

Leitsatz 5

Arbeitsplatz und Arbeitsmittel sind so zu gestalten, dass Verletzungen ausgeschlossen sind und der Arbeitende sich nicht dadurch gehemmt fühlt, dass er Verletzungen befürchten muss.

Leitsatz 6

Gute und regelmäßige Belüftung, richtige Temperatur und Luftfeuchtigkeit vermindern die Ermüdung des Arbeitenden. Unvermeidbare Dünste, Staub und Abfälle sollen umgehend beseitigt werden.

Leitsatz 7

Gute Beleuchtung des Arbeitsplatzes und eine geeignete Farbgebung im Arbeitsraum erleichtern die Arbeit, erhöhen die Sicherheit.

Leitsatz 8

Griffe an Handrührgeräten und Maschinen sollen handgerecht geformt sein.

Leitsatz 9

Arbeitsmittel und Gebrauchsgegenstände, Geräte und Möbel müssen laufend gereinigt werden.

Leitsatz 10

Zweckmäßige Arbeitskleidung schützt den Arbeitenden vor Verletzungen.

Der Arbeitsplatz

Bei der Vorbereitung oder beim Einrichten des Arbeitsplatzes ist darauf zu achten, dass die Greifräume eingehalten werden.

Im **inneren Greifraum** befinden sich immer die Geräte und Arbeitsmittel, die direkt gebraucht werden. Im **äußeren Greifraum** befinden sich die Arbeitsgeräte oder Arbeitsmittel, die später oder nicht unmittelbar gebraucht werden.

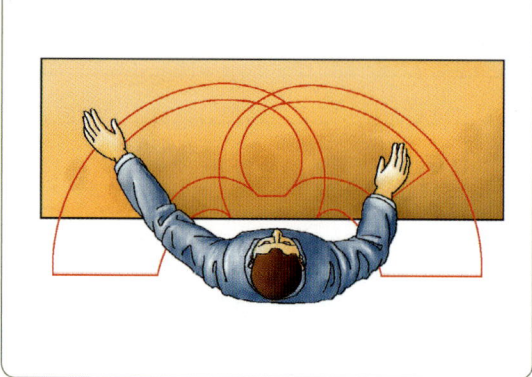

Bild 1: *Innerer und äußerer Greifraum*

Die Arbeitsfläche sollte entsprechend der Tätigkeit gewählt werden. Je nach Umfang einer Tätigkeit kann der innere und äußere Greifraum sich entsprechend verändern und der Arbeitsaufgabe angepasst werden.

Kreuzgriffe vermeiden, damit es nicht zu unnötig weiten Bewegungen kommt.

Rechtshänder arbeiten von rechts nach links, Linkshänder von links nach rechts.

Arbeitsplätze sind so einzurichten, dass eine Trennung zwischen Vorbereitung, z. B. Putzen von Gemüse (unreiner Bereich), und Zerkleinerung von Gemüse, z. B. Schneiden von Gemüse (reiner Bereich), gesichert werden kann.

Auf einen fließenden Bewegungsablauf achten!

Was mit der linken Hand gegriffen wird, steht links.

Die richtige Arbeitshaltung

Während eines Arbeitstages müssen unterschiedliche Arbeitshaltungen eingenommen werden. Dabei sind Arbeitshaltungen wie Bücken, Hocken oder Über-Kopf-Arbeiten besonders anstrengend.

Damit auch nach einem Arbeitstag die Belastung nicht zu groß ist, ist die richtige Arbeitshaltung besonders wichtig.

Zwischen Stehen und Sitzen bei der Arbeit abwechseln.

Geeignete Hilfsmittel einsetzen, um eine Arbeitserleichterung zu gewährleisten.

Stehen

Bei Arbeiten, bei denen viel Druck ausgeübt werden muss oder ausladende Bewegungen gemacht werden müssen, ist es notwendig, sich hinzustellen. Eine gute Arbeitshaltung ist hier besonders wichtig. Die Füße sind dabei gleichmäßig zu belasten. Der Rücken ist gerade, dabei sind die Oberarme entspannt und hängen locker herunter. Zu langes Stehen sollte vermieden werden, da die Wirbelsäule und die gesamte Skelettmuskulatur sonst zu stark belastet werden.

Bild 2: *Stehen*

Bücken

In vielen Situationen der täglichen Arbeit ist es notwendig, sich zu bücken. Jedes Mal wird eine starke Beanspruchung auf die Bandscheiben ausgeübt. Um schneller Ermüdung und späteren Haltungsschäden vorzubeugen, ist besonders auf das Bücken zu achten.

Durch die richtige Wahl oder einen richtig eingerichteten Arbeitsplatz kann die Belastung entsprechend reduziert werden.

Bild 1: *Bücken*

Heben und Tragen

Lieferungen, Pakete, Tabletts mit Geschirr und vieles mehr muss täglich im Betrieb hin und her getragen werden. Der Oberkörper wird dabei stark
belastet. Kisten und andere schwere Gegenstände
sollten daher so nah wie möglich am Körper getragen werden, um die Haltearbeit der Arme zu verringern. Beim Anheben von Kisten immer in die
Hocke gehen. Dann kommt die Kraft zum Heben
aus den Oberschenkeln und nicht aus dem Rücken.

Bild 2: *Heben und Tragen*

Sitzen

Wann immer möglich, anfallende Tätigkeiten im
Sitzen ausführen. Dabei wird Energie gespart und
die Wirbelsäule entlastet. Die Arbeitshöhe und der
Arbeitsstuhl müssen der Tätigkeit angepasst werden. Ein 90-Grad-Winkel der Oberarme muss immer möglich sein, da sonst der Rücken nicht gerade und eine entspannte Arbeitshaltung nicht
gesichert ist.

Bild 3: *Sitzen*

Aufgaben:

Überprüfen Sie Ihre Arbeitsweise und Ihren
Arbeitsplatz:

a) Welche Möglichkeiten müssen für eine
gute Arbeitsplatzgestaltung gegeben sein?
b) Besprechen Sie mit Ihrer Ausbilderin die
Einrichtung unterschiedlicher Arbeitsplätze nach den REFA-Leitsätzen.
c) Kontrollieren Sie anhand einer Checkliste,
wie verschiedene Arbeitsplätze in Ihrem
Betrieb eingerichtet sind.
d) Richten Sie einen Arbeitsplatz für die Vorbereitung von Gemüse her und erläutern
Sie die Anordnung.
e) Welche Arbeiten sollten unbedingt im
Sitzen durchgeführt werden?
f) Üben Sie das Heben und Tragen von Lasten. Überprüfen Sie dabei Ihre Körperhaltung.

Güter und Dienstleistungen beschaffen

Lernsituation

Bisher wird das Seniorenwohnheim von nur einem Lieferanten aus der Nachbarschaft mit Lebensmitteln beschickt. Dieser hat eine neue Preisliste übersandt, wonach die Preise ab kommendem Monat im Durchschnitt um 10 % steigen.

Der Küchenchef erachtet die Preissteigerungen als unangemessen und bittet Sarah, sich der Angelegenheit anzunehmen und Vergleichsangebote einzuholen. Sarah soll die Angebote für typische Waren der Großküche vergleichen. Dies soll unter Berücksichtigung gleicher Handelsklassen, etwaiger Rabatte usw. geschehen. Dazu gehört auch, dass Sarah das Kleingedruckte in den allgemeinen Geschäftsbedingungen bzw. in den Vertragsentwürfen lesen muss.

Zudem fordert die neuerdings nur noch halbtags arbeitende Buchhaltung, dass die bisherige Barzahlung drastisch eingeschränkt wird. Im Rahmen der Arbeitsverdichtung und um keine Skontorabatte zu verschenken, soll nunmehr per Online-Banking tagesaktuell im Küchenbüro gebucht werden.

Da Sarah vor Kurzem zu Hause ausgezogen ist, muss sie noch eine private Haftpflichtversicherung abschließen. Zudem will sie sich über die Riesterrente und die vermögenswirksamen Leistungen informieren.

Lernziele

- Gezielte Recherche nach Marktinformationen in einem sich permanent ändernden Güter- und Dienstleistungsangebot
- Warenkennzeichnungen erkennen und als Entscheidungshilfe bei der Beschaffung und im Einkauf nutzen
- Unter Hinzuziehung von Informationen der Verbraucherorganisationen qualitative, ökonomische und ökologische Aspekte begründet gegeneinander abwägen
- Das wirtschaftliche Handeln an minimalen Ausgaben bei maximaler Bedürfnisbefriedigung ausrichten
- Beiderseitige Rechte und Pflichten aus dem Kaufvertrag kennen und beachten
- Varianten des Zahlungsverkehrs benennen und einsetzen können
- Einen Haushaltsplan erstellen und dessen Ergebnisse im Hinblick auf die Ausgaben aus der Haushaltskasse bewerten
- Verschiedene Finanzierungsmöglichkeiten, insbesondere im Hinblick auf größere Anschaffungen, erläutern

Methode: Lernen mit Karteikarten

Das folgende Lernfeld setzt sich mit den Grundlagen wirtschaftlichen Handelns auseinander. Minimalprinzip, Skonto, Rechtsfähigkeit, Annuität, Tilgung und Geschäftsfähigkeit sind Beispiele für eine Vielzahl an Fachbegriffen, die für viele sicherlich Neuland und schwierig zu behalten sind.

Das Lernen mit Karteikarten ist eine geeignete Methode, sich schwierigen Lernstoff einzuprägen. Vor allem eignet sich diese Methode für das systematische Nacharbeiten von auswendig zu lernenden Fakten, Namen, Daten, Formeln, Definitionen usw. Aufgrund von regelmäßiger und systematischer Wiederholung wird Wissen gelernt und immer wieder aufgefrischt.

Das Arbeiten mit Karteikarten

Es wird zwischen der Wortschatzkartei und der Wissenskartei unterschieden. Die Wortschatzkartei eignet sich besonders dazu, Vokabeln oder Fachbegriffe zu lernen. Die Wissenskartei eignet sich für nicht fremdsprachliche Unterrichtsfächer, um sich komplexes Wissen in überschaubaren Portionen anzueignen.

Die Wortschatzkartei

Bevor gestartet werden kann, wird ein Karteikasten sowie eine Vielzahl an Karteikarten benötigt. Diese können entweder gekauft oder selbst hergestellt werden. Wenn mit dem Lernen mit der Wortschatzkartei begonnen wird, werden zunächst 20 bis 30 Karten angefertigt und im Laufe der Zeit erweitert.

Zunächst wird der zu lernende Begriff auf die Vorderseite der Karte geschrieben. Auf der Rückseite steht dann jeweils die Erklärung.

Annuität	Jahreszahlung an Zinsen und Tilgungsraten bei der Begleichung einer Schuld nach einem bestimmten Plan

Bild 1: *Beispiel für eine Wortschatzkartei*

Wenn die Karten angefertigt sind, kommen diese alle in das erste Fach des Karteikastens und das Lernen kann beginnen.

Zunächst wird die Vorderseite der Karte gelesen. Dann überlegt man sich die Antwort. Anschließend wird die Antwort durch den Blick auf die Kartenrückseite überprüft. Bei richtiger Antwort kommt die Karte in das zweite Fach, bei einer falschen Antwort bleibt die Karte im ersten Fach. Das erste Fach sollte man sich möglichst zweimal in der Woche vornehmen.

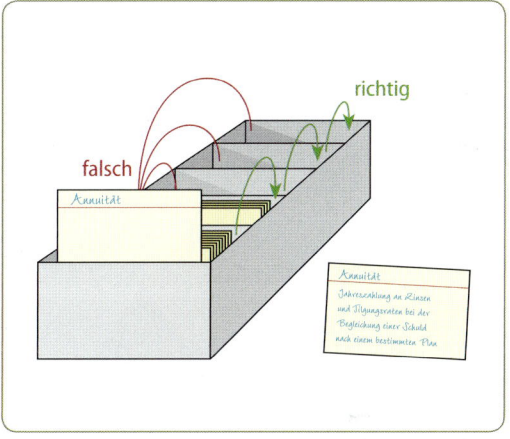

Bild 2: *Lernen mit der Fünf-Fächer-Lernkartei*

Das zweite Fach sowie die Fächer drei bis fünf werden bearbeitet, wenn sie fast voll sind. Man geht genauso vor wie bei Fach eins. Bei einer richtigen Antwort kommt die Karte ein Fach weiter, also in Fach drei (oder entsprechend vier oder fünf). Bei einer falschen Antwort kommt die Karte wieder in das erste Fach. Wenn eine Karte im fünften Fach gelandet ist und richtig beantwortet wird, kann man sie als gelernt dort belassen.

Aufgabe:

Fertigen Sie beim Durcharbeiten des folgenden Kapitels eine Wortschatzkartei für die Begriffe an, die für Sie neu sind.

1 Wirtschaftliches Handeln

Wenn jemand in Europa Hunger verspürt, dann besorgt er/sie sich etwas zum Essen. Die Besorgung stellt bereits wirtschaftliches Handeln dar. Ob man dafür selber gärtnerisch tätig wird oder ob man mit Geld aus einer anderen Tätigkeit bezahlt, ist ebenso eine Detailfrage, wie ob dies mittels Kartoffeln oder ausgewählter Fleischspezialitäten passiert.

1.1 Bedürfnisse nach Maslow

Seit jeher hat der Mensch Bedürfnisse, die er möglichst weitgehend befriedigen will. Die verschiedenartigen Bedürfnisse bauen gemäß der Maslow'schen Bedürfnispyramide (Bild 1) aufeinander auf. Erst wenn das primäre Verlangen nach Nahrung gesättigt ist, erwacht der Wunsch nach Sicherheit vor Feinden. Denn wer heute zu verhungern droht, macht sich keine Sorgen über Feinde, die ihn vielleicht übermorgen töten könnten.

Wer gesättigt in gesicherter Umgebung lebt, hat hingegen weitergehende Wünsche, die sein Sozialleben betreffen. Man sucht Zuwendung durch Freunde und eine(n) Partner(in). Innerhalb eines so gestalteten Soziallebens gewinnt das Bedürfnis nach Ansehen und Macht an Bedeutung, sowohl für den Einzelnen als auch z. B. für eine Familie, Clique.

Zu den Grundbedürfnissen nach Nahrung, Kleidung und Wohnung gesellen sich auch Luxusbedürfnisse. Diese hängen ab vom

- Lebensstandard des Einzelnen,
- Lebensstandard des ihn umgebenden gesellschaftlichen Umfelds,
- Stand des technischen Fortschritts und der Verbreitung dieses Standards in einer Gesellschaft.

Kulturelle Bedürfnisse, die sich z. B. in kulturtechnischen Errungenschaften wie Telefonanschluss oder einer Waschmaschine äußern, sind dabei den Luxusbedürfnissen zuzurechnen. Daneben gibt es aber auch Kulturbedürfnisse wie z. B. ein Konzert oder einen Theaterbesuch. Da sie nicht an Produktmaterie gekoppelt sind, spricht man von immateriellen Kulturbedürfnissen.

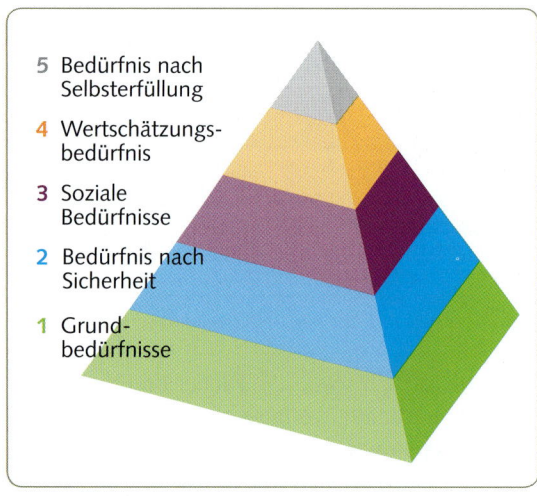

5   Bedürfnis nach Selbsterfüllung

4   Wertschätzungsbedürfnis

3   Soziale Bedürfnisse

2   Bedürfnis nach Sicherheit

1   Grundbedürfnisse

Bild 1: *Maslow'sche Bedürfnispyramide*

1.2 Bedarfsbefriedigung

Bedürfnisse können also sowohl materieller Art (z. B. Nahrung) als auch immaterieller Art (z. B. Sicherheit) sein. Letztere lassen sich mit Geld zumindest nicht direkt befriedigen.

> Immaterielle Bedürfnisse werden nicht durch Sachgüter, sondern durch Dienstleistung oder ein Recht befriedigt.

Dazu je ein Beispiel aus dem Lebensumfeld eines älteren Menschen:

- Um sicherzustellen, dass ein öfters bettlägeriger Senior, der noch in seiner Wohnung lebt, an allen Tagen des Jahres versorgt wird, kann eine Haushaltshilfe engagiert werden, die beim Waschen und Kochen hilft. Diese Haushaltshilfe erbringt eine Dienstleistung für diesen Senioren.

- Während ein jüngerer Mensch beispielsweise noch problemlos einen Freund im Nachbarort mit einem Fahrrad besuchen kann, wird dies für einen älteren Menschen nicht immer möglich sein. Durch den Führerschein, der das Recht beinhaltet, ein Auto zu fahren, kann der soziale Kontakt gehalten werden.

Die Konsumgüter eines Haushalts lassen sich wie folgt aufteilen:

- Nahrungsmittel, etwa für ein Menü, verbraucht man. Deshalb sind beispielsweise Kartoffeln Verbrauchsgüter.
- Um sie zu kochen, bedarf es eines Kochtopfes. Er ist ein Gebrauchsgut, das beliebig häufig genutzt werden kann, ohne sich „zu verzehren".

Von Produktionsgütern spricht man, wenn damit eine Ware zum Verkauf oder Tausch hergestellt wird. Ein Räucherofen für eine Aalräucherei ist hierfür ein Beispiel. Aber auch dafür werden Verbrauchsgüter benötigt, wie z. B. Holz.

Die Bedürfnisse können in ihrer Gesamtheit nie befriedigt werden, wohl aber die als Bedarf bezeichnete Auswahl an bestimmten Leistungen und Waren. Aus ihm resultiert eine Nachfrage. Dieser steht ein Angebot der Dienstleister und Erzeuger bzw. Zwischenhändler gegenüber. Zumindest die Sicherstellung des Existenzminimums eines jeden Menschen ist in Deutschland durch den Sozialstaat in Form von z. B. Sozialhilfe gesichert.

| **Bedürfnis** [Wunsch] | → | **Bedarf** [konkretisiert] | → | **Nachfrage** [mit Geld versehen] |

Bild 1: *Vom Bedürfnis zur Nachfrage*

1.3 Vorteile der arbeitsteiligen Wirtschaft

In unserer Gesellschaft baut kaum noch jemand seine Lebensmittel selber an. Auch hält sich kaum jemand Schafe, um sie zu scheren und sich aus der so gewonnenen Wolle Kleidung zu stricken. Stattdessen hat sich das Arbeitsleben immer weiter spezialisiert. So ist der Maschinenbau ein Industriezweig, der den vom Landwirt benötigten Traktor herstellt. Der Bauer kann mit dem Traktor die von allen benötigten Nahrungsmittel in ausreichender Menge erzeugen. Das betrifft auch die Lebensmittel, die er im Tausch für den Traktor abgeben muss. Als Tauschmittel wird dabei heute Geld verwendet, während früher oftmals Naturalien getauscht wurden.

Bild 2: *Landwirtschaft in Subsistenzwirtschaft*

Bild 3: *Arbeitsteilige Landwirtschaft*

Der spezialisiert Arbeitende kann bei gleicher Arbeitszeit, auch unter Abzug seiner Ausgaben für Produktionsmittel, mehr bzw. höherwertige Ware erzeugen als der Selbsterzeuger, der in **Subsistenz**wirtschaft arbeitet. Allerdings müssen dafür, wie das Beispiel mit dem Traktor zeigt, Waren getauscht werden.

Die spezialisierte, arbeitsteilige Wirtschaft ist produktiver als die Selbstversorgungswirtschaft. Deshalb kann der Einzelne mehr Bedürfnisse befriedigen. Als Tauschmittel funktioniert heute Geld.

1.4 Minimal- und Maximalprinzip

Das Bedürfnis nach Nahrung gegen den Hungertod kann spartanisch mittels Brot und Wasser befriedigt werden. Ist die Ausgangssituation so, dass mit einer möglichst geringen Anzahl an Brotlaiben eine bestimmte Anzahl an Familienmitgliedern satt werden soll, so spricht man vom Minimalprinzip.

Beim Maximalprinzip hingegen ist eine bestimmte Menge an Brotlaiben vorgegeben, mit dem eine möglichst große Anzahl an Familienmitgliedern satt werden soll.

> Ein Betrieb verbraucht Rohstoffe grundsätzlich nach dem Minimalprinzip.

Karitative Einrichtungen verteilen ihre Mittel gemäß dem Maximalprinzip.

Bild 1: *St. Martin teilt den Mantel*

Aufgaben:

1. Geben Sie für jede der fünf Bedürfnisebenen in der Maslow'schen Pyramide ein Beispiel an.

2. Begründen Sie die Reihenfolge der Bedürfnisschichtung innerhalb der Maslow´schen Bedürfnispyramide.

3. In der Großküche ist die Geschirrspülmaschine kaputt. Ein Handwerker wird bestellt. Der stellt fest, dass die Heizstäbe verkalkt sind. Er tauscht die Heizstäbe aus und lässt einen Kanister Entkalker da. Erläutern Sie anhand des Beispiels die Dienstleistung, das Verbrauchsgut und das Gebrauchsgut.

4. Nennen Sie ein vergleichbares Beispiel zu Frage 1, bei dem die Aspekte Dienstleistung, Verbrauchsgut und Gebrauchsgut in klarer Abgrenzung zueinander deutlich werden.

5. Jeder, der seinen Urlaub plant, wendet das Minimal- und das Maximalprinzip an. Erläutern Sie diese Aussage in Bezug auf die Ihnen zur Verfügung stehenden Geldmittel und die Urlaubszeitspanne.

6. Worin sind die Vorteile einer arbeitsteiligen Wirtschaftswelt zu sehen? Beantworten Sie die Frage mithilfe eines Beispiels.

7. Welche Probleme sind mit einer arbeitsteiligen Weltwirtschaft verbunden? Geben Sie auch hierfür Beispiele an.

2 Haushaltsfinanzen im Überblick

Jedes Wirtschaftsunternehmen und jeder Privathaushalt verbucht Einnahmen und Ausgaben. Die Einnahmen müssen die Ausgaben ausgleichen, sonst kommt es zur Überschuldung. Die Instrumente und deren Anwendung für den Überblick über die Finanzen erläutert dieses Kapitel.

2.1 Einkommen

Es lassen sich drei Einkommensarten voneinander unterscheiden:

- **Arbeitseinkommen** aus selbstständiger oder lohnabhängiger Beschäftigung.
- **Kapitaleinkommen** aus Zinserträgen, Aktienausschüttungen, Mieteinnahmen (ggf. auch eingesparte Mietausgaben aufgrund einer eigenen Wohnung)
- **Transfereinkommen**, das z. B. aus Sozialhilfe, sogenanntem Hartz IV, Kindergeld und Wohngeld bestehen kann. Das Geld, das als Transfereinkommen vom Staat verteilt wird, setzt sich zusammen aus den Zahlungen der Steuerzahler und ist ein Umverteilungsprozess aus Gründen der sozialen Gerechtigkeit. (Das Arbeitslosengeld ist kein Transfereinkommen im engeren Sinne, weil der Arbeitnehmer zuvor in die Arbeitslosenversicherung eingezahlt hat.)

Bild 1: *Einkommen richtig berechnen*

Bruttolohn	2 475,96 €	100 %
Arbeitnehmeranteil an den Sozialabgaben		
■ Rentenversicherung	−241,41 €	−9,8 %
■ Krankenversicherung	−184,46 €	−7,4 %
■ Pflegeversicherung	−21,05 €	−0,9 %
■ Arbeitslosen-versicherung	−80,47 €	−3,2 %
Lohnsteuer	−397,75 €	−16,1 %
Solidaritätszuschlag	−17,92 €	−0,7 %
Kirchensteuer	−29,33 €	−1,2 %
Nettolohn	1 503,57 €	60,7 %

Tabelle 1: *Rechenbeispiel zum Brutto- und Nettolohn für einen Single*

Die Summe dieser drei Einkommensarten ergibt das **verfügbare Einkommen** des Einzelnen. Dabei ist zu berücksichtigen, dass

- Kapitaleinkünfte wie Zinsen nicht monatlich, sondern zumeist nur einmal pro Jahr fließen.
- der Arbeitgeber vom **Bruttolohn** noch den Arbeitnehmeranteil an den **Sozialversicherungsabgaben** (Arbeitslosen-, Pflege- und Rentenversicherung) sowie die **Lohnsteuer** abzieht und entsprechend weiterleitet. Gleiches gilt ggf. für die Kirchensteuer. Ausgezahlt wird nur der **Nettolohn** (siehe Tabelle 1).

In einem Unternehmen, z. B. einem Seniorenwohnheim, ergeben sich Einnahmen aus

- dem Verkauf von Waren und Dienstleistungen,
- Zuschüssen, z. B. von der Agentur für Arbeit für die Einstellung von vormals Langzeitarbeitslosen,
- Kapitalerträgen, z. B. aus kurzfristig angelegtem Betriebskapital auf einem Tagesgeldkonto.

2.2 Ausgaben

Die Ausgaben eines Haushaltes lassen sich aufteilen in solche, die unbeeinflussbar sind (fix), und solche, die durch den Umfang ihrer Inanspruchnahme (in ihrer Höhe) beeinflussbar sind (variabel).

Beispielhafte **fixe Kosten**:

- Miete (sollte nicht mehr als 25 % der verfügbaren Einnahmen betragen)
- Nebenkosten (Wasser, Strom, Abfall- und Abwassergebühren usw.)
- Rundfunk- und Fernsehgebühren (GEZ und etwaige Kabelgebühren)
- Rückzahlungsverpflichtungen für ein Darlehen oder einen Kredit
- Kosten für wichtige private Versicherungen, insbesondere die Privathaftpflichtversicherung

Beispielhafte **variable Kosten**:

- Genussmittel, wie z. B. Süßigkeiten
- Gastronomieausgaben im Restaurant, im Schnellimbiss, der Kneipe
- Freizeitausgaben für Kino, Hobbys

Einerseits können Ausgaben für z. B. Nahrungsmittel eine variable Größe sein und dann auch in ihrer Ausgabenhöhe verändert werden. Dies gilt für Haushalte, die teuren Kaviar, Schalentiere und argentinische Steaks auftischen, aber auch für Haushalte mit einem hohen Anteil an Fertigprodukten.

Andererseits sind für einen Haushalt, der hauptsächlich die Fett-, Eiweiß- und Kohlenhydratbedarf deckenden preiswerten Grundnahrungsmittel wie Mehl (anstelle eines Fertigpizzabodens), Butter und Eier kauft, keine Einsparpotenziale gegeben. Schließlich sollen die Menschen nicht verhungern. Ihre Nahrungsmittelausgaben sind weitestgehend gleich bleibend und deshalb als **quasi-fixe Kosten** anzusehen.

Viele Ausgaben sind monatlich zu begleichen, aber bestimmte Ausgabenpositionen fallen unregelmäßig an, beispielsweise:

- Reparatur des Autos
- Strafzettel fürs Falschparken
- Urlaubsreisen

2.3 Budgetplanung mit dem Haushaltsbuch

Jeder Haushalt sollte versuchen, einen monatlichen Überschuss zu erwirtschaften. Der Privathaushalt kann damit

- unregelmäßige Ausgaben wie z. B. Urlaub finanzieren,
- Rücklagen für **Ersatzinvestitionen** (z. B. die schon zehn Jahre alte Waschmaschine) bilden und
- **Neuinvestitionen** (z. B. DVD-Recorder) ansparen.

Insbesondere bei knappem Einkommen ist eine Budgetplanung nötig, um nicht in eine Schuldenfalle zu geraten. Wenn sich abzeichnet, dass die Ausgaben größer sind als die Einnahmen (Konto gerät immer früher vor Monatsschluss ins „Minus"), muss an folgenden Stellschrauben gedreht werden, um dies zu verhindern:

- Ausgaben: Ermittlung von Einsparpotenzialen im Vergleich zur bisherigen Situation
- Einnahmen: Aufnahme von bezahlter Mehrarbeit

Das geeignete Instrument für die zukünftige Budgetplanung ist eine Analyse der jetzigen Ausgangssituation, anhand des **Haushaltsbuchs**.

2.3.1 Analyse der Einkommenssituation

Zunächst ein Blick auf die Einnahmen (siehe Tabelle 1). Die Einnahmenseite ist meist aufgrund ihrer geringen Anzahl an Positionen recht überschaubar. Es zeigt sich:

- Das verfügbare Monatseinkommen unterliegt deutlichen Schwankungen von bis zu 1 711 € (höchstes Einkommen: 4 330 €, niedrigstes Einkommen: 2 619 €).
- Der hohe Überschuss im November kommt durch das ausgezahlte Weihnachtsgeld zustande.
- Entsprechend hoch fällt der Überschuss im Monat November aus, der dann in den Monat Dezember übertragen wurde (siehe Zeile „Überschuss aus dem Vormonat").

	Nov.	Dez.	Jan.	Feb.	März
Nettolohn Vater	1 734 €	1 734 €	1 734 €	1 734 €	1 734 €
Überstundenlohn – netto – Vater	125 €	110 €	50 €	80 €	160 €
Weihnachtsgeld – netto – Vater	854 €	0 €	0 €	0 €	0 €
Urlaubsgeld – netto – Vater	0 €	0 €	0 €	0 €	0 €
Zuverdienst – netto – Mutter	262 €	262 €	262 €	262 €	262 €
Sohn – Kost und Logis-Beitrag vom Azubi-Lohn	150 €	150 €	150 €	150 €	150 €
Kindergeld für zwei Kinder	328 €	328 €	328 €	328 €	328 €
Mieteinnahme Garage	65 €	65 €	65 €	65 €	65 €
Überschuss aus Vormonat	321 €	1 681 €	872 €	0 €	0 €
Zinseinnahmen	0 €	0 €	633 €	0 €	0 €
Gesamt	3 839 €	4 330 €	4 094 €	2 619 €	2 699 €

Tabelle 1: *Beispielhafte Darstellung der Einnahmen einer vierköpfigen Familie*

- Durch die Zinsausschüttungen, die jeweils zu Jahresbeginn erfolgen, weist der Januar sehr hohe Einnahmen aus (Überschüsse aus dem Vormonat bleiben unbeachtet).
- Obwohl der Monat Dezember einen hohen Überschuss aus dem Vormonat hatte, schrumpft dieser anschließend. So weist der Monat Januar nur noch einen Überschuss aus dem Vormonat von 872 € statt 1 681 € im Dezember aus.
- Im Februar ist der Überschuss aus dem Vormonat Januar gar mit 0 € ausgewiesen, obwohl im Januar einmalig 633 € Zinsen zur Auszahlung kamen.

Es stellt sich also die Frage, wieso gerade in den einkommensstarken Monaten Dezember und Januar ein offensichtlich so starker Geldabfluss eintrat.

2.3.2 Analyse der Ausgabenseite

Um zu erklären, wieso gerade in den Monaten Dezember und Januar ein offensichtlich so starker Geldabfluss eintrat, muss die Ausgabenseite betrachtet werden (siehe Tabelle 1 auf der nachfolgenden Seite). Hierzu werden die Ausgaben einer Position im Vergleich zu den anderen Monaten in der jeweiligen Zeile betrachtet. Es zeigt sich:

- Die ersten vier Ausgabenpositionen sind jeden Monat gleich.
- Die Zeitungskosten sowie GEZ- und Kabelgebühren werden nur im Monat Dezember fällig und als Ganzjahresbeitrag gezahlt.

- Die Kreditrückzahlung erfolgt ebenfalls einmal pro Jahr, und zwar ausschließlich im Monat Januar, und stellt somit in diesem Monat eine unregelmäßige Ausgabe dar.
- Außerordentlich hoch sind die Ausgaben für Nahrungsmittel im Dezember. Dies ist auf das Weihnachtsessen und die Sylvesterfeier zurückzuführen. Insbesondere Letzteres erklärt auch die im Monat Dezember überdurchschnittlich hohen Ausgaben für Alkoholika.
- Die hohen Ausgaben für Bekleidung sowie Gesundheits- und Körperpflege sind durch die Weihnachtsgeschenke in Form von Jeans für den Sohn und das Parfüm für die Ehefrau verursacht.
- Weitere Geschenkausgaben finden sich auch in der Rubrik Sonstiges wieder, so z. B. auch der Weihnachtsbaum.
- Die Ausgaben waren im Monat Januar so hoch, dass sie nicht durch die Einnahmen desselben Monats gedeckt waren. Dies zeigt sich daran, dass im Monat Februar eine ungedeckte Mehrausgabe des Vormonats in Höhe von −1 321 € ausgewiesen ist.

Bereits im Monat Februar kommt es aber zu einer Trendumkehr bei den Ausgaben. Zwar können die ungedeckten Mehrausgaben des Vormonats Januar nicht vollständig ausgeglichen werden, aber diese Position ist im Folgemonat März um immerhin 434 € auf nur noch 887 € verringert.

	Nov.	Dez.	Jan.	Feb.	März
Miete Wohnung	838 €	838 €	838 €	838 €	838 €
Strom und Wasser	65 €	65 €	65 €	65 €	65 €
Gas zum Heizen	116 €	116 €	116 €	116 €	116 €
Müllabfuhr	43 €	43 €	43 €	43 €	43 €
GEZ, Zeitung	0 €	500 €	0 €	0 €	0 €
Kreditrückzahlung	0 €	0 €	2050 €	0 €	0 €
Versicherungen (Privat- und Kfz-Haftpflicht)	0 €	0 €	641 €	0 €	0 €
Kfz-Steuer	0 €	0 €	459 €	0 €	0 €
Benzin, Bus und Bahn	259 €	241 €	301 €	289 €	254 €
Nahrungsmittel und alkoholfreie Getränke	431 €	538 €	443 €	428 €	437 €
Tabak und Alkoholika	58 €	112 €	61 €	63 €	74 €
Bekleidung	158 €	301 €	177 €	143 €	166 €
Gesundheits- und Körperpflege	69 €	115 €	77 €	71 €	77 €
Urlaub, Restaurantbesuch	0 €	0 €	0 €	0 €	0 €
Sonstiges	121 €	589 €	144 €	129 €	111 €
Ungedeckte Mehrausgaben des Vormonats	0 €	0 €	0 €	1321 €	887 €
Gesamt	**2158 €**	**3458 €**	**5415 €**	**3506 €**	**3068 €**

Tabelle 1: *Beispielhafte Darstellung der Ausgaben einer vierköpfigen Familie*

2.3.3 Zwischenbilanz

Werden die Einnahmen (Tabelle 1, S. 57) und die Ausgaben (Tabelle 1) für den Zeitraum November bis März betrachtet, so lassen sich folgende Feststellungen treffen:

- In dem betrachteten Fünfmonatszeitraum hat sich der Haushalt mit 24 € verschuldet.
- Der Haushalt hat im betrachteten Zeitraum fast alle einmalig pro Jahr zu tätigenden Ausgaben (Kreditrückzahlung, Kfz-Steuer und Versicherungen, GEZ und Kabelgebühr sowie Zeitung) bezahlt.
- Im Monat Februar, der weder besondere Einnahmen noch besondere Ausgaben aufwies, wurde ein Überschuss von 434 € erzielt (um diesen Betrag sanken die „ungedeckten Mehrausgaben des Vormonats").
- Ende April dürften die Defizite aus den Vormonaten vollständig abgebaut sein.
- Im Juni kommt bei den Einnahmen ggf. ein Urlaubsgeld des Arbeitgebers hinzu.

- Werden in den Monaten Mai bis Oktober jeweils rund 400 € angespart, so kann die Familie im Monat Oktober für 2400 € in den Urlaub fahren, sofern nicht größere Ausgaben für Autoreparaturen o. Ä. anstehen. Ansonsten muss die Familie so lange zu Hause bleiben, bis sie wieder mehr finanziellen Spielraum hat.
- Ein größerer finanzieller Spielraum wird sich ergeben, wenn der alljährlich im Januar zu tilgende Kredit abbezahlt sein wird. Allerdings sollte dann zumindest eine Teilsumme davon auch für Rücklagen angespart werden.

> Zwei Eckwerte eines solide wirtschaftenden Privathaushalts:
>
> - Die Miete beträgt nicht mehr als 25 % der Einnahmen.
> - 10 % der Jahreseinnahmen werden angespart.

	Einnahmen	Ausgaben	Saldo
Nov.	3 839 €	–2 158 €	1 681 €
Dez.	4 330 €	–3 458 €	872 €
Jan.	4 094 €	–5 415 €	–1 321 €
Feb.	2 619 €	–3 506 €	–887 €
Mrz.	2 699 €	–3 068 €	–369 €
Nov. – Mrz.	17 581 €	–17 605 €	–24 €

Tabelle 1: *Zusammenfassende Darstellung der Ein- und Ausgabenseite*

Bild 1: *Beim Thema Geld genau hinschauen*

Aufgaben:

1. Benennen Sie verschiedene Einnahmequellen eines Privathaushaltes.

2. Kann der in Kapitel 2.3 geschilderte Haushalt als wirtschaftlich tragfähig bezeichnet werden? Begründen Sie Ihre Meinung.

3. Welche wichtigen Ausgabengrößen fehlen Ihrer Meinung nach noch in der Ausgabentabelle in Kapitel 2.3.2? Begründen Sie Ihre Angaben. (Wenn Sie keine Idee nach Durchsicht der Tabelle haben, lesen Sie den 1. Absatz in Kapitel 2.3).

4. Wenn der Vater arbeitslos wird, erhält er nur noch 66 % seines Nettolohnes. Wo sehen Sie für diesen Fall noch Einsparpotenziale bei den Ausgaben? Gliedern Sie Ihre Antwort in kurzfristig umsetzbare Einsparpotenziale und langfristig erforderlich werdende Einsparungen. (Gehen Sie dabei die einzelnen Positionen der Ausgabentabelle in Kapitel 2.3.2 durch).

5. Die Auszubildende fährt mittels Motorroller vom Dorf zur Arbeit. Ihre Kollegin geht 500 m zu Fuß. Beide besitzen Motorroller. Wann sind die Kosten für einen Motorroller fixe Kosten und ab wann sind sie als variable anzusetzen?

6. Würden Sie die Ausgabenpositionen Telefon- und Internetflatrate im Vergleich zum „normalen Anschluss" als fixe oder als variable Kostengröße ansehen? Begründen Sie Ihre jeweilige Sichtweise.

7. Wie hoch werden die ungedeckten Mehrausgaben des Vormonats in der Spalte April in Tabelle 1 in Kapitel 2.3.2 sein oder kommt es gar zu einem Überschuss, der auf der Einnahmenseite (Tabelle 1 in Kapitel 2.3.1) festgehalten werden kann?

8. Ist das Geld der Pflegeversicherung als Transfereinkommen einzuschätzen? Begründen Sie Ihre Meinung.

9. Wieso weist Tabelle 1 im Kapitel 2.3.2 die Nebenkosten der Wohnung als fixe Kosten aus, obgleich doch jeder selbst entscheidet, ob z. B. der Wasserhahn aufgedreht wird oder nicht?

10. Wann ist im zeitlichen Jahresablauf mit einer weiteren Ausgabenspitze bei der Budgetplanung zu rechnen? (Wenn Sie keine Idee haben, gehen Sie dabei die einzelnen Positionen der Ausgabentabelle durch und suchen Sie die Zeile, die bislang keine Ausgaben aufweist!).

11. Laden Sie unter http://www.meine-schulden.de/uebersichten___berechnungen das Haushaltsbuch als PDF aus dem Internet und führen Sie dieses über einen Mindestzeitraum von zwei Monaten. Laden Sie zudem unter demselben Internetlink den Haushaltsplan als Excel-Datei (xls) herunter und fertigen Sie nach zwei Monaten eine Übersicht mit dem Anwendungsprogramm Excel gemäß Ihren Verhältnissen an.

3 | Einkauf und Preisfindung

Produkte werden nur selten direkt vom Erzeuger bezogen. Welche anderen Einkaufsquellen gibt es? Wo sind deren Vor- und Nachteile zu sehen? Wie erkennt der Käufer Unterschiede bei abge-packter Ware? Welche Siegel sind ein Garant für Qualität? Warum schwanken Lebensmittelpreise oftmals im Jahresverlauf? Die nachfolgenden Kapitel geben Antworten.

3.1 Marktorte

Lebensmittel muss ein Seniorenwohnheim regelmäßig einkaufen. Tabelle 1 der nachfolgenden Seite weist die Vor- und Nachteile der unterschiedlichen Bezugsquellen aus.

3.2 Kaufentscheidungen anhand von Produktinformationen

Besonders bei Produkten in undurchsichtiger Verpackung sind Produktinformationen unverzichtbar, um das angebotene Produkt identifizieren und beurteilen zu können. Der mündige Käufer kann dabei gezielt zwischen Werbung und Produktinformation für seine Kaufentscheidung differenzieren, wie anhand der nachfolgenden Kapitel deutlich wird.

3.2.1 Homogene Güter

Wer raffinierten Würfelzucker kauft, entscheidet sich schnell, denn das einzig ausschlaggebende Kaufkriterium ist der Preis. Weitere Warenunterschiede gibt es nicht (homogenes Gut). Ebenso ist es beim Einkauf von Heizöl für das Seniorenheim. Hier wird bzgl. des Lieferanten ausschließlich nach dem Preis entschieden. Entscheidend für den Preisvergleich ist aber, dass er sich auf eine genormte Menge bezieht, also auf eine volumetrische Einheit (z. B. Liter) oder auf eine Gewichtseinheit (z. B. Kilogramm).

> Bei homogenen Gütern ist der Preiswettbewerb sehr groß, weil für Käufer nur der Preis ausschlaggebend ist. Weitere Kaufkriterien sind nicht zu beachten.

Bild 1: *Raffinierter Würfelzucker*

3.2.2 Warenkennzeichnung

> Die Warenkennzeichnung trägt dazu bei, dass sich Produkte klarer gegeneinander abgrenzen lassen. Entsprechend sortierte Produkte können dann als einheitliche Charge besser gehandelt werden. Zudem ermöglicht die Warenkennzeichnung dem Käufer eine klare Auskunft über die Produktbeschaffenheit und bewahrt ihn dadurch vor Täuschung und Irreführung.

Ein Verkaufsschild für lose Ware, wie sie z. B. auf dem Markt oder im Hofladen angeboten wird, muss folgende Informationen enthalten:

- Preis (pro Stück, kg, …)
- Herkunftsland
- Art- und Sortenbezeichnung (z. B.: „Äpfel, Golden Delicious")
- Handelsklasse

Handels- bzw. Güteklassen

> Durch EU-Verordnung sind Merkmale festgelegt, mittels derer leicht verderbliche sowie empfindliche Ware klassifiziert werden kann. Die Zuordnung zu bestimmten Handelsklassen ist maßgeblich für den Preis der Ware.

	Vorteil	Nachteil
 *Großmarkt*	▪ Breit gefächertes Warenangebot ▪ Begutachtung und Auswahl der Ware vor Ort ▪ Die Ware kann morgens schon vor 6 Uhr bezogen werden.	▪ Verkauf i. d. R. nur an Selbstabholer ▪ Auf Probleme mit der Kühlkette beim Transport in das Seniorenheim achten
 *Großhändler*	▪ Bestellung erfolgt i. d. R. ohne viel Aufwand mittels Fax oder per Anruf. ▪ Die Ware wird angeliefert. ▪ Lieferant gewährleistet die Einhaltung der Kühlkette. ▪ Breit gefächertes Warenangebot ▪ Die Ware kann morgens schon teils vor 6 Uhr bezogen werden.	▪ Bei einmal etablierten Strukturen werden oftmals keine Preisvergleiche mehr gemacht und teils zu überhöhten Preisen eingekauft.
 *Supermarkt*	▪ Verkaufen einzelne Produkte (z. B. Zucker) zu ihren Einkaufspreisen und den auf deren Einkaufsmengen gewährten Preisnachlässen (Kunden werden angelockt) ▪ Begutachtung und Auswahl der Ware vor Ort	▪ Verkauf i. d. R. nur an Selbstabholer ▪ Auf Probleme mit der Kühlkette beim Transport in das Seniorenheim achten
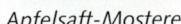 *Erzeuger*	▪ Preisgünstiges Angebot (Ausschalten von Zwischenhändlern) ▪ Ware kann optional (je nach preislichen Konditionen) angeliefert werden ▪ Produkte aus der Region	▪ Sehr eingeengtes Warenangebot (i. d. R. nur Frischware), dadurch bedingt erhöhter Arbeitszeitbedarf für vollständigen Erwerb der benötigten Produktpalette ▪ Erntezeitpunkt kann schwanken und erschwert die Planung der Küche.
Apfelsaft-Mosterei	▪ Bestellung erfolgt i. d. R. ohne viel Aufwand mittels Fax oder per Anruf. ▪ Preisgünstiges Angebot (Ausschalten von Zwischenhändlern) ▪ Ware kann optional (je nach preislichen Konditionen) angeliefert werden.	▪ Sehr eingeengtes Warenangebot (nur Getränke)
 *Internet- und Versandhandel*	▪ Bestellung erfolgt i. d. R. ohne viel Aufwand ▪ Preisgünstiges Angebot	▪ Ware kann nicht im Vorfeld begutachtet werden.

Tabelle 1: *Vor- und Nachteile verschiedener Einkaufsmöglichkeiten*

Obst und Gemüse kommt in den Handelsklassen Extra, I, II und III in den Verkauf, wobei höhere Ziffern schlechter klassifizierte Ware darstellen.

Bild 1: Äpfel verschiedener Handelsklassen

Zu den bekanntesten Produkten mit Handelsklasseneinteilung gehören Eier. Deren sogenannte Güteklassen sind allerdings nicht nummeriert, stattdessen erkennt man im Bild 2 den Buchstabenaufdruck A. Stark verschmutzte Eier werden von den Erzeugern als Güteklasse B in die lebensmittelverarbeitende Industrie abgegeben. Beschädigte Eier (Güteklasse C) dürfen nur als Non-Food-Ware abgegeben werden, z. B. für Kosmetikzwecke.

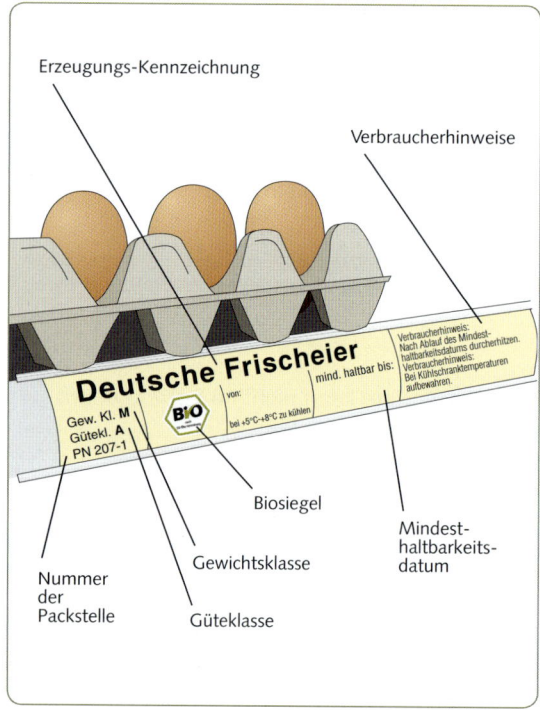

Bild 2: Produktangaben auf einem Eierkarton

Bei abgepackten Lebensmitteln sind u. a. aufgrund

- des Eichgesetzes (Füllmenge einer Verpackung),
- der Preisangabenverordnung, wonach z. B. der Grundpreis in Ergänzung zum jeweiligen Endpreis des einzeln abgepackten Produkts anzugeben und im Einzelhandel der Endpreis auszuweisen ist, der auch die Mehrwertsteuer beinhalten muss,
- der Lebensmittelkennzeichnungsverordnung (Angaben zum Produkt, das in seiner Verpackung nicht eingesehen werden kann)

folgende Mindestangaben vorgeschrieben. Dabei handelt es sich um:

- Allgemein verständliche Verkehrsbezeichnung
- Zutaten in der absteigenden Reihenfolge ihrer Gewichtsanteile, inkl. Zusatzstoffe (z. B. Konservierungs- und Farbstoffe)
- Name und Anschrift des Herstellers
- Produktmenge
- Angabe zum Alkoholgehalt ab 1,2 % Volumenprozent
- Preis pro Liter, 100 Gramm oder Kilogramm
- Mindesthaltbarkeitsdatum

Mindesthaltbarkeitsdatum

Die Ware ist mindestens bis zum angegeben Datum haltbar, ansonsten ist der Verkäufer zur Rücknahme verpflichtet. Weil insbesondere verpackte Ware weder visuell noch olfaktorisch begutachtet werden kann, muss das Mindesthaltbarkeitsdatum (siehe Bild 1, S. 63) angegeben werden.

Damit keine Lebensmittel im Regal verderben, ist nachgelieferte Ware stets hinten im Regal einzusortieren.

Produktmenge

Da Hühner unterschiedlich große Eier legen, reicht die Angabe zur Anzahl der Eier in einer Packung nicht aus. Von außen muss auch ersichtlich sein, mit welchem Gewicht pro Ei der Käufer rechnen kann. Es werden Gewichtsklassen von S (< 53 Gramm pro Ei) über M und L bis XL unterschieden, wobei jede Klasse um 10 Gramm zulegt. Im Bild 2 ist die Gewichtsklasse M ersichtlich.

Ein anderes Beispiel sind z. B. Obstkonserven, bei denen das **Abtropfgewicht** ausgewiesen sein muss.

Bild 1: *Angaben zum Mindesthaltbarkeitsdatum, zum Abtropfgewicht und zu den Zutaten*

Preisangabe

Wenn Käse und Fleisch in abgepackten Portionen angeboten werden, variieren die Verpackungsgrößen. Um für den Verbraucher einen direkten Preisvergleich zu ermöglichen, muss neben dem Preis für die verpackte Ware auch stets der Preis für die Ware pro Kilogramm, pro 100 Gramm oder pro Liter angegeben werden.

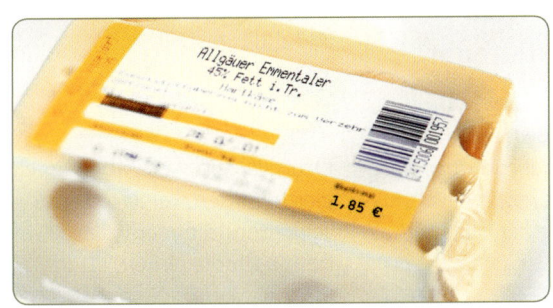

Bild 2: *Preisangaben auf einem abgepackten Käsestück*

Da Eier aus konventioneller Haltung sich von Natur aus in Aussehen und Geschmack nicht von denen von Legehennen unterscheiden, die auf biologisch wirtschaftenden Betrieben aufgestallt sind, bedarf es einer entsprechenden Warenkennzeichnung. Bioware trägt deshalb ein entsprechendes Zeichen.

Staatlich geschützt ist das Biosiegel (siehe Bild 2 auf der vorherigen Seite). Seine Verwendung ist nicht zwingend vorgeschrieben, obgleich es sich auf fast allen Bioproduktverpackungen mittlerweile wiederfindet.

Im Fall der Legehennen wird gemäß den Ziffern in Tabelle 1 mit einem Laseraufdruck auf der Eierschale vermerkt, aus welcher Art der Haltung es stammt. Die Ziffer an der ersten Stelle im Zahlencode des Bildes 3 steht für die Haltungsform.

Bild 3: *Kennzeichnungscode auf Hühnereischale*

Haltungsform	Laseraufdruck
Käfighaltung	3
Bodenhaltung	2
Freilandhaltung	1
Biohaltung	0

Tabelle 1: *Haltungsformen bei Legehennen am Aufdruck auf der Eierschale erkennen*

Bild 4: *Umweltzeichen „Blauer Engel"*

Ein im Alltag täglich benutztes Produkt ist Toilettenpapier. Es kann aus für diesen Zweck gefällten Bäumen hergestellt werden oder aus Altpapier. Das umweltschonend aus Altpapier hergestellte Toilettenpapier erkennt man am Umweltzeichen auf der Verpackung, dem sogenannten Blauen Engel (Bild 4). Es ist, je nach Produkt und Hersteller, bei gleichem Komfortniveau üblicherweise preiswerter als das Toilettenpapier aus ressourcenverschwenderischer Herstellung.

Mit Blick auf den Anschaffungspreis eines elektronischen Produkts, wie z.B. Waschmaschine und Geschirrspülmaschine, Kühl- und Gefrierschrank, sind die in Bild 2, S. 64 dargestellten Aspekte maßgeblich, die auch unter Umweltgesichtspunkten bedeutsam sind.

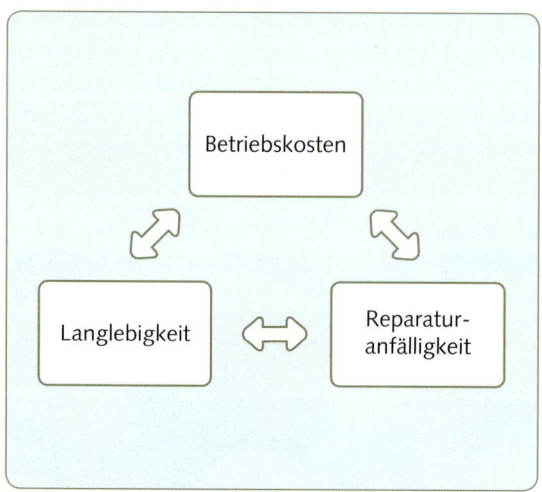

Bild 1: *Betriebswirtschaftliche Gesichtspunkte hinsichtlich der Anschaffungskosten*

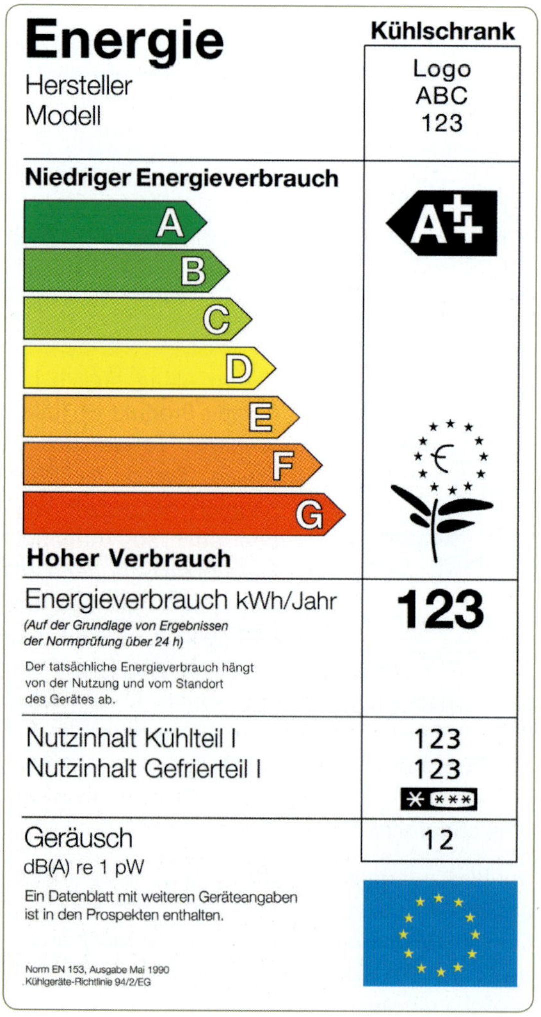

Bezüglich der Betriebskosten ist oftmals der Stromverbrauch maßgeblich. Die Hersteller sind verpflichtet: mittels sogenannter Energielabels ihre Geräte nach einheitlichen EU-Normen von Stufe A (niedriger Stromverbrauch) bis Stufe G („gierige Stromfresser" wie z. B. Glühbirnen) einer Klassifizierung zu unterziehen und diese entsprechend auszuweisen (siehe Bild 2). Extrem sparsame Gefrier- und Kühlschränke tragen auch als Energielabel A+ bzw. A++. Dabei gehen neben dem Stromverbrauch produktabhängig weitere Kriterien in das Ranking ein. So werden z. B. bewertet:

- bei Geschirrspülmaschinen der Wasserverbrauch.
- bei Waschmaschinen die Schleuderzahl pro Minute.

Produktssicherheit

Bild 3: *Die Gefahrensymbole „gesundheitsschädlich" und „ätzend"*

Reinigungsmittel sind oftmals gesundheitsschädlich, ätzend oder bergen andere Gefahren. Die Gefahrstoffverordnung schreibt vor, dass derartige Produkte mit den in der Verordnung vorgegebenen Gefahrensymbolen markiert werden, wie sie beispielhaft in Bild 3 dargestellt sind.

Oftmals gibt es aber auch gleichwertige Reinigungsmöglichkeiten, die nicht diese Gefahren für die Umwelt und das Personal beinhalten.

Bild 4: *CE- und GS-Zeichen*

Um aber auch gegen Unfallgefahren wie Stromschlag o. Ä. gesichert zu sein, müssen alle Hersteller und Importeure Elektrogeräte (auch Bastelmaterial, Spielzeug sowie Haushalts- und Sportgeräte) gemäß dem Gerätesicherheitsgesetz einer Prüfung unterziehen. Sie tragen dann das Prüfzeichen GS für geprüfte Sicherheit. Das nicht ganz so strikt vergebene Pendant auf EU-Ebene ist das CE-Zeichen.

Bild 2: *Energielabel für einen Kühlschrank*

Bild 1:
VDE-Zeichen

Auf freiwilliger Basis können die Hersteller nach entsprechender Prüfung weitere Plaketten anbringen, z. B. die des Verbandes Deutscher Elektriker (VDE), und diese auf ihre Produktverpackung drucken.

Ebenfalls freiwillig ist das RAL-Gütezeichen, das vom Deutschen Institut für Gütesicherung und Kennzeichnung e. V. für Matratzen, Möbel usw. verliehen wird.

Oftmals findet man auch einen freiwilligen Aufdruck, wonach ein Produkt nach einer Deutschen Industrienorm (DIN), nach einer Europäischen Norm (EN) oder einer Internationalen Standardisierungsnorm (ISO) hergestellt wurde.

Gerade bei höherwertigen Investitionsgütern ist aber ein guter und zuverlässiger Wartungsservice, der ggf. auch kurzfristige Reparaturen durchführen kann, sowie die Anlieferung und Installation von Bedeutung für die Kaufentscheidung. Dies kann dazu führen, dass sich der Kunde für eine etwas teurere Bezugsquelle, z. B. beim regionalen Fachgeschäft, entscheidet.

Bild 2: *QS-Prüfzeichen auf abgepackter Fleischware*

Im Lebensmittelbereich hat insbesondere die mit dem QS-Prüfzeichen (siehe Bild 2) verbundene stufenübergreifende Qualitätssicherung im Bereich Fleisch eine gewisse Bekanntheit erreicht. Es wird seit der BSE-Krise durch die „QS Qualität und Sicherheit GmbH" vergeben, die durch nichtstaatliche Organisationen wie u. a. dem Bauernverband getragen wird. Entsprechend gekennzeichnete Produkte können über alle Verarbeitungsstufen bis zum Erzeuger zurückverfolgt werden. Das QS-

Prüfzeichen wird seit 2004 auch für die Produkte Kartoffeln sowie Obst und Gemüse vergeben, ist dort aber deutlich weniger verbreitet.

Fair-Trade-Handel

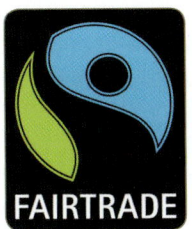

Bild 3: *Fair-Trade-Zeichen*

In einer globalisierten Welt finden Handelsströme rund um den Globus statt. Dabei kommen auch Produkte hier in den Handel, von denen sich viele Verbraucher bewusst distanzieren wollen, weil sie z. B. Kinderarbeit ablehnen.

Das Fair-Trade-Zeichen zeichnet insbesondere Lebensmittelprodukte aus, die aus dem sogenannten Fair-Trade-Handel stammen. Das Zeichen wird von einem von Kirchen, Gewerkschaften und sozialen Institutionen getragenen Verein, TransFair e. V., gegen eine Lizenzgebühr an Unternehmen vergeben. Die von diesen Unternehmen importierten Produkte müssen bestimmte nachprüfbare Mindeststandards erfüllen. So muss der Einkauf der ehemals als Kolonialwaren bezeichneten Produkte Kaffee, Tee und Kakao beispielsweise zu garantierten und auskömmlichen Mindestpreisen beim Erzeuger erfolgen.

3.2.3 Weitere Informationsquellen

Verbraucherschutzorganisationen

Zusätzliche objektive Informationen sind bei der Stiftung Warentest erhältlich, die unabhängig Produkte prüft. Vergleichende Werbung ist in Deutschland üblicherweise nicht statthaft. Aber die Produkthersteller dürfen auf entsprechend geprüften Produkten das Prüfsiegel der Stiftung mit dem Ergebnis aufdrucken, wodurch dieses einen hohen Bekanntheitsgrad erlangt hat (siehe Bild 1, S. 66). Die Bewertung orientiert sich an der Skala der Schulnoten. Einzelnoten für verschiedene Qualitätskriterien sowie für den Preis werden am Ende zu einer vergleichenden Endnote zusammengefasst. Die Stiftung Warentest wurde durch Beschluss des Bundestages als Stiftung in den 60er Jahren gegründet. Sie finanziert sich durch den Verkauf ihrer anzeigenfreien Zeitschriften „Test" und „Finanztest" und erhält einen Zuschuss des Verbraucherschutzministeriums.

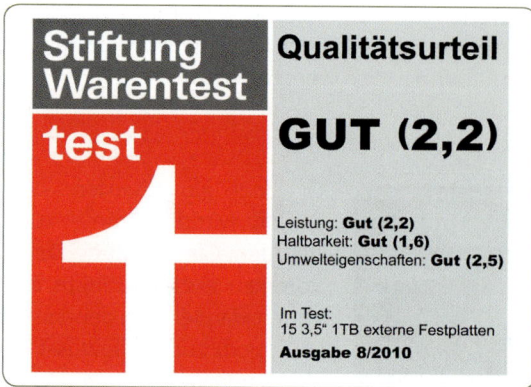

Bild 1: *Prüfsiegel Stiftung Warentest*

Vor Ort sind ferner Informationen über die Verbraucherberatungsstellen erhältlich, die auf Bundesebene zu der in Berlin ansässigen gemeinnützigen Verbraucherzentrale Bundesverband e. V. (vzbv) zusammengeschlossen sind. In ihr wirken auch kirchlich-karitative und sozial getragene Vereinigungen mit.

Ähnlich dem Magazin „Test" ist das Magazin „Ökotest" zu bewerten, das durch einen privaten Verlag herausgegeben wird.

Gelegentlich sieht man in Werbebroschüren neben den Preisinformationen auch die vorgenannten Prüf- und Qualitätszeichen für die im Angebot befindlichen Produkte abgebildet.

Subjektive Informationsquellen

Im Gespräch mit anderen Menschen werden oftmals auch Preis- und Produktinformationen ausgetauscht, die aber nur eine Einzelfalleinschätzung wiedergeben (subjektives Urteil). Trotzdem haben sie oftmals starken Einfluss auf anstehende Kaufentscheidungen. In diesem Zusammenhang ist auch die Werbung in Radio, TV und den Printmedien zu benennen.

Wenn man sich über die Art und Qualität der zu beschaffenden Ware im Klaren ist, gibt der Preis den Ausschlag für die Kaufentscheidung.

3.3 Preise

> Der Preis wird heutzutage in Geld ausgedrückt. Er gibt an, wie viel der Käufer an den Erzeuger oder Zwischenhändler für eine Ware oder Dienstleistung zu zahlen hat. Er beschreibt das Austauschverhältnis.

3.3.1 Preisgestaltung

Die Preisbildung gestaltet sich bei den verschiedenen Bezugsquellen unterschiedlich. Die Discounter bieten ihre Ware zu Festpreisen an. Preisverhandlungen können hier nicht geführt werden. Dies trifft in der Regel auch für den Großmarkt zu.

Bei den anderen Lieferanten besteht üblicherweise die Möglichkeit, Preisnachlässe für größere Abnahmemengen zu vereinbaren. Gegen den Einkauf von zu großen Mengen spricht allerdings, dass

- die gekaufte Ware vor Ablauf des Mindesthaltbarkeitsdatums aufgebraucht sein muss (ohne dass es jeden Tag das gleiche Essen gibt).
- insbesondere bei Tiefkühlkost ausreichend Lagerraum verfügbar sein muss.

- das Einkaufsbudget begrenzt ist und Vorräte für Monate, insbesondere bei Großküchen, viel Geld binden. Mit diesem Geld könnten auf einem Bankkonto Zinsen erwirtschaftet werden. Man spricht in diesem Zusammenhang auch von „totem Kapital".

Preisnachlässe für größere Mengen können durchgesetzt werden, weil

- der Landwirt seine Ware zum Erntetermin kurzfristig verkaufen muss. Findet er keine oder nur wenige Käufer zu seinen Preisvorstellungen, muss er im Preis dem Käufer entgegenkommen oder die Ware wieder unterpflügen.
- die Apfelsaftmosterei bei der Abnahme der doppelten Abnahmemenge die Transportkosten für eine ansonsten notwendige zusätzliche Anlieferungstour einspart.
- die Apfelsaftmosterei erst mit der Auslieferung des Saftes eine Rechnung stellen kann. Lagert aber viel Saft z. B. in einem Seniorenwohnheim, so realisiert die Mosterei einen Zinsgewinn.
- der Verkäufer auch bei der sofortigen Barzahlung einen Zinsgewinn erzielt, denn üblicherweise erfolgt der Eingang des Rechnungsbe-

trages erst nach vier Wochen. Bei einer sofortigen Überweisung der Rechnung wird meist ein **Skonto** von 1–3 % der Rechnungssumme als Preisnachlass gewährt.

Neben diesen monetären (geldlichen) Preisnachlässen werden oftmals auch sonstige **geldwerte Vorteile** gewährt. Dies können sein:

- Kostenlose Anlieferung der Ware. Die Gewährung dieses Vorteils kostet den Verkäufer wenig, wenn er ohnehin in der Umgebung auch andere Kunden beliefert.
- Nicht berechnete Zusatzware in Form von Naturalien (z. B. zwei Säcke Kartoffeln à 25 kg).
- Nicht berechnete Zusatzware in Form von Naturalien, die unmittelbar vor dem Ablauf des Haltbarkeitsdatums stehen und kurzfristig verkauft bzw. aufgebracht werden müssen. Ein entsprechend gezieltes Nachfragen in der Preisverhandlung kann sinnvoll sein, weil für die Entsorgung überlagerter Ware Zusatzkosten entstehen, sodass der Verkäufer bereit sein wird, diese Ware in Verbindung mit weiterer bezahlter Ware kostenlos abzugeben.
- Nicht berechnete Zusatzware in Form von nicht marktfähiger Ware. Diese muss deshalb nicht schlecht sein, kann aber u. U. nicht vermarktungsfähig sein. Ein Beispiel sind die von Apfelschorf (siehe Bild 1) befallenen Äpfel. Diese Äpfel sind für den Landwirt zur Vermarktung als Tafelobst weitestgehend ungeeignet, obgleich es sich lediglich um eine optische Beeinträchtigung handelt. Als geschälte

Äpfel können sie aber im Obstsalat noch hervorragend verwendet werden.

Bild 1: *Apfelschorf bei Äpfeln*

Gleiches gilt für andere Ware, die nicht den Kriterien der üblichen Handelsklassen entspricht und von Erzeugern oftmals kostenlos mitgeliefert wird.

3.3.2 Im Fokus: Preise bei Obst und Gemüse

Bei Frischgemüse und Obst unterliegt das Angebot des Verkäufers teilweise erheblichen Schwankungen. Während der inländischen Haupterntezeit können sich die Preise innerhalb weniger Wochen halbieren.

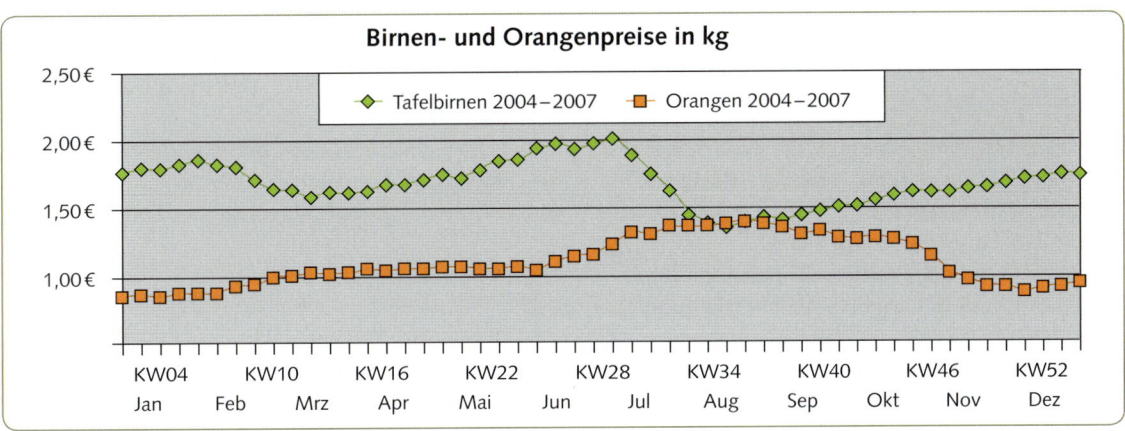

Bild 2: *Preise für Tafelbirnen und Orangen im Jahresablauf (Datenquelle: ZMP, Bonn)*

Mit einer Auswahl saisonal typischer Gerichte spart die Küchenleitung ggf. beim Einkauf Kosten ein (betriebswirtschaftlicher Vorteile), weshalb sie einen Saisonkalender für Obst und Gemüse (siehe Seite 69 und 70) in ihrem Büro hängen hat.

Zudem weisen Produkte regionaler Herkunft aufgrund reduzierter Transportstrecken eine bessere Umweltbilanz auf als Importware. Der umweltökonomische Vorteil geringerer Autoabgasemissionen zeigt sich z. B. an der verminderten Schädigung bei Waldbäumen.

Beispiel: Obst

Bild 2 auf S. 67 zeigt die Preisentwicklung im Jahresverlauf für Tafelbirnen und Orangen. Deutlich erkennbar ist der Preissturz, wenn die hiesige Birnenernte stattfindet. Eine weitere Preisdelle gibt es im Februar, wenn Importware von der südlichen Erdhalbkugel auf den hiesigen Markt drängt. Ein Küchenchef könnte bis zur Birnenernte vermehrt Orangen im Obstbüfett platzieren, um diese dann ab der Birnenernte vermehrt gegen Birnen auszutauschen, zumal im Sommer der Orangenpreis regelmäßig stark steigt, was erntebedingt für alle Zitrusfrüchte zutrifft. Gleichzeitig liegt der Birnenpreis dann oftmals unter dem Orangenpreis. Zugleich zeigt das Beispiel aber auch, dass Importobst aus vielfältigen Gründen nicht zwangsweise teurer ist als saisonales hiesiges Obst.

Einigermaßen stabil im Jahresablauf sind die Preise für Südfrüchte wie Ananas und Bananen.

3.3.3 Strategien beim Einkauf

Verhandlungen mit den Verkäufern sollten in folgender Reihenfolge geführt werden:

1. Die zur Bezahlung anstehende Ware muss den Qualitätskriterien entsprechen (z. B. Handelsklassen) und einwandfrei sein. Zunächst wird hierüber Einigkeit erzielt.
2. Danach wird der Preis verhandelt. Zum Ende der Preisverhandlungen versucht man noch ein Skonto zu vereinbaren.
3. Scheitert dies, lässt sich oftmals zumindest noch einer der geldwerten Vorteile aus Kapitel 3.3.1 auf dem Verhandlungswege erreichen. Deshalb wird dieser Punkt erst ganz am Ende angesprochen.

Das Seniorenwohnheim hat sich bewusst für mehrere Lieferanten bzw. Bezugsquellen entschieden, weil

- nicht ein Lieferant bei allen Produkten der preiswerteste Anbieter ist.
- man sonst bei ungerechtfertigten Preissteigerungen nicht kurzfristig auf einen anderen Lieferanten umsteigen kann.

Wenn es Sonderaktionen bei Zucker o. Ä. im Discounter gibt, kauft das Seniorenwohnheim manchmal auch dort ein. Dies ist eine Chance, preislichen Druck auf den Lieferanten auszuüben, der üblicherweise das Seniorenwohnheim mit diesem Produkt beliefert. Es zeigt ihm, dass man preisbewusst und flexibel ist. Allerdings ist zu berücksichtigen, dass der Kauf im Discounter wie auch der im Großmarkt mit zusätzlichen Kosten für den Transport und die zu bezahlende Arbeitszeit beim Einkauf verbunden ist. Letztlich müssen in den Preisvergleich auch solche **Transaktionskosten** mit einbezogen werden.

Auch der private Einkauf von „Schnäppchen" im Discounter ist kritisch zu hinterfragen, wenn dafür extra mit dem Auto an den Stadtrand gefahren werden muss.

Bei Privateinkäufen im Supermarkt sollten folgende Regeln beachtet werden:

- Nicht hungrig in den Supermarkt gehen
- Vorher einen Einkaufszettel schreiben
- Sich im Vorfeld über Sonderangebote informieren
- Einkaufsmenge muss mit der Haushaltsgröße übereinstimmen.
- Auch Ware der unteren und oberen Regalbereiche in den Produkt-/Preisvergleich mit einbeziehen
- Hände weg von den verlockenden Angeboten im Wartebereich an der Kasse

Da Arbeitszeit den Arbeitgeber Geld kostet, darf die Marktrecherche nicht mehr kosten als die in der Zeit erzielte Einsparung durch preiswertere Produkte. Vollständige Marktübersicht ist also unerreichbar, denn um das letzte Angebot, z. B. im Internet, zu sichten, wäre der Aufwand höher als der eventuell noch zu sparende Geldbetrag.

Saisonkalender für einheimisches Gemüse

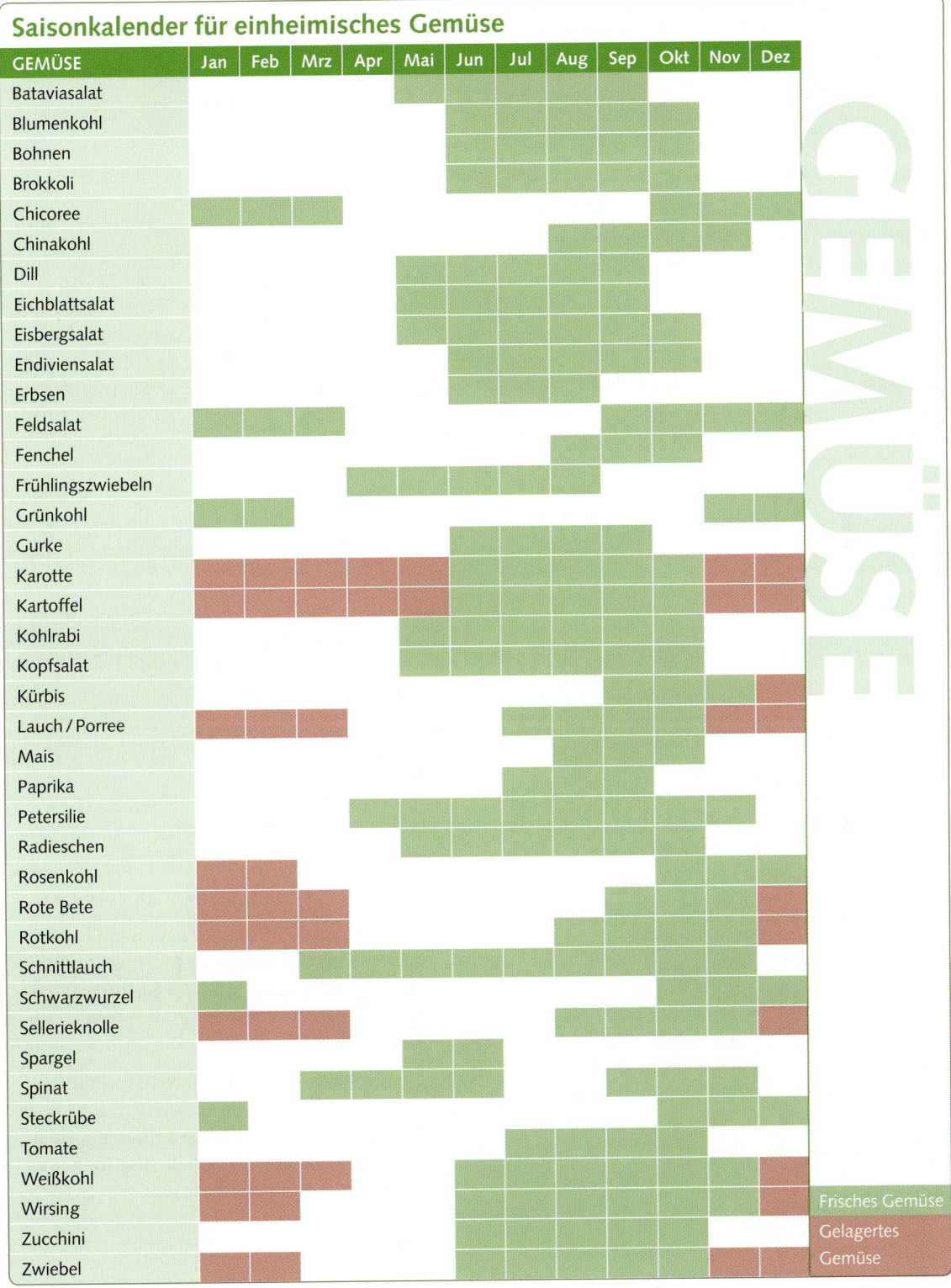

Tabelle mit den Monaten Jan, Feb, Mrz, Apr, Mai, Jun, Jul, Aug, Sep, Okt, Nov, Dez für folgende Gemüse: Bataviasalat, Blumenkohl, Bohnen, Brokkoli, Chicoree, Chinakohl, Dill, Eichblattsalat, Eisbergsalat, Endiviensalat, Erbsen, Feldsalat, Fenchel, Frühlingszwiebeln, Grünkohl, Gurke, Karotte, Kartoffel, Kohlrabi, Kopfsalat, Kürbis, Lauch / Porree, Mais, Paprika, Petersilie, Radieschen, Rosenkohl, Rote Bete, Rotkohl, Schnittlauch, Schwarzwurzel, Sellerieknolle, Spargel, Spinat, Steckrübe, Tomate, Weißkohl, Wirsing, Zucchini, Zwiebel.

GEMÜSE

Legende: Frisches Gemüse, Gelagertes Gemüse

Saisonkalender für einheimisches Obst

OBST	Jan	Feb	Mrz	Apr	Mai	Jun	Jul	Aug	Sep	Okt	Nov	Dez
Apfel	○	○						●	●	●	○	○
Birne	○	○						●	●	●		
Brombeere								●	●			
Erdbeere					●	●						
Esskastanie									●	●		
Haselnuss		○	○						●	●		
Heidelbeere							●	●				
Himbeere						●	●	●				
Holunderbeere									●	●		
Johannisbeere						●	●					
Mirabelle								●				
Pfirsich / Nektarine								●				
Pflaume							●	●	●			
Quitte									●	●		
Rhabarber				●	●	●						
Sauerkirsche							●	●				
Stachelbeere						●	●					
Süßkirsche						●	●					
Tafeltraube									●	●		
Walnuss	○	○							●	●	○	○

Frisches Obst (●)   Gelagertes Obst (○)

Aufgaben:

1. Wieso kaufen immer mehr Leute Ware aus biologischer Landwirtschaft, obgleich sie teurer ist und man oft keinen geschmacklichen Unterschied merkt (Mindmap)?

2. Was bewegt Käufer dazu, teure Fair-Trade-Ware zu kaufen? Wer sind die potenziellen Käufer Ihrer Meinung nach?

3. Recherchieren Sie im Supermarkt nach weiteren Produkten, die den Blauen Engel tragen. Notieren Sie dabei, wieso der Blaue Engel für dieses Produkt vergeben wurde.

4. Vergleichen Sie die Preisentwicklung bei Eiern, Spargel und Rindfleisch im Verlauf eines Jahres. Wählen Sie eine grafische Darstellung im Zeitablauf.

5. Recherchieren Sie im Internet die Bedeutung der anderen Zahlen und Buchstaben auf dem Code der Eierschale.

6. Definieren Sie den Begriff „homogene Produkte" und nennen Sie mindestens drei Produkte.

7. Entwerfen Sie ein Etikett mit Preisangaben usw. für ein abgepacktes 300-Gramm-Käsestück.

8. Warum sind die Preisschwankungen bei Äpfeln im Ablauf eines Jahres nicht so hoch wie bei anderem Obst? Schauen Sie auch in den Saisonkalender, bevor Sie Ihre Antwort formulieren.

9. Recherchieren Sie im Internetportal der Stiftung Warentest unter www.test.de den Prüfbericht für Kühlschränke für den Kauf in einem Vierpersonenhaushalt. Welches Produkt würden Sie mit welcher Begründung präferieren?

10. Benennen Sie weitere Institutionen, die Ihrer Meinung nach noch als Verbraucherschutzorganisation angesprochen werden können. Begründen Sie Ihre Meinung.

4 Kaufvertrag

In einem Kaufvertrag verpflichtet sich der Verkäufer zum Verkauf einer Sache oder Dienstleistung, für die der Käufer eine Bezahlung zusichert. Verträge können schriftlicher oder auch mündlicher Art sein. Entscheidend ist der Vertragsabschluss durch Angebot und Annahme.

4.1 Natürliche und juristische Personen

Wenn die Auszubildende Sarah etwas kauft, tut sie dies entweder

- für ihren Privathaushalt als Verbraucherin
- oder für das Unternehmen, bei dem sie angestellt ist.

Im ersten Fall handelt sie als **natürliche Person**. Im zweiten Fall ist sie Repräsentantin ihres Unternehmens, das als **juristische Person** bezeichnet wird.

Man erkennt diese Wirtschaftsunternehmen an ihren Namenszusätzen wie z. B. GmbH (Gesellschaft mit beschränkter Haftung), AG (Aktiengesellschaft), KG (Kommanditgesellschaft), eG (eingetragene Genossenschaft). Auch ein Verein (e.V.) oder eine Stiftung sind juristische Personen. Selbst die Stadtverwaltung tritt als juristische Person auf, wenn sie z. B. für einen Empfang ein Büfett bestellt.

4.2 Rechts- und Geschäftsfähigkeit

Bild 1: *Geschäftsfähigkeit nach Altersstufen*

Rechtsfähig wird eine

- natürliche Person durch Geburt,
- private juristische Person durch die Eintragung in das jeweils zuständige Handels-, Genossenschafts- oder Vereinsregister beim Amtsgericht.

Die Rechtsfähigkeit endet demzufolge mit dem Tod bzw. der Liquidation (Löschung) der Gesellschaft aus dem Register.

Von der Rechtsfähigkeit wird bei natürlichen Personen weiterhin die **Geschäftsfähigkeit** unterschieden, die drei Stufen beinhaltet:

1. **Geschäftsunfähig** (§ 104 BGB; **B**ürgerliches **G**esetz**b**uch) sind Menschen ab Geburt und bis zur Vollendung des siebten Lebensjahres oder wenn sie dauerhaft geistig krank sind. Bei geschäftsunfähigen Personen handeln deren Erziehungsberechtigte oder der rechtlich bestimmte Betreuer.

2. **Beschränkt geschäftsfähig** (§ 106 BGB) sind Menschen, die das siebte Lebensjahr vollendet haben, aber noch nicht volljährig sind. Sie können z. B. über kleinere Geldbeträge wie ihr Taschengeld frei verfügen. Weiterreichende

Rechtsgeschäfte können sie nur mit Zustimmung ihrer Erziehungsberechtigten abschließen. Diese Regelung gilt auch für Menschen, für die aufgrund von Rauschgift- oder Alkoholsucht gerichtlich ein Betreuer bestellt worden ist.

3. **Unbeschränkt geschäftsfähig** (§ 2 BGB) ist ein Mensch mit Erreichen der Volljährigkeit. Das heißt, ab einem Alter von 18 Jahren kann dieser alle Entscheidungen über Rechtsgeschäfte selber treffen.

In Tabelle 1 sind die Unterschiede zwischen einer juristischen und natürlichen Person nochmals in Stichworten dargestellt.

Art der Person	Rechtsfähigkeit	Geschäftsfähigkeit
natürlich	ab Geburt	dreistufig gestaffelt
juristisch	▪ ab Eintrag im jeweiligen Register (Unternehmen, Vereine) ▪ per Gesetz (Gemeinde und andere öffentliche Institutionen)	ab Gründung

Tabelle 1: *Natürliche und juristische Person im Vergleich*

4.3 Vertragsabschluss durch Angebot und Annahme

Bild 1: *Preisschild am Obstmarkt*

Ein Kaufvertrag kommt zustande, wenn beide Parteien (Käufer und Verkäufer) sich über das Geschäft einig sind und entsprechende **Willenserklärungen** abgeben.

Beispiel: Auf dem Gemüsemarkt macht der Händler ein Angebot (Preisschild). Der Käufer stimmt dem Preis zu, indem er dem Verkäufer die Menge benennt und kauft. Es kommt ein mündlicher Kaufvertrag zustande. Er gilt genauso wie ein schriftlicher Vertrag.

Im geschäftlichen Bereich werden Kaufverträge aus Dokumentationsgründen meist schriftlich abgeschlossen. Für eine neue Waschmaschine werden mindestens drei Angebote eingeholt und miteinander verglichen. Ein Angebot ist bindend für den Bieter (= Verkäufer), allerdings kann er es zeitlich befristen. Außerdem kann er es mit dem Zusatz „Solange der Vorrat reicht" versehen.

Indem der Käufer einem Bieter zum Beispiel ein Fax sendet und dessen Angebot annimmt, kommt der Kaufvertrag zustande.

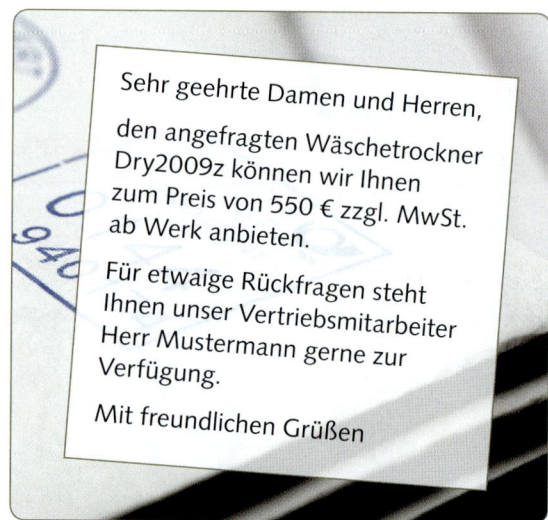

Sehr geehrte Damen und Herren,

den angefragten Wäschetrockner Dry2009z können wir Ihnen zum Preis von 550 € zzgl. MwSt. ab Werk anbieten.

Für etwaige Rückfragen steht Ihnen unser Vertriebsmitarbeiter Herr Mustermann gerne zur Verfügung.

Mit freundlichen Grüßen

Bild 2: *Schriftliches Angebot*

Bild 3: *Bestellfax*

Natürliche Personen können einen Kaufvertrag binnen sechs Monaten widerrufen, wenn es sich um **Haustürgeschäfte**, zu denen auch sogenannte Werbe- oder Butterfahrten gehören, handelt. Wird der Käufer durch den Verkäufer über sein Widerspruchsrecht belehrt (separate Unterschrift!), verkürzt sich die Frist auf 14 Tage.

Lädt der Käufer den Verkäufer zu sich zum Gespräch ein, verfällt sein Widerspruchsrecht, weil er sich vorbereiten kann und nicht „überrumpelt" wird. Ferner entfällt das Widerspruchsrecht bei

■ nach Vorgaben gefertigter Ware, z. B. einem maßgeschneiderten Abendkleid.

■ kopierbaren Medien, wie z. B. Software, DVDs, deren Siegel gebrochen wurde.
■ Bagatellgeschäften (meist bis 40 €).
■ Versicherungsverträgen, da Versicherungsschutz meist ab sofort gilt.
■ notariell beglaubigten Verträgen, z. B. Immobilienkäufen.

Das gleiche Widerspruchsrecht haben natürliche Personen im Fernabsatzgeschäft, z. B. im Versandhandel. Dazu zählen z. B. Bestellungen per Brief, Telefon, Fax, E-Mail oder Internet. Diesen Bestellungen ist gemeinsam, dass Käufer und Verkäufer sich nicht von Angesicht zu Angesicht gegenüberstehen.

4.4 Positionen eines Kaufvertrages

Ein Kaufgeschäft kann unter speziellen Rahmenbedingungen vonstattengehen. In Tabelle 1 wird der Kauf einer Waschmaschine für ein Seniorenwohnheim mit dem Einkauf von Gemüse für einen Privathaushalt verglichen.

	Handelsgeschäft	Verbrauchergeschäft
Beispiel	Waschmaschinenkauf für das Seniorenheim	Privater Gemüseeinkauf
Kaufvertrag	schriftlich	mündlich
Käuferperson	juristische Person	natürliche Person
Beschaffenheit der Ware	Modellname mit technischen Daten wie Drehzahl pro Minute, Fassungsvolumen, Stromverbrauch usw.	gemäß Auszeichnung (Handelsklasse I oder II)
Menge	eine Maschine	in kg
Preis	**Nettopreis** zzgl. Mehrwertsteuer (19 %) ergibt den zu zahlenden Bruttopreis. Für private Endverbraucher ist der Bruttopreis auszuweisen.	**Bruttopreis** (Nettopreis beinhaltet den zzt. gültigen Mehrwertsteuersatz von 7 % für die meisten Lebensmittel wie z. B. Gemüse.)
Lieferbedingungen	**Ab Werk**, d. h., die Ware muss tatsächlich am Werk abgeholt werden.	**Unfrei**, d. h., der Verkäufer hat seine Verpflichtungen mit der Übergabe am Verkaufsstand erfüllt. Er muss die Ware nicht anliefern.
Zahlungsbedingungen	**Zahlung innerhalb einer Frist** von 14 Tagen; bei Zahlung innerhalb einer Frist von 7 Tagen werden 2 % **Skonto** gewährt.	**Zug um Zug**, d. h., der Käufer zahlt sofort bei Übergabe der Ware. **Rabatt** bei Abnahme von z. B. mindestens 1 kg (größere Einzelmenge)
Erfüllungsort	formal meist der Sitz der Firma	an Ort und Stelle
Gerichtsstand	Gericht, das zuständig ist für den Firmensitz des Herstellers	entsprechend den gesetzlichen Regelungen

Tabelle 1: *Vergleich Handelsgeschäft mit Verbrauchergeschäft*

Bei den Zahlungsbedingungen können weitere Varianten, insbesondere bei größeren Käufen, vereinbart werden:

- **Anzahlung:** Mit der Bestellung müssen beispielsweise 25 % Prozent des Kaufbetrages überwiesen und ein entsprechender Zahlungsnachweis beigefügt werden.
- **Vorauszahlung:** Erst wird die Ware vollständig bezahlt und dann bereitgestellt bzw. ausgeliefert. Dies erfolgt insbesondere bei Kunden, die in der Vergangenheit schon in Zahlungsschwierigkeiten waren und die Ware nicht oder erst mit starker Verspätung zahlten.
- **Ratenzahlung:** In monatlich festgelegten Beträgen wird der Gesamtbetrag über einen Zeitraum von einem Jahr bis zumeist vier Jahren bezahlt. (Achtung: Die Ratenzahlung ist eine klassische Überschuldungsfalle.)
- Zahlung nach Ablauf einer Frist: Die Zahlung erfolgt erst z. B. zwei Monate nach Erhalt der Rechnung.

Bild 1: *Kleingedrucktes im Vertrag lesen*

Statt der unfreien Lieferung oder der Lieferung ab Werk (Tabelle 1 der vorherigen Seite) kann auch vereinbart werden:

- **Lieferung frei:** In diesem Fall muss die Ware vom Käufer noch am nächstgelegenen Bahnhof abgeholt werden.
- **Lieferung frei Haus:** Erst hier wird die Ware auch tatsächlich bis an die Türschwelle des Käufers geliefert.

Oftmals ist ein Versand nur möglich, wenn die Ware zuvor entsprechend bruchsicher verpackt wird. Die damit verbundenen Kosten sind vom Käufer zu zahlen, sofern im Kaufvertrag nicht eine anderweitige Regelung festgelegt wurde.

Die preisliche Vorteilhaftigkeit eines Angebotes kann also letztlich nur unter Berücksichtigung der folgenden Positionen erfolgen:

- Preis für die von der Beschaffenheit her vergleichbare Ware
- Verpackungskosten
- Transportkosten
- Mengenrabatt
- Skonto

Mit dem Erfüllungsort ist üblicherweise auch zugleich der Gerichtsstand vertraglich festgelegt. Wird eine solche Vereinbarung nicht getroffen, gilt die gesetzliche Regelung, wonach

- Streitigkeiten hinsichtlich der Ware an dem Gericht zu klären sind, an dem der Verkäufer seinen Geschäftssitz hat.
- Streitigkeiten hinsichtlich der Bezahlung das Gericht regelt, das für den Firmensitz bzw. Wohnort des Käufers zuständig ist.

Unabhängig von den vertraglichen Regelungen werden bei Streitwerten bis 5 000 € die Amtsgerichte angerufen. Bei höheren Beträgen ist das jeweilige Landgericht zuständig.

4.5 Nichtige und anfechtbare Geschäfte

Grundsätzlich ist ein Kaufgeschäft rechtsgültig, wenn es nicht mit geschäftsunfähigen oder beschränkt geschäftsfähigen Personen erfolgt ist. Weitere Ausnahmen sind beispielsweise die nachfolgenden **nichtigen Geschäfte**:

- Gesetzeswidrige Geschäfte, z. B. Verkauf von illegalen Drogen

- Immobiliengeschäfte, die nicht bestimmten formalen Kriterien (notariell beglaubigter Vertrag) genügen
- Geschäfte mit Personen, die unter Schock stehen oder offensichtlich volltrunken sind
- Geschäfte, die gegen die guten Sitten verstoßen, weil sie z. B. bei Zahlungsverzug Wucherzinsen vorsehen

- Scheingeschäfte, die nicht oder in anderer Form (z. B. zu einem anderen Preis) zustande gekommen sind

Nicht von vornherein nichtig, aber doch **anfechtbar** sind Geschäfte, die
- mittels Drohung, z. B. Erpressung, zustande kamen.
- unter arglistiger Täuschung zustande kamen, weil der Verkäufer wissentlich falsche Anga-

ben zur Beschaffenheit der Ware gemacht hat (Gebrauchtwagen als unfallfrei verkauft, obwohl der Wagen in einen Crash verwickelt war).
- irrtümlich abgeschlossen wurden, z. B. aufgrund falscher Preisauszeichnung. Hier wäre nur der Erklärungsirrtum relevant, bei dem sich jemand versprochen oder verschrieben hat. Für den Kalkulationsirrtum haftet der Verkäufer hingegen in der Regel.

4.6 Nicht ordnungsgemäße Vertragserfüllung

Ein bestelltes und dringend benötigtes Elektrogerät wird nicht pünktlich geliefert. Unabhängig davon funktioniert das Gerät nicht richtig. Wie geht es jetzt formal richtig weiter und welche Rechte haben Käufer als auch Verkäufer? Antworten zu diesen Fragen geben die nachfolgenden Kapitel.

4.6.1 Lieferverzug und Annahmeverzug

Der **Lieferverzug** ist ein nicht vertragskonformes Verhalten des Verkäufers, d. h., es liegt ein Vertragsverstoß vor. Dies gilt insbesondere dann, wenn ein fester Lieferzeitpunkt vereinbart worden war. Angaben zum Liefertermin wie „in etwa zwei Wochen" oder „baldmöglichst" sind unpräzise.

Liefert der Verkäufer nicht pünktlich, ist er schriftlich abzumahnen (möglichst Einschreiben mit Rückschein) und ihm eine Nachfrist von mindestens 14 Tagen zu setzen.

Wird auch bis dahin nicht geliefert, bestehen drei Handlungsoptionen:

- Vom Kaufvertrag zurücktreten und ggf. bei einem anderen Anbieter das Benötigte bestellen.
- Nach Ablauf der Nachfrist bei einem anderen Anbieter kaufen. Mehrkosten im Vergleich zum ursprünglichen Kaufvertrag muss der ersetzen, der eine fristgerechte Lieferung schuldig geblieben ist. Liefert dieser nach Ablauf der Nachfrist, kann die Lieferung abgelehnt und auf der Erstattung der Mehrkosten bestanden werden.
- Auch nach Ablauf der Nachfrist auf der Lieferung bestehen. Etwaige Mehrkosten, z. B. durch den Besuch eines Waschsalons wegen der fehlenden Waschmaschine, können dem Verkäufer in Rechnung gestellt werden.

Begründet der Verkäufer aber die Nichtlieferung mit **höherer Gewalt** wie z. B. Streik, so trifft ihn kein Verschulden. Der Käufer kann dann lediglich

Bild 1: *Caterer kommt rund eine Stunde zu spät, der Kunde benötigt kein Mittagessen mehr.*

vom Vertrag zurücktreten oder auf dessen Erfüllung beharren, ihm steht aber dann kein Schadenersatz zu.

Wird ein Büfett zu einem Empfang nicht pünktlich geliefert, kann der Käufer die Annahme zu einem späteren Zeitpunkt verweigern. In diesem Fall entfällt das Setzen einer Nachfrist.

Andererseits kann der Verkäufer seine Lieferung bereitgestellt haben (z. B. indem der Lieferant pünktlich an der Tür des Käufers steht). Ist der Käufer nicht da oder verweigert er die Annahme, handelt der Käufer nicht vertragskonform. Trotzdem bleibt der Vertrag dadurch bestehen. Bei dem sich daraus ergebenen **Annahmeverzug** entstehen für den Verkäufer zwei Handlungsoptionen:

- Vom Kaufvertrag zurücktreten und die Ware an einen anderen Kunden verkaufen. Diese Option ist aus Verkäufersicht insbesondere dann zu wählen, wenn andere Kunden an dem Produkt interessiert und keine Transportkosten entstanden sind, z. B. bei Lieferung frei Werk.
- Auf Erfüllung des Kaufvertrages beharren.

Die letztgenannte Option muss nach einer festgelegten, zeitlich bestimmten Reihenfolge vonstattengehen:

1. Der Verkäufer teilt dem Käufer schriftlich – auch hier als Einschreiben mit Rückschein – mit, dass er die Ware auf Kosten des Käufers zwischenlagert und ggf. öffentlich versteigern wird.
2. Der Verkäufer erhebt Klage gegen den Käufer.
3. Die Ware wird öffentlich versteigert. Der Verkäufer teilt dem Käufer hierfür Ort und Termin vorab mit. Etwaige Erlöseinbußen des Verkäufers sind durch den Käufer zu tragen.

Fällt zum Beispiel ein Fest aus und ist keine rechtzeitige Stornierung des Auftrages erfolgt, so kann der Verkäufer einen Notverkauf der leicht verderblichen Ware auch ohne weitere Vorankündigung vornehmen, wenn sich der Käufer weigert, ein bestelltes Büfett anzunehmen.

4.6.2 Mangelhafte Lieferung

Bei einer Büfettlieferung können folgende **Mängel** zu Tage treten:

- Quantität: Statt vier Salaten sind nur zwei Salate geliefert worden.

- Qualität: Anstelle kleiner aromatischer Kirschtomaten sind dicke wässrige Fleischtomaten im Salat.
- Beschaffenheit: Die Salatblätter sind welk und überlagert.
- Art des Produktes: Statt eines Rinderbratens ist ein Schweinebraten für den Empfang der türkischen Gäste geliefert worden.

Die vorgenannten Mängel sind sofort vom Käufer zu reklamieren.

Bild 1: *Schweine- statt Rinderbraten*

Wenn ein DVD-Recorder das Aufnehmen regelmäßig abbricht, so wird dies erst nach Inbetriebnahme des Gerätes offenkundig. Unter Umständen tritt der Schaden auch erst nach drei Monaten auf. In solchen Fällen gilt:

- Eine Reklamation kann innerhalb von zwei Jahren erfolgen **(Gewährleistungsfrist)**.
- Der Verkäufer gewährleistet die volle Funktionsfähigkeit des Gerätes für zwei Jahre ab Verkauf. Ausgenommen sind übliche Verschleißerscheinungen.
- Wird ein Mangel am DVD-Recorder offenkundig, wird innerhalb der ersten sechs Monate grundsätzlich unterstellt, dass das Gerät schon bei der Auslieferung den Schaden in sich trug. Erst nach Ablauf von sechs Monaten kommt es zu einer **Beweislastumkehr**, bei der der Käufer darlegen muss, dass der Mangel schon von Anfang an bestand.

Ist ein Gebrauchtwagen mit neuer HU- und AU-Plakette (Plakette für Haupt- und Abgasuntersuchung) als unfallfreier Pkw verkauft worden, so muss der Käufer das Auto u. U. erst nach zwei

Jahren wieder in seine Werkstatt zur Erneuerung der Plaketten bringen. Bemerkt der Kfz-Meister dabei einen verschwiegenen Unfallschaden, kann der Käufer den **arglistig verschwiegenen Mangel** auch noch im dritten Jahr reklamieren.

Weitere Produktmängel können sich aufgrund falscher deutschsprachiger Bedienungs- oder Montageanleitungen ergeben (z. B. bei vielsprachigen Varianten mit Kommafehlern in der Übersetzung). Folgendes Beispiel verdeutlicht dies anhand eines Dieselmotors. Richtig ist: „Vorglühen, nicht direkt starten!". Steht im Text aber „Vorglühen nicht, direkt starten!", so haftet auch hier der Verkäufer für etwaige Schäden durch falsche Bedienung.

Ein weiteres Beispiel: Eine im deutschen Supermarkt gekaufte französische Champagnerflasche explodiert aufgrund des Überdrucks in der fehlerhaften Flasche noch vor dem Öffnen auf der Sylvesterparty. Es kommt zu leichten Schnittverletzungen, zudem gelangt roter Champagner auf das Designerkleid des Gastes.

Der Händler, der den Champagner in Deutschland verkauft hat, muss einerseits die zu bemängelnde Flasche **(Gewährleistungspflicht)** ersetzen. Da der Schaden im privaten Bereich erfolgte, kommt der Händler zudem auf der Rechtsgrundlage des **Produkthaftungsgesetzes** für Folgeschäden und -kosten auf, wie z. B. den Ersatz des Designerkleides, dessen Flecken vom roten Champagner sich durch eine Reinigung nicht entfernen ließen. Der deutsche Händler kann dann seinerseits die Kosten bei seinem Lieferanten in Frankreich einfordern. 500 € muss der Geschädigte allerdings selber tragen, nur der Betrag, der darüber hinausgeht, ist vom deutschen Händler zu zahlen.

In einem Restaurant (nichtprivate Nutzung der Champagnerflasche) steht die **Betriebshaftpflichtversicherung** vollständig für die Schäden am Besucher ein.

4.6.3 Reklamation

Grundsätzlich hat der Käufer bei reklamierten Mängeln einen **Nacherfüllungsanspruch**. Dabei kann der Käufer wählen zwischen

- einer Nachbesserung oder
- einer Ersatzlieferung.

Damit verbundene Transport-, Arbeits- und Materialkosten fallen zu Lasten des Verkäufers. Macht der Käufer zum dritten Mal einen Nachbesserungsanspruch geltend, weil Ersatz oder Nachbesserung immer noch mit Mängeln behaftet sind, so kann der Käufer zwischen zwei Optionen wählen:

- Rückabwicklung des Kaufvertrages mit Kaufpreiserstattung für den Käufer (gilt nicht bei unerheblichen Mängeln) oder
- Minderung des Kaufpreises (möglichst im beiderseitigen Einvernehmen, weil sonst der Minderungsanspruch erst gerichtlich geklärt werden muss).

Müsste eine Küchenhilfe auf Stundenbasis im Seniorenwohnheim einspringen, weil die Geschirrspülmaschine infolge der Nachbesserung nicht genutzt werden konnte, so muss der Verkäufer für die damit verbundenen Kosten, z. B. die Lohnkosten der Spülhilfe, im Rahmen des Schadenersatzes einstehen.

4.6.4 Zahlungsverzug

Etwas zu kaufen, ist ein Geben und Nehmen. Wer etwas erhält, muss dafür auch etwas hergeben. Üblicherweise handelt es sich dabei um Geld.

Zahlt ein Käufer nicht, so wird der Verkäufer ihm eine Zahlungserinnerung schicken. Der Verkäufer ist dazu nicht verpflichtet, aber es gehört zum guten Ton, nicht gleich eine Mahnung zu schicken. Man sollte folgende Reihenfolge beachten:

Bild 1: *Von der Mahnung zum Vollstreckungsbescheid*

- Versand der Rechnung
- Zahlungserinnerung (etwa 10 Tage nach Zahlungsfälligkeit)
- 1. Mahnung (etwa zwei Wochen nach Absenden der Zahlungserinnerung)

- 2. Mahnung (etwa 10 Tage nach der 1. Mahnung, siehe Bild 1).
- Gerichtliche Schritte (nach Ablauf der in der 2. Mahnung gesetzten Frist) mit dem Ziel Pfändung

Unternehmen mit ihren oftmals zahlreichen und hohen Rechnungsbeträgen zahlen zumeist erst unmittelbar vor Ablauf der Zahlungsfrist, weil sie so einen Zinsgewinn für ihr Unternehmen erwirtschaften können. Beim Online-Banking können Buchungen im Voraus entsprechend terminiert werden.

Obgleich der Verkäufer bei Zahlungsschwierigkeiten seines Kunden Verzugszinsen berechnen darf, kann dies dazu führen, dass der Verkäufer zukünftig an den jeweiligen Kunden nur noch gegen Barkasse Ware verkauft. Bei privaten Verbrauchern dürfen die Mahnzinsen 5 % über dem Basiszinssatz der Europäischen Zentralbank liegen. Bei juristischen Personen liegt der Satz sogar bei 8 % über dem Basiszinssatz.

An
Herrn Manni Muster
Musterstr. 2
99999 Musterstadt

2. Mahnung

Sehr geehrter Herr Muster,

wir kommen zurück auf unsere Zahlungserinnerung vom 2. November d. J. und unsere im Nachgang dazu ergangene Mahnung vom 17. November. Zu dem mit der Mahnung gesetzten Stichtag vom 25. November konnten wir keinen Zahlungseingang auf unseren Konten feststellen. Wir bitten Sie daher letztmalig bis zum 30. November d. J. den ausstehenden Betrag zzgl. der nachfolgenden aufgelisteten Mahnkosten auf eines unserer Konten zu überweisen, weil wir ansonsten gerichtliche Schritte gegen Sie einleiten werden.

Mit freundlichen Grüßen

Bild 1: *2. Mahnschreiben*

Aufgaben:

1. Erklären Sie den Unterschied zwischen einer juristischen und einer natürlichen Person.

2. Auch ein mündlich geschlossener Vertrag ist gültig. Begründen Sie, weshalb trotzdem oftmals die Arbeit gemacht wird, einen schriftlichen Vertrag aufzusetzen? Wann kann Ihrer Meinung nach ein schriftlicher Vertrag entfallen?

3. Die vor zehn Tagen dem Seniorenwohnheim gelieferte Geschirrspülmaschine war kaputt, ist gestern repariert worden und funktioniert heute schon wieder nicht richtig. Das Küchenpersonal muss deshalb Überstunden leisten, um das Geschirr per Hand zu spülen. In der heutigen Post findet Sarah zudem die Rechnung für die Geschirrspülmaschine.

   a) Was muss die Leitung des Seniorenwohnheimes nun tun?

   b) Schreiben Sie einen Briefentwurf an den Lieferanten der Geschirrspülmaschine. Fordern Sie freundlich und doch bestimmt Ihr Recht ein und weisen Sie auf die sich anhäufenden Überstunden und die damit verbundenen Kosten hin. Machen Sie die Konsequenzen deutlich, wenn nicht mit der nächsten Nachbesserung ein einwandfreier Zustand erreicht wird.

4. Berechnen Sie die Mahnzinsen für 90 Tage bei einem Basiszinssatz von 4 % und einem im Verzug stehenden Kaufpreis von 2 129 €.

5. Informieren Sie sich über den Begriff der „Pfändung" und halten Sie die Bedeutung schriftlich fest.

6. Lesen Sie „das Kleingedruckte" zum Handyvertrag. Fassen Sie die wichtigsten Textpassagen allgemein verständlich zusammen.

5 Zahlungsverkehr

Neben der bekannten Barzahlung hat das elektronische Bezahlen in verschiedenen Varianten an Bedeutung gewonnen. Daneben existieren aber weiterhin auch klassische Zahlungsmöglichkeiten, wie z. B. der Zahlschein, der Scheck. Zudem ersparen Zahlungsvarianten wie der Dauerauftrag Arbeitszeit. Nachfolgend werden die im Privat- und Geschäftsleben geläufigsten Varianten vorgestellt.

5.1 Barzahlung

Kauft ein Kunde im Supermarkt Lebensmittelprodukte, kann er diese mit Geldscheinen und -münzen (Bild 1) bar bezahlen.

Bei Barzahlungen wird dem Kunden ein Kassenbon oder eine handschriftliche Quittung als Zahlungsbeleg ausgehändigt (siehe Bild 2).

Bild 1: *Bargeld*

Bild 2: *Quittung als Zahlungsbeleg*

Oftmals werden Geldscheine an der Kasse auf ihre Echtheit geprüft. Wenn das Geschäft Falschgeld annimmt, hat es den finanziellen Schaden zu tragen.

Eine andere Variante der Barzahlung ist die **Nachnahme**. So ist im Versandhandel mit Zustellung der Ware, z. B. durch die Post, die Zahlung sofort in bar fällig.

5.2 Bargeldloser Zahlungsverkehr

Tag	Text	Wert	Belastung	Gutschrift
\multicolumn{5}{l}{KREISSPARKASSE Ludwigsburg Auszug 38 Konto 605222901}				
	Alter Kontostand vom 31.10.		EUR	107.289,28+
10.11	Esslinger Gummi GmbH		29.440,30	
	KD-NR 728, R-NR 14250	10.11		
20.11	AZD GmbH KD-NR 24007			
	RE-NR 26001, A-NR 21001	20.11		535,50
	Neuer Kontostand vom 25.11.			78.384,48+
++++	NEUER ZINSSATZ SEIT 15.10. 12,00%			

Bild 3: *Kontoauszug*

Wenn das Seniorenheim Lebensmittel bestellt, wird der Zahlungsverkehr üblicherweise nach Erhalt der Rechnung bargeldlos abgewickelt, weil

- keine großen Geldbeträge in der Bürokasse verbleiben sollen (Diebstahlgefahr).
- Zahlungen über das Unternehmenskonto über die Kontoauszüge (siehe Bild 3, S. 79) jederzeit nachvollziehbar sind.
- im Falle von Zahlungseingängen die Gefahr der Falschgeldannahme umgangen werden kann.

5.2.1 Überweisungen

Üblicherweise zahlt das Seniorenheim per **Banküberweisung** (siehe Bild 1). Dabei wird der Geldbetrag vom Girokonto des Seniorenheimes auf das Girokonto des jeweiligen Zahlungsempfängers, z. B. des Lebensmittelgroßhändlers, veranlasst. Die im Formular benötigten Informationen sind unabhängig vom Bank- bzw. Sparkasseninstitut gleich.

Bild 1: *Banküberweisungsformular*

5.2.2 Dauerauftrag und Lastschriftverfahren

Für das Büro hat das Seniorenheim einen Fotokopierer gemietet. Dafür werden monatliche Zahlungen in gleicher Höhe fällig. Daher ist ein **Dauerauftrag** vom Girokonto des Seniorenheimes eingerichtet. Das geht grundsätzlich auch im Rahmen des Online-Bankings. Gegenüber der Überweisung ergeben sich folgende Vorteile:

- Man muss nicht jeweils zu Monatsbeginn an die Überweisung denken.
- Es wird Arbeitszeit gespart.

Für das dienstliche Telefon kann kein Dauerauftrag ausgestellt werden, weil die monatlich fällig werdenden Beträge sich von Monat zu Monat unterscheiden. Solche Beträge werden mittels **Lastschriftverfahren** vom Girokonto abgebucht. Es gibt zwei Varianten. Entweder wird dafür eine **Einzugsermächtigung** erteilt, mit der z. B. der Telefonanbieter bei der Bank vorstellig wird. Der Anbieter gewährt seinen Kunden hierfür einen Rechnungsnachlass bzw. berechnet ansonsten Zusatzgebühren. Etwaige falsche Abbuchungen können kostenfrei innerhalb von sechs Wochen nach erfolgter Buchung noch widerrufen werden. Die Einzugsermächtigung kann direkt mit Beantragung des ISDN-Anschlusses auf dem Formular erteilt werden oder aber formlos per Hand auf ein Blatt Papier geschrieben sein. Entscheidend ist, dass folgende Fragen beantwortet sind:

- Wer erhält die Einzugsermächtigung?
- Wer erteilt die Einzugsermächtigung?
- Für welches Konto (Kontonummer) bei welchem Geldinstitut (Name und Bankleitzahl) gilt die Einzugsermächtigung?

Die zweite Variante des Lastschriftverfahrens, der **Abbuchungsauftrag**, kann gegenüber der Bank nicht widerrufen werden. Diese risikoreichere Variante des Lastschriftverfahrens findet deshalb in der Praxis des Seniorenheims keine Anwendung.

5.2.3 Online-Banking

Neben Einzugsermächtigungen bestimmen heute weitestgehend Überweisungen und Daueraufträge den geschäftlichen Zahlungsverkehr, die elektronisch per Internet- oder Online-Banking abgewickelt werden kann.

Die Vorteile des Online-Bankings sind:

- Preiswerteste bargeldlose Zahlungsart, da keine oder nur sehr geringe Bankgebühren fällig werden.
- Zeitsparend, da Wege zur Bank entfallen, um die Zahlungsträger dort abzugeben.
- Elektronische Buchungen werden schneller durch die Bank bearbeitet.

- Mit einer terminierten Zahlung, in z. B. vier Wochen, kann ein Zinsgewinn bei sehr großen Rechnungsbeträgen erwirtschaftet werden, ohne dass das Risiko einer verspäteten Zahlung mit Mahngebühren eingegangen wird.

Elektronische Buchungen erfolgen direkt auf den Internetportalen der Banken und Sparkassen. Bild 1 zeigt einen solchen Zugangsbereich, bei dem Kontonummer und persönliche Identifikationsnummer (PIN) eingegeben werden müssen. Ist man in den geschützten Portalbereich eingeloggt, kann der Nutzer den Umsatz des Kontos erfragen, Überweisungen ins In- und Ausland – ggf. terminiert – vornehmen oder auch Daueraufträge einrichten. Im Bild 2 wurde eine Spende als elektronische Überweisung eingegeben.

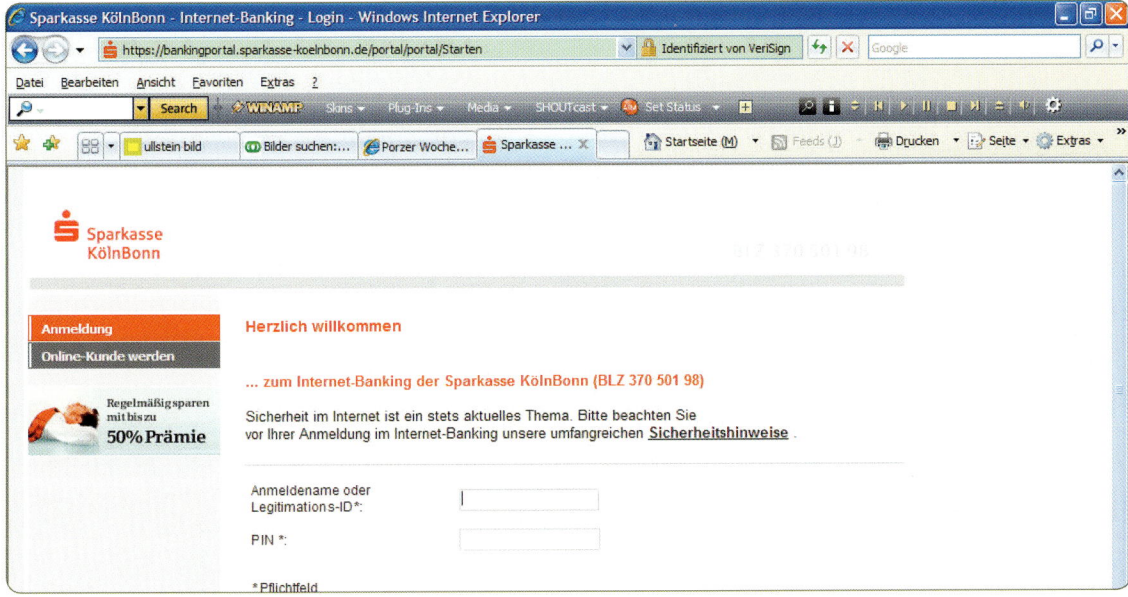

Bild 1: *Anmeldung in den geschützten Internet-Bankbereich*

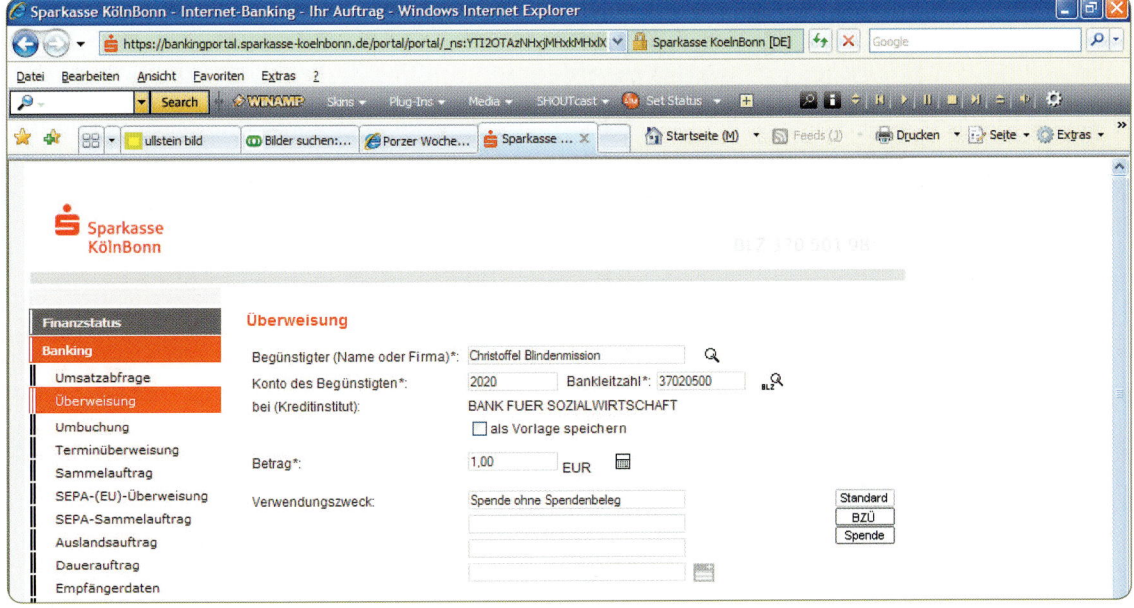

Bild 2: *Überweisungsformular im Internet*

Ist das elektronische Formular ausgefüllt, wird der Button „weiter" angeklickt und es muss eine **T**ransaktions**n**ummer (TAN) angegeben. Eine Liste dieser Nummern erhält die Buchhaltung von der Bank in einem automatisch erstellten Schreiben in einem maschinell verschlossenen Kuvert. War die Buchung erfolgreich, wird eine Buchungsbestätigung gesendet (Bild 1).

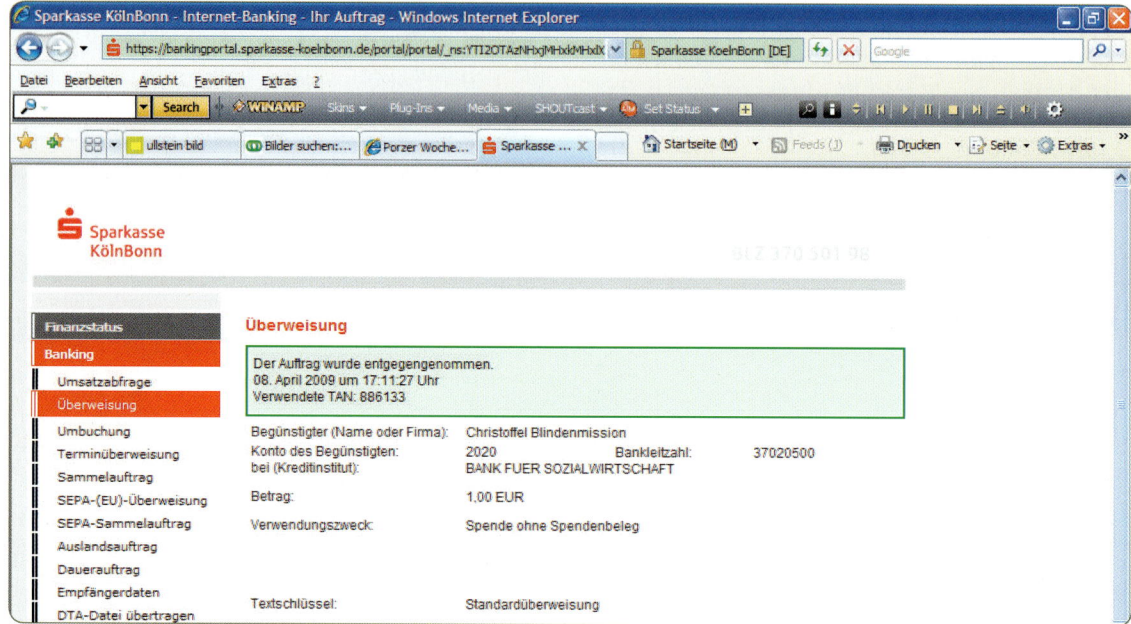

Bild 1: *Elektronische Buchungsbestätigung*

5.2.4 Schecks

Das Seniorenheim kann eine große Lebensmittellieferung aber auch per Scheck bezahlen. Es werden unterschieden:

- **Verrechnungsschecks** (Bild 2), die der Scheckempfänger bei seiner Bank einreicht. Er bekommt dann den auf dem Scheck ausgewiesenen Betrag auf seinem Girokonto gutgeschrieben. Dies dauert einige Tage. Auf dem Girokonto des Scheckausstellers wird der Betrag dann unter Verweis auf den Scheck abgebucht.

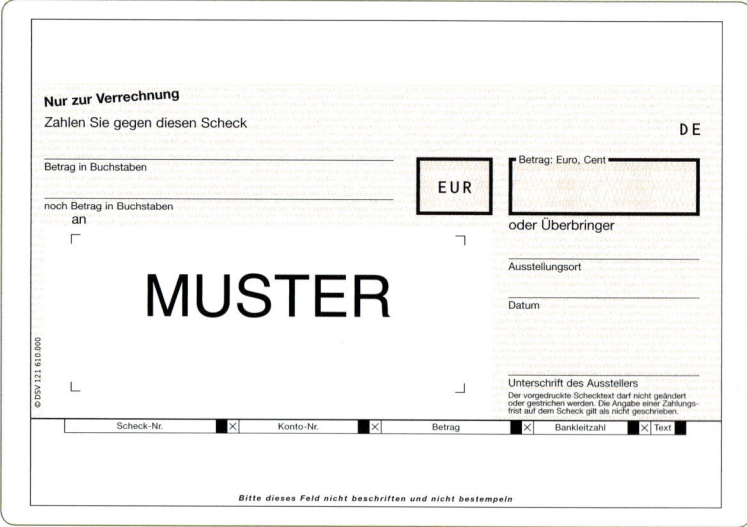

Bild 2: *Verrechnungsscheck*

- **Barschecks** können nur beim Kreditinstitut eingelöst werden, das das dazugehörige Belastungskonto führt. Unterzeichnet gelten sie wie Bargeld. Ihr Verlust wirkt wie Bargeldverlust. Eine Stornierung ist unmöglich, wenn die Einlösung erfolgte.

In der Buchhaltung verwendet man beispielsweise Barschecks, wenn Mitarbeiter bei der Geschäftsbank Geld für die Barkasse abheben sollen, die keine Kontovollmacht haben.

5.2.5 Kartenzahlung

Es werden drei Arten der Kartenzahlungen unterschieden:

Kundenkarte

Insbesondere in Kaufhäusern und Handelsketten kann zunehmend mit Kundenkarten gezahlt werden. Nachteile sind:

- Mit der Kundenkarte kann jeweils nur bei dem Kartenaussteller bezahlt werden.
- Die sich schnell ansammelnden diversen Kundenkarten „verstopfen" das Portemonnaie.
- Der teilweise gewährte Rabatt macht das Produkt oft nicht preiswerter im Vergleich zu Produkten von Discountern.

Bankkarte

Mit der Einrichtung eines Girokontos bei der Bank wird eine Bankkarte ausgegeben (Bild 1). Diese dient z. B. zum Ausdrucken von Kontoauszügen.

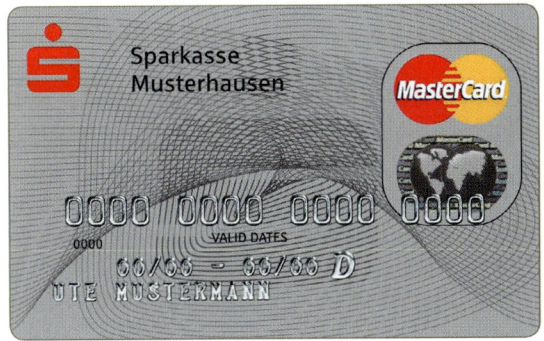

Bild 1: *Bankkarte*

Fast jede Bankkarte ist heutzutage zumindest mit den beiden (in Tabelle 1 aufgelisteten) bekanntesten Zusatzfunktionen ausgestattet. Die Bankkarte ersetzt einerseits Bargeld, andererseits kann mit ihr aber auch an Bankautomaten Geld abgehoben werden.

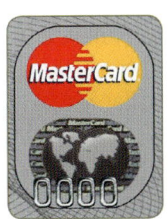

Mit der Maestro-Funktion kann man Geld am Geldautomaten abheben. Die Funktion ist nicht auf Deutschland begrenzt, sondern im Prinzip weltweit gültig. Meist können pro Tag bis zu 500 € Bargeld abgehoben werden. Fremde Banken berechnen üblicherweise 6 € Bearbeitungsgebühr.

Beim Electronic Cash gibt es zwei Varianten:
a) Elektronisches Lastschriftverfahren (ELV): Die Karte wird im Geschäft vorgelegt und eine einmalige Einzugsermächtigung unterschrieben.
b) Point of Sale (POS): Die Karte wird in ein Lesegerät im Geschäft eingeführt und der Käufer tippt seine PIN in das Lesegerät. Das Gerät kontrolliert per Internet, ob die Karte gesperrt ist und ob das Konto Deckung hat. Tankstellen verwenden dieses System oftmals. Es garantiert die Zahlungsfähigkeit des Kunden, ist aber mit relativ hohen Gebühren für die Tankstelle verbunden.

Tabelle 1: *Zusatzfunktionen bei Bankkarten*

Kreditkarte

Vorteil	Nachteil
Die Belastung des eigenen Kontos erfolgt erst zum Monatsende. → Zinsgewinn	Viele Leute verlieren den Überblick über ihre Ausgaben und somit über ihren Kontostand. Sie geben dann mehr Geld aus, als sie Einnahmen haben. → Überziehungszinsen und Schuldenfalle
Die Karte ist oftmals mit zusätzlichen Versicherungsleistungen verbunden.	Oft wird der jeweilige Versicherungsschutz gar nicht benötigt oder wäre günstiger, wenn er dem individuellen Bedarf angepasst wäre.
Eigenanteil bei Diebstahl o. Ä. liegt meist bei nur 50 €, wenn die Meldung innerhalb von 24 Stunden erfolgt.	Einige Geschäfte akzeptieren keine Kreditkarten, weil sie Bearbeitungsgebühren zahlen müssen, um ihr Geld zu erhalten.
	Üblicherweise ist eine Jahresgebühr zu zahlen.

Tabelle 1: *Vor- und Nachteile von Kreditkarten*

5.3   Weitere Zahlungsvarianten

Bei der Zahlung per **Zahlschein** wird bar beim Geldinstitut eingezahlt und dann auf ein Girokonto des Zahlungsempfängers gezahlt. Da diese Zahlungsart mit hohen Gebühren behaftet ist und heute fast jeder ein Girokonto hat, spielt sie im Alltag keine Rolle mehr.

Im Rahmen des zunehmenden Internethandels finden Zahlungen auch über die den Auktionshäusern angeschlossenen Zahlungssysteme statt. Letztlich handelt es sich aber auch dabei nur um Überweisungen und um einmalige Lastschriftbuchungsvorgänge.

Aufgaben:

1. Benennen Sie Vorteile des bargeldlosen Geldverkehrs.

2. Freitagabend wurde in der Kneipe Ihr Portemonnaie mit etwas Bargeld und der Bankkarte gestohlen. Sie wollen die Karte sperren lassen, wissen aber nicht, wie dies geht. Bis Montagmorgen vergehen 56 Stunden. Damit Sie in einem vergleichbaren Fall keinen Schaden haben, recherchieren Sie die Vorgehensweise schon heute im Internet.

3. Erkundigen Sie sich bei Ihrer Bank bzw. Sparkasse nach der Höhe der Kosten für eine Überweisung auf einem Überweisungsträger und einer Überweisung im Rahmen des Homebankings. Wie beurteilen Sie den Vergleich?

4. Erweitern Sie den Vergleich um die Möglichkeit des Ausfüllens einer Überweisung am Automaten im Vorraum der Bank. Für welche Bankkundenklientel ist diese Möglichkeit besonders attraktiv?

5. Erklären Sie den Unterschied zwischen einem Dauerauftrag und einem Lastschriftverfahren.

6. Füllen Sie einen Überweisungsträger aus, mit dem Sie 1 € auf eines der zwei nachfolgenden Konten überweisen:

   a) amnesty international, Konto-Nr.: 80 90 100, Bank für Sozialwirtschaft (BLZ: 370 205 00)
   b) Österreichisches Rotes Kreuz, BIC: OPSKATWW, IBAN: AT076000000002345000

6 Finanzierungsmöglichkeiten

Die Dinge des täglichen Bedarfs werden üblicherweise aus den laufenden Einnahmen bezahlt. Das gilt sowohl für den Privathaushalt als auch für Unternehmen. Sie werden sofort bezahlt.

Größere Anschaffungen können oft nicht ohne Weiteres aus den laufenden Einnahmen finanziert werden. Um solche Finanzierungen schultern zu können, gibt es vom Grundsatz her zwei Möglichkeiten:

- Den Betrag als Eigenkapital vor dem Kauf ansparen, um dann mit den eigenen Finanzmitteln das Gewünschte zu kaufen.
- Mit Fremdkapital, also mit fremdem Geld, z. B. von der Bank, das Gewünschte kaufen. Allerdings muss man dann anschließend sparen, um bei der Bank die Schulden wieder abzuzahlen, inklusive der Zinsen.

Bild 1 fasst den Sachverhalt zusammen.

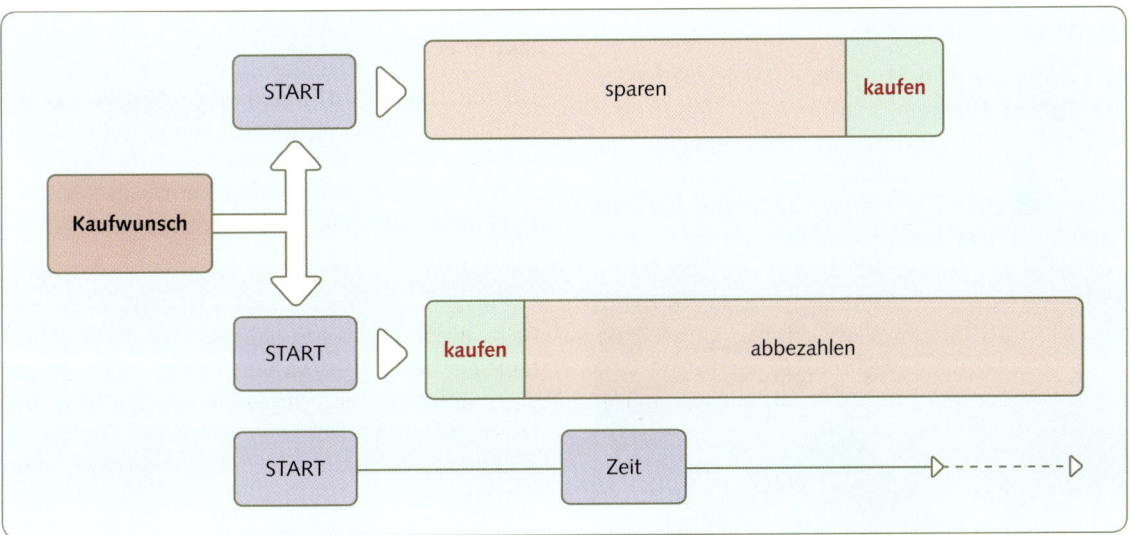

Bild 1: *Schneller Konsum und seine Langzeitfolgen*

6.1 Sparen

Je nach Einkommenssituation, Lebensstil und Versorgungsverpflichtungen (Kinder, Eltern usw.) wird die Möglichkeit zu sparen unterschiedlich ausfallen. Mindestens ein Monatseinkommen sollte man als Reserve auf seinem Girokonto haben.

Zwei Arten des Sparens werden voneinander unterschieden:

- Zwecksparen (z. B. Kauf, Urlaub)
- Vorsorgesparen: Sparen für Ersatzanschaffungen (wie z. B. eine nach mehreren Jahren vermutlich irreparable Waschmaschine) oder auch das Sparen für die Ausbildung der eigenen Kinder (Führerschein oder gar Studium)

Oftmals wird die Vermögensbildung angeführt. Da die bloße Anhäufung eines Vermögens aber keinen Sinn macht, wird sie zumeist mit der Vorsorge (s. o.) für das Alter begründet oder als Zweck (s. o.) der spätere Kauf einer Immobilie benannt.

Eine Vermögensbildung kann dazu führen, dass man neben dem Arbeitseinkommen auch ein (Teil-)Einkommen aus Kapitaleinkünften (u. a. aus Zinsen) erzielt. Kapitaleinkünfte bis zu 801 € pro Jahr sind aufgrund des **Sparer-Pauschbetrages** pro Person steuerfrei. Darüber hinausgehende Beträge werden pauschal mit 25 % zzgl. Solidaritätszuschlag besteuert. Freistellungsaufträge für Kapitalerträge sind bei Banken und Sparkassen erhältlich.

> Bei Kapitalanlage gilt:
> - Je kürzer die Laufzeit, desto geringer die Zinsen.
> - Je niedriger das Anlagerisiko, desto geringer die Zinsen.

6.1.1 Ansparmöglichkeiten

Wer noch nicht über größere Geldmittel verfügt, wird zunächst Geld ansparen. Nachfolgend werden drei gängige Wege dazu vorgestellt.

Sparbuch

Das Sparbuch (Bild 1) ist die in Deutschland am weitesten verbreitete Sparform. Die Zinsen sind aber sehr niedrig, sodass dort nur kleinere Beträge gesammelt werden sollten, die dann anderweitig angelegt werden. Allerdings kann über das Geld meist kurzfristig verfügt werden.

Bild 1: *Sparbuch*

Sparvertrag

Ein **Sparvertrag mit monatlicher Ratenzahlung** ist besser verzinst als ein Sparbuch. Oftmals zahlt der Arbeitgeber im Rahmen der **vermögenswirksamen Leistungen** (s. S. 92) Beträge in den Sparvertrag ein.

Bausparvertrag

Ein Bausparvertrag ist insbesondere dann interessant, wenn der Sparer später eine Immobilie kaufen oder renovieren möchte. Zwar sind die Zinsen niedrig, aber sobald mittels Ratenzahlung ein gewisser prozentualer Anteil der Bausparsumme erreicht wird, kann der Bausparer den restlichen Be-

trag in Ergänzung zum Ersparten zu einem ebenfalls niedrigen Kreditzinssatz ausleihen. Für Bausparverträge gewährt der Staat die Arbeitnehmersparzulage in Höhe von 9 % der Sparleistung (maximal 470 € pro Jahr und Person), sofern die Einkommenshöchstgrenze von 17 900 € nicht überschritten wird.

6.1.2 Anlagemöglichkeiten

Wer bereits Geld angespart hat, wird dieses mittels einer **Einmalzahlung** anlegen. Nachfolgend werden drei gängige Wege dazu vorgestellt.

Sparbrief

Der Sparbrief wird von Banken herausgegeben und hat üblicherweise eine Laufzeit von einigen wenigen Jahren. In der Regel kann er zwischenzeitlich nicht verkauft werden. Bereits ab 1 000 Euro können Sparbriefe gezeichnet werden.

Termingeld

Beim Termingeld kann das Geld für 30 Tage fest angelegt werden. Wird der Vertrag nicht gekündigt, verlängert er sich jeweils um 30 Tage. Die Zinsen liegen deutlich über denen des Sparbuchs, allerdings sind zumeist Beträge ab 10 000 € erforderlich.

Wertpapiere

Der Kauf von Wertpapieren wie beispielsweise Aktien ist mit deutlich höheren Risiken verbunden als bei den vorgenannten sicheren Anlagemöglichkeiten. Die wirtschaftliche Entwicklung eines Unternehmens bestimmt langfristig maßgeblich den Wert einer Aktie. Neben den Gewinnausschüttungen profitiert der Aktionär auch vom Zuwachs des Aktienkurses (Kaufpreis einer Aktie an der Börse). Allerdings kann der Aktienkurs auch nach unten sinken. Werden die Zeiträume von mehreren Jahrzehnten betrachtet, so liegt die Rendite eines Mix renommierter Aktien (DAX-Titel) über der Rendite, die mit risikoärmeren Sparanlagen verdient werden kann. Wer kurzfristig sein Geld braucht, muss Aktien allerdings unter Umständen zu einem niedrigen Aktienkurs verkaufen. Aktien sollten daher als langfristige Kapitalanlage gesehen werden. Auch zum Kauf von Aktien gewährt der Staat die Arbeitnehmersparzulage. Sie beträgt in diesem Fall sogar 20 %, ist allerdings auf maximal 400 € pro Jahr begrenzt, sofern auch hier eine Einkommensgrenze von 20 000 € wiederum nicht überschritten wird. Zudem kann diese Arbeitnehmersparzulage von 400 € mit der Arbeitnehmersparzulage von 470 € für Bausparverträge kombiniert werden, sodass insgesamt 870 € vom Staat pro Jahr durch den Sparer in Ergänzung zur eigenen Sparleistung vereinnahmt werden können.

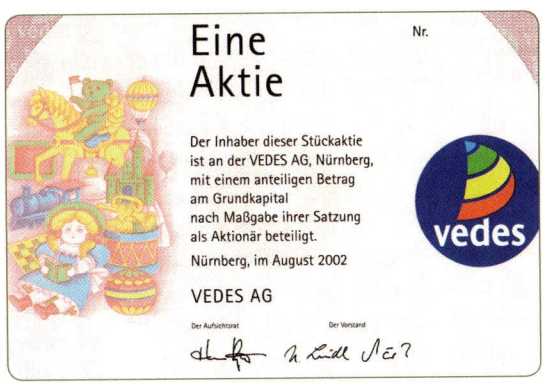

Bild 1: *Aktie*

6.2 Kredit und Darlehen

Neben Banken und Sparkassen leihen auch Versicherungen Geld aus. Deren Angebote sind insbesondere bei größeren Investitionen, z. B. in ein Haus, zu prüfen. Allerdings sind die oftmals günstigen Zinsen mit dem Abschluss eines Versicherungsvertrages verbunden, sodass sich der relative Kostenvorteil wieder aufheben kann.

Die Begriffe Kredit und Darlehen werden oftmals synonym verwendet.

Der Unterschied besteht aber darin, dass beim Kauf eines Hauses die Bank sich ein Recht am Haus sichert. So bleibt die Bank bis zur vollständigen Rückzahlung des ausgeliehenen Bankmittels (Kredit) der eigentliche Eigentümer des Hauses, auch wenn der Kreditnehmer im Haus wohnt und ein Nutzungsrecht hat.

> Beim Darlehen hingegen verfügt die Bank über keinerlei **Sicherheiten**, sie vertraut dem Bankkunden das Geld an, kann bei Nichtrückzahlung aber ggf. eine Pfändung in die Wege leiten.

6.2.1 Dispositionskredit

Ein Girokonto sollte „im Plus" geführt werden. Es besteht aber auch die Möglichkeit, dieses zu **überziehen**. Wenn das Girokonto „ins Minus" gerät, gewährt die Bank damit automatisch einen **Dispositionskredit**. Der Begriff Kredit ist hier eigentlich falsch verwendet, weil die Bank keinen direkten Zugriff auf das mit dem Dispositionsgut ange-

schaffte Gut hat. Dies gilt umso mehr, wenn mit dem „Dispo" Dienstleistungen wie z. B. Handwerkerrechnungen beglichen wurden.

Der Dispositionskredit wird zumeist bis zum Dreifachen des monatlichen Nettoarbeitseinkommens gewährt. Bei kleineren Anschaffungen kann das Defizit oftmals innerhalb weniger Wochen wieder ausgeglichen werden. In diesem Fall lohnt es sich nicht, einen anderweitigen Kredit mit einer Laufzeit von mindestens einem halben Jahr aufzunehmen. Ein Nachteil des Dispositionskredites sind seine hohen Zinsen. Vorteilhaft ist, dass er kurzfristig in beliebig vielen Kleinstbeträgen zurückgezahlt werden kann und die Zinsen jeweils taggenau für die ausgeliehene Geldmenge berechnet werden.

6.2.2 Anschaffungsdarlehen bzw. -kredit

Werden kostspieligere Anschaffungen vorgenommen, z. B. eine neue Kücheneinrichtung oder ein Pkw, so nehmen viele Haushalte ein Anschaffungsdarlehen auf. Bank und Bankkunde schließen dafür einen separaten Vertrag ab, der Laufzeit und Zinsen festlegt. Neben den **Nominalzinsen** wird häufig noch eine Bearbeitungsgebühr fällig. Diese verteuert für den Verbraucher das Darlehen. Um die Angebote der verschiedenen Banken, Sparkassen sowie Versicherungen vergleichen zu können, müssen diese einen **effektiven Jahreszins** angeben. Dieser drückt die tatsächlichen Kosten für den Verbraucher bezogen auf den ausgeliehenen Geldbetrag aus. Bis zu zwei Wochen nach Vertragsabschluss kann der private Verbraucher den Vertrag noch widerrufen. Dabei ist auf eine entsprechende Dokumentation zu achten.

Um gleich bleibende Rückzahlungsbeträge zu erreichen, sollte möglichst ein **Annuitätendarlehen bzw. -kredit** vereinbart werden. Bei einem **Tilgungsdarlehen bzw. -kredit** sind hingegen die finanziellen Aufwendungen am Anfang beson-

ders hoch, während sie in den Folgejahren sinken (siehe Tabellen 1 und 2). Dies entspricht aber in der Regel nicht der Einkommensentwicklung, die über die Jahre nominal steigt, sodass in den Folgejahren eher mehr als weniger getilgt werden könnte. Bild 1 der nachfolgenden Seite stellt den Zusammenhang grafisch dar.

Zum Ende des	Zinsen mit effektiv 5 %	Tilgung	Jährliche Gesamtbelastung	Verbleibende Darlehenssumme
				12 000,00 €
1. Jahres	600,00 €	1 450,00 €	2 050,00 €	10 550,00 €
2. Jahres	527,50 €	1 522,50 €	2 050,00 €	9 027,50 €
3. Jahres	451,38 €	1 598,63 €	2 050,00 €	7 428,88 €
4. Jahres	371,44 €	1 678,56 €	2 050,00 €	5 750,32 €
5. Jahres	287,52 €	1 762,48 €	2 050,00 €	3 987,83 €
6. Jahres	199,39 €	1 850,61 €	2 050,00 €	2 137,23 €
7. Jahres	106,86 €	1 943,14 €	2 050,00 €	194,09 €
Summe	2 544,09 €	12 000,00 €	14 544,09 €	194,09 €

Tabelle 1 *Annuitätenzahlung*

Im Vergleich der Tabellen 1 und 2 zeigt sich, dass beim Annuitätendarlehen 144,09 € an Zinsen innerhalb von sieben Jahren mehr gezahlt werden und zudem noch zum Ende des siebten Jahres eine

Restschuld von 194,09 € zu tilgen bleibt. Folglich betragen die Mehrkosten dieser Finanzierungsvariante rund 340 €.

Zum Ende des	Zinsen mit effektiv 5 %	Tilgung	Jährliche Gesamtbelastung	Verbleibende Darlehenssumme
				12 000,00 €
1. Jahres	600,00 €	1 714,29 €	2 314,29 €	10 285,71 €
2. Jahres	514,29 €	1 714,29 €	2 228,57 €	8 571,43 €
3. Jahres	428,57 €	1 714,29 €	2 142,86 €	6 857,14 €
4. Jahres	342,86 €	1 714,29 €	2 057,14 €	5 142,86 €
5. Jahres	257,14 €	1 714,29 €	1 971,43 €	3 428,57 €
6. Jahres	171,43 €	1 714,29 €	1 885,71 €	1 714,29 €
7. Jahres	85,71 €	1 714,29 €	1 800,00 €	0,00 €
Summe	2 400,00 €	12 000,00 €	14 400,00 €	0,00 €

Tabelle 2: *Zahlung gleich bleibender Tilgungsraten*

Bild 1 zeigt, wie die Kreditsummen bei beiden Darlehen annähernd gleichmäßig abschmilzen.

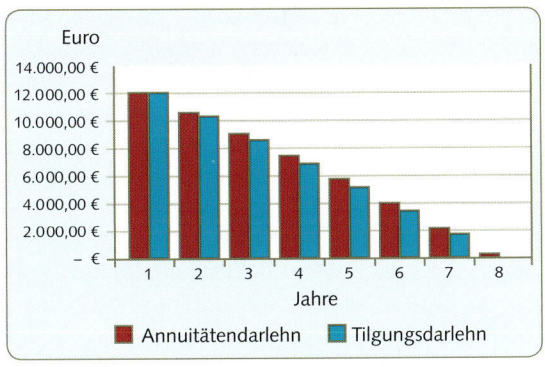

Bild 1: *Verlauf der Restdarlehenssumme über die Jahre*

Im Bild 2 werden hingegen die Unterschiede für die Liquidität eines Haushaltes ersichtlich.

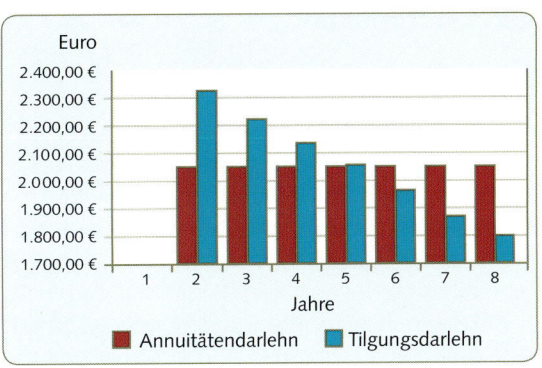

Bild 2: *Verlauf der jährlichen Zahlungen über die Jahre*

Letztlich wird bei der Entscheidung für eine der beiden Kredit- bzw. Darlehensformen der Einzelne bzw. die Familie entscheiden, welche Präferenzen in der Lebensführung bestehen und welche Gewichtung z. B. das Risiko Arbeitslosigkeit hat. Die Vor- und Nachteile fasst Tabelle 1 zusammen.

	Vorteile	Nachteile
Annuitäten-zahlung	▪ Gleich bleibende Ausgabenbelastung ▪ Keine drastischen Einschränkungen im gegenwärtigen Konsum	▪ Insgesamt leicht erhöhte Zinszahlungen ▪ Die Einschränkungen im sonstigen Konsum bleiben über die gesamte Laufzeit bestehen und schwächen sich nicht ab (außer bei erhöhtem Einkommen). ▪ Gleich bleibende Belastungen erhöhen das Risiko der Zahlungsunfähigkeit bei etwaiger zukünftiger Arbeitslosigkeit mit dann vermindertem Einkommen.
Zahlung gleicher Tilgungs-sätze	▪ Schnelle Tilgung mit infolgedessen sinkenden Zinsbelastungen ▪ Nach anfangs stärker Einschränkung kann später schon wieder vermehrt anderweitig konsumiert werden. ▪ Geringere Zahlungsbelastungen reduzieren das Risiko der Zahlungsunfähigkeit bei etwaiger zukünftiger Arbeitslosigkeit mit dann vermindertem Einkommen.	▪ Hohe Ausgabenbelastung in den Anfangsjahren und infolgedessen eingeschränkter anderweitiger Konsum (z. B. keine Reisen)

Tabelle 1: *Vor- und Nachteile der Kredittilgung bei Annuitätenzahlung im Gegensatz zu gleich bleibenden Tilgungssätzen*

6.2.3 Ratenkauf

> Wer schon einen Dispositionskredit beansprucht hat, sollte nicht noch zusätzlich einen Ratenkaufvertrag abschließen. Dies könnte sonst der Anfang einer Schuldenspirale sein.

Der Ratenkauf wird insbesondere von Kaufhäusern angeboten (siehe Bild 1) und soll Menschen zu einem Spontankauf bewegen. Es muss ein Vertrag abgeschlossen werden, der den effektiven Jahreszins ausweist. Auch dieser Vertrag kann innerhalb von 14 Tagen widerrufen werden. Der Ratenkauf ist üblicherweise nicht preiswerter als ein Dispositionskredit.

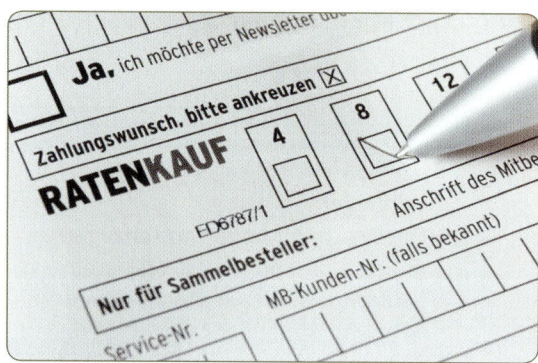

Bild 1: *Ratenkaufformular*

6.2.4 Leasing

In den letzten Jahren hat das Leasing von Autos und Maschinen insbesondere im gewerblichen Bereich an Bedeutung gewonnen. Dabei vermieten Leasingfirmen beispielsweise Autos (siehe Bild 2). Neben dem monatlich fällig werdenden Leasing-

betrag (Mietpreis) ist eine Mehrwertsteuer zu entrichten, die der private Verbraucher nicht erstattet bekommt, wohl aber ein Unternehmen. Deshalb ist Leasing für Firmen wesentlich attraktiver als für Privatpersonen. Bei den geleasten Fahrzeugen handelt es sich üblicherweise um Neufahrzeuge. Entsprechend hoch sind die Leasinggebühren, weil bei Neufahrzeugen die Abschreibungen höher sind als für ein- oder zweijährige Fahrzeuge. Beim Leasing werden monatliche Zahlungen fällig. Leasing entspricht eher dem Mieten als dem Kaufen einer Sache, auch wenn bei vielen Leasingverträgen die Option besteht, am Ende der fest vereinbarten Laufzeit den Wagen zu einem bestimmten Preis zu kaufen.

Bild 2: *Autoleasing*

6.3   Privatinsolvenz

Die in Tabelle 1 der nachfolgenden Seite aufgelisteten Vor- und Nachteile gelten insbesondere für die Finanzierung von Konsumware und sind im Zusammenhang mit Bild 1, S. 85 zu sehen. Die Finanzierung eines Autos über einen Kredit könnte jedoch sinnvoll sein, wenn eine Arbeitsstelle weit entfernt liegt und morgens nicht rechtzeitig mit dem öffentlichen Personennahverkehr erreichbar

ist. In diesem Fall kann die Anschaffung eines Autos über einen Kredit ratsam sein (nachdem der Arbeitsvertrag unterzeichnet ist!), weil es ansonsten zu keinem Arbeitsverhältnis und damit zu keinen Geldeinnahmen käme. Deshalb ist das Auto ein Investitionsgut. Ein Konsumgut wäre es, wenn es nur für private Fahrten genutzt würde.

Ansonsten zeigt sich, dass die Finanzierung aus dem Ersparten mehr Vorteile als Nachteile hat. Grundsätzlich ist zu berücksichtigen, dass immer eine gewisse Finanzreserve vorhanden sein sollte.

Bei größeren Käufen, wie beispielsweise einer Wohnung, erfolgt die Zahlung zumeist aus einer Mischung von Eigen- und Fremdkapital.

Insbesondere bei steigender Arbeitslosigkeit gelangen immer wieder Menschen in eine Schuldenfalle, aus der sie nicht mehr herauskommen. Bestehende Kredite und Darlehen können nicht mehr bedient werden und die Schulden wachsen bis zur Zahlungsunfähigkeit. Spätestens bei Arbeitslosigkeit müssen deshalb die Ausgaben möglichst drastisch gesenkt werden. Dafür ist es nötig, sich seiner Ausgabenstruktur bewusst zu sein oder es zu werden (Haushaltsbuch, s. S. 56).

Besser früher als später ist auch eine Schuldnerberatung aufzusuchen. Sie erreicht oftmals für den Schuldner einen Zinsnachlass, ein Aussetzen der Zahlungen oder gar einen prozentualen Forderungsverzicht.

Wenn alle Bemühungen nicht ausreichen, kann eine **Privatinsolvenz** angemeldet werden. Der Schuldner kann dann noch sieben Jahre lang von seinen **Gläubigern** gepfändet werden. Nach Ablauf dieser Frist ist der Schuldner schuldenfrei und kann einen Neuanfang in seinem Leben machen. Details dazu vermittelt die Schuldnerberatung.

	Sparen	Kredit
Vorteile	<ul><li>Kaufwunsch kann zum späteren Zeitpunkt bereits erloschen sein.</li><li>Es droht keine Überschuldungsfalle.</li><li>Durch die Zinsen auf das Ersparte ist der insgesamt benötigte Geldbedarf niedriger als bei der Finanzierung auf Kreditbasis.</li><li>Bei Produkten wie z. B. Computern gibt es für das gleiche Geld zum späteren Zeitpunkt deutlich höherwertige Ware.</li></ul>	<ul><li>Sofortige Befriedigung des Kaufwunsches</li><li>Schnäppchenkauf wird möglich.</li></ul>
Nachteile	<ul><li>Zeitweiliger Konsumverzicht trotz Kaufwunsch</li><li>Schnäppchenkauf kann nicht wahrgenommen werden.</li></ul>	<ul><li>Während der Kredit zurückgezahlt wird, ist das Interesse am Kaufobjekt schon erloschen (oder das Auto schon kaputt).</li><li>Bei Arbeitslosigkeit können womöglich die Rückzahlungsverpflichtungen nicht mehr erfüllt werden und es droht Zahlungsunfähigkeit.</li><li>Neben dem eigentlichen Kaufpreis müssen auch noch Kreditzinsen bezahlt werden, sodass der letztlich benötigte Geldbedarf höher ist als bei einer Finanzierung durch Erspartes.</li><li>Insbesondere bei elektronischen Geräten gibt es bereits höherwertige Ware, bevor der Kredit abgezahlt ist.</li></ul>

Tabelle 1: *Vor- und Nachteile der Finanzierung von Konsumware durch Sparen bzw. Kreditaufnahme*

6.4 Private Vorsorge

Die gesetzlich vorgeschriebene Sozialversicherungspflicht sieht zwingend eine Mitgliedschaft bei der Krankenkassen- und Pflegeversicherung vor. Arbeitnehmer müssen zudem in der Arbeitslosen- und in der Rentenversicherung versichert sein. Halter eines motorisierten Fahrzeuges müssen zudem eine Kfz-Haftpflichtversicherung abschließen.

6.4.1 Private Haftpflichtversicherung

Wer wirtschaftlich auf eigenen Füßen steht oder außerhalb der elterlichen Wohnung lebt, ist nicht mehr als Familienmitglied in der elterlichen Haftpflichtversicherung mitversichert. Deshalb sollte unbedingt über eine private Haftpflichtversicherung verfügt werden. Obgleich nicht zwingend vorgeschrieben, sichert sie einen gegen Folgen von weit reichenden finanziellen Schäden ab, die ungewollt passieren können. Besonders bei Personenschäden kann es sehr teuer werden. Partner und Familienmitglieder werden zumeist preiswert mitversichert. Eine private Haftpflichtversicherung ist einkommensunabhängig. Der Beitrag liegt für einen ledigen Single ohne Kind bei rund 38 € pro Jahr. Der Betrag kann zudem noch bei der Einkommensteuererklärung geltend gemacht werden.

Bild 1: *Ein Fall für die Haftpflichtversicherung*

6.4.2 Riesterrente

Wer nur auf die Rente der Rentenversicherung als einzige Säule der Altersvorsorge setzt, wird im Alter deutlich unterversorgt sein. Deshalb muss diese Altersvorsorge um weitere Säulen ergänzt werden. Diesen Gedanken hat der seinerzeitige Sozialminister Riester in ein Gesetz umgewandelt, mit dem diejenigen, die bei einer privaten Versicherung eine sogenannte Riesterrente abschließen, einen deutlichen Zuschuss des Staates bekommen. Etwaige Kinder erhöhen den staatlichen Zuschuss. Die Kinder werden bei der Riesterrente immer der Mutter zugerechnet, es sei denn, diese verzichtet zugunsten ihres Ehemannes schriftlich auf die Zurechnung. Besonders wichtig: Wenn die Familie wegen Kindererziehung, Arbeitslosigkeit o. Ä. für eine einmal abgeschlossene Risterversicherung nur noch die Mindestbeiträge zahlt, so wird der Zuschuss des Staates für die Kinder der Frau in all den beitragsreduzierten Jahren voll weitergezahlt.

Bild 2: *Walter Riester, Bundesminister für Arbeit und Sozialordnung (1998–2002)*

Über die für die Riesterrente eingezahlten Beträge kann erst im Rentenalter verfügt werden. Gut zu wissen ist, dass die Versicherung auf Riesterbasis vor Zugriffen Dritter durchgehend geschützt ist, auch in finanziell schwierigen Zeiten wie z. B. einer Pfändung oder im Rahmen einer privaten Insolvenz.

6.4.3 Vermögenswirksame Leistungen

Bis zu einem Jahreseinkommen von brutto 17 900 € bzw. 20 000 € fördert der Staat vermögenswirksame Leistungen. Das sind Zuwendungen des Staates zur privaten Vermögensbildung als dritte Säule der Altersvorsorge. Somit bezuschusst der Staat besonders Auszubildende. Der Zuschuss variiert von 18 % beim Kauf von Aktien über 9 % beim Bausparen. Nähere Auskünfte dazu erteilen die Banken, Sparkassen und Versicherungen.

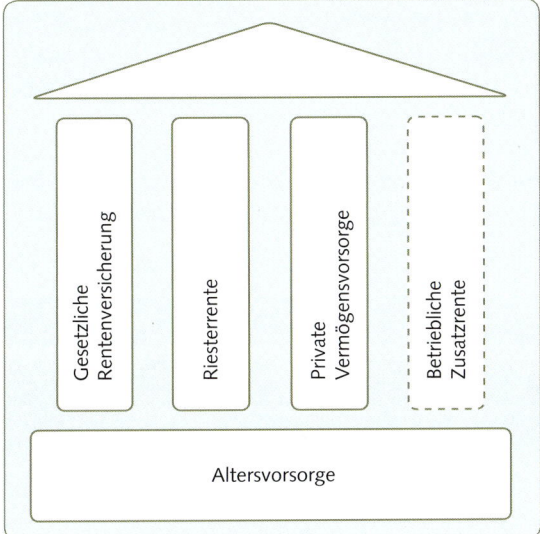

Bild 1: *Die Säulen der Altersvorsorge*

6.4.4 Weitere Möglichkeiten der Altersvorsorge

Als Auszubildende sollte sich Sarah zunächst auf die Riesterrente und die vermögenswirksamen Leistungen konzentrieren. Wer weiteres Geld erübrigen kann, sollte sich mit der Direktversicherung beschäftigen, sofern er nicht bei einem öffentlichen Arbeitgeber angestellt ist.

Bei der Direktversicherung können unproblematisch 2640 Euro pro Jahr durch Gehaltsumwand-

lung eingezahlt werden. Die Summe wird vom Lohn abgezogen und nicht der Steuer unterzogen. Aufgrund der Steuerprogression ist dies insbesondere nach der Ausbildungzeit mit zunehmenden Einkommen sehr attraktiv. Zudem müssen auf den Betrag keine Sozialversicherungsabgaben bezahlt werden.

Die Versicherung wird – je nach Wunsch – in einem Betrag oder als monatliche Zusatzrente im Alter ausgezahlt.

Aufgaben:

1. Ein Sparbuch bringt 1,8 % Zinsen. Wie viel Geld muss angelegt werden, um an die Besteuerungsgrenze für Kapitaleinkünfte zu gelangen?

2. Die Inflationsrate liegt bei 1,7 %. Wie viel der Zinseinkünfte darf jährlich ausgeben werden, wenn bei einem Festzinssatz von 4 % 10 000 € angelegt wurden und die Kaufkraft des angelegten Kapitals über die Jahre gleich bleiben soll?

3. Die Bank nimmt für ein Darlehen in den ersten drei Jahren 5,8 % Zinsen und im vierten bis siebten Jahr 5 % Zinsen. Zusätzlich wird eine Bearbeitungsgebühr von 250 € fällig. Wie hoch ist der effektive Jahreszins bei einem 5 000 €-Darlehen und wie hoch bei einem Kredit über 50 000 €?

4. Holen Sie von drei Versicherungen Angebote für eine auf Ihre Person zugeschnittene Riesterrente ein und vergleichen Sie diese miteinander.

5. Recherchieren Sie im Internet die zu Ihrer Schule nächstgelegene Schuldnerberatungsstelle und informieren Sie sich vor Ort über deren Arbeit und Angebote.

6. Informieren Sie sich über die steuerlichen Vorteile einer Direktversicherung.

Lernsituation

Das Seniorenwohnheim wird von einer karitativen Einrichtung getragen. Die Einrichtung erhält in guten Erntejahren die Überschussmengen der in der Nachbarschaft befindlichen Schrebergartensiedlung als Lebensmittelspenden. Da dieses Jahr wieder ein gutes Jahr war, ist mit einer größeren Erntemenge an Gemüse und Obst zu rechnen. Sarah wird durch den Küchenchef beauftragt, mit dem Vorstand des Vereins Kontakt aufzunehmen, um Anlieferungsmengen und Anlieferungszeitpunkte in Erfahrung zu bringen. Da die Lebensmittel erfahrungsgemäß nicht alle als Frischware zeitnah aufgebraucht werden können, muss ein größerer Teil zumindest so verarbeitet werden, dass er längerfristig gelagert werden kann. Sarah soll die verschiedenen Haltbarkeitsmethoden einander gegenüberstellen und sich auch zu räumlichen Anforderungen an die Lagerung Gedanken machen. In dem Zusammenhang muss sie sich auch über möglicherweise besonders problematische Lagerschädlinge informieren. Am kommenden Donnerstag soll sie dem Küchenchef ihre Ergebnisse und Vorschläge vortragen.

Lernziele

- Verdeutlichung des Zusammenhangs zwischen Hygiene und Warenverderb bei der Lebensmittellagerung
- Kriterien für Lagerbedingungen, -geräte und -räume benennen
- Ausgewählte Methoden der Frischhaltung und Haltbarmachung von Lebensmitteln
- Gesundheitliche, ökonomische und ökologische Bedeutung einer sachgerechten Lagerhaltung erläutern
- Wareneingänge und Warenbestände kontrollieren und dokumentieren
- Qualitätskontrolle insbesondere bei der Warenanlieferung anwenden können
- Kostenberechnung durchführen
- Kenntnis über Maßnahmen zum Schutz vor Lebensmittelvergiftung und -infektionen
- Schädlinge im Lager erkennen und Vorkehrungen zur prophylaktischen und akuten Bekämpfung treffen können
- Benennung einschlägiger Rechtsvorschriften

Methode: Mindmapping

In der Küche stehen Sie immer wieder vor der Herausforderung, große Mengen Lebensmittel zu lagern. Deswegen werden Sie in diesem Kapitel verschiedene Möglichkeiten kennen lernen, wie Sie diese haltbar machen können. Darüber hinaus müssen dabei verschiedene Aspekte, wie z. B. Schädlingsbekämpfung, räumliche Voraussetzungen und Lebensmittelvergiftungen, berücksichtigt werden. Sicherlich werden Sie sich fragen, wie Sie sich das alles merken können. Besonders wichtig ist es, das neu erworbene Wissen gut zu strukturieren. Dazu eignet sich besonders das Herstellen einer Mindmap.

Der Begriff Mindmap kann mit Gedächtnislandkarte übersetzt werden. Beim sogenannten Mindmapping werden Gedanken zu einem bestimmten Thema auf eine besondere Art und Weise, die unserem Gehirn gerecht wird, notiert. So wird z. B. das Thema Schädlingsbekämpfung in die Mitte eines waagerechten Blattes notiert und eingekreist. Oberbegriffe zu diesem Thema wie Schadnager und Schadinsekten werden von diesem Kreis ausgehend auf sogenannten Hauptästen notiert. Entsprechende Unterbegriffe zu diesen einzelnen Oberbegriffen werden auf die Nebenäste geschrieben.

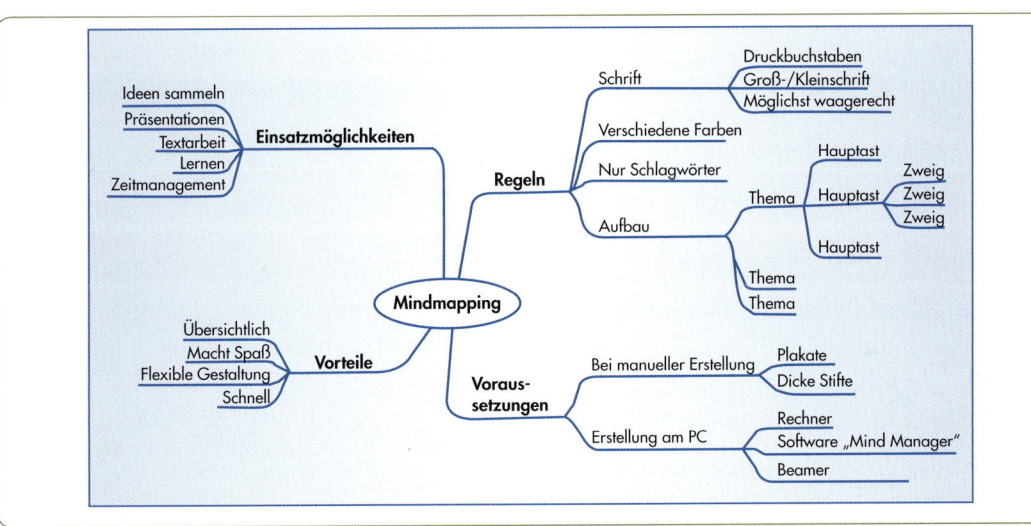

Bild 1: *Beispiel für eine Mindmap*

Regeln für das Mindmapping

- Ein unliniertes Blatt im Querformat verwenden
- Die Mindmap von innen nach außen und im Uhrzeigersinn gestalten
- Das Thema in die Mitte des Blattes schreiben und umkreisen
- Die zentralen Aspekte auf den Hauptästen, die vom Themenkreis ausgehen, notieren
- Die Nebenaspekte auf die Nebenäste, die wiederum von den Hauptästen ausgehen, schreiben

- Für die Haupt- und Nebenäste verschiedene Farben verwenden
- Auf das Wesentliche konzentrieren
- Schlagwörter statt Sätze formulieren.
- Druckschrift schreiben
- Bilder und Symbole verwenden

> **Aufgabe:**
>
> Erstellen Sie eine Mindmap zum Thema Warenlagerung.

1 Lebensmittelvergiftung und -infektion

In Deutschland gibt es rund 200 000 Erkrankungen pro Jahr, die maßgeblich auf Lebensmittelvergiftungen und -infektionen zurückgeführt werden.

> Bei einer **Lebensmittelvergiftung** sind die Nahrungsmittel mit Giftstoffen befrachtet, wie sie z. B. von Eitererregern ausgeschieden werden.
>
> Von einer **Lebensmittelinfektion** spricht man hingegen, wenn Nahrungsmittel mit krankheitserregenden Mikroorganismen in Kontakt kommen, die sich dann im menschlichen Körper vermehren.

Insbesondere die bei Tiramisu (Bild 1) und Geflügelfleisch gefürchtete und durch Bakterien verursachte Salmonellose ist infolge von

- durchgehenden Kühlketten sowie
- neuen Standards in der Lebensmittel erzeugenden und -verarbeitenden Branche

seit den 90er Jahren allerdings stark rückläufig.

Nicht alle Mikroorganismen sind zwangsweise schädlich für den Menschen. Tabelle 1 benennt die Nutz- und Schadwirkung anhand von Beispielen.

Fälschlicherweise werden oftmals auch Enzyme als Mikroorganismen bezeichnet. Sie haben aber u. a. keinen eigenen **Stoffwechsel** als Zeichen des Lebendigen. Vielmehr sind sie lediglich ein Verbund

aus einer oder mehreren Proteinketten, die bestimmte Prozesse beschleunigen können. Beispielsweise bewirken sie, dass abgehangenes Fleisch zart wird, bewirken aber auch, dass Fett ranzig wird.

Bild 1: *Vorsicht vor Salmonellen bei Tiramisu*

Mikro-organismen	Nutzung	Gesundheitliche Risiken
Bakterien	Sauerkraut, Joghurt	Salmonellenerreger im Eigelb, insbesondere in Tiramisu
Schimmelpilze	Blauschimmelkäse wie z. B. Roquefort	Brotschimmel
Hefen (einzellige Pilze)	Hefezopf, Wein	Vergorene Fruchtsäfte

Tabelle1: *Mikroorganismen in Lebensmitteln*

1.1 Verursacher von Lebensmittelvergiftungen und -infektionen

Nachfolgend werden zunächst die wichtigsten bakteriellen Erreger im Bereich Lebensmittelvergiftung und -infektion mit Herkunft und Vorsorgemaßnahmen vorgestellt. Dabei werden auch wesentliche Krankheiten bzw. Folgen einer Infektion für den Menschen beschrieben.

Oftmals entscheidet die Menge der Mikroorganismen, ob es zur Krankheit kommt; daher sind

Hygienemaßnahmen wichtig, um die Anzahl zu reduzieren.

Im Anschluss daran werden die wichtigsten Pilze und deren Sporen als Erreger im Bereich Lebensmittelvergiftung und -infektion mit Herkunft und Vorsorgemaßnahmen eingeführt.

1.1.1 Bakterien

Salmonellen

Geringe Bakterienzahlen sind für den Körper unproblematisch, aber bei höheren Bakterienzahlen können sich diese im Darm des Menschen festsetzen. Es kommt zu Bauch- und Gliederschmerzen sowie starkem Durchfall. Salmonellen verursachen als Krankheit die Salmonellose.

Häufig betroffen:
- Eier, insbesondere Eigelb
- Aus rohen Eiern hergestellte Produkte, z. B. Tiramisu
- Geflügelfleisch
- Hackfleisch und daraus hergestellte Produkte, insbesondere bei unvollständiger Erhitzung

Was tun?
- Sehr frische Ware kaufen
- Sehr sauberes Arbeiten in der Küche
- Bei Auftauware (insbesondere Geflügelfleisch) Auftauflüssigkeit wegkippen und nachspülen
- Auftauware abspülen und abtupfen
- Speisen nicht längere Zeit bei geringer Temperatur warm halten
- Tatar, Weinschaumcremes, Tiramisu usw. meiden
- In der Gemeinschaftsverpflegung, insbesondere in Krankenhäusern, Kindergärten, Seniorenwohnheimen, die vorgenannten Speisen nicht anbieten.

Staphylokokken (Eitererreger)

Die Krankheitserreger aus Wunden oder dem Nasen- und Mundbereich gelangen in Kontakt mit den Lebensmitteln und können sich auf diesen schnell vermehren und Giftstoffe absondern, die ihrerseits extrem hitzebeständig sind. Wenige Stunden nach dem Verzehr kommt es zu starken Bauchschmerzen.

Häufig betroffen:
- Fleisch- und Kartoffelsalate
- gekochter Schinken
- Cremespeisen

Was tun?
- Großküchenpersonal darf auch bei leichten Hustenerkrankungen nicht im Küchenbereich arbeiten.
- Wunden mit einem Pflaster versehen
- Zum Abschmecken von Speisen stets einen sauberen Löffel bzw. eine Gabel verwenden
- Gekochten Schinken nicht mit Fingern, sondern mit einer Gabel aufnehmen
- Die nebenstehenden Speisen erst kurz vor dem Verzehr zubereiten und zwischenzeitlich kühl lagern

Enterohämorrhagische Escherichia coli (EHEC)

Schon geringe Bakterienzahlen sind für den Körper problematisch. Besonders bei Kindern ergibt sich oft ein schwerer Krankheitsverlauf. Im Extremfall kommt es zur Niereninsuffizienz.

Häufig betroffen:
- Rohe Produkte wie z. B. Tatar, Rohmilch
- Lebensmittel, die bei mangelnder Hygiene nach dem Stuhlgang kontaminiert werden; daneben Übertragung von Mensch zu Mensch

Was tun?
- Produkte meiden, wie z. B. Tatar, Rohmilch
- Nach dem WC-Besuch die Hände gründlich mit Seife waschen

Toxoplasmose

Verursacht durch ein Sporentierchen verläuft die Erkrankung meist ohne Fiebersymptome. Bei Kleinkindern und Ungeborenen kann die Infektion allerdings zu Fehlbildungen im Kopfbereich führen. Vermutlich könnten bis zu 15 % der geisteskrank geborenen Kinder gesund sein, wenn nicht während der 2. Schwangerschaftshälfte oder durch die Muttermilch eine entsprechende Infektion ausgelöst würde. In Deutschland werden jährlich rund 5600 Infektionsfälle nachgewiesen.

Häufig betroffen:
- Rohfleischprodukte wie z. B. Tatar
- Nicht ausreichend durchgegartes (Schweine-)Fleisch
- Übertragung auf den Menschen erfolgt oftmals über Hauskatzen

Was tun?
- Nebenstehende Produkte meiden
- Fleisch richtig durchgaren
- Schwangere und Stillende sollten Katzenklos nicht reinigen und den Kontakt zu Katzen meiden. Der Partner soll das Katzenklo außerhalb der Wohnung mit Handschuhen reinigen.

Listeria

Die Bakterien gelten als extrem widerstandsfähig, da sie auch eine Tiefkühlung überleben. Von der Krankheit Listeriose sind statt des Menschen eher Tiere betroffen. Sind Schwangere infiziert, kommt es oft zu Früh- oder Totgeburten infolge von Gehirnhautentzündungen. Jedes zweite betroffene Baby stirbt nach der Geburt. Überlebende Kinder müssen zumeist mit geistigen Behinderungen leben.

Häufig betroffen:
- Rohfleischprodukte und nicht ausreichend durchgegartes Fleisch
- Rohe Eier sowie die daraus jeweils hergestellten Produkte
- Rohmilch sowie die daraus jeweils hergestellten Produkte

Was tun?
- Fleisch richtig durchgaren
- Nebenstehende Produkte meiden
- Fallobst vor dem Verzehr garen
- Mit Gülle gedüngtes Feldgemüse vor dem Verzehr kochen

Clostridium botulinum

Der Erreger gelangt zumeist über den Luftweg auf das Lebensmittelprodukt. Nach einer Verpackung in Dosen oder in Folie werden unter diesen anaeroben Bedingungen die für Botulismus typischen, extrem giftigen Toxine gebildet, die ohne Gegenmittel aufgrund einer muskelentspannenden Wirkung zu Herzversagen oder Atemtod führen. Die Erkrankung umfasst nur sehr wenige Fälle pro Jahr. Das Bakteriengift wird u. a. in der Behandlung besonderer medizinischer Fälle verwendet.

Häufig betroffen:
- Nicht ausreichend gepökelte oder geräucherte Fleischware
- Besonders Einmachbohnen bzw. -dosen ohne zweifache Sterilisierung in ausreichendem zeitlichem Abstand
- Rohschinken ohne ausreichende Kühlung
- Honig (betrifft vor allem Babys)

Was tun?
- Vorgaben zum Haltbarmachen von Produkten einhalten
- Aufgeblähte Vakuumverpackungen nicht öffnen, sondern direkt wegwerfen
- Babys und Kleinkindern keinen Honig geben

1.1.2 Pilze

Mutterkorn

Der schwarzviolette Pilz wächst auf dem Getreide-korn an der Ähre. Schon kleine Mengen führen zum Erbrechen, Halluzinationen, Herzkrämpfen und Tod.

Häufig betroffen:
- Roggen, Weizen
- Biogetreide, da nicht mit Fungiziden gespritzt. Ein Aussortieren ist aber in der verarbeitenden Schiene möglich.

Was tun?
- Körner vor dem Vermahlen im Privathaushalt auf einem Blech sichten und Mutterkörner entfernen
- Der Gesetzes- und Verordnungsgeber hat den zulässigen Gewichtsanteil in Getreideprodukten bereits auf 0,05 % begrenzt.

Schimmelpilze

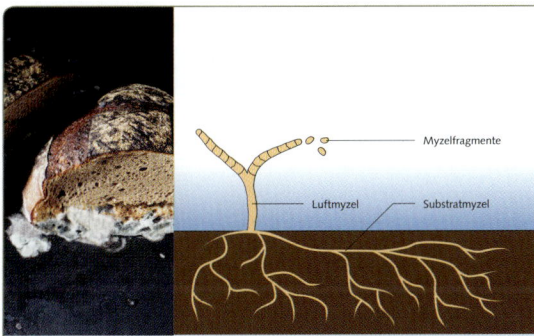

Myzelfragmente

Luftmyzel   Substratmyzel

Manche Schimmelpilzarten, z. B. auf Brot, Marme-lade usw., sind gesundheitsgefährdend. Beim Brot durchstößt der Pilz mit wurzelartigen kleinen Fäden, dem sogenannten Substratmycel, die Backware. Selbst wenn der äußerlich ersichtliche Schimmel (Luftmycel) entfernt wird, kann sich aus den Fäden neuer Schimmel bilden. Schimmelpilze können Krebs hervorrufen. Ferner werden je nach Schim-melpilzart Giftstoffe bzw. Mykotoxine wie z. B. hochgiftige Aflatoxine gebildet.

Häufig betroffen:
- Nüsse und schwarzer Pfeffer (jeweils gemahlen)
- Getreideprodukte wie Brot usw.

Was tun?
- Verschimmelte Ware vollständig wegwerfen
- Ware möglichst zeitnah verzehren

1.2 Hygieneregeln im Umgang mit Lebensmitteln

Der Umgang mit Lebensmitteln erfordert eine Sorgfaltspflicht. Werden Hygieneregeln nicht be-achtet, können die aus diesen Lebensmitteln her-gestellten Produkte durch den Verzehr Krankhei-ten hervorrufen. Für Kleinkinder, ältere Menschen und Kranke können derartige Erkrankungen im Extremfall tödlich verlaufen, da ihr Organismus diesen nichts entgegensetzen kann.

Der vitale menschliche Körper kann sich der im Magen und Darm befindlichen Giftstoffe beispiels-weise mittels Durchfalls entledigen. Viele mikro-biologische Krankheitserreger werden vor einer nennenswerten Produktion der für den Menschen schädlichen Stoffwechselprodukte bereits durch die körpereigene Magensäure abgetötet.

Trotz körpereigener Abwehr gilt es beim Lagern und Zubereiten von Lebensmitteln sorgfältig zu ar-beiten. Nachfolgende Strategie wird dabei am Bei-spiel von Eiern verfolgt:

- Vorbeugend gilt es Nahrungsmittelkontami-nation mit Mikroorganismen zu vermeiden, weshalb Eier mit brüchigen Schalen aussortiert werden.
- Maßnahmen wie Waschen, Braten, Kühlen re-duzieren die Anzahl der auf Lebensmitteln be-findlichen Mikroorganismen. So werden Eier

vor dem Abpacken gewaschen, um Kotpartikel o. Ä. zu entfernen.

- Der unvermeidbaren Anzahl an Mikroorganismen auf den Lebensmitteln sind durch ungünstige Milieubedingungen möglichst schlechte Vermehrungschancen zu bieten, sodass ihre Anzahl bis zum Verzehr der Ware möglichst gering bleibt. Deshalb Eier möglichst direkt kühlen.

Absolute Sauberkeit im Sinne einer vollkommenen Keimfreiheit kann in der Küche nicht erreicht werden, wie Tabelle 1 zeigt. Viele Bakterien weisen eine Zellteilungsrate auf, bei der sich rund alle 20 Minuten der jeweilige Einzeller teilt. So können sich innerhalb von acht Stunden aus einem Bakterium, unter optimalen Bedingungen, bis zu 16,7 Mio. Bakterien bilden.

> Um die Vermehrungsrate der Mikroorganismen möglichst gering zu halten, gilt:
>
> - Nahrungsmittel und insbesondere zubereitete Speisen möglichst zeitnah verzehren
> - Zubereitete und abgekühlte Speisen gekühlt zwischenlagern, wobei reine und unreine Ware zu trennen ist
> - Insbesondere Fleisch lang genug bei mindestens 70 °C durchgaren
> - Längeres Warmhalten von Speisen auf dem Herd vermeiden

Küchenarbeitsgerät und Hände	Keimzahlen auf einer Fläche von 10 cm² (5 cm x 2 cm)
Arbeitsplatte – gesäubert und abgetrocknet	mindestens 280
Küchenbesteck (sauber)	10 bis > 250
Handunterseite (gewaschen)	10 bis > 250
Ausgewählte Lebensmittel	**Keimzahlen auf einer Fläche von 10 cm² (5 cm x 2 cm)**
Kopfsalat (gewaschen)	1 000 bis 100 000
Erdbeere (frisch)	1 000 bis 1 Mio.
Schweinefleisch (abgehangen)	~ 100 Mio.
	Keimzahlen pro ml bzw. g
Trinkmilch (pasteurisiert)	bis 10 000
Tatar (zubereitet mit Ei und Gewürzen)	100 000 bis 30 Mio.

Tabelle 1: *Keimbelastung in der Küche (Quelle: Rückstände und Verunreinigungen in Lebensmitteln, Horst-Werner Berg, Dr. Dietrich Steinkopff-Verlag, Darmstadt)*

1.3   Amtliche Lebensmittelüberwachung

Nahrungsmittel aus dem eigenen Garten und dem eigenen Stall gibt es heute kaum noch in der Küche. Vielmehr werden sowohl Verbraucher als auch Großküchen zumeist mit abgepackter Ware beliefert. Befindet sich diese in undurchsichtigen Verpackungen, wie z. B. dem Tetrapak bei der Milch, so ist eine visuelle Kontrolle der Ware beim Kauf nicht möglich. Auch kann beim tiefgefrorenen Fleisch das Alter nicht ohne Weiteres bestimmt werden. Folglich muss der Käufer den Angaben des Erzeugers, Verarbeiters und Abpackbetriebes vertrauen. Vertrauen ist gut, aber Kontrolle tut Not, denn sonst käme sicherlich häufiger überlagerte und verdorbene Ware auf den Markt. Um die Gesundheit des Einzelnen wie auch ganzer Bevölkerungsteile zu gewährleisten, gibt es die amtliche Lebensmittelkontrolle durch den Staat. Sie ist Teil des **Verbraucherschutzes**, der sich auf drei Ebenen vollzieht, wie das nachfolgende Beispiel zeigt:

1. Zunächst müssen Gesetze durch das Parlament (gesetzgeberische Gewalt = Legislative) verabschiedet werden. Auf der Grundlage eines solchen Gesetzes kann eine Verordnung, z. B. die Fleischverordnung, in Kraft gesetzt werden.

2. Daraufhin kann der Veterinär des Landkreises den Schlachthof besuchen und kontrollieren, ob die geschlachteten Tiere gesund waren und das Fleisch deshalb in den Verkehr gebracht werden darf. Der Veterinär des Landkreises handelt gemäß der geltenden Rechtslage. Er stellt damit die ausführende Gewalt (= exekutive Gewalt) dar.

3. Bringt der Schlachthof Fleisch von kranken Tieren in den Verkehr oder verkauft er überlagertes Fleisch, so droht der Geschäftsleitung des Schlachthofes die Verurteilung durch ein Gericht. Diese rechtsprechende Justiz wird als judikative Gewalt bezeichnet.

Bild 1: *Fleischskandal*

Die Überprüfung von Lebensmitteln kann an verschiedenen Schnittstellen erfolgen:

- Beim Bauern, um das Futter zu kontrollieren, das frei von Wachstumshormonen an die Mastbullen verfüttert werden muss.
- Beim Schlachthof, um die gesundheitliche Unbedenklichkeit des Tieres, z. B. mit Blick auf die auch für den Menschen bedrohlichen Tierkrankheiten, zu attestieren, wie dies durch den Fleischbeschauer im Hinblick auf Trichinen erfolgt.
- Beim Kühllager, um die Überlagerung und den ggf. daraus resultierenden Verderb auszuschließen.
- Beim Lieferanten im Kühlwagen mit Blick auf die durchgehende Kühlkette.

- Beim Gastronom in der Kneipe, um sich von der Tatsache zu überzeugen, dass aufgetautes Hackfleisch nicht wieder über Nacht in den Kühlschrank gestellt wird und dass die Küche frei von Ungeziefer wie z. B. Schaben usw. ist.

Viele Menschen essen heutzutage in der Firmenkantine, der Mensa, im Speisesaal des Seniorenwohnheimes, erhalten Essen auf Rädern o. Ä. Erkrankt jemand an Salmonellose und zeigt den Großküchenbetreiber an bzw. meldet dies, so muss der Großküchenbetreiber seine Unschuld nachweisen. Zu diesem Zwecke bewahrt die Großküche eine Rückstellprobe von jeder ausgegebenen Speiseart für acht bis zehn Tage im Tiefkühlfach oder im Kühlschrank (< 4 °C) auf. Die Probe kommt in ein Behältnis, das mit dem Speisenamen und dem jeweiligen Tagesdatum beschriftet wird. So kann der Lebensmittelkontrolleur die betroffene Speise im Nachhinein auf etwaige Salmonellen im Labor untersuchen.

Aufgaben:

1. Begründen Sie, welche Produkte im Hinblick auf Lebensmittelvergiftungen und -infektionen als besonders problematisch zu beurteilen sind.

2. Welche Lebensmittel sind Ihnen bekannt, deren Herstellung ohne die Verwendung von Mikroorganismen unmöglich wäre?

3. Informieren Sie sich in Ergänzung zu den Gefahren des Bakteriengifts von Clostridium botulinum über dessen Verwendung im Bereich der Medizin.

4. Versehen Sie Petrischalen mit Agarnährböden. Beimpfen Sie diese durch den sogenannten Abklatsch an Küchengegenständen und Lebensmitteln und verschließen Sie diese. Nun müssen Sie die Schalen bei etwa 28 °C für drei Tage bebrüten. Vergleichen Sie die Ergebnisse.

5. Benennen Sie die Aufgaben der amtlichen Lebensmittelkontrolle und stellen Sie diese als Mindmap dar.

6. Recherchieren Sie im Internet nach Lebensmittelrückrufaktionen und Lebensmittelskandalen innerhalb der letzten drei Jahre.

2 Frischhaltung und Haltbarmachung von Lebensmitteln

Bei Weitem nicht alle Lebensmittel werden unmittelbar nach der Ernte oder dem Schlachten vollständig verzehrt. Um zu verhindern, dass sie durch Bakterien oder Pilze verderben, versucht man diese frisch zu halten oder durch bestimmte Weiterverarbeitungsprozesse haltbar zu machen.

Kurzfristiges Frischhalten wird heutzutage insbesondere durch den physikalischen Wirkungsprozess des Kühlens erreicht. Darüber hinaus wird das mittel- bis langfristige Haltbarmachen und Haltbarhalten über folgende Wege erreicht, die auf den folgenden Seiten näher beschrieben werden:

- physikalisch, z. B. durch die Tiefkühlung bzw. das Schockgefrieren.
- chemisch, z. B. durch die Zugabe von Essigsäure beim Einlegen von Gurken.
- biologisch-chemisch, z. B. durch die mikrobiologische Milchsäuregärung bei der Sauerkrautherstellung.

Ziel dieser drei Möglichkeiten ist es, die Stoffwechselproduktion der Bakterien und Pilze weitestgehend zu deaktivieren, also sie in einen nicht aktiven Zustand zu versetzen. Ohne die Stoffwechseltätigkeit der Mikroorganismen kann weder Schimmel wachsen, noch können sich Bakterien vermehren und ihrerseits giftige Stoffe erzeugen.

2.1 Kühlung im Kühlschrank

Durch die Kühlung im einstelligen Temperaturbereich werden biologische Prozesse deutlich verlangsamt, so auch die Vermehrung von Mikroorganismen. Lebensmittel können dadurch für einige Stunden (z. B. Hackfleisch) oder einige Tage (z. B. Milch) gelagert werden. Im Kühlschrank weisen nicht alle Bereiche die gleiche Temperatur auf, weil kalte Luft innerhalb des Kühlschranks absinkt. Da die unten gelegenen Gemüsefächer üblicherweise durch eine Glasplatte abgedeckt sind, kann die Kälte dort nur eingeschränkt eindringen. Die kältesten Areale innerhalb des Kühlschranks sind deshalb:

- die Flächen in unmittelbarer Nähe zu den Kühlaggregaten sowie

- die Glasplattenablage, an der sich die abwärts fallende kalte Luft sammelt.

Folglich werden besonders schnell verderbliche Waren möglichst auch an den kältesten Plätzen des Kühlschranks platziert.

Das Gemüsefach ist abgedeckt, sodass der Luftaustausch mit der restlichen Kühlschrankluft nur eingeschränkt stattfindet. Es ist dort nicht so kalt und auch die Luftfeuchtigkeit kann etwas höher gehalten werden als im restlichen Kühlschrank. Dadurch welkt das Gemüse nicht so schnell und bleibt frisch.

Weitergehende Ausführungen zum Thema Kühlschrank enthält das LF 4, Kap. 2.7, S. 195 ff.

2.2 Tiefkühlung

Zu unterscheiden ist der Gefrierschrank von der Gefriertruhe. Die Vor- und Nachteile sind in Tabelle 1 der nachfolgenden Seite dargelegt.

Bild 1: *Emblem für Schockgefrierverfahren*

Die Geräte jeder Kategorie unterscheiden sich in der Gefrierleistung, die an der Anzahl der Sterne ablesbar ist, die üblicherweise an der Tür angebracht sind.

Ein oder zwei Sterne stehen für Leistungen bis –6 °C bzw. –12 °C und sind für eine Lagerung über mehrere Wochen und Monate oftmals ungeeignet. Drei Sterne stehen für Gefrierleistungen bis –18 °C. Mit diesen Geräten kann zwar gekaufte Tiefkühlkost längerfristig verwahrt werden, aber

Vorteile	Nachteile
• Großteilige Stücke, z. B. Rehkeulen, können problemlos untergebracht werden. • Verbraucht wenig Energie, weil die Kälte beim Öffnen am Truhenboden „gefangen" bleibt.	• Aufgrund der größeren Standfläche oftmals im Keller, sodass die Tiefkühlware nicht im sofortigen Zugriff ist. • Für den Rücken ergonomische Nachteile beim Suchen und Herausnehmen der Ware. • Für Singlehaushalt oft zu groß. Gefrierraum wird selbst in Spitzenzeiten nicht vollständig benötigt. Infolgedessen überhöhte Betriebskosten.
• Aufgrund der kleineren Standfläche oftmals in die Küche integriert, sodass Tiefkühlware jederzeit im schnellen Zugriff ist. • Aus Sicht der „Rückenschule" empfehlenswert. • Insbesondere für Singlehaushalte als Kombination mit dem Kühlschrank erhältlich.	• Großteilige Stücke, z. B. Rehkeule, kann manchmal in den Schubladen nicht untergebracht werden. • Verbraucht viel Energie, weil sich ein Teil der Kälte beim Öffnen der Schranktür in den Raum „ergießt".

Tabelle1: *Vor- und Nachteile von Gefriertruhe und Gefrierschrank*

ein Einfrieren von Frischware ist nicht empfehlenswert. Dafür sollte am besten ein Gerät mit vier Sternen verwendet werden, das in den Temperaturbereich von –25 °C und kälter vorstößt.

Erst ab diesen Kältegraden wird Frischware schockgefroren. Beim schnellen Schockgefrieren gefriert das Wasser lediglich zu winzigsten Eiskristallen, die nicht die Zellstruktur zu sprengen vermögen. Es gelangt weniger Zellwasser in die Zellzwischenräume. Geschmack, Nährstoffe und Vitamine bleiben erhalten. Schockgefrorene Ware bleibt auch beim Auftauen der Ware in ihrer Struktur vollständig erhalten. Schockgefrorene Ware steht Frischware somit kaum nach, sodass – unter Berücksichtigung hygienischer Aspekte – im Binnenland schockgefrorener Seefischware oftmals der Vorzug vor Frischfisch zu geben ist.

Gemüse wird vor dem Schockgefrieren oftmals für maximal vier Minuten in kochendes Wasser getaucht. Die Vorteile dieses **Blanchierens** sind:

• Erhaltung der Farbe des Gemüses
• Vorbeugung der nachteiligen geschmacklichen Veränderung (Off-Flavours).

Folgende Regeln sind bzgl. der Tiefkühlung unbedingt zu beachten:

• Gefrierbeutel oder -behälter verwenden, die für das Gefrieren geeignet sind. Ansonsten splittern bzw. reißen Beutel oder Behältnisse ein. In diesem Fall kommt es oftmals zum Gefrierbrand an der Tiefkühlware, wodurch diese eine leicht graue Farbe erhält und insbesondere Fleisch faserig wird und nicht mehr zart schmeckt (s. Bild 1).

Bild 1: *Gefrierbrand an Tiefkühlware*

- Gefrierbeutel oder -behälter verwenden, die zudem für ein direktes Auftauen der Tiefkühlware in der Mikrowelle geeignet sind.
- Eingefrorenes Brot oder Brötchen beim Auftauen im Gefrierbeutel lassen, damit sich keine Luftfeuchtigkeit als Kondenswasser am Gefriergut niederschlägt, weil das Brot bzw. die Brötchen sonst äußerlich aufweichen und nicht mehr knusprig schmecken. Ggf. Brot und Brötchen im Backofen kurz aufbacken.
- Besonders wasserreiches Gemüse, wie Gurken oder Tomaten, eignet sich grundsätzlich nicht zum Einfrieren. Das gilt auch für Eier, deren Schale platzt.
- Stets nur solche Portionen einfrieren, die auch auf einmal verzehrt werden können. Einmal aufgetaute Ware nicht wieder einfrieren.
- Bei größeren und zahlreichen Portionen diese nicht alle auf einmal in die Gefriertruhe legen, da der zwingend notwendige Temperaturbereich für das Schockgefrierverfahren womöglich nicht gehalten werden kann.
- Auftauflüssigkeit kann, insbesondere bei Geflügelfleisch, überdurchschnittlich viele Salmonellen enthalten. Die Flüssigkeit ist im Abfluss zu entsorgen, ohne dass Lebensmittel und Arbeitsflächen damit in Berührung kommen.
- Tiefkühlkost kann unmittelbar nach der Entnahme aus der Gefriertruhe zubereitet werden. Dies gilt auch für kleinere Fleischstücke. Allerdings ist bei Fleisch zwingend darauf zu achten, dass es auch innen ausreichend durchgegart ist.
- Um die Kühlkette beim privaten Einkauf weitestgehend zu wahren, sollte Tiefkühlkost erst als Letztes in den Einkaufswagen gelegt und dann unmittelbar die Kasse angesteuert werden.

2.3 Konservierung mit Hitze

Im Gegensatz zum (Tief-)Kühlen, bei dem die Mikroorganismen lediglich an ihren Stoffwechsel- und Vermehrungsprozessen gehindert werden, versucht man beim Erhitzen die Mikroorganismen gänzlich abzutöten. Nachfolgend werden verschiedene Varianten des Konservierens mit Hitze vorgestellt.

2.3.1 Pasteurisieren

Sämtliche Milch ist, mit Ausnahme von Rohmilch und Vorzugsmilch, für 15 bis 40 Sekunden auf 72 °C bis 75 °C erhitzt worden. Der Franzose Louis Pasteur erkannte im 19. Jahrhundert, dass durch dieses Verfahren die meisten lebensmittelverderbenden Bakterien, wie z. B. Salmonellen, aber auch Hefen, abgetötet werden. Die Milch bewahrt ihre wesentlichen wertgebenden Eigenschaften (Nährstoffe, Vitamine und Geschmack), wird aber länger haltbar.

Die Technik des Pasteurisierens wird insbesondere auch bei Obstsäften und **Halbkonserven** (z. B. Würstchen) verwendet.

Im Gegensatz zur pasteurisierten Milch wird ultrahocherhitzte Milch für zwei bis vier Sekunden auf 135 bis 150 °C gebracht und sofort wieder auf 4 bis 5 °C heruntergekühlt. Sie ist dann ohne Küh-

lung für mindestens drei Monate lagerfähig, hat allerdings bzgl. ihres Vitamingehalts und Geschmacks Einbußen erfahren.

Bild 1: *Obstsaft, Halbkonserve und Milch (Quelle O-Saft: El Puente)*

2.3.2 Herstellung von Marmeladen, Konfitüren und Gelees

Ein weiteres Alltagsprodukt sind Marmeladen, Konfitüren und Gelees. Während bei Gelee ausschließlich der Saft einer Frucht verwendet wird, kommt bei Marmelade und Konfitüre auch das Fruchtfleisch zum Einsatz.

Es kann unter Zugabe des ebenfalls konservierend wirkenden Gelierzuckers sowohl im Topf als auch im Backofen weiterverarbeitet werden. Der zugesetzte Gelierzucker versüßt nicht nur das Endprodukt, sondern bewirkt durch seine wasserziehende Wirkung eine Veränderung des osmotischen Drucks und wirkt somit auch konservierend.

2.3.3 Einkochen und Sterilisieren

Früher wurden Saisonobst und -gemüse eingekocht. Dabei wurden z. B. Pfirsiche entsteint, klein geschnitten, mit drei bis vier Kernen (wegen des Geschmacks) in Einmachgläser gelegt und anschließend mit heißem Zuckerwasser (Wasser zu Zucker im Verhältnis 2 : 1) übergossen. Die Einmachgläser wurden mit Gummiring, Deckel und Klammer verschlossen. Anschließend kamen die Einmachgläser in den Einmachtopf. Alternativ kann für Demonstrationszwecke auch ein auf 170 °C temperierter Backofen verwendet werden. Nachdem das heiße Wasser in einem zweiten Blech kocht, bleiben die Gläser noch eine Stunde dem kochend-heißen Dampf ausgesetzt. Dann wird der Backofen ausgestellt. Weitere 40 Minuten verbleiben die Gläser im Ofen und werden dann entnommen. Am nächsten Morgen, wenn die Gläser ausgekühlt sind, kann die Klammer entfernt werden und die Glasdeckel müssen sich festgesaugt haben (Vakuum).

Bei Bohnengemüse konnten bestimmte Pilzsporen im Glas durch dieses Prozedere nicht vollständig abgetötet werden. Deshalb werden die Gläser zwei Tage später erneut abgekocht, sodass die bis dahin weiterentwickelten Sporen abgetötet werden, ohne dass sie ihrerseits schon neue Sporen gebildet haben.

Heute wird im Haushalt zumeist kein Obst und Gemüse mehr eingekocht, weil

- es sich um ein sehr aufwendiges Verfahren handelte,
- durch das lange und z. T. mehrfache Erhitzen ein Großteil der Vitamine verloren ging,
- insbesondere mit der Tiefkühlware heute eine ernährungsphysiologisch höherwertige und arbeitswirtschaftlich einfachere Alternative verfügbar ist.

Vergleichbar dem Einkochen ist die industrielle Herstellung von Lebensmittelkonserven mittels Sterilisieren. Die Lebensmittel werden für 15 bis 30 Minuten auf bis zu 135 °C erhitzt und in Konserven oder Gläser abgefüllt. Da diese Konserven bzw. Gläser praktisch keimfrei sind, können sie zumeist über Jahre gelagert werden. Man spricht von **Vollkonserven**. Der automatisierte industrielle Verarbeitungsprozess mit hohen Durchsatzmengen senkt zwar die spezifischen Verarbeitungskosten, es bleibt aber der Nachteil des Vitaminverlusts.

Bild 1: *Lebensmittelkonserven in der Dose und im Gläschen*

2.4 Gezielte pH-Wert-Verschiebung

Der pH-Wert gibt den Säuregehalt an. Je geringer der pH-Wert ist, desto saurer ist das jeweilige Produkt. Im chemischen Sinne bezeichnet man das Gegenteil von sauer als **basisch** oder auch **alkalisch**. Ein pH-Wert von 7 gilt als neutral.

Sauerkraut wird aus Weißkohl hergestellt. Zunächst wird der Kohl vom Strunk befreit und dann klein gehobelt. Anschließend wird es in einem Gärbehälter (Fass oder Steintopf) schichtweise zugegeben und dabei jeweils lange gestampft.

Bild 1: *Weißkohlstampfen in einem Sauerkrautfass*

Der Zellsaft tritt aus und für Lufteinschlüsse bleibt kein Platz. Dem Weißkohl anhaftende Milchsäurebakterien können sich in diesem nahezu sauerstofffreien (anaeroben) Milieu bestens vermehren. Das Gärbehältnis muss in einem kühlen Keller bei 10 °C bis 15 °C aufgestellt werden. Ein Großteil der Kohlenhydrate im Weißkohl wird durch Gärung (siehe Kapitel 2.6.2) in Milchsäure umgewandelt. Die zunehmend produzierte Milchsäure senkt den pH-Wert im Gärbehälter. Mit Ausnahme der Milchsäurebakterien ist bald das Milieu so sauer, dass Fäulnis- und Schimmelerreger dort nicht

leben können. Folglich ist das so entstandene Sauerkraut vor Verderb geschützt.

Mit Blick auf Hefen und Schimmelpilze wird ein pH-Wert erreicht, in dem sie sich nicht gut vermehren können. Zudem wird bei der Beschickung des Gärbehälters zwischen die Weißkohllagen Salz eingebracht, das den Hefen und Schimmelpilzen die Lebensbedingungen zusätzlich erschwert.

Die Oberfläche wird mit einem Brett und Tuch abgedeckt, wobei das Brett mit einem schweren Stein beschwert wird. Die sich an der Oberfläche, im Übergang zum aeroben Milieu, bildende graue Schicht mit Kahmhefe wird verworfen, das Sauerkraut schichtweise entnommen.

Aus ernährungsphysiologischer Sicht ist anzumerken, dass Sauerkraut besser bekömmlich ist als Weißkohlgemüse. Zudem ist es sehr Vitamin-C-haltig. Deshalb hat es früher auf den oftmals monatelangen Seefahrten zahlreiche Seefahrer vor Skorbut und sicherem Tod bewahrt, die für so lange Zeiträume kein Frischobst und -gemüse mitführen konnten. Zugleich konnte mit dieser preiswerten Methode im Winter die Vitaminversorgung der Landbevölkerung gesichert werden. Früher hatte jede Familie ein Sauerkrautfass.

Heutzutage ist frisches Sauerkraut im Kühlregal oftmals zusätzlich noch pasteurisiert (siehe Kap. 2.3.1).

Bei anderen Produkten als Sauerkraut wird auch einfach direkt eine Lebensmittelsäure zugegeben, um die pH-Wert-Verschiebung zu erreichen. Oftmals wird dafür Essigsäure verwendet. Beispiele für derart eingelegte Lebensmittel sind Gurken, Mixed Pickles als auch Rollmops. Zumeist findet ergänzend auch hier heutzutage noch ein Pasteurisieren statt.

2.5 Ausschluss von Luftsauerstoff

Schimmelpilze, Hefen und die meisten Bakterien brauchen den Sauerstoff der Luft für ihren Stoffwechsel und somit zum Leben. Sie werden deshalb auch Aerober in Abgrenzung zu den Anaerobern genannt. Bei Sauerstoffmangel können Aerober keine Lebensmittel verderben. Deshalb werden insbesondere die drei nachfolgenden Methoden verwendet, um den Kontakt von Lebensmitteln und Luftsauerstoff zu unterbinden.

2.5.1 Einlegen in Öl

Käse, Knoblauch oder Paprika werden in Olivenöl eingelegt, um zu verhindern, dass Luft an das Lebensmittel kommt. Zudem gewinnt das eingelegte Produkt dadurch eine zusätzliche Geschmackskomponente.

Bild 1: *Käse, in Olivenöl eingelegt*

2.5.2 Vakuumieren

Bild 2: *Erdnüsse, in Vakuumfolie eingeschweißt*

Wenn Lebensmittel in Plastikfolie eingepackt werden, kann mittels eines Vakuumierers die Luft aus dem Beutel abgesaugt und anschließend die Öffnung verschweißt werden, sodass es zu keinem

2.6 Alkohol

Alkohol wirkt ab bestimmten Konzentrationen hemmend auf Mikroorganismen, sodass Alkohol als konservierende Substanz verwendet werden kann. Sehr hohe Alkoholkonzentration töten Mikroorganismen sogar ab.

erneuten Luftzutritt kommt. Dieses Verfahren kommt beispielsweise bei den im Bild 2 dargestellten Erdnüssen häufig zum Einsatz.

2.5.3 Verpacken unter CO_2 als Schutzatmosphäre

Werden Lebensmittel in Plastikfolie eingepackt, kann statt der Vakuumierung auch ein anderes Gas oder Gasgemisch ohne Sauerstoff bzw. mit einem erhöhten CO_2-Anteil im Luftgemisch in die Verpackung eingebracht werden, um einen konservierenden Effekt zu erreichen. Insbesondere bei Lebensmitteln, die auf Quetschungen empfindlich reagieren, ist dieses Verfahren gegenüber der Vakuumierung im Vorteil.

Bild 3: *Aufbackbrötchen unter CO_2-Schutzatmosphäre*

Die gezielte Veränderung des umgebenden Luft- bzw. Gasgemisches macht man sich auch bei der Lagerung von klimakterischen Früchten in Bananenfrachtern als auch in Lagerhäusern zunutze.

Der Verzehr der stark alkoholhaltigen Früchte und anderer Alkoholika kann nur eingeschränkt empfohlen werden.

Klimakterische Früchte sind Früchte, die nachreifen, wenn sie vor der Genussreife im Stadium der Pflückreife geerntet werden. Sie geben das Phytohormon Ethylen an die sie umgebende Luft ab. Dieses Hormon bewirkt in geringsten Mengen eine Reifung der sie umgebenden Früchte, auch anderer Frucht- und Gemüsearten. Dementsprechend werden Obstlager gekühlt, um den Stoffwechsel im Obst und damit den Ausstoß an Ethylen gering zu halten. Zudem wird die Luft der Schiffslagerräume und Lagerhallen insbesondere mit etwas CO_2 angereichert. Tabelle 1 benennt Obstarten, die stark, leicht oder fast gar nicht nachreifen.

hoch	mittel	niedrig
Apfel	Banane	Ananas
Aprikose	Clementine	Erdbeere
Avocado	Feige	Kirsche
Birne	Mango	Kiwi
Passionsfrucht	Pflaume	Orange
Pfirsich	Quitte	Zitrone

Tabelle 1: *Früchte mit unterschiedlich hohen Ethylenproduktionsraten*

Umgekehrt macht man unreife Bananen mit Ethylen kurzfristig genussreif, wenn der Markt plötzlich viel Bananen nachfragt.

Legt man eine grüne Banane zu zwei reifen Birnen in einen großen Plastiksack an einen warmen Ort und legt daneben eine weitere grüne Banane, so kann man den Prozess vergleichend beobachten.

2.6.1 Einlegen in Alkohol

In hochprozentigem Alkohol (> 54 % vol) kann insbesondere Obst eingelegt werden. Diese Methode wird beim **Aufsetzen** eines Rumtopfs genutzt, weil der Eiweißstoffwechsel von Mikroorganismen unter derart hohen Alkoholkonzentrationen zusammenbricht. Die so eingelegten Früchte halten sich bis zu einem Jahr.

Bild 1: *Rumtopfgefäß*

2.6.2 Gärung

Bild 2: *Wein*

Bild 3: *Joghurt*

Weintrauben können wie anderes Obst auch entsaftet werden. Um diesen Saft haltbar zu machen, kann er pasteurisiert werden (siehe Kapitel 2.3.1). Eine andere Möglichkeit ist, den Most zu vergären. Dafür dürfen die auf den Trauben befindlichen

Hefen nicht durch Hitzebehandlung abgetötet werden. Stattdessen müssen sie den Fruchtzucker zu Alkohol vergären. Derart hergestellter Wein lässt sich teils über Jahrzehnte lagern.

Von der **alkoholischen Gärung** durch Hefen ist die Milchsäuregärung mittels Milchsäurebakterien zu unterscheiden. Klassische Produkte sind Joghurt, Quark, Buttermilch. Milchsäurebakterien sind aber auch an den Umwandlungsprozessen von Weißkohl zu Sauerkraut beteiligt. Damit sie von anderen Bakterien nicht verdrängt werden, muss der pH-Wert im Sauerkraut ihren speziellen Milieubedingungen entsprechen, den sie selber einzustellen vermögen (Kap. 2.4).

2.7 Wasserentzug

Ohne Wasser kein Leben! Diesen einfachen Sachverhalt macht man sich auch bei der Konservierung zunutze, wenn man Lebensmitteln Wasser entzieht, denn ohne Wasser können auch die Mikroorganismen auf den Lebensmitteln nicht ihrer verderblichen Tätigkeit nachgehen.

2.7.1 Trocknung

Obst und Gemüse können durch Wasserentzug so weit getrocknet werden, dass Mikroorganismen nur sehr schwer auf ihnen Stoffwechsel betreiben können. Der Wasserentzug kann auf unterschiedlichem Wege erfolgen:

- Gleichmäßige geringe Wärmezufuhr durch die Sonne trocknet die Früchte aus (z. B. Dörrobst). Diese Technik ist in südlichen Ländern weit verbreitet (Sultaninen, Datteln, Feigen usw.).
- Findet der Prozess bei höheren Temperaturen statt, spricht man von Backobst.

Derart zubereitetes Obst und Gemüse verliert viele seiner Vitamine. Als Knabberzeug und Snack ist es im Vergleich zu Chips und Erdnussflips aber eine gesunde Alternative.

Da Obst und Gemüse oftmals nach dem Trocknungsprozess seine charakteristische Farbe zu verlieren droht, wird es nach dem Trocknen geschwefelt, was zudem einem etwaigen Fäulnisbefall zusätzlich vorbeugt.

Durch Zuckerzugabe auf die Produktoberfläche bindet man zusätzliche Feuchtigkeit aus der Frucht im Zucker (z. B. Bananenchips).

Statt des Zuckers kommt beim Fisch Salz zum Einsatz. So ausgenommenen Seefisch (i. d. R. Dorsch bzw. Kabeljau sowie Seelachs und Schellfisch) wässert man zunächst einige Tage in Süßwasser, um ihn dann mit Salz einzureiben. Das Salz entzieht dem Fisch das Wasser. Der so vorbereitete Fisch wird dann an der Luft getrocknet (sogenannter Klippfisch). Entfällt das Wässern und Salzen, spricht man vom Stockfisch.

Bild 1: *Trockenobst*

Im Bereich der lebensmittelverarbeitenden Industrie werden heute auch flüssige Produkte wie z. B. Milch getrocknet. Dies erfolgt als Sprühtrocknung. Dabei wird die Flüssigkeit in einen Heißluftstrom von 220 °C gesprüht.

2.7.2 Sublimation

Eine andere Technik zum Wasserentzug ist die Gefrier- bzw. Sublimationstrocknung. Dabei werden insbesondere stark wasserhaltige Produkte wie z. B. Obst zunächst tiefgefroren und dann in einer Vakuumkammer bei starkem Unterdruck und immer noch Minusgraden im zweistelligen Gradbereich einer Wärmequelle ausgesetzt. Das zu Eis gefrorene Wasser geht direkt in einen dampfförmigen Aggregatzustand über (Sublimation). Dies ist im Vergleich zur Sprühtrocknung sehr vitamin- und aromaschonend, aber auch sehr energieaufwendig. Es wird u. a. bei der Herstellung sehr edler Kaffeepulvervarianten verwendet.

2.8 Pökeln

Zum Pökeln von Fleisch wird dieses mit Pökelsalz (E 252) eingerieben. Es kann aber auch Wurstware zugesetzt werden. Beim Pökelsalz handelt es sich um eine Mischung aus Kochsalz mit Kaliumnitrat, Natriumnitrat oder auch Natriumnitrit. Bei den auf Nitrat basierenden Pökelsalzvarianten wird durch die im Fleisch vorhandenen Bakterien Nitrat teils zu Nitrit umgewandelt. Die konservierende Wirkung des Pökelsalzes kommt zustande, indem

- Salz zumindest äußerlich Feuchtigkeit entzieht, sodass es an der Oberfläche zu einem Trocknungseffekt (s. S. 109) kommt.
- Nitrit seine antibakterielle Wirkung entfaltet und die bakterielle Vermehrung hemmt.

Krebserregende Nitrosamine entstehen durch die Umwandlung von Nitrit und Aminosäuren des Fleischeiweißes. Nitrosamine in der Nahrung können zu Magenkrebs führen. Deshalb soll Pökelware, wie z. B. Kasseler, nicht gebraten oder gegrillt und ihr Verbrauch auf ein vernünftiges Maß eingeschränkt werden. Beim Pökeln gehen Mine-ralstoffe und Eiweiße verloren, andererseits entsteht der bei vielen Verbrauchern geschätzte Pökelgeschmack. Mit Pökelsalz behandeltes Fleisch wird nicht nach dem Schlachten fadgrau. Dies erklärt sich dadurch, dass sich das Nitrit des Pökelsalzes mit dem Muskelfarbstoff Myoglobin zum roten und hitzebeständigen Nitrosomyoglobin verbindet.

Bild 1: *Kasseler*

2.9 Räuchern

Insbesondere Fleisch und Fisch werden geräuchert, indem sie dem Buchenholzrauch, teils unter Beimischung anderer Hölzer, ausgesetzt werden. Tabelle 1 benennt zwei Varianten:

Räuchertechnik	Verfahrenscharakteristika	Typische Produkte
kalt	- Der Rauch hat 16 bis 26 °C. - Prozess nimmt mehrere Wochen in Anspruch. - Ware ist längerfristig lagerfähig.	- Schinken - Speck - Dauerwurst
heiß	- Der Rauch hat 80 bis 100 °C. - Prozess nimmt nur wenige Stunden in Anspruch. - Ware ist zum kurzfristigen Verzehr bestimmt.	- Brühwürstchen - Räucheraal - Makrele - Schillerlocke

Tabelle 1: *Kalt- und Heißräuchern im Vergleich*

Die konservierende Wirkung beruht auf

- der trocknenden Wirkung des Rauchs an der Oberfläche,
- den über 300 Komponenten des Rauchs. Hervorzuheben sind die antimikrobiell wirkenden Phenole Guajacol und Brenzcatechin sowie das gegen Hefen und Schimmelpilze wirksame Formaldehyd.

Da der Rauch auch Krebs erregende Benzo(a)pyrene enthält, muss er heutzutage gefiltert werden, bevor er den Lebensmitteln zugeführt werden darf. Das Deutsche Krebsforschungszentrum rät zu einem zurückhaltenden Konsum an Räucherware.

Obgleich in Deutschland weitestgehend verboten, darf aus dem EU-Ausland Ware aus Flüssigräuchereien bezogen werden. Dabei handelt es sich um standardisierte Flüssigkeiten aus Rauch, die unter Zusatz von Aromen auf die Ware gesprüht werden.

Bild 1: *Fischräucherei*

2.10 Bestrahlung und Begasung

In Deutschland dürfen getrocknete Kräuter und Gewürze mit radioaktiver Gammastrahlung bestrahlt werden. Die Bestrahlung muss mit der Bezeichnung „bestrahlt" oder „mit ionisierenden Strahlen behandelt" auf der Verpackung ersichtlich sein.

Bedauerlicherweise sind seit der Tschernobyl-Katastrophe Pilze osteuropäischer Herkunft häufig von erhöhten Strahlungswerten betroffen. Sie werden deshalb oft kontrolliert.

Eine andere Möglichkeit der Haltbarmachung ist das Begasen von z. B. schwarzem Pfeffer. Auch Kartoffeln werden teils begast, um den Keimungsprozess und das Herausbilden von sogenannten Augen zu verhindern. Derart begaste Kartoffeln sollten geschält werden, allerdings ist die Begasung nicht deklarationspflichtig. Biokartoffeln werden nicht begast.

Bild 2: *Messung der Radioaktivität von Pilzen*

2.11 Spezielle Lebensmittelzusatzstoffe

Lebensmittelzusatzstoffe, die oftmals natürlichen Ursprungs sind, werden heutzutage in biotechnischen Verfahren gezielt erzeugt und auf bzw. in die Lebensmittel eingebracht, um deren Haltbarkeit dadurch zu verlängern. Man unterscheidet dabei die folgenden drei Hauptgruppen:

- Konservierungsmittel (insbesondere die 200er E-Serie auf der Zutatenliste). Bekannte Vertreter sind beispielsweise Sorbinsäure (E 200 ff.), Benzoesäure (E 210 ff.) und PHB-Ester (E 214 ff.).

- Antioxidationsmittel verhindern Reaktionen des Lebensmittels mit dem in der Luft enthaltenen Sauerstoff. Da viele biologische Prozesse ohne die Zugabe von Sauerstoff nicht ablaufen können, verzögert sich dementsprechend auch der Verfall der Lebensmittelware. Natürliche Antioxidantien sind Vitamin C in Zitrusfrüchten (Ascorbinsäure; E 300), Nüssen mit Vitamin E (E 306–E 309) sowie die zugleich rot färbenden verschiedenen Carotinoide (E 160 a–E 160 f), z. B. in Karotten, roter Paprika, roten Weintrauben, Tomaten.

- Säuremittel bzw. Säureregulatoren. Sie wirken säuernd und sind damit in der Lage, den pH-Wert zu verschieben, bzw. halten den pH-Wert eines Produkts in einem bereits eingestellten pH-Wert. Zu nennen sind u. a. Äpfelsäure (E 296) und Zitronensäure (E 330).

Daneben sind auf der Zutatenliste auch folgende Gruppen zu finden:

- Backtriebmittel
- Emulgatoren
- Farbstoffe
- Festigungsmittel
- Feuchthaltemittel
- Füllstoffe
- Geliermittel
- Geschmacksverstärker
- Komplexbildner
- Mehlbehandlungsmittel
- Modifizierte Stärke

- Packgas
- Schaummittel
- Schaumverhüter
- Schmelzsalze
- Stabilisatoren
- Süßungsmittel
- Trägerstoffe
- Treibgas
- Trennmittel
- Überzugsmittel
- Verdickungsmittel

Ihre Bedeutung als auch die manchmal nur angegebenen E-Nummern können auf der Internetseite der Verbraucherinitiative recherchiert werden unter:

 www.zusatzstoffe-online.de/zusatzstoffe/

Aufgaben:

1. Stellen Sie die verschiedenen Verfahren zur Haltbarmachung von Lebensmitteln als Mindmap auf einem Plakat dar und geben Sie jeweils drei praxisrelevante Beispiele an.

2. Diskutieren Sie Vor- und Nachteile der in der Mindmap dargestellten Varianten zur Haltbarmachung von Lebensmitteln.

3. Ordnen Sie die im Text unterstrichenen Verfahren zum Frischhalten und Haltbarmachen jeweils einem der physikalischen, chemischen, biologisch-chemischen Wirkungsprozesse zu.

4. Wieso sollte gepökelte als auch geräucherte Ware nur gelegentlich gegessen werden?

5. Recherchieren Sie die Herstellungsweise von Parmaschinken, Serranoschinken, Bündnerfleisch und Pemmikan.

6. Was unterscheidet das Schockgefrierverfahren vom „normalen" Einfrieren?

7. Erläutern Sie die Verfahren Sublimation, Vakuumierung und Pasteurisierung. Recherchieren Sie zudem die Namensgebung des letztgenannten Verfahrens.

8. Skizzieren Sie einen Kühlschrank und beschriften Sie, in welchem Bereich des Kühlschrankes Sie Gemüse lagern würden.

9. Der Auszubildende Peter vertritt die Meinung, die Hände müssten vor der Küchenarbeit nicht extra gewaschen werden, weil heute ganztags Lebensmittel eingekocht und sterilisiert werden. „Da werden letzten Endes ohnehin alle Bakterien abgetötet." Hat er gut argumentiert? Beziehen Sie Stellung.

10. Benennen Sie in Ergänzung zu den in Kapitel 2.11 genannten Lebensmittelzusatzstoffen weitere Gruppen.

11. Verschließen Sie zwei grüne Bananen in einem durchsichtigen Plastikbeutel. In einen zweiten Plastikbeutel verschließen Sie daneben zwei grüne Bananen und eine Birne. Notieren Sie Ihre täglichen Beobachtungen. Wie können Sie Ihre Beobachtungen erklären und was für Rückschlüsse können Sie für die Zusammensetzung Ihrer Obstschüssel daraus ziehen?

3 | Warenlager

Neben Lebensmitteln, sogenannten Food-Produkten, werden auch Non-Food-Produkte wie z. B. Wäsche gelagert. Schon an den genannten Oberbegriffen wird deutlich, dass unterschiedliche Anforderungen an deren Lagerung zu stellen sind. Daneben muss der Lagerbestand, auch im Hinblick auf Mindestbestand und Notverpflegung, im Überblick behalten werden und mit dem Inventurergebnis übereinstimmen. Die nachfolgenden Kapitel vermitteln die wesentlichen Informationen zu dem beschriebenen Themenbereich.

3.1 Warenannahme

Wenn Ware angeliefert wird, muss sie genau überprüft werden, bevor der Warenlieferschein abgezeichnet wird. Dabei ist auf zweierlei zu achten:

1. Qualität
2. Quantität (Menge)

Der Preis wird auf dem Lieferschein i. d. R. nicht ausgewiesen. Er steht auf der nachfolgenden, postalisch zugestellten Rechnung, ist aber im Vorfeld mit der Bestellung zu vereinbaren. Der Rechnung liegt üblicherweise eine Durchschrift des durch den Kunden unterzeichneten Lieferscheins bei.

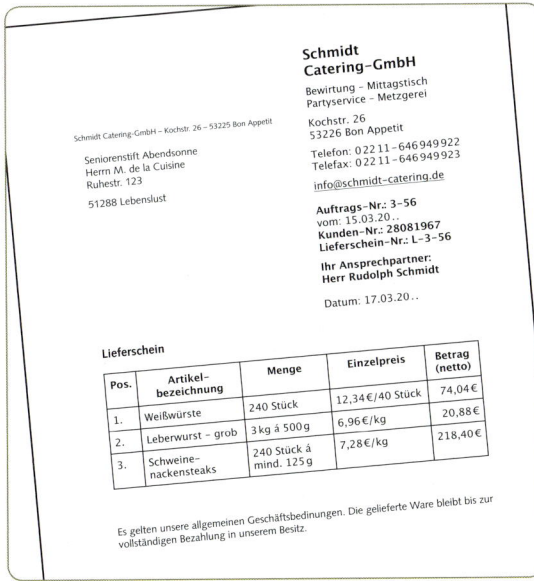

Bild 1: *Lieferschein*

Letztlich verfährt der Privatkunde genauso am Obstmarktstand. Erst begutachtet er die Ware, dann lässt er sie vor seinen Augen verwiegen (siehe Bild 2).

Bild 2: *Wochenmarkteinkauf mit Verwiegevorgang*

3.1.1 Qualität

Folgende Dinge sind bei der qualitativen Begutachtung der Ware im Auge zu behalten:

- Besonders im Hochsommer ist die Kühltemperatur bei Milchprodukten wie auch von Tiefkühlware zu prüfen (s. S. 114, Tab. 1 in Kapitel 3.2.1).
- Tiefkühlware, wie z. B. Fleisch, darf keinen Gefrierbrand aufweisen (siehe S. 102 f. Kap. 2.2).
- Obst und Gemüse müssen frei von Druckstellen, Krankheitsbefall und Schädlingen, (s. S. 123) sein.
- Die Ware muss der jeweils bestellten Handelsklasse, Sorte usw. entsprechen (s. S. 60 f.).
- Die Ware darf das Mindesthaltbarkeitsdatum weder überschritten haben, noch darf die Ware unmittelbar vor dem Überschreiten des Mindesthaltbarkeitsdatums stehen (s. S. 62).
- Die Ware muss so verpackt sein, dass sie problemlos weitergereicht werden kann.

3.1.2 Quantität

Bei der quantitativen Begutachtung der Ware ist darauf zu achten, dass

- der Lieferschein die Menge ausweist, die auch tatsächlich bestellt wurde,
- nicht zu wenig Ware abgeladen wurde,
- die Gebinde (z. B. Kartons, Kanister) jeweils gleichmäßig gefüllt sind und auch tatsächlich das erforderliche Nettogewicht aufweisen.

3.2 Einlagerung von Lebensmitteln

In Regalen muss neu eingetroffene Ware immer hinten eingeräumt werden. Dadurch wird gewährleistet, dass zunächst die am längsten lagernde Ware verbraucht wird.

3.2.1 Unterschiedliche Lagerbedingungen der Lebensmittel

Nach der Anlieferung muss zunächst die Tiefkühlware unverzüglich im Lager ordnungsgemäß eingelagert werden. Sie darf nicht antauen, denn die Kühlkette muss gewahrt bleiben. Tiefkühlware kommt daher ins Tiefkühllager. Im Privathaushalt wäre dies die Gefriertruhe bzw. der -schrank, aber im Großküchenbereich gibt es einen eigenen Tiefkühlraum.

Milchprodukte, Gemüse sowie Frischfleisch und Fisch müssen gekühlt gelagert werden. Die in Tabelle 1 ausgewiesenen Temperatur- und Luftfeuchtigkeitsbereiche entsprechen denen der DIN 10501. Im privaten Kühlschrank kann diesen Anforderungen nur teilweise entsprochen werden. Eine hohe Luftfeuchtigkeit stellt sich im separaten Gemüsefach des Kühlschranks ein. Besonders niedrige Temperaturen herrschen unmittelbar am Gefrierfach und im unteren Bereich des Kühlschrankes, der zumeist als Glasplatte den Gemüsebereich vom restlichen Kühlschrank abtrennt. Hier sammelt sich die kalte Luft, die aufgrund physikalischer Gesetzmäßigkeiten schwerer ist und innerhalb des Kühlschrankes nach unten (bis zur undurchlässigen Glasplatte) absackt.

In einer Großküche gibt es unterschiedliche Lagerräume für jede der in Tabelle 1 genannten Warengruppen.

Sackware wird dabei ggf. stichprobenartig geprüft, indem z. B. jeder 15. Sack gewogen wird.

Erst nachdem alles kontrolliert wurde, wird der Lieferschein unterzeichnet. Einzelpositionen werden zuvor auf dem Lieferschein abgehakt oder mit Gründen für die Beanstandung versehen (Beispiel: „Tomaten entsprechen nicht der Handelsklasse 1"). Dies kann mithilfe eines Fotos dokumentiert werden.

	Temperaturbereich	Luftfeuchtigkeit
Milchprodukte	2 °C bis 4 °C	75 % bis 80 %
Gemüse	6 °C bis 8 °C	88 % bis 90 %
Frischfleisch und -fisch	2 °C	85 % bis 90 %
Tiefkühlung	–18 °C	keine Vorgabe
Getränke	8 °C bis 10 °C	keine Vorgabe
Trockenware und Konserven	max. 20 °C	keine Vorgabe

Tabelle 1: *Temperatur- und Luftfeuchtigkeitsbereiche für die Lebensmittellagerung*

Die Luftfeuchtigkeit wird über das Belüftungssystem eingestellt.

Eine Lagerung von Kartoffeln im Lager einer Großküche oder in einer Kartoffelkiste in einem privaten Keller ist heute eher die Ausnahme. Großküchen verwenden zumeist geschält angelieferte Kartoffeln, die entsprechend dem Bedarf beschafft werden.

3.2.2 Lagerräume und deren Innenausstattung

Die Reihenfolge der nachfolgenden Nennung gibt die Prioritäten bei der Lagerung von Lebensmitteln an:

- Sicherheitsvorkehrungen bzgl. der in den Lagern arbeitenden Personen
- Hygienische Aspekte berücksichtigen
- Arbeitswirtschaftliche Gesichtspunkte

Mit Blick auf die Arbeitssicherheit ist anzumerken, dass sich heute z. B. alle Kühl- und Gefrierräume von innen öffnen lassen müssen, damit keine Mitarbeiter aus Versehen eingeschlossen werden und erfrieren. Die Beleuchtung muss

- von innen zu bedienen sein,
- eine ergänzende Notbeleuchtung besitzen,
- bzgl. der Lichtschalter laut Arbeitsstättenverordnung selbstleuchtend sein.

Zur Standardausstattung eines Kühlraumes gehören ferner aus hygienischer Sicht folgende Merkmale:

- Gerät, das vom Stromnetz durch Akkus unabhängig ist und den Temperaturverlauf im Zeitablauf darstellt.

Bild 1: *Temperaturerfassung*

- Lüftungssystem, das Pollen, Insekten usw. durch Filter abwehrt
- Regale müssen leicht zu reinigen sein.
- Kachelung mit weißen oder zumindest hellen Fliesen, die bis an die Decke heranreichen, wobei in den Winkelstellen zum Fußboden hin spezielle Hohlkehlen für eine bessere Reinigung und damit erhöhte Hygiene sorgen (siehe Bild 2)

Bild 2: *Hohlkehlen am Übergang vom Fußboden zur Wandkachelung*

Mehl, Reis, Salz, Zucker wie auch Teigwaren dürfen nicht in den in Tabelle 1 der vorherigen Seite genannten Räumen für Milch, Gemüse und Fleisch gelagert werden. Nicht die Kälte, aber die hohen Luftfeuchtigkeitsgehalte schaden den Trockenprodukten. Sie sollten vielmehr gemeinsam mit Konserven und Getränken in einem trockenen, weitestgehend dunklen Raum gelagert werden.

3.2.3 Dokumentation der Wareneinlagerung

Ware, die in das Lager gelangt, wird anhand des Lieferscheins in **Lagerkarteikarten** eingetragen. Heutzutage wird eine solche Datei meist nicht mehr mittels eines Karteikastens verwaltet, sondern sie wird stattdessen elektronisch geführt. Als bekannte Anwendersoftware gilt z. B. MBS5.

Außerdem wird eine **Lagerfachkarte** teilweise noch am jeweiligen Lagerregal geführt. Auf ihr werden Ein- und Ausgang mit Datum, Menge und verbleibendem Lagerbestand vermerkt.

Bild 3: *Barcodescanner*

3.3 Lagern von Non-Food-Produkten

Bei der Lagerung von Nahrungsmittel ist für jedermann ersichtlich, dass insbesondere der Verderb der Ware verhindert werden muss. Dies gilt aber auch für Non-Food-Produkte. So sollen Textilien beispielsweise nicht den Motten anheimfallen und Putz- und Reinigungsmittel müssen nicht nur im Haushalt mit Kindern sicher verwahrt werden. Die vorgenannten Aspekte werden in den nachfolgenden Kapiteln vertieft.

3.3.1 Lagern von Textilien

Oftmals wird das Waschen von Textilien in Großeinrichtungen wie Seniorenwohnheimen nach außen vergeben. Angelieferte, gewaschene Bekleidung muss dann beispielsweise möglichst schnell von der Annahme zu den Bewohnern weitergereicht werden. Tischdecken usw. werden hingegen an die Küche weitergereicht. Sofern ein zentrales Textillager vorhanden ist, muss dieses vor allem trocken sein. Zudem sollten die Textilien nicht in offenen Regalen, sondern in Schränken lagern, um nicht Staubablagerungen ausgesetzt zu sein. Sofern sich diese Lager im Keller befinden, sind sie oftmals mit einer besonderen Belüftung und Luftentfeuchtern ausgestattet. Sie verhindern, dass die Wäsche muffig wird. Bei der Lagerung ist Vorsorge zu treffen, dass keinerlei Schädlinge an die Textilien gelangen (siehe LF 3, Kapitel 4.2).

3.3.2 Lagern von Putz- und Reinigungsmitteln

Bei der Lagerung von Seifen, Desinfektionsmitteln, Putzgeräten usw. ist zu berücksichtigen, dass diese in einem separaten, ausreichend dimensionier-

ten Raum untergebracht werden. Gerade im Bereich der Reinigung finden viele Gefahrstoffe Verwendung. Neben den eigentlichen Reinigungs- und Desinfektionsmitteln müssen deshalb auch adäquate Arbeitsmittel für deren Gebrauch durch das Personal vorgehalten werden. In diesem Zusammenhang sei beispielsweise an entsprechende Schutzhandschuhe für die Kanister mit den z.T. ätzenden Geschirrspülmitteln einer Großküche erinnert.

Für die Katalogisierung und Dokumentation der mit den in Bild 1 dargestellten Gefahrstoffsymbolen versehenen Produkte ist ggf. die Gefahrstoffbeauftragte eines Unternehmens zuständig. Sie benötigt einen entsprechenden Qualifikationsnachweis. Auf jeden Fall muss gewährleistet sein, dass diese Produkte nicht frei zugänglich sind. Auch muss das Raumpflegepersonal in der Lage sein, Warnhinweise o.Ä. zu lesen. Wird dies nicht gewährleistet und geprüft, wird fahrlässig gehandelt, selbst wenn derartige Arbeiten nach außen vergeben werden.

Bild 1: *Gefahrensymbole*

3.4 Entnahmen aus dem Lager

Wird Ware dem Lager entnommen, wird dies auf den Lagerfachkarten vermerkt. Eine Entnahme darf aber nur stattfinden, wenn diese zuvor auf der Lagerkarteikarte vermerkt wurde. Letzteres kann in einer EDV-basierten Version sehr einfach bewerkstelligt werden:

- Im Programm werden die benötigten Zutatenmengen für Standardmenüs hinterlegt.
- Entsprechend der vorbestellten Anzahl der jeweiligen Menüs wird ein kumulierter Ausdruck erstellt.
- Mit diesem Ausdruck erfolgt die Warenentnahme im Lager für die Küche (handschrift-

liche Vermerke auf der Lagerfachkarte nicht vergessen).

- Mittels bestätigendem Tastendruck erfolgt bei Vorräten im EDV-Programm die Ausbuchung auf der elektronischen Lagerkarteikarte gemäß der Portionsanzahl.

Die Standardmenüs können wie folgt differenziert hinterlegt werden:

- für Menschen mit bestimmten Stoffwechselerkrankungen, z. B. mit Blick auf Diabetiker,
- für Menschen mit einem erhöhten Kalorienbedarf, z. B. körperlich arbeitende Menschen,
- für Menschen mit einem verminderten Grundumsatz, z. B. bettlägerige Patienten,
- für Menschen mit Allergien, z. B. bei einer Milcheiweißallergie.

Neben diesen standardmäßig festgelegten Zutenmengen werden in der Küche aber z. B. auch bestimmte Gewürze benötigt, deren Bedarfsmenge variieren kann. Diese müssen als Einzelentnahme im EDV-Programm gebucht und können in der Küche im Rahmen einer üblichen wöchentlichen oder monatlichen Verbrauchsmenge bevorratet werden.

Bild 1 zeigt eine Berechnung für das Gericht „Putenpfanne orientalisch" mit der Anwendungssoftware MBS5. Es weist den Preis pro Portion in Abhängigkeit von der Portionsgröße und -anzahl sowie die Einkaufspreise der Lagerbestände aus.

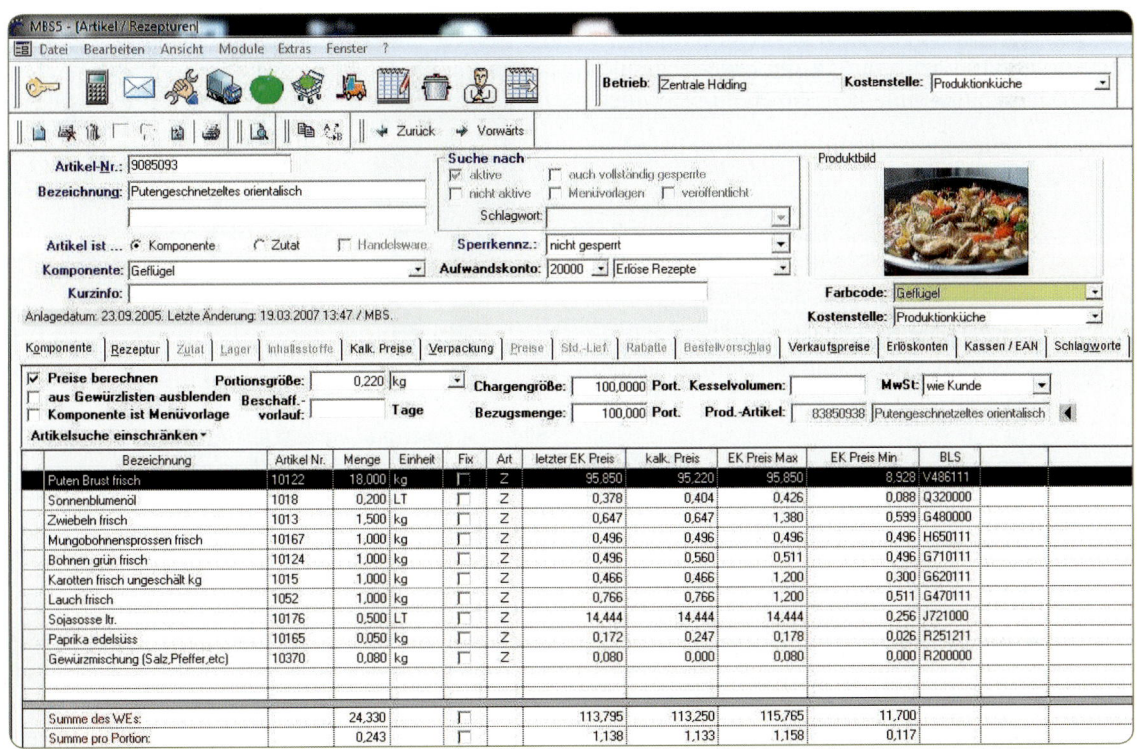

Bild 1: *Screenshot aus dem Anwendungsprogramm MBS5 zum Gericht „Putenpfanne orientalisch"*

3.4.1 Warenbestand

Wenn die Anzahl der herzustellenden Essensportionen schon eine Woche vorher bekannt ist, z. B. bei den vorbestellten Mahlzeiten im Rahmen von „Essen auf Rädern", kann mit dem elektronisch geführten Lagerkarteiprogramm schnell erkannt werden, ob noch Ware kurzfristig nachbestellt werden muss. Theoretisch kann mit einem minimalen Lager gearbeitet werden.

Zudem kann das Programm im Hinblick auf bestimmte, fest terminierte Festtage rechtzeitig eine Bestellwarnung abgeben (z. B. Gänsekeulen für den Martinstag, Hafermastgänse für das Weihnachtsmahl, Weckmänner, Sekt zu Silvester).

Trotzdem birgt ein zu kleines Lager die Gefahr, dass

- ein zu geringer Warenbestand vorhanden ist, sodass nicht alle Anforderungen durch die Küche erfüllt werden können.
- kurzfristig teure Ware nachgekauft werden muss, wofür womöglich noch Personal nötig ist, obgleich ansonsten der Lieferant frei Haus liefert.
- in Extremsituationen, z. B. bei einem Wintereinbruch, keine ausreichenden Notreserven mehr zur Verpflegung der Bewohner eines Seniorenwohnheimes verfügbar sind.

Auf der anderen Seite dürfen die Lagerbestände auch nicht zu groß sein, denn ein zu großes Lager

- bewirkt einen Zinsverlust durch das im Lager gebundene Kapital.
- bewirkt erhöhte Betriebskosten, z. B. für die Kühlung des eigentlich nur in Teilen benötigten Kühlraumes.
- birgt die Gefahr, dass Ware aufgrund einer etwaigen Überlagerung schlecht wird bzw. das Mindesthaltbarkeitsdatum überschritten wird.

3.4.2 Mindestbestand

Im Lager muss mindestens so viel vorrätig sein, dass den Gefahren eines zu kleinen Lagers begegnet werden kann. Bei nur kurzfristig lagerfähiger Ware wird sich dies am erwarteten Tagesverbrauch orientieren. Bei längerfristig haltbaren Lebensmitteln gilt als Faustregel, dass ein zweiwöchiger Bedarf als **Mindestbestand** vorzuhalten ist.

Wird nicht täglich neue Ware angeliefert, sollte zusätzlich noch die Menge bereitgehalten werden, die im Rahmen der durchschnittlichen Lieferzeit verbraucht wird.

3.4.3 Notverpflegung

Eine Notverpflegung für unvorhergesehene Fälle in der Küche kann benötigt werden, bei:

- Stromausfall
- Verdorbenen Waren im Lager, die erst bei der Entnahme zur Speisenzubereitung im Lager auffällig werden
- Katastrophensituationen

Bild 1: *Stromausfall im verschneiten Winter*

Unvorhergesehene Situationen sind z. B. ein Stromausfall in der Küche. Auch für derartige Situationen muss eine Großküche gewappnet sein und sollte einen „Plan B" vorrätig haben.

Während ein kurzfristiger lokaler Ausfall zumeist nur ärgerlich ist, kann ein längerfristiger Ausfall der Strom- und ggf. auch Wärmeversorgung im Winter schon bedrohlichere Formen annehmen. In diesem Fall müssen beispielsweise die Bewohner eines Seniorenwohnheims zumindest mit warmen Getränken versorgt werden. Dafür muss die notwendige Infrastruktur vorhanden sein. Ist kein Notstromaggregat verfügbar, kann zumindest über einen Gasherd das Notwendigste geleistet werden. Fällt allerdings die Gaszufuhr aus der Rohrleitung aus, sollte die Möglichkeit bestehen, über entsprechend bevorratete Gasflaschen weiterarbeiten zu können (s. S. 119, Bild 1+2).

Bild 1: *Gasherd*

Bild 2: *Gasflasche*

Für den Fall, dass selbst Kochen nicht mehr möglich ist, helfen folgende beispielhaft genannten Lebensmittel weiter:

- Knäckebrot
- Zwieback
- Kekse
- Salzstangen
- Fischkonserven
- Dosenmais
- Corned-Beef-Dosen
- Nüsse
- Trockenobst
- Gurken und Rote Bete in Gläsern
- Obstkonserven
- Haferflocken
- Milchpulver
- Zucker
- Zitronensaftkonzentrat

Für diesen Fall müssen Lebensmittel verfügbar sein, die keiner Kühlung bedürfen und deshalb auch noch bei einem längerfristigen Stromausfall problemlos konsumiert werden können. Hierbei ist in ausreichendem Maße zu denken an:

- Gemüsebrühe
- Gemüsekonserven
- Reis
- Nudeln
- Tomatendosen
- Milchreis
- Brühwürstchen
- Kaffee und Tee

In Notfallsituationen kann auch die Trinkwasserversorgung eventuell Schäden aufweisen (verunreinigtes Wasser) oder ganz ausfallen. Für diesen Fall müssen ausreichend Getränke in Flaschen verfügbar sein.

Natürlich sollte in der Anfangsphase eines sich abzeichnenden längeren Stromausfalls (Schneesturm usw.) auch auf die sonstigen Lebensmittel im Kühlschrank wie Eier, Butter, Käse Zugriff genommen werden.

Für lokal begrenzte Ausfälle (Strom, Gas), Unfälle (abgebrannte Küche usw.) sollten Notabsprachen mit benachbarten Großkücheneinrichtungen bestehen.

3.5 Inventur

Bei der Inventur werden alle Waren im Lager zu einem bestimmten Zeitpunkt ermittelt. Dabei wird die Ware, wie in Bild 1, S. 120 dargestellt, gezählt und anschließend die Anzahl in der Inventurliste vermerkt, die abschließend zu unterschreiben ist. Wird der Warenbestand dann mit dem Einkaufspreis pro Einheit (l, kg, usw.) multipliziert und die einzelnen Warenpositionen entsprechend addiert, so erhält man den Warenwert des Lagers. Ebenso wird die Ausstattung des Unternehmens erfasst, d.h., alle Drucker, Computer, Waschmaschinen, Trockner usw. werden erfasst. Die **Lager- und Anlageninventur** stellt jeweils eine körperliche Inventur dar.

Bild 1: *Inventur: Eine zählt, eine trägt die Ergebnisse in die Inventurlisten ein.*

Bild 1: *Der Barcodeleser als wichtiges Arbeitsgerät bei der Inventur*

Ergänzend dazu werden zum selben Stichtag in der Buchhaltung alle Kontostände sowie alle ausstehenden Rechnungsbeträge und alle selbst noch nicht beglichenen Rechnungen mit einbezogen. Man spricht von der **Buchinventur**.

Der Zeitpunkt der jährlich verpflichtenden Inventur muss mit dem Ende des jeweiligen Geschäftsjahres identisch sein, damit die Werte in die Geschäftsbilanz des Unternehmens einbezogen werden können. Nach dem Weihnachtsgeschäft bieten Unternehmen oftmals noch Ware bis Silvester zu sehr günstigen Preisen an. Der Verkauf erfolgt dann unter dem Vorbehalt „solange der Vorrat reicht". Der Hintergrund dieser Geschäftspraktik ist, dass die Lager zur Inventur am 31. Dezember dann weitestgehend leer sind und man wenig Zeit zur Erfassung der restlichen Lagerbestände aufwenden muss.

Bild 2: *Inventurrabatt*

Das Geschäftsjahr muss nicht mit dem Kalenderjahr übereinstimmen. Ein Wintersporthotel wird nicht mitten in den Winterschulferien, also mitten in der Hochsaison, mit der Inventur beginnen wollen. Stattdessen wird zweckmäßigerweise das Ende der Saison gewählt, um damit zugleich einen wirtschaftlichen Überblick über die abgelaufene Saison zu haben.

Eine sogenannte **Zwischeninventur** kann erfolgen, wenn das Sporthotel die Wintersaison abschließt und dann eine Art Zwischenbilanz zieht, bevor mit den Bergwanderern eine weitere Arbeitsspitze beginnt. Geschäftsjahresende könnte dann beispielsweise das Ende der Bergwanderersaison sein, also z. B. der 31. Oktober eines Jahres.

Bei der sogenannten **Stichtagsinventur** ist es manchmal nicht möglich, an einem Tag mit allen Inventuraufnahmen fertig zu werden, insbesondere dann, wenn der normale Geschäftsbetrieb weiterlaufen soll. Deshalb kann innerhalb eines Zeitfensters von 20 Tagen die Stichtagsinventur erfolgen. Zu- und Abgänge innerhalb des Zeitfensters werden dann zum Stichtag zu- bzw. abgerechnet.

Im Idealfall stimmen die Bestände der Lagerkarteikarten bzw. der entsprechenden EDV-Datei mit den Auszeichnungen der Lagerfachkarten überein und spiegeln auch den tatsächlichen Lagerbestand in den Regalen wider. Dann gilt:

> Anfangsbestand + Einkäufe – Abgänge = Lagerbestand

In der Praxis kommt es aber im Ergebnis oftmals zu Soll-Ist-Abweichungen aufgrund von

- unterlassenen Einträgen.
- Diebstahl (oftmals durch das eigene Personal).
- zerbrochenen Gläsern usw., die gar nicht erst die Lagerräume und somit die Lagerfachkarte von der Anlieferungsrampe aus erreicht haben (Bruch).

Mit Blick auf den Anfangsbestand zu Beginn des Folgejahres ist in den Lagerkarteikarten bzw. dem EDV-Programm als auch den Lagerfachkarten der Schwund zu vermerken. Das Folgejahr startet also wieder mit übereinstimmenden Soll-Ist-Werten.

Aufgaben:

1. Wieso ist dem Luftfeuchtigkeitsbereich bei der Lagerung von Frischware gemäß Tabelle 1, S. 114 Beachtung zu schenken? Was passiert, wenn dies nicht erfolgt? Nennen Sie Beispiele.

2. Wieso können Nudeln, Reis und Zucker nicht in den Regalen eines Kühlraums gelagert werden, selbst wenn dort ausreichend Platz verfügbar ist?

3. Nennen Sie beispielhafte Feierlichkeiten im Jahresablauf, bei denen die zu verwendenden Lebensmittel entgegen der sonst üblichen Praxis nicht wieder direkt nachbestellt werden sollten.

4. Eine studentische Mensa gibt jeweils 5 000 Mittagessen an fünf Werktagen pro Woche aus. Der durchschnittliche Wareneinsatz pro Essen liegt bei 1,35 €. Im Lager ist Ware für 20 Essenstage. Der innerbetriebliche Zinssatz für das gebundene Kapital liegt bei 5,7 %.

a) Wie viel Kapital ist im Lager gebunden?

b) Durch eine demnächst täglich stattfindende Belieferung wird der Warenbestand künftig auf 10 Essenstage gedrückt. Wie hoch fällt die jährliche Zinsersparnis aus?

5. In der Werkskantine werden täglich 500 Tassen Kaffee ausgegeben. Pro Tasse werden 7 g Kaffeepulver verbraucht. Der Lieferant kommt zweimal pro Woche. Wie viel Kaffee muss sich mindestens im Lager befinden?

6. Welche Speisen könnten aus den aufgelisteten Nahrungsmitteln der Liste auf S. 119 zubereitet werden?

7. Erfragen Sie die Pläne für eine Notfallverpflegung in Ihrer Ausbildungsstätte.

8. Begründen Sie, weshalb Trockenwaren sowie Putz- und Reinigungsmittel nicht gemeinsam in einem Raum gelagert werden dürfen.

9. Recherchieren Sie die nachfolgenden Sonderfälle der Inventur und tragen Sie diese Ihrem Kurs in freier Rede vor. Gehen Sie auf die Voraussetzungen und die Bedeutung in der Praxis unterschiedlicher Verfahren ein. Benennen Sie beispielhaft Unternehmen, in denen diese Inventurverfahren sinnvoll sein können. Es handelt sich im Einzelnen um die verlegte Inventur, die permanente Inventur und die Stichprobeninventur.

10. Stellen Sie in einer tabellarischen Darstellung die Vor- und Nachteile der Inventur für ein Unternehmen dar.

11. Recherchieren Sie die Bedeutung der Gefahrensymbole auf Seite 116.

4 | Schädlingsbekämpfung

Es gibt drei Kategorien von Schädlingen:

- Materialschädlinge, wie z. B. Silberfische, fressen Verpackungen wie Papiertüten, Mehlsäcke an.
- Vorratsschädlinge, wie z. B. Lebensmittelmotten, befallen die Lebensmittel.
- Hygieneschädlinge, wie z. B. Fliegen, dienen u. a. Mikroorganismen als Vehikel und verbreiten dadurch oftmals Krankheiten.

Neben Fraßschäden kommt es zur Produktkontamination durch Urin, Kot und Speichel.

Die wirtschaftlichen Schäden durch Schädlinge können erheblich sein. Man unterscheidet die Schadnager von den Schadinsekten.

4.1 Schadnager

Im Zuge der Schädlingsprävention bei Nagern ist insbesondere Mäusen und Ratten der Zutritt zum Lager und ins Gebäude zu verwehren. Folgendes ist deshalb zu beachten:

- Türen und Tore möglichst nicht unbeaufsichtigt offen stehen lassen.
- Pflanzenbewuchs in Form von Efeu, Schlingpflanzen, Hecken und Büschen usw. in unmittelbarer Nähe von Türen, Toren und Fenstern unterlassen.
- Kellerfenster und Belüftungsrohre mit stabilen und fest installierten engmaschigen Gittern versehen.
- Möglichst keine Eigenkompostierung, da diese Behältnisse Schadnagern oft Unterschlupf und Wohnraum gewähren. Dies gilt insbesondere für Ratten, wenn in die Kompostierung fleischliche Speiseabfälle fälschlicherweise eingebracht werden.
- Abfallcontainer geschlossen halten.

- Hunde und Katzen im Haus füttern. Keine Fressnäpfe mit Futter draußen stehen lassen. Abgefressene Näpfe säubern.
- Vogelfütterung im Winter zieht aufgrund der zu Boden fallenden Futterreste oftmals auch Schadnager an.

Kotreste, erkennbar als kleine Kotbällchen, weisen auf die Anwesenheit von Schadnagern hin. Haben sich Schadnager erst einmal eingestellt, müssen sie gezielt bekämpft werden. Dies geschieht durch Fallen und giftige Köder. Die Köder sollten in speziell dafür hergestellten Boxen, Rohren usw. ausgelegt werden, die mit Warnaufdrucken gekennzeichnet sind (siehe Bild 2). Dies ist nötig, da

- Rattengift auch für den Menschen tödlich ist.
- Haustiere vom Verzehr der Köder abgehalten werden müssen.
- Köderfallen regelmäßig kontrolliert werden müssen.

Bild 1: *Offener Restabfallbehälter*

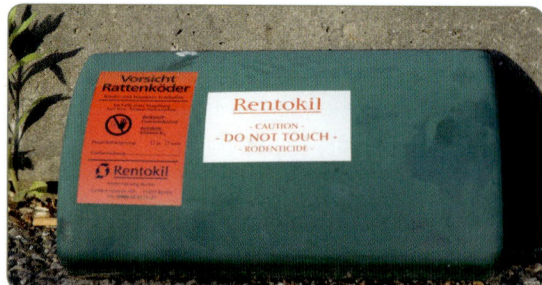

Bild 2: *Warnhinweis auf Rattenköderfalle*

4.2 Schadinsekten

Ein größeres Problem als Schadnager sind oft Schadinsekten. Nachfolgend werden einige der wichtigsten Arten vorgestellt. Auch wenn oft ausgewachsene Tiere keinen Fraßschaden mehr anrichten, sondern vielmehr die Larven die eigentlichen Schädlinge sind, so fallen doch zunächst die adulten Tiere ins Auge und werden deshalb bildlich dargestellt.

Sehr hilfreich ist der Bestimmungsassistent im Internet unter:

http://www.lexikon-der-schaedlinge.de/

Fliegen

Stubenfliegen sind als Krankheitsüberträger im Sommer in zahlreichen Wohnungen vorhanden. Goldfliegen als Vertreter der Schmeißfliegen werden vor allem von proteinhaltigen tierischen Substraten (Fleisch) angelockt, um auf ihnen ihre Eier abzulegen. Die relativ kleinen und zumeist in hoher Anzahl auftretenden Frucht- bzw. Taufliegen trifft man oft auf Obst an.

Bild 1: *Stubenfliege* **Bild 2:** *Goldfliege*

Folgende Maßnahmen sind zur Gegenwehr zu ergreifen:

- Insektengitter an den Fenstern anbringen.
- Abfallbehälter in der Küche täglich leeren. Insbesondere die Bioabfälle werden bei höheren Temperaturen ein Hort der Fruchtfliegen.
- Fruchtfliegen lassen sich oftmals durch ein Glas mit Essig anlocken. Versetzt mit etwas Spülmittel können die Fruchtfliegen der Mixtur nicht mehr entkommen und sterben im Glas, das zur tödlichen Falle wird.
- Lebensmittel wie z. B. Kuchen mit einer Schutzhaube abdecken.

Bild 3: *Insektengitter am Fenster*

Motten

Lebensmittelmotten, wie z. B. die Mehlmotte und die Dörrobstmotte, befallen besonders pflanzliche Lebensmittel wie Getreide, Mehl, Stärke, Dörrobst, Hülsenfrüchte usw. Daneben fressen manche Mottenarten wie z. B. die Kleidermotte aber auch an Textilien insbesondere tierischen Ursprungs wie Wolle und Pelzen, erkennbar an entsprechenden Fraßlöchern.

Männliche Falter können mit – für den Menschen geruchlosen – Sexualhormonen, sogenannten Pheromonen, auf Klebestreifen gefangen werden. Stehen den Weibchen keine Männchen zur Verfügung, reißt die Reproduktionskette ab.

Bild 4: *Kuchen unter einer Kuchenhaube*

Bild 1: *Mehlmotte*

Bild 2: *Kleidermotte*

Bild 5: *Getreidekapuzinerkäfer (links), Kornkäfer (Mitte) und Mehlkäfer (rechts)*

Bild 3: *Reiskäfer*

Bild 4: *Reismehlkäfer*

Bild 6: *Pharaoameise*

Bild 7: *Köderdose*

Textilien können zudem z. B. mit Mottenschutzpapier gegen den Befall von Kleidermotten- und Pelzkäferlarven geschützt werden. Zudem kann im späten Frühjahr Winterkleidung in mit dem Staubsauger absaugbaren Vakuumverpackungen wirksam gegen Befall geschützt werden.

Motten fliegen oft nur in den Dämmerungsstunden. Deshalb sollten zu diesen Tageszeiten Kontrollgänge durchgeführt werden.

Käfer

Zahlreiche Käfer wie z. B. der Reiskäfer und der Reismehlkäfer (s. Bild 2) können auch fliegen.

Weitere wichtige Vorratsschädlinge sind der Getreidekapuzinerkäfer, der Kornkäfer als Vertreter der sogenannten Rüsselkäfer und der Mehlkäfer, dessen Larven als Mehlwürmer bekannt sind.

Ameisen

Ameisen haben einen hohen Stellenwert im Ökosystem. Teilweise stehen sie auch unter Naturschutz, wie z. B. die Rote Waldameise. Dringen Ameisen aber in Gebäude ein, müssen auch sie be-

kämpft werden. Heimische Ameisen sind besonders an Zuckervorräten interessiert. Ihre Bekämpfung kann wie folgt erfolgen:

- Vorbeugend sollten Lebensmittel in dichten Gläsern o. Ä. verpackt werden, damit Ameisen gar nicht erst fündig werden können, dadurch ihr Interesse an der Vorratskammer verlieren und das Innere des Hauses nicht weiter durch ihre Späher erkunden.
- Stellen sich dennoch Ameisen ein, sollte zunächst versucht werden, die Schlupflöcher, durch die die Ameisen ins Gebäude gelangen, zu verschließen. Dafür verfolgt man am besten die mehr oder weniger stark frequentierte Ameisenstraße.
- Wenn sich trotz der vorgenannten Maßnahmen immer noch Ameisen einstellen, muss Ameisengift gestreut werden. Dies tragen die Ameisen zu ihrer Königin. Stirbt diese, bricht der Ameisenstaat zumeist zusammen. Allerdings kann es einige Tage dauern.

In den letzten Jahren ist die mit rund 2 mm extrem kleine Pharaoameise (s. Bild 6) zunehmend in Deutschland zum Problem geworden. Sie kommt eigentlich aus wärmeren Gebieten, kann aber in

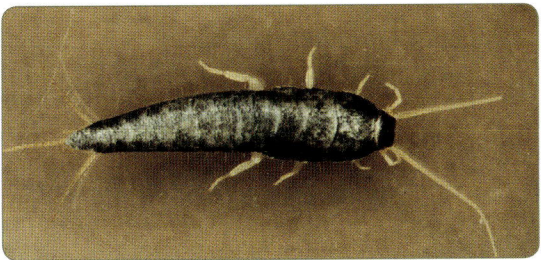

Bild 1: *Silberfischchen*

Bild 2: *Kakerlake*

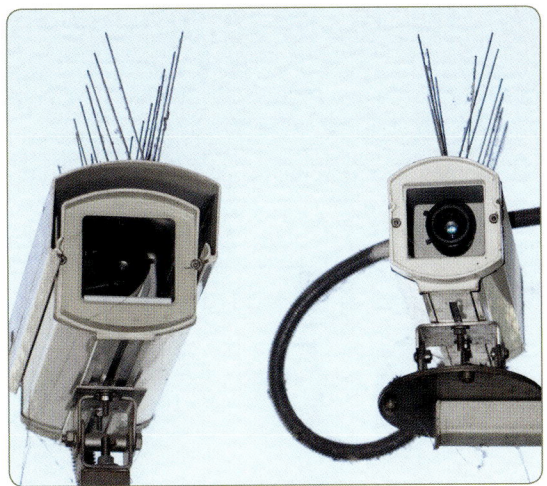

Bild 3: *Stifte zur Abwehr von Vögeln*

unseren beheizten Gebäuden auch den Winter überstehen. Sie verzehrt gerne fleischliche Nahrung. Die Pharaoameise wird wegen ihrer Größe von nur 2 mm oft übersehen. Für Pharaoameisen gibt es separate Ameisenköderdosen (s. Bild 7, S. 124).

Silberfischchen

Silberfischchen (s. Bild 1) findet man in feuchten Räumen, wie z. B. in Bad und WC. Sie können mittels Köderdosen gefangen werden, die man in den Ecken eines Raumes platzieren sollte.

Kakerlake

Kakerlaken (s. Bild 2, auch als Küchenschaben bekannt, können in der Regel nur durch einen **Kammerjäger** nachhaltig bekämpft werden. Dabei werden für Insekten tödlich wirkende Atmungsgifte eingesetzt. Aufgrund der hohen Vermehrungsrate und der minimalen Nahrungsansprüche ist den extrem schnell laufenden Tieren mit den im Handel ebenfalls erhältlichen Schabenfallen üblicherweise nicht beizukommen.

Hausstaubmilbe

Dieser meist nur mit dem Mikroskop erkennbare Lästling ist kein Schädling im engeren Sinne. Allerdings reagieren viele Menschen auf die Kotkügelchen allergisch. Hausstaubmilben ernähren sich beispielsweise von Hautschüppchen, die sie in Kopfkissen finden. Bei über 70 °C überstehen sie das Waschprozedere der Waschmaschine nicht und sterben ab. Allerdings können sich Hausstaubmilben mit dem Hausstaub schnell wieder in der gereinigten Wäsche ansiedeln. In Apotheken sind Präparate mit dem Wirkstoff Benzylbenzoat erhältlich. Dieser tötet Milben auch auf Polstermöbeln usw. ab, ohne für den Menschen gefährlich zu sein.

Aufgaben:

1. Nennen Sie die Maßnahmen, die in Ihrem Ausbildungsbetrieb zum Schutz vor Schädlingen ergriffen werden.

2. Recherchieren Sie drei Adressen von Kammerjägern im Umfeld Ihres Betriebes.

3. Was bedeuten die Zeichen „Xn", „T" und „T+" bei Rodentiziden?

4. Warum sind bei der Schädlingsbekämpfung auch Vögel zu beachten?

5 | Rechtsbestimmungen

Rechtsbestimmungen sind selbst für Juristen in ihrer Gänze teils schwer überschaubar.

Nachfolgend werden Begriffe wie Gesetz und Verordnung in ihrem Verhältnis zueinander erklärt und beispielhaft erläutert. Aufgrund der Hilfen kann der Laie im Internet die entsprechenden Texte recherchieren. Sie sind alle einzuhalten.

Zudem findet der Leser eine unvollständige Auflistung wichtiger Fachgesetze und -verordnungen.

Bild 1: *Paragrafen (§) kennzeichnen Gesetze.*

5.1 Gesetze und Verordnungen

Wer?	Was?	Beispiel
EU	Europäische Verordnung	VO-EG 178/2002
Bund (bzw. Länder)	Bundesgesetz (ggf. Landesgesetz)	LFGB
Minister	Verordnung	LMKV

Bild 2: *Von der Verordnung der EU über das Gesetz zur nationalen Verordnung*

Das in Deutschland geltende Recht ist im Kontext der EU-Vorgaben zu sehen. Die EU beschließt meist eine **Europäische Verordnung**. Die nationalen Gesetzgeber (Parlamente) setzen diese im Rahmen der nationalen Gesetzgebung dann um. Aufgrund des föderativen Aufbaus der Bundesrepublik kommen dazu *ggf.* noch ergänzende Landesgesetze. Bundes- oder Landesverordnungen benötigen eine **Ermächtigungsgrundlage** im Gesetz. Ist diese vorhanden, kann der zuständige Minister Details mittels Verordnung ergänzend regeln.

Bedeutungsvoll war die im Jahr 2002 als 178. Verordnung verabschiedete Verordnung der EU zum Lebensmittelrecht und zur -sicherheit (VO-EG 178/2002). Sie wurde als Lebensmittel-, Bedarfs-

gegenstände- und Futtermittelgesetzbuch (LFGB) in nationales Bundesrecht umgesetzt. Bei **Novellierung** werden bestehende Gesetze entsprechend angepasst.

Auf den Ermächtigungen im LFGB fußt z. B. die Verordnung über die Kennzeichnung von Lebensmitteln (LMKV), in der Regelungen zur Beschriftung von abgepackten Lebensmitteln stehen (s. LF 2, Kapitel 3.2.2).

Bild 2 zeichnet den Weg nochmals nach.

Um Rechtsbestimmungen im Einzelfall im Original nachlesen zu können, werden nachfolgend Hinweis- und Fundstellen benannt.

> Der Text der nachfolgenden Rechtsbestimmung ist im Internet als PDF sowie im HTML-Format abrufbar unter:
>
> *http://www.gesetze-im-internet.de/*
>
> Zunächst an den Link die Abkürzung der Rechtsverordnung in klein geschriebenen Buchstaben – ohne Klammerzeichen – anhängen. Dann „/index.html" ergänzen und die Entertaste drücken.
>
> **Beispiel:**
> Verordnung über die Eignung der Ausbildungsstätte in der ländlichen Hauswirtschaft (LHauswAusbStV)
>
> *http://www.gesetze-im-internet.de/ lhauswausbstv/index.html*

5.2 Beispiele aus dem Bereich des Lebensmittelrechts

- Verordnung über hygienische Anforderungen an Transportbehälter zur Beförderung von Lebensmitteln (LMTV)
- Verordnung über vitaminisierte Lebensmittel (LMvitV)
- Verordnung zur Durchführung des Lebensmittelspezialitätengesetzes (LSpV)
- Geflügelfleischhygiene-Verordnung (GFlHV)
- **Lebensmittel-, Bedarfsgegenstände- und Futtermittelgesetzbuch (LFGB)**
- **Verordnung über die Kennzeichnung von Lebensmitteln (LMKV)**

> Ferner könnten die folgenden Fundstellen relevant sein. Sie sind größtenteils unter folgender Internetadresse einzusehen:
>
> *http://www.umwelt-online.de/recht/lebensmt/ueber.htm*

- Verordnung über Hackfleisch, Schabefleisch und anderes zerkleinertes rohes Fleisch (HFlV) – Hackfleisch-Verordnung
- Verordnung über die Behandlung von Lebensmitteln mit Elektronen-, Gamma- und Röntgenstrahlen, Neutronen oder ultravioletten Strahlen (LMBestrV – Lebensmittelbestrahlungsverordnung)
- LMHV – Lebensmittelhygiene-Verordnung (Verordnung über Lebensmittelhygiene)
- Gesetz zur Durchführung der Rechtsakte der Europäischen Gemeinschaft über Bescheinigungen besonderer Merkmale von Agrarerzeugnissen und Lebensmitteln LSpG – Lebensmittelspezialitätengesetz
- Verordnung über Höchstmengen an Mykotoxinen in Lebensmitteln (MHmV – Mykotoxin-Höchstmengenverordnung)
- Verordnung über Nahrungsergänzungsmittel (NemV – Nahrungsergänzungsmittelverordnung)
- TLMV – Verordnung über tiefgefrorene Lebensmittel
- PAngV – Preisangabenverordnung
- Verordnung zur Durchführung gemeinschaftsrechtlicher Vorschriften über neuartige Lebensmittel und Lebensmittelzutaten und

über die Kennzeichnung von Erzeugnissen aus gentechnisch veränderten Sojabohnen und gentechnisch verändertem Mais sowie über die Kennzeichnung ohne Anwendung gentechnischer Verfahren hergestellter Lebensmittel (NLV – Neuartige Lebensmittel- und Lebensmittelzutaten-Verordnung)
- Gesetz zur Einführung und Verwendung eines Kennzeichens für Erzeugnisse des ökologischen Landbaus (ÖkoKennzG – Öko-Kennzeichengesetz)
- Verordnung zur Gestaltung und Verwendung des Öko-Kennzeichens (ÖkoKennzV – Öko-Kennzeichenverordnung)
- Verordnung über die hygienischen Anforderungen an Eier, Eiprodukte und roheihaltige Lebensmittel (Eier- und Eiprodukte-Verordnung)
- Verordnung über die hygienischen Anforderungen an Fischereierzeugnisse und lebende Muscheln (FischHV – Fischhygiene-Verordnung)
- Milchverordnung – Verordnung über Hygiene- und Qualitätsanforderungen an Milch und Erzeugnisse auf Milchbasis
- KäseV – Käseverordnung
- ButterV – Butterverordnung
- Verordnung über Konfitüren und einige ähnliche Erzeugnisse (KonfV – Konfitürenverordnung)

> **Aufgaben:**
>
> 1. Laden Sie sich jeweils eine der in Kapitel 5.2 genannten Verordnungen aus dem Internet herunter. Schreiben Sie eine für Nichtjuristen verständliche Zusammenfassung, die maximal drei Seiten umfasst.
>
> 2. Fertigen Sie zu der von Ihnen ausgewählten Verordnung aus Aufgabe 1 eine Mindmap und stellen Sie mittels dieser die wesentlichen Inhalte vor der Klasse bzw. Gruppe vor.

Exkurs: Basiswissen Ernährung

E1 Bestandteile der Nahrung

Einem bekannten Sprichwort zufolge halten Essen und Trinken Leib und Seele zusammen. Dass dem tatsächlich so ist, lässt sich leichter nachvollziehen, wenn die Bestandteile, die unsere Ernährung ausmachen etwas genauer betrachtet werden. Im Organismus dreht sich alles um die Nährstoffe. Der Mensch isst aber keine Nährstoffe, sondern Lebensmittel. Bild 1 stellt den engen Zusammenhang, der zwischen beiden Begriffen besteht, dar.

Lebensmittel im Sinne der Verordnung der Europäischen Gemeinschaft aus 2002 sind alle Stoffe oder Erzeugnisse, die von Menschen aufgenommen (verzehrt) werden. Diese Formulierung klingt sehr theoretisch, in erster Linie dienen die Lebensmittel aber immer noch sowohl der Ernährung als auch dem Genuss.

Neben anderen sind **Nährstoffe** wichtige Bestandteile unserer Lebensmittel. Während im Folgenden alle Nahrungsbestandteile einzeln vorgestellt werden, wird in der Einleitung noch auf einige immer wiederkehrende Unterscheidungsmerkmale der Nährstoffe hingewiesen.

- Bild 1 unterteilt die Nährstoffe in zwei Gruppen. Eiweiß, Fett und Kohlenhydrate werden im Organismus abgebaut und liefern dabei Energie. Die Maßeinheit für die Energie ist das **Joule (J), 1 000 J = 1 Kilojoule (kJ)**. Mineralstoffe und Vitamine sind nur in kleinsten Mengen in den Lebensmitteln enthalten. Sie liefern zwar keine Energie, sind aber für viele Aufgaben im Körper nötig und werden auch als Wirkstoffe bezeichnet.
- Ein weiteres Unterscheidungsmerkmal für Nährstoffe ist die Notwendigkeit. Nährstoffe, die lebensnotwendig sind, vom Organismus aber nicht gebildet werden können, sind **essenziell**, d. h., sie müssen mit Lebensmitteln aufgenommen werden. Sie befinden sich unter den Bestandteilen der Eiweiße und Fette, außerdem gehören alle Vitamine und Mineralstoffe dazu. Die Kohlenhydrate sind nicht essenziell.

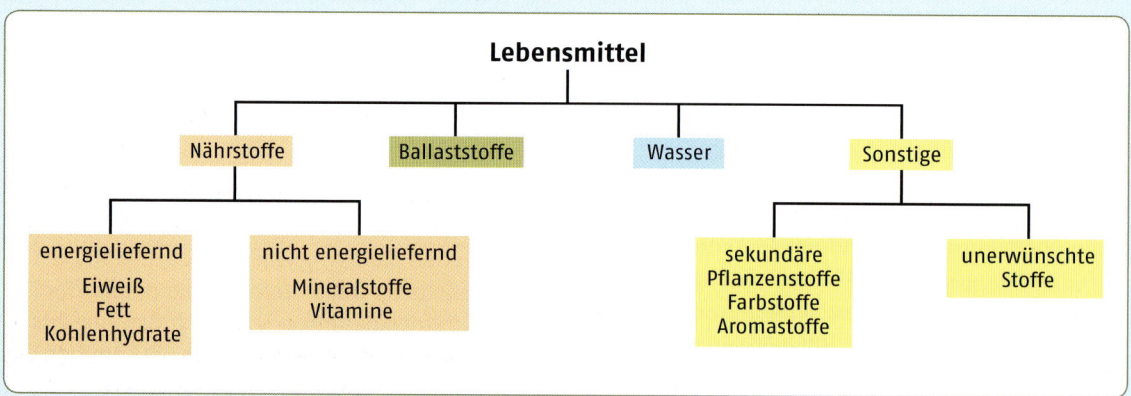

Bild 1: *Übersicht über die Inhaltsstoffe der Lebensmittel*

E 1.1 Eiweiß

Aufbau

Eiweiße sind kompliziert aufgebaute Nährstoffe, die aus einzelnen Bausteinen, den Aminosäuren, bestehen. In der Natur kommen 20 verschiedene Aminosäuren als Bausteine von Eiweiß vor. Für den Erwachsenen sind neun Aminosäuren unentbehrlich – früher wurden sie essenziell genannt:

> Histidin, Isoleucin, Leucin, Lysin, Methionin, Phenylalanin, Threonin, Tryptophan und Valin.

Aminosäuren können sich in beliebiger Reihenfolge miteinander verbinden und auf diese Weise mehr oder weniger lange Ketten bilden. Ebenso wie durch die Aneinanderreihung von Buchstaben des Alphabetes unendlich viele Worte entstehen, bildet sich durch die Kombination der Aminosäuren eine unvorstellbar große Anzahl von Eiweißverbindungen. Die einfache Kettenstruktur, in der es lediglich auf die Reihenfolge der einzelnen Aminosäuren ankommt, heißt Primärstruktur.

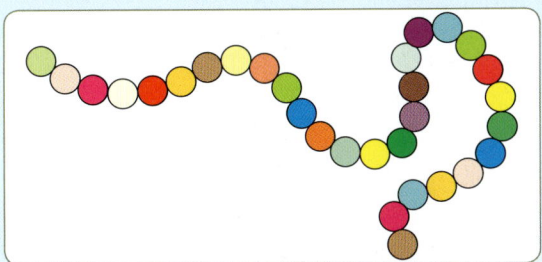

Bild 1: *Primärstruktur der Aminosäuren*

Darüber hinaus kann Eiweiß schraubenförmig gewunden oder wie ein Plisseerollo gefaltet sein, dann handelt es sich um eine Sekundärstruktur.

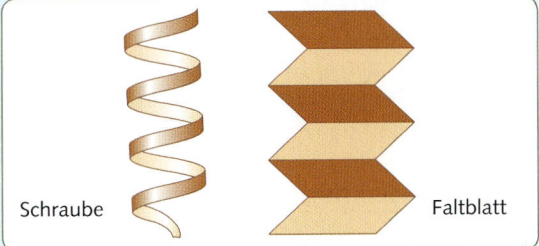

Schraube   Faltblatt

Bild 2: *Sekundärstruktur der Aminosäuren*

An den nachfolgenden höheren Strukturen lässt sich keine Regelmäßigkeit mehr an dem Molekül erkennen.

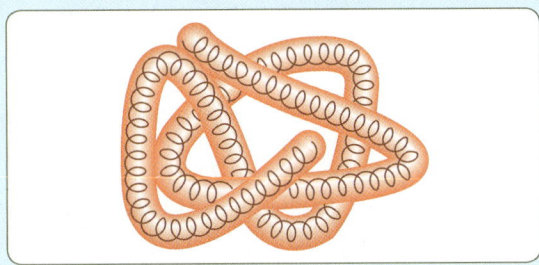

Bild 3: *Höhere Struktur der Aminosäuren*

Mit diesem Trick, einem Eiweiß, das aus Hunderten von Aminosäuren bestehen kann, eine aufwendige Struktur zu verleihen, beansprucht das Molekül wenig Raum und erhält eine größere Stabilität.

Ein Eiweiß kann aber nicht nur aus einer Vielzahl von Aminosäuren komplex aufgebaut sein. Es kann auch noch einen eiweißfremden Baustein wie z. B. Farbstoff, Mineralstoff, Fett oder Kohlenhydrat enthalten. In diesen Fällen handelt es sich um zusammengesetzte Eiweißverbindungen. So entsteht eine Stoffgruppe, die eine große Verschiedenheit und wenig gemeinsame Merkmale aufweist, wie Nahrungseiweiß in Fleisch, Fisch, Eiern, in der Milch oder Gelatine; aber auch Wolle, Seide und Haare bestehen aus Eiweiß.

Eigenschaften

- Eiweiß gerinnt.
  Dieser Vorgang wird auch als Denaturierung bezeichnet. Er lässt sich praktisch beobachten, wenn Milch sauer wird, das Schnitzel während des Bratens schrumpft, Eier beim Kochen hart werden. Die Denaturierung ist mit einer Veränderung der Struktur verbunden. Hierbei werden die Windungen der Aminosäureketten in die Länge gezogen, d. h., die Sekundär- und höhere Strukturen werden aufgehoben, nur die Primärstruktur bleibt erhalten. Im Allgemeinen ist der Gerinnungsvorgang nicht mehr rückgängig zu machen, bis auf eine Ausnahme: bei Gelatine. Beim Erhitzen der Gelatine in

Flüssigkeit entfaltet sich die Schraubenstruktur, es bildet sich ein Sol. Beim Abkühlen bilden sich wieder einzelne Schrauben. Die Gelatine wird fest, schließt große Wassermengen ein und bildet ein Gel.

- Eiweiß ist Baustoff.
  Aufgrund der vielfältigen Struktur sind Eiweißverbindungen Bestandteil von Zellen, Geweben und Organen. Daher sind sie in erster Linie zur Erhaltung oder Vermehrung (Wachstum) im Körper gedacht.
  Ein Eiweiß enthaltendes Lebensmittel ist umso wertvoller als Baustoff, je größer die Übereinstimmung mit dem Eiweiß des menschlichen Organismus ist. In diesem Fall ist die **biologische Wertigkeit** hoch. Der Begriff umschreibt den Anteil unentbehrlicher Aminosäuren in einem Lebensmittel. Im Allgemeinen ist die biologische Wertigkeit in tierischen Lebensmitteln höher als in pflanzlichen. Dennoch, einen kleinen Unterschied bis zur kompletten Übereinstimmung gibt es immer. Diese Differenz kann die Ergänzung mit anderen Lebensmitteln, meistens pflanzlichen, wettmachen. Praktisch wird der **Ergänzungswert** in der Mahlzeitengestaltung umgesetzt: Teigwaren mit Ei oder geriebenem Käse, Reis mit Fisch u. Ä.
- Eiweiß liefert Energie.
  1 Gramm Eiweiß = 17 Kilojoule
  Eiweiß, das nicht oder nicht mehr als Bausubstanz vom Organismus gebraucht wird, wird in Energie umgewandelt.

Aufgaben:

1. a) Nennen Sie mindestens fünf unentbehrliche Aminosäuren.

   b) Erklären Sie, warum der Ergänzungswert bei der Versorgung mit unentbehrlichen Aminosäuren entscheidend ist.

2. Besteht zwischen den Begriffen Aminosäure und Eiweiß eine Gemeinsamkeit? Erläutern Sie Ihre Antwort.

3. Beschreiben Sie die Struktur eines Eiweißmoleküls nach der Denaturierung.

4. Eiweiß wird in der Fachsprache auch Protein genannt. Recherchieren Sie im Internet, woher diese Bezeichnung kommt, und setzen Sie den Fachbegriff in Beziehung zur Bedeutung dieses Nährstoffes.

5. Eiweiß kommt sowohl in tierischen als auch in pflanzlichen Lebensmitteln vor, allerdings mit quantitativem Unterschied. Belegen Sie diese Behauptung mithilfe einer Nährwerttabelle.

E 1.2 Fett

Aufbau

Nahrungsfette bestehen aus Glycerin, das ist ein mehrwertiger Alkohol, und unterschiedlichen Fettsäuren.

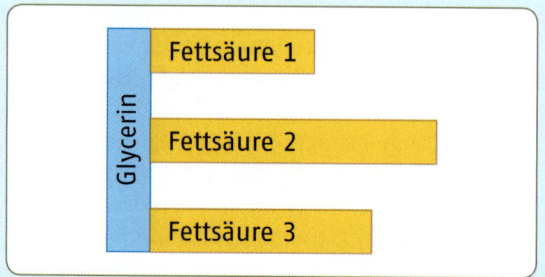

Bild 1: *Schematische Darstellung eines Fettmoleküls*

So einheitlich wie in der Darstellung sind die Fette nun doch wieder nicht aufgebaut, denn die Fettsäuren unterscheiden sich

- in der Länge der Kohlenstoffketten,
- ob diese Doppelbindungen enthalten und
- an welcher Stelle der Kohlenstoffkette die Doppelbindung sitzt.

Entsprechend der Kettenlänge werden sie unterteilt in **kurzkettige Fettsäuren** mit maximal 6 Kohlenstoffatomen, **mittelkettige Fettsäuren** mit maximal 12 Kohlenstoffatomen und **langkettige Fettsäuren** mit mehr als 12 Kohlenstoffatomen.

Befindet sich zwischen zwei Kohlenstoffatomen eine einfache Bindung, liegt eine **gesättigte** Fettsäure vor. Handelt es sich aber um eine Doppelbindung, so ist die Fettsäure **ungesättigt**. Wie in Bild 1 dargestellt, ist die Ölsäure die einzige einfach ungesättigte Fettsäure, während es außer der Linol- und Linolensäure noch andere mehrfach ungesättigte Fettsäuren gibt. **Linol- und α-Linolensäure sind essenziell**.

Die Kohlenstoffatome einer Fettsäure können, mit Ausnahme des Kohlenstoffatoms der Carboxyl-

gruppe, unter Zurhilfenahme des griechischen Alphabetes noch näher benannt werden. Das Kohlenstoffatom der Methylgruppe ist das n-Kohlenstoffatom (-n steht für Omega = letzter Buchstabe des griechischen Alphabetes). Die **erste Doppelbindung**, die vom **n-Kohlenstoffatom** aus betrachtet positioniert ist, entscheidet darüber, welcher n-Familie die Fettsäure angehört. Die Fettsäuren der n-3-Familie schützen vor Herz-Kreislauf-Erkrankungen.

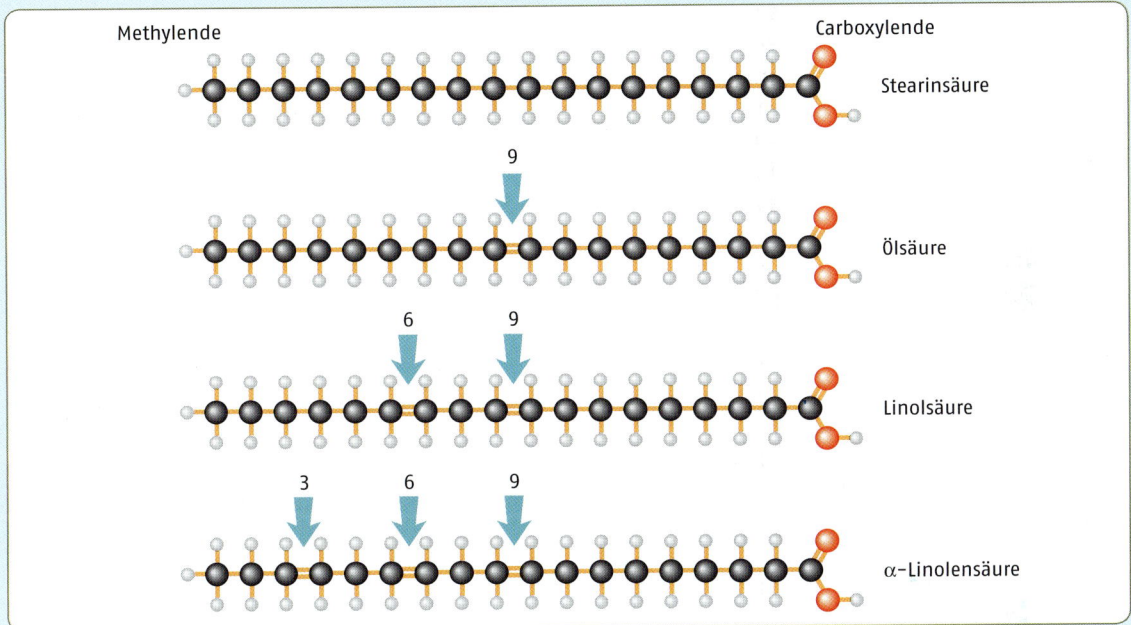

Bild 1: *Schematische Darstellung der wichtigsten Fettsäuren*

Eigenschaften

- Fett ist nicht wasserlöslich.
  Werden Fett und Öl miteinander gemischt, so schwimmt das Fett sehr schnell an der Oberfläche. Diese Tatsache lässt sich bei der Herstellung eines Salatdressings nach Art einer Vinaigrette beobachten. Sobald der Schneebesen zur Seite gelegt wird, entmischt sich die Flüssigkeit, das Öl bedeckt das Essig-Wein-Gemisch. Mit geeigneten Lösungsvermittlern (Emulgatoren wie Sojalecithin, Eigelb, Eiweiß in der Milch) bildet Fett aber eine Emulsion. Emulsionen bestehen aus einer wässrigen und einer fetten Phase. Diesen beiden Flüssigkeiten, die nicht miteinander mischbar sind, verleiht der Emulgator Stabilität. Da er aus einem fettliebenden und einem wasserliebenden Teil

besteht, umschließt er die Fett- oder Wassertröpfchen und verteilt sie in der anderen Flüssigkeit. Die Bilder 2 (unten) und 1 (folgende Seite) zeigen die beiden Arten von Emulsionen.

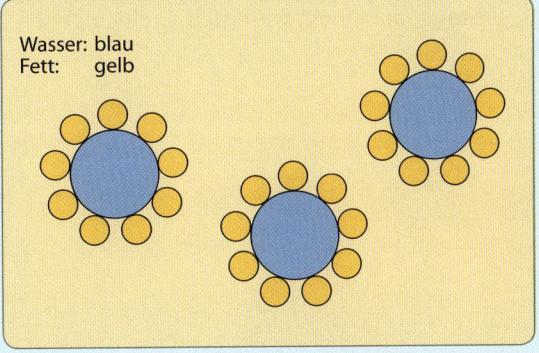

Bild 2: *Wasser-Öl-Emulsion, z. B. Butter*

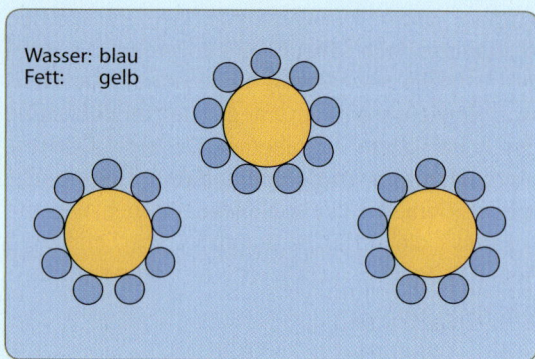

Wasser: blau
Fett: gelb

Bild 1: *Öl-Wasser-Emulsion, z. B. Milch*

- Fett lässt sich auf Temperaturen um 180 °C erhitzen.
Damit erfüllt es wichtige Voraussetzungen für Garverfahren, die bei höheren Temperaturen stattfinden, wie Braten und Frittieren. Eine Ausnahme bilden hier aber die emulgierten Fette (s. S. 175–176).
- Fett gibt es in unterschiedlicher Konsistenz.
Es ist bei Zimmertemperatur fest (Rindertalg, Frittierfett), halbfest (Schweine- oder Gänseschmalz) oder flüssig (Pflanzenöl). Diese Unterschiede in der Konsistenz werden von den verschiedenen Fettsäuren bestimmt, die an der Bildung des Fettmoleküls beteiligt sind. Fette, die mehr kurz-, mittelkettige oder ungesättigte Fettsäuren enthalten, sind flüssig. Überwiegen aber die langkettigen gesättigten Fettsäuren, handelt es sich um ein festes Fett.
- Fett wird ranzig.
Bei unsachgemäßer Lagerung kann es verderben. Sowohl Licht als auch der Sauerstoff in der Luft beeinflussen den Geschmack nachteilig. Daher wird Speiseöl oftmals in grünen oder braunen Flaschen abgefüllt.
- Fett verbessert den Geschmack vieler Speisen.
Zahlreiche Aromastoffe bringt Fett besser zur Geltung, außerdem vermittelt es ein angeneh-

mes Gefühl auf der Zunge und im Mund. Diese Eigenschaft lässt sich an einem einfachen Geschmackstest praktisch nachvollziehen: Magerquark – Sahnequark.
- Fett liefert von allen Nährstoffen die meiste Energie.
1 Gramm Fett = 37 Kilojoule
1 Esslöffel Speiseöl wiegt etwa 12 Gramm, d. h., diese Menge liefert dem Organismus 444 Kilojoule.
- Fett schützt im Organismus empfindliche Organe.
Die Nieren und der Augapfel sind z. B. von Fett umgeben.
- Fett ermöglicht im Körper die Aufnahme der fettlöslichen Vitamine.
Daher ist die Zubereitung von Gemüse und Salat mit einer kleinen Menge Pflanzenöl nicht nur aus geschmacklichen Gründen empfehlenswert (s. S. 136).

Aufgaben:

1. Beschreiben Sie den Aufbau eines Fettmoleküls.

2. Erklären Sie, warum bei Zimmertemperatur Rapsöl flüssig und Biskin fest ist.

3. Auf der Verpackung einer Margarinensorte finden Sie die Angabe „reich an ungesättigten Fettsäuren". Erläutern Sie die Zusammensetzung der Margarine genauer.

4. Vergleichen Sie 200 ml Vollmilch mit 200 ml teilentrahmter Milch bzgl. Energiegehalt, Geschmack und Aussehen.

5. Dünsten Sie jeweils eine Portion Möhren oder rote Paprika einmal mit Öl und einmal ohne. Erörtern Sie Ihre Beobachtung.

E 1.3 Kohlenhydrate

Aufbau

Die Kohlenhydrate werden in einer Reaktion, an der neben Sonnenlicht, dem grünen Blattfarbstoff (Chlorophyll), Kohlendioxid und Wasser beteiligt sind, in Pflanzen gebildet.

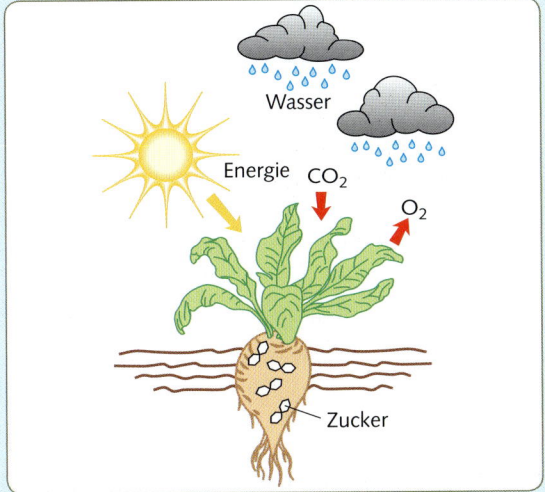

Bild 1: *Fotosynthese*

Der Vorgang heißt Fotosynthese. Das Ergebnis sind Verbindungen, die aus einer sehr unterschiedlichen Anzahl von Einzelbausteinen bestehen. Kohlenhydratmoleküle, die aus einem oder zwei Bausteinen bestehen, schmecken mehr oder weniger süß. Daher taucht in dem jeweiligen Oberbegriff, mit dem die Kohlenhydrate in drei große Gruppen unterteilt werden, der Zusatz „Zucker" auf.

Einfachzucker sind die kleinsten Kohlenhydrate, nur aus einem Zucker bestehend. In Tabelle 1 sind die wichtigsten in der Nahrung vorkommenden Einfachzucker zusammengestellt.

Bezeichnung		Vorkommen
Traubenzucker (Glucose)		Obst, Honig
Fruchtzucker (Fructose)		Obst, Honig
Schleimzucker (Galactose)		Bestandteil des Milchzuckers

Tabelle 1: *Einfachzucker und deren Vorkommen*

Zweifachzucker sind aus zwei Einfachzuckern zusammengesetzt. Die wichtigsten sowie ihr Vorkommen zeigt Tabelle 2.

Bezeichnung	Aufbau			Vorkommen
Rüben- oder Rohrzucker (Saccharose)	Traubenzucker	+	Fruchtzucker	Zuckerrübe, Zuckerrohr, Obst, Ahornsirup
Milchzucker (Lactose)	Traubenzucker	+	Galactose	Milch und Milcherzeugnisse
Malzzucker (Maltose)	Traubenzucker	+	Traubenzucker	Keimendes Getreide

Tabelle 2: *Zweifachzucker, deren Aufbau und Vorkommen*

Oligozucker (griech.: oligos = wenig) stellen den Übergang zu den Vielfachzuckern dar und bestehen aus drei bis neun Einfachzuckern. Stellvertretend für diese Gruppe wird hier Oligofruchtzucker erwähnt, der manchmal Bestandteil von Joghurt ist.

Vielfachzucker sind aus zehn oder mehr Einfachzuckern aufgebaut, die unverzweigte oder verzweigte Ketten bilden. Sie schmecken nicht mehr süß. Die sowohl in der Ernährung als auch in der Praxis bedeutsamsten werden in Tabelle 1 (folgende Seite) vorgestellt.

Die Art der Verknüpfung zwischen den Einfachzuckern kann variieren, sodass Stärke und Zellulose zwar aus dem gleichen Baustein, dem Traubenzucker, bestehen, dennoch in vielerlei Hinsicht völlig verschieden sind. Außerdem können die Einfachzucker chemisch verändert sein, es sind dann Abkömmlinge derselben.

Bezeichnung	Aufbau	Vorkommen
Stärke	Traubenzucker	Getreide, Hülsenfrüchte, Kartoffeln
Glykogen (tierische Stärke)	Traubenzucker	Leber, Muskel
Zellulose	Traubenzucker	Zellwände der Pflanzen, Pflanzenfasern wie Baumwolle und Flachs
Pektin	Abkömmling der Galactose	Obst, besonders in Schalen und Kernen

Tabelle 1: *Die wichtigsten Vielfachzucker und deren Vorkommen*

Eigenschaften

Kohlenhydrate liefern **Energie**

1 Gramm Kohlenhydrate = 17 Kilojoule.

Zwei Stücke Würfelzucker wiegen 5 Gramm. Da sie ausschließlich aus Rübenzucker bestehen, entspricht diese Menge auch 5 Gramm Kohlenhydraten und liefert 85 Kilojoule.

Diese energieliefernde Eigenschaft ist die einzige, die alle verdaulichen Kohlenhydrate gemeinsam haben. Je nach Anzahl und Art der Einzelbausteine sowie deren Verknüpfung miteinander verhalten sie sich sonst recht unterschiedlich. Im Folgenden werden lediglich die Eigenschaften der Kohlenhydrate erläutert, die bei der Verarbeitung und Herstellung von Lebensmitteln eine Bedeutung haben.

Traubenzucker schmeckt süß und ist wasserlöslich. Außerdem kann er durch Mikroorganismen vergoren werden. Je nachdem, welche Mikroorganismen den Traubenzucker abbauen, entstehen unterschiedliche Abbauprodukte:

- Hefepilze vergären Traubenzucker zu Alkohol. Dieser Vorgang ist sowohl bei der Teiglockerung als auch bei der Herstellung alkoholhaltiger Getränke von Bedeutung.

Glucose $\xrightarrow{\text{Hefepilze}}$ Alkohol + Kohlendioxid

- Milchsäurebakterien bauen Traubenzucker zu Milchsäure ab. Auf diesem Wege entstehen Sauermilcherzeugnisse, aber auch Käse.

Glucose $\xrightarrow{\text{Milchsäure-bakterien}}$ Milchsäure

Rüben- oder Rohrzucker schmeckt noch süßer als Traubenzucker und ist ebenfalls wasserlöslich. In hohen Konzentrationen hat er in Verbindung mit Obst eine konservierende Wirkung (kandierte Früchte), da er ihm das Wasser entzieht. Wird er erhitzt, so verflüssigt er sich und bildet Karamell.

Stärke ist wasserunlöslich. In kaltem Wasser quillt sie jedoch auf und beim Erwärmen (ab 60 °C) schließt sie Wasser ein. Auf dieser Eigenschaft beruht ihre Bedeutung als Bindemittel, ob bei der Herstellung von Soßen oder Süßspeisen. Während diese feuchte Erhitzung der Stärke als Verkleisterung bezeichnet wird, bildet sie in trockener Hitze, also beim Backen oder Toasten von Brot Dextrine. Das sind Abbauprodukte der Stärke.

Pektine sind sehr stark quellfähig und daher bei der Herstellung von Konfitüre und Gelee unverzichtbar.

E 1.4 Ballaststoffe

Unter diesem Oberbegriff werden alle pflanzlichen Nahrungsbestandteile zusammengefasst, die vom Menschen nicht verdaut und damit nicht ins Blut aufgenommen werden können. Im Allgemeinen handelt es sich um Kohlenhydrate oder kohlenhydratähnliche Verbindungen aus der Gruppe der Oligozucker (z. B. Oligofructose) und Vielfachzucker (z. B. Zellulose und Pektin).

Lebensmittel	Ballaststoffe
Vollkornhaferflocken	9 g
Naturreis	2 g
Weizenvollkornbrot	8 g
Weißbrot	3 g
Apfel	2 g
Birne	3 g
Hülsenfrüchte	18 g
Kopfsalat	1 g
Möhren	3 g

Tabelle 1: *Ballaststoffgehalt in 100 g ausgewählter Lebensmittel*

Eigenschaften

- Die wasserlöslichen Ballaststoffe (Oligofructose, Pektin) werden von den Bakterien, die im Dickdarm vorkommen, abgebaut.
- Die nicht wasserlöslichen Ballaststoffe (Zellulose) werden nur geringfügig im Dickdarm abgebaut. Sie haben aber ein hohes Wasserbindungsvermögen.

E 1.5 Wasser

Funktionen im Körper

Wasser ist für den Organismus absolut lebensnotwendig. Der Mensch kann relativ lange ohne Nahrung auskommen, aber nur drei bis fünf Tage ohne Flüssigkeit.

- Wasser ist Baustoff.
  Etwa 70 % des Organismus bestehen aus Wasser, allerdings nimmt diese Menge mit dem Alter ab, während sie bei Säuglingen noch darüber liegt.
- Wasser ist Lösungs- und Transportmittel.
  Nährstoffe werden ebenso wie die Abbauprodukte, die der Organismus nicht mehr benötigt, in den Körperflüssigkeiten gelöst und transportiert.
- Wasser reguliert die Körpertemperatur.
  Bei hoher Temperatur oder körperlicher Belastung bildet sich auf der Haut Schweiß, der durch die Körperwärme verdunstet. Die Körpertemperatur wird konstant gehalten, selbst wenn die Wasserverluste lebensbedrohlich werden.

Sowohl die wasserlöslichen als auch die wasserunlöslichen Ballaststoffe sind für die Funktion wie auch für die Gesunderhaltung des Dickdarms bedeutende Nahrungsbestandteile.

Aufgaben:

1. Beschreiben Sie den Aufbau von Traubenzucker und Rübenzucker sowie den jeweiligen Geschmack.

2. Erörtern Sie sowohl die Veränderung als auch die Bedeutung der Stärke, wenn sie zum einen feucht und zum anderen trocken erhitzt wird.

3. Informieren Sie sich auf der Verpackung über die Zutaten des Gelierzuckers. Erläutern Sie die Bedeutung der enthaltenen Kohlenhydrate bei der Herstellung von Konfitüre.

4. Sind Ballaststoffe mehr als Ballast? Nehmen Sie Stellung.

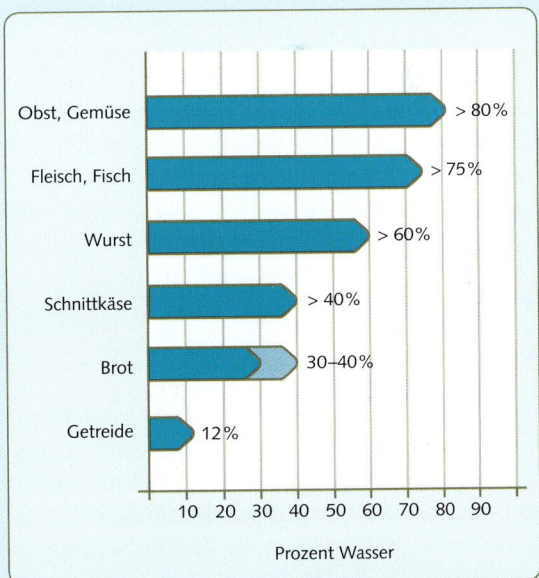

Bild 1: *Durchschnittlicher Wassergehalt einiger Lebensmittel*

Wasserbilanz

Normalerweise entspricht die Wasseraufnahme der Wasserabgabe, d. h., beide Posten halten sich die Waage, demzufolge ist die Wasserbilanz ausgeglichen.

Die Wasseraufnahme (etwa 2,5 l pro Tag) setzt sich zusammen aus:

- Getränken
- Wasser, das in Lebensmitteln enthalten ist (s. S. 135, Bild 1)
- Wasser, das beim Abbau von Nährstoffen im Organismus anfällt

Die Wasserabgabe (etwa 2,5 l pro Tag) setzt sich zusammen aus:

- Urin
- Wasser, das als Wasserdampf mit dem Atem und über die Haut abgegeben wird
- Wasser, das mit dem Stuhl ausgeschieden wird

Starkes Schwitzen ruft ebenso wie Durchfall und Erbrechen zusätzliche Wasserverluste hervor, die dann unbedingt bei der Wasseraufnahme berücksichtigt werden müssen.

E 1.6 Mineralstoffe

Je nach der Menge, in der die Mineralstoffe im Körper vorkommen, werden sie in **Mengenelemente** (Natrium, Chlor, Kalium, Calcium, Phosphor, Magnesium) und **Spurenelemente** (Eisen, Iod, Fluor, Zink, Selen, Kupfer, Mangan, Chrom, Molybdän, Kobalt, Nickel) unterteilt. Mengenelemente liegen in Konzentrationen von mehr als 50 mg/kg Körpergewicht vor, während Spurenelemente in Konzentrationen von weniger als 50 mg/kg Körpergewicht vorliegen. Sie sind **essenziell**, liefern aber im Gegensatz zu Eiweiß, Fett und Kohlenhydraten **keine Energie**. Die Aufgaben der Mineralstoffe im Organismus sind außerordentlich vielfältig: Bei Natrium und Kalium überwiegt die Aufgabe als **Reglerstoff**. Calcium und Phosphor sind **Baustoffe** des Skeletts. Ein großer Teil der übrigen Mineralstoffe sind Bestandteile zahlreicher Enzyme (s. S. 139), somit sind sie indirekt sehr effektive **Wirkstoffe** (s. S. 137, Tab. 1–2).

Anmerkung zur Mineralstofftabelle und den Vitamintabellen

In den Tabellen sind die Referenzwerte für Erwachsene angegeben, die im Jahre 2000 erstmals von den Gesellschaften für Ernährung in Deutschland, Österreich und der Schweiz herausgegeben wurden. Die Referenzwerte enthalten:

- Empfehlungen, sofern die empfohlene Zufuhr für einen Nährstoff ermittelt werden kann;
- Schätzwerte, wenn der Bedarf des Menschen noch nicht mit der wünschenswerten Genauigkeit bestimmt werden kann;
- Richtwerte, wenn eine Regelung der Zufuhr zwar nicht in engen Grenzen, so doch in bestimmten Bereichen notwendig ist.

E 1.7 Vitamine

Vitamine sind recht unterschiedlich aufgebaute Verbindungen, die der Organismus nicht oder nur in unzureichender Menge herstellen kann. Sie sind somit **essenziell**, liefern aber **keine Energie**. Die alphabetische Bezeichnung ist historisch bedingt und lückenhaft, da bei Verbindungen, von denen eine Vitaminwirksamkeit zuerst angenommen wurde, sich diese später als falsch herausgestellt hat. Nach der Löslichkeit werden sie in zwei Gruppen unterteilt:

Fettlösliche Vitamine (Vitamine A, D, E und K) erfüllen im Organismus jeweils spezielle Aufgaben (s. S. 138, Tab. 1). Bei dieser Gruppe der Vitamine existieren immer mehrere Formen, sodass sie auch als **Vitamere** bezeichnet werden. Im Falle der Vitamine A und D gibt es darüber hinaus Vorstufen, sog. **Provitamine**. Ein Überschuss, der mit der Nahrung aufgenommen wird, wird im Körper gespeichert. Daher sind **Hypervitaminosen**, d. h. Gesundheitsschäden, die durch eine überhöhte Vitaminzufuhr auftreten, bekannt.

Mengen-element	Referenzwert für die tägliche Zufuhr	Vorkommen in Lebensmitteln	Aufgaben im Organismus
Natrium*	0,55 g (= 1,4 g Kochsalz)	Kochsalz, Schinken, Wurst, Käse, Brot	Reguliert über Körperflüssigkeiten den Spannungszustand der Zellen und den Wasserhaushalt sowie die Muskel- und Nervenfunktion
Chlor/ Chlorid*	0,83 g (= 1,4 g Kochsalz)	Kochsalz, Schinken, Wurst, Käse, Brot	Erfüllt die gleichen Aufgaben wie Natrium, außerdem Bestandteil der Salzsäure im Magen
Kalium*	2 g	Trockenobst, Obst, Gemüse, Kartoffeln	Reguliert in den Zellen den Spannungszustand und den Wassergehalt sowie die Muskel- und Nervenfunktion
Calcium	1 g	Milch, Milchprodukte, Käse, Grünkohl, Fenchel, Mineralwasser > 150 mg Calcium/l	Bestandteil von Knochen und Zähnen, beeinflusst Muskeltätigkeit und Blutgerinnung, stabilisiert Zellmembranen
Phosphor/ Phosphat	0,7 g	Alle eiweißreichen Lebensmittel wie Fleisch, Fisch, Milch, Eier, Hülsenfrüchte	Bestandteil von Knochen und Zähnen, Baustein des Zellkernes, Bedeutung bei der Energieversorgung der Zellen
Magne-sium	0,35 g (Männer) 0,3 g (Frauen)	Fleisch, Fisch, grüne Gemüse, Beerenobst	Bestandteil zahlreicher Enzyme, die die Zellfunktion unterstützen, beeinflusst auch Muskel- und Nervenfunktion

Tabelle 1: *Übersicht Mengenelemente*   * Schätzwert

Spuren-element	Referenzwert für die tägliche Zufuhr	Vorkommen in Lebensmitteln	Aufgaben im Organismus
Eisen	10 mg (Männer) 15 mg (Frauen) 10 mg (Frauen > 51 J.)	Leber, Fleisch, Wurst, Erzeugnisse aus Vollkorngetreide, Gemüse	Bestandteil der roten Blutkörperchen, die für die Sauerstoffversorgung zuständig sind
Iod, Iodid	0,2 mg 0,18 mg > 51 J.	Seefisch, Muscheln, Milch, Eier, iodiertes Speisesalz	Bestandteil der Schilddrüsenhormone. Sie beeinflussen Zellwachstum und -entwicklung sowie den Energiehaushalt.
Fluor/ Fluorid +	3,8 mg (Männer) 3,1 mg (Frauen)	Meerestiere, schwarzer Tee, Trink- und Mineralwasser, Speisesalz	Bestandteil der Knochen, verbessert die Widerstandsfähigkeit des Zahnschmelzes, hemmt die Säurebildung im Mund
Zink	10 mg (Männer) 7 mg (Frauen)	Schweinefleisch, Geflügel, Rindfleisch, Hafer, Weizen	Bestandteil vieler Enzyme, an der Speicherung von Insulin (Hormon im Kohlenhydratstoffwechsel) beteiligt
Kupfer*	1,0–1,5 mg	Leber, Fisch, Schalentiere, Hülsenfrüchte, Kakao, Nüsse	Bestandteil verschiedener Enzyme, insbesondere jenes, welches den Eisentransport ermöglicht
Mangan*	2–5 mg	Hülsenfrüchte, Haferflocken	Bestandteil verschiedener Enzyme

Tabelle 2: *Übersicht Spurenelemente*   + Richtwert   * Schätzwert

Vitamine	Empfohlene Tageszufuhr	Vorkommen in Lebensmitteln	Aufgaben im Organismus
Retinol (Vitamin A)	1,0 – 0,8 mg	Leber, Eier, Fleisch, Butter, Margarine	Am Sehvorgang beteiligt, für Wachstum, Immunsystem und die Entwicklung von Zellen und Geweben von Bedeutung
Provitamin: ß-Carotin*	2 – 4 mg	Karotten, Spinat, Grünkohl, Brokkoli, Feldsalat	Neben der Bedeutung als Provitamin A zellschützende Wirkung
Calciferol (Vitamin D)*	0,005 mg 0,010 mg (> 65 Jahre)	Fettfisch, Eigelb, Leber, Butter, Margarine	Reguliert die Calciumeinlagerung in die Knochen; **Avitaminose:** Rachitis
Tocopherol (Vitamin E)*	15 – 11 mg	Pflanzenöle, Nüsse, Vollkornerzeugnisse	Zellschützende Wirkung
Phyllochinon (Vitamin K)	0,080 – 0,065 mg	Grüne Gemüse, Milchprodukte, Fleisch, Eier	Beteiligt an der Bildung von Blutgerinnungsfaktoren
Thiamin (Vitamin B1)	1,3 – 1,0 mg	Vollkornerzeugnisse, Hülsenfrüchte, Schweinefleisch	Bestandteil eines Enzyms, das beim Kohlenhydratabbau eine Schlüsselrolle übernimmt; **Avitaminose:** Beri-Beri
Riboflavin (Vitamin B2)	1,5 – 1,2 mg	Milchprodukte, Fleisch, Fisch, Eier	Bestandteil zahlreicher Enzyme, die Wasserstoff übertragen und bei der Energiegewinnung eine Rolle spielen
Niacin	17 – 13 mg	Fleisch, Fisch, Vollkornerzeugnisse	Bestandteil wasserstoffübertragender Enzyme, die den Auf- und Abbau von Kohlenhydraten, Fett und Aminosäuren ermöglichen; **Avitaminose:** Pellagra
Pyridoxin (Vitamin B6)	1,5 – 1,2 mg	In nahezu allen Lebensmitteln	Bestandteil zahlreicher Enzyme des Aminosäurestoffwechsels
Folsäure	0,4 mg	Gemüse, Leber, Hülsenfrüchte, Weizenkeime	Verbindungen, die Folsäure enthalten, sind an Prozessen der Zellteilung sowie am Aminosäurestoffwechsel beteiligt.
Pantothensäure*	6 mg	In geringen Mengen in allen Lebensmitteln	Bestandteil eines Enzyms, das beim Abbau von Kohlenhydraten, Fett, Eiweiß eine zentrale Rolle spielt
Biotin*	0,06 – 0,03 mg	Leber, Sojabohnen, Eigelb, Haferflocken, Spinat	Bestandteil von Enzymen, die CO_2 übertragen
Cobalamin (Vitamin B12)	0,003 mg	In allen Lebensmitteln tierischer Herkunft	Aufbau von Zellkernsubstanzen, unentbehrlich für die Blutbildung
Ascorbinsäure (Vitamin C)	100 mg	Obst und Gemüse	Zellschützende Wirkung, greift in die Bildung von Bindegewebe ein, Bedeutung im Eisenstoffwechsel; **Avitaminose:** Skorbut

Tabelle 1: *Übersicht über die Vitamine*   * Schätzwert

Wasserlösliche Vitamine (Vitamine des B-Komplexes und Vitamin C) werden nur geringfügig gespeichert. Alle acht Vitamine des B-Komplexes wirken als Bestandteile von **Enzymen**. Enzyme bildet der Organismus u. a. aus Aminosäuren. Es sind also sehr wirksame Eiweißverbindungen, die viele Vorgänge im Organismus erst ermöglichen. Da nur so viele Enzyme gebildet werden, wie der Mensch benötigt, werden die wasserlöslichen Vitamine, die in einer über den individuellen Bedarf hinausgehenden Menge aufgenommen werden, über den Urin ausgeschieden. Durch diese kurze und allgemein gehaltene Darstellung der Bedeutung der wasserlöslichen Vitamine lässt sich dennoch nachvollziehen, dass das Fehlen eines Vitamins **(Avitaminose)** oder auch die Unterversorgung **(Hypovitaminose)** viel schneller zur Beeinträchtigung der Gesundheit führt als bei den fettlöslichen Vitaminen.

Ergänzung zu der empfohlenen Tageszufuhr der Vitamine

Der Vitaminbedarf ist wie bei allen Nährstoffen eine Größe, die von Mensch zu Mensch unterschiedlich ist, sodass Zufuhrempfehlungen angegeben werden, die dem durchschnittlichen Bedarf entsprechen und noch eine Sicherheitsspanne enthalten. Kann der Bedarf nur ungenau angegeben werden, so enthalten die Tabellen Schätzwerte (s. S. 136). Die Angaben berücksichtigen vor allem Alter und Geschlecht. Im Allgemeinen ist die Zufuhrempfehlung im jüngeren Erwachsenenalter und bei Männern höher, während sie bei Frauen und älteren Erwachsenen niedriger ist (Ausnahme: Vitamin D).

E 1.8 Sonstige Bestandteile der Nahrung

Sekundäre Pflanzenstoffe

Bei einer Vielzahl von Verbindungen, die in Lebensmitteln vorkommen, steht nicht die Eigenschaft als Nährstoff im Vordergrund, sondern die Wirkung auf folgende Sinne: das Sehen, Riechen, Schmecken. Diese sensorischen Eigenschaften entscheiden nicht zuletzt darüber, welche Lebensmittel von jedem Einzelnen bevorzugt werden und welche auf Ablehnung stoßen.

Der Handel nutzt z. B. die unterschiedlichen Farben des Obstes und Gemüses, wenn dieses sowohl im Supermarkt als auch auf dem Wochenmarkt in großer Vielfalt präsentiert wird.

Während des Schälens oder der Zerkleinerung werden durch die Zerstörung der Pflanzenzellen typische Inhaltsstoffe freigesetzt, sodass es nach Zwiebeln, Knoblauch oder Kohl riecht. Für die große Vielfalt an Farb-, Geruchs- und Geschmacks-

Sinneswirkung	Sekundäre Pflanzenstoffe	Vorkommen in Lebensmitteln
	▪ Carotinoide ▪ Chlorophyll ▪ Anthozyane	▪ Rote und gelbe Gemüse: Möhren, Tomaten, Paprika ▪ Grüne Gemüse: Spinat, Grünkohl ▪ Violett-rote Gemüse: Rotkohl, Auberginen, aber auch Weintrauben
	▪ Schwefelhaltige Verbindungen ▪ Monoterpene	▪ Zwiebeln, Knoblauch ▪ Zitrusfrüchte, Pfefferminze
	▪ Polyphenole	▪ Grapefruit, grüner und schwarzer Tee, Rotwein, Chili, Paprika

Tabelle 1: *Ausgewählte sekundäre Pflanzenstoffe, die sensorisch wirken*

stoffen in den pflanzlichen Lebensmitteln sind meistens die **sekundären Pflanzenstoffe** verantwortlich (s. S. 139, Tab. 1). Das sind Stoffe, die sehr unterschiedlich aufgebaut sind und im Gegensatz zu den primären Pflanzenstoffen Eiweiß, Fett und Kohlenhydrate nur in kleinsten Mengen gebildet werden. Sie schützen die Pflanze vor Schädlingen und Krankheiten, dienen ihr aber auch als Lockstoffe. Mittlerweile ist die gesundheitsfördernde Wirkung dieser Stoffe längst anerkannt, zeigt doch das orange-rote ß-Carotin nicht nur seine optische Wirkung als Farbstoff, sondern übt auch eine zellschützende Wirkung aus. Und der typische Geruch des Knoblauchs wird von schwefelhaltigen Verbindungen verursacht, die auch noch eine antimikrobielle Wirkung haben. Die sekundären Pflanzenstoffe sind **nicht essenziell** und liefern auch **keine Energie**. Je nachdem, wie viele pflanzliche Lebensmittel der Mensch pro Tag verzehrt, beträgt die Menge der sekundären Pflanzenstoffe bis zu 1,5 Gramm.

Unerwünschte Stoffe

Am Ende des Kapitels über die Bestanteile der Lebensmittel soll noch auf **unerwünschte Stoffe** hingewiesen werden. Da diese ab bestimmten Konzentrationen schädigende Wirkung auf den Menschen haben, werden sie oftmals als „Schadstoffe" bezeichnet. Unerwünschte Stoffe lassen sich je nach Herkunft unterscheiden:

- Rückstände von Stoffen, die während der landwirtschaftlichen Produktion oder Lagerung eingesetzt werden, z. B. Pflanzenschutzmittel
- Verunreinigungen aus der Umwelt, die durch Industrie und Verkehr mehr oder weniger belastet ist
- Stoffe, die bei der Verarbeitung der Lebensmittel entstehen, z. B. Acrylamid in Gebäck
- Inhaltsstoffe, die von Natur aus im Lebensmittel sind, z. B. Cumarin in Zimt, Oxalsäure in Spinat oder Rhabarber, Solanin in den grünen Stellen der Kartoffeln, die nicht dunkel gelagert wurden

Aufgaben:

1. Beschreiben Sie die Aufgaben, die das Wasser im Organismus erfüllt.

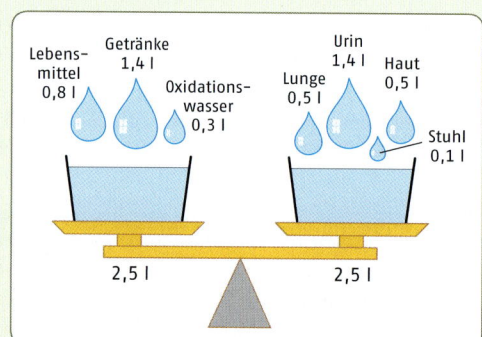

Bild 1: *Wasserbilanz ist ausgeglichen.*

2. Stellen Sie Gelegenheiten dar, bei denen die Wasserbilanz nicht mehr der Darstellung in der Abbildung entspricht.

3. Nennen Sie die Lebensmittel, die nicht unerheblich an der täglichen Flüssigkeitsaufnahme beteiligt sind.

4. Erläutern Sie den Unterschied zwischen Mengenelementen und Spurenelementen.

5. Vergleichen Sie in einem gut sortierten Supermarkt das Angebot an Salz und präsentieren Sie Ihr Ergebnis

6. a) Stellen Sie Unterschiede im Calciumgehalt verschiedener Mineralwässer dar.
   b) Ermitteln Sie, welchen Beitrag 1 l Mineralwasser im günstigsten Fall zur Calciumversorgung eines Tages leisten kann.

7. Benennen Sie die Vitamine, die im Organismus gespeichert werden können, und erklären Sie, welche Auswirkungen das auf die tägliche Versorgung hat.

8. Nehmen Sie einen entsprechenden Fruchtsaft zur Hand und erläutern Sie den Zusatz „Multivitamin" auf dem Etikett.

9. Sehen Sie einen Unterscheid zwischen Mineralstoffen und Vitaminen einerseits und sekundären Pflanzenstoffen andererseits? Begründen Sie Ihre Meinung.

10. Erarbeiten Sie Vorschläge, wie der Gehalt unerwünschter Stoffe in Lebensmitteln gesenkt werden kann.

E2 Verwertung der Nahrung

Nur die wenigsten Lebensmittel bestehen aus einem einzigen Nährstoff, und selbst wenn dem so wäre, so liegen die Nährstoffe doch in sehr komplexer Form vor, sodass sie für den Organismus nicht direkt verfügbar sind. Dieser zerlegt die Lebensmittel bis in die kleinsten Bausteine der Eiweißstoffe, Fette und Kohlenhydrate, transportiert sie mit dem Flüssigkeitsstrom bis in jede Zelle, um sie dort, je nach Bedarf, zu körpereigenen Substanzen aufzubauen oder in Energie umzuwandeln. Im Zuge dieses Umbaus fallen auch Stoffe an, die nicht mehr gebraucht werden; diese werden ausgeschieden.

E 2.1 Verdauung

Die Verdauung hat im Wesentlichen zwei Aufgaben:

- Sie spaltet mithilfe der Verdauungsenzyme die Nährstoffe, die in den Lebensmitteln als Makromoleküle vorliegen, in einzelne Moleküle.
- Die Nährstoffe werden in eine wasserlösliche Form gebracht.

Optische Reize und der Geruch, den Lebensmittel bzw. Speisen vermitteln, sind wichtige Signale für die Produktion und Abgabe von Verdauungssäften, ohne die während der Verdauung nichts geht. Nicht umsonst sagt der Volksmund: „Das Auge isst mit", oder: „Da läuft einem das Wasser im Munde zusammen."

In Bild 1 ist der Verdauungstrakt dargestellt: Es ist, vereinfacht ausgedrückt, ein muskulöser, mit Schleimhaut ausgekleideter Schlauch, der im Mund beginnt und am After endet.

Im **Mund** wird die mehr oder weniger feste Nahrung durch die Zähne mechanisch zerkleinert und mit dem Speichel aus den Speicheldrüsen in einen gleitfähigen Brei verwandelt. Dabei beginnen auch schon erste Enzyme mit der Verdauungsarbeit, z. B. spalten Amylasen Stärke in kleinere Einheiten von Dextrinen (s. S. 134). Nach wenigen Minuten passiert der Speisebrei die Speiseröhre und gelangt in den Magen.

Im **Magen** unterliegt er den Einwirkungen des Magensaftes. Dieser besteht aus konzentrierter Salzsäure, welche die Eiweißstoffe denaturiert (s. S. 129) und Mikroorganismen abtötet. Außerdem sind im Magensaft eiweiß- und fettspaltende Enzyme sowie jede Menge Schleimstoffe enthalten. Oftmals wird der Magen mit einem Reservoir verglichen, das seinen Inhalt nach drei, bei sehr fetten Speisen erst nach sieben Stunden schubweise in den Dünndarm weiterleitet.

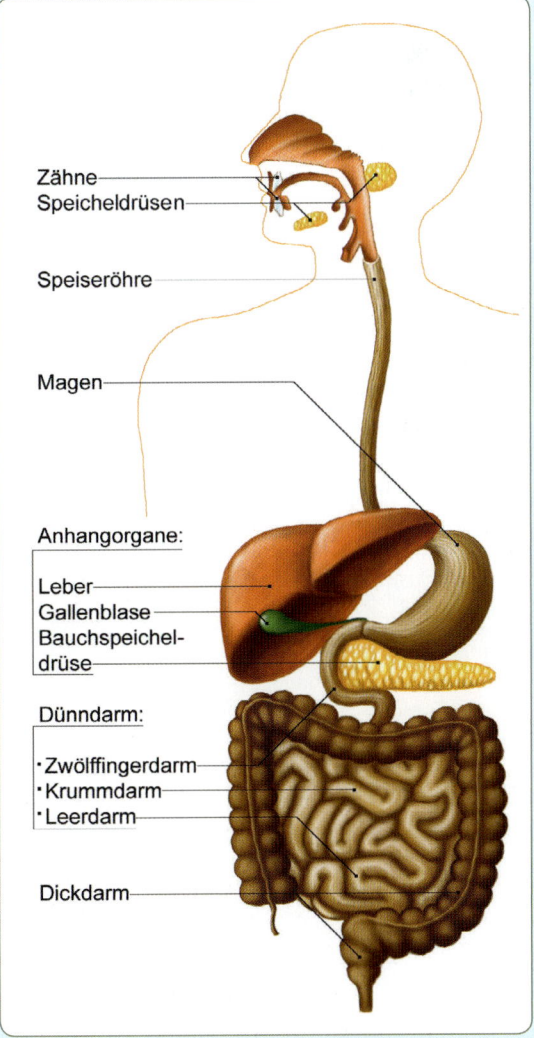

Zähne
Speicheldrüsen

Speiseröhre

Magen

Anhangorgane:

Leber
Gallenblase
Bauchspeicheldrüse

Dünndarm:

·Zwölffingerdarm
·Krummdarm
·Leerdarm

Dickdarm

Bild 1: *Verdauungstrakt und Anhangorgane*

Der Anfangsteil des **Dünndarms** heißt **Zwölffingerdarm** und ist das eigentliche Verdauungsorgan. Hier münden die Ausführungsgänge der Gallenblase und der Bauchspeicheldrüse. Die Gallenblase sammelt den Gallensaft, der in der Leber gebildet wird. Er emulgiert die Fette (s. S. 130 f.), sodass fettspaltende Enzyme (Lipasen) leichter angreifen können. Die Bauspeicheldrüse produziert einen sehr wirkungsvollen Verdauungssaft mit einem Gemisch aus fett-, eiweiß- und kohlenhydratspaltenden Enzymen, die im Zwölffingerdarm zur Wirkung kommen. Auch der Dünndarm selbst bildet einen Saft, der Verdauungsenzyme enthält. Er besteht noch aus zwei weiteren Abschnitten, dem **Krumm-** und dem **Leerdarm**. Der Dünndarm zeichnet sich sowohl durch seine Länge, sie beträgt etwa 5 m, als auch durch besondere Ausprägungen der Schleimhaut aus. Dadurch kommt eine enorm große Oberfläche zustande, die eine besonders intensive Aufnahme der Nährstoffe in Blut und Lymphe ermöglicht (s. S. 143). Nach weiteren sieben bis neun Stunden ist vom Speisebrei nur noch der unverdauliche Anteil übriggeblieben. Das sind meistens Ballaststoffe, die in den Dickdarm weitertransportiert werden.

Im **Dickdarm** tummeln sich Heerscharen von Mikroorganismen, die sich auf die restlichen Nahrungsbestandteile stürzen und sie ihrerseits nutzen. Diese Bakterien leben von den Nahrungsresten. In diesem letzten Abschnitt des Verdauungstraktes wird der Speisebrei „eingedickt", d. h., ihm wird der größte Teil des Wassers entzogen. Nach insgesamt 30 Stunden, in manchen Fällen auch nach 70 Stunden verlassen die unverdaulichen Nahrungsbestandteile, unzählige Bakterien und abgelöste Darmzellen als Stuhl das Geschehen, das Verdauung heißt.

Eiweißverdauung

Eiweiß wird im Magen von der Salzsäure denaturiert. Im Dünndarm greifen die eiweißspaltenden Enzyme die langen Moleküle erst in der Mitte an, und zwar so lange, bis die immer kleiner werdenden Ketten nur noch aus wenigen Aminosäuren bestehen. Während diese kleinen Eiweißmoleküle in die Darmschleimhaut aufgenommen werden, werden sie von Enzymen, die auf Miniverbindungen spezialisiert sind, in einzelne Aminosäuren zerlegt (Bild 1).

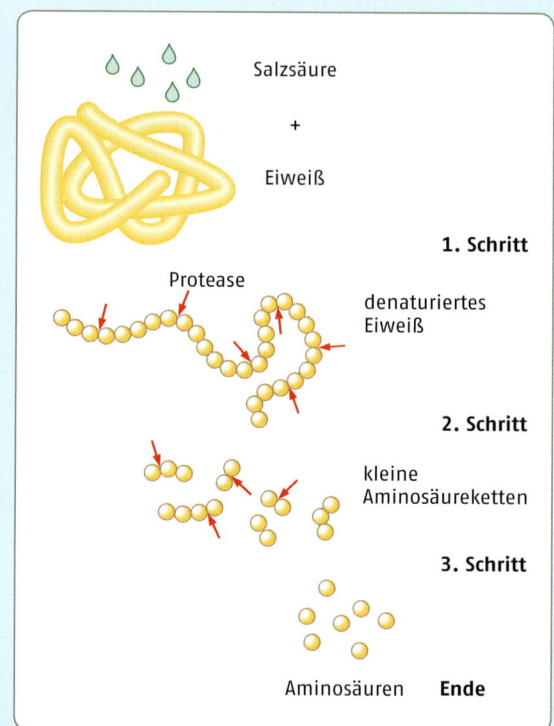

Bild 1: *Eiweißverdauung*

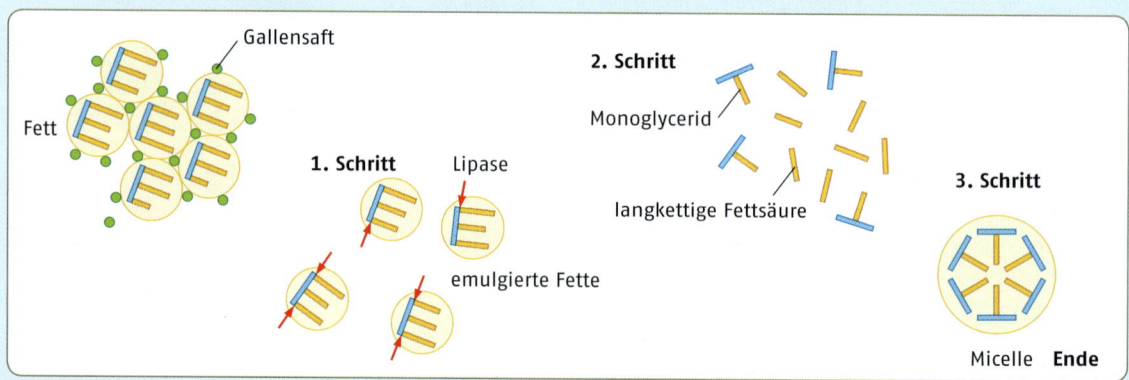

Bild 2: *Fettverdauung*

Fettverdauung

Fette werden von Gallensaft emulgiert, sodann von Lipasen gespalten. Dabei entstehen Fettsäuren unterschiedlicher Kettenlänge und Monoglyceride, das sind Glycerinmoleküle, die noch mit einer Fettsäure verbunden sind. Nun bilden die langkettigen Fettsäuren sowie Monoglyceride mit fettlöslichen Vitaminen und Gallensaft kleinste Fetttröpfchen, sog. Mizellen, die von der Darmschleimhaut aufgenommen werden. Da die kurz- und mittelkettigen Fettsäuren wasserlöslich sind, können sie ohne Mizellenbildung aufgenommen werden (s. S. 142, Bild 2).

Kohlenhydratverdauung

Amylasen spalten Stärke in Dextrine und weiter in Zweifachzucker, welche dann bei der Aufnahme in die Schleimhaut von den dort sitzenden Enzymen, die auf Zweifachzucker spezialisiert sind, in Einfachzucker gespalten werden.

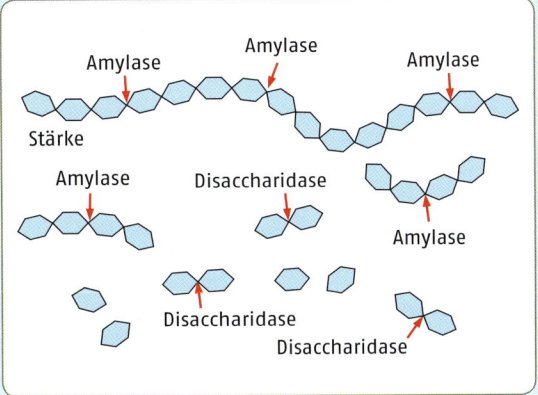

Bild 3: *Kohlenhydratverdauung*

E 2.2 Resorption

Erst durch die Aufnahme der Nährstoffe in die Darmschleimhaut **(Resorption oder Absorption)** und den anschließenden Transport zu den einzelnen Organen kann die Nahrung vom Körper verwertet werden. Die Zellen der Darmschleimhaut leisten bei der Nährstoffaufnahme intensive Arbeit. Jedoch unterscheidet sich die anschließende „Reise" der Aminosäuren, Einfachzucker sowie kurz- und mittelkettigen Fettsäuren einerseits von der der Fette mit langkettigen Fettsäuren andererseits.

- Aminosäuren, Einfachzucker und die kleinen Fettsäuremoleküle werden mit dem Blutstrom zuerst in die Leber geschwemmt. Einen Teil dieser Fracht behält die Leber für die eigene Arbeit, sie sortiert den Nährstoffstrom aber auch und gibt ihn dosiert an andere Organe weiter.

- Langkettige Fettsäuren und Monoglyceride werden noch in der Darmschleimhaut aus den Mizellen befreit, sodass sich wieder große Fetttropfen mit Triglyceriden bilden. Mit einer Eiweißhülle umgeben, werden diese in jeder Hinsicht fetten Tropfen, die jetzt Chylomikronen heißen, mit dem Lymphstrom abtransportiert, bevor sie in der Blutbahn landen.

Letztendlich bringt das Blut die einzelnen Nährstoffe zu den Organen, damit dort Gewebe erneuert oder Energie gewonnen werden kann.

E 2.3 Energiegewinnung und -verwertung

Jeder lebende Organismus, so auch der menschliche Körper, ist ein äußerst anfälliges System, das nur durch regelmäßige Nährstoffzufuhr im Gleichgewicht gehalten werden kann. Die kleinsten Einheiten dieses Systems sind Zellen, die wie kleine Kraftwerke in der Lage sind, die Energie, die in den Nährstoffen steckt, in eine körperfreundliche Energieform umzuwandeln, zu transformieren (s. S. 144, Bild 1). Außer Nährstoffen benötigt die Zelle dazu Sauerstoff, der über die Atmung bereitgestellt wird. Daher wird der Prozess der Energiegewinnung auch als Oxidation oder Verbrennung bezeichnet. Es ist ein sehr komplizierter chemischer Vorgang mit einer Vielzahl von Teilreaktionen, die wie die Stufen eines Wasserfalls aufeinanderfolgen. Auf diese Weise wird die Energie portionsweise zur Verfügung gestellt, praktisch organgerecht dosiert, sodass die einzelnen Körperzellen nicht mit Energie überfrachtet werden. Neben Energie fallen bei der Oxidation auch End-

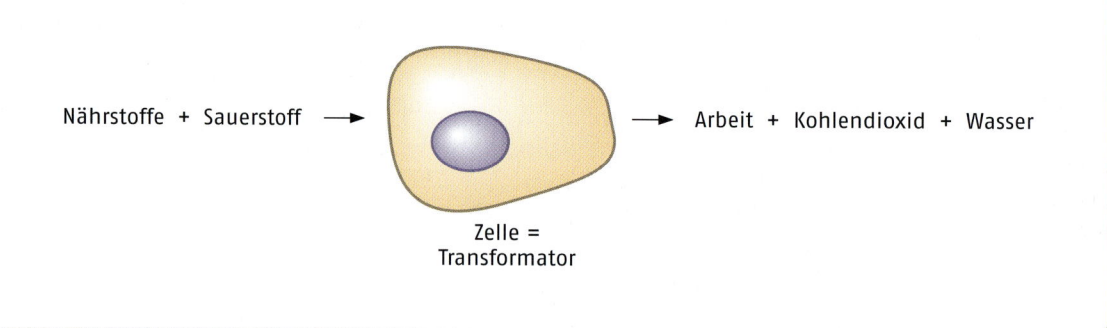

Bild 1: *Energietransformator Zelle*

produkte wie Kohlendioxid und Wasser an, die ausgeschieden werden. Wie sieht nun die Arbeit des Körpers aus, die er mit der aus Nährstoffen gelieferten Energie verrichtet?

Im Wesentlichen existieren drei Arten von Arbeit:

- Chemische Arbeit leistet jede Zelle, indem sie insbesondere aus Aminosäuren körpereigenes Eiweiß aufbaut. Im Kindes- und Jugendalter wird die Körpersubstanz vermehrt, das Wachstum hat Vorrang. Im Erwachsenenalter wird verbrauchte Körpersubstanz ersetzt.
- Transportarbeit wird von unzähligen Zellen des Körpers geleistet. Dabei müssen sie z. B. Kalium oder auch Einfachzucker aufnehmen, obwohl in ihrem Zellinnern schon eine hohe Konzentration davon vorliegt. Dieser sog. aktive Transport, der häufig mit dem Bergauftransport des Wassers verglichen wird – auch der ist nur mit entsprechenden Pumpen zu bewerkstelligen –, verbraucht Energie.
- Mechanische Arbeit wird bei jeder Bewegung des Körpers sichtbar. Sie geschieht aber auch im Verborgenen, z. B. im Verdauungstrakt, der in Kap. E 2.1 als muskulöser Schlauch beschrieben wurde: Dort wird der Speisebrei durch Spannung und Entspannung der Muskulatur weitertransportiert.

Es ist verständlich, dass sowohl bei der Energietransformation als auch bei den einzelnen Arbeitsleistungen Energieverluste auftreten. In dieser Hinsicht besteht eine Ähnlichkeit zwischen den Körperzellen und Beobachtungen bei technischen Prozessen. Der Motor eines Handrührgerätes wird mit Elektrizität gespeist, die in Bewegungsenergie umgewandelt wird. Nach einer kurzen Laufzeit wird das Gerät warm: ein Beweis dafür, dass nur ein Bruchteil der elektrischen Energie in Bewegung

umgewandelt wird, der Rest wird als Wärme abgegeben. Auch im menschlichen Organismus geht ein Teil der Energie als nicht verwertbare Wärme verloren, dennoch ist die Energieausbeute viel höher als in der Technik.

Aufgaben:

1. Nennen Sie die jeweiligen Enzyme, die für die Verdauung der Nährstoffe verantwortlich sind.

2. Benennen Sie die einzelnen Organe, die der Speisebrei passiert, bis er im Zwölffingerdarm angekommen ist.

3. Beschreiben Sie, wie sich der Speisebrei im Dickdarm verändert.

4. Erläutern Sie die Reizwirkung, die beim Durchblättern eines aufwendig bebilderten Kochbuches auf die Verdauung ausgehen kann.

5. Überlegen Sie, welche Lebensmittel aus einem einzigen Nährstoff bestehen, und erklären Sie, warum sie dennoch der Verdauung unterliegen.

6. Die Körperzellen werden oft mit Energietransformatoren verglichen. Setzen Sie beide Systeme in Beziehung.

7. Stellen Sie die Arbeit, die der Körper mit der Energie, die in der Nahrung steckt, leistet, bildlich dar.

E3 Zusammenfassung oder was haben Ernährung und Stoffwechsel gemeinsam?

Der Oberbegriff Stoffwechsel (Metabolismus) umschreibt alle Vorgänge des Auf-, Um- und Abbaus im menschlichen Körper einschließlich des Austausches von Stoffen zwischen Organismus und Umwelt. Er ist das Charakteristikum aller Lebewesen.

Die Abbildung stellt die einzelnen Vorgänge in einer Übersicht dar und verdeutlicht, am Ende dieses Exkurses, dass nicht nur die Ernährung als Teil des Stoffwechsels gesehen werden muss.

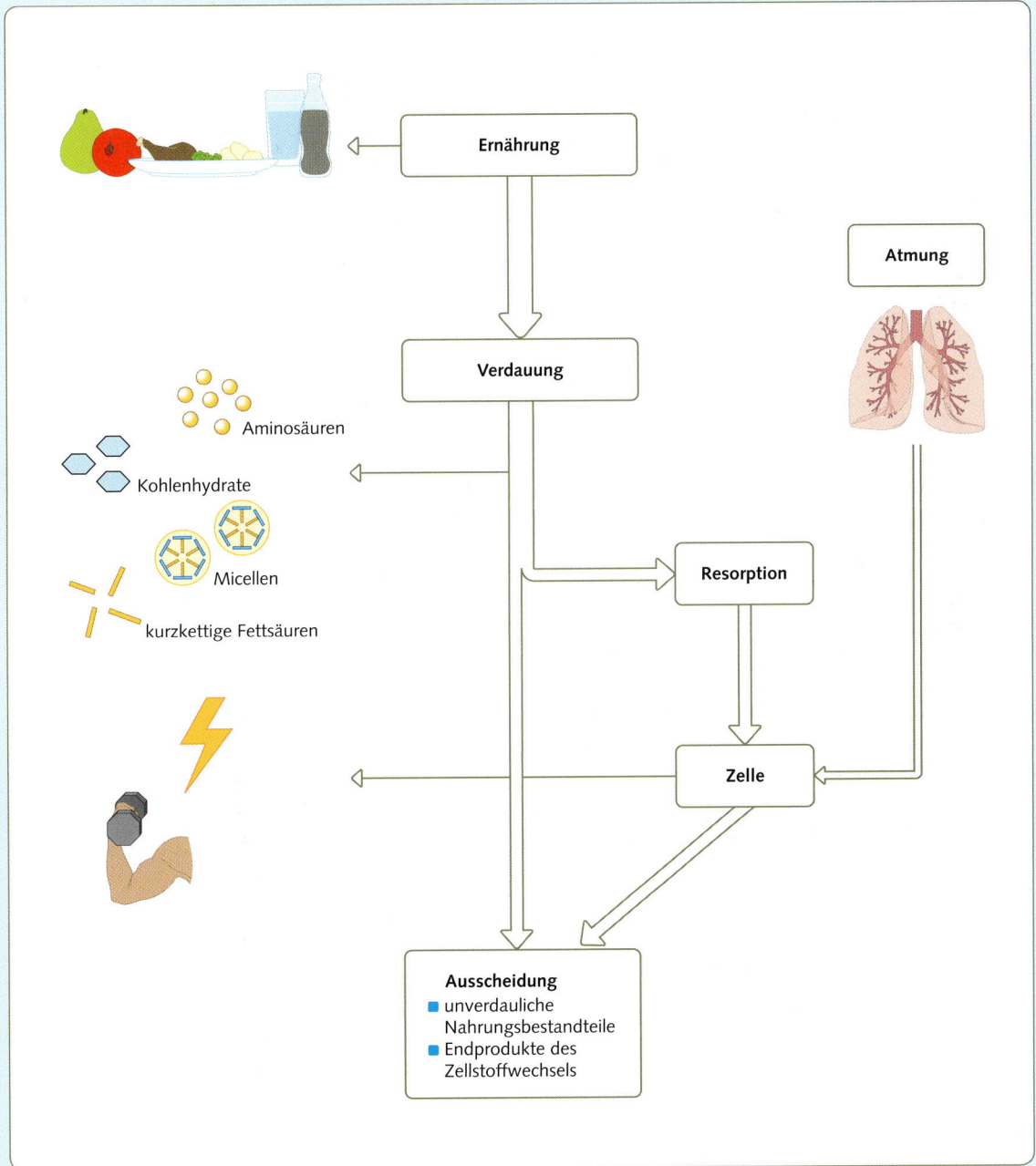

Bild 1: *Übersicht Stoffwechsel*

Speisen und Getränke herstellen und servieren

Lernsituation

Im Seniorenwohnheim steht das alljährliche Grillfest an. In diesem Jahr kann das Planungsteam mit etwa 60 Teilnehmern, zusammengesetzt aus Bewohnern, Angehörigen und Personal, kalkulieren. Bei dieser Gelegenheit kann diesmal die neu gestaltete, überdachte Terrasse, die dem Gemeinschaftsspeiseraum angeschlossen ist, vollständig genutzt werden. Frau Kahrmann beauftragt Sarah, eine attraktive und ernährungsphysiologisch ausgewogene Salatauswahl zu planen; nach einer Woche erfolgt die Präsentation der Ergebnisse.

Am Tag des Grillfestes ist Sarah dafür verantwortlich, Teile der Salatauswahl herzustellen, sie darf dabei den Zeitrahmen von vier Stunden nicht überschreiten. Wichtig ist, dass Sarah ihre Leistungsfähigkeit richtig einschätzt und den Arbeitsverlauf plant. Die Kontrolle der zubereiteten Speisen erfolgt durch die Ausbilderin. In der nächsten Teambesprechung wird die Bewirtung des Grillfestes reflektiert.

Lernziele

- Allgemeine Rahmenbedingungen sammeln (Budget, Zeitrahmen für Grillfest und Herstellung des Büffets, Ort des Büfetts, Umfang des Speisensortimentes)
- Kriterien für die Zusammenstellung finden (alle wichtigen Nährstoffe, farbliche Aspekte, saisonbedingte Lebensmittelauswahl, Zerkleinerungsformen, Zeitfaktoren)
- Medienkompetenz durch die Nutzung von z. B. Rezeptdateien, Zeitschriften, Büchern, Internet erwerben
- Geeignete Auswahl von Arbeits- und Gartechniken treffen
- Abwechslungsreicher Einsatz von Grundrezepten bzw. geeignete Abwandlungen auswählen
- Arbeitsplanung
- Hygiene und Arbeitsschutz

Methode: Karikaturen-Rallye

Sicherlich freuen Sie sich schon darauf, in der Küche praktisch zu arbeiten und köstliche Speisen und Getränke herzustellen. Doch bevor es so richtig losgeht, müssen einige Aspekte z. B. in Sachen Hygiene und Sicherheit berücksichtigt werden, die Sie nun in einer Karikaturen-Rallye erarbeiten sollen.

Bei der Karikaturen-Rallye handelt es sich um eine Methode, sich auf humorvolle Weise Probleme zu einer bestimmten Thematik wie z. B. Unfallrisiken bewusst zu machen und sich anschließend intensiv mit dieser Problematik auseinanderzusetzen.

Bild 1: *Gefahren in der Küche*

	Problem	Eigene Erfahrung	Lösungsvorschlag
Nr. 1			
Nr. 2			
Nr. 3			

Nach fünf Minuten wählen Sie eine 2. Karikatur und wiederholen die Vorgehensweise.

Nach dem Zufallsprinzip stellt nun jede Gruppe die Ergebnisse zu einer Karikatur vor!

1. Runde: Gefahren in der Küche

Bilden Sie entsprechend Ihrer Klassenstärke Gruppen aus je drei bis vier Personen.

In Bild 1 sehen Sie vier Karikaturen zu dem Thema „Gefahren in der Küche". Wählen Sie eine Karikatur aus, schauen Sie sich diese genau an und diskutieren Sie die dargestellte Gefahr unter folgenden Gesichtspunkten:

a) Auf welches Problem will der Karikaturist aufmerksam machen?

b) Kennen Sie dieses Problem aus eigener Erfahrung?

c) Wie kann man diesem Lernproblem entgegenwirken?

Sichern Sie Ihre Ergebnisse tabellarisch.

2. Runde: Gefahren in der Küche vermeiden

Sie haben sich nun verschiedene Probleme, die beim Arbeiten auf Sie zukommen können, bewusst gemacht. Nun geht es darum, diese Schwierigkeiten bzw. Gefahren zu verhindern.

Setzen Sie sich in Ihrer Gruppe deshalb noch einmal intensiv mit der Karikatur, die Sie vorgestellt haben, unter Berücksichtigung der entsprechenden Kapitel auseinander.

- Lesen Sie sich das Kapitel gründlich durch.
- Erklären Sie mithilfe des Materials, wie es zu dem Problem kommen kann, das auf der Karikatur dargestellt ist.
- Formulieren Sie Tipps, wie dieses Problem beseitigt werden kann. Berücksichtigen Sie dabei das Material und Ihre persönlichen Erfahrungen.
- Präsentieren Sie Ihre Ergebnisse in einem Kurzvortrag. Stellen Sie Ihre Ergebnisse auf einem Lernplakat/einer Folie dar. Berücksichtigen Sie bei der Gestaltung des Plakats die Hinweise auf Seite 684.

1 Einteilung der Lebensmittel

Das Lebensmittelangebot ist unermesslich groß und das Ende der Vielfalt scheint immer noch nicht erreicht. In einem herkömmlichen Supermarkt gibt es etwa 10 000 verschiedene Lebensmittel unterschiedlicher Qualität. Trotz dieser Vielfalt lassen sich die Lebensmittel je nachdem, ob sie dem Pflanzen- oder Tierreich entstammen, welche Nährstoffe hauptsächlich enthalten sind und welche Bedeutung sie für eine abwechslungsreiche und die Gesundheit erhaltende Ernährung haben, bestimmten Gruppen zuordnen. Es erleichtert die Übersicht und außerdem findet sich die Gruppierung in der Lebensmittelpyramide wieder. Sie soll der Kompass für dieses Kapitel sein.

Bild 1: *Die Lebensmittelgruppen bilden die Pyramidenseiten © Deutsche Gesellschaft für Ernährung e. V., Bonn*

1.1 Die dreidimensionale Lebensmittelpyramide

Die Grundfläche der Lebensmittelpyramide bildet der Ernährungskreis der Deutschen Gesellschaft für Ernährung (DGE). In den Kreisabschnitten spiegeln sich sieben Lebensmittelgruppen wider, die in diesem Kapitel beschrieben werden.

Mit Rücksicht auf die ernährungsphysiologische Bedeutung derselben (s. S. 128 ff.) erfolgt nochmals eine Zusammenfassung in vier übergeordnete Gruppen. Sie bilden die Seiten der Pyramide:

- Pflanzliche Lebensmittel
- Tierische Lebensmittel
- Öle und Fette
- Getränke

In recht unterschiedlicher Weise leisten diese Gruppen ihren Beitrag zur Versorgung mit essenziellen Nährstoffen zur Vorbeugung von Erkrankungen, die durch Ernährung mit verursacht werden. Beim Blick auf die Pyramidenseiten ergibt sich eine Rangordnung, d. h., je weiter unten das Lebensmittel steht, umso höher ist sein **Gesundheitswert** (s. S. 149) je weiter oben das Lebensmittel platziert ist, umso geringer ist der. Da z. B. die ernährungsphysiologische Bedeutung der Fette eine völlig andere ist als die der Getränke, müssen die einzelnen Pyramidenseiten jeweils für sich betrachtet werden. Lebensmittel, die zwar auf der gleichen Ebene, aber auf verschiedenen Pyramidenseiten stehen, dürfen nicht miteinander verglichen werden.

Mithilfe der Lebensmittelpyramide lassen sich zwei Fragen schnell beantworten:

- Wie viel soll aus dieser oder aus einer anderen Lebensmittelgruppe pro Tag verzehrt werden?
- Welches Lebensmittel aus dieser oder einer anderen Lebensmittelgruppe soll bevorzugt werden?

1.2 Lebensmittelqualität

Bild 1: *Lebensmittel – Welchen Wert schätzen wir?*

Wer kennt nicht die Qual der Wahl während des Einkaufs von Lebensmitteln? Dabei sind es für jeden Einzelnen recht unterschiedliche Überlegungen, warum er sich aus dem reichhaltigen Angebot für das eine oder das andere Lebensmittel entscheidet. Seit dem Aufkommen der Ernährungswissenschaft zu Beginn des 20. Jahrhunderts werden die Lebensmittel nicht mehr ausschließlich nach ihrem Energiegehalt bewertet, sondern hinter dem Begriff Lebensmittelqualität steckt weit mehr. Das hat gute Gründe. Bis Ende des 19. Jahrhunderts wurde im Allgemeinen körperlich schwer gearbeitet und die regelmäßige Versorgung mit Nahrung war alles andere als eine Selbstverständlichkeit. Der Mensch musste in erster Linie satt werden. Heute haben wir ganz andere Erwartungen an Lebensmittel, zumindest was ihren Energiegehalt betrifft. Im Folgenden werden einige Kriterien, die die Qualität eines Lebensmittels bestimmen, erläutert.

Genusswert

Diesem sensorischen Wert kann sich kein Verbraucher entziehen. Wir kaufen das Obst, das gleichmäßig geformt ist, ziehen womöglich die Treibhausware der Freilandware vor, wenn das **Aussehen** ansprechender ist. Den **Geruch**, den frisches Gebäck verströmt, empfinden wir als appetitanregend. Er kann uns aber auch in anderen Fällen eine Warnung sein, wenn es sich um verdorbene Le-

bensmittel handelt. Der **Geschmack** verändert sich im Laufe eines Lebens. Während Kinder scharf gewürzte Speisen eher ablehnen, sieht es bei Erwachsenen anders aus. Wassermelonen schmecken nur gekühlt, Ananas oder Bananen entfalten ihr typisches Aroma dagegen bei höheren Temperaturen. Knäckebrot lässt sich im Gegensatz zu Mischbrot leicht brechen und vermittelt aufgrund seiner **Konsistenz** einen anderen Eindruck nicht erst im Mund.

Gesundheitswert

Dieser wird auch ernährungsphysiologischer Wert genannt und hat für zahlreiche Verbraucher den gleichen Stellenwert wie der Genusswert. Die **Nährstoffdichte** umschreibt den Gehalt an essenziellen Nährstoffen und deren Verhältnis zu den energieliefernden Nährstoffen. Der Gehalt an essenziellen Nährstoffen ist in Vollkornbrot mit seinem Gehalt an Vitaminen der B-Gruppe und Mineralstoffen höher als in Weißmehlprodukten. Die **Energiedichte** vermittelt einen Eindruck über den Energiegehalt (kJ) in 100 g Lebensmittel. Beim Einkauf sollte es ein wichtiger Hinweis sein, meistens sind Lebensmittel mit hohem Zucker- und Fettanteil entsprechend energiereich. Für den Gesundheitswert sind aber auch der **Frischezustand** und der Gehalt an **unerwünschten Stoffen** entscheidend.

Eignungswert

Die praktische Seite eines Lebensmittels ist sein Eignungs- oder Gebrauchswert. Jeder Haushalt stellt sich die Frage nach Fertiggericht oder Selbstzubereitung: Wie viel **Arbeits-** und **Zeitaufwand** wird in die Speisenzubereitung investiert? **Preis** und **Lagerfähigkeit** sind andere wichtige Gesichtspunkte in diesem Zusammenhang.

Ökologischer Wert

Oftmals werden für die Produktion, Verpackung und den Transport von Lebensmitteln enorme Energie-, Rohstoff- und Wassermengen verbraucht. Der Einkauf **größerer Gebinde** oder von **Mehrwegverpackungen**, die Verwendung **saisonaler** oder **regionaler Produkte** sind Beiträge zum Umweltschutz.

1.3 Lebensmittel pflanzlicher Herkunft

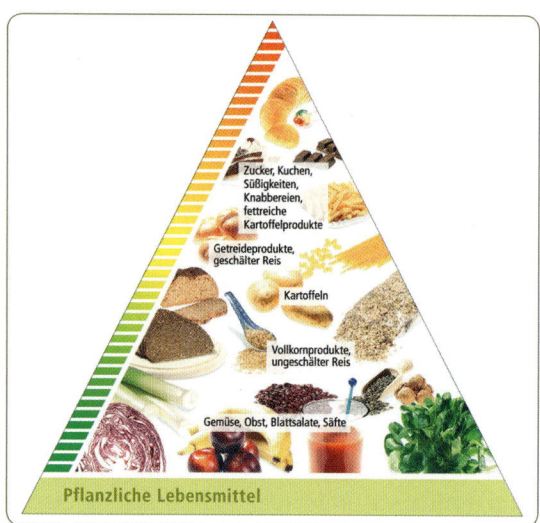

Bild 1: *Pyramidenseite pflanzliche Lebensmittel*
© *Deutsche Gesellschaft für Ernährung e.V., Bonn*

Für die Lebensmittel pflanzlichen Ursprungs sind die Energiedichte und der Gehalt an Vitaminen, Mineralstoffen, sekundären Pflanzenstoffen sowie Ballaststoffen entscheidend. Zu dieser Produktgruppe zählen neben rein pflanzlichen Lebensmitteln auch verarbeitete Lebensmittel, die geringe Anteile tierischer Lebensmittel enthalten, wie z.B. Backwaren.

1.3.1 Gemüse und Obst

Bild 2: *Obst und Gemüse auf dem Wochenmarkt*

Gemüse ist nach einer Definition des Lebensmittellexikons der Oberbegriff für **alle Pflanzenteile** meist einjähriger Pflanzen, die frisch oder gegart verzehrt werden (s. S. 151 f., Tab. 1).

Bei **Obst** handelt es sich nur um spezielle Pflanzenteile, nämlich **Früchte und Samen** kultivierter oder wild wachsender Pflanzen (s. S. 152 f., Tab. 2). Das ist eine eher praktische Erklärung. Botanisch betrachtet entwickelt sich Obst aus befruchteten Blüten. Allerdings trifft diese Feststellung auch auf Fruchtgemüse zu.

Sowohl Obst als auch Gemüse bestehen zu 80 bis 90 % aus Wasser, daher rührt die geringe Energiedichte. Doch auch hier gilt keine Regel ohne Ausnahme! Diese Ausnahme ist das Schalenobst (s. dort).

Angebot

Beide Lebensmittelgruppen haben ihre Hauptangebotszeiten. Dann kann der Verbraucher sowohl Obst als auch Gemüse, das aus der näheren Umgebung stammt, preiswert einkaufen. Damit leistet er nicht nur einen Beitrag zum Umweltschutz; gerade empfindliche Sorten, z.B. Spargel oder Erdbeeren, dürften alleine durch den kürzeren Zeitabstand zwischen Ernte und Verzehr auch eine höhere Qualität aufweisen. Dennoch stehen heute dank moderner Lager- und Transporttechnik (Lagerung in CO_2-Schutzatmosphäre, s. S. 107) viele Gemüse- und Obstarten ganzjährig zur Verfügung, sodass, selbst wenn das heimische Angebot nicht mehr verfügbar ist, kaum auf eine Obst- oder Gemüseart verzichtet werden muss. Dies gilt auch für Arten, die aus klimatischen Gründen hierzulande nicht gedeihen.

Lagerung von Obst und Gemüse

Das Ziel jeder Lagerung ist es, die Ware ohne Qualitäts- und Gewichtseinbußen aufzubewahren. Auch nach der Ernte schreiten die Stoffwechselprozesse weiter fort. Durch Absenken der Temperatur können sie aber verlangsamt werden. Sowohl unter den Obstarten als auch bei Gemüse gibt es Vertreter (z.B. Äpfel, Bananen, Tomaten), die während der Lagerung das Gas Ethylen absondern, welches andere Früchte oder Gemüse schneller welken lässt. Daher ist eine getrennte Lagerung einzelner Gemüse- und Obstarten empfehlenswert.

Außerdem ist zu bedenken, dass es Früchte gibt, die vor der vollen Genussreife geerntet werden, z.B. Aprikosen, Bananen, Äpfel, Birnen, Pfirsich, Nektarinen. Sie reifen im Gegensatz zu Beeren, Kirschen oder Zitrusfrüchten nach.

Pflanzenteile	Beispiele	Bemerkungen
Blattgemüse	Chicorée, Radicchio	Sie enthalten in ihrem kegelförmigen inneren Kern einen Bitterstoff (Intybin), der zu den sekundären Pflanzenstoffen gehört. Beide bereichern den Speiseplan gerade im Winter.
	Kopfsalat, Eissalat	Zitronen- u. a. Säuren verleihen den erfrischenden Geschmack. Salat vermittelt häufig den Eindruck einer energiearmen Mahlzeit. Dabei ist zu bedenken, dass weitere Zutaten sowie Sahne, Mayonnaise und Öl für das Dressing diesen Eindruck fraglich werden lassen.
	Rotkohl, Weißkohl, Rosenkohl	Während Rosenkohl und Rotkohl typische Wintergemüse sind, wird Weißkohl das ganze Jahr angeboten. Wird Weißkohl zerkleinert und mit Kochsalz gestampft, entsteht durch milchsaure Gärung Sauerkraut. Alle Kohlarten sind gute Vitamin-C-Lieferanten und reich an sekundären Pflanzenstoffen.
Blütenstände als Gemüse	Blumenkohl	Blumenkohl ist ein Edelgemüse und sollte möglichst frisch verwendet werden. Zunehmend beliebt wird die grüne Variante, der Romanesco.
	Brokkoli	Die Köpfe sind nicht geschlossen und die Stiele sind länger. Sie können geschält und mitverzehrt werden.
Samengemüse	Bohnen	Hauptsächlich werden die langen breiten Stangenbohnen und die kleineren runden Buschbohnen angeboten. Nicht roh verzehren! Sie enthalten den giftigen Stoff Phasin, der schon nach dem Verzehr von fünf bis sechs rohen Bohnen zu schweren Darmentzündungen führen kann. Durch Hitze wird er inaktiviert.
	Erbsen	Von den Markerbsen wird nur das Korn gegessen, während Kaiserschoten mit Hülle verzehrt werden.
Fruchtgemüse	Gemüsepaprika	Die Scheidewände und Kerne enthalten Capsaicin, das die Schärfe ausmacht.
	Tomaten	Tomaten verlieren im Kühlschrank an Aroma. Sie enthalten Lykopin, ein Carotinoid und sekundärer Pflanzenstoff.
	Gurken	
Wurzelgemüse	Möhren	Möhren enthalten β-Carotin, die Vorstufe des Vitamin A. Daher immer mit etwas Fett verzehren.
	Schwarzwurzeln	Sind ein typisches Wintergemüse mit reichlichem Inulingehalt. Inulin ist ein Ballaststoff, der aus Fruchtzucker besteht.

Tabelle 1: *Gemüsearten, nach botanischen Gesichtspunkten unterteilt*

Pflanzenteile	Beispiele	Bemerkungen
Knollen-gemüse (Sprossknollen)	Rettich, Radieschen	Es gibt eine Vielzahl an Farben, Formen und Größen. Am bekanntesten sind die roten, runden Radieschen und der lange weiße Rettich. Der scharfe Geschmack kommt von Senfölen, die auch zu den sekundären Pflanzenstoffen zählen.
Zwiebel-gemüse	Küchen-zwiebel, Lauch, Knoblauch	Die Sulfide sind für das „tränenrührende Prinzip" verantwortlich. Das sind schwefelhaltige Verbindungen, die durch Zerkleinerung in eine aktive Form überführt werden. Sie wirken auch antimikrobiell.
Stängel-gemüse	Spargel	Sobald Spargel den Erdwall durchbohrt, färben sich die Köpfe violett, später wird der ganze Stängel grün. Besonders teuer und edel sind weiße Spargelstangen. Spargel enthält Asparaginsäure (Aminosäure), die als Abbauprodukt dem Urin nach Spargelgenuss den typischen Geruch verleiht.

Tabelle 1: *(Fortsetzung) Gemüsearten, nach botanischen Gesichtspunkten unterteilt*

Obst	Beispiele	Bemerkungen
Kernobst	Äpfel, Birnen, Quitten	Die Samen („Kerne") sind die eigentlichen Früchte. Sie sitzen in meist fünf miteinander verwachsenen Bälgen, die vom fleischig aufgewölbten Blütenboden umgeben sind, den der Verbraucher als Frucht verzehrt.
Steinobst	Aprikosen, Pfirsiche, Nektarinen, Kirschen, Pflaumen	Der Samen sitzt im Innern eines Steinkernes. Er wird von einem faserigen oder fleischigen Fruchtfleisch mit einer häutigen oder ledrigen Hülle („Haut") umschlossen.
Beerenobst	Himbeeren, Brombeeren	Sammelfrüchte, deren Steinfrüchtchen auf einem zapfenförmigen Fruchtboden sitzen
	Erdbeeren	Scheinfrüchte, die außen viele kleine Samen (Nüsschen) haben
	Johannis-beeren	Die mehrsamigen Beeren sind zu Trauben angeordnet.
	Heidelbeeren	Kulturheidelbeeren werden größer als Waldheidelbeeren und enthalten den typischen Farbstoff nur in der Schale.
	Tafeltrauben	Die Beeren sind in Rispen angeordnet. Es gibt kernhaltige und kernlose Sorten.

Tabelle 2: *Obst nach der im Handel üblichen Einteilung*

Obst	Beispiele	Bemerkungen
Zitrus-früchte	Orangen, Grapefruit, Zitronen, Clementinen	Trotz ständig wachsender Sortenvielfalt entstammen sie botanisch gesehen alle einer Familie, deren Früchte aus drei Schichten aufgebaut sind: **Innen**, das in einzelne **Fruchtkammern** (Spalten) unterteilte saftige Fruchtfleisch. Die **weiße Schicht** des sog. **Albedos** besteht aus trockenem, schwammigem Gewebe von unterschiedlicher Dicke. Die **äußere Schicht** bildet die dünne **Flavedo**. Die Farbe reicht von grün über gelb bis orange. Hier sitzen spezielle Drüsen mit den typischen ätherischen Ölen. Zum Schutz vor Schimmel dürfen Zitrusfrüchte mit **Diphenyl**, **Orthophenylphenol** und **Thiabendazol** behandelt werden. Die Oberflächenbehandlung muss gekennzeichnet werden.
Exoten	Bananen	Beerenfrüchte, deren „Finger" in „Händen" um eine Blütenstandsachse angeordnet sind. Sie werden immer grün geerntet und nachgereift.
	Ananas	100 bis 200 Einzelfrüchte bilden einen Beerenfruchtverband, der Ähnlichkeit mit einem Pinienzapfen hat.
	Kiwi	Beerenfrüchte mit einer dünnen, pelzig behaarten Schale und grünem oder gelbem Fruchtfleisch, das in der Mitte weiß ist und die kleinen Samenkerne enthält. Sowohl **Kiwis** als auch **Ananas** enthalten ein **eiweißspaltendes Enzym**, sodass sie vor der Verwendung mit Gelatine, Milchprodukten oder Fleisch **blanchiert** werden sollten.
Schalen-obst	Haselnüsse, Mandeln, Erdnüsse, Walnüsse	Die Samen sind von einer ungenießbaren Fruchtwand („Schale") umgeben. Sie enthalten bis zu 20 % Eiweiß und mehr als 50 % Fett und lassen sich wegen des geringen Wassergehaltes bei trockener, kühler und luftiger Aufbewahrung gut lagern. Allerdings werden sie bei feuchter Lagerung schimmelig. Die **Schimmelpilze** können **gefährliche Gifte** (Aflatoxine) bilden.

Tabelle 2: *(Fortsetzung) Obst nach der im Handel üblichen Einteilung*

1.3.2 Kartoffeln

Bild 1: *Kartoffelpflanze*

Die Kartoffelpflanze oder besser -staude (Bild 1) bildet unterirdisch mehrere Seitentriebe, deren Ende zu Knollen anschwellen. Somit ist die Kartoffel keine Wurzel, sondern eine Verdickung des Stängels, die unter Lichteinwirkung ergrünt und reichlich Solanin enthält – ein bitter schmeckender Stoff, der nicht verzehrt werden sollte.

Der Verbraucher hat die Auswahl unter etwa 25 Kartoffelsorten. Die amtliche Eingruppierung erfolgt nach dem Verwendungszweck (s. S. 154, Tab. 1) und der Reifezeit.

Kochtyp	Merkmal/Verwendung
Festkochend	Schale platzt beim Kochen nicht auf, schnittfest, geeignet zur Herstellung von Kartoffelsalat
Vorwiegend festkochend	Schale platzt beim Kochen nur leicht auf, als Salz- und Pellkartoffel geeignet
Mehlig kochend	Schale platzt beim Kochen sehr stark auf, geeignet für Eintöpfe, Püree und Knödel

Tabelle 1: *Kocheigenschaften der Kartoffeln*

- Sehr frühe Sorten werden im Juni angeboten, haben keine feste Schale, sodass sie nicht lagerfähig sind.
- Frühe Sorten kommen im Juli/August in den Handel, sind schalenfest und auch bedingt lagerfähig.
- Mittelfrühe Sorten sind die eigentlichen Einkellerungskartoffeln. Sie sind im September auf dem Markt.

Außer den genannten Eingruppierungsmerkmalen variieren im Handel Größe und Form der Kartoffeln, die Schalenfarbe von hellgelb bis rot sowie die Fleischfarbe von hell- bis dunkelgelb.

Zwar besteht auch die Kartoffel zu etwa 80 % aus Wasser, sie enthält aber insbesondere unter der Schale reichlich Vitamine und Mineralstoffe, nach der Sojabohne das wertvollste Pflanzeneiweiß und etwa 16 % Kohlenhydrate und Ballaststoffe. Ein Nachteil des hohen Wasseranteils ist die schlechte Lagerfähigkeit der Kartoffel. Daher hat die Industrie zuerst getrocknete Erzeugnisse (Püree, Knödelmehl) und mittlerweile ein unüberschaubares Sortiment an Kartoffelerzeugnissen entwickelt. Dabei steht der Convenience-Aspekt (s. S. 182) im Vordergrund.

Lagerung

Kartoffeln werden nur noch selten in großem Umfang im Haushalt gelagert. Ist dies der Fall, eignen sich Kisten aus Holzlatten zwecks Belüftung, die in dunklen, kühlen Kellern aufgestellt werden. Sie müssen vor Frost geschützt werden. Handel und Industrie lagern sie in vollklimatisierten Lagerhäusern bei 4 °C.

1.3.3 Hülsenfrüchte

Bild 1: *Hülsenfrüchte – vielfältig und bunt*

Hülsenfrüchte, auch Leguminosen genannt, sind die reifen Samen, die in einer Hülle heranwachsen. Die Pflanzen gehören zur Familie der Schmetterlingsblütler. Mit über 12 000 Sorten ist es eine der vielfältigsten und ältesten Pflanzengruppen. Erdnüsse sind botanisch auch dieser Pflanzengattung zugeordnet, werden jedoch zum Schalenobst gezählt.

Hülsenfrüchte haben einen niedrigen Wassergehalt (daher eignen sie sich zur Vorratshaltung), aber mehr als 20 % Eiweiß und über 40 % Kohlenhydrate, reichlich Ballaststoffe sowie Vitamine der B-Gruppe. Einige Kohlenhydrate aus der Gruppe der Oligozucker (s. S. 133) sind für die Folgen der Hülsenfrüchte verantwortlich: Sie blähen. Je kleiner die Hülsenfrucht ist, umso geringer ist die Entstehung von Gasen im Dickdarm (s. S. 319).

Vielleicht setzt die Spitzengastronomie die kleinen **Linsen** ob grün, rot oder schwarz deshalb hin und wieder als Beilage ein, während **Erbsen** oder **Bohnen** eher zur Herstellung rustikaler Eintöpfe verwendet werden.

1.3.4 Getreide

Ein anderer Ausdruck für Getreide ist Cerealien (Ceres war die Göttin der Erde im antiken Rom). Unter botanischen Gesichtspunkten gehört das Getreide zu den Gräsern, allerdings hebt es sich von diesen durch die Ausbildung relativ großer Früchte ab. Buchweizen (Knöterich), Amarant (Fuchsschwanz), Quinoa (Reismelde) sind Pseudogetreide, da sie nicht zur Familie der Gräser gehören. Praktisch lassen sich die Getreide unterteilen in:

- Brotgetreide: Weizen, Roggen
- Nichtbrotgetreide: Hafer, Gerste, Reis, Mais, Hirse

Aufbau und Inhaltsstoffe des Getreidekornes

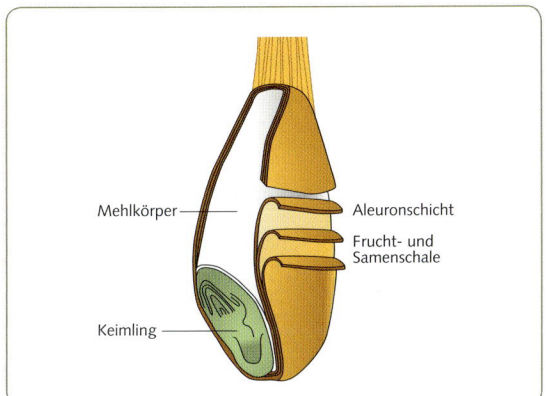

Bild 1: *Längsschnitt durch ein Getreidekorn*

Die Körner der verschiedenen Getreidearten sind sich in Aufbau und Aussehen sehr ähnlich.

Im **Innern** liegt der **Mehlkörper**, der 80 % der Kornmasse ausmacht. Seine großen Zellen bestehen aus Stärke, Eiweiß und die Zellwände aus Ballaststoffen. Er wird von einer einzelligen **Aleuronschicht**, die vorwiegend Eiweiß und Fett, aber auch Vitamine der B-Gruppe enthält, umgeben. Mehlkörper und Aleuronschicht bilden das Endosperm.

Der **Keimling** ist reich an Fett, Eiweiß und dem fettlöslichen Vitamin E. Da das Fett relativ schnell ranzig wird, wird der Keimling während des Mahlvorganges entfernt, Ausnahme: Vollkornerzeugnisse.

Die **Randschichten** bestehen aus Frucht- und Samenschale, sie schützen Korn und Keimling und sind reich an Ballaststoffen (Zellulose).

Vermahlung des Getreides

Getreide wird nach der mechanischen Reinigung in einzelnen Stufen (Passagen) auf Walzenstühlen vermahlen. Nach jeder Stufe erfolgt mithilfe spezieller Siebe die Trennung der zerkleinerten Bestandteile je nach Partikelgröße von oben nach unten abnehmend:

- Schrot
- Grieß
- Dunst
- Mehl

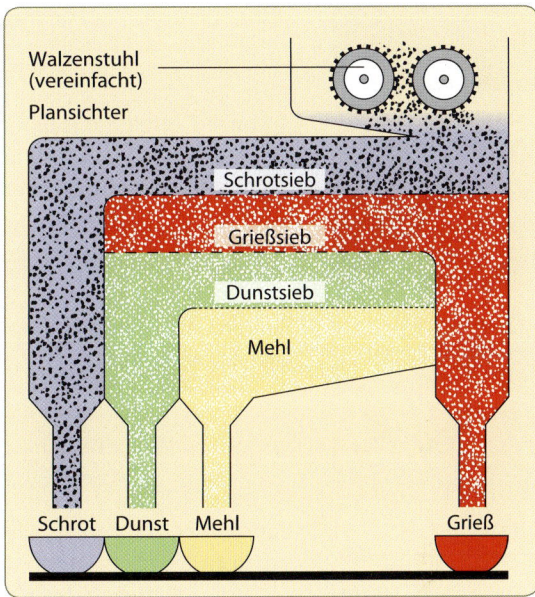

Bild 2: *Vermahlung des Getreides*

Ausmahlungsgrad und Typisierung

Der Ausmahlungsgrad, der unabhängig vom Feinheitsgrad der Mahlerzeugnisse ist, besagt, wie viel Prozent Mehl aus 100 kg Getreide angefallen sind. Je höher der Ausmahlungsgrad, umso mehr Anteile aus den Randschichten befinden sich im Mehl, desto dunkler, eiweißhaltiger, ballaststoff-, vitamin- und mineralstoffreicher ist das Mehl und umso höher ist die Typenzahl. Vollkornschrote oder -mehle haben keine Typenangabe, da sämtliche Bestandteile des „vollen" Kornes enthalten sind. Niedrig ausgemahlenes Mehl ist hell und stärkereich und hat eine niedrige Typenzahl, wie z. B. Weizenmehl Type 405. Es ist das Mehl, das am häufigsten im Haushalt verwendet wird, ob für die Herstellung von Pfannkuchen, Kuchen oder Plätzchen.

Getreide	Verwendungsmöglichkeiten
Weizen 	Er ist weltweit das wichtigste Brotgetreide. Die für die Brotherstellung entscheidende Krumenbildung verdankt er einem speziellen Eiweiß, das **Gluten** oder **Kleber** genannt wird. Das Gluten im Weizenmehl bildet mit Flüssigkeit einen elastischen Teig. Es ist verantwortlich für das Gashaltevermögen und eine lockere Krume während des Backens. **Bulgur** ist die Grundlage vieler Spezialitäten in der Türkei und im vorderen Orient. Der Weizen wird vorgekocht und nach der Trocknung nach Art einer Grütze grob oder fein geschnitten. **Couscous** ist ein Weizengrieß.
Roggen 	Er wird vor allem in Nordeuropa angebaut. Seine Backfähigkeit beruht auf Pentosanen. Das sind Schleimstoffe und spezifische Eiweißverbindungen, deren Quellfähigkeit nur durch Sauerteig beeinflusst wird. Dadurch wirken sie an der Gashaltung mit. Der Kleberanteil ist gering.
Hafer 	Es ist das Getreide mit dem höchsten Eiweißgehalt. Das Fett befindet sich nicht nur im Keimling, sondern im ganzen Korn. Haferflocken unterschiedlichster Größe sind immer Vollkornerzeugnisse.
Gerste 	Gerstenmalz ist neben Hopfen, Hefe und Wasser eine Grundzutat bei der Bierherstellung. Darüber hinaus werden die geschälten und geschliffenen Gerstenkörner als Graupen für die Herstellung von Suppen und Eintöpfen verwendet.
Reis 	Während er in Asien zu allen Gelegenheiten verzehrt wird, spielen hierzulande Langkornreis für Beilagen und Rundkornreis für die Zubereitung von Süßspeisen eine Rolle. **Naturreis** enthält alle verzehrbaren Anteile. Es ist ein Vollkornerzeugnis. **Polierter Reis** ist von Schale, Aleuronschicht und Keimling befreit. **Parboiled Reis** wird vor dem Schälen mit Wasserdampf und Druck behandelt, sodass Vitamine und Mineralstoffe zu 80 % von den Randschichten in das Reiskorn gepresst werden. **Schnell kochender** (Quick-, Minuten-) **Reis** ist vorgegart und wieder getrocknet.
Mais 	Er ist der wichtigste Rohstoff für die Herstellung von Speisestärke. Cornflakes dürften das bekannteste Maisprodukt sein. Wird das Maiskorn hohem Druck ausgesetzt, entsteht Popcorn. Unreifer Mais wird als Gemüse verzehrt.
Hirse 	Kolben und Rispenhirse sind die wichtigsten Vertreter dieser in vielen Teilen Afrikas als Grundnahrungsmittel verwendeten Getreideart. Sie wird ähnlich wie Reis zubereitet und verwendet.

Tabelle 1: *Die einzelnen Getreidearten*

1.3.5 Brot

Mehlmischungs-verhältnis	Brotgruppe
Mindestens 90 % Weizenanteil	Weißbrot, Weizentoast, Weizenvollkornbrot
50–89 % Weizenanteil	Weizenmischbrot
50–89 % Roggenanteil	Roggenmischbrot
Mindestens 90 % Roggenanteil	Roggenbrot, Roggenvollkornbrot

Tabelle 1: *Mehlanteil bei Broten*

Sowohl Brot als auch Kleingebäck wie z. B. Brötchen oder Laugengebäck werden aus Mahlerzeugnissen des Roggens, des Weizens und in geringem Umfang auch aus anderen Getreidearten unter Zusatz von Wasser, Kochsalz und Lockerungsmittel hergestellt. In Deutschland werden etwa 300 verschiedene Brotsorten hergestellt.

Sobald der Roggenanteil in einem Brot überwiegt, erfolgt die Lockerung des Teiges nicht mehr durch Hefe, sondern durch Sauerteig. Dieser besteht sowohl aus Hefen als auch aus einer zusammengesetzten Bakterienflora, in der die Milchsäurebakterien überwiegen. Dadurch entstehen Geruchs- und Geschmacksstoffe, die für Roggenbrote typisch sind.

Die Sortenvielfalt kommt nicht zuletzt durch **Spezialbrote** zustande, die in Verbindung mit einer der vorgenannten Brotgruppen hergestellt werden können. Im Folgenden sind einige der Kriterien genannt, welche Spezialbrote erfüllen müssen:

- Verwendung von Nichtbrotgetreide
- Verwendung besonderer Backverfahren
- Zutaten tierischer oder pflanzlicher Herkunft

Zusatzstoffe im Brot

Zusatzstoffe müssen technologisch notwendig und gesundheitlich unbedenklich sein. Von der Vielzahl an Zusatzstoffen, die auf dem Lebensmittelsektor Verwendung finden, werden zur Brotherstellung nur drei bis fünf verwendet. Entweder verbessern sie die Backfähigkeit des Mehles, beeinflussen die Frischhaltung des Gebäcks oder verlängern dessen Haltbarkeit. Im Einzelnen handelt es sich um Vitamin C, Emulgatoren, Guarkernmehl und Konservierungssäuren.

Lagerung und Haltbarkeit von Brot

Um eine Art des Austrocknens handelt es sich beim „Altbackenwerden". Dieses geht mit einer Veränderung der Stärke einher, die Kruste wird zäh und die Krume trocken und fest. Brot kann in luftdichten und trockenen Behältern (Brotkiste), in dicht schließenden Brottöpfen oder in verschlossenen Kunststoffbeuteln bzw. -behältern gelagert werden. Offene Lagerung fördert das Altbackenwerden, verhindert aber die Schimmelbildung, die besonders von der feuchten Brotkrume ausgeht.

- Verpacktes Brot trägt ein Mindesthaltbarkeitsdatum.
- Weißbrot ist zum sofortigen Verzehr bestimmt.
- Toastbrot ist durch einen geringen Fettanteil bis zu einer Woche lagerfähig.
- Mit steigendem Roggenanteil erhöht sich die Lagerdauer eines Brotes auf 7 Tage.

1.3.6 Teigwaren

Bild 1: *Teigwaren in Hülle und Fülle*

Im Allgemeinen bestehen Teigwaren aus Weizengrieß oder -mehl, Wasser, ggf. Eiern und Salz. Damit grenzen sie sich eindeutig vom Brot ab, sie unterliegen keinem Gär- und Backverfahren, sondern werden nach der Teigbereitung lediglich geformt und getrocknet. Lange Zeit erfolgte die Nudelherstellung auch durch den Bäcker. Ein kleines Angebot halten traditionsbewusste Betriebe auch heute noch bereit. In Deutschland werden zu 90 % Eiernudeln bevorzugt, während die klassische Variante der Pasta in Italien eifrei ist.

Eier verfeinern den Geschmack und bestimmen das goldgelbe Aussehen. Weitere Zutaten verbreitern das Angebot:

- Gemüse und Kräuter werden zur Geschmacks- und Farbgebung zugesetzt, z. B. Spinat-, Möhren-, Tomatennudeln.
- Vollkornnudeln enthalten Weizenmehl, das zu 80 % und nicht wie üblich nur zu 70 % ausgemahlen ist.

Außerdem unterscheiden sich die Teigwaren durch eine Vielfalt an Formen und Füllungen.

1.3.7 Mittel zum Süßen

Längst hat **Honig**, der bis ins 18. Jahrhundert in Nordeuropa das einzige Süßungsmittel war, diese Bedeutung zugunsten von Zucker oder Süßstoffen eingebüßt.

Zucker ist ein reines Kohlenhydrat, das aus Traubenzucker und Fruchtzucker besteht und hierzulande aus Zuckerrüben gewonnen wird.

Bild 1: *Honig, Zucker, Süßstoffe*

Herstellung

Zuckerrüben werden zerkleinert und anschließend mit Wasser ausgelaugt. Der süße Saft wird konzentriert, indem das Wasser verdampft, bis Zuckerkristalle entstehen. Zuerst sind diese Kristalle durch den anhaftenden Sirup (Melasse) noch braun und klebrig. Durch Raffination, d. h. Lösen in Wasser und erneute Kristallisation, u. U. sogar mehrmals, werden sie immer feiner und weiß. Zucker ist also nicht gefärbt.

Süßstoffe sind zwar auch Verbindungen mit süßem Geschmack, sie haben jedoch keinen oder einen im Verhältnis zur Süßkraft zu vernachlässigenden Nährwert. Praktisch sind sie energiefrei.

Je nach Art des Süßstoffs ist die Süßkraft 35- bis 3 000-mal höher im Vergleich mit Zucker; entsprechend klein sind die Mengen, die zum Süßen nötig sind. Die allermeisten Süßstoffe, die im Handel als Tabletten oder Flüssigsüße angeboten werden, bestehen aus einem Cyclamat-Saccharin-Gemisch im Verhältnis 10 : 1.

- Eine Süßstofftablette hat dieselbe Süßkraft wie ein Würfel Zucker.
- Ein Teelöffel Flüssigsüße entspricht etwa der Süßkraft von vier gehäuften Esslöffeln Zucker.

Außerdem ist Aspartam sowohl in Tablettenform als auch als Streusüße (Candarel®) im Handel. Allerdings ist dieser Süßstoff nicht koch- und backfest und für Personen, die an der Phenylketonurie (eine Störung im Aminosäurestoffwechsel) leiden, nicht geeignet.

Auch wenn immer wieder darüber diskutiert wird, ob wir nicht viel zu viel Zucker konsumieren, so ist er aus unserem Alltag nicht wegzudenken. Er ist:

- Süßungsmittel, Zucker bringt in manchen Fällen das Aroma von Obst erst richtig zur Geltung.
- Backzutat und Massegeber bei der Herstellung von Biskuit- und Rührteigmasse.
- Konservierungsmittel bei der Bereitung von Konfitüren.
- Aroma- und Farbstoff wenn Karamell (s. S. 134) hergestellt wird.

1.4 Lebensmittel tierischer Herkunft

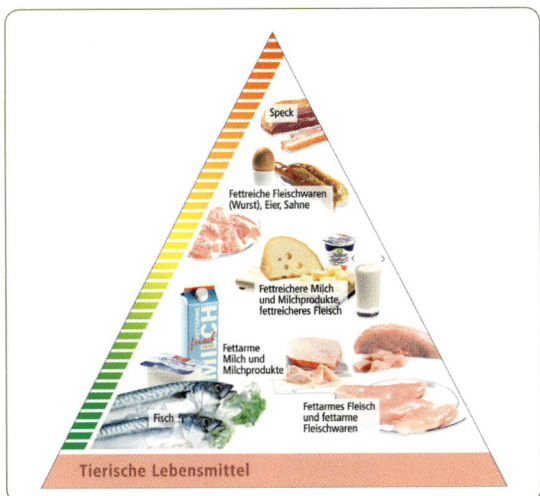

Bild 1: *Pyramidenseite Tierische Lebensmittel*
© *Deutsche Gesellschaft für Ernährung e. V., Bonn*

Im Vordergrund der Betrachtung stehen Milch und Milchprodukte, Fleisch, Fisch und Eier. Ebenso wie bei den pflanzlichen Lebensmitteln sind Energiedichte, d. h. hier Fettanteil, aber auch der Gehalt an Eiweiß, Mineralstoffen, Vitaminen, sowohl fettlösliche als auch wasserlösliche, das Auswahlkriterium. Bei Seefisch dürfen es auch die fettreicheren Sorten sein, da diese einen hohen Anteil an n-3-Fettsäuren aufweisen (s. S. 131).

1.4.1 Milch

Bild 2: *Milchsortiment*

Gemäß Milchverordnung ist Milch „das durch ein- oder mehrmaliges Melken gewonnene unveränderte Eutersekret von zur Milchgewinnung gehaltenen Kühen". Nur ein kleiner Teil der Milch wird unbearbeitet als Vorzugsmilch an den Verbraucher abgegeben. Da Milch ein leicht verderbliches Lebensmittel ist, unterliegen sowohl die Erzeugung als auch der Handel mit **Vorzugsmilch** besonders strengen lebensmittelrechtlichen Bestimmungen. In der Regel wird die Milch sofort nach dem Melken auf mindestens 6 °C gekühlt.

Bearbeitung in der Molkerei

Die **Reinigung** erfolgt in Zentrifugen, die ähnlich wie eine Wäscheschleuder funktionieren. Im gleichen Arbeitsgang wird auch das Milchfett, die Sahne, separiert. Anschließend wird je nach Fettgehalt der Milch die entsprechende Menge Sahne wieder zugemischt. In der Regel bleibt Sahne übrig, die als solche verkauft oder anderen Verwendungen zugeführt wird.

Die **Erhitzung** unterscheidet je nach Dauer und Höhe der Temperatur verschiedene Verfahren und dient sowohl der Inaktivierung von Krankheitserregern als auch der Verlängerung der Haltbarkeit. Es handelt sich um folgende Verfahren:

- Pasteurisieren
- (Ultra-)Hocherhitzen
- Sterilisieren

Daneben findet der Verbraucher im Kühlregal Milch, die auf der Verpackung die Auszeichnung „länger haltbar" trägt. Diese Milch wird auch als ESL-Milch bezeichnet, d. h. **e**xtended **s**hell **l**ife und bedeutet „längeres Leben". Zur Anwendung kommt die sogenannte Fallstromerhitzung oder ein Mikrofiltrationsverfahren mit anschließender Pasteurisierung. In der geschlossenen Packung hält diese Milch bei Kühlung bis zu drei Wochen.

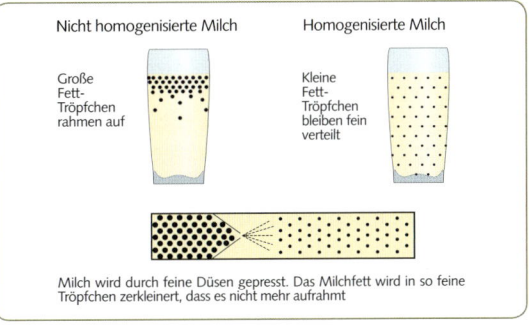

Bild 3: *Homogenisierung verändert die Fettpartikel.*

Die **Homogenisierung** verhindert die Ansammlung des Fetts als Rahmschicht an der Oberfläche der Milch, indem sie unter Druck durch feinste Düsen gepresst wird. Die Fettkügelchen verteilen sich daraufhin, sie bleiben in der Schwebe. Die Milch schmeckt vollmundiger und hat ein besseres Aussehen.

Nährstoffe in der Milch

Die Milch eines jeden Säugetieres dient in erster Linie als ausschließliche Anfangsnahrung der eigenen Nachkommen. Die Gegenüberstellung der energieliefernden Nährstoffe in Tabelle 1 verdeutlicht den Unterschied zwischen Kuhmilch und Muttermilch. Letztere enthält weniger Eiweiß, aber mehr Kohlenhydrate. Daher ist Kuhmilch als Anfangsnahrung für Säuglinge nicht geeignet.

Nährstoffe	Kuhmilch	Muttermilch
Fett	3,2–4,5 %	3,5–4,6 %
Eiweiß	3,0–3,3 %	1,03–1,43 %
Kohlenhydrate	4,7%	6,4–7,6 %

Tabelle 1: *Vergleich Kuhmilch und Muttermilch*

Das Fett in der Kuhmilch weist eine große Vielfalt unterschiedlicher Fettsäuren auf. Das Eiweiß ist durch den Gehalt unentbehrlicher Aminosäuren besonders hochwertig. Milchzucker ist das ausschließliche Kohlenhydrat. Da es hin und wieder beim Menschen zur Milchzuckerunverträglichkeit kommt, die sich in Blähungen und Durchfall äußert, bieten einige Molkereien „**lactosefreie**" (Lactose = Milchzucker) Milch an. Milch und die daraus hergestellten Produkte zählen zu den wichtigsten Calciumlieferanten unserer Ernährung, allerdings ist sie kein Durstlöscher!

Milchangebot

Je nach Fettgehalt kann der Verbraucher aus folgendem Sortiment wählen:

- Vollmilch mit natürlichem Fettgehalt, mindestens 3,5 % Fett (in der Regel 3,8–4,2 %)
- Vollmilch mit eingestelltem Fettgehalt, mindestens 3,5 % Fett
- Teilentrahmte Milch mit 1,5–1,8 % Fett
- Entrahmte Milch mit maximal 0,5 % Fett

Lagerung

Sowohl Milch als auch die Erzeugnisse aus Milch sind aufgrund des Wasser- und Nährstoffgehaltes empfindliche Lebensmittel, die im Kühlschrank gelagert werden sollten. Außerdem nehmen sie leicht Fremdgeruch und -geschmack an, sodass entsprechende Packungen immer zu verschließen sind. Geöffnete Milchpackungen sind innerhalb von drei Tagen zu verbrauchen.

1.4.2 Erzeugnisse aus gesäuerter Milch

Bild 1: *Gesäuerte Milch- und Sahneerzeugnisse*

Herstellung

Als es zumindest im ländlichen Raum noch üblich war, abends die Milch beim Bauern zu „holen", war es ein Leichtes, Sauermilch oder Dickmilch im eigenen Haushalt herzustellen. Die Milch wurde in einem Krug aus Steingut einfach sich selbst überlassen. Nach einiger Zeit war sie sauer und die Konsistenz hatte sich verändert.

Was war passiert? Milchsäurebakterien, die sich vielerorts tummeln, bauen geringe Anteile des Milchzuckers zu Milchsäure ab, diese verändert wiederum das Milcheiweiß, d. h., es gerinnt oder denaturiert. In der Molkereifachsprache wird die Milch „dickgelegt".

Zur damaligen Zeit der spontanen Säuerung mischten sich die unterschiedlichsten Typen von Mikroorganismen unter den „Bakteriencocktail", sodass die Dickmilch mal saurer und mal milder geschmeckt hat.

Längst übernehmen je nach Produkt speziell gezüchtete Bakterienkulturen die Säuerung der Milch. Damit der ganze Prozess möglichst in wenigen Stunden abläuft, wird die Milch nach Zugabe der Säuerungskulturen leicht erwärmt, analog der Herstellung eines Hefeteiges, damit sich die Bakterien schneller vermehren.

Während der Herstellungsprozess keine großen Unterschiede aufweist, sind unterschiedliche Stämme von Milchsäurebakterien das Geheimnis, welches hinter den Produkten **Joghurt**, **Dickmilch** und **Kefir** steckt.

Diese variieren in:

- Geschmack

Einerseits bauen die unterschiedlichen Bakterienstämme den Milchzucker nur z. T. zu Milchsäure ab (0,5–1,1 % Milchsäure), andererseits entstehen durch die Denaturierung des Eiweißes auch typische Aromastoffe. Bei Kefir werden sie noch durch einen kleinen Anteil an Alkohol und Kohlendioxid ergänzt. Das liegt daran, dass es sich bei den sogenannten Kefirknöllchen um eine Mikroflora, bestehend aus Hefen und Milchsäurebakterien, handelt.

- Konsistenz

Alle Erzeugnisse werden dickflüssig oder „stichfest" angeboten. Es sind Standardsorten ohne Zusatz von Stärke, Speisegelatine oder Verdickungsmittel. Außerdem gibt es sogenannte Gruppenerzeugnisse (z. B. „Joghurterzeugnis"), deren Konsistenz „angedickt" wurde.

- Fettgehalt

Auch die Milchwirtschaft macht sich die Erkenntnis zunutze, dass Fett ein Geschmacksträger ist, und bietet Produkte mit einem Fettgehalt von 0,1 % bis 10 % Fett an.

Buttermilch

Buttermilch rundet zwar die Produktpalette der Sauermilcherzeugnisse ab, sie fällt aber „nebenbei" bei der Butterherstellung an. Bis auf Fett und die fettlöslichen Vitamine enthält sie alle Nährstoffe der Milch.

Probiotische Milchprodukte

Probiotika sind lebende Bakterien der Gattungen Lactobacillus und Bifidobacterium. Sie überstehen die Passage durch den Magen mit seiner hohen Konzentration an Salzsäure unbeschadet. So kommen sie lebend im Dickdarm an (s. S. 141) und beeinflussen dort die Darmflora positiv.

Bild 1: *Probiotika*

1.4.3 Erzeugnisse aus Sahne

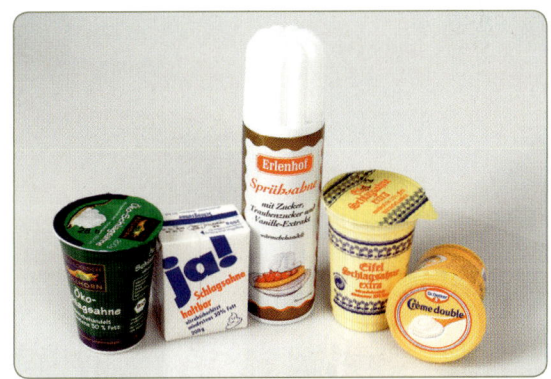

Bild 2: *Süße Sahne*

Sahne ist das typische Milchfett, das während des Zentrifugierens der Milch in der Molkerei anfällt. Sie wird in verschiedenen Fettgehaltsstufen hergestellt:

- Kaffeesahne mindestens 10 % Fett
- Sahne 25–29 % Fett
- Schlagsahne mindestens 30 % Fett
- Schlagsahne extra 36 % Fett
- Crème double 40–43 % Fett

Zu den Erzeugnissen aus **saurer Sahne** gehören ebenfalls Produkte mit unterschiedlichem Fettgehalt:

- Saure Sahne 10–15 % Fett
- Schmand 20–23 % Fett
- Crème fraîche 30–40 % Fett, typische Mikroorganismenkulturen erzeugen mehr Aromastoffe und weniger Säure.

1.4.4 Käse

Das deutsche Wort Käse entstammt dem lateinischen Begriff „caseus". Die Sortenvielfalt wird weltweit auf mindestens 4 000 geschätzt.

Die Käse-Verordnung umschreibt Käse als „frische oder in verschiedenen Graden der Reife befindliche Erzeugnisse, die aus dickgelegter Käsereimilch hergestellt sind". Meistens handelt es sich um Erzeugnisse aus Kuhmilch. Während früher in Deutschland gemäß Milch-Verordnung das Pasteurisieren der Milch auch für die Käserherstellung selbstverständlich war, ist das seit Anfang 2006 anders. Die nun geltende EU-Gesetzgebung (s. S. 126) verbietet Lebensmittel, die nicht sicher sind, sodass auch andere Verfahren angewendet werden dürfen, um Krankheitskeime unschädlich zu machen.

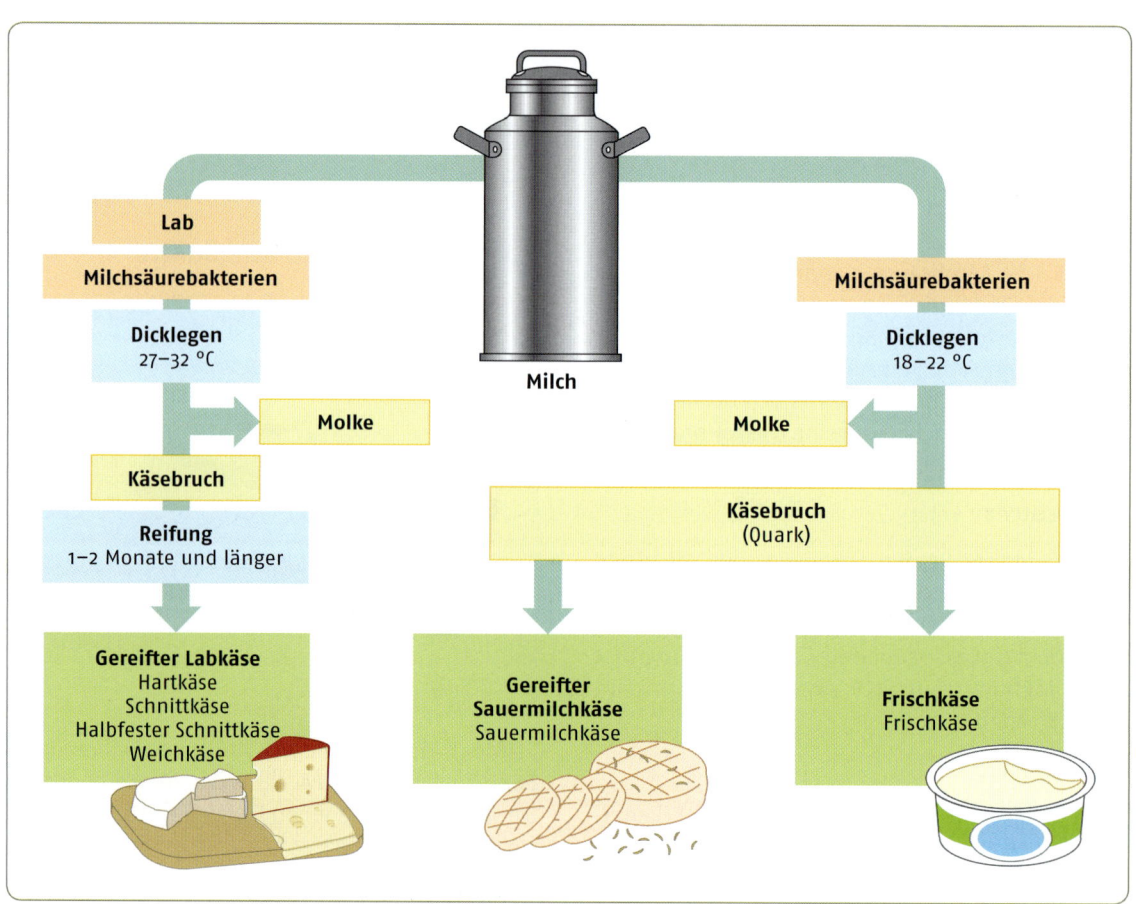

Bild 1: *Käseherstellung (schematisch)*

Herstellung

Die Milch wird „dickgelegt", also das Eiweiß wird zur Gerinnung gebracht. Dabei entsteht die Käsemasse, die zerkleinert wird, damit die Molke mal mehr (z. B. Hartkäse) oder weniger (z. B. Weichkäse) entfernt werden kann. Molke ist die grünliche Flüssigkeit, die manchmal auch auf Joghurt oder Quark steht. In der Molkereifachsprache heißt die zerkleinerte Käsemasse „Bruch". Zur weiteren Molkenentfernung wird er noch bearbeitet und dann zur Formgebung in perforierte, meist zylindrische Behälter gefüllt, auf die nochmals Druck ausgeübt werden kann. Anschließend kommen die Käse in ein Salzbad, bevor sie in Räumen mit spezieller Temperatur und Pflege gelagert und oftmals gleichzeitig einer Reifung unterzogen werden.

Geheimnis der Käsevielfalt

Milch: Außer Kuhmilch finden Schafs-, Ziegen- oder Büffelmilch Verwendung. Darüber hinaus ist der Fettgehalt der Milch entscheidend.

Dicklegung: Die Gerinnung des Milcheiweißes erfolgt durch Lab oder durch verschiedene Kulturen von Milchsäurebakterien. Heute werden meistens beide Möglichkeiten miteinander kombiniert. Lab ist ursprünglich ein Enzym aus dem Kälbermagen, das jedoch längst durch die modernen Methoden der Biotechnologie hergestellt wird.

Reifung: Je nach Käsesorte beansprucht die Reifung Tage, Wochen oder gar Monate bei Temperaturen zwischen 8 und 24 °C und entsprechender Luftfeuchtigkeit. Während dieser Zeit verdunstet nicht nur Wasser, sondern durch die Aktivität typischer Mikroorganismen verändern sich sowohl das Eiweiß als auch das Fett. Es entstehen ganz spezifische Geschmacks- und Aromastoffe und bei manchen Sorten auch die Löcher als eine Folge der Kohlendioxidentwicklung, welches nicht aus der Käsemasse entweichen kann. Camembert und Brie bilden an der Oberfläche einen Schimmel.

Nährstoffe im Käse

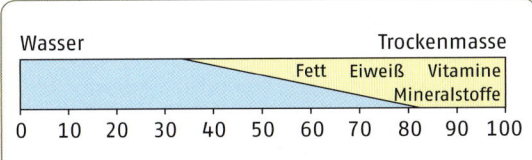

Bild 1: *Die Nährstoffe sind in der Trockenmasse.*

Die Käse-Verordnung unterteilt den Käse nach zwei Kriterien:

- Käsegruppen (= Wassergehalt in der fettfreien Käsemasse: Hartkäse bis Frischkäse)
- Fettgehaltsstufen (= Fettgehalt in der Trockenmasse: Doppelrahm- bis Magerstufe)

Die Trockenmasse gibt praktisch Aufschluss über den Nährstoffgehalt im Käse. Fett und Eiweiß sind seine wichtigsten energieliefernden Nährstoffe.

Die Kohlenhydrate, also der Milchzucker, wurden im Laufe der Reifung abgebaut. **Bis auf Frischkäse enthält Käse nur Spuren von Milchzucker.** Außerdem ist Käse ein bedeutender Calciumlieferant.

Was ist Schmelzkäse?

Diese Erzeugnisse werden aus zerkleinerten Schnitt- und Hartkäsen hergestellt, indem sie mit Schmelzsalzen langsam erhitzt werden. Die Schmelzsalze garantieren eine cremige Konsistenz und die Stabilität der Käsemasse. Schmelzkäsezubereitungen enthalten z. B. noch Kräuter, Salami oder Champignons.

Lagerung

Käse sollte kühl und dunkel gelagert werden. Mehrschicht- oder Verbundfolien schützen ihn vor Austrocknung. Das Gemüsefach des Kühlschrankes scheint ein geeigneter Ort zu sein. In jedem Fall sollte Käse mindestens eine Stunde vor dem Verzehr aus dem Kühlschrank genommen werden.

1.4.5 Eier

Bild 2: *Weiße oder doch lieber braune Eier?*

Selbst wenn die Eier anderer Vogelarten auch für die menschliche Ernährung geeignet sind, konzentrieren sich die Ausführungen ebenso wie der Markt auf das Angebot von Hühnereiern. In diesem Zusammenhang ist die Frage, ob die weißen oder die braunen Eier die besseren sind, müßig, es ist nur eine Frage der Rasse.

Aufbau und Nährstoffgehalt des Eies

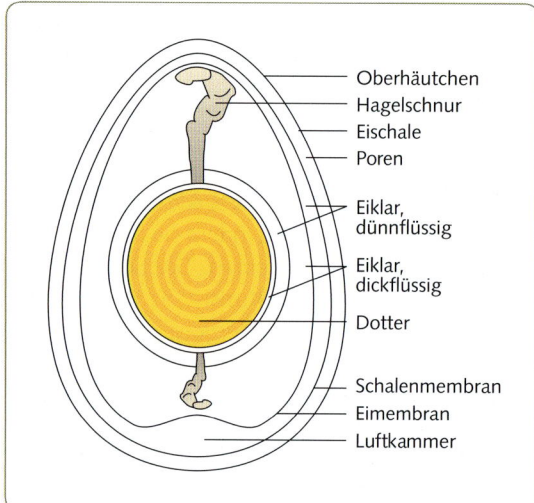

Oberhäutchen
Hagelschnur
Eischale
Poren

Eiklar, dünnflüssig

Eiklar, dickflüssig

Dotter

Schalenmembran
Eimembran
Luftkammer

Bild 1: *Anatomie des Hühnereies*

Kurzbe-zeichnung	Bezeichnung	Gewichtsklasse
XL	sehr groß	73 g und mehr
L	groß	63 g bis unter 73 g
M	mittel	53 g bis unter 63 g
S	klein	unter 53 g

Tabelle 1: *Gewichtsklassen von Eiern*

Eier dürfen höchstens 21 Tage nach dem Legen verkauft werden, müssen aber ab dem 18. Tag nach dem Legen gekühlt werden und die Mindesthaltbarkeit beträgt maximal 28 Tage.

Im Innern des Eies liegt die **Dotterkugel**, die aus Fett, Eiweiß und Wasser besteht und die fettlöslichen Vitamine A und D enthält. Sie wird von **Eiklar** umgeben. Dabei handelt es sich praktisch um eine 10-prozentige wässrige Lösung verschiedener Eiweißverbindungen. Die grünlich-gelbe Farbe geht auf den Gehalt an Riboflavin (Vitamin B2) zurück. Dann folgt die **Schalenhaut**, das sind zwei dünne Membranen aus widerstandsfähigen Eiweißverbindungen. Die eine umgibt als Eimembran das Eiklar, während die andere fest an der Innenwand der **Eischale** sitzt. Zwischen beiden Membranen befindet sich die Luftkammer, die mit zunehmender Lagerdauer der Eier an Höhe zunimmt, da die Eischale 10 000 Poren aufweist und somit im Laufe der Zeit Flüssigkeit aus Eiklar und -dotter verdunsten kann. Eigentlich ist das Ei das Nährstoffreservoir für das Küken, so ermöglicht die poröse Eischale ihm den Gasaustausch.

Angebot

Der Verbraucher findet im Handel nur Eier der Handelsklasse A mit unverletzter und nicht gereinigter Schale. Das **durchschnittliche Gewicht eines Hühnereies** beträgt **58 g** (19 g Dotter, 33 g Eiklar, 6 g Schale) und entspricht damit der Gewichtsklasse M. Eier werden EU-weit in Gewichtsklassen vermarktet.

Lagerung

Während der Handel die Eier erst ab dem 18. Tag nach dem Legen kühlen muss, sollen sie sowohl im Privat- als auch im Großhaushalt immer unter 6 °C gelagert werden. Trotz Kühlung verändert sich aber das Eiklar während der Lagerung:

- Die Viskosität, also die Zähflüssigkeit, nimmt ab.
- Die Dotterkugel verlagert sich und flacht ab.

Am ganzen Ei lässt sich diese Veränderung durch leichtes Schütteln feststellen. Frische Eier verursachen dabei kein Geräusch.

Eier und Salmonellen

Auf der Eischale können sich Salmonellen befinden, die durch die Poren ins Innere gelangen und sich dort bei Zimmertemperatur explosionsartig vermehren. Die einzige sichere Möglichkeit, Salmonellen unschädlich zu machen, ist Hitze, d. h. mindestens 70 °C, besser noch 80 °C.

Bei Salmonellen handelt es sich um eine Bakteriengattung mit zahlreichen Typen, die auch andere Lebensmittel wie Hackfleisch, rohe und halbgare Fleisch- und Wurstwaren, Milch und Geflügelprodukte gefährden. Da Veränderungen des Lebensmittels nicht feststellbar sind, müssen diese Lebensmittel bis unmittelbar vor dem Verzehr bei Temperaturen unter 7 °C gelagert werden.

- Möglichst nur frische Eier verarbeiten.
- Nach Ablauf des Mindesthaltbarkeitsdatums Eier gut durcherhitzen
- Frühstückseier in kochendes Wasser geben und 5 Minuten sprudelnd kochen
- Für geschlagene Cremes oder Mayonnaise nur ganz frische Eier verwenden
- Spiegeleier auf beiden Seiten backen und Rührei durchgaren

Um das Risiko einer Salmonellenerkrankung im Großhaushalt so klein wie möglich zu halten, empfiehlt sich dort die Verwendung von Flüssigeiprodukten im Tetrapack, die einer Wärmebehandlung unterzogen wurden.

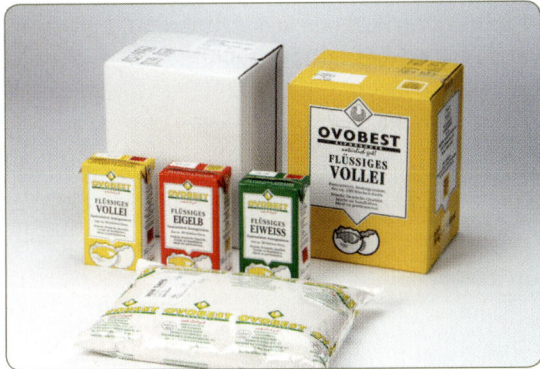

Bild 1: Flüssigeiprodukte

1.4.6 Fleisch

Nach der geltenden EU-Richtlinie handelt es sich bei Fleisch um Muskelfleisch. Alle anderen Teile von Tieren, z. B. Fett und Innereien, fallen nicht mehr unter diese Begriffsbestimmung.

Bild 2: Fleisch

Vor der Schlachtung unterliegen die Tiere einer **Lebendbeschau**, nach der Schlachtung der **Fleischbeschau**. Seit 2001 werden in Deutschland alle Rinder, die älter als zwei Jahre sind, auf **BSE** getestet. BSE ist das Kürzel für **B**ovine **S**pongiform **En**cephalopathy, besser bekannt als „Rinderwahnsinn". Die Erkrankung wird weder von Bakterien noch von Viren verursacht, sondern von Eiweiß, den sogenannten Prionproteinen. Darüber hinaus werden planmäßig Stichproben von Schlachtfleisch entnommen, um sie auf **Rückstände** (Arzneimittel oder Umweltchemikalien) zu untersuchen.

In den allermeisten Fällen weisen die Schlachttierkörper, in der Regel sind es Hälften, keine Beanstandungen auf und erhalten so den Stempel für taugliches Fleisch.

Aufbau und Nährstoffgehalt

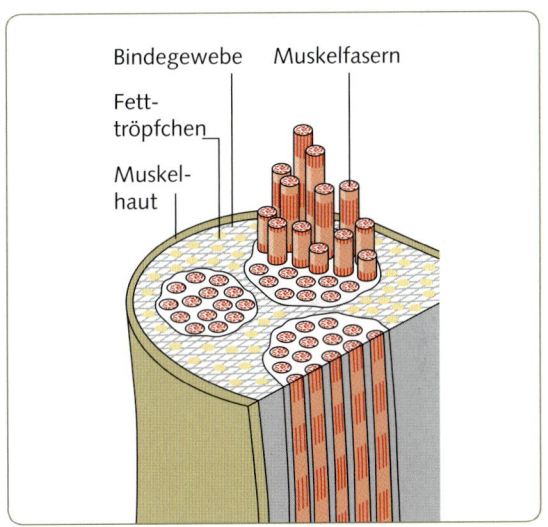

Bild 3: Aufbau von Muskelfleisch

Die Muskulatur besteht aus langen schmalen Zellen, Fasern ist der bessere Ausdruck, die parallel angeordnet sind. Die Faserbündel sind von Bindegewebe umgeben und idealerweise befinden sich auch dünne Fettadern zwischen den Muskelbündeln. Dieses Fett zwischen den Zellen (Marmorierung) hat eine nicht zu unterschätzende praktische Bedeutung. Das Fleisch bleibt während der Zubereitung zart und saftig. Die Zusammensetzung und damit der Nährstoffgehalt der von Fett befreiten Muskulatur weist große Schwankungen auf. Die Gründe dafür sind vielfältig, einige davon werden ausdrücklich erwähnt:

- Alter der Tiere
- Rasse
- Haltung bzw. Fütterung
- Fleischteil

Die folgende Tabelle gibt einen Überblick über die durchschnittliche Zusammensetzung.

Wasser	76,0 %
Eiweiß	21,0 %
Fett	1,5 %
Mineralstoffe	1,0 %
daneben Kohlenhydrate, Vitamine	

Tabelle 1: *Mittlere Zusammensetzung der von Fett befreiten Muskulatur*

Der wichtigste Inhaltsstoff des Muskels, das Eiweiß, enthält alle unentbehrlichen Aminosäuren, ist biologisch hochwertig und kompliziert aufgebaut. Es besteht aus löslichen Anteilen, sie werden z. B. sichtbar als Kochschaum bei der Herstellung einer Fleischbrühe oder sie bilden beim Pökeln (s. S. 110) die hitzestabile rote Färbung, aber auch aus unlöslichen Anteilen, dem Bindegewebe.

Muskulatur enthält kaum Kohlenhydrate. Sie werden während der Fleischreifung, das ist das soge-nannte Abhängen nach der Schlachtung, abgebaut. Dadurch verändert sich die Struktur des Eiweißes positiv. Das Eisen im Fleisch wird besonders gut vom Organismus aufgenommen und Schweinefleisch gehört hierzulande zu den bedeutendsten Thiamin (Vitamin B1)-Lieferanten.

Fettgewebe

Auch wenn Schweine und Rinder schon seit geraumer Zeit einen hohen Magerfleischanteil aufweisen und bei der Grobzerlegung die Stücke fettarm zugeschnitten werden, liegt es in der Natur der Sache, dass die Tiere am Bauch über Muskulatur verfügen, in die mehr oder weniger viel Fett eingelagert ist ("durchwachsen"). Ebenso sind die Innereien des Bauchraumes in Fettgewebe (Flomen beim Schwein) eingebettet. Außerdem verfügt das Schwein noch über eine Fettschicht am Rücken (Speck). Das Fett der Schlachttiere enthält meist langkettige gesättigte Fettsäuren.

Schweinefleisch

Schweine werden im Alter von 7–8 Monaten geschlachtet. Das Fleisch ist rosa und zartfaserig, während das Fett weiß ist.

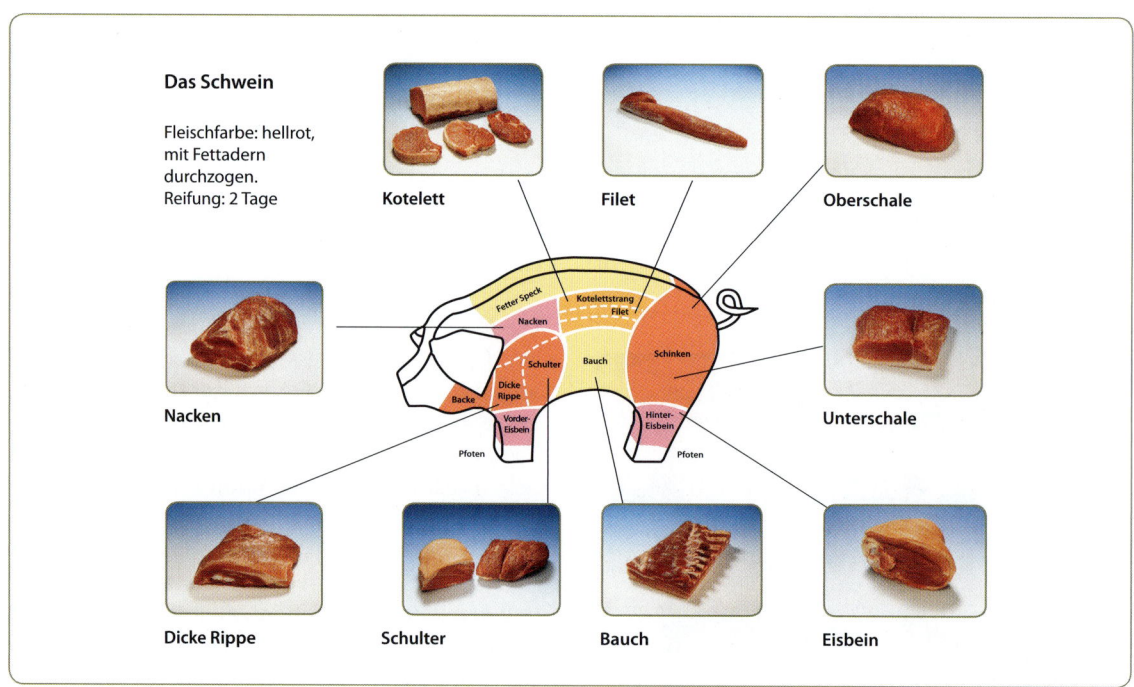

Das Schwein

Fleischfarbe: hellrot, mit Fettadern durchzogen.
Reifung: 2 Tage

Kotelett   Filet   Oberschale

Fetter Speck   Kotelettstrang   Filet

Nacken   Schulter   Bauch   Schinken

Dicke Rippe   Backe   Vorder-Eisbein   Hinter-Eisbein

Pfoten   Pfoten

Nacken   Unterschale

Dicke Rippe   Schulter   Bauch   Eisbein

Bild 1: *Die wichtigsten Teilstücke des Schweins*

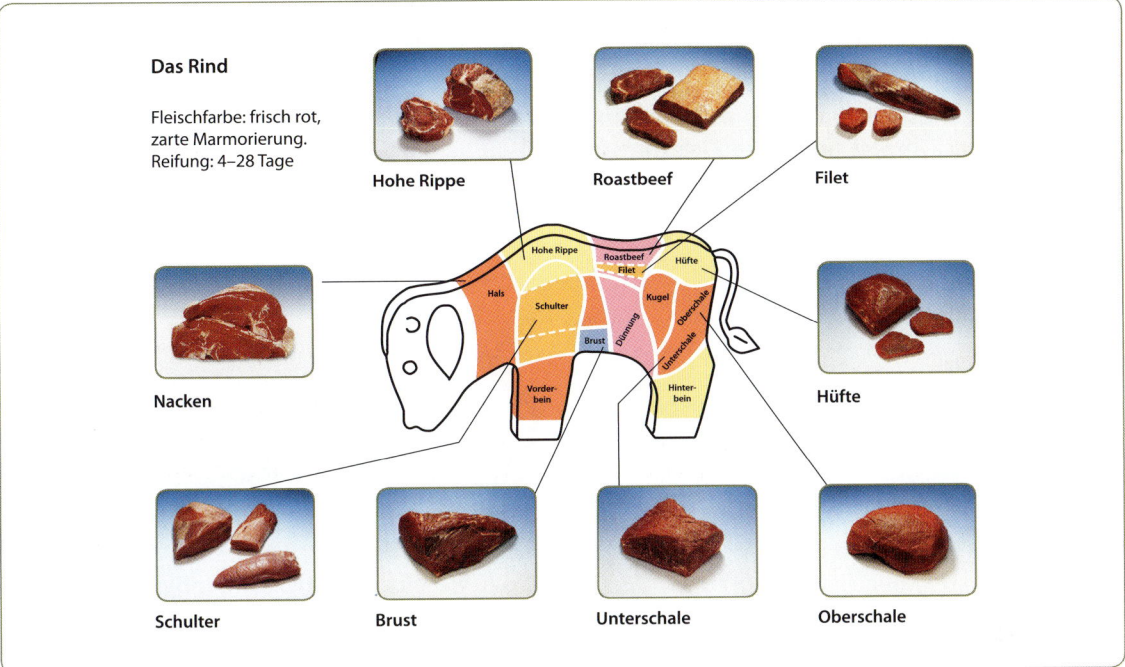

Bild 1: *Die wichtigsten Teilstücke des Rindes*

Rindfleisch

Rindfleisch ist ein weiter und allgemeiner Begriff für Fleisch, das von Tieren unterschiedlichen Alters und Geschlechts stammt:

- Färsen sind junge Kühe, die noch nicht gekalbt haben.
- Ochsen sind kastrierte männliche Rinder, die besonders saftiges und aromatisches Fleisch liefern.
- Jungbullen sind männliche Tiere.

Während Jungbullen meist im Stall gehalten und nach 14–22 Monaten geschlachtet werden, werden Färsen und Ochsen nach zwei Weidemastperioden und 20–30 Monaten geschlachtet.

Im Vergleich zu Schweinefleisch ist Rindfleisch kräftig rot bis dunkelrot, die Fleischfasern sind dicker und das Fett ist weiß bis gelb, wenn die Tiere auf der Weide gehalten wurden.

Bei den meisten Tieren bestimmt der Bindegewebsanteil der einzelnen Fleischteile den Preis und damit die Verwendungsmöglichkeit in der Küche:

- Bindegewebsarm und daher besonders zum Kurzbraten geeignet sind die Teile, die aus dem Rücken gewonnen werden. Filet und Rücken sind am teuersten.

- Einen mittleren Bindegewebsanteil haben Keule und Bug, deren Teilstücke zum Langzeitbraten oder zum Schmoren verwendet werden.

- Einen hohen Gehalt an Bindegewebe, oftmals auch Knochen und Sehnen haben die Körperteile, die vom Tier stark bewegt werden. Entsprechend zeitaufwendig ist die Zubereitung, sei es durch Schmoren oder Kochen.

Innereien

Bild 2: *Leber und Nieren*

Bei den Innereien handelt es sich um die Organe, die innen liegen, also in der Brust und der Bauchhöhle der Tiere. Im Wesentlichen sind es **Leber, Zunge, Herz** und **Nieren**. Sie sollten möglichst kurz nach der Schlachtung verzehrt werden. Die Zubereitung ist aufwendiger als bei Muskelfleisch.

Die Leber als Entgiftungsorgan und die Nieren mit ihrer Ausscheidungsfunktion haben einen intensiven Kontakt zur Umwelt und einer Vielzahl von Stoffen, die unerwünscht sind. Aus diesem Grunde empfiehlt die DGE den Verzehr von Innereien nur einmal im Monat.

Hackfleisch

Bild 1: *Rinder- und Schweinehack*

Hackfleisch darf nur aus dem frischen Fleisch von Rindern, Schweinen und Schafen hergestellt werden. Nach der Zerkleinerung im Fleischwolf ist die Oberfläche stark vergrößert und ein idealer Nährboden für Mikroorganismen, sodass Hackfleisch sowohl im Handel als auch in der Küche zu den Lebensmitteln gehört, die besonderer hygienischer Sorgfalt bedürfen. Die Lagertemperatur muss unter 4 °C liegen, in Verkaufsräumen vorübergehend bei 7 °C.

Das Tiefgefrieren muss unmittelbar nach der Herstellung erfolgen und ist praktisch nur im Schockfroster bei mindestens −35 °C möglich.

Tartar (Schabefleisch)	6 %
Rinderhack	20 %
Schweinehack	35 %
Gemischt	30 %

Tabelle 1: *Hackfleischangebot und Fettgehalt*

Lagerung

Frisches Fleisch, insbesondere wenn es zerkleinert ist, immer im Kühlschrank lagern. Es sollte aus der Verpackung der Metzgerei ausgepackt und in verschließbare Behälter umgefüllt werden. Bei Temperaturen bis 4 °C hält Rindfleisch 3 – 4 Tage, während Schweinefleisch nach 2 Tagen verbraucht sein sollte. Fleisch, das der Fleischtheke im Supermarkt entnommen wurde, ist meistens in verschweißten Packungen unter Schutzgas verpackt und kann so auch gelagert werden.

1.4.7 Erzeugnisse aus Fleisch

Bild 2: *Vielfältiges Angebot an Fleischerzeugnissen*

Die Sortenvielfalt bei den Fleischerzeugnissen dürfte in Deutschland so groß sein wie sonst nirgends auf der Welt. Das Sortiment wird nochmals erweitert durch Erzeugnisse, die dank ihrer geografischen Herkunft besonders geschützt sind. Schwarzwälder oder westfälischer Schinken und Rügenwalder Teewurst sind nur einige Beispiele. Die Unterteilung der Fleischerzeugnisse in die Kategorien „Stückware" und „Wurst" (= Gemenge) ermöglicht eine gute Orientierung.

Stückware

Bei Stückware handelt es sich um Erzeugnisse, die ausschließlich aus Fleisch bestehen. Zum Beispiel werden Schinken immer aus der Schweinekeule hergestellt (Ausnahme: Lachsschinken) oder, sofern Bug (Schulter) verwendet wurde, mit dem Zusatz „Vorderschinken" gekennzeichnet.

Bild 3: *Rohe und gekochte Schinken*

Das Fleisch wird zuerst gepökelt. Dabei kommt **Nitritpökelsalz** zum Einsatz:

- Bei diesem sogenannten Umrötungsprozess wird die rote Fleischfarbe stabilisiert, d. h., auch wenn das Fleisch erhitzt wird, bleibt es rot.
- Die Haltbarkeit wird verlängert.
- Es entstehen typische Aromastoffe.

Roher Schinken wird im Anschluss an das Pökeln geräuchert oder luftgetrocknet.

Gekochter Schinken ist milder gepökelt, daher auch nicht so lange haltbar. Danach kommt er in Formen und wird bei höchstens 70 °C gegart und oft noch geräuchert.

Wurst

Wurstwaren bestehen zu einem überwiegenden Teil aus Fleisch, aber außer zerkleinerter Muskulatur dürfen sie Innereien, Fett, Gewürze und andere Zutaten enthalten.

Bild 1: *Rohwurst, Kochwurst, Brühwurst*

Die Einteilung der Wurst erfolgt je nach Verarbeitung der Rohstoffe:

- Rohwurst

Rohes Muskelfleisch und Speck werden zerkleinert und mit Nitritpökelsalz und Gewürzen vermischt. Diese Masse wird in Därme gefüllt, getrocknet und evtl. geräuchert. Beispiele sind Salami, Cervelatwurst, Landjäger.

Für streichfähige Sorten wie Tee- oder Streichmettwurst werden die Zutaten feiner zerkleinert, sodass das Fett die Fleischpartikel umhüllt. Diese Sorten sind nicht so haltbar wie die schnittfesten Sorten.

- Kochwurst

Diese Erzeugnisse werden hauptsächlich aus gekochtem Schweinefleisch, Innereien, Schwarten und Speck hergestellt. Die wiederum zerkleinerte Wurstmasse wird nach dem Abfüllen in Wursthüllen nochmals in Wasser erhitzt, manchmal anschließend auch noch geräuchert. Kochwürste verderben schnell und sind auch bei Kühlung nur wenige Tage haltbar. Typische Beispiele sind Leberwurst und Blutwurst.

- Brühwurst

Ebenso wie bei der Herstellung von Rohwurst wird sie aus **rohem Fleisch** und Speck hergestellt, aber mit dem Unterschied, dass die Wurstmasse unter **Zugabe von Eis** fein gekuttert wird. Diese in der Fachsprache Brät genannte Masse wird abgefüllt und gebrüht. Einzelne Sorten werden noch geräuchert.

Die roten Sorten, z. B. Fleischwurst, Jagdwurst oder Bierschinken, werden mit Nitritpökelsalz hergestellt, während Weiß-, Brat- und Gelbwurst nur mit Salz verarbeitet werden. Brühwurst sollte auch möglichst schnell verzehrt und unbedingt kühl gelagert werden.

1.4.8 Geflügel

Während ganzes Geflügel traditionsgemäß im November (Martinsgans) und zu Weihnachten eine Rolle spielt, konzentriert sich der Verzehr im Laufe eines Jahres eher auf Geflügelteile. Zu Geflügel zählen:

- Hühner
- Puten
- Enten
- Gänse

Das Fleisch des Geflügels ist fettarm, das gilt in abgeschwächter Form selbst für Gänse und Enten. Das Fett befindet sich unter der Haut und im Fettgewebe der Bauchhöhle. Brust und Schenkel sind bei allen Tieren die fleischreichsten Teile. Außerdem haben sie den geringsten Anteil an Knochen, Haut und Bindegewebe. Die Brust ist das begehrteste Teil und damit auch das teuerste. Diese Wertschätzung schlägt sich z. B. beim Huhn auch in der Bezeichnung nieder: „Hühnerbrustfilet" ist eine ganze oder halbe Brust ohne Haut.

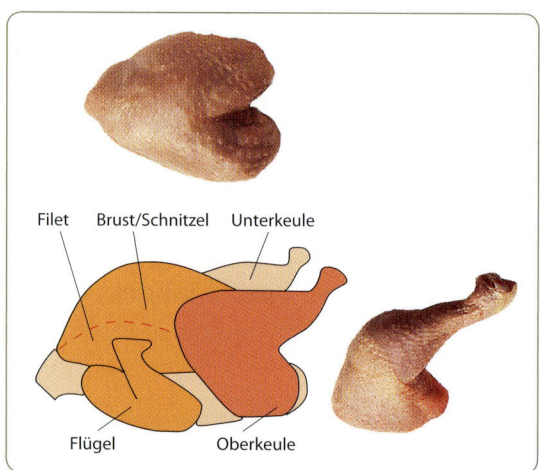

Bild 1: *Geflügelteile werden immer zusammen mit der Geflügelart gekennzeichnet.*

Besonders aus Putenfleisch lässt sich ein breites Sortiment an Fleischerzeugnissen herstellen.

Angebot

In der gesamten EU werden sowohl ganzes Geflügel als auch einzelne Teile in Qualitätsstufen eingeteilt. Im Handel findet der Verbraucher praktisch nur die höchste Handelsklasse A.

- Frisches Geflügel muss bei Temperaturen zwischen −2 und +4 °C gelagert werden und ist so bei lückenloser Kühlkette 7 Tage haltbar. Verpackte Ware trägt ein Verbrauchsdatum.

- Tiefgefrorenes Geflügel muss in kürzester Zeit auf eine Kerntemperatur von −18 °C gekühlt und anschließend bei dieser Temperatur gelagert werden.

Geflügel und Salmonellen

- Frisches Geflügel nicht lange transportieren und nach dem Einkauf sofort in den Kühlschrank legen.
- Bei tiefgefrorener Ware auf eine lückenlose Tiefkühlkette achten
- Tiefgefrorene Ware im Kühlschrank auftauen, und zwar so, dass das Tauwasser abfließen kann
- Fleisch unbedingt durchgaren
- Hände, Geräte und Flächen, die mit Geflügel in Berührung gekommen sind, gründlich reinigen

---

1.4.9 Fisch

Bild 2: *Frischer Fisch*

Im Vergleich zu anderen europäischen Ländern wird in Deutschland wenig Fisch verzehrt. Das mag daran liegen, dass die Küstenregion nicht so ausgedehnt ist, in früheren Zeiten war es auch eine Frage des Transports. Fisch gehört zu den Lebensmitteln mit der höchsten Verderblichkeit! Einige Vertreter der Seefische wie Lachs stammen mittlerweile fast ausnahmslos aus Aquakulturen. Das sind z. T. gigantische „Unterwasser-Fischfarmen". Ein kleiner Teil des Angebotes entfällt auf Süßwasserfische wie Regenbogenforellen und Karpfen, die ebenfalls in Teichzucht gehalten werden.

Bau von Haut und Muskelgewebe

Die Fischhaut besteht aus zwei Schichten:

- Die Oberhaut ist nach außen nicht verhornt, wasserreich und enthält Drüsenzellen, die Schleim produzieren, der bei einigen Arten sehr ausgeprägt ist. Wer kennt nicht den Ausdruck, „glitschig wie ein Aal", der oft im übertragenen Sinne angewendet wird.

- Die Lederhaut sitzt darunter und enthält Pigmentzellen, die dem Fisch Farbe verleihen, sowie Schuppen.

Je nach Anzahl der Fischwirbel ist die Rumpfmuskulatur, wie in Bild 1, S. 171 dargestellt, in Abschnitte eingeteilt, die durch Bindegewebe voneinander getrennt sind. Nach dem Garprozess lässt sich der Fischmuskel leicht in einzelne Segmente zerteilen. Der Anteil an Bindegewebe ist im Fisch deutlich geringer als im Fleisch der Schlachttiere.

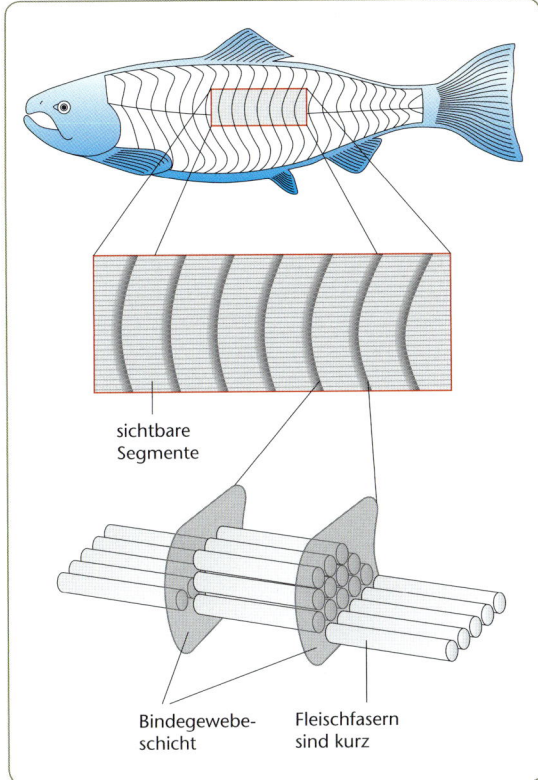

Bild 1: *Bau des Fischmuskels (schematisch)*

Nährstoffe im Fisch

Der Eiweißanteil ist mit 17–20 % sowohl in der Menge als auch in der Qualität vergleichbar mit dem im Fleisch der Warmblüter, während der Kohlenhydratanteil deutlich unter 1 % liegt und nicht der Rede wert ist. Entsprechend des Fettgehaltes lassen sich Fische in drei Gruppen einteilen, darüber hinaus gibt es Seefische mit einer bemerkenswerten Fettzusammensetzung:

Magerfische speichern ihr Fett in der Leber (Lebertran) und enthalten in der Muskulatur weniger als 1 % Fett (z. B. Kabeljau, Schellfisch, Seelachs). **Fische mit** einem **mittleren Fettgehalt** zwischen 1 und 10 % (z. B. Forelle, Lachs, Thunfisch) und **Fettfische** bringen es auf mehr als 10 % Fett (z. B. Hering, Makrele).

Seefische, die in kalten Gewässern leben, sogenannte **Kaltwasserfische**, haben einen hohen Anteil hochungesättigter Fettsäuren (s. S. 131), das sind **Fettsäuren mit fünf und mehr Doppelbindungen**. Obwohl diese Fische zu den „fetten" Fischen zählen, wird der Verzehr von der DGE empfohlen (s. Lebensmittelpyramide)

Fettreiche Fische enthalten die fettlöslichen Vitamine A und D und Seefisch ist hierzulande das einzige Lebensmittel mit einem natürlichen **Iodgehalt**.

Lagerung

Frischer Fisch sollte so schnell wie möglich verzehrt werden. Nach dem Einkauf kann er in einer Glas- oder Porzellanschale abgedeckt im Kühlschrank höchstens einen Tag aufbewahrt werden. Der Handel lagert ihn auf Eis. Das Verhältnis von Eis und Fisch ist vorgeschrieben. Zunehmend findet der Verbraucher im Kühlregal auch abgepackten Frischfisch. Für den schnellen Verderb des Fischs gibt es gleich mehrere Gründe:

- die ständig feuchte Oberfläche;
- der geringe Anteil an Bindegewebe;
- bei Fettfisch sind die hochungesättigten Fettsäuren ein zusätzliches Risiko.

Fischerzeugnisse

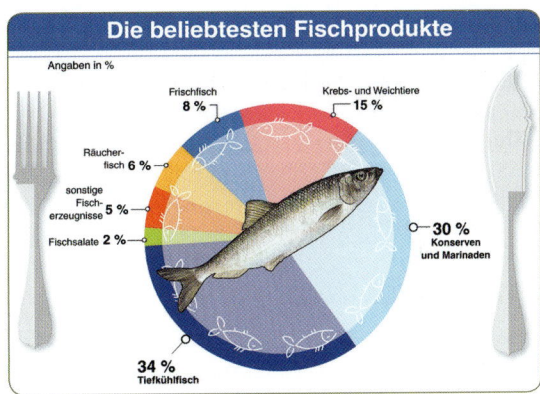

Bild 2: *Fischerzeugnisse bestimmen das Sortiment*

Die Abbildung verdeutlicht, dass frischer Fisch nur zu einem geringen Anteil konsumiert wird. Das Angebot der gefrorenen Erzeugnisse reicht vom frischen Fisch, der nach dem Einfrieren bei –18 °C gelagert wird, bis zum garfertigen Fischgericht. Bei den Konserven verfügen nur die sterilisierten über eine längere Haltbarkeit ohne Kühlung. Marinaden (Mare = Meer) bestehen aus Fisch, dessen Fleisch durch Salz oder Essig gar gemacht wurde. Also eine Garung auf kaltem Wege.

Fischart	Anmerkungen
Kabeljau 	Er lebt in den Gewässern des Nordatlantiks und der Ostsee. Das Fleisch ist weiß und wird meist frisch oder tiefgefroren als Filet angeboten.
Schellfisch 	Er hat weißes zartes Fleisch, das gerne als Stück oder Karbonade gedünstet wird. Schellfisch ist teurer als Kabeljau oder Seelachs.
Seelachs 	Er ist nicht mit dem echten Lachs verwandt, sondern gehört wie Kabeljau und Schellfisch zu den Dorscharten. Das Fleisch ist auf der Hautseite bräunlich. Er wird frisch oder tiefgefroren als Filet angeboten oder als „Seelachs in Öl".
Lachs 	Der Wildlachs ernährt sich von kleinen Krebsen. Daher erhält das Fleisch die typische Färbung. Der größte Teil des Angebotes entstammt der Aquakultur. Diese Form der Aufzucht ist aus ökologischen Gründen umstritten. Das Angebot reicht von frischem oder tiefgefrorenem Filet und Steak bis zu verschiedenen gesalzenen und geräucherten Spezialitäten.
Thunfisch 	Ein Thunfisch kann bis zu 3 m lang werden. Er lebt in wärmeren Regionen und hat dunkelrotes festes Fleisch, das vermehrt auch frisch oder tiefgefroren als Steak angeboten wird. Als Konserve ist Thunfisch schon lange beliebt, entweder im eigenen Saft, in Öl oder mit Gemüse.
Hering 	Er lebt in Schwärmen, die als Folge der modernen Fischereitechnik jedoch immer kleiner werden, in allen Meeren der nördlichen Halbkugel. Auch wenn er frisch (grüner Hering) gebraten köstlich schmeckt, ist er wegen der vielen Gräten nicht sehr begehrt, aber umso mehr in verarbeiteter Form: Gesalzen als Matjes, geräuchert als Bückling, gerollt mit Gurkenstückchen in einem sauren Aufguss als Rollmops sind nur einige Beispiele.
Scholle	Die Scholle ist ein Plattfisch. Diese Fische schwimmen seitlich und haben eine helle Seite, die zum Meeresboden gerichtet ist. Wegen der leuchtend roten Flecken auf der Oberfläche heißt die Scholle auch Goldbutt. Besonders geschätzt wird die „Maischolle"

Tabelle 1: *Ausgewählte Seefische*

1.5 Speiseöle und Speisefette

Bild 1: *Pyramidenseite Fette*
© *Deutsche Gesellschaft für Ernährung e. V., Bonn*

Während bei den pflanzlichen und tierischen Lebensmitteln der Energiegehalt eines jeweiligen Erzeugnisses ein wichtiges Auswahlkriterium ist, verhält es sich im folgenden Kapitel etwas anders. Fett ist einerseits der Nährstoff mit dem höchsten Energiegehalt, andererseits existieren hier ganz viele Beispiele, die nur diesen einen Nährstoff enthalten. So bestehen Pflanzenöle zu 100 % aus Fett. Ernährungsphysiologische Qualitätskriterien, die auch auf dieser Pyramidenseite in der Anordnung der einzelnen Lebensmittel erkennbar sind, sind u. a. die Menge der gesättigten Fettsäuren und das Verhältnis von n-6- zu n-3-Fettsäuren.

Bild 2: *Butter*

Fette mit einem hohen Anteil an gesättigten Fettsäuren haben einen hohen Schmelzpunkt, sind also bei Zimmertemperatur fest und werden in der Umgangssprache auch als Fette bezeichnet; flüssige Fette mit ihrem hohen Anteil ungesättigter Fettsäuren sind Öle (s. S. 131).

1.5.1 Pflanzenöle

Die Fettbildung in der Pflanze geht auf den Prozess der Fotosynthese zurück. Dabei entsteht am Tage unter der Nutzung des Sonnenlichtes zuerst Traubenzucker, der in Stärke umgebaut wird. Vorwiegend während der Dunkelheit wandelt die Stärke ihre Gestalt wieder in Traubenzucker, der zu den Früchten und Samen transportiert wird. Dort erfolgt in einem komplizierten Prozess die Umwandlung in Fett. Die Samen sind der Energievorrat, aus ihnen entwickeln sich neue Pflanzen. Somit ergibt sich eine Vielzahl von Pflanzen, die für die Ölgewinnung in Frage kämen, meistens ist das technisch zu aufwendig. Die Industrie konzentriert sich auf wenige Pflanzenarten, deren Ölausbeute lohnend ist. Besonders ölreich sind mit etwa 70 % die Früchte der Kokos- und der Ölpalme. Beide Pflanzen gedeihen nur in tropischen Regionen.

Bild 3: *Verschiedene Pflanzenöle*

Herstellung

Die Ölsaaten, so heißen die Rohstoffe in der Fachsprache, werden zuerst zerkleinert, oftmals auch erwärmt. Dadurch lässt sich das Öl anschließend leichter herauspressen. Häufig enthält der Pressrückstand immer noch Ölanteile, die durch Behandlung mit einem Lösungsmittel, während der sogenannten Extraktion, vollständig herausgelöst werden können. Sowohl das durch Pressung als auch das durch Extraktion gewonnene Öl ist durch pflanzeneigene Stoffe getrübt und freie Fettsäuren vermitteln einen meist unangenehmen Geruch und Geschmack. Daher wird es noch aufbereitet, d. h. raffiniert. In diesem mehrstufigen Prozess werden alle unerwünschten Stoffe entfernt. Das Ergebnis ist meistens ein hellgelbes, klares Öl.

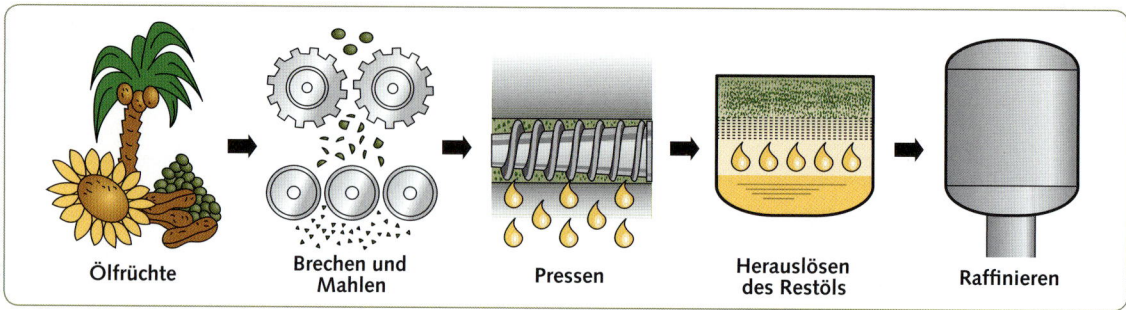

Bild 1: *Schematische Darstellung der Ölgewinnung*

Ölfrüchte   Brechen und Mahlen   Pressen   Herauslösen des Restöls   Raffinieren

Sojabohne 	Die Hauptanbaugebiete dieser vielseitigen Pflanze befinden sich in USA, China und Brasilien. Sie wandelt die Sonnenenergie des Tages in den langen Nächten (die Sojapflanze ist eine Kurztagspflanze) nicht nur in Öl, sondern auch in Eiweiß um. Daher ist sie in weiten Teilen Asiens ein wichtiger Eiweißlieferant. Der Ölgehalt beträgt 20 % und der Eiweißgehalt 40 %.
Sonnenblume 	Die Hauptanbaugebiete dieser Pflanze, die sich während des Wachstums nach dem Sonnenlicht dreht, liegen in Russland, USA, Argentinien und Südosteuropa. Die reifen Sonnenblumenkerne sind nussähnlich und je nach Sorte schwarz bis beige oder gestreift und enthalten 40 % Öl.
Erdnuss 	Die Hauptanbaugebiete der Erdnuss, die einen etwas ungewöhnlichen Entwicklungsverlauf hat, befinden sich in Indien, China, Westafrika und USA. Die Blüten sind leuchtend gelb und schnell verblüht. Nach der Selbstbestäubung und Befruchtung neigen sich die Fruchtknoten an langen Stielen zur Erde und entwickeln sich gut geschützt unter der Erdoberfläche zur ausgereiften Hülsenfrucht. Erdnüsse haben bis zu 50 % Fett.
Kokosnuss 	Die Hauptanbaugebiete der Kokosnuss befinden sich an den Küsten der Philippinen, Indonesiens, Ceylons, Indiens, Mexikos und Afrikas. Der hohe Salzgehalt der Luft schadet ihr nicht. Die reife Kokosnuss ist nicht nur durch eine Steinschale geschützt, sondern noch durch eine darüber liegende Bastschicht, die Kokosfaser, die nochmals von einer wachsgeschützten Haut bedeckt wird. Das ölhaltige Fruchtfleisch wird nach der Ernte getrocknet, heißt dann Kopra und hat einen Fettgehalt von bis zu 70 %.
Raps 	Da Raps die einzige Ölpflanze ist, die auch in gemäßigtem Klima gedeiht, wird sie in West- und Nordeuropa angebaut. Hierzulande überziehen im Frühjahr blühende Rapsfelder die Landschaft wie gelbe Teppiche. Aus den Blüten entwickeln sich längliche Schoten mit 10–20 schwarzen Samen, deren Ölgehalt 40 % ausmacht.
Olive 	Der Olivenbaum gehört zu den ältesten Kulturpflanzen. Die knorrigen, robusten Bäume mit ihren hängenden Zweigen und auf der Unterseite silbrig schimmernden Blättern sind seit Jahrtausenden Bestandteil der typischen Mittelmeerlandschaft. Die Olive ist eine Steinfrucht. Die Früchte sind grün, färben sich dann violett und am Ende schwarz. Der Ölgehalt steigt im Laufe der Reife auf bis zu 35 %. Die aufwendige Ernte der Oliven findet von November bis Februar statt. Olivenöl wird praktisch nur kalt gepresst und anschließend filtriert.

Tabelle 1: *Ausgewählte Rohstoffe für Öl und Margarine*

Veränderung der Konsistenz von Fetten

Das Ergebnis der Fettgewinnung aus pflanzlichen Rohstoffen ist meistens flüssig. Daher ist Öl die treffende Bezeichnung. Sowohl die Industrie als auch die Privathaushalte fragen jedoch in großen Mengen Fette nach, die bei Zimmertemperatur fest oder halbfest sind.

Bei der **Hydrierung** lagern sich unter der Einwirkung eines Katalysators Wasserstoffmoleküle (H_2) an die Doppelbindungen der ungesättigten Fettsäuren (s. S. 131) an. Es entsteht eine gesättigte Fettsäure, die bekanntlich einen höheren Schmelzpunkt hat. Außerdem sind gesättigte Fettsäuren stabiler, d. h., sie verderben nicht so schnell und lassen sich auch höher erhitzen. Diese gehärteten Fette werden als Frittierfette verwendet, wenngleich sie durch diese Manipulation ihre ernährungsphysiologische Qualität auch verlieren. Die Industrie setzt erst vereinzelt High-Oleic-Öle ein. Das sind z. B. neu gezüchtete Sonnenblumen, die reichlich Ölsäure enthalten.

Die **Umesterung** ist eine weitere Möglichkeit, die Konsistenz eines Fettes zu verändern. Dabei wechseln ebenfalls unter dem Einfluss eines Katalysators die einzelnen Fettsäuren ihre Stellung am Glycerinmolekül. Die Fettsäuren werden aber nicht verändert.

1.5.2 Margarine

Margarine wurde zur Verpflegung der Truppen Napoleon III. in Frankreich erfunden. Zu Beginn der Industrialisierung im 19. Jahrhundert war sie das einzige Streichfett, das sich weite Bevölkerungskreise leisten konnten. Damals wurde sie aus bestimmten Fraktionen des Rindertalges hergestellt und dürfte im Geschmack weit entfernt von dem gewesen sein, was wir heute als Margarine bezeichnen. Margarine ist eine Emulsion vom Typ „Wasser-in-Öl" und besteht aus:

- Fettphase, das sind sowohl Öle als auch in der Konsistenz veränderte Pflanzenfette sowie fettlösliche Vitamine A, D, E,
- Lecithin als Stabilisator,
- wässriger Phase, sie besteht aus Magermilch bzw. Wasser und Zitronensäure.

In einem Schnellkühler entsteht aus diesen Zutaten durch gleichzeitiges Rühren, Kühlen und Kneten streichfähige Margarine.

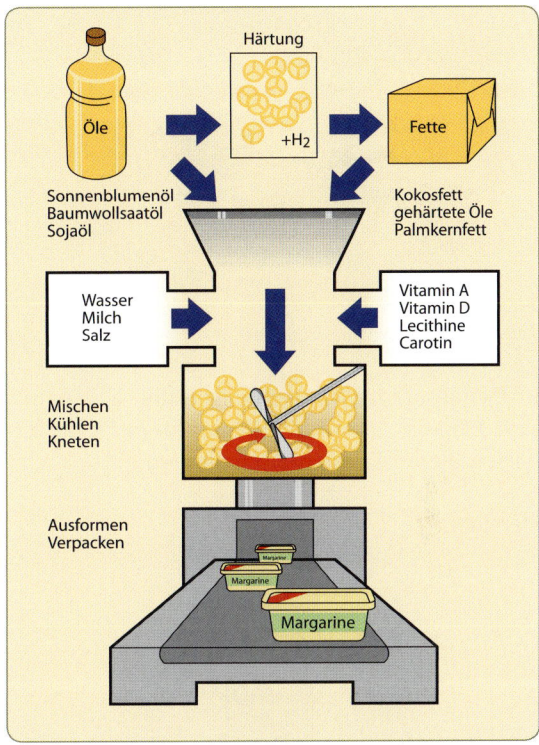

Bild 1: *Margarineherstellung (schematisch)*

Einige Margarinesorten

Herkömmliche Margarine als Standardware mit einem Fettgehalt von 80 % besteht aus pflanzlichen und/oder tierischen Fetten.

Pflanzenmargarine muss in ihrem Fettanteil zu 98 % aus Pflanzenfett bestehen. Wird der ausdrückliche Hinweis „reich an mehrfach ungesättigten Fettsäuren" gegeben, so muss deren Anteil mindestens 45 % ausmachen.

Diätmargarine muss wie alle diätetischen Lebensmittel die Zufuhr bestimmter Nährstoffe u. a. ernährungsphysiologisch bedeutsamer Stoffe steigern oder verringern. Da sich die Fette im Blut, die sogenannten Blutlipide, durch den Verzehr mehrfach ungesättigter Fettsäuren günstig beeinflussen lassen, ist der Gehalt in entsprechenden Margarinesorten hoch. Er beträgt mindestens 50 %.

Margarine, die im **Fettgehalt verändert** ist, kann entweder 60 % Fett (Dreiviertelfett) oder 40 % Fett (Halbfett) enthalten.

1.5.3 Tierische Fette

Butter

Bild 1: *Deutsche Markenbutter*

Im Gegensatz zur Margarine ist Butter eine natürliche Emulsion vom Typ „Wasser-in-Fett", die aus pasteurisierter Sahne hergestellt wird.

Herstellung

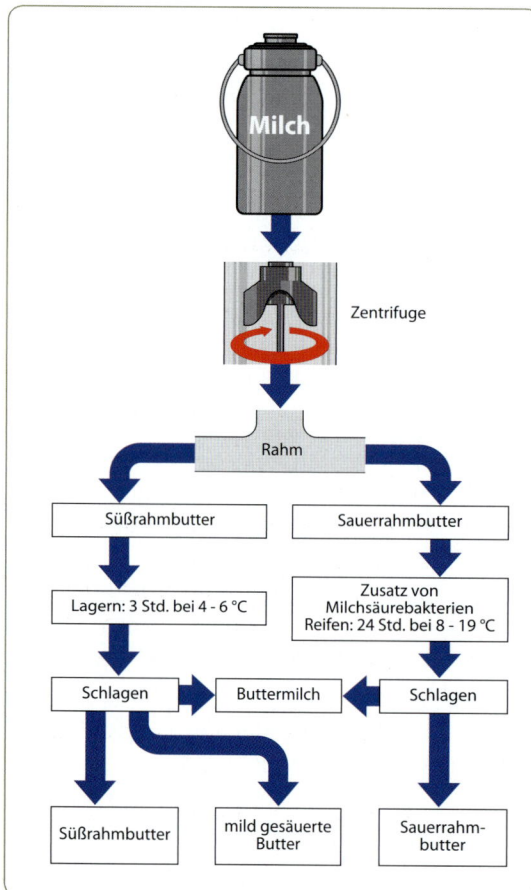

Bild 2: *Butterherstellung*

Während der Butterung wird die Sahne durch Schlagen so stark beansprucht, dass die Membranen der Fetttröpfchen zerreißen. Es entstehen größere Butterkörner, die in der fast fettfreien Milch (Buttermilch) schwimmen. Da die Butterkörner noch einen Anteil wässriger Phase enthalten, werden sie anschließend geknetet. Dadurch reduziert sich nicht nur der Buttermilchanteil von 30 % auf 15 %, sondern der verbleibende Rest wird auch fein verteilt. Am Ende enthält die Butter mindestens 80 % Fett und höchstens 16 % Wasser.

Je nachdem, ob der Sahne Buttersäurewecker zugesetzt wurden oder ob sie lediglich einer dreistündigen Reifung unterzogen wurde, entsteht **Sauerrahmbutter** oder **Süßrahmbutter**. **Mild gesäuerte Butter** wird aus Süßrahmbutter hergestellt, der spezielle Säurewecker bzw. die daraus gewonnene Milchsäure zugesetzt wird.

Qualität

Sofern die Butter in einer Molkerei hergestellt wurde, kann sie anhand folgender Eigenschaften amtlich bewertet werden:

- Sensorische Eigenschaften (Aussehen, Geruch, Geschmack, Textur)
- Wasserverteilung
- Streichfähigkeit

Deutsche Markenbutter erhält für jede Eigenschaft mindestens 4 von 5 Punkten und **Deutsche Molkereibutter** erhält mindestens jeweils 3 Punkte.

Zusammensetzung

Milchfett mindestens	80 %
Wasser maximal	16 %
Trockenmasse	bis 2 %

In dem Fettanteil sind auch die Vitamine A und D sowie Cholesterin enthalten. Bei der Trockenmasse handelt es sich um Eiweiß und Milchzucker. Beide Bestandteile bräunen bzw. verbrennen, wenn Butter erhitzt wird.

Milchfett besteht zu mehr als 60 % aus gesättigten Fettsäuren, 30 % Ölsäure und nur 3 % mehrfach ungesättigten Fettsäuren. Bei den pflanzlichen Fetten ist mit Ausnahme des Kokosfettes das Fettsäuremuster wesentlich günstiger, sodass ein überlegter Verzehr von Butter empfohlen wird.

Erzeugnisse, die aus Butter abgeleitet werden

- Butterschmalz enthält nur noch das Milchfett. Die wässrige Phase wurde entfernt, sodass dieses Fett höher erhitzt werden kann.
- Milchfette mit einem Fettgehalt unterhalb der Butter

Schweineschmalz

Bild 1: *Schweineschmalz*

Die Herstellung von Schweineschmalz entspricht dem „Auslassen" von Speck im Haushalt. Schweine verfügen je nach Ausmästung im Bauch und auf dem Rücken über Fettgewebe. Dieses wird zerkleinert, schonend erhitzt und anschließend filtriert, um die Bindegewebsreste (Grieben) zu entfernen.

Nach dem Erkalten ist das Schmalz streichfähig – eine Eigenschaft, die durch den relativ hohen Gehalt ungesättigter Fettsäuren zustande kommt.

Mit Äpfeln und Zwiebeln vermischt, eignet es sich als Brotaufstrich, in reiner Form wird es zum Braten und Dünsten verwendet und in früheren Zeiten war Schmalzgebäck, also frittiertes Hefegebäck, üblich.

Lagerung

Ganz allgemein sollten Fette kühl, dunkel und vor Sauerstoff geschützt aufbewahrt werden. Emulgierte Fette wie Butter und Margarine sind aufgrund des Wassergehaltes nur sehr begrenzt haltbar.

Kalt gepresste Öle erleiden eher geschmackliche Einbußen als raffinierte Öle. Sowohl die Letztgenannten als auch Plattenfette sind relativ lange haltbar. Angebrochene Packungen sind jedoch schnell zu verbrauchen.

1.6 Getränke

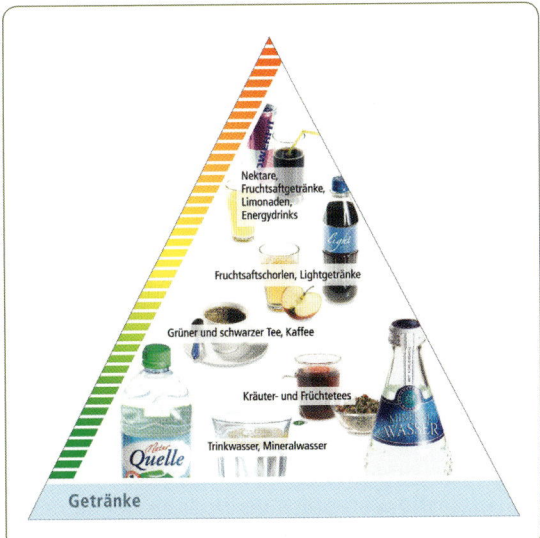

Bild 2: *Pyramidenseite Getränke*
© Deutsche Gesellschaft für Ernährung e. V., Bonn

Die wichtigste Aufgabe der Getränke ist die Deckung des Flüssigkeitsbedarfs. Nicht umsonst bilden Wasser, Mineralwasser, Kräuter- und Früchtetees ohne Zucker die Basis der Pyramidenseite. Sie sind energiefrei. Der Energiegehalt sollte bei Getränken das primäre Auswahlkriterium sein. Kaffee und Tee liefern zwar, je nach Verzehrgewohnheit, auch keine Energie, aufgrund des Koffeingehaltes haben sie jedoch eine anregende Wirkung. Sie sind als Durstlöscher weniger zu empfehlen. Dennoch gelten beide Getränke nicht als „Flüssigkeitsräuber". Diese Behauptung ist widerlegt, da Koffein den Flüssigkeitsbedarf nicht erhöht. Limonaden sowie Erzeugnisse, die Fruchtsaft enthalten, sind oftmals reich an leicht resorbierbaren Kohlenhydraten und daher ebenso wie alkoholische Getränke nicht für den regelmäßigen und schon gar nicht für den reichlichen Konsum gedacht.

1.6.1 Trinkwasser

Die Versorgung mit Trinkwasser wird in Deutschland durch die Wasserversorgungsunternehmen gewährleistet. Sie sind auch für die hygienisch einwandfreie Qualität verantwortlich. Diese wird mehrmals am Tag von den Gesundheitsämtern kontrolliert. Wasser ist damit das Lebensmittel, das am besten untersucht ist. Nordeuropa gehört zu den niederschlagsreichen Regionen und der private Wasserverbrauch beläuft sich auf 130 Liter pro Tag und Person. In weiten Teilen Afrikas nehmen die Menschen weite Wege in Kauf, um wenigstens für die Nahrungszubereitung sauberes Wasser aus einem Brunnen zu schöpfen. So wird Wasser zu einem knappen Gut.

Kreislauf des Wassers

Zwar ist die Oberfläche der Erde zu 70 % mit Wasser bedeckt, doch sind davon nur 2,5 % Süßwasser. Wenn auch der größte Süßwasseranteil als Eis und Schnee vorliegt, so verdunsten doch ständig große Wassermengen aus Meeren und Seen. Der Wasserdampf verdichtet sich zu Wolken, kühlt ab und fällt als Regen zur Erde. Während der Regen fällt, verdunstet er schon wieder zum Teil. Dennoch erreichen andere Anteile als Oberflächenwasser Flüsse und Seen oder versickern im Boden und erhalten das Grundwasser (Bild 1).

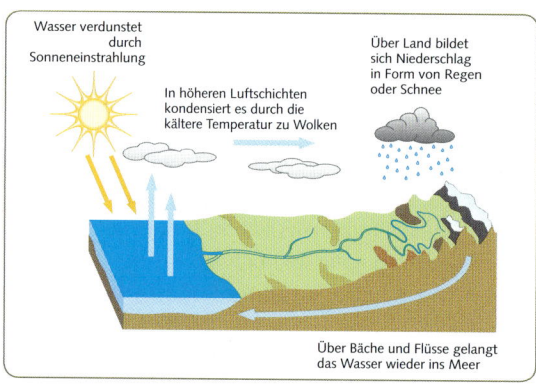

Bild 1: *Kreislauf des Wassers*

Auf die Wassergewinnung, sowohl aus Oberflächen als auch aus Grundwasser, folgt die Wasseraufbereitung. Sie gewährleistet durch verschiedene Verfahren nicht nur ein Trinkwasser, das klar ist und einen guten Geschmack hat, sondern auch den Anforderungen der Trinkwasser-Verordnung entspricht. Da sich der Wasserverbrauch der Haushalte und anderer Einrichtungen nicht gleichmäßig über den Tag verteilt, legen die Versorgungsunternehmen Wasserspeicher an. Die Trinkwasserverteilung geschieht über ein aufwendiges Rohrnetz, in dem das Wasser ständig fließt. Für die Installation in Haus und Grundstück sowie für die Wasserqualität dort ist der Eigentümer verantwortlich.

1.6.2 Mineralwasser

Bild 2: *Mineralwasser in Mehrwegflaschen*

Natürliches Mineralwasser stammt aus Niederschlägen, die bis in eine Tiefe von 1 000 m ins Erdreich eingesickert sind. Im Gegensatz zu Grundwasser, das sich nahe der Oberfläche ansammelt, handelt es sich um Tiefenwasser. Auf dem Weg durch die verschiedenen Gesteinsschichten wird das Wasser nicht nur gereinigt, es reichert sich auch mit entsprechenden Mineralien sowie mit Kohlensäure an.

Mineralwasser-Art	Kohlensäuregehalt je Liter
kohlensäurefrei	Weniger als 1 Gramm
kohlensäurereduziert	4,0–5,5 Gramm
klassisch	etwa 7 Gramm

Tabelle 1: *Kohlensäuregehalt in Mineralwasser*

Es wird meistens an die Oberfläche gepumpt und muss am Quellort abgefüllt werden. In Deutschland gibt es vergleichsweise viele Quellen, aus denen natürliches Mineralwasser sprudelt. Sie liegen meist in Gegenden, die in der Vergangenheit vulkanisch aktiv waren, z. B. in der Eifel und am Ober- und Mittelrhein.

Angebot weiterer Erzeugnisse:

- Quellwasser hat seinen Ursprung ebenfalls in einem unterirdischen Wasservorkommen. Allerdings sind die Anforderungen an die Inhaltsstoffe wesentlich geringer als bei natürlichem Mineralwasser.
- Tafelwasser ist kein natürlich gewonnenes Wasser, sondern eine Mischung aus Trinkwasser und natürlichem Mineralwasser.
- Heilwasser unterliegt den Bestimmungen des **Arzneimittelgesetzes**, während die Anforderungen, die an die anderen Erzeugnisse ge-

stellt werden, in der Mineral- und Tafelwasser-Verordnung (MTVO) geregelt sind.

1.6.3 Kaffee

Kaffee ist sowohl die ganze als auch die gemahlene Bohne sowie das Getränk. Bei der Kaffeebohne handelt es sich um den Samen des Kaffeestrauches. Seine Heimat ist das heutige Äthiopien. **Coffea arabica** und **Coffea robusta** sind die bedeutendsten Kaffeesorten. Der erste, auch Hochlandkaffee genannt, ist edel im Geschmack und anspruchsvoll, was Anbau und Pflege anlangt. Der andere gedeiht auch in niedrigeren tropischen Regionen, der Geschmack ist rauer, eben robust.

Bild 1: *Coffea arabica, Blüten und Früchte*

Nach der Ernte werden die tiefroten Kaffeekirschen geschält und in den Erzeugerländern, das sind in der Hauptsache Brasilien und Kolumbien, als Rohkaffee verschifft. Erst das Rösten der rohen Bohnen verwandelt sie und damit das Getränk in ein wahres Genussmittel. Dabei werden die Bohnen in Großröstereien wenige Minuten heißer Luft ausgesetzt. Sie werden trocken, spröde und kaffeebraun; Inhaltsstoffe zersetzen sich und das typische Aroma entsteht. Um das Aroma zu erhalten, erfolgt anschließend eine schnelle Abkühlung.

Handelsüblicher Kaffee ist eine Mischung aus 4–8 Provenienzen. So heißen die Anteile, die zwar meistens auf den Sorten Arabica und Robusta beruhen, aber aus verschiedenen Regionen stammen. Vor dem Kaffeegenuss kommt noch das Mahlen.

Kaffee kann auf vielfältige Art zubereitet und getrunken werden. Hierzulande wird er als klares Getränk ohne Kaffeemehl getrunken. Pro Tasse werden 6–8 g Kaffee (= 1 gestr. Kaffeelot) verwendet.

Längst hat die Industrie Verfahren entwickelt, die dem Kaffee das Koffein oder Reizstoffe entziehen, ohne die geschmackliche Qualität zu verändern:

- Entkoffeinierter Kaffee darf maximal 1 Gramm Koffein pro Kilogramm Kaffee enthalten.
- Reizstoffarmer Kaffee („Mild") ist als solcher nicht in der Kaffee-Verordnung definiert. Verschiedene Säuren und Kaffeewachse, die z. B. Sodbrennen auslösen können, sind entfernt.

Lagerung

Kaffee sollte kühl und trocken gelagert werden. Sofern die angebrochene Packung vor Feuchtigkeit geschützt wird, behält der Kaffee im Kühlschrank am ehesten seine Qualität. Vakuumverpackter, gemahlener Kaffee kann bis zu 8 Monaten gelagert werden.

1.6.4 Tee

Bild 2: *Thea sinensis*

Die Bezeichnung Tee wird für den Aufguss wie auch für die Blätter des chinesischen Teestrauches verwendet. Er wird in China, Japan, Indien, Sri Lanka, Indonesien, Ostafrika und der Türkei angebaut.

Schwarzer Tee

Nach dem Pflücken werden die Blätter ausgebreitet, damit sie welken und bei der späteren Bearbeitung nicht brechen. Die welken Blätter werden nun maschinell gerollt. Dabei werden die Zellwände zerstört und der Zellsaft kommt mit Sauerstoff in Berührung. Anschließend erfolgt eine Fermentierung. Jetzt nehmen die Blätter eine kupferrote Farbe an. Zum Schluss wird der Tee getrocknet, damit sinkt der Wassergehalt, das Aroma wird fixiert und die Farbe wechselt von Kupferrot nach Schwarz.

Grüner Tee

Traditionell wird grüner Tee vor allem in China, Japan und Nordafrika getrunken. Seitdem die sekundären Pflanzenstoffe in den Fokus der Ernährung gerückt sind, erfreut er sich auch hierzulande steigender Beliebtheit. Nach der Ernte werden die Blätter gedämpft. Dadurch bleibt der grüne Blattfarbstoff, das Chlorophyll, erhalten. Anschließend werden sie gerollt und getrocknet. Die Fermentierung unterbleibt also. Der Aufguss ist hell und aufgrund des höheren Gerbstoffgehaltes (z. B. Tannine = sekundäre Pflanzenstoffe, s. S. 139) bitter.

Lagerung

In der Originalverpackung kann Tee bei kühler und trockener Lagerung mindestens zwei Jahre aufbewahrt werden. Nach dem Öffnen wird er am besten in fest schließende Dosen aus Metall, Glas oder Porzellan umgefüllt. Aromatisierte Tees verlieren das Aroma in einem kürzeren Zeitraum.

1.6.5 Kräuter- und Früchtetees

Die Bezeichnung Tee ist nur den Blättern des chinesischen Teestrauches vorbehalten, sodass es sich bei diesem vielfältigen Angebot um teeähnliche Erzeugnisse handelt. Zur Herstellung werden meistens die getrockneten Blätter, Blüten oder Früchte der verschiedensten Pflanzen verwendet. Nicht nur in unseren Breiten sind sie zur Deckung des Flüssigkeitsbedarfs zu jeder Jahreszeit beliebt. Wenn sie ohne Zucker getrunken werden, sind sie energiefrei.

Matetee, der einzige unter den Kräutertees, der Koffein enthält, ist nicht wegzudenken aus dem Alltag der Südamerikaner. Und der mittlerweile auch hier beliebte **Rotbuschtee** ist das Nationalgetränk der Südafrikaner.

Bild 1: *Früchtetee*

Hagebutten und **Hibiskusblüten** liefern zwar jeweils ein eigenständiges Teegetränk mit bräunlich-roter bzw. tiefroter Farbe, des Öfteren werden jedoch beide gemischt.

Bild 2: *Fenchel*

So mancher Kräutertee bewährt sich, dank seines Gehaltes an ätherischen Ölen, bis in die heutige Zeit als Hausmittel zur Linderung der unterschiedlichsten Beschwerden:

- Pfefferminze wirkt aufgrund des Mentholgehaltes kühlend und erfrischend. Wenn der Tee zu lange zieht, schmeckt er wegen des Gerbstoffgehaltes bitter. Er lindert Blähungen, Krämpfe und ist wohltuend bei Übelkeit.
- Kamille enthält Azulen und ihr Einsatzgebiet ist sehr breit, ob als Tee, Dampfbad oder in Salben. Kamillentee wirkt krampflösend und entzündungshemmend und ist lindernd bei Erkrankungen des Magen-Darm-Traktes.
- Fenchel enthält Fenchon, ein bitter schmeckendes ätherisches Öl, sowie das süßlich schmeckende Anethol. Fencheltee wirkt gegen Blähungen und ist krampflösend.
- Lindenblüten enthalten das angenehm schmeckende Farnesol. In Kombination mit Gerbstoffen und anderen Inhaltsstoffen entfaltet es eine schweißtreibende Wirkung.

1.6.6 Fruchtsäfte und Erfrischungsgetränke

Saft oder Nektar oder vielleicht doch lieber Fruchtsaftgetränke? Das ist oft die Frage, die sich der Verbraucher bei seinem Gang durch den Supermarkt oder den Getränkemarkt stellt. Damit ist das Sortiment aber noch lange nicht erschöpft, sodass die folgenden Beschreibungen nicht mehr sein können als eine grobe Orientierung und der Konsument einmal mehr gefordert ist, die Angaben auf dem Etikett genau zu lesen.

Fruchtsaft

Bild 1: *Fruchtsäfte bestehen zu 100 % aus Frucht.*

Fruchtsäfte werden aus dem Saft frischer Früchte oder aus Fruchtsaftkonzentrat hergestellt. Letzteres muss auf dem Etikett vermerkt sein.

Sie sind entweder klar oder naturtrüb und enthalten i. A. nur den Zucker, der auch in der Frucht enthalten ist. Daneben sind es die Fruchtsäuren, Pektine und Gerbstoffe, die den typischen Geschmack eines Fruchtsaftes mitbestimmen. Zwar enthalten alle Fruchtsäfte Vitamin C, besonders reichhaltig sind jedoch die aus Zitrusfrüchten.

Ebenso wie im Obst ist Kalium der wichtigste Mineralstoff. Sie sind ohne Farb- und Konservierungsstoffe hergestellt.

Ihre Haltbarkeit erlangen sie durch Pasteurisation. Mit einem höheren Anteil Wasser als Fruchtsaft verdünnt, sind sie sowohl im Alltag als auch während und nach dem Sport ideale Durstlöscher.

Fruchtnektar

Bild 2: *Fruchtnektar enthält je nach Fruchtart 50 bis 25 % Frucht.*

Für die Herstellung von Fruchtnektar werden Früchte verwendet, die reichlich Fruchtsäure (z. B. Sauerkirschen) oder Fruchtfleisch (z. B. Bananen, Aprikosen) enthalten, sodass sie mit Wasser verdünnt werden müssen. Der Fruchtanteil ist höchstens halb so hoch wie im Fruchtsaft, es dürfen bis zu 20 % Zucker zugesetzt werden.

Erfrischungsgetränke

Bild 3: *Erfrischungsgetränke*

Nach den Leitsätzen für Erfrischungsgetränke handelt es sich um Getränke, die Trinkwasser, natürliches Mineralwasser, Quell- und/oder Tafelwasser sowie geschmackgebende Zutaten enthalten. Der Alkoholanteil, der aus Fruchtanteilen oder aus Aromen stammt, beträgt max. 2 g/l. Beispiele für Erfrischungsgetränke:

- Fruchtsaftgetränke enthalten keine Kohlensäure und der Fruchtsaftanteil schwankt je nach Fruchtsorte zwischen 6 und 30 %. Eine gesetzliche Beschränkung des Zuckeranteils gibt es nicht.

- Bei Fruchtschorlen schwankt der Fruchtanteil, außerdem dürfen natürliche Aromen zugesetzt werden.

- Limonaden enthalten natürliche Aromen und meistens Zitronensäure. Sie können auch Fruchtanteile zwischen 3 und 15 % enthalten.

1.7 Convenience Food

Wie so oft und in vielen Bereichen unseres Lebens ist auch der Begriff „Convenience" der englischen Sprache entnommen und heißt so viel wie „Bequemlichkeit" oder „Annehmlichkeit". Wörtlich übersetzt handelt es sich also um „bequeme Lebensmittel". Das sind Lebensmittel, die mehr darstellen als die Rohware. Zuerst war es das Bestreben des Lebensmittelhandwerks wie z. B. der Fleischerei oder Müllerei, dem Verbraucher die Vorbereitung der Lebensmittel abzunehmen. Heute ist es die gesamte Lebensmittelindustrie, die, wie in der Tabelle 1 dargestellt, Lebensmittel jeglichen Verarbeitungsgrades anbietet, deren Serviceleistung von oben nach unten zunimmt.

Conveni-ence-Stufe	Erläuterung	Beispiele
küchen-fertig	Lebensmittel müssen zerkleinert, gegart, gewürzt werden.	Ausgenommenes Geflügel, entbeintes und zerlegtes Fleisch
garfertig	Lebensmittel müssen evtl. gewürzt, meistens nur noch gegart werden.	Paniertes oder mariniertes Fleisch, tiefgefrorenes Gemüse oder Kartoffelerzeugnisse, Teigwaren
regenerier-fertig	Lebensmittel müssen lediglich erwärmt werden.	Tiefkühlgerichte, Suppen oder Saucen in Dosen, Gemüsekonserven
verzehr-fertig	Lebensmittel kann direkt nach dem Öffnen der Verpackung verzehrt werden.	Joghurt, Müsliriegel, Kartoffel- und Nudelsalat

Tabelle 1

Convenience Food ja oder nein?

Der Einsatz vorgefertigter Lebensmittel ist sowohl im Privathaushalt als auch in der Gemeinschaftsverpflegung längst alltägliche Praxis. Dennoch knüpfen sich an ihren Einsatz Fragen, die meistens nicht einfach und schon gar nicht eindeutig zu beantworten sind. Daher im Folgenden einige Anmerkungen:

- Wie bei den meisten verpackten Lebensmitteln schreibt der Gesetzgeber auch für Convenience Food vor, dass die Verpackung ein Verzeichnis der Zutaten enthalten muss. Auch wenn diese Liste keine Mengenangaben enthält, so gibt die Reihenfolge der Aufzählung Aufschluss über die Mengenanteile. So kann der Verbraucher abschätzen, wie hoch z. B. der **Fett- bzw. Zuckeranteil** ist.
- Da die Herstellungsverfahren in der Lebensmittelindustrie nahezu perfekt sind, ist der Verlust der besonders empfindlichen **Mikronährstoffe** wie Vitamine und Mineralstoffe bei tiefgefrorenem oder sterilisiertem Gemüse nicht höher als bei der Verarbeitung frischer Ware im Haushalt. Letztere dürften aber aufgrund der Aufgussflüssigkeit über einen höheren Kochsalzgehalt verfügen. Die Industrie verarbeitet die Rohstoffe im Allgemeinen erntefrisch und erhitzt sie meistens unter Ausschluss von Sauerstoff nur so lange wie nötig.
- Während Convenience-Produkte, die lediglich als „küchenfertig" eingestuft werden, kaum **Zusatzstoffe** enthalten, nimmt deren Einsatz in den anderen Convenience-Stufen zu. Aroma- und Farbstoffe sowie Geschmacksverstärker vereinfachen z. B. die Herstellung von Suppen, Saucen oder Desserts und rufen beim Verbraucher eine ganz bestimmte Erwartung hervor. Die hat dann mit dem herkömmlich zubereiteten Produkt nicht mehr viel gemein: Ein Vanilleflammeri muss gelb sein, echte Vanille ist aber das fein duftende und fast schwarze Mark der Vanilleschote. Eine Tomatensuppe muss rot sein, während die Suppe, die aus frischen Zutaten bereitet wird, in der Farbe eher blässlich daherkommt. Es dürfte den Lesern nicht schwerfallen, diese Beispiele zu ergänzen!

Bild 1: *Tiefgekühlte Nudeln und Spinat; Beispiel für Convenience-Food*

Aufgaben:

1. Erarbeiten Sie in der Gruppe eine Übersicht mit praktischen Vorschlägen für die Verwendungsmöglichkeiten einiger Gemüsearten als Ergänzung zur Tabelle 1.

2. Obst und Gemüse bildet die Basis der Pyramidenseite „pflanzliche Lebensmittel", d. h., sie können in großen Mengen verzehrt werden. Begründen Sie diese Feststellung.

3. Verschaffen Sie sich in einem Supermarkt einen Überblick über das Angebot der Kartoffelerzeugnisse. Gestalten Sie mit Mitschülern/-innen ein Plakat, auf dem Sie das vielfältige Sortiment systematisch darstellen.

4. Die Vielseitigkeit der Hülsenfrüchte ist bei uns weitgehend unbekannt. Sie werden höchstens zur Herstellung von Eintöpfen und Suppen verwendet. Stellen Sie Ihren Mitschülern/-innen Rezepturen vor, die das einseitige Bild der Hülsenfrüchte widerlegen.

5. Erläutern Sie, welche Anteile des Weizenkornes in Weizenmehl Type 405 enthalten sind, sowie die Nährstoffzusammensetzung des Mehles.

6. Begründen Sie, warum ein Pfannkuchenteig aus Vollkornmehl mehr Flüssigkeit und eine längere Zeit zum Quellen braucht.

7. Stellen Sie ein Dessert (z. B. Quarkspeise oder rote Grütze) einmal mit Zucker und einmal mit Süßstoff her.

   a) Ermitteln Sie die Einsparung an Energie, wenn Süßstoff verwendet wird.
   b) Diskutieren Sie nach der Verkostung in einer Gruppe das Ergebnis und stellen Sie das Fazit der Klasse vor.

8. Vergleichen und beschreiben Sie Aussehen und Geschmack von Vollmilch und Magermilch.

9. Schnittkäse und Weichkäse sind beliebte Käsegruppen. Informieren Sie sich an der Käsetheke eines Supermarktes über die jeweilige Sortenvielfalt und stellen Sie diese, jeweils nach Herkunftsländern geordnet, auf einem Plakat dar.

10. Zur Herstellung einer Rührmasse benötigen Sie vier Eier der Gewichtsklasse M. Die Einrichtung, in der Sie arbeiten, verfügt aber nur über Flüssigeiprodukte in Form von Eiklar und Eigelb. Beschreiben Sie Ihren Lösungsvorschlag.

11. Erläutern Sie den Begriff „marmoriertes Fleisch" und die praktische Bedeutung.

12. In einem Gästehaus wird Hackfleisch angeliefert und bis zur Weiterverarbeitung etwa 2 Stunden in der warmen Küche abgestellt, da zuerst andere Dinge erledigt werden müssen. Beurteilen Sie dieses Verhalten.

13. Erläutern Sie mithilfe des Internets, was es mit der Herkunftsbezeichnung von Fleischerzeugnissen auf sich hat.

14. Erklären Sie, warum Fisch zu den Lebensmitteln mit der höchsten Verderblichkeit gehört.

15. Kaffee oder Tee waren früher typische Kolonialwaren. Heute gehören sie zum Standardsortiment der Eine-Welt-Läden. Nehmen Sie Stellung.

16. a) Erarbeiten Sie für Erfrischungsgetränke eine Tabelle, die folgende Spalten enthält: Erzeugnis, Merkmale, Beispiele

    b) Ermitteln Sie den Zucker- bzw. Energieanteil in 1 Liter Limonade. Erörtern Sie, ob Limonaden mit Süßstoff eine Alternative sind.

17. Recherchieren Sie im Internet, welche pflanzeneigenen Stoffe während der Raffination des Speiseöls entfernt werden. Stellen Sie den Prozess in einer Übersicht dar.

2 Küchentechnik im Privathaushalt

Für den privaten Verbraucher ist die Küche nicht mehr nur ein Ort der Nahrungszubereitung, sie ist auch Sinnbild von Lebensart und Status geworden.

2.1 Elektroherd

Generell ist er das „Multi-Gerät" bzw. der Vielseitigste unter den Gargeräten. Die technische Ausstattung umfasst zwei Funktionsbereiche: die **Kochstelle** (für den Einsatz von Töpfen und Pfannen) und den **Backofen** (zum Backen und Braten durch Strahlungs- und/oder Umlufthitze). Rein optisch wird vorab nach der **Bauform** unterschieden:

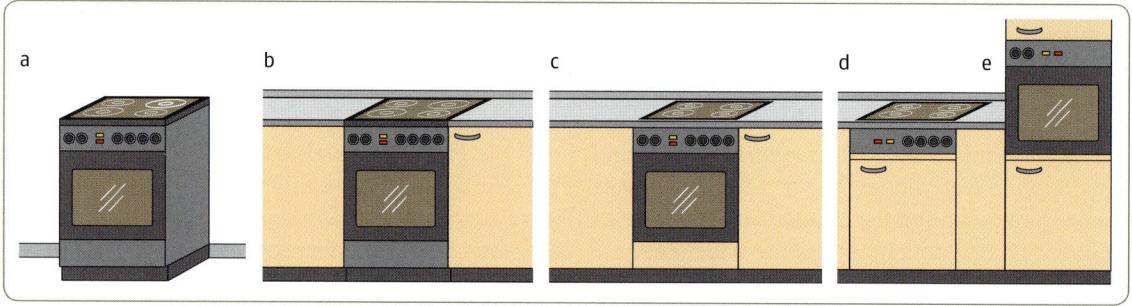

Bild 1: *Bauformen des Elektroherdes*

Als **Standgerät** werden Kochstelle und Backofen komplett als Einzelgerät angeboten und separat neben oder zwischen anderen Küchenmöbeln aufgestellt. Eine Mischform ist der **Unterbauherd**: Hier fehlt die Kochstelle, sodass das Gerät unter die Arbeitsfläche geschoben werden kann. Einbauküchen ersetzten die traditionelle Ausgestaltung der Haushaltsküchen, neue technische Lösungen in Form der **Einbaugeräte** lösten die Standgeräte als Marktführer ab.

2.1.1 Kochstellen

Auswahl und Kombinationsmöglichkeiten von Kochstellen sind vielfältig; die Basis bildet die Entscheidung über die Grundform der Kochstelle z. B. als Mulde oder Zone (siehe Bild 1). Darüber hinaus stehen verschiedene **Beheizungsarten, Funktionsweisen, Formen und Dekors** zur Auswahl.

Kochmulden mit Kochplatten

Die klassische Kochmulde besteht aus Edelstahl (oder emailliertem Stahl), darin sind vier **Kochplatten** aus Gusseisen eingelassen. Erhältlich sind sie in den genormten Größen 14,5 cm = 1 000 W, 18 cm = 1 500 W und 22 cm = 2 000 W.

Charakteristisch ist die **plangedrehte** Oberfläche (1) mit einer unbeheizten Vertiefung in der Mitte (2). Sie leitet überschüssige Hitze ab und verhindert einen Wärmestau sowie eine Deformierung der ebenen Plattenoberfläche während der Heizphasen.

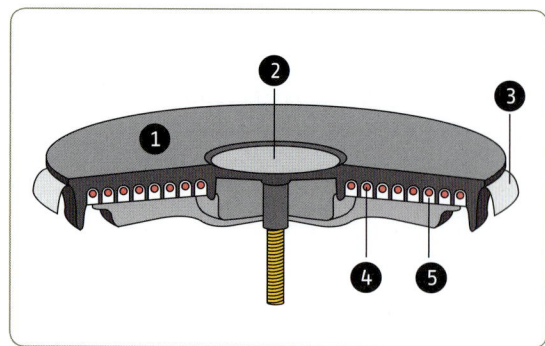

Bild 2: *Aufbau einer Kochplatte*

Innen liegend befinden sich von Isoliermasse (3) umgeben drei Heizleiter (4), die in rillenförmige Vertiefungen eingelassen sind. Die Kochplatte ragt

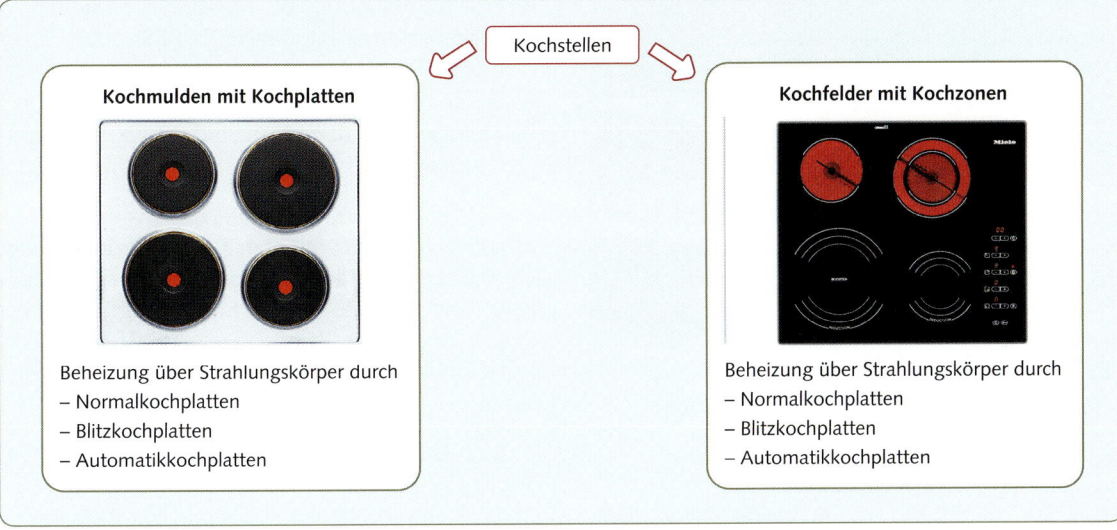

Bild 1: *Übersicht der Kochstellenarten mit Beheizungsformen*

aus der Kochmulde hervor, d.h. kein flächenbündiger Abschluss. Ein **Überfallrand** (5) dichtet Kochplatte und -mulde voneinander ab und verhindert das Eindringen von Feuchtigkeit.

Variabel sind Kochplatten in Bezug auf Leistung und Regelung. Hier unterscheidet man:

- **Normalkochplatten (N):** Sie werden entweder mit Stufenschaltung (Einstellstufen von 0 – 0,5 – 1 – 1,5 – 2 – 2,5 – 3) oder stufenloser Schaltung (Einstellstufen von 1 – 3, 1 – 9 oder 1 – 12 bzw. 13) angeboten. Bei der **Stufenschaltung** können die drei Heizleiter getrennt voneinander zu- und abgeschaltet werden. Die **stufenlose Schaltung** verfügt über einen Gesamtheizleiter. Je nach Steuerung wird in Heizintervallen die Wärme reguliert.
- **Blitzkochplatten (B):** Die höchste Einstellung bietet 500 W mehr Leistung als die Normalkochplatte und somit eine schnellere Ankochphase. Aus Sicherheitsgründen sind sie zusätzlich in der unbeheizten Mitte mit einem **Überhitzungsschutz** ausgestattet. Unkontrollierter Temperaturanstieg entsteht durch unsachgemäßes Kochgeschirr oder Leerkochen eines Topfes. Optisches Erkennungsmerkmal der Blitzkochplatte ist ein roter Punkt in der Mitte.

In der Regel verfügen sowohl Kochmulden als auch Kochfelder jeweils über zwei Normal- und Blitzkochplatten in den gängigen Größen 14,5 cm und 18 cm.

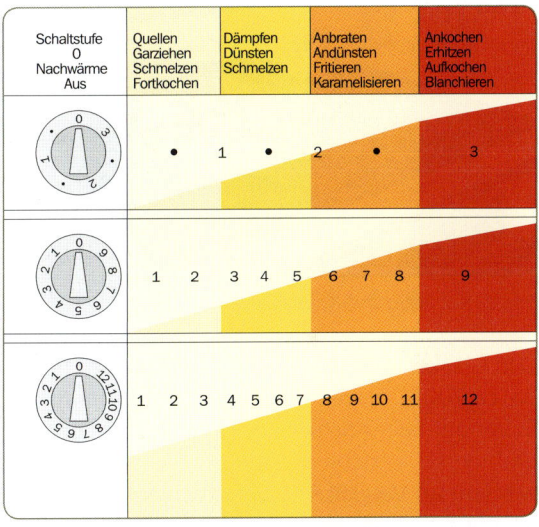

Bild 2: *Funktionsstufen N/B-Kochstellen*

- **Automatikkochplatten (A):** Durch die Wahl einer „Garstufe" schaltet die Platte zunächst auf Ankochen/Erhitzen mit voller Heizleistung und selbstständig auf eine niedrigere Fortkochstufe. Ein manuelles Umschalten entfällt. Moderne Automatiksysteme sind **zeitabhängig gesteuert**, d.h., eine festgelegte Zeitspanne bestimmt die Ankochphase und danach das Umschalten auf Fortkochen. Dies erfolgt mehrheitlich über das Symbol „**A**" am Drehschalter mit gleichzeitigem Einstellen der Fortkochstufe. Automatiksysteme in Kochstellen verfügen über eine **Ankochautomatik** (vgl. Ausstattung Kochzonen).

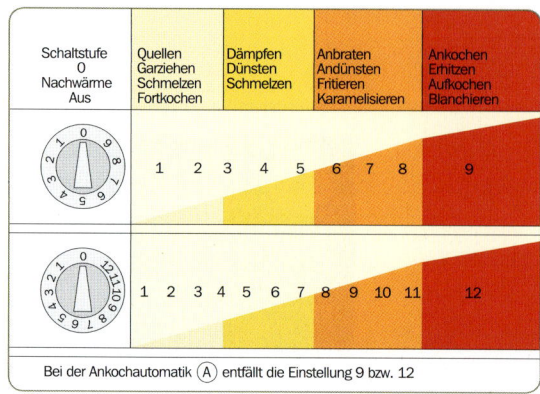

Schaltstufe 0 Nachwärme Aus	Quellen Garziehen Schmelzen Fortkochen	Dämpfen Dünsten Schmelzen	Anbraten Andünsten Fritieren Karamelisieren	Ankochen Erhitzen Aufkochen Blanchieren
	1 2 3	4 5	6 7 8	9
	1 2 3 4 5	6 7	8 9 10 11	12

Bei der Ankochautomatik (A) entfällt die Einstellung 9 bzw. 12

Bild 1: *Schalteinstellung Automatikkochstelle*

Kochfelder mit Kochzonen

Bild 2: *Kochfeld mit Kochzonen*

Das **Glaskeramikkochfeld** (Cerankochfeld) ist ein bis zu 700 °C hitzeunempfindliches Glasmaterial. Es verfügt über Kochzonen, die von unten beheizt und durch verschiedenfarbige Dekors markiert werden. Im Vergleich zu den Kochplatten sind sie in Größe und Leistung nicht genormt. Das optisch edle Design und weitere Eigenschaften haben dafür gesorgt, dass heute über zwei Drittel aller Haushalte eine Kochstelle aus Glaskeramik nutzen.

Vorteile eines Glaskeramikkochfeldes:

- Ebene und glatte Flächen sind leicht zu reinigen, Verschmutzungen sind einfach zu entfernen.
- Töpfe und Pfannen können leicht hin- und hergeschoben werden.
- Flexibles Zuschalten von Heizkreisen in Zwei- oder Dreikreiskochzonen macht den Einsatz von verschiedenen Topfgrößen möglich, z. B. Butterpfännchen oder der sehr großen Paellapfanne.

- Eine Kombination von verschiedenen Beheizungssystemen ist möglich, z. B. Strahlungshitze mit Halogen oder Induktion.
- Sie ermöglichen energie- und zeitsparendes Kochen, da Halogen und Induktion keine Aufheizzeiten benötigen und Wärme sofort zur Verfügung steht.

Erhältlich sind Kochfelder in Kombination mit dem Herd oder als **autarke Kochstelle**. Hier sind Schaltung und Anzeige im Kochfeld integriert (siehe Bild 2) und somit von der Bedienleiste des Backofens unabhängig, also autark.

2.1.2 Beheizungssysteme

Basis aller drei Beheizungssysteme bildet ein Kochfeld aus Glaskeramik. Darunter wird das wärmeübertragende System installiert.

- **Strahlungsbeheizung:** Die optisch rot glühenden Heizkörper bestehen aus Hilight-Heizkörpern, gewellte Heizbänder sorgen für Wärmeerzeugung innerhalb von drei Sekunden.
- **Strahlungsbeheizung durch Rohrheizkörper:** Das Heizelement bildet ein schlangenförmig angelegter Rohrheizkörper, Temperaturen von 800 – 900 °C bereiten die Basis für eine Nutzung als Grill- oder Bratfläche aus Glaskeramik.
- **Halogenbeheizung:** Auch sie zählt zur Strahlungsbeheizung, indem Halogenröhren (4), d. h. durch Gasgemisch erhitzte Heizspiralen, mit normaler Strahlungshitze kombiniert werden. Genaue Temperaturregulierung und kurze Aufheizzeit sorgen für Zeit- und Energieersparnis.
- **Induktionsbeheizung:** Das „kalte Kochen" beschreibt anschaulich das Prinzip der Induktionstechnik.

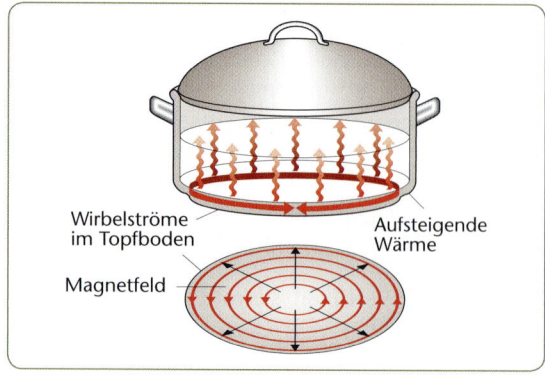

Wirbelströme im Topfboden

Aufsteigende Wärme

Magnetfeld

Bild 3: *Funktionsschema Induktionskochfeld*

Wärme wird durch Magnetspulen, die ein elektromagnetisches Wechselfeld erzeugen, direkt im Topfboden erzeugt und unmittelbar an das Gargut abgegeben. Es entsteht keine Aufheizzeit, die Hitze – ähnlich wie beim Gas – steht sofort zur Verfügung. Da nur Kontaktwärme spürbar wird und die Kochstelle weitgehend kalt bleibt, ist die Verbrennungsgefahr gering. Verschmutzungen sind leicht zu entfernen, da diese kaum einbrennen. Wird das Kochgeschirr von der Kochzone heruntergenommen, schaltet sich die Energiezufuhr sofort ab. Voraussetzung des Prinzips ist Kochgeschirr mit ferromagnetischem Boden. Nicht fürs Induktionskochen geeignet sind Kochgeschirre aus Aluminium, Kupfer, Glas oder Edelstahl.

2.1.3 Backofen

Das Ausstattungsspektrum in Bezug auf Funktionen und Steuerung hat sich im Vergleich zu früher stark erweitert. Vorhandene Technik wird innovativ abgewandelt und kombiniert, der Verbraucher kann noch flexibler und bedarfsgerechter agieren. Der Trend, bekannte Einzelgeräte wie z. B. die Solo-Mikrowelle oder den Dampfgarer in den Backofen zu integrieren, hat sich etabliert.

Grundbeheizungsarten

Beheizungsart	Symbol	System der Wärmeübertragung
Ober- und Unterhitze **Bild 1:** *Backofen O-U-H*	 **Bild 2:** *lf. O-U-H*	▪ **Strahlungshitze von oben und unten** wird durch Rohrheizkörper erzeugt, der obere liegt meistens offen und dient im Bedarfsfall als Grill. ▪ **Temperaturspektrum** in gängiger Form von 50–275 °C ▪ Durch die natürliche Konvektion (Luftströmung) kann jeweils nur **auf einer Ebene gegart** werden. ▪ Funktion ist auch getrennt einschaltbar, d. h. nur Ober- bzw. Unterhitze. ▪ Für die Herstellung bestimmter Produkte, z. B. Gebäck aus Brandteig oder Biskuitmasse, ist Ober- und Unterhitze besonders vorteilhaft, da sie nicht so schnell austrocknen. ▪ Geräte die nur mit dieser Beheizungsart ausgestattet sind, sind günstig in der Anschaffung.
Umluft (oder Heißluft) **Bild 3:** *Umluft*	 **Bild 4:** *Symbol Umluft*	▪ **Gelenkte Konvektionshitze**, d. h., erhitzte Luft wird durch einen Ventilator gleichmäßig im Innenraum verteilt. ▪ Aufgrund der schnellen Wärmeverteilung liegt die **Temperatureinstellung etwa 20 °C niedriger** (= Energie sparen). ▪ Konvektion ermöglicht **Garen auf mehreren Ebenen**. ▪ Je nach Leistungsaufnahme oder Kombination mit anderen Beheizungsarten sind weitere Variationen der Umluft möglich: Heißluft plus, Multi-Heißluft, 3D-Heißluft.
Grillen **Bild 5:** *Grillen*	 **Bild 6:** *Symbol Grillen*	▪ **Hohe Strahlungshitze von oben** durch Rohrheizkörper; sie sind entweder fest eingebaut oder flexibel nachrüstbar (Einsteckgrill an einer Spezialsteckdose). ▪ **Temperaturspektrum** bis zu 300 °C. Hier auf Herstellerangabe achten, d. h. Grillen bei offener oder geschlossener Backofentür. ▪ **Klein- oder Großflächengrillen** durch variabel schaltbare Grillflächen ermöglicht die Einstellung nach Grillgutmenge (= Energie sparen). ▪ **Umluftgrillen:** Der Intervallbetrieb von Grill und Ventilator ermöglicht gleichmäßiges Grillen ohne Wenden des Grillguts.

2.1.4 Mechanische und elektronische Steuerung

Die **mechanische** Steuerung erfolgt durch einen oder zwei drehbare Schaltknebel. Je nach Ausstattung werden Temperatur und Funktion damit eingestellt.

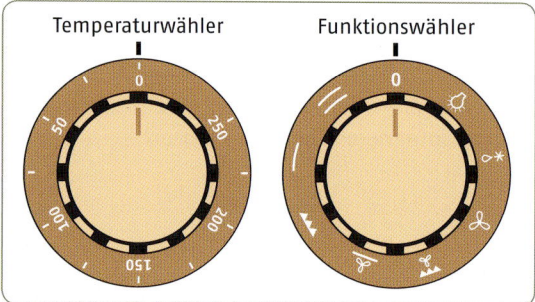

Bild 1: *Schaltknebel beim Backofen*

Anspruchsvoller in der Handhabung, dafür aber erhöhten Bedienkomfort bietet die **elektronische** Steuerung. Die Einstellung erfolgt über Tasten; das gewählte Programm leuchtet in der LED-Anzeige auf.

Bild 2: *Elektronische Steuerung beim Backofen*

Eine Steigerung bilden Geräte, die mit **Sensorbedienung** bzw. „Touch-Control" ausgerüstet sind. Die Programmwahl erfolgt durch Fingerdruck auf Berührungsfelder.

Bild 3: *Sensorbedienung*

Weitere Ausstattungsmerkmale

Nicht nur Bedienhilfen sind vorteilhaft, auch weitere Faktoren, die den Umgang mit dem Backofen erleichtern, sind vorhanden:

- **Teleskop-Einzelauszüge**: An den Seiteninnenwänden sind auf 2–3 Ebenen Schienen installiert, auf denen das Zubehör wie Backbleche oder Roste abgelegt und geschoben werden kann.
- **Backwagen**: Die Halterungen befinden sich an der Tür oder am Türrahmen. Meistens auf 7 Ebenen ist das Zubehör nach dem Herausziehen der Tür dort einzuhängen.

Bild 4: *Backwagen*

- **Backmobil**: Blech und Rost sind in einem herausfahrbaren Gestell integriert und ganz oder teilweise herausziehbar.
- **Kerntemperaturfühler**: Direkt in das Fleisch wird ein Speisenthermometer eingeführt und am Display die gewünschte Kerntemperatur eingegeben.

Backofen-Reinigungssysteme

- **Katalytische Reinigung**: Im Backofeninnenraum sind **Spezialemailleplatten** (katalytische Beschichtung) eingebaut.
- **Pyrolytische Reinigung**: Verschmutzungen werden durch sehr hohe Temperaturen von etwa 500 °C zersetzt.
- **Leichtreinigungsausstattung**: Backofentüren sind auszuhängen, die Innenräume verfügen über glatte Emaillierungen.

2.2 Gasherd

Gas als Energiequelle für die Raumheizung hat sich bewährt. Beim Kochen mit Gas überwiegt immer noch die Skepsis, obwohl die Speisenzubereitung einige **Vorteile** bereithält:

- Gaswärme ist sofort in der eingestellten Leistung verfügbar und sorgt für schnelles Ankochen oder Anbraten.
- Die Hitze lässt sich genau regulieren und kann bei Bedarf sofort abgeschaltet werden. Das Garen „auf den Punkt" ist gut durchführbar.
- Es tritt keine Nachwärme auf, der Energieverbrauch ist sparsamer.
- Es muss kein spezielles Kochgeschirr angeschafft werden.

Erhältlich sind Gasherde als **Allgasgeräte**, d. h., eine zentrale Gasversorgung in der Wohnung ist nicht unbedingt notwendig (Erd- oder Stadtgas), sondern die Geräte können auch mit Flüssiggas (Butan oder Propan) betrieben werden.

2.2.1 Bauformen und Ausstattung

Die Aufstellmöglichkeiten von Gasherden sind identisch mit denen des Elektroherdes (vgl. Elektroherd). Eine Ausnahme bilden **Gas-Kombi-Geräte**, d. h. Geräte mit Gaskochstellen und Elektrobackofen.

Kochstellen

Diese sind in Emaille, Edelstahl oder Glaskeramik erhältlich. Die Steuerung erfolgt über integrierte Bedienknebel, auch in Kombination mit dem Backofen.

Bild 1: *Gaskochstelle aus Edelstahl*

Die normale Kochstelle ist mit vier **Kochbrennern** ausgestattet, die eine unterschiedliche Leistungsaufnahme haben:

- 1 Starkbrenner mit etwa 3,3 kW
- 2 Normalbrenner mit etwa 1,6–2,1 kW
- 1 Spar- oder Hilfsbrenner mit etwa 0,9 kW

Typisch für eine Gaskochstelle ist die **offene Flamme**. Sie wird bei den gängigen Kochstellen durch eine **elektrische Einhandzündung** entfacht. Durch Drücken des Bedienknebels wird automatisch ein elektrischer Funke erzeugt und die Flamme entsteht. Die **stufenlose Leistungsskala** am Schaltknebel wird durch große (Ankochen) und kleine (Fortkochen) Flammensymbole dargestellt. Eine Sicherheitseinrichtung ist die **thermoelektrische Zündsicherung**. Sie verhindert, dass Gas ausströmt, ohne abbrennen zu können. Bei **Gas-Glaskeramik-Kochfeldern** ist die Flamme verdeckt und ein elektrisch geregelter Gas-Infrarot-Strahler erzeugt die Wärme. Die Vorteile des Kochens mit Gas sind hier allerdings nicht ganz spürbar, die Hitze lässt sich nicht genau dosieren und Nachwärme tritt auf, da die Glaskeramik noch nachheizt.

2.2.2 Gasbackofen

Backen und Braten mit Gas erfolgt in der Regel durch einen getakteten, ringförmigen Backofenbrenner. Ein integrierter **Temperaturfühler** regelt die Gaszufuhr, d. h., nach der Anfangsphase mit Vollgasbetrieb reguliert sich die Flamme nach 5–7 Minuten auf die eingestellte Temperatur. Ein Ventil öffnet und schließt (taktet) bei Temperaturabfall, z. B. durch Öffnen der Backofentür. Die **Einstellung** erfolgt in der Regel **stufenlos** von etwa 50–300 °C. Da im einfachen Gasbackofen die Wärmeverteilung aufgrund fehlender Oberhitze ungleichmäßig verläuft, sind moderne Geräte mit **zuschaltbarer Umluft** ausgestattet.

Sicherheitsbestimmungen

Die Installation eines Gasherdes macht die Einhaltung von Vorschriften notwendig. Sie sind abhängig von der Art des Gerätes, des Anschlusses und dem Aufstellungsort. Gasgeräte dürfen nur von einem autorisierten **Gas-Installateur** angeschlossen, repariert oder gewartet werden.

2.3 Mikrowelle

Als Gargerät ist die Mikrowelle heute in zwei von drei Haushalten vorhanden. Eine Rolle spielt zum einen die steigende Tendenz zu Single- und Klein-haushalten, zum anderen eine stärkere Einbindung von Convenience-Produkten.

Die Mikrowelle ist nicht mehr nur auf schnelles Auftauen und Erhitzen von Speisen beschränkt, moderne Kombinationsgeräte bieten zudem eine Vielzahl von Zusatzfunktionen wie Grillen und Backen.

Vorteile von Mikrowellentechnik:

- Das schnelle Erwärmen kleiner Portionsmengen ist energie- und zeitsparend.
- Man erhält aromatische Speisen durch Garen im eigenen Saft oder mit wenig Flüssigkeit, natürliche Geschmacksstoffe bleiben weitgehend erhalten.
- Kurzes, nährstoffschonendes Garen
- Zuschaltung von „Strahlungshitze" erweitert den Aktionsrahmen in Bezug auf die Speisenauswahl, wenn z. B. Röststoffe erwünscht sind.

Bedingt durch das Funktionsprinzip entstehen jedoch auch **Nachteile**:

- Erhitzen von Speisen bei hoher Leistungsaufnahme erfordert regelmäßiges Umrühren. Es bilden sich ansonsten **„Hot Spots"**, d. h. sehr heiße Stellen im Gargut oder in Flüssigkeiten, hervorgerufen durch ungleichmäßige Erhitzung. Verbrennungsgefahr!

- Unsachgemäße Lagerung von Gerichten (z. B. keine Kühlung) kann die Tätigkeit von Mikroorganismen anregen. Notwendiges Durcherhitzen ist schwer kontrollierbar, da die Erwärmung ungleichmäßig erfolgt.

2.3.1 Marktangebot

Die Mikrowelle ist eine vorteilhafte Ergänzung zum Elektroherd, ersetzen kann sie ihn jedoch nicht, obwohl der Handel heute verschiedene Gerätearten anbietet:

- Solo-Mikrowelle
- Mikrowelle mit Grillbeheizung
- Kombinationsgeräte

Solo-Mikrowelle: Je nach Preis in Literklassen von 9–34 Litern Garraum mit einer Leistung von 500–1 200 W stufenlos oder in Stufen einstellbar erhältlich. Die Betriebsdauer und Betriebsart wird z. B. mechanisch, digital oder elektronisch geregelt, einzeln oder in Kombination zueinander. Moderne Geräte verfügen über Zeit- und Programmcomputer, auch mit Speicherfunktion.

Mikrowellengeräte mit Grillbeheizung: Diese Geräte sind ergänzend mit einer Grillbeheizung ausgestattet, sodass neben dem normalen Mikrowellenbetrieb auch Bräunung erzielt werden kann.

Mikrowellen-Kombinationsgeräte: Sie verfügen über Zusatzfunktionen wie z. B. Ober- und Unter-

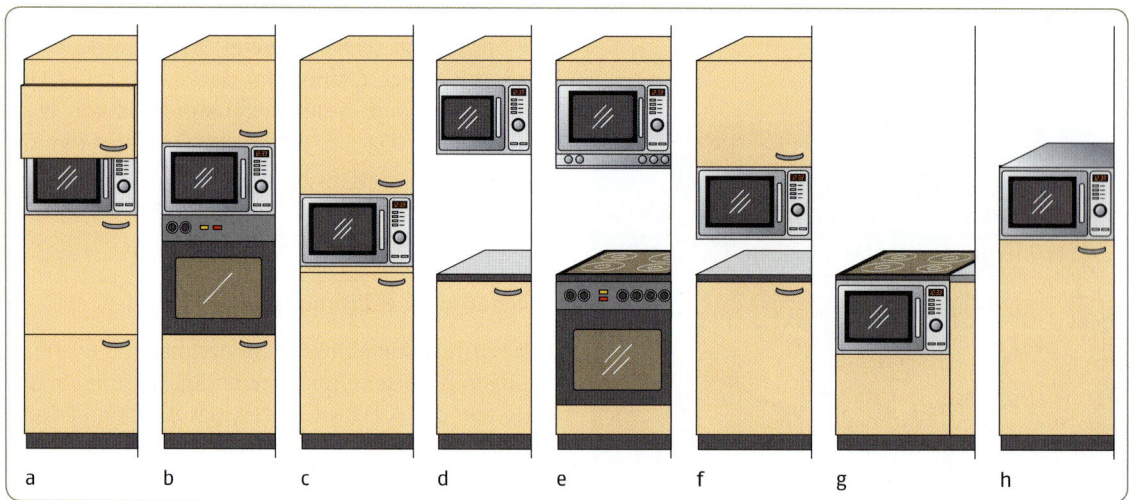

a   b   c   d   e   f   g   h

Bild 1: *Bauformen der Mikrowelle*

hitze, Heißluft oder Grillbeheizung. Je nach Ausstattung sind diese Funktionen teilweise oder komplett vorhanden und können einzeln oder in kombiniertem Betrieb genutzt werden. Die letzte Variante ist sehr vorteilhaft, da sowohl Zeit als auch Energie gespart wird.

2.3.2 Bauformen

Mikrowellengeräte werden als Einzel- bzw. **Tischgeräte** angeboten. Je nach Verwendungszweck können sie als **Unterbau- oder Einbaugerät** montiert oder aufgehängt werden. Eine Abstimmung auf die jeweilige Möbelfront der Küche durch eine Lifttür, die das Gerät verdeckt, ist ebenfalls möglich.

Eine weitere Variante ist der **Einbaubackofen** mit **integrierter Mikrowelle** (vgl. Elektroherd). Die Tendenz bei Einbaugeräten zu einem **„rahmenlosen Einbau"**, d. h., die Gerätefront deckt die volle Nischenhöhe und Breite ohne zusätzlichen Rahmen ab, ist ansteigend.

2.3.3 Mikrowellentechnik

Mikrowellen sind **elektromagnetische Wellen**, ähnlich den Rundfunk- und Fernsehwellen.

In Mikrowellengeräten dienen **Mikrowellen** der **Wärmeerzeugung**. Ein Mikrowellengenerator (Magnetron) produziert die Wellen nur bei Inbetriebnahme auf einer festen Frequenz. Mikrowellen verursachen Schwingungen, sodass die Moleküle in den Lebensmitteln sich aneinander reiben und **Reibungswärme** entsteht. Dieser Vorgang findet direkt im Inneren der Lebensmittel statt, was die schnelle Erwärmung im Vergleich zu anderen Garmethoden erklärt. Charakteristisch beim Erwärmen und Garen durch Mikrowellen ist, dass keine Bräunung im herkömmlichen Sinn erzielt wird.
Wirkung erzielen Mikrowellen nur bei organischen Stoffen, anorganische Bestandteile (z. B. Metalle) werden nicht von ihnen absorbiert, es entsteht keine Wärme.

> **Achtung:** Zum Erwärmen von Speisen deshalb **keine** Gefäße aus Metall oder mit Metallrand verwenden. Es kann zu Funkenüberschlag kommen.

Funktionsprinzip

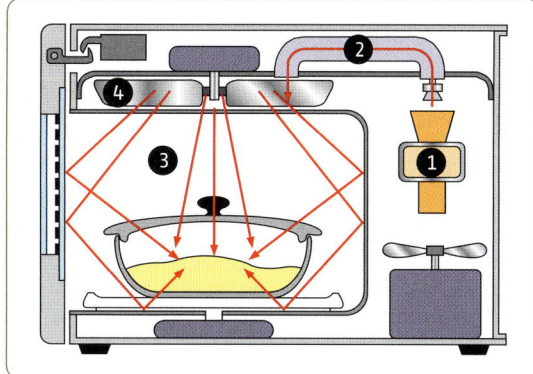

Bild 1: *Querschnitt einer Mikrowelle*

- Meist im seitlichen Bereich des Gehäuses befindet sich das wichtigste Element des Gerätes, das **Magnetron (1) bzw. der Sender**. Es erzeugt die elektromagnetischen Wellen, wodurch das Gargut erwärmt wird.
- Bei Inbetriebnahme werden die Wellen durch einen **Hohlleiter (2)** in den **Garraum (3)** gelenkt. Dieser besteht komplett aus kunststoffbeschichtetem Metall, sodass die Mikrowellen von den Seitenwänden abprallen und auf das Nahrungsgut zurückgeworfen werden.
- Für eine gleichmäßige Verteilung der Mikrowellen innerhalb des Garraums sorgt der **Reflektorflügel (4)**, auch als Wobbler oder Wellenrührer bezeichnet. Bei Geräten, die mit einem **Drehteller** ausgestattet sind, wird dieser Effekt verstärkt.

Sicherheitshinweis

Die Garraumtür ist mit einem Sichtfenster versehen, es ist mit einem feinmaschigen Drahtgitter oder Lochblech in Mehrschichtbauweise ausgerüstet. Es verhindert, dass die Mikrowellen nach außen dringen.

Weitere Zusatzfunktionen

Moderne Solo-Mikrowellen und Kombinationsgeräte verfügen über Zusatzfunktionen, die die Anwendung in der Praxis noch leichter machen:

- Memory-Funktion
- Fuzzy-Logic
- Automatik-Programme
- Warmhaltefunktion
- Touchscreen mit interaktiver Benutzerführung

2.4 Dampfgarer

Dampfgargeräte, mit denen die Zubereitung unter Dampf und Druck erfolgen kann, ermöglichen die schonende Garmethode in Form eines Kochgerätes. Vorteile des Dampf(Druck-)garens sind:

- vitamin- und mineralstoffschonende Zubereitung,
- größtmögliche Erhaltung des Eigengeschmacks und Farbe der Lebensmittel,
- strukturerhaltendes Auftauen und Garen,
- schnelle, vielseitige Zubereitung.

2.4.1 Gerätearten und Bauformen

Der Markt bietet sogenannte **Druck-** und **Drucklosgarer** an. Ausschlaggebend ist das technische Prinzip in Zusammenhang mit der Temperatur des Wasserdampfes.

> **Drucklosgaren** ist Garen in Wasserdampf bei einer Temperatur bis maximal 100 °C.
>
> **Druckgaren** ist Garen in Wasserdampf bei einer Temperatur von 101 – 120 °C. Voraussetzung ist eine luftdichte Arretierung des Garraumes, sodass **Überdruck** (1 bar), bedingt durch die Dampfentwicklung, entstehen kann. Zusätzlicher Vorteil ist eine Garzeitersparnis bis zu 50 %.

Die Geräte zum Dampfgaren variieren entsprechend ihrer Funktion und Ausstattung, d. h. Solo- und Kombinationsgeräte sowie Ergänzungsmodule.

Solo-Dampfgarer

Sie sind als Kompakt- oder Einbaugeräte in den bekannten Standardmaßen von 50er- oder 60er Größe erhältlich. Nach dem Funktionsprinzip werden angeboten:

- Dampf-Drucklosgarer
- Dampf-Druckgarer

Dampf-Drucklosgarer

Die Möglichkeiten der **Wasserzufuhr** und **Dampferzeugung** sind unterschiedlich: Die drucklose Variante ist unkompliziert in der Aufstellung, die Wasserzufuhr kann manuell über eine **Wasserschublade** erfolgen.

Eine weitere Alternative ist der **Einbau in eine Arbeitsplatte**. Je nach Ausführung ist ein Betrieb mit festem Wasseranschluss oder einem Ablaufinstallationsset möglich.

Dampf-Druckgarer

Hier ist ein **fester Anschluss** für Wasserzu- und -ablauf erforderlich, sodass eine kontinuierliche Dampfentwicklung durch Frischwasser und eine Entsorgung des Kondensates gewährleistet ist. Das Gerät kann nicht nur zum Druckgaren genutzt werden, auch ein druckloser Betrieb ist möglich.

Bild 1: *Dampf-Druckgarer*

Kombinationsgeräte

Dampfgaren in Verbindung mit trockener Hitze durch Kombinationsbetrieb:

- **Multi-Dampfgarer**: Garen mit Dampf und zuschaltbarem Heißluftsystem. Der Garraum ist mit 16 – 30 l Volumen relativ klein. Neben Dampfgaren ist Heißluftbetrieb, Kombigaren (Dampf und Heißluft), Auftauen und Regenerieren möglich.
- **Einbaubacköfen mit Dampfgar-Funktion**: Die Dampfgar-Funktion ist eine von mehreren Beheizungsarten, wie z. B. Ober- und Unterhitze, Heißluft und Grill. Vorteilhaft ist die variable Einstellung der Betriebsarten: **Intervallbetrieb** ermöglicht eine abwechselnde Dampf- und Heißluftfunktion (z. B. beim Brotbacken), **Kombi-Dampfgaren**, je nach Einstellung, Dampf und Heißluft parallel oder hintereinander.

Bild 1: *Kombi-Dampfgarer*

System-Dampfgarer

Dieser ist als Ergänzungsmodul zum **Nachrüsten** eines Backofens erhältlich. Eine zusammengebaute Dampfgar-Einrichtung wird in den Backofen geschoben.

2.5 Grillgeräte

Grundsätzlich wird zwischen zwei Grillsystemen unterschieden:

- Strahlungsgrill
- Kontaktgrill

Bei einem **Strahlungsgrill** ist der Grillheizkörper an der Garraumoberseite installiert, es werden Temperaturen bis 300 °C erreicht. Das Grillgut hat keinen direkten Kontakt mit dem Grillheizkörper und muss während des Grillens gewendet werden.

Eine weitere Variante des Strahlungsgrills ist der **Elektrogrill** als Alternative zum Grillen mit Holzkohle. In kompakter Form mit Thermogehäuse ist er mit einem **herausnehmbaren Heizelement** ausgestattet. Er ist als Tisch- oder Standgerät mit Untergestell erhältlich. In der Regel sorgt ein Sicherheitssystem dafür, dass das Gerät nur dann in Betrieb genommen werden kann, wenn das Heizelement korrekt eingesetzt wurde.

Bild 2: *Elektrogrill*

2.4.2 Funktionen und Ausstattung

Die Gerätearten unterscheiden sich in der Optik, Handhabung der Bedienblende und zum Teil in den Verwendungsmöglichkeiten. Die Schaltung kann über einen Drehwähler oder ein flächenbündiges Touch-Bedienfeld erfolgen. **Betriebsarten** wie Universalgaren, Gemüse, Auftauen oder Regenerieren sind gängig bei Sologeräten und manuell oder im Rahmen von Automatikprogrammen einschaltbar. Kombinationsgeräte können z. B. um Heißluft, Ober- und Unterhitze, Infrabraten, Turbo-Grill und Warmhalten erweitert werden.

Sicherheitsvorrichtungen, mechanische und elektronisch, Fehleranzeigen, Kindersicherung oder Signaltöne.

Beim **Kontaktgrill** erfolgt die Wärmeübertragung in direktem Kontakt zum Gargut.

Bild 3: *Kontaktgrill*

Je nach Ausführung des Gerätes sind beschichtete Grillflächen oder -platten aus Gusseisen oder Aluminium eingebaut. Das Grillgut wird auf oder zwischen die aufgeheizten Flächen gelegt.

Bild 4: *Grillgut*

2.6 Fritteuse

In einer Fritteuse werden größere Fettmengen erhitzt, die vom Gerät erzeugte Wärme wird durch das Fett auf das Frittiergut übertragen. Es werden Temperaturen von 160 – max. 190 °C erreicht. Fritteusen als **Tischgeräte** sind rund oder rechteckig. Wärmeerzeugung erfolgt durch untergebaute oder offene tauchbare Heizkörper.

Die offen im Frittierfett liegenden Heizkörper (meist aus Edelstahl) sorgen für ein schnelleres Vorheizen und eine gute Temperaturregulierung. Bei den meisten Geräten befindet sich unter dem Heizkörper eine Kaltzone, sie vermeidet das Verbrennen von Frittiergutbestandteilen. So bleibt das Fett länger frisch und die Qualität wird bewahrt.

Bild 1: *Fritteuse*

Aufgaben:

1. Sie arbeiten als Hauswirtschafterin in einem Privathaushalt. Es soll ein neuer Einbauherd mit Kochstelle angeschafft werden. Die Familie bevorzugt eine moderne, zeitgemäße Kost und erwägt evtl. zusätzlich die Anschaffung eines Dampfgarers.

   a) Informieren Sie Ihre Arbeitgeber über die unterschiedlichen Aufstellmöglichkeiten. Berücksichtigen Sie eine vorteilhafte ergonomische Positionierung.

   b) Vergleichen Sie die verschiedenen Beheizungssysteme von Kochfeldern miteinander. Welche Vor- und Nachteile können Sie erkennen?

   c) Geben Sie eine Kaufempfehlung für ein Beheizungssystem. Begründen Sie dies.

   d) Geben Sie aufgrund der Essgewohnheiten Ihrer Familie eine sinnvolle Empfehlung in Bezug auf mögliche Ausstattungsmerkmale des neuen Backofens. Gehen Sie insbesondere auf die beiden Reinigungssysteme ein, vergleichen Sie beide miteinander und treffen Sie begründend eine Entscheidung.

2. Eine Wohngruppe im Mehr-Generationen-Haus möchte einen Dampfgarer anschaffen.

   a) Erarbeiten Sie eine Mindmap über das gegenwärtige Marktangebot und machen Sie Vor- und Nachteile der verschiedenen Gerätetypen sichtbar.

   b) Welche baulichen Voraussetzungen müssen gegeben sein, um einen Dampf-Druckgarer zu installieren?

   c) Stellen Sie Kriterien in Form einer Checkliste zusammen, die für den Kauf eines Dampfgarers von Bedeutung sind.

   d) Wann ist die Anschaffung eines Kombinationsgerätes mit integrierter Dampfgarfunktion sinnvoll? Begründen Sie.

   e) Informieren Sie die Bewohner der Wohngruppe über das neue Gerät. Demonstrieren Sie die Handhabung des Dampfgarers anhand praktikabler Beispiele. Erstellen Sie dazu ein **Handout**, welches Sie nach der Demonstration verteilen.

2.7 Kühl- und Gefriergeräte

Da Lebensmittel nicht unbegrenzt haltbar sind, verderben sie nach einer bestimmten Zeit (s. S. 102 ff.). Die Anwendung tiefer Temperaturen bzw. **das Kühlen** zum Konservieren von Lebensmitteln ist ein effektives Verfahren, um die Verderbprozesse zu verlangsamen (s. S. 96 ff.).

Der Markt bietet dem Verbraucher vielfältige technische Lösungen zur kurz- oder längerfristigen Lagerung an:

- Kühlgeräte
- Gefrierschränke
- Kühl-Gefrier-Kombinationen

2.7.1 Bauformen

Grundsätzlich wird von der Stellmöglichkeit zwischen **Stand-, Unterbau- und Einbaugeräten** unterschieden. Sie sind in der Regel in ihren Größen auf alle Küchenmodelle übertragbar.

Standgeräte

Unabhängig von der Geräteart sind Kühlgeräte, Kühl-Gefrier-Kombinationen oder Gefriergeräte als Standgerät frei aufzustellen.

Bild 1: *Standkühlgerät*

Bei den meisten Geräten ist der Türanschlag rechts, links oder wechselfähig zu montieren. Je nach Hersteller sind die Arbeitsplatten abnehmbar, sodass das Gerät **unterbaufähig** wird. Durch das Anbringen von Dekorplatten oder -rahmen ist eine Anpassung an das vorhandene Küchenmobiliar machbar.

Unterbaugeräte

Sie werden unter Arbeitsflächen innerhalb einer Küchenzeile geschoben und aufgestellt, deshalb **fehlt** bei diesen Geräten die **Arbeitsplatte**.

Einbaugeräte

Diese Bauform wird für alle Gerätetypen zum Kühlen und Gefrieren angeboten. Als Einbaugeräte werden sie in die Küchenschränke eingebaut.

2.7.2 Funktionsprinzip Kühlen

Kälte erzeugen heißt Wärmeenergie entziehen. Ein flüssiges **Kältemittel** im Verdampfer „verdampft" und entzieht dabei dem Innenraum des Kühlschranks und den darin befindlichen Nahrungsmitteln die Wärme.

Es werden **zwei Kühlverfahren** unterschieden.

- **Kompressionskühlung**: Das Kältemittel wird durch den Verdampfer, ein in sich geschlossenes Rohrsystem, zum Verdampfen gebracht. Der Kältemitteldampf wird im Kompressor bzw. Verdichter unter hohem Druck zusammengepresst (komprimiert) und anschließend im Kondensator verflüssigt (kondensiert). Die dabei entstehende Wärme wird über Kühlrippen an die Umgebung abgegeben. Das wieder flüssige Kältemittel tropft über das Drosselorgan zurück in den Verdampfer und eine neue Kältephase startet.

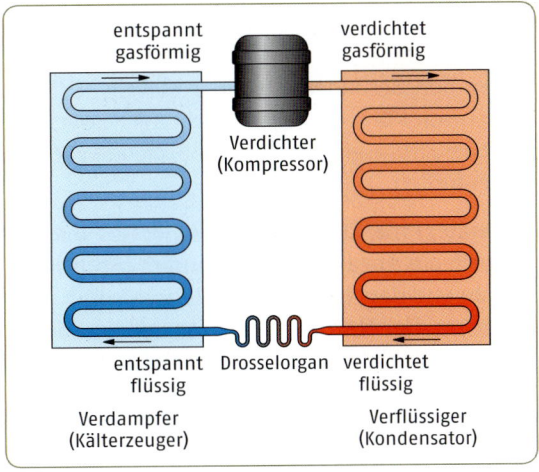

Bild 2: *Kälteerzeugung durch Kompression*

- **Absorberkühlung**: Diese Technik wird gezielt für bestimmte Geräte (z. B. Kühlgeräte für die Mini-Bar in Hotels, Weinklimaschränke) eingesetzt. Das Funktionsprinzip ist sehr leise und vibrationslos. Der Stromverbrauch ist bis zu drei- bis viermal höher als das Kompressionsverfahren. Es arbeitet mit einem Kocher und beruht auf einem Heizwiderstand. Das Kältemittel ist Ammoniak, das aus einer Ammoniak-Wasser-Lösung mithilfe des Kochers in gasförmiges Ammoniak überführt wird.

- **Umluftkühlung**: Ein zusätzlich integrierter Ventilator sorgt für eine schnellere Temperaturverteilung und Abkühlung. Die Verdampferflächen befinden sich außerhalb des Kühl- bzw. Gefrierraumes, die Kühlluft wird durch ein Gebläse in den Innenraum transportiert. *Positiver Effekt*: Es kann keine Reifbildung innerhalb des Kühlraumes entstehen, die Geräte müssen nicht abgetaut werden, da der Verdampfer automatisch abtaut. Dafür muss ein **erhöhter Stromverbrauch** einkalkuliert werden.

- **Verdampfungsfach**: Verdampfungsfächer mit 4 Sternen sind mit einer eigenen Außentür und einem separaten Kühlaggregat ausgestattet. Dieses hat enger verlegte Rohre und erzeugt daher eine viel höhere Kälteleistung, das Einfrieren von Lebensmitteln wird ermöglicht. Das Abtauen erfolgt automatisch oder teilautomatisch. Hier muss die Abtaufunktion manuell eingeschaltet werden, das Ende erfolgt selbsttätig.

2.7.3 Allgemeine Merkmale und Ausstattung

Neben den Besonderheiten der einzelnen Gerätearten von Kühl- oder Gefrierschrank, -kombination oder -truhe gibt es Merkmale, die auf alle Geräte zutreffen.

- **Gerätegröße**: Die Größe eines Gerätes wird durch die Angabe des Nutzraumes (Bruttoinhalt) und des Nutzinhaltes (Nettoinhalt) bestimmt. Der **Nutzraum** in Litern definiert das Gesamtvolumen des Innenraumes inklusive vorhandener Ausstattungsvorrichtungen wie Ablageböden, Gitter, Schubladen usw. Der **Nutzinhalt** dagegen kennzeichnet die reine Lagerkapazität des Innenraumes (Nettoinhalt).

- **Tür und Gehäuse**: Bei allen Geräten wird für Tür und Gehäuse speziell lackiertes Stahlblech oder Edelstahl verarbeitet. Ein **Gehäuse** ganz aus Edelstahl ist bei den Standgeräten möglich. Zur Wärmedämmung sind die Hohlräume zwischen Außen- und Innenwand mit einem Hartschaum aufgeschäumt.

- **Innenraum**: Die Wandverkleidung des Innenraumes besteht in der Regel aus Kunststoff, speziell lackiertem Stahlblech oder Leichtmetall.

- **Kältesteuerung**: Als Kontrollorgan wird ein Temperaturregler eingesetzt. Er besteht aus einem Fühler, der mit einem Temperaturwähler gekoppelt ist. Die Temperatureinstellung kann durch einen Drehregler oder durch eine digitale Bedienblende per Tastendruck erfolgen.

2.7.4 Kühlgeräte

Eine wichtige Eigenschaft ist die Art der Kühlung. Hier wird zwischen **statischer** und **dynamischer Kühlung** unterschieden.

Bei der statischen Kühlung entsteht eine **natürliche Luftzirkulation** im Kühlraum, d. h., die oben am Verdampfer erzeugte kalte Luft sinkt nach unten, die dort befindliche warme Luft steigt nach oben. Es kommt zu den bekannten **Temperaturzonen**, die ein bewusstes Einräumen der Nahrungsmittel erforderlich machen (s. S. 102). Moderne bzw. gehobene Geräte verfügen über eine dynamische Kühlung bzw. **Umluftkühlung**. Hier sorgt ein integrierter Ventilator für eine gleichmäßige Kaltluftverteilung im Innenraum (s. S. 197).

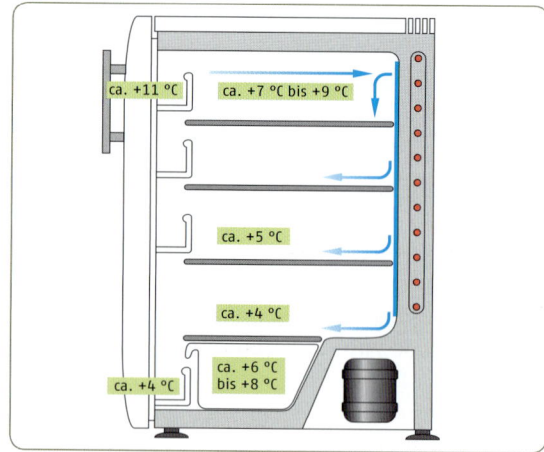

Bild 1: *Luftzirkulation bei statischer Kühlung*

2.7.5 Gefriergeräte

Geräte mit einer Temperatur von mindestens –18°C und kälter gelten als Gefriergeräte. Diese ermöglichen ein sachgemäßes Einfrieren von frischen Lebensmitteln und deren qualitativ hochwertige Lagerung über einen längeren Zeitraum.

> Die Kilogramm-Menge frischer Vorräte, die innerhalb von 24 Stunden komplett eingefroren werden kann, wird als Gefriervermögen bezeichnet.

Wie hoch das Gefriervermögen eines Gerätes ist, kann dem Typenschild entnommen werden. Standardwerten zufolge muss es mindestens 4,5 kg pro 100 l Nutzinhalt leisten.

Bedien- und Kontrollelemente sind von außen einstell- und einsehbar. Dies umfasst den *Temperaturwähler*, die *Temperaturanzeige* und einen Schalter für **Dauerbetrieb**. Dabei wird das Thermostat außer Betrieb gesetzt, das Kühlaggregat läuft ohne Unterbrechung und es werden Temperaturen von –30°C möglich. Moderne Geräte schalten automatisch nach einem bestimmten Zeitraum (maximal 52 Stunden) wieder auf Normalbetrieb um. Der **Energiesparmodus** (bei halber Beladung) oder **Superfrost-Funktion** (Schnellgefrieren) sind weitere Sonderbetriebsarten.

Bild 1: *Bedienleiste beim Gefrierschrank*

No-Frost-Technik

Gefriergeräte mit einer Umluftkühlung haben den Vorteil: Die **permanente Luftströmung** durch einen Ventilator verhindert Reif- und Eisbildung im Kühlraum und an den Lebensmitteln. Die feuchte Luft wird dem Lagerraum entzogen und zum Verdampfer geleitet, der sich außerhalb des Lagerraumes befindet. Die Feuchtigkeit wird durch eine Heizung gebunden, sodass trockene kalte Luft dem Lagerraum wieder zugeführt werden kann.

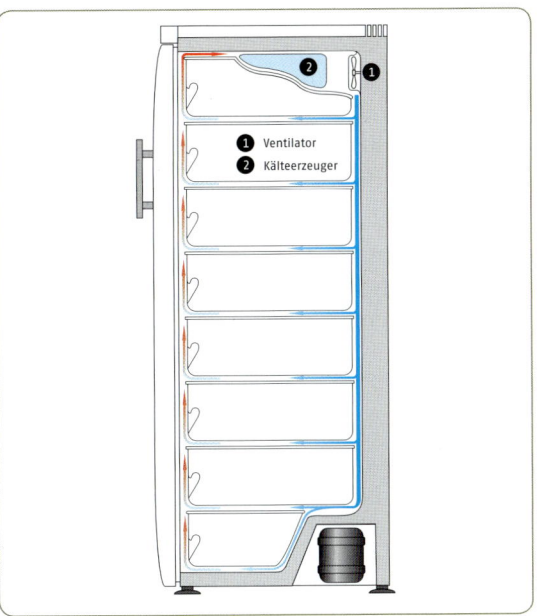

Bild 2: *Luftzirkulation im Gefrierschrank*

Gefrierschränke

Das Funktionsprinzip basiert auf Kompressionskühlung, ähnlich wie bei Kühlgeräten. Gefrierschränke sind jedoch mit einem **engeren Rohrsystem** ausgestattet, dies erzeugt *tiefere Temperaturen*.

Die Anordnung von Schubladen in verschiedenen Höhen macht eine individuelle Nutzung möglich (s. Bild 3). Der **Nutzinhalt (etwa 85 %)** ist durch die Bauform im Vergleich zur Gefriertruhe etwas eingeschränkt.

Bild 3: *Raumaufteilung eines Gefrierschrankes*

Treten Störungen (z. B. Stromausfall) auf, sind Gefriergeräte in der Lage, über einen bestimmten Zeitraum hinweg optimale Lagerbedingungen zu gewährleisten. Hier darf eine Temperatur von −9 °C nicht unterschritten werden. In der Gebrauchsanweisung ist diese Zeit unter der Bezeichnung **Lagerzeit bei Störung** angegeben.

Geräte mit Umluftkühlung sind oft multifunktional einsetzbar, d. h., eine individuelle Nutzung als Gefrier-, Kühl- oder Klimagerät ist möglich.

Gefriertruhen

Neben ihrer rechteckigen Form unterscheiden sich Truhen auch in ihrem Nutzinhalt von Gefrierschränken. Er beträgt etwa 95 % des Bruttoinhaltes (s. S. 196).

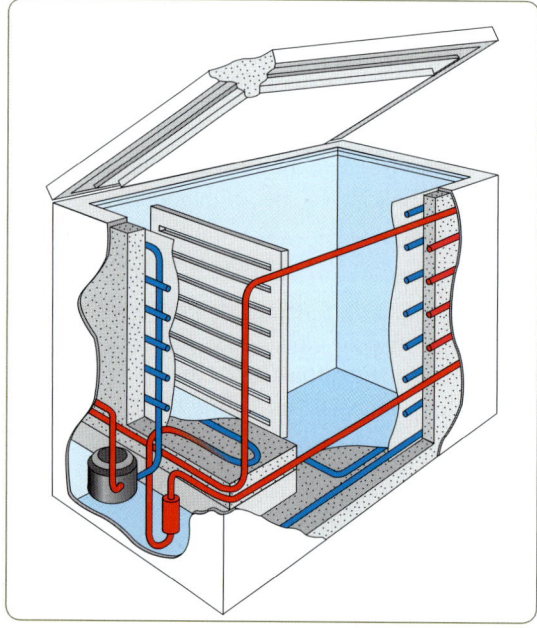

Bild 1: *Aufbau und Funktion einer Gefriertruhe*

Auch Gefriertruhen arbeiten mit **Kompressionskühlung**. Der Verdampfer ist in den Seitenwänden und im Boden untergebracht.

Ein kritisches Merkmal der Gefriertruhe ist die kaum vermeidbare Eisbildung (Ausnahme: Geräte mit Umluftkühlung). Die Entwicklung von **Anti-Frost-Systemen** bieten akzeptable Alternativen. Das Prinzip beruht auf einem Luftaustausch über einen speziellen Behälter oder eine Trockenpatrone. So wird das Eindringen feuchter Luft als Grundlage für Eisbildung in den Innenraum vermieden.

Aufgaben:

1. Die Wohngruppen eines Kinderheimes werden mit neuen Kühl- und Gefriergeräten ausgestattet. Nicht alle Küchen können mit Einbaugeräten ausgestattet werden. Außerdem soll den Gruppen eine begrenzte Form der Vorratshaltung ermöglicht werden.

    a) Informieren Sie die Küchenleitung über das aktuelle Geräteangebot in Bezug auf Bauformen, Größen, Ausstattung und Preise. Fassen Sie Ihre Ergebnisse in Form einer Checkliste zusammen.
    b) Sind Frische- oder Klimaschubladen für eine angemessene Vorratshaltung ausreichend? Welche Alternativen gibt es? Begründen Sie dies.

2. In einer Beratungsstelle eines Energieversorgers erfragt eine Verbraucherin neben den herkömmlichen Kühlgeräten Alternativen einer modernen Lagerhaltung, auch für Getränke, z. B. Wein.

    a) Stellen Sie eine Kühl-Gefrier-Kombination und ein Mehrzonengerät vor und vergleichen Sie beide miteinander. Worin unterscheiden sie sich und wann ist eine Anschaffung empfehlenswert?
    b) Beschreiben Sie Aufbau, Funktion und Einsatzbereiche eines Weinklimaschrankes. Für welche Zielgruppe könnte die Anschaffung interessant sein?

3. In einem Fünf-Personen-Privathaushalt mit Nutzgarten wird die Anschaffung eines neuen Gefriergerätes geplant, da die alte Gefriertruhe defekt ist.

    a) Welches Gefriergerät würden Sie empfehlen? Von welchen Gegebenheiten ist Ihre Entscheidung abhängig?
    b) Beurteilen Sie die No-Frost-Technik bei Gefriergeräten und berücksichtigen Sie dabei das Preis-Leistungs-Verhältnis im Vergleich zur herkömmlichen Gefriertechnik.

2.8 Geschirrspüler

Spülen von Hand ist eine allgemein unattraktive Tätigkeit im Haushalt, die wertvolle Zeit, Kraft, Geld und Ressourcen bindet.

Je nach Haushaltsorganisation, -größe, Personenanzahl und Essgewohnheiten entsteht ein individueller Geschirranfall, der eventuell mehrmals am Tag beseitigt werden muss. Maschinelles Spülen bzw. der Geschirrspüler bietet nicht nur die komfortablere und hygienischere, sondern auch eine umweltverträgliche und wirtschaftlichere Alternative für den Nutzer.

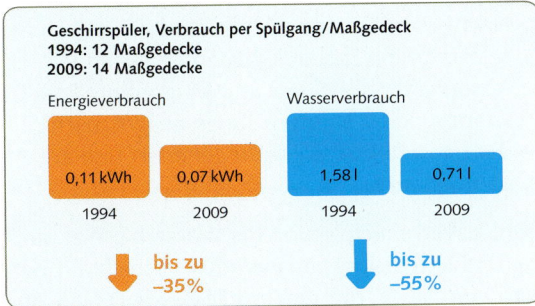

Bild 1: *Energieverbrauch von Geschirrspülern*

Reinigungskapazität

Das Fassungsvermögen eines Geschirrspülers wird in **Maßgedecken** ausgewiesen.

Ein Maßgedeck umfasst:

- 1 Suppenteller
- 1 flacher Teller
- 1 Dessertteller
- 1 Tasse und Untertasse
- 1 Trinkglas
- 1 komplettes Besteck (Messer, Gabel, Suppen-, Tee- und Dessertlöffel)

Je nach Anzahl der Maßgedecke gehört ein Satz **Serviergeschirr** (1 ovale Platte, 1 große runde Schüssel, 1 kleine runde Schüssel) und **-besteck** (2 Servierlöffel, 1 Serviergabel, 1 Soßenlöffel) zum Fassungsvermögen. Der jeweilige Gerätetyp bzw. -größe (s. S. 201) bietet dem Nutzer eine Bandbreite von 4 bis 14 Maßgedecken.

2.8.1 Bauformen

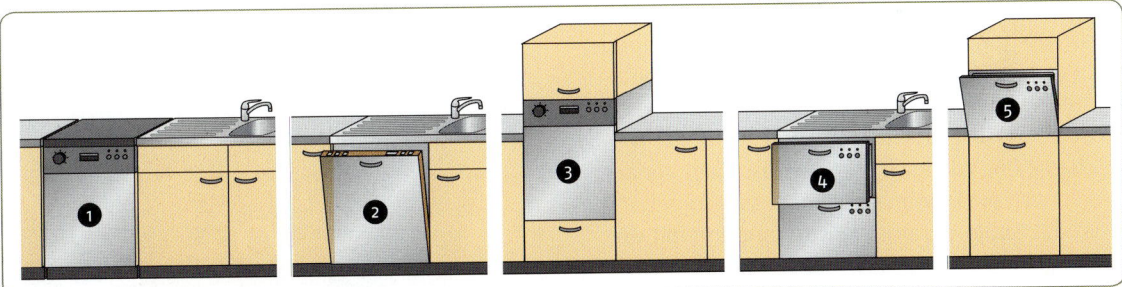

Bild 1: *Bauformen von Geschirrspülern*

Standgeräte (1) und **Unterbaugeräte** (2) sind bekannt (Bild 1). Bei den Einbaugeräten wird zwischen **integrierbaren** und **voll integrierbaren** Geräten unterschieden. Ein integrierbares Gerät (3) wird unter eine Arbeitsplatte eingebaut. Eine optische Anpassung erfolgt durch eine Tür der Küchenmöbelfront. Geräte, die voll integrierbar sind (4), werden vollständig durch die Küchenmöbelfront verdeckt, der Geschirrspüler ist nicht zu erkennen. Die **Schalterblende** ist **innen liegend**, d. h. auf dem oberen, inneren Rand der Tür. eine weite-

re Variante bilden Geräte, die hoch integrierbar sind (5), d. h., sie werden in einen Hochschrank eingebaut.

2.8.2 Funktionsprinzip des Geschirrspülers

Beim Spülvorgang werden Geschirr- und Besteckteile sowie weitere Arbeitsmittel gereinigt und getrocknet. Dabei werden die Reinigungswirkung und das -ergebnis von den **Spülfaktoren** bestimmt

(Bild 1), sowohl beim Handspülen als auch beim maschinellen Spülen. Die Spülfaktoren wirken beim maschinellen Spülen zu gleichen Teilen (Bild 1, nächste Seite) mit Wasser als übertragendem Medium auf den Reinigungsprozess ein.

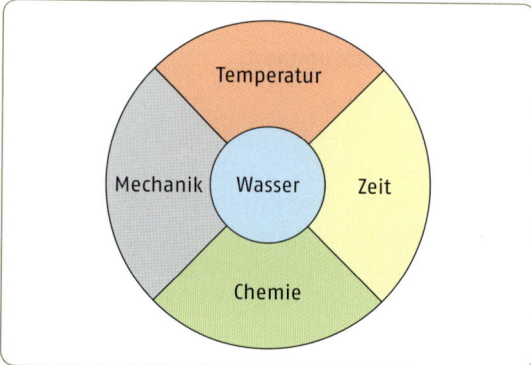

Bild 1: *Spülfaktoren beim maschinellen Spülen*

- **Wasser**: Medium mit multifunktionaler Bedeutung, d. h. fungiert zum einen als Lösungs- und Transportmittel von Reiniger und Klarspüler, zum anderen als Wärmeträger und ist, abhängig vom Wasserdruck, Grundbestandteil einer effektiven maschinellen Mechanik.
- **Mechanik**: Wird durch Wasserdruck, welcher über Sprüharme auf das Reinigungsgut einwirkt, erzeugt.
- **Temperatur**: Im Vergleich zum Handspülen sorgen hohe Temperaturen mit einer Bandbreite von 30 °C bis 75 °C für ein hygienisch optimales Reinigungsergebnis.
- **Zeit**: Als Ausgleich für die eingeschränkte Mechanik (im Vergleich zum Handspülen) verlängert sich die Reinigungszeit. Ausschlaggebend ist das Spülprogramm in Kombination mit der Temperatur.
- **Chemie**: Spezielle Reiniger und Klarspüler lösen Fett und Speisereste und unterstützen den Reinigungsprozess.

2.8.3
Enthärtungsanlage/Regeneration

Eine optimale Betriebsdauer des Gerätes und gute Spülergebnisse setzen kalkarmes bzw. weiches Wasser voraus. Kalkablagerungen auf Spülbehälter und Geschirr wären die Folge. Das Wasser muss enthärtet, d. h. die Härtebildner Calcium und Magnesium müssen entfernt bzw. wirkungslos ge-

macht werden. In jedem Geschirrspüler ist deshalb ein **Enthärter** (Ionenaustauscher) installiert:

- Er besteht aus einem Behälter, der mit Kunstharzmasse (Levatit) und daran angereicherten Natrium-Ionen gefüllt ist.
- Das für den Spülgang einlaufende Wasser fließt durch den Enthärter, härtebildende Calcium- und Magnesium-Ionen werden durch den Ionenaustauscher gegen Natrium-Ionen ausgetauscht. Das Wasser wird enthärtet.
- Die Aufnahmekapazität des Enthärters ist irgendwann erschöpft und muss selbst regeneriert, d. h. aufbereitet werden. Dies erfolgt durch **Spezial- bzw. Regeneriersalz**.
- Nach jedem Spülgang entnimmt die Maschine selbstständig Salz aus dem integrierten Vorratsbehälter, Calcium- und Magnesium-Ionen werden durch Natrium-Ionen ausgetauscht, der Enthärter ist wieder regeneriert und aufnahmebereit.

Der Salzverbrauch ist von der Wasserhärte abhängig, die Enthärtungsanlage muss deshalb auf den örtlichen Härtegrad eingestellt werden. Eine Anzeige im Display oder ein Schwimmer im Deckel des Salzbehälters zeigt ein Auffüllen des Regeneriersalzes an.

2.8.4 Allgemeiner Aufbau

Bild 2: *Innenansicht einer Geschirrspülmaschine*

Haushaltsübliche Geschirrspüler werden aufgrund ihrer Bauweise in der Regel von **vorne beschickt**, die Ausnahme bildet der Kompaktspüler (Beschickung von oben).

Ausgehend von der Standardausführung ist ein Geschirrspüler wie folgt aufgebaut (s. S. 200, Bild 2):

- Für das **Gehäuse (1)** wird lackiertes oder emailliertes Stahlblech verarbeitet, für die **Arbeitsplatte (2)** wird Kunststoff eingesetzt.
- Der **Innenraum bzw. Spülbehälter (3)** ist aus rostfreiem Material, d. h. Edelstahl. Es sind zwei **Geschirrkörbe (4)** aus kunststoffverkleidetem Stahldraht vorhanden. Der **Besteckkorb (5)** ist ebenfalls aus Kunststoff und wird in den Unterkorb eingestellt.
- Für die Verteilung des Wassers sorgen zwei **Sprüharme (6)** aus oder in Kombination von Edelstahl und Kunststoff. Sie sind unter den Geschirrkörben befestigt und drehbar. Mechanik wird beim maschinellen Spülen vor allem durch Wasserdruck erzeugt, eine gezielte Anordnung der Sprühdüsen notwendig.
- Auf dem Boden befindet sich eine mehrteilige **Filter- oder Siebvorrichtung (7)**. Die Siebe müssen regelmäßig gereinigt werden, um ihre Wirkungsfähigkeit zu erhalten.
- In der Tür befindet sich die **Dosiervorrichtung (8)**, es können ein oder zwei Dosierkammern

vorhanden sein, abhängig vom Programm oder das genutzte Reinigersystem. Vervollständigt wird die Vorrichtung durch den Klarspülmittelbereich.

2.8.5 Programmablauf

Der Geschirrspüler für den Privathaushalt reinigt im Allgemeinen das anfallende Spülgut, im Vergleich zur Gewerbespülmaschine sind zwei charakteristische Unterschiede erkennbar: längere Spülzeiten und je nach Programmwahl mehrere Wasserwechsel. Der Reinigungsprozess basiert im Grunde auf einem **Basis- bzw. Normalprogramm**, welches durch manuelle Einstellungen beliebig variiert werden kann.

Das Normalprogramm wird bedürfnisgerecht abgewandelt, z. B. durch Programmierung von höheren/niedrigeren Temperaturen, reduzierte bzw. längere Spülgänge und Trocknungsphasen. Der Ablauf eines Normalprogramms dauert durchschnittlich 120 bis 165 Minuten und untergliedert sich in verschiedene Phasen:

- Vorspülen
- Reinigungsgang
- Zwischenspülen
- Klarspülgang
- Trocknen

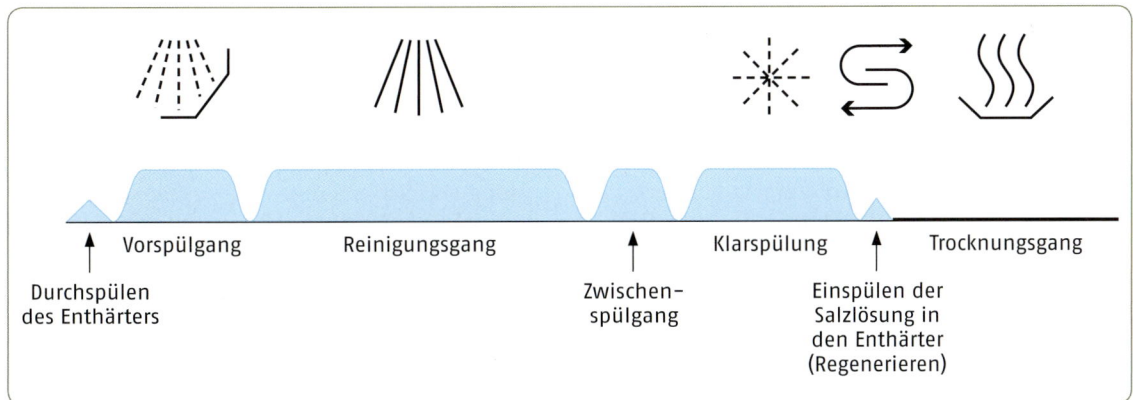

Bild 1: *Programmablauf eines Normalprogramms*

2.8.6 Programmübersicht

Jedes eingestellte Programm wird entweder **elektromechanisch** (d. h. durch ein Schaltwerk, das mit mechanischen Programmwählern gekoppelt ist)

oder **elektronisch** (d. h. Mikroprozessoren steuern den Spülablauf, sie sind mit Sensoren gekoppelt) gesteuert. Die **Programmanzahl** eines Geschirrspülers ist variabel und von der jeweiligen Ausstattung des Gerätes abhängig.

2.9 Elektrische Küchenkleingeräte

In der Nahrungszubereitung sind elektrische Küchenkleingeräte unverzichtbare Hilfsmittel und in jeder Grundausstattung vorhanden. Sie ermöglichen ein **rationelles** und **effizientes** Arbeiten, sind in der Regel vielseitig einzusetzen bzw. multifunktional, leicht zu handhaben und leicht zu reinigen. Das **Grundmaterial** ist **pflegeleicht** (Edelstahl oder Kunststoff) und die **Zubehörteile** sind vorwiegend **spülmaschinenfest**.

2.9.1 Standgeräte

Standgeräte stehen eigenständig bei Betrieb auf der Arbeitsfläche. Sie sollten leicht erreichbar platziert werden, damit sie optimal genutzt werden und nicht im Schrank stehen. Es werden zwei Arten unterschieden:

Monogeräte: Geräte, deren Nutzen auf eine bestimmte Funktion festgelegt ist (z. B. Standmixer, Fleischwolf, Brotbackautomat oder Kaffeemaschine)

Multifunktionsgeräte haben eine oder zwei Antriebsstellen und sind durch die Ergänzung von Zubehörteilen in mehreren Funktionen nutzbar; sie können verschiedene Einzelgeräte in sich vereinen (z. B. Küchenmaschinen mit Rühr-, Schlag- und Knetzubehör).

Folgende Tabelle gibt einen Überblick über handelsübliche Standgeräte.

Gerät	Aufbau	Anwendungshinweise	Anwendungs-beispiele
Standmixer 	■ **Motorteil** mit **Mixaufsatz** aus kleinen Einzelteilen (z. B. Messereinsatz, Dichtung u. Gewindering, Deckel) ■ **Fassungsvermögen** etwa **1,5 – 2 Liter**. ■ Es gibt **1 – 3 Geschwindigkeitsstufen** plus einen Impuls- oder Momentschalter.	■ Deckel bei Betrieb durch das Auflegen der Hand fixieren ■ Feste Zutaten in kleine Stücke schneiden ■ Pürieren von festen Zutaten: besser kleine Mengen nach und nach einfüllen und pürieren statt die Gesamtmenge in einem	■ Herstellung von Mixgetränken ■ Pürieren von Obst und Gemüse, Suppen oder Babykost ■ Rühren von Teigen, Desserts oder Mayonnaise
Fleischwolf 	■ **Motorblock** und **Fleischwolfaufsatz** (Dieser wird aus dem Fleischwolf-Gehäuse mit Einfüllschacht und diversen Metall-Einzelteilen (z. B. Verschlussring, Lochscheibe, Messer oder Schnecke) zusammengesetzt. Der Aufsatz wird durch einen **Bajonettverschluss** sicher am Motorblock verankert. Ein- und Ausschalter, zusätzliche Funktion für kurzzeitigen Rückwärtslauf	■ Fleisch vor der Verarbeitung von Sehnen und Knochen befreien und in kleinere Stücke schneiden ■ Füllgut immer mit dem Stopfer in den Einfüllschacht transportieren ■ Gekühltes Fleisch hat eine höhere Schnittfestigkeit und erzielt bessere Ergebnisse. ■ Bei beeinträchtigten Schneidergebnissen die Zusammensetzung auf Richtigkeit überprüfen	■ Herstellung von Hackfleisch, einer Farce, Paniermehl, Spritzgebäck ■ Zerkleinerung von Käse, Schokolade oder Obst für die Herstellung von Konfitüre

Gerät	Aufbau	Anwendungshinweise	Anwendungs-beispiele
Allesschneider	▪ Verzahntes **Universalmesser** aus Edelstahl, das von einem Motor angetrieben wird. Gehäuse und weitere Zubehörteile sind aus Kunststoff und/oder Edelstahl. ▪ Inbetriebnahme über **Moment- oder Dauerschalter** ▪ Unterschiedliches Schneidgut (z. B. Wurst, Käse, Brot oder Gemüse) kann durch **stufenlose Schnittstärkeneinstellung** von etwa 0–22 mm angepasst werden.	▪ Die Anschaffung eines glatten Rundmessers (Sonderzubehör) ist empfehlenswert, wenn vorwiegend Fleisch- und Wurstwaren verarbeitet werden. Das Schneideergebnis ist im Vergleich zum gezahnten Messer qualitativ höher. ▪ Bei der Verarbeitung von Käse vermeidet eine seitliche Abdeckung des Rundmessers ein Ankleben des Käses, das Schneideergebnis ist besser.	▪ Die Verarbeitung **aller** möglichen Lebensmittel: Fleisch, Wurstwaren, Käse, Salate, Brot, Gemüse, Obst usw.
Getreidemühle	▪ **Motorblock** mit **Getreidemühlenaufsatz**. Zwei Bauweisen, die neben Druck und Reibung einen Schneideffekt erzielen: ▪ **Scheibenmahlwerk**: zwei parallel angeordnete Scheiben, eine ist drehbar, die andere fixiert. ▪ **Kegelmahlwerk**: ein sich drehender Mahlkegel in einem fixierten Kegelring ▪ Mahlwerke sind in **Stahl** oder **Stein** erhältlich. ▪ Meist stufenlose Feineinstellung ermöglicht ein Verstellen während des Mahlvorgangs. ▪ Fassungsvermögen schwankt von 460 g über 600 g bis zu 1200 g.	▪ Stahlkegelmahlwerke sind besonders für ölhaltiges Mahlgut wie Leinsamen oder Sesam geeignet, da sie nicht verkleben. ▪ Steinmahlwerke erzielen eine besonders feine Mehlbeschaffenheit, erwärmen sich aber bei längerer Betriebsdauer.	▪ Weizen, Roggen, Dinkel, Gerste, Hafer, Buchweizen, Grünkern, in Ausnahmen auch Mais (siehe Gebrauchsanleitung)

Gerät	Aufbau	Anwendungshinweise
Kompakt-küchenmaschine 	▪ **Universalschüssel mit Deckel** (etwa 2 Liter) wird mit dem *Kraftantrieb* verbunden. Der **Mixaufsatz** (etwa 0,75 Liter) mit dem *Schnellantrieb* gesetzt. Zur Standardausrüstung gehört immer ein Universalmesser zum **Zerkleinern** und **Schneiden** von Lebensmitteln. ▪ 400 bis 600 Watt, **stufenlose Geschwindigkeitsregelung**. ▪ Ein-/Ausschalter bzw. Momentschalter ▪ **Einschaltsicherung** ermöglicht Inbetriebnahme nur bei ordnungsgemäßer Arretierung von Deckelbehälter und Motorblock. ▪ **Grundzubehör** sind Schlagbesen, Knethaken, Schnitzelwerk mit verschiedenen Scheiben.	▪ Da beim Schlagen von Sahne oder Eischnee weniger Luft eingearbeitet wird, sind die Ergebnisse nicht immer optimal. ▪ Bei der Teigzubereitung Vorgabezeiten der Gebrauchsanleitung einhalten, um eine optimale Teigbeschaffenheit zu erzielen. Knet-/Rührverhalten ist verändert.
Stand-küchenmaschine  **Bild 1:** *Bodenantrieb*  **Bild 2:** *Funktionsarm*	▪ **Motorblock** als **Grundmodul**. Gehäuse ist aus pflegeleichtem Kunststoff, Aludruckguss und/oder Edelstahl. ▪ Leistungsaufnahme bei 600, 800 oder 1400 Watt. Zwei Systeme: ▪ **Bodenantrieb**: Rühr-, Schlag- oder Knetwerkzeuge werden bis auf die Antriebsachse in die Rührschüssel eingesetzt. ▪ Die Rührschüssel hat mittig eine Buchse, die einen Antrieb der Werkzeuge und Zubehörteile durch den Motor ermöglicht. ▪ **Funktionsarm**: Rühr-, Schlag- oder Knetwerkzeuge werden justiert, die Rotation erfolgt ellipsenartig. ▪ Die vorhandenen, bis zu drei Antriebspositionen sind komplett auf den abnehm- oder schwenkbaren Funktionsarm verteilt. ▪ In der **Grundstellung** ist die Rührschüssel aus Kunststoff oder Edelstahl mit dem Motorblock verbunden.	▪ **Rührbesen**: Einsetzbar für die Herstellung von festeren Massen, z. B. Rühr- oder Brandmasse, Kartoffelpüree, Verarbeitung von gekochtem Obst und Gemüse, ▪ **Schlagbesen**: Einsetzbar für die Herstellung von lockeren und luftigen Massen, z. B. Biskuitmassen, geschlagener Sahne, Eischnee, Creme- oder Schaumspeisen. ▪ **Knethaken**: Einsetzbar für die Herstellung von festeren oder schweren Teigen, z. B. Hefe-, Brot-, Mürbe-, Zwillings-, Strudel- oder Nudelteig, Fleisch- oder Pastetenmassen.

2.9.2 Handgeräte

Handgeräte werden während des Arbeitsprozesses manuell, d. h. von Hand geführt. Aufgrund ihrer leichten Handhabung und flexiblen Einsatzbereichen gehören sie zur Grundausstattung in fast jedem Haushalt.

Sie sind geeignet für die Verarbeitung von kleineren bis mittleren Mengen. Ein weiterer Vorteil ist der, im Vergleich zu den Standgeräten, geringere Anschaffungspreis.

Die Tabelle auf der nächsten Seite gibt einen Überblick zu den gängigsten Handgeräten.

Gerät	Aufbau	Anwendungshinweise	Anwendungsbeispiele
Elektromesser	■ Kleiner Motorblock mit Kunststoffgehäuse, Griffvorrichtung und integrierter Messerhalterung. Die Messerklingen werden darin eingeführt und müssen hörbar einrasten. Gerät erst am Netzstecker anschließen, wenn es betriebsbereit ist.	■ Beim Schneiden die Klingen auf das Schneidgut auflegen und gleichmäßig Druck ausüben, dabei das Schneidgut von oben bis unten durchschneiden. ■ Für das Zerschneiden von Knochen ist das Gerät nicht geeignet.	■ Besonders für Schneidgut geeignet, das optisch eine saubere Form oder Schnittfläche benötigt, z. B. Bratenscheiben, Rouladen oder gefüllte Rollen (z. B. Fingerfood)
Stabmixer	■ Besteht aus zwei Teilen: Motorblock und Arbeits- bzw. Pürierstab. ■ Motorleistung 400 bis 600 Watt, 1–2 Leistungsstufen einstellbar oder stufenlose Einstellung	■ Spritzgefahr, daher Stabmixer erst ins hohe Gefäß eintauchen und dann in Betrieb nehmen bzw. abschalten ■ Gleichmäßige Zerkleinerung durch leichte Bewegung	■ Sie entsprechen den Anwendungsbeispielen des Standmixers (s. S. 202).
Handrührgerät	■ Motorblock mit Kunststoffgehäuse, Griffvorrichtung und zwei bis drei Antriebsöffnungen. Dazu gehören Rührbesen und Knethaken. 150–350 Watt. Die Bedienungselemente sind im Griffbereich angelegt.	■ Das Handrührgerät bewältigt eine Teigmenge von etwa 1–1,5 kg. ■ Vor dem Sahneschlagen Rührbecher und Rührbesen im Kühlschrank kühlen	■ Rührbesen z. B. für Biskuit- oder Rührmasse, Pfannkuchenteig, Quark ■ Knethaken z. B. für Hefe-, Mürbe- oder Zwillingsteig, Hackfleischmassen

Aufgaben:

1. Erstellen Sie ein Infoblatt über den Aufbau/die Funktionsweise einer Geschirrspülmaschine.

2. Erläutern Sie Entscheidungskriterien für den Kauf einer Geschirrspülmaschine für einen Single- und Sechs-Personen-Haushalt.

3. Erarbeiten Sie eine Mindmap über die vielfältigen Einsatzmöglichkeiten einer Küchenmaschine als Multifunktionsgerät.

4. In einem Mehr-Generationen-Haus wird auf einer Etage eine Senioren-Wohngemeinschaft eingerichtet. Dazu gehört auch eine Gemeinschaftsküche, sodass die Bewohner sich selbst versorgen können.

   a) Sammeln Sie Vorüberlegungen zur Verwendung von Elektrogeräten, die von Senioren gehandhabt werden können oder müssen.

   b) Erfassen Sie eine geeignete Auswahl von elektrischen Groß- und Kleingeräten in Form einer tabellarischen Übersicht. Folgende Informationen sollen daraus hervorgehen: Art des Gerätes, Verwendung und Begründung der Auswahl.

3 Küchentechnik im Großhaushalt

Die Herstellung von Speisen im **Großküchenbereich** (z. B. Gemeinschaftsverpflegung oder Gastronomie) zeichnet sich insbesondere durch die **Verarbeitung größerer Mengen** bzw. flexible und zeitnahe Zubereitung verschiedener Gerichte aus. Dabei finden alle gängigen Gartechniken Anwendung, z. B. Kochen, Dämpfen, Braten, eben nur in größeren Produktionskapazitäten.

3.1 Gargeräte

Zur **Großküchenausstattung** gehören neben dem Herd z. B. eine Kippbratpfanne, der Kochkessel, die Bratplatte oder der Kombidämpfer.

Die **Auswahl** der einzelnen Geräte ist von dem praktizierten **Verpflegungssystem** (s. S. 345) der Einrichtung abhängig. Es bestimmt den Einsatz frischer Produkte und/oder Convenience-Erzeugnisse und somit die Zubereitung und den Garprozess. In Kombination mit der zu verpflegenden Personenanzahl ergibt sich dadurch die Art und Größe der benötigten Geräte.

3.1.1 Herd

Bild 1: *Herd mit Gusskochplatten*

Aufbau

Der Herd verfügt über **Kochstellen** und einen **Backofen** (s. S. 187 ff.). Die Größe des Herdes ist von der Produktionsmenge und der weiteren Geräteausstattung abhängig. Der Kochstellenbereich ist in Zweier-Formationen aufgeteilt, d. h., eine Kapazität von 2 bis 8 nebeneinanderliegenden Kochblöcken ist möglich. Der Herd wird in der Regel mit anderen Gargeräten (z. B. mit Kochkesseln, Kippbratpfanne, Fritteuse) in kompakten Modulen aufgebaut. Als Zusatzherde werden z. T. mobile **Hockerkocher** eingesetzt. Sie verfügen über Elektro- oder Gasbeheizung und sind für Töpfe bis 60 l Fassungsvermögen einsetzbar.

Kochstellen

- **Gusskochplatten** (s. S. 184) sind überwiegend viereckig (30 x 30 cm) oder rechteckig (40 x 50 cm). Die Leistungsregelung erfolgt über Stufenschaltung oder stufenloser Schaltung (s. S. 185).
- **Glaskeramikkochfelder** (s. S. 186) erlauben eine variable Wahl in der Beheizungsart (s. S. 186 ff.), z. B. Strahlungs-, Halogen-, Induktions- oder Gasbeheizung (in Form von Glühsteinen unter der Glaskeramikplatte). In Form und Größe sind Kochzonen vergleichbar mit Gusskochplatten.
- **Gaskochstellen** (s. S. 189) sind in offener Form in Vierer- oder Sechser-Blöcken eingeteilt. Mit einer Brennerkapazität von 3,5 kW bis 8,5 kW bieten sie ein sehr hohes Leistungspotenzial.

Bild 2: *Herd mit Gaskochstellen*

Backofen

Der Backofen gleicht in technischer Ausrüstung dem des Privathaushaltes, der Unterschied liegt in der Temperatur, d. h. bis zu 300 °C, und in seiner Größe: Er ist auf die Maße der Gastro-Norm-Behälter (s. S. 212) ausgerichtet. In einer Backofeneinheit kann z. B. ein 1/1 GN-Behälter oder zwei 2/1 GN-Behälter untergebracht werden.

3.1.2 Heißluftdämpfer

Die Bedeutung des **Heißluft- oder Kombidämpfers** ist immer größer geworden, er ist aus der modernen Verpflegungstechnik nicht mehr wegzudenken. **Gründe** sind:

- Er ist **multifunktional**, d. h., er übernimmt Aufgaben verschiedener Einzelgeräte.
- Es lassen sich **verschiedene Gartechniken nacheinander** ohne Umfüllen bzw. zeitintensive Unterbrechungen **ausführen**.
- **Perfekte Angleichung an fast jeden Garprozess** (z. B. Auftauen, Anbraten, Dämpfen) **und vitamin- bzw. rohstoffschonendes Garen**
- Daraus resultiert **wirtschaftliches** und handwerklich **abwechslungsreiches** Arbeiten.
- Ausstattung mit **vielen Kombinationsprogrammen**, die Feuchtigkeit und Temperatur elektronisch steuern und so optimal miteinander abstimmen

Bild 1: *Heißluftdämpfer*

Aufbau

Kombi-Dämpfer sind **Heißluftgeräte** mit starken Gebläsen, die **außerdem** einen **beheizten Dampferzeuger mit Frischwasseranschluss** (liegt außerhalb des Garraumes) besitzen. Dabei tritt der **Dampf** in Gebläsenähe in den Garraum ein und **kondensiert** auf der **kalten Nahrungsmitteloberfläche**. Es wird so eine viel größere Wärmeübertragung erzielt als durch reine Heißluft. Gleichzeitig wird die **Austrocknung der Oberfläche** reduziert, da ständig Wasserdampf darauf abgegeben wird.

Grundsätzlich sind sie als **Stand- oder Tischgeräte** erhältlich. Die **Beschickung** auf mehreren Ebenen erfolgt durch verschiedene GN-Behälter (s. S. 212), das Fassungsvermögen reicht von 6, 10 bis 20 Einschüben. Die **Einstellung** von Betriebsart und Temperatur erfolgt über eine **Bedienblende**. Spezialprogramme oder Programmspeicher ermöglichen individuelles Garen.

Anwendungshinweise und -beispiele

Grundsätzlich können Heißluft und Dampf in der Praxis **einzeln, nacheinander** oder **kombiniert** eingesetzt werden:

- **Dämpfen** bei 100 °C: Einstellung erlaubt *Dämpfen, Dünsten, Blanchieren, Garziehen, Quellen* von z. B. Reis, Nudeln, Kartoffeln, Obst, Gemüse, TK-Produkten, Convenience-Produkten oder *Sous Vide, d. h. Garen im Vakuumbeutel* von Gemüse, Kartoffeln, Lachs, Forelle oder Terrinen.
- **Schon- oder Variodämpfen** bei 30 – 99 °C: Blanchieren, Garziehen, Sous Vide, Auftauen, Regenerieren, Konservieren von Fleisch (Kochschinken), Fisch, Geflügel, Suppeneinlagen, Eierstich, Desserts wie Creme Royal.
- **Heißluft** bei 30 – 300 °C: *Braten, Backen, Gratinieren, Grillen* von Fleisch, Fisch, Geflügel, Backwaren aus Mürbeteig, Biskuit, Brandteig, Blech- und Käsekuchen.
- **Kombi-Betrieb** bei 30 – 300 °C: Kombi-Dämpfen, -Braten, -Backen von Großbratstücken wie Schweinenacken, -braten, -haxe, Lammkeule, Rinderfilet, Backwaren aller Art, Aufläufe.
- **Regenerieren** bei 30 – 300 °C: Optimale Werte liegen zwischen **120 – 160 °C** je nach Art des Produktes. Verzehrfertiges Erhitzen von Speisen als Tellerportion, auf Platten und GN-Behältern.
- **Zusatzfunktionen** sind abhängig vom Hersteller. Möglich sind Kerntemperatureinstellung, Cool Down (= schnelle Kühlung), Speicherprogramme für Menügruppen, Reinigungsprogramme.

Konkrete Programmeinstellungen sind der **Betriebsanleitung** zu entnehmen, Garzeittabellen verschaffen einen ersten Überblick, werden jedoch im Laufe der Zeit durch **betriebsbedingte Erfahrungswerte** ergänzt.

3.1.3 Kippbratpfanne

Bild 1: *Kippbratpfanne*

Aufbau

Kippbratpfannen haben eine quadratische oder rechteckige **Bratfläche**, die seitlich auf **zwei Achsen** ruht und dadurch **kippbar** ist. Der **Kippvorgang** zum Entleeren oder Reinigen kann per Hand oder elektrisch erfolgen. Die **Beheizung** durch **Strom** oder **Gas** befindet sich unter dem **Bratbecken** bzw. im Boden. Die Temperatureinstellung von 50–330 °C erfolgt durch Schaltknebel oder Folientasten mit einer digitalen Temperaturanzeige.

Das **Fassungsvermögen** ist von den Maßen der Bratfläche abhängig, z. B. 80 x 90 cm oder 120 x 90 cm. Bei einer Tiefe von 20 cm können Mengen von **80 bis 120 Liter** verarbeitet werden, passend für 1/1 GN- oder 2/1 GN-Behälter. Der Brat- bzw. Garbereich kann durch einen Deckel geschlossen werden, dieser kann als zusätzliche Abstellfläche genutzt werden.

Eine **Mischform**, hervorgegangen aus Bratplatte und Kippbratpfanne, bildet der **Multibräter**.

Anwendungsbeispiele

- Kurzbraten (s. S. 270)
- Anbraten und Schmoren von Rinder- und Schweinebraten, Gulasch, Schaschlik oder Kohlrouladen
- Herstellung von Eintöpfen, Suppen, Soßenfonds oder Nudeln
- Warmhalten von Speisen in eingesetzten GN-Behältern
- Garziehen von Knödeln oder Klößen

3.1.4 Kochkessel

Bild 2: *Kochkessel*

Aufbau

Kochkessel sind große Kochtöpfe, die in eine Schrankvorrichtung eingebaut sind. Der Kochkessel besteht aus einem **Innen- und Außenkessel** aus Edelstahl. Unter dem Kochkessel befindet sich ein **Wasserspeicher** (etwa 10 l Füllmenge). Das hoch erhitzte Wasser steigt als **Dampf** in den Zwischenraum und **erhitzt** so flächendeckend **das Gargut** im Innenkessel. Temperaturen bis maximal 130 °C sorgen dafür, dass das Gargut **nicht anbrennen** kann. Anbraten ist deshalb nicht möglich, nur das Weitergaren von Speisen. Die **Beheizung** erfolgt durch Strom, Gas oder Öl. Das **Fassungsvermögen** liegt zwischen 60 und 300 Litern. Der Innenkessel ist mit einer fortlaufenden **10-Liter-Füllstandsmarkierung** gekennzeichnet.

Der **Kippkochkessel** entspricht im Aufbau dem normalen Kochkessel; er ist zusätzlich, wie die Kippbratpfanne, auf zwei Achsen gelagert. Der **Schnellkochkessel** hat ein kleineres Fassungsvermögen, d. h. 40 bis 150 Liter, und ein stärkeres Heizelement. Daraus resultieren kürzere Aufheiz- und Garzeiten. Ein **Druckkochkessel** mit einem Fassungsvermögen von 100 bis 300 Litern arbeitet mit Überdruck von etwa 0,5 bar bei einer Dampftemperatur von 110 °C. Der Deckel ist aus Sicherheitsgründen druckdicht verriegelbar.

Anwendungsbeispiele

- Herstellung von Suppen und Eintöpfen
- Weitergaren von Gulasch oder Ragouts
- Kochen von Nudeln, Reis oder Kartoffeln oder Garziehen von Klößen

3.1.5 Druckdämpfer (Steamer)

Bild 1: *Druckdämpfer*

Aufbau

In der Großküche wird neben dem Kombi-Dämpfer der **Druckdämpfer (Steamer)** eingesetzt. Das Funktionsprinzip entspricht dem des Dampfdruckgarers (s. S. 192). Tisch- oder Standgeräte sind mit einem runden **druckfesten Garraum** ausgestattet, der **druckdicht verriegelt** wird. Dampf wird durch einen eingebauten **Dampferzeuger** oder durch ein **Hochdruck-Dampfsystem** in den Garraum eingeführt. Je nach Ausführung ist Niedertemperatur-Dämpfen unter 100 °C möglich. Die **Beschickung** erfolgt durch GN-Behälter in verschiedenen Größen (GN-1/1, GN-2/1 oder GN-3/1). Nach Ende des Garprozesses erfolgt ein **automatischer Druckabbau** durch Kühlung des Garraumes, die Tür wird entriegelt.

Für sehr große Produktionsmengen bieten sich **Durchlauf-Druck-Dämpfautomaten** an. Über ein Bandsystem werden GN-Behälter in eine Überdruckkammer transportiert. Der ganze Transport- und Garprozess erfolgt vollautomatisch.

3.1.6 Bratplatte

Bild 2: *Bratplatte*

Aufbau

Es gibt Standgeräte mit Unterschrank oder Modulgeräte, die beliebig in ein Modulsystem integriert werden können. Die flache Bratfläche besteht aus einer **glatten** oder **gerillten Stahlplatte** mit seitlich angelegten Auffangrinnen für Flüssigkeiten. Geräte mit einer **tiefer angelegten Bratfläche** (etwa 65 mm Tiefe) verfügen über **Ablaufstopfen**, das Gargut kann direkt in untergeschobene GN-Behälter abgefüllt werden. Je nach Größe der Bratfläche sind **zwei Heizzonen** vorhanden, die **separat** bei Temperaturen von etwa 50 – 300 °C **geregelt** werden können.

3.1.7 Grillgeräte

Geräte für den gewerblichen Bereich arbeiten, wie für den privaten Gebrauch, entweder mit **Infrarotstrahlung** oder durch **Kontaktwärme** (s. S. 193).

In der Gastronomie hat sich besonders der **Salamandergrill** etabliert. Das Gargut wird auf eine Ablagefläche bzw. Grillrost gestellt, direkt darüber befindet sich ein meist höhenverstellbares Heizelement (Infrarot-Strahlungsheizkörper). Geräte mit zwei Heizzonen sind getrennt regelbar. In der Praxis ist es oft im Dauerbetrieb, um flexibel agieren zu können.

Bild 3: *Salamander*

Der **Rostbratgrill** wird als Stand- oder Modulgerät in vielen Großküchenformen eingesetzt. Eine große Rostgrillfläche wird durch Strahlungsheizkörper von unten beheizt, bei einigen Geräten wird direkt auf den Heizkörpern gegrillt.

Mischformen der einzelnen Geräte werden immer zahlreicher, sodass der Übergang von **Bratplatte, Griller oder Kippbratpfanne** oft fließend geworden ist.

3.2 Kühl- und Gefriereinrichtungen

Die Vielfalt der einzelnen Verpflegungs- und Ausgabesysteme beeinflusst auch den Sektor der Kühl- und Gefriereinrichtungen. Moderne Produktionsabläufe, zeitversetzt durch thermische Entkopplung, erfordern eine lückenlose Kühlkette.

Jedes Verpflegungssystem (s. S. 345) benötigt deshalb ein individuelles Kühl- oder Gefriersystem. In der folgenden **Übersicht** werden verschiedene Kühl- und Gefriereinrichtungen vorgestellt.

Bauform	Merkmale
Kühl- und Tiefkühlschränke 	■ Größe und Anzahl der Geräte sind abhängig vom Verpflegungssystem, Lieferabständen, räumlichen Gegebenheiten, Art der weiteren Vorräte. ■ Geräte im gewerblichen Bereich funktionieren ausschließlich mit dynamischer Kühlung bzw. NoFrost-Tiefkühlung (s. S. 196 ff.). ■ Gehäuse, Innenraum und Einlegeroste bestehen aus Edelstahl. ■ In ein- oder zweitüriger Ausführung ergeben sich Nutzvolumen von 600 – 1 400 Litern. ■ Kühlbereiche reichen von –2 °C bis +8 °C und von –10 °C bis –24 °C zum Tiefkühlen. ■ Gefriertruhen werden im gewerblichen Bereich seltener für die kurzfristige Lagerung eingesetzt, da wenig Übersicht vorhanden und die Suche bei der Entnahme zeitintensiver ist.
Kühltische 	■ Sie bestehen vollständig aus Edelstahl und können je nach Größe mit Flügeltüren und Teleskop-Schubladen bzw. kombinierten Ausführungen bestückt werden. ■ Schränke und Schubladen sind kompatibel für GN-Behälter (z. B. 1/3, 2/3, ½). ■ Umluftkühlung mit elektronischer Steuerung bei Temperaturen von –2 °C bis +10 °C ■ Ausstattung mit oder ohne (bei Zentralkühlung) Kühlaggregat wählbar
Weinkühlschränke 	■ Bauformen und Ausführungen von Gehäuse und Innenraum sind sehr unterschiedlich, es wird mit Edelstahl, Holz oder Kombinationen von beidem gearbeitet. ■ Geräte sind in Aufbau und Funktion überwiegend mit Umluftkühlung ausgestattet (s. S. 196). ■ Die Absorbertechnik (s. S. 196) wird von einigen Herstellern auch eingesetzt, um Vibrationen durch den Motor/Kompressor zu vermeiden. ■ Je nach Ausführung sind Geräte mit verschiedenen **Temperaturschichten** innerhalb des Lagerraumes verfügbar. Diese werden selbstständig durch eine elektronische Regelung erzeugt und bewegen sich von 5 °C bis 20 °C.

Bauart	Merkmale
Schnellkühler und Schockfroster 	■ Bauformen sind als Stand-, Untertisch-, Unterbau- oder Einfahrgeräte erhältlich. ■ Geräte werden in Kombination mit dem Kombi-Dämpfer eingesetzt, sodass Transport- oder Hordenwagen im Einsatz kompatibel sind. ■ Variabel einstellbar auf Schnellkühlung oder Schockfrost Funktion. Nach Beendigung eines Programms findet ein automatischer Übergang in die Lagerphase statt. ■ Geeignet für GN-Behälter ■ Kerntemperaturfühler steuern automatisch den Gefrierprozess und verhindern ungleichmäßiges bzw. vorzeitiges Gefrieren.
Kühl- oder Tiefkühlzellen 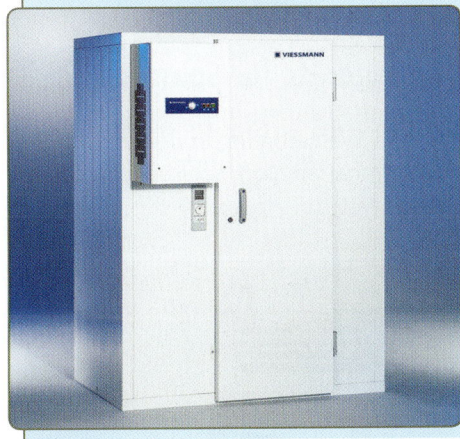	■ Konstruktion nach dem Baukastenprinzip, d. h., es sind begehbare Kammern, die in vorhandene Räumlichkeiten integriert bzw. eingebaut werden können. ■ Zelle ist komplett, d. h. Decke, Boden und Wände mit Polyurethanschaum wärmegedämmt ■ Innenausstattung siehe unten ■ Ausstattung mit Umluftkühlung, wobei der Verdampfer mit Ventilator im Kühlraum montiert und der Kompressor mit Ventilator von außen frei aufgehängt wird ■ Ein Temperaturfühler im Kühlraum bestimmt das Ein- und Abschalten des Kompressors. ■ Eingebaute Regalsysteme sorgen für übersichtliches Beschicken.
Kühl- und Tiefkühlräume 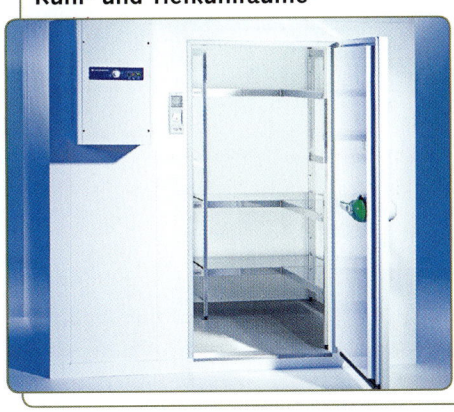	■ Ab einer Verpflegungsanzahl von etwa 500 Portionen sind größere Kühl- und Tiefkühlkapazitäten notwendig. ■ Der dafür vorgesehene Raum muss speziell umgebaut und mit einer Rundum-Wärmedämmung ausgestattet werden (Decke, Wände, Boden, Tür). ■ Der Innenraum besteht aus plattiertem Edelstahl oder Aluminium, wobei alle Wand-, Decken-, Boden- und Türbestandteile fugenlos miteinander verbunden werden müssen. ■ Tiefkühlräume sind mit einer Türrahmenheizung ausgestattet, damit die Tür nicht festfriert. ■ Optimaler Standort ist zwischen den Kühlräumen für Milch- und Fleischwaren.

3.3 Warmhalteeinrichtungen

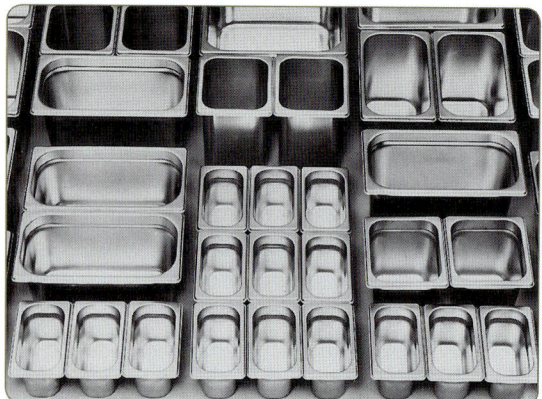

Bild 1: *Gastronormbehälter*

Die **genormten Größen** basieren auf einem weltweit gültigen Maßsystem, der „Gastro-Norm". Sie sind so für fast alle elektrischen Geräte **kompatibel** und erleichtern durch den **einfachen Austausch** die einzelnen Produktionsabläufe.

Die einzelnen Größen (Bild 2) werden, basierend auf das Grundmaß GN 1/1, in Tiefen von 20, 40, 50, 60, 90, 100, 150 oder 190 mm angeboten.

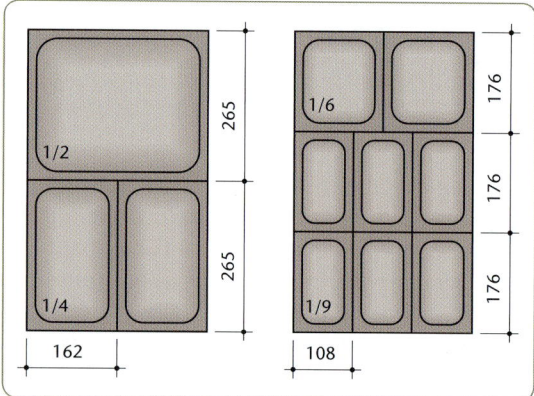

Bild 2: *System Gastro-Norm*

Je nach Verwendungsmöglichkeit sind die GN-Behälter gelocht oder ungelocht.

3.3.1 Wärmegeräte für Geschirr

Zur Grundausstattung vieler Küchen im gewerblichen Bereich zählt der **Wärmeschrank**, um Geschirr für die Warmverpflegung vorzuwärmen. Mit Schiebetüren und gelochten Zwischenböden versehen, besteht er komplett aus Edelstahl. Die Ein-

stellung per Schaltknebel ermöglicht Temperaturen bis 85 °C.

Bild 3: *Wärmeschrank*

3.3.2 Wärmegeräte für Speisen

Bain Maries sind Wasserbäder, in denen GN-Behälter zum Warmhalten von Speisen eingesetzt werden.

Bild 4: *Bain Marie*

Für die Speiseausgabe bieten sich **Heiß- oder Büfetttheken** in verschiedenen Größen an. Flexible **Wärmebrücken** können über Anrichte- oder Speiseausgabebereiche installiert werden. **Thermoports** sind beheizbare (z. B. durch Silikonfolienbeheizung) Transportgefäße aus Edelstahl, geeignet für GN-Behälter.

3.4 Spüleinrichtungen im Großhaushalt

Die Herstellung von Speisen, unabhängig von der Produktionsmenge, verursacht verschmutztes Geschirr, Besteck und Schwarzgeschirr. Eine schnelle, kostengünstige, umweltfreundliche und hygienisch hochwertige Reinigung bieten gewerbliche Spülautomaten.

Im Bestreben, ein geeignetes Spülsystem für eine Küchenanlage zu finden, müssen einige Faktoren berücksichtigt werden, z. B. das jeweilige Geschirraufkommen. Es wird u. a. durch das praktizierte Verpflegungssystem bestimmt, da einige einen besonders hohen Geschirranfall haben (z. B. Tablettsysteme, Cafeterie oder Free Flow). Aber auch räumliche Gegebenheiten und die Arbeitsorganisation sind Aspekte, die bei der Anschaffung einer geeigneten Spülmaschine bzw. -systems berücksichtigt werden müssen.

Spülprozess und Reinigungskapazität

Die gewerbliche Spülleistung steht hinsichtlich der gesetzlichen Hygienebestimmungen besonders auf dem Prüfstand, sodass der Spülprozess bestimmte Vorgaben erfüllen muss. Dazu gehört die

hygienisch hochwertige Reinigung des Spülgutes, d. h. tadellos sauber mit reduziertem Keimzahlanteil, darüber hinaus ein **optisch ansprechendes Reinigungsergebnis**, d. h,. die Oberfläche ist glänzend und frei von Reinigungsmittelrückständen. Um Verunreinigungen wie Speisereste, Lippenstift, Teeränder oder starke Verkrustungen zu beseitigen, ist die Ergänzungswirkung der **Reinigungsfaktoren** (s. S. 200) notwendig. Gewerbliche Spülautomaten erreichen folgende Reinigungskapazitäten, die bei der Planung hilfreich sind:

Bauform	Leistung in Körben/h	Teller-leistung
Fronttür	40	750
Korbdurchschub	60	1 080
Korbdurchlauf	80–130	3 800

Der Planung stehen dafür **zwei Grundkonzepte** zur Verfügung, die technisch unterschiedlich umgesetzt werden. Die folgende Tabelle stellt die verschiedenen Maschinenkategorien vor:

Geräte	Aufbau	Anwendungs-beispiele
Fronttürmaschine 	▪ Stand- oder Untertischgeräte werden mit viereckigen Geschirrkörben manuell von **vorne beschickt**. ▪ Wählbar sind 1–3 Spülprogramme, Spülzeiten von **90–300 Sekunden** erreichen eine Reinigungskapazität von **750 Tellern** in der Stunde. ▪ Der Tankinhalt von 10–25 Litern wird nicht nach jedem Spülgang erneuert, sondern steht für den nächsten Spüldurchlauf wieder bereit. ▪ Beim Klarspülen wird eine Portion Frischwasser aufgenommen und die gleiche Menge an Schmutzwasser wieder abgeleitet (s. S. 200 ff.). ▪ **Arten von Transportkörben:** Basis-, Teller-, Tassen-, Tablett- oder Besteckkörbe ▪ **Gläser- oder Universalspülmaschinen** sind baugleich, variabel in technischen Details.	▪ Kleine Restaurants oder Pflegeheime ▪ Café oder Schnellrestaurant

Geräte	Aufbau	Anwendungs-beispiele
Korbdurchschub-maschine	■ Aufstellung in Verbindung mit einer **Arbeitszone**, d. h. als Bestandteil einer Spülzeile oder im Winkel über Eck ■ Beschickten Geschirrkorb mit einer Handbrause vorreinigen und **manuell** einschieben. **Haube** wird von Hand oder automatisch geschlossen (Hau-benmodelle). ■ Reinigung erfolgt von oben und unten; im Bo-denbereich sind drehbare Sprüharme, im oberen Bereich fixierte Sprühdüsen oder -arme installiert. ■ Kurze Spülzeiten erfordern hohe Betriebstempe-raturen von 55–65 °C. ■ Ständige Umwälzung der Reinigungsflotte durch ein Pumpensystem, Spülprogramm ansonsten dem der Frontürmodelle gleich. ■ **Reinigungskapazität** liegt bei bis zu 1 080 Tellern in der Stunde (je nach Tankinhalt).	■ Kleine bis mittlere Gastronomie ■ Alten- und Pflege-heime ■ GV- Betriebe (Kantinen, Kran-kenhäuser usw.)
Korbtransportautomat	■ Spülzeile ist komplett abgedeckt, darunter integ-riert ist ein **automatisches Transportsystem**. ■ **Geschirrkorb** steht auf eine Ablagefläche, wird von dort durch ein **Mitnehmerband** in gleichmä-ßiger Geschwindigkeit durch die vollautomatische Spülstraße **befördert**. ■ **Reinigungszonen**: Pumpenvorabräum- und Hauptreinigungszone, Pumpenklarspülung, Frischwasser-Klarspülung, Trockenzone ■ Autonome Wassertanks und Pumpensysteme sind den Zonen zugeordnet. ■ **Reinigungskapazität**: ab 1 000 bis maximal 3 200 Teller pro Stunde	■ Gastronomie und Hotels ■ Pflege-einrichtungen ■ Kantinen mit einem Geschirrauf-kommen ab 800 Teller pro Stunde
Bandautomat	■ **Transport** erfolgt über ein **Fingerband**, einzelne Geschirrteile können direkt darauf eingeordnet und der Spülzone zugeführt werden. ■ Aufbau und Spülprinzip unterscheiden sich im Vergleich zum Korbtransportautomat nicht we-sentlich, nur in der Anzahl der Hauptreinigungs-zonen sowie durch höhere Bandgeschwindig-keiten. ■ **Erweiterung: Großspülanlagen** bei extremem Geschirraufkommen	■ Krankenhäuser ■ Mensen ■ Kantinen ■ Gemeinschaftsver-pflegung (GV) mit einem Geschirrauf-kommen von über 1 500 Tellern pro Stunde

Aufgaben:

1. In einer Großküche mit 200 Portionen pro Tag soll ein neuer „Herdblock" angeschafft werden. Die Küchenleitung hat noch keine konkreten Vorstellungen, möchte aber auch moderne Beheizungstechniken mit einbeziehen. Sie werden beauftragt, sich über das aktuelle Marktangebot zu informieren und im Hinblick auf die schriftliche Prüfung Ihre Ergebnisse in einer Präsentationsmappe festzuhalten.

a) Stellen Sie eine Materialsammlung z. B. anhand von Fachbüchern, Prospekten, Internetrecherche usw. zusammen.

b) Erarbeiten Sie nach Sichtung Ihrer Unterlagen die Vor- und Nachteile der einzelnen Beheizungsarten.

c) Welcher Unterschied besteht zwischen offenen Gaskochstellen und Gas-Glühplatten?

d) Machen Sie Vorschläge, welche zusätzlichen Gargeräte sinnvoll zu einem Kochblock kombiniert werden könnten?

2. Das Geräte-Equipment einer Großküche soll erweitert werden. Die Küchenleitung möchte einen Kombi-Dämpfer anschaffen, die Stellvertretung jedoch einen Steamer. Darüber hinaus soll auch eine Salat- und Gemüse-Waschmaschine, eine Aufschnittmaschine und eine Planeten-Rührmaschine angeschafft werden.

a) Nennen und erläutern Sie die Vorzüge und Verwendungsmöglichkeiten der beiden Geräte.

b) Treffen Sie eine Kaufentscheidung und begründen Sie diese.

c) Recherchieren Sie Aufbau, Funktion und Anwendungsgebiete der Sondergeräte und erarbeiten Sie Einkaufskriterien, die eine Anschaffung überprüfbar machen.

3. Ein landwirtschaftlicher Betrieb mit Hofverkauf möchte ein Hof-Café eröffnen. Das Angebot soll selbst hergestellte Kuchen und Torten sowie pikante Snacks umfassen. Außerdem soll ein Partyservice eingerichtet werden. Die Chefin, eine Ökotrophologin, möchte dies mit ihrer Hauswirtschafterin und einer Azubi der Hauswirtschaft bewirtschaften. Momentan befinden sie sich noch in der Planungsphase.

a) Aufgrund des geplanten Produktsortiments soll eine Universalküchenmaschine angeschafft werden. Geben Sie eine Geräteempfehlung auch hinsichtlich notwendiger Zubehörteile.

b) Die Azubi macht den Vorschlag, eine Getreidemühle anzuschaffen, da viele Vollkornprodukte angeboten werden sollen. Ist die Anschaffung sinnvoll? Begründen Sie Ihre Meinung.

c) Es soll auch eine kleine Spülküche eingerichtet werden. Die Chefin hat kürzlich eine Messe besucht und verschiedene Spülanlagen besichtigt. Eine Korbdurchschubmaschine, sogar über Eck eingebaut, hat ihr besonders gut gefallen. Die Hauswirtschafterin jedoch hält ein Fronttürmodell für völlig ausreichend.

- Informieren Sie sich über beide Maschinentypen und vergleichen Sie beide. Erarbeiten Sie aussagekräftige Kriterien und halten Sie Ihre Ergebnisse in einer tabellarischen Übersicht fest.

- Welche Aspekte hinsichtlich einer Kaufentscheidung müssen bei der Planung in Bezug auf das Hof-Café mit angegliedertem Partyservice berücksichtigt werden? Begründen Sie Ihre Meinung.

d) Ist die Anschaffung einer kleinen Kühlzelle gerechtfertigt? Es wäre ein kleiner, ungenutzter Abstellraum vorhanden. Sammeln Sie Argumente dafür und dagegen.

e) Die Kuchen und Torten sowie weitere Produkte aus der eigenen Herstellung sollen in einer Kühltheke angeboten werden. Machen Sie Vorschläge über mögliche Lösungen hinsichtlich der Kühlgeräte.

4 Arbeits- und Hilfsmittel

Eine qualitativ hochwertige und funktionale **Ausstattung von Arbeits- und Hilfsmitteln** ist neben fachlicher Kompetenz Grundvoraussetzung für gelungene Arbeitsergebnisse. Das gilt für professionelle Dienstleister in Gastronomie oder Gemeinschaftsverpflegung genauso wie für den privaten Verbraucher. Allerdings sind die **Prioritäten** der Nutzergruppen unterschiedlich. **Gewerbedienstleister** sind auf eine hohe Belastungstoleranz angewiesen, die oft nur durch eine hohe Materialqualität erreichbar ist. Parallel dazu ist das Preis-Leistungs-Verhältnis von großer Bedeutung. **Private Nutzer** achten zwar auch auf eine gute

Qualität der Produkte, Form und Design haben aber oft den gleichen Stellenwert. Beide Gruppen benötigen im Prinzip die gleichen Arbeitsgeräte, allerdings in unterschiedlichen Mengenkapazitäten. Geräte für den Großhaushalt unterscheiden sich häufig in der Größe und sind in einigen Fällen speziell für bestimmte Arbeitsvorgänge ausgerichtet, die wiederum im Privathaushalt in dieser Form nicht benötigt werden.

Die verschiedenen **Arbeits- und Hilfsmittel** werden entsprechend ihrer Funktion in folgende **Gruppen** eingeteilt:

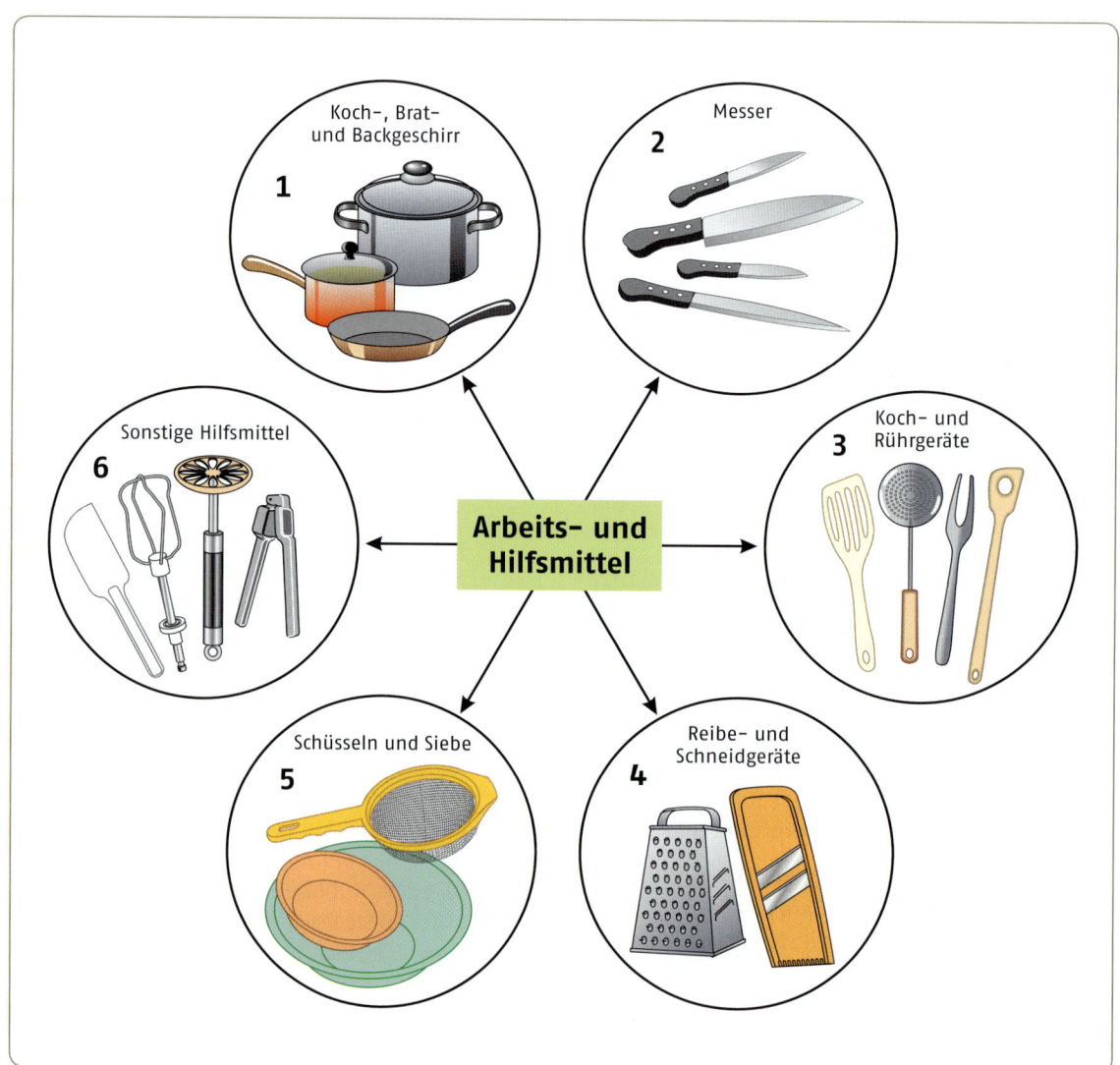

Bild 1: *Übersicht Arbeits- und Hilfsmittel in der Küche*

4.1 Koch-, Brat- und Backgeschirr

Die Auswahl an Geschirr zum Kochen, Backen und Braten ist vielfältig. **Kochgeschirre** sind in Form von Edelstahl, emailliertem Stahl, Gusseisen, Aluminium und Kupfer (s. S. 416) erhältlich. **Bratgeschirr** wird aus den gleichen Ausgangswerkstoffen wie oben angeboten, je nach Art und Funktion ergänzt durch verschiedene **Kunststoffbeschichtungen** mit **Antihafteffekt**. Werkstoffe wie Stahlblech, Aluminium, Kupfer auch teilweise mit Antihaftbeschichtung oder Silikonformen werden für die Herstellung von **Backgeschirr** eingesetzt.

Selbst der eigentliche Kaufgrund, z. B. punktuelles Erneuern von Topf- oder Pfannenmaterial, die Anschaffung einer Erst- oder einer neuen Komplettausstattung, macht die Entscheidung von geeignetem Kochgeschirr nicht leicht. Der erste Schritt ist ein Überprüfen möglicher **Einkaufskriterien**:

- Lange Haltbarkeit – hohe Belastungstoleranz
- Ökologisch und gesundheitlich einwandfreie Materialien
- Leichte Handhabung
- Leichte Reinigung – spülmaschinenfest
- Anwendung nährstoffschonender Garverfahren
- Kompatibel für möglichst alle Beheizungsformen bzw. Herdarten

4.1.1 Kochgeschirr

Bei der Auswahl von Kochgeschirr sind neben den Materialien und ihren Eigenschaften auch Form und Ausführung zu beachten. Sie beeinflussen entscheidend die Handhabung in der Praxis.

Praxisbezogene Qualitätsmerkmale

1. Topfboden

Ausschlaggebend ist eine gute Wärmeübertragung und -speicherung. Diese bieten Edelstahlgeschirre, da sie mit **Sandwich- oder Kompensböden** ausgestattet sind. Sie haben gut leitende Metallschichten aus Aluminium oder Kupfer und Edelstahl (s. Bild 1), einem Sandwich ähnlich. In kaltem Zustand ist der Boden leicht nach innen gewölbt, Erwärmung sorgt für Ausdehnung und idealen Kontakt zur Kochstelle. Induktionsgeeignete Topfböden sind magnetisch.

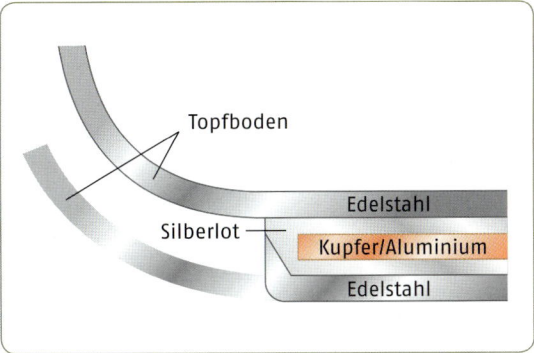

Bild 1: *Skizze Sandwichboden*

2. Topfgröße

Der **Topfumfang** muss mit der **Größe der Kochstelle identisch** sein. Um Zeit- und Energieverluste zu vermeiden, müssen Topf- und Bratgeschirr deshalb in ihrer Größe auf das Kochfeld passen. Dies gilt für Elektro- und Gasgeräte. Bei Induktionsflächen wird automatisch nur die Fläche beheizt, die von einem Topfboden ausgefüllt wird.

Bild 2: *Skizze Topfgrößen*

3. Topfdeckel

Gut schließende bzw. **aufliegende Deckel** sind von Vorteil, da sie Energieverluste senken, schnelle An- und Fortkochzeiten und nährstoffschonende Gartechniken ermöglichen. Vorteilhaft sind dabei Deckel aus **Glas**, da sie beim Kochen Sicht auf das Gargut bieten. Einige Deckel sind mit einer **Abgießfunktion** ausgerüstet, d. h., auf dem Deckel sind Kaltmetallflächen angebracht, ein Abgießen mit Topflappen o. Ä. entfällt.

Bild 1: *Deckel mit Ausgießfunktion*

4. Topfgriffe

Praktikable Griffe erleichtern die Handhabung und senken das Unfallrisiko. Die Griffe müssen gut zu greifen und sollten in einem sicheren Abstand zum Topfrand befestigt sein. **Griffe** aus **Kaltmetall** sind besonders empfehlenswert.

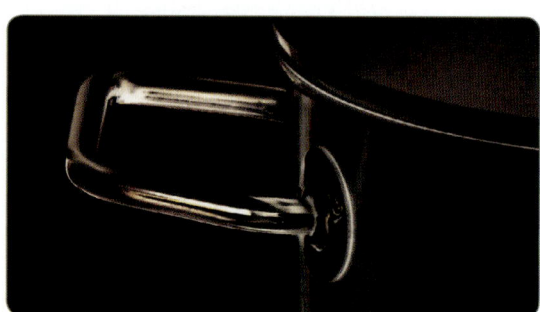

Bild 2: *Topfgriff*

5. Schüttrand

Ein **sauberes, tropffreies** und **sicheres Ausgießen** ermöglicht ein nach außen abgerundeter Schüttrand.

Bild 3: *Schüttrand*

Topfarten

Bild 4: *Topf-Grundarten*

Je nach **Verwendungszweck** werden verschiedene Arten bzw. Formen von Töpfen angeboten. Die Größen sind entsprechend den Durchmessern der Kochstellen standardisiert, d. h., Topfgrößen von 16, 18, 20 und 24 cm sind gängig (s. S. 184). Der **Bratentopf** ist ein flacher und breiter Topf, der hauptsächlich zum Braten und Schmoren von Fleischgerichten eingesetzt wird. **Kochtöpfe** benötigen aufgrund ihrer Verwendung ein größeres Volumen, damit die Zubereitung von Brühen, Eintöpfen, Nudeln, Gemüse oder Klößen problemlos erfolgen kann. **Stielkasserollen** sind für die Zubereitung von Soßen oder anderen Speisen, die zeitintensiv gerührt werden müssen, einsetzbar. Der lange Stiel erleichtert die Durchführung.

Topfgeschirr für den **Großhaushalt** ist in der Art identisch, auch hier gibt es Bräter, Kochtöpfe und Stielkasserollen. Unterschiede gibt es in der Größe und Ausführung, da größere Mengen verarbeitet werden und höhere Belastungen auszuhalten sind.

Bild 5: *Kochtopf für die Großküche*

4.1.2 Dampfdrucktopf

Garen im Dampfdrucktopf bedeutet **Garen unter Druck** (s. S. 265) und somit in erster Linie Zeit- und Energieersparnis.

Aufbau und Funktion

Bild 1: *Aufbau Dampfdrucktopf*

Das Funktionsprinzip basiert auf der Herstellung von **Überdruck** (0,4 – 0,8 bar). Dadurch werden einige **Sicherheitseinrichtungen** notwendig, z. B. das Kochventil als 1. Absicherung und das Ankochventil als 2. Absicherung (s. Bild 1). Es lässt keinen Druckaufbau zu, wenn der Topf nicht ordnungsgemäß verschlossen ist. Der Topf ist mit einem **Dichtungsring** und **Bajonettverschluss** ausgestattet, d. h., Topfrand und -deckel sind verzahnt und greifen beim Verschließen ineinander. So kann der Topf luft- und wasserdicht verschlossen werden.

Neben eingefülltem Gargut muss immer eine **Mindestmenge Flüssigkeit** vorhanden sein. Nach Verschließen des Deckels und durch Hitzezufuhr entweicht bei steigender Temperatur die Luft und das **Ankochventil schließt** sich. Nun bildet sich Überdruck im Topf und der **Kochanzeiger** steigt nach **oben**. Hier sollte die Energiezufuhr bereits reduziert werden. Ist die gewünschte **Markierung der Garstufe** erreicht, **beginnt die Garzeit**. Nach Ablauf der Garzeit muss der Druck abgelassen werden; dies ist der Fall, wenn sich der Kochanzeiger vollständig gesenkt hat. Nun ist kein Druck mehr vorhanden und der DDT kann geöffnet werden.

Handhabung

1. **Dampfdrucktopf öffnen und überprüfen:** Durch Bewegen des Öffnungsschiebers und Drehen des Deckels den Topf öffnen. Das Kochventil sollte sich leicht hochdrücken lassen, das Ankochventil liegt locker und beweglich im Deckel und der Dichtungsring muss richtig im Deckel sitzen.

2. **Vorbereiten zum Garen:** Gargut und Flüssigkeit entsprechend der Markierung **(Minimum – Maximum)** einfüllen. Werden stark schäumende Speisen gegart, Topf nur zur Hälfte befüllen.

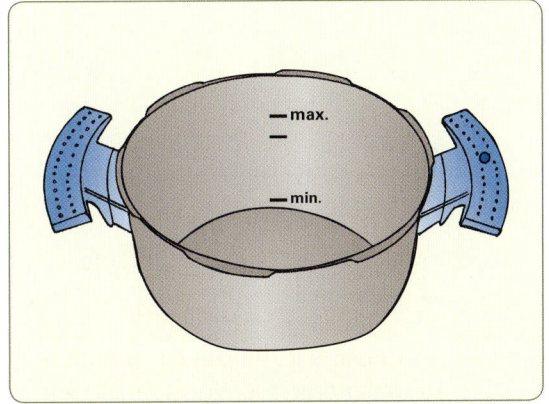

Bild 2: *Topfinnenraum mit Füllmarkierung*

3. **Dampfdrucktopf schließen:** Beim Aufsetzen des Deckels müssen die **Markierungen** auf Deckel und Griff **übereinanderliegen**. Der Öffnungsschieber steht auf Position „**offen**". Den Deckel am Handgriff im Uhrzeigersinn in Pfeilrichtung drehen. Deckelbügel und Seitengriffe bilden in Schließposition eine Linie.

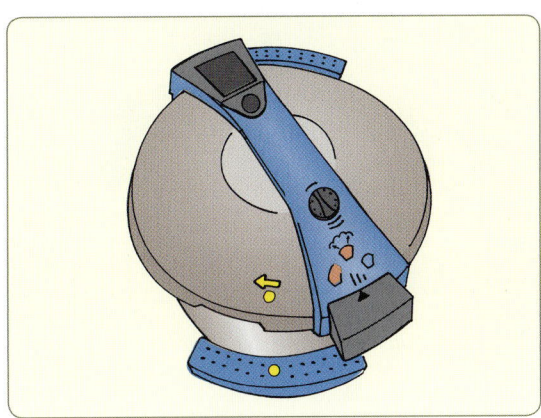

Bild 3: *Topf verschließen*

4. **Garstufe einstellen und Druckgaren:** Am Drehknopf des Kochventils kann die gewünschte Garstufe eingestellt werden. Steigt der Kochanzeiger nach oben, wird zunächst der erste, dann der zweite Ring sichtbar.

Ring 1: Schon- bzw. Biostufe (0,4 bar)

Ring 2: Schnellstufe (0,8 bar)

Die Garzeit beginnt mit Erreichen der eingestellten Garstufe. Wird der Druck zu hoch, tritt er aus dem Kochventil heraus und die Hitze muss unbedingt reduziert werden.

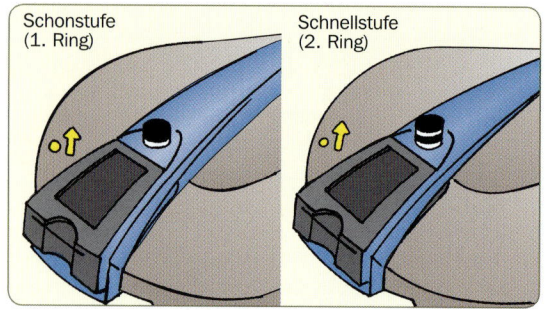

Bild 1: *Garstufe einstellen*

5. **Sicheres Öffnen:** Nach Ablauf der Garzeit muss der Dampfdrucktopf vor dem Öffnen drucklos gemacht werden.
   a) **Abkühlen lassen:** Der Druck sinkt mit nachlassender Temperatur automatisch. Den Dampfdrucktopf vor dem Öffnen leicht rütteln und den Öffnungsschieber auf „öffnen" stellen.
   b) **Abkühlung durch kaltes Wasser:** Wasser über den Deckel laufen lassen, der Kochanzeiger senkt sich nach unten.

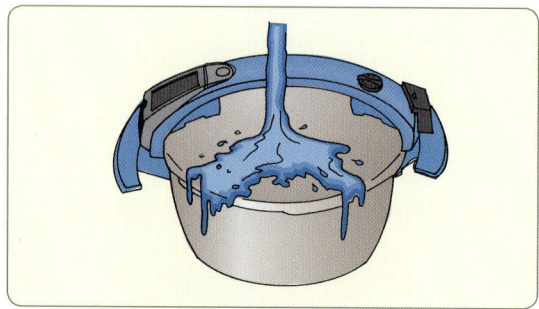

Bild 2: *Topf durch kaltes Wasser öffnen*

c) **Abdampfen:** Der Öffnungsschieber wird in kurzen Abständen auf „Öffnen" gestellt, der Dampf kann stufenweise entweichen.

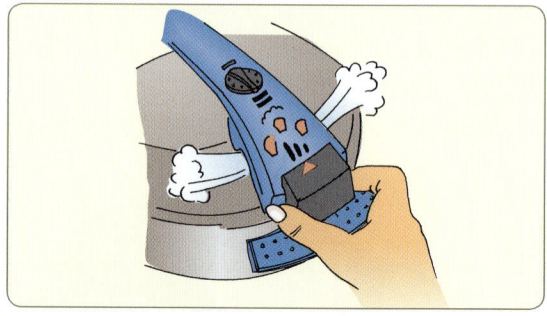

Bild 3: *Abdampfen mit Öffnungsschieber*

Achtung: Generell gilt, dass der DDT nie mit Gewalt und nur dann geöffnet werden darf, wenn kein Druck mehr vorhanden ist!

Zubehör

Zur Ausstattung des DDT gehören meist ein ungelochter und gelochter Einsatz sowie ein Dreibein. Dieses ist notwendig, da der ungelochte Einsatz nie direkt auf den Topfboden platziert werden darf und eine Dampfentwicklung stattfinden kann.

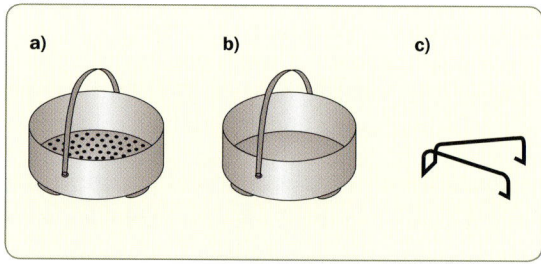

Bild 4: *Einsätze für den DDT*

Auf diese Weise können verschiedene Lebensmittel gleichzeitig gegart und besonders schonende Garverfahren, z. B. Dämpfen, angewendet werden.

4.1.3 Bratgeschirr

Gute Bratergebnisse benötigen die richtigen Pfannen. Beschichtet oder nicht beschichtet – was ist vorteilhafter? Im Prinzip kommt es auf die Verwendung an. **Edelstahlpfannen** sind besonders für Garverfahren mit hohen Temperaturen geeignet.

Sie werden zum Anbraten oder Braten von Fleisch oder Geflügel eingesetzt. Es gibt sie mit glattem Boden oder Grill-Bratfläche. Sie sollten immer in leerem Zustand kurz vorgeheizt und dann mit Fett bzw. Öl befüllt werden. Auf diese Weise wird das Bratfett schneller heiß und das Bratgut kann, nachdem evtl. ein schneller Hitzetest mit einem Holzstäbchen durchgeführt wurde (zeigen sich Bläschen, ist die richtige Temperatur erreicht), eingelegt werden. Ist das Öl nicht heiß genug, leidet die Qualität der Fleischspeise, da das Fleisch das Fett aufsaugt wie ein Schwamm.

Bild 1: *Edelstahlpfanne*

Beschichtete Pfannen sind für niedrigere Temperaturen ausgerichtet und werden zum schonenden Braten z. B. bei Eierspeisen, Fisch oder Kartoffeln eingesetzt. Die Beschichtung lässt darüber hinaus Garen ohne oder mit wenig Fett zu.

Bild 2: *Beschichtete Pfanne*

Der Antihafteffekt wird durch eine spezielle Kunststoffbeschichtung erzielt (s. S. 415 ff.), die aber durch unsachgemäße Handhabung beschädigt werden kann. Spezielle Hilfsmittel wie Pfannenwender aus Kunststoff verlängern die Lebensdauer. Spitze und scharfe Gegenstände sollten vermieden werden.

4.1.4 Backgeschirr

Bild 3: *Springform mit Antihaftbeschichtung*

Für Backgeschirr gelten im Allgemeinen ähnliche Regeln wie für Koch- und Bratgeschirr. Es muss eine gute Wärmeleitfähigkeit besitzen und eine gleichmäßige Bräunung erzielen. Darüber hinaus ist auch hier ein Antihafteffekt von Vorteil, da sich das Backgut leicht aus der Form lösen soll. Eine leichte **Handhabung** und gute Backergebnisse erzielen **Formen mit Antihaftbeschichtung** (siehe oben). Der Antihafteffekt funktioniert nur in Kombination mit Fett, d. h., die Formen müssen vorher immer eingefettet werden. Besonders geeignet sind sie für sensible Teige sowie Struktur- und Muster-Backformen (Gugelhupf- oder Rehrückenform).

Etabliert haben sich auch **Backformen** aus Kunststoff, d. h. **Silikon**. Sie sind flexibel, unzerbrechlich und können platzsparend aufbewahrt werden. Ihre Dehnbarkeit lässt das Backgut leicht aus der Form lösen, da so ein Umstülpen möglich ist. Die Formen sind in der Regel bis 260 °C hitzebeständig und bis −40 °C kältebeständig.

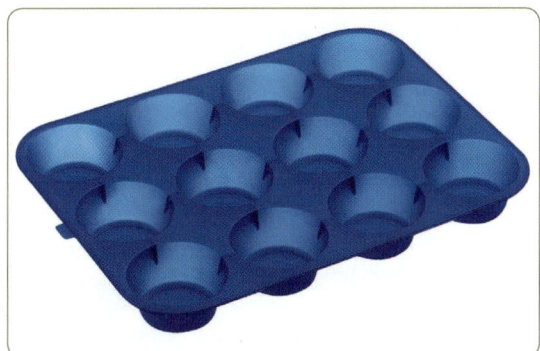

Bild 4: *Silikon-Muffins-Backform*

4.2 Messer

Für die Bearbeitung von Lebensmitteln sind Schneidegeräte unverzichtbar. Je nach Art und Beschaffenheit der Lebensmittel oder entsprechend der jeweiligen Zerkleinerungstechnik sind verschiedene **Messersorten** (s. S. 257) einsetzbar.

Um den Anforderungen in Gastronomie und Gemeinschaftsverpflegung gerecht zu werden, wird das grundlegende Messersortiment um **spezielle Schneide- und Arbeitsgeräte** ergänzt. Hier exemplarisch für die Bereiche **Fleischverarbeitung, kalte Küche** und **Küchenkonditorei**:

Plattiereisen

Für die **Vorbereitung von rohem Fleisch**: Das Bindgewebe wird durch Plattieren zerrissen und bleibt bei der Zubereitung saftiger.

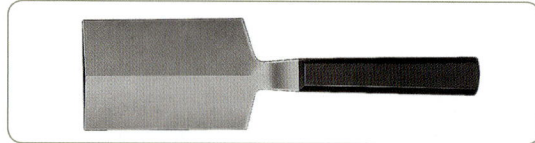

Bild 1: *Plattiereisen*

Hackbeil

Für die **Verarbeitung von Fleisch** und **Knochen**: z. B. das Zerlegen von Kotelettsträngen, das Zerkleinern von Knochen oder Klopfen von flachen Fleischteilen

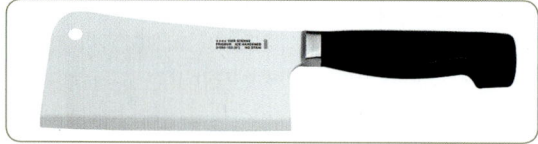

Bild 2: *Hackbeil*

Knochensäge

Für das Zersägen besonders starker Knochenteile, z. B. Wirbelsäule oder Schlussknochen

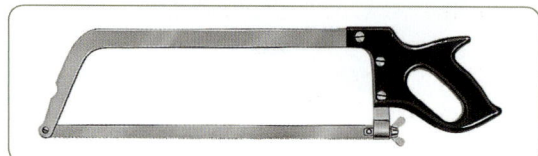

Bild 3: *Knochensäge*

Kuhlenmesser

Für das **Schneiden** sensibler und zarter Speisen der **kalten Küche**, z. B. Terrinen, Galantinen, Pasteten

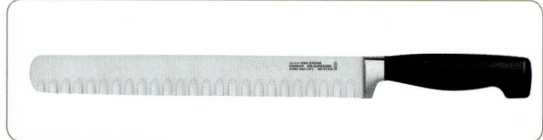

Bild 4: *Kuhlenmesser*

Tranchiermesser

Für das exakte **Schneiden** von Braten, Wurst- und Schinkenwaren

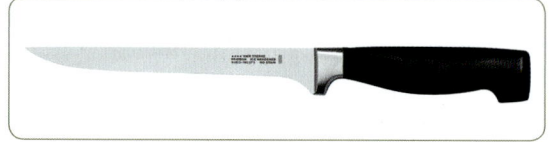

Bild 5: *Tranchiermesser*

Filetiermesser

Für ganz **präzise Schnitte**, z. B. zum Filetieren von Fischfilets, Obst und Gemüse

Bild 6: *Filetiermesser*

Tortenmesser

Für das portionierte **Schneiden** und **Anrichten** von Kuchen und Torten

Bild 7: *Tortenmesser*

4.3 Koch- und Rührgeräte

Die Zubereitung von Speisen besteht aus einer Vielzahl kleiner Arbeitsschritte. Je nach Anwendungsgebiet und Art der Verrichtung sind verschiedene Arbeits- und Hilfsmittel notwendig. Sie sind speziell auf Arbeiten in der Vor- und Zubereitung ausgerichtet.

Arbeitsgeräte allgemein	Hinweise für den praktischen Einsatz
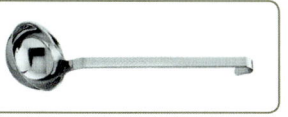 **Bild 1:** *Schöpfkelle*	Die **Schöpfkelle**, möglichst fugenlos aus einem Stück, hat eine runde, tiefe „Laffe" (Löffelschale) mit rundum laufendem Schüttrand für tropffreies Ausgießen. Je nach Verwendung in verschiedenen Größen und Stiellängen erhältlich. Eingesetzt wird sie zum Anrichten und Portionieren von Brühen, Suppen oder Eintöpfen.
 **Bild 2:** *Schaumlöffel, flach*	Der **Schaumlöffel** mit seiner flachen und gelochten Oberfläche ermöglicht so ein zügiges Ablaufen von Flüssigkeiten, z. B. Wasser oder Fett. Gargut kann problemlos eingelegt oder entnommen werden (z. B. beim Blanchieren).
 **Bild 3:** *Pfannenwender*	Der **Pfannenwender**, auch häufig als **Küchenfreund bekannt**, hat eine flache „Laffe", die zum Wenden, Zerteilen, Heben und Portionieren von Speisen eingesetzt wird.
Bild 4: *Fleischgabel*	Die **Fleischgabel oder Tranchiergabel** ist mit zwei langen und spitzen Zinken ausgestattet. Sie wird zum Einlegen, Wenden oder Entnehmen von Fleischstücken genutzt. Beim Tranchieren oder Aufschneiden fixiert sie das Bratgut. Die Fleischgabel möglichst nur zum Halten einsetzen, ein zu tiefes Einstechen hat immer Saftverlust und Qualitätsminderung zur Folge.
 **Bild 5:** *Teigschaber*	Der **Teigschaber** ist durch seine gummierte und dadurch flexible Laffe vielseitig einsetzbar. Bei der Herstellung von Desserts, Kuchen oder Gebäck, z. B. zum Unterheben oder Umfüllen der Teige und Massen. Es gibt ihn in verschiedenen Größen und Stiellängen, so ist er auch den Anforderungen der Großküche gewachsen.
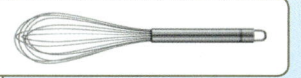 **Bild 6:** *Schneebesen*	Der **Schneebesen** ist in verschiedenen Ausführungen (eckig, abgerundet) abgestimmt auf spezielle Funktionen erhältlich. Eingesetzt für das Verrühren und Aufschlagen von Flüssigkeiten und Massen.
 **Bild 7:** *Sandwichpalette*	Die **Sandwichpalette**, hier in gekröpfter Form, ist besonders für das Entnehmen von Speisen aus der Pfanne oder vom (Gastronorm-)Blech einsetzbar. Durch die gerade Kante können die Speisen vor dem Anrichten damit schon im Behälter geteilt werden.
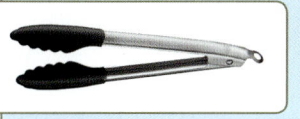 **Bild 8:** *Zange mit Silikon*	Die **Zange** kann sowohl zum Kochen als auch zum Braten eingesetzt werden. Der Silikonüberzug lässt zudem das Arbeiten mit beschichteten Pfannen und Kochgeschirr zu. Das zu fixierende Verschlusssystem ermöglicht das Öffnen und Schließen mit einer Hand. Die Zange ist zudem spülmaschinenfest.

Tabelle 1: *Koch- und Rührgeräte*

4.4 Reibe- und Schneidegeräte

Trotz vielseitig ausgestatteter Küchenmaschinen sind für manche Tätigkeiten manuelle Arbeitsgeräte notwendig. Dies gilt sowohl für Privat- als auch Großhaushalt. Für diese Raspel-, Reibe-, Hobel- oder Schneidearbeiten werden folgende Geräte eingesetzt:

Vierkantreibe

Je nach Nahrungsgut bzw. Obst und Gemüse kann zwischen Raspel- (fein oder grob), Reib- oder Hobelfläche gewählt werden. Die Reibe ist universell einsetzbar.

Bild 1: *Vierkantreibe*

Käsereibe

Das Reibblatt hat eine feine bis mittelfeine Lochung und wird zum Reiben von Hartkäsesorten, z. B. Parmesan, verwendet.

Bild 2: *Käsereibe*

Muskatreibe

Das Reibblatt hat eine feine, gezackte Lochung für das Reiben von Muskatnüssen.

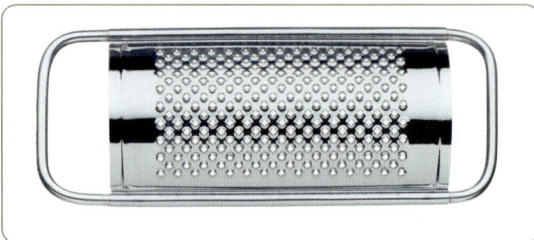

Bild 3: *Muskatreibe*

Gurkenhobel

Die flache Hobelfläche mit schräg angeordnetem Messerschlitz wird in Edelstahl (hygienisch und leicht zu reinigen) oder Holz angeboten. Sie wird z. B. zum Hobeln von Salatgurken, Rettich oder Weißkohl eingesetzt.

Bild 4: *Gurkenhobel*

Kartoffel- oder Gemüsehobel

Die flache Hobelfläche ist mit schräg angeordneten Messerschlitzen versehen, evtl. mit verstellbaren Messerabständen, die Schnittstärke kann so beliebig variiert werden. Gemüse, z. B. Kartoffeln, Möhren, Zucchini, wird damit in feine Scheiben geschnitten.

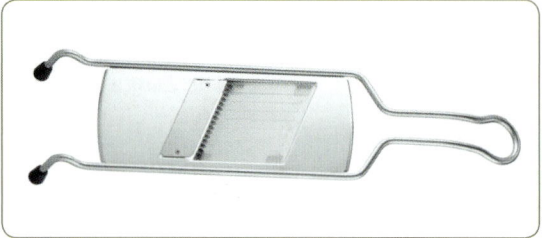

Bild 5: *Kartoffelhobel*

Hobel mit V-Klinge

Ein Multi-Funktionsgerät, die V-förmige Klinge verringert den Kraftaufwand beim Hobeln. Der Messerabstand ist in fünf Stufen verstellbar, sodass verschiedene Produkte, z. B. Kartoffeln, Möhren, Zucchini oder Weißkohl gehobelt werden können.

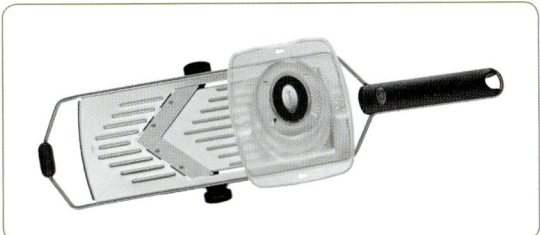

Bild 1: *Hobel mit V-Klinge*

Spätzlehobel

Die grobe Lochung mit mobilem Trichteraufsatz ist für die Herstellung von Spätzle direkt über den Topf ausgerichtet, d. h., der Teig kann in den Trichter gefüllt und ins kochende Wasser gehobelt werden.

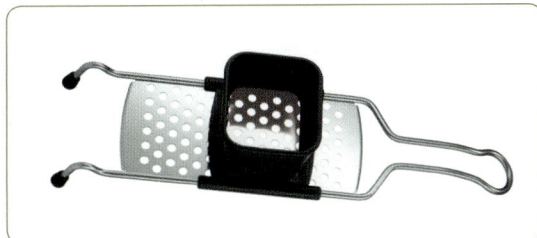

Bild 2: *Spätzlehobel*

Eierschneider

Fest gespannte Schneidedrähte sorgen für einen gleichmäßigen Schnitt z. B. von hart gekochten Eiern oder Champignons.

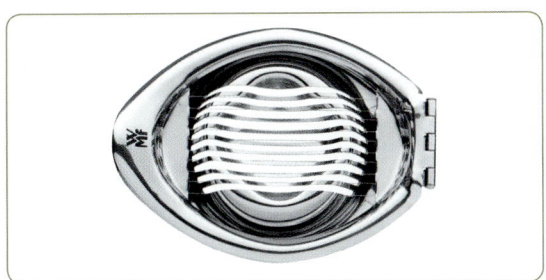

Bild 3: *Eierschneider*

Pizzaschneider

Ein scharfes, stabil gelagertes Rad sorgt für eine genaues Zerteilen von Pizza, ohne den Belag zu verschieben.

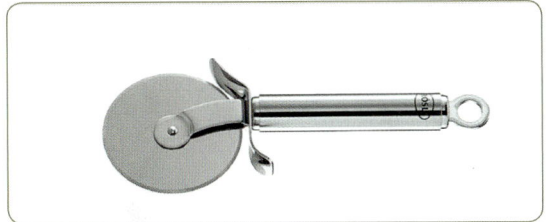

Bild 4: *Pizzaschneider*

Apfelausstecher

Eine runde, halboffene Klinge mit gezacktem Rand kann durch Hineindrehen in die Frucht das Kerngehäuse auslösen, z. B. für die Herstellung von Bratäpfeln.

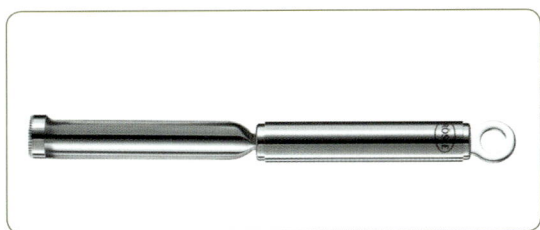

Bild 5: *Apfelausstecher*

Kugelausstecher

Zum Aushöhlen oder Ausstechen von Kugeln aus Obst und Gemüse. Ein Loch in der Mitte ermöglicht ein leichtes Herauslösen aus dem Ausstecher. Die scharfe Kante ist besonders vorteilhaft bei hartem Obst und Gemüse, z. B. zum Aushöhlen von Kürbis oder Avocados.

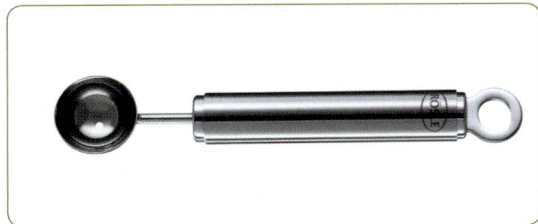

Bild 6: *Kugelausstecher*

4.5 Schüsseln und Siebe

Zum Aufbewahren, Mischen, Rühren oder Abtropfen bzw. Trennen von Festem und Flüssigem sind Schüsseln und Siebe unverzichtbar. Es gibt sie in verschiedenen Materialien, z. B. Edelstahl oder Kunststoff, Größen und Formen und speziell ausgerichtet auf den jeweiligen Verwendungszweck: in kleinen Ausführungen für den Privathaushalt, in größeren für den Großhaushalt.

Schüssel

In verschiedenen Größen und oft stapelbar sind sie für vielfältige Verrichtungen einsetzbar: zum Aufbewahren und Bereitstellen von Fleisch, Gemüse oder Obst oder Mischen und Zubereiten von Salaten.

Bild 1: *Schüssel – konisch*

Bild 2: *Schüssel – halbrund*

Wasserbadschüssel

In Töpfe eingehangen eignet sie sich durch ihre Halbkugelform zum Erwärmen oder Herstellen sensibler Speisen, z. B. Sauce Hollandaise oder Bearnaise.

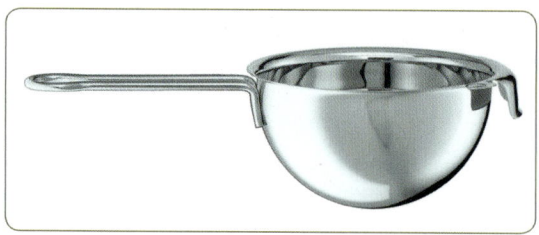

Bild 3: *Wasserbadschüssel*

Durchschlag

Mit oder ohne Stiel wird er zum Abseihen oder Absieben von Gemüsen, Teigwaren und Salaten genutzt.

Bild 4: *Durchschlag*

Rundsieb

Je nach Verwendungszweck wird es bei einem feinen Maschengewebe zum Abgießen, Feinpassieren oder Blanchieren eingesetzt. Auch das Bestäuben mit Puderzucker oder Sieben von Mehl ist möglich. Fett und Flüssigkeit können hier schnell abfließen.

Bild 5: *Rundsieb*

Spitzsieb

Die Kegelform ermöglicht eine Druckbildung in der unteren Spitze, sodass Flüssigkeiten schneller ablaufen können. Feste Bestandteile bei der Zubereitung von Suppen, Brühen oder Fonds werden aufgefangen.

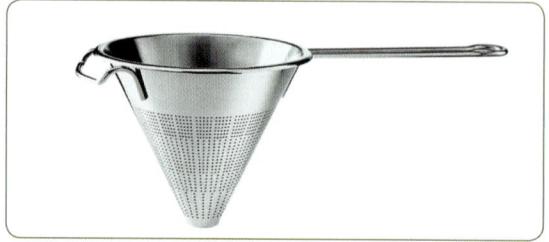

Bild 6: *Spitzsieb*

4.6 Sonstige Hilfsmittel

Für einige Tätigkeiten und Techniken z. B. im Bereich Backen und Dekoration gibt es speziell auf die jeweilige Funktion ausgerichtete Arbeits- und Hilfsmittel:

Paletten

Die klassische Kuchenpalette hat ein langes, schmales und flexibles Blatt. Geeignet zum Glattstreichen von Teigen, Cremes, Glasuren oder zum Anheben von Kuchen oder Torten.

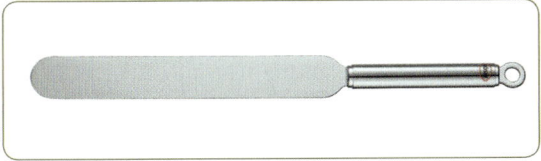

Bild 1: *Streichpalette*

Teigrolle (Nudelholz)

Nicht mehr nur aus Holz sondern auch in Marmor, Aluminium, Edelstahl, wahlweise auch in Kombination mit einer Antihaftbeschichtung. Besonders leichte Handhabung bei Teigrollern mit Kugellager.

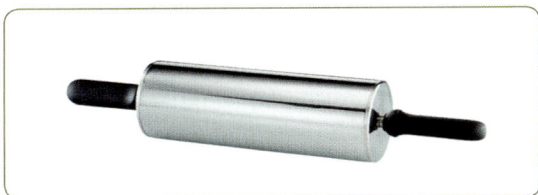

Bild 2: *Teigroller*

Backpinsel

Nicht mehr nur aus Holz und Naturborsten, gibt es schmale und breite Pinsel in verschiedenen Größen, auch mit Kunststoffborsten. Benutzt werden sie zum Einfetten von Backgeschirr, Bestreichen von Gebäcken mit Eigelb, Milch oder Glasuren.

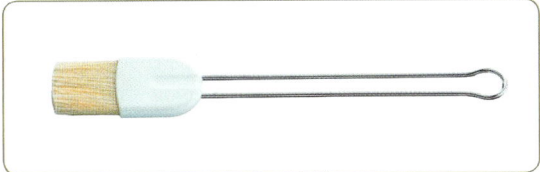

Bild 3: *Backpinsel*

Teigrädchen

Ein gewelltes leichtläufiges Rädchen wird zum sauberen Zerteilen von ausgerolltem Teig mit dekorativem Rand eingesetzt.

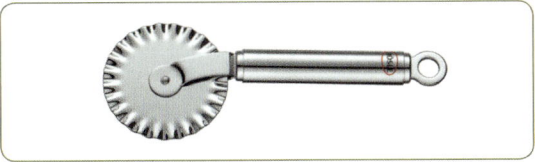

Bild 4: *Teigrädchen*

Kannelierer (Zestenreißer)

Kleine scharfe Lochungen ermöglichen das Abziehen feiner Schalenstreifen von Zitrusfrüchten zur Dekoration oder die Herstellung feiner Gemüsestreifen (z. B. Möhren, Kohlrabi).

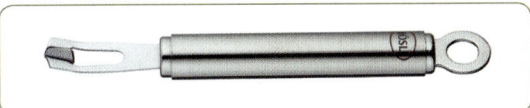

Bild 5: *Kannelierer*

Ziseliermesser

Durch die speziell geformte Klinge in der Mitte lassen sich dekorative Muster in Obst und Gemüse einritzen.

Bild 6: *Ziseliermesser*

Dekoriermesser

Mit der spitzen, V-förmigen scharfen Klinge lassen sich Gemüse und Früchte attraktiv gestalten und anrichten, z. B. die Herstellung einer Tomaten- oder Kiwikrone bzw. das Verzieren von Melonen oder Zitrusfrüchten.

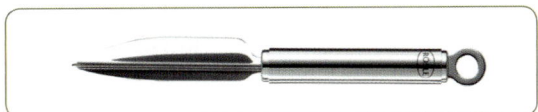

Bild 7: *Dekoriermesser*

Eisportionierer

Die halbrunde Kugelform ist in verschiedenen Größen verwendbar. Eine integrierte Federung erleichtert bei diesen Geräten das Auslösen der Speisen. Er kann zum Portionieren von Eis, aber auch von Beilagen genutzt werden, z. B. Reis oder Kartoffelpüree.

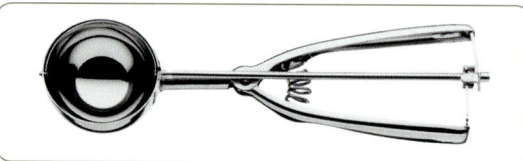

Bild 1: *Eisportionierer*

Spritzbeutel und Tüllen

Ein flexibler beschichteter Beutel aus textilem Material mit wechselweise einsetzbaren Loch-, Stern- und glatten Tüllen. Geeignet zum Garnieren von Torten und Desserts, zur Formgebung von weichen Teigen, z. B. Brandteig oder Massen, z. B. für Kartoffelpüree zu Herzoginkartoffeln.

Bild 2: *Spritzbeutel mit Tüllen*

Bild 3: *Torten verzieren mit dem Spritzbeutel*

Aufgaben:

1. Familie Heinrichs hat sich vor Kurzem einen neuen Elektroherd mit Induktionskochfeldern angeschafft. Leider brauchen sie jetzt auch neues Koch- und Bratgeschirr. Erarbeiten Sie eine Marktübersicht. Heben Sie insbesondere die Eigenschaften der einzelnen Materialien hervor und geben Sie eine Kaufempfehlung.

2. Einige Arbeits- und Hilfsmittel werden als „Werkzeuge zum Garnieren" eingesetzt.

   a) Wählen Sie die geeigneten Geräte aus und erstellen Sie eine tabellarische Übersicht. Ordnen Sie jedem Gerät typische Beispiele von Verwendungsmöglichkeiten zu.

   b) Erarbeiten Sie zu jedem Werkzeug eine Vorgangsbeschreibung für ein konkretes Garniturbeispiel.

3. Das Seniorenheim St. Barbara hat seinen Umbau beendet und das Pflege- und Betreuungsangebot erweitert: Die Station „Junge Pflege" wird bald eröffnet. Hier werden in absehbarer Zeit junge Menschen, die durch einen Unfall oder eine chronische Krankheit nicht mehr alleine bzw. selbstständig leben können, gepflegt und versorgt. Zur neuen Station gehört auch eine Küche, die von Betreuungskräften und mobilen Bewohnern genutzt werden soll. Geplant ist eine möglichst autarke Versorgung im Frühstücks-, Mittags- und Abendbereich.

   a) Ermitteln Sie den Ausstattungsbedarf in Form einer tabellarischen Übersicht von Arbeits- und Hilfsmitteln einer Küche mit einem Versorgungsvolumen von maximal acht Personen. Legen Sie den Schwerpunkt auf

   - Essgeschirr, Gläser und Besteck
   - Koch- Brat- und Backgeschirr
   - Messer
   - Koch- und Rührgeräte
   - Reibe- und Schneidgeräte
   - Schüsseln und Siebe
   - Sonstige Hilfsmittel

5 | Herstellen und Präsentieren von Speisen und Getränken

Hierbei geht es nicht um „ein bisschen Kochen", es geht weit darüber hinaus. Ein gemeinsames Essen mit Freunden, der Familie kann Freude, Erholung oder auch Entspannung bringen. Es sorgt für die Zuführung von Nährstoffen und Flüssigkeiten, die für uns lebensnotwendig sind. Somit ergibt sich die Notwendigkeit, etwas genauer hinzuschauen.

Für die Zubereitung der Speisen sind folgende „W"-Fragen von Bedeutung:

- **Wer** bereitet die Speisen zu – Einzel- oder Teamarbeit?
- **Wo** findet die Produktion statt – Privathaushalt, Tagungshaus, Klinik?
- **Wie** werden die Lebensmittel verarbeitet – Techniken der Vor- und Zubereitung, Einhalten der geltenden Gesetze und Verordnungen, Unfallschutzmaßnahmen?
- **Welche** Speisen werden für **welche** Personengruppe zubereitet?

- **Womit** werden die Lebensmittel verarbeitet – Geräte und Werkzeugeinsatz?
- **Was** ist bei der Auswahl, Zubereitung und Präsentation zu berücksichtigen – Nährstoffe der Lebensmittel, Anrichten u. a.?
- **Wann/bis wann** habe ich Zeit für die Produktion – Zeitfenster der Zubereitung bis zur Ausgabe?

> Das Ziel eines jeden Haushaltes sollte es sein, ansprechende, schmackhafte, abwechslungsreiche und auf die Personengruppe abgestimmte Speisen und Getränke anzubieten. Dabei müssen die Speisen innerhalb des zur Verfügung gestellten Kostenrahmens und mit den Mitarbeitern herstellbar sein.

5.1 Arbeitsprozesse

Der Prozess, der für die Herstellung und Präsentation von Speisen und Getränken vollzogen wird, beginnt mit der **Warenbeschaffung** und endet bei der **Speiseausgabe**. Dies hat Gültigkeit für alle Einrichtungen, gleichgültig ob in einem Privathaushalt oder in der Gemeinschaftsverpflegung gearbeitet wird.

Damit ein reibungsloser Arbeitsablauf erfolgen kann, wird der Prozess **geplant** und **organisiert**. Die Arbeitsorganisation innerhalb einer Küche ist in **Funktionsbereiche** (Arbeitsbereiche) eingeteilt.

Beispiel der verschiedenen Funktionsbereiche in einer **Küche des Privathaushaltes**:

- **Warenlagerungsbereich:** Schrankraum für Trockenvorräte, Kühl- und Gefrierschränke
- **Vorbereitungszentrum:** i. d. R. Arbeitsfläche zwischen Spüle und Kochstelle oder separate Arbeitstische
- **Kochzentrum:** Kochstelle mit Arbeitsflächen rechts und links, erhöhtem Backofen und Mikrowelle (weitere integrierte Geräte sind möglich)

Arbeitsprozess	Beispiel
Warenbeschaffung	Bestellung Anlieferung Großmarkt
Lagerung	Trockenlager Kühllager Tiefkühllager
Vorbereitung	Gemüsevorbereitung Salatvorbereitung Fleischvorbereitung
Zubereitung	Warme Küche (Garverfahren) Kalte Küche
Fertigstellung	Abschmecken Anrichten Garnieren
Speisenausgabe	Tischservice Warmhalten Regenerieren

Tabelle 1: *Arbeitsprozess von der Warenbeschaffung bis Speisenausgabe*

- **Spül- und Entsorgungszentrum:** Spüle mit Abstellflächen, Spülmaschine, Abfallsystem im Unterschrank der Spüle

In Küchen der **Gemeinschaftsverpflegung** gibt es weitere Funktionsbereiche. Die Anzahl dieser Bereiche ist z. B. abhängig vom Verpflegungssystem (s. S. 345) sowie der Anzahl der täglich ausgegebenen Essen.

Erweiterungsbeispiele: Backzentrum, Ausgabezentrum, Kalte Küche

5.1.1 Arbeitsplatzgestaltung

Bild 1: *Arbeitsplatz*

Eine gute Arbeitsplatzgestaltung trägt wesentlich dazu bei, dass **Arbeitsabläufe funktionieren**, und sichert ein **Arbeitsergebnis** mit hoher Qualität. In diesem Zusammenhang wird von der **Ergonomie am Arbeitsplatz** gesprochen.

Ergonomie setzt sich aus den griechischen Wörtern ergon (Arbeit) und nomos (Regel) zusammen. Diese Wissenschaft befasst sich mit der „Lehre der menschlichen Arbeit". Dabei geht es um die **Leistungsmöglichkeiten** und **-grenzen** der Arbeitenden.

Für den Mitarbeiter bedeutet ein gut organisierter Arbeitsplatz **kürzere Arbeitswege**, Einsparung von **Arbeitskraft** und **Arbeitszeit**. Diese Aussagen ziehen sich wie ein roter Faden durch alle Bereiche der Hauswirtschaft und der weiteren Arbeitswelt.

Die räumlichen Gegebenheiten, in denen gearbeitet wird, stehen fest, jedoch können einige Be-

dingungen vom Arbeitnehmer hinsichtlich einer guten Arbeitsplatzgestaltung zum Teil selbst bestimmt werden.

Lichteinfall: Dieser sollte von vorne oder von links einfallen (keine Schattenbildung), bei Linkshändern von rechts. Wenn möglich, sollte der Arbeitsplatz vom Tageslicht ausgeleuchtet werden. Licht dient der Sicherheit am Arbeitsplatz und schont die Augen.

Belüftung und Raumtemperatur: regelmäßig lüften und Raumtemperatur der Arbeit anpassen. Die Raumtemperatur sollte zwischen 18 °C und 20 °C bei körperlicher Arbeit liegen. Dieses Verhalten beugt einer vorzeitigen Ermüdung vor, ebenso Arbeiten ohne **Lärm** und **Hetze**.

Körperhaltung: Eine Frage stellt sich hier immer wieder aufs Neue: Für welche Aufgabe wähle ich welche Körperhaltung, mit der ich den Körper möglichst wenig belaste?

Für eine größere Menge Obst oder Gemüse, die geschält werden muss sollte der Arbeitsplatz im **Sitzen** eingerichtet werden. Die Arbeitshöhe für sitzende Tätigkeiten liegt zwischen 65 und 70 cm. Somit wird ein längeres Stehen vermieden, welches die Wirbelsäule, Beine und Füße belasten würde.

In Küchen wird vorwiegend im **Stehen** gearbeitet. Dabei ist eine bequeme Arbeitshaltung und eine Arbeitshöhe zwischen 85 und 90 cm wichtig. Durch die stehende Tätigkeit werden Füße, Beine und Wirbelsäule belastet, daher sollte hier besonders auf eine bequeme Arbeitshaltung geachtet werden: z. B. Füße gleichmäßig belasten, genügend Raum für Beine und Füße, gerade Wirbelsäule.

Das **Bücken** belastet die Wirbelsäule im Besonderen, daher sollte es möglichst vermieden werden. Zum Bücken sollte in die Hocke gegangen werden, das entlastet die Wirbelsäule. Bücken lässt sich oft durch eine überlegte Arbeitsplatzgestaltung vermeiden:

- Speisen, die bis zur Ausgabe gekühlt werden, sollten auf Tragehöhe in Kühleinrichtungen gelagert werden.
- Einkäufe zum Ausräumen auf die Arbeitsfläche stellen
- Lebensmittel so in Tiefkühlschränke/Trockenlager einsortieren, dass sich die häufig ge-

nutzten Lebensmittel in Griffhöhe befinden. Die günstige Greifhöhe liegt zwischen 70 und 170 cm.

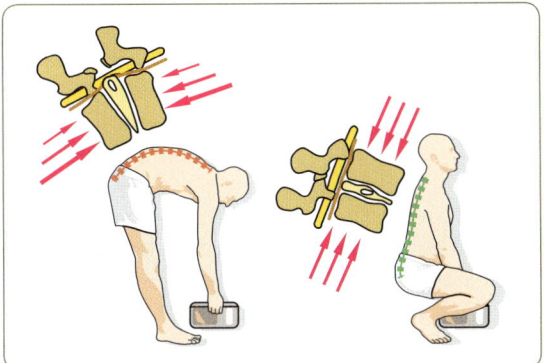

Bild 1: *Falsches und richtiges Heben*

Ein falsches **Heben** belastet die Wirbelsäule sehr stark, in der Hauptsache die Bandscheibe. Um diese weitgehend zu entlasten, hebt man Lasten wie ein Gewichtheber, indem man mit geradem Rücken in die Hocke geht. So hebt vorwiegend der Oberschenkelmuskel die Last.

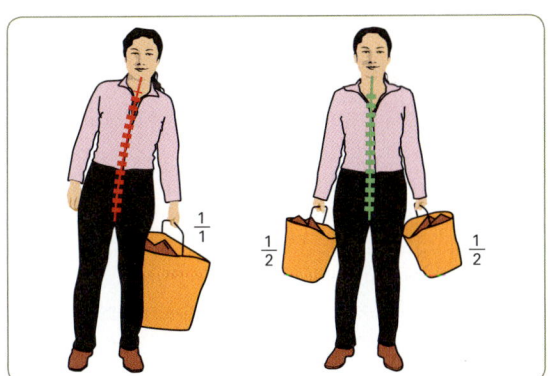

Bild 2: *Falsches und richtiges Tragen*

Das **Tragen** von Lasten sollte möglichst nicht einseitig erfolgen – Verteilung der Gewichte auf beide Seiten. Möglichkeiten zur Vermeidung sind z. B.:

- Zum Einkaufen zwei Körbe mitnehmen.
- Geeignete Transportmöglichkeiten wählen wie z. B. Servierwagen

Der **Greifraum**: Hierbei wird der **innere** und der **äußere Greifraum** unterschieden.

In den **innereren Greifraum** werden Lebensmittel sowie Betriebs- und Arbeitsmittel platziert, die häufig bzw. zuerst benötigt werden und mit an-

gewinkeltem Arm zu erreichen sind. Dabei sollte die Platzierung so erfolgen, dass ein Arbeiten von rechts nach links erfolgt und somit ein Überkreuzarbeiten verhindert wird.

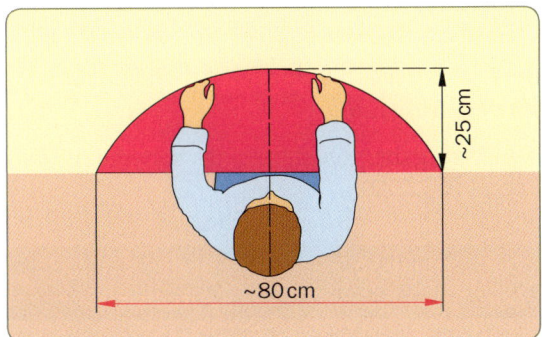

Bild 3: *Innerer Greifraum*

In den Bereich des **äußeren Greifraumes** werden Gegenstände platziert, die nicht so häufig gebraucht werden, jedoch mit gestrecktem Arm erreicht werden können.

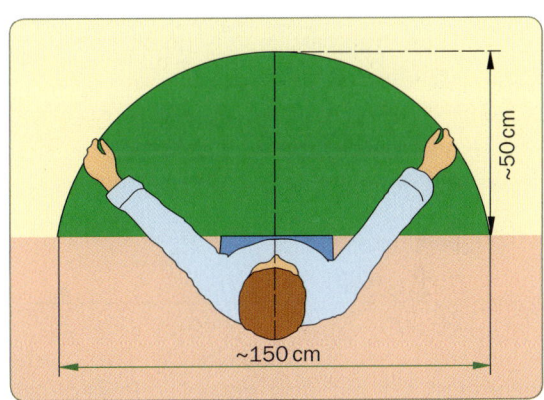

Bild 4: *Äußerer Greifraum*

5.1.2 Arbeitsplanung

Vor Arbeitsbeginn ist es notwendig, sich Gedanken über den Arbeitsablauf zu machen. Diese Planung kann schriftlos erfolgen, z. B. bei ständig wiederkehrenden oder häufig durchgeführten Aufgaben im Privathaushalt. „Man weiß, was zu tun ist", es besteht eine Routine, bezogen auf diese Aufgaben.

Komplexere oder neue Aufgaben bedürfen einer **schriftlichen Planung**. Es können individuelle oder Team-Arbeitsabläufe (s. S. 352) entwickelt werden.

Die dafür eingeplanten Zeiten sollten für die eigene Übersicht in Abschnitten von 5 bis max. 15 Minuten geplant werden. Die Mengenangaben sowie Zutatenauflistung eines Rezeptes werden hierbei nicht aufgeführt, sondern die reinen Tätigkeiten.

Beispiel eines individuellen Arbeitsplanes für eine Aufgabe

Arbeitsaufgabe: Salatdressing zubereiten laut Rezept (s. S. 279)

Zeit Min.	Arbeitsablauf	Betriebs- und Arbeitsmittel
10	Arbeitsplatz vorbereiten	Benötigte Lebensmittel, Rezept, Spültuch, Geschirrtuch, Abfallschüssel, Spülmittel, …
5	Marinade zubereiten: Zutaten abmessen, verrühren, abschmecken	1 EL, 1 TL, Schüssel, Schneebesen,
5	Arbeitsplatz aufräumen, reinigen, spülen, nicht benötigte Lebensmittel lagern	Spültuch, Geschirrtuch, …

Je umfangreicher die Tätigkeiten werden, desto mehr muss sich mit einer sinnvollen Reihenfolge auseinandergesetzt werden.

Beispiel einer individuellen Arbeitsaufgabe

Für 13.30 Uhr soll ein alltägliches Essen für 6 Personen zubereitet werden: Porreefrikadellen, Salzkartoffeln, Tomatensalat mit Essig-Öl-Marinade und einem Fruchtflammeri (Rezepte ab S. 277).

Checklisten-Beispiel:

- **Wann** muss ich mit der Zubereitung anfangen, wenn das komplette Menü um 13.30 Uhr fertig sein soll?
- **Welche** Speisen haben welche Garzeiten?
- **Wie viel** Zeit benötige ich für die Vorbereitung der Menükomponenten?

- **Welche** Arbeitsschritte von welchem Rezept kann ich ineinanderschachteln?
- Kann ich **Serienarbeit** durchführen?
- Sind mir die **Rezepte** alle **bekannt** oder bereite ich sie zum ersten Mal zu?
- Gibt es Speisen, die **kalt** gegessen werden? Wenn ja, wann bereite ich diese zu?
- **Wie** werde ich die Speisen anrichten und garnieren? Je aufwendiger, desto mehr Zeit muss dafür einplant werden.

Wenn diese und weitere Fragen beantwortet sind, kann in die Planungsphase gewechselt werden. Sinn einer Planung ist für diese spezielle Aufgabe, aber auch für die Zukunft:

- Sicherheit in „meinem Tun" erlangen
- Meine Arbeit zu erleichtern
- Einsparung von Arbeitskraft und Arbeitszeit (= rationell arbeiten)
- Ein Arbeitsergebnis mit einer hohen Qualität herstellen

Die Planung wird in Teilbereiche gegliedert.

Beispiele für einige grundsätzliche Regeln:

Arbeit vorbereiten

- Grundregeln zum Einrichten des Arbeitsplatzes (s. S. 230) sowie der Hygiene (s. S. 234) beachten
- Betriebs- und Arbeitsmittel bereitstellen wie z. B. Abfallschüssel, Ablageteller; Bereitstellung von Geräten und Maschinen
- Zutaten bereitstellen mit Ausnahme von Zutaten, die bis zur Zubereitung fachgerecht gekühlt bleiben müssen, wie z. B. Milchprodukte, Fleisch, Aufschnitt, Fisch
- Rezepte bereitlegen und vorher gut lesen

Arbeit durchführen

- Grundregeln der Hygiene (s. S. 234), der Unfallverhütung (s. S. 240) beachten sowie die Anwendung fachgerechter Arbeitstechniken (s. S. 252)
- Ordnung, Sauberkeit und Übersicht am Arbeitsplatz
- Arbeiten werden, wenn möglich, von rechts nach links durchgeführt.
- Serienarbeiten durchführen, z. B: Benötigtes Obst und Gemüse wird zur gleichen Zeit gewaschen (= rationelles und wassersparendes Arbeiten).

- Es erfolgt ein wirtschaftliches Handeln: z. B. bei Kochstellen und Backöfen eine frühzeitige Reduzierung der Temperatur bzw. ein Ausnutzen der Restwärme.

Nacharbeiten

- Nicht benötigte Lebensmittel werden fachgerecht gelagert.
- Abfallentsorgung erfolgt nach dem ortsüblichen System (= Umweltschutz).
- Betriebs- und Arbeitsmittel spülen

5.1.3 Rezepte

Die Grundlage jeglicher Speisen und Getränke sind Rezepte. Grundsätzlich handelt es sich dabei um

eine **Arbeitsanweisung** für die Zubereitung von Speisen und Getränken.

Es gibt unterschiedliche Formen der Rezeptdarstellung:

- Rezepte, deren Zutaten und Mengen separat aufgelistet werden und deren Anleitung für die Zubereitung in einem Fließtext zu lesen ist
- Zutaten und Mengen stehen extra. Die Zubereitung erfolgt über eine schrittweise Anleitung, z. B. 1., 2., 3., …
- Klammer-Strich-Methode: Nach dieser Methode sind auch die Grundrezepte in diesem Buch (s. S. 277) geschrieben.

Beispiel eines Rezeptes mit Fließtext

Erdbeerbecher „Schwarzwälder Art"

Zutaten: 500 g Erdbeeren, 50 g Blockschokolade, 500 g Quark, etwa 6–8 EL Milch, 4–6 EL Zucker, 1 Prise Salz, 1 Pck. Vanillezucker, ½ Becher Sahne

Durchführung: Erdbeeren waschen, abtropfen lassen, putzen, halbieren, evtl. vierteln. Blockschokolade reiben, Quark, Milch, Salz, Vanillezucker und Zucker in eine Rührschüssel geben und mit einem Schneebesen verrühren. Sahne mit den Rührhaken des Handrührgerätes steif schlagen. Sahne unter die Quarkmasse heben und abschmecken.

Dessert einschichten: einige Erdbeerviertel mit Schokolade bestreuen, Quarkmasse darauf verteilen. Je nach Größe der Gläser evtl. eine zweite Schicht einfüllen. Mit Quarkschicht enden.

Garniturmöglichkeiten: Erdbeerviertel (vorher zurückhalten), geraspelte Schokolade

Aufgaben:

1. In Ihrem Ausbildungsbetrieb erfolgt ein Arbeitsprozess vom Einkauf bis zur Ausgabe der Speisen und Getränke.

   a) Stellen Sie diesen Prozess mithilfe der Tabelle aus dem Kapitel 5.1 dar.
   b) Präsentieren Sie Ihren Arbeitsprozess.
   c) Vergleichen Sie die Prozesse und arbeiten Sie Unterschiede heraus.

2. Lesen Sie das Rezept Erdbeerbecher „Schwarzwälder Art" und schreiben dieses in die Klammer-Strich-Methode um.

3. Zeichnen Sie, unter Berücksichtigung des Greifraumes, einen Arbeitsplatz für die Zubereitung des Rezeptes Erdbeerbecher „Schwarzwälder Art".

4. Entscheiden Sie, welche Körperhaltung Sie bei den folgenden Arbeiten einnehmen würden. Begründen Sie Ihre Wahl.

   - 2 Möhren schälen und würfeln
   - Topf mit 5 kg gekochten Nudeln zur Spüle bringen
   - 4 Kästen Wasser ins Kühlhaus stellen
   - heruntergefallene Schale aufheben

5.2 Hygiene

Das Wort Hygiene kommt von Hygienia. Das ist griechisch und bedeutet „Göttin der Gesundheit".

Die Gesundheitslehre umfasst die Gesamtheit aller Bestrebungen und Maßnahmen zur Verhütung von Krankheiten sowie Gesundheitsschäden und betrifft alle Lebens- und Arbeitsbereiche. Bezogen auf die Nahrungszubereitung wird an dieser Stelle unterschieden:

- Personal- bzw. persönliche Hygiene
- Betriebs-, Arbeitsplatz-, Küchenhygiene
- Produkt- oder Lebensmittelhygiene

Nur durch das Zusammenwirken aller Bereiche können Lebensmittel vor einer nachteiligen Beeinflussung geschützt werden.

> Ziel: Alle angebotenen Speisen sollen gesundheitlich einwandfrei sein.

Die Grundlage für die Herstellung und Darbietung hygienisch unbedenklicher Speisen und Lebensmittel finden sich im

- Lebensmittel- und Futtermittelgesetz (LFGB, s. S. 126 f.)
- Verordnung über Lebensmittelhygiene (s. S. 126 f.)

Um einen allgemeingültigen Hygienestandard zu gewährleisten und um einen Warenaustausch zwischen den Staaten zu erleichtern, wurde eine EG-Verordnung erlassen. Dies bedeutet im Wesentlichen für die Gemeinschaftsverpflegung und alle weiteren Lebensmittel verarbeitenden Betriebe eine Verpflichtung zur **Eigenkontrolle nach HACCP**. In diesem Zusammenhang wurde ein **Schnellwarnsystem RASFF** (Rapid Alert System Food and Feed) geschaffen.

Feststellung durch die Lebensmittelüberwachung → Bundesamt für Verbraucherschutz und Lebensmittelsicherheit → Europäisches Schnellwarnsystem

Bild 1: *Informationsfluss Schnellwarnsystem*

Was bedeutet HACCP?

Sinngemäß bedeutet HACCP **Risikoanalyse** und kritische Prüf- und Steuerungspunkte. Dieses Konzept dient der Qualitätssicherung, da es die Gefahrenpunkte vom Wareneingang bis zur Speisenausgabe erfasst.

	wörtlich	
H	= Hazard	= Gefahr, Gefährdung, Risiko
A	= Analysis	= Analyse, Untersuchung
C	= Critical	= kritisch
C	= Control	= Kontroll-
P	= Points	= Punkte

Da es im Bereich der Lebensmittelverarbeitung unterschiedliche Betriebe gibt, sind diese dazu verpflichtet, individuell auf ihren Betrieb abgestimmt das HACCP-Konzept umzusetzen. Dies bedeutet konkret:

- Die **„kritischen Punkte"** innerhalb des Betriebes herausfinden
- **Entscheidungen** treffen, wie die Gefahren verhindert oder vermindert werden können
- **Dokumentation** der Prüfergebnisse

Das HACCP-Konzept umfasst alle drei Bereiche der Hygiene.

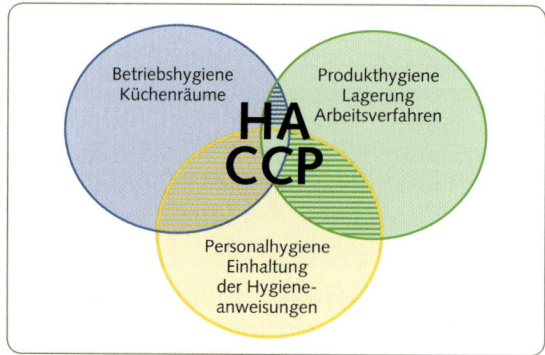

Bild 2: *Grafische Darstellung HACCP*

In der Praxis wird von **CP (Kontrollpunkt)** gesprochen, wenn es sich um einen Gefahrenpunkt handelt. Wenn an dieser Stelle sorgfältig gearbeitet wird, ist keine weitere Kontrolle bzw. schriftliche Dokumentation notwendig. Beispiel: Erdbeeren werden für einen Erdbeerboden gewaschen und geputzt. Erdbeeren haben häufig Druckstellen oder es hat sich Schimmel gebildet. Ein sorgfältiges Aussortieren verhindert eine gesundheitliche Gefährdung.

Bei der Bezeichnung **CCP (kritischer Kontrollpunkt)** handelt es sich um Schwachstellen innerhalb des Produktionsablaufes, die erkannt, beobachtet und dokumentiert werden müssen, da sie eine Gefahr darstellen. Beispiel: Speisen, die wiedererwärmt (regeneriert) werden, müssen eine Kerntemperatur von 80 °C aufweisen.

Fehlerquellen können also zu einer gesundheitlich bedenklichen oder gefährlichen Speisenproduktion führen. Wie im Bild 1 erkennbar, liegen häufig die Ursachen von Lebensmittelvergiftungen an menschlichem Fehlverhalten, z. B. Hygienemängel oder Speisen werden nicht genügend erhitzt.

Wenn die Fehlerquellen oder **CCPs (kritischen Kontrollpunkte)** klar sind, können diese ausgeschaltet werden.

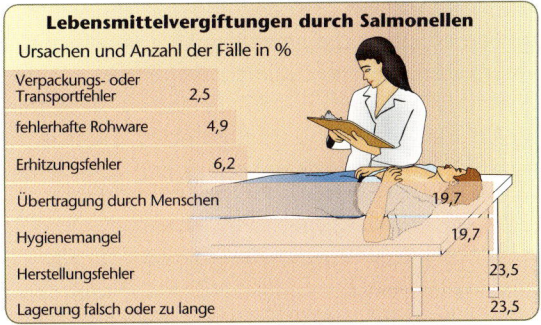

Lebensmittelvergiftungen durch Salmonellen
Ursachen und Anzahl der Fälle in %

Ursache	%
Verpackungs- oder Transportfehler	2,5
fehlerhafte Rohware	4,9
Erhitzungsfehler	6,2
Übertragung durch Menschen	19,7
Hygienemangel	19,7
Herstellungsfehler	23,5
Lagerung falsch oder zu lange	23,5

Bild 1: *Ursachen von Lebensmittelvergiftungen durch Salmonellen*

Das HACCP-Konzept dient nicht nur im Bereich Küche zur Qualitätssicherung, sondern auch im Bereich der Wäsche- und Hauspflege.

> Hygienische Maßnahmen in der GV (Gemeinschaftsverpflegung) werden dokumentiert von der Warenannahme bis zur Speiseausgabe.

Beispiel für einen Warenannahme-Hygieneplan mit Beispielen

Lieferant:						
Lieferdatum/Kontrolldatum:						
Kontrollpunkte	Kontrollfaktoren	Maßnahmen/ Kontrollort	o.k. ja	nein	Maßnahmen, z. B. Reklamation	erl.
Lieferfahrzeug	**Hygienische Mängel**	**Sichtkontrolle /Rampe**	×			
Verpackung	**beschädigt**	**Sichtkontrolle**		×	**Ware nicht angenommen**	
	sauber		×			
Unterschrift:						

5.2.1 Personalhygiene oder persönliche Hygiene

> Persönliche Hygiene bezieht sich auf die Arbeitskleidung und die Körperhygiene des Personals.

Bild 2: *Handhygiene*

Alle Personen, die in Küchen oder in anderen Betrieben arbeiten, die gewerbsmäßig Lebensmittel verarbeiten oder produzieren, benötigen vor Beginn ihrer Tätigkeit eine Erstbelehrung nach den §§ 42f. des Infektionsschutzgesetzes. Diese wird durch das Gesundheitsamt oder einen von diesem beauftragten Arzt durchgeführt. Im Anschluss wird den Teilnehmern eine Bescheinigung ausgestellt. Diese Belehrung muss jährlich durch den Arbeitgeber oder eine entsprechend geschulte Person wiederholt werden. Die Arbeitnehmer werden in § 42 über die Tätigkeits- und Beschäftigungsverbote schriftlich und mündlich belehrt. Diese Erklärung muss vom Arbeitnehmer unterschrieben und vom Arbeitgeber dokumentiert werden.

Der Arbeitnehmer ist verpflichtet, den Küchenleiter über Erkrankungen wie z. B. Durchfall, Erbrechen und eiternde Wunden in Kenntnis zu setzen. Bei diesen Erkrankungen entscheidet der Küchenleiter über den Einsatzbereich des Arbeitnehmers.

Bei Erkrankungen wie z. B. Salmonellenausscheider, Virushepatitis (A und E) oder Typhus besteht **Meldepflicht**. Es wird ein vorläufiges Tätigkeitsverbot im gesamten Bereich der Nahrungszubereitung erteilt. Hier entscheidet das jeweils zuständige Gesundheitsamt über den Zeitpunkt des Einsatzes in der Küche.

	Saubere Arbeitskleidung, bestehend z. B. aus Kittel, Hose, Kopfbedeckung und Arbeitsschuhen		Haare sollten durch eine Kopfbedeckung bedeckt werden, lange Haare vorher zusammenbinden.
	Hände bis zum Unterarm gründlich reinigen: vor Arbeitsbeginn, nach jedem Toilettenbesuch, jeder Pause und bei Arbeitsplatzwechsel, in vielen Betrieben auch desinfizieren		Offene Wunden oder Verletzungen an Händen oder Armen müssen sorgfältig mit einem wasserundurchlässigen Verbandsmaterial versorgt werden, evtl. Fingerlinge oder Einweghandschuhe tragen.
	Privatkleidung und Arbeitskleidung sind getrennt aufzubewahren.	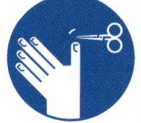	Die Hände regelmäßig pflegen: saubere, kurze und unlackierte Fingernägel.
	Handschmuck, Armbänder und Armbanduhren sind abzulegen.		Das Rauchen am Arbeitsplatz ist verboten.

Tabelle 1: *Anforderungen an die persönliche Hygiene oder Personalhygiene (CP)*

5.2.2 Betriebs-, Arbeitsplatz- oder Küchenhygiene

> Die Küchenhygiene bezieht sich auf den Arbeitsplatz und Arbeitsgeräte sowie auf das Arbeitsumfeld.

Eine wichtige Voraussetzung zur Umsetzung der Hygiene am Arbeitsplatz sind die **baulichen** sowie **organisatorischen** Gegebenheiten in diesem Arbeitsfeld.

Bild 1: *Arbeitsplatz*

+Hygiene-Kontrollpunkte (CP + CCP)

- Sind separate Waschbecken vorhanden für die Handreinigung und für Lebensmittel?
- Liegen die Handwaschbecken in zentraler Lage, sodass das Küchenpersonal nur kurze Arbeitswege hat?
- Wird in allen Arbeitsbereichen eine Trennung von **reiner** und **unreiner** Seite vorgenommen?

- Ist die Küche so eingebaut, dass alle Ecken bei der Reinigung erreicht werden können?
- Ermöglicht die Bodenbeschaffenheit eine sorgfältige Reinigung?
- Sind die Personalwaschräume von den Toiletten getrennt?
- Darf nur das Küchenpersonal die Küche betreten bzw. liegt Schutzkleidung für Besucher bereit?

	Küche, Lager und die dazugehörigen Wirtschaftsräume sind sauber zu halten.		Beim Arbeiten entstandene Verunreinigungen sofort beseitigen und Zwischenreinigungen durchführen
	Sachgerechte getrennte Lagerung von Lebensmitteln (z. B. Fleischkühlhaus, Trockenlager, Obst- und Gemüselager)		Bedarfsgegenstände und Arbeitsflächen nach dem Gebrauch gründlich reinigen
	Abfall am Ort der Entstehung beseitigen, d. h. mit Abfallschüssel arbeiten		Reinigungs- und Desinfektionsmittel, -geräte und -materialien außerhalb von Küchen in einem separaten Raum lagern
	Abfallbehältnisse mindestens täglich entleeren und stets sauber halten		Zur Reinigung nur saubere Reinigungsmaterialien einsetzen

Tabelle 1: *Anforderungen an die Arbeitsplatz- oder Küchenhygiene (CP + CCP)*

5.2.3 Lebensmittel- oder Produkthygiene

> Lebensmittelhygiene bezieht sich auf den Umgang mit Lebensmitteln von der Rohware bis zum Verzehr.

Kritische Produkte

Tiefgekühltes Fleisch und Geflügel

Diese sollen ohne Umverpackung, abgedeckt, im Kühlschrank/Kühlhaus bei einer Temperatur von max. +7 °C in Auftauschalen aufgetaut werden. Das Auftauwasser in einem Gefäß getrennt vom Fleischstück/Geflügel auffangen (Schalen mit Siebeinsatz) und anschließend entsorgen. In der Auftauflüssigkeit ist der Keimgehalt (Salmonelle) hoch; so wird vermieden, dass das Lebensmittel mit der Auftauflüssigkeit in Berührung kommt (CCP = kritischer Kontrollpunkt). Die Auffangschalen und andere Arbeitsgeräte, die mit dem Produkt oder mit der Auftauflüssigkeit in Berührung kommen, müssen gründlich gereinigt werden. So wird eine mögliche Salmonellenübertragung auf andere Lebensmittel eingeschränkt.

Tiefgefrorenes Geflügel/Fleisch vor der Zubereitung vollständig auftauen.

Geflügel sollte getrennt von anderen Tätigkeiten verarbeitet werden (CCP). Der Arbeitsplatz muss anschließend gereinigt und desinfiziert werden. Beim Braten oder Grillen ist über einen Zeitraum von 3 Minuten eine Kerntemperatur von mindestens 80 °C oder 70 °C für 10 Minuten einzuhalten (laut Bundesinstitut für Risikobewertung (BfR)). Nach der Bearbeitung von Geflügel (frisch oder aufgetaut) und vor weiteren Aufgaben sind die Hände gründlich zu reinigen und zu desinfizieren.

Frisches Geflügel

Bei Anlieferung von Frischware in der GV muss die Anliefertemperatur (max. +4 °C) kontrolliert und dokumentiert werden. Bei negativen Abweichungen darf die Ware nicht angenommen werden. Eine Sichtkontrolle des Produktes und des Transportfahrzeuges hinsichtlich hygienischer Mängel sollte erfolgen. Die sofortige, abgedeckte, getrennte Lagerung vom Fleisch erfolgt bei Temperaturen bis max. +4 °C.

Eier

Eier sollen ebenfalls getrennt von anderen Tätigkeiten verarbeitet werden. Nach dem Aufschlagen der Eier sind die Hände gründlich zu reinigen und ggf. zu desinfizieren. Auch hier muss anschließend der Arbeitsplatz gereinigt und ggf. desinfiziert werden.

Die Verarbeitung von rohen Bestandteilen der Hühnereier, die nicht einem Erhitzungsverfahren (pasteurisierte Eier) unterzogen wurden, ist in der GV untersagt.

Des Weiteren muss die Durchführungsverordnung DVO (August 2007) beachtet werden (Erhitzen von mind. 70 °C sicherstellen, z. B. Spiegeleier, gekochte Eier).

Hackfleisch

Bei diesem Nahrungsmittel muss ebenfalls die Durchführungsverordnung DVO beachtet werden. Rohe Erzeugnisse dürfen nur am Tag ihrer Herstellung in den Verkehr gebracht werden; ab dann müssen sie weiterverarbeitet, z. B. durcherhitzt werden.

	Lebensmittel nur dann weiterverarbeiten, wenn sie auf ihre einwandfreie Beschaffenheit überprüft wurden		Speisen, die gegart oder erwärmt werden, ausreichend erhitzen, in allen Teilen der Speisen sollten 80 °C vorhanden sein.
	Gegarte Speisen oder gereinigte Lebensmittel nicht zusammen mit rohen oder ungesäuberten Lebensmitteln lagern		Die Speisenzubereitung so planen, dass es einen möglichst kurzen Zeitraum zwischen Zubereitung und Verzehr gibt. Standzeiten dürfen 3 – 4 Stunden nicht überschreiten. Dies ist wichtig beim Umgang mit Restanten.
	Speisen, die im Ausgabezentrum warm gehalten werden, müssen eine Temperatur von mindestens 60 °C haben.		Speisen und Speisenreste möglichst schnell und in kleinen Portionen herunterkühlen
	Tiefgefrorene Speisen im Kühlschrank/Kühlhaus auftauen		Speisenreste abdecken und kühl lagern

Tabelle 1: *Anforderungen an die Lebensmittel- oder Produkthygiene (CP + CCP)*

Nach der Zubereitung erfolgt die Ausgabe (s. S. 249 Ausgabesysteme) der zubereiteten Speisen. Hierbei sind vor allem die Temperaturen zu kontrollieren. Beispiele:

- Salate und andere kalte Speisen max. 7 °C
- Desserts max. 10 °C
- Warme Speisen mind. 60 °C

Organisation und Kontrolle

Neben dem „Wissen" über die drei Hygienebereiche ist es jedoch unablässig, diese Maßnahmen zu **organisieren**, zu **dokumentieren** und zu **kontrollieren**. So wird eine Transparenz für die Mitarbeiter und für „Dritte", z.B. Heimleitung, Gesundheitsamt, gegeben.

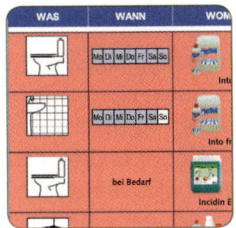

Bild 1: *Hygieneplan*

Zunächst sollte in jeder Küche ein Hygieneplan vorliegen, der übersichtlich, für jeden Mitarbeiter zugänglich ist.

Bild 2: *Verantwortlichkeit*

Im Hygieneplan werden verantwortliche Mitarbeiter benannt, die für die Kontrolle und Einhaltung des Hygieneplans zuständig sind.

Bild 3: *Schulung*

Das Küchenpersonal und neue Mitarbeiter werden regelmäßig über die notwendigen Hygiene- und Reinigungsmaßnahmen informiert.

Eine weitere Kontrollmaßnahme sind die **Rückstellproben** von zubereiteten Speisen, dies gilt vor allem für leicht verderbliche Ware. Gekennzeichnet werden sie mit Datum, Produktname, Uhrzeit der Herstellung. Empfohlen wird eine Rückstellprobe von 150 g je Speisenkomponente. Die Lagerung erfolgt bei max. +4°C für mind. 4 Tage oder gefroren bei mind. –18°C über 7 Tage. Empfohlen wird eine Rückstellprobenzeit von 14 Tagen.

Bedeutung der Rückstellproben

- Geben Klarheit über die Ursache einer auftretenden Erkrankung durch Speisen der GV (Gemeinschaftsverpflegung)
- Beweisen, dass die aufgetretene Erkrankung nicht durch die Speisen der GV verursacht wurde
- Erfüllung der Sorgfaltspflicht der Küchenleitung

Diese Anzahl von Maßnahmen ist notwendig, um nachteilige Beeinflussungen wie Übertragungen von Schmutz, Keimen, Bakterien, Mikroorganismen (Krankheitserreger) und nicht genießbaren Substanzen auf die Lebensmittel zu vermeiden. Eine Umsetzung der Anforderungen verhindert Lebensmittelverderb, Lebensmittelinfektionen und Lebensmittelvergiftungen.

Somit schützen wir uns und Dritte.

Aufgaben:

1. Ihr Betrieb möchte im Sommer ein Gartenfest veranstalten! Die Küche soll mit selbst hergestellten Salaten (Salatbüfett) ihren Beitrag dazu leisten.

   a) Welche besonderen hygienischen Aspekte sollten Sie bei der Auswahl berücksichtigen?
   b) Machen Sie Vorschläge für geeignete Salate.
   c) Welche hygienischen Aspekte setzen Sie bei der Durchführung um?
   d) Welche hygienischen Aspekte beachten Sie während des Sommerfestes? Begründen Sie Ihre Aussagen.
   e) Wählen Sie eine Präsentationsform für eine Ergebnispräsentation!

2. Erarbeiten Sie mithilfe der unter 5.2 stehenden Hygienemaßnahmen einen erweiterten Hygieneplan für den Bereich der Warenannahme.

3. Finden Sie für einen Funktionsbereich der Küche Ihres Ausbildungsbetriebs die „kritischen Punkte" heraus.

4. Rückstellproben erfolgen vor allem bei leicht verderblichen Waren. Um welche Waren handelt es sich dabei?

5.3 Arbeitssicherheit

> Arbeitssicherheit schließt alle Handlungen ein, die akute Gesundheitsgefährdungen, Unfälle am Arbeitsplatz oder daraus resultierende Berufskrankheiten (evtl. Berufsunfähigkeit) vermeiden.

Arbeitsschutz **ist gesetzlich geregelt**, Grundlage ist Artikel 2 Absatz 2 des Grundgesetzes: „Jeder hat das Recht auf Leben und körperliche Unversehrtheit…". Detailliertere Regularien und Bestimmungen sind in einzelnen Gesetzen formuliert (z. B. Gewerbeordnung, Arbeitsschutzgesetz, Arbeitssicherheitsgesetz, Geräte- und Produktsicherheitsgesetz, Arbeitsstättenverordnung, Gefahrstoffverordnung). Kontrollorgane für Arbeitssicherheit sind die **Berufsgenossenschaften**, sie sind gleichzeitig Träger der gesetzlichen Unfallversicherung, die wiederum **Unfallverhütungsvorschriften (UVV)**

erlassen. Regional sind die **Gemeindeunfallverbände (GUVV)** kompetente Ansprechpartner, speziell für das Nahrungsmittelgewerbe ist die **BGN (= Berufsgenossenschaft Nahrungsmittel und Gaststätten)** zuständig.

Verantwortliches Fachpersonal muss Maßnahmen zur Arbeitssicherheit kennen, motivierend an beteiligte Mitarbeiter vermitteln und anwenden können; darüber hinaus ist bei einem Notfall Erste Hilfe zu leisten. **Jeder** Mitarbeiter trägt ein hohes Maß an Eigenverantwortung bei der praktischen Anwendung betrieblicher Unfallschutzmaßnahmen.

Bild 1: *Logo der BGN*

Lfd. Nr.	Name d. Verletzten/ Erkrankten	Angaben zum Hergang des Unfalls bzw. Gesundheitsschadens			Name des Zeugen
		Datum/ Uhrzeit	Ort	Hergang	
1	Christian F.	12.05./ 6.30 h	Küche	Beim Hereintragen der Gemüsekiste rutschte Christian auf dem nassen und verschmutzten Fußboden aus. Er fiel rückwärts auf den Hinterkopf und blieb bewusstlos liegen.	Christina K.
2	Monika K.	17.07./ 11.00 h	Küche	Bei der Durchführung der Garkontrolle wurde der Kombi-Dämpfer komplett geöffnet und der Schwaden verbrannte Gesicht und Halsbereich.	Andreas G.
3	Katharina R.	20.08./ 8.00 h	Küche	Beim Einschalten des Alexanderwerkes erfolgte ein Stromschlag, da das Gerät trotz defekten Kabels eingesetzt wurde.	Petra K.

Tabelle 1: *Auszug aus einem Verbandbuch*

5.3.1 Unfallschwerpunkt Küche

Auszug aus einem Verbandbuch (Aufzeichnungen über Erste-Hilfe-Leistungen, siehe 5.3.4) einer großbetrieblichen Einrichtung im Küchenbereich, in dem einige Arbeitsunfälle aufgezeichnet wurden: In der Gastronomie und Gemeinschaftsverpflegung werden täglich unter großem **Stress und Zeitdruck** „Speisen in Verkehr gebracht" bzw. Menschen verpflegt oder verköstigt. Da muss jeder Handgriff sitzen, insbesondere zu den **Stoßzeiten steigt die Belastung** für die Mitarbeiter extrem

an. Arbeitssicherheit wird dann oft zur Nebensache und vernachlässigt; in der praktischen Anwendung werden **Sicherheitsmaßnahmen eher als hemmend oder störend** empfunden. **Deshalb:** Unfälle sind keine zufälligen Vorgänge, sie haben immer ihre Ursachen; oft ist Fahrlässigkeit bzw. menschliches Versagen der Ausgangspunkt. Die Konsequenzen sind weitreichend, da neben persönlichem Leid oft auch Einbußen für die Betriebe (lange Krankschreibungen, Kosten für Ersatzpersonal) entstehen.

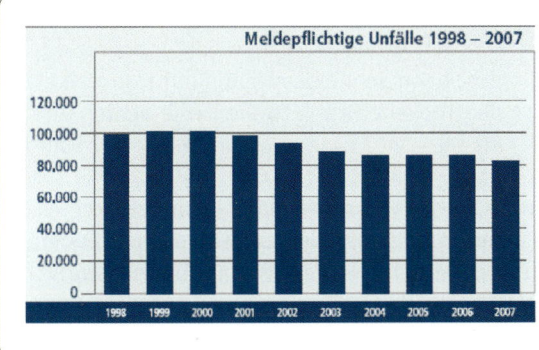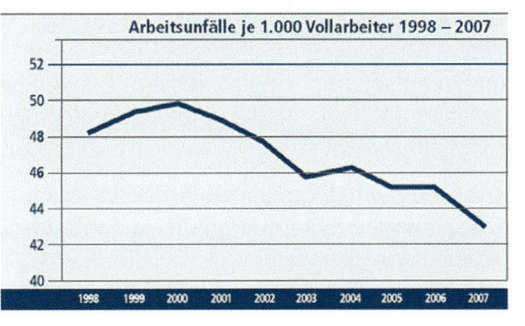

Bild 1: *Unfallstatistik*

Unfallarten

Aufgrund dieser Übersicht ergeben sich primär folgende Unfallarten, wie sie in Küchen nach Häufigkeit verstärkt auftreten:

1. Sturzunfälle
2. Schnittwunden
3. Verbrennungen und Verbrühungen
4. Vergiftungen und Verätzungen
5. Verletzungen durch elektrischen Strom

Unfallursachen bzw. Unfallquellen

Arbeitsunfälle können insbesondere dann gering gehalten bzw. vermieden werden, wenn die Mitarbeiter sich bestimmter Ursachen bewusst werden. Grundlage aller Unfallursachen sind mangelhafte Zustände oder Verhaltensmuster, die in drei Kategorien eingeteilt werden können:

Mangelhaftes „persönliches" Verhalten	Mangelhafte „technische" Gegebenheiten	Mangelhafte „Arbeitsorganisation"
■ Missachtung von Sicherheitsvorschriften ■ Bewusstes Entfernen von Schutzeinrichtungen ■ Mangelhafte Schutzkleidung/Schuhwerk ■ Gedankenloses oder leichtfertiges Arbeiten ■ Unwissenheit ■ Falsche/ungeeignete Arbeitsgeräte ■ Übermüdung, Alkohol und Drogenkonsum ■ Missbrauch oder Fehlbedienung von Arbeitsmitteln ■ Spielen, Leichtsinn ■ Mentale und emotionale Probleme	■ Bauliche Mängel (z. B. schmale Flure, enge Bewegungsflächen, nicht rutschfeste Fußböden) ■ Mangelhafte Arbeitsplatzeinrichtung (fehlende, unzureichende Schutzeinrichtungen) ■ Technische Störungen im Arbeitsablauf ■ Unzureichende Beleuchtung, Belüftung, Lärm ■ Defekte Geräte ■ Schlechte ergonomische Gestaltung von Arbeitsmitteln ■ Konstruktionsmängel von Arbeitsmitteln	■ Hektik/Zeitdruck ■ Fehlende/fehlerhafte Planung des Arbeitsablaufes ■ Physische Arbeitsüberforderung ■ Ungeeignete Personalauswahl ■ Fehlende Aufsicht und Überprüfung ■ Häufige Nachtarbeit ■ Mangelnde Übermittlung von Arbeitsanweisungen ■ Mangelnde Prüfung, Wartung, Instandsetzung ■ Fehlende Ordnung, Hindernisse im Arbeitsbereich

Tabelle 1: *Unfallursachen/Unfallquellen*

5.3.2 Checkliste gegen Arbeits-unfälle in der Küche

Grundvoraussetzung einer „aktiven Prävention von Arbeitsunfällen" ist die Einhaltung allgemeiner Verhaltensregeln:

- Arbeiten nur mit kompletter Arbeitskleidung
- Das Zusammenbinden langer Haare und das Ablegen von Schmuck.
- Ruhiges und überlegtes Arbeiten an einem gut strukturierten Arbeitsplatz, was erreicht wird, wenn Arbeitspausen und Ruhezeiten eingehalten werden (Übermüdung mindert die Konzentration und steigert die Unfall-gefahr).

Besonders wichtig ist die Schulung aller Mitarbeiter über die aktuellen Unfallverhütungsvorschriften und die Information über Sicherheitseinrich-tungen (Erste-Hilfe-Kasten, Feuerlöscher, Lösch-decke, Fluchtwege).

1. Stürze/Rutsch- und Stolperunfälle

- Wird geeignetes Schuhwerk getragen (d. h. vorne geschlossen und rutschhemmende Soh-len mit flachen Absätzen)?
- Sind die Fußböden entsprechend den Vor-schriften sicher begehbar, eben und leicht zu reinigen?
- Werden verschüttete Flüssigkeiten (z. B. Was-ser, Fett), Speisereste, Abfälle oder sonstige heruntergefallene Gegenstände sofort sach-gemäß entfernt?
- Können die Schuhsohlen vor dem Betreten des Gefrierraumes an einer Matte abgestreift (feuchte Sohlen bilden sofort eine Eisschicht) werden?
- Sind Verkehrswege grundsätzlich frei bzw. werden sie frei gehalten (z. B. keine Taschen, Gefäße, Hocker oder Kisten, die den Weg ver-sperren und zur Stolpergefahr werden)?
- Ist der Einsatz geeigneter Steighilfen (d. h. Tritt-leitern mit Rutschschutz und Spanngelenk, die vor dem unmittelbaren Besteigen auf sicheren Stand zu überprüfen sind) gewährleistet?
- Bilden herunterhängende Kabel elektrischer Maschinen und Geräte bei der Aufbewahrung keine Stolperfalle und sind nach dem Einsatz sicher verstaut?

2. Schnitt- und Stichwunden

- Werden Arbeitstechniken richtig praktiziert, d. h. beim Schneidevorgang auf trockene Hän-de, trockene und fettfreie Griffe achten und immer vom Körper weg und nie in der Hand-fläche schneiden?
- Wird der vorschriftsmäßige Umgang mit Mes-sern oder Schneidewerkzeugen thematisiert (spielerischer Umgang ist grob fahrlässig)?
- Ist ein sicherer Transport von Messern oder anderen spitzen Gegenständen (immer nach unten gerichtet tragen und nach Gebrauch und Reinigung an den Aufbewahrungsort zurück-legen, dies gilt auch für unbenutzte Messer) ein normaler Vorgang?
- Werden Messer und andere Schneidewerk-zeuge nach Gebrauch nie in das Spülwasser gelegt (wer aus Unwissenheit ins Spülwasser greift, kann sich verletzen)?
- Gibt es die Regel, dass fallende Messer oder Gegenstände aus Glas nie aufgefangen wer-den dürfen?
- Wird eine fachgerechte Entsorgung von Scher-ben aller Art (z. B. Porzellan, Glas nicht mit den Händen beseitigen, sondern sofort auffegen und sachgemäß entsorgen) praktiziert?
- Werden generell Sicherheitsvorrichtungen oder Körperschutzmittel benutzt, z. B. Stech-schutzschürze oder -handschuh, Restehalter, Fingerschutz, Schlitten, Stopfer (nicht mit der Hand, Messern oder anderen spitzen Gegen-ständen in laufende Maschinen fassen)?
- Wird vor dem Reinigen schneidender Maschi-nen der Stecker gezogen?
- Ist eine sichere Aufbewahrung schneidender Geräte und Maschinen vor Unbefugten ge-währleistet?

3. Verbrennungen/Verbrühungen

- Ist professionelle Arbeitskleidung vorhanden (Kittel aus kochfester Baumwolle statt über-wiegend synthetischem Material)?
- Sind geeignete Körperschutzmittel (z. B. Hitze-schutzhandschuhe, Topflappen usw.) vorhan-den und werden sie eingesetzt bzw. befinden sich in Griffnähe, wenn heiße Bratroste oder Kochgeschirr angefasst werden müssen?
- Wird nur trockenes bzw. gut getrocknetes Gargut eingefüllt (nicht eingeworfen) und in geeignetem Fett frittiert oder gebraten?

- Werden für den Transport von Fritteusen oder anderen Behältern mit heißen Flüssigkeiten (vor dem Transport etwas abkühlen lassen), z. B. Brühe oder Fett, Transportwagen benutzt?
- Wird beim Schwenken oder Abgießen heißer Lebensmittel (z. B. Kartoffeln) auf eine gefahrlose Handhabung geachtet?
- Wird beim Öffnen des Kombi-Dämpfers Abstand gehalten und zunächst ein Abdampfen (Tür nur einen Spalt öffnen) vorgenommen?
- Werden Druckgargeräte richtig bedient (z. B. Dampfdrucktopf erst dann öffnen, wenn kein Druck mehr vorhanden ist – nie mit Gewalt!)?
- Sind Maßnahmen zum Löschen eines Feuers (z. B. heißes Fett mit einem Deckel oder einer Löschdecke ersticken, niemals mit Wasser löschen) bekannt?
- Werden Hilfsmittel zum Brandschutz regelmäßig überprüft und gewartet?
- Kann der Umgang mit brennbaren Flüssigkeiten vorschriftsmäßig (kein Feuer in unmittelbarer Nähe) und in gut durchlüfteten Räumen erfolgen?

4. Vergiftungen/Verätzungen

- Werden leicht verderbliche Lebensmittel (z. B. Hackfleisch, Muscheln) regelmäßig auf das Verfallsdatum hin kontrolliert (nicht zu verwechseln mit dem Mindesthaltbarkeitsdatum) und bei Ablauf sofort entsorgt?
- Ist eine komplette Entsorgung bereits verdorbener Lebensmittel (die Entfernung von befallenen Stellen durch Ab- oder Herausschneiden, z. B. bei Schimmel, reicht nicht aus: Sporenbildung!) sichergestellt?
- Wird auf eine fachgerechte Verarbeitung der Lebensmittel geachtet, d. h. Auftauflüssigkeiten separat aufgefangen (von Fleisch, Geflügel, Fisch) und entsorgt?
- Ist das Einhalten von Kerntemperaturen beim Fleischgaren gängige Praxis?
- Wird bei der Herstellung von Eierspeisen „Vollei" eingesetzt, sodass keine Speisen mit rohen Eiern in Verkehr gebracht werden (Salmonellen)?
- Sind Körperschutzmittel (z. B. Schutzbrille/Atemschutz) für die Reinigung des Kombi-Dämpfers (gegen belastende oder unangenehme Dämpfe durch Reinigungsmittel) vorhanden und werden sie eingesetzt?

- Werden Gefahrenstoffe (z. B. Reinigungs- oder Desinfektionsmittel) gekennzeichnet und in sicheren Behältern aufbewahrt (Achtung: Nie in Getränkeflaschen umfüllen)
- Wird eine vorschriftsmäßige Anwendung von Gefahrenstoffen praktiziert (nie miteinander vermischen: Gasbildung, Explosionsgefahr) und auf eine fachgerechte Dosierung geachtet?

Bild 1: *Giftig*   **Bild 2:** *Ätzwirkung*

5. Verletzungen durch elektrischen Strom/den Umgang mit elektrischen Geräten

- Wird nach dem Gebrauch und vor dem Umrüsten oder Reinigen von elektrischen Geräten sofort der Netzstecker gezogen?
- Werden elektrische Geräte nur auf trockenem Untergrund in Betrieb genommen (auch Feuchtigkeit auf Kabel/Stecker z. B. durch nasse Hände ist gefährlich)?
- Werden defekte Geräte oder schadhafte Stellen (z. B. Kabel, Stecker oder Schalter) gemeldet und unverzüglich von Fachpersonal repariert?
- Wird das Führen einer Mängelliste praktiziert?
- Sind die wichtigsten Prüf- und Schutzzeichen bekannt (z. B. „GS" = geprüfte Sicherheit, „VDE" = Verband Deutscher Elektriker, „TÜV" = Technischer Überwachungsverein), sodass bei Neuanschaffungen von Geräten und Maschinen darauf geachtet werden kann?
- Ist das Einhalten von Bedienungsanleitungen des Herstellers bei den Mitarbeitern selbstverständliche Praxis?

5.3.3 Sicherheitszeichen und Gefahrensymbole

Ist aktiver Unfallschutz nicht durchführbar, findet der sogenannte **„hinweisende Unfallschutz"** in Form von unterschiedlichen Sicherheitskennzeichnungen (auch farbliche Markierungen, Beleuchtungen sind möglich) Anwendung. Dabei sind festgelegte Farben (Rot = unmittelbare Gefahr oder Verbot) dieser optischen Hinweise Gradmesser für die Intensität der Gefährdung. Betriebliche Gegebenheiten bestimmen ihre Auswahl:

Tabelle 1: *Sicherheitskennzeichen und Gefahrensymbole*
Achtung: Eine neue EU-Verordnung regelt u. a. die Kennzeichnung chemischer Produkte. Konkret heißt dies, dass die alten Warnzeichen durch neue (siehe oben) ersetzt werden.

5.3.4 Erste Hilfe im Betrieb

Trotz aller präventiven Maßnahmen treten immer wieder **Arbeitsunfälle** auf. In diesen Fällen ist „**Erste Hilfe**" von größter Bedeutsamkeit. Besonders wenn es, je nach Schwere des Unfalls, um die Erhaltung der Arbeitsfähigkeit oder sogar die Überlebenschance eines Verunglückten geht. In Betrieben ist der „**Ersthelfer**" (ein für die Erste Hilfe ausgebildeter Arbeitskollege) für die sofortige Hilfeleistung verantwortlich (notfalls aber auch andere anwesende Personen). Er leitet **Sofortmaßnahmen** ein, um größere Gefahren oder Verletzungen zu verhindern, die eigentliche medizinische Versorgung führt der **Notarzt** durch.

Notfall – Zuständige Stellen

Gut **sichtbar in Telefonnähe** sind die aktuellen Anschriften und Telefonnummern der örtlichen Rettungsdienste **(Notruf)**, des „**D-Arztes**" (Durchgangsarzt), des nächsten **Krankenhauses** sowie der **betrieblichen Ersthelfer** auszuhängen. Eine Möglichkeit bietet der Aushang „Anleitung zur Ersten Hilfe bei Unfällen", den die Berufsgenossenschaft herausgibt.

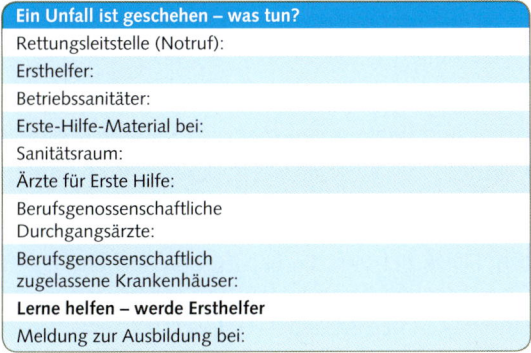

Ein Unfall ist geschehen – was tun?
Rettungsleitstelle (Notruf):
Ersthelfer:
Betriebssanitäter:
Erste-Hilfe-Material bei:
Sanitätsraum:
Ärzte für Erste Hilfe:
Berufsgenossenschaftliche Durchgangsärzte:
Berufsgenossenschaftlich zugelassene Krankenhäuser:
Lerne helfen – werde Ersthelfer
Meldung zur Ausbildung bei:

Bild 1: *Aushang der BGN*

Erste-Hilfe-Material

Eine wirksame Hilfe ist sichergestellt, wenn das **Erste-Hilfe-Material** leicht zugänglich und in ausreichender Menge vorhanden ist. Dazu gehören alle **Verbandsmaterialien** und sonstigen Hilfsmittel, die zur Durchführung der Ersten Hilfe notwendig sind.

Die **Größe des Betriebes** schreibt die erforderliche Mindestausstattung der Verbandkästen vor. Hier wird zwischen **„großen und kleinen Verbandkästen"** unterschieden. Ein Betrieb mit 20 Mitarbeitern benötigt einen „kleinen Verbandkasten". Ab 21–100 Mitarbeitern ist ein „großer Verbandkasten" Vorschrift.

Der **Inhalt von Verbandkästen** ist von zuständigen Erste-Hilfe-Organisationen (z.B. das Rote Kreuz) genormt worden.

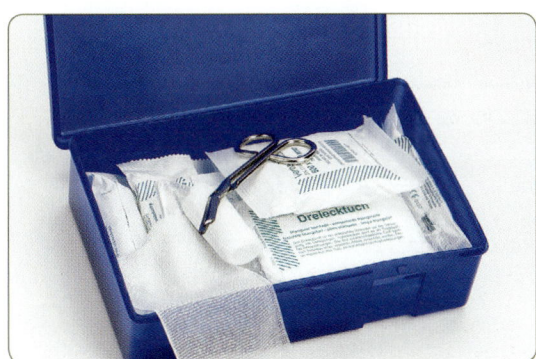

Bild 2: *Kleiner Verbandkasten*

Rettungsorganisation

Ist ein folgenschwerer Arbeitsunfall passiert, sollte nach Einleitung der Sofortmaßnahmen ein **Notruf** in dieser Reihenfolge **(Fünf-W-Fragen)** getätigt werden:

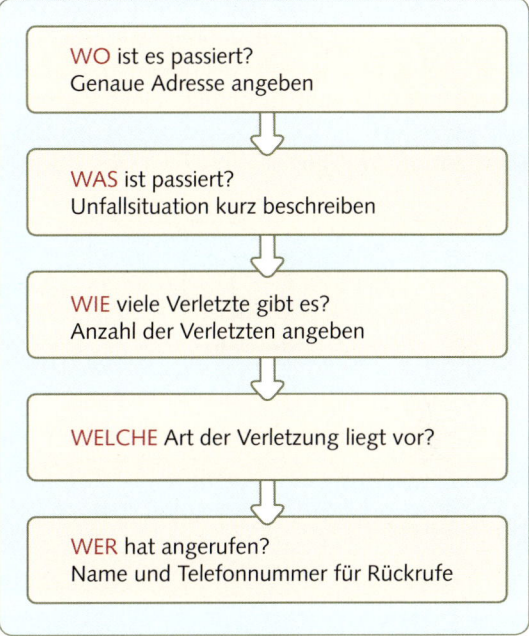

Bild 3: *Skizze „Fünf-W-Fragen"*

Nachdem der Rettungsdienst verständigt wurde, können bis zu dessen Eintreffen weitere Erste-Hilfe-Maßnahmen eingeleitet werden. Ganz wichtig ist immer ein **beruhigendes Einwirken** auf den Verletzten, das **fachgerechte Lagern** in einer bequemen und gefahrlosen Position (z.B. die stabile Seitenlage) oder das **Anlegen von Verbänden**.

Ausbildung und Anzahl von Ersthelfern

Der **Betriebseigentümer** ist dafür **verantwortlich**, dass Ersthelfer in ausreichender Zahl zur Verfügung stehen. Der Erwerb von „Grundkenntnissen in Erster Hilfe" im Rahmen eines Ersthelfer-Lehrgangs (z.B. Malteser) ist **verpflichtend**, sofern nicht wichtige Gründe dagegen sprechen. Die **Größe des Betriebes** gibt die erforderliche **Anzahl der Ersthelfer** vor, z.B. für Betriebe mit bis zu 20 Mitarbeitern ist ein Ersthelfer zu benennen. In Betrieben mit mehr als 20 Mitarbeitern müssen 10 % der anwesenden Beschäftigten einen Lehrgang zum Ersthelfer nachweisen (nach erfolgreicher Teilnahme wird eine Bescheinigung ausgestellt).

Dokumentation von Arbeitsunfällen

Der Betriebseigentümer hat dafür zu sorgen, dass über **jede Verletzung** oder Unfall **Aufzeichnungen** geführt (UVV „Erste Hilfe", § 14) und fünf Jahre lang aufbewahrt werden müssen. Es spielt keine Rolle, ob es sich um einen Arbeitsunfall ohne (z. B. eine Schnittverletzung, kleine Brandblase) oder **mit** nachfolgender **Arbeitsunfähigkeit** (z. B. Armbruch, Abtrennung von Gliedmaßen) handelt. Aufzeichnungen können mithilfe eines **Verbandbuches** (siehe 5.3.1), einer Kartei oder durch EDV-Speicherung erfolgen.

Bild 1: *Verbandbuch*

Nachstehende Daten müssen erfasst werden:

- Zeit, Ort und Unfallhergang
- Art und Umfang der Verletzung bzw. Erkrankung
- Zeitpunkt, Art und Weise der Erste-Hilfe-Maßnahmen
- Namen der Versicherten, der Zeugen und der Ersthelfer

Meldepflichtig sind Arbeitsunfälle, wenn sie eine Arbeitsunfähigkeit von **mehr als 3 Kalendertagen** oder den Tod eines Mitarbeiters zur Folge haben. Der Betriebseigentümer oder dessen Beauftragter muss eine **Unfallanzeige** (siehe Vordruck) erstatten. Diese geht an die Berufsgenossenschaft, das Gewerbeaufsichtsamt, den Betriebsrat und in die Unterlagen des Betriebes.

UNFALLANZEIGE

1 Name und Anschrift des Unternehmers

2 Unternehmensnummer des Unfallversicherungsträgers

3 Empfänger

4 Name, Vorname des Versicherten | 5 Geburtsdatum | Tag | Monat | Jahr

6 Straße, Hausnummer | Postleitzahl | Ort

7 Geschlecht ☐ männlich ☐ weiblich | 8 Staatsangehörigkeit | 9 Leiharbeitnehmer ☐ ja ☐ nein

10 Auszubildender ☐ ja ☐ nein | 11 Ist der Versicherte ☐ Unternehmer ☐ mit dem Unternehmer verwandt | ☐ Ehegatte des Unternehmers ☐ Gesellschafter/ Geschäftsführer

12 Anspruch auf Entgeltfortzahlung besteht für ___ Wochen | 13 Krankenkasse des Versicherten (Name, PLZ, Ort)

14 Tödlicher Unfall ☐ ja ☐ nein | 15 Unfallzeitpunkt Tag | Monat | Jahr | Stunde | Minute | 16 Unfallort (genaue Orts- und Straßenangabe mit PLZ)

17 Ausführliche Schilderung des Unfallhergangs (Verlauf, Bezeichnung des Betriebsteils, ggf. Beteiligung von Maschinen, Anlagen, Gefahrstoffen)

Bild 2: *Auszug aus einer Unfallanzeige*

Maßnahmen der Ersten Hilfe bei Arbeitsunfällen

Im beruflichen Arbeitsalltag werden wir oftmals täglich mit Situationen, kleineren Verletzungen oder Unfällen konfrontiert, die unser sofortiges Reagieren und professionelles Handeln erfordern:

Nasenbluten

- Den Kopf nach vorne neigen und die Nase mit einer Hand kräftig zusammendrücken
- In den Nacken einen kühlen Umschlag (Handtuch oder Waschlappen mit einem Kühlelement) legen

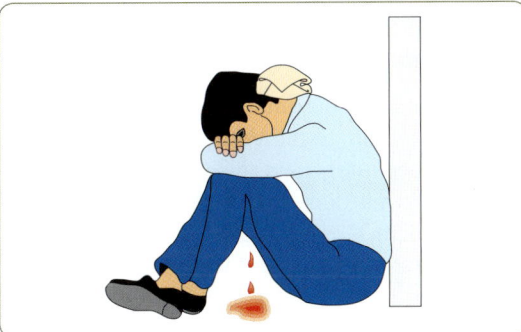

Bild 1: *Position bei Nasenbluten*

Kreislaufschwäche/Schwindel

- In Rückenlage entspannen und für frische Luft sorgen
- Bei Blässe, Zittern, Schweiß auf der Stirn (= Schocksymptome) Beine hochlagern, **sofort** Notarzt verständigen

Wunden

- Nicht auswaschen
- Nur grobe Fremdkörper entfernen
- Mit sterilen Wundauflagen abdecken und mit einer Mullbinde umwickeln
- Leichte Verletzung der Fingerkuppe mit einem „Fingerkuppenverband" versorgen

Stark blutende Schnittwunden

- Sterilen Druckverband anlegen und **sofort Notarzt** verständigen
- Das verletzte Glied hochhalten oder hochlagern

Verbrennungen/Verbrühungen

- Durchtränkte, nicht auf der Haut haftende Kleidung schnell und vorsichtig entfernen
- Brandwunde sofort mit kaltem Wasser behandeln (übergießen oder eintauchen, mindestens 10 – 15 Min.)

Verätzungen

- Bei leichteren Verätzungen **sofort** mit kaltem Wasser spülen
- Sind größere Flächen betroffen, **durchtränkte** Kleidungsstücke sofort vorsichtig entfernen und Notruf tätigen
- Wunde notfalls vorsichtig abtupfen

Unfälle durch elektrischen Strom

- Sofort für eine Stromunterbrechung sorgen (Netzstecker ziehen, Sicherung abschalten)
- Vitalfunktionen überprüfen und nach Notwendigkeit Maßnahmen ergreifen

Aufgaben:

1. Diskutieren Sie gemeinsam über Ihre persönliche Erfahrungen mit Arbeitsunfällen: Was ist passiert? Warum ist es passiert? Welche Maßnahmen wurden ergriffen? Gab es Konsequenzen?

2. Optimieren und dokumentieren Sie die Arbeitssicherheit im **Küchenbereich** einer Seniorenresidenz:

   a) Erstellen Sie eine **Gefährdungsanalyse**, d. h., finden Sie Risikobereiche und leiten Sie mögliche Gefährdungen ab. Achten Sie auf eine anschauliche und übersichtliche Visualisierung.

   b) Entwickeln Sie ein **Konzept zur Unfallvermeidung im Küchenbereich**. Fertigen Sie ein Formblatt an, um eine übersichtliche und transparente Dokumentation zu erzielen.

3. In der Großküche einer Tagungsstätte rutscht eine Kollegin aus, fällt rückwärts auf den Hinterkopf und bleibt bewusstlos liegen. Wie reagieren Sie?

5.4 Abfall im Bereich der Nahrungszubereitung (NZ)

Bild 1: *Arten von Abfall*

Unsere Umwelt wird immer mehr durch Abfälle jeglicher Art belastet. Außerdem stellt der Abfall und besonders der Restabfall für jeden Betrieb einen erheblichen Kostenfaktor dar. Daher ist es wichtig, Abfälle zur Entlastung im **Betriebskostenbereich** oder aus **feuertechnischen Gründen** möglichst zu vermeiden. Ein anderer Aspekt für die Vermeidung von Abfall in der Gemeinschaftsverpflegung ist der kritische Bereich der **Hygiene** insbesondere hinsichtlich der anfallenden Speisereste und weiteren Abfalls (s. S. 43).

5.4.1 Abfall und Kosten

Neben den öffentlichen (kommunalen) Entsorgungsträgern gibt es seit 1990 ein zweites System zur Abfallentsorgung: **das Duale System**. Auf der Grundlage der Verpackungsverordnung (VerpackV) hat das Duale System folgende Aufgaben übernommen:

- **Sammlung und Rücknahme,**
- **Sortierung** sowie
- **Wiederverwertung oder Verwertung**

von gebrauchten **Verkaufspackungen**.

Die Unternehmen erhalten gegen Entgelt und Vorlage einer Verwertungsgarantie der Verpackung Lizenzen. Für den Verbraucher sind die vergebenen Lizenzen am **Grünen Punkt** erkennbar. Die Betriebe können sich somit von der **Rücknahmepflicht** von Verpackungen befreien.

Welche Elemente sind am Dualen System beteidigt?

- Der **Herstellungsbetrieb**, der das Lebensmittel verpackt.
- Der **Verbraucher**, der die Produkte kauft.

- Der **Abfallbeseitigungsbetrieb**, der vom Hersteller ein Entgeld dafür erhält, dass er sich um den Abfall kümmert.

Wer zahlt die Kosten?

Alle Käufer, denn die **entstandenen Kosten** für die Lizenzen werden an die **Verbraucher** weitergegeben. Das bedeutet, dass die Abfallkosten für die Verpackung mit dem Kauf eines Produktes, welches mit dem Grünen Punkt ausgezeichnet ist, schon an der **Kasse bezahlt** werden.

Bild 2: *Der Grüne Punkt*

Die Sammlung von Verpackungsabfällen erfolgt entweder über den **Gelben Sack** oder in der **Gelben Tonne**. Die mit dem **Grünen Punkt** gekennzeichneten Verpackungen sind

- **Leichtverpackungen** aus Metall wie z. B. Getränkedosen, Konserven, Alufolie
- **Kunststoffe** wie z. B. Folien (Tragetaschen, Beutel), Becher (Margarine, Joghurt), Flaschen (Wasch- und Spülmittel)
- **Verbundstoffe** wie z. B. Getränke- und Milchkartons

Für den Verbraucher gibt es einige Unterschiede bei der öffentlichen Abfallentsorgung hinsichtlich Sammlung und Kosten (s. Abfallentsorgung S. 250). Die Begleichung der Kosten für die kommunale Entsorgung erfolgt über die Abfallgebühren, und diese sind in den Gemeinden unterschiedlich hoch. Eine Reduzierung der Gebühren ist möglich durch die Trennung und Vermeidung von Abfall.

In einigen Gemeinden wird der Restmüll über eine Gewichtsgebühr erhoben. In anderen Kommunen sind die Abfallgebühren abhängig von:

- Größe und Anzahl der Behälter
- Häufigkeit der vorgesehenen Entleerung
- Art des Abfalls (Restmüll oder Biomüll)

Art der Entleerung (Vollservice oder Teilservice)

So kostet z. B. die Entleerung einer 80-Liter-Restmülltonne in der Stadt X 300,20 € und in der Stadt Y 254,60 € pro Jahr.

5.4.2 Abfallvermeidung

Abfälle entstehen in allen Bereichen der Hauswirtschaft. Besonders hoch aber ist der Anteil im Bereich der Nahrungszubereitung vom Einkauf über die Vorbereitung bis hin zur Geschirrreinigung. Daher lohnt es sich hier besonders hinzuschauen, wo Abfälle vermieden werden können.

Beispiele beim Einkauf

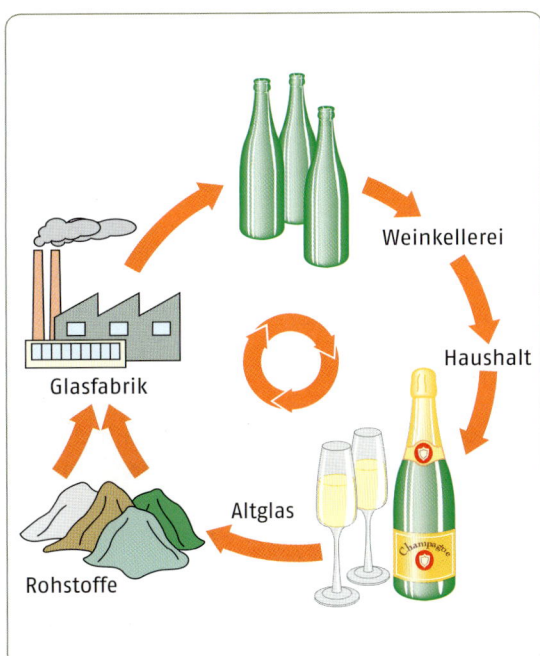

Bild 1: *Wertkreislauf = Recycling*

- Kauf und Einsatz von recycelten Produkten bevorzugen. Denn Recycling bedeutet: **re** = zurück, **cycle** = Kreislauf. Dieser Wertstoffkreislauf sollte bestmöglich unterstützt werden, z. B. Einmalhandtücher.

- Ware ohne Zusatzverpackung (z. B. Obst und Gemüse lose kaufen)
- Auf Verpackungsmaterialien achten (z. B. Karton günstiger als Kunststoff)
- Nachfüllpackungen nutzen (z. B. Kakaopulver)
- Konzentrate einsetzen (z. B. bei Reinigungsmitteln weniger Verkaufsverpackung) sowie die richtige Dosierung verwenden
- Mehrwegbehälter statt Einwegbehälter (z. B. Getränke)
- Großgebinde einsetzen (weniger Umverpackung und Verkaufsverpackung)

Beispiele bei der Zubereitung

- Lebensmittel nur dem Bedarf entsprechend zubereiten – vermeidet Abfälle durch Entsorgung und den Verderb zubereiteter Speisen
- Obst und Gemüse dünn schälen z. B. durch Einsatz eines Sparschälers – vermeidet unnötige organische Abfälle
- Für das Abdecken von Lebensmitteln möglichst auf Verpackungsmaterial wie Alufolie oder Frischhaltefolie verzichten, stattdessen mit Tellern oder Deckeln abdecken. In Küchen der Gemeinschaftsverpflegung ist dies kaum durchführbar (vermeidet Metall und Kunststoffabfall).
- Essbare Garnituren verwenden
- Sparsamer Umgang mit Backpapier (Alternative: Silikonformen, Dauerbackfolie)
- Sparsamer Umgang mit Küchenkrepp
- Vorgefertigte Lebensmittel (Convenience-Produkte) können z. B. beim Einsatz von TK-Gemüse organische Abfälle im eigenen Betrieb vermeiden. Der unreine Bereich im Betrieb wie Schälküche entfällt (fällt dann aber in der Industrie an).

Beispiele bei der Speiseausgabe

Um die Menge von organischen Abfällen zu reduzieren, Empfiehlt sich:

- Portionen möglichst kundenorientiert herausgeben (z. B. Selbstbestimmung der Portionsgröße durch den Gast)
- Teilspeisen könnten in Büfettform angeboten werden, z. B. Salatbüfett.
- Einmal herausgegebene Speisen dürfen nicht wieder verwendet werden, z. B. Speisen, die auf einem Büfett stehen, daher lieber nachlegen.

5.4.3 Abfallentsorgung im Bereich der Nahrungszubereitung (NZ)

Für Haushalte und in Gemeinschaftsverpflegungen gilt zunächst die gleiche Regel:

> Abfälle können nur wiederverwertet (recycelt) werden, wenn sie sortiert werden.

Dieser Aspekt ist besonders wichtig, da die Möglichkeit der Abfallvermeidung begrenzt ist!

Abfälle werden von den Gemeinden entsorgt. Jedoch gibt es regionale Unterschiede. Auskunft erteilen das jeweilige Ordnungsamt oder das Abfallwirtschaftsamt sowie der gültige Abfallkalender.

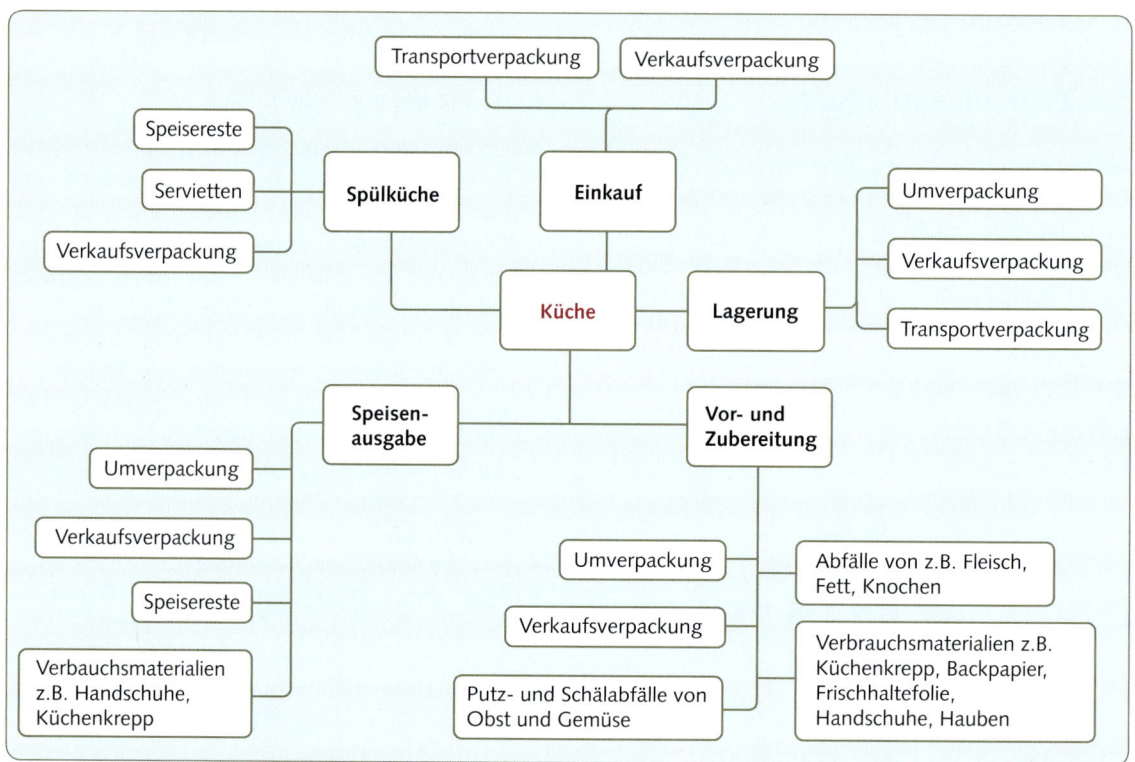

Bild 1: *Mindmap zur Abfallentstehung im Bereich der Küche*

Besonderheiten für die Gemeinschaftsverpflegung

Die Abfallentsorgung in der Gemeinschaftsverpflegung ist gesetzlich geregelt durch das Tierkörperbeseitigungsgesetz (TierKBG), Kreislaufwirtschafts- und Abfallgesetz (KrWG/AbfG) und andere Regelwerke. Die Hygiene im Bereich von Abfällen wird durch das Lebensmittel- und Futtermittelgesetz (LFGB) bestimmt (s. S. 127).

- Rein pflanzliche Speisereste (keine tierischen Speisereste) gehören nicht auf den Kompost, sondern in die **Biotonne** oder in Container, die von beauftragten Firmen abgeholt werden.

- Speisereste, die tierische Produkte enthalten, kommen in die **verschließbare Drangtonne**.
- Altfette z. B. von Fritteusen müssen getrennt gelagert werden. Sie sind **Sondermüll**.
- Für die Hygiene bedeutet dies, dass die Abfallentsorgung der Küche **dokumentiert werden** muss (s. Beispiel „Abfallentsorgungsplan einer Küche"). Der für die Leerung „Verantwortliche" muss die Behältnisse nach der Entleerung reinigen. Denn nur gereinigte Behältnisse dürfen zurück in die Küche.
- Betriebe, die **Kartoffelschälmaschinen** einsetzen, müssen dafür eine **Schälküche** haben sowie über einen **Stärkeabscheider** verfügen. Stärke aus dem Abwasser wird hier gesammelt,

um so das Absetzen der Stärke in Abflussrohren zu verhindern. Regelmäßige Kontrollen und Entleerung der Anlage ist notwendig (Hygienevorschrift: Bauliche Gegebenheiten).

- Jede gewerbliche Küche in der Gemeinschaftsverpflegung, Gastronomie, Hotellerie, in Gaststätten und Imbissstube verfügt über einen **Fettabscheider**: Fette und Öle aus dem Abwasser werden hier gesammelt, um so das Verstopfen und die Korrosion von Abflussrohren zu verhindern. Das öl- und fettfreie Wasser fließt anschließend in den Abwasserkanal. Regelmäßige Kontrollen und Entleerungen der Anlagen sind notwendig.

Weitere Informationen zur Abfallverordnung können unter www.gesetze-im-internet.de eingeholt werden.

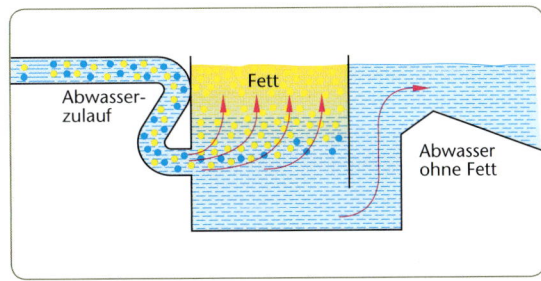

Bild 1: *Fettabscheider, Schema*

Beispiel: Abfallentsorgungsplan einer Küche

Abfallart	Sammelbehälter	Leerung und Reinigung	Verantwortlich	Haussammelstelle	Entsorger
Altpapier	Blaue Kiste	Nach Bedarf	Frau M.	Keller	Hausmeister/ Papiercontainer

Aufgaben:

1. Erstellen Sie mithilfe des unten aufgeführten Rasters, einen Abfallentsorgungsplan einer Küche.

2. Erklären Sie mithilfe der Verpackungsverordnung folgende Begriffe: Verkaufs-, Transport- und Umverpackung.

3. Erkundigen Sie sich in Ihrer Gemeinde (Kommune) über:

   a) die Höhe der Abfallgebühren eines Privathaushaltes.
   b) die Möglichkeiten der Abfallentsorgung in Ihrer Gemeinde.

4. Geben Sie Beispiele, wie in einem Privathaushalt (2 Erwachsene und 2 Kinder) im Bereich der Nahrungszubereitung Abfälle eingespart oder vermieden werden können.

5. Beschreiben Sie an einem Beispiel die Abfallentsorgung im Großbetrieb und in einem Privathaushalt (2 Erwachsene und 2 Kinder). Worin unterscheidet sich der Großbetrieb vom Privathaushalt?

6. Geben Sie eine Übersicht, welcher Abfall in der „Gelben Tonne" oder im „Gelben Sack" gesammelt wird.

7. Wie wird die Entleerung der Gelben Tonne oder des Gelben Sacks bezahlt, wenn die damit verbundenen Kosten nicht in den kommunalen Abfallgebühren enthalten sind?

8. In welcher Stadt zahle ich die wenigsten Abfallgebühren für eine Restmülltonne, wenn in der Stadt A für eine 80-Liter-Tonne jährlich 300,20 €, in Stadt B für eine 140-Liter-Tonne 270,72 € und in Stadt C für eine 120-Liter-Tonne 506,40 € erhoben werden?

5.5 Arbeitstechniken

Vor dem Verzehr roher und auch schon bearbeiteter Lebensmittel oder der Weiterverarbeitung von frischen Lebensmitteln durch das Garen werden die meisten Lebensmittel bearbeitet; das heißt, sie werden in einen küchenfertigen oder garfertigen Zustand gebracht (s. S. 182 Convenience-Produkte). Damit die Lebensmittel in den gewünschten Zustand gelangen, können unterschiedliche Arbeitstechniken eingesetzt werden.

Übersicht von Arbeitstechniken

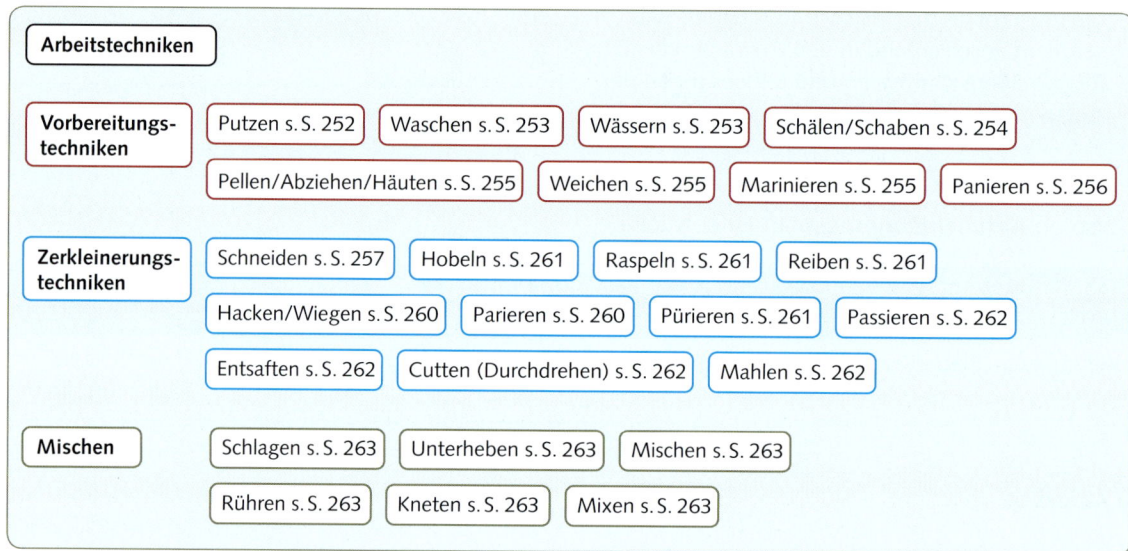

Arbeitstechniken				
Vorbereitungs-techniken	Putzen s. S. 252	Waschen s. S. 253	Wässern s. S. 253	Schälen/Schaben s. S. 254
	Pellen/Abziehen/Häuten s. S. 255	Weichen s. S. 255	Marinieren s. S. 255	Panieren s. S. 256
Zerkleinerungs-techniken	Schneiden s. S. 257	Hobeln s. S. 261	Raspeln s. S. 261	Reiben s. S. 261
	Hacken/Wiegen s. S. 260	Parieren s. S. 260	Pürieren s. S. 261	Passieren s. S. 262
	Entsaften s. S. 262	Cutten (Durchdrehen) s. S. 262	Mahlen s. S. 262	
Mischen	Schlagen s. S. 263	Unterheben s. S. 263	Mischen s. S. 263	
	Rühren s. S. 263	Kneten s. S. 263	Mixen s. S. 263	

Bild 1: *Übersicht Arbeitstechniken*

5.5.1 Vorbereitungstechniken

Putzen

> Putzen heißt Entfernen wertloser ungenießbarer Bestandteile wie z. B. welke Außenblätter, Steine, Kerngehäuse, Kern, Stängel, faule Stellen u.a.

Bild 2: *Salat muss geputzt werden*

Einige Beispiele zum **„Putzen von Obst"**

Äpfel Birnen	entstielen, vierteln und Kerngehäuse entfernen oder bei der Verwendung von ganzen Früchten das Kerngehäuse mit einem Apfelausstecher/Apfelentkerner entfernen.
Johannisbeeren	werden mit einer Gabel von den Stielen gestreift.
Aprikosen Pfirsiche Nektarinen Pflaumen	kreisförmig (rundherum), entlang der Naht aufschneiden, mit beiden Händen entgegengesetzt drehen, Stein entfernen.
Kirschen	entstielen und mit einem Kirschentsteiner den Kern der Frucht entfernen

Einige Beispiele zum **„Putzen von Gemüse"**

Kopfsalat Radicchio	Außenblätter und welke Blätter entfernen, keilförmig den Strunk herausschneiden.
Pilze	Stielansatz und/oder dunkle Stellen abschneiden bzw. abschaben. Bei Waldpilzen die Huthaut mit einem Küchenmesser abziehen.
Paprika Chilischoten	halbieren, entstielen mit Samenstempel, weiße Scheidewände und Kerne entfernen
Grünkohl Weißkohl Rotkohl	Außenblätter und welke Blätter entfernen, Kohl vierteln, Strunk herausschneiden

Um den Nitratgehalt bei bestimmten Gemüsesorten zu senken (z.B. Spinat, Kopfsalat), sollten die äußeren Blätter und Blattstiele entfernt werden.

Waschen

> Durch das Waschen von Obst und Gemüse werden z.B. Schmutzpartikel, Düngemittelrückstände und evtl. Tierchen entfernt.

Zeitpunkte der Vorbereitungsphasen:

- Lebensmittel, die sofort geschält werden. Durch das sogenannte „Vorwaschen" wird vermieden, dass durch den Schälvorgang das eigentlich Saubere wieder verschmutzt. Nach dem Schälvorgang wird nochmals gewaschen, z.B. Kartoffeln, Möhren.
- Lebensmittel, die nach dem Putzen gewaschen werden.

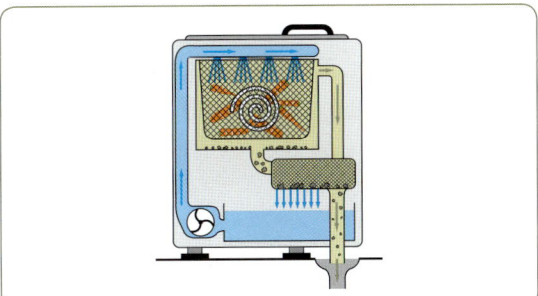

Bild 1: *Salat- oder Gemüsewaschmaschine*

In Großbetriebsküchen werden für diesen Vorgang Salat- und Gemüsewaschmaschinen eingesetzt. Eine Alternative sind schon fertig geschnittenes Gemüse und gewaschener Salat (hygienischer und Zeitspareffekt).

Da durch das Waschen Nährstoffe, insbesondere Vitamine (wasserlösliche) und Mineralstoffe, sowie Aromastoffe ausgelaugt werden können, lautet die Empfehlung:

- Schnell und gründlich in kaltem Wasser waschen
- In kaltem, stehendem Wasser waschen bei empfindlichen Lebensmitteln wie z.B. Erdbeeren, Himbeeren, Kresse
- Kurz in heißem Wasser waschen zum Lösen von Wachsschichten bei unbehandelten Zitrusfrüchten, deren Schale mitverwendet wird. Mit Küchenkrepp abreiben.
- Einige Obstsorten sollten erst gewaschen und dann geputzt werden, z.B. Stielansatz bei Erdbeeren u. a., sonst tritt Saft aus.

Durch das Waschen von ganzen **Fischen** unter fließendem kaltem Wasser werden Schuppenreste und Reste von Innereien aus dem Bauchraum entfernt.

Die Beseitigung von Resten an Innereien und Federn erfolgt bei frischem ganzem **Geflügel** oder Geflügelteilen mit Haut oder Knochenanteilen durch das Waschen. **Fleischstücke** vor dem Braten evtl. unter kaltem Wasser waschen, um z.B. Knochensplitter zu entfernen, aber vor der weiteren Verwendung unbedingt mit Küchenpapier trocken tupfen. **Suppenknochen** unter kaltem fließendem Wasser abspülen, um Knochensplitter zu entfernen.

Wässern

> Diese Technik sollte nur dann angewendet werden, wenn es zwingend notwendig ist. Denn hier ist zu beachten, dass durch langes Wässern ein Verlust an Nährstoffen, insbesondere an Aromastoffen, Vitaminen (wasserlösliche) und Mineralstoffen auftritt.

Die Eigenschaft von Wasser als Lösungsmittel wird bei einigen Nahrungsmitteln bewusst eingesetzt.

Beispiele:

Ganzer Blumenkohl → Kleintiere (Reinigen)

Matjes → Salz (Neutralisieren)

Schälen/Schaben

> Das Schälen ist das Entfernen von Schalen oder Haut an rohem Obst und Gemüse.

Da sich im Verhältnis zum ganzen Nahrungsmittel die meisten Vitamine, Mineralstoffe und Geschmacksstoffe direkt unterhalb der Schale befinden, ist ein dünnes Schälen wichtig. Dieses ermöglicht der Sparschäler. Ein weiterer Vorteil: Es wird weniger Abfall (Kostenfaktor) produziert.

> Sparschäler gibt es auch für Linkshänder.

Wenn möglich, sollte der Schälvorgang erst kurz vor der Weiterverarbeitung, sprich Zerkleinerung, und Zubereitung erfolgen – zur Vitaminerhaltung. Dies ist in Großküchenbetrieben und Gastronomie jedoch nicht immer praktikabel. Dann sollte das geschälte Lebensmittel kühl und abgedeckt gelagert werden.

Einige Obst- und Gemüsesorten verändern nach dem Schälen ihre Farbe – sie werden braun. Hierbei handelt es sich um eine enzymatische Reaktion auf Sauerstoff, z. B. Kartoffeln. Deshalb sollten diese nach dem Schälen (möglichst unzerkleinert) in kaltes Wasser gelegt werden. Bei Äpfeln, Birnen und Bananen kann die unerwünschte Wirkung durch Zugabe von Zitronensaft unterbunden werden.

Bild 1: *Apfel schälen*

Obst und Gemüse mit **runden Formen** wie z. B. Äpfel, Kartoffeln, Kohlrabi werden spiralförmig geschält, dabei wird das Lebensmittel in der Hand gedreht, möglichst ohne abzusetzen (= Arbeitszeitersparnis).

In Längsrichtung von oben nach unten werden Lebensmittel mit **länglicher Form**, z. B. Salatgurken, Spargel, Rettich, geschält.

Bild 2: *Zucchini schälen*

Für das Schälen von Obst und Gemüse mit **ungenießbaren Schalen** wird ein Messer mit gebogener oder gerader Klinge eingesetzt.

Bild 3: *Schälmesser (Tourniermesser)*

Mit einem größeren Küchenmesser auf dem Schneidebrett werden z. B. Sellerie, Steckrüben, Ananas, Apfelsinen oder Grapefruits (die filetiert werden sollen) geschält.

Bild 4: *Schälen einer Orange*

Die Unter- und Oberseite (Wurzelansatz und Blattansatz) werden gerade abgeschnitten, somit liegt das Lebensmittel sicher auf dem Küchenbrett. Nun wird die Schale mit mehreren, von oben nach unten ausgeführten Schnitten entfernt. Das Produkt wird nach rechts bis zum Ausgangsschnitt gedreht.

In Großküchen werden zeitintensive Schälarbeiten meistens vermieden, z. B. durch Lieferung von geschälten Kartoffeln, TK-Obst und -Gemüse, oder es werden wie in der Industrie für das Schälen Schälmaschinen, z. B. **Kartoffelschälmaschinen**, eingesetzt.

Die sparsamste Entfernung von Schalen erfolgt durch das – leider zeitintensive – **Schaben**. Zartes junges Wurzelgemüse wie z. B. Möhren, Rettich können in Längsrichtung abgeschabt werden, dabei wird die Spitze auf einem Schneidebrett abgestützt und mit einem Küchenmesser mit gerader Klinge von oben nach unten abgeschabt.

Bild 1: *Möhre schaben*

Pellen/Abziehen/Häuten

Das Pellen ist das Entfernen von Schalen oder Haut von gegartem oder blanchiertem (s. S. 267 Gartechniken) Obst und Gemüse.

- Gegarte Lebensmittel sind z. B. Pellkartoffeln, Rote Bete, Schwarzwurzeln; hier spricht man von Pellen. Mithilfe der Pellkartoffelgabel können diese auch im heißen Zustand gepellt werden.
- Blanchierte Lebensmittel sind z. B. Tomaten, Pfirsiche, Aprikosen, Mandeln; hier spricht man von Abziehen oder Häuten (s. S. 268 **Blanchieren**).

Bild 2: *Tomate abziehen*

Weichen

Getrocknete Lebensmittel wie z. B. Hülsenfrüchte, Gemüse, Obst werden in kaltem Wasser eingeweicht. Das Lebensmittel nimmt wieder Wasser auf und kann dann erst gegart werden (s. S. 154 Hülsenfrüchte).

Mit Ausnahme von geschwefelten Früchten sollte das Weichwasser bei der Zubereitung mitverwendet werden (= Nährstofferhaltung). Gemahlene Gelatine oder Blattgelatine wird ebenfalls zum Quellen in kaltem Wasser eingeweicht (s. S. 283).

Marinieren

Ist ein Einlegen von Lebensmitteln in meist säurehaltiger Flüssigkeit, die mit Gewürzen versehen ist.

Eingelegt wird z. B. in verdünntem Essig, Wein, Buttermilch oder Öl. Hierbei ist es wichtig, dass das Produkt mit der Marinade bedeckt wird. Die Marinade bzw. die Säure und Gewürze dringen in die Lebensmittel ein und sorgen dafür, dass das Fleisch zarter (mürbe), länger haltbar (Veränderung der Zellstruktur) und geschmacklich verändert wird. Hierzu einige Beispiele:

- Sauerbraten (4–7 Tage kühl, mit Flüssigkeit bedeckt, marinieren)
- Bratheringe (nach dem Braten in eine gewürzte Essigmarinade für 1–2 Tage)

- Fleisch, Fisch oder Gemüse für Grillgerichte werden einige Stunden mariniert, so dringen die Gewürze in die Lebensmittel ein und verbrennen nicht während des Grillens.

Panieren

> Unter Panieren versteht man das Wenden/Umhüllen von geeigneten Nahrungsmitteln in Mehl **oder** Paniermehl/Semmelbrösel **oder** Wiener Panierung: zuerst Mehl, verquirltes Ei und zum Schluss Paniermehl.

Geeignete Nahrungsmittel sind z. B.:

Eiweißreiche Nahrungsmittel

- Fleisch → Schnitzel, Leber, Kotelett
- Geflügel → Putenschnitzel, Hähnchenfilet
- Fisch → Fischfilets, Forelle

Kohlenhydratreiche Nahrungsmittel

- Kartoffelgerichte → Kroketten
- Obst → Apfelringe, Banane
- Gemüse → Kohlrabi, Brokkoli

Besonderheiten/Alternativen

Durch die Umhüllungen bleibt das Bratgut saftiger (Zellwasser bleibt erhalten), es hat jedoch einen höheren Energiegehalt.

Ausgetauscht können Semmelbrösel durch zerdrückte Cornflakes, Mandelblätter, Sesam, gemahlene Haselnüsse, Kokosraspeln werden. Die so vorbereiteten Nahrungsmittel können entweder gebraten oder frittiert werden.

Arbeitsregeln

- Für die Wiener Panierung werden drei Ablageschalen nebeneinandergestellt:
  a) Mehl
  b) Verschlagenes Ei und Würzmittel
  c) Semmelbrösel/Paniermehl oder Alternativen
- Die Panierung muss festgedrückt werden.
- Möglichst unmittelbar vor dem Braten/Frittieren panieren. Die Umhüllung feuchtet sonst durch und bröselt ab.
- Um überflüssiges Fett dem Nahrungsmittel zu entziehen, sollte es nach dem Braten/Frittieren kurz auf Küchenkrepp ruhen.

Besonderheiten in Großküchen

- Die Gewürze werden meist in das Semmelmehl gegeben.
- Die Panierung erfolgt in Serienarbeit, d. h., drei Arbeitskräfte panieren. Einer übernimmt das Wenden in Mehl, der Zweite das Wenden in Ei, …

Aufgaben:

1. Berechnen Sie den Schälverlust von je 1 kg Kartoffeln, indem Sie die Kartoffeln
   a) mit einem Küchenmesser schälen,
   b) mit einem Sparschäler schälen.
   c) Erkundigen Sie sich über den derzeitigen Preis für 1 kg Kartoffeln und berechnen Sie anschließend die Kosten für diesen Schälverlust.

2. Bilden Sie in der Klasse vier Arbeitsgruppen Frühling, Sommer, Herbst und Winter.
   a) Welches Obst/Gemüse wird saisonal in Ihrer Jahreszeit angeboten?
   b) Erarbeiten Sie sich die Vorbereitungstechniken für das jeweilige Obst/Gemüse.
   c) Geben Sie eine Übersicht über die jeweils enthaltenen Nährstoffe.
   d) Präsentieren Sie Ihre Ergebnisse in Form eines Plakates im Plenum.

3. Für ein Mittagessen werden 8 500 g geputzte grüne Bohnen benötigt (Abfall 6 %). Berechnen Sie das Gewicht für die Rohware und den Abfall.

4. Erkundigen Sie sich über den derzeitigen Preis für 1 kg frischen und tiefgekühlten Blumenkohl. Für ein Mittagessen werden 12 kg geputzter Blumenkohl benötigt (Abfall 13 %).
   a) Berechnen Sie das Gewicht für den Abfall.
   b) Wie viel frischer Blumenkohl muss bestellt werden?
   c) Stellen Sie die Kosten für den frischen und den gefrorenen Blumenkohl gegenüber (reine Beschaffungskosten).

5.5.2 Zerkleinerungstechniken

Lebensmittel können im rohen oder gegarten Zustand zerkleinert, sprich in eine andere Größe gebracht werden. Dies kann

- **manuell**, also von Hand erfolgen z. B. durch den Einsatz von Messern, Hobeln, Reiben usw., oder
- **maschinell** z. B. durch den Einsatz entsprechender elektrischer Geräte, z. B. Küchenmaschine mit verschiedenen Aufsätzen zum Raspeln, Hobeln, oder Getreidemühle (s. S. 261).

Die Lebensmittel sollten erst kurz vor der Weiterverarbeitung durch die gewählte Zerkleinerungstechnik in die gewünschte Form gebracht werden, da sonst ein Vitamin- und Mineralstoffverlust auftritt. Wenn dies aus organisatorischen Gründen nicht möglich ist, die Lebensmittel abgedeckt und kühl lagern.

Schneiden

Lebensmittel können durch Schneiden in unterschiedliche Formen gebracht werden: Würfel, Scheiben, Streifen, Spalten; dabei ist die richtige Messerauswahl wichtig. Damit ein gutes Arbeitsergebnis erzielt wird und Unfallgefahren vermieden werden, sollten die folgenden Arbeitsregeln beachtet werden (s. S. 242).

> Das Schneidebrett sollte gerade und rutschfest auf der Arbeitsfläche aufliegen, evtl. ein feuchtes Tuch als Unterlage verwenden. Die Messer sollten geschärft sein. Auf richtige Fingerhaltung achten, d. h. Krallengriff einsetzen.

Der **Krallengriff** sorgt für einen festen Halt des Nahrungsmittels und schützt die Fingerkuppen. Durch die entsprechende Rückwärtsbewegung des Krallengriffes wird die Breite des Schnittes bestimmt.

- Die Nahrungsmittel sollten gerade und fest auf dem Brett liegen. Bei runden Formen wie z. B. Zwiebeln, Kartoffeln sollte das Nahrungsmittel vor dem Schneiden halbiert werden.
- Beim Schneidevorgang auf trockene Hände, trockene und fettfreie Griffe achten.

Bild 1: *Krallengriff*

Rund ums Messer

Für das Schneiden der unterschiedlichen Lebensmittel stehen in der Küchenpraxis eine Menge verschiedener Messer zur Verfügung. Das Messer sollte gut in der Hand liegen. Der Griff sollte einen Fingerschutz haben, der ein Wegrutschen der Hand auf die Messerklinge verhindert.

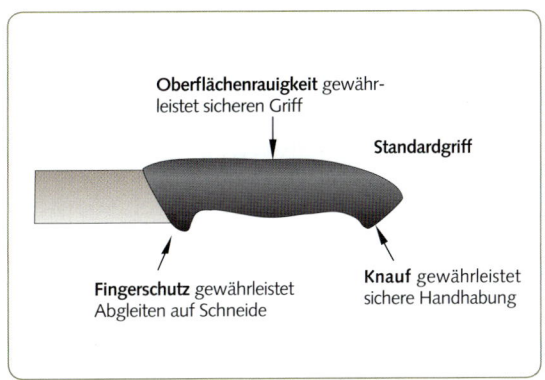

Bild 2: *Messergriff*

Umgang und Pflege der Messer

Damit die Lebensdauer von Messern möglichst hoch ist, sollten einige Regeln beachtet werden:

- Messer in einem Messerblock oder an einer Magnetleiste o. Ä. aufbewahren, dies verhindert ein Aneinanderstoßen der Klingen (Schneiden können sonst beschädigt werden).
- Benutzte Messer einzeln im Spülwasser reinigen. Durch die scharfen Spülmaschinenreiniger werden die Klingen der Messer angegriffen, daher „Arbeitsmesser" nicht in der Spülmaschine reinigen.

- Durch den Gebrauch werden Messer mit glattem Schliff stumpfer und sollten daher in regelmäßigen Abständen mit einem Wetzstahl geschärft oder zum „Messerschleifer" gebracht werden.
- Unfallgefahren zu diesem Bereich s. S. 240

Dabei ist zu beachten:

1. Das Messer wird mit dem Klingenende im 30-Grad-Winkel am Stahlanfang angesetzt. Der Winkel ist wichtig, damit ein positives Schärfeergebnis gewährleistet ist.

2. Die Messerklinge wird nun bis zur Messerspitze unter leichtem Druck zum Wetzstahlende hingeführt (je nach Klingenlänge). Dieser Vorgang wird als **„Abziehen"** bezeichnet.

3. Beide Messerseiten werden abwechselnd abgezogen (rechts – links – rechts ....)

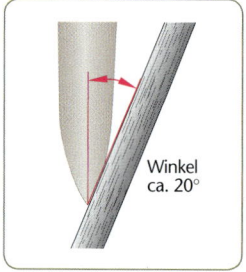

Bild 1: *Abziehwinkel*

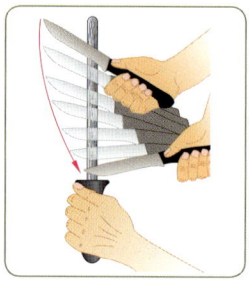

Bild 2: *Bewegung beim Abziehen*

Messersorte	Hinweise für den praktischen Einsatz
	Das **Kochmesser** hat eine breite Klinge mit glattem Schliff und einer Länge von 20 – 26 cm. Es wird eingesetzt zum Schneiden von z. B. Gemüse, Kartoffeln, Obst, Salaten, Fleisch, Fisch, Geflügelfilets, aber auch zum Hacken von Kräutern.
	Das **Gemüse- oder Officemesser** hat eine Klingenlänge von 8–12 cm mit glattem Schliff und wird zum Putzen und Schneiden von Obst, Gemüse und Salaten eingesetzt.
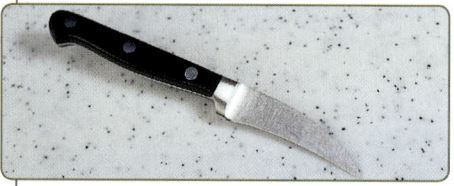	Das **Tourniermesser** wird auch als Schälmesser mit gebogener Klinge bezeichnet und hat einen glatten Schliff. Durch die leicht gebogene Klingenform von etwa 6 cm Länge passt sie sich Lebensmitteln mit runden Formen, die geschält werden sollen, gut an. Geeignet ist es auch für die Formgebung von Gemüse, Kartoffeln oder Obst.
	Das **Buntmesser** hat eine etwa 10 cm lange Messerklinge, die gezackt ist. Das rohe oder gegarte Lebensmittel erhält durch diesen Messerschnitt einen Wellenschnitt. Es wird eingesetzt z. B. für Möhren, Rote Bete, Sellerie, aber auch für rohe Lebensmittel wie z. B. Gurken, Zucchini und für Butter, Camembert u. a.
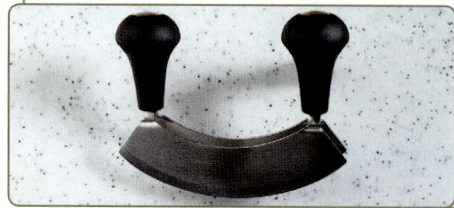	Das **Wiegemesser** ermöglicht das feine Zerkleinern (Wiegen) von Kräutern, vorgeschnittenen Zwiebeln, Nüssen u. a. Das Messer gibt es mit einer oder zwei Klingen (s. S. 260 Hacken).

Tabelle 1: *Messer im Überblick*

Es gibt weitere Spezialmesser, die je nach Wareneinsatz der Küche benötigt werden.

Die **Küchenschere** kann für das Schneiden von Schnittlauch in Röllchen eingesetzt werden oder für z. B. Abschneiden von Fischflossen. Daneben wird sie für das Zuschneiden von Backpapier, Pergamentpapier u. a. benötigt.

Die **Geflügelschere** wird für das Portionieren und Zerlegen von ganzem, gegartem Geflügel eingesetzt.

Bild 1: *Geflügelschere*

Lebensmittel manuell/maschinell schneiden

Schneide-form	Arbeitsgeräte	Durchführungsbeispiel	Lebensmittel-beispiele
Würfeln	▪ Messer ▪ Würfelschneider	**Vorbereitete Zwiebel** ▪ der Länge nach halbieren (siehe Abb. unten), mit der Schnittfläche auf das Schneidebrett legen. ▪ In dünne Scheiben schneiden, dabei den Wurzelansatz nicht zerschneiden (= Krallengriff einsetzen). Je schmaler die Scheiben, desto feiner das Würfelergebnis. ▪ Anschließend in dünne Streifen schneiden (nur bis kurz vor dem Wurzelansatz). ▪ In dünne Scheiben schneiden – Würfel = Krallengriff einsetzen.	Zwiebeln, Kartoffeln, Möhren, Paprika, Zucchini, Auberginen, Äpfel, Birnen, Gurken, Fleisch, Geflügel, Käse, Wurst, Fisch, gekochte Eier
Scheiben	▪ Messer ▪ Buntmesser ▪ Tomatenmesser ▪ Brotmesser ▪ Eierschneider ▪ Schneide-maschine	**Vorbereitete oder gegarte Möhre** ▪ In gewählter Scheibenstärke senkrecht in Scheiben schneiden. ▪ Gegarte Möhre kann zur Formgebung mit dem Buntmesser in Scheiben geschnitten werden. ▪ Möhre mit dem Schlitten an die Schneidescheibe führen; Scheibenstärke kann eingestellt werden. ▪ Für das Schneiden von Eiern oder Champignons kann ein Eierschneider eingesetzt werden.	Zwiebeln, Kartoffeln, Paprika, Tomaten, Zucchini, Auberginen, Pilze, Zitronen, Orangen, Gurken, Äpfel, Bananen, Fleisch, Käse, Wurst, Brot, gekochte Eier

Tabelle 1: *Schneideformen im Überblick* → Fortsetzung S. 260

Fortsetzung von S. 259

Schneide-form	Arbeitsgeräte	Durchführungsbeispiel	Lebensmittel-beispiele
Streifen	▪ Messer ▪ Julienneschneider ▪ Juliennescheibe einer Küchen-maschine ▪ Streifenschneider	**Vorbereitete Salatgurke** ▪ der Länge nach in Scheiben schneiden; je dünner die Scheiben, desto feiner die Streifen. ▪ Scheiben übereinanderlegen und in gewünschte Streifenbreite schneiden.	Kohlrabi, Kartoffeln, Möhren, Zucchini, Auberginen, Äpfel, Birnen, Fleisch, Geflügel, Käse, Wurst
Spalten	▪ Messer	**Filetieren einer Orange** ▪ Orange schälen. ▪ Messer zwischen Fruchtfleisch und Segmenthaut ansetzen und bis zur Fruchtmitte keilförmig schneiden. ▪ Vorgang auf der anderen Seite des Fruchtfleischsegmentstückes wiederholen.	Zitrone, Grapefruits, Honigmelone, Äpfel, Birnen, Pfirsiche, Aprikosen, Salatgurke, Zucchini
Röllchen	▪ Messer ▪ Küchenschere	Vorbereiteter Schnittlauch wird mit einem Messer oder einer Schere in die gewünschte Röllchenlänge geschnitten.	Schnittlauch

Hacken/Wiegen

Bild 1: *Hacken*

Bild 2: *Wiegen*

Nahrungsmittel wie z. B. Kräuter, Gewürze, Nüsse, Schokolade werden in sehr feine oder grobe Teile zerkleinert.

Parieren

Was als „Putzen" bei Obst und Gemüse bezeichnet wird, wird bei Fleisch **Parieren** genannt (= Entfernen wertloser Bestandteile).

Das Auslösen von Knochen, das Entfernen von Knorpel, Haut und Sehnen an Fleischstücken wird als Parieren bezeichnet.

Hobeln

Lebensmittel werden mithilfe von Arbeitsgeräten in Scheiben geschnitten. Durch unterschiedliche Messerabstände können unterschiedlich dicke Scheiben geschnitten werden (fein + grob). Mit dem Handhobel, Schneidescheibe der Küchenmaschine oder mit der Messerscheibe der Universal-Küchenmaschine; geeignet z. B. für Kartoffeln, Salatgurke, Kohlgemüse. Es werden auch Spezialhobel in der Küchenpraxis eingesetzt, z. B. Käsehobel.

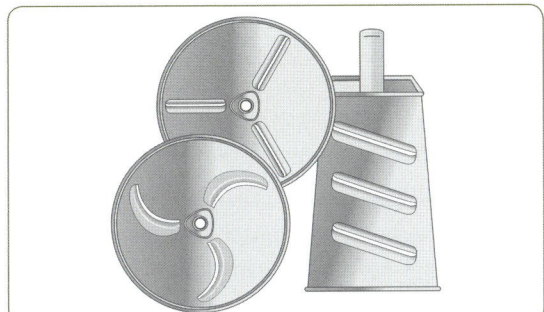

Bild 1: *Handhobel, Schneidescheibe einer Küchenmaschine und Universal-Küchenmaschine*

Raspeln

Durch die **grob gelochte** Raspelfläche (Bild 2) entstehen streifenartige längliche Stücke. Mithilfe der Handraspel, Raspelreibe der Küchenmaschine oder dem Raspeleinsatz der Universal-Küchenmaschine werden z. B. Möhren, Kohlrabi, Kartoffeln, Käse, Schokolade in die gewünschte Form gebracht.

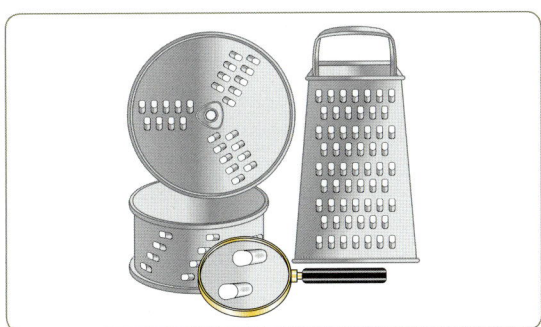

Bild 2: *Handraspel, Raspelscheibe einer Küchenmaschine und Universal-Küchenmaschine*

Bild 3: Hier ist die Raspelreibe **feiner gelocht** und es entstehen schmalere, streifenartige längliche Stücke. Einsatzbereich z. B. für Möhren, Äpfel, Kohlrabi, Kartoffeln, Käse, Schokolade.

Bild 3: *Feine Handraspel, Raspelscheibe einer Küchenmaschine und Universal-Küchenmaschine*

Reiben

Durch die **fein aufgeraute** Reibfläche entstehen kleinste Stücke, breiartig. Einsatzbereich z. B. Äpfel (Säuglings- oder Krankenkost), Kartoffeln (Reibekuchen), Käse, Schokolade, Nüsse, getrocknete Brötchen (Paniermehl).

Bild 4: *Handreibe, Reibscheibe einer Küchenmaschine und Universal-Küchenmaschine*

Es gibt auch Spezialreiben, z. B. Muskatnussreibe, Parmesanreibe.

Pürieren

Für das Pürieren von Lebensmitteln werden je nach Zubereitung unterschiedliche Arbeitsgeräte eingesetzt. Durch diese Verarbeitung soll eine homogene Masse entstehen.

Die mechanische Zerkleinerung durch den **Pürier-** oder **Mixstab** wird für relativ flüssige Gerichte wie z. B. Suppen eingesetzt. Hierdurch erhält man eine feinmusige Konsistenz.

Für die Verarbeitung von gegarten, weichen Speisen aus Obst, Gemüse und Kartoffeln, z. B. zu Babybrei oder als Kost bei Kau- und Schluckstörungen, wird die Kartoffelpresse oder der Kartoffelstampfer verwendet.

Mahlen

Die Methode des Mahlens zerkleinert Nahrungsmittel, wie z. B. Kaffee, Getreide, Nüsse, Pfeffer, in feinste Teile – pulverartig. Für dieses Verfahren stehen unterschiedliche Geräte zur Verfügung wie z. B. die Getreidemühle (s. S. 203), Kaffeemühle, Pfeffermühle, Salzmühle.

Passieren

Diese Methode wird für gegarte, weiche oder flüssige Speisen, wie z. B. Apfelmus, Soßen, Suppen, Brühen usw., eingesetzt. Für das Passieren werden in der Regel Siebe wie z. B. die „Flotte Lotte" oder das Spitzsieb verwendet. Hierbei werden die Speisen durch ein Sieb gestrichen. Sollen jedoch feinere Teilchen zurückgehalten werden, können Filtertüten oder Passiertücher zusätzlich zum Einsatz kommen.

Cuttern (Durchdrehen)

Das Cuttern erfolgt durch einen **Fleischwolf**. Dieser ist als mechanisches oder elektrisches Küchengerät im Einsatz. Es können rohe oder gegarte Speisen wie z. B. Fleisch, Fisch, Geflügel, Gemüse zerkleinert werden. Für den Fleischwolf gibt es auch Vorsätze, sodass mit ihm auch Spritzgebäck geformt werden kann. Dabei erfolgt ein Durchdrehen des Teiges, der durch einen Spritzgebäckvorsatz geschoben wird (s. S. 202).

Entsaften

Entsaftet werden können Obst- und Gemüsesorten. Der Obst- oder Gemüsesaft wird von den festen Stoffen getrennt. Hierbei unterscheidet man zwei Möglichkeiten:

1. Das Entsaften von nicht erhitzten Lebensmitteln
Dieser Vorgang erfolgt entweder durch das Pressen (manuell/maschinell = Zitruspresse) oder Entsaften durch eine elektrische Zentrifuge/Entsafter.
Einsatzbereich Pressen: Zitronen, Apfelsinen, Grapefruits
Einsatzbereich Entsafter: Möhren, Rettich, Äpfel

2. Das Entsaften durch Erhitzen bzw. durch Dampfeinwirkung
Das Obst oder Gemüse wird im Dampfentsafter erhitzt, der Saft tritt aus. Einsatzbereich: Herstellung von Holundersaft, Brombeersaft usw. Die gewonnen Säfte können anschließend getrunken oder für die Zubereitung von Gelees verwendet werden.

Aufgaben:

1. Erarbeiten Sie sich Arbeitsregeln für eine Cornflakes-Panierung an Putenschnitzel.

2. Informieren Sie sich in Ihrem Betrieb, welche Geräte für die manuelle und für die maschinelle Zerkleinerung von Lebensmitteln zum Einsatz kommen.

   a) Erstellen Sie eine Liste für diese Geräte.
   b) Welche Lebensmittel werden mit diesen Geräten zerkleinert?
   c) Präsentieren Sie Ihr Ergebniss in der Klasse.

3. In der Küchenpraxis wird die Zerkleinerungstechnik „Pürieren" angewandt. Geben Sie konkrete Beispiele, für welche Gerichte und für welche Personengruppen diese Technik Anwendung findet.

4. Für die Zubereitung einer Möhrenrohkost

   a) für 4 Portionen
   b) für 100 Portionen
   c) für 1 Portion

   stehen Ihnen mehrere Zerkleinerungstechniken und Geräte zur Verfügung.

   a) Für welche Zerkleinerungstechnik würden Sie sich jeweils entscheiden?
   b) Welche Geräteauswahl würden Sie treffen? Begründen Sie Ihre Entscheidung.
   c) Erstellen Sie einen Arbeitsplan für die jeweilige Zubereitung.

5. Erarbeiten Sie nach dem Muster von S. 253 Regeln für das Putzen von Wirsing, Eisbergsalat, Erdbeeren, Rhabarber, Zucchini, Auberginen, Tomaten und Feldsalat.

5.5.3 Mischen von Lebensmitteln oder Zutaten

Das Mischen von Nahrungsmitteln kann durch verschiedene Techniken erfolgen. Durch die unterschiedlichen Methoden werden in der Regel mindestens zwei Nahrungsmittel vereint.

Schlagen

Bezieht sich auf ein Einschlagen von Luft in das Nahrungsmittel, welches dadurch an Volumen gewinnt und in der Konsistenz stabiler wird. Beispiele: Sahne, Eigelb schlagen für Biskuitmasse, Eiklar, Quarkmassen

Arbeitsgeräteeinsatz: z. B. Handrührgerät mit Rührbesen, Universal-Küchenmaschine mit Rührbesen

Unterheben

In den meisten Fällen bezieht sich das Unterheben auf geschlagene Lebensmittel, die unter eine festere Masse gehoben werden. Beispiele: geschlagene Sahne unter einen angerührten Quark, geschlagenes Eiweiß unter eine Käsekuchenmasse

Arbeitsgeräteeinsatz: z. B. Schneebesen, Teigschaber

Mischen

Das Mischen von Zutaten erfolgt bei der Zubereitung von Salaten. Je feiner die Struktur der Zutaten, desto vorsichtiger sollte dieser Vorgang erfolgen, da die Struktur der einzelnen Komponenten erhalten bleiben soll. Der Zeitpunkt des Mischens ist ebenfalls abhängig von der Struktur.

Arbeitsgeräteeinsatz: z. B. Salatbesteck, Schaumlöffel, mit den Händen

Rühren

Unterschiedliche Zutaten werden durch Rühren zu einer homogenen Masse verarbeitet. Dabei ist die so entstandene Masse zähflüssig bis breiig. Dieses erfolgt bei der Zubereitung von Rührmasse (s. S. 287) und anderen gerührten Teigen (s. Kap. 5.8 Grundrezepte), aber auch bei Quarkspeisen, Joghurtspeisen, Füllungen.

Arbeitsgeräteeinsatz: z. B. Handrührgerät mit Rührbesen, Standküchenmaschine mit Rührbesen, Universal-Küchenmaschine mit Rührbesen, Schneebesen, Kochlöffel

Kneten

Benötigte Zutaten werden durch Kneten zu einer homogenen Masse verarbeitet. Dabei entsteht eine feste Masse/Teig. Dies erfolgt bei der Zubereitung von Hackfleischteig, Mürbeteig, Hefeteig und anderen gekneteten Teigen (s. Kap. 5.8 Grundrezepte).

Arbeitsgeräteeinsatz: z. B. Handrührgerät mit Knethaken, Standküchenmaschine mit Knethaken, Universal-Küchenmaschine mit Knetwerk, z. T. auch mit der Hand

Mixen

Unter Mixen wird ein Vermengen von Flüssigkeiten, z. B. Cocktails, oder/und ein Vermengen und Zerkleinern von Zutaten durch ein scharfes rotierendes Messer (s. S. 261 Pürieren), durch einen Mixer, Pürierstab usw. verstanden.

Einsatzbeispiele: Milch-Mix-Getränke, Pesto, Dips, Brotaufstriche, Suppen, Saucen

---

Aufgaben:

1. Je feiner die Struktur von Salatzutaten ist, desto vorsichtiger sollten sie vermischt werden. Nennen Sie Salate mit feiner und gröberer Struktur.

2. Für den Betrieb sollen neue Küchenmesser angeschafft werden. Welche Vorüberlegungen stellen Sie vor dem Einkauf an?

3. Stellen Sie Regeln zur Unfallverhütung auf, die von Ihnen beim Umgang mit Messern zu beachten sind, und begründen Sie diese.

4. Wählen Sie je vier Obst- und Gemüsesorten aus und entscheiden Sie sich für eine Schnittform und für welche Gerichte diese Lebensmittel eingesetzt werden können.

5.6 Lebensmittel garen

Unter dem Begriff „Garen" wird die Zubereitung mittels Wärme, von **rohen** oder **vorgefertigten Lebensmitteln** (garfertige oder küchenfertige Lebensmittel, s. S. 182) bezeichnet. Synonyme für Garverfahren sind Gartechniken und Garmethode.

Die Garverfahren werden unterteilt in **feuchte Gartechniken**, die mittels Flüssigkeit – in den meisten Fällen ist das Wasser – garen, und **trockene Gartechniken**, die z. B. durch Fett, Konvektion oder Kontakt garen.

Einteilung der Garverfahren

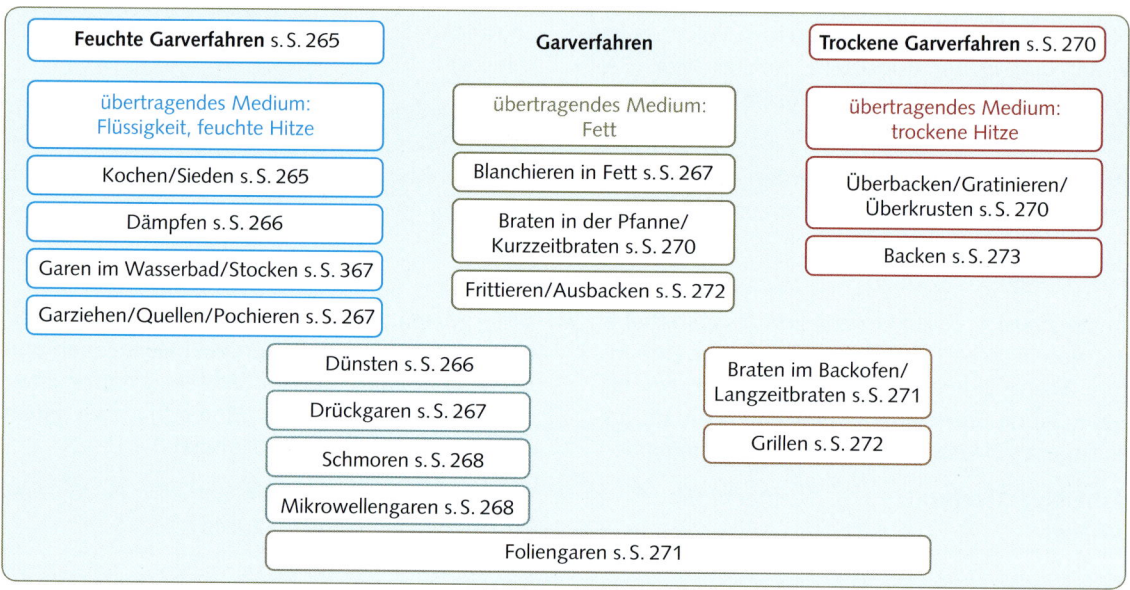

Bild 1: *Darstellung der Garverfahren*

Die Zuordnung und Einteilung der verschiedenen Methoden ist nicht so einfach bzw. bietet Stoff zur Diskussion. So gibt es einige Techniken, bei denen eine Kombination aus feuchtem und trockenem Garverfahren eingesetzt wird, z. B. das Schmoren. Dann gibt es das Garen in Folien, das z. B. in der Mikrowelle oder im Backofen eingesetzt wird – ein trockenes Verfahren. Das Foliengaren ist in den meisten Fällen ein Garen im eigenen Fleischsaft – also könnte es ebenso zu den feuchten Garverfahren zählen. Die Einteilung erfolgt über die überwiegend zum Tragen kommende Art der Wärmeübertragung (s. Bild 1).

Warum werden Lebensmittel gegart?

- Es gibt Lebensmittel die sind im rohen Zustand für unseren Körper nicht genießbar, z. B. grüne Bohnen (s. S. 151).
- Durch die Veränderung der Konsistenz und der Beschaffenheit der Speisen, durch die Lockerung und das Aufweichen der Faserstruktur kann der Körper die entsprechenden Nährstoffe aus den Speisen aufnehmen.
- Dadurch wird auch die Verdaulichkeit der Nahrungsmittel verbessert (Vergleich: Kartoffeln, roh oder gegart).
- Das Aroma, der Duft und die Farbe bzw. die Farbpigmente verändern sich (z. B. Spinat, Brokkoli).
- Des Weiteren schützt das Garen von Lebensmitteln den Menschen vor Erkrankungen, die durch Mikroorganismen und Krankheitskeime verursacht werden. Mikroorganismen können sich am oder im rohen Lebensmittel befinden (z. B. Salmonellose).

Zu beachten ist, dass durch jedes Garverfahren hitzeempfindliche Nährstoffe wie Vitamine und wasserlösliche Mineralstoffe, aber auch Aromastoffe und sekundäre Pflanzenstoffe abgebaut oder gelöst werden. Das Ausmaß an Nährstoffverlusten wird vor allem von der Temperatur und der Garzeit bestimmt. Bei einer möglichst kurzen Garzeit zwischen 80–90 °C entstehen die wenigsten Verluste. Des Weiteren ist auch die Auswahl des Garverfahrens mit dem entsprechenden Gargerät (s. S. 184 ff.) für die weitgehende Erhaltung der Nährstoffe und das Gesamtergebnis wichtig. Die Auswahl einer geeigneten Garmethode ist abhängig von dem zu garenden Lebensmittel und von der zu versorgenden Personengruppe.

Beispiele:

- Empfindliche Speisen, die leicht zerfallen, wie z. B. Kartoffelklöße, werden durch die Methode „Garziehen" gegart.
- Bestimmte pflanzliche Lebensmittel wie z. B. Hirse, Reis, Grieß, die Stärke enthalten, lässt man quellen oder dünsten.
- Für spezielle Kostformen oder für die Zubereitung verschiedener Altersgruppen (s. ab S. 326 Ernährung in verschiedenen Lebensabschnitten) werden Garverfahren u. a. ausgewählt, um bestimmte Nährstoffe (z. B. Fett) oder Röststoff- und Krustenbildung zu reduzieren. Ein weiterer Aspekt ist der Geschmack der fertigen Speisen. So erhält ein „ungarischer

Gulasch", der über einen längeren Zeitraum geschmort wurde, ein anderes Aroma und schmeckt erfahrungsgemäß den meisten Menschen besser. Die Konsistenz der Speisen wird heute eher „al dente" (hat noch „Biss") zubereitet, z. B. Gemüse. Ältere Menschen mögen Gemüse oder auch Fleischgerichte häufig eher etwas weicher gegart. Diese Faktoren sollten bei der Auswahl ebenfalls Berücksichtigung finden. Im Fokus sollte neben der „gesunden Verpflegung" auch der Genusswert der Speisen nicht außer Acht gelassen werden.

5.6.1 Feuchte Garverfahren

Bei diesen Verfahren wird in der Regel bei einer Temperatur bis 100 °C gegart.

> Bei allen Garverfahren ist es wichtig, die Garzeiten einzuhalten, denn übergarte Nahrungsmittel verlieren schnell an Konsistenz, Farbe und an hitzeempfindlichen Vitaminen.

Bild 1: *Kochen* **Bild 2:** *Dünsten* **Bild 3:** *Dämpfen* **Bild 4:** *Garziehen/ Quellen/Pochieren*

Kochen/Sieden

Umgangssprachlich versteht man unter dem Begriff Kochen jegliches Zubereiten von Nahrungsmitteln. Im fachsprachlichen Sinn ist Kochen:

> Garen in reichlich siedender Flüssigkeit – das Gargut ist bedeckt.

Gargerät/ Temperatur	Privathaushalt	Großhaushalt
98–100 °C	Topf, Bräter	Kochkessel

Garflüssigkeit in einem ausreichend großen geschlossenen Topf, entsprechend dem Gargut, zum Kochen bringen und das vorbereitete Lebensmittel in die siedende Flüssigkeit geben. Gargeschirr während des Garens geschlossen halten.

Je nach Gargut wird die Wärmezufuhr nach Erreichen des Siedepunktes reduziert, es wird von **Fortkochen** gesprochen. Fortkochen ist anschließendes Garen bis zum Ende der gewünschten Konsistenz bzw. Garzeit.

Viele Geschmacks- und Nährstoffe gehen in das Wasser über. Daher sollte überlegt werden, inwieweit das Kochwasser von einigen Nahrungsmitteln für z. B. Saucen oder Suppen weiterverwendet werden kann. Beispiel: Spargelwasser für Spargelcremesuppe.

In der Regel werden die Lebensmittel in die kochende Flüssigkeit gegeben – eine **Ausnahme** ist z. B. Suppenfleisch, hier sollen die Geschmacksstoffe herausgelöst werden, daher mit **kalter Flüssigkeit** ansetzen.

Eignung z. B. für	Beurteilung
Suppenfleisch, Suppenhuhn, Eier in Schale, Hülsenfrüchte, Suppen, Teigwaren	Hoher Vitamin- und Mineralstoffverlust, wenn die Flüssigkeit nicht mitverwendet wird. Fettarmes Garverfahren, Energieeinsatz ist hoch.

Dünsten

> Garen im eigenen Saft ohne Bräunung (für wasserhaltige Lebensmittel)
> **oder** mit geringer Fettzugabe
> **oder** mit wenig Flüssigkeitszugabe
> **oder** mit geringer Fett- und wenig Flüssigkeitszugabe.

Mit geschlossenem Topf arbeiten, da die Flüssigkeit sonst verdampft und das Nahrungsmittel anbrennen kann. Es sollte nur wenig Flüssigkeit zugegeben werden, da es sich sonst nicht um das Garverfahren Dünsten handelt, sondern um das Garverfahren Kochen.

Temperatur	Privathaushalt	Großhaushalt
95–100 °C	Topf, Wok	Kippbratpfanne, Kombidämpfer, Kochkessel

Dämpfen

> Garen im strömenden Wasserdampf; das Gargut ist durch Siebeinsatz (Dämpfeinsatz) von der kochenden Flüssigkeit getrennt.

Geschmackgebende Zutaten wie Gewürze, Salz, Wein u. a. kommen ins Wasser und werden während des Garprozesses auf die Nahrungsmittel übertragen.

Gargerät während des Garens geschlossen halten – Wasserdampf entweicht sonst.

Temperatur	Privathaushalt	Großhaushalt
98–100 °C	Topf mit Siebeinsatz (Dämpfeinsatz), Dampfdrucktopf, Dampfgarer Obst im Dampfentsafter, Wok	Kombidämpfer, Dampfgarer

Garziehen/Quellen/Pochieren

> Garen in reichlich Flüssigkeit unterhalb des Siedepunktes.

Garflüssigkeit, z. B. Wasser, Brühe, Sud, mit Gewürzen zunächst in einem geschlossenen Topf mit großem Durchmesser zum Kochen bringen, Gargut hineingeben und sofort herunterschalten – siehe Temperatur.

Je nach Einsatzbereich mit offenem oder geschlossenem Gargeschirr gar ziehen.

Ein Teil der Geschmacks- und Nährstoffe geht in die Flüssigkeit über wie bei dem Garverfahren „Kochen".

Temperatur	Privathaushalt	Großhaushalt
75–90 °C	Ausreichend großer Topf	Kombidämpfer, Kochkessel

Garen im Wasserbad/Stocken

Garen im offenen oder geschlossenen hitzebeständigen Gefäß, das in dem nicht mehr kochenden Wasser steht. Es darf kein Wasser in das offene Gefäß gelangen.

Bild 1: *Garen im Wasserbad/Stocken*

Temperatur	Privathaushalt	Großhaushalt
etwa 80 °C	Ausreichend großer Topf mit hitze- beständigem Gefäß oder Puddingform	Kombidämpfer Kippbratpfanne

Druckgaren

(s. S. 219 DDT und S. 192 Dampfgarer)

Bild 2: *Druckgaren*

Temperatur	Privathaushalt	Großhaushalt
104 – 120 °C	Dampf- drucktopf Dampfgarer	Dampfdruck- pfanne Dampfgarer

Druckgaren ist ein Garen durch Überdruck in einem fest verschlossenen Topf (= Dampf- drucktopf) oder Dampfdruckpfanne oder Garraum (= Dampfgarer) von 1,5 – 1,8 bar, wodurch sich die Garzeit je nach Produkt um 1 : 3 oder 1 : 5 verkürzt.

Garen		
in reichlich Flüssigkeit	**Druck- kochen**	Fleisch, Geflügel, Hülsenfrüchte
in wenig Flüssigkeit	**Druck- dünsten**	Gemüse, Kar- toffeln, Eintöpfe
im Wasser- dampf	**Druck- dämpfen**	Kartoffeln, Gemüse, Obst (Dampf- entsaften)
Durch Anbraten und Zugabe von Flüssigkeit	**Druck- schmoren**	Rouladen, Rindergulasch, Braten

Beurteilung

- Nährstoffschonendes, zeit- und energiesparen- des Garverfahren
- Garzeiten müssen genau eingehalten werden, damit Form und gewünschte Konsistenz er- reicht werden.

Blanchieren in Flüssigkeit und Fett

Bild 3: *Zuckerschoten blanchieren*

Temperatur	Privathaushalt	Großhaushalt
98–100 °C	Ausreichend großer Topf	Kochkessel

Temperatur	Privathaushalt	Großhaushalt
160–200 °C und 98–100 °C	Bratentopf Bräter	Kombidämpfer Kippbratpfanne

1. Blanchieren in Wasser

> Ist kurzes Garen (kurzes Vorkochen) in reichlich siedendem Wasser (3 – 10 Min).

Anschließend werden die Nahrungsmittel mit kaltem Wasser oder Eiswasser abgekühlt, damit der Garprozess unterbrochen wird.

Eignung (Beispiele in Wasser)

- Tomaten, Pfirsiche oder Aprikosen, deren Haut abgezogen werden soll
- Sojabohnen- oder Kichererbsenkeimlinge sollten vor dem Verzehr blanchiert werden, so werden gesundheitsschädliche Stoffe abgebaut.
- Kiwi, Mangos und Ananas, die in Kombination mit eiweißhaltigen Lebensmitteln, wie z. B. Milchprodukten, bitter werden (Hitze zerstört das Enzym)

2. Blanchieren in Fett

> Ist kurzes Garen in wenig oder reichlich Pflanzenfett.

Schmoren

> In heißem wasserfreiem Fett bei höheren Temperaturen bräunen – anbraten (im offenen Gargerät) und bei verminderter Temperatur mit wenig Flüssigkeit und Gewürzen fertig garen (im geschlossenen Gargerät) = kombiniertes Garverfahren.

Gargut in erhitztes wasserfreies Fett geben und im offenen Topf anbraten, wenn sich das Bratgut leicht vom Topfboden lösen lässt, wenden und die anderen Seiten bräunen.

Um einen Wasserentzug durch Salz zu vermeiden, wird erst nach dem Anbraten gewürzt.

Je nach Rezept wird das Gargut mit der entsprechenden Flüssigkeit (Brühe, Wasser, Wein usw.) abgelöscht, zum Kochen gebracht und anschließend bei reduzierter Energiezufuhr im geschlossenen Topf weitergegart. Flüssigkeit während des Garvorganges kontrollieren und bei Bedarf ergänzen.

Mikrowellengaren/Hochfrequenzgaren

Bild 2: *Mikrowellengaren/Hochfrequenzgaren*

Temperatur	Privathaushalt	Großhaushalt
250–280 °C	Mikrowellengerät	

Bild 1: *Schmoren*

s. S. 190 Mikrowellentechnik

Für das Garen in der Mikrowelle darf nur mikrowellengeeignetes Geschirr zum Einsatz kommen, da nur dieses die Mikrowellen hindurchlässt, z. B. feuerfestes Glas und Porzellan (ohne Metalldekor), Vitrokeramik, spezielles Mikrowellengeschirr aus Kunststoff, Bratfolie ohne Metallverschlüsse, spezielle Mikrowellenfolien. Um ein Austrocknen des Gargutes an der Oberfläche und ein Verschmutzen des Garraumes zu verhindern, sollte das Gargut abgedeckt, aber nicht fest verschlossen sein. Das Gerät sollte auch nicht ohne Gargut eingeschaltet werden.

In der Mikrowelle kann nicht nur gegart werden (vgl. Tabelle). Je nach Mikrowellenmodell haben diese Geräte verschiedene Leistungsstufen: Privathaushalt bis etwa 1 000 W, Großhaushalt bis etwa 2 000 W (Erwärmen von bis zu 100 Portionen).

Eignung (Beispiele)

- Fleisch, Gemüse, Kartoffeln, Eintöpfe
- In Kombinationsgeräten: Aufläufe, Überbacken von Gerichten

Beispiele für den Einsatz mit verschiedenen Leistungsstufen

Leistung	Einsatz in der Küchenpraxis
Max.	Sehr schnelles Erhitzen von Flüssigkeiten
600 W	- Dünsten oder Dämpfen - Kochen - Braten - Erwärmen z. B. von Tellermenüs
360 W	- Erhitzen vorgefertigter Lebensmittel - Schmelzen von Schokolade - Braten von größeren Fleischstücken (1 kg)
180 W	Für ein schnelles - Auftauen - Fortkochen - Quellen
90 W	- Auftauen - Fortkochen kleinerer Mengen - Hefeteig gehen lassen - Warmhalten

Beurteilung

- Garzeiten sind im Vergleich zum Garen im Backofen oder auf der Kochstelle kürzer, d. h. Zeitersparnis (nur bei Portionsgrößen bis 500 g).
- Mikrowellengeräte benötigen weniger Energie im Vergleich zu Kochstellen und Backöfen, d. h. Energieersparnis (nur bei Portionsgrößen bis 500 g).
- Nährstoff- und wirkstoffschonend
- Benötigt nur wenig Salzzugabe durch die Erhaltung der Aromastoffe
- Eine fettarme, form- und farbpigmenterhaltende Garmethode
- Sauberes Garen – Mikrowelle bleibt von Spritzern verschont.

Aufgaben:

1. Erstellen Sie einen Arbeitsplan für das Kochen von Salzkartoffeln!

2. Erarbeiten Sie nach der Mustertabelle Kochen: Eignung z. B./Beurteilung (s. S. 266) für die Gartechniken Dünsten, Dämpfen, Garziehen/Quellen/Pochieren, Garen im Wasserbad, Schmoren und Blanchieren in Fett.

3. Das Schmoren ist ein kombiniertes Garverfahren. Um welche Garverfahren handelt es sich dabei?

4. Bei der Garmethode Kochen sollte, wenn möglich, das Kochwasser von einigen Nahrungsmitteln für die Zubereitung von Saucen oder Suppen, mitverwendet werden. Machen Sie einige praktikable Vorschläge.

5. Erstellen Sie einen Steckbrief für die Gartechnik Blanchieren exemplarisch am Beispiel: Grüne Bohnen sollen eingefroren werden.

6. Durch das Garen von Putenfleisch treten Gewichtsminderungen auf: 1 kg wiegt nach dem Kochen 840 g, nach dem Dünsten 790 g und nach dem Schmoren 770 g. Mit wie viel Gewichtsverlust muss gerechnet werden, wenn 2,6 kg Putenfleisch durch die verschiedenen Garmachungsarten zubereitet werden?

5.6.2 Trockene Garverfahren

Bei den trockenen Garverfahren gibt es je nach Garmachungsart mehrere mögliche wärmeüber- tragende Medien wie z. B. Wärmeströmung (Konvektion). Es handelt sich um Gartechniken ohne Flüssigkeit bei Temperaturen über 100 °C.

Bild 1: *Braten in der Pfanne (Kurzzeitbraten)*

Bild 2: *Braten im Backofen (Langzeitbraten)*

Bild 3: *Überbacken/ Gratinieren/Überkrusten*

Bild 4: *Foliengaren*

Braten in der Pfanne (Kurzzeitbraten)

> Bräunen und garen im eigenen Fett (ohne Fettzugabe) oder in möglichst wenig heißem Fett ohne Deckel.

Gargerät/ Temperatur	Privathaushalt	Großhaushalt
100–130 –200 °C	Pfanne Beschichtete Pfanne Wok	Kippbratpfanne Kombidämpfer Wok

> Niedrigere Temperatur = Eierspeisen
>
> Mittlere Temperatur = panierte Stücke
>
> Höhere Temperatur = unpanierte Stücke

Die Temperatur ist auch von der Fettart abhängig (s. S. 173 ff.).

Um einen Wasserentzug durch Salz zu vermeiden, wird das Gargut, wie z. B. unpanierte Fleisch- oder Geflügelportionen, erst nach dem Braten gesalzen.

> Butter, Margarine = niedrige Temperatur
>
> Öle, gehärtete Pflanzenfette = mittlere und höhere Temperatur

Überbacken/Gratinieren/Überkrusten

> Fertig gegarte bzw. beinahe fertig gegarte Speisen/Gerichte werden durch zusätzliches Bräunen geschmacklich verbessert.

Durch die starke Oberhitze (Strahlungswärme) entwickeln sich Röststoffe an der Oberfläche, die sich aus Eiweiß und Kohlenhydraten bilden. Bei pikanten Speisen wird mit Käse oder Käsesauce überbacken, wodurch sich der typische Geschmack und auch die Bräunung ergeben.

Das Gefäß sollte möglichst flach sein, damit sich die Wärme besser verteilen kann und auch die untere Ebene heiß wird.

Temperatur	Privathaushalt	Großhaushalt
180–220 °C In hitzebeständiger Form	Backofen Grillgerät Raclettegerät	Kombidämpfer Salamander

Eignung (Beispiele)

- Suppen, Fisch oder Geflügel mit Käsehaube, Teigwaren, Gemüse, Kartoffeln, Toastgerichte, gegarte süße oder pikante Aufläufe;
- Karamellisieren von Süßspeisen
- Baiserhauben an Gebäck wie z. B. Stachelbeerkuchen

Beurteilung

- Entwicklung von Röststoffen und Krustenbildung: appetitanregende Aromastoffe
- Durch die Zugabe von Käse sind diese Speisen
  energiereicher und ihre Verdaulichkeit ist
  schwerer.
- Überbacken muss unter Beobachtung vorgenommen werden, denn durch ein zu langes
  Bräunen entstehen Bitterstoffe.
- Hitzeempfindliche Nährstoffe werden zerstört.

Braten im Backofen (Langzeitbraten)

Bräunen und Garen mit oder ohne Fettzugabe in trockener, evtl. feuchter Rund-
umhitze (Kombidämpfer) und mit oder ohne
Flüssigkeitszugabe.

Temperatur	Privathaushalt	Großhaushalt
Ober-Unterhitze 200 °C **Umluft** 150–180 °C **Gas** 180–200 °C	Auf dem Rost oder in der Fettpfanne im Backofen Im Brat-geschirr im Backofen	Kombidämpfer

- Hohe Temperaturen 200–250 °C gelten
  für das Anbraten (= Röststoff- und Krustenbildung).
- Mittlere Temperatur um 160 °C gilt für
  das Weiterbraten.
- Niedrigere Temperatur um 80 °C gilt
  für das Weitergaren nach der 80-Grad-
  Methode und wird als **Sanftgaren** oder
  Niedrigtemperaturmethode bezeichnet.

Fettarme Fleisch- oder Geflügelstücke sollten ge-
spickt, mit Fett eingepinselt oder mit Speckstreifen
belegt werden, um ein Austrocknen zu vermeiden.
Während des Garprozesses das Gargut öfter wenden und mit Bratenfond begießen. Droht der Bratenfond im Bratgeschirr zu dunkel zu werden, sollte heißes Wasser zugegeben werden.

Eine weitere Variante ist die der **Niedrigtemperaturmethode bei 80 °C**. Nach dem Anbraten in
einer Pfanne oder anderem Bratgeschirr wird das
Fleisch bei einer Temperatur von 80 °C im Backofen gegart. Die Garzeit schwankt je nach Fleisch-
art und -größe zwischen 30 Min. (z. B. Schweinefilet) und bis zu 7 Stunden (z. B. Tafelspitz). Beträgt
die Kerntemperatur 80 °C für mindestens 10 Min.,
ist das Gargut durchgegart (Salmonellengefahr wird
unterbunden).

Jeder Braten benötigt vor dem Aufschneiden eine
Ruhezeit – abgedeckt im Backofen –, damit sich
der Fleischsaft besser verteilen kann. Während
dieser Ruhezeit kann aus dem Bratenfond eine
Sauce zubereitet werden.

Foliengaren

Foliengaren ist ein Garen in einer hitzebeständigen Folie, im eigenen Saft oder unter
Zugabe von etwas Flüssigkeit in Backofen
oder Mikrowelle je nach Folieneinsatz.

Temperatur	Privathaushalt	Großhaushalt
200 °C Bratfolie Alufolie	Backofen	Kombidämpfer
Alufolie	Wasserbad Holzkohlegrill	Wasserbad Holzkohlegrill
Bratfolie (mit Spezialclip oder Faden) und Mikro-wellenfolie	Mikrowellen-gerät	Mikrowellen-gerät

Arbeitshinweise zu Bratfolien

Sie sind klar, geruchs- und geschmacksneutral
und hitzebeständig bis 200 °C.

Zurzeit auf dem Markt erhältlich sind Bratschläu-
che in zwei unterschiedlichen Breiten. Die Länge
kann nach Bedarf bemessen werden sowie Bratbeutel und Mikrowellenfolie.

- Backofen vorheizen
- Nahrungsmittel vorbereiten, Bratschlauch
  zurechtschneiden (30 cm länger als das
  Gargut)
- Gargut einfüllen, evtl. etwas Wasser und ge-
  schmackgebende Zutaten zufügen

- Bratbeutel/-schlauch verschließen, an der Oberseite einstechen oder einschneiden
- Bratgut mit dem Rost in den Backofen geben. Die Backofenwände dürfen nicht berührt werden.
- Auch hier können mehrere Gerichte auf einmal gegart werden.
- Zum Öffnen Bratbeutel herausnehmen, mit der Schere eine Öffnung aufschneiden, Gargut herausnehmen. Vorsicht: Wasserdampf!

Immer die jeweiligen Anweisungen des Herstellers beachten.

Frittieren/Ausbacken

Ist Garen und Bräunen in viel schwimmendem Fett

Bild 1: *Frittieren/Ausbacken*

- Hohe Temperaturen um 180 °C für unpaniertes Gargut
- Niedrigere Temperatur um 160 °C für paniertes Gargut

Das Frittieren ist ähnlich der Garmethode **Braten** in der Pfanne. Der Fettanteil ist jedoch wesentlich höher. Nur Fette mit einem hohen Rauchpunkt (s. S. 173 Fette) verwenden.

Wichtig ist auch die Höhe der Temperatur, da sich über 175 °C gesundheitsschädliches **Acrylamid** bilden kann.

Nicht zu große Mengen gleichzeitig in die Fritteuse geben (s. S. 194), denn es könnte zu einem Überschäumen kommen, das Frittierfett kühlt zu schnell ab und somit kann sich das Gargut mit Fett vollsaugen.

Frittierfette nehmen Geschmack von dem zubereiteten Gargut an. Daher sollten z. B. nach frittiertem Fisch keine Kroketten gegart werden. Benutzte Frittierfette müssen nach dem Frittieren gefiltert, abgekühlt und anschließend kühl gelagert werden (max. drei- bis viermaliges Benutzen).

Wenn das Fett überhitzen sollte, kann es sich entzünden (brennen). Mit Deckel oder Löschdecke die Flammen ersticken, nie mit Wasser löschen (Verbrennungsgefahr).

Grillen

Bild 2: *Grillen im Backofen*

Rösten oder Garen unter Bräunung durch hohe Strahlungshitze **(= Strahlungsgrillen)** oder durch direkten Kontakt mit den beiden Heizflächen **(= Kontaktgrillen)** mit oder ohne Fettzugabe.

Temperatur	Privathaushalt	Großhaushalt
180–300 °C Die Regelung der Temperatur ist nicht überall möglich.	Backofen mit Grillvorrichtung Elektro- oder Gasgrill Holzkohlegrill Sandwichtoaster	Salamander Grillplatte

Das Grillen ist wahrscheinlich die älteste Garmethode. Grillen, im Amerikanischen Barbecue genannt, ist die Garmethode über dem offenen Feuer. Heute ist diese Art der Speisenzubereitung noch immer sehr beliebt und wird gerne zu Sommerfesten in Großbetrieben, Familienfeiern, Betriebsfesten u. a. eingeplant.

Arbeitsregeln für das Grillen in der Küche

- Mariniertes oder gewürztes, nicht gesalzenes Grillgut wird auf einen heißen, mit Öl bestrichenen Rost oder ein Grillblech gelegt und eine Fettpfanne zum Auffangen des Fettes wird unterhalb des Rostes eingeschoben.
- Der Grill sollte vorgeheizt werden.
- Beim Einsatz eines Backofens (je nach Herstellerangabe) darauf achten, dass die Backofentür in Grillposition geöffnet bleibt, um einen Hitzestau zu vermeiden. Vorsicht: Unfallgefahr durch geöffnete Tür.
- Flache Nahrungsmittel können direkt unterhalb des Grills eingeschoben und gegart werden, größeres Gargut mit größerem Abstand.
- Grillgut muss nach der Hälfte der Garzeit gewendet werden.
- Wenn ein Drehspieß vorhanden ist, können auch größere Fleisch- oder Geflügelteile gegrillt werden.

Backen

(s. S. 187 Gargeräte – Backofen)

> Backen ist Garen unter leichter oder stärkerer Bräunung in heißer, meist trockener Luft.

Bild 1: *Backen*

Temperatur	Privathaushalt	Großhaushalt
150–250 °C	Backofen Mikrowelle mit Zusatzaustattung	Kombidämpfer

Temperatur	Praxisanwendung
160–225 °C	Teige
200–225 °C	Aufläufe aus rohen Zutaten
200–250 °C	Aufläufe aus gegarten Zutaten

Das Backen erfolgt je nach Grundrezept (s. ab S. 286 Grundrezepte und Abwandlungen) auf dem Blech, in der Fettpfanne, in unterschiedlichen Backformen oder hitzebeständigen Auflaufformen. Gleichgültig, welches Grundrezept eingesetzt wird, muss die Backzeit beachtet werden. Die Angaben für die Backzeit sind nur Circa-Angaben. Eine Garprobe mit einem Holzstäbchen sollte auf jeden Fall durchgeführt werden. (an Holzstäbchen keine Teigrückstände = Backgut ist gar). Gebäck sollte nicht zu stark gebräunt werden, denn durch den Stärkegehalt können Acrylamide (krebserregend und erbgutschädigend) entstehen. Neben der Garzeit muss auch die Backtemperatur Berücksichtigung finden, diese ist abhängig von dem Gargut, aber auch von dem Geräteeinsatz:

> Backofentemperatur bei Umluft kann um 20 °C reduziert werden im Vergleich zum Backofen mit Ober- und Unterhitze.
>
> Backtemperatur beim Kombidämpfer kann um bis zu 30 °C reduziert werden im Vergleich zum Backofen mit Ober- und Unterhitze.

Bei der Zubereitung von Obstkuchen (z. B. Pflaumenkuchen, Rhabarberkuchen) kann Obstsaft in den Garraum fließen und anbrennen, daher möglichst mit einer Schiene oder in der Fettpfanne arbeiten, um einen unnötigen Reinigungsaufwand zu vermeiden.

Eignung (Beispiele)

Kuchen, süßes und salziges Kleingebäck, Brote, Brötchen, süße und salzige Aufläufe, Pasteten

Beurteilung

- Röststoff und Krustenbildung, die dem Backgut einen besonders aromatischen Geschmack verleihen

- Energieeinsatz ist hoch, da der gesamte Garraum beheizt wird. Der Garraum sollte ausgenutzt werden, z.B. Umluft einsetzen und auf mehreren Ebenen backen.
- Mehrere Kuchen hintereinander backen, den Ofen möglichst nicht für einen Kuchen aufheizen – **Energieeinsparung**
- Hitzeempfindliche Nährstoffe gehen verloren.

Aufgaben:

1. Was verstehen Sie unter Hochfrequenzgaren?

2. Es werden 8,5 kg Rindfleisch (6,90 €/kg) zum Kochen und 8,5 kg Rindfleisch (9,90 €/kg) zum Braten bestellt. Es wird mit einem Gewichtsverlust von 17 % beim Kochen und 23 % beim Braten gerechnet.

   a) Wie viel wiegt das Fleisch nach den beiden Garverfahren?
   b) Wie viel Portionen von je 120 g Fleisch ergeben sich jeweils?
   c) Wie hoch sind die Materialkosten für je eine Portion?

3. Es werden 10 Suppenhühner, Gesamtgewicht 12 kg, für ein Hühnerfrikassee aus dem TK zum Auftauen geholt. Es wird mit einer Auftauflüssigkeit von 3 %, einem Gewichtsverlust von 16 % beim Kochen der Suppenhühner und mit einem Abfall von 31 % gerechnet.

   a) Wie viel wiegen die Suppenhühner nach dem Garen?
   b) Wie viel Hühnerfleisch steht mir für die Zubereitung des Hühnerfrikassees zur Verfügung?
   c) Wie viele Portionen mit je 80 g Hühnerfleisch ergeben sich?
   d) Wie viel Kilogramm Abfall entstehen durch das Parieren?

4. Erstellen Sie einen Arbeitsplan für die Zubereitung von Schnitzel „Wiener Art" (siehe auch Panieren LF 4 KAP 5.5.1).

5. Erarbeiten Sie Arbeitshinweise für das Garen in Alufolie.

6. Für die Gartechnik „Schmoren" sollen wasserfreie Fette verwendet werden.

   a) Begründen Sie, warum wasserfreie Fette verwendet werden.
   b) Welche Auswahl an wasserfreien Fetten steht Ihnen zu Verfügung?

7. Ihre Ausbilderin möchte von Ihnen wissen, welche passenden Garmethoden Sie für die aufgeführten Lebensmittel einsetzen können: Kartoffeln – Blumenkohl – Hackfleisch – Schweinefilet – Suppenhuhn – Reis – Äpfel.

8. Grillen kann auch über dem offenen Feuer erfolgen. Entwickeln Sie Arbeitshinweise für diese Garmethode.

9. Welche Vorteile hat ökologisches Handeln im Rahmen des Umweltschutzes in Bezug auf die Garverfahren für den Betrieb?

10. Beurteilen Sie die folgenden Garverfahren und geben Sie jeweils Beispiele, für welche Nahrungsmittel diese Garmethoden geeignet sind: Braten, Braten im Backofen (Langzeitbraten), Garen in der Bratfolie, Grillen und Frittieren.

11. Bei stärkehaltigen Lebensmitteln können bei den Garmethoden Braten, Backen, Überbacken, Grillen, Frittieren Acrylamide entstehen, die als krebserregend und erbgutschädigend einzustufen sind.

    a) Nennen Sie Nahrungsmittel, für die diese Aussage zutrifft.
    b) Welche Maßnahmen ergreifen Sie bei der Durchführung dieser Garverfahren, damit die stärkehaltigen Nahrungsmittel ohne Entstehung der Acrylamide gegart werden können?

5.7 Umgang mit Maßen und Gewichten

Damit die Speisen zu einem guten Arbeitsergebnis gelangen, ist es notwendig, die benötigten Lebensmittel genau abzuwiegen oder abzumessen sowie zu berechnen.

Abwiegen mit Waagen

In Großhaushalten werden Küchenwaagen neben dem Ausweigen von Zutaten auch für die Kontrolle von Lieferungen sowie für das Portionieren eingesetzt. Je nach Betriebsgröße haben diese Waagen eine unterschiedliche Größe und Tragfähigkeit.

Bild 1: *Küchenwaage*

Des Weiteren stehen für das Ausweigen in der Praxis die **Küchenwaage mit Feineinteilung (mechanische Waage)** und die **Digitalwaage** zur Verfügung. Bei beiden sollte eine Schüssel oder Teller auf die Waage gestellt und die Anzeige auf die Nullstellung gebracht werden. Werden mehrere Zutaten benötigt, z.B. für die Zubereitung von Teigen, kann man auch „zuwiegen", d.h., nach der ersten gewogenen Zutat wird die Waage wieder auf die Null gebracht und die nächste Zutat kann abgewogen werden. Die Digitalwaage wiegt genauer, bis auf das Gramm genau. Um eine lange Lebensdauer der Waagen zu erzielen, sollte die Tragfähigkeit nicht überschritten werden.

Abmessen

Für das Abmessen stehen verschiedene Gerätschaften zur Verfügung. Diese Methoden sind jedoch nicht so genau. Auf dem Messbecher oder Litermaß ist ersichtlich, welche Nahrungsmittel, wie z.B. Flüssigkeiten, Mehl, Zucker oder Reis, abgemessen werden können.

Bild 2: *Teelöffel, Esslöffel, Tasse, Messer, Hand*

Das Abmessen mit **Tassen** sollte nur dort eingesetzt werden, wo in Teilen abgemessen wird, z.B. beim Reiskochen: (1 Teil Reis – 4 Teile Wasser) oder bei Rezepten in der „Kinderküche", wenn die Kinder z.B. noch nicht mit der Waage umgehen können.

Die Menge, die zwischen Daumen und Zeigefinger passt, wird als **Prise** bezeichnet und oft bei Rezepten für Gewürze eingesetzt.

Eine **Messerspitze** wird, wie die Prise, vorwiegend für Gewürze verwendet. Die Menge sollte nur auf die Messerspitze passen.

Löffelmaße (Teelöffel = TL, Esslöffel = EL) sind nur für kleinere Zutatenmengen geeignet und es wird immer von einem **gestrichenen** Löffel ausgegangen, außer dieses wird im Rezept anders angegeben. Da die Löffel eine unterschiedliche Größe haben, sind die Gewichtsmengen nur Mittelwerte.

Einige Löffelmaße

Lebensmittel	1 TL → g	1 EL → g
Backpulver	3	10
Zucker	5	15
Mehl	5	10
Salz	5	15
Speisestärke	3	10
Flüssigkeiten, z.B. Essig, Sahne, Milch	5	15 = 15 ml 7 El = 100 ml

Bild 1: *Kühl- oder Gefrierthermometer*

Neben dem Abmessen von Zutaten werden an mehreren Stellen innerhalb der Küchenpraxis Temperaturen gemessen. Das **Kerntemperaturthermometer** oder **Bratthermometer** kann zur Kontrolle der Kerntemperatur z. B. bei Fleisch und Geflügel während des Garprozesses eingesetzt werden. Ein weiterer Einsatzbereich ist die Kontrolle der Speisenausgabe, hier wird die Temperatur der fertig gegarten Speisen kontrolliert (s. S. 345). Mithilfe des Kühl- oder **Gefrierthermometers** können die Kühl- und Gefriereinrichtungen der Betriebe überprüft werden. Bei neueren bzw. moderneren Kühl- und Gefriergeräten wird die Temperatur am Display angezeigt (s. S. 195).

Abschätzen

Diese Methode ist geeignet für noch nicht angebrochene Margarine-, Butter- oder Frischkäsepackungen und andere feste Stücke wie z. B. Marzipan-Rohmasse, Schokolade, Käse, die sich gut schneiden lassen. Das **Abschätzen** ist eine **ungenaue** Messung und sollte nur bei Rezepten eingesetzt werden, die leichte Abweichungen zulassen (z. B. bei Käsesauce, Marzipanfüllungen).

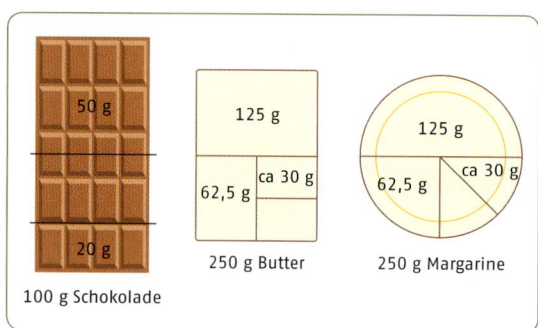

Bild 2: *Butter, Margarine, Schokolade*

Gewichte und Maße von Flüssigkeiten

cl Zentiliter		ml/ccm Milliliter		l Liter		g Gramm
2	=	20	=	1 Schnapsglas		
10	=	100	=	¹⁄₁₀	=	10
12,5	=	125	=	⅛	=	125
25	=	250	=	¼	=	250
37,5	=	375	=	⅜	=	375
50	=	500	=	½	=	500
75	=	750	=	¾	=	750
100	=	1000	=	1	=	1000

Aufgaben:

1. Erstellen Sie mithilfe der Tabelle „Grundmengenbeispiele an Lebensmitteln …" (s. S. 277) ein Menü Ihrer Wahl für sechs Personen, und berechnen Sie die benötigten Mengen.

2. Sie erhalten den Auftrag, Ihrer Ausbilderin ein fünffaches Grundrezept süßen Hefeteig mit der Universal-Küchenmaschine zuzubereiten. Berechnen Sie die dafür benötigten Zutatenmengen.

3. Für einen Möhreneintopf werden 3 kg Möhren und 2,5 kg Kartoffeln benötigt. Welche Zutatenmenge kommt in den Eintopf, wenn ein Schälverlust von 17 % bei den Möhren und 12 % bei den Kartoffeln berechnet wird?

4. Für einen Rosenkohlsalat werden für 4 Personen 750 g geputzter Rosenkohl benötigt (Abfall 18 %). Berechnen Sie die benötigte Rosenkohlmenge und das Gewicht des Abfalls.

5. Es werden fünf Köpfe Blumenkohl mit einem Durchschnittsgewicht von 1,3 kg geliefert. Der durchschnittliche Gemüseabfall von Blumenkohl beträgt 34 %.

   a) Wie viel kg sind geliefert worden?
   b) Wie hoch ist der Gemüseabfall?
   c) Für wie viel Portionen reicht das Gemüse, wenn pro Person 250 g vorgesehen sind?

Grundmengenbeispiele an Lebensmitteln je Portion und Mahlzeit

		Portionsgröße			Portionsgröße
Suppe	Vorspeise	200–250 ml/g	Reis,	Beilage	40–50 g
	Hauptgericht	400–500 ml/g	nicht	Hauptgericht	60–80 g
			gegart	Suppeneinlage	15 g
Soße	Bratensoße	70–100 ml/g	Teigwaren,	Beilage	50–70 g
	Speise in Soße	100–125 ml/g	nicht	Hauptgericht	80–100 g
	Süßes Dessert	40–50 ml/g	gegart	Suppeneinlage	15–20 g
Fleisch	mit Knochen	125–150 g	Dessert	Quarkspeise	125–150 g/ml
	ohne Knochen	100–125 g		Flammeri	125–150 g/ml
	Hackfleisch	60–80 g		Cremespeisen	100–125 g/ml
Geflügel	mit Knochen	200–250 g	Süßspeisen	Brei	250–300 g
	ohne Knochen	100–125 g	Haupt-gericht	Auflauf	250–300 g
Fisch	ganzer Fisch	200–250 g	Obst	Frisch	125–200 g
	Fischfilet	125–180 g		Kompott + Mus	125–150 g
				Beilage – Dessert	30–150 g
Gemüse, geputzt	Beilage ohne Soße	200–250 g	Kartoffeln	Salzkartoffeln	150–200 g
	Beilage in Soße	150–200 g		Pellkartoffeln	200–300 g
	Blattsalate	50–100 g		Kartoffelpüree	150–200 g
	Rohkostsalat	125–150 g		Kartoffelklöße	200–250 g

5.8 Grundrezepte und Abwandlungen

Grundrezepte bilden die Arbeitsgrundlage der Nahrungszubereitung. Sie sind systematisch aufgebaut und die jeweiligen Arbeitsschritte werden erklärt. Ob diverse Grundrezepte für Desserts oder Grundrezepte für Teige, eines haben sie alle gemeinsam: Sie können durch Zugabe oder Austausch von Zutaten verändert bzw. variiert werden. Somit kann jeder seine eigene Kreation schaffen und neue Rezepte entwickeln. Bei den folgenden Grundrezepten werden die Zutaten für 4 Portionen und für 20 Portionen angegeben. Die kalkulierten Mengen basieren auf Erfahrungswerten.

Helle Grundsuppe/-soße

4 Port.	20 Port.	Zutaten	Zubereitung
40 g	150 g	Margarine oder Butter	in einem Topf erhitzen
40 g	150 g	Mehl	zugeben, anschwitzen etwa 3 Minuten
1 l	4 l	Flüssigkeit	nach und nach Zugabe der Flüssigkeit, unter ständigem Rühren zum Kochen bringen, 5 Minuten unter Rühren ausquellen lassen
½ l	2 l	Flüssigkeit	für Soße
½ TL	2 TL	Salz	dazugeben und abschmecken

Als Flüssigkeit kann je nach Rezept z. B. Milch, Brühe, Wein verwendet werden.

Abwandlungen helle Grundsuppe durch ergänzende Zutaten

	4 Port.	20 Port.	Zutaten	Zubereitung
Curry-suppe	+ 1 El	+ 40 g	Curry	zugeben
	+ 4 El	+ 250 g	Ananas-stücke	klein schneiden und in die fertige Suppe geben
Zucchini-suppe	+ 1	+ 100 g	Zwiebel	in Würfel schneiden, im Fett andünsten
	+ 1	+ 1000 g	Zucchini	raspeln, zugeben, in der Suppe gar ziehen, bei Bedarf pürieren

In der klassischen Küche wurde zwischen heller und dunkler Grundsuppe/-soße unterschieden. Die dunkle Variante wird in der modernen Küche aus ernährungsphysiologischen Gründen (hoher Energiegehalt) nicht mehr praktiziert.

Abwandlungen helle Grundsoße durch ergänzende Zutaten

	4 Port.	20 Port.	Zutaten	Zubereitung	Verwendung z. B.
Tomaten-soße	+ 1	+ 100 g	Zwiebel	in Würfel schneiden, im Fett andünsten	Fleischbällchen, Teigwaren, Kurz-gebratenes, Fisch
	+ 2–3 El	+ 100 g	Tomaten-mark	zugeben, abschmecken	
	oder 250– 500 g	800– 1000 g	Tomaten-püree		

Grundsuppe und -soße können durch „Legieren" verfeinert und so in Farbe und Konsistenz verbessert werden. Die Verfeinerungszutaten wie Eigelb, saure oder süße Sahne, Crème fraîche oder Schmand in die **nicht** mehr kochende Speise einrühren (= **Legieren**).

Bild 1: *Salatmarinaden/Dressings*

5.8.1 Dressings (Salatmarinaden)

Marinaden sind die geschmackliche Grundlage für Salate und sollten passend ausgewählt werden. Um einen Vitaminverlust bei Salaten zu vermeiden und die Entfaltung der Geschmacksaromaten zu unterstützen, sollten die Dressings in der Arbeitsreihenfolge zuerst hergestellt werden. **Ausnahme:** Bei der Zubereitung von gegarten Salaten, hier ist die Arbeitsreihenfolge umgekehrt.

Vinaigrette (Essig-Öl-Marinade)

4 Port.	20 Port.	Zutaten	Zubereitung	Verwendung
2–3 El	⅛ l	Essig **oder** Zitronensaft	mit	■ Gurken-, Paprika-, Mais-, Tomatensalat;
3 El	⅛ l	Wasser	verrühren und	■ Blattsalate wie Feld-, Kopf-, Eisbergsalat;
3 El	⅛ l	Öl	verschlagen	■ gegarte Salate aus Sellerie, Bohnen;
1 Tl	10 g	Salz	abschmecken	■ Kartoffelsalat, Reissalat
1 Pr	½ Tl	Zucker + Pfeffer	abschmecken	

Abwandlungen Dressings durch ergänzende Zutaten

	4 Port.	20 Port.	Zutaten	Zubereitung	Verwendung
Kräuter-Dressing	+ 1–2 EL	50 g	Kräuter	waschen, trocken tupfen, fein hacken, zugeben	Blattsalate, Tomatensalat, gegarte Salate
Senf-Dressing	+ 1 TL	40 g	Senf, z. B. mittelscharfer oder Honigsenf	verrühren	Blattsalate, Gurkensalat, gegarte Salate wie Sellerie-, Reis-, Bohnensalat
Speck-marinade	+ 30 g	130 g	geräucherter durchwachsener Speck	fein würfeln, rösten, zugeben	Weißkohlsalat, Kartoffelsalat

Joghurt-, Sahne-, Dickmilch- oder Sauerrahmmarinade

4 Port.	20 Port.	Zutaten	Zubereitung
100 g	350 g	Joghurt **oder** Sahne **oder** Dickmilch **oder** Sauerrahm **oder** Crème fraîche	mit
2 El	⅛ l	Essig (Apfelessig, Balsamico-Essig) **oder** Zitronensaft	verrühren und
½ Tl	2 Tl	Salz + Zucker (salzig oder süß)	abschmecken
	½ Tl	Pfeffer	abschmecken

5.8.2 Hackfleischteig/Fleischteig

Bild 1: *Schabefleisch*

Bild 2: *Rinderhack*

Bild 3: *gem. Hackfleisch*

Bild 4: *Schweinehack (Mett)*

Hackfleischteig besteht aus durch einen Fleischwolf gedrehtem Fleisch von Rind, Schwein, Kalb, Lamm oder Geflügel und weiteren Zutaten. Durch die große Oberfläche muss der zubereitete Teig möglichst schnell verarbeitet, d. h. gegart werden.

Bei Wartezeiten zwischen Vorbereitung und Zubereitung muss der Hackfleischteig auf jeden Fall abgedeckt und gekühlt gelagert werden. (s. S. 114 Durchführungsverordnung (DVO) und (s. S. 537 Lebensmittel- oder Produkthygiene).

Grundrezept: *Hackfleischteig/Fleischteig*

4 Port.	20 Port.	Zutaten	Zubereitung
1	5	trockene Brötchen **oder** 2 El Paniermehl	etwa 10 Minuten in Wasser einweichen (lauwarm), ausdrücken, in eine Schüssel geben
1	200 g	Zwiebel	schälen, in feine Würfel schneiden, zugeben
1	5	Ei	separat aufschlagen, zugeben
250–400 g	1,5 kg	Hackfleisch halb + halb	in die Schüssel geben
½ Tl	4 Tl	Senf	zugeben
½ Tl	2–3 Tl	Salz	und
2 Pr	1 Tl	Pfeffer	zugeben, Zutaten zu einem glatten Teig verkneten (Knethaken des Handrührgerätes, Küchenmaschine für größere Mengen)

Verwendung für	Zutaten	Zubereitung
Frikadellen	1 GR Fleischteig + 3–4 El Öl	gleich große Frikadellen formen (5–8) und von beiden Seiten je **10 Minuten** braten
		Alternative: von beiden Seiten anbraten und im Backofen bei 180 °C etwa 15 Minuten durchgaren
Hackfleischbällchen in Tomatensoße	1 GR Fleischteig + ¾ l Gemüsebrühe	Fleischklöße formen (je etwa 60 g)
		zum Kochen bringen und die Klöße etwa 15 Minuten gar ziehen lassen. In Tomatensoße servieren (s. o.).

Abwandlungen durch ergänzende oder „Ersatz"-Zutaten

	4 Port.	20 Port.	Zutaten	Zubereitung
Porree-frika-dellen	+ 1 EL	60 g	Tomaten-ketchup	zum Hackfleischteig aus 400 g Hackfleisch und
	+ 1 TL	2 EL	Worcester-soße	zugeben
	+ 1 Stg.	3–4 Stg.	Porree	putzen, waschen, in feine Ringe schneiden, zugeben
				Zutaten zu einem glatten Teig verkneten, weiter s. Frikadellenzubereitung
Kräuter-buletten (energie-reduziert)			statt Brötchen	
	200 g	1 kg	Quark	zum Fleischteig aus 400 g Rinderhackfleisch geben
	+ 2 EL	50 g	Schnitt-lauch	waschen, trocken tupfen, fein hacken, zugeben
	+ 2 EL	50 g	Petersilie	waschen, trocken tupfen, fein hacken, zugeben
				Zutaten zu einem glatten Teig verkneten, weiter s. Frikadellenzubereitung

5.8.3 Gekochte Creme

Die gekochte Creme ist durch die verwendete Stärkemenge eine nicht sturzfähige Dessertspeise, die durch ergänzende Zutaten oder unterschiedlich verwendete Puddingpulver vielseitig verändert werden kann. Durch die Zugabe von Sahne wird eine Verbesserung der Konsistenz und des Geschmacks herbeigeführt. Ergänzen bzw. erweitern kann man diese Speise mit Früchten der Saison, Kompott oder verschiedenen gekochten Cremesoßen.

Grundrezept: Gekochte Creme

4 Port.	20 Port.	Zutaten	Zubereitung
40 g	160 g	Speisestärke **oder** Vanille-puddingpulver	mit
6 El	¼ l	kalte Milch	verrühren
(1	4	Eigelb	bei Bedarf für helle Cremes mit anrühren)
½ l	2 l	Milch	mit
40 g	160 g	Zucker	und
1 Pr	½ Tl	Salz	zum Kochen bringen. Die angerührte Stärke unter Rühren in die kochende Milch geben, einmal aufkochen lassen, abschmecken. Im Wasserbad abkühlen lassen, dabei gelegentlich umrühren.
200 ml	800 ml	Sahne	steif schlagen, evtl. einen Teil für die Garnitur zurückbehalten, unter die abgekühlte Creme heben

Abwandlungen durch ergänzende oder „Ersatz"-Zutaten

	4 Port.	20 Port.	Zutaten	Zubereitung
Irish-Cream-Creme	**Ersatz:** 1 Pck.	4 Pck.	Sahnepud-dingpulver	Zubereitung wie oben, aber mit **450 ml Milch + 30 g Zucker**
	+ 150 ml	+ 500 ml	Irish-Cream-Likör	eine Hälfte mit der Milch zum Kochen bringen, den Rest in die abgekühlte Creme unterrühren
Quark-Vanille-creme	+ 250 g	+ 1 kg	Speisequark	mit
	+ 1–2 EL	+ 100 ml	Zitronen-saft	und
	+ 1 – EL	+ 100 g	Zucker	glatt rühren und unter die etwas abgekühlte Creme rühren

5.8.4 Flammeri

Er ist eine Ableitung der „gekochten Creme". Der Stärkeanteil wird hier jedoch erhöht, um eine sturzfähige Speise zu erhalten. Die Flüssigkeit kann aus Milch oder Fruchtsaft bestehen. Neben der Speisestärke können auch andere Bindemittel wie z. B. Grieß, Milchreis, Sago verwendet werden. Die Sturzformen, z. B. Puddingförmchen, Ragoutförmchen, flexible Formen oder Kaffeetassen, werden vor dem Einfüllen mit kaltem Wasser ausgespült und nach dem Erkalten auf Dessertteller oder flache -schälchen gestürzt.

Der Flammeri dient auch als Grundlage für „falsche Buttercreme" zum Füllen von Cremetorten. Im üblichen Sprachgebrauch oder im Handel wird der Flammeri oft als Pudding tituliert bzw. angeboten. „Echte" Puddings sind jedoch Speisen, die in einer fest verschließbaren **Puddingform** im Wasserbad gegart und anschließend warm gestürzt werden. Sie können süß oder pikant sein. In der Ähnlichkeit der Formgebung liegt die Begründung des im Handel verwendeten Begriffes „Pudding".

Grundrezept: Flammeri

4 Port.	20 Port.	Zutaten	Zubereitung
40 g	200 g	Speisestärke oder Vanille-puddingpulver	mit
100 ml	⅛ l	kalte Milch	verrühren
(1	4	Eigelb	bei Bedarf für helle Flammeris mit anrühren)
400 ml	2 l	Milch	mit
30 g	120 g	Zucker	und
1 P	4 P	Vanillezucker	und
1 Pr	½ TL	Salz	zum Kochen bringen. Die angerührte Stärke unter Rühren in die kochende Milch geben, einmal aufkochen lassen, abschmecken, in die vorbereiteten Förmchen füllen, abkühlen und anschließend kühl stellen, stürzen.

Abwandlungen durch ergänzende oder „Ersatz"-Zutaten

	4 Port.	20 Port.	Zutaten	Zubereitung
Grießflammeri	+1 EL	+4 EL	gehackte Mandeln	Milch mit den übrigen Zutaten zum Kochen bringen
	Ersatz für Speisestärke: 60 g	240 g	Grieß	und den Grieß unter Rühren einstreuen und etwa 5–10 Minuten ausquellen
Reisflammeri	**Ersatz** für Speisestärke 80 g	320 g	Rundkornreis	Milch mit den übrigen Zutaten zum Kochen bringen und den Rundkornreis zugeben, bei schwacher Hitzezufuhr und gelegentlichem Umrühren 35–45 Minuten quellen lassen, abschmecken, weitere Zubereitung wie oben.
Orangen-Zitronen-Flammeri	+1	+4	Zitrone	auspressen
	+2–3	+8–10	Orangen	auspressen, ergibt etwa **200 ml (800 ml) Fruchtsaft**, diesen zum Anrühren der Speisestärke verwenden
	+60 g	+240 g	Zucker	Zubereitung wie oben, aber mit **300 ml (1,2 l) Milch**

5.8.5 Kalt gerührte Creme

Bild 1: *Marktangebot*

Das Bindemittel bei der kalt gerührten Creme sowie bei weiteren Desserts (s. S. 285) ist die Gelatine. Gelatine wird aus tierischem Gerüsteiweiß gewonnen und ist farblos sowie rot im Handel erhältlich. Sie ist **geruchs-** und **geschmackslos** und kann daher für **süße** und **pikante** Speisen verwendet werden. Angeboten wird die Gelatine als Blattgelatine, gemahlene Gelatine und Sofort-Gelatine.

- **Süße Speisen:** Desserts, Tortenfüllungen
- **Pikante Speisen:** Gemüsesülze, Lachsterrine

Verwendung von Blattgelatine

- **Einweichen:**
  Die benötigten Gelatineblätter einzeln nacheinander für etwa 10 Minuten in kaltem Wasser einweichen.
- **Auflösen für kalte Flüssigkeiten:**
  Die gut abgetropfte Gelatine wird auf Stufe 1 der Elektroplatte oder in der Mikrowelle bei 250 W für 30 Sek. aufgelöst. Die Gelatine wird klar.
  Begründung: Die Gelatine verliert ihre Bindefähigkeit, wenn sie über 60 °C erhitzt wird, die Speisen werden nicht fest.
- **Auflösen für warme Flüssigkeiten:**
  Die gut abgetropfte Gelatine wird unter Rühren in die warme bis heiße (60 °C) Flüssigkeit gegeben, dabei löst sie sich vollständig auf.
- **Temperaturausgleich/Mischen bei kalten Flüssigkeiten:**
  Zur aufgelösten Gelatine werden unter Rühren 2–3 EL der kalten Speise gegeben. Dieses verhindert die Bildung von Fäden oder Klümpchen. Die Gelatinemasse wird nun unter Rühren in die restliche Speise oder Flüssigkeit gegeben.
- **Kühlen:**
  Die Creme wird nun kalt gestellt, bis die Speise „Bahnen oder Straßen" zieht. Dieser Zustand

ist zu erkennen, wenn man mit dem Schneebesen durch die Speise fährt und die „Bahnen" des Schneebesens erkennt. Nun wird die geschlagene Sahne untergehoben und die Creme in die vorgesehenen Behältnisse umgefüllt bzw. portioniert und kühl gestellt. Die Creme muss „Bahnen" ziehen, sonst setzt sich die Sahne wieder ab.

Die Gelatinemasse ist zu fest oder es haben sich Fäden oder Klümpchen gebildet: Die Speise wird wieder flüssig und somit auch die Fäden oder Klümpchen, wenn man sie vorsichtig erhitzt. Anschließend kann die Gelatinemasse wie oben beschrieben weiterverarbeitet werden.

Gelatinespeisen gelingen nicht bei der Verwendung von frischer Ananas, Kiwis, Papayas und Feigen, da diese Früchte ein eiweißspaltendes Enzym enthalten, das Gelatine auflöst. Das o. g. Obst muss vor der Zubereitung blanchiert oder als Konservenware verwendet werden.

Mengenangaben für Süßspeisen:

- Gelee aus ½ l Flüssigkeit benötigt 6 Blatt.
- Gelee, gestürzt aus ½ l Flüssigkeit, benötigt
- 8–10 Blatt (13–15 g).
- Creme ohne Ei benötigt 4–5 Blatt.
- Tortenfüllung benötigt 8–10 Blatt.

Mengenangaben für pikante Speisen:

Die Mengenangaben entsprechen den Süßspeisen. Ausnahme sind säurehaltige Flüssigkeiten. Bei diesen müssen pro ½ l Flüssigkeit

1–2 Blatt mehr verwendet werden.

Alternative:

Agar-Agar bietet sich als pflanzliches Produkt für das tierische Produkt Gelatine an. Es ist ein Produkt, das aus Algen gewonnen wird. Dieses pflanzliche Bindemittel ist für die **vegetarische** (s. S. 324) und **muslimische** Ernährung geeignet. Es wird wie die gemahlene Gelatine in Beuteln auf dem Markt angeboten. 1 Beutel entspricht 6 Blatt Gelatine (Zubereitung siehe Packungshinweis).

Grundrezept: Kalt gerührte Creme

4 Port.	20 Port.	Zutaten	Zubereitung
4 Bl	16 Bl	Gelatine	einweichen, auflösen, Temperaturausgleich vornehmen, unter Rühren in die Creme geben
¼ l	1 l	Flüssigkeit **oder**	mit
300 g	1,2 kg	Joghurt	
50 g	200 g	Zucker	verrühren, kühl stellen
1 Becher	1 l	Sahne	steif schlagen, unter die halbfeste Speise heben, abschmecken, umfüllen, kühlen

Abwandlungen durch ergänzende oder „Ersatz"-Zutaten

	4 Port.	20 Port.	Zutaten	Zubereitung
Nuss-Joghurt-Creme	**Ersatz:** 300 g	1,2 kg	Joghurt	
	+2–3EL	+150 g	gemahlene Haselnüsse	mit dem Joghurt verrühren, abschmecken
Zitronen-Joghurt-Creme	**Ersatz:** 300 g	1,2 kg	Joghurt	
	+1	+4	Zitrone	auspressen, mit dem Joghurt verrühren

5.8.6 Gelee

Für die Bindung eines Gelees wird ebenfalls Gelatine verwendet. Ein Gelee ist eine festere Speise, dabei wird keine Sahne untergehoben. Das Gelee wird in Glasschüsseln oder -schälchen oder zum Stürzen in Formen gefüllt (siehe 5.8.6 Flammeri).

Grundrezept: Gelee

4 Port.	20 Port.	Zutaten	Zubereitung
6 Bl	24 Bl	Gelatine	einweichen, auflösen, Temperaturausgleich vornehmen, unter Rühren zur kalten Flüssigkeit geben
½ l	2 l	Flüssigkeit	mit
60 g	240 g	Zucker	verrühren, abschmecken, umfüllen, kühlen

Abwandlungen durch ergänzende oder „ Ersatz"-Zutaten

	4 Port.	20 Port.	Zutaten	Zubereitung
Orange in Orange	½ l	2 l	Flüssigkeit = frisch ausgepressten Orangensaft	Flüssigkeit in gesäuberte Orangenhälften füllen, kalt stellen, bis Masse geliert ist, Orangen nochmals halbieren und auf Dessertteller anrichten und mit geschlagener Sahne servieren

5.8.7 Gekochte Cremesoße

Sie dient als ergänzende Beilage zu einer Vielzahl von Gerichten.

Beispiele:

- Zu Flammeries
- Zum Bratapfel
- Zu süßen Aufläufen

Die Soßen können kalt oder warm gereicht werden.

Grundrezept: Gekochte Cremesoße

4–8 Port.	20 Port.	Zutaten	Zubereitung
15 g	30 g	Speisestärke **oder** Vanillepuddingpulver	mit
1	2	Eigelb	und
50 ml	100 ml	Milch	in einer Schüssel verquirlen
450 ml	900 ml	Milch	mit
1 Pr	1 Pr	Salz	und
2–3 EL	60–90 g	Zucker	zum Kochen bringen und unter Rühren die angerührte Speisestärke zugeben; weiter rühren, bis die Soße einmal aufgekocht ist, abschmecken

Abwandlungen durch ergänzende Zutaten

	4–8 Port.	20 Port.	Zutaten	Zubereitung	Verwendung z. B.
Kara-mell-soße	+ 70 g	140 g	Zucker	in einem Topf mittelbraun bräunen (zu dunkel = bitterer Geschmack), und mit Deckel schräg auflegen, sodass der Wasserdampf nach hinten weggeleitet werden kann **(= Unfallgefahr)**	Cremespeisen, Flammeris
	+ ⅛ l	+ ¼ l	heißes Wasser	ablöschen, weitere Zubereitung s. o.	
Eierlikör-soße	+ 6 EL	+ 10 −12 EL	Eierlikör	in die gekochte Soße geben	Obstsalat

Eine Verfeinerung der Soßen ist durch die Zugabe von ¼ l steif geschlagener süßer Sahne möglich. Die Zugabe erfolgt in die abgekühlte Soße durch Unterheben.

Jede Soße kann alternativ zur Speisestärke mit einem entsprechenden Puddingpulver zubereitet werden. Beispiel: Schokoladensoße – Schokoladenpuddingpulver

> Bei den folgenden Grundrezepten handelt es sich um Rezepte, die in der Regel für Gebäcke verwendet werden. Hierbei unterscheidet man die Begriffe Teige und Massen. Teige wie z. B. Mürbeteig werden geknetet und Massen wie z. B. Rührmasse werden gerührt → www.bbig.de.

5.8.8 Rührmasse

Bild 1: *Springform, Springform mit Einsatz, Gugelhupfform, Tortelettförmchen, Papierförmchen*

> **Versuch: Reaktion von Backpulver**
>
> Es werden 3 Gläser benötigt. Erstes Glas zur Hälfte mit kaltem Wasser füllen. Zweites Glas zur Hälfte mit warmem Wasser füllen. Drittes Glas wird zur Hälfte mit kaltem Wasser und etwas Zitronensaft gefüllt. Nun gibt man in jedes Glas 1 TL Backpulver. Was können Sie beobachten und welche Regeln können Sie für die Zubereitung ableiten?

Die Rührmasse wird unter Einsatz des Handrührgerätes oder der Küchenmaschine zu einem glatten Teig gerührt. Das verwendete Lockerungsmittel ist neben der eingerührten Luft und den Eiern **das Backpulver**. Das Backpulver reagiert (setzt Kohlendioxid frei) schon bei der Zugabe von Flüssigkeiten, daher ist es notwendig, alle möglichen Vorbereitungsarbeiten im Vorfeld zu erledigen, damit das Backpulver seine Wirkung nicht verliert und der Teig während des Backvorganges hochgetrieben wird.

Neben der Verwendung der Rührmasse für Gebäcke findet dieser Teig auch als Basis für Aufläufe seinen Einsatz.

Einige Arbeitsregeln

- Backformen vorbereiten, z. B. Backblech einfetten oder mit Backpapier auslegen, Springform einfetten und mit Mehl bestäuben oder Paniermehl ausstreuen, Silikonform mit kaltem Wasser ausspülen.
- Backofen vorheizen
- Bei der Verwendung von z. B. Obst, Nüssen müssen diese Zutaten zuerst vorbereitet werden.
- Bei der Zubereitung nach der All-in-Methode (s. S. 288) die Rührzeit von 4 Minuten einhalten. Begründung: Der verwendete Zucker löst sich sonst nicht auf und es wird nicht genügend Luft zur Teiglockerung eingearbeitet, somit erhält der Kuchen nicht seine gewünschte Konsistenz.

- Backform nur zu ⅔ mit Teig füllen. Der Teig fließt sonst während des Backprozesses über den Rand der Backform.
- Je nach Gebäckart die Einschiebhöhe wählen (hohe Kuchen = unten, halbhohe Kuchen und Blechkuchen = mittlere Schiene)
- Während der ersten Hälfte der Backzeit den Backofen nicht öffnen, da das Gebäck sonst zusammenfällt.
- Die Garprobe wird in der Mitte des Gebäcks mit einem Holzstäbchen durchgeführt. Das Gebäck ist gar, wenn sich an dem Holzstäbchen keine Teigrückstände mehr befinden.
- Kuchen nach dem Backen etwa 10 Minuten in der Form auskühlen lassen. Das Gebäck vom Rand lösen, evtl. mithilfe eines Messers, zum Auskühlen auf ein Kuchengitter oder Rost geben. Blechkuchen auf dem Blech auskühlen lassen.

Bild 1: *Marmorkuchen*

Bild 2: *Waffeln*

Bild 3: *Schokomuffin*

Grundrezept Rührmasse, klassisch

	Zutaten	Zubereitung
250 g	Butter **oder** Margarine	in eine Rührschüssel geben, entweder mit den Rührbesen des Handrührgerätes oder mit dem Rührwerk der Küchenmaschine schaumig rühren
200 g	Zucker	mit
1 Pck.	Vanillezucker	zugeben und cremig rühren
4	Eier	einzeln in einer kleinen Schüssel oder Tasse aufschlagen, auf Frische kontrollieren und einzeln zugeben, cremig rühren, bis sich der Zucker gelöst hat
500 g	Mehl	mit
1 Pck.	Backpulver	vermischen
⅛ l	Milch	abwechselnd mit dem Mehlgemisch zügig zu einem glatten Teig verarbeiten

Grundrezept Rührmasse nach der All-in-Methode

	Zutaten	Zubereitung
4	Eier	einzeln in einer kleinen Schüssel oder Tasse aufschlagen, auf Frische überprüfen
250 g	Butter oder Margarine	Alle Zutaten in eine Rührschüssel geben und entweder mit den Rührbesen des Handrührgerätes oder mit dem Rührwerk der Küchenmaschine in 4 Minuten zu einem glatten Teig verarbeiten.
200 g	Zucker	
1 Pck.	Vanillezucker	
500 g	Mehl	
1 Pck.	Backpulver	
⅛ l	Milch	

Für Gastro-Norm-Backbleche wird das 1,5-fache Rezept Rührmasse benötigt.

Abwandlungen

	Ergänzende Zutaten	Zubereitung
Versunkener Pflaumenkuchen	½ Rezept Rührmasse	+ 600–700 g Pflaumen
		Teig in eine vorbereitete Springform füllen, Pflaumen putzen, waschen, halbieren, entkernen, Zwetschgen von außen nach innen mit der Innenfläche nach oben in den Teig stecken.
		Backen: 180 °C/für 30–40 Minuten
Nuss-Muffins	+ 250 g gemahlene Haselnüsse	in Muffinsförmchen füllen
	Reduzierung: Mehl 250 g	**Backen:** 175 °C/für 20–25 Minuten
Limokuchen	Austausch: anstelle von Milch ⅛ l Orangenlimonade verwenden	in eine vorbereitete Kastenform füllen
		Backen: 180 °C/für 40–50 Minuten

5.8.9 Mürbeteig

Mürbeteig ist ein fettreicher Teig, der gehackt oder geknetet, nie gerührt wird; ein Backtriebmittel ist nicht nötig. Das fertige Gebäck ist mürbe bis knusprig, diese Eigenschaft erhält das Gebäck durch den hohen Fettanteil (Butter oder Margarine). Der Mürbeteig kann süß oder salzig zubereitet werden und ist in der Praxis vielseitig einsetzbar:

- **Süßer Mürbeteig:** Plätzchen, Obsttortenböden, Tortenböden
- **Salziger Mürbeteig:** Käsegebäck, Quiches

Bild 1: *Salziges Mürbegebäck*

> Die Zutaten stehen beim Mürbeteig in einem Mengenverhältnis:
>
> 3 Teile Mehl + 2 Teile Fett + 1 Teil Zucker (Beispiel: 300 g Mehl + 200 g Fett + 100 g Zucker)

Einige Arbeitsregeln

- Zutaten kalt und zügig verkneten und verarbeiten, da bei zu langer Bearbeitung, besonders mit den Händen, das Fett weich werden könnte, der Teig verliert seine Bindung und das Gebackene wird nicht mürbe, sondern hart.
- Je nach Rezept wird der Mürbeteig, gut zugedeckt oder verpackt z. B. in Frischhaltefolie, ½–1 Stunde gekühlt.
- Den gekühlten Teig auf **leicht** gemehlter Arbeitsfläche nicht zu dünn ausrollen. Alternative: Teig zwischen zwei Frischhaltefolien ausrollen. Günstig für Blechkuchen und Tor-

tenböden, hierbei wird kein zusätzliches Mehl benötigt.

- 1 GR Mürbeteig reicht für einen Spingformboden mit Rand von 26 cm Ø oder 3 Springformböden ohne Rand.
- Bei feuchten Füllungen z. B. aus Gemüse oder Obst ist ein Vorbacken des Teiges empfehlenswert (= „**Blindbacken**"). Hierbei wird verhindert, dass der Mürbeteig beim Backen durchweicht; der Teig bleibt glatt und stabil. Die Springform oder Tortenbodenform wird mit dem Mürbeteig ausgelegt. Mit einer Gabel mehrmals einstechen. Teigboden mit Back- oder Pergamentpapier auslegen, getrocknete Hülsenfrüchte einfüllen und etwa 15 Minuten bei 200 °C vorbacken.
- Bei der Verarbeitung zu flachen Gebäcken wie Blechkuchen den Teigboden mehrmals mit einer Gabel einstechen, damit der Boden flach bleibt.
- Wird der Mürbeteig bei der Herstellung von Plätzchen zu weich, kann er für 4–5 Minuten ins Gefrierfach gelegt und dann weiterverarbeitet werden.
- Backformen leicht fetten oder mit Backpapier auslegen
- Backtemperaturen liegen bei 180–200 °C.
- Mürbeteiggebäck sollte goldgelb gebacken werden – zu dunkles Gebäck schmeckt bitter.
- Nach dem Backen von Kleingebäck oder Tortenböden diese sofort mit einer Palette (s. S. 227) lösen und zum Auskühlen auf eine flache Unterlage legen, sonst verformt sich das Gebäck oder gart nach.

Mürbeteig süß

	Zutaten	Zubereitung
250 g	Mehl	in eine Rührschüssel geben, eine Mulde in die Mitte drücken
125 g	Butter oder Margarine	das kalte Fett in Flöckchen oder Würfeln auf dem Mehlrand verteilen
60 g	Zucker	auf den Mehlrand streuen
1	Ei	in die Mulde geben, mit den Knethaken des Handrührgerätes oder der Küchenmaschine von der Mitte beginnend vermengen
		Mit den Händen schnell zu einer Kugel verkneten, Teigprobe machen (Teigkugel einmal durchschneiden und kontrollieren, ob der Teig zu einem homogenen Teig geknetet wurde), gut zugedeckt ½ – 1 Std. kalt stellen, je nach Rezept.

Mürbeteig salzig

	Zutaten	Zubereitung
250 g	Mehl	Zubereitung wie Mürbeteig süß
125 g	Butter oder Margarine	
1 Tl	Salz	
1 Prise	Zucker	
1	Ei	

Abwandlungen

	Ergänzende Zutaten	Zubereitung
Käse-mürbe-teig	GR salziger Mürbeteig ohne Ei	Zubereitung wie süßer Mürbeteig
	+ Mehlreduzierung = 150 g	
	+ 100 g fein geriebener Gouda oder Emmentaler	
Hasel-nuss-mürbe-teig	GR süßer Mürbeteig	
	− Mehlreduzierung auf 180 g	
	+ 70 g gemahlene Haselnüsse	
Schoko-mandel-mürbe-teig	GR süßer Mürbeteig	
	− Mehlreduzierung auf 125 g	
	+ 70 g gemahlene Mandeln	
	+ 70 g geriebene Schokolade	

5.8.10 Biskuitmasse

Bild 1: *Biskuitrolle*

Die Biskuitmasse ist eine besonders schaumig gerührte Masse, die sich während des Backprozesses ausdehnt. Durch den hohen Anteil von Eiern erhält das Gebäck seine feinporige und elastische Beschaffenheit. Die Verwendung ist vielseitig: z. B. Biskuitrolle, Biskuitboden für Torten, süße Aufläufe.

Einige Arbeitsregeln

- Backform vorbereiten, z. B. Backblech mit Backpapier auslegen für Biskuitschnitten und -rollen, Springformboden mit Backpapier einspannen oder nur den Boden einfetten; keinesfalls den Rand einfetten, da das Fett die aufgehende Biskuitmasse an den Rändern herunterzieht.
- Backofen vorheizen. Ober-Unterhitze verhindert ein Austrocknen des Gebäckes.
- Je nach Gebäckart die Einschubhöhe wählen (hohe Böden = unten, halbhohe Böden = unten, Blech = mittlere Schiene)
- Während der Backzeit den Backofen nicht öffnen, da das Gebäck sonst zusammenfällt.
- Damit das Gebäck nicht einreißt, wird es nach dem Backen mit einem Messer am Backformrand losgeschnitten.

- Biskuitrollen sofort nach dem Backen auf ein frisches Stück Backpapier stürzen; das obere Papier vorsichtig abziehen, von der breiten Seite her einmal aufrollen, etwas abkühlen lassen, abrollen und abgedeckt komplett auskühlen lassen.
- Biskuit, der in der Springform gebacken wurde, etwa 10 Minuten ruhen lassen, Springform-rand entfernen, auf Kuchengitter stürzen, Springformboden entfernen, auskühlen lassen. Das Gebäck nur nach dem vollständigen Erkalten schneiden.
- Wenn Vollkornmehl verwendet werden soll, kommt nur die Methode 1 in Frage, denn das verwendete Mehl muss vor dem Unterheben des Eischnees etwa 20 Minuten quellen.

Grundrezept Biskuit Methode 1: Zubereitung mit Eigelbansatz (Ei-Trenn-Aufschlag-Verfahren)

	Zutaten	Zubereitung
4	Eigelb	mit
4 EL	Wasser	und
160 g	Zucker	in der Küchenmaschine mit Schneebesen etwa 4 Minuten schaumig schlagen, die Masse wird hellgelb-dicklich (= zweifaches Volumen).
4	Eiweiß	mit
1 Pr	Salz	zu festem Eischnee schlagen, auf die Eigelbmasse geben
80 g	Mehl	mit
80 g	Speisestärke	und
1 TL	Backpulver	mischen, über den Eischnee sieben, mit einem Schneebesen vorsichtig unterheben; nicht schlagen oder rühren, sonst entweicht die untergearbeitete Luft und die Masse fällt zusammen.

Grundrezept Biskuit Methode 2: Zubereitung mit Eischaummasse

	Zutaten	Zubereitung
4	Eier	mit
160 g	Zucker	und
4 EL	Wasser	in der Küchenmaschine mit Schneebesen etwa 5 Minuten schaumig schlagen, die Masse wird weiß-schaumig (= 5-faches Volumen).
80 g	Speisestärke	und
80 g	Mehl	und
1 TL	Backpulver	mischen, über die Eischaummasse sieben, mit einem Schneebesen vorsichtig unterheben; nicht schlagen oder rühren, sonst entweicht die untergearbeitete Luft und die Masse fällt zusammen.

Für Gastro-Normbackbleche wird das 1,5-fache Rezept Biskuitmasse benötigt.

Für die verschiedenen Gebäcksorten werden verwendet:

Tortenboden	½ GR Biskuit	= Biskuit aus 2 Eiern
Biskuitrolle und Biskuitschnitten	1 GR Biskuit	= Biskuit aus 4 Eiern
Biskuittorte (je nach Größe der Form)	1–1,5 GR Biskuit	= Biskuit aus 4 oder 6 Eiern

Abwandlungen

	Ergänzende Zutaten	Zubereitung
Schokoladenbiskuit	+ 50 g Kakao	
	+ 2 El Wasser	
Haselnuss- oder Mandelbiskuit	+ 80 g gem. Haselnüsse	Mehlmenge wird um 80 g reduziert.
Kokosbiskuit	+ 80 g Kokosraspel	Mehlmenge wird um 80 g reduziert.

Bild 1: *Windbeutel*   **Bild 2:** *Eclairs*   **Bild 3:** *Ring*   **Bild 4:** *Kranz*

5.8.11 Brandmasse

Die Brandmasse unterscheidet sich von den anderen Grundteigarten durch die Zubereitung. Diese Masse wird zunächst in einem Topf **abgebrannt** und anschließend **gebacken**. Die Masse erhält durch das „Abbrennen" eine bessere Formbarkeit. Während die Masse abgebrannt wird, verkleistert die Stärke und nimmt dabei viel Flüssigkeit auf, die während des Backprozesses zum großen Teil verdampft.

Durch den hohen Anteil an Eiern und Flüssigkeit entsteht ein hautartiges Gebäck mit einem Hohlraum.

Das Gebäck ist geschmacksneutral und kann mit süßen oder pikanten Füllungen angeboten werden.

Einige Arbeitsregeln:

- Eier einzeln auf „Frische" überprüfen und sie nur verquirlt und einzeln zum Teig geben

- Backofen vorheizen: Ober-Unterhitze auswählen, so wird ein Austrocknen des Gebäcks verhindert. Die Brandmasse benötigt hohe Backtemperaturen von 210–230 °C.
- Beim Einsatz des Kombidämpfers kann die Kombination aus Heißluft und Wasserdampf gewählt werden (= erhöhte Dampfentwicklung).
- Während des Backprozesses verdoppelt sich das Gebäck, daher die Abstände der Gebäckteile groß genug wählen.
- Den Backofen erst nach Beendigung der Backzeit öffnen. **Begründung:** Durch die Zugluft und das Absinken der Temperatur fällt der Hohlraum zusammen.
- Garprobe durchführen: Gebäck ist von außen goldbraun und fest und innen gar und nicht teigartig.
- Nach dem Backen das Gebäck 5–10 Minuten im geöffneten Backofen ruhen lassen.
- Kleine Gebäckteile wie z. B. Mini-Windbeutel und Mini-Eclairs erst kurz vor dem Füllen aufschneiden, dieses verhindert ein Austrocknen.

Grundrezept Brandmasse

	Zutaten	Zubereitung
¼ l	Wasser	Zutaten in einem Topf zum Kochen bringen (mit Topfdeckel arbeiten)
70 g	Butter oder Margarine	
1 Pr	Salz	
150 g	Mehl	Auf einmal in die Flüssigkeit geben. Mit einem Lochlöffel die Zutaten zu einem Teigkloß verarbeiten und so lange rühren, bis sich auf dem Topfboden ein weißer Belag bildet (= Arbeitstechnik **Abbrennen**). Masse in eine Rührschüssel umfüllen
1	Ei	verquirlen und mit dem Lochlöffel oder mit den Knethaken des Handrührgerätes unterarbeiten
2–3	Eier	einzeln aufschlagen, verquirlen und nach und nach unterrühren. **Achtung:** Der Teig darf nicht mehr heiß sein. Bevor das letzte Ei zugegeben wird, wird die Beschaffenheit des Teiges kontrolliert. Die Masse soll glänzend und glatt sein und in langen Teigspitzen an den Knethaken hängen bleiben. Ist diese Teigbeschaffenheit erreicht, wird kein weiteres Ei benötigt.
1 TL	gestrichenes Backpulver	unter den kalten Teig mischen

	Zubereitung	Füllung	Zutaten	Zubereitung
Windbeutel	mit einem Spritzbeutel und großer Zackentülle spiralförmig spritzen (nach oben ziehend)	Erdbeer-Vanille-Creme	12–14 Erdbeeren	waschen, putzen, in feine Scheiben schneiden, schuppenförmig auf den Boden der Windbeutel legen
	Ergeben: 12–14 Stück **Backtemperatur:** 220 °C **Backzeit:** 25–30 Minuten		1 GR Gekochte Creme	Windbeutel mit abgekühlter Creme füllen, Deckel aufsetzen
			Puderzucker	nach Belieben mit bestreuen
Eclairs	mit einem Spritzbeutel und großer Zackentülle zwei dicht nebeneinander liegende Stangen von etwa 7 cm spritzen und eine Dritte obendrauf	Irish-Cream-Creme	150 g Puderzucker	mit
			2–4 EL starker heißer Kaffee	glatt verrühren
				Deckel der Eclairs damit bestreichen und trocknen
	Ergeben: 8–10 Eclairs **Backtemperatur:** 220 °C **Backzeit:** 25–30 Minuten			Füllung s. Abwandlung gekochte Creme: Irish-Cream-Creme
				Eclairs mit abgekühlter Creme füllen, Deckel aufsetzen

Abwandlungen

	Ergänzende Zutaten	Zubereitung
Salami-krapfen	+ 90 g geriebener Gouda oder Emmen-taler	beides unter den Brandteig mischen ein Backblech mit Backpapier auslegen, mit 2 TL Teighäufchen abstechen und in ausreichendem Abstand auf das Blech setzen die Krapfen bei 220 °C im vorgeheizten Backofen 20–25 Minuten backen Tipp: Kleinere Formgebung eignet sich für Fingerfood
	+ 80 g Salami – fein gewürfelt	
Mandel- oder Nuss-schnitte	**Ersatz:** ¼ l Milch	den Teig auf ein vorbereitetes Backblech streichen, etwa 10 cm breiter Streifen
	200 g Mandelstifte oder 200 g gehackte Haselnüsse	damit bestreuen **Backtemperatur:** 175 °C auf der 2. Schiene von unten **Backzeit:** etwa 30–35 Minuten
	200 g Puderzucker	sieben und mit
	2–3 El Zitronensaft	verrühren, auf die etwas abgekühlten Teigstreifen streichen in etwa 6–7 cm breite Stücke schneiden

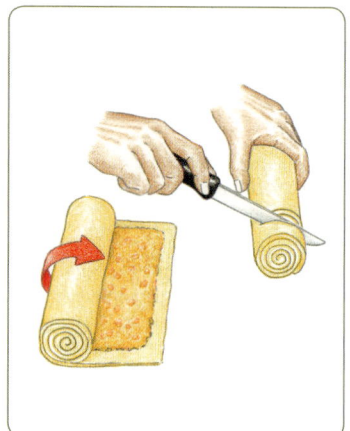

Bild 1: *Schnecken*

Bild 2: *Hörnchen*

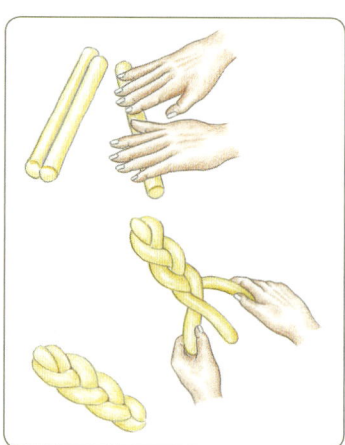

Bild 3: *Zöpfe*

5.8.12 Hefeteig

Er ist ein Knetteig und sein Backtriebmittel sind Pilzkulturen (Hefe). Durch die Zugabe von Zucker und Mehl (Nahrung für die Hefepilze), Flüssigkeit und Wärme wachsen diese Pilze und sorgen somit für die Teiglockerung. Der Vorgang wird **alkoholische Gärung** genannt. Dabei wird Zucker in Alkohol und Kohlendioxid gespalten. So erhält das Gebäck seinen typischen Geschmack. Während des Backvorganges dehnen sich Kohlendioxid und Alkohol aus, dadurch entsteht die Teiglockerung.

Süßer Hefeteig: Blechkuchen, Brot, Brötchen, Kleingebäck, geformtes Gebäck

Salziger Hefeteig: Blechkuchen wie z. B. Zwiebel-kuchen, Pizza, Brot, Kleingebäck

Einige Arbeitsregeln

- Die frische Backhefe oder Trockenhefe nur mit gültigem Mindesthaltbarkeitsdatum verwenden
- Warme Flüssigkeiten (Milch oder Wasser) zugeben, die eine Temperatur von etwa 30 °C (etwa handwarm) haben. Flüssigkeit in einem kleinen Topf oder in der Mikrowelle (600 W für 1:30 Minuten) erwärmen. Bei Temperaturen über 50 °C werden die Hefepilze zerstört und bei Zugabe von kalten Flüssigkeiten wird das Wachstum vermindert.

- **Kalte Zubereitung:** Hierbei kann kalte Flüssigkeit eingesetzt werden. Der Teig wird über Nacht in den Kühlschrank/das Kühlhaus in eine gut abgedeckte Schüssel gegeben.
- Für die Zubereitung mit frischer Hefe siehe Grundrezeptur. Bei der Zubereitung mit Trockenhefe können alle Zutaten direkt verknetet werden, der Vorteig entfällt. Weitere Zubereitung wie bei der Verwendung von frischer Hefe.
- Bei der Verwendung von Vollkornmehl muss die Flüssigkeitsmenge erhöht werden, da diese Mehle stärker quellen.

- Bei der salzigen Variante kann die Mehlmenge bis zu 50 % durch Weizenvollkornmehl (Type 1050 oder 1700) ersetzt werden, ohne dass sich das Backergebnis negativ verändert.
- Der Hefeteig kann zum Gehen (Ruhen) z. B. in den Backofen bei einer Temperatur nicht höher als 30 °C oder 50 °C mit leicht geöffneter Backofentür oder in die Nähe der Heizung gestellt werden.
- Nach der Zubereitung sollte der Teig noch einmal kräftig durchgeknetet und dann je nach Rezept weiterverarbeitet werden.

Grundrezept Hefeteig, klassisch süß

	Zutaten	**Zubereitung**
500 g	Mehl	in eine Rührschüssel geben und eine Mulde in die Mitte drücken
42 g = 1 Würfel	Hefe	in die Mulde bröckeln
1 TL	Zucker	über die Hefe streuen
⅛ l	lauwarme Milch oder Wasser	unterrühren, in die Mulde geben und zu einem dickflüssigen Teig verrühren (**= Vorteig**). Abgedeckt mit einem sauberen Geschirrtuch etwa 15 Minuten an einem warmen Ort gehen lassen.
60 g	Zucker	und
1 Prise	Salz	auf den Mehlrand streuen
80 g	Butter oder Margarine	in kleinen Flöckchen auf den Mehlrand geben
		Zutaten mit den Knethaken des Handrührgerätes oder unter Einsatz der Küchenmaschine verkneten, dabei
⅛ l	lauwarme Milch oder Wasser	nach und nach zugeben. Es soll ein glatter, elastischer Teig entstehen, der sich vom Schüsselrand gelöst hat.
		Teig für 15 Minuten abgedeckt mit einem sauberen Geschirrhandtuch an einem warmen Ort gehen lassen (Volumen sollte sich verdoppeln), Weiterverarbeitung s. Rezept.

Grundrezept Hefeteig nach der All-in-Methode

- Alle Zutaten in eine Rührschüssel geben und mit den Knethaken des Handrührgerätes oder der Küchenmaschine verkneten
- Fertigen Teig mit einem sauberen Geschirrhandtuch locker abdecken und an einem warmen Ort gehen lassen (Volumen sollte sich verdoppeln).
- Weiterverarbeitung siehe Rezept.
- Diese Methode hat den Vorteil, dass der fertige Teig in einer kürzeren Zeit zur Verfügung steht (= Arbeitszeitersparnis).
- Evtl. müssen Einbußen in der Gebäckbeschaffenheit in Kauf genommen werden.

Grundrezept Hefeteig, salzig

	Zutaten	Zubereitung
500 g	Mehl	Zubereitung wie Hefeteig klassisch süß oder Hefeteig nach der All-in-Methode
1 Würfel	Hefe (1 Würfel = 42 g)	
1 TL	Zucker	
⅛ l	lauwarmes Wasser oder Milch	
1–2 TL	Salz	
80 g	Butter oder Margarine oder Öl	
⅛ l	lauwarmes Wasser oder Milch	

	Zubereitung	Backhinweise
etwa 15 Brötchen à 80 g	Rolle formen, in 15 Portionen teilen, Brötchen drehen, mit verquirltem Eigelb bestreichen	**Backtemperatur:** 180–200 °C **Backzeit:** 15–20 Minuten
1 Brot	Rolle formen, in eine vorbereitete Kastenform legen, Oberfläche mit verquirltem Eigelb bestreichen	**Backtemperatur:** 180 °C **Backzeit:** etwa 40 Minuten

Abwandlungen

	Belag	Zubereitung
Pizza Margaritha GR reicht für 1,5 Bleche Pizza	+ ½ Dose stückige Tomaten	alles in eine Schüssel geben und verrühren
	+ 2 EL Tomatenketchup	
	+ 2 EL Tomatenmark	und mit
	+ Oregano, Salz, Pfeffer	würzen und auf den ausgerollten Teig streichen
	+ 200 g z. B. geriebenen Gouda oder Mozzarella	überstreuen. **Backen bei 200 °C für etwa 25 Minuten**
Kirsch- oder Aprikosenstreusel		1 GR süßer Hefeteig auf ein mit Backpapier ausgelegtes Backblech ausrollen
	+ 2 Gläser Sauerkirschen oder Aprikosen	Früchte abtropfen lassen, Fruchtsaft auffangen, knapp ½ l Fruchtsaft zum Kochen bringen
	+ 1 Pck. Vanillepuddingpulver	mit 6 El Fruchtsaft anrühren, einrühren, binden
		Früchte zugeben, etwas abkühlen lassen, anschließend auf dem Hefeteig verteilen
	Streusel:	
	200 g Butter	mit
	200 g Zucker	und
	1 Pck. Vanillezucker	verrühren, nach und nach
	250 g Mehl	unterarbeiten mit Knethaken, Streusel auf dem Obst verteilen **Backen bei 160–180 °C Heißluft für etwa 35–40 Minuten**

Für Gastro-Norm-Backbleche wird 1 Rezept salziger Hefeteig für Pizza benötigt.

Für Gastro-Norm-Backbleche wird das 1,5-fache Rezept Hefeteig für süße Gebäcke benötigt.

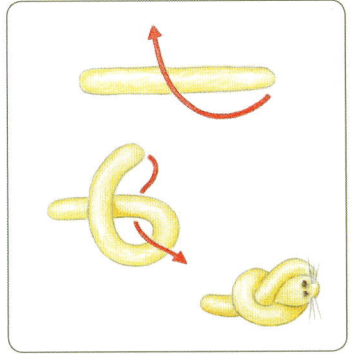

Bild 1: *Robben*

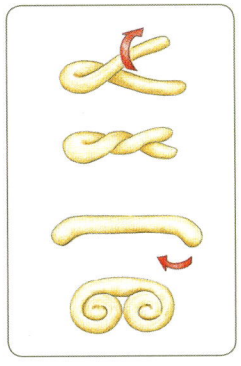

Bild 2: *Einfacher Zopf und Schnecken*

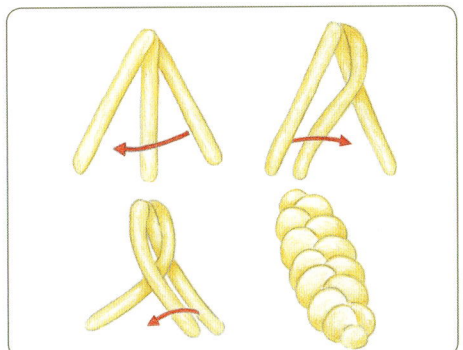

Bild 3: *Zopf*

5.8.13 Quark-Öl-Teig

Der Quark-Öl-Teig ist ein Knetteig, der seine Lockerung durch die Zugabe von Backpulver bekommt. Das Fett wird in Form von Öl zugegeben (geschmacksneutrales Öl verwenden) und sollte auch nicht durch andere Fette ausgetauscht werden, da das Öl für die Geschmeidigkeit und die Elastizität des Teiges notwendig ist. Der Quark-Öl-Teig kann als Hefeteigersatz verwendet werden oder auch als Ersatz für Mürbeteig. Dieser Teig kann ebenfalls süß oder salzig zubereitet werden und hat daher eine vielseitige Verwendungsmöglichkeit (s. Hefeteig).

Einige Arbeitsregeln

- Da der Quark-Öl-Teig mit Backpulver zubereitet wird, haben die meisten Regeln, die bei der Zubereitung von Rührmasse von Bedeutung sind, hier auch ihre Gültigkeit (s. Rührmasse).
- Damit das Gebäck während des Backens nicht so stark austrocknet, sollte der Bräunungsgrad beobachtet werden: Gebäck hellbraun backen. Bei zu starker Bräunung Oberfläche mit z. B. Alufolie abdecken (weitere Bräunung wird gehemmt).

Grundrezept Quark-Öl-Teig, süß

	Zutaten	Zubereitung
150 g	Magerquark	mit
6 El	Milch	und
6 El	Öl	und
75 g	Zucker	und
1 Pr	Salz	in eine Rührschüssel geben und mit einem Schneebesen glatt rühren
300 g	Mehl	mit
1 Pck.	Backpulver	mischen und mit den Knethacken des Handrührgerätes oder der Küchenmaschine verkneten

Quark-Öl-Teig, salzig

Zutaten entsprechen dem Grundrezept Quark-Öl-Teig süß, jedoch ohne Zucker und die Salzmenge wird auf 1 TL Salz erhöht.

Für Gastro-Norm-Backbleche wird das 1,5-fache Rezept Quark-Öl-Teig benötigt.

Abwandlungen

	Ergänzende Zutaten	Zubereitung
Schoko-brötchen	GR süßer Quark-Öl-Teig + 75 g Schokostücke	unter den Teig arbeiten, Rolle formen, in 15–16 Portionen teilen, Brötchen drehen, mit verquirltem Eigelb bestreichen
		Backtemperatur: 175–200 °C **Backzeit:** etwa 20 Minuten
Käse-Schinken-Brötchen/ Käse-Puten-Brötchen	GR salziger Quark-Öl-Teig	Reduzierung auf ½ TL Salz
	+ 150 g Kochschinken oder Putenaufschnitt	in feine Würfel schneiden und mit unter den Teig kneten, Rolle formen, in 15–16 Portionen teilen, Brötchen drehen, mit Milch bestreichen
	+ etwa 100 g geriebener Gouda	**Backtemperatur:** 175–200 °C **Backzeit:** etwa 20 Minuten

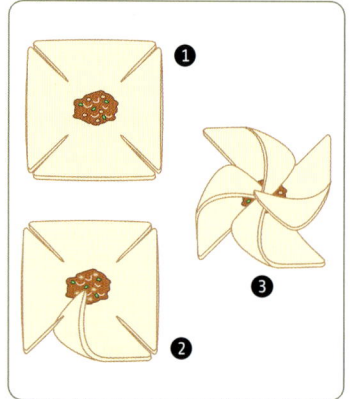

Bild 1: *Windmühle*

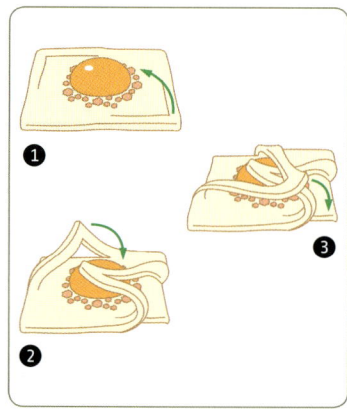

Bild 2: *Rhombe*

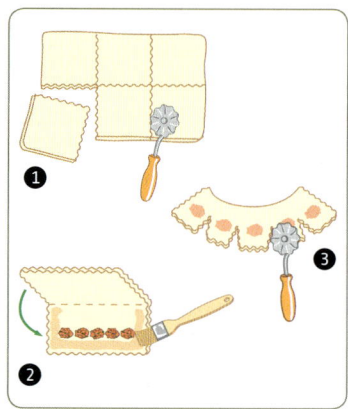

Bild 3: *Kamm*

5.8.14 Blätterteig

Blätterteig ist ein Nudelteig mit **Ziehbuttereinlage** oder **Ziehmargarine**. Diese Herstellung ist sehr arbeits- und zeitaufwendig und wird daher in der Praxis durch den Einsatz von TK-Blätterteig ersetzt. Diesen vorgefertigten Teig gibt es in unterschiedlichen Größen. Da der Teig ohne Zucker zubereitet wird und geschmacksneutral ist, ist er für die Zubereitung von salzigem und süßem Gebäck geeignet, z. B. Obststrudel, gefüllte Taschen, Käsegebäck. Die Teiglockerung erfolgt durch das ein-

gearbeitete Fett. Während des Backprozesses schmilzt das Fett und gibt Wasser in Form von Wasserdampf ab, der die Teigschichten hochtreibt. Das geschmolzene Fett wird von den Teigschichten aufgenommen.

Einige Arbeitsregeln

- **Auftauen:** Teigplatten auf einer leicht bemehlten Arbeitsfläche einzeln zum Auftauen (10–15 Minuten) auslegen und bei Zimmertemperatur auftauen

- Backbleche oder Backformen vorbereiten. Mit kaltem Wasser abspülen → **Dampfentwicklung während des Backens unterstützt das Aufgehen des Teigs.**
- Backofen vorheizen. Backtemperaturen liegen zwischen 200–225 °C. Starke Hitze ist wichtig, da der Teig keinen Zucker enthält und deshalb langsam bräunt.
- **Ausrollen:** Der Teig wird mit wenig Mehl ausgerollt, von unten nach oben und von links nach rechts. (Zu viel Mehl macht den Teig trocken.) Für Kleingebäck die Scheiben unausgerollt oder auf die angegebene Größe ausgerollt verwenden.
- Für Torten, Schnitten usw. die Scheiben knappkantig übereinanderlappend zusammenlegen und so ausrollen. Reste übereinanderlegen, locker zusammendrücken und nochmals ausrollen.

> **Blätterteig niemals zusammenkneten!**

- **Schneiden und Ausstechen:** scharfes Teigrädchen, dünnes scharfes Messer oder scharfkantiges Ausstechförmchen verwenden. Bei stumpfen Arbeitsgeräten wird der Teig gedrückt und kann nicht gleichmäßig aufgehen.
- Teigplatten oder -ränder zusammenkleben (mit verquirltem Eiklar)
- Für eine schöne Farbe und Glanz sorgt das Einstreichen mit verquirltem Eigelb. Eigelb stets mit Wasser oder Milch verquirlen. Dabei beachten, dass die **Schnittflächen** des Blätterteiges **frei gelassen** werden, damit das Gebäck aufgehen kann.
- **Backen:** Backofen während der Backzeit nicht öffnen, Zugluft lässt den Teig zusammenfallen.
- Nach dem Backen das Gebäck sofort vom Backblech nehmen

	Zutaten	Zubereitung
Forellen- oder Lachshörnchen Ergibt etwa 24 Stück	300–450 g TK Blätterteig	ausrollen
	100 g geräuchertes Forellenfilet oder Räucherlachs	in feine Streifen schneiden und mit
	1 Eigelb	und
	125 g fein geriebenen Gouda	mischen
		Zu Hörnchen aufrollen (s. S. 294) und auf ein mit kaltem Wasser abgespültes Blech legen. Mit verquirltem Eigelb bestreichen. **Backzeit:** 15–18 Minuten **Backtemperatur:** 200 °C

Füllungen

Es gibt eine Vielzahl von Füllungen: pikante und süße, die sowohl Verwendung für süßen als auch salzigen Hefeteig, Quark-Öl-Teig, Blätterteig finden. So ergibt sich eine Vielzahl von Variationsmöglichkeiten.

> **Richtwerte für das Backen von Kleingebäck mit Füllungen**
>
> **Backtemperatur:** 180–200 °C
> **Backzeit:** etwa 20–30 Minuten

Pikante Füllungen

Füllungen	Zutaten	Zubereitung
Hackfleisch-Feta-Füllung	300 g Rinderhackfleisch	in heißem Öl anbraten
	1–2 Zwiebeln	würfeln, zugeben und andünsten, mit
	Salz, Pfeffer, Paprika	würzen
	2–3 EL Tomatenmark	unterrühren
	1 Dose stückige Tomaten	zugeben, aufkochen, etwas einköcheln lassen
	100 g Feta-Käse	zerbröseln und unter die abgekühlte Füllung geben

Süße Füllung

Füllungen	Zutaten	Zubereitung
Apfeltaschen	1 Glas Apfelkompott (evtl. selbst hergestellt)	Zutaten mischen
	+ 50 g gehackte Mandeln	
	+ 40 g Rosinen	
Marzipan-Nuss-Füllung	200 g Marzipan	mit
	60 g Butter	verrühren und mit
	120 g gehackte Haselnüsse	und
	60 g Zucker	und
	2 EL Rum	verrühren
	1 steif geschlagenes Eiweiß	unterheben

Aufgaben:

1. Erstellen Sie aus den bisherigen Grundrezepten und Abwandlungen einen Wochenspeiseplan für eine von Ihnen gewählte Personengruppe. Berücksichtigen Sie dabei die zurzeit geltende Saison bei der Ergänzung entsprechender Beilagen.

2. Stellen Sie für das Seniorenheim für eine Woche im Juni ein Gebäckangebot zusammen. Es sollten pro Tag 3 Gebäcke angeboten werden. Gestalten sie Ihre Auswahl in Form eines Aushanges im Speiseraum. Tragen Sie Ihre Entscheidung begründet vor.

   a) Nach welchen Kriterien haben Sie Ihr Gebäckangebot zusammengestellt?

   b) Für die Herstellung der Kuchen + Gebäcke werden leicht verderbliche Lebensmittel eingesetzt. Welche Grundsätze der Prozesshygiene werden Sie dabei beachten?

3. Bereiten Sie verschiedene Blechkuchen zu und bieten Sie diese zum Verkauf an (z. B. Cafeteria, Pausenverkauf).

4. Das Budget für ein Mittagessen liegt bei 2 €. Unterbreiten Sie Ihrer Ausbilderin zwei Materialkostenkalkulationen mit Vorschlägen aus den bisherigen Grundrezepten und ihren Abwandlungen.

5. Sie bekommen den Auftrag, für 30 Personen ein Nachtisch-/Dessertbüfett zuzubereiten. Das Datum der Durchführung ist von Ihnen selbst zu wählen. Unterbreiten und begründen Sie Ihrer Vorgesetzten geeignete Speisenvorschläge.

Bild 1: *Übersicht der gängigen Gelierprodukte*

5.9 Konfitüre, Marmelade, Gelee, Chutney und Relish

Wo liegt der Unterschied?

Zu den süßen Brotaufstrichen gehören Konfitüre, Marmelade und Gelee. Diese werden in der Regel aus Früchten zubereitet. Vorwiegend aus Gemüse werden Chutneys und Relishs zubereitet. Hierbei handelt es sich um Saucen, die gern zu Kurzgebratenem oder Gegrilltem gereicht werden. Diese Saucen unterscheiden sich vor allem in ihrer Konsistenz: Ein **Chutney** ist homogener, musartiger. Ein **Relish** ist zumeist stückiger und schmeckt meist etwas säuerlicher. Die Grenzen sind fließend, und das macht die Zuordnung auch für Profis schwer. Das Angebot reicht von süßen bis höllisch scharfen Varianten.

> Als **Konfitüre** bezeichnet man Erzeugnisse, die aus einer oder mehreren Fruchtarten hergestellt wurden. Erzeugnisse, die ausschließlich aus Zitrusfrüchten hergestellt wurden, werden als **Marmelade** bezeichnet. Als **Gelee** bezeichnet man Erzeugnisse, die aus dem Saft einer oder mehrerer Fruchtsorten hergestellt wurden.

Wo liegen die Gemeinsamkeiten?

Es ist eine Haltbarmachung von Früchten/Gemüse oder Frucht-/Gemüsesäften, die mit **Zucker** und **Pektin** (pflanzliches Geliermittel mit hohem Wasserbindevermögen) gekocht werden. Für diese Möglichkeit der Konservierung stehen verschiedene Gelierprodukte zur Verfügung. Dabei handelt

es sich aber immer um Produkte mit Pektin, mal als Pulver, flüssig oder in Verbindung mit Zucker. Der Markt bietet uns immer mehr Produkte, so kann nach den eigenen Bedürfnissen das entsprechende Gelierprodukt gewählt werden.

Grundregeln für die Zubereitung

1. Vorbereitung

- Es sollten möglichst kleine Gläser ausgewählt werden, da so der Geliervorgang und die Haltbarkeit gefördert werden.

Bild 2: *Marmelade*

- Günstig sind **Gläser mit Twist-off-Deckel**. Die Deckel sollten aus hygienischen Gründen möglichst in einem Kochtopf, bedeckt mit Wasser, zum Kochen gebracht werden.
  Alternative 1: Die Gläser gründlich spülen, heiß nachspülen, zum Trocknen umgedreht auf ein sauberes Geschirrtuch stellen. Gläser nicht abtrocknen (Mikroorganismen)!
  Alternative 2: Keime in den Gläsern können abgetötet werden, indem die Gläser zum Trocknen bei 120 °C für etwa 20–30 Min. in den Backofen gestellt werden.
  Alternative 3: Gereinigte Gläser in den Kombidämpfer stellen und bei 120 °C etwa 20 Min.

unter Zugabe von Wasserdampf nochmals reinigen. Anschließend zum Trocknen umschalten und weiter wie Alternative 1.

- Betriebs- und Arbeitsmittel sauber bereitstellen (hoher Kochtopf, Kochlöffel, Schaumkelle, Litermaß zum Ausgießen, Kelle, evtl. Einfüllring (Trichter mit größerer Öffnung), Teller für Gelierprobe)

2. Zubereitung

- Einwandfreie Zutaten verwenden. Das Obst/Gemüse gründlich waschen, putzen, je nach Rezept zerkleinern oder entsaften.
- Früchte/Gemüse und Gelierzucker mischen. Je nach Rezept werden die Zutaten direkt weiterverarbeitet oder müssen eine bestimmte Zeit ruhen (ziehen). Siehe Gebrauchsanweisung des Produktes.
- In einem hohen Topf, der nur etwa bis zur Hälfte gefüllt ist, unter Rühren zum Kochen bringen, etwa 4 Min., je nach Rezept, sprudelnd kochen lassen.
- Durchführung einer **Gelierprobe**: Dazu einige Tropfen der Masse auf einen kalten Teller tropfen lassen. Wird der Tropfen fest, kann der Kochvorgang beendet werden. Geliert das Produkt nicht, muss die Kochzeit verlängert werden oder es hilft die Zugabe von etwas Zitronensäure. Bei Chutneys und Relishs sollte die Konsistenz musartig bzw. soßenartig sein.
- Ist es zur Schaumbildung gekommen (bei eiweißhaltigen Früchten), Schaum mit einem Schaumlöffel abnehmen.
- Die heiße Masse bis etwa 1 cm unter den Rand einfüllen
- Ränder mit einem feuchten Tuch säubern, sofort mit den Deckeln verschließen.
- Werden die Gläser mit Twist-off-Deckel verschlossen, diese für etwa 10 Min. auf den Deckel stellen (Vakuumbildung), anschließend zurückstellen.

3. Beschriftung

- Nach der Abkühlzeit werden die Gläser nochmals auf Sauberkeit kontrolliert und gegebenenfalls gereinigt.
- Nun erfolgt die Etikettierung. Hier werden üblicherweise Herstellungsdatum, Inhalt (Gewicht), Produktart und verwendetes Geliermittel notiert.

4. Lagerung

- Die Produkte sollten möglichst dunkel, trocken und kühl gelagert werden, dies dient u. a. dem Farberhalt.
- Je nach Produkt und eingesetztem Geliermittel sind diese Produkte einige Monate bis zu einem Jahr haltbar.
- Lagerung von geöffneten Gläsern erfolgt im Kühlschrank.

Aufgaben:

1. Erstellen Sie eine Rezeptkartei zum Thema „Konfitüre, Gelee & Co begleiten uns durch das Jahr"!

2. Recherchieren Sie, ob die Übersicht der gängigen Gelierprodukte erweitert werden kann. Bekannte Internetadressen wie z. B. www.koelner-zucker.de und www.oetker.de können Sie dabei unterstützen.

3. Entwickeln Sie Vorschläge für die Verpackung von selbst hergestellten Produkten für den Verkauf.

4. Erstellen Sie eine Materialkostenberechnung für eine von Ihnen ausgewählte Konfitüre sowie eine passende Etikettierung und Verpackung.

5. Im Grundrezept Konfitüre werden geputzte Früchte verwendet. Wie viel Obst muss jeweils gekauft werden, wenn durch das Putzen und Entsteinen ein Gewichtsverlust auftritt?

   a) Aprikosen Gewichtsverlust 16 %.
   b) Nektarinen 9 % Gewichtsverlust.

6. Im September dieses Jahres spricht Ihre Ausbilderin Sie an, dass im Januar ein Tag der offenen Tür stattfinden wird. Die Hauswirtschaft möchte sich durch einen kleinen Verkaufsstand mit selbsthergestellten Produkten präsentieren.

   a) Sie erhalten den Auftrag, geeignete Rezepte für den Bereich „Konfitüre, Marmelade, Gelle, Chutney und Relish" zusammenzustellen.
   b) Begründen Sie Sie Ihre Auswahl und stellen Sie diese im Anschluss vor.

Die Angabe **1:1** gibt das Verhältnis **Zucker:Früchte** an. Beispiel: **1 kg Gelierzucker:1 kg Früchte**

Grundrezept (GR) Marmelade: Grapfruitmarmelade

1:1	Zutaten	Zubereitung
1 kg	geputzte filetierte rosa Grapefruits	filetierte Grapefruits mit
1 kg	Gelierzucker (1:1)	in einer Schüssel mischen und zugedeckt etwa 12 Std. ziehen lassen weiter wie Konfitürenzubereitung

Grundrezept (GR) Konfitüre: Aprikosen-, Erdbeer-, Nektarinen- oder Himbeerkonfitüre

1:1	1:2	Zutaten	Zubereitung
1 kg	1 kg	geputzte Aprikosen **oder**	in Würfel schneiden
		geputzete Erdbeeren **oder**	in Stücke schneiden oder pürieren
		geputzte Himbeeren	als ganze Frucht oder pürieren
		Nektarinen	entsteinen, in Würfel schneiden
1	1	Päckchen Zitronensäure	
1 kg	500 g	Gelierzucker (1:1 oder 1:2)	die jeweiligen Früchte mit dem Gelierzucker und der Zitronensäure in einen großen Topf geben und mischen
			Obst unter ständigem Rühren aufkochen und mindestens 3 Min. sprudelnd kochen lassen
			Früchte pürieren
			Gelierprobe durchführen
			in vorbereitete Gläser füllen, verschließen
			Gläser für 10 Min. auf den Deckel stellen Konfitüre anschließend kühl und dunkel lagern

Grundrezept (GR) Gelee: Rotwein-, Glühwein-, Multivitamin-, Apfelsaftgelee

1:1	1:2	Zutaten	Zubereitung
750 ml	750 ml	trockener Rotwein **oder** Glühwein **oder**	in einen großen Topf füllen
1 l	1 l	Multivitaminsaft **oder** Apfelsaft	in einen großen Topf füllen
Saft einer	Saft einer	Zitrone	zum Saft geben
1 kg	500 g	Gelierzucker	unter Rühren zum Kochen bringen, etwa 4 Min. sprudelnd kochen lassen, weiter wie Konfitüre

Tomaten-Chili-Chutney

1:1	Zutaten	Zubereitung
1,4 kg	Tomaten	waschen, putzen, würfeln, in einen großen Topf geben
3	Schalotten	fein würfeln, zugeben
40 g	frischer Ingwer	schälen, reiben, zugeben
2 kleine	Chilischoten	waschen, putzen, fein würfeln, zugeben
1 Tl	Salz	zugeben
400 g	Gelierzucker (1:1)	zugeben
100 ml	Obstessig	zugeben, Zutaten vermischen, etwa 30 Min. kochen, weiter Zubereitung wie Konfitüre

Zucchini-Relish

1:1/1:2	Zutaten	Zubereitung
1 kg	Zucchini	waschen, putzen in kurze Juliennestreifen (= Fachausdruck für Streifen) schneiden, in einen großen Topf geben
4 kleine	Ingwerstücke	schälen, reiben, zugeben
4 El	Obstessig	zugeben
1 kg oder 500 g	Gelierzucker (1:1) oder Gelierzucker (1:2)	zugeben und Zutaten vermischen weitere Zubereitung wie Konfitüre

5.10 Speisen präsentieren

Der Spruch das „Auge isst mit" bekommt hier seine Bedeutung. Nachdem die Speisen zubereitet wurden, werden sie angerichtet und serviert. Eine gut zubereitete Speise wird ansprechend angerichtet, denn nur dann kommen die Speisenkomponenten optimal zur Geltung. Der Gast erhält über das Aussehen der gereichten Speisen einen ersten Eindruck. „Das sieht aber gut aus!" Des Weiteren regt es den Appetit an.

Bild 1: *Portionierte Tomatensuppe*

Bild 2: *Gebäckplatte*

Bild 3: *Anrichten mit Handschuh*

5.10.1 Anrichten von Speisen

> Unter Anrichten wird ein Einfüllen oder Auflegen von fertigen Speisen in Anrichtegeschirr verstanden.

Für dieses Arbeitsgebiet sollten einige Grundregeln Beachtung finden:

- Unbeschädigtes und sauberes Anrichtegeschirr einsetzen
- Warme/heiße Speisen in oder auf vorgewärmtes Geschirr anrichten
- In Glasschüsseln keine heißen Speisen füllen. Ausnahme: feuerfestes Geschirr
- **„Der Tellerrand gehört dem Gast!"** Dieser Spruch gilt nicht nur für das Servieren, sondern auch für das Anrichten.
- Nach dem Anrichten das Geschirr nochmals auf Sauberkeit kontrollieren, bei Bedarf säubern
- Vorlegebesteck bereitlegen neben oder an das Anrichtegeschirr
- Kuchen mit Tortenspitze anrichten

Das Anrichten bietet drei Möglichkeiten.

Ausfüllen

Bild 1: *Eingefüllte kalte Soße*

> Hier werden Speisen in größeres Serviergeschirr eingefüllt: z. B. Suppen – Suppenterrine, Beilagen – Porzellanschüssel.

Da Geschirr zerbrechen oder zerspringen kann, sollten die Speisen nie über Töpfe oder Schüsseln eingefüllt werden. Die Füllmenge sollte ¾ betragen, somit wird der Transport an den Tisch erleichtert, da keine Speisen überlaufen können.

Portionieren

> Unter Portionieren wird ein gleichmäßiges Verteilen von fertigen Speisen in Serviergefäße verstanden, welche für eine Person bestimmt sind.

Portioniert werden können alle Speisen von der Vorspeise bis hin zu Desserts. Letztere werden günstig mit einem Litermaß in Gläser, Glasschälchen, Weingläser oder Dessertbecher gefüllt. Dabei sollte ein Teller zum Tropfenauffangen mit eingesetzt werden. Wenn mit einer Schöpfkelle portioniert wird, diese so auswählen, dass das Fassungsvermögen der Schöpfkelle einer Portion entspricht (rationell arbeiten). Auch hier gilt die Grundregel: Gefäße nur zu ¾ befüllen (s. auch S. 307, Beispiele für das Anrichten und Garnieren ausgewählter Speisen).

Wird das Hautgericht auf einem Menüteller angerichtet, so ergeben die einzelnen, zusammengestellten portionsgerechten Menükomponenten das Gericht. Dabei sollten die Speisenkomponenten immer gleich angeordnet werden.

- Fleisch, Fisch, Geflügel und Eierspeisen mit einer evtl. dazu portionierten Soße wird in das untere Drittel platziert.
- Beilagen wie z. B. Kartoffeln und Kartoffelprodukte, Reis, Teigwaren haben ihren Platz oben links.
- Gemüse werden oben rechts angerichtet.

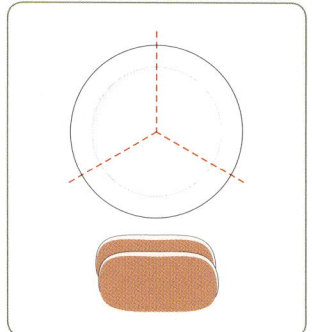

Bild 2: *Anordnung – Menüteller*

Der Teller wird später so dem Gast präsentiert bzw. serviert, dass das Fleisch zum Gast zeigt. Das ist die Position, bei der der Gast das Fleisch u. a. leicht schneiden kann.

Bei der Portionierung von Salaten unterscheiden wir Blattsalate und feste Salate. Letztere lassen sich mit Salatbesteck oder Schaumlöffel gut anhäufen.

Für Blattsalate bietet sich die Handportionierung an (s. Bild S. 304). Der Salat bleibt locker und eine gute Mengeneinschätzung ist möglich. Achtung: Hygieneregeln beachten: Einweghandschuhe für die Portionierung einsetzen.

Auflegen auf Platten

> Unter Auflegen wird das Platzieren von Speisen auf flaches Anrichtegeschirr verstanden: z. B. Kuchen-, Edelstahl-, Porzellan-, Glasplatten und Spiegel.

Die Auswahl des Anrichtegeschirrs sollte dem Anlass entsprechend gewählt werden. Rustikal können Platten aus farbiger Keramik und Holz wirken. Festlich wirkende Materialien sind z. B. Spiegelplatten, Schiefer oder Glasplatten. Beim Auflegen sollten einige Regeln beachtet werden:

- Der Rand der Platte bleibt frei. In Ausnahmefällen kann er für die Garnitur verwendet werden.
- Die Platten ausreichend groß auswählen, denn die Portionsstücke dürfen nicht übereinandergestapelt werden.
- Wird z. B. der Hauptgang eines Menüs (s. S. 377) auf Platten angerichtet, so könnte die Plattenaufteilung wie folgt aussehen:

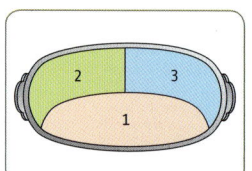 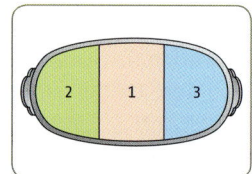

Bild 1: *Nr. 1: Hauptbestandteil (Fleisch, Geflügel, Fisch, Ei, Nr. 2: Gemüse, Nr. 3 Sättigungsbeilage (Kartoffelgerichte, Reis, Teigwaren)*

- Eckige Platten für quadratische oder rechteckige Formen auswählen. Runde Platten eignen sich für runde Formen, ovale Platten sind für alle Formen einsetzbar.
- Gleich große Stücke von Gebäck werden erreicht, wenn z. B. Blechkuchen vor dem Schneiden mit einem Backlineal geschnitten oder Torten mit einem Tortenteiler markiert werden.

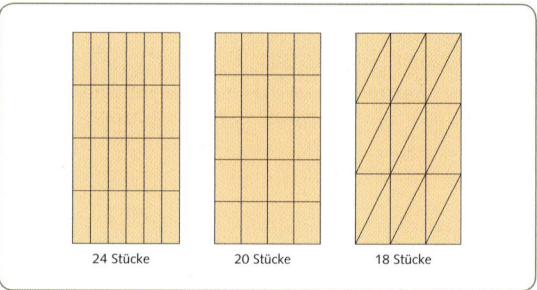

| 24 Stücke | 20 Stücke | 18 Stücke |

Bild 2: *24 Stücke, 20 Stücke, 18 Stücke*

- Kleingebäck, Fingerfood, Canapés u. Ä. werden in Reihen angeordnet, wobei gleiche Stücke eine Reihe bilden. Sie können waagerecht oder diagonal arrangiert werden. Die entstandene Platte ist durch die übersichtliche Ordnung dekorativ (s. S. 394).
- Flache Portionsstücke werden schuppenförmig angeordnet, z. B. Fleischscheiben, geschnittene Wurst, für Wurstplatten, aber auch trockene Rührkuchenstücke.
- Bei der Zusammenstellung der Speisen ist auf die Formgebung und auf Farbkontraste zu achten. Das bedeutet, dass Produkte mit gleicher Farbe nicht nebeneinanderliegen dürfen.

5.10.2 Garnieren von Speisen

Grundsätzlich sollte bei der Auswahl der Garnitur darauf geachtet werden, dass das Garniturmaterial in Farbe und Geschmack zum Hauptbestandteil passt. Die Garnitur sollte essbar sein und die Speisen „schmücken", **nicht überladen** oder gar **überdecken**. „Weniger ist oft mehr!" Die Anfertigung von Garnituren bedarf einer zeitlichen Planung, denn die fertig angerichteten Speisen müssen ohne zeitliche Verzögerung serviert werden. Bei kalten Speisen, z. B. Desserts, kann die Garnitur in der Regel direkt nach dem Anrichten angelegt werden. Bei heißen Speisen kann die Garnitur erst nach dem Anrichten erfolgen, sie würde sonst austrocknen. **Heiße Speisen** sollten möglichst auch eine **heiße Garnitur** erhalten (Ausnahmen s. Tabelle). Im Umkehrschluss bedeutet das, dass **kalte Speisen** eine **kalte Garnitur** angelegt bekommen. Möglichst mit Lebensmitteln garnieren, die für das Gericht typisch sind, z. B. Dill an Gurken, oder im Gericht enthalten sind (Erbeeren an eine Erdbeercreme).

Beispiele für das Anrichten und Garnieren ausgewählter Speisen

Speisen	Equipment/Anrichtegeschirr	Anrichten mit	Garniturvorschläge
Suppen, Gebundene Suppen	Suppentasse mit Untertasse, Suppenteller, Suppenterrine	Schöpfkelle oder Litermaß	Gehackte Kräuter, süße Sahne, Curry- oder Paprikapulver
Gemüse	Platten, Schüssel, Teller	Schaumlöffel, Schöpfkelle	Gehackte Kräuter, geröstete Mandelblätter;
Reis	Schüssel, Platten mit z. B. Ragout	Reisrandform, großer Eisportionierer	Gehackte Kräuter, Petersiliensträußchen
Fleisch Ragout Portionierte Fleischstücke	Teller, Platten aus Edelstahl, Glas (bei kaltem Fleisch), Porzellan, Schüsseln z. B. für Gulasch, Ragout	Küchenfreund, Palette, Fleischgabel, Suppenkelle	Kräuter wie Rosmarin, Estragon, Salbei, Schnittlauch, Petersilie; Zwiebelringe roh oder geröstet, passende Soße angießen oder Soßenspiegel; gedünstete Tomate, Früchte
Fisch Ragout Ganze Fische Fischfilet	Teller, Platten aus Edelstahl, Glas (bei kaltem Fleisch), Porzellan, Schüsseln z. B. für Gulasch, Ragout	Küchenfreund, Palette, Fleischgabel, Suppenkelle	Zitronenscheiben, Kräuter wie Dill, Schnittlauch, Petersilie, abgezogene Tomaten, gedünstete Tomate, Früchte; mit passender Soße angießen
Salate Blattsalate Gegarte Salate	Flache Schalen, kleine tiefe Teller oder Platten, Dessertteller, Glasgefäße, Porzellanschüsseln	Handportionierung, Schöpfkelle, Salatbesteck	Kräuter wie Dill, Schnittlauch, Petersilie, Salat-Dressing, Zwiebelringe, Eierspalten oder -scheiben, Tomatenspalten
Dessert	Dessertteller, Glasschälchen (tief oder flach), Wein- oder Sektgläser, Kaffee- oder Mokkatasse	Litermaß, Schöpfkelle, Eisportionierer,	Geschlagene Sahne, Fruchtspiegel, Schokoladenraspel oder -streusel, ungesalzene Pistazien, Zitronenmelisse, Früchte

Tabelle 1: *Anrichten und Garnieren ausgewählter Speisen*

Anfertigen von Garnituren

Bild 2: *Blüten von Möhren*

Bild 1: *Garniturbeispiel: 1. Limettenscheiben, 2. Gurkenfächer, 3. Gurkenscheiben, 4. Champignonscheiben, 5. Paprikascheiben, 6. Radieschenblüte, 7. Melonenkugeln, 8. Kiwispalte, 9. fächerförmig angeordnete halbe Kiwischeiben, 10. Tomatenwürfel, 11. Gurkenrispe*

Blüten von Möhren: auch möglich aus kleinen Zucchinis oder Gewürzgurken. Möhren waschen, schälen und waschen. An vier oder fünf Kanten kirchturmartig bis zur Mitte einschneiden und als Blüte vorsichtig ausbrechen.

Bild 1: *Rosetten aus Butter*

Rosetten aus Butter: auch möglich aus **Frischkäse**, **Kräuterbutter**. Weiche Butter wird mit den Rührhaken des Handrührgerätes schaumig gerührt und mit einem Spitzbeutel mit **Sterntülle** zu Rosetten gespritzt. Anschließend abgedeckt kühlen.

Bild 2: *Krone von Melone*

Krone von Melone: auch möglich aus **Tomaten**. In einem gleichmäßigen Abstand wird die Melone mit einem Dreiecksmesser eingeschnitten. Anschließend Kerne mit einem Löffel entfernen.

Aufgaben:

1. Geben Sie Garniturvorschläge für folgende Speisen: Currysuppe, Frikadellen mit Tomatensoße, Irish-Cream-Creme, Orangen-Zitronen-Flammeri (Rezepte ab S. 277).

2. Für ein Kuchenbüfett sind folgende Kuchen zubereitet worden: Limokuchen, Windbeutel mit Erdbeer-Vanille-Creme, Mandelschnitten, Aprikosenstreusel und Blätterteigkämme mit Marzipan-Nuss-Füllung (Rezepte ab S. 277). Sie erhalten den Auftrag, die fertigen Kuchen ansprechend anzurichten. Entwickeln Sie Anrichtevorschläge?

3. Auf dem Bild 1 „Garniturbeispiele" auf S. 307 sind einige Abbildungen von Garniturvorschlägen zu sehen. Entwickeln Sie Arbeitsanweisungen für die Herstellung der abgebildeten Garnituren.

5.10.3 Servieren von Speisen und Getränken (Grundlagen)

Serviert werden Speisen, die zuvor in der Küche angerichtet wurden. Dies kann in Form von Tellergerichten oder Platten und Schüsseln erfolgen (s. LF 4 S. 304). Neben einer sauberen Arbeitsklei- dung, gepflegtem Äußeren und einem neutralen Geruch (nicht zu viel Parfüm auflegen und nicht kurz vorher rauchen), sind die Informationen über die angebotenen Speisen wichtig. So kann qualifiziert beraten und bedient werden (s. LF 5 S. 349 und LF 6 ab S. 360).

Einsetzen von links	Einsetzen von rechts
Brot, Brötchen, Toast	Suppen
Kompott	Teller mit Speisen
Salat als Beilage	leere Gedeckteller
Resteteller	Kaffee- und Teetassen
Fingerschalen	Gläser
Frühstücksei	
Vorlegen und Präsentieren von Speisen	Einschenken und Präsentieren von Getränken

Bild 3: *Einsetzen von Speisen und Getränken von links und rechts*

Beim Servieren kommen immer beide Hände zum Einsatz. Für das Einsetzen von rechts (s. Bild 1) ist die **linke Hand** die **Tragehand** und mit der **rechten Hand (= Arbeitshand)** wird die Speise eingesetzt. Werden Speisen von **links** eingesetzt, so ist die **rechte Hand** die **Tragehand** und die **linke** die **Arbeitshand**, mit der die Gerichte eingedeckt werden. Beim Tragen der Teller ist darauf zu achten, dass der Daumen nur den Tellerrand berührt und nicht in die Speisen greift.

Techniken zum Tragen von Tellern – Tellerservice

Einen Teller tragen mit Untergriff

Den Teller zwischen dem Daumen und Zeigefinger der linken Hand halten, dabei den Daumen so anwinkeln, dass dieser nur den äußeren Tellerrand hält. Die weiteren Finger dienen als Stütze. (= Handteller).

Bild 1: *Tragen eines Tellers mit Untergriff*

Zwei Teller tragen mit Untergriff

Den zweiten Teller unter den Handteller zwischen Zeigefinger und Mittelfinger schieben. Die weiteren Finger dienen in gespreizter Stellung als Stütze.

Bild 2: *Tragen von zwei Tellern mit Untergriff*

Zwei Teller tragen mit Obergriff

Zuerst den Handteller mit links aufnehmen, dabei dienen Zeige-, Mittel- und Ringfinger in gespreizter Form als Stütze. Der abgespreizte kleine Finger dient als Stütze für den zweiten Teller, der auf Handballen und Unterarm aufgesetzt wird.

Bild 3: *Tragen von zwei Tellern mit Obergriff*

Weitere Regeln für den Tellerservice

- Der Service beginnt bei der ältesten Dame, dem Ehrengast, bei Brautpaaren bei der Braut.
- Anschließend geht es im Uhrzeigersinn weiter. Das ist der Gast, der links neben dem ersten Gast sitzt.

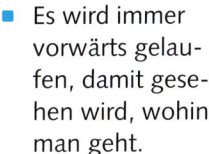

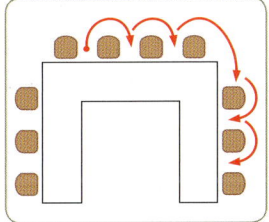

Bild 4: *Laufrichtung*

- Es wird immer vorwärts gelaufen, damit gesehen wird, wohin man geht.
- Werden Speisen von links eingesetzt, so sitzt der zweite Gast rechts neben dem ersten Gast.

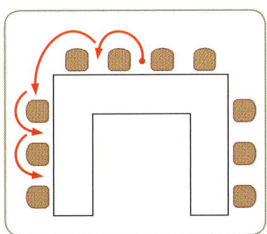

Bild 5: *Laufrichtung*

- Der Gastgeber, außer er ist der Ehrengast, bekommt seine Speisen zuletzt.
- Der Teller, der sich in der Arbeitshand befindet (rechte Hand), wird zuerst von rechts eingedeckt. Der oberste Teller der Tragehand (linke Hand) wird von der rechten Hand übernommen und platziert, zum Schluss der Handteller.

Grundlagen: Servieren von Getränken

Grundsätzlich werden Gläser oder Tassen mit Untertasse mit der linken Hand auf Tabletts transportiert. Mit der rechten Hand werden die Gläser eingesetzt. Dabei werden die Gläser aus hygienischen Gründen immer **am Stiel** oder im **unteren Drittel** angefasst. Diese Regel gilt auch für das Abdecken. Haben die Gläser oder Tassen ein Firmenlogo, so wird das Glas/die Tasse so ausgerichtet, dass das Logo dem Gast zugewandt ist.

Werden die Getränke in **Portionsflaschen** serviert, so wird das Glas zu ⅓ bis ½ befüllt und die Flasche wird mit dem Etikett zum Gast hin oberhalb der Gläser platziert.

Bild 1: *Portionsflaschen*

Diese Regelung gilt auch für **Karaffen** oder **Krüge**. Bei dem Ausschank von Bieren in Portionsflaschen wird das Glas **leicht schräg** gehalten für die gewünschte Bierkrone.

Bild 2: *Eingießen aus Karaffe*

Werden Weine aus Flaschen eingegossen, so erfolgt zunächst eine Präsentation des Weines auf der rechten Seite.

Dazu wird die Weinflasche so präsentiert, dass der Gast das Etikett des Weines lesen kann (s. LF 6 S. 377). Dem Gastgeber oder Besteller des Wei-

Bild 3: *Wein eingießen*

nes wird zunächst eine Probe (Probeschluck) eingegossen. Wenn die Weinwahl seinen Vorstellungen entspricht, wird der Wein an die weiteren Gäste ausgeschenkt, zum Schluss dem Gastgeber/Besteller.

Ob Getränke aus Portionsflaschen oder der Wein aus Karaffen oder direkt aus der Weinflasche eingeschenkt wird: Getränke werden von **rechts** mit der **rechten** Hand eingegossen. Dabei berührt der Flaschenhals nicht den Glasrand. Zum Ende des

Eingießvorganges wird die Flasche langsam wieder in die Waagerechte gebracht und dabei leicht nach rechts gedreht. So wird eine Verschmutzung durch Getränketropfen auf dem Tischtuch vermieden.

Techniken zum Abtragen von Tellern – Tellerservice

Grundsätzlich sollten nicht mehr als insgesamt 5–6 Teller ausgehoben werden.

- Abtragen mit dem Obergriff wird eingesetzt bei wenig Speiseresten.
- Abtragen mit Unter- und Obergriff kommt zum Einsatz bei allerlei Speiseresten.

Abtragen mit Untergriff

Der erste Teller wird von **rechts** ausgehoben und in die **linke** Hand gegeben (= **Handteller**). Dabei wird das Griffende der Gabel mit dem Daumen gehalten. Das Messer wird unter die Gabel geschoben. Messer und Gabel liegen etwa im 90-Grad-Winkel. Der zweite Teller wird im **Obergriff** getragen und die Besteckteile dieses Tellers werden auf den Handteller platziert. Geringe Mengen an Speiseresten werden mit den Besteckteilen des zweiten Tellers auf den Handteller geschoben.

Bild 4: *Abtragen mit 2 Tellern – Obergriff*

Aufgaben:

1. Decken Sie einen Kaffeetisch für 6 Personen …

    a) zu einem von Ihnen gewählten Anlass (Ostern, Geburtstag usw.).
    b) Beschreiben Sie das Abtragen.

2. Erstellen Sie eine Übersicht (s. Bild 3 S. 308) über das Abtragen von Speisen und Getränken von links und rechts.

5.10.4 Eindecken von Frühstücks- und Kaffeetisch

Eindecken von Tischen s. LF 6 S. 361 und s. S. 368

> ◼ Die Besteck- und Geschirrteile müssen bei gegenüberliegenden Plätzen eine Linie ergeben.

Umfang des Gedeckes	Eindecken	Gedeckarten
Frühstück, einfaches	Der Mittelteller, flache Teller oder Kuchenteller ist der Mittelpunkt eines Gedeckes.	
	Die Teller werden **daumenbreit (1–2 cm)** vom Tischrand entfernt eingedeckt.	
	Die Serviette wird **auf** oder **links** neben den Teller gelegt.	
	Das Mittelmesser (oder große Messer) wird **rechts** mit der Schneide zum Teller (nach links zeigend) **daumenbreit (1–2 cm)** von der Tischkante entfernt platziert.	
	Die Kaffeeuntertasse wird **rechts** neben das Mittelmesser gelegt, sodass die Oberkante der Untertasse mit der Oberkante des Mitteltellers abschließt.	
	Die Kaffeetasse wird so auf die Untertasse gestellt, dass das Tassenohr nach **rechts**, leicht schräg nach vorne, ausgerichtet wird. (16.00 Uhrstellung)	
	Der Kaffeelöffel wird rechts auf die Untertasse **parallel** zum Tassenohr eingedeckt. (16.00 Uhrstellung)	
Frühstück, erweitertes	Die Mittelgabel (oder große Gabel) wird **links** neben den Teller, **daumenbreit** von der Tischkante entfernt, gelegt.	
	Das Glas wird **1–2 cm** oberhalb des Mittelmessers eingesetzt.	
	Zusätzlich können Milchausgießer und Zuckerdose zusammen eingedeckt werden, dabei sollten der Henkel des Milchausgießers und Zuckerlöffel oder Zuckerzange nach rechts, leicht schräg nach vorne ausgerichtet werden. (16.00 Uhrstellung)	
Kaffee- oder Teetisch	Das Gedeck wird wie das einfache Frühstück eingedeckt, nur ohne Mittelmesser.	
	Die Kuchengabel kann an die Stelle des Mittelmessers gelegt werden, also **rechts** neben den Kuchenteller.	
	Alternative: Kuchengabel wird **schräg**, mit gleicher Ausrichtung wie der Kaffeelöffel, **auf** den Kuchenteller eingedeckt.	
	Milchausgießer und Zuckerdose werden wie beim erweiterten Frühstück platziert.	

Lernfeld 5
Personen verpflegen

Lernsituation

Das Ehepaar Reinerts möchte Sie nach Beendigung der Ausbildung als Hauswirtschafterin einstellen. Im ländlichen bergischen Land bewohnen die Eheleute das Erdgeschoss eines Zweifamilienhauses mit großem Garten. In der ersten Etage leben die Tochter, Schwiegersohn und deren Kinder Anna (4 Jahre) und Tim (8 Jahre).

Frau Reinerts ist 62 Jahre alt und seit diesem Jahr pensioniert. Herr Reinerts wird im kommenden Monat 65 Jahre. Beide bevorzugen eine bodenständige, bürgerliche Küche. Frau Reinerts ist Diabetikerin Typ 2, die weder orale Antidiabetika nimmt, noch Insulin spritzt. Herr Reinerts achtet sehr darauf, dass sein Körpergewicht die obere Grenze des Normalgewichts nicht überschreitet. Die Enkelkinder kommen dienstags, mittwochs und donnerstags gegen 13.00 Uhr zum Mittagessen und bleiben bis etwa 18.30 Uhr. Nach dem Abendessen holen die Eltern sie ab. Auf diese Tage freuen sich Anna und Tim. Bei Oma und Opa gibt es immer „was Leckeres zu essen" und nachmittags wird zusammen gespielt, z.B. Brettspiele.

Samstags essen „Alt und Jung" gemeinsam, sodass Sie ein Mittagessen vorbereiten müssen, das die Bedürfnisse von drei Generationen berücksichtigt.

Lernziele

- Auf die Personengruppen abgestimmte Tages- und Wochenspeisepläne planen, herstellen, anrichten und präsentieren.
- Berücksichtigung einer vollwertigen Ernährung (DGE)
- Risiken des Übergewichts kennen und praktische Beispiele der Vermeidung demonstrieren
- Kenntnisse der Ernährung in verschiedenen Lebensabschnitten praktisch anwenden
- Regionale Speisen kennen und diese in der Speiseplanung berücksichtigen
- Regeln zum Anrichten und Garnieren von Speisen anwenden.
- Geeignete Getränke auswählen, evtl. herstellen
- Berücksichtigung und ggf. Einbindung der Kinder bei der Zubereitung des Abendessens
- Regeln des Eindeckens von Mittags-, Kaffeetisch und Abendessen kennen und entsprechend umsetzen
- Umweltbewusstes Handeln praktizieren
- Hygiene- und Arbeitsschutzmaßnahmen einsetzen.

Methode: Kartenabfrage

Bei der Bearbeitung dieses Lernfelds werden Sie sich mit der Verpflegung verschiedener Personen in verschiedenen Lebenssituationen (z. B. Kindheit, Jugend) auseinandersetzen. Sicherlich haben Sie bereits Erfahrungen gemacht oder haben Vorstellungen, was Sie bei der Verpflegung von Personen berücksichtigen müssen.

Die Kartenabfrage ist eine geeignete Methode, um diese Gedanken, Ideen und Vorkenntnisse zunächst zu sammeln und anschließend nach bestimmten Gesichtspunkten zu sortieren und zusammenzufassen.

Überlegen Sie sich, was Sie alles bei der Verpflegung von Personen (z. B. Senioren) berücksichtigen müssen.

Schreiben Sie Ihre Ideen zu dieser Frage auf die Karteikarten.

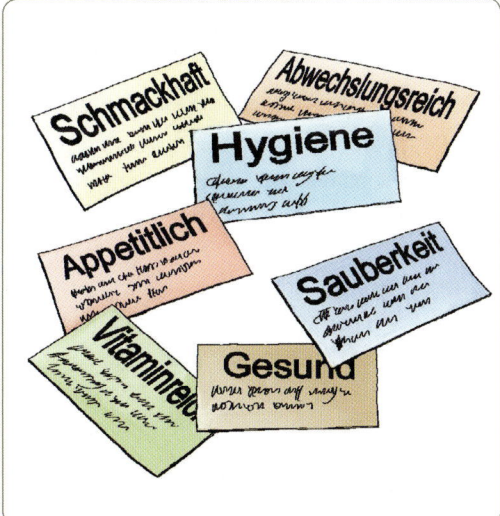

Bild 1: *Beschriftete Karteikarten*

Beachten Sie dabei folgende Regeln:

- Schreiben Sie nur einen Gedanken in Stichpunkten (nicht mehr als drei Zeilen) auf eine Karte.
- Schreiben Sie groß und leserlich, am besten benutzen Sie Druckbuchstaben und schreiben mit einem Filzstift.

Zwei Schülerinnen, die auch die weitere Moderation übernehmen, sammeln nun die Karten ein und hängen diese unsortiert an die Außenseiten der Tafel oder an eine Pinnwand. Dabei zeigen sie dem Kurs die Karte und lesen diese laut vor.

Anschließend sollen an einer freien Fläche (Innenseite der Tafel/weitere Pinnwand/Packpapierbogen) die Karten, die inhaltlich zusammengehören, zusammengehängt werden. Damit es nicht zu Missverständnissen kommt, werden fertige Kartengruppen mit einem Stift eingekreist.

Formulieren Sie anschließend zu den einzelnen Kartengruppen Überschriften/Oberbegriffe, die möglichst den Inhalt aller Karten einer Gruppe wiedergeben. Manchmal eignen sich auch Formulierungen einzelner Karten als Überschrift.

Nun können Sie im Kurs abstimmen (z. B. durch eine Punktabfrage), in welcher Reihenfolge bzw. wie intensiv Sie die einzelnen Themenbereiche bearbeiten möchten.

Bei der Bearbeitung dieses Lernfeldes können Sie überprüfen, ob Sie die wichtigsten Aspekte erfasst haben oder ob Sie möglicherweise Ergänzungen vornehmen müssen.

Bild 2: *Beispiel für sortierte Karten mit Oberbegriffen*

1 Ernährung im Allgemeinen und im Besonderen

Essen und Trinken, die beiden Grundbedürfnisse des Menschen, prägen sowohl den Alltag als auch festliche Anlässe in allen Kulturen. Dabei sind hier ebenso wie z. B. in der darstellenden Kunst, der Musik oder der Architektur religiöse Einflüsse, früher mehr als heute, richtungweisend. So aufschlussreich die Zusammenhänge zwischen Kultur und Essen auch sein mögen, im Folgenden geht es um die Frage, welche Ernährung den Erkenntnissen der Wissenschaft hinsichtlich Krankheitsvorbeugung entspricht. Spezielle Ernährungsformen, umgangssprachlich häufig als „Diät" bezeichnet, werden nicht erläutert.

1.1 Vollwertige Ernährung

Eiweiße
Fette
Kohlenhydrate

Bild 1: *Ernährung ist die Botschaft für den Kopf – Essen die für die Sinne*

Jede Zeit hat ihre Ernährung oder besser ihre Art des Essens. Essen ist mit Gefühlen, Genuss und Erlebnissen verbunden, während Ernährung „Botschaften für den Kopf sind" (PUDEL). Das Dilemma ist bekannt: Der Mensch des 21. Jahrhunderts „snackt" sich durch den Tag. Der zeitliche Abstand, der zwischen der Entscheidung zu essen und dem Verzehr liegt, ist meist ebenso kurz wie der eigentliche Vorgang des Essens. Imbiss und Snacking erlauben Lust ohne Verzögerung. Oftmals geht die spürbare Zufriedenheit sehr schnell vorüber, ein „schlechtes" Gewissen bleibt. Lassen sich die Ansprüche an ein gesundes Leben tatsächlich nicht mit der Ernährungswirklichkeit in Einklang bringen? Es kommt auf die Menge und Kombination von Lebensmitteln an, damit Essen schmeckt und die Gesundheit fördert. Gleichwohl lautet die Botschaft für den Kopf, dass sowohl Energie- als auch Nährstoffgehalt dem individuellen Bedarf entsprechen müssen.

1.1.1 Energiebedarf

Der Energiebedarf ergibt sich aus Grundumsatz und Leistungsumsatz. Er wird vom **Grundumsatz** (engl. **b**asal **m**etabolic **r**ate, BMR) ausgehend definiert. Das ist diejenige Energiemenge, die der Körper pro Tag

- in völliger Ruhe,
- 12 Stunden nach der letzten Nahrungsaufnahme,
- leicht bekleidet bei einer Raumtemperatur von etwa 28 °C benötigt.

Sie ermöglicht die Aufrechterhaltung der körperlichen Grundfunktionen, z. B. Atmung, Herztätigkeit.

Die Maßeinheit für die Energie ist Joule (J) (s. S. 128), in der Praxis hält sich jedoch hartnäckig die alte Einheit Kilokalorie (kcal).

> 1 kcal = 4,184 kJ
>
> 1000 kcal = 4,184 MJ (Megajoule)

Folgende Faktoren beeinflussen den Grundumsatz:

Alter, denn mit zunehmendem Alter verlaufen Stoffwechselvorgänge langsamer, die fettfreie Körpermasse nimmt ab. Der Grundumsatz sinkt.

Geschlecht, Männer verfügen über mehr Muskelmasse als Frauen, sodass ihr Grundumsatz höher liegt.

Größe und Gewicht, also die Körperoberfläche. Das trifft aber nur zu, sofern das Gewicht im Normalbereich liegt (s. S. 323). Bei Übergewicht steigt der Grundumsatz nicht!

Berechnung des Grundumsatzes

Da die **Kalorimetrie**, eine Methode zur Messung des Energieumsatzes, in der Praxis zu aufwendig ist, wurden verschiedene **Formeln** zur Berechnung des Grundumsatzes entwickelt.

> Sehr vereinfacht, doch noch immer praktisch ist die Näherungsannahme, dass der Mensch je nach Alter und Geschlecht 88–100 kJ (bzw. 21–24 kcal) pro kg Körpergewicht verbraucht.

Der Grundumsatz lässt sich aber auch anhand von Tabellen, die auf den Durchschnittsdaten der Bevölkerung beruhen, (Referenzwerte) direkt ablesen.

Alter	Körpergröße cm		Körpergewicht kg	
	m	w	m	w
Säuglinge				
0 bis unter 4 Monate	57,9	56,5	5,1	4,7
4 bis unter 12 Monate	70,8	68,9	8,7	8,1
Kinder				
1 bis unter 4 Jahre	90,9	90,5	13,5	13,0
4 bis unter 7 Jahre	113,0	111,5	19,7	18,6
7 bis unter 10 Jahre	129,6	129,3	26,7	26,7
10 bis unter 13 Jahre	146,5	148,2	37,5	39,2
13 bis unter 15 Jahre	163,1	160,4	50,8	50,3
Jugendliche und Erwachsene				
15 bis unter 19 Jahre	174,0	166,0	67,0	58,0
19 bis unter 25 Jahre	176,0	165,0	74,0	60,0
25 bis unter 51 Jahre	176,0	164,0	74,0	59,0
51 bis unter 65 Jahre	173,0	161,0	72,0	57,0
65 Jahre und älter	169,0	158,0	68,0	55,0

Tabelle 1: *Referenzmaße Körpergröße und -gewicht zur Ermittlung des Grundumsatzes (Deutsche Gesellschaft für Ernährung DGE 2008)*

Alter	Grundumsatz (MJ/Tag)	
	m	w
15 bis unter 19 Jahre	7,6	6,1
19 bis unter 25 Jahre	7,6	5,8
25 bis unter 51 Jahre	7,3	5,6
51 bis unter 65 Jahre	6,6	5,3
65 Jahre und älter	5,9	4,9

Tabelle 2: *Grundumsatz, berechnet mit den Referenzmaßen der Tabelle 1 (DGE 2008)*

Leistungsumsatz

Bild 1: *Körperliche Aktivität*

Der Leistungsumsatz ergibt sich aus dem Energiebedarf für die körperliche Aktivität. Zur Feststellung des täglichen Energiebedarfs verwenden WHO (Weltgesundheitsorganisation) und DGE den „**p**hysical **a**ctivity **l**evel" (PAL). Er ist ein Mehrfaches des Grundumsatzes und variiert unter herkömmlichen Lebensbedingungen zwischen 1,2 und 2,4.

Arbeitsschwere und Freizeitverhalten	PAL	Beispiele
Ausschließlich sitzende oder liegende Lebensweise	1,2	Alte gebrechliche Menschen
Ausschließlich sitzende Tätigkeit mit wenig oder keiner anstrengenden Freizeitaktivität	1,4 – 1,5	Büroangestellte, Feinmechaniker
Sitzende Tätigkeit, zeitweilig auch zusätzlicher Energie-aufwand für gehende und stehende Tätigkeiten	1,6 – 1,7	Laboranten, Kraftfahrer, Studie-rende, Fließbandarbeiter
Überwiegend gehende und stehende Arbeit	1,8 – 1,9	Verkäufer, Kellner, Mechaniker, Handwerker
Körperlich anstrengende berufliche Arbeit	2,0 – 2,4	Bauarbeiter, Landwirte, Wald-arbeiter, Bergarbeiter, Leistungs-sportler

Tabelle 1: *PAL-Werte verschiedener Berufs- und Freizeittätigkeiten von Erwachsenen (DGE 2008)*

	Grundumsatz MJ/Tag	Körperliche Aktivität (PAL-Werte)			
		1,4 MJ	1,6 MJ	1,8 MJ	2,0 MJ
Jugendliche und Erwachsene (m)					
15 bis unter 19 Jahre	7,6	10,6	12,2	13,7	15,2
19 bis unter 25 Jahre	7,6	10,6	12,2	13,7	15,2
25 bis unter 51 Jahre	7,3	10,2	11,7	13,1	14,6
51 bis unter 65 Jahre	6,6	9,2	10,6	11,9	13,2
65 Jahre und älter	5,9	8,3	9,4	10,6	11,8
Jugendliche und Erwachsene (w)					
15 bis unter 19 Jahre	6,1	8,5	9,8	11,0	12,2
19 bis unter 25 Jahre	5,8	8,1	9,3	10,4	11,6
25 bis unter 51 Jahre	5,6	7,8	9,0	10,1	11,2
51 bis unter 65 Jahre	5,3	7,4	8,5	9,5	10,6
65 Jahre und älter	4,9	6,9	7,5	8,8	9,8

Tabelle 2: *Richtwerte für die durchschnittliche Energiezufuhr bei Personen unterschiedlichen Alters (DGE 2008)*

Wegen der allgemein geringen körperlichen Aktivität und des häufigen Übergewichts in der Bevölkerung hält die DGE in den meisten Fällen einen niedrigeren PAL-Wert (etwa 1,4) für ausreichend.

Rechenbeispiel:

Eine Auszubildende ist 1,73 m groß und wiegt 64 kg. Sie ermittelt anhand der Näherungsformel ihren Grundumsatz (GU):

64 kg × 100 kJ = 6 400 kJ = 6,4 MJ

Sie fährt zwar täglich 2 km mit dem Rad zur Arbeit, treibt aber nicht regelmäßig Sport, sodass sie den Rat der DGE beherzigt und für sich einen PAL von 1,4 veranschlagt.

6 400 kJ × 1,4 = 8 960 kJ = 9,0 MJ

1.1.2 Bedarf an Hauptnährstoffen

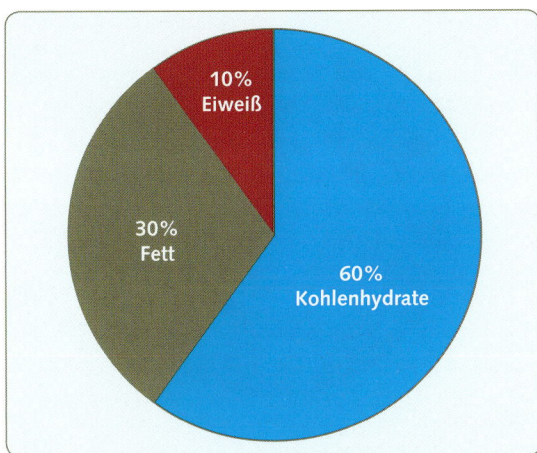

Bild 1: *So verteilt sich die Gesamtenergie idealerweise auf die Hauptnährstoffe.*

Nach Empfehlungen der DGE wird die Gesamtenergiezufuhr eines Tages folgendermaßen auf die einzelnen energieliefernden Nährstoffe aufgeteilt:

Gesamtenergie	100 %
Eiweiß	10 %
Fett	30 %
Kohlenhydrate	60 %

Tabelle 1: *Nährstoffrelation*

Rechenbeispiel:

Eine Auszubildende hat einen Energiebedarf von 8 500 kJ.

10 % Eiweiß	=	50 g
30 % Fett	=	65 g
55 – 60 % Kohlenhydrate	=	300 g

Eiweiß

Die unentbehrlichen (essenziellen) Aminosäuren, die in eiweißhaltigen Lebensmitteln vorkommen, sind für den Aufbau bzw. die Erneuerung von Körpersubstanz unverzichtbar. Daher sind die Angaben der DGE für die Zufuhr dieses Nährstoffes noch präziser: **0,8 g pro kg Körpergewicht**. Diese Menge ist sowohl für junge als auch ältere Menschen ausreichend, selbst bei leichter bis mittlerer sportlicher Aktivität. Dabei ist auch berücksichtigt, dass die Bewertung eiweißhaltiger Lebensmittel durchaus unterschiedlich ausfällt. Da tierische Lebensmittel in der Regel mehr unentbehrliche Aminosäuren enthalten als pflanzliche, haben sie eine höhere biologische Wertigkeit. Eine höhere Eiweißzufuhr bringt keinerlei Vorteile: Im Gegenteil steigern tierische Lebensmittel gleichzeitig die Fett- und Cholesterinzufuhr. Dennoch entspricht eine Eiweißmenge, die zwischen **10 % und 15 %** der Gesamtenergiemenge liegt, eher den Ernährungsgewohnheiten und ermöglicht eine leichtere Umsetzung in der Praxis. Außerdem liegt diese Menge noch unter der von der DGE als obere Grenze empfohlenen Eiweißmenge von 2 g pro kg Körpergewicht.

Fett

Die Fettzufuhr von 30 % der Gesamtenergie beruht auf Untersuchungen der Zusammenhänge zwischen hohem Fettkonsum, besonders gesättigten Fettsäuren und Fettstoffwechselstörungen sowie Arteriosklerose. Die Zufuhr gesättigter Fettsäuren sollte höchstens 10 % der Gesamtenergie und die der mehrfach ungesättigten etwa 7 % betragen. Der Rest kann auf Ölsäure entfallen. Da bei den mehrfach ungesättigten Fettsäuren die Zufuhr der α-Linolensäure gesteigert werden sollte, ist in der Praxis der Verbrauch von **Soja-, Raps-** oder **Walnussöl** empfehlenswert.

Kohlenhydrate

Der Kohlenhydratverzehr kann reichlich ausfallen, sofern es sich um stärke- und ballaststoffreiche Lebensmittel handelt. Diese enthalten darüber hinaus noch Vitamine und Mineralstoffe, also essenzielle Nährstoffe und sekundäre Pflanzenstoffe. Mit Zucker sollte eher moderat umgegangen werden. Eine konkrete Angabe über den täglichen Verzehr gibt die DGE nicht. Es ist aber zu bedenken, dass ein Übermaß leicht resorbierbarer Kohlenhydrate in Fett umgewandelt wird. Im Gegensatz dazu lautet der Richtwert für die Ballaststoffzufuhr mindestens 30 g pro Tag.

1.1.3 Flüssigkeitsbedarf

Die Richtwerte für die Höhe der täglichen Flüssigkeitszufuhr eines Erwachsenen liegen zwischen **30 und 35 ml pro Kilogramm Körpergewicht**. Da diese Menge auch den Wasseranteil in festen Lebensmitteln sowie die Flüssigkeit, die beim Abbau der Nährstoffe anfällt, beinhaltet, beläuft sich die Trinkmenge auf 1,2–1,5 l pro Tag. Je weniger feste Nahrung aufgenommen wird, umso mehr sollte getrunken werden. Einerseits fehlt dann das Wasser, das bei dem Nährstoffabbau anfällt, andererseits fallen trotzdem Stoffwechselprodukte und harnpflichtige Substanzen an. Durst darf nur ausnahmsweise ein Signal für die Flüssigkeitsaufnahme sein, normalerweise muss vorher getrunken werden. Da bei alten Menschen das Durstempfinden nachlassen kann oder der Gang zur Toilette als zu beschwerlich empfunden wird, wird diese Empfehlung vielfach ignoriert.

Bild 1: *Durst sollte nur ausnahmsweise verspürt werden.*

1.1.4 Essen und Trinken: praktische Hinweise

Eine vollwertige Ernährung liefert die lebensnotwendigen Nährstoffe in ausreichender Menge und in einem ausgewogenen Verhältnis. Damit ist sie die Grundlage für einen Lebensstil, der den Erhalt der Gesundheit fördert. Während die Lebensmittelpyramide lebensmittelbasierte Ernährungsempfehlungen grafisch darstellt, handelt es sich bei den **10 Regeln der DGE** (www.dge.de) um das schriftlich formulierte Gegenstück, welches auch den kulturellen Aspekt der Ernährung sowie die Bewegung mit einbezieht. Beide Darstellungen, ob in grafischer oder schriftlicher Form, verbinden die Wissenschaft, nämlich gesicherte wissenschaftliche Daten über die Nährstoffzufuhr (= D-A-CH-Referenzwerte) mit der Praxis. Worauf kommt es in der vollwertigen Ernährung an?

Vielseitigkeit

Bild 2: *Ernährungskreis der DGE*
© Deutsche Gesellschaft für Ernährung e. V., Bonn

Da keine Lebensmittelgruppe so universell ist, dass sie alle Nährstoffe, Ballaststoffe und auch noch sekundäre Pflanzenstoffe enthält, heißt die Devise: „Von allem etwas!" Die einzelnen Segmente des Ernährungskreises sind ein einfaches Navigationsinstrument, das dazu auffordert, täglich

- eine Auswahl aus allen Lebensmittelgruppen zu treffen,
- die dargestellten Mengenverhältnisse als Orientierung zu nutzen,
- aus der Vielfalt einzelner Lebensmittelgruppen zu schöpfen.

Getreideerzeugnisse und Kartoffeln

Brot, Teigwaren, Reis, Getreideflocken (am besten aus Vollkorn) sowie Kartoffeln enthalten kaum Fett, sondern in der Hauptsache Kohlenhydrate (Stärke), aber auch reichlich Vitamine, Mineralstoffe und Ballaststoffe.

 Gut zu wissen!

Täglich können 4–6 Scheiben Brot verzehrt oder 2 Scheiben Brot durch 50–60 g Getreideflocken ersetzt werden. Hinzu kommt noch eine Portion Kartoffeln (als Pell- oder Salzkartoffeln) oder Reis oder Teigwaren.

Vollkornbrot muss keine ganzen Körner enthalten, sondern kann auch aus Vollkornmehl hergestellt sein.

Warum immer wieder Vollkornerzeugnisse?

Vollkornerzeugnisse enthalten mehr Ballaststoffe, die sich in vielerlei Hinsicht günstig auswirken:

Im **Mund** wird Vollkornbrot intensiver gekaut. Das steigert die Speichelsekretion und fördert die Zahnerhaltung.

Im **Magen** tragen die wasserunlöslichen Ballaststoffe bedingt durch ihr Wasserbindungsvermögen zur Füllung dieses Organs bei. Der schubweise Übergang des Speisebreis in den Dünndarm erfolgt langsamer. Dadurch wird das Sättigungsgefühl gesteigert. Das ist ein wirksamer Effekt, um Übergewicht zu vermeiden.

Im **Dünndarm** dauert es länger, bis die eigentlichen Nährstoffe freigelegt sind; infolgedessen verzögert sich auch die Resorption der Kohlenhydrate. Der Blutzucker steigt weniger stark und verläuft gleichmäßiger: eine Eigenschaft, die besonders dem Diabetiker (s. S. 341) zugutekommt.

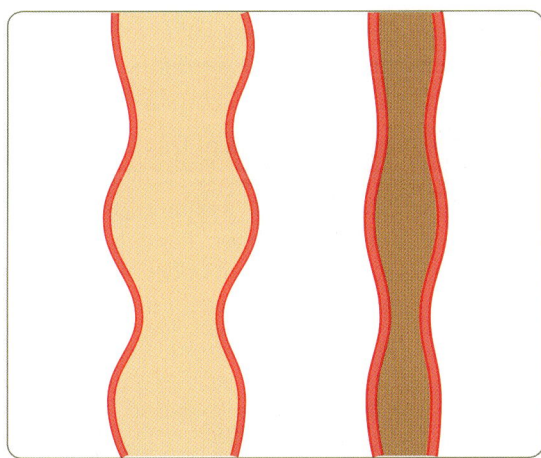

Bild 1: *links ein Dickdarm, der „ballaststoffreich" gefüllt ist, rechts „ballaststoffarm"*

Im **Dickdarm** werden die wasserlöslichen Ballaststoffe bakteriell abgebaut (s. S. 142). Dabei entstehen zwar Gase, die eher als unangenehm empfunden werden, aber auch kurzkettige Fettsäuren. Letztere schützen die Darmschleimhaut. Die nicht wasserlöslichen Ballaststoffe, besonders die aus Getreide, behalten das Wasser, das sie auf ihrem Weg durch den Verdauungstrakt aufgenommen haben, zum größten Teil. Auf diese Weise sorgen sie für einen zügigen Transport des Speisebreies in dem Kanal, d. h., sie regen die Peristaltik an. Das sind die wellenförmigen Bewegungen des Dick-

darms, welche die Stuhlentleerung ermöglichen. Eine ballaststoffreiche Ernährung wirkt einer Verstopfung (Obstipation) entgegen.

Außerdem senken Ballaststoffe den Cholesterinspiegel im **Blut**. Sie können aber auch aufgrund dieser Fähigkeit, bestimmte Stoffe zu binden, die Resorption einiger Mineralstoffe, z. B. Calcium, verhindern. Insgesamt überwiegen bei unseren Ernährungsgewohnheiten, die von Überfluss geprägt sind, die Vorteile einer ballaststoffreichen Ernährung die Nachteile bei Weitem.

Gemüse und Obst

Gemüse und Obst sind dank ihres Wasseranteils energiearme Lebensmittel. Sie zeichnen sich aber durch ihren Gehalt an Ballaststoffen, Vitaminen und Mineralstoffen sowie an sekundären Pflanzenstoffen aus. Da es sich bis auf die Ballaststoffe um Inhaltsstoffe handelt, die auf Hitze, Sauerstoff, Licht und Was-

Bild 2: *„5 am Tag" – eine Kampagne der DGE und anderer Organisationen*

ser empfindlich reagieren, sollte auf Frische und schonende Zubereitung geachtet werden. Drei Portionen Gemüse und zwei Portionen Obst entsprechen den Empfehlungen der 5 am Tag-Kampagne, die u. a. von der DGE unterstützt wird.

Gut zu wissen!

Sollte das eine oder andere Gemüse auf Ablehnung stoßen, so lässt es sich mit etwas Fantasie verstecken, z. B. in einem Auflauf, einem Nudel- oder Reisgericht oder einer Cremesuppe. Ist Obst der wesentliche Bestandteil eines Desserts, so können die oftmals energiereichen Komponenten sparsam verwendet werden.

Obst und Gemüse sollten, wenn möglich, nach Saison ausgewählt werden. Das ist nicht nur preiswerter, die Wege vom Erzeuger zum Verbraucher sind kürzer, die Ware somit frischer (vgl. Saisonkalender).

Milch, Milchprodukte, Fisch, Fleisch, Wurst und Eier

Diese Lebensmittel zeichnen sich nicht nur durch einen höheren Eiweißgehalt aus als die pflanzlichen, auch der Anteil lebensnotwendiger Aminosäuren ist höher. Außerdem ist die Palette anderer essenzieller Nährstoffe entsprechend umfangreich: Calcium in der Milch, Iod in Seefisch allgemein und auch noch n-3-Fettsäuren in fettem Seefisch. Fleisch versorgt den Organismus mit Eisen, das besser resorbiert wird als das Eisen aus Gemüse, sowie mit Vitamin B_{12} und anderen Vitaminen der B-Gruppe.

Gut zu wissen!

Milch und Milchprodukte, die mehrmals am Tag verzehrt werden, wirken sich günstiger auf die Calciumresorption aus als eine große Portion auf einmal. Bei der Auswahl der Produkte auf den Fettgehalt achten!

„Milchmuffel" lassen sich mit etwas Fantasie täuschen und selbst bei einer Milchzuckerunverträglichkeit kann Abhilfe geschaffen werden. Milch lässt sich in Desserts, Suppen, Soßen, Aufläufen, Pfannkuchen verstecken. In lactosefreier Milch liegt Milchzucker (= Lactose) bereits als Einfachzucker vor (s. S. 133) und alle Käsesorten, die eine Reifung durchlaufen haben (s. S. 163), sind praktisch lactosefrei.

Mindestens eine Portion Seefisch pro Woche und sowohl bei Fleisch als auch bei Wurst sind jeweils 2–3 Portionen ausreichend. Dabei sollte wiederum der Fettgehalt beachtet werden. In jedem Fall ist die kohlenhydrathaltige Beilage die größere Komponente!

Abwechslungsreiche und vollständige Mahlzeiten lassen sich auch durch die Kombination pflanzlicher Lebensmittel wie Gemüse plus Kartoffeln oder Getreide sowie Hülsenfrüchte plus Getreide gestalten.

Eier sind zwar vielfältig zu verwenden, dennoch sollte sich der wöchentliche Verzehr auf 2–3 (inkl. der verarbeiteten) beschränken.

Fett

Fett ist nicht nur der Nährstoff mit dem höchsten Energiegehalt, es liefert essenzielle Fettsäuren und ermöglicht die Resorption der fettlöslichen Vitamine. Außerdem schmecken Lebensmittel mit oder in Verbindung mit einem gewissen Fettanteil besonders gut. Dennoch sollten sowohl der täglichen Fettmenge als auch der -qualität besondere Aufmerksamkeit geschenkt werden.

Gut zu wissen!

Beim Brotbelag lässt sich durch den Verzicht von Streichfett Fett einsparen. Bei Wurst und Käse auf den Fettgehalt schauen. Auch Magerquark mit Gurken-, Tomaten- oder Radieschenscheiben ist als Belag akzeptabel.

Garmethoden, die mit möglichst wenig Fett auskommen (s. S. 265 f.), unterstreichen den natürlichen Geschmack der Lebensmittel. Salat-Dressings gelingen auch mit Joghurt, Kefir oder Quark. Der Umgang mit Kräutern und Gewürzen will geübt werden.

Bei Convenience-Produkten auf den Fettgehalt und die -qualität achten! Das Verzeichnis der Zutaten enthält die Aufzählung derselben in absteigender Reihenfolge, d. h. steht Fett ziemlich weit oben, handelt es sich um eine Zutat, die zu einem hohen Anteil im Lebensmittel enthalten ist (s. S. 182).

Bei der Nahrungszubereitung möglichst Pflanzenöl (Raps-, Soja-, Walnuss) verwenden und dieses mit dem Esslöffel (1 EL = 10–15 g) dosieren.

Zucker und Salz

Wird Zucker als Gewürz betrachtet, reguliert sich der bewusste Umgang damit von selbst. Zwar ist er in Gebäck oftmals „Massegeber" und in Konfitüre zur Unterstützung der Haltbarkeit entsprechend reichlich vorhanden, doch sollten diese Lebensmittel und Süßigkeiten stets mit Bedacht – und weder aus Langeweile noch aus Frust – verzehrt werden.

Salz oder besser die Bestandteile Natrium und Chlorid sind einerseits lebensnotwendige Mineralstoffe, andererseits befinden sie sich selbst in naturbelassenen Lebensmitteln. Daher könnte der Tagesbedarf ohne diese würzende Zutat gedeckt werden. Dennoch wirkt eine Prise Salz manchmal Wunder, d.h. aber auch sparsame Verwendung, der Eigengeschmack der Lebensmittel hat Vorrang!

Gut zu wissen!

Naschen ist erlaubt, d.h. Süßes in kleinen Mengen genießen.

Der sparsame Umgang mit Zucker und Salz ist eine Frage der Übung. In beiden Fällen lassen sich den Geschmacksrezeptoren der Zunge eine hohe „Süß-" oder „Salzschwelle" wieder „abtrainieren". Dazu braucht es nicht mehr als den guten Willen und etwas Geduld.

Mit der Verwendung von Iodsalz wird dem in Deutschland verbreiteten Iodmangel vorgebeugt.

Der Natriumgehalt eines Mineralwassers kann beachtlich sein. Eine Menge von ≤ 300 mg Natrium pro Liter ist akzeptabel.

Flüssigkeit

„Ohne Wasser kein Leben." Diese Feststellung gilt nicht nur für die Natur, sondern auch für den Menschen. Lange bevor die Situation lebensbedrohlich wird, verspüren wir eine zu geringe Flüssigkeitsaufnahme. Sobald der Organismus 2 % seines Körpergewichtes an Wasser verliert, reagiert er mit Müdigkeit und nachlassender Konzentration. Das kann sich sogar in Schwindelgefühl äußern.

Gut zu wissen!

Wasser, ob aus der Flasche oder der Leitung, Früchte- oder Kräutertees ohne Zucker sowie Fruchtschorlen, die mehr Wasser als Fruchtsaft enthalten sollen, sind zur Deckung des Flüssigkeitsbedarfs ideal. Sie sollten zu jeder Zeit an jedem Ort für jedermann zur Verfügung stehen!

Alkoholische Getränke sind weder für den täglichen Konsum noch zur Deckung des Flüssigkeitsbedarfs geeignet.

Noch ein Wort zum Alkohol

Bild 1: *Alkohol hat eine Dichte von etwa 0,8 g/ml, d.h. 1 Vol % = 0,8 g Alkohol.*

Die akzeptable Menge, die die DGE für Alkohol angibt, liegt bei 20 g Alkohol pro Tag für den gesunden Mann und bei 10 g für die gesunde Frau. Da Alkohol nicht nur ein Energielieferant (1 g Alkohol = 29 kJ oder 7 kcal), sondern auch ein Gift ist, kann keine Empfehlung für den Konsum ausgesprochen werden. Auf keinen Fall sollten die genannten Mengen täglich konsumiert werden.

Bild 2: *Die Abbildung verdeutlicht, wie schnell 20 g Alkohol getrunken sind.*

Zubereitung

Die Lebensmittel sind so vorzubereiten und Garmethoden und -geschirr sowie die Gardauer so auszuwählen, dass besonders die Mikronährstoffe geschützt werden. Es gilt aber auch die sensorische Qualität, d.h. den typischen Geruch, Geschmack oder die Farbe zu erhalten. Dieser Anspruch soll mit möglichst wenig Salz und Fett und bei mäßigen Temperaturen erreicht werden. Zum Beispiel

ist **Acrylamid** eine Substanz, die während sogenannter trockener Garverfahren aus Kohlenhyd-
rat- und Eiweißbausteinen hervorgeht und möglicherweise kanzerogen (Krebs erzeugend) wirkt.

> **Gut zu wissen!**
>
> Gemüse in möglichst wenig Flüssigkeit ga-
> ren aber dafür sorgen, dass die Gartempera-
> tur schnell erreicht wird. Danach muss die
> Energiezufuhr gedrosselt werden. Das Aus-
> maß der Vitaminzerstörung ist nicht nur ab-
> hängig von der Gardauer, sondern verläuft
> besonders intensiv, wenn der „Ankochpro-
> zess" zu lange dauert. An dieser Zerstörung
> sind die lebensmitteleigenen Enzyme nicht
> unwesentlich beteiligt. Da es sich dabei um
> Eiweißverbindungen handelt, werden sie be-
> kanntlich bei einer Temperatur von 60 °C in-
> aktiviert.
>
> Gemüse, das für eine Rohkost zerkleinert
> wird, sofort mit Zitronensaft beträufeln. In
> diesem Fall werden die Enzyme durch Säure
> außer Gefecht gesetzt. Das ist nicht nur vit-
> aminschonend, sondern verhindert auch ei-
> ne Bräunung.
>
> Beim Backen, Braten und Frittieren eine Tem-
> peratur wählen, die nur so hoch wie nötig ist.
> Die Devise heißt „vergolden statt verkoh-
> len".

Weitere Informationen über das Thema „Acrylamid" finden Sie unter: www.was-wir-essen.de

Zeit

Bewusstes Essen fördert das Sättigungsempfin-
den. Dabei handelt es sich um die kurzfristige
Regulation der Nahrungsaufnahme, die durch
Hunger und Sättigung gesteuert wird. Hunger ist
das innere Signal, das uns zum Essen anregt. Ist die
Nahrungsaufnahme beendet, tritt Sättigung ein.
Es ist ein Gefühl, das erst 15–20 Minuten nach
Beginn der Mahlzeit einsetzt und den Schnell- und
damit Vielessern zuwiderläuft. Viel zu schnell wird
viel zu viel gegessen! Die wichtigsten Sättigungs-
signale werden ausgelöst durch

- die Füllung und damit Dehnung des Magens,
- die Zusammensetzung des Speisebreies.

Dabei sind nicht nur die Bestandteile der Nahrung,
die im Körper das Zusammenspiel einer Vielzahl
von Verbindungen auf verschiedenen Ebenen in
Gang setzen, entscheidend, sondern auch Signale
aus der Umwelt wie z. B. Geruch.

Die Nahrungsaufnahme des Körpers wird von
einem Bereich des Zwischenhirns, des Hypothala-
mus, gesteuert. Von hier aus wird nicht nur die
kurzfristige Nahrungsaufnahme reguliert, hier
laufen zwei weitere Informationen, die für den
Sättigungsmechanismus von Bedeutung sind, zusammen. Es handelt sich um die Messung des Gly-
cogenvorrates, das ist der kurzfristige Energie-
speicher und die Feststellung der Fettdepots, die
langfristigen Energiereserven. Beide Ergebnisse
werden stets mit dem aktuellen Energieverbrauch
verglichen. Dieser Prozess, der extrem komplex
ist, umfasst die Regulation der langfristigen Nahrungsaufnahme.

Bild 1: *Sattwerden braucht Zeit.*

Bewegung

Eine ausgewogene Ernährung, viel körperliche
Bewegung (30–60 Minuten am Tag) und Sport
(idealerweise 2-mal pro Woche) gehören zusammen. Mit dem richtigen Körpergewicht werden
Wohlbefinden und Gesundheit gefördert. Übergewicht ist der Wegbereiter für eine Vielzahl von
Erkrankungen wie z. B. Bluthochdruck, Diabetes
Typ 2, Fettstoffwechselstörungen, koronare Herz-
krankheit, Gicht. Aber auch Untergewicht, sei es
gewollt, um einem Ideal zu entsprechen oder
infolge einer schweren Erkrankung, bei alten

Menschen auch Einsamkeit, birgt gesundheitliche Risiken, die es zu verhindern gilt.

Beurteilung des Körpergewichts

Die gebräuchlichste Kennzahl für die Klassifikation des Gewichts bei Erwachsenen ist der **B**ody **M**ass **I**ndex (BMI).

So wird der BMI berechnet:

$$BMI = \frac{\text{Körpergewicht (kg)}}{\text{Körpergröße (m)} \times \text{Körpergröße (m)}}$$

Beispiel:

$$BMI = \frac{63 \text{ kg}}{(1{,}65 \text{ m}) \times (1{,}65 \text{ m})} = \frac{63 \text{ kg}}{2{,}7 \text{ m}^2}$$

$BMI = \mathbf{23{,}3 \text{ kg/m}^2}$

Zur Klassifikation des Körpergewichtes hat die Weltgesundheitsorganisation (WHO) Grenzwerte bekannt gegeben:

BMI (kg/m²)	Klassifikation des Körpergewichts nach WHO
< 18,5	Untergewicht
18,5–24,9	Normalgewicht
25,0–29,9	Leichtes Übergewicht
30,0–39,9	Deutliches Übergewicht
> 40,0	Schwerstes Übergewicht

Tabelle 1: *Einteilung des BMI*

Bewegung kostet zwar weniger Energie als gemeinhin angenommen, dennoch bringt sie – regelmäßig durchgeführt – nur Vorteile, z. B.:

- Die Muskulatur wird beansprucht, was natürlich Energie verbraucht.
- Die Beweglichkeit bleibt erhalten.
- Das seelische Wohlbefinden wird gesteigert.

Noch ein Tipp zum Schluss: Was ist eine Portion?

Da exakte Mengenangaben im Alltag oft unpraktisch sind, hat der aid Infodienst Verbraucherschutz, Ernährung, Landwirtschaft e.V. die aid-Ernährungspyramide entwickelt. Sie empfiehlt das Handmaß als einfache Messhilfe. In Abhängigkeit von Alter und Geschlecht ist dieses immer ein geeignetes Maß.

Bild 1: *Kinderportion und Erwachsenenportion*

Bild 2

Eine Portion Brot (eine Brotscheibe) entspricht der gesamten Handfläche mit ausgestreckten Fingern. Eine Portion Fleisch soll nur so groß wie ein Handteller sein.

Bild 3

Zwei Hände, zur Schale gehalten, sind das Maß für Beilagen (Kartoffeln, Nudeln), Müsli, zerkleinertes oder kleinstückiges Gemüse oder Obst.

Bild 4

Eine Hand umgreift ein Glas.

Bild 5

Die Messgröße für Fett ist ein Esslöffel.

1.2 Alternative Ernährungsformen

Alternative Ernährung ist ein Oberbegriff für alle Arten der Ernährung, die von der üblichen gemischten Kost, wie sie in wissenschaftlich begründeter Form dargestellt ist (s. S. 314 f.), abweicht. Die Hintergründe, warum sich ein Individuum für eine „Alternative" entscheidet, sind so vielfältig wie die Ernährungsvarianten, die diesen Anspruch für sich erheben. Gesundheitliche Aspekte stehen auf der Entscheidungsskala ganz oben, aber auch weltanschauliche oder ökologische Gründe spielen neben anderen eine Rolle.

Merkmale alternativer Kostformen in der Übersicht:

- Betonung des Verzehrs roher pflanzlicher Lebensmittel
- Ablehnung industriell verarbeiteter Lebensmittel, Bevorzugung von Lebensmitteln aus ökologischem Anbau

- Verbraucher werden u. U. im Zusammenhang mit alternativen Kostformen mit zweifelhaften Äußerungen, welche die Vermeidung bzw. Heilung von Krankheiten versprechen, konfrontiert.
- Verbrauchern wird ein umfangreiches Wissen über Ernährung abverlangt, damit sie abschätzen können, ob die eine oder andere alternative Ernährungsform vor allem den Bedarf essenzieller Nährstoffe deckt.

1.2.1 Vegetarismus

In der vegetarischen Ernährung werden der Verzehr von Fleisch und Fisch abgelehnt. Nur in besonders ausgeprägten Formen verzichten die Anhänger auch auf die Lebensmittel, die von Tieren produziert werden.

Begriff	Erläuterung	Ernährungsphysiologische Bewertung
Laktovegetarier	Überwiegend pflanzliche Kost mit Milch und Milchprodukten	Fleisch, Fisch und Eier werden abgelehnt. Dennoch sind sowohl die Calcium- als auch die Eisenzufuhr gewährleistet. Damit auch der Bedarf an Vitamin B_{12} gedeckt wird, sollten mindestens 300 g Milch und Milchprodukte verzehrt werden.
Ovo-Lakto-vegetarier	Außer den bereits genannten Lebensmitten werden noch Eier verzehrt.	Fleisch und Fisch werden abgelehnt. Hinsichtlich der Gesunderhaltung ebenso positiv zu bewerten wie die vorherige Variante.
Veganer (strenge Vegetarier)	Lebensmittel tierischer Herkunft werden gemieden.	Defizite an Calcium, Eisen, Vitamin B_{12} und Eiweiß sind zu erwarten.

Tabelle 1: *Einige Varianten des Vegetarismus*

1.2.2 Vollwerternährung

Die **„Gießener Konzeption"** der Vollwerternährung, die Ende der 1970er Jahre von einer Gruppe Ernährungswissenschaftler um Prof. Claus Leitzmann entwickelt wurde, sieht die Ernährung nicht alleine unter einem gesundheitlichen Aspekt, der lediglich den Einzelnen betrifft, sondern daneben existieren auf der gleichen Ebene drei weitere Aspekte.

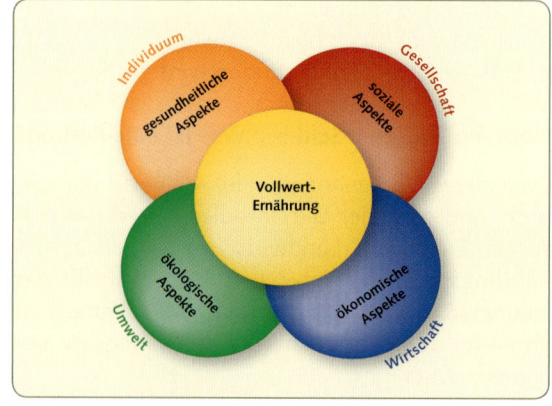

Bild1: *Aspekte der Vollwerternährung*

Was sind die wesentlichen Merkmale der Vollwerternährung?

- Genuss und Bekömmlichkeit
- Pflanzliche Lebensmittel sowie Milch und Milchprodukte stehen im Vordergrund.
- Auswahl von Lebensmitteln mit geringem Verarbeitungsgrad und Verzehr von unerhitzter Frischkost
- Verwendung umweltverträglich erzeugter Lebensmittel
- Bevorzugung von Lebensmitteln aus der näheren Umgebung und entsprechend der Jahreszeit
- Geringe und umweltfreundliche Verpackung
- Fairness im Handel

Zwei Merkmale im Fokus

Warum stehen pflanzliche Lebensmittel im Vordergrund?

Im Folgenden werden nur einige Hintergründe für diesen Punkt aufgeführt:

- Diese Lebensmittelgruppe zeichnet sich durch eine günstige Nährstoffdichte aus, während die tierischen Lebensmittel oftmals reich an gesättigten Fettsäuren sind (s. S. 130). Auch die Vorgaben der D-A-CH für die tägliche Nährstoffzufuhr sind nur zu erfüllen, wenn die Tendenz, den Verzehr pflanzlicher Lebensmittel in Deutschland zu steigern, beibehalten wird (vgl. Ernährungsbericht 2008).
- Die Futtermittel für die intensive Massentierhaltung in den Industrieländern werden im Allgemeinen in den Entwicklungsländern angebaut. Auf diese Weise gehen dort Ackerflächen, die für die Ernährung der einheimischen Bevölkerung dringend nötig wären, verloren.
- Bei der Umwandlung des Pflanzeneiweißes aus dem Futter in tierisches Protein, also Fleisch (gleichsam eine Veredelung), entstehen beträchtliche Verluste. Nur ein Bruchteil des „Inputs" wird in „Output" verwandelt.

Was ist dran an der Bevorzugung gering verarbeiteter Lebensmittel und dem Verzehr von unerhitzter Frischkost?

- Befolgt ein Verbraucher diesen Grundsatz, der darauf hinausläuft, möglichst frische, also wenig verarbeitete („Convenience") Lebensmittel zu verzehren, so dürfte der Anteil empfindlicher Inhaltsstoffe und der an Ballaststoffen besonders hoch sein. Gerade die Letztgenannten werden im Zuge der Getreideverarbeitung oft eliminiert („Auszugsmehl"). Außerdem können sowohl die Zusammensetzung der Speisen als auch deren Geschmack selbst bestimmt werden. Zusatzstoffe sind nicht zu befürchten.
- Idealerweise sollte etwa die Hälfte der täglichen Lebensmittel, das sind Obst und Gemüse, aber auch Getreide, nicht erhitzt, d. h. als Frischkost verzehrt werden. In diesem Fall wird der Nährstoffgehalt nicht durch küchentechnische Maßnahmen gemindert. Gemüse, welches zwar fein zerkleinert, aber roh gegessen wird, muss länger gekaut werden. Das kommt den Zähnen zugute und erhöht den Sättigungswert. Wer eine Mahlzeit mit Frischkost beginnt, isst von den nachfolgenden Speisen weniger!

Eine Orientierungstabelle erleichtert die Umsetzung der Vollwerternährung in die Praxis. In der Vollwerternährung trifft der Verbraucher nicht auf Verbote. Im Wesentlichen handelt es sich um eine ovo-laktovegetabile Ernährung, in der Fisch und Fleisch ab und zu akzeptiert werden. Der Einzelne selbst trägt die Verantwortung dafür, ob und wie weit er die Empfehlungen dieser Ernährung umsetzt und damit auch seinen Beitrag zur Nachhaltigkeit leistet.

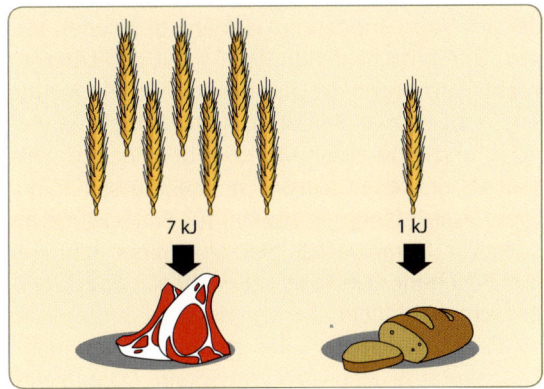

Bild 1: *7–16 kg Getreide- oder Sojabohnen ergeben 1 kg Fleisch*

Aufgaben:

1. **a)** Beschreiben Sie Ihre Ernährungsgewohnheiten, indem Sie sich fragen: Was esse ich gerne?

b) Erkunden Sie in einem Partnerinterview die Ernährungsgewohnheiten einer Mitschülerin/eines Mitschülers und stellen Sie fest, ob der Anspruch der Vielseitigkeit erfüllt ist.

c) Gibt es Anhaltspunkte für Verbesserungsvorschläge?

d) Wie könnten diese im Einzelnen aussehen?

2. Überprüfen Sie anhand eines Trinktagebuches, ob Ihre Trinkmenge stimmt. Welche Konsequenzen ziehen Sie aus dem Ergebnis?

3. Vergleichen Sie den Alkoholgehalt verschiedener Alkopops. Ermitteln Sie die durchschnittliche Menge Alkohol, die mit einer Flasche (0,25 l) aufgenommen wird.

4. **a)** Vergleichen Sie anhand einer Nährwerttabelle den Ballaststoffgehalt von:
100 g Toast – 100 g Vollkorntoast
100 g polierter Reis – 100 g Vollkornreis
100 g Teigwaren – 100 g Vollkornteigwaren

b) Formulieren Sie praktische Vorschläge, wie sich der Ballaststoffverzehr schrittweise steigern lässt.

5. *„Wir essen zu viel, zu süß und zu fett!"*

Das ist eine Aussage aus dem Ernährungsbericht 2008.

a) Stellen Sie diese Tatsache auf einem Plakat dar!

b) Erarbeiten Sie praktikable Alternativen im Sinne der 10 Regeln der DGE.

6. Skizzieren Sie, wie sich religiöse Einflüsse im

a) Christentum
b) Judentum
c) Islam

auf die Ernährungsgewohnheiten auswirken.

7. Stellen Sie Ihrer Klasse die Orientierungstabelle für die Vollwerternährung vor.

8. Makrobiotik und Trennkost sind weitere Beispiele alternativer Ernährungsformen. Vergleichen Sie beide Kostformen mit der vollwertigen Ernährung.

1.3 Gesunde Ernährung – ein Leben lang

Mittlerweile sind es 75 % der ärztlich behandelten Erkrankungen in den westlichen Industrieländern, die sich vom „modernen" Lebensstil ableiten lassen. Eine entscheidende Rolle spielt das Übergewicht. Auch wenn die Ursachen dafür vielschichtig sind, gibt es zwei Faktoren, nämlich mehr Bewegung und eine Ernährung, die dem Bedarf entspricht, die jeder persönlich beeinflussen kann. Diese Feststellung gilt sowohl für Erwachsene als auch für Heranwachsende, die immer häufiger durch zu hohes Gewicht „gezeichnet" sind. Übergewichtige Kinder haben ein noch größeres Risiko im Erwachsenenalter eine ernährungsabhängige Erkrankung (s. Bild 1) zu entwickeln. Daher sollte der Vorbeugung (Prävention) besondere Beachtung geschenkt werden

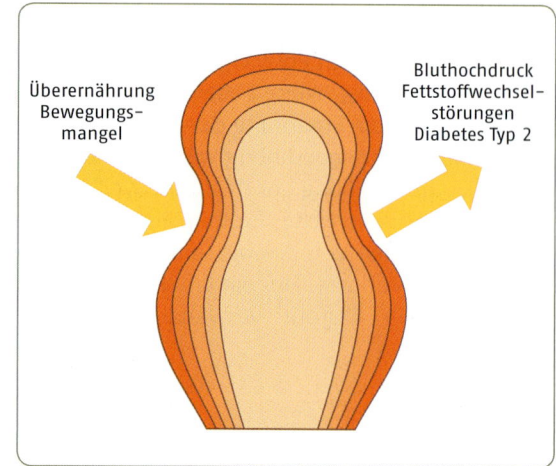

Überernährung
Bewegungsmangel

Bluthochdruck
Fettstoffwechselstörungen
Diabetes Typ 2

Bild 1: *Westlicher Lebensstil und seine Folgen*

Wenngleich die Überernährung in Deutschland das größere Problem darstellt, so nimmt auch die Klientel derer zu, die mangelernährt sind. Neben alten und sehr alten Menschen sind zunehmend Kinder betroffen. Auch hier gilt es die Hintergründe zu kennen und im Vorfeld zu handeln.

1.3.1 Ernährung während Schwangerschaft und Stillzeit

Bild 1: *Eine vollwertige Ernährung ist nun besonders wichtig.*

Schwangerschaft und Stillzeit werden in der Regel als Phasen besonderer Verantwortung erlebt, sodass Frauen ggf. bereitwillig ihre Ernährungsgewohnheiten ändern. Während der 39–40 Wochen dauernden Schwangerschaft gelten ebenso wie in den darauf folgenden Wochen der Stillzeit die Empfehlungen der DGE für eine vollwertige Ernährung, die aber der jeweiligen Situation angepasst werden müssen. Die empfohlene Gewichtszunahme liegt für **normalgewichtige** Frauen (s. S. 323) zwischen 9–14 kg. Während im ersten Drittel der Schwangerschaft das Gewicht unverändert bleibt, verändert es sich in der nachfolgenden Zeit:

- 2. Drittel: 250 g/Woche
- 3. Drittel: 500 g/Woche

Energiebedarf

Werdende normalgewichtige Mütter haben vom Beginn der Schwangerschaft an einen erhöhten Energiebedarf. Für Stillende ist der Energiebedarf ebenfalls höher. Dabei ist jedoch zu unterscheiden, ob die Betreffende auch nach dem 4. Monat nach der Geburt noch voll stillt oder nur noch zum Teil (s. Tab. 1).

Zeitraum	Zusätzlicher Energiebedarf
Schwangerschaft	1,1 MJ (255 kcal)
Stillzeit (in den ersten 4 Monaten nach der Geburt)	2,7 MJ (635 kcal)
Volles Stillen ab dem 5. Monat nach der Geburt	2,2 MJ (525 kcal)
Teilweises Stillen ab dem 5. Monat nach der Geburt	1,2 MJ (285 kcal)

Tabelle 1: *Energiebedarf von Müttern*

Nährstoffe, die mehr Beachtung verdienen

Energieliefernde Nährstoffe

In der Schwangerschaft ist der **Eiweißbedarf** erst ab dem 4. Monat erhöht. Von diesem Zeitpunkt an wird eine tägliche Zufuhr von 10 g Eiweiß erforderlich. Praktisch hat diese Forderung jedoch keine Bedeutung, da der Verzehr eiweißhaltiger Lebensmittel hierzulande ohnehin höher ist als von der DGE empfohlen (s. S. 317). Stillende bedürfen einer Eiweißzulage von 2 g/100 ml abgesonderter Milch. Die Fettzufuhr liegt sowohl während der Schwangerschaft als auch während der Stillzeit zwischen 30–35 % der täglichen Energiezufuhr. Die Kohlenhydrate bleiben die Hauptenergielieferanten.

Nicht energieliefernde Nährstoffe

Eine bedarfsgerechte Versorgung mit Mineralstoffen und Vitaminen ist für beide Zeiträume besonders wichtig. Die empfohlene Mehrzufuhr ist z. T. beträchtlich und liegt deutlich höher als der vergleichsweise geringfügige Mehrbedarf an Energie. Um diesen Anspruch praktisch zu erfüllen, empfiehlt es sich einmal mehr, Lebensmittel mit hoher Nährstoffdichte zu verzehren (s. S. 149).

Neben diesen doch sehr allgemeinen Empfehlungen ist es nötig, einige Mikronährstoffe näher unter die Lupe zu nehmen, sei es, weil sich Ansichten, die längst überholt oder widerlegt sind, hartnäckig halten oder der Mehrbedarf so gravierend ist, dass selbst die sorgfältigste Lebensmittelauswahl ihn nicht decken kann.

Eine **Natrium- und Flüssigkeitseinschränkung** zur Vorbeugung oder Ausschwemmung von Wassereinlagerungen (Ödemen) ist nicht angezeigt.

Die optimale Versorgung des Fetus kann infolge einer verminderten Salz- und Flüssigkeitszufuhr beeinträchtigt werden, sodass sowohl die Gesundheit der Mutter als auch die des Kindes gefährdet wird. Während der Schwangerschaft kommt es zur Vermehrung der Blutmenge, damit einerseits die guten Fließeigenschaften des Blutes erhalten bleiben, aber auch damit die Durchblutung gesichert bleibt. Letztere gewährleistet eine optimale Versorgung des Fetus mit Sauerstoff und Nährstoffen. Eine ausreichende Zufuhr von Kochsalz und Flüssigkeit erhält also die Homöostase (Gleichgewicht) während der Schwangerschaft aufrecht.

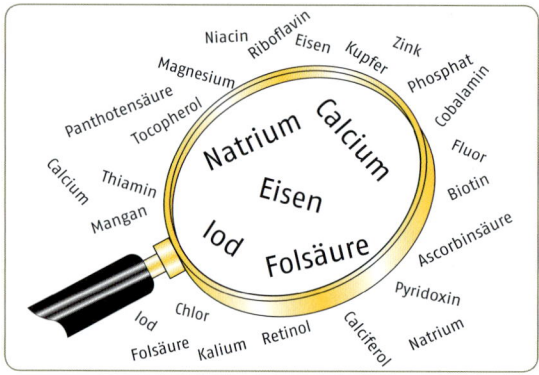

Bild 1: *Nährstoffe, die während der Schwangerschaft besonders beachtet werden sollten*

Die **Calciumzufuhr** ist nur bei jungen Schwangeren und Stillenden (< 19 Jahre) mit 1 200 mg/d höher, sonst beträgt sie unverändert 1 000 mg/d. Während der Schwangerschaft muss eine Frau nach DGE-Angaben 25 – 30 g und in der nachfolgenden Zeit, in der über 4 – 6 Monate ausschließlich gestillt wird, nochmals 50 g Calcium bereitstellen. Zwar sind fettarme Milch und Milchprodukte gute Calciumlieferanten; die Annahme, dass der Milchzucker die Calciumaufnahme fördert, ist aber nicht hinreichend gesichert. Gleichwohl fördert Vitamin D die Calciumresorption.

Während der Schwangerschaft liegt der **Eisenbedarf** mit 30 mg/d doppelt so hoch wie sonst. Auch wenn in dieser Zeit der menstruelle Blutverlust entfällt, so ergibt sich der Mehrbedarf für die Versorgung des Fetus, der Plazenta sowie für die vermehrte mütterliche Blutmenge. Der Organismus kann das Eisen aus Fleisch besser verwerten als das aus pflanzlichen Lebensmitteln. Aber auch in diesem Fall können andere Nährstoffe wie Vitamin C die Eisenresorption verbessern.

Ab der 12. Schwangerschaftswoche bildet der Fetus eigene Schilddrüsenhormone. Das dafür notwendige **Iod** muss die Mutter bereitstellen. Ihr Iodbedarf erhöht sich auf 230 μg/d. Da diese Menge selbst bei konsequenter Verwendung von iodiertem Speisesalz sowie dem Verzehr von 1 – 2 Portionen Seefisch/Woche nur schwer zu erreichen ist, empfiehlt der „Arbeitskreis Iodmangel" (www.jodmangel.de) die Einnahme von Iodtabletten. Während der Stillzeit liegt der Bedarf sogar bei 260 μg, um die mit der Milch sezernierte Iodmenge zu ersetzen.

Folsäure, ein Vitamin aus der B-Gruppe, spielt eine fundamentale Rolle bei der Zellteilung und der Bedarf liegt mit 600 μg deutlich „über normal". Ein Folsäuremangel während der Schwangerschaft kann u. a. die Ursache für eine angeborene Schädigung des Kindes sein, die Gehirn oder Rückenmark betrifft. Es handelt sich um einen Neuralrohrdefekt. Schon im ersten Schwangerschaftsmonat schließt sich das Neuralrohr (= frühe Entwicklungsstufe von Gehirn und Rückenmark). Da die Betroffenen zu diesem Zeitpunkt oftmals noch nichts von ihrem besonderen Zustand wissen, empfehlen verschiedene Fachgesellschaften die medikamentöse Gabe von 0,4 mg Folsäure/d bei allen Frauen mit Kinderwunsch.

Während der Schwangerschaft lieber nicht!

Bild 2: *Das schadet dem ungeborenen Kind.*

Sowohl für Alkohol als auch für Nikotin heißt das Motto „absoluter Verzicht". Beide Genussmittel wirken sich negativ aus:

Alkohol beeinträchtigt u.a. die geistige Entwicklung des Kindes.

Nikotin verursacht vermehrt Schwangerschafts- und Geburtskomplikationen. Das Geburtsgewicht ist geringer als bei Nichtraucherinnen.

Auch einige Lebensmittel sollten vorsichtshalber gemieden werden, da sie Mikroorganismen (Listerien, Toxoplasmose-Erreger) enthalten können, die insbesondere dem ungeborenen Kind schaden können:

- Rohmilch und Rohmilchkäse
- Rohes sowie halbgares Fleisch und Rohwurst
- Rohe Fischereierzeugnisse, z.B. Austern

Was ist mit Koffein?

Während über einen langen Zeitraum davon ausgegangen wurde, dass erst Mengen > 300 mg Koffein den Verlauf der Schwangerschaft gefährden, sollen nach Veröffentlichungen in einer amerikanischen Fachzeitschrift für Frauenheilkunde nun bereits 200 mg Koffein/d das Risiko einer Fehlgeburt bereits verdoppeln (in 150 ml Kaffee sind 80 – 100 mg Koffein). So bleibt es der Schwangeren selbst überlassen, ob sie ab und zu dem Genuss einer Tasse Kaffee „erliegt".

1.3.2 Ernährung des Säuglings

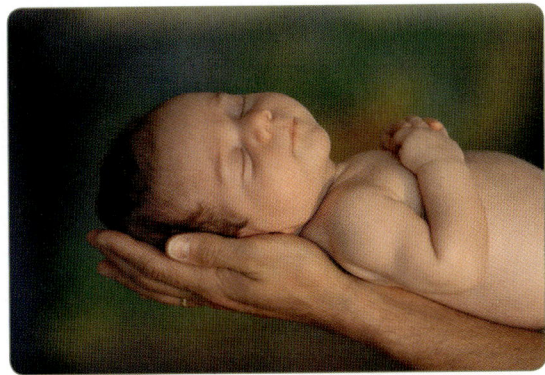

Bild 1: *Eltern tragen Verantwortung für ihre Kinder.*

Während bis zur Geburt die Versorgung mit Energie und Nährstoffen über die mütterliche Plazenta gewährleistet wurde, muss das Neugeborene nun oral (über den Mund) ernährt werden. Das Säug-

lingsalter erstreckt sich über die ersten 12 Monate nach der Geburt.

Energiebedarf

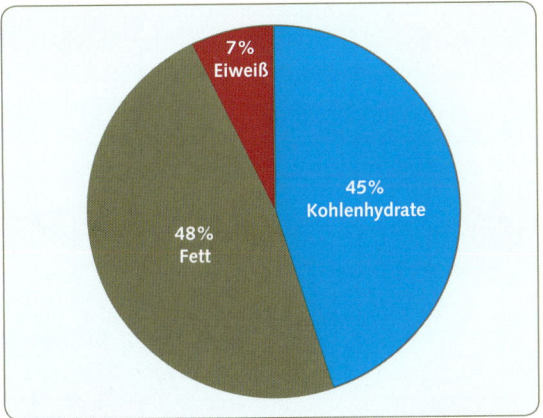

Bild 2: *So verteilt sich die Gesamtenergie gestillter Säuglinge im ersten Lebensjahr.*

In den ersten drei Lebensmonaten wächst ein Säugling mehr als 2 cm im Monat. Da liegt es auf der Hand, dass der Energiebedarf relativ hoch ist. Danach sinkt die Wachstumsgeschwindigkeit wieder. Zwar erfolgt die Nahrungsaufnahme in den ersten Monaten häufig, dennoch sind die jeweiligen Nahrungsmengen begrenzt, sodass der hohe Energiebedarf nur durch eine verhältnismäßig hohe Fettzufuhr erreicht werden kann.

	MJ/Tag	
Säuglinge	m	w
0 bis unter 4 Mon.	2,0	1,9
4 bis unter 12 Mon.	3,0	2,9

Tabelle 1: *Richtwerte für die durchschnittliche Energiezufuhr (DGE 2008)*

Planmäßig ernährt – Beginn einer lebenslangen Vorbeugung

Der Ernährungsplan für das erste Lebensjahr weist eine Dreiteilung auf, die sich an den Bedürfnissen und den noch nicht in vollem Umfang leistungsfähigen Verdauungs- und Ausscheidungsorganen orientiert:

1. Ausschließlich Milch
2. Einführung der Beikost
3. Übergang zur Familienkost

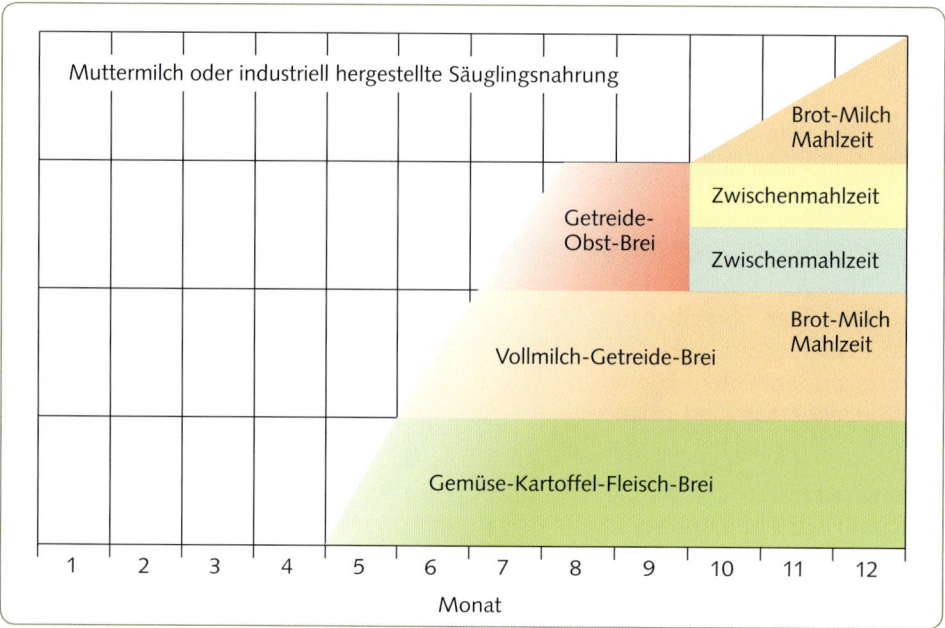

Bild 1: *Ernährungsplan im ersten Lebensjahr*

Den Anfang macht die Milch

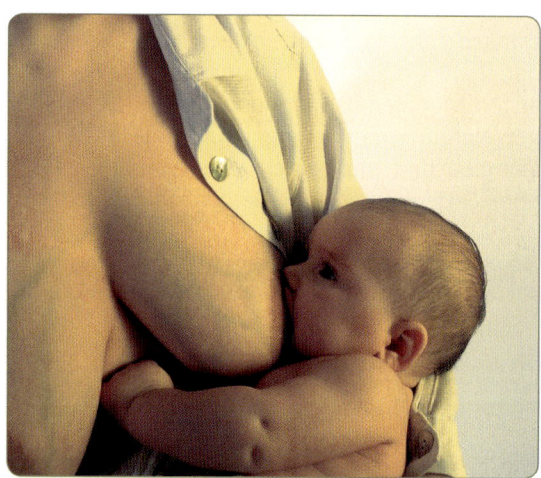

Bild 2: *Optimale Anfangsnahrung*

Die Muttermilch ist die einzige Nahrung, die ganz speziell nur zum Zweck der menschlichen Ernährung da ist. Die Zusammensetzung ist daher optimal auf die Bedürfnisse des Säuglings abgestimmt, d. h., sie verändert sich im Laufe der Stillzeit. Das erste Sekret (Kolostralmilch), das nach der Geburt abgesondert wird, ist besonders reich an Abwehrstoffen. Nach etwa 14 Tagen wird die reife Muttermilch gebildet (s. S. 160). Die Milchbildung richtet sich nach dem Bedarf. Daher sollten Säuglinge gestillt werden, sobald sie Hunger haben.

Von den zahlreichen Vorteilen, die immer wieder diskutiert werden, werden einige beispielhaft aufgeführt:

Vorteile für das Kind

- Weniger Infektionskrankheiten
- Allergierisiko sinkt
- Wahrscheinlich weniger Übergewicht
- Risiko von Bluthochdruck und Herz-Kreislauf-Erkrankungen ist vermindert.

Vorteile für die Mutter

- Schnellere Rückbildung der Gebärmutter
- Geringeres Risiko für Brust- und Eierstockkrebs

Zwar werden in Deutschland 90 % der Kinder nach der Geburt gestillt, aber längst nicht so lange, wie dies empfohlen wird, nämlich 4–6 Monate. In der Praxis scheitert die gute Absicht an „Problemen mit der Brust" oder „zu geringer Milchmenge". Viele Probleme lassen sich durch engen Kontakt zu geschultem Personal beheben. Wichtige Ansprechpartnerinnen sind in diesem Zusammenhang die Hebammen. Nach einer Aussage von Prof. Koletzko (Vorsitzender der Stiftung Kindergesundheit) (EU 1, 2008) ist aber auch die ablehnende Haltung der Lebenspartner der Mutter ein Risiko für ein frühes Abstillen (Infomationsangebote zum Stillen unter www.stillen-info.de).

Worauf kommt es an, wenn mit der Flasche ernährt wird?

Selbst wenn das Stillen viele Vorteile hat, gibt es Gründe, die immer individuell abgewogen werden müssen, falls sich die Mutter für industriell hergestellte Säuglingsnahrung entscheidet. Auch nicht gestillte Kinder entwickeln sich normal und weisen nicht zwangsläufig ein Defizit an körperlichen Kontakten auf.

Der Rat des Kinderarztes ist zwingend, wenn es um Säuglingsnahrung auf Sojabasis oder andere Spezialnahrungen geht. Verdünnungen von Kuhmilch oder Zubereitungen auf Getreide- oder Mandelbasis sind für die Nährstoffversorgung nicht ausreichend! Für „Flaschenkinder" gilt im Übrigen auch die Empfehlung, dass sie nach Bedarf gefüttert werden sollten. Damit nicht jetzt schon das Fundament für Übergewicht gelegt wird, sollte die Dosierungsempfehlung auf der Verpackung unbedingt eingehalten werden!

Industriell hergestellte Säuglingsnahrung im Überblick

Säuglingsanfangsnahrungen

Diese Produkte tragen den Zusatz „Pre" oder „1" in der Bezeichnung. Sie sind für die Ernährung der nicht gestillten wie auch der nur teilweise gestillten Säuglinge während des gesamten ersten Lebensjahres geeignet. „Pre"-Nahrungen sind der Muttermilch stärker nachempfunden. Sie enthalten Milchzucker als einziges Kohlenhydrat, dagegen ist in den „1-Nahrungen" ein Teil des Milchzuckers durch Stärke ausgetauscht.

Folgenahrungen

Es handelt sich um „2-Nahrungen", die für Kinder gedacht sind, die schon Beikost bekommen. Frühestens ab dem 4. Lebensmonat können sie in den Ernährungsplan aufgenommen werden, müssen dies aber nicht.

HA-Nahrungen

Das sind hypoallergene (hypo = unter, niedrig) Nahrungen. Das Eiweiß ist zum Teil abgebaut. Daher lösen sie weniger Allergien aus als die Standardnahrung. Liegen in der Familie des nicht gestillten Säuglings bereits allergene Erkrankungen vor, so sind HA-Nahrungen, nach Absprache mit dem Kinderarzt, eine Alternative.

Beikost

Die Muttermilch stellt zwar die ideale Anfangsnahrung dar, aber mit dem Beginn des 2. Lebenshalbjahres kann sie die Nährstoffbedürfnisse des Säuglings nicht mehr alleine erfüllen. Für eine optimale Entwicklung sind weitere Nährstoffe wie die Spurenelemente Eisen und Zink sowie Vitamine nötig. Außerdem werden Säuglinge durch die Beikost, das sind Lebensmittel in Breiform, die speziell für sie hergestellt werden, langsam an die breite Vielfalt der Speisen gewöhnt. Der Start für die Beikost sollte nicht vor dem 5. Lebensmonat liegen.

ERSTER BREI
Gemüse-Kartoffel-Fleisch-Brei (pro Portion)
90 – 100 g Gemüse
40 – 60 g Kartoffeln
30 – 45 g Obstsaft
8 – 10 g Rapsöl
20 – 30 g Fleisch

ZWEITER BREI
Vollmilch-Getreide-Brei (pro Portion)
200 g Vollmilch
20 g Getreideflocken
20 g Obstsaft oder -püree

DRITTER BREI
Getreide-Obst-Brei (pro Portion)
20 g Getreideflocken
90 g Wasser
100 g Obst
5 g Butter

INDUSTRIELL HERGESTELLTE BABYKOST
Baby-Menü
Junior-Menü
Milchfertigbrei
Getreide-Obst-Brei

Bild 1: *Vorschläge für die Beikost*

Einer Empfehlung des Forschungsinstituts für Kinderernährung Dortmund folgend, bildet ein Gemüse-Kartoffel-Fleisch-Brei den Auftakt der Beikost. In jeweils monatlichen Abständen werden zusätzlich ein Vollmilch-Getreide-Brei und ein Getreide-Obst-Brei eingeführt. Die Breimahlzeiten ergänzen sich mit den verbleibenden Milchmahlzeiten zu einer (weitgehend) ausgewogenen Ernährung. Die Versorgung mit **Iod** ist bei ausschließlicher Selbstzubereitung der Beikost unzureichend. Während industriell hergestellte Beikost mit Iod angereichert ist, ist es wichtig, dass stillende Mütter – nach Rücksprache mit dem Frauenarzt – Iod in Tablettenform aufnehmen. Damit erhöhen sie den Iodgehalt der Muttermilch.

Beikost selbst herstellen oder doch lieber das Angebot der Industrie nutzen?

Zwar erhalten die meisten Säuglinge hierzulande industriell hergestellte Beikost, dennoch kann sie auch selbst hergestellt werden. Werden gleich mehrere Portionen zubereitet und anschließend eingefroren, so hält sich selbst der Aufwand an Zeit und Arbeit in Grenzen.

Welche Lebensmittel in die Beikost?

Außer Kartoffeln eignen sich auch Vollkornnudeln und -reis als Kohlenhydratbeilage.

- Für die Auswahl geeigneter Gemüsesorten sind ein milder Geschmack, leichte Verdaulichkeit und ein niedriger bis mittlerer Nitratgehalt entscheidend, z. B. Karotten, Blumenkohl, Brokkoli, Zucchini.
- Mageres Fleisch von Rind, Kalb, Schwein, Lamm und Geflügel ist besonders als Eisenlieferant geeignet.
- Raps- oder Sojaöl ist aufgrund des günstigen Fettsäuremusters zu bevorzugen.
- Frisches Obst je nach Jahreszeit auswählen, z. B. Äpfel, Birnen, Pfirsiche, Aprikosen. Wegen des hohen Zuckeranteils sollten Bananen nicht täglich auf den Speisezettel.

Außer der pasteurisierten Vollmilch, die für die Zubereitung des Milch-Getreide-Breis verwendet wird, sollten weder Joghurt noch Quark gegeben werden. Die DGE-Empfehlungen für die Eiweißzufuhr werden sonst überschritten.

Mit der Einführung des dritten Breis in der Beikost werden Getränke erforderlich! Der Wassergehalt der Mahlzeiten ist nun geringer, sodass der Säugling zum Ausgleich des Wasserhaushaltes Wasser, Kräuter- und Früchtetees **ohne Zucker** erhalten soll.

Übergang zur Familienkost

Bild 1: *Essen ist ein Experiment*

Etwa ab dem 10. Monat kann das Kind vorerst nur weiches, aber dennoch Brot essen. Das Essen wird nun zu einem kleinen Abenteuer, in dessen Verlauf das Kind „selbst Hand anlegt". Während aus einer Milchmahlzeit in Anlehnung an das Frühstück der „Großen" eine kalte Mahlzeit wird (s. Ernährungsplan), ersetzt die warme Hauptmahlzeit üblicherweise mittags den Gemüse-Kartoffel-Fleisch-Brei. Der Milch-Getreide-Brei verwandelt sich ebenfalls in eine kalte (Brot-)Mahlzeit. Diese 3 Hauptmahlzeiten werden durch 2 Zwischenmahlzeiten ergänzt, z. B. aus Obst, Getreideflocken, Knäckebrot, hin und wieder Gebäck o. a. Süßigkeiten. Dank der **5 Mahlzeiten**, die möglichst gleichmäßig über den Tag verteilt werden, wird eine kontinuierliche Versorgung mit Energie gewährleistet. Gleichwohl behalten die Lebensmittel, die schon die Basis für die Herstellung der Beikost bzw. für die Auswahl industriell hergestellter Produkte waren, weiterhin ihre Aktualität. Dabei ist zu bedenken, dass auch das Auge des knapp Einjährigen mitisst. Ein bunter Teller, auf dem getrennte Zutaten zu erkennen sind, macht neugierig und der Anschluss an die optimierte Mischkost verläuft reibungslos.

1.3.3 Ernährung von Kindern

Bild 1: *In Gesellschaft wird Neues ausprobiert.*

Ernährungsverhalten und -gewohnheiten entstehen bereits in der frühen Lebensphase. Dabei sind selbst Kleinkinder als Folge gut gestalteter Werbung, die sich so nah wie möglich an ihrer Lebenswelt orientiert, nicht nur dem Einfluss der Familie ausgesetzt. Deren Lebensstil hat sich ebenso wie das Lebensmittelangebot in vielfacher Hinsicht verändert. Eine ernst zu nehmende Folge dieser Veränderung ist ein steigender Anteil übergewichtiger Kinder in den Industrieländern. Zunehmend wird aber auch über Kinderarmut in Deutschland berichtet, sodass davon ausgegangen werden muss, dass in dem Zeitraum, in dem der Organismus im Wachstum begriffen ist, vor allem nicht genügend Nährstoffe aufgenommen werden. Es muss ein Ziel sein, Heranwachsende so früh wie möglich an eine bedarfsgerechte und abwechslungsreiche Ernährung heranzuführen, die gleichzeitig die „Freude am Essen" vermittelt.

Optimierte Mischkost: Die praktische Umsetzung des Energie- und Nährstoffbedarfs

Bei der optimierten Mischkost (optimiX®) handelt es sich um ein Konzept, das erstmals 1993 vom Forschungsinstitut für Kinderernährung Dortmund (FKE) vorgestellt wurde. Das Institut untersucht laufend die Ernährungsgewohnheiten von Kindern und Jugendlichen, sodass wissenschaftliche und aktuelle Erkenntnisse in der Tabelle 1, S. 334 dargestellt sind. Sie greift die wesentlichen Aspekte einer vollwertigen Ernährung, dieses Mal für Heranwachsende, auf:

- Empfehlungen für die Energie- und Nährstoffzufuhr auf Basis der D-A-CH-Referenzwerte. Sie spiegeln sich in den altersgemäßen Verzehrmengen wider. Es handelt sich um Durchschnittsmengen für die jeweilige Altersgruppe.
- Erkenntnisse zur Vorbeugung von Krankheiten, die zu einem späteren Zeitpunkt auftreten, aber oft Folge einer langjährigen Fehlernährung sind.
- Vielseitige Auswahl der Lebensmittel aus einzelnen Gruppen, möglichst preiswert und mit geringem Convenience-Grad.
- 5 Mahlzeiten pro Tag, die sich auf 3 Haupt-Mahlzeiten (davon eine warme Mahlzeit) und 2 Zwischenmahlzeiten verteilen. Diese Gestaltung wird dem Energiebedarf der Kinder gerecht und reduziert möglicherweise das Verlangen nach dem, was früher als „Naschen", heute als „Snacking" bezeichnet wird.
- Berücksichtigung spezieller Vorlieben, z. B. Süßigkeiten oder Fast-Food erhalten Raum als „geduldete" Lebensmittel.

Der Unterschied zwischen Optimum und Wahrheit

Werden die Ergebnisse verschiedener Untersuchungen (DONALD, EsKiMo), die der tatsächlichen Ernährung von Kindern und Jugendlichen entsprechen, mit dem Konzept der optimierten Mischkost verglichen, so weicht die Wirklichkeit doch erheblich vom Soll ab. In der Zusammenfassung ergeben sich folgende Verbesserungsvorschläge:

- Höherer Verzehr pflanzlicher Lebensmittel wie Gemüse, Brot, Reis, Teigwaren und Kartoffeln
- Höherer Verzehr von Erzeugnissen aus vollem Korn anstelle niedrig ausgemahlener Mehle
- Höherer Verzehr fettarmer Milchprodukte statt Vollmilch
- Bevorzugung fettarmer Wurst und Fleischerzeugnisse statt fettreicher Sorten
- Bevorzugung von Raps- oder Sojaöl

Noch ein Tipp

Längst ist Kinderernährung keine ausschließlich familiäre Angelegenheit mehr. Auch die Gemeinschaftsverpflegung in Kitas und Schulen ist gefordert, das Angebot so zu gestalten, dass die

Kunden nicht nur satt werden. Neben dem FKE (www.fke-do.de), dessen Konzept optimiX® auch auf die Ernährung in Ganztagsschulen zugeschnitten wurde, gibt es sowohl für Kitas (www.fitkid-aktion.de) als auch für Schulen (www.schuleplusessen.de) ein Projekt, das von ministerieller Seite und der DGE durchgeführt wird.

Alter (Jahre)		1	2–3	4–6	7–9	10–12
Energie	MJ/Tag	4,0	4,6	6,1	7,5	8,9
Empfohlene Lebensmittel (90 % der Gesamtenergie)						
Reichlich						
Getränke	ml/Tag	600	700	800	900	1 000
Brot, Getreide(-flocken)	g/Tag	80	120	170	200	250
Kartoffeln	g/Tag	120	140	180	220	270
Gemüse	g/Tag	120	150	200	220	250
Obst	g/Tag	120	150	200	220	250
Mäßig						
Milch, -produkte	ml (g)/Tag	300	330	350	400	420
Fleisch, Wurst	g/Tag	30	35	40	50	60
Eier	Stck./Woche	1–2	1–2	2	2	2–3
Fisch	g/Woche	25	35	50	75	90
Sparsam						
Öl, Margarine, Butter	g/Tag	15	20	25	30	35
Geduldete Lebensmittel (maximal 10 % der Gesamtenergie)	J/Tag	400	460	610	750	890

Tabelle 1: *Altersgemäße Lebensmittelverzehrmengen in der optimierten Mischkost*

1.3.4 Ernährung im Alter

Bild 1: *Gesunde Ernährung ist auch im Alter wichtig.*

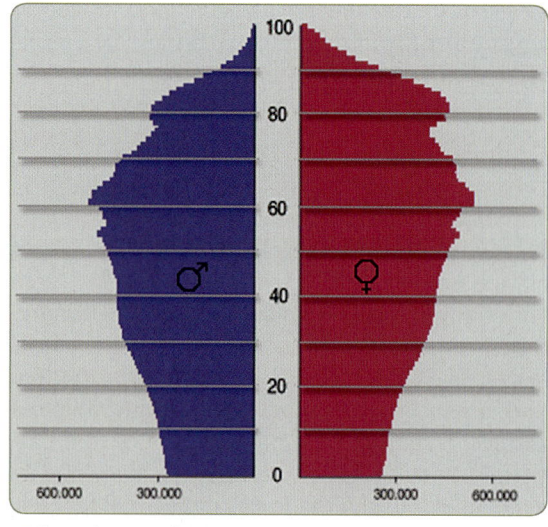

Bild 2: *Altersstruktur 2050*

Wie auch immer sich der demografische Wandel in Zukunft darstellen wird, eines lässt sich schon heute feststellen: Dank ausreichender Ernährung und enormer Fortschritte in der Medizin wird der Mensch in den Industrieländern immer älter. Für den Begriff des Alterns gibt es ebenso viele Definitionen, wie diese Bevölkerungsgruppe heterogen ist. Das Altern des Menschen beginnt nach Abschluss der Reife- und Entwicklungsphase. Der Prozess verläuft zunächst sehr langsam, nimmt im späteren Verlauf an Geschwindigkeit zu, was zu deutlichen Funktionsverlusten im fortgeschrittenen Alter führt. Der Mechanismus des Alterns, der sich in der kleinsten Funktionseinheit, der Zelle, und damit im gesamten Organismus abspielt, ist bis heute nur teilweise geklärt. Für die Zeit nach dem Berufsleben, die bis zu 30 Jahre dauern kann, darf es keine einheitliche Betrachtung geben. Sie existiert auch nicht für die ersten 30 Lebensjahre eines Menschen und es ist gut zu wissen, dass auch ältere Menschen in der Lage sind, etwas Neues zu lernen bzw. ihre Fähigkeiten zu verbessern. Die Alternsforschung (Gerontologie) schlägt folgende Unterteilung vor:

- 60–70 Jahre → junge Alte
- 70–85 Jahre → mittlere Alte
- > 85 Jahre → alte Alte oder Hochaltrige

Altersbedingte Veränderungen und mögliche Auswirkungen auf die Ernährung

Sinnesorgane

Alle Sinne des Menschen sind von den altersabhängigen Veränderungen betroffen. Das beeinträchtigt die Wahrnehmung mehr oder weniger stark. Dabei ist zu beachten, dass im Zusammenhang mit der Nahrungsaufnahme sowohl Geruch und Geschmack als auch visuelle Reize ebenso appetitanregend und -steigernd wirken, wie sie die Abgabe der Verdauungssäfte anregen.

Verdauungsorgane

Oftmals sind es die mit zunehmendem Alter auftretenden Zahnverluste und die Probleme mit der Prothese, die zu Kaustörungen führen. Eine Abnahme von Muskel- und Nervenzellen im unteren Bereich der Speiseröhre begünstigt Schluckstörungen und Sodbrennen. Letzteres ruft auf Dauer entzündliche Veränderungen am Mageneingang (Gastritis) hervor. Sowohl die Bildung von Verdau-

ungsenzymen in der Bauchspeicheldrüse als auch die Fähigkeit des Dünndarms, Nährstoffe zu resorbieren, ist verringert. Im Dickdarm erhöht die Rückbildung von Schleimhaut und Wandmuskulatur die Gefahr einer Obstipation infolge nachlassender Darmperistaltik.

Durstempfinden

Längst ist bekannt, dass im Alter das Durstempfinden nachlässt, gleichzeitig verringert sich die Nierenfunktion natürlicherweise. Da die Abweichungen im Salz-Wasser-Haushalt von der Niere ausgeglichen werden, führt eine ungenügende Flüssigkeitsaufnahme unweigerlich in die Dehydrierung (Austrocknung) mit folgenden Symptomen:

- Trockene Haut und Schleimhäute
- Schwächegefühl
- Schwindel
- Verwirrtheit, Bewusstseinsstörungen

Energie- und Nährstoffbedarf

Aufgrund der eingangs erwähnten großen individuellen Unterschiede, die diese Gruppe hinsichtlich Lebensweise und Aktivität aufweist, können große Abweichungen beim Energiebedarf auftreten. Einerseits finden sich bei den „jungen Alten" Personen, deren körperliche Aktivität durchaus mit der jüngerer Personen vergleichbar ist, andererseits gehören zu den „mittleren" und „alten Alten" mehr und mehr Personen, deren Beweglichkeit deutlich eingeschränkt ist.

> Der D-A-CH-Referenzwert für die Energiezufuhr der über 65-Jährigen liegt für Frauen bei 7 500 kJ = 1 800 kcal und bei Männern bei 9 500 kJ = 2 300 kcal.

Die altersangepasste körperliche Aktivität ist bei diesen Angaben berücksichtigt. In jedem Fall lässt sich anhand regelmäßiger Gewichtskontrollen feststellen, ob die Energiezufuhr dem Bedarf entspricht. Auch im Alter sollte das Normalgewicht gehalten oder angestrebt werden.

Während der **Energiebedarf sinkt** (diese Erkenntnis sollte schon ab dem 30. Lebensjahr berücksichtigt werden), bleibt der **Nährstoffbedarf** im

Wesentlichen **konstant**. Im Fall des Vitamin D ist er sogar höher (s. S. 138, Tab. 1). Vitamin D wird durch Sonnenstrahlen in der Haut gebildet. Im Alter nimmt diese Fähigkeit ab, u. U. kommen seltene Aufenthalte im Freien hinzu. Eine optimale Vitamin-D-Versorgung verhindert aber Knochenabbauprozesse und in Verbindung mit der bedarfsgerechten Menge Calcium das Risiko für Knochenbrüche.

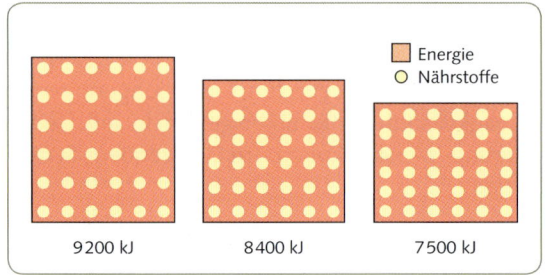

Bild 1: *Höhere Nährstoffdichte, d. h. gleiche Nährstoffmengen in geringeren Energiemengen unterbringen*

In der Ernährung älterer und alter Menschen kommt es darauf an, das gesamte Spektrum der Nährstoffe in einer geringeren Energiemenge unterzubringen. Diese Forderung lässt sich am besten in einer vollwertigen Ernährung (s. S. 314 f. und www.fitimalter-dge.de) in die Praxis umsetzen. Werden dabei sowohl die Vorlieben als auch die Abneigungen der Betroffenen berücksichtigt, so ist das ein entscheidender Schritt, um wohlbehalten und lebensfroh zu altern!

Mangelernährung gefürchtet und unverzichtbar?

Für alte und vermehrt noch für hochaltrige Menschen ist eine den Bedürfnissen angepasste Ernährung zunehmend mit Schwierigkeiten verbunden. Oft müssen sie mit einer Vielzahl von körperlichen, geistigen und finanziellen Einschränkungen sowie Einsamkeit zurechtkommen, sodass ihnen im wahrsten Sinne des Wortes der Appetit und damit die Lust am Essen vergeht. Der Teufelskreis der Mangelernährung beginnt. Ist sie erst einmal vorhanden, so lässt sie sich im Alter nicht, wie in jüngeren Jahren, durch eine Steigerung der Nahrungsaufnahme wieder ausgleichen, sondern die Wahrscheinlichkeit, dass weitere Erkrankungen hinzukommen, steigt.

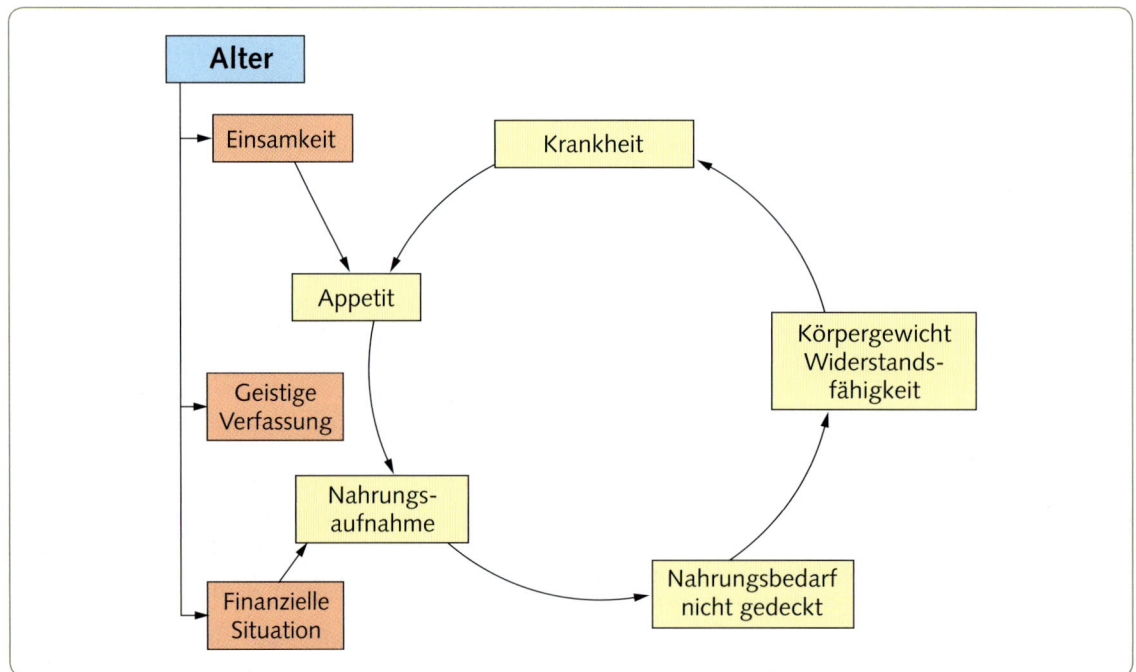

Bild 2: *Entstehung einer Mangelernährung nach Volkert (Leitlinie Enterale Ernährung)*

Ein einfacher Indikator für die Ernährungssituation alter Menschen, die in Privathaushalten leben, kann der Blick in den Kühlschrank sein. In einer Schweizer Studie wurde nachgewiesen, dass jeder 10. Kühlschrank leer war. Ein leerer Kühlschrank oder verdorbene Lebensmittel im Kühlschrank lassen auf nachlassende Kräfte und einen sich verschlechternden Ernährungszustand schließen.

Weitere Hinweise für die Beurteilung des Ernährungszustandes sind:

- Body-Mass-Index (s. S. 323)
- Unbeabsichtigte Gewichtsabnahme
- Auffällige Abnahme der Muskel- und Fettmasse, z. B. hervorstehende Knochen
- Beobachtung des Essverhaltens

Aufgaben:

1. Auf welche Gewohnheiten würden Sie mit welcher Begründung im Falle einer Schwangerschaft verzichten?

2. Der Energiebedarf liegt während der ganzen Schwangerschaft 1,1 MJ „über normal".

   Formulieren Sie mithilfe einer Nährwerttabelle drei konkrete Vorschläge, wie eine werdende Mutter diese Empfehlung umsetzen kann.

3. a) Ermitteln Sie im Handel aus dem Angebot der Beikost für Säuglinge die Preisspanne für folgende Produkte:
      – Karotten mit Kartoffeln (ab 4 Mon.)
      – Getreide-Obst-Brei (ab 6 Mon.)
   b) Erarbeiten Sie jeweils einen vergleichbaren Vorschlag für die eigene Herstellung mit Preiskalkulation.

   c) Vergleichen Sie die Preise des Handels und der eigenen Herstellung. Entwerfen Sie Empfehlungen aufgrund des Ergebnisses.

4. Der Ernährungsbericht 2008 berichtet über die Ernährung von Vierjährigen, dass sie

   – 40 g Zucker pro Tag und
   – 60 bis 70 g Gemüse statt 200 g verzehren.

   a) Ermitteln Sie, wie viel Prozent des Gesamtenergiebedarfs der Zuckeranteil verschlingt. Beurteilen Sie diese Feststellung.
   b) Stellen Sie fest, welche Gemüsesorten bei vierjährigen Kindern auf Ablehnung stoßen, und erarbeiten Sie fünf verschiedene Vorschläge, wie Sie den Gemüseverzehr bei Vorschulkindern steigern würden.

5. Stellen Sie Ihren Mitschülern die Kampagne der DGE „Fit im Alter" vor.

1.4 Von der vollwertigen Ernährung abgeleitete Kostformen und deren Einsatz

Bereits 1978 wurde mit dem Rationalisierungsschema der Deutschen Arbeitsgemeinschaft für klinische Ernährung und Diätetik (DAKED) eine Übersicht für das Angebot wissenschaftlich gesicherter Kostformen im Krankenhaus erarbeitet. Bis dahin hatte sich so mancher Patient durch die „organspezifische" Schonkost der einzelnen Krankenhäuser gegessen. Das Ziel der „rationellen Diätetik" war einerseits die Einbindung ernährungswissenschaftlicher Erkenntnisse in die Medizin, andererseits die Reduzierung zahlreicher Diäten auf ein notwendiges Maß. 2004 wurde das Rationalisierungsschema unter der Führung meh-

rerer Fachgesellschaften und Berufsverbände ein letztes Mal überarbeitet, mittlerweile gibt es die ursprüngliche Arbeitsgemeinschaft nicht mehr.

Die **Vollkost** auf Grundlage der vollwertigen Ernährung (s. S. 314 f.) macht nach den heutigen Erkenntnissen eine spezielle Kostform für Diabetiker, für Patienten mit Fettstoffwechselstörungen, Bluthochdruck oder Gicht, sofern sie normalgewichtig sind, überflüssig! Da die Mehrzahl dieser Klientel jedoch übergewichtig ist, gilt es, dies mit Unterstützung einer **energiedefinierten Mischkost** zu bekämpfen. Auch wenn sich die meisten „Befindlichkeitsstörungen" im Zusammenhang mit der Nahrungsaufnahme mit einer **leichten Vollkost** aus der Welt schaffen lassen, gibt es besondere, z. B. rheumatologische oder allergische Erkrankungen, die nach einer **Sonderdiät** verlangen. Bei schweren Leber- und Nierenerkrankungen kann eine individuell (ärztlich) angepasste Eiweißzufuhr

im Rahmen einer **eiweißdefinierten** Kostform den Krankheitsverlauf positiv beeinflussen. Sonderdiäten und eiweißdefinierte Kostformen runden zwar den Überblick über die wissenschaftlich begründeten Kostformen ab, sind aber nicht Gegenstand der folgenden Ausführungen.

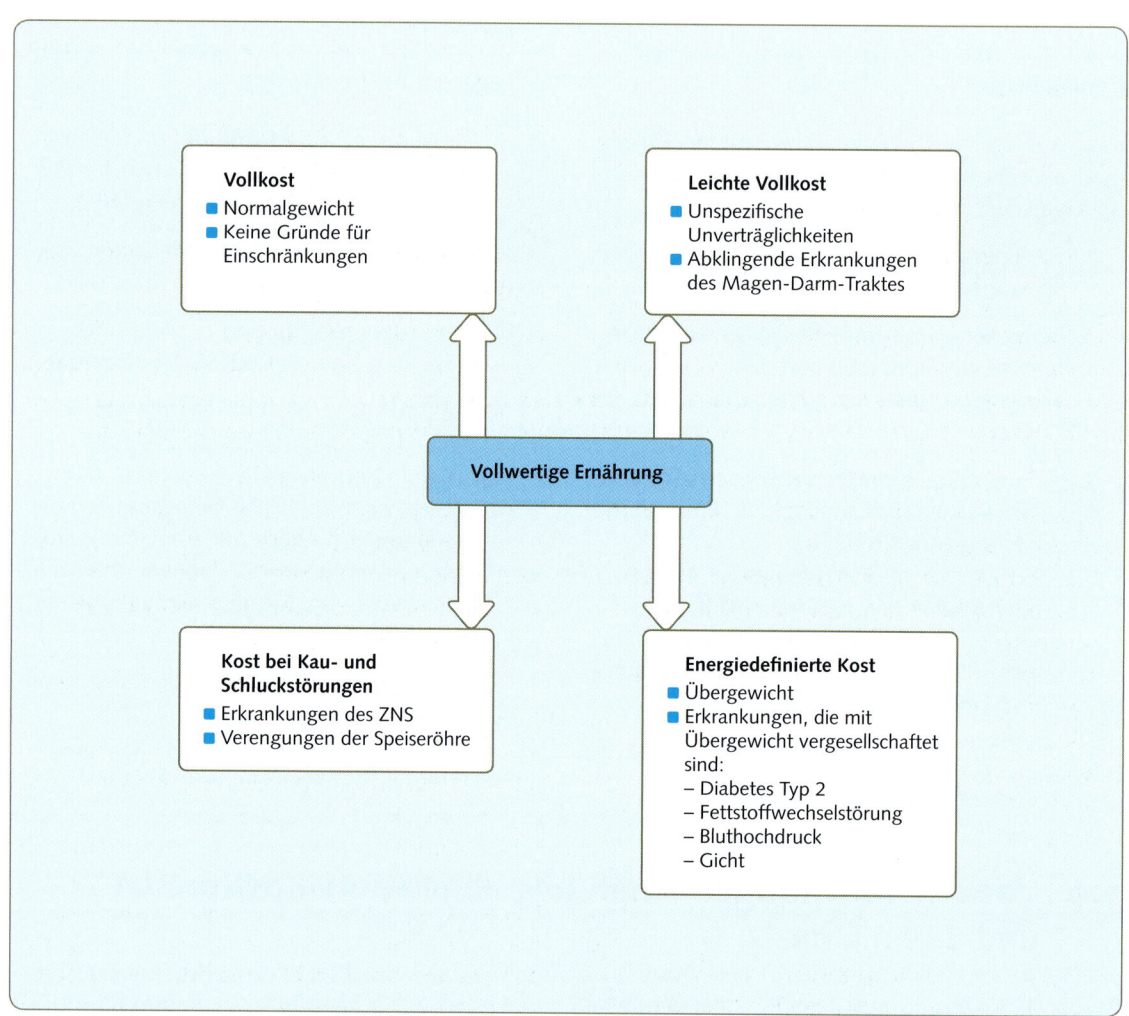

Bild 1: *Kostformen, die von der Vollkost abgeleitet sind, und deren Einsatz*

1.4.1 Leichte Vollkost

Die leichte Vollkost entspricht den Grundsätzen der vollwertigen Ernährung, indem sie

- den Bedarf an essenziellen Nährstoffen deckt,
- in ihrem Energiegehalt dem -bedarf entspricht,
- Erkenntnisse der Ernährungsmedizin zur Vorbeugung chronischer Krankheiten berücksichtigt,

- sich in der Zusammensetzung den regionalen Gepflogenheiten anpasst.

Außerdem verzichtet die leichte Vollkost auf Lebensmittel und Speisen, die bei einer Vielzahl von Menschen (s. Tab. 1, S. 339) **Unverträglichkeiten** hervorrufen.

Hülsenfrüchte
Gurkensalat
Frittierte Speisen
Weißkohl
Kohlensäurehaltige Getränke
Grünkohl
Fette Speisen
Paprikagemüse
Sauerkraut

Tabelle1: *Lebensmittel, die von mehr als 15 % der befragten Personen „schlecht vertragen" werden (Arbeitsgemeinschaft für klinische Diätetik)*

Die Folgen oder besser die Symptome, die der Einzelne nach dem Verzehr dieser Lebensmittel verspürt, können recht unterschiedlich sein, d. h., für den Begriff „Unverträglichkeit von Lebensmitteln" gibt es keine eindeutige Definition. Sie kann sich z. B. bemerkbar machen in Form von:

- **Druck- oder Völlegefühl** nach dem Verzehr fetter Speisen, da diese eine lange Verweildauer im Magen haben.
- **Sodbrennen**, das nach süßen oder zu stark gewürzten Speisen, aber auch nach dem Genuss von Kaffee oder Alkohol auftreten kann. Bestandteile dieser Lebensmittel beeinträchtigen den unteren Schließmuskel der Speiseröhre, sodass Magensäure in die Speiseröhre fließt.
- **Blähungen**, die nach dem Verzehr ballaststoffreicher Lebensmittel wie Hülsenfrüchte, Zwiebeln oder Kohlarten spürbar werden. Dickdarmbakterien bauen diese unverdauten Nahrungsbestandteile ab. Dabei entstehen u. a. Gase.

Jeder wird das eine oder andere Symptom schon einmal verspürt und dabei festgestellt haben, dass die Mahlzeit zu hastig oder „in schlechter Gesellschaft" eingenommen wurde, d. h., auch das Ambiente beeinflusst die Bekömmlichkeit von Speisen. Darüber hinaus ist es viel einfacher „das bekommt mir nicht" zu sagen, wenn eine Speise oder ein Lebensmittel, warum auch immer, abgelehnt wird. Daher lautet der Grundsatz der leichten Vollkost:

> Es ist alles erlaubt, was vertragen wird.

Im privaten Bereich lässt sich dieser Grundsatz relativ einfach umsetzen. Nach dem bewährten Motto „Probieren geht über Studieren" wird schnell erfasst:

- Was kann vorbehaltlos gegessen werden?
- Wovon wird lieber weniger gegessen?
- Welches Obst wird vertragen, wenn es geschält ist?
- Was wird zum jetzigen Zeitpunkt besser nicht gegessen, später vielleicht?

In der Gemeinschaftsverpflegung muss die „Verträglichkeit" vieler Gäste berücksichtigt werden. Mit Fantasie und der nötigen Kreativität lässt sich auch hier, trotz der Eliminierung der in der Übersicht aufgeführten Lebensmittel, ein leichter vollwertiger Speiseplan gestalten.

Die leichte Vollkost hat keinen therapeutischen Effekt. Es ist die Kostform, die auch nach Abklingen der akuten Phase bei den meisten Erkrankungen des Verdauungstraktes empfohlen wird, darunter

- „nervöser Magen"
- Entzündung der Speiseröhre
- Magenschleimhautentzündung
- Magen- und Zwölffingerdarmgeschwür
- Gallenwegs- und Gallenblasenentzündung
- Entzündungen im Dickdarm

1.4.2 Energiedefinierte Kost

Im Wesentlichen ist die energiedefinierte Kost eine Vollkost, die den Anspruch einer vollwertigen Ernährung erfüllt, auch wenn der Energiegehalt für den Einzelnen unter dem persönlichen Bedarf liegt. Dabei ist zu beachten, dass eine Energiemenge, die unter 4 200 kJ (1 000 kcal) liegt, die **Versorgung mit essenziellen Nährstoffen nicht mehr gewährleistet**. Auch bei einer „Reduktionskost" sollte die tägliche Energiezufuhr immer noch 5 000–6 300 kJ (1 200–1 500 kcal) betragen. Es kommt darauf an, langfristig den Lebensstil zu ändern. Der Erfolg dieses zweifellos schwierigen Unterfanges wird nicht gemessen am Ausmaß der Gewichtsreduktion, sondern an der Tatsache, ob das verminderte Gewicht über einen (lebens-)langen Zeitraum gehalten werden kann. Viel zu oft führt eine drastische Gewichtsreduktion zu einem ebensolchen Gewichtsanstieg danach. Jedem „Wiederholungstäter" und Konsument vielversprechender Reduktionsdiäten ist dieser als Jo-Jo-Effekt bezeichnete Wechsel von Gewichtsabnahme und -anstieg bekannt. Eine dauerhafte Gewichtsabnahme beginnt im Kopf und umfasst:

- Veränderungen der Ernährungsgewohnheiten
- Steigerung der körperlichen Aktivität
- Verhaltensmodifikation

Übergewicht ist mehr als ein Schönheitsproblem!

Bild 1: *Maßhalten fällt hier schwer.*

Übersteigt die Energiezufuhr über einen längeren Zeitraum den Energiebedarf, so nimmt das Fettgewebe zu! Während dieses Fettgewebe über lange Zeit als „inaktives" Gewebe betrachtet wurde, wird es heute als Organ gesehen, das bestimmte Botenstoffe produziert. Das Fett im Bauchraum bildet Stoffe, welche die Entstehung einer Arteriosklerose bzw. eines Diabetes Typ 2 begünstigen. Damit birgt der „Bauchspeck" ein besonderes Risiko. Nach einer WHO-Definition wird zwar ein BMI > 30 kg/m² als Übergewicht angesehen, entscheidend für das Risiko des Übergewichts ist aber die Tatsache, wo das überflüssige Körperfett sitzt! Es lässt sich am einfachsten mit der Feststellung des Bauchumfanges ermitteln.

Risiko	Bauchumfang in cm	
	Männer	Frauen
erhöht	> 94	> 80
deutlich erhöht	> 102	> 88

Tabelle 1: *Risiko für die Entwicklung einer Stoffwechsel- bzw. Herz-Kreislauferkrankung*

Bild 2: *Der Bauchumfang bestimmt das Risiko.*

Worauf kommt es in der Ernährung an?

Da Fett nun einmal der Nährstoff mit dem höchsten Energiegehalt ist, fällt der sparsame Umgang damit am effektivsten aus. Dieser Nährstoff ist aber auch ein wichtiger Geschmacksträger (s. S. 132), sodass den meisten Betroffenen die eingangs erwähnte Erkenntnis längst bekannt ist. Die praktische Umsetzung scheitert allzu oft an dem Seufzer „das schmeckt doch nicht!" Der **Fettanteil** einer energiereduzierten Kost sollte **25–30 % der Gesamtenergie ausmachen**.

> **Beispiel:**
>
> Gesamtenergie: 6 300 kJ (1 500 kcal)
>
> 25–30 % Fett entspricht 1 575–1 890 kJ (375–450 kcal).
>
> 1 g Fett entspricht 37 kJ (9 kcal).
> → 42–51 g Fett

Damit das Essen trotz dieser drastischen Einsparung, in der Regel ist der Fettverzehr zwei- bis dreimal höher, schmeckt, sind zugegebenermaßen einige Anstrengungen nötig. Immerhin kommt es darauf an, die vergleichsweise geringe Fettmenge so einzusetzen, dass ein größtmögliches Geschmackserlebnis erreicht wird. Dabei können folgende **Grundsätze** hilfreich sein:

Bei der **Auswahl** tierischer Lebensmittel unbedingt den Fettgehalt beachten: lieber Schinken ohne

Fettrand als Wurst, Milch mit 1,5 % Fettgehalt statt 3,5 % oder mehr, Käse mit < 30 % F. i.Tr.

Bei der **Zubereitung** von Speisen alle Möglichkeiten ausschöpfen, die Fett sparen und den Eigengeschmack erhalten und unterstreichen (s. S. 320).

Die Zufuhr an biologisch hochwertigem **Eiweiß** (s. S. 129 f.) sollte **0,8 g pro Kilogramm Körpergewicht** betragen. Dabei kommt es, wie im vorherigen Abschnitt schon erwähnt, darauf an, fettärmste Eiweißträger auszuwählen.

Zwar entfallen **mehr als 55 % der Energiezufuhr auf Kohlenhydrate**, dennoch ist es nur folgerichtig, davon nichts zu „verschwenden". So leisten alle leicht resorbierbaren Kohlenhydrate, also Zucker und Brot aus niedrig ausgemahlenem Mehl, keinen Beitrag zur Versorgung mit essenziellen Nährstoffen bzw. zur Sättigung. Anders als bei Fett, für das trotz intensiver Bemühungen bisher kein vergleichsweiser Ersatz gefunden wurde, lässt sich Zucker, zumindest in geschmacklicher Hinsicht, durch den konsequenten Einsatz von Süßstoff ersetzen. Dieser Grundsatz lässt sich sogar mühelos für Desserts umsetzen, wenn dabei Obst der Hauptbestandteil ist, z. B. rote Grütze mit Quark-Sahne, Apfelstrudel mit Vanillesoße, Crêpe mit Orangenfilets, Vanilleeis auf Beeren. Vollkornerzeugnisse haben nicht nur einen länger anhaltenden Sättigungswert, sie vermitteln auch eher den Eindruck, etwas gegessen zu haben. Ein Aspekt, der bei Adipösen eine wichtige Rolle spielt! Den gleichen Vorteil hat Gemüse, das, nur sparsam mit Raps-, Walnuss- oder Olivenöl verfeinert, in großen Mengen gegessen werden kann. Der Konsum energiefreier Getränke versteht sich von selbst, d. h. aber auch den Alkoholkonsum zu hinterfragen. Allzu oft sind es alkoholische Getränke, die unbewusst zu einer positiven Energiebilanz beitragen.

Selbst in einer energiedefinierten Ernährung ist Raum für das Besondere. Werden die eigenen Ziele zu hoch gesteckt, so wird das Stück Kuchen, das Glas Wein oder Bier oder eine andere „Sünde" als Niederlage empfunden, die schlimmstenfalls alle guten Vorsätze zunichtemacht. Es geht in einem langsamen Prozess darum, die energiereichen Lebensmittel und Speisen zu erkennen und als etwas Besonderes, d. h. selten, zu genießen. Die energiedefinierte Kost ist die Grundlage für die Therapie häufig vorkommender Stoffwechselerkrankungen:

- Bluthochdruck
- Diabetes Typ 2
- Störungen des Fettstoffwechsels
- Gicht

Diabetes mellitus

Die Erkrankung, die umgangssprachlich auch „Zuckerkrankheit" heißt, war schon im Altertum bekannt, denn wörtlich übersetzt heißt Diabetes mellitus „honigsüßer Durchfluss". Griechische Ärzte hatten festgestellt, dass der Harn dieser Patienten süß schmeckte. Es handelt sich um eine chronische Erkrankung. Die Häufigkeit liegt nach einer Bestandsaufnahme der Deutschen Diabetesunion aus 2007 bei 10 % der Bevölkerung, Tendenz steigend! Darüber hinaus entwickelt sich diese Stoffwechselkrankheit weltweit zu einem der wichtigsten Gesundheitsprobleme. Die Medizin unterscheidet verschiedene Ausprägungen der Krankheit:

Typ-2-Diabetes stellt ein Krankheitsgeschehen dar, das von vielen Faktoren abhängt. Entscheidend ist aber die Verknüpfung von genetischer Veranlagung, Übergewicht und Bewegungsmangel. Kennzeichnend ist ein **relativer Insulinmangel**, d. h., es wird genügend Insulin gebildet, aber seine Wirkung ist nicht ausreichend. Die Mediziner sprechen von Insulinresistenz. Bei 9 von 10 Fällen handelt es sich um Typ-2-Diabetes.

Typ-1-Diabetes ist gekennzeichnet durch einen **absoluten Insulinmangel**. Autoimmunantikörper zerstören die ß-Zellen. Gewöhnlich bekämpfen Antikörper Fremdkörper wie Viren oder Bakterien, die in den Organismus eindringen. In manchen Fällen richten sie ihre Attacke aber gegen die Zellen des eigenen Körpers und werden so zu Autoimmunantikörpern.

Insulin ist ein Hormon, das in den ß-Zellen der Bauchspeicheldrüse gebildet wird. Seine Wirkung gleicht der eines Schlüssels, der die Zellen aufschließt. So kann der Traubenzucker, der nach einer kohlenhydratreichen Mahlzeit im Blut eine hohe Konzentration erreicht, zur Energiegewinnung in die Zellen eingeschleust oder in Leber und Muskulatur gespeichert werden. Gesunde bilden so viel Insulin, dass sich der Blutzucker auch nach einer Mahlzeit mit Kohlenhydraten im Normalbereich (70–110 mg/dl) bewegt. Im Gegensatz dazu steigt beim Diabetiker infolge des fehlenden

(Diabetes Typ 1) oder nicht ausreichend wirkenden Insulins (Diabetes Typ 2) der Blutzucker an. Bei Blutzuckerwerten > 180 mg/dl wird Traubenzucker mit dem Harn ausgeschieden. Dann lässt er sich mithilfe geeigneter Teststreifen nachweisen.

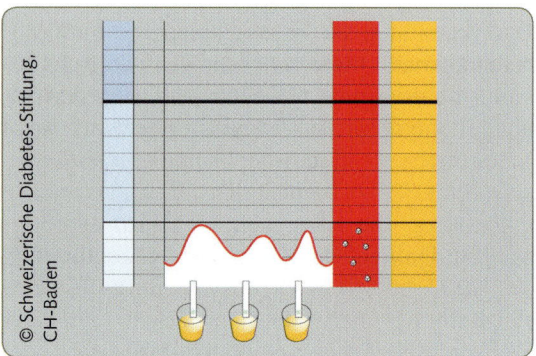

Bild 1: *Blutzucker beim Gesunden*

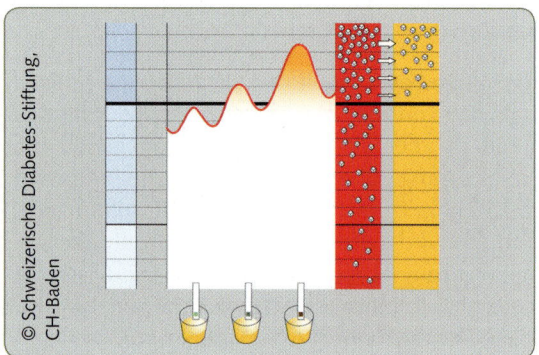

Bild 2: *Blutzucker bei einem Diabetiker ohne Therapie*

Das Ziel jeder Diabetestherapie ist:

- Normalisierung des Blutzuckers
- Vermeidung sogenannter Folgeschäden. Denn ein ständig auch nur leicht erhöhter Blutzucker führt über Jahre zu irreparablen Schäden an Nerven und Blutgefäßen.

Während der Typ-1-Diabetes aufgrund des absoluten Insulinmangels **immer** eine Insulintherapie erfordert, entscheidet beim Typ-2-Diabetes die Phase der Erkrankung über die Art der Behandlung. Sie reicht von Gewichtsreduktion (bereits eine Gewichtsabnahme von 10 % des Ausgangsgewichtes verbessert die Wirkung des körpereigenen Insulins) über die Verabreichung von Tabletten, welche die Wirkung des körpereigenen Insulins bzw. dessen Bildung verbessern, bis hin zur Insulintherapie. Insulin wird ins Unterhautfettgewebe gespritzt.

Was ist in der Ernährung des Diabetikers zu beachten?

Die europäischen Leitlinien für die Ernährungstherapie des Diabetes mellitus spiegeln im Wesentlichen die Aspekte einer **vollwertigen Ernährung** wider. Dennoch werden zwei Punkte besonders hervorgehoben:

- Diabetiker mit einem hohen Anteil an Bauchfett, messbar am Taillenumfang, weisen ein deutlich höheres Gesundheitsrisiko auf und sollten eine Gewichtsreduktion anstreben.
- Die Menge, Auswahl und Verteilung der kohlenhydrathaltigen Lebensmittel ist so zu gestalten, dass eine Normalisierung des Blutzuckers gewährleistet wird.

Was bedeutet die letzte Forderung für die Praxis?

Je nach der Geschwindigkeit, mit der die Kohlenhydrate nach der Verdauung als Einfach- oder Zweifachzucker vorliegen und resorptionsfähig sind, unterscheiden Diabetiker „schnelle" und „langsame" Kohlenhydratträger. Zucker, Honig, Fruchtsäfte, Weißbrot gehören beispielsweise zur schnellen Truppe. Sie „schießen" förmlich ins Blut, während die Kohlenhydrate aus Vollkornbrot, Gemüse, Hülsenfrüchten, Obst ins Blut „tröpfeln". Zwar verzögert auch Fett die Resorption von Kohlenhydraten, doch schon alleine wegen des Energiegehaltes ist dieser „Resorptionsverzögerer" nicht empfehlenswert.

Diabetiker, die lediglich diätetisch behandelt werden, also keine Medikamente erhalten, verteilen die Kohlenhydratmenge gleichmäßig auf drei oder mehr Mahlzeiten am Tag und achten dabei auf einen ausgewogenen Ballaststoffanteil (weil „Resorptionsverzögerer").

Diabetiker, die orale Antidiabetika erhalten oder Insulin spritzen, müssen die Wirkung dieser Medikamente kennen und darauf achten, dass kohlenhydrathaltige Mahlzeit und Medikament aufeinander abgestimmt sind. Diese Abstimmung wird durch Messung des Blutzuckers kontrolliert. In der Praxis bewährt sich zur übersichtlichen Gestaltung der Kohlenhydrataufnahme für medikamentös behandelte Diabetiker die Verwendung der Schätzgrößen:

- 1 KE (Kohlenhydrateinheit) = 10 g KH
- 1 BE (Broteinheit) = 12 g KH

Seit 2012 gibt es für Diabetiker keine speziellen Lebensmittel mehr. Normalgewichtige Diabetiker, die auch normnahe Blutzuckerwerte aufweisen, können „moderate" Mengen Zucker verzehren. Das können bis zu 10 % der Gesamtenergiezufuhr sein, die in Form von Konfitüre, Honig, Süßspeisen oder Gebäck im Laufe eines Tages konsumiert werden. Übergewichtige Diabetiker greifen konsequent zu Süßstoff.

1.4.3 Ernährung bei Schluckstörungen

Schluckstörungen können in jedem Alter auftreten. Besonders häufig sind ältere Menschen davon betroffen. Der Schluckvorgang ist äußerst komplex, erfolgt 1 500 – 2 000-mal pro Tag und verläuft, wie unten dargestellt, in verschiedenen Phasen. Er wird von zwei Bereichen im Gehirn gesteuert. Sie lösen nicht nur die Bewegungen der Zunge und der Wangenschleimhaut aus, sondern koordinieren eine Vielzahl weiterer Muskelpaare. Probleme treten auf durch

- zu geringe Muskelkraft,
- verminderte Bewegungsabläufe,
- eingeschränkte Wahrnehmung von Reizen, die von dem Nahrungsbissen im Mund ausgehen.

Die Hirnzentren, die den Schluckvorgang steuern, sind auch für die Atmung und das Sprechen mitverantwortlich, sodass bei einer Störung drei Funktionen beeinträchtigt sind: Schlucken – Atmen – Sprechen.

Das Schlucken verläuft in vier Phasen:

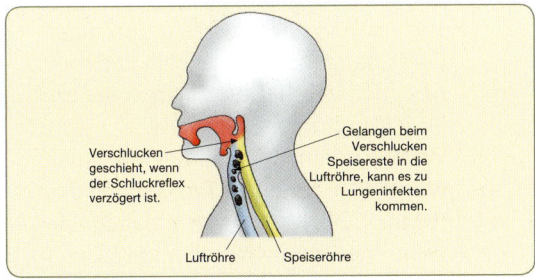

Verschlucken geschieht, wenn der Schluckreflex verzögert ist.

Gelangen beim Verschlucken Speisereste in die Luftröhre, kann es zu Lungeninfekten kommen.

Luftröhre   Speiseröhre

Bild 1: *Schematische Darstellung der Mund- und Rachenphase*

Die **Vorbereitungsphase** (präorale Phase) ist dem Willen unterworfen. Die Nahrung befindet sich im Mund, der wird durch Lippen und Kiefer geschlossen, während die Speise gekaut und mit Speichel durchmischt wird.

Die **Mundphase** (orale Phase) wird auch willentlich ausgelöst. Der Bissen wird geformt und zum Rachen transportiert. Das anschließende Schlucken erfolgt nicht mehr willentlich, sondern durch einen Reflex.

Die **Rachenphase** (pharyngeale Phase) erfolgt automatisch. Der Speisebrei gleitet in die Speiseröhre. Das Gaumensegel schützt die Atemwege nach oben, der Kehlkopf schützt Stimmbänder und Luftröhre.

Die **Speiseröhrenphase** (ösophageale Phase) verläuft automatisch. Der Bissen passiert die Speiseröhre und gelangt in den Magen.

Ursachen und Folgen von Schluckstörungen

Vielfach handelt es sich um Erkrankungen mit Beteiligung des **zentralen Nervensystems** (ZNS), z. B. Schlaganfall, multiple Sklerose oder Morbus Parkinson. Auch ein **Tumor im Gehirn** kann u. a. die Schluckfähigkeit beeinträchtigen. Aber auch **altersbedingte Veränderungen** wie z. B. eine verengte oder eine verhärtete Speiseröhre erschweren den Transport der Nahrung. Einige Medikamente setzen die Speichelbildung herab und führen zu Mundtrockenheit.

Schluckstörungen bergen auf Dauer sowohl die Gefahr einer **unzureichenden Versorgung mit Nahrung und Flüssigkeit** als auch die einer **sozialen Isolation**. Aus Angst, sich zu verschlucken, essen die Betroffenen nur wenig oder lieber gar nicht. Die Mahlzeiten werden durch Hustenanfälle unterbrochen, dabei verteilen sich Nahrungspartikel in der Umgebung, sodass Essen in Gesellschaft gemieden wird. Eine akute und gefürchtete Folge von Schluckstörungen ist die **Aspirationspneumonie**. Dabei dringen Speisereste in die Atemwege (Aspiration) ein. Daraus entwickelt sich eine Lungenentzündung (Pneumonie).

Woran lassen sich Schluckstörungen erkennen?

Besonders im Umgang mit alten Menschen gilt es, auf folgende Symptome zu achten, damit der Verdacht einer Schluckstörung möglichst früh geklärt wird:
- Häufiges Verschlucken und Husten
- Belegte, heisere Stimme
- Sehr langsames Essen
- Ablehnung bestimmter Speisen
- Nahrungsreste verbleiben im Mund

In vielen Fällen ist eine Normalisierung der Schluckfunktion nicht mehr möglich. Dennoch lässt sich durch verschiedene Maßnahmen die Einschränkung kompensieren:

- Änderung der Körperhaltung
- Spezielle Schlucktechniken
- Modifizierte (angepasste) Ernährung

Besondere Merkmale der Ernährung

Die Wahrnehmung eines Bissens (Bolus) im Mund wird beeinflusst von der Festigkeit, Temperatur, Geschmack und Geruch, ja sogar vom Geräusch, das den Verzehr begleitet. **Feste Lebensmittel** wie getoastetes Brot, Knäckebrot oder ein Apfel bieten stärkere Kauanreize als passierte Speisen. **Kalte Speisen** werden stärker wahrgenommen als lauwarme, dagegen können heiße Speisen leicht Verbrennungen verursachen. **Pikante und saure Speisen** regen die Bildung des dünnflüssigen Speichels an, der den Schluckvorgang unterstützt, während süße und milchige Speisen eher den Fluss des zähflüssigen Speichels stimulieren. Er erschwert das Schlucken.

Die Konsistenz der Speisen und noch mehr die der Getränke muss den individuellen Fähigkeiten angepasst sein!

Lebensmittel erreichen durch Kauen eine breiige **Konsistenz**, die leicht geschluckt werden kann. So sollte denn auch die Beschaffenheit der Nahrung sein, die für Patienten mit **stark** eingeschränkter Beweglichkeit der Lippen oder der Zunge wie auch des Kiefers geeignet ist. Für die Herstellung entsprechender Speisen eignen sich alle Lebensmittel, die ohnehin als Brei angeboten werden oder sich mit einem Mixer pürieren lassen. Krümelige, faserige und grobkörnige Beschaffenheiten der Speisen sind nicht geeignet. Mischkonsistenzen (z. B. Suppe mit Fadennudeln) sind ebenfalls problematisch, da sie eine gut abgestimmte Kaufähigkeit voraussetzen. Sollten die Störungen nur **mittelgradig** sein, stößt eine weiche Kost allein aus optischen Gründen auf eine sehr viel größere Akzeptanz. Sie besteht aus Lebensmitteln, die sich mit der Zunge zerdrücken lassen und dennoch nicht am Gaumen kleben.

Flüssigkeiten sind im Mund nur schwer zu kontrollieren, sodass sie bei den Betroffenen vielfach Probleme verursachen. Die Fließfähigkeit lässt sich wie folgt unterscheiden:

- cremig → Cremesuppe ohne Stücke, Joghurt
- nektarartig → Fruchtnektar, angedickte Getränke
- flüssig → alle Getränke

Da ausreichende Flüssigkeitsaufnahme eine unabdingbare Notwendigkeit ist, bietet die Industrie Dickungsmittel an, die nicht nachdicken:

- Nutilis (www.nutricia.com)
- Thick & Easy (www.fresenius-kabi.de)
- Resource Thicken up (www.nutrinews.nestle.de)

Sowohl eine breiige (pürierte) als auch eine weiche Kost auf der Grundlage einer vollwertigen Ernährung soll den Bedarf an Nährstoffen und Energie decken. Darüber hinaus kommt es darauf an, dass die betroffenen Patienten einzelne Komponenten, den typischen Geschmack und farbliche Unterschiede auf ihrem Teller erkennen. Eine ansprechende Präsentation erhält die Freude am Essen ebenso wie eine ruhige und entspannte Umgebung.

Aufgaben:

1. a) Stellen Sie für eine energiedefinierte Mischkost eine warme Hauptmahlzeit zusammen (Energiegehalt 2 100 – 2 500 kJ).
   b) Erläutern Sie Ihren MitschülerInnen, worauf es Ihnen ankommt, damit weder der Genuss- noch der Sättigungswert zu kurz kommen.

2. a) Beurteilen Sie den Verlauf des Blutzuckers nach dem Verzehr von einem Glas Orangensaft und einem Brötchen, das mit 10 g Halbfettmargarine und 30 g Konfitüre bestrichen war.
   b) Welche Veränderung dieses Frühstücks würden Sie für einen Typ-2-Diabetiker (BMI = 28 kg/m²) vorschlagen, der keine Medikamente bekommt?
   c) Erläutern Sie Ihren Vorschlag.

3. Die Lebensmittelindustrie bietet sowohl spezielle Lebensmittel als auch praktische Vorschläge für die Ernährung bei Schluckstörungen (Dysphagie). Informieren Sie sich im Internet und stellen Sie Ihren MitschülerInnen eine Übersicht vor.

2 | Organisation und Bewertung der Speisen und Speisenherstellung

Die Organisation/Planung der Speisenproduktion hat zwei übergeordnete Ziele.

- **Kundenorientierte Ziele**, d.h. dass verschiedene Gruppen hinsichtlich bestimmter Faktoren zu versorgen sind, wie z.B. nach der Deckung des Nährstoffbedarfes (s. S. 314 ff.).

- **Ökonomische Ziele**, z.B. kostengünstige Speisenherstellung durch geringe Personal- und Energiekosten sowie einen möglichst geringen und kostengünstigen Wareneinsatz.

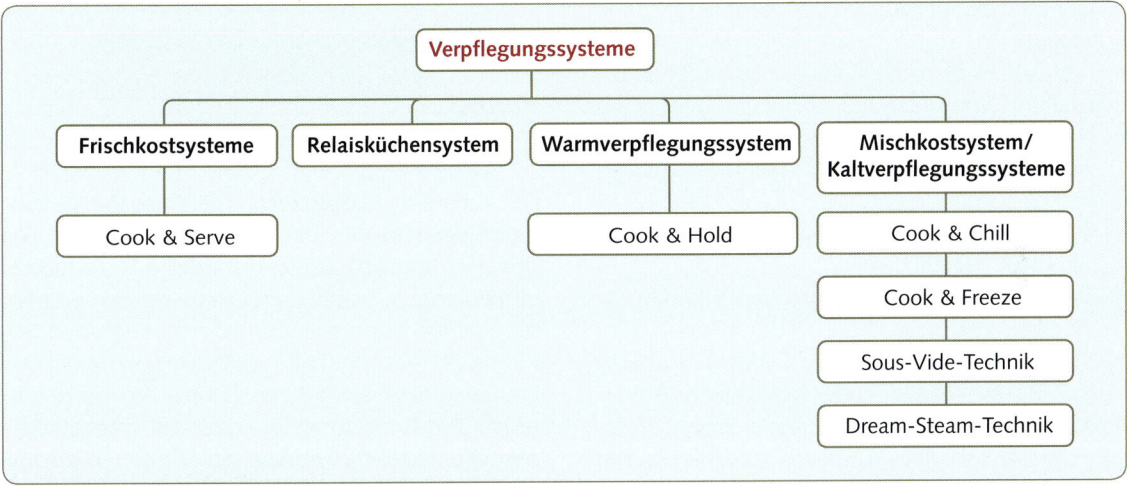

Bild 1: *Grafische Darstellung der Verpflegungssysteme*

2.1 Verpflegungssysteme

Für die Produktion von Speisen stehen der **Gemeinschaftsverpflegung**, aber auch zum Teil dem **Privathaushalt** („Essen auf Rädern") unterschiedliche Systeme zur Verfügung. Welches System für den jeweiligen Betrieb sinnvoll ist, hängt von verschiedenen Kriterien ab.

Mögliche Kriterien

- Anzahl der Gäste/Kunden/Patienten
- Speiseangebot in der Breite (Anzahl der Mahlzeiten) und Tiefe (Wahlmöglichkeiten) des Speisenangebotes
- Räumliche Gegebenheiten und Geräteequipment
- Wareneinsatz und Budget
- Anzahl des zur Verfügung stehenden Personals sowie dessen Qualifikation
- Speiseproduktion für den eigenen Bedarf oder Belieferung an weitere Einrichtungen

2.1.1 Frischkostsystem

> Die Speisenzubereitung und der unmittelbare Verzehr finden am gleichen Ort statt.

Cook & Serve = Kochen & Servieren

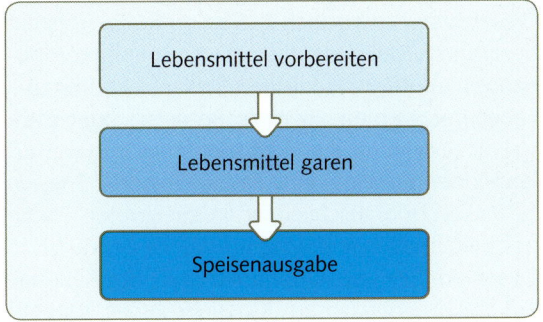

Bild 2: *Ablauf Cook & Serve*

Frische Lebensmittel **(Frischkostküche)** werden nach der Vorbereitung durch entsprechende Garverfahren zubereitet und im Anschluss ohne langes Warmhalten (10–30 Min.) an den Kunden ausgegeben. Die Kerntemperatur muss mind. 65 °C betragen, bei Kaltspeisen maximal 7 °C. Die Ausgabe der Speisen kann durch unterschiedliche Ausgabesysteme erfolgen (s. S. 349).

Beurteilung:

- Personalintensiv während der Phase des Anrichtens bzw. der Ausgabe (= höhere Personalkosten)
- Geringer Nährstoffverlust sowie weitgehende Erhaltung von Farbe, Konsistenz und Geschmack
- Hoher Produkthygienestandard durch geringe Warmhaltezeiten (= geringes mikrobiologisches Risiko)
- Bedürfnisorientierte Speiseplanung ist möglich.
- Höhere Energiekosten
- Einsatz saisonaler oder regionaler Produkte ist möglich.
- Küchen benötigen eine gute Geräteausstattung (Betriebskosten sind höher, also höhere Abschreibungskosten)

2.1.2 Relaisküchensystem

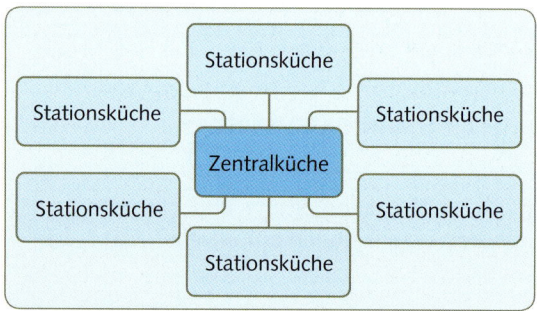

Bild 1: *Stations- oder Relaisküchensystem*

Dieses System wird auch als Stationsküchensystem bezeichnet. Dies bedeutet, dass die Speisenkomponenten an unterschiedlichen Stellen – Stationen – zubereitet werden. In einer Betriebs- oder Zentralküche werden die nicht empfindlichen Menükomponenten wie z. B. Gulasch, Desserts, Suppen zubereitet und anschließend in geeigneten Transportbehältnissen in die Stationsküche gebracht. In dieser werden die empfindlicheren Speisen wie z. B. Salate, Eierspeisen, Kurzgebratenes zubereitet, portioniert und ausgegeben.

2.1.3 Warmverpflegungssysteme

Cook & Hold = Kochen & Warmhalten

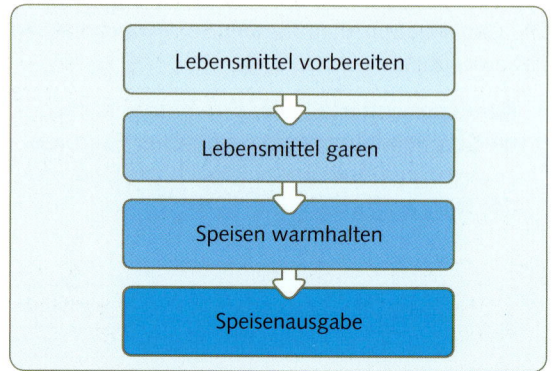

Bild 2: *Ablauf Cook & Hold*

Die zubereiteten Speisen werden bis zum Verzehr warmgehalten. Für den Transport innerhalb des Betriebes (auf die Stationen) oder z. B. zu Tageseinrichtungen, Schulen und Kindergärten werden die Speisen in isolierenden oder beheizbaren Behältnissen warmgehalten (Thermophoren). Der Transport kann auch durch „Dritte" erfolgen, z. B. durch Privatunternehmen oder Hilfsorganisationen wie das DRK. Die Speisen können in **portionierter Form** oder in **GN-Behältern** transportiert werden. In der Verteilerküche werden die Speisen, je nach Transportart, portioniert oder direkt an die Kunden ausgegeben. Die Warmhaltezeit/Standzeit sollte möglichst kurz sein, **max. 3 Stunden**. Je kürzer die Standzeiten, desto höher ist die Qualität der Speisen.

Beurteilung:

- Für bestimmte Speisen nicht geeignet, z. B. Spiegeleier, Rühreier, Pommes frites
- Verlust an hitzeempfindlichen Nährstoffen sowie Konsistenz und Farbeinbußen vor allem bei Gemüse und Salzkartoffeln
- Vereinfachte Ausgabe und damit geringer Personalbedarf in der Verteilerküche
- Verteilerküche benötigt nur ein geringes Küchenequipment – geringe Betriebs- und Investitionskosten.
- Die Einhaltung der Kerntemperatur ist bei diesem System kritisch zu betrachten. Ein Temperaturkontrollbogen ist vor jeder Ausgabe auszufüllen.

2.1.4 Mischkostsysteme/ Kaltverpflegungssysteme

Diese Systeme **entkoppeln thermisch** die **Speisenzubereitung** von der **Speisenausgabe** bzw. vom Verzehr. Je nach Verpflegungssystem kann der Zeitpunkt des Verzehrs einen Tag bis zu mehrere Monate nach der Zubereitung erfolgen. Der Transport ist unproblematisch, da die Speisenkomponenten oder Fertigmenüs in Kühl- oder Gefrierwagen transportiert werden.

Um Qualitätsverluste zu vermeiden und den Hygieneanforderungen (HACCP) zu entsprechen, darf die Kühlkette nicht unterbrochen werden.

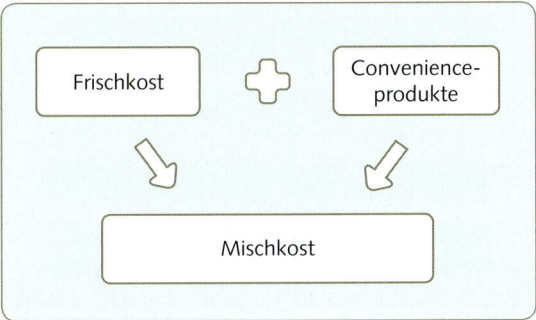

Bild 1: *Mischkostsystem*

Einzelne Speisenkomponenten, meistens die empfindlichen Speisen, werden frisch zubereitet, wie z. B. Salate, Eierspeisen, stärkereiche Beilagen wie z. B. Kartoffeln. Alle weiteren Produkte sind vorgefertigte Lebensmittel, die sogenannten Convenience-Produkte mit unterschiedlichen Convenience-Graden (s. S. 182). Sie kommen z. B. als Kühlkost, Tiefkühlkost oder Konserve zu ihrem Einsatz.

Beurteilung:

- Geringerer Personalbedarf im Vergleich zum Frischkostsystem (= Kostenersparnis)
- Qualität der Speisen ist abhängig vom Wareneinsatz und von dem Verhältnis zwischen vorgefertigten Produkten und frischen Lebensmitteln
- Für den Einsatz von vorgefertigten Lebensmitteln ergeben sich Vor- und Nachteile (s. S. 182).
- Für die frisch zubereiteten Produkte gelten die Anforderungen und Beurteilung des Cook & Serve-Systems (s. S. 345).

Cook & Chill = Kochen & Kühlen

Die Speisen werden bis zu einem **Fertigungsgrad** von 90–95 % zubereitet. Anschließend werden die Speisen durch **Schnell-** oder **Schockkühlung** auf 3 °C in einer Zeitspanne von 60 bis max. 90 Min. heruntergekühlt. Dies ist wichtig für den Temperaturbereich zwischen 65 °C und 20 °C, da in diesem Bereich das Wachstum von **Mikroorganismen** begünstigt wird. Die anschließende Lagerung erfolgt bei einer Temperatur bis max. 7 °C (besser 2–3 °C) und einer Lagerdauer von 3 bis max. 5 Tagen (abhängig vom Produkt).

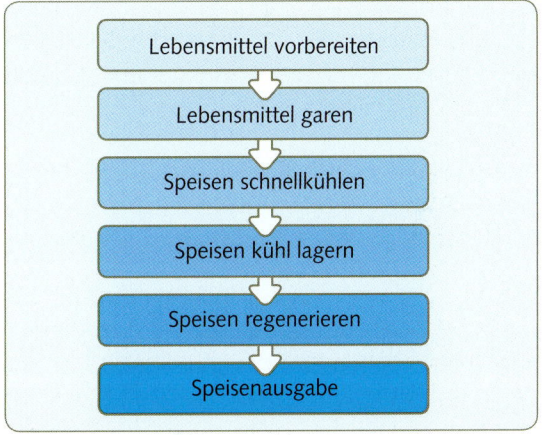

Bild 2: *Ablauf Cook & Chill*

Varianten der Portionierung:

a) Portionierung auf Teller, evtl. tablettiert in einem gekühlten Raum mit anschließender Regeneration und Speisenausgabe.
b) Speisen bleiben im GN-Behälter und werden in diesem regeneriert, anschließend portioniert und ausgegeben.

Beurteilung:

- Geringerer Personaleinsatz und punktgenaue Speisenausgabe möglich
- Höhere Energiekosten durch Schnellkühlung, Kühllager und Kühltransport
- Nicht geeignet z. B. für Spiegeleier, Kroketten, Pommes frites
- Hygienische Qualität kann durch die Schnellkühlung gesichert werden (Produktsicherheit hinsichtlich HACCP).
- Vitamine und Mineralstoffe sowie Konsistenz, Farbpigmente und Geschmack bleiben weitgehend erhalten.

Cook & Freeze = Kochen & Gefrieren

Bis zur **Schnellkühlung** beinhaltet das Verfahren die gleichen Arbeitsabläufe wie Cook & Chill. Die Speisen werden bis zu einem **Fertigungsgrad von etwa 80 %** gegart. Nach dem Schnellkühlen werden die Speisen **schockgefroren** bei einer Temperatur von –30 °C bis –40 °C und bei einer Temperatur von –18 °C bis –25 °C gelagert.

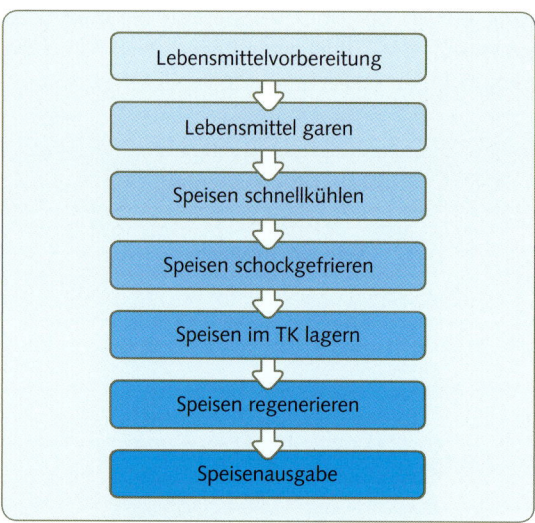

Bild 1: *Ablauf Cook & Freeze*

Abwandlungen der Portionierung:

a) Komplette Einzelmenüs werden angeliefert und in der Verteilerküche regeneriert.

b) Die Speisen werden in GN-Behältern oder in Kartons als Speisenkomponenten angeliefert und nach der Regeneration zu entsprechenden Menüs zusammengestellt bzw. portioniert.

Die Beurteilung dieses Verfahrens ähnelt der des Systems Cook & Chill, es sind aber noch weitere Aspekte von Bedeutung.

Beurteilung:

- Wenn die Kühlkette bis zur Regeneration nicht unterbrochen wurde, sind die Speisen je nach Produkt bis zu 9 Monate haltbar.
- Erhöhte Flexibilität hinsichtlich Schwankungen bei der Anzahl der Essensteilnehmer
- Für die Regeneration muss mehr Energie eingesetzt werden als beim Verfahren Cook & Chill (= erhöhte Energiekosten).

Sous-Vide-Technik

Die Lebensmittel werden nach der Vorbereitung in **Folienbeutel unter Vakuum** eingeschweißt und bei Temperaturen, je nach Nahrungsmittel, zwischen 60 und 90 °C gegart. Die Beutel werden anschließend in **Eiswasser** heruntergekühlt und bei einer Temperatur von 2 bis 3 °C gelagert.

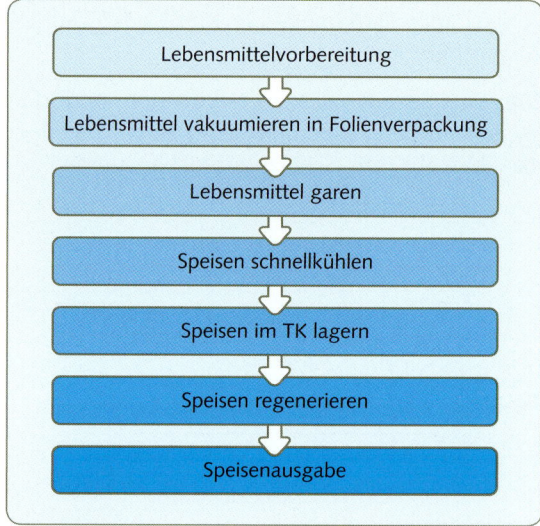

Bild 2: *Ablauf Sous-Vide-Technik*

Beurteilung:

- Lagerdauer bis zu 21 Tage
- Durch das Garen im eigenen Saft ist es ein fettsparendes System mit geringen Nährstoffverlusten.
- Geschmack, Aussehen und Konsistenz bleiben weitgehend erhalten.
- Hygienische Qualität der Produkte wird auf den produzierenden Betrieb verlagert.
- Erhöhte Kosten für Verpackung und Entsorgung (bei eigener Produktion)
- Die betriebseigene Produktion im Sous-Vide-System ist mit hohen Investitionskosten und Personaleinarbeitung verbunden.

Es gibt noch zwei Abwandlungen der Sous-Vide-Technik: zum einen die **Hot-Fill-Technik**. Hierbei werden gegarte flüssige Speisen wie z. B. Eintopfgerichte, Saucen und Suppen noch heiß in Folienbeutel abgefüllt und anschließend heruntergekühlt. Die zweite Methode ist die **Green-Vac-Technik**. Hier findet das Vakuumieren in speziellen Gastro-Norm-Behältern statt.

Dream-Steam-Technik

Diese weitere Systemtechnik bietet für die **Mikrowelle** vorbereitete Speisen oder Speisenkomponenten an, die in Kunststoffschalen gefüllt und mit einem Foliendeckel verschlossen werden. Während des Garprozesses in der Mikrowelle wird im Behälter ein **Überdruck** erzeugt (vergleichbar mit dem Dampfdrucktopf). Durch das eingebaute Ventil im Foliendeckel kann der Überdruck reduziert werden.

Beurteilung:

- Kurze Zubereitungszeit
- Höhere Verpackungskosten durch Einwegverpackung
- Geschmack, Farbpigmente und Konsistenz bleiben weitgehend erhalten.
- Küchen benötigen eine gute Geräteausstattung, d. h. Betriebskosten sind höher/höhere Abschreibungskosten.
- Höhere Zufriedenheit des Personals und der Gäste/Bewohner

Aufgaben:

1. Erstellen Sie einen Arbeitsablauf für das Zubereitungssystem „Cook & Chill" am Beispiel eines Möhreneintopfes.

2. Erstellen Sie ein Wochenspeiseangebot einer Mensa, das durch das Cook & Chill-System zubereitet werden kann. Präsentieren Sie Ihre Ergebnisse in geeigneter Form.

3. Durch das Verteilersystem Cook & Hold werden viele Schulen beliefert. Welche Möglichkeiten würden Sie empfehlen, um eine ausreichende Versorgung an Nährstoffen wie z. B. Vitaminen zu gewährleisten bzw. zu verbessern?

4. Beschreiben Sie das Produktionssystem Ihrer Einrichtung. Stellen Sie das System grafisch dar.

5. Beurteilen Sie das Stations- bzw. Relaisküchensystem.

2.2 Ausgabesysteme

Welches Ausgabesystem für welchen Betrieb ausgewählt wird, hängt von verschiedenen Faktoren ab:

- Institution
- Anzahl der produzierten Menüs
- Räumliche Gegebenheiten
- Personalschlüssel

Gleichgültig über welches Ausgabesystem die Speisen ausgegeben werden, die **warmen Speisen** sollten eine **Temperatur** von **mind. 65 °C** und die **kalten Speisen** eine Temperatur von **maximal 7 °C** (sporenbildende und hitzestabile Keime dürfen sich nicht vermehren) aufweisen. Es sollte berücksichtigt werden, dass es zu keinem Nachgarprozess kommt. Dies würde zu einer Konsistenz-, Geschmacks- und Farbveränderung sowie zu Vitaminverlusten führen. Die ausgegebenen Speisen dürfen nicht wieder eingelagert werden.

Tischservice

Durch **Servicepersonal** werden die angerichteten Speisen in einem bestimmten Zeitfenster zum Tisch gebracht. Hierbei werden drei Varianten unterschieden (s. S. 377):

a) Die Speisen werden in der Küche portioniert und als Tellergericht den Essensteilnehmern serviert.
b) Für Tischgruppen werden die Speisen in Schüsseln oder auf Platten angerichtet. Jeder Essensteilnehmer bedient sich selbst. Dies hat den Vorteil, dass weniger Personal benötigt und eine Kommunikation zwischen den Tischgästen gefördert wird.
c) Schüsseln und Platten werden angerichtet und durch das Servicepersonal die Speisen vorgelegt. Diese Variante wird in der GV eher selten eingesetzt.

Büfett

Dieses kann zu verschiedenen Anlässen, Tageszeiten und auch für unterschiedliche Personengruppen angeboten werden (s. S. 381). Büfetts werden in der Regel zur **Selbstbedienung** oder auch als **Teilselbstbedienung** angeboten. Durch die individuellen Wahlmöglichkeiten entsteht eine positive Atmosphäre unter den Essensteilnehmern.

Bandausgabe

Hier wird ein **Menü** auf Tellern angerichtet und mit dem **Band** zur Ausgabe **transportiert**, wo der Essensteilnehmer sich sein Menü vom Band nimmt. Der Personaleinsatz ist gering und für die Ausgabe wird nicht viel Raum und Zeit benötigt. Der Gast sorgt für den Geschirrrücklauf. Dieses Ausgabesystem wird aufgrund der Wünsche der Essensteilnehmer zu mehr individuellen Menüzusammenstellungen in der Küchenpraxis immer seltener.

Verteilerbandsystem

Bild 1: *Verteilerbandsystem*

Dieses System ist z. B. in Krankenhäusern immer noch die Regel. Zunächst müssen die personenbezogenen **Menüwünsche erfasst** oder **dokumentiert** werden. Dies kann z. B. über farbige Karten, Karten mit farbiger Kennzeichnung oder Speicherung der Daten mithilfe eines Computers erfolgen. Die Karten werden dann in der Küche auf ein Tablett gelegt oder bei der elektronischen Erfassung der Daten erhält jeder Posten ein Lichtsignal zur Bestückung des Tabletts.

Das Tablettsystem erfolgt über ein Verteilerband. Das Band hat verschiedene **„Posten"**, an denen das Tablett vorbeiläuft und entsprechend vom Küchenpersonal bestückt wird. Die Ausgabe ist **personalintensiv**, da das Verteilerband nur dann in Betrieb genommen werden kann, wenn alle Positionen am Band besetzt sind. Zum Ende der Ausgabe steht die Position der Kontrolle an. Diese Arbeitskraft kontrolliert die Menükomponenten, deckt die Menüs ab und stellt sie z. B. in den Wärme- oder Transportwagen der entsprechenden Station.

Cafeteriaausgabe

Hierbei handelt es sich um eine Theke mit Tablettrutsche, an der die Speisen entsprechend der Menüfolge angeordnet sind. Der Gast besorgt sich durch **Selbstbedienung** vorportionierte Menükomponenten, z. B. Salate, Dessert, Gebäck, Getränke. Im Ausgabebereich für warme Speisen erfolgt die Portionierung i. d. R. durch **Servicepersonal**. Am Ende der Ausgabetheke befindet sich die Kasse. Diese Form der Ausgabe ist nicht personalintensiv und hat in der Regel einen direkten Kontakt zur Küche. Dies ermöglicht ein schnelles Nachliefern von Menükomponenten. Diese Ausgabeform hat jedoch den Nachteil, dass sich während der Hauptessenszeiten Schlangen vor der Theke bilden, da jeder Essensteilnehmer die komplette Theke durchlaufen muss, auch wenn er nur einen Salat benötigt.

Ausgabesystem „Free Flow"

Bild 2: *Free-Flow-Anlage*

Hier ist die **Cafeteriaausgabe aufgelöst**. Die Ausgabe setzt sich aus einzelnen Modulen zusammen, die in der Regel entsprechend einer Menüfolge angeordnet sind (s. Abb. oben). Die Ausgabe gibt es in den Formen **Selbstbedienung** und **Teilselbstbedienung**. Jede Ausgabeeinheit hat eine Tablettrutsche zur Speisenentnahme. Der Gast zahlt seine zusammengestellten Speisen an der Kasse.

Innerhalb einer Free-Flow-Anlage kann auch das Frontcooking (s. S. 351) integriert werden.

Einige Beurteilungskriterien:

- Benötigt mehr Raum im Vergleich zur Cafeteriaausgabe

- Essensteilnehmer sind zufriedener, da sie sich das Essen selber wählen können (= individuelle Wahlmöglichkeiten).
- Weniger Schlangenbildung durch freie Bewegung im Ausgabebereich
- Für ältere oder Gäste mit Behinderungen schwierig, da das Tablett von einer Ausgabetheke zur nächsten getragen werden muss.
- Für das Auffüllen von Speisen, Besteck und Geschirr muss das Personal durch den Kundenbereich.
- Für ortsunkundige Gäste ist diese Form der Speiseausgabe oft erst einmal unübersichtlich. Sie müssen die entsprechenden Möglichkeiten „erkunden" und somit kann die Mahlzeiteneinnahme zu einem „Erlebnis" werden.

Vending oder Automatenausgabe

Bild 1: *Snackautomat*

Es gibt eine Vielzahl von möglichen Angebotsformen durch einen Automaten. Die Produktpalette reicht von Süßigkeiten über kalte und warme Getränke, Gebäck, belegte Brötchen, Sandwiches, Milch und Milchprodukte bis hin zu tiefgekühlten Fertigprodukten wie z. B. Lasagne und Pizza. Durch ein bereitgestelltes Mikrowellengerät können sich die Essensteilnehmer schnell eine warme Mahlzeit zubereiten. Bestückt werden die Automaten z. B. von der Großküche oder vom Automatenbetreiber und können beispielsweise für die Zwischenverpflegung oder für Spät- und Nachtschichten in Betrieben eingesetzt werden.

Frontcooking = Frontalkochen

Dies ist eine Kombination aus **Speisenproduktion** und **-ausgabe**. Ein Koch stellt ein Gericht oder eine Menükomponente unmittelbar vor dem Essensteilnehmer/Gast her und verwendet dabei in der Regel frische oder bereits vorgefertigte Zutaten. Diese Form der Speisenzubereitung mit gleichzeitiger Ausgabe ist äußerst beliebt und wird neben der Gastronomie auch immer häufiger in der Gemeinschaftsverpflegung integriert. Sie ermög-

licht eine Kommunikation (Sprache, Gestik, Mimik) mit den Essensteilnehmern und vermittelt den sauberen Umgang mit Lebensmitteln. Dieser besondere Event bietet dem Gast Abwechslung und Frische zugleich mit einem Erlebnischarakter.

Bild 2: *Frontcooking*

Das Frontcooking kann innerhalb eines Büfetts (s. S. 382), einer Cafeteriaausgabe oder einer Free-Flow-Anlage integriert werden.

Aufgaben:

1. Beschreiben Sie das Ausgabesystem Ihres Betriebes und präsentieren Sie dies in Form eines Plakates.

2. Entwickeln Sie Vor- und Nachteile für eine Speisenausgabe in Form eines Büfetts.

3. Entwickeln Sie weitere Vor- und Nachteile zum Frontcooking.

4. Erstellen Sie eine Mindmap zum Thema Ausgabesysteme.

5. Ihr Betrieb überlegt die vorhandene Free-Flow-Anlage um eine Station Frontcooking zu erweitern. Geplant ist die Anschaffung einer Bratenplatte. Sie werden von Ihrer Ausbilderin beauftragt:

   a) verschiedene Angebote einer Bratenpfanne vorzulegen.

   b) Des Weiteren sollen Sie Speisenvorschläge entwickeln, mit entsprechenden Rezepten, die im Frontcooking angeboten werden können.

2.3 Arbeitsabläufe

Die schriftliche Dokumentation von Arbeitsabläufen hat das **Ziel**, in einer bestimmten oder vorgegebenen Zeit Tätigkeiten **rationell** durchzuführen mit einem möglichst **optimalen Ergebnis** (s. S. 354). Bezogen auf die Speisenproduktion und -ausgabe bedeutet dies, dass in einem bestimmten Zeitfenster die Speisen rationell und somit in einer sinnvollen Reihenfolge zubereitet werden und möglichst erst zur Ausgabezeit fertiggestellt sind. Warmhaltezeiten sollten möglichst vermieden werden, um die Erhaltung der Vitamine sowie der Konsistenz und Farbpigmente zu gewährleisten. Je nach Betriebsart und Betriebsgröße sowie dem zum Einsatz kommenden Zubereitungssystem werden diese Aufgaben von einzelnen Personen oder im Team bewältigt.

In **Privathaushalten** erfolgen der Einkauf, die Vorbereitung, Zubereitung bis hin zur Speisenausgabe und Reinigung meist durch eine Person oder durch Mithilfe der im Haushalt lebenden Personen, z. B. Kinder, Lebenspartner. In **Geschäftshaushalten** erfolgt meist schon eine Aufgabenverteilung durch das Vorhandensein von Personal, z. B. eine Person ist für den Einkauf, die Vor- und Zubereitung der Speisen verantwortlich und eine zweite Mitarbeiterin für den Servicebereich. **Gemeinschaftsverpflegung** werden je nach Küchengröße diese Aufgaben in Teilbereiche (Funktionsbereiche) aufgeteilt, wie z. B. Wareneinkauf, Vor- und Zubereitung warme Küche, Vor- und Zubereitung kalte Küche, Patisserie, Speisenausgabe, Spülküche. Innerhalb dieser Funktionsbereiche werden die anfallenden Arbeiten nochmals in Teilabläufe gesplittet, z. B. im Bereich der warmen Küche Fleisch/Fisch, Gemüse und Beilage.

Gleichgültig ob es sich um einen individuellen oder einen teambedingten Arbeitsablauf handelt, es handelt sich um Zeiten, die für die jeweilige Aufgabe geplant werden. Dabei wird unterschieden:

Gesamtarbeitszeit – Das ist die Zeit, die für die gesamte Arbeitsaufgabe benötigt wird, und diese setzt sich zusammen aus:				
Rüstzeit	**Tätigkeitszeit**	**Wartezeit**	**Erholungszeit**	**Verteilzeit**
Benötigte Zeit für Vor- und Nacharbeiten wie z. B. Einrichten des Arbeitsplatzes, Arbeitsplatz aufräumen und reinigen	Benötigte Zeit für die durchgehende Arbeitsaufgabe wie z. B. Frikadellen zubereiten (Fleischteig herstellen, formen, braten) oder die Zeit, die für einen Ablaufschritt benötigt wird (z. B. Zwiebeln für Frikadellen würfeln)	Ist eine Zeit, die sich durch den Ablauf ergibt, z. B. Aufheizen der Kippbratpfanne. Diese Zeit soll, wenn möglich, für andere Tätigkeiten genutzt werden, z. B. Frikadellen formen.	Ist eine Zeit, die benötigt wird zur Erholung des Mitarbeiters und seiner Arbeitskraft, z. B. Frühstückspause.	Ist eine Zeit, die nicht gut planbar ist, da sie sich auf Störungen bezieht wie z. B. Telefonat, Vertreterbesuch, Toilettengang, Verletzungen, defektes Arbeitsgerät.

Individueller Arbeitsablaufplan

Dieser Arbeitsablaufplan bezieht sich auf eine Person und die Tätigkeiten oder Teilaufgaben, die diese Mitarbeiterin in einer bestimmten Zeit zu bewältigen hat (s. S. 232).

Arbeitsabläufe in Teamarbeit

Hier steht das gemeinsame Ziel im Vordergrund, wie z. B. bis zu einem festgelegten Zeitpunkt die Speisen zuzubereiten und auszugeben. Die dafür anfallenden Arbeiten werden auf das zur Verfügung stehende Personal/Team aufgeteilt bzw. von der Küchenleitung eingeteilt (s. S. 353).

Kontrolle von Arbeitsabläufen

Kontrollen dienen zum **effizienten Personal-** und **Kostencontrolling**. Hierbei sollte der Prozess von der Planung bis zur Ausgabe/zum Ergebnis beleuchtet werden. Arbeitsabläufe sollten nach jedem Arbeitstag kritisch als Erfolgskontrolle betrachtet werden.

Der Küchenleiter könnte sich z.B. einige Fragen stellen:

- War die Speisenfolge für die zu versorgende Personengruppe geeignet?

- Lag der Wareneinsatz innerhalb meines Budgets?
- War die Zeitplanung richtig?
- An welcher Stelle gab es Probleme im Zeitmanagement?
- Waren Mitarbeiter unter- oder überfordert?
- War der Geräteeinsatz richtig gewählt?
- Zu welchem Zeitpunkt waren die Speisen fertig?
- Wie lange wurden die Speisen warmgehalten?
- Wie zufrieden waren die Kunden?
- Ist eine Wiederholung des Planes in gleicher Form sinnvoll?

Wochentag: Montag Datum: 04.02.08			Zubereitungsplan für 100 Port.				
Produktangaben			**Bereitstellung**	**Produktion**			**Rückstellung**
	Einheiten		GN-Behälter	Gerät	Uhrzeit	Verantw. Mitarbeiter	
Produkt	kg L	Stk	Größe Anzahl		Beginn Ende		Uhrzeit Hinweise
Frikadellen*		100		Kipper	10.30 12.25	Fr. Wichtig	12.30
Salz-kartoffeln	20		1/1 4	Kombi	12.10 12.25	Fr. Sauber	12.30 Sous-Vide Kartoffeln nur regenerieren
Kopfsalat		22			11.00 12.10	Fr. Sauber	12.15
Dressing*					10.30 11.00	Fr. Sauber	11.00
Schoko-ladencreme*			-	Koch-kessel	9.45 10.30	Fr. Wichtig	10.30

Bild 1: *Beispiel eines Zubereitungsplanes – warme Küche/kalteKüche*

* siehe Rezeptkartei

2.4 Qualitätsbeurteilung der Speisen und ihrer Herstellung

Das Wort Qualität kommt von dem lateinischen „qualis" und bedeutet „wie beschaffen".

Die **Anforderungen** an die Qualität (Beschaffenheit) von **Produkten** oder **Dienstleistungen** können von verschiedenen Personen oder Personengruppen wie z.B. durch Mitarbeitervertreter, Betriebsrat, Kunden, Träger der Einrichtung usw. festgelegt werden. Die Qualität in der Gemeinschaftsverpflegung gibt an, ob ein Produkt oder eine Leistung genau die Anforderung erfüllt, die vorher festgelegt wurde. Dies ist auch in der DIN EN ISO 9000:2000 festgelegt worden. Jedes Produkt oder jede Dienstleistung unterliegt unterschiedlichen Anforderungen und kann nur durch individuelle Qualitätsmaßnahmen hergestellt oder erbracht werden. Zur Qualitätsicherung dient das HACCP-Konzept (s. S. 234).

Strukturqualität

Dies sind die Rahmenbedingungen, unter denen die Zubereitung der Speisen erbracht wird. Dazu gehört zunächst die **personelle Ausstattung** wie z.B. Anzahl des Personals, Qualifikation des Personals, Fortbildung, Hygieneschulungen. Eine weitere Bedeutung hat die **sachliche Ausstattung** (Räumlichkeiten, Geräteequipment, Anlagen).

Ein weiterer wichtiger Faktor ist der **organisatorische Rahmen**, in dem die Speisen zubereitet werden sollen (Dienstplan, Vertretungsregelungen, Anweisungen für einzusetzende Verfahren).

Technologische Prozessqualität

Der technologische Prozess beginnt mit einem sinnvollen **Einkauf** (Mindesthaltbarkeitsdatum, frische Produkte, s. S. 60. Des Weiteren hat die **Lagerung** Einfluss auf die Qualität, z. B. Lagerzeiten, Lagerort, Lagertemperaturen (s. S. 96). Ebenfalls haben **betriebswirtschaftliche** Gesichtspunkte wie z. B. Kosten, Essenspreis, kalkulationsgerechtes Arbeiten, Teamarbeit ihre Auswirkungen. **Hygienische** Aspekte während des gesamten Ablaufes wirken sich auf die Qualität bzw. den Wert der verzehrfertigen Speisen aus, wie z. B. Einhaltung der **persönlichen, Produkt- und Betriebshygiene**. Ein wesentlicher Gesichtspunkt ist die **nährstoffschonende Verarbeitung der Nahrungsmittel** zu Speisenkomponenten. Durch die Qualität der Zutaten, den Einsatz schonender Garverfahren, möglichst kurze Garzeiten und kurze Warmhaltezeiten wird für den weitgehenden Erhalt an Nährstoffen gesorgt. Während des technologischen Prozesses sind die Aspekte der **Arbeitssicherheit** (s. S. 240) und der **Ökologie** wie z. B. Vorschriften bezüglich Sicherheit, Einsatz ökologischer Erzeugnisse, Verwendung saisonaler Produkte, Verpackungsanfall, Abfallentsorgung ebenfalls von Bedeutung. Ein wesentlicher Faktor ist das **Fachwissen** des Küchenpersonals, das seine handwerklichen Fertigkeiten und Kenntnisse anwendet. Nach der Zubereitung erfolgt die **Ausgabe** (s. S. 349): Die sollte z. B. eine Ausgabetemperatur der warmen Speisen von mind. 65 °C sicherstellen, sauberes defektfreies Geschirr verwenden und die Quantität der Speisenkomponenten sollte auf die zu versorgende Personengruppe abgestimmt sein. Das Bedienungs- oder Servicepersonal ist umsichtig, freundlich und geht auf individuelle Wünsche der Essensteilnehmer ein.

Ergebnisqualität

Für die Bewertung der Speisen werden charakteristische Eigenschaften und Merkmale für die Festlegung der Qualität (Wert und Güte des Produktes) herangezogen. Diese Beurteilung erfolgt über die Sinne (Sensorik) (s. Tabelle S. 355) und die wertbestimmenden Bestandteile der Speisen.

Wertbestimmende Bestandteile

- **Zeitpunkt:** Zu einer festgelegten Tageszeit sind die Speisen für eine bestimmte Anzahl von Gästen/Kunden zubereitet und für die Ausgabe bereit.
- **Kulinarischer Wert:** Portionsgröße, personenbezogenes Angebot, abwechslungsreiche Speisenplanung, Verzehrtemperatur, Individualität, Konsistenz, Geschmack, Geruch, Form, Aussehen
- **Hygiene:** Sauberkeit des Geschirrs, defektfreies Geschirr, Sauberkeit des Anrichtens, gesundheitliche Unbedenklichkeit
- **Speisenbezeichnung:** korrekte und verständliche Produktbezeichnung, richtige Schreibweise

Um am Ende ein gutes Produkt oder eine gute Dienstleistung erbringen zu können, müssen alle Anforderungen, die vorher festgelegt worden sind, in allen Bereichen möglichst eingehalten werden. So kann beispielsweise das Dessert in zu kleinen Portionen abgefüllt worden sein (Ergebnisqualität), weil eine Praktikantin ohne die erforderlichen Anweisungen (Strukturqualität) den Nachtisch in zu kleine Dessertschalen portioniert hat (Prozessqualität). Es sind also **Struktur-, Prozess-** und **Ergebnisqualität** umfassend zu betrachten.

Aufgaben:

1. Informieren Sie Ihre Klassenkameraden über die Arbeitsabläufe in Ihrer Betriebsküche.

   a) Vergleichen Sie die Abläufe in verschiedenen Betriebsküchen und halten Sie die Unterschiede fest.
   b) Begründen Sie, worauf diese Unterschiede zurückzuführen sind.

2. Erstellen Sie eine Checkliste zur Überprüfung eines individuellen Arbeitsablaufplanes.

3. Aus den Faktoren der Qualitätsbeurteilung können Ziele für die jeweiligen Bereiche wie z. B. Einkauf, Lagerung abgeleitet werden. Erarbeiten Sie in Gruppen mögliche Ziele von Qualität in diesen Bereichen.

Sinne	Kriterium	Eigenschaften/Merkmale
Augen	Aussehen/Farbe	ansprechend, natürlich, arttypisch, schwach/leicht ungleichmäßig, deutlich beeinträchtigt, weitgehend ungleichmäßig, starke Verfärbung, völlig verfärbt
	Form	sehr gut, ideal, gut, schwach/leicht beeinträchtigt, typisch, ursprüngliche Form noch erkennbar, deutlich verändert, zusammengefallen, auseinandergelaufen, geschrumpft, völlig verändert.
Nase	Geruch	besonders fein ausgeprägt, artspezifisch, aromatisch, schwach/leicht beeinträchtigt, nicht abgerundet, leicht strohig, fremd, muffig, leer, unangenehm verändert
Zunge	Geschmack	**Geschmacksqualitäten:** salzig, süß, bitter, sauer **Aromaklassen:** würzig, blumig, fruchtig, harzig, faulig, brenzlig **Allgemein:** ein ausgeprägt, typisch, aromatisch, leicht beeinträchtigt, relativ normal, deutlich/stark/unangenehm verändert
Tasten/Auge	Konsistenz/Textur	sehr gut einheitlich, normal/typisch entwickelt, leicht beeinträchtigt (zu weich, zu fest), deutlich beeinträchtigt (zu fest/weich/trocken), stark verändert (breiig, Schlieren), unangenehme Textur

Bild 1: *Sensorische Prüfung/Merkmale*

Um eine möglichst objektive Beurteilung des Speisenangebotes in der Gemeinschaftsverpflegung zu erlangen, ist es sinnvoll, die Essensteilnehmer von Zeit zu Zeit zu befragen oder um **Rückmeldung** zu bitten. Diese kann über einen **Kummerkasten** für die Küche, Fragebogen, regelmäßige Treffen der Küchenleitung mit z. B. Betriebsrat, Elternbeirat oder über Befragung nach der Speisenausgabe (Servicepersonal) erfolgen.

2.5 Gesprächsführung

Bild 1: *Bestellung aufgeben*

Gespräche sind ein mündlicher Gedankenaustausch und können in unterschiedlichen Formen, Inhalten, Zeitpunkten und mit verschiedenen Gesprächspartnern geführt werden:

- von Angesicht zu Angesicht
- mit einer Person oder in einer Gruppe
- per Telefon

Zur Pflege des Kundenkontaktes sollten einige Grundregeln zur Führung von Gesprächen Beachtung finden (s. S. 563).

- Zunächst sind für die Einstimmung in das Gespräch die Umgangsformen des Servicepersonals bedeutsam. Es wird eine **zuvorkommende, freundliche** und **aufmerksame** Bedienung erwartet. Neben einem gepflegten Äußeren nimmt die **Körpersprache** Einfluss auf den Gesprächsverlauf.
- Eine **Gesprächsvorbereitung** über Informationen des Kundenbereiches ist unablässig, um keine falschen Aussagen zu tätigen oder z. B. Auskunft über die angebotenen Speisen bzw. Empfehlungen geben zu können.
- Zunächst erfolgt eine **Kontaktaufnahme** durch den Kunden oder das Personal, z. B. freundliche Begrüßung evtl. mit persönlicher Anspra-

che, freundliche Anmerkung („Guten Morgen, Frau Müller. Waren Sie gestern auch bei der Kirmes?").

- Der Spruch „Der Ton macht die Musik" hat hier seine Bedeutung. Der **Tonfall** und die **Lautstärke** sollten entsprechend dem Gesprächspartner gewählt werden. Das heißt jedoch nicht, dass, wenn ein Gast ungehalten und laut ist, das Servicepersonal genauso reagieren soll.
- **Augenkontakte** sind unerlässlich. Sie schaffen Kontakt. Es wird mit einer Person und nicht mit der Wand im Hintergrund kommuniziert.
- Achten Sie auf die **Gestik** und **Mimik** Ihres Gegenübers, denn nicht nur das gesprochene Wort ist von Bedeutung.
- Je mehr der Hauswirtschafterin die **Bedürfnisse** der Kunden bekannt sind, desto besser kann sie auf diese eingehen.
- Das Gespräch ist der Situation angemessen zu führen.
- Es sollten klare, verständliche und deutliche Aussagen getroffen werden.
- Lassen Sie den Gesprächspartner **ausreden**.
- **Hören** Sie gut zu, denn es ist nicht nur wichtig, was gesagt wird, sondern auch „wie" es gesagt wird und „was" der Gesprächspartner verstanden hat.
- Wenn Sie etwas nicht verstanden haben: **Fragen Sie nach!**

Es war gerade so laut Frau Müller, ich habe nicht verstanden, was Sie gesagt haben.

Bild 1: *Fragen Sie nach!*

Aufgaben:

1. Entwickeln Sie Kriterien, die für eine gute Gesprächsatmosphäre mit der Vorgesetzten/Kollegin und dem Kunden sorgen.

2. Sie sind zurzeit im Speisesaal tätig und haben dadurch ständig Kontakt mit den Bewohnern und deren Angehörigen. Stellen Sie Regeln für Ihr eigenes Verhalten gegenüber diesen Kunden auf.

3. Nennen Sie mögliche Konfliktsituationen, die im hauseigenen Café mit Gästen und Heimbewohnern auftreten können. Geben Sie für eine der von Ihnen genannten Konfliktsituationen eine mögliche Lösung an.

4. Sie bestellen zweimal pro Woche frisches Obst und Gemüse beim ortsansässigen Gemüsegroßmarkt. Beschreiben Sie Ihre Vorgehensweise während des Telefonates.

5. In Ihrer Einrichtung gibt es Tischservice für den Mittagstisch. Was fällt Ihnen in dieser Situation hinsichtlich der Gespräche oder Ansprache des Gastes besonders schwer?

6. Erarbeiten Sie in Partner- oder Gruppenarbeit einen Qualitätskontrollbogen für die Zubereitung eines Hefezopfes nach dem Grundrezept mit frischer Hefe und mit trockener Hefe.

   a) Bereiten Sie diese beiden Gebäcke zu.
   b) Beurteilen Sie diese anhand des von Ihnen erstellten Qualitätskontrollbogens.
   c) Stellen Sie Ihre Ergebnisse in geeigneter Form vor.

7. Welche qualitätssichernden Maßnahmen sind notwendig für das Anbieten von verzehrfertigem Fruchtjoghurt?

8. Ihre Küchenleitung möchte dass Sie mit einem von Ihnen entwickelten Fragebogen (Bsp. S. 357) die Essensteilnehmer des Hauses hinsichtlich des Speisenangebotes befragen. Ihre Auswertung sollen Sie in der nächsten Küchenbesprechung vorstellen.

Anhang zu Aufgabe 8, S. 356: Exemplarischer Entwurf eines Fragebogens

**Fragebogen zur Erfragung der Zufriedenheit zum „Essen & Trinken"
in unserer Betriebskantine**

1. Geschlecht

☐ männlich   ☐ weiblich

2. Wie alt sind Sie?

☐ unter 18   ☐ 18–29   ☐ 30–45   ☐ 46–60   ☐ über 60

3. Wie häufig gehen Sie in unserer Betriebskantine essen?

☐ täglich   ☐ 1–2 mal die Woche   ☐ 3–4 mal die Woche   ☐ gelegentlich

4. Wie zufrieden sind Sie mit dem „Essen & Trinken"?

☐ Sehr zufrieden   ☐ Meist zufrieden   ☐ Hält sich die Waage

☐ Meist unzufrieden   ☐ Sehr zufrieden

5. Welches Gericht hat Ihnen bisher am besten geschmeckt?

_____

6. Wie schätzen Sie das Preis-Leistungsangebot ein?

☐ günstig   ☐ angemessen   ☐ zu teuer

7. Wenn Sie einen Essenswunsch frei hätten, welches Gericht würden Sie sich dann wünschen?

_____

8. Welches Gemüse kann häufiger auf dem Speiseplan stehen?

☐ Erbsen   ☐ Paprika   ☐ Salatgurke   ☐ Champignons

☐ Möhren   ☐ Mais   ☐ Zucchini

Wir bedanken uns für Ihre Mitarbeit – Das Großküchenteam

Lernfeld 6

Personen zu unterschiedlichen Anlässen versorgen

Lernsituation

Im Großraum von Düsseldorf ist das Unternehmen der Familie Oberthal ansässig. Der Firmengründer Ludwig Oberthal und seine Frau bewohnen gemeinsam mit ihrem Sohn und seiner Familie eine herrschaftliche Villa am Stadtrand. Die Leitung des Haushaltes obliegt der Hausdame Frau Lenz, die gleichzeitig die Ausbilderin von Olga ist. Die Auszubildende ist im zweiten Ausbildungsjahr. Neben den alltäglich anfallenden Aufgaben des Haushaltes finden in regelmäßigen Abständen firmenbedingte Events, die einen repräsentativen Charakter haben, in der Villa statt. Kleine und private Veranstaltungen werden in der Regel vom hauseigenen Personal ausgerichtet.

In Kürze findet das 100-jährige Firmenjubiläum statt. Neben der offiziellen Feier in der Firma lädt die Familie zu einem privaten Stehempfang für ewa 60 geladene Gäste ein. Geplant ist ein Fingerfood Büfett mit internationalem Charakter. Des Weiteren werden Kaltgetränke ausgewählt und professionell serviert.

Das stellt das Personal und auch Olga vor die Herausforderung, ein abwechslungsreiches und ansprechendes Fingerfood-Sortiment zu planen und herzustellen.

Olga wird beauftragt unter Berücksichtigung ausgewählter Kriterien fünf vegetarische Produkte zusammenzustellen und für eine Verkostung mit Frau Lenz vorzubereiten. Für das geplante Sortiment bereitet sie eine Kalkulation vor.

Lernziele

- Abwechslungsreiche und anlassbezogene Fingerfood-Auswahl planen, produzieren, anrichten und präsentieren.
- Berücksichtigung von kulturellen und gesellschaftlichen Aspekten.
- Regeln zum Anrichten und Garnieren von Speisen anwenden.
- Kreative Methoden des Anrichtens mit passendem Anrichtegeschirr am Beispiel von Fingerfood durchführen.
- Regeln des Büfett-Aufbaus wissen und den Rahmenbedingungen entsprechend umsetzen
- Büfett anlassbezogen gestalten.
- Geeignete Kaltgetränke auswählen und fachgerecht servieren.
- Ausgewählte Fingerfood-Produkte berechnen und beurteilen.
- Arbeitsprozesse anteilig planen, dokumentieren, durchführen und bewerten.
- Hygiene- und Arbeitsschutzmaßnahmen einsetzen.

Methode: Pro-Contra-Debatte

Je nach Anlass gibt es verschiedene Möglichkeiten, Personen zu versorgen. Um eine Antwort auf die Frage „Menü oder Büfett?" zu finden, bietet es sich an, eine Pro-Contra-Debatte durchzuführen.

Es handelt sich hier um eine Methode, Argumente auszutauschen, Positionen zu verdeutlichen und schließlich abzuwägen.

Stellen Sie sich zunächst folgende Situation vor: Frau Meier lebt in einer Seniorenresidenz und plant ihren 80. Geburtstag. Für solche Situationen steht ein Raum zur Verfügung. Eingeladen werden 18 Gäste. Als Gäste werden ihre drei Kinder mit Partnern und insgesamt acht Enkelkindern, eine Freundin und zwei Nachbarn erwartet. Wichtig ist Frau Meier natürlich, dass alle Gäste vor allem mit dem Essen zufrieden sind. Sie selbst mag am liebsten klassische deutsche Küche. Sie weiß aber auch, dass ihre Enkelkinder moderne Länderküche vorziehen. Außerdem ist sie unsicher, ob sie ein Büfett oder ein Menü bestellen soll. Deswegen bittet sie ihre älteste Tochter, ihren Schwiegersohn und die Enkelin um Rat. Frau Meier und ihr Schwiegersohn sprechen sich für ein Menü aus. Die Tochter und die Enkelin plädieren für ein Büfett. In einem ausführlichen Gespräch tauschen die Familienmitglieder die Argumente aus.

Planung und Erarbeitung

Sie sollen dieses Gespräch simulieren. Bilden Sie dazu vier Gruppen.

Gruppe 1: Überlegen Sie sich Argumente, die die Tochter anführt, um die Familie vom Büfett zu überzeugen.

Gruppe 2: Überlegen Sie sich Argumente, warum die Enkelin das Büfett favorisiert.

Gruppe 3: Überlegen Sie sich Argumente, warum der Schwiegersohn ein Büfett ablehnt, aber ein Menü bevorzugt.

Gruppe 4: Überlegen Sie sich die Argumente, die Frau Meier nennt, um ein Menü zu bestellen.

Beim Sammeln der Argumente überlegen Sie sich auch, welche Argumente die Gegenseite anführen könnte, sodass Sie in der Diskussion reagieren und die entsprechenden Gegenargumente nennen können.
Schreiben Sie die Argumente in Stichpunkten als Gedächtnisstütze auf Karteikarten.
Bestimmen Sie zu Beginn der Gruppenarbeitsphase, wer welche Rolle spielen wird.

Durchführung

Nun sollen die vier Familienmitglieder ihre Argumente austauschen. Dabei sind aber einige Regeln zu beachten.

- Einer spricht, die anderen hören zu.
- Die Redezeit sollte nicht länger als etwa 60 Sekunden sein.
- Wiederholungen vermeiden
- Niemand wird persönlich angegriffen oder beleidigt.

Damit diese Regeln eingehalten werden können, bestimmen Sie einen Moderator, der bei Regelverstößen eingreift.

Bestimmen Sie außerdem mindestens zwei Protokollanten, die die Argumente für den weiteren Unterrichtsverlauf schriftlich festhalten.

Auswertung

Die Beobachter bewerten die Argumente und teilen mit, was sie überzeugt bzw. nicht überzeugt hat.
Abschließend stimmen Sie im Kurs ab, ob Sie für das Menü oder das Büfett sind.

Konkretisierung

Bilden Sie wiederum vier Gruppen. In diesen Gruppen erarbeiten Sie arbeitsteilig das Kapitel Menü bzw. Büfett und planen ein Menü/Büfett für die Geburtstagsfeier von Frau Meier.

Die Ergebnisse werden im Kurs präsentiert und bewertet.

1 Menü

Bild 1: *Festlich eingedeckter Tisch*

Der Mensch isst täglich und je nach Zeit mehr oder weniger aufwendig.

Im Zusammenhang mit dem Begriff Menü fallen auch Begriffe wie z. B. ein Gericht, ein Gang, eine Mahlzeit.

Worin liegt der Unterschied?

> Unter **Menü** wird eine Speisenfolge verstanden, die aus mindestens **3 Gängen** (drei aufeinanderfolgenden Speisegruppen) besteht, die in einer harmonisch festgesetzten Reihenfolge zu Tisch gebracht und verzehrt werden.
>
> Ein **Gang** ist Bestandteil eines Menüs. Dieser sollte, wenn er alleine gegessen wird, den Kunden/Gast nicht sättigen, denn es folgen ja noch weitere.
>
> Im Gegensatz zum Gang ist ein **Gericht** eine komplette Mahlzeit, die sättigen soll. Das Gericht kann ein Suppeneintopf aber auch z. B. Currygeschnetzeltes im Reisrand sein.
>
> Unter einer **Mahlzeit** kann alles gefasst werden. Diese ist unabhängig von der Menge, der Sättigung und dem Zeitpunkt der Einnahme. Als Mahlzeit kann also das Frühstück, das Mittagessen, bestehend aus 3 Gängen, die Zwischenmahlzeit bis hin zur Mitternachtssuppe bezeichnet werden.

Vor der Zusammenstellung eines Menüs müssen zuerst einige Informationen eingeholt und Vorüberlegungen getroffen werden. Einige dieser Informationen können z. B. mit der Ausbilderin oder mit dem Auftraggeber festgelegt werden. Günstig ist es, sich die offenen Fragen in Form einer Checkliste zu notieren. Diese könnten z. B. sein:

- **Wie viel Geld (Wareneinsatzkosten)** steht zur Verfügung?
- **Wie viele Arbeitskräfte** stehen zur Verfügung?
- **Wie viel Arbeitszeit** steht für die Zubereitung zur Verfügung?
- **Für welche Tageszeit** ist das Menü geplant (Mittag oder Abend)?
- **Welches Equipment**, z. B. Geräteausstattung, Ausstattung an Betriebs- und Arbeitsmitteln, Anrichtegeschirr, steht zur Verfügung?
- **Wie viele Personen** werden geladen?
- **Wie viele** und **welche Gänge** sollen angeboten werden (Umfang der Speisenfolge)?
- Gibt es einen besonderen **Anlass**, z. B. Familienfeste (Hochzeit, Taufe, Kommunion), Firmenfest, Vereinsfest oder soll das Menü unter einem bestimmten Motto stehen, z. B. „Italien"?
- Für welchen **Personenkreis** wird geplant?

Senioren
Bevorzugen Menüs mit leichten, nicht blähenden Speisen. Die Portionsgrößen werden kleiner gehalten. Eventuelle Kauprobleme sollten bei der Speisenauswahl und Zubereitung beachtet werden (s. S. 334–343).

Kinder
Mögen kindgerechte Speisen in kleinen Portionen, die fantasievoll angerichtet, nicht zu scharf gewürzt, ohne Verwendung von Alkohol und einfach zu essen sind (s. S. 333).

Vegetarier
Verzehren fleischlose Gerichte. Ein ideenreiches Menü aus vollwertigen, schonend gegarten Speisen mit einem ausreichenden Sättigungswert ist wünschenswert (s. S. 324).

Muslime
Ernähren sich unter Ausschluss von Schweinefleisch und Alkohol. Daher darf kein Alkohol
im Essen sein.

Diabetiker
Müssen auf eine bestimmte Zusammensetzung ihrer Kost achten (z. B. begrenzte Menge
an Kohlenhydraten, fett- und cholesterinarm,
s. S. 341).

1.1 Menüarten und Menügedeckarten

Umfang des Menüs	Eindecken	Menügedeckarten
	STANDARD	
Grundgedeck (1 Gang) **Eine Mahlzeit** **Mittagessen = Hauptgang oder Abendessen**	■ Die Mundserviette oder der Platzteller sind der Mittelpunkt eines Gedeckes. ■ Der Platzteller **schließt** mit der Tischkante ab. Kommt kein Platzteller zum Einsatz, stehen die Teller daumenbreit (1–2 cm) vom Tischrand entfernt. ■ Das Besteck wird **daumenbreit (1–2 cm)** von der Tischkante entfernt platziert. ■ Das Tafelmesser (großes Messer) wird **rechts** mit der Schneide zum Teller (nach links zeigend) eingedeckt. ■ Die Tafelgabel (große Gabel) wird **links** gelegt.	**Bild 1:** ① Grundgedeck
	STANDARD	
erweitertes Grundgedeck (2 Gänge) **Suppe** **Hauptgang**	**Eindecken des Grundgedeckes** ■ Der Suppenlöffel liegt **rechts** mit gleichem Abstand zur Tischkante wie das Tafelmesser. ■ Das Glas für das Getränk zum Hauptgang ist das **Richtglas**. Dieses wird **1–2 cm** oberhalb des Tafelmessers eingesetzt.	**Bild 2:** ① Grundgedeck, ② Suppe, ③ Richtglas Hauptgang
	STANDARD	
Grundmenü (3 Gänge) **Suppe** **Hauptgang** **Dessert** **VARIANTEN** **Kalte Vorspeise*** **Hauptgang** **Dessert** **VARIANTEN** **Warme Vorspeise** **Hauptgang** **Dessert**	**Das erweiterte Grundgedeck wird eingedeckt** ■ Das Glas für die Vorspeise steht **vor** dem Richtglas. ■ Das Besteck für das Dessert wird **oberhalb** des Platztellers oder Tellers eingedeckt. ■ Die Dessertgabel (**Alternative**: Kuchengabel) wird mit dem Griff nach **links** platziert. ■ Der Dessertlöffel (**Alternative**: Kaffeelöffel) wird mit dem Griff nach **rechts** gelegt.	**Bild 3:** ① Grundgedeck, ② Suppe, ③ Dessert, ④ Glas Nr. 1 für Vorspeise, ⑤ Richtglas Hauptgang, ⑥ Glas für Dessert

* Kalte Vorspeisen werden immer vor der Suppe gereicht.

Umfang des Menüs	Eindecken	Menügedeckarten

STANDARD

Menügedeck (4 Gänge) Kalte Vorspeise* Suppe Hauptgang Dessert **VARIANTEN** Kalte Vorspeise* Warme Vorspeise Hauptgang Dessert **VARIANTEN** Kalte Vorspeise Fisch Hauptgang Dessert	**Das Gedeck für ein Drei-Gänge-Menü wird eingedeckt** ▪ Das Glas für das Getränk zum Dessert steht hinter dem Richtglas. ▪ Gläser können, wie in der Zeichnung erkennbar, **diagonal** in Reihe oder in **Blockform** gestellt werden. ▪ Das Mittelmesser (**Alternative:** Menümesser) **oder** Fischmesser (wenn die kalte Vorspeise ein Fischgericht ist) wird auf **gleicher Höhe** wie der Suppenlöffel eingedeckt. Die Messerschneide zeigt ebenfalls zum Teller. ▪ Die Mittelgabel (**Alternative:** Menügabel) **oder** Fischgabel wird links etwas **versetzt** nach oben gelegt. ▪ **Links** neben der Mittelgabel oder Fischgabel wird zum Schluss der Brotteller bereitgestellt. ▪ Ein Buttermesser wird **gerade** mit der Schneide nach links auf den Brotteller gelegt.	**Bild 1:** ① *Kalte Vorspeise oder Fischgang,* ② *Suppe,* ③ *Grundgedeck,* ④ *Dessert,* ⑤ *Brotteller mit Brotmesser,* ⑥ *Glas für Vorspeise,* ⑦ *Richtglas Hauptgang,* ⑧ *Glas für Dessert*

STANDARD

Menügedeck (5 Gänge) Kalte Vorspeise* Suppe Fisch Hauptgang Dessert **VARIANTEN** Kalte Vorspeise* Suppe Warme Vorspeise Hauptgang Dessert **VARIANTEN** Suppe Warme Vorspeise Fisch Hauptgang Dessert	**Das Gedeck für ein Vier-Gänge-Menü wird eingedeckt** ▪ Das Fischmesser wird rechts, auf gleicher Höhe wie der Suppenlöffel platziert. Die Messerschneide zeigt zum Teller. ▪ **Links** neben der Mittelgabel wird die Fischgabel auf **gleicher** Höhe der ersten Gabel eingedeckt. Die **Ausnahmeregelung** betrifft also die 2. Gabel, diese wird versetzt zur ersten eingedeckt. ▪ Wird zum Hauptgericht ein Salat gereicht, wird dieser links neben der Gabel eingedeckt (= Platz für den Brotteller). ▪ Der neue Platz für den Brotteller befindet sich dann in der **linken** oberen Ecke **zwischen** Dessertbesteck und Gabeln. ▪ Die portionierten Salatteller werden erst beim Servieren des Hauptganges platziert.	**Bild 2:** ① *kalte Vorspeise,* ② *Suppe,* ③ *Fischgang,* ④ *Grundgedeck,* ⑤ *Dessert,* ⑥ *Brotteller mit Brotmesser,* ⑦ *Glas für Vorspeise,* ⑧ *Richtglas Hauptgang,* ⑨ *Glas für Dessert*

STANDARD

Festmenü (6 oder mehr Gänge)	**Das Gedeck für ein Fünf-Gänge-Menü wird eingedeckt** ▪ Für weitere Gänge wird das fehlende Besteck vor dem Servieren an der entsprechenden Stelle nachgedeckt.

* Kalte Vorspeisen werden immer vor der Suppe gereicht.

Bild 1: *Zusammenstellung eines Menüs*

1.2 Zusammenstellung eines Menüs

Nachdem alle Vorüberlegungen abgeschlossen sind, kann sich mit dem Aufbau des Menüs befasst werden. Hierbei geht es um die Kunst, ein Menü nach den folgenden Regeln zu kreieren (unter Berücksichtigung der 10 Regeln der DGE).

Der **Höhepunkt** eines jeden Menüs ist der **Hauptgang**. Die Gänge vor dem Hauptgang sollen zur Vorbereitung dienen und die Gänge danach sollen das Menü abschließen. Daraus ergibt sich, dass zunächst der Hauptgang festgelegt wird. Im Anschluss werden die Vorspeisen geplant. Stehen diese fest, werden die Gänge nach dem Hauptgang ausgewählt.

1.2.1 Aufbau des Menüs

Regeln für den Hauptgang

Von Umfang und Menge ist dieser Gang bestimmend. Fleisch, Geflügel oder Fisch (wenn nicht ein Fischgang geplant wird) sind die Namensgeber des Hauptganges. Danach folgen Soße, Gemüse, Sättigungsbeilage und Salat. Dabei ist die Gabe von Gemüse und Salat nicht zwingend, nur eines von beiden ist auch möglich.

Beispiel: Schweinebraten mit Champignonrahmsoße, Bohnen im Speckmantel, Petersilienkartoffeln, gemischter Salat der Saison. Hierbei kann der Salat auch weggelassen werden, da ja Bohnen angeboten werden.

Die kulinarischen Abstimmungen (s. S. 364), die sich auf das Menü beziehen, gelten auch für die Zusammenstellung des Hauptganges. Eine entscheidende Frage für den Umfang des Hauptganges ist es, ob der Hauptgang als Teller- oder Plattenservice angeboten wird. Wenn es verschiedene Sorten Fleisch, Geflügel, Gemüse geben soll, bietet sich der Plattenservice an. Der Vorteil liegt darin, dass jeder Gast seinen Hauptgang selbst zusammenstellt. Soll es ein Tellergericht werden, wird der Verzehr von der Küche vorgegeben. Dieses ist die häufigste Form der Darbietung, z. B. Kantine, Mensa, Gemeinschaftsverpflegung, Mittagstisch im Restaurant.

Regeln für Gänge vor dem Hauptgang

- Eine **kalte Vorspeise** wird immer **vor** der Suppe eingeplant. Es sollte eine kleine Portion ausgewählt werden, die appetitanregend und leicht ist. Hierfür eignen sich z. B. Salate, Cocktails, Teller mit Vorspeisenvariationen. Diese Vorspeise wird für jeden Gast direkt auf einem Teller portioniert und garniert (= **Tellergericht**).
- Bei **Suppen** kann je nach Umfang des Menüs zwischen einer gebundenen Suppe (3 Gängen) und einer klaren Suppe (4 und mehr Gängen) gewählt werden (gebundene Suppen sättigen stärker). Die Suppe wird in der Regel portioniert in Suppentassen serviert.
  Beilagenbeispiele: Baguettescheiben, Brötchen, Toastbrot
- **Warme Vorspeisen** werden **nach** der Suppe gereicht. Es sollte sich wie bei der kalten Vorspeise um eine kleine Portion handeln. Wenn es innerhalb des Menüs keinen Fischgang gibt, kann an dieser Stelle Fisch angeboten werden.
  Beilagenbeispiele: Kartoffelpüreerosetten, Reis
- Der **Fischgang** wird in der Regel **direkt vor** dem Hauptgang eingeplant. Dieser Gang ist vom Umfang und der Portionsgröße größer als die anderen Vorspeisen, aber kleiner als der

Hauptgang. Der Fisch sollte in Filetform gereicht werden.

Beilagenbeispiele: Reis, Kartoffelpüree, Teigwaren

Regeln für Gänge nach dem Hauptgang

- Zum Ende wird das **Dessert** geplant. Hier steht eine Vielzahl von Zubereitungs- und Präsentationsmöglichkeiten zur Verfügung. Auch hier hängt die Portionsgröße von der Anzahl der Gänge ab. Je weniger Gänge, desto größer kann die Portion ausfallen und umgekehrt. **Beilagenbeispiele:** Obst, Fruchtspiegel, Gebäck, Dessertsoßen
- Der **Käse** kann nur als kleine Portion (Käseteller) mit z. B. Weintrauben und etwas Brot angeboten werden.

1.2.2 Kulinarische Abstimmung

Ernährungsbedarf

Die Menüs sollten in ihrem Gehalt an Nährstoffen, Vitaminen und Mineralstoffen sowie in ihrem Energiegehalt an den Bedarf der Essensteilnehmer angepasst sein (s. S. 314).

Jahreszeit

Viele Lebensmittel (z. B. Gemüsearten, Obst, aber auch Wild und Geflügel) sind zu bestimmten Zeiten im Jahr (Saison) qualitativ und geschmacklich am hochwertigsten und in dieser Zeit auch am preiswertesten (s. S. 69 f.).

Je nach Jahreszeit werden von den Gästen verschiedene Speisenangebote erwartet:

Kalte Jahreszeit: Hier werden kräftigere Speisen bevorzugt, z. B. Suppeneintöpfe, Eintöpfe, Kohlgerichte.

Menübeispiel

Rindfleischbrühe

* * * * *

Schweinebraten
Rotkohl mit Kartoffelklößen

* * * * *

Bratapfel mit Vanillesauce

Warme Jahreszeit: Hier werden lieber leichte, frische Speisen verzehrt, z. B.

Omeletts, Spargel, Salate, Gemüseaufläufe.

Menübeispiel

Spargelröllchen

* * * * *

Folienkartoffel mit Kräuterquark
Gemischter Salat der Saison

* * * * *

Obstsalat der Saison

Abwechslung in der Speisenfolge

Keine Wiederholung der Rohstoffe

Beispiel: **nicht** Tomatensuppe – gefüllte Tomaten als Hauptgericht

Keine Wiederholung bei den Gartechniken

Beispiel: **nicht** überbackene Zwiebelsuppe – Lasagne als Hauptgericht – Bratapfel zum Dessert

Die Garmachungsarten wie Dünsten, Schmoren, Dämpfen, Kochen, Braten, Backen usw. müssen sich abwechseln.

Keine Wiederholung in der Bindung

Beispiel: **nicht** Spargelcremesuppe – Fisch in Tomatensoße als Hauptgericht – Vanilleflammeri zum Dessert

Keine Wiederholung in der Geschmacksrichtung

Beispiel: **nicht** Schinken in Portwein – Weinschaumcreme zum Dessert

Keine Wiederholung der Struktur innerhalb eines Ganges

Beispiel: **nicht** gedünsteten Fisch mit Gemüsepüree und Herzoginnenkartoffeln

Leichte und schwere Speisen im Wechsel

Beispiel: klare Rindfleischbrühe – Schweinerückensteak mit Kräuterbutter, Folienkartoffeln und gemischter Salat als Hauptgericht, rote Grütze mit Vanillesoße zum Dessert

Abwechslung bei der Garnitur

Jeder Gang sollte eine andere Garnitur erhalten

Abwechslung der Speisenfarben

Dies fördert den Appetit und Genuss beim Verzehr, denn „das Auge isst mit"! Nach einer hellen Speise sollte eine dunkle oder farblich hervorgehobene Speise folgen.

Beispiel: **nicht** Ochsenschwanzsuppe, Rindergulasch mit Rotkohl und Kartoffeln als Hauptgericht, Schokoladeneis zum Dessert; auch nicht: innerhalb des Hauptganges Hühnerfrikassee mit Reis und gedünsteten Kohlrabi

Ausnahmen

Wiederholungen sind gestattet, wenn in der **Spargelsaison** zweimal Spargel innerhalb eines Menüs vorkommt.

Beispiel: eine Spargelcremesuppe und im Hauptgang der Spargel als Beilage

Oder in einem **vegetarischen Essen**, hier brauchen Wiederholungen von Gemüsegängen nicht vermieden werden, sondern es müssen verschiedene Gemüsearten und Zubereitungsformen gewählt werden.

Oder in einem **Jagdessen** dürfen und sollen innerhalb eines Menüs mehrere Gänge mit Wild vorhanden sein. Die Wildart und Zubereitung der Speisen wechseln. Gleiches gilt auch für **Fischessen**.

Oder Kartoffeln, diese können in einem Menü zweimal gereicht werden, die Zubereitung sollte dann aber verschieden sein.

Übungsaufgabe zur Beurteilung von verschiedenen Menüvorschlägen hinsichtlich der kulinarischen Regeln

1.

> Tomatencremesuppe
> * * * * *
> Schnitzel „Wiener Art"
> Herzoginnenkartoffeln
> * * * * *
> gemischter Salat der Saison

2.

> Klare Rindfleischbrühe
> * * * * *
> Geflügelcocktail
> * * * * *
> Hähnchenfilet mit Früchten
> Reis
> * * * * *
> Obstsalat an Eierlikörsauce

3.

> Chinakohlsalat mit Möhren und Äpfel
> * * * * *
> Spargelcremesuppe
> * * * * *
> Rouladen mit Apfelrotkohl
> * * * * *
> Bratapfel mit Vanillesoße

4.

> Kräutersuppe
> * * * * *
> Gemüsereis
> Fischfilet im Spinatbett
> * * * * *
> Kiwi an Eierlikörsahne

5.

> Überbackene Spargel-Schinken-röllchen
> * * * * *
> Putenroulade an Curry-Früchterahm
> Gedünstete Kohlrabi
> Kartoffelgratin
> * * * * *
> Frischkäsecreme mit Erdbeeren

Eine Lösung zur Beurteilung der Menüvorschläge finden Sie auf Seite 688.

1.3 Deutsche regionale Küche

Die Region (Landschaft), in der wir arbeiten und leben oder woher die Speisen ursprünglich herkommen, drückt sich auch durch die Speise- oder Menüplanung aus. So findet man Bezeichnungen wie z. B. „rheinische Art", „Wiener Schnitzel", „Schwarzwälder Kirschtorte". Grundsätzlich kann gesagt werden, dass es sich bei der regionalen Küche um **Lebensmittelgruppen** handelt, die in diesem Bereich des Landes **verstärkt angebaut** werden oder wo es ein **reichliches Vorkommen** gibt, z. B. an Wild, Fisch oder Schlachttieren, aber auch Getränken, z. B. Weine, Spirituosen, Biere.

Die regionale Küche kann zum einen als **„Motto"** in der Speisenplanung von Menüs und Büfetts eingesetzt werden, z. B. „Spezialitätenwoche der Region", „Berliner Woche", „Rheinisches Büfett". Zum anderen freuen sich Gäste oder Bewohner, wenn sie Gerichte aus ihrer Heimatstadt oder Region auf dem Speiseaushang oder der Speisekarte finden, z. B. in Seniorenheimen, Tagungshäusern mit unterschiedlicher Gästegruppe.

Einige Bundesländer	Speisen und Getränke
Baden-Württemberg Charakteristisch für diese Küche sind die vielen Variationen an Eierteigwaren.	Maultaschen, Schupfnudeln, Zwiebelkuchen, Schwarzwälder Kirschtorte, Spätzle, süße Brezel; Schwarzwälder Kirschwasser, Trollinger
Bayern Typisch für diese bodenständige, deftige Küche sind Knödelgerichte, Mehlspeisen, Fleisch- und Bratengerichte.	Brotsuppe, Leberknödelsuppe, Weißwurst, Nürnberger Bratwurst, Pichelsteiner, Bayrische Creme; Bayrisches Bier
Berlin Die Einwanderer brachten Gerichte aus ihren Regionen mit, die einen starken Einfluss auf die schlichte, deftige Küche Berlins hatten.	Löffelerbsen mit Speck, Buletten, Leber Berliner Art, Beamtenstippe, Pfannkuchen („Berliner"); Berliner Weiße
Hamburg Diese Küche ist geprägt von ihrem reichhaltigen Fischangebot sowie dem Hafen, der ein Handeln mit anderen Regionen oder Ländern ermöglichte.	Matjesgerichte, Finkenwerder Scholle, Labskaus, Hamburger Aalsuppe, Rote Grütze, Franzbrötchen, Hamburger National
Mecklenburg-Vorpommern Die Küche wird als deftig und bodenständig bezeichnet.	Pommersche Hefelinsen, Schwarzbrotpudding, Tuften un Plum (Kartoffelsuppe mit Pflaumen und Speck), Pommersche Tollatscha; Sanddornsaft
Niedersachsen Die unterschiedlichen Regionen prägen diese bodenständige, deftige Küche.	Mehlpütt/Puffet, Insett Bohnen, Ostfriesischer Sniertjebraa, Buskool-Eintopf, Grünkohl mit Brägenwurst
Saarland Das französische Elsass und die arbeitende Bevölkerung nahmen Einfluss auf die Küche. So findet man energiereiche, deftige Speisen.	„Grumbeersupp un Quetschkuche" (Kartoffelsuppe mit Zwetschgenkuchen), „Gebreedelde" (Bratkartoffeln)

Aufgabe:

Ergänzen Sie die oben aufgeführte Tabelle durch die Bundesländer Bremen, Brandenburg, Hessen, Nordrhein-Westfalen, Rheinland-Pfalz, Sachsen, Sachsen-Anhalt, Schleswig-Holstein und Thüringen und finden Sie typische regionale Speisen und Getränke.

1.4 Nationale Küchen

Jede Nationalküche/Landesküche hat mehr oder weniger viele **Nationalgerichte**. Den Ländern werden typische Gerichte zugeordnet. So wird die Pizza Italien zugeordnet, Eisbein und Sauerkraut Deutschland und der Kaiserschmarrn Österreich. Der Ursprung dieser Gerichte liegt vorwiegend im Anbau bzw. der Natur und dem Klima des jeweiligen Landes sowie der überlieferten Tradition und Religion. Die französische Küche gilt als „Mutter der Kochkunst". Sie hatte und hat immer noch großen Einfluss, da viele Gerichte mehr oder weniger danach abgewandelt wurden. Innerhalb eines Landes gibt es regionale Unterschiede (s. S. 366, Deutsche regionale Küche). Heute wird in diesem Zusammenhang häufig von **Internationaler Küche** gesprochen, diese setzt sich aus der Vielzahl der nationalen Küchen zusammen.

Polen

Diese Küche ist eine bodenständige Küche, in der es eine Vielzahl von Kohl- und Kartoffelgerichten gibt.

Bigos, Barszcz, Pierogi, Kopytka, Zur, Krakauer, Flaki, Krupnik

Getränke: Bier, Wodka, z. B. Zubowka

Italien

Durch eine lange Kochtradition und die große Anzahl von Regionalküchen bietet Italien eine Vielzahl von Gerichten.

Minestrone, Pesto, Risotto, Carpaccio, Vitello tonnato, Pastagerichte wie z. B. Spaghetti Bolognese, Tiramisu, Zabaione

Getränke: Wein wie Chianti, Barolo, verschiedene Variationen der Kaffeezubereitung, Grappa, Ramazotti

Großbritannien

Die britische Küche ist eine bodenständige, traditionelle Küche, in der einige Speisen auf Getreideprodukte basieren.

Porridge, Yorkshire-Pudding, Fish and Chips, Roast beef, Crumbles, Apple Pie

Getränke: Tee, englisches Bier, Wacholderschnaps (Gin)

Österreich

Die österreichische Küche ist vor allem für ihre Mehlspeisen und Süßwaren bekannt.

Grießnockerlsuppe, Kaiserschmarrn, Salzburger Nockerln, Sacher Torte, Linzer Torte

Getränke: verschiedene Variationen der Kaffeezubereitung, Bier, Weine, z. B. Riesling

Griechenland

Die Küche gehört zu den ältesten Küchen der Welt. Wenn von mediterranen Küchen gesprochen wird, gehört die griechische dazu.

Dolmades, Tsatsiki, griechischer Salat, Moussaka, Bifteki, Souvlaki, Baklava

Getränke: Weine, Ouzo, Raki, Metaxa

Türkei

Durch die geografische Lage der Türkei ist diese Küche auch in der orientalischen oder Balkanküche zu finden.

Couscous, Falafel, Bulgursalat, Simit, Cacik, Lokum, Mucver

Getränke: Türkischer Kaffee, Ayran, Raki

Bild 1: *Eingedeckte Tafel*

1.5 Eindecken des Tisches

Vor dem **Eindecken** oder **Aufdecken** der Tische sollte der Raum auf Sauberkeit überprüft werden: Boden, Tische, Stühle u. a. bei Bedarf reinigen, den Raum lüften (s. LF 4 S. 311 und LF 6 S. 361).

Esstische gibt es aus verschiedenen Materialien, Größen und Formen. Die gängigsten Formen sind quadratische, rechteckige und runde Tische. Diese Einzeltische werden innerhalb der Familie, von Wohngruppen oder Tagungshäusern genutzt.

Auf dem Vormarsch ist die **Event-Gastronomie**. Für Feste wird ein Unternehmen mit der Gestaltung und Ausführung des Festes innerhalb oder außerhalb des Hauses beauftragt (Vergabe). Vom Equipment, Catering über Personal bis hin zu Progammen ist alles möglich.

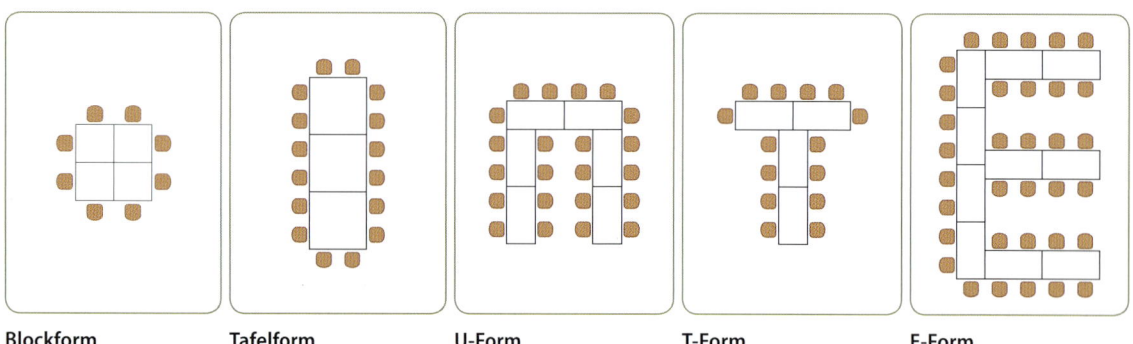

| Blockform | Tafelform | U-Form | T-Form | E-Form |

1.5.1 Tafelformen

Je nach Anlass, Personenzahl und Raumgröße werden Tische zu verschiedenen Formen angeordnet. Dabei sollte beachtet werden, dass jeder Gast einen **Sitzplatz** von **70–80 cm** erhält. Die Tischform sollte möglichst so gewählt werden, dass je-

der Gast seinen Blick auf einen attraktiven Punkt richtet, z. B. die Bühne, das Büfett, das Fenster. Nach dem Ausrichten der Tische müssen diese auf ihre **Standfestigkeit** überprüft werden. Ein Wackeln kann durch Filz- oder Korkscheiben unterbunden werden. Werden mehrere gleiche **Tafelformen** platziert, so ist darauf zu achten, dass zwischen den Tischreihen **genügend Platz** vorhanden ist. Der Gast sowie das Servicepersonal sollten sich frei bewegen können.

1.5.2 Tischwäsche auflegen

Tischwäsche kommt in der Praxis in unterschiedlichen Materialien (s. S. 460) zum Einsatz. Zu dem Oberbegriff Tischwäsche zählen:

- Tischunterlagen, z. B. aus Molton
- Tischdecken in unterschiedlichen Größen
- Mitteldecken oder Deckservietten
- Tischläufer
- Tischsets/Platzdeckchen
- Mundserviette
- Tischbänder

Bild 1: *Aufgelegte Tischdecke*

Beim Auflegen der Tischwäsche für festliche Anlässe wird mit einer Tischunterlage, z. B. Molton, begonnen. Diese sollte straff sitzen, damit die Tischdecke später glatt aufliegen kann. Das Molton schützt die Tischplatte z. B. vor verschütteten Flüssigkeiten, verhindert ein Verrutschen der Tischdecke und das Eindecken von Geschirr kann geräuschlos erfolgen. Danach wird ein auf das Geschirr und die geplante Tischdekoration farblich abgestimmtes Tischtuch aufgelegt. Insbesondere

darauf achten, dass die Tischwäsche in einem sauberen, glatten und einwandfreien Zustand auf den Tischen zu liegen kommt.

Die Größe des Tischtuches richtet sich nach der Tischgröße. Die Tischdecke sollte so ausgewählt werden, dass ein gleichmäßiger Überhang von 25–30 cm entsteht.

Eine fachgerecht schrankfertig gemachte Tischdecke (s. S. 492) hat immer an der gleichen Stelle Brüche. Diese Brüche, die der Länge nach sichtbar werden, werden **Mittelbruch**, **Oberbruch** und **Unterbruch** genannt.

Im ersten Schritt wird die Tischdecke so aufgelegt, dass die offenen Seiten unten liegen und der Mittelbruch oben, der eindeckenden Person zugewandt. Das Tafeltuch liegt parallel zur Tischkante. Rechts und links des Tisches entsteht ein gleichmäßiger Überhang (s. Bilderfolge „Tischdecke auflegen").

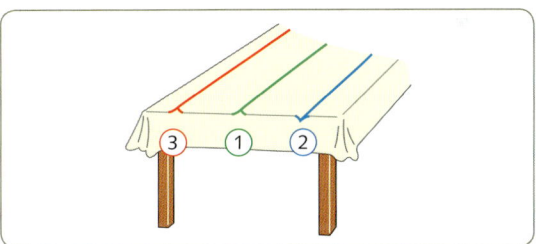

Bild 2: *1 Mittelbruch, 2 Unterbruch, 3 Oberbruch*

Mit dem Daumen und Zeigefinger beider Hände wird die zweite offene Kante gegriffen, das untere offene Tischtuchteil bleibt auf dem Tisch liegen. Der Mittelbruch liegt zwischen Zeige- und Mittelfinger. Die Arme werden seitlich gestreckt. Mit einem Schwung wird das untere Tischtuchteil über die hintere Tischkante gelegt. Dabei werden alle drei Brüche sichtbar, diese liegen parallel zur Tischkante.

Im Anschluss erfolgt der Tischschmuck (s. S. 370 und ab S. 542).

Bild 3: *Bilderfolge „Tischdecke auflegen"*

1.5.3 Tisch- und Menükarten anfertigen

Bild 1: *Tischkarte*

Gleichgültig ob ein festliches Menü in der Gastronomie, Familie oder in der Gemeinschaftsverpflegung für 6 oder 100 Personen angeboten wird, die Tisch- und Menükarten geben der Tischgestaltung ein festliches Aussehen. Sie werden oft und gern von Gästen zur Erinnerung an die Feier mitgenommen. Diese Karten erfüllen neben ihrer dekorativen Funktion noch weitere Aufgaben.

Die Menükarte dient als Informationsmedium für die Gäste:

- Auskunft über die Speisenfolge
- Auskunft über die Auswahl der Getränke
- Zusatzinformationen, wie z. B. Name des Gastgebers, Anlass, Datum und Ort des Festes, sind möglich.

Aufgaben der Tischkarten:

- Sie tragen den Namen der Gäste und legen während des Essens den Sitzplatz fest.
- Gäste mit gleichem Interesse können zusammengesetzt werden.
- Unerwünschte Gästegruppierungen oder gar Streit können so weitestgehend vermieden werden.
- Ein gegenseitiges Kennenlernen wird gefördert.

Gestaltung von Menü- und Tischkarten

Die Form, Farbgebung und das Material sollten auf die weitere Tischdekoration, Tischwäsche und Tischausstattung abgestimmt werden. Das Aussehen der Karten kann je nach Anlass unterschiedlich gewählt werden. Die Bandbreite der Gestaltungsmöglichkeiten reicht von **schlicht** bis **aufwendig**, von **verspielt** oder **sachlich** bis hin zu **edel/festlich** oder **modern**. Für beide Karten ist die gängige Form rechteckig. Im Handel sind Blankokarten für die individuelle Gestaltung von Tischkarten (Maße etwa 8 × 10 cm) und für Menükarten (Größen sind unterschiedlich, z. B. DIN A5, DIN A6) erhältlich.

Materialauswahl

Im Handel gibt es ein reichhaltiges Angebot an Materialien, die für Karten Verwendung finden. Gängige Materialien sind Tonkarton, Wellpappe, Tonpapier und geprägtes Tonpapier, die in unterschiedlichen Farben erhältlich sind, aber auch Glanz-, Alu- oder Spiegelkarton. Für die Einlegeblätter (Inlett), die zum Beschriften eingesetzt werden, eignen sich z. B. Kopier- oder Briefpapier, Zeichen-, Bütten- oder Antikpapier, Elefantenhaut oder auch Pergamentpapier.

Herstellung

Das Zuschneiden der Karten erfolgt am besten auf einer Schneidematte mit Maßeinteilung, einem Cutter und einem Lineal. Alternative: eine Papierschneidemaschine. Das zu schneidende Material an die gewünschte Linie der Schneideunterlage legen und mit dem Cutter am Lineal entlangschneiden. Bei Naturpapier erreicht man durch ein Reißen entlang des Lineals einen besonderen Effekt.

Damit bei der Karte eine möglichst exakte Faltung erfolgen kann, benötigt man eine Falz. Dafür wird das Lineal an die Faltlinie angelegt und mit einem Messer- oder Scherenrücken wird die Faltlinie angeritzt. Karte anschließend falten. Die Einlegeblätter werden wie oben beschrieben zugeschnitten. Damit sie nicht über den Kartenrand hinausragen, sollte das Inlett etwa 5 mm rundherum kleiner zugeschnitten werden.

Gängige Maße:

Menükarte: 24 cm Breite × 16 cm Höhe

Tischkarte: 8 cm Breite × 10 cm Höhe

Die Technik der Menükartenherstellung hat auch Gültigkeit für das Anfertigen von Einladungskarten, Geburtstagskarten, Gutscheinen und sonstigen Karten.

Dekorationstechniken

- Bemalen, Zeichnen mit unterschiedlichen Stiften wie z.B. Buntstiften, Filz-, Gold- oder Silberstiften
- Aufkleben von individuellen Dekorationen, z.B. selbst hergestellte Papiermotive, Jute-, Geschenk- oder Samtbänder, Serviettenmotive, Stoffreste, Zierdrähte aus Metall, flache Holzmotive
- Ausschneiden oder Ausstanzen von Motiven und Hinterkleben von bemaltem oder bedrucktem Papier
- Befestigung des Inletts mit attraktivem Band oder Kordel

Die Tischkarten erhalten die gleiche Dekoration wie die Menükarte. Ist das Dekor zu groß, so wird nur ein Teil oder eine Verkleinerung übertragen.

Karten beschriften

Zur Auswahl stehen unterschiedliche Stifte und verschiedene Schriften:

- Druck- oder Schreibschrift
- Federschrift
- Schablonenschrift
- Stempel
- Schreibmaschinenschrift oder Computerdruck

1.5.4 Weitere Elemente der Tischdekoration

Das Ambiete eines Tisches hat eine Wirkung auf den Gast, es stimmt ihn auf die kommenden Speisen ein. Die Anordnung der Tischdekoration erfolgt vor dem eigentlichen Eindecken. Grundsätzlich sollte die zum Einsatz kommende Dekoration dem Anlass, dem Raum, dem Geschirr entsprechend ausgewählt werden. Sie sollte so ausgewählt werden, dass der Tisch nicht überladen wirkt und genügend Platz für die Speisen lässt. Ebenfalls darf die Dekoration nicht den Blick zum Tischpartner gegenüber versperren. Dies ist besonders bei der Blumengestaltung (s. S. 542) zu berücksichtigen.

Von der Tischmitte ausgehend und nach außen hin auslaufend sollte die Tischdekoration angeordnet werden. Werden mehrere Tische eingedeckt, so erhält jeder Tisch die gleiche Dekoration.

Dekoschal

Durch die Verwendung von Dekoschals und Bändern kann das Ambiente des Tisches oder auch Raumes einfach und kostengünstig verändert werden. Wichtig ist auch hierbei der farblich harmonisch abgestimmte Einsatz.

Kerzen

Um dem Raum und Tisch eine gemütliche Atmosphäre zu verleihen, können Kerzen in unterschiedlichen Formen und Farben eingesetzt werden. Um eine Brandgefahr zu vermeiden, sollte beachtet werden, dass die Kerzen standfest oder gut fixiert eingesetzt werden. Die Wahl der Kerzenplatzierung auf dem Tisch oder innerhalb eines Raumes sollte besonnen gewählt werden, denn die Flamme der Kerze kann durch Unachtsamkeit leicht zu einem Brand führen. Daher Kerzen nicht unmittelbar an leicht brennbare Materialien, wie Blumendekorationen oder Gardinen, platzieren.

Servietten

Die Servietten haben ihren **dekorativen** Einsatz und **kennzeichnen** den Sitzplatz des Gastes. Für den Gast dient die Serviette zum Schutz der Kleidung und zum Säubern der Lippen und Finger.

„Wer die Wahl hat, hat die Qual." Denn welche Serviette wählt man aus der Vielzahl der Angebote aus? Die Auswahl des Materials umfasst:

- Stoff – Baumwolle, Baumwollleinen oder Servietten aus synthetischen Stoffen
- Vliesservietten
- Zelltuch- oder Papierservietten

Die beiden Letzteren gibt es in einer Vielzahl von Farben und unterschiedlichen Druckmotiven.

Im Einsatz für Menüs sind am häufigsten quadratische Servietten mit den Maßen 40 × 40 cm, 50 × 50 cm und 60 × 60 cm. Für den Kaffeetisch finden kleinere Servietten ihre Verwendung: 24 × 24 cm.

Einige Serviettenfaltungen finden Sie ab S. 372. Dabei ist der hygienische Aspekt zu berücksichtigen. Aufwendige Falttechniken sollten möglichst mit Handschuhen durchgeführt werden.

1.5.5 Servietten falten

Tafelspitz

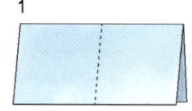

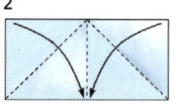

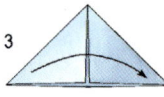

1. Die aufgeschlagene Serviette zu einem Rechteck falten. Der Bruch zeigt nach oben.
2. Die rechte und linke obere Ecke zur Mitte legen, dabei nur an der Spitze leicht andrücken.
3. Die rechte untere Ecke auf die linke untere Ecke legen. Den Tafelspitz duch das Anfassen der Spitze aufstellen.

Doppelter Tafelspitz

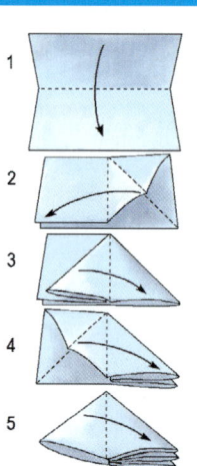

1. Die aufgeschlagene Serviette zu einem Rechteck falten. Der Bruch zeigt nach oben.
2. Die rechts unten oben liegende Ecke zur linken Ecke legen.
3. Das links entstandene Dreieck auf das rechte Dreieck legen, dabei nur an der oberen Spitze leicht andrücken.
4. Die links unten oben liegende Ecke auf die rechts liegende Ecke (Dreieck) legen.
5. Das links entstandene Dreieck auf das rechte Dreieck legen, dabei nur an der oberen Spitze leicht andrücken. Das Aufstellen erfolgt wie beim Tafelspitz.

Fächer

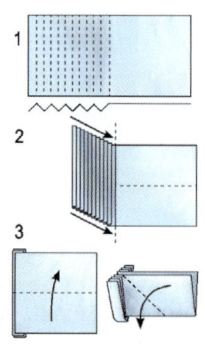

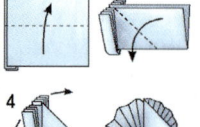

1. Die aufgeschlagene Serviette zu einem Rechteck falten. Der Bruch zeigt nach oben.
2. In Abständen von etwa 1 cm die Serviette zieharmonikaartig bis etwa 2 cm über die Hälfte zusammenfalten.
3. Serviette so legen, dass die Falten links auf der Arbeitsfläche liegen. Die untere Serviettenkante auf die obere Kante legen (links werden die Falten sichtbar).
4. Die rechte obere Ecke bis zur Faltung nach unten legen. Unten überstehendes Serviettenteil nach hinten wegfalten. Dient als Serviettenstütze.

Schiff/Frauenschuh/Orchidee

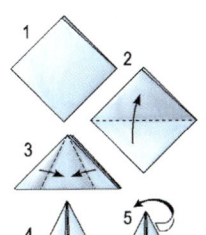

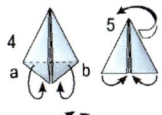

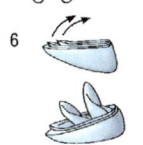

1. Stoffservietten zu einem Quadrat falten (gekaufte Servietten haben diese Form in der Regel).
2. Aus dem Quadrat wird ein Dreieck gefaltet, dessen offene Seiten auf der Oberseite liegen.
3. Die Seiten a) und b) des Dreiecks werden zur Mitte gelegt.
4. Die unteren Spitzen a) und b) fest nach hinten knicken.
5. Das entstandene Dreieck in der Mitte halbieren und nach hinten falten.
6. Zum Schluss werden die einzelnen Blätter vorsichtig herausgezogen.

Bischofshut

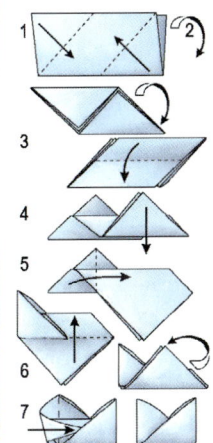

1. Die aufgeschlagene Serviette zu einem Rechteck falten.
2. Die linke untere Ecke und die rechte obere Ecke jeweils zur Mitte falten.
3. Serviette wenden.
4. Die obere Serviettenkante auf die untere Kante legen (rechts wird ein Dreieck sichtbar). Das hinten liegende Dreieck herausfalten.
5. Das linke obere Dreieck nach unten falten und das rechte Dreieck halbieren und zur Mitte falten.
6. Linkes Dreieck wieder nach oben legen.
7. Serviette wenden. Rechtes Dreieck halbieren, zur Mitte falten und in das linke Dreieck stecken.

Festlicher Stern

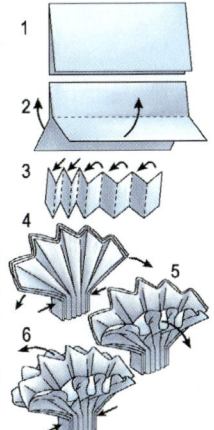

1. Die aufgeschlagene Serviette zu einem Rechteck falten.
2. Die vordere und hintere offene Seite jeweils nach oben zum Mittelbruch falten.
3. In Abständen von etwa 4 cm die Serviette zieharmonikaartig zusammenfalten.
4. Die offenen Seiten unten festhalten und oben, von einer Seite, die innen liegenden Falten etwas nach außen ziehen.
5. Den Ablauf auf der anderen Seite wiederholen.
6. Die offenen unteren Falten mit Band, Büroklammer oder Ähnlichem fixieren.

Häschen

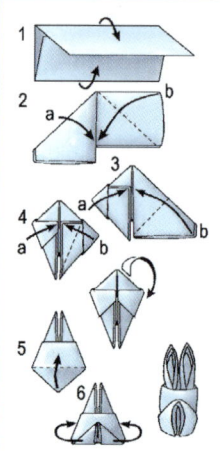

1. Die aufgeschlagene Serviette zu einem Rechteck falten. ⅓ der Serviette nach oben und ⅓ nach unten falten.
2. Die linke und rechte obere Ecke jeweils bis zur Mitte legen.
3. Die jeweils rechte und linke untere Ecke zur Mitte knicken.
4. Die jeweils rechte und linke untere Ecke nochmals zur Mitte knicken.
5. Serviette so wenden, dass sich unten ein geschlossenes Dreieck befindet, welches nach oben gefaltet wird.
6. Die rechte und linke untere Ecke wird nach hinten geschlagen und ineinandergeschoben.

Fisch

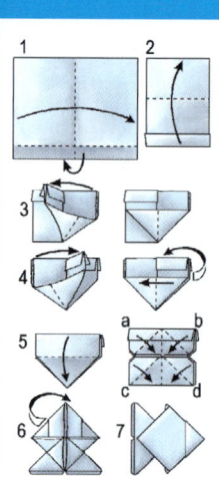

1. Von der offenen Serviette werden etwa 2 cm nach hinten weggeknickt und anschließend nach links zu einem Rechteck gefaltet.
2. Die untere Kante wird zur oberen Kante gefaltet.
3. Von der rechten oberen Ecke werden zwei Serviettenlagen auf die linke obere Ecke gelegt. Es entsteht unten ein Dreieck.
4. Die linken beiden Serviettenlagen werden zurückgefaltet, dabei liegt das Dreieck innen. Serviette wenden und die Schritte 3 und 4 wiederholen.
5. Die oberen zwei Stoffschichten nach unten falten.
6. Die beiden oberen Ecken a) und b) und die beiden mittleren Ecken c) und d) jeweils zur Mitte falten.
7. Serviette wenden.

Tannenbaum/Weihnachtsbaum

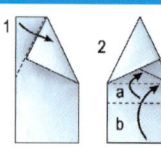

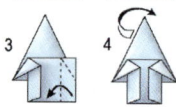

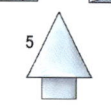

1. Die aufgeschlagene Serviette zu einem Rechteck falten. Die rechte und linke obere Ecke zur Mitte falten.
2. Serviette an Linie a) nach oben legen.
3. Serviette an Linie b) nach unten schlagen (etwa ⅔ der Serviette).
4. Je ⅓ der Serviette von rechts und links zur Mitte falten.
5. Den gesamten Baum zum Schluss wenden.

1.5.6 Besteck

Bestecke kommen in unterschiedlichen Materialien zum Einsatz. Das am häufigsten verwendete Material ist Edelstahl. Dies ist begründet durch seine Eigenschaften: stabil, rostfrei und spülmaschinengeeignet (s. auch S. 416). Da versilbertes Besteck teurer ist, werden diese Bestecke eher im Privathaushalt oder in der gehobenen Gastronomie eingesetzt (s. S. 416 und S. 444).

Vorbereitung vor dem Eindecken

- Bestecke werden auf Sauberkeit kontrolliert und ggf. gereinigt.
- Alle Besteckteile werden poliert.

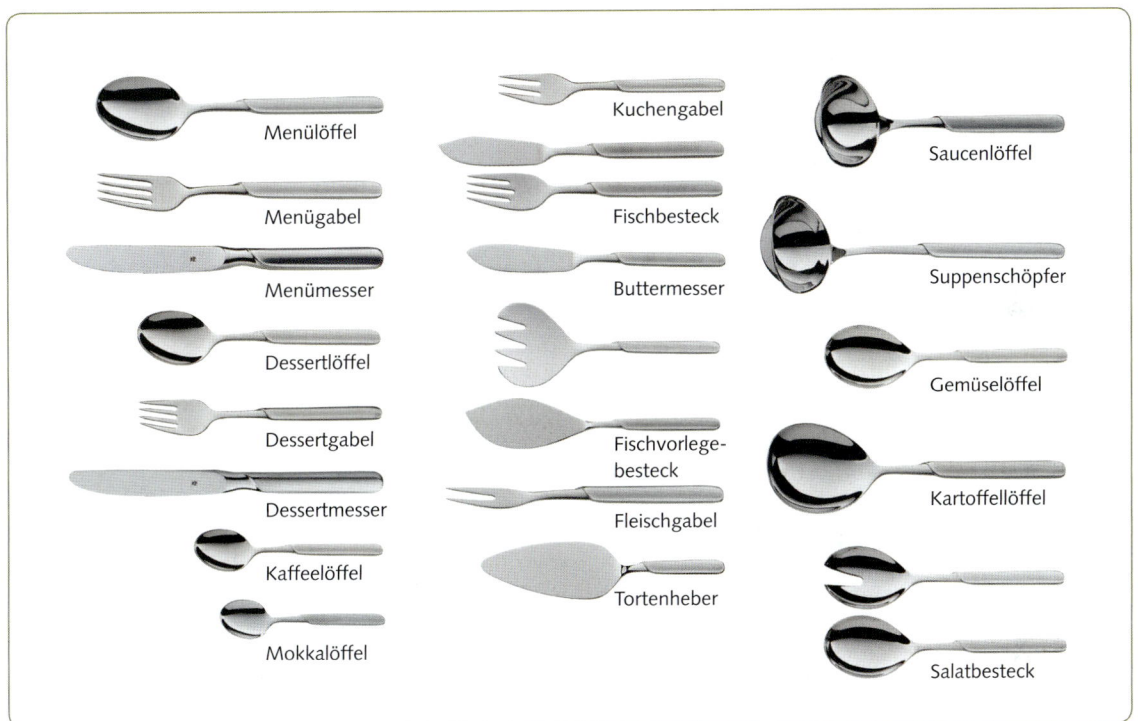

Bild 1: *Wichtiges Besteck und Vorlegebesteck*

Menülöffel

Menügabel

Menümesser

Dessertlöffel

Dessertgabel

Dessertmesser

Kaffeelöffel

Mokkalöffel

Kuchengabel

Fischbesteck

Buttermesser

Fischvorlegebesteck

Fleischgabel

Tortenheber

Saucenlöffel

Suppenschöpfer

Gemüselöffel

Kartoffellöffel

Salatbesteck

1.5.7 Geschirr

Geschirr wird aus unterschiedlichen Materialien hergestellt (s. S. 414). Das am häufigsten eingesetzte Material sind keramische Erzeugnisse wie Steingut und Porzellan oder Arcopal (Hartglas) in der Gemeinschaftsverpflegung (GV). Hierbei ist wichtig, dass eine zeitlose Form- und Farbgebung gewählt wird, die spülmaschinengeeignet und stapelbar ist sowie über eine Nachkaufgarantie verfügt. Bei der Wahl von Tafelgeschirr sollte auch die Größe und das Gewicht der Teller beachtet werden. Zum einen muss die Tellergröße zur Tischgröße passen und zum anderen ist das Gewicht von Bedeutung. Wenn die Teller zu schwer sind, kann das Servicepersonal nicht so viele Teller mit einem Gang transportieren.

Vorbereitung vor dem Eindecken

- Auf Sauberkeit überprüfen und ggf. reinigen
- Angeschlagenes Geschirr aussortieren

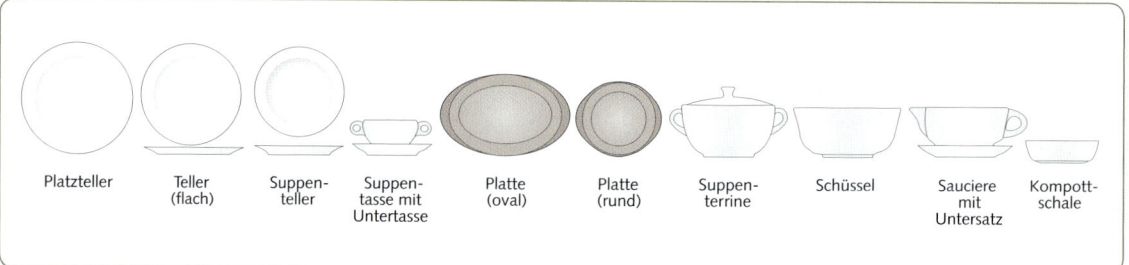

Bild 1: *Grundausstattung eines Tafelservice*

1.5.8 Gläser

Gläser unterscheiden sich durch die unterschiedlichen Herstellungsverfahren (s. S. 414) und durch ihre Formen. Hierbei unterscheidet man **Bechergläser** für z. B. Wasser, Whisky, Limonaden, Bier und **Stielgläser** für z. B. Wein, Sekt, Cocktails.

Gläser können, wie Essgeschirr, aus **Arcopal**, also gehärtetem Glas, hergestellt werden. Die Eigenschaften von Arcopal wie stapelbar und hitzebeständig gelten somit für Gläser wie für Geschirr (s. S. 347). Gläser aus diesem Material werden ger-

ne für die Outdoor-Ausrüstung, wie z. B. Camping, Picknick, Segeln aber auch für die Gemeinschaftsverpflegung angeschafft.

Vorbereitung vor dem Eindecken

- Auf Sauberkeit kontrollieren (gegen das Licht halten) und ggf. reinigen
- Gläser polieren mit einem fusselfreien Gläser- oder Geschirrtuch aus Halbleinen oder Leinen
- Beschädigte Gläser aussortieren

Bild 2: *Bordeauxglas*

Bild 3: *Rotweinglas*

Bild 4: *Burgunderglas*

Bild 5: *Weißweinglas*

Bild 6: *Sektglas*

Bild 7: *Cocktailschale*

Bild 8: *Sherryglas*

Bild 9: *Biertulpe*

Bild 10: *Whiskeybecher*

Bild 11: *Longdrinkglas*

Aufgaben:

1. Stellen Sie für einen von Ihnen gewählten Anlass eine Tisch- und Menükarte her.

2. Erarbeiten Sie Änderungsvorschläge für die unter Kap. 1.2 S. 365 gemachten Menüvorschläge.

3. Für eine Woche im Juni wird eine „Kulinarische Reise durch die Region" geplant. Erstellen Sie einen Wochenspeiseplan für die Großküche und stellen Sie die entsprechenden Rezepte in der Klammer-Strich-Methode dar.

4. Erkundigen Sie sich, was sich hinter den Speisenbeispielen der „Nationalen Küche" verbirgt.

5. Aus welchen Geschirrteilen besteht ein Kaffee- und Teeservice? Erkundigen Sie sich im Fachhandel und erstellen Sie eine Collage.

6. Im Rahmen einer Aktion Ihres Ausbildungsbetriebes soll für eine Woche im Mai zum Thema „Andere Länder, andere Sitten" der Wochenspeiseplan (Drei-Gänge-Menü) entsprechend geändert werden.

   a) Entwickeln Sie diesen Wochenspeiseplan und gestalten Sie ihn als Aushang.
   b) Informieren Sie sich über die „Sitten" der ausgewählten Länder und gestalten Sie einen entsprechenden Flyer.
   c) Erstellen Sie für einen von Ihnen ausgewählten Tag eine Lebensmittelmaterialliste sowie einen Arbeitsplan.
   d) Bereiten Sie Ihr Menü zu. Überprüfen Sie dabei Ihren Arbeitsplan hinsichtlich Reihenfolge und Zeitplanung.
   e) Decken Sie einen Tisch mit entsprechender Dekoration für 6 Personen.

1.6 Regeln für das Servieren eines festlichen Menüs

Neben den unter LF 4 Kap. 5.10.4 „Servieren von Speisen und Getränken" gültigen Basics handelt es sich hier um weitere Regeln rund um ein festliches Menü.

Servieren von Getränken

Zu Beginn eines festlichen Menüs, aber auch bei Empfängen wird häufig zunächst ein **Aperitif** angeboten. Es handelt sich dabei um ein **appetitanregendes** und meist alkoholisches Getränk. Typisch sind gekühlter Sekt (6–8 °C), Sekt mit Cassis in Sektkelchen oder -schalen, die den Gästen auf einem Tablett angeboten werden.

Während des Essens können verschiedene Getränke gereicht werden (s. S. 309). Ein Getränk zu festlichen Menüs ist der Wein. Er sollte richtig temperiert serviert werden.

Roséwein	9–11 °C
Leichter Weißwein	9–11 °C
Schwerer Weißwein	10–12 °C
Leichter Rotwein	12–14 °C
Schwerer Rotwein	16–18 °C

Bild 1: *Dekanter*

Damit sich das Aroma des Weines durch **Sauerstoffzufuhr** verbessern kann, werden Weißweine etwa 15 Min. vor dem Servieren geöffnet.

Rotweine werden häufig in Karaffen oder den sogenannten **„Dekanter"** umgefüllt. Dieser Vorgang wird als **Karaffieren** bezeichnet.

Zum Abschluss eines Menüs kann ein **Digestif** gereicht werden. Das Wort kommt aus dem Französischen und bedeutet „verdauungsfördernd". Hierzu zählen z. B. Cognac oder Kräuterbitter wie z. B. Underberg und Jägermeister.

Servieren von Speisen – Plattenservice

Im LF 4 S. 308 wird der Tellerservice vorgestellt, der ebenfalls für das Servieren von festlichen Menüs bzw. von bestimmten Gängen wie z. B. Suppe eingesetzt wird. Eine weitere Form der Darreichung ist der **Plattenservice**. Dieser ist eine personal- und zeitintensivere Serviermöglichkeit. Hierbei werden folgende Methoden unterschieden:

1. Der Gast legt seine Speisen selbst auf.
- Platten, Schüsseln usw. werden eingesetzt.
- Die Platten werden vom Servicepersonal dargeboten.

2. Dem Gast werden die Speisen von der Platte vorgelegt. In der Praxis wird jedoch meistens eine Mischform praktiziert. Die Fleischplatte wird vorgelegt und weitere Speisen werden auf Platten, Schüsseln u. a. eingesetzt.

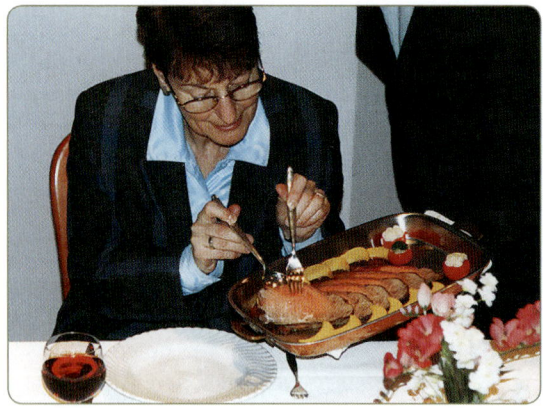

Bild 1: *Darbieten einer Platte*

Bild 2: *Vorlegen von der Platte*

Vorlegegriffe

		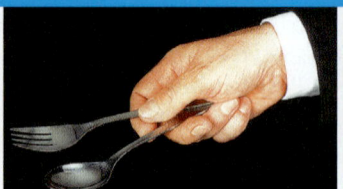	
Wie	Der Löffel wird unter die Speisen geschoben, die Gabel wird gesenkt, dabei wird die Speise aufgenommen und vorgelegt.	Das Vorlegebesteck wird mit dem Daumen gespreizt. Beide Besteckteile werden unter die Speise geschoben, um diese anzuheben und vorzulegen.	Der Löffel wird unter die Speisen geschoben, die Gabel wird gesenkt. Speise anheben und vorlegen. **Oder** die Hand wird zum Teil gedreht, um Speisen seitlich zu greifen.
Wann	• Für fast alle Speisen • Zur Aufnahme von Speisen auf einem Büfett	• Für empfindliche, lange Speisen wie z. B. Spargel, Fischfilet	• Für Speisen, die leicht wegrutschen wie z. B. Pfirsichhälften, oder leicht abstürzen, z. B. Garnituren auf portioniertem Fleisch

Ausheben der Speisen

Zunächst wird die Mitte des Tisches abgedeckt, sprich Schüsseln, Platten, Sauciere und anderes. Im Anschluss erfolgt das Abservieren der Teller (s. LF 4 S. 310).

1.7 Kalkulation eines Menüs

Die Grundlage einer Menükalkulation legen die Rezepte. Die daraus resultierenden Kosten werden als **Materialkosten** bezeichnet. Für die Berechnung dieser variablen Kosten hat sich das folgende Raster bewährt.

Bild 1: *Materialkostenberechnung*

Beispiel: Materialkostenberechnung eines Vanilleflammeris (s. S. 282 f.) für 60 Personen

Bild 2: *Vanilleflammeri*

Arbeitsmittel	Erforderliche Menge	Preis je Einheit	Preis für die erforderliche Menge	Rechnung
Milch	6,375 l	0,69 €	4,40 €	$\dfrac{0,69\ € \times 6375\ ml}{1000\ ml}$
Vanillepuddingpulver	600 g	2,94 €	1,76 €	$\dfrac{1,76\ € \times 600\ g}{1000\ g}$
Zucker	360 g	1,06 €	0,38 €	$\dfrac{0,38\ € \times 360\ g}{1000\ g}$
Vanillezucker	12 Pck.	0,06 €	0,72 €	12 × 0,12 €
Gesamtausgabe der Materialkosten			7,26 €	4,40 € + 1,76 € + 0,38 € + 0,72 €

Hinweis: Es wird in der Regel auf drei Stellen nach dem Komma gerechnet und auf zwei Stellen gerundet.

Um die **Selbstkosten (SK)** zu berechnen, werden zu den **Materialkosten (MK)** die **Gemein-/Betriebskosten (GK)** addiert. Die Höhe dieser Kosten wird vom Betrieb festgelegt. Sie beinhalten Kosten für z. B. Personal, Energie, Miete usw. Die Berechnung erfolgt meist durch ein Addieren eines vorgegebenen Prozentwertes.

Beispielrechnung:

Materialkosten Vanilleflammeri	7,26 €	$\dfrac{7,26\ € \times 45\ \%}{100}$
+ 45 % Gemeinkosten	3,27 €	GK = 3,27 €
= Selbstkosten	10,53 €	

Wenn die Kosten des Menüs nur auf der Basis der Selbstkosten ermittelt werden sollen, ist die Berechnung an dieser Stelle abgeschlossen. Soll jedoch ein **Gewinn** erzielt werden, so erfolgt ein Addieren eines vorgegebenen Prozentwertes für den Gewinn und die Summe ergibt den **Nettoverkaufspreis** (Berechnung wie SK-Berechnung).

Selbstkosten	10,53 €
+ 20 % Gewinn	2,11 €
= **Nettoverkaufspreis**	NV = 12,64 €

Wird auf den Nettoverkaufspreis eine **Mehrwertsteuer** von zurzeit 19 % addiert, so erhält man den **Verkaufspreis** (Berechnung erfolgt wie Selbstkostenberechnung).

Nettoverkaufspreis	12,64 €
+ 19 % MwSt.	2,40 €
= **Verkaufspreis**	VK = 15,04 €

Diese Form der Kostenermittlung wird als **Zuschlagskalkulation** bezeichnet.

Übersicht Zuschlagskalkulation

Materialkosten + Gemein-/Betriebskosten	MK GK	z. B. 45 %
= **Selbstkosten** + Gewinn	SK G	z. B. 20 %
= **Nettoverkaufspreis** + Mehrwertsteuer	NV MwSt.	zzt. 19 %
= **Verkaufspreis**	VK	

Preis je Portion

Der jeweils berechnete Wert (**SK, MK, NV** oder **VK**) muss durch die zugrunde gelegte Portionsgröße dividiert werden. In diesem Beispiel soll für 60 Personen ein Vanilleflammerie hergestellt werden.

Beispielrechnung:

Verkaufspreis	15,04 €	$\dfrac{15,04\ \text{€}}{60}$	
Anzahl der Portionen	60 €		
= **Portionspreis (P)**	0,25 €	**P = 0,25 €**	

Aufgaben:

1. Erstellen Sie eine Checkliste über die vorbereitenden Arbeiten zum Eindecken eines Tisches für ein festliches Menü für 20 Personen.

2. Informieren Sie sich über Getränke. Konkret: Was sind leichte und schwere Weine, weitere Aperitife und Digestife? Stellen Sie Ihre Ergebnisse vor.

3. Welche weiteren Kosten verbergen sich hinter den Gemein-/Betriebskosten, die zur Kalkulation von Menüs veranschlagt werden?

4. Die Gäste legen das Besteck unterschiedlich auf dem Teller ab. Die eine Variante ist, dass die Besteckteile mit den Griffen nach rechts liegen. Die zweite Möglichkeit: Das Besteck liegt gekreuzt auf dem Teller. Was bedeutet dies für die Servicekraft?

5. Berechnen Sie die Selbstkosten für 30 Frikadellen. Erkundigen Sie sich über die aktuellen Preise.

6. Kalkulieren Sie das folgende Menü zum Verkaufspreis (Rezepte zum Teil s. S. 277): Kohlrabisuppe, gefüllte Champignons, Kartoffelgratin, gemischter Salat der Saison mit Joghurt-Dressing, Erdbeercreme. Erkundigen Sie sich über die aktuellen Preise.

   a) Für 30 Personen
   b) Für 4 Personen

7. Ein Menü wird zu einem Verkaufspreis von 246,00 € für 6 Personen angeboten.

   a) Wie hoch ist der Nettoverkaufspreis?
   b) Es wird ein Gewinn von 25 % erwirtschaftet. Wie hoch sind die Selbstkosten?
   c) Ihr Betrieb hat den Prozentwert für die Gemeinkosten auf 55 % festgelegt. Um welchen Betrag handelt es sich?
   d) Wie hoch sind die Materialkosten?
   e) Was kostet das Menü pro Person?

2 Büfett

Bild 1: *Festbüfett*

Die Bewirtung durch ein **Büfett** ist eine besondere Form der Speisenpräsentation und -organisation, was sich wiederum auf die gesamte Planung und Ausgestaltung auswirkt (s. S. 382 ff.).

Ein **„Büfett"** ist ein kulinarisch abgestimmtes kaltes und/oder warmes Speisensortiment, das dem Gast überwiegend vorportioniert in einem separaten Bereich zur Selbstbedienung angeboten wird.

Im Gegensatz zum Menü, das in einer bestimmten Reihenfolge nach und nach am Tisch serviert wird, funktioniert das **Büfett** nach dem **Selbstbedienungsprinzip**. Dem Gast steht das gesamte **Speisensortiment gleichzeitig** in einem abgetrennten Bereich zur Verfügung, sodass dieser sich selbst bedienen kann. Das Büfett wird gewählt, wenn eine **große Gästeanzahl** bei vergleichsweise **geringem Personaleinsatz** verköstigt werden muss.

Anlässe und Einsatzbereiche

Das Büfett ist eine geläufige Form der Verköstigung bei Feierlichkeiten im **privaten Rahmen**, z. B. bei Familienfesten wie Geburtstagen, Hochzeiten, Taufen, usw. Darüber hinaus hat es sich auch längst im **gesellschaftlichen Bereich** etabliert, angeboten wird es zu festlichen Events, Bällen, Jubiläen oder Einweihungen. Aber auch im **beruflichen Alltag**, zu Tagungen, Stehempfängen oder Kongressen hat sich das Büfett als eine vorteilhafte Alternative zum Menü bewährt. Dies nutzen zunehmend auch Einrichtungen mit Gemeinschaftsverpflegung, indem einzelne Büfettarten, z. B. Salat-, Dessert-

oder Kuchenbüfetts (siehe 2.1), als Module in die jeweiligen Verpflegungs- und Ausgabesysteme integriert werden.

Pluspunkte

Müssen viele Gäste in möglichst kurzer Zeit verköstigt werden, fällt die Wahl meistens auf ein Büfett. Es ist im privaten Kreis genauso durchführbar wie im öffentlichen bzw. gewerblichen Rahmen. Der Effekt ist immer der gleiche:

- Viele Gäste können sich „just in time" bedienen.
- Persönliche Vorlieben können ohne Umstände berücksichtigt werden.
- Der Gast gestaltet seine Portionsgrößen seinem Appetit entsprechend.
- Ein Speisensortiment erhöht die Auswahlmöglichkeiten für den Gast.
- Das Selbstbedienungsprinzip ermöglicht einen geringeren Personaleinsatz.

Ein Büfett erfordert jedoch bestimmte Ansprüche, die im Vorfeld berücksichtigt werden sollten:

- Ein vielfältiges Speisensortiment erfordert eine aufwendige Vorbereitung und belastet das Küchenpersonal zusätzlich.
- Eine genaue Preiskalkulation ist kaum möglich, da der Wareneinsatz nur geschätzt werden kann.
- Die Geschirr- und Besteckmenge ist größer.
- Eine Wiederverwertung von zu viel hergestellten Speisen ist kaum möglich.

Bild 2: *Selbstbedienung am Büfett*

2.1 Büfettarten

Ein Büfett passt zu jeder Tages- oder Jahreszeit, es kann im Haus oder im Freien aufgebaut werden, und jeder (festliche) Anlass ist geeignet. Doch welches soll es sein? Spielraum bzw. Auswahl gibt es genug. Die Basis bilden **drei Grundarten:**

- Kaltes Büfett (klassische Variante)
- Warmes Büfett
- Kalt-Warm-Büfett (Kombinationsbüfett)

Aus diesen Grundarten haben sich regelrechte **Spezialitätenbüfetts** entwickelt, bedingt durch natürliche Umstände (Jahreszeit, Anlass) oder modische Trends:

- **Jahreszeitbüfett:** Frühlings-, Sommer- oder Herbstbüfett
- **Fest- oder Galabüfetts:** zu Hochzeiten, Geburtstagen, Jubiläen
- **Tageszeitbüfett:** Frühstücks-, Lunch-, Brunch- oder Mitternachtsbüfett
- **Produktbüfett:** Suppen-, Salat-, Käse-, Dessert- oder Kuchenbüfett
- **Themenbüfetts:** Halloween, Tex-Mex-, Thai- oder Orientalisches Büfett

- **Internationale Büfetts**
- **Snack-** oder **Fingerfood-Büfett**
- **Spezialitätenbüfett**

Einen erweiterten Aktionsrahmen bietet das sogenannte **Frontcooking-Büfett**. Hier wird die Grundkonzeption Büfett mit dem „Frontcooking" kombiniert, d. h., je nach Umsetzung wird der normale Büfettaufbau durch „Frontcooking-Stationen" ergänzt. An diesen Stationen werden die Speisen vor den Augen der Gäste frisch hergestellt.

Bild 1: *Frontcooking-Büfett*

2.2 Planung eines Büfetts

Die Organisation eines Büfetts ist eine komplexe Aufgabe. Der folgende **Aktionsrahmen** gliedert die einzelnen Arbeitsphasen systematisch auf:

1. **Information:** Rahmenbedingungen und Vorstellungen/Wünsche des Kunden oder Auftraggebers erfassen
2. **Planen:** Vorgaben auf Teilbereiche übertragen, d. h. Auswahl der Büfettart, Speisensortiment, Bestellung der Waren, Kontrolle des Wareneingangs, Raumeinteilung, Büfettform, -aufbau und -dekoration
3. **Dokumentation/Koordination:** Erstellen von Checklisten, Arbeitsplänen usw. als Arbeitsgrundlage für die Mitarbeiter in Küche und Service
4. **Durchführung:** Produktion, Aufbau und Präsentation des Büfetts
5. **Reflexion:** Stärken und Schwachstellen erfassen

2.2.1 Rahmenbedingungen erfassen

Die Vorstellungen und Bedürfnisse des Kunden werden im Vorfeld in einem Gespräch erfragt und auf einem Formblatt oder einer Checkliste (kann auch gleichzeitig als Vertragsvereinbarung dienen) dokumentiert. Folgende Eckpunkte können Bestandteil dieser Checkliste sein:

- **Anlass** des Büfetts
- **Termin festlegen:** Tag und Uhrzeit
- **Gästeanzahl** und **-kreis**
- **Räumlichkeiten:** Raumgröße, Platzierung des Büfetts im Hinblick auf die Büfettform
- **Preis** pro Person festlegen
- Büfettart
- **Speisensortiment:** Abstimmung auf den Gästekreis, das Motto usw.
- **Sonderwünsche** im Hinblick auf Büfettaufbau, Speisenpräsentation, Dekoration

2.2.2 Zusammenstellung einer Speisenauswahl

Die Auswahl der Speisen erfolgt immer nach den **„Regeln kulinarischer Abstimmung"** (s. S. 364), so wie sie auch für die Menüplanung gelten – für den/die Planende/n meist der reizvollste Teil, da die Vorgaben des Kunden möglichst kreativ und finanziell verträglich für beide Seiten umgesetzt werden müssen.

Trotz der Speisenvielfalt und deren Anrichtearten sollte das zusammengestellte **Speisensortiment** klar und **einheitlich** sein. Darüber hinaus soll es einen hohen **optischen Erlebniswert** und **geschmackliche Alternativen** für jeden Gast bieten.

Innerhalb der konkreten Planung müssen auch die **Bedürfnisse besonderer Personengruppen** berücksichtigt werden. **Senioren** bevorzugen sowohl in der Auswahl der Produkte als auch im Hinblick auf die Zubereitung und den Geschmack andere Speisen, **Vegetarier** brauchen ihrer Ernährungsform entsprechend adäquate Alternativangebote. Gehören **Kinder** oder **Alkoholkranke** zum Gästekreis, sollten auch alkoholfreie Speisen angeboten werden. Eine übersichtliche **Beschriftung der Speisen** ist dann ein besonders wichtiges Detail.

Einige Büfettarten erfordern eine spezielle Sortenauswahl bestimmter Speisekomponenten, diese dann aber in vielfältigen Variationen, z. B. ein Fingerfood-, Salat- oder Kuchenbüfett (Beispiele (s. S. 390).

Die folgende Tabelle bietet eine **Arbeitsgrundlage** für ein **Kalt-Warm-Büfett**. Sie zeigt ein Sortiment verschiedener Gerichte zu den einzelnen Positionen der Speisenfolge auf. Im Allgemeinen gilt: Je **festlicher der Anlass**, desto **hochwertiger und exquisiter** die Produktauswahl.

Speiseposition	Beispiele von Gerichten und Produkten
Kalte Vorspeisen	Canapés, Mini-Windbeutel, pikante Teigschnecken (von verschiedenen Teigen und Füllungen), Räucherfisch-Mousse, Medaillons, Salate, Cocktails, Eierspeisen, Teigwaren (z. B. gefüllte Nudeln), Gemüse (mit Käsecremes gefüllt oder gespritzt), Fleisch- und Gemüsespieße, Antipasti, Aspikgerichte, Terrinen, Galantinen, Pasteten, Austern, Kaviar, Hummer
Suppen	Cremesuppen, Kraftbrühen, nationale oder regionale Suppen, exotische Suppen
Warme Vorspeisen	Pastetchen, Aufläufe, Quiches, Tartes, Risotto, gefüllte Pfannkuchen, Gemüse
Fisch	Forelle, Seezunge, Steinbutt, Red Snapper, Victoriabarsch, Aal, Lachs, Langusten: zubereitet und präsentiert im Ganzen, als Filet, überbacken, als kalte Platte
Fleischgerichte	Schwein, Rind, Kalb, Lamm, Geflügel oder Wild, zubereitet nach verschiedenen Garverfahren als Schmor- oder Sauerbraten, Gulasch oder Geschnetzeltes, Tafelspitz oder als Aufschnitt
Gemüse	Saisonal unterschiedlich, z. B. Spargel, Pilze, Brokkoli, Blumenkohl, Prinzessbohnen, Schwarzwurzeln, Spinat usw.
Sättigungsbeilagen	Salz- oder Petersilienkartoffeln, Kartoffelpüree, Herzoginnenkartoffeln (Pomme dauphine), Reis (lose oder als Reisrand), Nudeln, Brot und Brötchen sowie verschiedene Buttersorten
Süßspeisen	Cremes, Joghurt- und Quarkspeisen, Eis, Blätterteigteilchen, Strudel, Kuchen, Kompotte, Parfaits, Trifle, Aufläufe, Soufflés
Nachtisch	Käse, frisches Obst

Tabelle 1: *Speisenkatalog für ein Kalt-Warm-Büfett*

2.3 Raumeinteilung

Der eigentliche Büfettaufbau beginnt schon mit der richtigen Büfettform bzw. der Tafelzusammenstellung. Ein reibungsloser Gästefluss für eine bequeme Selbstbedienung und ausreichender Stauraum sind wichtig.

2.3.1 Büfettformen

In Abstimmung mit der **Personenzahl**, der **Büfettart**, den **Räumlichkeiten** und dem ausgewählten **Speisensortiment** erfolgt die Entscheidung für eine Büfettform. Es stehen verschiedene **Grundformen** zur Verfügung:

Büfettformen	Kommentar
Bild 1: *Lange Tafel*	▪ Aufstellungsort an der Wand oder im freien Raum (dann auch beidseitig erreichbar aufgebaut) möglich ▪ Gästelauf von rechts nach links ▪ Speisensortiment wird **asymmetrisch** angeordnet, von rechts nach links in bekannter Menüfolge.
Bild 2: *Variation lange Tafel*	▪ Ist die Büfettfläche relativ groß, kann der Gästelauf von rechts und links zur Mitte hin erfolgen. Das Speisensortiment ist dann **symmetrisch** aufgebaut, Speisen sind von beiden Seiten bis zur Mitte hin identisch. ▪ Die Schauplatte als Blickfang bildet den Mittelpunkt.
Bild 3: *Zwei lange Tafeln*	**Kombinationsmöglichkeiten:** ▪ Entsprechend den Räumlichkeiten und der Gästeanzahl kann die „**lange Tafel**" erweitert werden ▪ Aufstellung von zwei Tafeln an der jeweils gegenüberliegenden Wand (siehe Skizze) ▪ **Variation:** Aufstellung von zwei Tafeln in der Raummitte ▪ Das Speisensortiment ist in beiden Fällen auf jeder Tafel identisch.
Bild 4: *Hufeisen, Eck oder Quadrat*	▪ Aufstellungsort im freien Raum ist für eine größere Gästeanzahl geeignet. ▪ Blickfang durch Schauplatten/Deko in den Ecken ▪ Gäste laufen **innen** an den Speisen vorbei, Servicepersonal kann von außen die Versorgung übernehmen. ▪ **Variationen:** Je nach Bedarf ist auch eine Ecktafel oder ein **Quadrat** (Markierung) möglich.
Bild 5: *Büfettstationen*	▪ Speisenpräsentation durch das Aufstellen von „**Büfettstationen**" ▪ Eignung für die Verköstigung einer sehr großen Gästezahl ▪ Die attraktive optische Wirkung eines Büfetts wird durch die dezentrale Aufstellung etwas verringert.

Tabelle 1: *Büfettformen*

2.3.2 Regeln zum Büfettaufbau

An diesem Punkt stehen das Speisensortiment und die Büfettform, auf der aufgebaut werden soll, fest. Der nächste Schritt besteht in der Auswahl und **Kalkulation** der **Ausstattungsgegenstände**. Informationen z. B. über Art und Anzahl der Anrichtegefäße geben gleichzeitig Aufschluss über den Platzbedarf und bieten eine grobe Kontrolle darüber, ob die anvisierte Stellfläche der Planung entspricht.

Eine **Zeichnung**, auf der die **Anordnung bzw. Platzierung** der einzelnen **Speisen** eingetragen wird, sorgt für zusätzliche Übersicht. Sie kann später als **Arbeitsgrundlage** für ein schnelles und reibungsloses Einsetzen der Speisen dienen.

Art und Kalkulation von Ausstattungsgegenständen

Der Aufbau eines Büfetts benötigt eine Reihe von Ausstattungsgegenständen. Wichtig sind die Art und Mengen der Gegenstände. Die folgenden Checklis-ten geben einen Überblick über die Art und Bedeutung der relevanten Ausstat-tungsgegenstände.

Die **Kalkulation** der Mengen einzelner Ausstattungsgegenstände sind **individuell** und entsprechend der Größe des Büfetts bzw. der Speisenmengen vorzunehmen. **Erfahrungswerte** erleichtern meistens die Einschätzung, was in welcher Anzahl benötigt wird.

Bild 1: *Arten von Ausstattungsgegenständen*

Checkliste Küche	
Anrichtegefäße Je nach Art und Menge der Speise kommen dafür verschiedene Gefäße in Frage:	**Schüsseln** (mit oder ohne Fuß) aus Porzellan, Steingut, Glas, Holz
	Platten aus Porzellan, Stein, Marmor, Edelstahl, Glas usw. in verschiedenen Größen und Formen
	Tabletts/Backbleche, mit Alufolie verkleidet
	Spiegel in verschiedenen Größen und Formen (rund, oval, quadratisch, rechteckig)
	Cocktailgläser, Glasschälchen mit und ohne Fuß zum Anrichten/Portionieren von Cocktails, Salaten, Butter, Dips oder süßen Desserts
Serviergefäße	**GN-Behälter von Rechauds bzw. Chafing-Dishes**
	Kasserollen, Auflaufformen, Pfannen
Sonstige Ausstattungsgegenstände	**Körbe** in verschiedenen Größen und Formen für Brötchen, Brotwaren usw.
	Holzbretter, behandelte Baumscheiben in verschiedenen Größen und Formen für Käse, Brotwaren usw.
	Tassen, Müslischalen, Soufflégefäße, Saucieren usw. zum Anrichten von Dips, Butter oder sonstigen Beigaben

Checkliste Service	
Tische	**Einheitlich** in ihren **Maßen** für einen harmonischen Gesamteindruck.
	Angemessene **Tiefe** (nicht zu tief, Gäste müssen Speisen bequem erreichen können) und **Höhe** (Gäste sollen sich weder bücken noch strecken müssen)
Moltonauflagen (s. S. 369)	Als Meterware erhältlich werden sie zuerst auf die Tischflächen gelegt.
Tischwäsche (s. S. 369):	Büfetttischdecken (bodenlang, d. h. Abstand etwa 5 cm bis zum Fußboden), normale Tischdecken oder Meterware von Dekorstoffen, Ergänzung durch Skirtings (s. S. 387)
Aufbauelemente	**Kartons** in verschiedenen Größen, **Auflaufformen** oder **weitere Geschirrteile** können für die Herstellung von **Ebenen** (s. S. 390) oder **Schrägen** benutzt werden. Sie sind für den Gast durch geschicktes Verhüllen mithilfe von Tischwäsche oder Dekorationsschals nicht sichtbar.
Serviergefäße	**Rechauds** platzieren, Wasserbad und Brennpaste vorbereiten und erwärmen. GN-Behälter kommen gefüllt direkt aus der Küche und werden später mit allen Speisen zusammen eingesetzt.
	Warmhalteplatten platzieren, auf Stromanschlüsse achten bzw. Kabeltrommeln bereithalten
Geschirr	Der Büfettaufbau beginnt auf der rechten Seite mit den **Tellern**, da auch der **Gästelauf** von **rechts nach links** ausgerichtet ist. Es wird die **doppelte Anzahl** an Tellern aufgestellt, wie Gäste erwartet werden.
	Weiteres Geschirr, z. B. Suppentassen oder -teller, Dessertschälchen, kann **direkt neben** der jeweiligen Speise auf der Büfetttafel aufgestellt werden (s. Zeichnung).
Besteck	Platzierung am Ende des Büfetts. Ausnahmen möglich (s. S. 387).
Vorlegebesteck	In ausreichender Anzahl vorbereiten, es wird nach dem Einsetzen der Speisen direkt griffbereit daneben auf dem Ablageteller platziert.
Servietten	Platzierung am Ende des Büfetts, meist in arrangierter bzw. vorgefalteter Form. Ausnahmen möglich (s. S. 387).
Gläser	Müssen nicht fester Bestandteil der Büfetttafel sein, separate Getränke-Büfetts werden bevorzugt. Sie werden direkt am Tisch eingedeckt, wenn Personal Getränke am Tisch serviert.
Blumen/sonstige Dekoration	Blumenarrangements, Gestecke oder Vasendekorationen sowie sonstige Dekorationsutensilien vorbereiten und einsetzen
Karten und -aufsteller für die Beschilderung der Speisen	Art der Speise in deutlicher Schrift auf dekorativ gestalteten Kärtchen

Bild 1: *Tellersortiment*

Bild 2: *Gläser*

Überlegungen zum Büfettstandort und Vorbereitung der Tafel

- Das Büfett so platzieren, dass es für den Gast beim Hereinkommen ein Blickfang (Eyecatcher) ist und seinen dekorativen Charakter entfalten kann.
- Der Aufstellort sollte sich in einem relativ kühlen Bereich des Raumes befinden (direkte Sonneneinstrahlung vermeiden) und auf keinen Fall in der Nähe der Toiletten.
- Belüftungsmöglichkeiten prüfen und für ausreichende Beleuchtung sorgen
- Auf Ein- und Ausgänge achten; die Wege des Personals für die Nachrüstung des Büfetts und die Wege der Gäste dürfen sich nicht kreuzen. Eine störungsfreie Selbstbedienung hat größte Priorität.
- Beim Eindecken der Büfetttafel die **Tischdecken** gleichmäßig auflegen, der Kantenabschluss ist durchgehend gleichmäßig; beim Übereinanderlegen mehrerer Tischdecken auf gleiche Musterung achten, die Stoffbrüche sind einheitlich und bilden eine Linie
- **Korrekte Übergänge** an den Ecken können durch geschicktes Falten der Tischdecken oder eine spezielle Fixierung (Klett- oder Klebeband) erreicht werden.
- Eine besonders **festliche Eleganz** erhält das Büfett durch **bodenlanges** Eindecken der Tischwäsche. Steht das Büfett an der Wand, sind nur räumlich einsehbare Seiten abzudecken.
- In der Gastronomie werden Büfettschürzen, sogenannte **„Skirtings"**, eingesetzt.

Bild 1: *Büfett mit Skirtings*

- Eingerichtete Ebenen müssen eine ausreichend große Stellfläche und Standsicherheit bieten.

Bild 2: *Büfett mit verschiedenen Ebenen*

- Der **Gästelauf** erfolgt in der Regel von **rechts nach links**, der Aufbau beginnt deshalb auf der **rechten Seite** mit den Tellern. Besteck und Servietten werden meist am Ende des Büfetts aufgestellt. **Ausnahme:** Besteck und Servietten werden direkt auf den Gästetischen eingedeckt.

Bild 3: *Büfettgedeck am Gästetisch*

- Ist die **Stellfläche** des Büfetts **zu gering**, können Teller, Besteck und Servietten auf einem **separaten** Tisch **bereitgestellt** werden.
- **Reserveteller und -besteck** bereithalten
- **Gläser** können nach Bedarf direkt auf den Tischen eingedeckt werden oder Bestandteil eines Getränkebüfetts bzw. der Büfetttafel sein.
- Das **Vorlegebesteck** wird direkt neben der Speise und schräg auf den Gast ausgerichtet platziert. Dies erfolgt nach dem Einsetzen der Speisen.
- **Sammelstelle** für **gebrauchtes Geschirr** einrichten, z. B. einen Servierwagen

2.3.3 Anordnung der Speisen

Die Reihenfolge der Speisenpräsentation wird vorrangig durch die **Art der Speise** bestimmt. Durch sie ergibt sich automatisch eine allgemeingültige Anordnung, nach der sich die Platzierung auf der Büfetttafel richtet.

> Die Anordnung der Speisen auf einer Büfetttafel richtet sich generell nach den **„Regeln kulinarischer Abstimmung"**, d. h., die **Positionen** der einzelnen Speisen erfolgen nach **der klassischen Menüfolge** (s. S. 363).

Neben der korrekten Platzierung durch die jeweilige Position sollten die einzelnen Gerichte **geschmacklich** und **optisch** zueinander passen. Die Anordnung spezieller Themenbüfetts (s. S. 382) gestaltet sich individueller, orientiert sich im Groben dennoch an der Grundregel.

Das Einsetzen der Speisen erfolgt **etwa 30 Min.** vor Eröffnung des Büfetts. Kalte Speisen werden bis dahin gekühlt und abgedeckt aufbewahrt, **warme Speisen** nach Möglichkeit **„just in time"** hergestellt, um lange Warmhaltezeiten möglichst zu vermeiden. Die Speisen sollten aus hygienischer Sicht nicht länger als **2 Stunden** angeboten werden. Damit diese frisch bleiben, empfiehlt es sich, die Speisen in kleineren Anrichtegefäßen zu servieren und diese öfter mit frischen Speisen aufzufüllen.

Eine wichtige **Orientierung** für die Gäste ist die übersichtliche und deutliche **Kennzeichnung der Speisen**. Sie erfolgt durch Kärtchen, z. B. in Aufstellern platziert.

Speisenanordnung eines kalten Büfetts

Das Speisensortiment eines **kalten Büfetts** besteht zwar aus kalten Speisen, trotzdem ist auch für ihre Platzierung die Reihenfolge der klassischen Menüfolge maßgeblich, d. h., es werden Vorspeisen, Hauptgerichte, Nachspeisen angeboten. Folgende Gerichte können Bestandteil eines kalten Büfetts sein:

- **Vorspeisen** wie Cocktails, Terrinen, Pasteten und Galantinen
- **Hauptgerichte** wie Fisch, Fleisch und Geflügel, z. B. als Braten, Rohkost- und sättigende Salate
- **Nachspeisen** wie Käse, Süßspeisen und Obst

Präsentiert und angerichtet werden diese Speisen vorrangig auf aufwendig gestalteten **Schauplatten**, normalen **Platten**, in **Schüsseln** oder in **Einzelportionen**.

Cocktails werden auch portioniert in dekorativen Gefäßen angerichtet und als Vorspeise im vorderen Bereich positioniert. Sie kommen auf mehreren Ebenen besonders vorteilhaft zur Geltung.

Beilagen und **Salate**, meist in Schüsseln angerichtet, werden geschmacklich passend den Hauptgerichten zugeordnet.

Soßen, Dressings oder Dips werden zu den jeweiligen Speisen gestellt.

Bild 1: *Anordnung eines kalten Büfetts*

Brötchen oder **Brotwaren** werden entweder zu Anfang direkt nach den Tellern oder am Ende zusammen mit der Käseauswahl als Bestandteil der Nachspeisen aufgestellt.

Speisenanordnung eines Kalt-Warm-Büfetts

In dieser Konstellation können bzw. werden mehrere kalte und warme Speisen einer Menüposition angeboten. Die Anordnung erfolgt demnach systematisch in der klassischen Reihenfolge eines Menüs (siehe Bild 1), die Speisen aber werden in ihrer Art, d. h. kalte Vorspeisen, Suppe usw., nacheinander in **Bereichen** auf der Büfetttafel platziert.

Die Präsentation der Speisen ist bei einem kombinierten Büfett variabler bzw. flexibler. Einige Speisenkomponenten sind durch die Art der Gerichte miteinander kombiniert, was die Präsentation z. T. erleichtert und attraktiver macht. Gleichzeitig entsteht so der typische Sortimentscharakter eines Büfetts.

- **Kalte Vorspeisen:** Auf Spiegeln, Platten, Etageren oder in Einzelportionen werden Häppchen, Canapés, Spießchen, Mini-Windbeutel, Cocktails usw. ansprechend angerichtet.
- **Suppen:** angerichtet in Terrinen, Rechauds aus Edelstahl. In speziellen Glas-Rechauds kann die Optik besonders zur Geltung gebracht werden.
- **Warme Vorspeisen:** gelten je nach Art indirekt auch als Sättigungs- oder Gemüsebeilage, z. B. Tarte, Quiche. Die Präsentation erfolgt in der

Form, das Anrichten entfällt. Überbackene Gemüse-, Fisch- oder Fleischpastetchen werden nach Bedarf und Zubereitungsart in der Form oder auf Platten angerichtet.

- **Hauptgerichte:** Die Art der Zubereitung bestimmt die Präsentation. Zur Verfügung stehen Rechauds aus Edelstahl, Platten, Auflaufformen usw., auf denen Ragouts, Braten, Medaillons, Filetstränge aus Fleisch, Geflügel oder Fisch angerichtet werden. In diesem Bereich finden auch Salate, Gemüse und Sättigungsbeilagen in geschmacklich und optisch angemessener Form ihren Platz.
- **Sättigungsbeilagen:** Die moderne Art der Präsentation erlaubt die Kombination mit passenden Hauptgerichten. Sie werden aber auch als Bestandteil eines Gerichtes zusammen mit Gemüse zubereitet und angerichtet.
- **Gemüse:** Sie werden einzeln, als Gemüseauswahl auf Platten bzw. in Rechauds oder als Bestandteil kombinierter Gerichte z. B. in Aufläufen, Gratins usw. angerichtet.
- **Salate:** Als Rohkost oder Sättigungsbeilage werden sie auf Platten oder in Schüsseln angerichtet.
- **Brötchen und Brotwaren:** Angerichtet in Körben oder auf Holzbrettern werden sie direkt zu den Speisen oder am Schluss des Büfetts platziert
- **Nachspeisen:** Die Auswahl umfasst Käse, Desserts und frisches Obst, sie bilden angerichtet auf Platten, Schüsseln, Etageren oder in Einzelportionen den attraktiven Abschluss.

Bild 1: *Anordnung eines Kalt-Warm-Büfetts*

2.3.4 Büfettoptik

Ein attraktives Büfett und seine Speisenpräsentation ist weitgehend von einer individuell passenden und kreativen optischen Anordnung und Gestaltung der Büfetttafel abhängig. **Ziel** ist es, die Speisen durch **visuelle Effekte** in den Mittelpunkt zu rücken, um die **Wirkung** zu **verstärken**. Aus optischer Sicht können verschiedene **Gestaltungsformen**, auch in Kombination miteinander, eingesetzt werden. Sie sind im Privathaushalt wie auch im gewerblichen Rahmen praktikabel.

Schrägen platzieren

Kunstvoll angerichtete Platten wirken auf den Gast noch ansprechender, wenn sie **schräg präsentiert** werden.

Dieser Effekt ist bereits mit **einfachen Mitteln** zu erzielen und fast immer anzuwenden. Die Anrichtegefäße mit geeigneten Speisen werden hierbei mit verschiedenen Hilfsmitteln, z. B. **flachen Tellern, Glasschälchen oder Holzleisten** unterlegt und so in eine Schräglage versetzt.

Bild 1: *Speisenpräsentation mit Schrägen*

Optimal ist die Platzierung von Schrägen im **vorderen Bereich** einer Büfetttafel. Wird mit weiteren Ebenen gearbeitet, befinden diese sich im mittleren und hinteren Bereich der Büfetttafel.

Schräglagen können auch durch professionelles Gastronomie-Equipment, z. B. durch **Schienensysteme**, erzielt werden. Je nach Speisensortiment sind die einzelnen Elemente flexibel zu handhaben und können nach Bedarf jederzeit umgesteckt werden. Die Schrägen sind in ihren Größen den GN-Behältern angeglichen, vorhandene Ausstattung kann mitverwendet werden.

Ebenen einrichten

Ein Büfett wirkt **lebendiger** und **plastischer**, wenn die Speisen in Abstufungen bzw. auf verschiedenen **Ebenen** präsentiert werden. Ein positiver Nebeneffekt bildet die Vergrößerung der Stellfläche. Diese Art der Präsentation ist auch für den Gast von Vorteil: Er kann sich besser orientieren, um welche Speisen es sich handelt, und erleichtert die Selbstbedienung.

Als Aufbauelemente können Kartons, Kunststoff- oder Holzkisten in verschiedenen Größen, umgedrehte (Glas-)Schüsseln, Auflaufformen oder Töpfe eingesetzt werden. Wichtig ist generell, dass die Aufbauten eine **sichere Standfestigkeit** besitzen, auch nach dem Einsetzen der Speisen.

Bild 2: *Speisenpräsentation mit Ebenen*

Anschließend werden die **Ebenen** mit Tischdecken oder großen Stoffbahnen (z. B. Meterware von Dekorstoffen) breitflächig und locker drapiert **abgedeckt**.

Der Aufbau **treppenartiger Ebenen** bietet sich auch für Büfetts an, die an der Wand positioniert sind. Eine Erweiterung zur **Pyramide** ist denkbar, wenn es sich um ein frei stehendes Büfett handelt.

Bild 3: *Aufbau treppenartiger Ebenen*

Aufbau: Als Bauelemente können in Größe und Form möglichst einheitliche Kartons oder Kisten verwendet werden. Die erste Ebene bildet meist die Büfetttafel, dann erfolgt die mittlere und im Anschluss die letzte und höchste Ebene. Diese Aufbauten eignen sich besonders für **portionierte Speisen**, z. B. Cocktails oder eine Süßspeisenauswahl (s. Bild 1).

Eine weitere Möglichkeit, Ebenen auf einer Büfetttafel herzustellen, sind **Etageren**, entweder selbst angeordnet durch quadratische, rechteckige, runde oder ovale Stellflächen aus Glas oder Spiegelglas. Sie können auf Gläsern platziert werden. Der Innenraum der Gläser kann für weitere Dekorationen zum Thema genutzt werden. Die Alternative bilden **feste bzw. montierte Etageren**. Die Speisen werden wie bei einer Platte direkt auf den Stellflächen angerichtet.

Bild 1: *Speisenpräsentation mit Etageren*

2.3.5 Dekoration eines Büfetts

Ein Büfett wirkt vorrangig durch einen klaren Aufbau und ein optisch ansprechendes Speisensortiment. Dekorationselemente **ergänzen** die Wirkung der Speisen bzw. runden das attraktive **Gesamtbild** ab, d. h., sie dürfen nicht auffälliger und aufwendiger sein als das Büfett selbst. Alle Dekorationsutensilien sind farblich aufeinander abzustimmen. Sie werden **sicher** aufgestellt, sind nicht giftig und ragen nicht in die Speisen hinein.

Dekorationselemente

- **Tischdecken:** Verwendung dezenter Farbtöne, meistens Weiß oder Creme. Sie wirken neutral und festlich. Kräftige Farben werden themenspezifisch gewählt.

- **Dekorstoffe:** Meterware zum Verhüllen von Aufbauten oder als Schal locker drapiert, um optische Akzente zu setzen

Bild 2: *Organza-Schals als Dekoration*

- **Schaustücke:** Schauplatten, Skulpturen aus Eis, Obst- und Gemüsearrangements in ausgehöhlten Melonen, Körben o. Ä.

Bild 3: *Gemüsearrangement*

- **Blumendekoration:** Blumengebinde in kostbaren Kristallgefäßen, kleine Gestecke oder Vasendekorationen

Bild 4: *Büfettdekoration mit Blumen*

Je nach Anlass oder Thema können **andere Pflanzenteile** wie Wurzeln, Farn, Gräser, Blüten für flexible Blumenarrangements in zweckentfremdeten Gefäßen eingesetzt werden. Diese können zumeist noch das Thema unterstreichen bzw. vervollständigen.

- **Sonstige Utensilien:** Bänder, Steine aus Kiesel, Glas o. Ä., Figuren, Fruchtetageren, Bier- oder Weinfässer, Kerzenleuchter bzw. sonstige themenbezogene Dekorationsutensilien

Bild 1: *Desserts im Schaukasten arrangiert*

Der Fantasie und Kreativität sind fast keine Grenzen gesetzt, sofern die Dekoration das Gesamtbild ergänzt. Die Dekorationsmittel müssen aber unbedingt hygienisch vertretbar sein. Ein Heuballen als Aufbauelement einer Ebene ist z. B. nicht geeignet.

Bild 2: *Dekor fürs Büfett*

Aufgaben:

Frau Meier lebt in der Seniorenresidenz Adlerhorst und möchte ihren 80. Geburtstag im Haus feiern. Für solche Anlässe steht ein Raum zur Verfügung (s. Zeichnung). Es werden 18 Gäste erwartet. Zur Bewirtung wünscht sie sich ein Büfett. Als Gäste werden ihre 3 Kinder mit ihren Partnern und 8 Enkelkindern, eine Freundin und 2 Nachbarn erwartet. Pro Person möchte sie etwa 11 € ausgeben. Frau Meier bevorzugt die klassische deutsche Küche, wohingegen ihre Enkelkinder die moderne Länderküche vorziehen. Als ihre Lieblingsfarbe gibt sie Gelb an, ihre Lieblingsblumen sind Rosen und Lilien.

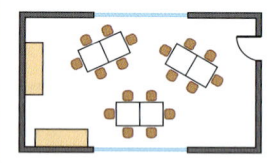

1. Erarbeiten Sie zunächst die Rahmenbedingungen, die Sie für die Durchführung dieser Aufgabe benötigen. Halten Sie Ihre Informationen in Form einer Checkliste fest.

2. Stellen Sie auf Grundlage Ihrer Checkliste und der Aussagen von Frau Meier eine ansprechende Büfettauswahl zusammen.

3. Entwickeln Sie eine passende Raum-, Büfett- und Tischdekoration.

4. Halten Sie nun Rücksprache mit Frau Meier (z. B. in Person Ihrer Fachlehrerin) und unterbreiten ihr Ihren Büfettvorschlag bzw. Alternativen sowie mögliche Dekorationen.

5. Stellen Sie einen Bewertungsbogen zusammen, d. h., suchen Sie Bewertungskriterien und stellen diese in einer tabellarischen Übersicht dar. Tragen Sie Ihre Ergebnisse ein und beurteilen Sie Ihre Planung.

6. Erstellen Sie einen Organisationsplan für die Durchführung dieses Festes.

2.4 Anrichten von kalten Platten

Eine „angerichtete" kalte Platte ist für den Betrachter bzw. Gast immer ein optischer Genuss und wirkt in höchstem Maße appetitanregend. Der attraktive und oft perfekte Gesamteindruck von kalten Platten entsteht durch die optimale Kombination aller **Fertigkeiten**, die für die Herstellung erforderlich sind: **Sorgfalt, Geschicklichkeit, Kreativität** und eine lebendige **Vorstellungskraft** in Bezug auf die **Rohstoffe** und deren **Endprodukte** in **Geschmack, Formen** und **Farben**. Jedes einzelne Canapé, Häppchen usw. wirkt zwar für sich attraktiv. Die Kunst besteht jedoch darin, verschiedene Sorten zu einem kulinarisch und optisch perfekten Gesamtbild anzuordnen.

Bild 1: *Fischplatte*

Je nach Verwendungszweck gibt es verschiedene **Plattenarrangements:**

- Aufschnittplatten
- Bratenplatten
- Käseplatten
- Fisch- oder Meeresfrüchteplatten
- Platten mit Canapés, Cocktailhappen oder beides in kombinierter Form
- Platten mit Fingerfood oder Medaillons
- Schauplatten mit Geflügel- oder Wildgeflügel, z. T. im Ganzen
- Schauplatten mit Terrinen, Pasteten oder Galantinen

2.4.1 Grundregeln

Im Hinblick auf die Plattenauswahl, die Verarbeitung der Rohstoffe zu ansprechenden Endprodukten und bezüglich der Gestaltung sind folgende Hinweise zu beachten:

Plattenauswahl

Platten aus **Edelstahl**, **Chromstahl**, mit **Versilberung** repräsentieren einen festlich-eleganten Stil. Auch **Spiegelplatten** fallen in diese Kategorie: Der Spiegeleffekt lässt die Platte größer und umfangreicher erscheinen, als sie tatsächlich ist.

Bild 2: *Spiegelplatte mit Käse*

Platten aus **Schiefer, Marmor** und **Porzellan** können je nach Speisensortiment und äußerlichem Rahmen festlich-elegant, aber auch rustikal wirken. **Holz** und **Keramik** vermitteln einen rustikalen Charakter.

Bild 3: *Belegung einer ovalen Platte*

Neben der Art des Materials ist auch die **Größe** der Platte von Bedeutung. Die Proportionen müssen stimmig sein, d. h., die Platte darf weder zu überladen wirken, noch dürfen sich die Speisen darauf verlieren, da sie zu groß gewählt wurde. Je nach Plattenaufbau bzw. Legemuster kann die **Form** (rechteckig, rund oder oval) der Platte für einen harmonischen Gesamteindruck genutzt werden.

Belegen mit System

- **Platten** und **Ränder** mit einem trockenen Tuch **polieren**
- Bei Bedarf Platten mit einem **Aspikspiegel** ausgießen, die Speisen bleiben länger frisch und wirken optisch attraktiver.
- Speisenmengen den Proportionen der Platte anpassen
- Der **Plattenrand** bleibt immer **frei** und wird nicht belegt.
- **Dekorative und übersichtliche Ordnung** herstellen, d. h. Speisen **gruppenweise** bzw. **sortengleich** anordnen. Gleiche Produkte bilden eine Reihe oder Gruppe.

Bild 1: *Speisen in dekorativer Ordnung*

- **Anordnungsformen**: Werden Speisen von einem Mittelpunkt ausgehend rechts und links identisch angerichtet, erfolgt die Anordnung gleichmäßig, also **symmetrisch**. Liegt der Schwerpunkt seitlich, spricht man von einer ungleichmäßigen, **asymmetrischen** Form.

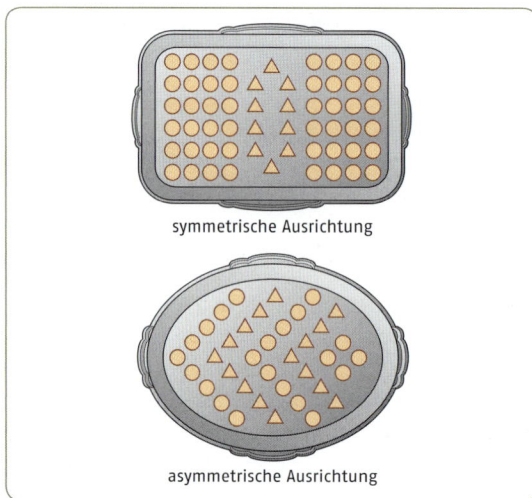

symmetrische Ausrichtung

asymmetrische Ausrichtung

Bild 2: *Symmetrische und asymmetrische Anordnung*

- **Die Legerichtung** von Canapés oder Cocktailhäppchen kann **geradlinig**, d. h. direkt neben- oder hintereinander, oder **V-förmig** angeordnet erfolgen (s. Skizze).

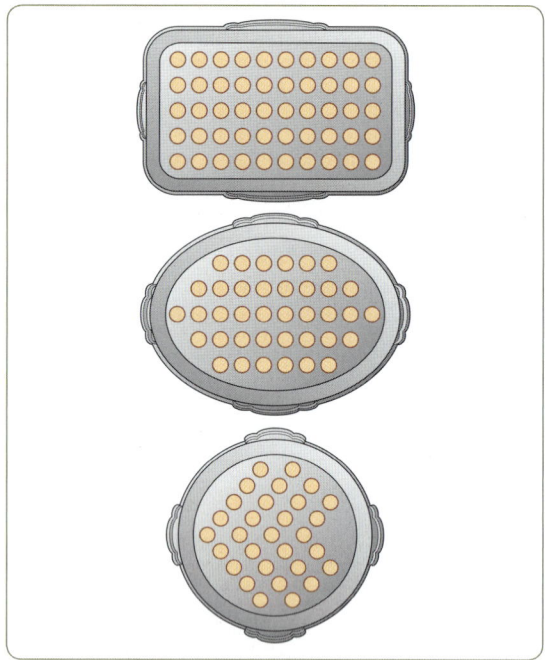

Bild 3: *Legemuster auf verschiedenen Platten*

- Speisen in **gleichmäßigen Abständen** auflegen (z. B. Scheiben) oder platzieren (z. B. Canapés)
- **Zwischenräume** einplanen, sodass ein lockeres Gesamtbild entsteht und ein Überladen der Platte vermieden wird
- **Canapés oder Häppchen** so platzieren, dass Belag und Garnitur in die gleiche Richtung zeigen
- **Anordnung** so gestalten, dass der Gast ungehindert die Speisen entnehmen kann und das Legemuster nicht sofort aufgehoben wird.
- **Farbkontraste** zwischen hell und dunkel schaffen bzw. gleichfarbige Speisen nicht direkt nebeneinander platzieren.
- **Garnituren** müssen **essbar**, in ausreichender Menge vorhanden sein und geschmacklich mit den Speisen harmonieren.
- **Nichtessbare Garnituren** wie beispielsweise Papierschirmchen, Schleifen, Fähnchen oder andere Elemente nach Möglichkeit vermeiden; sie widersprechen der o. g. Grundregel!
- **Eiergerichte** oxidieren in Verbindung mit Metall, diese vornehmlich auf Porzellan oder Glas anrichten.

2.4.2 Fingerfood

Bild 1: *Fingerfood-Präsentation*

Fingerfood oder „von der Hand in den Mund": Diese Form der Speisenpräsentation entspricht nicht mehr nur einem Trend, sie ist zu einem festen Bestandteil unserer Esskultur geworden.

> **Fingerfood** sind kalte oder warme, süße oder pikante Häppchen und Snacks im Mini-Format. Sie werden direkt mit den Fingern verzehrt.

Diese relativ zwanglose Form der Bewirtung passt sowohl zu privaten Gelegenheiten wie einer Party oder einem Geburtstagskaffee als auch zu förmlichen **Anlässen**, z. B. auf einem Sektempfang, einer Vernissage, einem Business-Meeting oder als Appetizer auf einem Messestand.

Bild 2: *Fingerfood-Büfett*

Fingerfood ist jedoch nicht nur unkompliziert im Verzehr, auch optisch wirkt es durch die vielfältigen Möglichkeiten des Anrichtens und Garnierens auf den Gast attraktiv und appetitlich. Um allen Gästen bei der Verköstigung gerecht zu werden, ist die richtige **Mengenkalkulation** ein wichtiger Faktor. Besteht das Speisenangebot des Abends bzw. Anlasses nur aus Fingerfood, sollten 10–12 Portionen pro Person eingeplant werden. Wird es zu Beginn der Veranstaltung als Appetizer gereicht, sind 3–5 Portionen pro Person angemessen. Ein weiterer Faktor bildet die **Sortenvielfalt** des Angebotes. Ein attraktives Fingerfood-Sortiment umfasst möglichst 6–8 verschiedene Spezialitäten.

Am Spieß oder gerollt?

Bild 3: *Einzelportionen verschiedener Formen*

Bei der Herstellung bzw. **Formgebung** werden verschiedene Techniken praktiziert: Es wird **gerollt**, **aufgespießt** oder **gespritzt** (s. Bild 3). Je nach Grundlage des Produktes entstehen unterschiedliche Effekte (z. B. gerolltes Fleisch, gerollte Salatblätter oder Pfannkuchen mit Füllung). Auch das jeweilige **Anrichtegeschirr** bietet großen Spielraum für eine kreative Speisenpräsentation: Verwendung finden **essbare Unterlagen**, z. B. runde oder ovale Torteletts, Pumpernickeltaler, Cracker oder Pastetchen. Produkte wie Fisch, Fleisch, Salate, Cocktails, süße oder pikante Massen können auf **Fingerfood-Löffeln**, in **Porzellanschälchen oder Gläsern** verschiedenster Formen angerichtet werden.

Die Präsentation kann zum einen als **Fingerfood-Büfett** erfolgen. Hier werden einzelne Platten angerichtet oder Einzelportionen in Mustern aufgebaut (s. Bild 1). Eine weitere Möglichkeit bietet das

Flying Büfett, d. h., Servicepersonal bringt immer wieder einzelne Platten direkt zu Gästen.

2.4.3 Exkurs „Canapés"

Canapés, eine (Unter-)Form des Fingerfoods, vermitteln aufgrund ihrer edlen Rohstoffauswahl und aufwendiger Garnierung einen luxuriösen und glanzvollen Eindruck.

> **Canapés** sind kleinformatige, mundgerecht zubereitete und dekorativ aufwendig angerichtete Häppchen mit edlen unterschiedlichen Belägen.

Bild 1: *Canapé-Auswahl*

Die **Einsatzmöglichkeiten** von Canapés sind vielfältig. Sie bilden meistens den Auftakt einer festlichen Veranstaltung und dienen quasi als Appetizer, konkret beispielsweise auf einem **Stehempfang**, da sie ohne weiteres Geschirr oder Besteck und unter beengten Raum- und Sitzplatzbedingungen verzehrt werden können.

Servicepersonal geht durch den Raum und bietet verschiedene Platten an. Ist kein Personal vorhanden, müssen die Platten gleichmäßig im Raum verteilt werden (z. B. auf Stehtischen), sodass sie für alle Gäste gut erreichbar sind. Wenn es sich um einen kleineren Raum handelt und nicht zu viele Gäste eingeladen sind, kann auch ein kleines Büfett aufgebaut werden. Als **Kalkulationsgrundlage** berechnet man für einen Empfang **6 – 8 Canapés** pro Person.

Aufgrund des geringen Sättigungswertes und der exquisiten Zutaten werden Canapés auch als **Vor-**

speisen bzw. festliche Imbissspeisen eingesetzt. Kalkulationsgrundlage bilden dann **3 – 4 Canapés** pro Person. In diesem Fall ersetzen sie die kalte Vorspeise und es wird Besteck eingedeckt. Darüber hinaus können sie zum **Aperitif** gereicht werden oder sind Bestandteil eines **kalten Büfetts**.

Canapés sind ...

… dünne Scheiben von **Toastbrot** oder **Mini-Baguette**. Als Grundlage können auch **Vollkornbrot, Schwarzbrot, Pumpernickel** oder Cracker verwendet werden.

… in verschiedene **Formen** (Quadrat, Rechteck, Dreieck, Raute) **geschnittene** oder mit Ausstechern **ausgestochene** (rund, oval, gemustert) Brotscheiben.

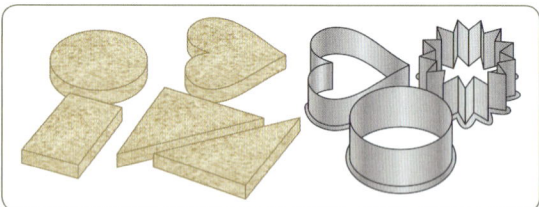

Bild 2: *Formgebung von Toastscheiben*

… auch anlassbezogen **individuell formbar**. Durch **Ausstecher** können **Herzen** (z. B. für einen Hochzeitsempfang) oder **Nikolausstiefel oder Tannenbäume** (z. B. für die Nikolausfeier) hergestellt werden.

Phasen der Herstellung

1. Als **Grundlage** wird in der Regel **frisches Weißbrot** verwendet, da sein feiner und vergleichsweise neutraler Geschmack den ausgesuchten Belag erst richtig hervorhebt.
2. Vor dem Belegen werden die **Brotscheiben geröstet bzw. getoastet**, ein vorzeitiges Durchweichen durch die Feuchtigkeit des Belages wird verzögert. Danach wird die **Kruste entfernt** und wie oben beschrieben in Form gebracht.
3. Danach erfolgt ein **dünner Aufstrich** mit **Butter** oder einer Buttermischung. Es kann auch Majonnaise oder Remoulade verwendet werden.
4. Canapés mit verschiedenen **Belägen** anrichten; Letztere dürfen an den Seiten **nicht überstehen**.

5. Canapé der **dänischen Art:** Nach dem Butteraufstrich wird die Brotscheibe vor dem Auflegen des Belages mit einem **Salatblatt „abgedichtet".** So kann auch ein vorzeitiges Durchweichen vermieden werden.

Diese Technik findet übrigens auch bei dem Belegen von Brötchen Anwendung.

Variationen von Canapés

Bei der Herstellung von Canapés sind der Fantasie und Kreativität keine Grenzen gesetzt, es sind lediglich die oben beschriebenen Standards einzuhalten.

Um die Theorie etwas praxisnäher zu gestalten, folgt eine exemplarische Sammlung verschiedener Canapés. Sie können natürlich individuell abgewandelt werden.

	Canapé-Art	Grundlage/Belag	Garnitur
FISCH	**Forellen-Canapé**	▪ Rundes Weißbrot ▪ Geräuchertes Forellenfilet	▪ Sahnemeerrettich-Rosette mit Dillfähnchen und Ananasstückchen
	Lachs-Canapé	▪ Rundes Weißbrot ▪ Räucherlachs auf Limettenfilets	▪ Gespritzter Sahnemeerrettich mit einem Dillsträußchen
	Aal-Canapé	▪ Rundes Weißbrot ▪ Kleines Salatblatt und Tomatenscheibe ▪ Räucheraalfilets auf Preiselbeersahne	▪ Rosa Pfeffer mit Kresse
FLEISCH	**Schwarzwälder Canapé**	▪ Brotchips oder rundes Weißbrot ▪ Kleines Salatblatt ▪ Schwarzwälderschinken	▪ Kirschtomatenscheiben mit einem Gurkenfächer
	Kasseler Canapé	▪ Rundes Weißbrot ▪ Kleines Blatt Lollo Rosso ▪ Dünne Pfirsichscheiben ▪ Kasselerbratenscheiben	▪ Obstgarnitur: Erdbeerviertel mit Traubenhälfte

Tabelle 1: *Verschiedene Canapé-Sorten*

	Canapé-Art	Grundlage/Belag	Garnitur
FLEISCH	**Schweinefilet-Canapé**	■ Ovales Weißbrot ■ Dünnes Schweinefilet im Waldorfsalatbett	■ Apfelscheiben ■ Mandelblätter ■ Petersilie
	Serano-Canapé	■ Rechteckiges Weißbrot mit Radiccioblätter ■ Seranoschinken	■ Streifen von der Honigmelone ■ Blaue Traubenhälfte
GEFLÜGEL	**Hähnchen-Canapé**	■ Hähnchbrust auf Currycreme	■ Chicoréeblatt ■ Feldsalat ■ Walnusshälften ■ Kirschtomatenhälfte
	Entenbrust-Canapé	■ Rundes Vollkornbrot ■ Chicorée- und Radiccioblätter ■ Tranchen von Barbarie-Entenbrustfilet auf Mango-Chutney	■ Walnusshälften ■ Glatte Petersilie
KÄSE	**Butterkäse-Canapé**	■ Rundes Vollkornbrot ■ Butterkäse auf Paprika-Chilicreme	■ Erdbeerviertel ■ Zitronenmelisse
	Münster-Canapé	■ Dreieckiges Vollkornbrot ■ Münsterkäse auf Kräuterfrischkäsecreme	■ Schnittlauch ■ Blaue Trauben

Tabelle 1: *Verschiedene Canapé-Sorten (Fortsetzung)*

	Canapé-Art	Grundlage/Belag	Garnitur
KÄSE	**Roquefort-Canapé**	■ Rundes Weißbrot ■ Roquefort auf Pfirsichscheiben	■ Blaue Trauben ■ Zitronenmelisse
	Gorgonzola-Canapé	■ dreieckiges Vollkornbrot ■ Gorgonzolakäsescheiben ■ Apfelspalten	■ Walnusshälften ■ Kresse
EI	**Black-Tiger-Ei-Canapé**	■ Eierscheiben auf Krabben-creme mit Black Tiger (Garnelenart)	■ Estragon ■ Schwarzer Kaviar (ersatzweise Forellenkaviar)
	Gefülltes Ei auf Pumpernickel 1	■ Runder Pumpernickel ■ Eihälfte ■ Currycreme-Rosette	■ Radieschenviertel ■ Glatte Petersilie
	Gefülltes Ei auf Pumpernickel 2	■ Runder Pumpernickel ■ Eihälfte ■ Senfcreme-Rosette	■ Sardellenfilet ■ Forellenkaviar ■ Dillfähnchen
	Frühlingsei-Canapé	■ Rundes Weißbrot ■ Kleines Blatt Lollo Rosso oder Eichblattsalat ■ Eierscheiben auf Kräuter-butter	■ Kräuterbutterkugel mit Kresse

Tabelle 1: *Verschiedene Canapé-Sorten (Fortsetzung)*

Aufgaben:

1. Für die Verabschiedung der Tagungshausleiterin in den Ruhestand wird die Abteilung Hauswirtschaft mit der Planung eines Sekt-Empfangs beauftragt. Es werden etwa 90 geladene Gäste erwartet. Der Empfang findet in der Eingangshalle statt und beginnt etwa 13.00 Uhr. Das Küchenteam mit den Auszubildenden ist für die Canapé-Auswahl und den Service zuständig. Als Budget stehen etwa 1 300 € zur Verfügung.

a) Erfassen Sie die Rahmenbedingungen und stellen Sie diese in Form einer Checkliste zusammen.

b) Stellen Sie ein ansprechendes und vielfältiges Canapé- und Fingerfood-Sortiment zusammen. Achten Sie auf ein ausgewogenes Verhältnis der einzelnen Produktgruppen und eine abwechslungsreiche Formgebung sowie Dekoration.

c) Erstellen Sie eine Vorkalkulation der Kosten und überprüfen Sie, ob der Budgetrahmen eingehalten werden kann. Halten Sie Rücksprache mit Ihrer Fachlehrerin.

d) Erarbeiten Sie einen Bewertungsbogen, d. h., sammeln Sie Auswahlkriterien und gestalten diese in Form einer tabellarischen Übersicht. Beurteilen Sie anhand des Beurteilungsbogens Ihr Sortiment.

e) Stellen Sie die Rezepte zusammen und schreiben Sie eine Zutatenliste für die Bestellung.

f) Erarbeiten Sie einen Organisationsplan für den gesamten Ablauf: Die Produktionsphase erfolgt in der Zeit von 8 Uhr bis maximal 12.45 Uhr:

- Herstellung der Canapés
- Platten legen
- Vorbereitung der Servicestation

g) Erstellen Sie eine Checkliste über die „Art und Kalkulation der benötigten Ausstattungsgegenstände".

h) Die Präsentation der Speisen kann als „Flying-Büfett" oder als „Fingerfood-Büfett" erfolgen.

- Ermitteln Sie Vor- und Nachteile der beiden Präsentationsverfahren.
- Vergleichen Sie beide Varianten miteinander und treffen Sie eine Entscheidung.
- Entwerfen Sie eine Skizze der Speisenanordnung für den Fall, dass ein Fingerfood-Büfett angeboten wird. Machen Sie Gestaltungsvorschläge.

2. An Ihrer Schule findet im September in der Zeit von 10 – 16 Uhr ein Schulfest statt. Es werden etwa 1 000 SchülerInnen, Lehrer und Gäste erwartet. Ihre Klasse, die Hauswirtschaftlichen Lehrlinge der Oberstufe, ist für einen Teil der kulinarischen Angebote zuständig, d. h., sie übernehmen die Planung und Gestaltung des Salatbüfetts. Es wird in der Pausenhalle aufgebaut, im überdachten Bereich wird gegrillt.

a) Sammeln Sie geeignete Rezepte und stellen Sie ein attraktives und abwechslungsreiches Salatbüfett zusammen. Beachten Sie dabei die anfallenden Kosten: Eine Portion sollte für 1 € bis maximal 1,50 € angeboten werden können.

b) Kalkulieren Sie die Preise pro Salat, nachdem Sie sich durch Rücksprache mit Ihrer Fachlehrerin für eine Salatauswahl entschieden haben.

c) Erstellen Sie eine Checkliste über die Art und Kalkulation der benötigten Ausstattungsgegenstände.

d) Skizzieren Sie den Aufbau des Salatbüfetts bzw. die Speisenanordnung.

Wohn- und Funktions- bereiche reinigen und pflegen

Lernsituation

Das Seniorenwohnheim erhält einen neuen Anbau mit Bewohnerzimmern und Nasszellen.

Die Reinigung im gesamten Haus wird derzeit von den hauseigenen Reinigungsfachkräften durchgeführt. Es wird überlegt, ob eine Vergabe der Reinigungsleistungen in Frage kommt oder Umstrukturierungen Kostenersparnis bringen.

Für den Neubau soll zunächst ein Reinigungsplan entwickelt werden. Zum Einholen eines Angebotes bei einer Fremdfirma soll eine Leistungsbeschreibung erstellt werden.

Die beiden Auszubildenden Ayse (im 3. Ausbildungsjahr) und Sarah (im 1. Ausbildungsjahr) werden beauftragt, für ein Bewohnerzimmer mit Nasszelle eine Flächenberechnung zu erstellen. Sie sollen alle Kriterien für eine Leistungsbeschreibung zum Einholen eines Angebotes zusammenstellen. Dazu müssen sich die beiden Auszubildenden einen Überblick verschaffen. Es liegt ihnen ein Grundriss vor, sie können allerdings auch auf der fast fertigen Baustelle eine Übersicht über die Räumlichkeiten gewinnen. Für diese Begehung können sie mit ihrer Ausbilderin einen Termin vereinbaren.

Die Möblierung wird die gleiche sein wie in den bereits bestehenden Zimmern. Ayse und Sarah sollen eine Liste der zu reinigenden Gegenstände und Materialien aufstellen, die notwendigen

Reinigungsarbeiten auflisten und anhand bestehender Unterlagen einen Reinigungsplan für eine Unterhaltsreinigung erstellen.

Ihre Ausarbeitung sollen die beiden Auszubildenden der Ausbilderin vorstellen und mit ihr besprechen.

Lernziele

- Allgemeine Informationen sammeln (bestehende Arbeits- und Reinigungspläne, Einsatz der Reinigungs- und Pflegemittel, zu reinigende Materialien)
- Übersicht der Reinigungsarten gewinnen
- Kenntnis der zu reinigenden Materialien
- Erstellen eines Reinigungsplanes für ein Bewohnerzimmer und die Nasszelle
- Bezugsquellen von Reinigungsmitteln und -geräten sammeln
- Reinigungsmittel und -geräte vergleichen und entsprechend den Materialien auswählen
- Leistungsbeschreibung für ein Bewohnerzimmer und die Nasszelle erstellen
- Hygiene- und Arbeitsschutzrichtlinien kennen und anwenden

Methode: Memory

Im folgenden Lernfeld werden viele verschiedene Reinigungs- und Pflegemittel sowie die Eigenschaften verschiedener Materialien vorgestellt. Um diese zu erlernen, eignet sich das Kinderspiel Memory in etwas abgewandelter Form.

Anstatt zwei gleiche Bilder unter den verdeckten Karten zu suchen, werden Karten erstellt, die inhaltlich zueinandergehören.

So steht z. B. auf einer Karte dieser Begriff:

Grundreinigung

Auf der anderen Karte steht dann die entsprechende Erklärung:

Die Grundreinigung ist eine Reinigung, die in größeren Abständen durchgeführt wird. Es werden Schmutz- und Pflegemittelreste entfernt und an schwer zugänglichen Stellen gereinigt.

Beide Karten zusammen bilden das Kartenpärchen.

Bereits durch das Erstellen der Karten, das in Gruppenarbeit erfolgen kann, werden die Inhalte wiederholt, wodurch die Behaltensleistung gesteigert wird.

Eine weitere Möglichkeit ist, dass auf der einen Karte ein Material genannt wird:

Edelstahl

Auf der anderen Karte werden die Eigenschaften des Materials aufgelistet:

Edelstahl ist:

- nicht rostend
- glatt, glänzend oder mattiert
- stoßfest
- beständig gegen Säuren und Laugen
- aber kratzempfindlich

Spielregeln

Gespielt wird dann in Kleingruppen (4–5 Personen) nach den bekannten Regeln:

- Alle Karten werden verdeckt auf den Tisch gelegt.
- Ein Schüler beginnt und deckt zwei Karten auf. Gehören diese inhaltlich zusammen, behält er die Karten und darf zwei weitere umdrehen. Passen die Karten nicht zusammen, werden sie wieder umgedreht, der nächste ist an der Reihe.
- Sind alle Kartenpaare gefunden, ist das Spiel zu Ende.
- Der Schüler mit den meisten Kartenpaaren hat gewonnen.

1 Grundlagen des Gesundheitsschutzes

Nicht nur in der Nahrungszubereitung, auch im Bereich der Reinigung von Räumen und Geräten müssen Hygienestandards bekannt sein und angewendet werden. Einige Kriterien zur Personal- und Betriebshygiene sowie zur Arbeitssicherheit wurden bereits im Küchenbereich dargestellt (s. S. 235). Im Folgenden werden spezifische Unterschiede für die Reinigung ergänzt:

Arbeitskleidung

Im gesamten Haus sind Mitarbeiter für Reinigungsarbeiten eingesetzt. Deshalb ist hier vor allem angemessene Arbeitskleidung wichtig, denn Kunden und Gästen gegenüber vermittelt sie die Kompetenz des Hauspersonals. Bei den Mitarbeitern wird durch einheitliche Arbeitskleidung die Identifikation mit dem Betrieb gefördert.

Vorschriftsmäßige Schutzkleidung, die den hygienischen Anforderungen entspricht, bietet persönlichen Schutz, beispielsweise das Tragen von Schutzhandschuhen, Schutzbrille, Mundschutz oder Sicherheitsschuhen.

Bild 1: *Korrekte Arbeitskleidung*

Die richtige Arbeitskleidung besteht aus Hose und T-Shirt oder Kittel. Sie ist atmungsaktiv und kör-

pergerecht. Die Kleidung sollte bequem, jedoch nicht zu weit sein, damit keine Unfälle entstehen. Auch in der Hauspflege sollte sie stets sauber und ordentlich aussehen.

Die Strümpfe sollten aus Baumwolle sein. Richtige Arbeitsschuhe sind der Fußform angepasst, mit Fußstütze und rutschsicher, vorne und hinten geschlossen oder mit verstellbarem Riemen versehen. Ein anatomisch geformtes Fußbett sorgt für gesunde Füße. Des Weiteren sollten die Arbeitsschuhe eine Wasser abweisende und säurefeste Sohle haben.

Bild 2: *Geeignetes Schuhwerk*

Persönliche Hygiene

Zur Personalhygiene gehören neben der sauberen Arbeitskleidung eine gute persönliche Körperpflege und das Ablegen von Uhren und Schmuck (s. auch S. 235 f.).

Hautschutz

Hautschutz ist von großer Bedeutung, hier vor allem für die Hände, da sie durch die Arbeit mit unterschiedlichen Reinigungs- und Pflegemitteln stark beansprucht werden. Der Betrieb muss Handpflegemittel zur Verfügung stellen. Sie sind zu verwenden, damit der Säuremantel der Haut erhalten bleibt und die Haut nicht rissig wird oder Ekzeme bekommt. Richtiges Auftragen von **Handpflegemitteln** ist wichtig und wird nachfolgend gezeigt:

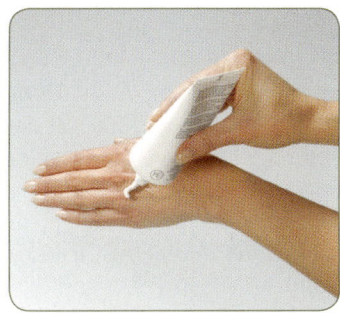

Bild 1: *Creme auftragen*

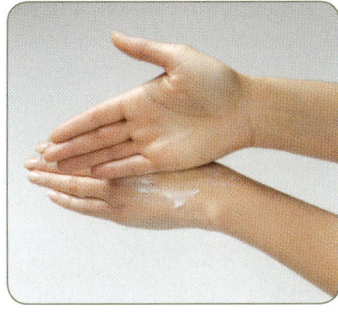

Bild 2: *Creme verteilen*

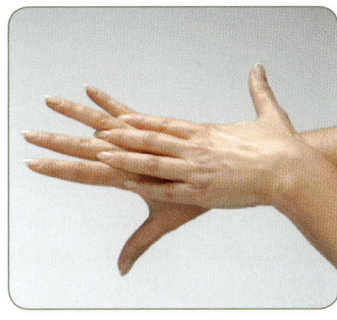

Bild 3: *Finger-zwischenräume*

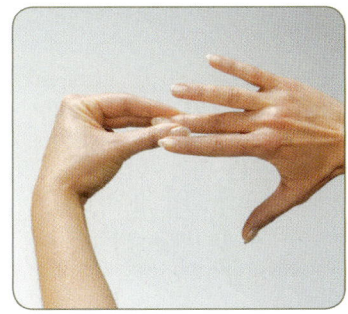

Bild 4: *Nagel-bett*

Ein aushangpflichtiger **Hautschutzplan** zeigt auf, mit welchen Produkten die Hände geschützt, gereinigt und gepflegt werden sollen.

Was	Wann	Wie	Womit	
Hautschutz	• vor Arbeitsbeginn • vor Feuchtarbeiten • vor längerem Tragen von Handschuhen • nach dem Hände waschen	• ca. kirschkerngroße Menge auf Handrücken auftragen • sorgfältig einmassieren (Fingerzwischenräume, Fingerseitenkanten, Fingerkuppen, Nagelfalze, Handgelenke)	Hautschutzcreme	
Handschuhe	• bei Feuchtreinigungs- und Desinfektionsarbeiten (z.B. Abwasch, Bettenreinigung, Wischen) • beim Umgang mit Schmutzwäsche • beim Umgang mit keimbehafteten Materialien z.B. Abfälle, benutzte medizinische Gegenstände	• Handschuhe nur auf trockenen, sauberen Händen benutzen • bei Tragezeiten über 10 Minuten möglichst Baumwollhandschuhe unterziehen • bei trockenen, sauberen Tätigkeiten Handschuhe ausziehen	Haushaltshandschuhe Einmalhandschuhe	
Hände desinfizieren	• beim Wechsel von unreinen zu reinen Tätigkeiten • vor jedem Umgang mit Lebensmitteln z.B. Zubereitung, Essensausgabe • nach Umgang mit keimbehafteten Materialien (z.B. Müllentsorgung) – auch wenn Handschuhe getragen wurden • nach Toilettenbesuch	• ca. 3 ml Händedesinfektionsmittel .... Sek. (laut Herstellerangabe) in die trockenen Hände einreiben • Problemzonen einbeziehen (Fingerzwischenräume, Fingerseitenkanten, Fingerkuppen, Daumen, Handgelenke)	Händedesinfektionsmittel	
Hände waschen	• bei Dienstbeginn • bei sichtbarer Verschmutzung	• Waschlotion mit lauwarmem Wasser aufschäumen • Hände und Fingerzwischenräume gründlich abspülen und sorgfältig abtrocknen	Waschlotion Einmalhandtücher	
Hände pflegen	• zwischendurch bei Bedarf • am Arbeitsende	• ca. kirschkerngroße Menge auf Handrücken auftragen • sorgfältig einmassieren	Pflegecreme	bGW Berufsgenossenschaft für Gesundheitsdienst und Wohlfahrtspflege

Bild 5: *Hautschutzplan für Mitarbeiterinnen und Mitarbeiter in der Hauswirtschaft und Reinigung (Quelle: Berufsgenossenschaft für Gesundheitsdienst und Wohlfahrtspflege)*

Beim Anziehen von **Schutzhandschuhen** müssen Handschuhe und Hände sauber und trocken sein. Arbeitshandschuhe, die der Handgröße angepasst und elastisch sind und das Tastgefühl möglichst wenig beeinträchtigen, werden beim Tragen bevorzugt. Nur Schutzhandschuhe, die nicht beschädigt und wirkstoffbeständig sind, erfüllen ihre Aufgabe. Bei Verwendung des falschen Materials können die Haut geschädigt oder Unfälle begünstigt werden. Der folgenden Tabelle ist zu entnehmen, welche Materialien für welchen Einsatzbereich verwendet werden können.

Vinyl- oder PVC-Handschuhe
wasserdicht, gegen viele Lösemittel beständig. PVC: relativ unelastisch, mechanisch weniger belastbar, bequemes Ausführen von Reinigungsarbeiten

Naturlatex
Einweghandschuhe, sehr dünn, flexibel, dehnbar, empfindlich gegen mechanische Beanspruchung, schützen nicht bei organischen Lösemitteln

Nitril
wasserdicht, reißfest und flexibel, mechanisch stabiler und abriebfester als Latex

Neoprene
sehr beständig gegen Säuren und Lösemittel, jedoch empfindlich bei starker Mechanik

Butylkautschuk oder Fluorkautschuk
für Spezialarbeiten, bei denen intensiver Kontakt mit Lösemitteln oder aggressiven Gefahrstoffen besteht

Tabelle 1: *Materialien für Schutzhandschuhe*

Betriebshygiene

Zur Betriebshygiene zählt die Reinhaltung von Räumen, Einrichtungsgegenständen, Ausstattungen und Betriebsmitteln. Seit Januar 2006 gilt die neue Hygieneverordnung, das sogenannte Hygienepaket. Die Grundlage ist die Basisverordnung 178/2002. Sie verpflichtet jeden Betrieb zu einem Eigenkontrollsystem im Sinne eines HACCP-Konzeptes. Checklisten und Arbeitsanweisungen dienen zur besseren Überwachung und Übersichtlichkeit bei der Durchführung der Reinigungsarbeiten (s. S. 412 und S. 450).

Gerätehygiene

Gebrauchte und waschbare Reinigungstextilien werden in vorgesehenen Behältern gesammelt und anschließend gewaschen, Einwegartikel entsprechend entsorgt. Geräte sollten regelmäßig gereinigt werden. Die Mitarbeiter werden bezüglich der richtigen Verwendung und Dosierung der Reinigungsmittel regelmäßig geschult (s. S. 408 und S. 429).

Ergonomische Grundsätze

Um die Mitarbeiter körperlich möglichst wenig zu belasten, sollten einige wichtige Grundsätze der Ergonomie (Lehre von den Belastungen der Arbeit, s. S. 47) berücksichtigt werden. Das bedingt menschen- und benutzungsgerechte Arbeitsmittel sowie deren richtige Anwendung durch den Arbeitnehmer.

Nachfolgende Regeln sind bei der Reinigung zu beachten:

- Arbeitsbewegungen sollten fließend und geordnet sein, wie in Bild 1 dargestellt. Sie dürfen nicht verkrampft sein. Waagerechtes Arbeiten ist immer leichter, als senkrecht gegen die Schwerkraft zu arbeiten.

Bild 1: *Arbeitsbewegungen*

- Anstrengende und belastende Arbeiten zu Beginn ausführen und mit weniger belastenden Arbeiten abwechseln.
- Arbeitsgeräte sollten möglichst fahrbar sein, damit nicht zu schwer gehoben werden muss.
- Beide Hände möglichst gleichmäßig benutzen, um schneller Ermüdung vorzubeugen.
- Kurze Transportwege auf einer Ebene oder ein Aufzug zum Transport der Reinigungswagen erleichtern die Arbeit.
- Gute Arbeitsgeräte entsprechen den üblichen Körpermaßen. Geräte mit Stiel reichen mindestens bis zum Kinn, besser noch bis zur Nasenspitze. Geräte mit Teleskopstiel sind günstig, da sie der jeweiligen Körperlänge angepasst werden können.

Bild 1: *Richtige Länge der Arbeitsgeräte mit Stiel*

Gefahrstoffverordnung

Die 2005 erlassene neue Gefahrstoffverordnung soll durch einen von der EU vorgelegten Verordnungsentwurf erneut geändert werden. Danach sind chemische Stoffe spätestens zum 01. 12. 2010 nach **GHS** (Global Harmonisiertes System zur Einstufung und Kennzeichnung von Chemikalien) einzustufen und zu kennzeichnen. Für Gemische ist eine Übergangsfrist bis zum Juni 2015 vorgesehen. So wird das derzeit gültige EU-System in ein **weltweit einheitliches System zur Einstufung und Kennzeichnung** überführt.

Alle Behälter, die Gefahrstoffe enthalten, müssen entsprechend ihrer physikalischen Gefahren, Gesundheitsgefahren und Umweltgefahren weiterhin gekennzeichnet sein. Neu sind die einheitlichen Einstufungskriterien, Kennzeichnungselemente und Sicherheitsdatenblätter. Die Gefahrensymbole bzw. Piktogramme lösen die alten Symbole ab.

Die bisher gewohnten rechteckigen orangefarbenen Gefahrstoffsymbole werden zukünftig von rot umrandeten Rauten mit schwarzen Symbolen auf weißem Grund abgelöst und sind auf Seite 408 dargestellt.

Die bisher üblichen Gefahrenbezeichnungen, beispielsweise „gesundheitsschädlich" oder „giftig", werden durch neue Gefahrenklassen ersetzt.

Je nach Gefährdungspotenzial werden die Gefahrenklassen in Gefahrenkategorien unterteilt. Der mögliche Gefährdungsgrad wird zusätzlich zu den Piktogrammen durch Signalwörter beschrieben.

Zwei **Signalwörter** lösen die bisherigen Gefahrenbezeichnungen (z. B. leichtentzündlich oder reizend) ab und beschreiben den Schweregrad der Gefährlichkeit:

- **Achtung** (für niedrige Schweregrade)
- **Gefahr** (für höhere Schweregrade)

Weiterhin verwendet werden auch die **Gefahrenhinweise** (z. B. „Verursacht Hautreizungen") und Sicherheitshinweise (z. B. „Darf nicht in die Hände von Kindern gelangen").

Die Eigenschaften der Inhaltsstoffe bestimmen Gefahren, die von Produkten ausgehen können. Reinigungs- oder Waschmittel, die „reizend" oder „ätzend" sein können, führen bei richtiger Anwendung nicht zu Schäden. Deshalb ist für Verbraucher wichtig, außer den Gefahren- und Sicherheitshinweisen, auch die Gebrauchs-. und Entsorgungsanweisungen auf den Verpackungen genau zu befolgen.

Für bereits hergestellte Verpackungen gelten Übergangsfristen bei der Kennzeichnung.

Sicherheitsdatenblatt/Betriebsanweisung

Bisher wurden Gefahren, beispielsweise bei Reinigungsmitteln, durch R-Sätze (besondere Risiken) und S-Sätze (Sicherheitsratschläge) beschrieben. Dazu werden neu einheitliche Sicherheitsdatenblätter ausgegeben, die in den Bereichen Gesundheitsgefahren und Toxizität mehr Informationen enthalten. In der Übergangzeit werden alte und neue Einstufung und Kennzeichnung parallel angegeben.

Bei Reinigungsmitteln, die Gefahrstoffe enthalten, wird vom Hersteller ein Sicherheitsdatenblatt erstellt. Alle wichtigen Angaben, wie die Stoff- und Zubereitungsbezeichnung, Zusammensetzung, mögliche Gefahren, Erste-Hilfe-Maßnahmen, Handhabung und Lagerung müssen enthalten sein.

Gefahrensymbole und ihre Bedeutung

Explosive Stoffe	Entzündbare Stoffe	Unter Druck stehende Gase

Hautätzend, Gefahrenkat. 1 Schwere Augenschädigung, Gef. Kat. 1 Auf Metalle korrosiv wirkend, Gef. Kat. 1	c – Krebserzeugend M – Mutagen R – Reproduktionstoxisch Sensibilisierung der Atemwege Spezifische Zielorgantoxizität, Kat. 1, 2	Akute Toxizität, Kat. 4 Reizung der Haut, Kat. 2 Augenreizung, Kat. 2 Sensibilisierung der Haut Spezifische Zielorgantoxizität, Kat. 1, 2

Entzündend (oxidierend) wirkende Stoffe	Gef. Kategorie 1, 2, 3	Gewässer gefährdend

Tabelle 1: *Weltweit gültige GHS-Piktogramme*

Im Betrieb wird aus diesen Angaben eine Betriebsanweisung erstellt oder vom Hersteller des Mittels zur Verfügung gestellt. Aus ihr geht auch hervor, wie die Entsorgung der Verpackung vorgenommen werden sollte.

Der Arbeitgeber muss dafür sorgen, dass eine schriftliche Betriebsanweisung über gefährliche Stoffe allen Mitarbeitern in verständlicher Form und Sprache zugänglich ist, eine Anfangsunterweisung und eine jährliche Unterweisung für die Mitarbeiterinnen stattfinden.

Aufgaben:

1. Ermitteln Sie mithilfe verschiedener Medien die Einteilung von Schutzhandschuhen in den unterschiedlichen Kategorien, deren jeweilige Verwendung und die Bedeutung von Piktogrammen bei Schutzhandschuhen.

2. Erstellen Sie mit Ihren Mitschülerinnen ein Merkblatt über richtige Körperhaltung beim Reinigen eines Waschbeckens und beim Heben und Tragen von Eimern.

2 Basiswissen der Reinigung und Pflege

Gereinigte Räume dienen dem Wohlbefinden der Menschen. Richtiges und regelmäßiges Reinigen sorgt für Hygiene und vermindert die Bildung von Keimen und Krankheitserregern. Eine regelmäßige Reinigung der Räume und Gegenstände erhält den Wert und die Funktion und vermittelt ein einwandfreies Aussehen.

> Bei der **Reinigung** werden unerwünschte Substanzen, also verschiedenster Schmutz, beseitigt. Er kann zu Krankheiten und Unfällen führen, Allergien auslösen und wirkt unästhetisch. Deshalb ist regelmäßiges Entfernen von Schmutz notwendig.
>
> Die **Pflege** wird nach der Reinigung durchgeführt. Dabei werden Substanzen auf Oberflächen aufgetragen und sorgen dafür, dass die Materialien weniger schnell verschmutzen und die Oberfläche geschützt wird und glänzt.
>
> Bei der **Desinfektion** werden Mikroorganismen abgetötet. Sie hat im Großhaushalt und in Haushalten mit kranken Menschen eine besondere Bedeutung (s. S. 427).

2.1 Schmutzarten

Schmutz wird von Hygienewissenschaftlern als „Materie zur falschen Zeit am falschen Ort" bezeichnet. Es gibt unterschiedliche Arten von Schmutz, die unterschieden werden:

- Bei **grobem Schmutz** handelt es sich meistens um Papierschnipsel, Zigarettenkippen, Verpackungsmaterial, Sand oder Laub. Der Schmutz liegt lose auf und ist aufgrund seiner Größe gut sichtbar.
- Bei **feinem Schmutz** handelt es sich um Staub, der grob sein kann (Wollmäuse oder Flusen).
- **Organischer Feinstaub** ist Blütenstaub oder mineralischer Schmutz wie Kalk, Ruß, Zement oder Metallabrieb.
- **Lose aufliegender Schmutz** sind Krümel und Staub.
- **Fest haftender Schmutz** ist beispielsweise eingebrannter oder eingetrockneter Schmutz oder Kaugummi.

Schmutz ist je nach Herkunft, Haftung, Löslichkeit, Alter und Größe der Schmutzpartikel durch unterschiedliche Reinigungsmöglichkeiten zu entfernen. Es gilt die Faustregel:

> Je früher Schmutz entfernt wird, desto leichter lässt er sich entfernen. Später ist mehr Aufwand notwendig.

Manche Schmutzarten wie **Schlamm oder Wachs**, die auf textile Oberflächen wie Teppichboden gelangt sind, werden bei sofortiger Behandlung in die Fasern gerieben und haften umso fester. Deshalb sollten sie erst antrocknen und dann abgehoben werden.

Bild 1: *Schmutzarten*

2.2 Reinigungsarten

Der Umfang von Reinigungs- und Pflegearbeiten ergibt sich aus den Lebensgewohnheiten der Menschen, die in einem Haushalt leben, den Ansprüchen, die die Haushaltsmitglieder an die Reinigung stellen, und den unterschiedlichen Faktoren wie Wohngegend, Jahreszeit, Größe und Altersstruktur des Haushalts. Die Ausstattung eines Haushalts (z. B. Teppichboden oder PVC-Beläge oder große Fensterfronten) und die Größe der Räume sind Faktoren, die den Umfang der Reinigungsleistungen weiterhin bestimmen. Im Großhaushalt müssen neben den hier genannten Faktoren die Hygieneanforderungen berücksichtigt werden.

Grundsätzlich werden Reinigungsarbeiten **horizontal** (z. B. bei Fußböden, Teppichen) oder **vertikal** (z. B. bei Möbeln, Wänden) durchgeführt.

Reinigungsarbeiten werden je **nach Art und Umfang** unterschiedlich häufig durchgeführt. Einige fallen täglich oder wöchentlich an, manche in größeren Abständen, etwa nur wenige Male im Jahr.

Sichtreinigung

Die Sichtreinigung ist eine minimierte Reinigung, die sich nur auf sichtbare Verschmutzungen bezieht. Sie wird meistens täglich durchgeführt. Dabei werden direkt ins Auge fallende Verschmutzungen beseitigt. Zur Sichtreinigung gehören:

- Lüften von Räumen
- Aufräumen
- Leeren von Aschenbechern, Abfalleimern
- Entfernen von Griffspuren an Türen
- Krümel von Tischen abwischen
- Beseitigung grober Verschmutzungen, beispielsweise ausgelaufener Flüssigkeiten
- Bett richten, Kissen gerade rücken

Die Sichtreinigung ist eine schnelle Reinigung, die mit geringem Personalaufwand durchgeführt werden kann. Die Räume sehen sauber und ordentlich aus. Bei optimaler Ausführung der Sichtreinigung wird die Unterhaltsreinigung erleichtert. Es ist jedoch eine oberflächliche Reinigung, da nur Teile, nicht ganze Flächen gereinigt werden.

Unterhaltsreinigung

Bei der Unterhaltsreinigung werden Reinigungsarbeiten durchgeführt, die sich in festgelegten Zeitabständen wiederholen. Sie können täglich, aber auch wöchentlich anfallen. Im Großhaushalt bestimmen die Hygienevorschriften wie häufig diese Arbeiten durchgeführt werden müssen. Zu den Aufgaben der Unterhaltsreinigung gehören beispielsweise:

- Tische und Fußböden feucht reinigen
- Mobiliar feucht entstauben
- Sanitärobjekte nass reinigen
- Entfernen von Spinnweben

Die Unterhaltsreinigung beinhaltet auch die Reinigungsarbeiten einer Sichtreinigung. Sie ist gründlicher und benötigt mehr Zeit und Personal als die Sichtreinigung.

Zwischenreinigung

Die Zwischenreinigung ist eine intensive Reinigung. Ihr Ziel ist es, aus Kostengründen die Grundreinigung möglichst weit hinauszuschieben und dennoch die Optik zu verbessern.

Grundreinigung

Die Grundreinigung ist eine Reinigung, die in größeren Abständen durchgeführt wird. Es werden Schmutz- und Pflegemittelreste entfernt und an schwer zugänglichen Stellen gereinigt. Im Privathaushalt wird die Grundreinigung ein- bis zweimal jährlich durchgeführt, in Großhaushalten in kürzeren Abständen.

Die Grundreinigung umfasst neben den Bereichen der Unterhaltsreinigung die Reinigung von Gardinen und Wandschmuck, Fenstern, Heizkörpern, Lampen und Türen, Reinigen von Wänden sowie die Grundreinigung des Fußbodens. Es ist eine sehr gründliche Reinigungsmaßnahme, die einen hohen Personalaufwand erfordert und sehr kostenintensiv ist. In vielen Großbetrieben geht man daher dazu über, regelmäßig Teile der Grundreinigung als Zwischenreinigung zu erledigen, damit nicht eine große Reinigung erforderlich ist.

2.3 Organisation von Reinigungsarbeiten

Reinigungs- und Pflegearbeiten fallen in allen Bereichen des Hauses an. Die Durchführung in einem Großbetrieb bedarf einiger Vorüberlegungen:

- Patienten und Bewohner dürfen in ihrem Tagesablauf nicht gestört werden.
- Besondere Vorlieben der Bewohner sollten beachtet werden.
- Diskretion und Ehrlichkeit sind besonders wichtig.
- Sind die Patienten oder Bewohner während der Reinigung im Zimmer, sollten sie freundlich

angesprochen und höflich und respektvoll behandelt werden.

2.3.1 Arbeitsorganisation

Arbeitsorganisation bedeutet, dass die Arbeit in einzelnen Schritten sinnvoll koordiniert wird. Meistens sind mehrere Mitarbeiter an der Reinigung beteiligt. Für eine sinnvolle Einteilung dieser Reinigungsabläufe gibt es unterschiedliche **Systeme**:

System	Vorteil	Nachteil
Kolonnensystem Eine Reinigungskraft führt im gesamten Haus eine bestimmte Arbeit aus, beispielsweise Fußbodenreinigung.	Spezialisierung führt zu schnelleren Ergebnissen, es werden nicht so viele gleichartige Reinigungsgeräte benötigt.	Einseitige Arbeit führt zu schnellerer Ermüdung und einseitiger körperlicher Belastung.
Reviersystem Räume oder festgelegte Bereiche werden von einer Kraft komplett gereinigt.	Mehr Verantwortlichkeit für das Personal, besserer Kundenkontakt und geringere Belastung für Patienten, mehr Abwechslung bei der Arbeitsbelastung.	Hoher Aufwand an Reinigungsgeräten, höherer Aufwand bei Krankheit, Urlaub und Einweisung von neuem Personal, Teamgeist und Kontakt zu Kolleginnen geringer.
Mischsystem Spezielle Reinigungsarbeiten wie Fußbodenreinigung werden von einer Kraft ausgeführt, alle anderen Arbeiten im Reviersystem.	Abwechslung bei den Arbeitsbewegungen führt zu geringerer körperlicher Belastung. Die Vorteile von Kolonnen- und Reviersystemen werden hier genutzt.	Hohe Teamfähigkeit ist notwendig.

Tabelle 1: *Varianten zur Steuerung des Arbeitsablaufs*

2.3.2 Reinigungsplan

Anhand der Daten der Leistungsbeschreibung wird ein Reinigungsplan entwickelt. Der Reinigungsplan kann in schriftlicher Form erstellt werden, aber auch in Form von Bildern oder Piktogrammen. So ist in übersichtlicher Form für jeden Mitarbeiter die Aufgabe klar und bei Urlaub oder Krankheit kann die Ersatzkraft einfach eingewiesen werden. Häufig wird der Reinigungsplan von den Herstellern/Lieferanten der Reinigungsmittel auf den Betrieb abgestimmt und zur Verfügung gestellt.

Das Muster eines Planes für eine Unterhaltsreinigung auf Stationen und in Funktionsräumen einer Reha-Klinik ist in Bild 1, S. 412 dargestellt.

2.3.3 Leistungsbeschreibung/ Reinigungskonzept

Eine Leistungsbeschreibung dient als Grundlage für eine Ausschreibung, d. h. für die Vergabe von Reinigungsleistungen. Dabei werden alle Räume und zu reinigende Teile genau beschrieben und aufgeführt, die Flächen ausgemessen. Besonderheiten wie große Glasflächen müssen beschrieben werden.

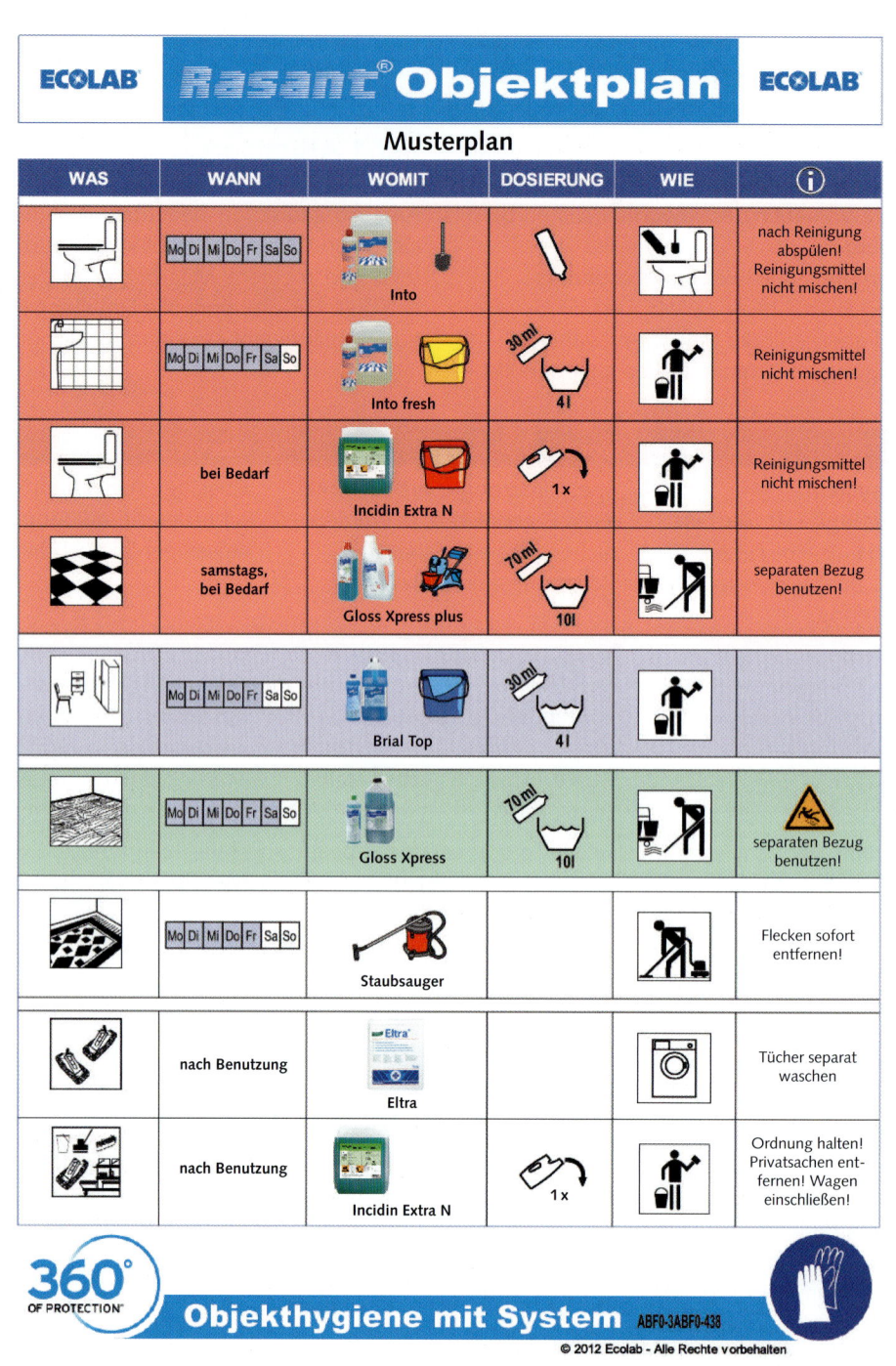

Bild 1: *Muster eines Reinigungsplanes für die Unterhaltsreinigung*

Muster für eine Leistungsbeschreibung eines Patientenzimmers

Sechsmal pro Woche

- Abfallbehälter, Hygienebehälter, Papierkörbe entleeren; Inhalt in Behältnisse an den entsprechenden Sammelstellen entsorgen und mit neuen Beuteln bestücken
- Nachtschränke (Abstellflächen) feucht reinigen
- Spinnweben bei Bedarf entfernen
- Nichttextilen Fußboden durch zweistufiges Nasswischen reinigen
- Griffspuren an Lichtschaltern, Lichtleisten, Türen und Wänden durch Feuchtreinigen entfernen

Zweimal pro Woche

- Fensterbänke feucht reinigen
- Betten (Enden, Galgen, Seiten) feucht reinigen
- Bilder, Telefone, Tische, Stühle und Versorgungsleisten feucht reinigen

Einmal pro Woche

- Heizkörperoberkanten und -rohre, Sockelleisten feucht reinigen
- Abfallbehälter innen und außen nass reinigen und nachtrocknen
- Waagerechte und senkrechte Flächen und Gestelle von Schränken und Regalen bis etwa 2,15 m Höhe feucht reinigen.

Einmal pro Monat

- Heizkörper und Türen vollflächig nass reinigen und nachtrocknen
- Aussaugen und Feuchtreinigung des Lüftungsgitters
- Polieren der Fußbodenbeläge

Einmal pro Jahr

- Gardinenleisten feucht reinigen
- Deckenleuchten feucht reinigen (in Absprache mit der technischen Leitung)
- Gardinen waschen

Tabelle 1: *Leistungsbeschreibung eines Patientenzimmers*

Auf der Grundlage der Leistungsbeschreibungen wird für jedes Haus zuerst ein Reinigungskonzept erstellt, d. h., alle Räume, deren Ausstattung und Einrichtung werden ermittelt. Ergänzt wird dies durch den gewünschten Reinigungsstandard, also die Häufigkeit der Sichtreinigung (S) oder Unterhaltsreinigung (U), die Reinigungsleistung pro Stunde und die sich daraus ergebenden Zeiten pro Reinigung oder pro Woche.

Muster eines Wochenreinigungsplans

Raum-Nr.	Raumbezeichnung	Mo	Di	Mi	Do	Fr	Sa	So	…
101	Büro	S	U		S	S			
102	Zimmer	U	S	S	S	S	S		
	Nasszelle	U	S	S	S	U	S	S	
103	Bewohnerzimmer	U	S	S	S	S	S		
	Nasszelle	U	S	S	S	U	S	S	
	Flur Sitzecke	S	S	U	S	U	S		
	Treppe	S	S	U	S	U	S		
	…								

Tabelle 2: *Muster Wochenreinigungsplan*

Es werden Wochen- und Monatspläne erstellt, aber auch Verzeichnisse über die jeweils anfallenden Arbeiten. Aus diesen Plänen ist ersichtlich, wann das Leeren von Abfalleimern und Aschenbechern, die Reinigung von Fensterbänken, Lichtschaltern und Handläufen erfolgen soll.

Pflegeanleitungen und Arbeitsbeschreibungen können enthalten sein. Hierbei wird genau beschrieben, wie und womit ein bestimmter Arbeitsablauf durchgeführt wird.

Aufgaben:

1. Stellen Sie in einer Collage ein Bewohnerzimmer dar und zeigen an Beispielen auf, welche Aufgaben jeweils bei einer Sicht-, Unterhalts- und Grundreinigung durchgeführt werden.

2. Sammeln Sie die Reinigungspläne Ihres Betriebes und erstellen Sie daraufhin einen Reinigungsplan für Ihren Klassenraum.

3. Ermitteln Sie mithilfe der in Ihrem Betrieb vorhandenen Unterlagen bzw. Ihrer Ausbilderin die Unterschiede zwischen Reinigungsplan und Reinigungskonzept.

3 Materialien: Eigenschaften und Verwendung

Im Haushalt werden viele Materialien in unterschiedlichen Bereichen eingesetzt. Hier werden die wichtigsten Materialien, ihre Eigenschaften und die Verwendung dargestellt.

3.1 Glas

Glas wird, je nach Glasart, aus Quarzsand, Kalk, Soda, Pottasche und Bleimennige durch Schmelzen bei etwa 1 200 bis 1 500 °C hergestellt. Durch unterschiedliche Zusätze entstehen Gläser für verschiedene Verwendungszwecke mit jeweils anderem Aussehen, beispielsweise kann Glas gefärbt sein oder erhält andere Eigenschaften wie Temperaturbeständigkeit.

Verwendung von Glas

Glas findet vielfältige Verwendung für Trinkgläser, Kuchenplatten, Vasen, Leuchter, Karaffen, optische Gläser, Back- oder Kochgeschirr (Jenaer Glas), Teegläser, Glaskannen von Kaffeemaschinen, Sichtscheiben an Haushaltsgeräten, Fenster, Spiegel, Glastüren, Trennwände, Glaskeramikkochfelder.

Eigenschaften von Glas

Glas ist in der Regel durchsichtig. Es ist hart, hat eine glatte, dennoch leicht zerkratzbare Oberfläche, ist leicht zerbrechlich, besonders bei Stoß und Fall. Da Glas Wärme schlecht leitet, kann es bei plötzlichem Temperaturwechsel leicht platzen (Ausnahme: feuerfestes Glas). Kristall- und Bleikristallgläser haben einen schönen Klang und Glanz und werden je nach Mode mit Gravur oder Muster angeboten. Gutes Glas sollte ohne Bläschen sein.

Bild 1: *Gläser*

3.2 Keramische Erzeugnisse

Keramische Erzeugnisse, auch Tonwaren genannt, zählen zu den ältesten Gebrauchsgegenständen der Menschen. Sie entstehen durch Glühen bzw. Brennen von geformtem Ton. Die gebrannte Masse wird als „Scherben" bezeichnet. Je nach Auswahl der Rohstoffe und Brennvorgänge erhalten sie andere Eigenschaften und finden unterschiedliche Verwendung.

Die **Eigenschaften** der keramischen Erzeugnisse sind in Tabelle 1, S. 415 dargestellt.

Außerdem gibt es noch weitere Porzellansorten, beispielsweise **Vitro-Porzellan**. Dieses wird häufig als Hotelgeschirr eingesetzt, da es dem Porzellan sehr ähnlich ist und sehr große Kanten- und Schlagfestigkeit besitzt. Die Glasur ist relativ ritzfest und spülmaschinenfest. **Feuerfestes Porzellan** ist ein schlechter Wärmeleiter, hält jedoch nach dem Garen die Wärme sehr lange und wird nach der Benutzung ebenso gereinigt wie Porzellan.

Porzellanglasuren

Bei **Aufglasurdekor,** auch **Überglasurdekor** genannt, wird die Dekoration nach dem Brennen auf der Glasur aufgetragen und ist fühlbar. Durch häufigen Gebrauch und Spülen, vor allem in der Spülmaschine, entsteht Abrieb, deshalb findet es in Großhaushalten keine Verwendung.

Bei **Unterglasurdekor** und **Inglasurdekoren** liegen Muster und Farben unter der Glasur und sind somit spülmaschinenfest. **Keramik** als Mitbringsel **von ausländischen** Märkten nur zur Dekoration, nicht als Essgeschirr verwenden, da sich giftige Metallsalze aus der Glasur lösen können.

Tonzeug		Tongut	
Porzellan	**Steingut**	**Töpferware, Irdengut**	**Feinsteinzeug**
Grundfarbe rein weiß, hell klingend, Oberfläche porenfrei, temperaturunempfindlich	sehr empfindlich gegen Stoß, Druck, Kratzer, Temperaturunterschiede, leicht zerbrechlich, bei starken Temperaturschwankungen erhält Glasur feine Haarrisse	sehr bruchempfindlich, temperaturunempfindlich	verträgt keine starken Temperaturschwankungen
Eigenschaften: dicht gebrannt, wasserundurchlässig, hart, empfindlich gegen Stoß, Druck, Kratzer		**Eigenschaften:** ohne Glasur wasserdurchlässig, weich, porös, dumpf klingend	

Bild 1: *Porzellan, Feinsteinzeug*   Bild 2: *Steingut und Irdengut/Töpferware*

Tabelle 1: *Eigenschaften keramischer Erzeugnisse*

3.3 Kunststoffe

Kunststoffe gibt es noch nicht lange. Etwa in der Mitte des 19. Jahrhunderts wurden die ersten industriell hergestellten Kunststoffe entwickelt.

Bild 3: *Kunststoffe im Haushalt*

Rohstoff für die Produktion von Kunststoff ist hauptsächlich Erdöl, aber auch Erdgas oder Kohle, die mittels chemischer Verfahren unter Zugabe von Weichmachern, Füll- und Farbstoffen oder durch Umwandlung von Naturprodukten (Celluloid oder Cellophan) zu einer Reaktion gebracht

werden. Für die Verwendung im Haushalt dürfen nur Farbstoffe und Weichmacher benutzt werden, die gesundheitlich unbedenklich sind.

Je nach Art und Festigkeit der Molekülverbindung und den enthaltenen Zusatzstoffen sowie die Einwirkung unterschiedlicher Temperaturen bei der Herstellung verändern sich die Kunststoffe. Es entstehen drei Arten:

- Duroplaste
- Thermoplaste
- Elastomere

Inzwischen werden auch Mischformen hergestellt. Je nach Eigenschaft werden diese Kunststoffe in unterschiedlichen Bereichen eingesetzt: Haushalt, Medizin, Sport, Bauwesen, Elektro- und Datentechnik und für Bekleidung.

Kunststoffe sind im Haushalt aufgrund ihrer vielfältigen Verwendungsmöglichkeiten sehr häufig anzutreffen. Sie haben unterschiedliche mechanische Eigenschaften. Allen Kunststoffen gemein sind jedoch die nachfolgend genannten Eigenschaften.

Eigenschaften von Kunststoffen

- Gutes Isolationsvermögen
- Geringe elektrische Leitfähigkeit
- Geringes Eigengewicht
- Unempfindlichkeit gegenüber haushaltsüblichen Chemikalien
- Empfindlich gegen starke Laugen und organische Lösemittel
- Beständigkeit gegen Feuchtigkeit, fault nicht
- Geruchs- und geschmacksneutral
- Glatte, weiche und leicht zerkratzbare Oberfläche
- Bei ständigem Einfall von Sonnenlicht tritt Farbverlust auf, der Kunststoff bleicht aus oder wird gelb, „Altern" genannt

- Nimmt Farbe, Geruch und Geschmack von Lebensmitteln wie Möhren, Zwiebeln, Fisch oder Roter Beete an

Viele Kunststoffgegenstände im Haushalt sind beständig gegen kochendes Wasser, jedoch nicht gegen heißes Fett. Es führt zu Verformungen oder Verfärbungen oder Aufrauen der Oberfläche. Diese ist dann anfälliger gegen Keime und Bakterien. In Großbetrieben werden die Oberflächen von Schneidbrettern regelmäßig abgezogen, damit sie wieder glatt werden.

Zum Einfrieren sind nur kältebeständige Behälter zu verwenden. Diese werden nicht spröde und verhindern Gefrierbrand.

3.4 Metalle

Metalle werden aus Eisenerz oder Metallverbindungen gewonnen. Sie kommen in den natürlichen Gesteinsschichten der Erde vor.

Typische Eigenschaften von Metallen sind eine gute Wärmeleitfähigkeit, der metallische Glanz/Schimmer und ihre Langlebigkeit.

Bild 1: *Töpfe aus Edelstahl*

Im Haushalt nimmt **Edelstahl** eine besondere Rolle ein, da es wegen der vielen positiven **Eigenschaften** vielseitig einsetzbar ist:

- nicht rostend
- glatte Oberfläche
- glänzend oder mattiert
- stoßfest
- beständig gegen Säuren und Laugen

Eine wesentliche negative Eigenschaft ist die Kratzempfindlichkeit, die besonders bei der Reinigung zu beachten ist.

Anwendungsbereiche sind unter anderem: Töpfe, Schüsseln, Besteck, Arbeitsflächen, Serviergeschirr, Ziergegenstände, Tortenplatten, Gastro-Norm-Behälter, Kücheneinrichtungen im Großbetrieb, Verkleidungen von Spülmaschinen, Kühlschränken, Waschmaschinen und elektrischen Wäschetrocknern.

Edelstahl ist eine Verbindung von Stahl mit Chrom und Nickel oder Mangan, eine sogenannte **Legierung**. In Haushalt und Gastgewerbe werden häufig Legierungen eingesetzt, da sie nicht rosten.

Legierungen entstehen durch das Zusammenschmelzen unterschiedlicher Metalle. Je nach Anteil der Metalle können sie härter, glänzender oder fester sein. Da es sich hierbei nicht um einen Überzug handelt, sondern das gesamte Stück aus den unterschiedlichen Metallen ist, entsteht kein Abrieb, der von der Oberfläche abgetragen oder in die zubereitete Speise gelangen kann.

1958 wurde das **Warenzeichen** Edelstahl Rostfrei eingeführt. Es ist in ganz Europa bekannt und wird von den Edelstahl verarbeitenden Firmen genutzt, die dem Warenzeichenverband angeschlossen sind.

Bild 2: *Warenzeichen*

Gusseisen hat eine raue Oberfläche, ist spröde, schwer und hart, aber bruchempfindlich, anfällig gegen Rost und Korrosion und wird vorwiegend für Herdplatten, Pfannen, Bräter und Schmortöpfe verwendet.

Bild 1: *Gusseisen-Bräter*

Vorwiegend im Privathaushalt eingesetzt werden Weiß- und Schwarzblech.

Bild 2: *Weiß- und Schwarzblech-Backformen*

Weißblech hat einen Zinnüberzug, ist hell, verformbar, nicht kratzfest, nicht säurefest, ein schlechter Wärmeleiter und wird vorwiegend für Backformen verwendet.

Schwarzblech ist dunkel, nur bedingt kratzfest, säurefest, ein guter Wärmeleiter und findet Verwendung bei Backformen, Backblechen und Pfannen.

Silber ist ein weiches Edelmetall. Es kann nur verwendet werden, wenn es mit anderen Metallen verarbeitet wird. Zur Herstellung von **versilberten** Gegenständen wird auf einen Alpaka- oder Edelstahlkern Silber aufgetragen. Messerklingen werden nicht versilbert, da sie zu weich zum Schneiden wären. Sie werden an den versilberten Griff angeheftet (Heftbesteck). **Echt Silber** ist eine Legierung aus 80 % Silber und 20 % Kupfer, so beträgt der Feingehalt von echtem Silber mindestens 800 Teile Silber und 200 Teile Kupfer.

Eigenschaften von Silber

Je nach Verwendungszweck erhält Silber ein mattes oder glänzendes Aussehen. Es ist ein sehr guter Wärmeleiter, Bakterien tötend (dies wird bei Kühlschränken eingesetzt) und läuft schwarz an. Dies beruht auf der Bildung von Silbersulfid durch Schwefelwasserstoff, der auch in Eiern enthalten ist. Deshalb sollten keine Eier mit Silberlöffeln gegessen werden.

Gegenstände aus Silber müssen einen Stempel tragen (Halbmond und Krone), auf dem der Feingehalt des Silbers, der Hersteller und das Gütezeichen für Echtsilber angegeben sind.

3.5 Holz

Holz ist ein natürlicher und lebendiger Werkstoff, er arbeitet auch noch nach seiner Verarbeitung. Holz kann sich bei Feuchtigkeit dehnen, bei Trockenheit zieht es sich zusammen und reißt oder verzieht sich, es ist nicht formbeständig.

Die besonderen **Eigenschaften** von Holz sind die gute Wärme- und Schalldämmung und Stabilität. Holz hat Poren, ist brennbar und atmungsaktiv. Unbehandelt ist es schadstoffarm, sorgt für ein gutes Raumklima und ist für Allergiker gut geeignet.

Bild 3: *Holzmöbel*

Hölzer aus Nadelbäumen sind weich, aus Laubbäumen hart. Je nach Härte des Holzes und der Oberflächenbehandlung wird Holz unterschiedlich eingesetzt.

Rohholz hat eine unbehandelte offenporige Oberfläche, die Farbe, Geruch und Geschmack annimmt und bei Schneidbrettern für den Einsatz im Großhaushalt aus hygienischen Gründen ungeeignet ist. Eingesetzt wird Rohholz für Kochlöffel, Stiele von Besen und Schrubbern, Schneidbretter, Nudelhölzer, Hackklötze in Fleischereien, Tischplatten und Spankörbe.

Rohholzbretter vor Gebrauch mit kaltem Wasser abspülen, damit Farben und Gerüche nicht so sehr in die Poren einziehen.

Holz im Bereich der Wohnraumgestaltung (Möbel, Türen, Fußbodenbeläge, Deckenverkleidungen usw.) kann eine versiegelte, lackierte Oberfläche haben, dann ist es recht pflegeleicht. Offenporig (lasiert, geölt, gewachst) ist es empfindlicher im Gebrauch und aufwendiger bei der Reinigung (s. S. 445).

3.6 Leder

Leder ist durch natürliche oder chemische Gerbverfahren haltbar gemachte Haut oder Fell von Tieren. Haare und Wolle sind entfernt, die natürliche Faserstruktur ist noch erhalten.

Da die Herstellung von Leder sehr aufwendig und umweltbelastend ist, wird es häufig durch Kunstleder ersetzt. Dieses gleicht echtem Leder optisch, Trageeigenschaften und Belastbarkeit sind jedoch unterschiedlich.

Bild 1: Gegenstände aus Leder

Verwendung von Leder

Leder wird zur Herstellung von Bekleidung (Hosen, Jacken, Mäntel) ebenso eingesetzt wie für Handschuhe und Schuhe oder Motorradkleidung.

Neben Taschen, Geldbörsen, Koffern und Gürteln werden Hüte, Schmuckkästen und Lederschnüre oder Haarschmuck, aber auch Fensterleder zur Reinigung angeboten. Die Möbelindustrie stellt Ledersofas oder Sessel her.

Eigenschaften von Leder

Leder kann so vielfältig eingesetzt werden, weil es geschmeidig, zäh und je nach Art des Leders relativ fest ist. Es ist undurchlässig für Wasser, atmungsaktiv, aber dennoch ausreichend durchlässig für Wasserdampf und Luft, sodass Füße in Lederschuhen nicht so stark schwitzen.

Durch unterschiedliche Oberflächenbehandlungen erhält das Leder verschiedene Eigenschaften. Glattleder, Rauleder und kunststoffbeschichtetes Leder werden unterschieden.

Das abgebildete Gütezeichen zeigt, dass die gekennzeichnete Ware aus echtem Leder hergestellt ist.

Bild 2: Gütezeichen Echtes Leder

3.7 Bodenbeläge

Fußbodenbeläge werden nach dem verwendeten Material oder bei den textilen Bodenbelägen nach Art der Herstellung unterschieden. Kenntnisse über Materialien sind wichtig, um Schäden bei der Reinigung zu verhindern. Die unten angegebene Übersicht ist lediglich eine Auswahl der momentan auf dem Markt vorhandenen Beläge.

Bei der Auswahl von Bodenbelägen kann durch die richtige Entscheidung ein großer Teil des Reinigungsaufwandes minimiert werden, beispielsweise durch die Wahl der Farben oder der Oberflächenbeschaffenheit.

Steinböden			Holz	Nicht textile Bodenbeläge	Textile Bodenbeläge (nach Herstellungsverfahren)
Naturstein	**Kunststein, gebrannt**	**Kunststein, gebunden/ Estrich**			
■ Marmor ■ Travertin ■ Solnhofener Platten ■ Schiefer ■ Granit	■ Steingut ■ Steinzeug ■ Feinsteinzeug ■ Ziegel-Tonplatten	■ Zementestrich ■ Magnesiaestrich ■ Terrazzo	■ Parkett ■ Dielen ■ Holzpflaster ■ Kork ■ Laminat	■ Linoleum ■ PVC ■ Elastomerbelag (Gummi)	■ Nadelvlies (Nadelfilz) ■ Webverfahren ■ Tuftingverfahren ■ Knüpfverfahren ■ Weben/Flechten/Vernähen ■ Klebe-/Flockverfahren
harte Fußbodenbeläge			**elastische Fußbodenbeläge**		

Tabelle 1: *Übersicht über die gebräuchlichsten Bodenbeläge*

Steine werden im Bereich des Wohnungsbaus für Bodenbeläge, Fensterbänke und Fußbodenbeläge eingesetzt.

Steinfußböden sind in der Regel sehr fußkalt, deshalb können sie nicht überall verwendet werden. Durch Einsatz von Fußbodenheizungen kann dies jedoch ausgeglichen werden. Kenntnisse über unterschiedliche Eigenschaften bei Natursteinböden, besonders über die Empfindlichkeit oder Unempfindlichkeit gegenüber Säuren, sind bei der Reinigung von Bedeutung, da in vielen Reinigern Säuren enthalten sind.

Säureempfindliche Natursteinböden sind Marmor, Muschelkalk, Kalksandstein, Travertin und Solnhofener Plattenkalk.

Säureunempfindliche Steine sind unter anderem Schiefer, Granit, Basalt, Porphyr und Buntsandstein.

Bild 1: *Marmor*

Bild 2: *Sandstein*

Keramische Fliesen sind auch typische **Sicherheitsfliesen**, die rutschhemmende Eigenschaften haben. In Betrieben, die Lebensmittel verarbeiten, Nassbereichen und in Industriebereichen sind diese Fliesen aus Sicherheitsgründen notwendig, da sie Trittsicherheit verleihen. Um diese Rutschhemmung nicht zu beeinträchtigen, darf keine Einpflege vorgenommen werden.

Bild 1: *Fliesen*

Bild 2: *Korkfußboden*

Bei den **nicht textilen Fußbodenbelägen** haben **Holzböden** wieder an Bedeutung zugenommen. Zu den Holzböden zählen Parkett, Dielen und Hirnholzpflaster, aufgrund ihrer Herkunft oder Herstellung auch Laminat und Korkböden. Holzböden sind, bis auf Hirnholzpflaster (Industrieparkett), meistens empfindlich gegen Feuchtigkeit und Kratzer und deshalb nicht für Feuchträume oder Eingangsbereiche geeignet. Holzböden sind schalldämmend, fußwarm, haben bei richtiger Pflege eine lange Lebensdauer und vermitteln Behaglichkeit. Durch die große Elastizität des Holzes werden Ermüdungserscheinungen der Fußmuskulatur reduziert.

Parkett wird aus Holzstücken von Hartholz in unterschiedlichen Qualitätsstufen hergestellt. Es kann eine versiegelte Oberfläche erhalten. Dann ist es relativ unempfindlich und pflegeleicht und findet in Gaststuben und Hotelzimmern Verwendung. Gewachste oder geölte Oberflächen vermitteln einen warmen und natürlichen Eindruck, sind aufgrund des Pflegeaufwandes jedoch eher für den privaten Bereich geeignet.

Kork wird aus der Rinde der Korkeiche gewonnen. Die Materialeigenschaften von **Korkfußböden** sind vorwiegend positiv:

- Atmungsaktiv
- Elastisch
- Trittschalldämmend
- Fußwarm
- Strapazierfähig

Sie haben daher einen hohen Komfortwert. Allerdings sind Korkböden extrem feuchtigkeitsempfindlich.

Laminat besteht je nach Qualität aus einer mehr oder weniger dicken Papierschicht, die häufig mit einem Holzmuster versehen ist. Dieses vermittelt eine wohnliche Atmosphäre. Laminat ist fußwarm, sehr pflegeleicht, fleckunempfindlich und abhängig von der Qualität relativ strapazierfähig. Es ist jedoch sehr kratz- und feuchtigkeitsempfindlich.

Bild 3: *Laminat*

PVC (Polyvinylchlorid-Belag) ist ein Kunststoffbelag, der häufig in öffentlichen Gebäuden wie Schulen oder Krankenhäusern eingesetzt und in Großhaushalten für Lager- und Büroräume genutzt wird. Immer häufiger jedoch wird er durch die neuen Elastomerbeläge ersetzt. Die Materialeigenschaften sind:

- Empfindlich gegen Lösungsmittel, Einbrennen von Zigarettenglut und ölhaltige Flecken
- Strapazierfähig gegenüber Mechanik und Wasser, deshalb auch pflegeleicht
- Je nach Art der Herstellung geeignet für Feuchträume

Bild 1: *PVC*

Elastomerbeläge sind neu entwickelte Beläge, deren Oberfläche glatt oder genoppt ist, um eine bessere Trittsicherheit zu erhalten. Gut geeignet sind sie für alle Bereiche, an die hohe Anforderungen im Hygienebereich gestellt werden, wie Krankenhäuser und Labore. Aufgrund ihrer Eigenschaften sind sie auch für Reinräume oder explosionsgefährdete Bereiche gut einsetzbar. Da durch die Fugen Wasser eindringen kann, sind sie ungeeignet für Großküchen, Nassbereiche und Außenbereiche.

Materialeigenschaften sind:

- Beständig gegen Desinfektionsmittel und Zigarettenglut
- Schwer entflammbar
- Trittschalldämmend
- Antistatisch
- Rutschhemmend
- Umweltverträglich, da ohne Weichmacher und wieder recycelbar
- Sehr verschleißfest, d. h. beständig gegen starke Mechanik und aggressive Reinigungs- und Lösemittel

Textile Bodenbeläge

Die bedeutendste Belagsart sind textile Beläge, die etwa die Hälfte aller Bodenbeläge ausmachen. Da textile Gewebe Luftpartikel fest an sich binden, sind sie vor allem für Hausstaubmilbenallergiker gut geeignet.

Vorteile dieser Beläge sind:

- Gutes Schalldämpfungsvermögen
- Bindung von Staub und Keimen
- Hoher Laufkomfort
- Gute Wärmeisolierung
- Wohnliche Optik

Nadelvlies, auch Nadelfilz genannt, kann glatte Oberflächen oder Rippen haben. Es wird vorwiegend im gewerblichen Bereich eingesetzt.

Bild 2: *Nadelvlies*

Da Teppichböden in unterschiedlicher Qualität für verschiedene Einsatzbereiche angeboten werden, ist an einem Gütezeichen erkennbar, für welche Beanspruchung dieser Belag geeignet ist. Dies wird durch Symbole gekennzeichnet, die in nachfolgender Tabelle dargestellt sind.

Symbole für Teppichbodenkennzeichnung	
	Fußbodenheizung geeignet für Räume mit Fußbodenheizung
	Antistatisch für alle Räume, besonders mit Computern
	Feuchtraumgeeignet geeignet für Badezimmer, WC, Küche
	Stuhlrollengeeignet für Büroräume, Räume mit Sitzmöbeln mit Rollen
	Treppengeeignet für Treppen in Wohnhäusern, für sonstige Gebäude

Tabelle 1: *Symbole für Teppichbodenkennzeichnung*

Die oben gezeigten Symbole finden im Teppichsiegel (Bild 1, S. 422) ihren Einsatz, damit beim Kauf für den Verbraucher der Gebrauchswert auf einen Blick erkennbar ist.

Bild 1: *Teppichsiegel*

Teppichsiegel können dem Verbraucher eine Hilfe sein. Beim Carpet-Quality-Club-Label ist jeder Teppich mit einer individuell zertifizierten Nummer ausgestattet. Anhand dieser Nummer können die Produktprüfungen jederzeit nachvollzogen werden. Ein neutrales Institut (Textiles & Flooring Institute TFI/Aachen) überwacht und prüft regelmäßig.

Neben den vorgenannten Angaben über die Einsatzbereiche werden bestimmte Qualitätsstandards, wie der Komfort- und Strapazierwert, angegeben.

Anhand dieser Eigenschaften ist ersichtlich, ob der Boden für ein Schlafzimmer oder einen Arbeitsraum geeignet ist. Diese Eigenschaften werden durch die nachfolgend gezeigten Symbole ausgewiesen:

Symbol	Einsatzmöglichkeit
Arbeitsbereich	Büroraum
Wohnbereich	Schlafzimmer/Kinderzimmer

Ein anderes Zertifikat, das GUT-Teppichsiegel, garantiert, dass viele schädliche Stoffe nicht verwendet werden, z. B. beim Einsatz von Schwermetallen Grenzwerte eingehalten werden. GUT steht für Gemeinschaft umweltfreundlicher Teppichboden e. V. Das Produkt muss sicher im Gebrauch und recyclebar sein. Die Prüfnummer auf der Rückseite der Ware gewährleistet, dass der Teppich durch eines der anerkannten Prüfinstitute getestet wurde.

Aufgaben:

1. Für Ihren Betrieb soll neues Anrichtegeschirr aus Porzellan gekauft werden. Erstellen Sie eine Checkliste mit Vorüberlegungen, die Sie dafür treffen müssen.

2. Erarbeiten Sie in Gruppenarbeit mithilfe verschiedener Medien eine Tabelle zum Thema Glas mit folgenden Inhalten:

   a) Welche Glasarten werden unterschieden?

   b) Wo finden die unterschiedlichen Glasarten Verwendung?

   c) Vervollständigen Sie die Tabelle mit Abbildungen der Glasarten aus Zeitschriften und Katalogen.

3. Für einen Kantinenbetrieb mit 100 Essensteilnehmern soll neues Besteck angeschafft werden. Erstellen Sie eine Übersicht mit Kriterien, die für den Einkauf anzulegen sind.

4. Erstellen Sie eine Übersicht über Bodenbeläge. Die Übersicht soll Auskunft über die Gebrauchs- und Pflegeeigenschaften geben.

5. Für ein Schlafzimmer und ein Kinderzimmer im Privathaushalt soll ein neuer Bodenbelag ausgewählt werden. Vergleichen Sie im Klassenverband verschiedene Teppichbodenmuster und die dazu gehörigen Teppichsiegel. Wählen Sie je einen Bodenbelag und begründen Sie Ihre Entscheidung.

6. Erstellen Sie eine Übersicht über die unterschiedlichen Lederarten und deren Verwendung. Fertigen Sie eine Anleitung zur Reinigung einer Lederjacke aus Glattleder an und stellen diese Ihrer Klasse vor.

4 Grundlagen der Reinigung

Zur Beseitigung von Schmutz und Einhaltung der Hygienevorschriften sowie der Pflege der Einrichtungen werden unterschiedliche Mittel benötigt. Damit diese Mittel jedoch ihre volle Wirkung entfalten können, müssen verschiedene Faktoren be-rücksichtigt werden. In den folgenden Kapiteln werden die Faktoren der Reinigung, aber auch die Reinigungs- und Pflegemittel sowie -maschinen vorgestellt.

4.1 Reinigungsfaktoren

Zur wirkungsvollen Entfernung von Schmutz werden nach Sinner die nachfolgenden vier Reinigungsfaktoren genannt:

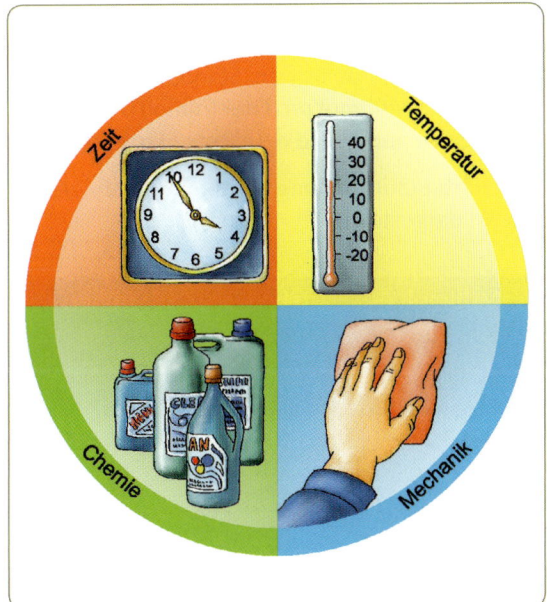

Bild 1: *Sinnerscher Kreis*

Chemie: Chemische Hilfsmittel werden beim Waschen und Reinigen durch die Zugabe in das Wasser wirksam. Wichtig sind die richtige Auswahl und die Anwendungskonzentration.

Die **Temperatur** beeinflusst beim Reinigen die Schmutzentfernung. Die richtige Wassertemperatur im Reinigungsbereich ist kalt bis lauwarm (20 – 22 °C), da die Reinigungsmittel bei Hitze verdunsten, somit einen Teil ihrer Reinigungswirkung verlieren und die Dämpfe vom Reinigungspersonal eingeatmet werden können. Heißes Wasser lässt die Oberflächen zu schnell trocknen, das kann beispielsweise beim Fensterputzen zu Streifen führen.

Mechanik kann von Hand oder durch Maschinen ausgeführt werden, sie sorgt für den Schmutzabtrag. Maschinen erleichtern die mechanische Arbeit und sparen Zeit.

Zeit wird zum Lösen und Quellen des Schmutzes benötigt. Die Einwirkzeit hat Einfluss auf den Reinigungserfolg, ist jedoch auch abhängig vom zu reinigenden Material.

Wird ein Faktor verändert, verändern sich auch die anderen. Bei der Reinigung mit einer Haushaltsgeschirrspülmaschine wird im Gegensatz zu einer gewerblichen Spülmaschine länger gespült, dafür mit einem geringeren Anteil an Chemie. Die Summe der Faktoren wird jedoch nicht geändert. Dieser Vorgang ist aus nachfolgendem Diagramm ersichtlich:

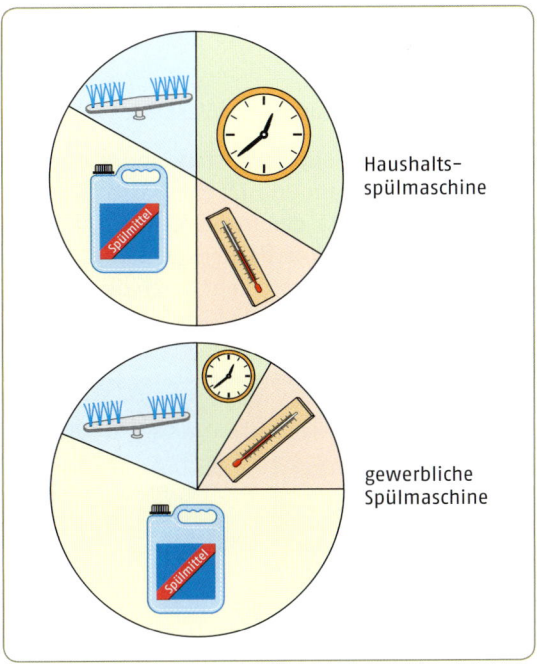

Haushalts-spülmaschine

gewerbliche Spülmaschine

Bild 2: *Veränderungen bei Reinigungsfaktoren*

4.2 Wasser

Wasser bedeckt etwa 2/3 unserer Erdoberfläche und ist für die Menschen lebensnotwendig. Es befindet sich in einem immerwährenden Kreislauf, der durch Bild 1 dargestellt wird.

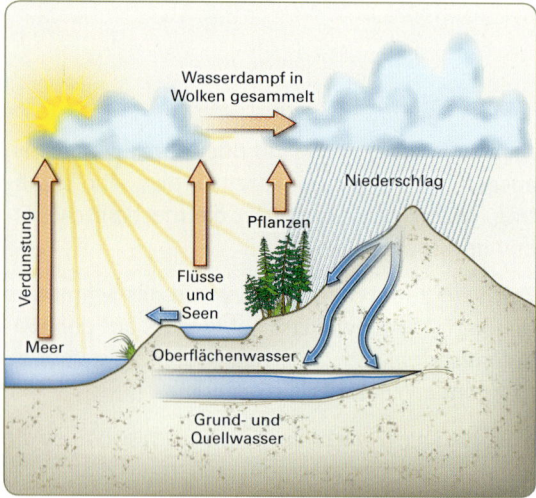

Bild 1: *Wasserkreislauf*

Wasser ist im Reinigungsprozess unbedingt notwendig, denn es hat wichtige Eigenschaften: Es trägt die Inhaltsstoffe der Reinigungsmittel, benetzt die Schmutzstelle, dringt in den Schmutz ein und löst ihn, es hält den Schmutz und transportiert ihn ab. Außerdem verdünnt Wasser die Reinigungsmittel.

Oberflächenspannung des Wassers

Wassermoleküle ziehen sich stark an, es entsteht die Oberflächenspannung. Damit Wasser Schmutz ablösen kann, muss die Tropfenbildung, hervorgerufen durch die Oberflächenspannung, herabgesetzt werden. Dies geschieht durch die in Reinigungsmitteln enthaltenen Tenside.

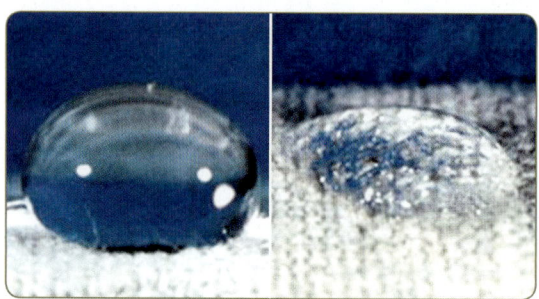

Bild 2: *Oberflächenspannung des Wassers*

Wasserhärte

Wasser nimmt Kalzium, Magnesium und andere gelöste Mineralien aus dem Boden auf. Leitungswasser, das viele dieser Mineralien enthält, wird als „hartes Wasser" oder „kalkhaltiges Wasser" bezeichnet und führt zu negativen Erscheinungen:

- Kalkschleier und Kalkablagerungen, beispielsweise an Armaturen
- Geringeres Schäumen der Reinigungs- und Waschmittel
- Bildung von Kalkseife, die schwer löslich ist

Durch die Neufassung des Wasch- und Reinigungsmittelgesetzes (WRMG) 2007 werden **drei Härtegrade** unterschieden. Diese Härtegradeinteilung ist den europäischen Standards angepasst. Die Angabe **Millimol pro Liter** (mmol/l) ersetzt die bisherige Angabe Grad deutscher Härte (°dH).

Die Härtegradeinteilung wird in nachfolgender Tabelle dargestellt.

Millimol Calciumcarbonat je Liter (mmol/l)	Härtebereich	früher: Deutsche Härtegrade (°dH)
bis 1,5	weich	0–8,4
1,5–2,5	mittel	8,4–14
über 2,5	hart	über 14

Tabelle 1: *Härtegrade*

Die Wasserhärte ist örtlich unterschiedlich hoch. Sie kann beim jeweiligen Wasserversorger erfragt werden und wird in der Regel bei der jährlichen Wasserabrechnung mitgeteilt. Durch Teststäbchen kann sie auch selbst ermittelt werden.

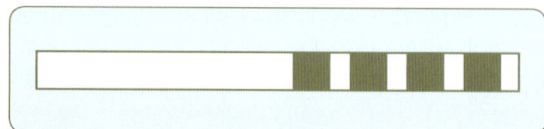

Bild 3: *Teststäbchen Wasserhärte*

Der Wasserhärtegrad ist ein entscheidender Faktor der Dosiermenge von Wasch- und Reinigungsmitteln.

4.3 pH-Wert

Der pH-Wert ist eine Kenngröße, die angibt, wie alkalisch (basisch), neutral oder sauer eine Lösung ist. Er wird anhand einer Skala von 0 bis 14 beschrieben, wobei gilt: Je höher der pH-Wert, desto alkalischer ist die Lösung. Der pH-Wert macht somit eine Aussage über den Einsatzbereich von Reinigungsmitteln, da bestimmte Verschmutzungen nur bei einem ganz bestimmten pH-Wert entfernbar sind.

4.4 Reinigungschemie

Reinigungschemie wird je nach Art und Aufgabe ausgewählt und entsprechend den Materialien eingesetzt.

> **Reinigungsmittel**
>
> Die Auswahl der Reinigungsmittel ist abhängig vom Grad der Verschmutzung, der Art der Verschmutzung und dem zu reinigenden Werkstoff.

Nach ihrer **Wirkungsweise** werden Reinigungsmittel in drei Gruppen unterschieden:

Art des Mittels	Inhaltsstoffe/Wirkungsweise
Mechanisch wirkende Mittel	■ Scheuernde, schleifende und polierende Mineralien (z. B. Calciumcarbonat) sind enthalten. ■ Können bei falscher Anwendung Oberfläche schädigen.
Chemisch wirkende Mittel	■ Der pH-Wert bestimmt die Wirkung des Mittels. ■ Teilweise sind organische Lösemittel enthalten.
Kombiniert wirkende Mittel	■ Mechanische Mittel und chemisch wirkende sind enthalten, z. B. verseifte Stahlwolle.

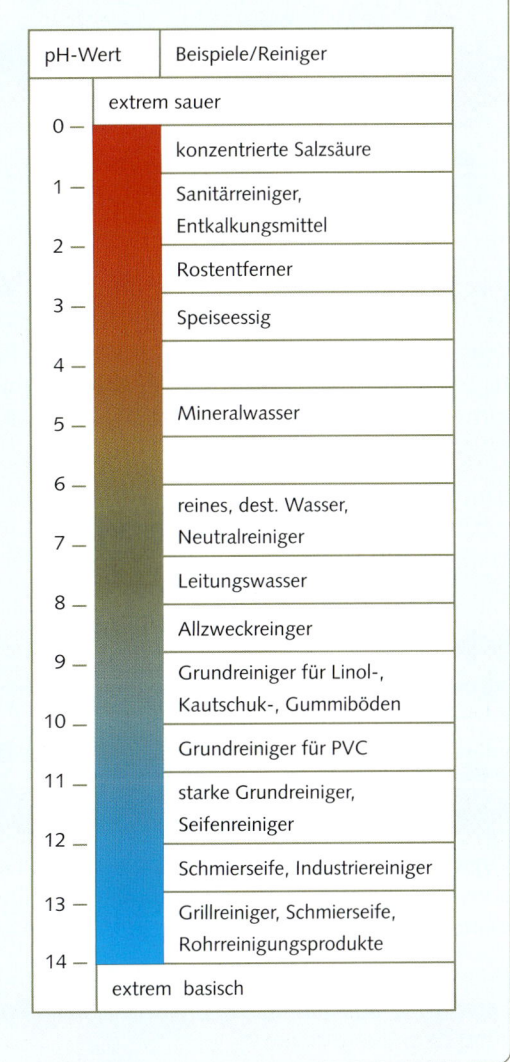

Bild 1: *Skizze pH-Wert*

Im Handel ist eine überwältigende Produktvielfalt bei den Reinigungs- und Pflegemitteln anzutreffen. Ihr Aufbau ist grundsätzlich auf einige wenige Grundkomponenten zurückzuführen, die unterschiedlich kombiniert werden und dadurch verschiedene Reinigungsmitteltypen ergeben. Spezielle Zusätze und Hilfsstoffe werden je nach Verwendungszweck zugegeben.

Bild 1: *Reinigungsmittel*

Inhaltsstoffe in Reinigungsmitteln

Tenside: Sie sind in den meisten Wasch- und Reinigungsmitteln vorhanden, da sie den Schmutz aufweichen, lösen und im Reinigungswasser (Flotte) binden (s. S. 476).

Säuren: Sie lösen Kalkablagerungen an Armaturen, im Sanitärbereich und in der Küche, außerdem Urinstein und Rostflecken.

Alkalien (Laugen): Sie lösen öl-, fett- und eiweißhaltige Verschmutzungen.

Abrasivstoffe: Scheuernde und polierende Schleifkörper entfernen den Schmutz durch Reiben (Mechanik). Die Größe der Schleifkörper muss der Oberfläche des Werkstückes angepasst sein, damit keine Schäden durch Zerkratzen entstehen.

Organische Lösemittel: Für teerhaltige Verschmutzungen; Farb-, Lack- und Klebstoffrückstände werden ebenso entfernt wie Öle und Wachse.

Bleichmittel: Fleckentfernung durch Zerstören der Farbpigmente, außerdem können sie je nach Konzentration desinfizieren.

Komplexbildner: Sie dienen der Enthärtung des Wassers.

Farb- und Duftstoffe: Sie haben keine Reinigungswirkung, überdecken jedoch unangenehme Gerüche von Mitteln und vermitteln dem Verbraucher durch Zitronen- oder Apfelduft das Gefühl von Frische und Sauberkeit. Sie können Allergien auslösen.

Hilfsstoffe: Konservierungsmittel, Füllstoffe und Stellmittel sorgen dafür, dass die Produkte rieselfähig, gut dosierbar, löslich und haltbar sind.

Pflegemittel

> Pflegemittel werden nach Abschluss der Reinigungsarbeit eingesetzt. Sie verbessern das Aussehen durch Auftragen einer Schutzschicht, die die Oberfläche des Werkstoffes strapazierfähiger macht.

Pflegemittel können Wachse, Öle und Fette, Lösungsmittel, Silikone, Kunststoffe, manche auch Tenside (s. S. 478) enthalten:

Wachse können fest oder flüssig sein, natürlich oder synthetisch (Silikon) und sind in Bohnerwachs oder Möbelpolitur enthalten. Sie sind bereits bei geringem Druck polierbar und geben durch ihre Filmbildung Oberflächen Schutz und Glanz. Bei regelmäßigen Grundreinigungen müssen sie mit viel Aufwand entfernt werden.

Öle und Fette sind in Polituren enthalten.

Kunststoffe (Polymere) bilden einen Schutzfilm, der wasser- und schmutzabweisend und deshalb nur schwer durch eine Grundreinigung entfernbar ist. Sie werden daher eher selten aufgetragen.

Pflegemittel werden eingesetzt:

- als Möbelpolitur bei Holzmöbeln
- in Form von Ölen und Wachsen bei Fußböden und Möbeln aus Holz
- als Selbstglanzemulsion für Fußböden
- bei Lederschuhen oder -möbeln
- Metallpolish-Reiniger für Edelstahlflächen

Bild 2: *Pflegemittel*

Reinigungs-mittel	Inhaltsstoffe	Anwendungsbereiche	Bemerkungen, Besonderheiten
Neutralreiniger, Allzweckreiniger, Universalreiniger	Tenside, Ent-härter, Seife, evtl. Alkohol, Farb- und Duftstoffe	Universell einsetzbar für fast alle abwaschbaren Flächen im Haushalt, vor allem jedoch bei Fett-verschmutzungen	Dürfen bei lackierten und ge-strichene Oberflächen nicht pur angewendet werden
Alkoholreiniger, Glanzreiniger	Tenside, Ent-härter, Alkohol	Für alle abwaschbaren glänzenden Oberflächen aus Glas, Keramik, Kunst-stoff, Fliesen, Möbel	Streifenfreies Arbeiten durch schnelles Abtrocknen der Fläche, kein warmes Wasser verwenden, der Alkohol verdunstet
Scheuermilch	Feine Schleif-mittel, Tenside, Enthärter	Küche , Bad, WC	**Scheuerpulver** kratzen mehr, deshalb nicht auf lackierten und kratzempfindlichen Oberflächen anwenden
Seifenreiniger	Tenside, Ent-härter, Schmier-seife, Duft- und Hilfsstoffe	Zur Reinigung und Pflege von Fußbodenbelägen	Nicht so alkalisch und härteemp-findlich wie **Schmierseife**, gerin-gere Pflegewirkung, dafür höhere Reinigungswirkung als Schmier-seife, keine aufwendige Grund-reinigung erforderlich, nicht auf Linoleum, da es dort Schutzfilm hinterlässt
Spülmittel	Tenside, Farb- und Duftstoffe, Enthärter	Zum Handspülen, zur Reinigung von wasser-festen Oberflächen und bei fetthaltigem Schmutz	Starke Schaumbildung bei Über-dosierung oder Zugabe beim Wassereinlauf ins Becken
Sanitärreiniger, Essigreiniger	Säuren, Tenside, Hilfsstoffe	Toiletten, Urinale, Wasch-becken, Wand- und Bodenfliesen im Sanitär-bereich	Möglichst schwache Säure, wie **Zitronensäure**, zum Lösen von Kalkflecken einsetzen
Tensidfreie Reiniger	Alkohol, Phos-phat, Citrat, Konservierungs-stoffe	Universell einsetzbar, bisher jedoch vorwiegend in Großbetrieben	Geringe Wiederverschmutzung, Schmutz ist leichter ablösbar, auch für textile Bodenreinigung geeignet

Tabelle 1: *Inhaltsstoffe und Anwendungsbereiche von Reinigungsmitteln*

Desinfektionsmittel

Bei der Desinfektion werden krank machen-de Keime in ihrem Wachstum gehemmt oder abgetötet, zumindest so reduziert, dass das Risiko einer Infektion für Menschen mög-lichst gering ist.

Bei der Sterilisation werden krank machende Keime vollständig abgetötet.

Die Desinfektion kann eine Reinigung nicht erset-zen. Im Privathaushalt sollte sie nur bei anstecken-den Krankheiten eingesetzt werden, damit sich keine Resistenzen (Widerstandsfähigkeit) bilden und die natürliche Abwehr der Menschen erhalten bleibt.

In Großhaushalten, besonders Einrichtungen wie Altenheimen oder Krankenhäusern, kann auf Des-infektion nicht verzichtet werden. Da die meisten Krankheiten durch falsche Handhygiene übertragen werden, ist vor allem eine richtige **Händedes-infektion** wichtig. Desinfektionsmittel schädigen die Haut nicht so sehr wie das Waschen.

Eine **Flächendesinfektion** ist bei Tätigkeiten mit erhöhten hygienischen Anforderungen wichtig. Grobe Verschmutzungen werden vorab mit Staub bindenden Wischverfahren entfernt. Eine exakte Dosierung und das Einhalten der richtigen Einwirkungszeit sind Voraussetzung für die Wirksamkeit der Desinfektion.

Alkoholhaltige Desinfektionsmittel sind nicht zur großflächigen Desinfektion geeignet, da es zu Explosions- und Brandgefahr kommen kann. Beim Desinfektionsprozess sind Druck und Reibung erforderlich, das bedeutet, eine **Sprühdesinfektion** ohne Mechanikeinsatz ist wenig sinnvoll und wird nur in den Bereichen eingesetzt, die durch Wischdesinfektion nicht erreichbar sind.

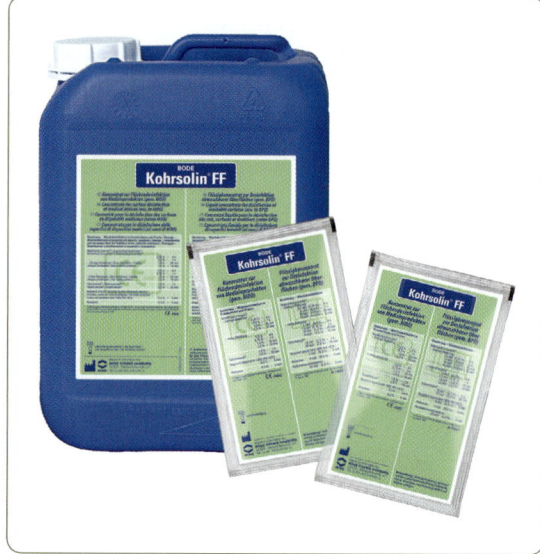

Bild 1: *Desinfektionsmittel*

4.5 Dosiersysteme

Reinigungsmittel wirken nur, wenn sie in einer bestimmten Konzentration verwendet werden, der sogenannten Anwendungskonzentration. Beim Einsatz von Reinigungschemie gilt der Grundsatz:

So viel wie nötig, so wenig wie möglich.

Richtiges **Dosieren** sorgt für **optimale Reinigungsergebnisse**, verhindert Überdosierung und die dadurch bedingten Schäden am Material und hohe Kosten. Überdosierung führt zu erhöhter Umweltbelastung und widerspricht dem Nachhaltigkeitsgedanken.

Eine zu geringe Dosierung kann zu schlechten Reinigungsergebnissen, mangelnder Hygiene und damit verbunden zu Gesundheitsgefährdung oder einem schlechten Ruf des Hauses führen.

Bei der Dosierung sind die Angaben des Herstellers und die vorhandenen Reinigungspläne oder Arbeitsanweisungen zu befolgen. Der Handel bietet eine Vielzahl unterschiedlichster Möglichkeiten zum richtigen Dosieren (s. S. 429).

Aufgaben:

1. Erfragen Sie die Wasserhärte in Ihrem Betrieb und erläutern Sie die daraus abzuleitende Dosierung Ihrer Reinigungsmittel.

2. Erstellen Sie eine Liste der in Ihrem Betrieb verwendeten Reinigungs- und Pflegemittel.

    a) Besprechen Sie mit Ihrer Ausbilderin die Gründe für die Wahl dieser Mittel.
    b) Wo werden in Ihrem Betrieb Desinfektionsmittel eingesetzt?

3. Stellen Sie im Klassenverband eine Liste alternativer Reinigungs- und Pflegemittel auf und erstellen Sie dazu ein kleines Handbuch.

4. Erarbeiten Sie in Kleingruppen eine Betriebsanweisung für den WC-Reiniger, der in Ihrer Schule verwendet wird. Vergleichen Sie anschließend Ihre Ergebnisse und beurteilen Sie diese.

5. Recherchieren Sie, welche Vor- und/oder Nachteile ein Essigreiniger gegenüber Zitronensäure hat. Stellen Sie Ihr Ergebnis der Klasse vor.

Beispiel	Dosiersystem	Anwendung/Beurteilung
	Zerstäuber Sprühen	▪ Ungenaue Dosierung ▪ Gefahr von Hautkontakt ▪ Fehldosierung leicht möglich
	Spritzer Schussmethode	▪ Sehr ungenaue Dosierung ▪ Fehldosierung leicht möglich ▪ Gefahr des Verschüttens hoch ▪ Hautkontakt leicht möglich
	Messbecher	▪ Menge muss genau berechnet sein, sonst ungenau ▪ Gefahr des Verschüttens ▪ Hautkontakt leicht möglich
	Schraubenkappen von Flaschen oder Kanistern	▪ Kann ungenau sein ▪ Verschütten und Hautkontakt leicht möglich
	Dosierbeutel, Tabs	▪ Leicht dosierbar ▪ Auf Wassermenge festgelegt ▪ Verpackungsmüll entsteht
	Dosierpumpen/-hahn	▪ Leicht handhabbar ▪ Hautkontakt mit Produkt vermeidbar ▪ Fehldosierung möglich
	Dosierflaschen	▪ Leicht handhabbar ▪ Genaue Dosierung ▪ Dosiermenge an Wassermenge gebunden ▪ Hautkontakt vermeidbar
	Dosieranlagen, Dosiercomputer	▪ Einsatz im Großhaushalt, zentral oder dezentral ▪ Teuer in der Anschaffung ▪ Sehr genaue, einfache Handhabung ▪ Wasserhärte exakt einstellbar

Tabelle 1: *Dosiersysteme*

5 | Hilfsmittel zur Reinigung

5.1 Reinigungstextilien

Die manuelle Oberflächenbehandlung geschieht mithilfe von Reinigungstextilien unterschiedlichster Art. Auch Wischmopps und Pads, Schwämme und Stahlwolle werden dieser Gruppe zugerechnet. Die Textilien werden vorwiegend zum Feucht-oder Nassreinigen und Nachtrocknen von Oberflächen eingesetzt.

In der Tabelle ist eine Übersicht über die Reinigungstextilien, deren Material und den Anwendungsbereich dargestellt.

Reinigungstextil	Material/Anwendung	Reinigungstextil	Material/Anwendung
	Aus aufgerauter Baumwolle, weich, kann viel Staub binden, ohne zu zerkratzen		Aus Viskosevlies, oft mit waffelartiger Struktur, zur Nassreinigung von Oberflächen
	Aus sehr feinen Polyester/Polyamid-Kunstfasern, nehmen Schmutz auch ohne Chemie gut auf, nebelfeucht oder trocken verwenden, nicht für gewachste oder geölte Oberflächen		Aus Baumwolle, Mikrofaser oder Mischfasern hergestellt, werden bei der Reinigung von Fensterscheiben eingesetzt, die Feuchtigkeit wird anschließend mit dem Abzieher entfernt.
	Leder zur Reinigung und zum Polieren von Glas bzw. Fenstern und Spiegeln		Aus Vlies oder Baumwolle, zur Reinigung des Bodens oder zum Aufnehmen von Flüssigkeiten
	Kein Textil im eigentlichen Sinn, sondern Scheuerspiralen aus rostfreiem Edelstahl, für hartnäckige Verschmutzungen in Töpfen, stark abrasiv, nicht für empfindliche Oberflächen		Aus Baumwolle, Viskose, Synthetik oder Mischgewebe für Oberflächen, Rahmen von Glas, Möbel usw.

Tabelle 1: *Reinigungstextilien*

In Großbetrieben wird bei den Textilien zur Reinigung und den Eimern ein Farbsystem gewählt. Durch die farbliche Kennzeichnung sind eine Trennung der Tücher zur Oberflächenreinigung und ein individueller Hygienestandard leichter zu erreichen.

Die Tücher sind entweder mit Piktogrammen gekennzeichnet und/oder farbig. Bisher gibt es zwar kein einheitliches System und jede Einrichtung legt die Farben individuell fest, doch hat sich nachfolgend gezeigtes Farbsystem bewährt und wird weitestgehend eingehalten:

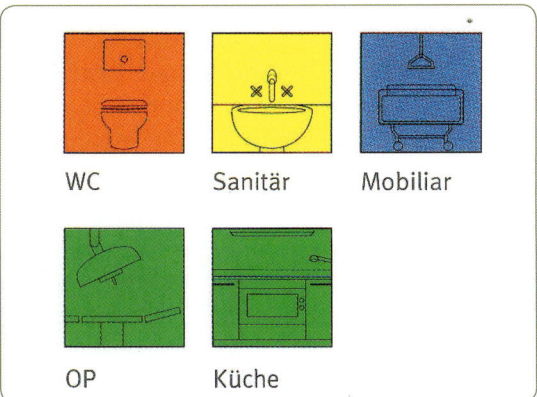

Bild 1: Vier-Farben-System

WC — Sanitär — Mobiliar — OP — Küche

Arbeitstechnik mit Reinigungstüchern

Damit das Reinigungstuch nicht ständig wieder ausgewaschen werden muss und die Raumpflege zügig und wirtschaftlich abläuft, sollte eine spezielle Falttechnik angewandt werden. Das Tuch liegt außerdem besser in der Hand. Wichtig ist, dass das Tuch mit der gesamten Handfläche geführt wird, nicht nur mit den Fingerspitzen.

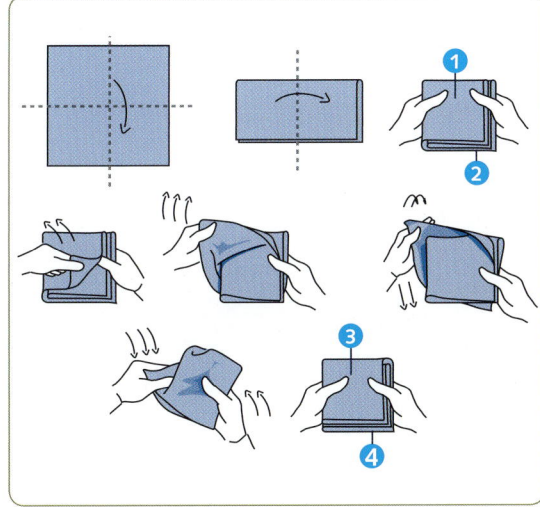

Bild 2: Falttechnik des Reinigungstuches

Pads

Handpads gibt es in unterschiedlichen Ausführungen. Ein Schwamm mit Griffleisten hat zwei synthetische Materialien, die miteinander verbunden sind: eine weiche Schwammseite für leichte Verschmutzungen und die harte Padseite für starke Verschmutzungen. Je dunkler die Padfarbe ist, desto abrasiver (reibender) ist die Wirkung.

Padscheiben werden im Großbetrieb in Maschinen, u. a. der Scheuersaugmaschine, eingesetzt.

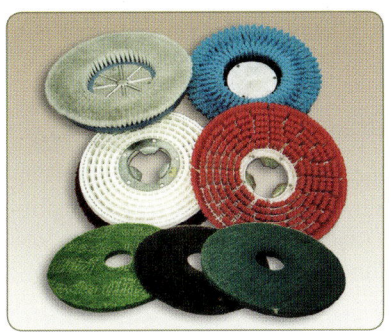

Bild 3: Unterschiedliche Pads

Moppbezüge

Wischmopps gehören zu einem System aus Mopp, Mopphalter, Presse und Fahreimer. Sie sind aus Baumwolle, Mikrofasern, Synthetik oder Mischungen hergestellt.

Der **Nasswischmopp** oder Fransenmopp ist in der Flächenleistung im Vergleich zum Breitwischgerät um 40 % niedriger, ein Arbeiten nicht ergonomisch, deshalb wird er nicht mehr so häufig eingesetzt.

Bild 4: Breitwischmopp aus Mikrofaser

Der **Breitwischmopp** wird beim Feucht- und Nasswischen eingesetzt. Die Qualität sollte gut sein, damit ein hohes Wasserbindevermögen, Verschleißfestigkeit, gute Schmutzaufnahme und gute Gleitfähigkeit gegeben sind. Die zu reinigende Bodenfläche ist entscheidend für die Auswahl der jeweiligen Moppart.

5.2   Geräte zur Reinigung

Zur Reinigung von Räumen und Mobiliar steht eine große Auswahl von Geräten, die von Hand geführt werden, zur Verfügung. Bei der Auswahl ist zu prüfen, ob die Geräte praktisch sind, die Anschaffung im richtigen Verhältnis zur Größe des Haushalts und damit zum Schmutzaufkommen steht und Einsatz und Wartung in einem angemessenen Verhältnis sind.

Besen und Bürsten

Besen werden zum Entfernen von Grob- und Feinschmutz eingesetzt, Bürsten an schwer zugänglichen Stellen (Toiletten), bei hartnäckigen Verschmutzungen und zum Polieren von Flächen.

Feuchtwischgeräte

Bild 1: *Feuchtwischgerät*

Feuchtwischgeräte bestehen aus Kunststoff- oder Metallrahmen, an deren Oberseite spezielle Halterungssysteme Feuchtwischtücher oder Staubtücher festklemmen können. Je nach Material können die Tücher mehrfach gewaschen werden oder sind als Einmaltücher erhältlich.

Feuchtwischmopps

Halterungen für Feuchtwischmopps werden in unterschiedlichen Ausführungen angeboten. Sie haben in der Regel einen Rahmen aus Metall (Bild 2) oder eine Sohle aus Kunststoff (Bild 3). Die Wisch-

mopps können durch eingearbeitete Laschen an den Moppunterseiten oder Klappverschlüsse an den Seiten der Wischgeräte befestigt werden.

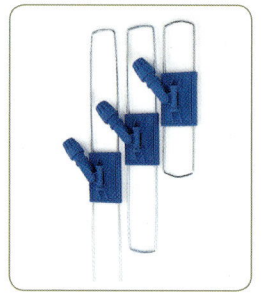 

Bild 2: *Feuchtwischgerät mit Metallrahmen*   **Bild 3:** *mit Kunststoffsohle*

Breitwischgerät

Das Aussehen von Breitwischmopps ist dem von Feuchtwischmopps sehr ähnlich. Sie sind breiter und haben für den schnellen Bezugwechsel eine spezielle Klappvorrichtung. Beachtet werden sollte, dass bei den Wischgeräten eine Breite von 40 cm ergonomisch günstiger ist als 50 oder 60 cm. Größere Geräte haben einen höheren Reibungswiderstand. Das Gleitverhalten bei schmalen Geräten ist besser, dadurch tritt nicht so schnell eine Ermüdung der Reinigungskraft ein.

Bild 4: *Breitwischgerät*

Systeme mit vorgefeuchteten Mopps

Vorgefeuchtete Mopps werden in geschlossenen Kunststoffboxen auf dem Reinigungswagen mitgeführt („Ready-to-Use-System").

Fahreimer mit Presse

Fahreimer mit Presse sind ein notwendiges Arbeitsgerät beim Nasswischen. Sie bestehen aus einem Fahrgestell, ein oder zwei unterschiedlich großen Eimern und einer Handpresse (Korb- oder Flachpresse),

Bild 1: *Fahreimer mit Presse*

die oberhalb der Eimer angebracht ist. Sie vermeidet das manuelle Auswringen der Bezüge und das damit verbundene Bücken.

Für die Reinigung großer Flächen sind Doppelfahreimer mit zwei Eimern in unterschiedlichen Farben günstig, da im helleren Eimer die Reinigungsflotte ist, im dunkleren die Schmutzflotte beim Auspressen aufgefangen werden kann, was als hygienisch vorteilhafter einzustufen ist.

Systemwagen

Systemwagen, auch Reinigungswagen genannt, dienen zur Beförderung aller nötigen Arbeitsmittel und -geräte. Je nach Umfang und Art der zu reinigenden Flächen sowie dem Umfang der Müllentsorgung ist die Größe und Ausstattung des Wagens unterschiedlich.

Die Beschickung des Wagens geschieht vor Arbeitsbeginn nach dem festgelegten Arbeitsplan.

Der Systemwagen besteht aus einem Fahrgestell mit Eimern (Farbsystem) und Presse, Ablageflächen für Verbrauchsmaterial wie Toilettenpapier, Papierhandtüchern und Vorrichtungen zum Aufhängen, Reinigungsmitteln, Reinigungstextilien, aber auch Abfallsäcken, nach Arten getrennt. Mitgeführt wird auch die Dokumentationsmappe.

Für die Aufbewahrung von Reinigungswagen/Systemwagen und Reinigungsmitteln sind in den meisten Häusern spezielle Räume eingerichtet. Dort können die Reinigungswagen auch gesäubert und wieder neu bestückt werden. Zur Ausstattung der Räume gehören ein Wasseranschluss und Ausgussbecken. Aushänge für die Reinigungsarbeiten finden hier einen guten Platz. Diese Räume sollten möglichst auf jeder Etage vorhanden sein oder in der Nähe eines Aufzugs, damit kurze Wege entstehen und nicht schwer gehoben werden muss.

Bild 2: *Systemwagen*

5.3 Maschinen zur Reinigung

Neben den bisher genannten Arbeitsmitteln und -geräten zur Reinigung werden Maschinen eingesetzt, die teilweise die Arbeit von Hand erleichtern sollen, damit die Mitarbeiter nicht zu stark körperlich belastet werden und darüber hinaus Arbeitszeit sparen. Mit den gut ausgewählten und sinnvoll eingesetzten Maschinen kann wirtschaftlich und schnell gearbeitet werden. Der Kauf von Maschinen stellt teilweise eine große finanzielle Belastung dar, deshalb muss vor dem Kauf eine umfassende Information stattfinden und das Einsatzgebiet klar festgelegt sein, damit das passende Gerät ausgewählt wird. Viele Firmen stellen Maschinen probeweise zur Verfügung, damit der Einsatz vor Ort geprüft werden kann.

Staubsauger

Staubsauger sind in jedem Haushalt mit Teppichen oder Teppichboden anzutreffen. Ihr Einsatzgebiet ist die Trockenreinigung mit lose aufliegendem Schmutz. Aber auch Möbel, Wände, Decken, Heizkörper und Gardinen lassen sich mit den entsprechenden Zubehörteilen entstauben. Es sind unterschiedliche Arten von Staubsaugern auf dem Markt, die je nach ihrer Bauform oder Technik benannt sind.

Handstaubsauger werden am Griff/Stiel des Gerätes von Hand geführt, dabei wird Kraft zum Schieben des Gerätes benötigt. Sie sind für kleine Flächen geeignet, da ihre Saugleistung (etwa 60 m²

Fläche) und der Aktionsradius (6–7,5 m) nicht so hoch und die Filtertüten kleiner sind.

Die Funktionen sind ähnlich denen des Bodenstaubsaugers, Düsen und Filterbeutel sind jedoch etwas kleiner. Sie benötigen wenig Platz und sind schnell betriebsbereit.

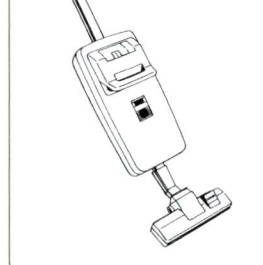

Bild 1: *Handstaubsauger*

Bodenstaubsauger

zählen zu den wohl gebräuchlichsten Geräten für die Bodenreinigung. Auf Rollen können sie über den Boden gezogen/gefahren werden, ein flexibler Schlauch ist an einer Seite am Gerät angeschlossen, an der anderen mit einer Düse verbunden und wird von Hand geführt. Bodenstaubsauger können in Kessel- oder Schlittenform gebaut sein.

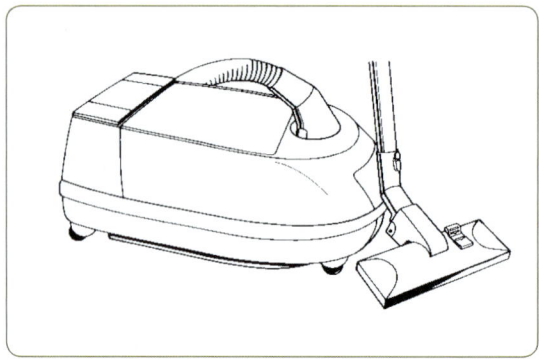

Bild 2: *Bodenstaubsauger in Schlittenform*

Die Teppich- oder Bodendüse ermöglicht das Saugen auf glatten Böden oder durch Umschalten Saugen von textilen Flächen wie Teppichböden, Polstermöbeln oder Gardinen. Durch das Zubehör sind Bodenstaubsauger vielseitig einsetzbar.

Bürstensauger sind handgeführte Staubsauger, die gleichzeitig bürsten und saugen, außerdem können sie mit einer Klopfvorrichtung ausgestattet sein.

Durch die Klopfvorrichtung wird der Belag etwas angehoben, die Saugwirkung dadurch erhöht. Dies funktioniert jedoch nur bei lose verlegten, d. h. nicht verklebten Böden.

Beim **Einkauf** eines Gerätes sollten berücksichtigt werden:

- Größe und Art der zu reinigenden Fläche
- Leichte Umrüstbarkeit für verschiedene Arbeiten
- Leichter Filterwechsel und Transport
- Geringes Betriebsgeräusch
- Saugleistung

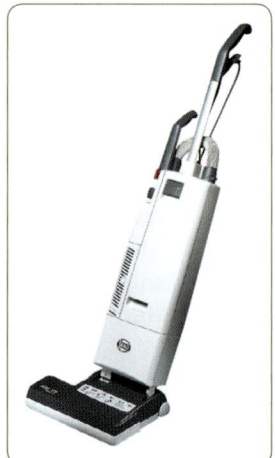

Bild 3: *Bürstensauger*

Staubsauger sollten regelmäßig gereinigt werden. Durch eine Füllmengenanzeige ist ersichtlich, wann der Staubbeutel voll ist. Eine sofortige Leerung ist erforderlich, da die Reinigungsleistung nachlässt. Auch die anderen Filter sollten regelmäßig ausgetauscht werden: der Mikrofilter, der Abluftfilter und der Motorfilter. Das geschieht meistens, wenn ein neuer Staubbeutel eingelegt wird. Düsen und Gehäuse des Staubsaugers werden regelmäßig mit einem Feuchtreinigungstuch und einer Reinigungslösung mit Allzweck- oder Neutralreiniger abgewischt und nachgetrocknet. Der Bürstenkranz der Düse kann mithilfe des Saugschlauches von den anhaftenden Haaren, Fusseln oder Fäden befreit werden.

Kesselsauger, Allessauger, Nass-Trocken-Sauger werden vorwiegend im Großhaushalt eingesetzt, da sie durch ihr großes Fassungsvermögen zur Reinigung von großen Flächen gut geeignet sind. Sie können Trockenschmutz von glatten Böden und Teppichen ebenso entfer-

Bild 4: *Kesselsauger*

nen wie Grobschmutz bei Hobby- und Gartenarbeiten oder Flüssigkeiten. Nach der Verwendung sollen sie gut gereinigt und getrocknet werden, damit die Keimbildung reduziert wird.

Zyklon-Staubsauger

Bei der Zyklon- bzw. Cyclone-Technik handelt es sich um Staubsauger, die beutellos arbeiten. Sie haben eine hohe Saugleistung und saubere Abluft und werden im Profibereich eingesetzt.

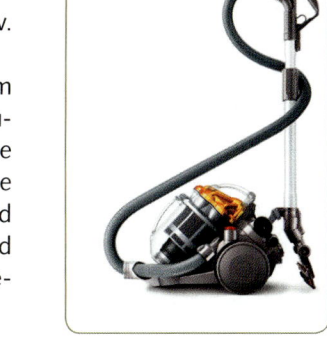

Bild 1: *Zyklon-Sauger*

Beim Entleeren der Staubbox können Staubwolken auftreten. Der Staubbehälter und der Zentralfilter werden ausgewaschen, der Zentralfilter sollte jedoch einmal jährlich erneuert werden, um die Saugleistung nicht zu beeinträchtigen.

Zentral-Staubsauganlagen

Hier handelt es sich um ein fest installiertes Saugsystem, das auch als Einbau-Staubsauger bezeichnet wird.

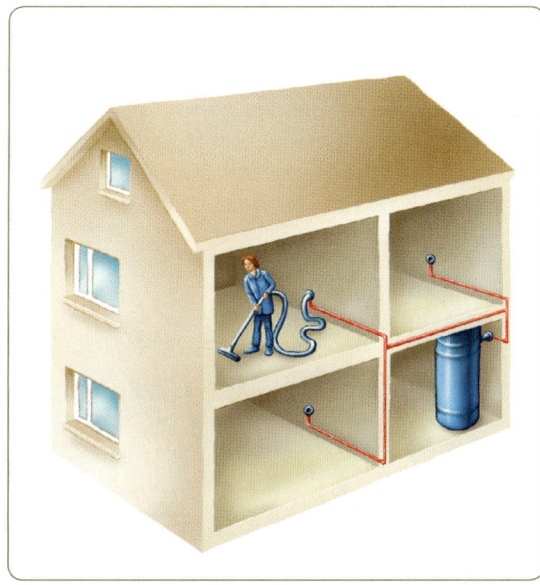

Bild 2: *Zentral-Staubsauganlage*

Ein Grundgerät wird in einem abseits gelegenen Raum, wie Keller oder Abstellraum, installiert. Es transportiert den Schmutz in ein Schmutzsammelsystem. An zentralen Stellen in der Wohnung befinden sich Luftsteckdosen, an die der flexible, etwa 15 m lange Schlauch mit der Bodendüse angeschlossen wird. Die Saugeinheit saugt Schmutz

und Staubpartikel an und gibt die gefilterte Luft ins Freie ab. Die Raumluft ist sauberer als beim herkömmlichen Staubsaugen und der Vorgang geschieht leiser, da die Saugeinheit sich nicht in der Wohnung befindet. Abhängig von der Größe des Haushalts und dem Schmutzanfall wird der Staubbeutel mehrmals jährlich entleert.

Bild 3: *Saugen mit der Zentral-Staubsauganlage*

Hinweise zum Arbeiten mit dem Staubsauger

Auf freien Flächen, beispielsweise Fluren oder großen freien Räumen, wird beim Saugen in Zick-Zack-Bewegungen gearbeitet (s. S. 447 Nasswischen).

Bei möblierten Räumen (überstellten Flächen) wird das sogenannte „Inselsaugen" angewandt. Dabei wird vom jeweiligen Standort aus fächerförmig gesaugt. Es wird zur Tür hin gearbeitet.

Bei der Reinigung der Böden ist eine langsame Arbeitsweise wichtig. Je länger die Düse auf der zu saugenden Fläche verweilt, desto größer ist das Staubaufnahmevermögen.

Scheibenmaschinen

Scheibenmaschinen werden in Großbetrieben zur Reinigung von großen Flächen, beispielsweise in Fluren, eingesetzt.

Sie dienen zum Nassscheuern, zum Aufbringen von Pflegefilmen durch Polieren oder deren Entfernen oder zum Shampoonieren textiler Beläge.

Rotierende Treibteller sind entweder mit einer Bürste zum Scheuern von Sicherheitsfliesen im Küchenbereich ausgestattet oder mit speziellen Bodenreinigungspads (s. S. 431). Die Maschine wird durch das Heben und Senken der Führungsstange (Deichsel) nach rechts oder links gelenkt. Es wird rückwärts gearbeitet, damit nicht über den bereits gereinigten Boden gelaufen werden muss.

Bild 1: *Einscheibenmaschine*

Hochdruckreiniger

Hochdruckreiniger arbeiten nach dem Prinzip, Wasser mit sehr hohem Druck auf die zu reinigende Fläche zu bringen. Je nach Gerätegröße wird mit 150 bis zu 2 000 bar gearbeitet. Beim Auftreffen des Wassers entsteht sehr viel Mechanik, die den Schmutz absprengt.

Die Geräte werden in unterschiedlichen Größen und Ausstattungen angeboten und sind zum Einsatz auf wasserbeständigen Materialien geeignet.

Dampfreiniger

Dampfreiniger können zur Reinigung von Fliesen und Sanitäreinrichtungen ebenso eingesetzt werden wie zur Reinigung feuchtigkeitsunempfindlicher Fußbodenbeläge. Bei Teppichen und Teppichböden mit Wollanteil sollte jedoch darauf geachtet werden, dass dies nicht zu häufig geschieht, da diese verfilzen. Es wird in der Regel ohne Zugabe von Reinigungsmitteln gearbeitet.

Dampfdruckgeräte haben beheizbare Kessel, die mit Wasser gefüllt und mit einem Sicherheitsventil geschlossen werden. Dies entspricht etwa dem System des Dampfdrucktopfes. Das Wasser wird bis auf eine bestimmte Temperatur erhitzt und durch einen Dampfschalter reguliert Dampf freigegeben. Der Wasserdampf löst den Schmutz; dieser wird von Baumwoll- oder Mikrofasertüchern aufgenommen, die an den Bürsten mit einem Klemmsystem befestigt sind. Die Tücher müssen abhängig von der Stärke der Verschmutzung gewechselt werden.

Nachteile

- Der begrenzte Wasservorrat
- Wartezeit von mindestens 10 Minuten für das Abkühlen des Tanks
- Ein direkter Hautkontakt mit dem Dampf führt zu Verbrennungen.
- Durch hohe Rüstzeiten und hohe Anschaffungskosten ist das Gerät für Großbetriebe nicht geeignet.

Sprühextraktionsgerät

Sprühextraktionsgeräte werden zur Grundreinigung von textilen Flächen eingesetzt. Im Gerät sind zwei Tanks vorhanden: einer für die Reinigungsflotte, die mit einer Düse aufgetragen wird, der andere für das Schmutzwasser, das mit einer Saugdüse aufgenommen wird.

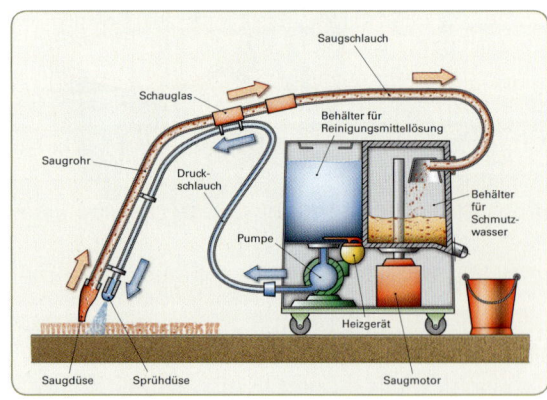

Bild 2: *Arbeitsweise des Sprühextraktionsgerätes*

Gerätereinigung nach Benutzung: die Tanks leeren und wie Düsen und Schläuche reinigen. Das Gehäuse mit einer Reinigungslösung aus Allzweck- oder Neutralreiniger abwischen und nachtrocknen. Geräte können auch ausgeliehen werden.

Scheuersaugmaschine/Bodenreinigungsautomat

Bild 1: *Scheuersaugmaschine*

Diese Geräte werden zur Reinigung von großen Flächen wie Krankenhausfluren eingesetzt. Sie wässern, scheuern und trocknen in einem Arbeitsgang, ähnlich wie Sprühextraktionsgeräte mit Bürste. Es gibt unterschiedliche Arbeitsbreiten von 40 bis 100 cm und unterschiedlich große Tanks für Frisch- und Schmutzwasser. Manche Geräte werden von Hand geführt, andere werden von den Reinigungsmitarbeitern im Aufsitzverfahren bedient. Es werden Maschinen mit einer Bürste oder größere mit dreien angeboten. Bei letzteren ist die Reinigungswirkung natürlich auch höher. Der Bürstendruck kann je nach Empfindlichkeit des Bodens reguliert werden.

Kauf und Umgang mit Reinigungsmaschinen für den Großhaushalt

Eine regelmäßige **Wartung** verlängert die Lebensdauer einer Maschine und fördert deren effektiven Einsatz. Ein Wartungsplan erleichtert die Übersicht. Bei der täglichen Wartung sind Filter und Geräteteile nach der Arbeit mit klarem Wasser auszuspülen. Geräte, die desinfizieren, sollten bei der Nacharbeit desinfiziert werden. Geräte, die mit Batterie betrieben werden, sind nach Arbeitsende aufzuladen.

Robustheit: Geräte, deren Einsatzgebiet der Großhaushalt ist, müssen robust sein, da sie eventuell auch von wechselnden oder ungelernten Kräften bedient und häufig transportiert werden.

Beim **Einkauf** eines Gerätes ist die zu reinigende Fläche oder die Menge des zu reinigenden Materials eine entscheidende Größe.

Kauf und Einsatz von Reinigungsgeräten erfordern oftmals hohe Kosten. Deshalb sind eine gute Auslastung und leichte Bedienbarkeit zu berücksichtigen.

5.4 Geschirrspülmaschinen

Haushaltsgeschirrspülmaschinen, die vorwiegend im Privathaushalt eingesetzt werden (s. S. 199 ff.), haben in der Regel Spüllaufzeiten von bis zu 2,5 Stunden. Im professionellen Bereich, wie Pflegeeinrichtungen, Krankenhäusern, Mensen, Kantinen usw., werden gewerbliche Spülmaschinen mit Spüllaufzeiten von 1–5 Minuten eingesetzt. Diese kurze Spüldauer reicht in der Regel aus, da im gewerblichen Bereich das Geschirr meist kurz nach dem Gebrauch gereinigt wird und somit keine eingetrockneten Verschmutzungen zu entfernen sind.

Gewerbliche Spülmaschinen unterscheiden sich von den Haushaltsgeräten vor allem im Geschirrtransport und der -logistik, aber auch durch die Verwendung unterschiedlicher Reinigungsmittel und der Wartung der Maschinen.

Reinigungsmittel

Bilder 2 + 3: *Reinigerpulver und Tabs für Spülmaschinen*

Bei der Art der Dosierung des Reinigungsmittels werden unterschieden:

- Pulverförmige Spülmittel verklumpen leicht, deshalb vor Feuchtigkeit schützten und gut verschlossen aufbewahren.

- Tabs und gelförmige Reiniger sind einfach zu dosieren, ermöglichen aber bei Benutzung des Sparprogramms mit geringerer Beladung keine Reduzierung der Dosierung (Bild 3, s. S. 437).
- Tabs sind als Kombiprodukt erhältlich, das bedeutet: Reiniger mit Klarspüler (2 : 1) oder zusätzlichem Regeneriersalz (3 : 1). Die Dosierung ist jeweils vorgegeben, eine individuelle Dosierung nicht möglich. Klarspüler- und Enthärtungsanlage arbeiten nicht mehr, deshalb sollten diese Mittel nicht zusätzlich zugeführt werden.
- Multifunktions-Tabs sind Produkte, die neben der Reiniger-, Klarspül- und Salzersatzfunktion weitere Möglichkeiten wie Glasschutz oder Edelstahlglanz bieten. Dies wird mit Ziffern wie „4 in 1" oder 5 angezeigt. Neuere Spülmaschinen sind mit einer speziellen Taste für Multifunktions-Tabs ausgerüstet.
- Automatische Dosiereinrichtungen mit vorwiegend flüssigen Reinigern werden meistens im Großhaushalt eingesetzt. Die Reiniger sind wegen der kurzen Spüllaufzeiten sehr stark ätzend, eine genaue Dosierung deshalb wichtig und nur über diese Anlagen zu erreichen.

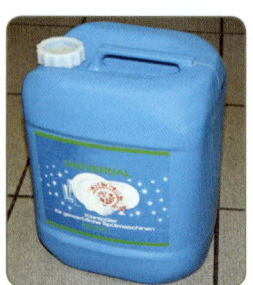 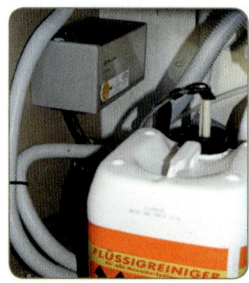

Bilder 1 + 2: *Reiniger und Dosiereinrichtung für Spülmaschinen*

Eignung der Materialien

Beim Spülen in Geschirrspülmaschinen wird ein erhöhter Chemieanteil gegenüber dem Handspülen eingesetzt und mit höheren Temperaturen gearbeitet. Deshalb ist das Spülgut hinsichtlich der Materialbeständigkeit auszuwählen bzw. entsprechend beim Kauf zu berücksichtigen. Gläser, Geschirr und Besteck, die mit dem Hinweis **„spülmaschinenfest"** oder **„spülmaschinengeeignet"** gekennzeichnet sind, können für die Reinigung in der Spülmaschine eingesetzt werden. Es handelt sich jedoch um Angaben der Hersteller, nicht um einheitliche Prüfkriterien.

Regeln zum Reinigen in der Spülmaschine

- Geschirr sorgfältig manuell vorabräumen (evtl. mit Gummiteigschaber), d. h. Speisereste, Servietten, Knochen, Kerne, Zahnstocher usw. vor dem Einräumen in die Maschine entfernen
- Färbende Speisereste wie Ketchup vor dem Spülen entfernen, da Kunststoffe Farbe annehmen
- Aus Umweltschutzgründen ist das vorherige Abspülen des Geschirrs mit Wasser nicht sinnvoll.
- Wird nicht gleich gespült, ist zum Schutz vor Antrocknen von Speiseresten und unangenehmer Geruchsbildung ein Vorspülen in der Maschine möglich.

Richtiges Einräumen in die Spülmaschine

- Leichte und empfindliche Teile wie Kunststoffe und Gläser in den oberen Korb einräumen
- Gläser sollten sich nicht berühren, sie könnten beschädigt werden oder es bilden sich Wasserflecken.
- Leicht verschmutztes Geschirr in den oberen Korb, Töpfe und stark verschmutztes Geschirr in den unteren Korb räumen, da der Wasserdruck unten stärker ist.
- Spülgut nicht ineinanderstellen, es bilden sich „Wasserschatten" und es wird nicht alles sauber. Daraus folgt, dass bei klappbaren Tassenhalterungen die oberen Tassen versetzt zu den unteren gestellt werden sollten.

Bild 3: *Einräumen des Oberkorbes*

- Spülgut sollte sicher, jedoch schräg stehen, damit das Wasser ablaufen kann; die Öffnung gehört nach unten.

- Bestecke werden ungeordnet und mit den Griffen nach unten so in die Besteckkörbe gestellt, dass Löffel oder Gabeln nicht ineinanderliegen und vom Spülwasser gut umspült werden können.

Bild 1: *Richtiges Einsortieren von Besteckteilen*

- Lange Besteckteile in den oberen Korb legen, jedoch prüfen, dass sie durch den Wasserdruck nicht verrutschen und den Sprüharm behindern.
- Zum Schluss kontrollieren, dass die Sprüharme drehbar sind, um ein gutes Spülergebnis zu erhalten.

Richtiges Ausräumen der Spülmaschine

- Das heiße Geschirr sollte erst abkühlen, da es sonst stoßempfindlicher ist.
- Der untere Korb wird zuerst ausgeräumt, damit keine Wassertropfen vom oberen Korb auf das Geschirr tropfen. Mit einem sauberen Geschirrtuch kann das Wasser von Bestecken, Kunststoffteilen und Rundungen am Tassenboden entfernt werden.

Reinigung und Wartung von Spülmaschinen

Eine regelmäßige Reinigung und Wartung von Geschirrspülmaschinen dient der Erhaltung dieser Geräte, aber auch einem fehlerfreien Arbeitsergebnis. Deshalb sollten folgende Arbeiten regelmäßig durchgeführt werden:

- Nach jedem Spülgang das Grobsieb reinigen
- Die Klarspülanzeige einmal monatlich kontrollieren
- Regelmäßig die Salzanzeige kontrollieren

- Regelmäßig die Sprüharme von der Achse nehmen und unter fließendem Wasser reinigen, bei stärkerer Verschmutzung warmes Wasser und einen milden Reiniger (Spülmittel, Neutralreiniger) einsetzen, verstopfte Düsen mittels einer dünnen Nadel vorsichtig reinigen
- Gummi in der Türdichtung regelmäßig mit einem feuchten Tuch abwischen und gut nachtrocknen, damit es nicht spröde wird, Lebensmittelreste sofort wegwischen
- Rahmen und Front der Tür und die Außenseiten der Maschine regelmäßig mit Schwamm oder Vliestuch und Spülmittellösung abwischen oder ein Mikrofasertuch verwenden
- Scharniere und bewegliche Metallteile sind alle zwei Jahre zu ölen.
- Im Großhaushalt ist eine Grundreinigung und Entkeimung des Innenraums mit einem speziellen Maschinenreiniger durchzuführen, alle Siebe sind zu reinigen und eine häufige Überprüfung der Dichtungen durchzuführen. Bei den Zu- und Ablaufschläuchen sollte eine Sichtprüfung vorgenommen und der Härtegrad des Wassers überprüft werden, damit die Maschine immer richtig eingestellt ist.

Aufgaben:

1. Beschaffen Sie sich Prospekte von Wischgeräten und Mopps und vergleichen Sie verschiedene Angebote.

2. Stellen Sie zur Grundreinigung eines Sanitärraums einen Gerätewagen zusammen und begründen Sie Ihrer Ausbilderin diese Wahl.

3. Erstellen Sie eine Liste der in Ihrem Betrieb verwendeten Maschinen zur Reinigung. Wählen Sie zwei Geräte aus und beschreiben Sie, was bei der Nutzung zu beachten ist.

4. Stellen Sie im Klassenverband wechselseitig die in Ihren Betrieben vorhandenen Spülmaschinen vor. Erläutern Sie dabei auch, was beim Ein- und Ausräumen dieser Geräte zu beachten ist.

5. Finden Sie Argumente für eine Farbcodierung von Reinigungstextilien.

6 Durchführen der Reinigung

6.1 Spülen per Hand

Das Spülen von Hand fällt im Groß- und Privathaushalt täglich an. Der richtige Arbeitsablauf und ein gut eingerichteter Arbeitsplatz halten den Arbeitsaufwand gering und sorgen für ein gutes Ergebnis. Der optimale Arbeitsablauf sollte kreuzungsfrei gestaltet sein und für Rechtshänder folgendermaßen aussehen:

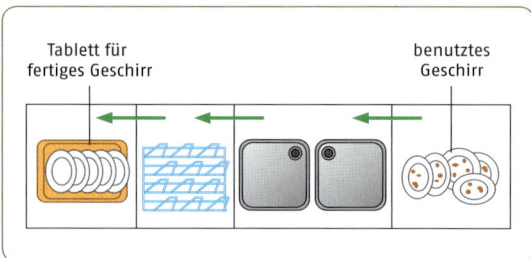

Bild 1: *Arbeitsablauf beim Spülen von Hand*

Das unreine Spülgut befindet sich, geordnet nach Verschmutzungsgrad, auf der rechten Seite. Messer sollten einzeln gespült werden, um Schnittverletzungen zu verhindern.

Arbeitsaufgaben werden in Vor-, Haupt- und Nacharbeiten eingeteilt. Bei richtiger Einteilung dieser Grundsätze wird das Arbeiten erleichtert.

Vorarbeiten

- Angebrannte Töpfe und Pfannen sofort nach Gebrauch einweichen
- Geschirr mit einem Gummiteigschaber von groben Essensresten befreien, nicht unter fließendem Wasser
- Spülgut vorsortieren und in der Reihenfolge, wie gespült werden soll, geordnet rechts vom Spülbecken abstellen

Hauptarbeiten

- Heißes Wasser (etwa 40–60 °C) in zwei Spülbecken einlassen
- Erst nach dem Einlaufen des Wassers in das rechte Becken einen Spritzer Spülmittel geben, um unnötige Schaumbildung zu vermeiden
- Geschirr und Besteck spülen
- Geschirr und Besteck in klarem Wasser nachspülen

Nacharbeiten

- Heiß nachspülen, damit das Geschirr besser trocknet
- Geschirr und Besteck abtrocknen und wegräumen

6.2 Vergleich der Spültechniken

Das Spülen mit der Maschine wurde auf den Seiten ab 437 erläutert, das Handspülen im vorangegangenen Kapitel.

Der Spülvorgang des Handspülens läuft je nach durchführender Person oft unterschiedlich sparsam ab. Es kann je nach Häufigkeit des Wasserwechsels oder des Spülens unter fließendem Wasser viel an Ressourcen gespart werden.

Einen Kostenvergleich haben in den vergangenen Jahrzehnten immer wieder unterschiedliche Institutionen wie die Stiftung Warentest, das Forum Nachhaltiges Waschen, der REFA- Fachausschuss und die Verbraucherzentralen durchgeführt. Das Ergebnis fällt inzwischen eindeutig zu Gunsten der Geschirrspülmaschine aus. Durch die technische Weiterentwicklung der Spülmaschinen sind die

Kosten an Wasser und Energie innerhalb der letzten 20 Jahre um die Hälfte gesunken.

Aufgrund von Daten der Stiftung Warentest hat die Uni Bonn, Sektion Haushaltstechnik, ermittelt, dass ein Spülgang in der Maschine rund 35 Cent, der gleiche Abwasch von Hand 66 Cent für Wasser, Spülmittel und Energie benötigt.

Im Internet kann unter www.aktionstag-nachhaltiges-waschen.de anhand eines Spülvergleichsrechners eine Rechnung für den eigenen Haushalt erstellt werden. Ein ebenfalls angebotener Spülmaschinenrechner ermöglicht das einfache Ermitteln der Kosten der Geschirrspülmaschine online. Folgende Tabelle stellt die Kosten des Spülens von Hand denen eines Spülgangs mit der Maschine gegenüber.

Faktoren	Spülen von Hand				Spülen mit der Maschine		
	Kosten/ Einheit	Verbrauch/ Spülgang	Kosten/ Verbrauch	Kosten/ Jahr bei täglichem Spülvorgang	Verbrauch/ Spülgang	Kosten/ Verbrauch	Kosten/ Jahr bei täglichem Spülvorgang
Wasser	3,98/m³	73 l	0,29 €	105,85 €	15 l	0,06 €	21,90 €
Strom	0,18/ KWh	1,8 KWh	0,32 €	116,80 €	1,2 KWh	0,22 €	80,30 €
Reiniger	2,21/kg	–	–	–	32 g	0,07 €	25,55 €
Klarspüler	2,32/l	–	–	–	2–3 ml	0,01 €	3,65 €
Salz	0,55/kg	–	–	–		0,01 €	3,65 €
Handspülmittel	1,34/l	34 g	0,05 €	18,25 €	–	–	–
Summe pro Spülgang			**0,66 €**	**240,90 €**		**0,37 €**	**135,05 €**
Stundensatz/ Person	15,70 €/ Std.	60 Min.	15,70 €	5 730,50 €	15 Min.	3,92 €	1 430,80 €
Summe mit Personalkosten			16,36 €	5 865,55 €		4,29 €	1 565,85 €
Differenz	**mit Personalkosten**		**4 299,70 €**		**ohne Personalkosten**		**105,85 €**

Tabelle 1: *Kostenberechnung Hand-/Maschinenspülen (12 Maßgedecke = 1 Spülmaschinenladung)*

6.3 Reinigung und Pflege von Glas

Gläser können in der Spülmaschine (s. S. 438) oder mit der Hand gespült werden. Beim Handspülen sollten nachfolgende Regeln eingehalten werden:

- Gläser immer zuerst spülen, damit sie durch das im Spülwasser enthaltene Fett nicht streifig werden.
- Nicht zu viele Gläser auf einmal ins Spülwasser legen, damit die Gläser nicht aneinanderstoßen und platzen.
- Nicht zu heiß spülen, sonst platzen die Gläser.
- Klar nachspülen, mit Leinen- oder Mikrofasertuch trocknen, da die nicht fusseln.
- Beim Trocknen den Stiel, nicht den Fuß, anfassen, damit der Stiel nicht abgedreht wird.
- Zitronensäure und Salz dienen zum Lösen von Kalkansätzen bei Vasen, da wegen der Kratzempfindlichkeit nicht gescheuert werden darf.
- Nur bei spezieller Eignung in die Spülmaschine geben, sonst wird Glas trüb.

Bild 1: *Spülen von Gläsern*

- Auflaufformen können in der Spülmaschine gereinigt werden. Eingebrannte Stärkeflecken lassen sich durch Einweichen leichter entfernen. Es dürfen milde helle Topfreinigerpads (s. S. 431) eingesetzt werden.

6.4 Reinigung von Fenstern

Zur Fensterreinigung gehört sowohl die Reinigung der Glasscheiben als auch der Fensterrahmen. In der nachfolgenden Tabelle wird ein Arbeitsablaufplan zur Reinigung dargestellt.

Arbeitsmaterial:	**Geräte:** standfeste Trittleiter, Staubtuch, Handfeger, Kehrschaufel, Zeitung oder Folie zum Abdecken empfindlicher Böden oder Möbel, Einwascher, Abzieher, Eimer mit Wasser und Reinigungsmittel, Fensterleder, Mikrofasertuch oder Schwamm, Reinigungswagen, Arbeitswagen, Mülleimer, Glasschaber **Reinigungsmittel:** Geschirrspülmittel, Spiritus oder Essig, alternativ Glasreiniger		
Arbeitsaufträge	**Arbeitsmaterialien/-geräte**	**Arbeitsorganisation**	**Hinweise/Tipps**
Arbeitsplatz einrichten	Trittleiter, Staubtuch, Handfeger, Kehrschaufel, Zeitung oder Folie zum Abdecken empfindlicher Böden oder Möbel, Einwascher, Abzieher, Eimer mit Wasser und Reinigungsmittel, Fensterleder, Mikrofasertuch oder Schwamm evtl. auf einem Reinigungswagen bereitstellen	Alle Arbeitsmittel und -geräte bereitstellen, Eimer mit lauwarmem Wasser und Reinigungsmittel (Spülmittel) füllen, Dosierung nach Anweisung	empfindliche Böden, wie Parkett oder Teppichböden im Bereich des Fensters abdecken, damit sie nicht verschmutzen oder durch Wassertropfen beschädigt werden
Vorbereiten der Fenster	Gardinen, Topfblumen, Dekogegenstände, Arbeitswagen	Gardinen zur Seite schieben oder abnehmen, evtl. zum Waschen geben, Topfblumen und Dekogegenstände zur Seite stellen, evtl. auf einen Arbeitswagen	
Reinigung des Rahmens	Handfeger, Kehrschaufel, Mülleimer, Schwamm, Mikrofasertuch	Rahmen mit einem Handfeger abfegen, mit einem Schwamm oder Mikrofasertuch feucht abwischen, nachtrocknen mit einem Tuch oder dem ausgewrungenen Mikrofasertuch	
Innenreinigung der Scheibe	Einwascher, Abzieher, Eimer mit Wasser und Reinigungsmittel, Fensterleder, Mikrofasertuch oder Schwamm, Glasschaber	Scheibe mit einem Einwascher in waagerechten Linien von oben rechts bis unten links anfeuchten, Verschmutzungen entfernen, erneut mit Einwascher reinigen, um die Verschmutzungen zu beseitigen	Farbflecken oder fest haftende Verschmutzungen auf der Scheibe werden mit einem Glasschaber vorsichtig abgelöst, damit die Scheibe nicht zerkratzt wird.

Tabelle 1: Arbeitsablaufplan zur Reinigung eines Fensters

Arbeitsaufträge	Arbeitsmaterialien/-geräte	Arbeitsorganisation	Hinweise/Tipps
Trocknen der Scheibe	Abzieher, Fensterleder, Einwascher 	Die Scheibe mit einem Abzieher in Schlangenlinien trocknen, dabei den Einwascher bereithalten, der die überschüssige Schmutzflotte aufnimmt. Der Falz zum Glas wird mit einem Fensterleder rundherum nachgetrocknet, damit in den Ecken keine Wasserflecken bleiben.	Silikon aus den Ecken nicht auf der Scheibe verschmieren
Reinigen von Rahmen und Scheibe von außen		Nach der Innenreinigung des Fensters wird von außen in der gleichen Reihenfolge wie oben beschrieben gearbeitet.	
Nacharbeiten	Wischer mit Moppbezug	Gardinen wieder anbringen oder gerade ziehen, Dekogegenstände wieder an ihren Platz stellen	Feuchtigkeit auf dem Boden sofort mit Wischgerät aufnehmen, um Unfallgefahr zu vermeiden
Aufräumen des Arbeitsplatzes	Trittleiter, Staubtuch, Handfeger, Kehrschaufel, Zeitung oder Folie zum Abdecken empfindlicher Böden oder Möbel, Einwascher, Abzieher, Eimer mit Wasser und Reinigungsmittel, Fensterleder, Mikrofasertuch, Schwamm evtl. auf einem Reinigungswagen, Arbeitswagen	Alle benötigten Arbeitsmittel und -geräte reinigen und wieder an ihren Platz bringen, Schmutzwasser entsorgen, Arbeitsgeräte reinigen, Fensterleder, Mikrofasertuch und Schwamm auswaschen oder in die Wäsche geben	Echtes Fensterleder nach dem Auswaschen in Essigwasser nicht wringen, nur ausdrücken und zum Trocknen auf einen Ständer hängen

Tabelle 1: *Arbeitsablaufplan zur Reinigung eines Fensters (Fortsetzung)*

Glaskeramikkochfelder können große Temperaturunterschiede aushalten. Sie sind relativ unempfindlich gegen Stoß, jedoch sehr empfindlich gegen Kratzer. Deshalb sollten Töpfe und Pfannen ebene Böden haben. Die glatte porenfreie Oberfläche ist leicht zu reinigen. Angebranntes kann durch einen Glasschaber abgelöst oder durch Benetzen mit Spülwasser eingeweicht werden. Milde Scheuermilch, besser noch im Handel erhältliche Spezialreinigungsmittel können verwendet werden, dabei auf die gründliche Reinigung der Kanten achten. Ein Nachtrocknen verhindert Streifenbildung; der Einsatz von Mikrofasertüchern hat sich dabei bewährt.

Bild 1: *Schmutzablagerungen an der Kante des Glaskeramikkochfeldes*

6.5 Reinigung von keramischen Erzeugnissen

Das Reinigen von Geschirr kann durch Handspülen oder in der Maschine geschehen (s. S. 438 ff).

Unglasierte Töpferwaren, wie z. B. Römertöpfe, sollten nie mit Scheuermilch behandelt werden, da diese in die Poren einzieht und sie verstopfen können. Bei stärkeren Verschmutzungen sollten heißes Wasser und Bürste benutzt werden. Stark verkrustetes Porzellan, hartnäckige Flecken und feste Speisereste werden vor dem Spülen eingeweicht. Sie können auch mit flüssiger Scheuermilch oder schwach reinigenden Pads gereinigt werden (s. S. 431). Grobe Scheuermittel rauen die Oberfläche auf und sind daher nicht geeignet.

6.6 Reinigung von Kunststoffen

Gebrauchsgegenstände aus Kunststoff werden in heißem Spülwasser gespült, klar nachgespült und abgetrocknet. In der Spülmaschine werden sie in das obere Fach geräumt, damit die Heizung die Kunststoffe nicht während des Trockenvorganges verformt. Die schlechte Wärmeleitfähigkeit bewirkt, dass oft Wasserflecken auf den Gegenständen bleiben. Sie werden mit einem Geschirrtuch nachgetrocknet.

Eingetrocknete Speisereste sollten eingeweicht und dann durch Spülen entfernt werden. Es dürfen keine Scheuermittel verwendet werden, da sie die Oberfläche zerkratzen. Farbflecken von Lebensmitteln, etwa von Möhren, können durch Bleichen in der Sonne entfernt werden.

> Beschichtete Pfannen, Töpfe und Backformen sollten schonend gereinigt werden, das heißt ohne kratzende oder reibende Reinigungsmittel oder -geräte. Beschädigte Beschichtungen führen zu Gesundheitsschäden.

6.7 Reinigung von Metallen

Gusseisen wird feucht gereinigt und gut nachgetrocknet, danach an der Luft nachtrocknen lassen. Pfannen und Bräter können auch heiß mit Salz und Papier ausgerieben werden.

Alle Metalle wie Stahlemail, Weiß- und Schwarzblech werden heiß gespült, klar nachgespült und dürfen nicht mit abrasiven Mitteln oder Gegenständen behandelt werden.

Die Reinigung von Silber wird häufig in einem Tauchbad aus Wasser, Alufolie und Kochsalz durchgeführt. Die Besteckteile werden kurze Zeit in das Tauchbad gelegt, danach klar nachgespült, gut nachgetrocknet und poliert. Die Methode ist nicht für Silber mit Oxidverzierungen geeignet, da die schwarze Zierschicht entfernt wird.

Silberputztücher und -pasten werden zur mechanischen Reinigung eingesetzt. Sie enthalten einen Anlaufschutz, der ein Wiederanlaufen verzögert. Im Großbetrieb oder Hotel werden Silberputzmaschinen eingesetzt.

Bild 1: *Silbertauchbad*

6.8 Reinigung von Holz

Rohholzgeräte und -gegenstände werden in Spülwasser von Hand gespült, klar nachgespült, nachgetrocknet und an der Luft stehen gelassen zum Nachtrocknen, damit sie nicht muffig werden bzw. sich Schimmel bilden kann.

Sie vertragen keine Hitze, deshalb nicht in der Spülmaschine reinigen. Bei der Reinigung auf Scheuermittel verzichten, da der Scheuersand in die Oberfläche eindringt. Weiche Scheuerbürsten sind ein geeignetes Hilfsmittel.

Hackklötze in Fleischereien werden trocken abgebürstet und regelmäßig abgehobelt.

Lackierte, lasierte, polierte Holzoberflächen

Bei einfacheren Lacken ist die Oberfläche empfindlich gegen Kratzer, Hitze und evtl. Wasser und darf nur wenig feucht (nebelfeucht) abgewischt und dann nachgetrocknet werden.

Das Auftragen von Möbelpolitur ergibt eine schöne gesättigte und glänzende Oberfläche und sollte einmal im Jahr durchgeführt werden.

Leichte Beschädigungen, wie Kratzer, können durch Auftragen von Polituren beseitigt oder abgemildert werden.

Tischplatten haben meistens eine Oberflächenversiegelung und können daher mit einem feuchten Tuch abgewischt werden. Flecken dringen nicht so leicht in das Holz ein. Mikrofasertücher sollten eine glatte weiche Oberfläche haben, damit keine Kratzer entstehen.

Geölte und gewachste Holzoberflächen

Gewachste oder geölte Fußböden nicht nass reinigen. Flecken sind sofort zu entfernen. Die Feuchtreinigung darf nicht mit Mikrofasern durchgeführt werden, da dieses wie Schmirgelpapier wirken. Danach wird das vom Hersteller empfohlene Pflegeöl oder Wachs aufgebracht. Holzpflegemittel können Lösungsmittel enthalten und deshalb der Oberfläche Schaden zufügen. Sie dürfen deshalb nicht verwendet werden. Das Ölen oder Wachsen sollte regelmäßig wiederholt werden. Die Oberfläche möglichst nur trocken abwischen.

Bild 1: *Reinigung Holzmöbel*

Bild 2: *Holzdielen*

6.9 Methoden zur Reinigung

Reinigungsmethoden werden häufig nach dem Einsatz der Geräte und Maschinen bezeichnet. Die Verfahren der Reinigung sind abhängig von den baulichen Gegebenheiten und den betrieblichen

Vorgaben. Die Anwendungsgebiete, der Einsatz der Geräte, die Besonderheiten bei der Durchführung und die Verfahren sind nachfolgend tabellarisch dargestellt.

	Anwendung	Gerät	Durchführung/Besonderheiten
Entstauben	Oberflächen von Möbeln aus unterschiedlichen Materialien, Polstermöbel, Bilder, an Wänden, Decken	▪ Staubtuch ▪ Staubwedel (Wandbesen) ▪ Staubpinsel ▪ Staubsauger	▪ Lose aufliegender feiner Staub wird entfernt ▪ Die dabei entstehende Staubentwicklung ist unterschiedlich stark ▪ Daher nicht überall einsetzbar ▪ Wird vorwiegend im Privathaushalt eingesetzt
Kehren	Nicht textile Fußböden, Keller, Straße, Lagerräume, Eingangsbereich, Hofbereich	▪ Besen ▪ Handfeger ▪ Kehrschaufel ▪ Kehrmaschine ▪ Kehrsaugmaschine	▪ Lose aufliegende Verschmutzungen wie Staub, Zigarettenkippen, Papierschnipsel, Blätter werden entfernt
Staubsaugen	Teppiche, Teppichböden, nicht textile Fußböden, Möbeloberflächen, Matratzen, Polstermöbel, Gardinen	▪ Staubsauger in unterschiedlichen Ausführungen, mit Zubehörteilen wie Fugendüse, Polsterdüse	▪ Für lose aufliegende Verschmutzungen wie Staub und Flusen

Tabelle 1: *Trockenreinigungsverfahren*

	Anwendung	Gerät	Durchführung/Besonderheiten
Feuchtwischen	Für alle glatten Fußböden aus Stein, Holz, Kork, Linoleum, PVC, Fliesen, Laminat, Parkett	▪ Feucht- oder Breitwischgerät ▪ Mopphalter ▪ Wischbezüge ▪ Staubbindemittelgetränkte Einwegtücher ▪ Mikrofasertücher	▪ Umweltverträglichste Reinigungsmethode für lose aufliegende Verschmutzungen ▪ Nebelfeuchte Schmutzentfernung ▪ Kein Chemieeinsatz ▪ Geringe körperliche Belastung ▪ Reinigung nicht ausreichend für hohen Verschmutzungsgrad oder fest haftende Verschmutzungen

Tabelle 2: *Wischtechniken*

Das Wischen wird in einer bestimmten Richtung und Reihenfolge durchgeführt.

- Feuchtwischen auf großen Flächen
- Der Raum wird zuerst entlang der rechten Randzone bis zur Mitte gereinigt,
- dann die rechte Mitte in Achterbewegungen von hinten nach vorne.
- Der Wischer darf nicht vom Boden abgehoben oder gedreht werden.
- Danach wird die linke Seite erst entlang der linken Randzone,
- dann im linken Teil des Raumes gereinigt.
- Grobschmutz mit Wischtuch aufnehmen.

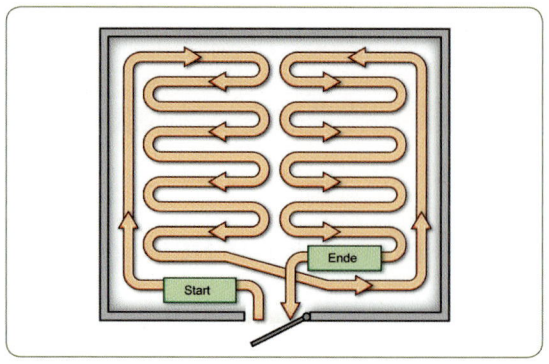

Bild 1: *Durchführung des Feuchtwischens auf großen Flächen*

	Anwendung	Gerät	Durchführung/Besonderheiten
Nasswischen, einstufig	Für alle glatten Fußböden aus Stein, Holz, Kork, Linoleum, PVC, Fliesen, Mobiliar, das feuchtigkeitsunempfindlich ist	Mopphalter, Wischbezüge	▪ Lösen von starken und fest haftenden Verschmutzungen ▪ Bessere Reinigungsleistung als beim Feuchtwischen ▪ Schmutzlösen und Einholen der Schmutzflotte geschehen in einem Arbeitsgang, deshalb nicht für stark verschmutzte Flächen
Nasswischen, zweistufig	Für alle glatten Fußböden, die feuchtigkeitsunempfindlich sind	Mopphalter, Wischbezüge	▪ Arbeiten in zwei Arbeitsgängen nach dem Zwei-Bezugs-Verfahren: ▪ Ausbringen der Reinigungslösung ▪ Einholen des Schmutzwassers (Flotte)

Tabelle 1: *Nassreinigungsverfahren*

Das Nasswischen wird nachfolgend dargestellt:

▪ Nassreinigung auf **kleinen** Flächen:
▪ Wischwasser (-flotte) mit Wischgerät von vorne nach hinten an der Randzone auftragen,
▪ danach in der Mitte des Raumes in Achterbewegungen,
▪ wobei jeweils rechts und links von der Randzone Flotte aufgenommen wird.
▪ Mit trockenem Mopp in der gleichen Reihenfolge arbeiten, zuletzt den Grobschmutz aufnehmen.

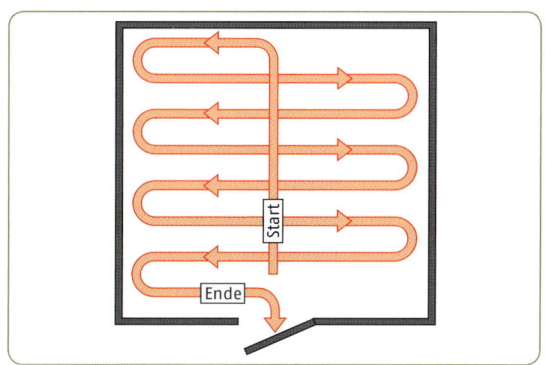

Bild 1: *Skizze Nassreinigung auf kleinen Flächen*

	Anwendung	Gerät	Durchführung/Besonderheiten
Nassscheuern	Manuelle oder maschinelle Reinigung von Fußböden, sehr stark verschmutzten Oberflächen wie Backöfen, schwer zugänglichen Stellen unter Schränken, die wasserbeständig sind	▪ manuell: Schrubber, Bürsten, Pads ▪ maschinell: Scheuermaschine, Scheuersaugmaschine, Reinigungsautomat	▪ Sehr kraftaufwendig ▪ Deshalb wird bei großen Flächen eine Maschine zur Grundreinigung eingesetzt
Sprühreinigung	Für feuchtigkeitsempfindliche Oberflächen, die nicht stark verschmutzt sind und in kurzen Zeitintervallen gereinigt werden	▪ Wischgerät ▪ Reinigungstextilien (Mopps) ▪ Sprühflasche oder Sprühgerät	▪ Reinigungsflotte wird mit einer Sprühflasche oder einem Sprühgerät auf die verschmutzte Stelle oder Reinigungstextilie aufgetragen ▪ Gelöster Schmutz wird mit der Reinigungstextilie aufgenommen ▪ Arbeiten mit wenig Wasser und hohem Tensidanteil

Tabelle 2: *Andere Reinigungsverfahren*

	Anwendung	Gerät	Durchführung/Besonderheiten
Nassshampoonieren	Grundreinigung von textilen Bodenbelägen für Böden, die stärker verschmutzt sind und nicht gleich wieder begangen werden müssen	▪ Bürstenmaschine ▪ Flüssiges Shampoo	▪ Flüssiges Shampoo wird mit Shampooniergerät aufgetragen. → Nach Trocknungszeit absaugen, sehr zeit- und arbeitsaufwendig
Trockenshampoonieren	Als Zwischenreinigung für Böden, die gleich wieder begangen werden, nicht so stark verschmutzt oder wasserempfindlich sind	Einscheibenmaschine mit Schaumerzeuger und Shampoonierbürste	▪ Trockenshampoopulver wird mit Einscheibenmaschine einmassiert. → Nach Einwirkzeit absaugen ▪ Reinigungserfolg nicht so hoch wie bei der Nassshampoonierung
Sprühextraktion	Wird zur Grundreinigung von Teppichböden eingesetzt	Sprühextraktionsgerät	▪ Reinigungsmittellösung wird unter Druck in textilen Belag eingesprüht. ▪ Im gleichen Arbeitsgang wird mit einer Saugdüse abgesaugt.
Cleanern/ Sprayreinigung	Bei starken Absatzstrichen, Gehspuren oder hartnäckigen Verschmutzungen, Reinigung und Pflege werden in einem Arbeitsgang erledigt.	Einscheibenmaschine, Walzenmaschine mit weichen Bürstenwalzen oder Padwalzen	Je nach Bodenbelag erst 1. feucht oder nass wischen, 2. trocknen, 3. Pflegelösung in Tank füllen, 4. auf Boden aufsprühen, 5. mit Gerät abfahren, als laufende Unterhaltsreinigung etwa alle zwei Wochen durchführen.
Polieren	In Großhaushalten wird durch Polieren das Cleanern hinausgeschoben, leichte Gehspuren werden entfernt	Einscheibenmaschine, Polierpad	Einscheibenmaschine wird mit Polierpad ausgerüstet und über den Boden geschoben, dabei erwärmt sich durch die Reibung die obere Schicht und es wird Glanz erzeugt.

Tabelle 2: *Andere Reinigungsverfahren (Fortsetzung)*

Aufgaben:

1. Ermitteln Sie, ob die Fenster in Ihrem Betrieb als Fremdleistung (Outsourcing) gereinigt werden oder in Eigenregie (Insourcing). Finden Sie heraus, wer die Entscheidung für die Wahl dieser Reinigung traf und warum diese Art der Reinigung gewählt wurde. Besprechen Sie die Ergebnisse mit Ihrer Ausbilderin.

2. Berechnen Sie die Kosten für die Reinigung eines Fensters nach drei unterschiedlichen Methoden. Berechnungsgrundlage: von Ihnen benötigte Zeit und die Kosten für den Materialeinsatz.

3. Erstellen Sie für ein Bewohnerzimmer eine Liste mit den vorhandenen zu reinigenden Gegenständen.
   a) Ermitteln Sie, aus welchen Materialien diese Gegenstände/Möbel sind, und tragen dies in Ihre Tabelle ein.
   b) Schreiben Sie auf, was bei der Reinigung der in der Tabelle angegebenen Reinigungsgüter zu beachten ist.

7 Qualitätssichernde Maßnahmen

Der Begriff Qualität stammt aus dem Lateinischen und bedeutet Beschaffenheit eines Dinges oder einer Sache. Für jeden Menschen hat dieser Begriff jedoch eine andere Bedeutung, so ist Qualität relativ. Die Qualität hauswirtschaftlicher Dienstleistungen gewinnt immer größere Bedeutung. Um eine ständige und dauerhafte Verbesserung von Leistungen zu erhalten sind qualitäts-

sichernde Maßnahmen sinnvoll. Diese sorgen bei richtiger Durchführung dafür, dass mit minimalem Kostenaufwand ein hoher Grad an Zufriedenheit der Kunden oder Bewohner erreicht und den gesetzlichen Erfordernissen Rechnung getragen wird. So hat sich Qualitätsmanagement inzwischen überall etabliert. Die Zertifizierung findet nach den sogenannten DIN ISO-Normen statt.

7.1 Bereiche der Qualität

Qualität wird in drei Bereiche/Dimensionen unterteilt:

Struktur-qualität	Personelle Ausstattung Qualifikation des Personals
	Sachliche Ausstattung: Räume, Maschinen, Geräte, Behandlungsmittel
	Organisatorischer Rahmen: Dienstplan, Zeitplan usw.
	Gesetzliche Bedingungen: Lebensmittelhygiene-VO
Prozess-qualität	Tätigkeiten während der Erstellung der Leistung ■ Leistungsverzeichnis ■ Reinigungspläne ■ Arbeitsanweisungen
Ergebnis-qualität	■ Gibt das Endergebnis an ■ Kann durch Kontrollen, Begehungen, Umfragen ermittelt werden

Tabelle 1: *Qualitätsbereiche/-dimensionen*

Diese Qualitätsbereiche sind abhängig voneinander und die Grenzen oft fließend. So kann ein Fußboden in einem Bewohnerzimmer streifig oder fleckig sein (Ergebnisqualität), weil das falsche Reinigungsmittel eingesetzt wurde (Prozessqualität), denn es ist kein geeignetes Reinigungsmittel vorhanden (Strukturqualität).

Bild 1: *Qualität hat drei Dimensionen*

7.2 Maßnahmen zum Qualitätsmanagement

Beim Qualitätsmanagement (QM) handelt es sich um ein sich selbst überprüfendes System, das dafür sorgt, dass Produkte oder Dienstleistungen die jeweils geforderten Eigenschaften haben. In regelmäßigen Audits (Untersuchungsverfahren zur Überprüfung von Prozessabläufen) wird z. B. festgelegt, mit welchem Reinigungsmittel ein Bodenbelag gereinigt wird. Dies kann in einem späteren Verfahren wieder in Frage gestellt und geändert

werden. Hierbei werden verschiedene Maßnahmen eingesetzt:

Interne Maßnahmen sind die Installation von Qualitätszirkeln, das Festlegen von Qualitätsbeauftragten, die Entwicklung von Standards und deren Festschreibung in einem Handbuch.

Externe Maßnahmen sind Kontrollen der Heimaufsicht, externe Beratung und Zertifizierung.

7.3 Instrumente der Qualitätssicherung

Qualitätssicherung kann durch unterschiedliche Instrumente erreicht werden.

Festlegen von Qualitätszielen

Zu Beginn eines Qualitätsmanagements wird im Betrieb ein Leitbild erstellt. Dies gibt die gemeinsame Wertvorstellung und Ziele eines Betriebes wieder. Weitere Ziele sind danach zu definieren. Das könnten beispielsweise sein:

- Annahme von Beschwerden durch Mitarbeiter und deren Weitergabe
- Regelmäßige Reinigung des Hauses, im Bedarfsfall sofort
- Vermeidung von Infektionen durch Einhaltung der Hygienestandards usw.

Qualitätsziele sollten genau beschrieben und messbar sein, keine guten Versätze. Nicht die Menge ist entscheidend, sondern die Umsetzbarkeit.

Qualitätsprüfungen durch optische Kontrolle bei Objektbegehungen

Eine gemeinsame Begehung des Objektes durch die Leitung des Hauses und die Objektleitung des Reinigungsunternehmens hat sich als günstig erwiesen. Dabei kommt eine Checkliste auf der Grundlage des Leistungskataloges zum Einsatz, um objektive Beurteilungskriterien zu haben.

Kontrolle nach Augenschein, also optische Kontrolle, zeigt, ob die Reinigung fleckenlos und ohne Schmutzrückstände durchgeführt wurde, das Objekt unbeschädigt und sofort nutzbar ist. Ein weiteres Mittel zur Prüfung ist die Nase, mit der eine sensorische Prüfung stattfindet. Gereinigte Räume und Gegenstände haben einen angenehmen Geruch. Ob die Reinigung hygienisch durchgeführt wurde, kann schnell überprüft werden, indem festgestellt wird, ob Haare, Flusen oder Schädlinge vorhanden sind. Der Termin für Nachbesserungen und deren Abnahme stellt sicher, dass der Qualitätscheck tatsächlich zu einer Qualitätssteigerung führt.

Checklisten finden heute in vielen Bereichen des öffentlichen Lebens Anwendung, so beispielsweise in Toilettenanlagen von Gaststätten oder Rastanlagen.

Bild 1: *Beispiel einer Qualitätscheckliste*

Qualitätsprüfung durch Auswerten von Checklisten

Durch eine Auswertung von Qualitätschecklisten, welche von den Reinigungskräften zu führen sind, ist feststellbar, welche Reinigungskraft gut arbeitet oder wo Fehler auftreten. Mängel sind durch Gespräche und darin entwickelte Gegenmaßnahmen zu steuern und führen so zu Qualitätsverbesserung.

Es muss unterschieden werden, ob eine unpassende Reinigungsmethode als Ursache in Frage kommt, der Reinigungsturnus unzureichend ist oder ein anderer Grund Ursache ist. Oft sind die betreffenden Mitarbeiter selbst nicht zufrieden mit ihrer Tätigkeit. Eine Schulung oder Unterweisung in eine optimale Reinigungsmethode oder eine Änderung des Reinigungsturnus kann das Reinigungsergebnis und die Zufriedenheit der Reinigungskräfte verbessern. Positive Ergebnisse der Mitarbeiter/Innen sollten hervorgehoben werden, um die Motivation zu steigern.

Dokumentation

Mit dem Begriff Dokumentation werden alle Listen und Verzeichnisse bezeichnet, wie beispielsweise Kontrollbücher zur Entnahme von Reinigungsmitteln, Listen über die Reinigung von Toiletten oder deren Überprüfung auf Sauberkeit. Sie dienen dazu, bestimmte Tätigkeiten richtig durchzuführen oder später nachvollziehen zu können, wann diese Tätigkeiten durchgeführt wurden. Auch Aus- und Weiterbildungsmaßnahmen des Personals werden dokumentiert.

Kommunikation

Jede Mitarbeiterin ist für die Qualität ihrer Arbeit verantwortlich. Im Betrieb ist es jedoch unerlässlich, dass miteinander kommuniziert wird, um die Qualität auf dem gleichen Stand zu halten oder zu verbessern. Dies wird interne Kommunikation genannt und im Rahmen einer Sitzung oder Dienstbesprechung durchgeführt.

Bild 1: *Interne Kommunikation*

Beschwerdemanagement

Kunden oder Bewohner sollen die Möglichkeit haben, sich zu beschweren, wenn eine Leistung nicht den Anforderungen entspricht. Sie dürfen nicht als Nörgler oder unbequeme Zeitgenossen betrachtet werden. So hat der Betrieb die Möglichkeit, besser auf die Bedürfnisse der Kunden einzugehen und die Leistung an die Kunden bzw. Bewohner anzupassen. Einheitliche Dokumente zur Erfassung der Beschwerden ermöglichen eine einfache Auswertung und geben eine gute Vergleichbarkeit der Ergebnisse.

Beschwerden sind nicht persönlich zu nehmen, sondern an die entsprechende Stelle weiterzuleiten. Eine schnelle Reaktion auf Beschwerden ist unbedingt nötig. Im Betrieb sollte festgelegt sein, wer für welche Beschwerden zuständig ist.

Beschwerden können in unterschiedlicher Art abgegeben werden:

- **Versteckte Beschwerden** sind für den Betrieb negativ, da er nichts davon erfährt und keine Möglichkeit der Verbesserung hat.
- **Offene Beschwerden** werden indirekt (über Anwälte, Einschalten der Presse oder Angehörige) oder direkt über Reklamation im Betrieb ankommen.

Beschwerden sind nützlich und geben Anregungen für Verbesserungen, sind also zu fördern. Ziel sollte jedoch sein, dass möglichst wenig Anlass für Beschwerden gegeben wird.

Bild 2: *Kundenzufriedenheit als Ziel*

Aufgaben:

1. Was bedeutet der Begriff Qualität für Sie? Schreiben Sie spontan mehrere Begriffe auf, die Ihnen zu diesem Begriff einfallen. Besprechen Sie in der Klasse Ihre Ergebnisse.

2. Sehen sie im Handbuch Qualitätsmanagement Ihres Betriebes nach und ermitteln Sie:

   a) Welches Leitbild hat Ihr Betrieb?
   b) Welche Qualitätsziele gelten für die Reinigung in Ihrem Betrieb?

3. Erstellen Sie eine Liste über die in Ihrem Betrieb angewandten qualitätssichernden Maßnahmen bei der Reinigung.

4. Was hat der Begriff Qualität mit Ihnen und Ihrer Arbeit zu tun? Geben Sie eine kurze Beschreibung.

5. Welche Möglichkeiten der Kommunikation und des Beschwerdemanagements werden in Ihrem Betrieb gewählt?

8 Abfall im Bereich der Reinigung

Unter dem Aspekt der Umweltbelastung, aber auch der Kosten, die für Abfallentsorgung entstehen, sind besondere Maßnahmen zur Vermeidung zu treffen. Im LF 4, S. 248 wurde der Bereich Abfall in der Nahrungszubereitung behandelt. Hier sollen nur die Aspekte aufgeführt werden, die speziell den Bereich der Reinigung betreffen. Umweltbewusster Einkauf mindert die Müllmenge.

8.1 Abfallvermeidung

Generell sollte für den Abfallbereich gelten:

Vermeiden – Verwerten – Entsorgen

Das bedeutet:

- Verhindern, dass Müll entstehen kann
- Stoffe verwenden, die wieder verwertbar sind
- Eine ökologisch schonende Beseitigung erreichen

Beispiele zum Abfall sparen in der Reinigung

- Rückgabe von leeren Reinigungsmittelbehältern, damit sie wieder befüllt werden können
- Handtücher aus Stoff statt Papiertücher (Papierspender) verwenden
- Dosierspender in Bädern aus Großgebinden nachfüllen

8.2 Abfallentsorgung

Das Kreislaufwirtschafts- und Abfallgesetz, zuletzt geändert im Juli 2007, fordert eine stärkere Vermeidung von Abfällen und, falls das nicht möglich ist, die Verwertung oder die Beseitigung von Müll.

Durch die Gesetzgebung hat sich bereits das Verbraucherverhalten und damit das Verpackungsverhalten der Industrie geändert.

Transportverpackungen können dem Hersteller oder Lieferanten zurückgegeben werden.

Bei **Umverpackung** um bereits mehrere einzeln verpackte Produkte besteht Rücknahmepflicht der Verkaufsstelle.

Verkaufsverpackung: Entleerte Verpackungen am Ort des Verkaufes oder dessen Nähe sind unentgeltlich zurückzunehmen oder es findet eine Beteiligung des Handels an der kostenlosen Abholung der Verkaufsverpackung über Sammelsysteme statt. Dies führte Anfang der 90er Jahre zum Aufbau des Dualen Systems Deutschland „DSD", inzwischen in Hessen und Hamburg erweitert um die Landbell AG.

Für eine gute Müllentsorgung sind die Mitarbeiter im Bereich Abfallmanagement/Abfallentsorgung zu schulen. Lieferanten, Gäste, Bewohner oder Patienten eines Großhaushaltes sollten in die Konzepte eingebunden sein:

- Reinigungswagen mit mehreren Abfallsäcken ausstatten, damit sofort richtig getrennt werden kann
- Abfalleimer für unterschiedliche Abfallsorten (Restmüll, Wertstoffe, Papier usw.) bewirken eine geringere Schmutzbelastung in einem Haus.
- Behälter von Reinigungsmitteln müssen leer sein, damit keine Schadstoffe in den Müll gelangen.
- Abfälle gehören nicht ins WC, auch keine Papiertücher für die Hände.
- Kleinmengen an Sondermüll werden bei mobilen Sammelstationen abgegeben, größere Mengen müssen über Sondermüllstationen entsorgt werden.

Aufgaben:

1. Welche Möglichkeiten des Einsparens von Müll werden in Ihrem Betrieb/Ihrer Schule genutzt?

2. Vergleichen Sie die Mülleinsparmöglichkeiten in Ihrem Haushalt mit denen im Betrieb.

3. Besprechen Sie mit Ihren Mitschülerinnen die Vor- und Nachteile einer Kompostierungsanlage gegenüber einem Komposthaufen im eigenen Garten.

Textilien reinigen und pflegen

Lernsituation

Zum „Tag des nachhaltigen Waschens" am 10. Mai möchten die Schülerinnen der hauswirtschaftlichen Berufsschule den Besuchern den Kreislauf der Wäsche in ihrem Schulbetrieb aufzeigen. Die Besucher sollen einen Überblick über das Wäscheangebot, den Wasch- und Bügelservice von Hemden, erhalten.

Die Auszubildenden möchten bei ihrer Aktion zeigen, wie viel einzelne Wäschestücke wiegen und wie viele Teile bei verschiedenen Waschprogrammen (30 °C, 40 °C, 60 °C) in eine optimal gefüllte Waschmaschine passen. Anhand von Strommessgeräten zeigen sie auf, wie hoch der Stromverbrauch bei den Waschgängen ist und wie bedeutsam daher ein richtig ausgewähltes Waschprogramm ist. Anhand verschiedener Wäschestücke soll dargestellt werden, welchen Einfluss das richtig ausgewählte Waschmittel auf das Waschergebnis hat.

Die Auszubildenden führen das rationelle Bügeln, das richtige Legen der Wäschestücke vor und zeigen das Annähen von Knöpfen nach REFA.

Unterstützt wird die Aktion durch die Anwesenheit und Schirmherrschaft des örtlichen Bürgermeisters, ausgewählte Faltblätter vom Forum Nachhaltiges Waschen liegen zur Mitnahme bereit.

Lernziele

- Allgemeine Informationen sammeln (Übersicht über Einsatz der Wasch- und Pflegemittel und die zu reinigenden Textilien verschaffen)
- Übersicht über die wöchentlich anfallende Wäsche verschaffen
- Übersicht über die Waschprogramme und Maßnahmen zum Trocknen und Glätten der Wäsche gewinnen
- Kenntnis über die zu reinigenden Materialien gewinnen
- Waschmittel und Geräte zur Wäschepflege vergleichen
- Reinigungsmittel und -geräte entsprechend den zu waschenden und pflegenden Materialien auswählen
- Hygiene- und Arbeitsschutzrichtlinien kennen und anwenden
- Erstellen eines Kostenvergleichs von selbst waschen oder externer Vergabe von Oberhemden
- Kenntnisse über den Umgang mit Nähmaschinen und einfache Nähtechniken erwerben

Methode: Buchstabenfeld

In diesem Lernfeld werden die Eigenschaften vieler Textilien und die daraus resultierenden Reinigungs- und Pflegemöglichkeiten dargestellt. Auch in diesem Fall bietet sich wieder eine Methode an, um die Vielzahl der Begriffe aus diesem Lernfeld zu wiederholen und zu festigen: das Buchstabenfeld.

Bei diesem Spiel werden Begriffe aus einem Buchstabenfeld herausgesucht und einer Erklärung zugeordnet. Dadurch wird auch die Bedeutung der Begriffe bewusst gemacht. Die Begriffe sind vertikal, horizontal und diagonal in dem Buchstabenfeld versteckt.

G	A	R	T	S	Y	P	O	L	O	S	S	R	U	Z	T	R	L	O	E	E	V	S
U	T	H	E	R	M	I	S	C	H	E	D	E	S	I	N	F	E	K	T	I	O	N
E	I	M	X	F	G	E	O	H	A	Q	S	E	L	L	S	E	N	R	J	G	N	M
T	T	I	M	A	N	N	T	M	E	Z	V	E	B	R	H	L	T	E	L	L	Z	R
E	G	N	I	E	S	Z	D	K	A	S	C	H	N	A	U	T	T	R	B	A	C	L
Z	I	E	G	R	C	Y	M	E	S	N	K	L	Y	E	R	T	O	Q	W	S	B	L
E	R	T	G	E	M	M	T	I	C	H	G	F	L	J	M	W	P	Y	H	F	A	S
I	E	R	L	K	L	E	S	C	H	A	W	E	F	R	T	L	L	E	S	A	W	M
C	H	A	R	S	F	I	N	I	S	H	E	N	L	E	S	T	A	N	V	S	E	R
H	O	C	S	V	Y	X	M	A	R	C	K	L	O	P	F	E	D	A	T	E	W	P
E	W	W	R	F	E	D	E	R	B	O	D	E	N	W	A	G	E	N	E	R	S	T
N	U	R	F	G	E	S	C	H	I	E	G	B	N	E	M	M	R	A	S	R	F	P
S	O	P	O	L	Y	E	S	T	E	R	R	E	I	D	T	T	Z	U	Z	H	E	N

Aufgaben:

Suchen Sie in dem Buchstabenfeld Begriffe zum Thema „Textilien reinigen und pflegen" und ordnen Sie diese den entsprechenden Beschreibungen zu. Erstellen Sie anschließend ein weiteres Buchstabenfeld in Ihrem Heft.

1. Löst Eiweiß

2. Es gibt einen Front- oder …

3. Konstantes Waschen bei 90 °C für mind. 10 Minuten

4. Gerät zum Glätten von Tischdecken

5. Glätten mithilfe einer Puppe

6. Verschluss ohne Mieder

7. Der Einsatz vom … vermeidet zu tiefes Bücken.

8. Synthetische Faser

9. Anorganischer Rohstoff

10. Siegel, Zeichen oder Symbole, die bestimmte Eigenschaften signalisieren

(Lösung s. S. 688)

1 Ansprüche an Textilreinigung

Die Reinigung und Pflege von Textilien ist sowohl im privaten als auch im Objektbereich von großer Außenwirkung.

An Wäsche und Kleidung werden unterschiedliche Ansprüche gestellt. Die Wäsche sollte hygienisch sauber, nicht vergraut und angenehm im Geruch sein sowie einen angenehmen Griff haben. Farbe und Form müssen erhalten bleiben, Luft- und Feuchtedurchlässigkeit dürfen nicht beeinträchtigt sein.

Über eine preisgünstige und umweltfreundliche Reinigung wird bereits beim Kauf entschieden, oft jedoch unbewusst. Deshalb beim Kauf von Wäsche und Textilien darauf achten, dass sie waschbar sind, denn die chemische Reinigung ist sehr teuer und belastet die Umwelt mehr als das Waschen. Die steigende Arbeitsbelastung der Menschen und eine Vielzahl von hilfebedürftigen Senioren bedingen eine Zunahme der Vergabe von Wäsche.

1.1 Persönliche Hygiene

Wer Wäsche reinigt und pflegt, sollte selbst sauber und gepflegt sein. Dazu gehört die persönliche Körperhygiene ebenso wie die Sauberkeit der Arbeits- bzw. Schutzkleidung und das hygienische Arbeiten. Straßenkleidung ersetzt nicht die Arbeitskleidung. Die Grundregeln dazu wurden auf den Seiten 235 und 236 bereits behandelt. Hier soll nur auf die im Bereich der Wäschepflege wichtigen Gegebenheiten eingegangen werden.

Eine Übertragung von krankmachenden Keimen auf das Personal, Patienten, Gäste oder Bewohner soll vermieden werden. Ebenso eine Wiederverkeimung der Wäsche, deshalb geschieht das Umkleiden in Umkleideräumen: keinesfalls mit der Kleidung des unreinen Bereichs (Schmutzwäschebereich) in den reinen (mit der gewaschenen Wäsche) gehen. Die Kleidung des unreinen Bereichs sollte täglich gewechselt werden, die des reinen Bereichs etwa dreimal wöchentlich.

Mitarbeiter, die von der unreinen Seite zur reinen Seite wechseln wollen, müssen durch eine Personalschleuse. Dies ist eine Kammer zwischen den beiden Räumen, in denen sich die Mitarbeiter reine Arbeitskleidung und Schuhe anziehen, die Hände und Unterarme gründlich waschen und desinfizieren. Bild 1 verdeutlicht das System dieser Bereiche.

Speisen und Getränke dürfen nicht im Wäschereibereich aufbewahrt oder verzehrt werden. Dafür sind Personalräume zur Verfügung zu stellen.

Besondere Hygienemaßnahmen im Bereich der Wäschepflege sind bei der Wäschebearbeitung von pflegebedürftigen Personen zu beachten. Da es durch menschliche Ausscheidungen oder Körpersekrete zu gesundheitlichen Gefährdungen kommen kann, ist das Tragen von flüssigkeitsdichten Schutzhandschuhen unbedingt erforderlich, um Infektionen vorzubeugen.

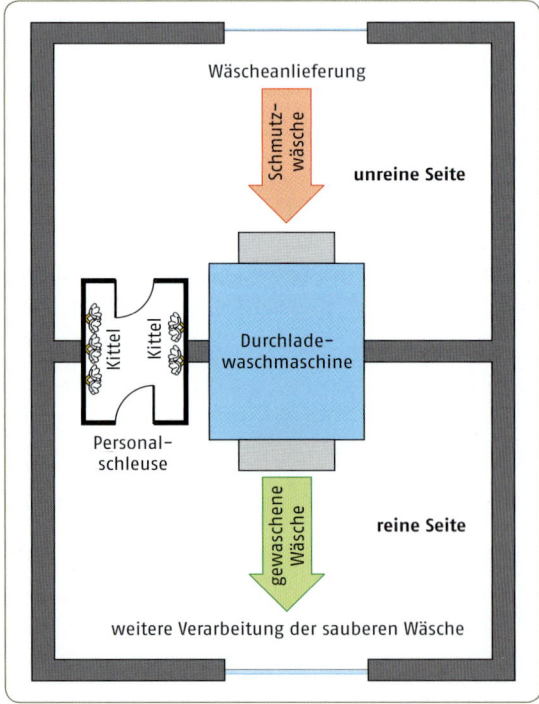

Bild 1: *Reiner/unreiner Bereich*

1.2 Betriebshygiene

> Gute Betriebshygiene dient dem Schutz der Mitarbeiter in der Textilpflege und dem Erhalt eines gut gereinigten Produktes.

Im Bereich der Wäscheversorgung ist die Beachtung der gültigen Rechtsvorschriften besonders wichtig, um Beanstandungen bei Überprüfung durch die Gesundheitsbehörden zu vermeiden.

Deutsche Gesetze fordern für Bewohnerwäsche aus Krankenhäusern, Seniorenheimen und Behinderteneinrichtungen oder Gemeinschaftseinrichtungen, die unter das Heimgesetz fallen, einen geregelten Umgang mit der Wäsche (BGR 256). Notwendige Rechtsgrundlagen finden sich im Infektionsschutzgesetz, im Wasch- und Reinigungsmittelgesetz, im Textilkennzeichnungsgesetz sowie der Gefahrstoffverordnung. Für Krankenhauswäsche gelten spezielle Richtlinien des Robert-Koch-Instituts (RKI).

Die Richtlinien zu den Arbeitsräumen besagen, dass es jeweils eine reine und eine unreine Seite mit eigenen Zugängen geben muss.

Für bestehende hauseigene Wäschereien, in denen dies baulich nicht zu regeln ist, gibt es Ausnahmen. Hier sind besondere Anforderungen an Personal- und Arbeitshygiene zu stellen, um dennoch eine optimale hygienische Sicherheit zu erhalten. Auf der unreinen Seite müssen Fußböden, Wände und Außenflächen von eingebauten Einrichtungen und Maschinen feucht gereinigt und desinfiziert werden.

Zur richtigen Reinigung der Räume, Geräte und Maschinen ist in den Betrieben ein Reinigungsplan vorhanden (s. S. 412). Er sollte Anweisungen für die Mitarbeiter über die einzusetzenden Waschmittel und deren Dosierung enthalten und zur Dokumentation aushängen. Eine regelmäßige Schulung der Mitarbeiter ist erforderlich.

Für die Lagerung der Schmutzwäsche in Gemeinschaftseinrichtungen müssen neben geeigneten Behältern auch gut belüftete Räume zur Verfügung stehen. Behälter, die mit Wäsche in Berührung kommen, sollten leicht zu reinigen sein und aus Material bestehen, das hygienisch einwandfrei ist, wie beispielsweise Kunststoff oder rostfreier Edelstahl. Transportwagen und -behälter sind regelmäßig zu reinigen. Behälter, die für Schmutzwäsche verwendet werden, sind zu kennzeichnen, damit sie nicht im reinen Bereich eingesetzt werden.

Wäschesäcke müssen reißfest und stabil sein. Um eine Kontamination mit Keimen zu vermeiden, ist ein sachgemäßer Umgang erforderlich. Daher sollten die Wäschesäcke nicht zu voll gestopft, geworfen oder über den Boden gezerrt werden.

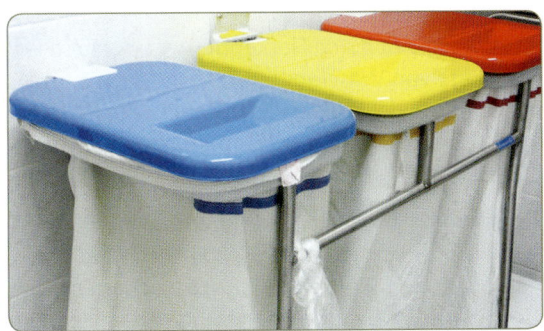

Bild 1: *Wäschesammelbehälter*

Maschinen und Geräte sind nach Gebrauchsanweisung regelmäßig zu reinigen und zu warten (Waschmaschinen s. S. 487, Trockner s. S. 491, Bügeleisen s. S. 495).

Alle Arbeitsgänge wie richtige Lagerung, richtiges Sortieren und Anwendung der Waschverfahren sind regelmäßig zu überprüfen, damit sich keine Routinefehler einschleichen. Mitarbeiter sind regelmäßig zu schulen.

WÄSCHESACK

Nur hauseigene Waschlappen bzw. Waschhandschuhe einfüllen!

Bild 2: *Durch Kennzeichnung Fehler beim Sortieren vermeiden*

1.3 Arbeitsschutz

> Arbeitsschutzmaßnahmen sollen Arbeitsunfälle verhindern und Berufskrankheiten vermeiden.

In der Textilpflege entstehen die meisten **Unfälle** durch:

- Ausrutschen auf nassem Boden oder auf dem Fußboden liegenden Gegenständen
- Verbrennungen an heißen Mangeln, Pressen oder Bügeleisen
- Verätzungen durch Fleckentferner oder falschen Einsatz von Waschmitteln
- Stolpern oder Stürzen über Kabel oder im Weg stehende Teile oder durch mangelnde Beleuchtung

Berufskrankheiten werden durch längere Einwirkung von unverträglichen Stoffen am Arbeitsplatz hervorgerufen. Dies kann falscher Umgang mit Gefahrstoffen sein oder mangelnde Hygiene beim Umgang mit infektiöser Schmutzwäsche.

Die **Regeln zur Unfallverhütung** müssen eingehalten werden:

- Konzentriert arbeiten, um Verbrennungen und Verbrühungen zu vermeiden, dabei die Arbeitsregeln einhalten (siehe Bügeln S. 494)
- Sicherheitsvorrichtungen benutzen, um z. B. Quetschungen beim Einführen von Wäschestücken in die Mangel zu vermeiden
- Keine lose herumliegenden Kabel verwenden, um Stolpern zu vermeiden
- Geräte und Maschinen benutzen, die unfallsicher und intakt sind. Dies ist durch entsprechende Sicherheitskennzeichen kenntlich gemacht.
- Hygieneregeln einhalten (Handschuhe, Mundschutz, Schutzkleidung), um Infektionen zu vermeiden
- Regeln zur Gefahrstoffverordnung einhalten, um Vergiftungen oder Verätzungen zu vermeiden

Gesundheitsgefahren durch falsche Arbeitshaltung oder unnötige Arbeitsbelastung vermeiden durch:

- Einsatz von Federbodenwagen (Bild 1) vermeidet zu tiefes Bücken und das Tragen der Wäsche

Bild 1: *Federbodenwagen*

- Transportbehälter auf Rollwagen stellen, nicht auf den Fußboden
- Im Haushalt vermeiden Körbe mit Füßen häufiges Bücken beim Aufhängen der Wäsche
- Einrichtungsgegenstände nutzen, die die Arbeit erleichtern, wie Sitz-Steh-Hilfen beim Bügeln
- Regalwagen (Bild 2) zur Wäscheverteilung nutzen, um unnötiges Tragen zu vermeiden

Bild 2: *Regalwagen*

1.4 Umweltschutz

> Reinigung und Pflege von Textilien belasten stets die Umwelt sowohl durch Wasser- und Energieverbrauch als auch Verschmutzung des Wassers durch Schmutzpartikel und Chemie.

Richtige Wäschepflege entlastet die Haushaltskasse und reduziert die Umweltbelastung. Umweltschutz beginnt bereits beim Einkauf der Textilien. Helle Faserarten nehmen Schmutz leichter auf als dunkle. Pflegeleichte Kleidung, die gewaschen werden kann, spart die umweltschädlichere Reinigung.

Textilien sollten langlebig sein und nicht jedem Modetrend folgen, denn nur bei hochwertiger Kleidung lohnt eine Reparatur anstelle eines Neukaufes.

Waschmittelhersteller und Waschmaschinenindustrie verbessern seit Jahrzehnten die Technologien ihrer Produkte, sodass die gewünschte Wirkung mit weniger Umweltbelastung erreicht werden kann. Dennoch hat der Verbraucher eine wichtige Rolle: Die Produkte müssen gezielt und richtig angewandt werden (s. S. 477, 478, 479).

Jeder Waschprozess ist zwar nur eine kleine Umweltsünde, doch die Summe der Häufigkeit beeinträchtigt die Umwelt. Es ist nicht einerlei mit welchen Mitteln wie gewaschen und gepflegt wird.

In Deutschland werden derzeit pro Jahr etwa 600.000 Tonnen Waschmittel, rund 6 Milliarden Kilowattstunden Energie und etwa 330 Millionen Kubikmeter Wasser zum Waschen verbraucht. Deshalb ist das Waschverhalten zu überprüfen, sind Alternativen zu finden.

Der Verband der Hersteller von Wasch-, Pflege- und Reinigungsmitteln (A.I.S.E.) hat eine freiwillige Nachhaltigkeitsinitiative gestartet. Das Ziel ist eine andauernde Verbesserung von ökologischen, ökonomischen und sozialen Aspekten in dieser Branche. Der Verbraucher kann anhand des Charter-Logos auf der Rückseite der Waschmittelverpackung (Bild 1 links) feststellen, ob der Hersteller an dieser Initiative beteiligt ist. Ob das Produkt bestimmte festgelegte Standards erfüllt, ist auf der Produktvorderseite (Bild 1 rechts) erkennbar. Die

regelmäßige Überarbeitung der Charter-Kriterien soll Fortschritte im Nachhaltigkeitssystem fördern.

Die A.I.S.E. überwacht die Einhaltung der Kriterien und vergibt die Charter-Logos. Eine Überarbeitung fand unter der Bezeichnung Update 2010 statt.

Bild 1: *Charter-Kennzeichen der A.I.S.E.*

> **Aufgaben:**
>
> 1. In Betrieben stellt der Wäschebestand einen erheblichen Kostenfaktor dar. Ermitteln Sie, wie hoch der Bestand in Ihrem Betrieb ist, wie häufig pro Woche die Wäsche gewaschen werden muss, damit die Schränke nie leer sind.
>
> 2. Informieren Sie sich mithilfe verschiedener Medien über den Inhalt der BGR 256 und BGR 500 und erstellen Sie im Klassenverband eine Übersicht über die gültigen Rechtsvorschriften zum Waschen in Gemeinschaftseinrichtungen.
>
> 3. Erstellen Sie im Klassenverband eine Pyramide, in der Ihre Ansprüche an Wäschebehandlung dargestellt werden:
>
>   a) aus Sicht von Hygiene und Ästhetik
>   b) aus Sicht der Werterhaltung
>   c) aus Sicht der Umweltbelastung
>   d) aus Sicht der Arbeitserleichterung
>
> 4. Genaue Angaben zu den Charta-Logos sind unter www.ikw.org erhältlich. Informieren Sie sich über Bedeutung und Ziele und stellen Sie ein Arbeitsblatt über dieses Thema her.

2 Textilkunde

Fasern dienen als Ausgangsmaterial zur Herstellung von Garnen oder Fäden, aus denen Stoffe und später Textilien hergestellt werden. Fasern können endlos oder in begrenzter Länge, als Einzelfaser oder Faserbündel hergestellt werden. Verarbeitet werden sie zu Geweben, Wirk- und Strickwaren, Geflechten und Filz/Vlies.

Bild 1: *Gewebe*

Bild 2: *Strickware*

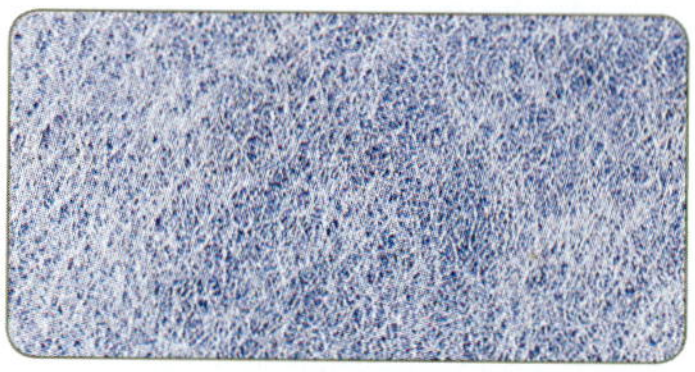

Bild 3: *Vlies-Strickware, Vlies*

2.1 Einteilung der Fasern

Nach Herkunft und chemischer Zusammensetzung werden die verschiedenen Fasern unterschieden.

Die Einteilung der wichtigsten Fasern ist in nachfolgender Tabelle dargestellt.

Fasern					
Naturfasern			Chemiefasern		
Tierisch	Pflanzlich	Mineralisch	Abgewandelte Naturstoffe (Zellulosefasern)	Synthetische Fasern	Anorganische Rohstoffe
Seide 	Baumwolle	Asbest Basalt Fasergips	organisch	Polyamid (Nylon, Perlon)	Glasfasern Kohlenstofffasern Metallfasern
Wolle von Schafen 	Leinen		Acetat, Cellulosefasern Viskose Modal Cupro Lyocell	Polyester (Trevira, Diolen)	Keramikfasern
Haare (Angora, Kamel, Ziege)	Kapok Hanf			Polyacryl (Dralon, Orlon) Polyacrylnitril Elastan (Lycra, Dorlastan)	Nanotubefasern
Kaschmir Alpaka, Lama	Jute Sisal Ramie Kokos				

Tabelle 1: *Einteilung der Fasern*

Baumwolle

Sie ist die wichtigste Naturfaser in der Textilverarbeitung. Baumwolle wächst an einjährigen Sträuchern und wird aus den Samenhaaren der Fruchtkapsel gewonnen (Bild 1).

Bild 1: *Baumwollpflanze*

Eigenschaften:

- reißfest
- verzieht sich
- kühlt
- trocknet langsam
- muss gebügelt werden
- saugfähig
- läuft ein
- kochfest
- heiß bügelbar
- matt glänzend

Verwendung:

Bekleidungstextilien, Wäsche, Heimtextilien, Berufskleidung

Reinigung und Pflege:

Textilien aus Baumwolle sind kochfest. Eine Einschränkung gilt hier für bunte Textilien. Beim ersten Einsatz im Trockner kann die Wäsche einlaufen, wenn sie nicht speziell behandelt wurde. Bügeln ist meistens auf höchster Stufe möglich. Eingefeuchtete Wäsche lässt sich leichter glatt bügeln oder mangeln oder es wird ein Dampfbügeleisen verwendet (s. S. 492). Baumwolltextilien können chemisch gereinigt werden.

Leinen

Leinen wird aus dem Stängel der Flachs- oder Leinpflanze gewonnen, der aus Bastfasern besteht.

Bild 2: *Flachspflanze*

Eigenschaften:

- sehr reißfest
- fusselt nicht
- kühlt
- trocknet schnell
- muss gebügelt werden
- saugfähig
- knittert stark
- kochfest
- läuft etwas ein
- unregelmäßige Verdickungen

Verwendung:

Freizeit- und Sommerbekleidung, Hosen, Kostüme, Handtücher, Küchentücher, Bett- und Tischwäsche, Deko- und Möbelbezugsstoffe, Matratzendrell, Nähzwirn, Berufskleidung

Reinigung und Pflege:

Helles Leinen ist kochfest. Es kann auf höchster Stufe gebügelt werden. Das Ergebnis wird besser, wenn die Wäsche feucht ist. Das Trocknen im Wäschetrockner ist möglich, Einschränkungen sind dem Pflegeetikett zu entnehmen (s. S. 468).

Seide

Sie wird aus den Fasern der Kokons verpuppter Maulbeerspinner (Zuchtseide) oder Tussahspinner (Wildseide) gewonnen.

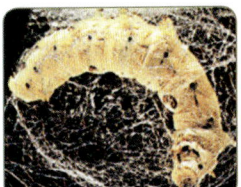 

Bild 3: *Raupe beim Einspinnen*　　Bild 4: *Maulbeerspinner-Kokon*

Eigenschaften:

- reißfest
- leicht
- temperaturausgleichend (kühlt und hält warm)
- typischer Seidenglanz
- gute Feuchtigkeitsaufnahme
- liegt glatt auf der Haut
- angenehm auf der Haut
- eingeschränkt wasch- und bügelbar

Verwendung:

Oberbekleidung, Heimtextilien wie Tischwäsche, Kissenhüllen, Wäsche

Reinigung und Pflege:

Seide muss vorsichtig gewaschen werden. Sie darf nicht gewrungen werden. Bügeln möglichst von der linken Seite bei mittlerer Temperatur. Wasser und Dampf können Flecken verursachen. Empfindliche gute Stücke sollten chemisch gereinigt werden. Es darf nicht im Trockner oder in der Sonne getrocknet werden.

Wolle

Wolle wird aus dem Fell von lebenden gesunden Schafen hergestellt. Auch die Haare von Kamelen, Kaschmir- und Mohairziegen (s. S. 460) dürfen als „reine Schurwolle" bezeichnet werden. Textile Waren aus Reißwolle aus alter Kleidung werden als reine Wolle gekennzeichnet.

Bild 1: *Schaf*

Eigenschaften:

- je nach Herkunft weich
- sehr saugfähig
- geringe elektrostatische Aufladbarkeit
- anfällig für Motten
- wärmt
- knitterarm
- eingeschränkt waschbar, kann filzen
- trocknet langsam
- nicht immer bügelfrei
- nimmt viel Feuchtigkeit auf

Verwendung:

Kostüme, Anzüge, Mäntel, Kleider, Pullover, Hüte, Schals, Socken, Decken, Dekostoffe, Möbelbezugsstoffe, Brandschutztextilien

Reinigung und Pflege:

Wolle kann im Wollwaschgang in der Waschmaschine gewaschen werden, wenn sie filzfrei ausgerüstet ist. Ansonsten muss sie mit der Hand gewaschen werden. Bügeln ist auf mittlerer Stufe möglich, dabei jedoch mit Dampf s. S. 492 oder einem Tuch bügeln. Wolltextilien können chemisch gereinigt werden. Sie dürfen nur in Spezialprogrammen im Trockner getrocknet werden (s. S. 491).

Chemiefasern aus Zellulose

Diese Fasern werden aus Zellulose hergestellt, die aus Holz- und Baumwolle gewonnen wird. Die aufgelöste Zellulose wird durch Spinndüsen gepresst.

Bild 2: *Holz ist Ausgangsrohstoff für Zellulose*

Eigenschaften:

- geringe Reißfestigkeit
- ist sehr saugfähig
- kann einlaufen
- knittert stark
- gut färbbar
- bügelfähig

Verwendung:

Oberbekleidung, Heimtextilien, Unterwäsche, Haushaltswäsche, Futterstoffe

Reinigung und Pflege:

Textilien aus diesem Material sind meistens im mittleren Temperaturbereich von 30 bis 60 °C im Feinwäschebereich waschbar. Sie dürfen auf mittlerer Stufe gebügelt und chemisch gereinigt werden. Viskose darf nicht, alle anderen dürfen im Trockner getrocknet werden.

Synthetische Chemiefasern

Sie werden aus Erdöl, Erdgas oder Kohle in komplizierten chemischen Verfahren gewonnen.

Bild 3: *Synthetische Chemiefasern*

Eigenschaften:

- hohe Reißfestigkeit
- knitterarm
- läuft nicht ein
- elektrostatische Aufladbarkeit
- wasch- und bügelbar bei niedrigen Temperaturen
- schnell trocknend
- wenig saugfähig

Verwendung:

Oberbekleidung, Sportbekleidung, Heimtextilien wie Dekostoffe, Wäsche

Marken: Polyester, Polyacryl, Polyamid, Elastan

Reinigung und Pflege:

Textilien aus diesen Materialien dürfen im Pflegeleichtprogramm bei 30–40°C gewaschen und auf niedriger bis mittlerer Stufe gebügelt werden. Nicht immer ist ein Trocknen im Trockner möglich.

Mikrofasern

Mikrofasern bestehen aus besonders kleinen und feinen Fasern aus Polyester, Polyacryl oder Polyamid. Sie sind sehr leicht und weich.

Je höher der Polyesteranteil, desto hochwertiger ist das Gewebe.

Bild 1: *Mikrofasern*

Eigenschaften:

- sehr reißfest
- trocken ziehen sie Schmutz und Staub an
- knittern wenig
- schnell trocknend
- wasserabweisend
- wasserdampfdurch- lässig
- hohe Saugkraft
- resistent gegen Fusseln
- seidiger Glanz
- laufen nicht ein
- winddicht
- atmungsaktiv

Verwendung:

Haus- und Heimtextilien (z.B. Badetücher, Bettwäsche, Putzlappen), Wäsche, Bekleidung, Funktionstextilien wie Sportbekleidung

Reinigung und Pflege:

Das Waschen geschieht in der Regel im Schonwaschgang bei niedrigen Temperaturen, jedoch gilt, wie auch beim Trocknen und Bügeln, immer die Pflegeanleitung. Die Verwendung von Flüssigwaschmitteln wird empfohlen, damit die Membranen nicht verkleben; jedoch keinen Weichspüler verwenden, da die Atmungsaktivität der Fasern eingeschränkt wird.

Mischen von Faserstoffen

Für textile Anwendungen werden häufig Fasern gemischt. So erhalten Garne veränderte Eigenschaften wie bessere Gebrauchseigenschaften, bessere bekleidungsphysiologische Eigenschaften (Hautfreundlichkeit, Wärmeisolation) oder bessere Pflegeeigenschaften (Waschen, Trocknen, Bügeln). Eine Veränderung des Aussehens (Glanz, Struktur, Effekte) oder eine Erhöhung der Wirtschaftlichkeit (Preise) sollen außerdem erreicht werden.

Das Mischen kann bei der Garnherstellung geschehen oder bei der Herstellung textiler Flächen. Es können Naturfasern miteinander gemischt werden, aber auch Naturfasern mit Chemiefasern oder Chemiefasern untereinander.

Mischungen von Natur- und Chemiefasern haben besonders viele Vorteile, da die positiven Eigenschaften beider Fasergruppen sich ergänzen und dabei die negativen ausschalten. Eine bewährte Mischung ist Baumwolle mit Polyester, Polyamid, Viskose und Modal. Sie haben eine hohe Scheuerfestigkeit, gute Elastizität und ein günstiges Pflegeverhalten.

So sind Flecken aus Tischdecken aus synthetischen Geweben leichter entfernbar als aus Baumwollgeweben. Die Flecken dringen nicht so tief in die Fasern ein. Die Strapazierfähigkeit eines Gewebes nimmt mit dem Chemiefaseranteil zu, obwohl es nicht kochfest ist und hohe Temperaturen beim Bügeln und Mangeln in der Regel nicht verträgt.

2.2 Gebrauchswert

Neben dem Aussehen der Textilien bestimmen die in Tabelle 1 dargestellten Pflege- und Trageeigenschaften und die materielle Dauerhaftigkeit deren Wert. Die Eigenschaften sollten in einem angemessenen Verhältnis zum Preis stehen.

Pflegeeigenschaften	Trageeigenschaften	Materielle Dauerhaftigkeit
▪ Maß- und Formbeständigkeit ▪ Waschbarkeit oder chemische Reinigung ▪ Wasser- bzw. Schweißechtheit ▪ Reibechtheit ▪ Bügeleigenschaften ▪ Saugfähigkeit ▪ Knitterneigung	▪ Schutz vor Witterungseinflüssen ▪ Saugfähigkeit ▪ Schnitt und Passform ▪ Chemikalien oder allergene Werkstoffe enthalten ▪ Funktionalität (bei Sportkleidung)	▪ Qualität der Nähte, Randversäuberungen ▪ Qualität von Knöpfen, Knopflöchern und Reißverschlüssen

Tabelle 1: *Eigenschaften zum Gebrauchswert*

Beim Einkauf von Textilien sind Verwendung und Einsatz entscheidende Faktoren. So muss beispielsweise ein Geschirrtuch genügend groß, fest gewebt und haltbar, aber auch saugfähig sein. Es sollte auch bei regelmäßigem Gebrauch und entsprechend häufiger Wäsche nicht schnell verschleißen.

2.3 Verwendung von Textilien

Mit dem Begriff Textilien wird nicht nur Kleidung bezeichnet. Bei textilen Faserstoffen werden entsprechend ihrer Verwendung die drei nachfolgend dargestellten Gruppen unterschieden.

▪ Damen- und Herrenoberbekleidung ▪ Kinderoberbekleidung ▪ Sportbekleidung ▪ Berufsbekleidung ▪ Nachtwäsche ▪ Accessoires (Hüte usw.)	▪ Bettwäsche ▪ Tischwäsche ▪ Küchenwäsche ▪ Gardinen ▪ Teppiche und Teppichböden ▪ Möbelbezüge, Badematten	▪ Pflaster, Verbände ▪ Hitze- und Strahlenschutz ▪ Schusswesten

Tabelle 2: *Verwendung von Textilien*

2.4 Ausrüstungsverfahren

Durch „Ausrüsten" oder „Veredeln" erhalten Garne oder Gewebe besondere Eigenschaften. Dies geschieht durch chemische, physikalische und/oder mechanische Behandlung. Sie erhalten eine bessere Optik oder bessere Trageeigenschaften oder erleichtern das Waschen oder Bügeln (Verbesserung der Pflegeeigenschaften).

Die bekanntesten Ausrüstungsverfahren werden in nachfolgender Tabelle dargestellt:

Formbeständigkeit Sanfor, krumpffrei		Gewebe aus Zellulosefasern werden mit Hitze und Feuchtigkeit behandelt. Das Einlaufen beim Waschen wird verhindert. Einsatz u. a. bei Unterwäsche und Kleidung mit Baumwollanteil.
Fleckenschutz Scotchgard, schmutzabweisend		Durch Auftragen von Chemikalien entsteht eine Imprägnierung, die das Eindringen öliger und wasserlöslicher Teilchen ins Gewebe verhindert. Einsatz u. a. bei Tischwäsche, Teppichböden.
Filzfrei Antifilz		Wird bei Wolle angewandt, damit sie maschinenwaschbar ist und nicht mehr filzt.
Antimikrobielle Ausrüstung Sanitized		Chemische keimhemmende Mittel vermindern Bakterienbildung. Sie verhindern Geruchsbildung beim Schwitzen und Fußpilz. Einsatz bei Socken, Matratzenbezügen, Funktionsunterwäsche, Hemden, Outdoor-Bereich, Markisen.
Hochveredelung pflegeleicht bügelfrei wash & wear		Durch Einlagern von Harzen in das Gewebe werden die Fasern stabilisiert, sie müssen weniger oder gar nicht gebügelt werden, Einlaufen wird verhindert. Beim Tragen sind sie knitterarm. Einsatz u. a. bei Hemden, Hosen. Oft Allergie auslösend.
Imprägnieren/ Appretieren	 	Plastische Harze bewirken eine glatte, oft glänzende Oberfläche, Schmutz und Wasser abweisend, besseren Griff. Wird beim Waschen entfernt. Einsatz u. a. bei Hemden, Stoffen, Bett- und Tischwäsche, Mäntel, Jacken.
Mercerisieren		Baumwolle wird mit Natronlauge behandelt, es entsteht dauerhafter Glanz, weicher Griff, Formbeständigkeit und höhere Reißfestigkeit. Dehnbarkeit und Wasseraufnahme werden eingeschränkt. Anwendung bei T-Shirts, Unterwäsche.

Tabelle 1: *Ausrüstungsverfahren*

Ausrüstungsverfahren können gesundheitliche Beeinträchtigungen wie Kopfschmerzen oder allergische Hautreaktionen hervorrufen und zu Umweltbelastungen führen.

Beim Schwitzen können ausgewaschene Moleküle über die Haut oder durch Abrieb beim Bügeln und Tragen der Kleidung in den menschlichen Körper gelangen.

2.5 Textilien mit Zusatznutzen/Funktionsmaterialien

Bei einem Teil von Textilien und Wäsche wird eine Zusatzfunktion angeboten. Funktionstextilien bieten mehr Tragekomfort oder schützen vor UV-Strahlen. Sie können Schmutz oder Fett abweisen und Mikroben bekämpfen. Bei empfindlicher Haut oder Neurodermitis können Algenfasern auf Zellulosebasis kosmetisch oder medizinisch wirksame Substanzen von Sportbekleidung, Unterwäsche, Arbeitskleidung, Heimtextilien, Bettwäsche auf den Körper übertragen.

Bei Bekleidung im Gesundheitswesen, in der Gastronomie, im Outdoor-Bereich für Zelte oder Markisen, im medizinischen Bereich für Stützstrümpfe, bei Neurodermitis-Unterwäsche oder Bettenfüllmaterial finden diese Materialien ihren Einsatz.

Textilien schützen vor Kälte und Hitze, vor Nässe und nicht zuletzt der Sonne. UV-Strahlen absorbierende Fasern oder spezielle Ausrüstungen können bewirken, dass der Lichtschutzfaktor bei 80 liegt und auch nach dem Waschen noch anhält (Bild 1). Die Kennzeichnung dieser Kleidung ist ähnlich wie bei Sonnencreme. Protect 20 bedeutet, dass der Träger des so zertifizierten Textils sich 20 Mal länger in der Sonne aufhalten kann als ohne Kleidung.

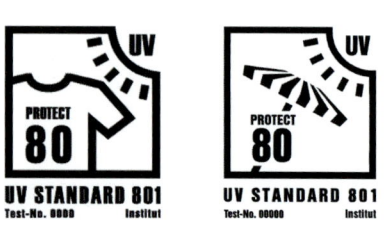

Bild 1: *Label für UV-Schutzbekleidung und Beschattungstextilien*

Intelligente Kleidungsstücke („smart clothes") werden mit Informations- und Kommunikationstechnologien ausgerüstet. In Sportbekleidung und Schuhen ist Messtechnologie integriert, die Herzfrequenz, Geschwindigkeit und zurückgelegte Distanz messen kann. Die Daten können später auf einen Computer übertragen werden.

Technische Textilien und funktionelle Sporttextilien sind heute überall anzutreffen. Ihre Aufgabe ist das Abweisen von Wind und Wasser von außen.

Die Aufnahme von Wasserdampf und Atmungsaktivität soll trotzdem gewährleistet sein (Bild 2). Mikrofaserstoffe, Membran-Laminate und Stoffbeschichtungen bewirken diese geforderten Eigenschaften.

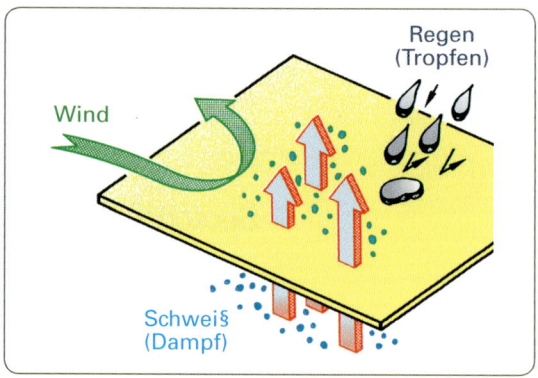

Bild 2: *Funktionsprinzip von Wetterschutzbekleidung*

Aufgaben:

1. Informieren Sie sich, nach welchen Kriterien in Ihrem Betrieb die Einkäufe für Heimtextilien, Haustextilien, Küchenwäsche und Arbeitskleidung erfolgen.

2. Das Aufbringen von Silberionen in Fasern und die Nanotechnologie bewirken veränderte Textileigenschaften. Recherchieren Sie und stellen das Ergebnis in Ihrer Klasse vor.

3. Erstellen Sie eine Übersicht der Eigenschaften der Fasern in Form einer Tabelle.

4. Wie sind Ausstattung und Ablauf im Wäschedepot in Ihrem Betrieb organisiert?

5. Sie sind für den Einkauf neuer Tischwäsche zuständig.

   a) Wählen Sie geeignete Materialien dafür aus, ermitteln Sie die erforderliche Größe und Menge, holen Sie verschiedene Angebote ein und wählen Sie anschließend ein Produkt aus.

   b) Begründen Sie Ihre Wahl hinsichtlich des Materials, des Preises, der Größe und Menge.

3 Kennzeichnung von Wäsche und Textilien

Alle Textilien oder Textilerzeugnisse, die auf den Markt kommen, sind zum Schutze und zur Information des Verbrauchers gekennzeichnet. Hierbei handelt es sich teilweise um freiwillige, teilweise auch gesetzlich vorgeschriebene Kennzeichnungen.

3.1 Textilkennzeichnungsgesetz

Nach dem Textilkennzeichnungsgesetz (TKG) müssen Angaben zu den verwendeten Fasern und Farben gemacht werden, nicht jedoch über die eingesetzten Hilfsstoffe (Hilfs- und Ausrüstungschemikalien für Textilien).

Die verwendeten Rohstoffe müssen in Gewichtsprozent in absteigender Reihenfolge angegeben sein. Das bedeutet, die Faser mit dem größten Anteil steht an erster Stelle. Besteht ein Textil zu mehr als 85 % aus einem Faserstoff, so reicht es, diesen anzugeben. Die restlichen Fasern brauchen nicht genannt zu werden. Beträgt der Anteil einer Faser weniger als 10 %, darf sie als „sonstige Faser" bezeichnet werden.

Bei Mischungen verschiedener Fasern werden die Naturfasern mit ihrem Namen angegeben, die Chemiefasern mit ihrem Gattungsnamen, z. B. Polyamid, Polyester usw.

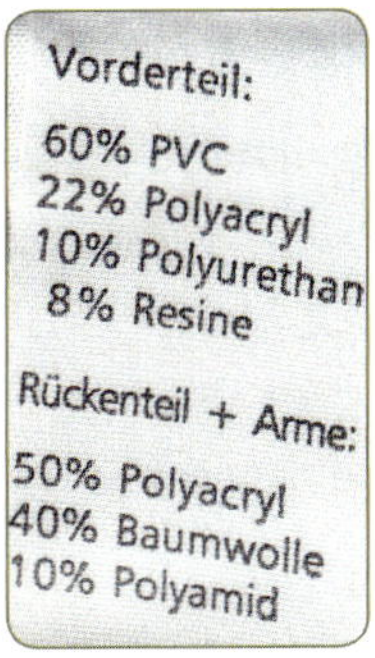

Waren, die zu 80 % aus textilen Rohstoffen bestehen oder deren textiler Anteil ein wesentlicher Teil des Produktes ist, wie Bezugsstoffe für Möbel oder wärmende

Bild 1: *Textilkennzeichnung*

Futter in Winterstiefeln, müssen ebenfalls gekennzeichnet sein. Dabei wird beispielsweise angegeben: Oberstoff reine Baumwolle, Futterstoff 100 % Polyamid.

Die Kennzeichnung muss sichtbar sein.
Sie wird:

- eingenäht,
- eingeheftet,
- eingewebt oder
- aufgedruckt.

Sie kann auch auf der Verpackung angebracht sein, beispielsweise bei Strümpfen.

Bild 2: *Textilkennzeichen*

Auf dem deutschen Markt ist in deutscher Sprache zu kennzeichnen.

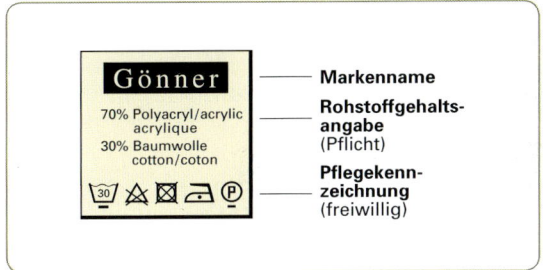

Bild 3: *Etikett mit Kennzeichnung nach dem TKG*

Zusätzlich dürfen Warenzeichen und Markennamen der Hersteller verwendet werden (s. S. 470).

Derzeit noch freiwillig ist die **Herkunftsbezeichnung**. Die EU plant eine Änderung des Gesetzes. Diese Art der Kennzeichnung ist problematisch, da es in der globalisierten Welt nicht nur jeweils ein Herstellungsland gibt. So können beispielsweise die Fasern aus Australien stammen, der Stoff in Italien gewebt worden und von einem deutschen Unternehmen gekauft und entworfen worden sein. Wenn das Textil dann in Indien genäht wird, passt die Herkunftsbezeichnung „Made in Indien" nicht.

3.2 Pflegekennzeichnung von Textilien

Die Pflegekennzeichnung ist gesetzlich nicht verbindlich vorgeschrieben. Dennoch sind die Pflegekennzeichen international einheitlich und in den meisten Wäschestücken vorhanden. Sie geben Verbrauchern, gewerblichen Wäschereien und Chemisch-Reinigungen eine Empfehlung für die Pflege von Textilerzeugnissen und vermeiden Textilschäden. Es wird nicht garantiert, dass alle Verschmutzungen durch die empfohlene Behandlung entfernt werden. Manchmal sind zum Piktogramm auch Textzusätze über eine spezielle Behandlung angegeben.

Weitere Pflegesymbole können in der Kleidung sein, wenn sie im Auslandsurlaub gekauft wurde (Bild 1).

| Nicht wringen (Japan/USA) | Ohne Dampf bügeln (USA) | Reinigung bei niedriger Temperatur (USA) |

Bild 1: *Ausländische Pflegekennzeichen*

Eine komplette Übersicht über die Pflegekennzeichen ist in dem nachfolgenden Bild dargestellt.

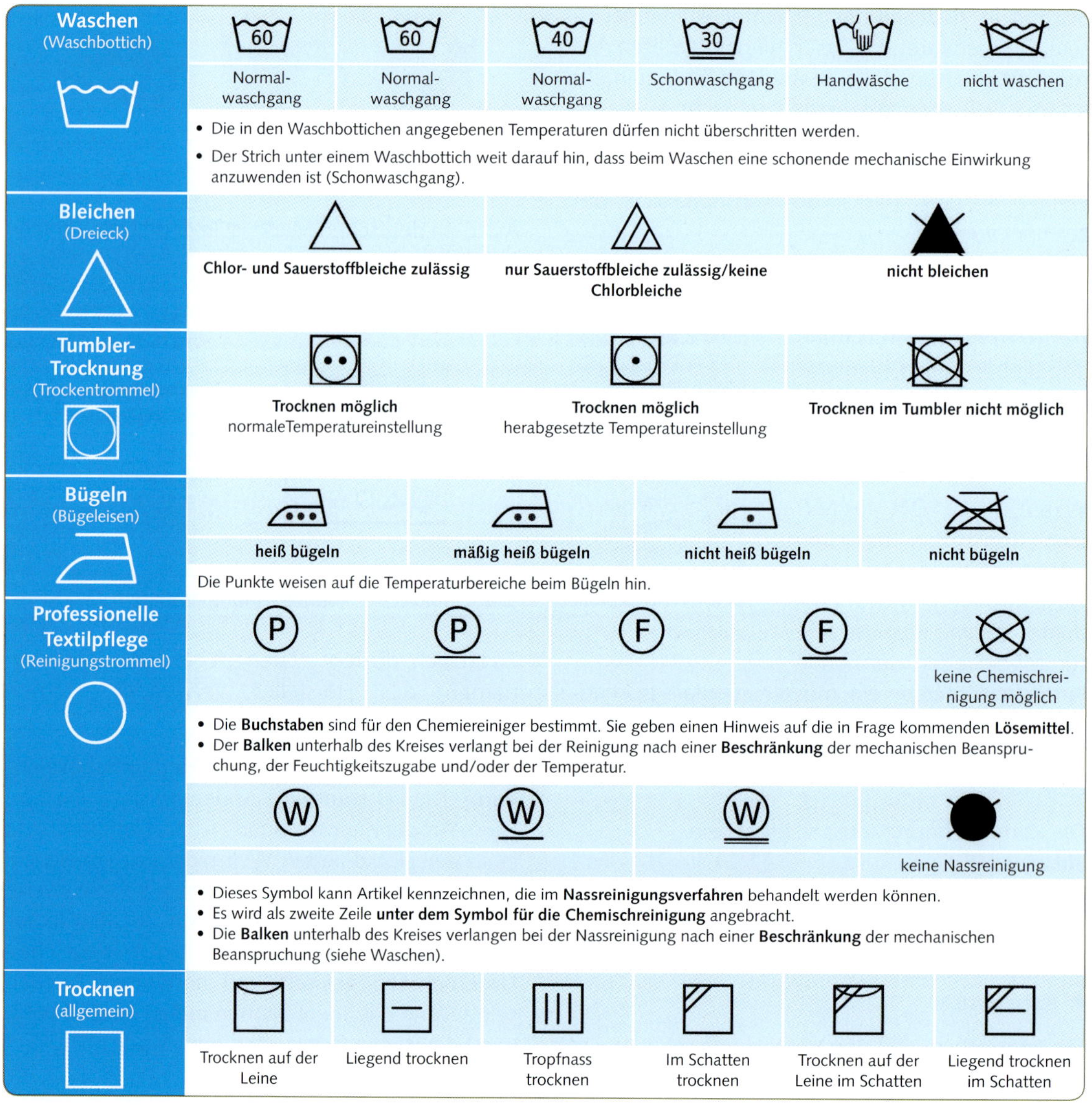

Waschen (Waschbottich)	60 Normalwaschgang	60 Normalwaschgang	40 Normalwaschgang	30 Schonwaschgang	Handwäsche	nicht waschen
	• Die in den Waschbottichen angegebenen Temperaturen dürfen nicht überschritten werden. • Der Strich unter einem Waschbottich weit darauf hin, dass beim Waschen eine schonende mechanische Einwirkung anzuwenden ist (Schonwaschgang).					
Bleichen (Dreieck)	Chlor- und Sauerstoffbleiche zulässig		nur Sauerstoffbleiche zulässig/keine Chlorbleiche		nicht bleichen	
Tumbler-Trocknung (Trockentrommel)	Trocknen möglich normale Temperatureinstellung		Trocknen möglich herabgesetzte Temperatureinstellung		Trocknen im Tumbler nicht möglich	
Bügeln (Bügeleisen)	heiß bügeln	mäßig heiß bügeln		nicht heiß bügeln		nicht bügeln
	Die Punkte weisen auf die Temperaturbereiche beim Bügeln hin.					
Professionelle Textilpflege (Reinigungstrommel)	P	P	F	F	keine Chemischreinigung möglich	
	• Die **Buchstaben** sind für den Chemiereiniger bestimmt. Sie geben einen Hinweis auf die in Frage kommenden **Lösemittel**. • Der **Balken** unterhalb des Kreises verlangt bei der Reinigung nach einer **Beschränkung** der mechanischen Beanspruchung, der Feuchtigkeitszugabe und/oder der Temperatur.					
	W	W	W	keine Nassreinigung		
	• Dieses Symbol kann Artikel kennzeichnen, die im **Nassreinigungsverfahren** behandelt werden können. • Es wird als zweite Zeile **unter dem Symbol für die Chemischreinigung** angebracht. • Die **Balken** unterhalb des Kreises verlangen bei der Nassreinigung nach einer **Beschränkung** der mechanischen Beanspruchung (siehe Waschen).					
Trocknen (allgemein)	Trocknen auf der Leine	Liegend trocknen	Tropfnass trocknen	Im Schatten trocknen	Trocknen auf der Leine im Schatten	Liegend trocknen im Schatten

3.3 Wäschekennzeichnung

Im Privathaushalt wird die Wäsche gekennzeichnet, damit Kinder ihre Kleidung auf Klassenfahrten, beim Sport oder im Kindergarten usw. erkennen. Zur Kennzeichnung werden Webnamen zum Einnähen oder Aufbügeln bevorzugt.

Bild 1: *Kennzeichnung mit Namensschildern*

In Gemeinschaftseinrichtungen wird die Wäsche gekennzeichnet, damit sie den einzelnen Bewohnern schnell und sicher wieder zugeordnet werden kann. Aber auch Einrichtungen, die ihre Wäsche vergeben oder in verschiedenen Abteilungen unterschiedliche Wäsche einsetzen, kennzeichnen ihre Textilien. Eine gute übersichtliche Kennzeichnung erleichtert das Zuordnen und spart Zeit.

Die Kennzeichnung sollte unscheinbar, schnell und materialschonend erfolgen. Es sind unterschiedliche Systeme der Kennzeichnung auf dem Markt:

- Webnamen zum Einnähen oder Aufbügeln
- Patches
- Chips mit Barcode und/oder RIFD (radio-frequency identification, d. h. Identifizierung mithilfe elektromagnetischer Wellen)

Bild 2: *Kennzeichnung mit Barcode*

Bild 3: *Kennzeichnung mit RIFD*

Barcode und RFID-Verfahren nehmen in großen Wäschereien einen immer größeren Stellenwert ein, da sie eine höhere Informationsvielfalt bieten, beispielsweise die Verfolgung des Weges vom Einsammeln der Wäsche über das Waschen bis zum Ausliefern. Aufgrund der hohen Kosten wird eine flächendeckende Verwendung noch einige Zeit in Anspruch nehmen.

Einheitliche Firmen- bzw. Berufskleidung macht das Erscheinungsbild noch professioneller und repräsentativer, wenn Embleme mit Aufschrift der Firma oder Namenszug des Trägers aufgestickt sind.

Patchen

In Großhaushalten wird derzeit meistens das Patchen eingesetzt. Die Patches dienen einerseits zum Kennzeichnen durch Namen der Einrichtung, der Bewohnerwäsche oder durch Nummernangaben.

Patches können auch zum Flicken von Wäsche verwendet werden, wenn beispielsweise keine Einstichstellen vorhanden sein sollen. Bei dehnbaren Stoffen wie Unterwäsche oder Socken können jedoch Schäden entstehen, wenn die Ware nach dem Patchen gedehnt wird.

Nachfolgend ist eine Patchmaschine abgebildet.

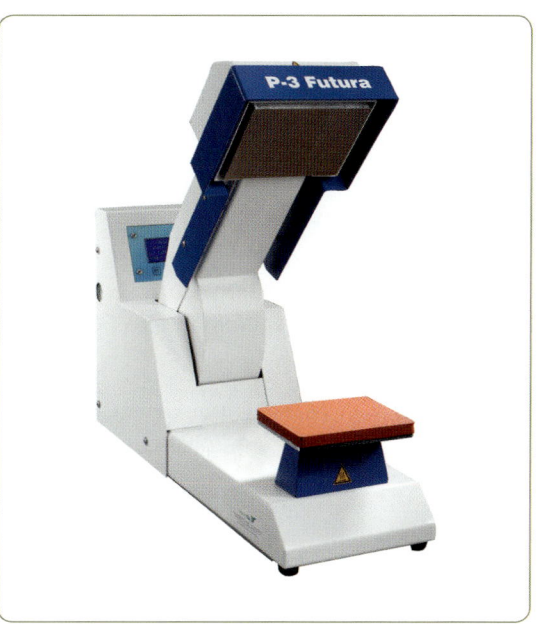

Bild 4: *Patchmaschine*

3.4 Gütezeichen

Gütezeichen sind Siegel, Zeichen oder Symbole, die bestimmte Eigenschaften signalisieren sollen. Sie werden von allgemein anerkannten Organisationen (z. B. RAL-Gütegemeinschaften) vergeben. Es werden eine hohe Produkt- und Dienstleistungsqualität und eine gleich bleibende nachprüfbare Qualität garantiert.

„Naturfaser", „Öko" oder „reine Baumwolle" sind nichtssagende irreführende Werbeaussagen. Deshalb ist es besonders wichtig, die für Textilien und Fasern geltenden Kennzeichen und deren Bedeutung zu kennen.

Eingetragene Warenzeichen sind Markennamen (Herstellermarken) oder Symbole, die beim Deutschen Patentamt in München eingetragen sind. Am hochstehenden R im Kreis sind sie erkennbar und dienen als Schutz vor Nachahmung. Waren-/Markenzeichen dienen als Hinweis auf bestimmte Materialien und besonders hochwertige Qualität und helfen den Käufern bei der Beurteilung des Artikels (siehe Beispiel Bild 1).

Bild 1: *Eingetragene Güte- und Warenzeichen*

3.4.1 Ökolabel

Neben den Zeichen zur Erkennung der Qualität werden sogenannte Label vergeben, beispielsweise für ökologische Maßnahmen beim Anbau und der Gewinnung der Fasern oder der Weiterverarbeitung und Veredlung der Textilien. Neben dem Umweltaspekt können weitere Kategorien zur Labelvergabe sein:

- Soziallabel
- Gesundheitslabel
- Sicherheitslabel

Oeko-Tex Standard 100

Bild 2: *Oeko-Tex Standard 100*

Zeichen	Bedeutung
	Textilien aus Reinleinen oder Halbleinen werden so gekennzeichnet. Bei Mischungen muss der Leinenanteil mindestens 50 % betragen.
	Internationales Baumwollzeichen, garantiert gute Qualität der Baumwolle. Eine Verwendung bei Fasermischungen ist ausgeschlossen.
	International anerkannt bürgt es für reine Seide und gute Qualität.
	Textilien aus reiner Schurwolle von hochwertiger Qualität werden von der Woolmark-Company überwacht.
	Mischung mit einer anderen Faser, der Schurwollanteil beträgt mindestens 50 %.
	Markenname einer Chemiefaser aus Polymeren

Tabelle 1: *Gütezeichen für Textilien*

Es ist ein Textillabel für schadstoffgeprüfte Textilien. Nur eine eingetragene Prüfnummer garantiert, dass es sich um ein zertifiziertes Stück handelt, bei dem die Grenzwerte für hautbedenkliche Substanzen nicht überschritten werden.

Qualitätszeichen/Markenzeichen Naturtextil

Dieses Markenzeichen zeichnet Produkte aus, deren Naturfasern aus kontrolliert ökologischem Anbau oder artgerechter Tierhaltung stammen. Sie dürfen keine synthetischen Farbstoffe oder chemi-

Bild 1: *IVN-Zertifikat*

sche Ausrüstungen enthalten. Es ist bisher das einzige Markenzeichen, das die Qualitätskriterien von der Produktion bis zur Entsorgung überprüft bzw. anwendet. Die Kontrolle führt das Schweizer Institut für Marktökologie (IMO) durch.

Naturland

Bei diesem Label stammen die Fasern aus kontrolliertem ökologischem Landbau.

Zertifiziert wird lückenlos von der Aussaat der Baumwolle, über die Verarbeitung zu Stoffen, der Veredlung

Bild 2: *Naturlandsiegel*

wie Färben, Drucken, Ausrüsten, dem Zuschnitt, Nähen bis zum Verpacken der Ware.

EU Ecolabel

Mit dem europäischen Umweltzeichen, der „EU-Blume" werden Textilien gekennzeichnet, die geringe Umweltbelastungen bei Anbau und Produktion sowie gute Gesundheitsverträglichkeit beim

Bild 3: *EU-Ecolabel*

Gebrauch haben. Die Vergabekriterien werden nach drei bis fünf Jahren von unabhängiger Stelle überprüft und evtl. restriktiver festgelegt, um die Umweltfreundlichkeit zu verbessern.

Medizinisch getestet und schadstoffgeprüft

Das Prüfsiegel „Medizinisch getestet und schadstoffgeprüft" wird für körperverträgliche Textilien verwendet. Es dürfen sich keine die Haut reizenden oder gesundheitsschädlichen Substanzen aus den Textilien lösen. Als Orientierung für

Bild 4: *Prüfsiegel „Medizinisch getestet und schadstoffgeprüft"*

die Grenzwerte dient der Öko-Tex Standard 100. Die Hersteller können jedoch freiwillig weitere Inhaltsstoffe untersuchen lassen.

Aufgaben:

1. Erkunden Sie das Angebot an Naturtextilien bei den Textilproduktgruppen Bettwäsche, Unterwäsche, Jugendmode (T-Shirt, Jeans). Welche Standards sind jeweils angegeben? Welche Preisunterschiede sind feststellbar?

2. Recherchieren Sie die Arbeitsbedingungen, unter denen Marken-Sweatshirts in Indien hergestellt werden.

3. Informieren Sie sich über die verschiedenen Kennzeichnungen bei Mode/Textilien und finden Sie heraus, welche Label Ihnen wertvolle Informationen liefern. Erstellen Sie dazu eine Tabelle und beurteilen Sie:

   a) die Vergabekriterien
   b) die Allergierelevanz bzw. den Gesundheitswert
   c) Besprechen Sie das Ergebnis im Klassenverband.

4. Recherchieren Sie die Kennzeichnung von Strichcodes und RFID zur Kennzeichnung von Wäsche.

   a) Ermitteln Sie Vor- und Nachteile und die Durchführung dieser Verfahren.
   b) Berichten Sie in Ihrer Klasse über Ihre Recherchen und vergleichen Sie die unterschiedlichen Kennzeichnungen am Beispiel Ihres Betriebes.

4 Wäsche sammeln und sortieren

4.1 Wäschekreislauf

Vom Tragen der Wäsche über die Reinigung der Schmutzwäsche bis zur Aufbewahrung der sauberen Wäsche sind viele Arbeitsschritte nötig. Sie werden im sogenannten Wäschekreislauf dargestellt.

In der Wäscherei beginnt der Kreislauf mit der Wäscheanlieferung auf der „unreinen Seite". Hier wird die schmutzige Wäsche sortiert und gewaschen.

Auf der „reinen Seite" wird sie weiterversorgt, bis sie schrankfertig bearbeitet zum Abtransport bereit ist. Im Großhaushalt wird die Wäsche den Bewohnern, bzw. Stationen zugeordnet.

Kenntnisse über den Wäschekreislauf helfen im Betrieb die Wäscheumlaufzeit zu reduzieren und Wartezeiten zu minimieren.

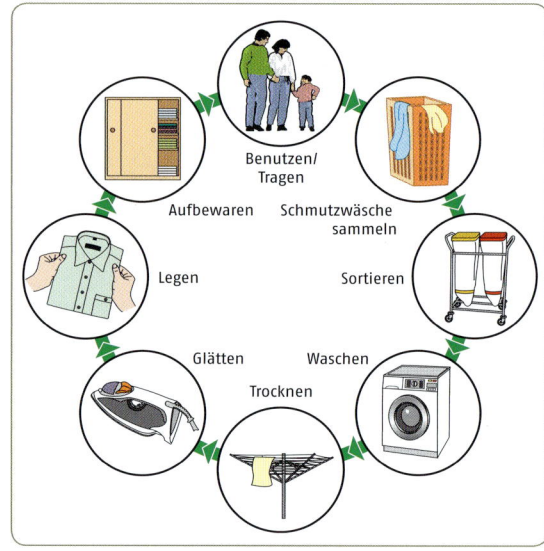

Bild 1: *Wäschekreislauf*

4.2 Aufbewahren der Schmutzwäsche

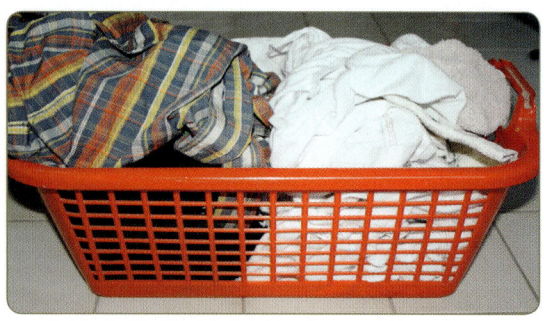

Bild 2: *Schmutzwäschebehälter*

Schmutzige Wäsche wird bis zum Waschen in passenden Behältnissen gesammelt. Es gibt unterschiedliche Systeme. Im Privathaushalt werden Wäschetruhen, Wäschekörbe oder Wäschebeutel eingesetzt (Bild 2).

In Neubauten gibt es inzwischen häufig eine „Wäscherutsche", die direkt zur Waschküche führt. Somit muss die Schmutzwäsche nicht mehr im Schlafzimmer oder im Bad gesammelt werden. Bei manchen Sammelsystemen sind die Deckel farbig, damit nach einfachen Kriterien vorsortiert werden kann (Seite 457, Bild 1).

An die Aufbewahrung und somit die Behälter werden bestimmte Ansprüche gestellt:

> Schmutzwäsche sollte trocken, luftig, kühl und nicht zu lange aufbewahrt werden, sonst riecht sie und Flecken lassen sich schlechter entfernen.
>
> - Feuchte Wäsche bekommt nach ein paar Tagen Stockflecken, die nicht mehr entfernbar sind.
> - Pflegeleichte oder Wolle enthaltende Textilien dürfen nicht zusammengepresst werden, die entstehenden Knitter lassen sich später kaum entfernen.

Schmutzwäsche muss aus hygienischen Gründen immer getrennt von sauberer Wäsche aufbewahrt werden. Deshalb ist es vorteilhaft, die Wäschekörbe zum Aufbewahren und Transport der Schmutzwäsche farbig von denen für die saubere Wäsche zu unterscheiden. Günstig ist eine Behältergröße, die jeweils eine Maschinenfüllung fasst.

In Großhaushalten wird die Schmutzwäsche in farbig gekennzeichneten reißfesten, ausreichend keimdichten und evtl. feuchtigkeitsdichten Wäschesäcken gesammelt. Infektiöse oder mit Fäkalien verschmutzte Wäsche muss getrennt in Räumen gesammelt werden, zu denen nur Personal Zugang hat. Diese Wäsche wird in Säcken gesammelt, die ungeöffnet in die Waschmaschinen gelangen und täglich gewaschen werden.

Die Schmutzwäsche wird bereits bei der Sammlung sortiert, um spätere Keimverwirbelungen zu vermeiden. Dabei werden Fremdkörper wie Stifte entfernt, damit Schäden an der Wäsche oder den Maschinen vermieden werden.

Bild 1: *Wäschebehälter mit Deckel*

4.3 Vorbereitungsarbeiten vor dem Waschen

Vorbereitungsarbeiten vermeiden Wäscheschäden und müssen deshalb gründlich durchgeführt werden. Folgende Arbeiten sollten durchgeführt werden:

- Taschen leeren, da mitgewaschene Taschentücher oder Kugelschreiber zu Flusen und Flecken führen können.
- Wäsche auf links ziehen, das schont sie.
- Reißverschlüsse und Knöpfe schließen, damit Reißverschlüsse sich leichter schließen lassen und andere Wäschestücke nicht zerrissen werden.
- Bettwäsche auf links ziehen und die Ecken ausbürsten, das schont die Wäsche, Flusen in Ecken werden vermieden.
- Ausbürsten von Tascheninnenseiten und Hosenaufschlägen verhindert Ablagerungen von Flusen oder Krümeln.

- Nicht waschbare Teile wie Schmuck, Gürtel, Schnallen, Stecknadeln usw. entfernen, da sie Schäden davontragen oder zu Schäden an der Maschine führen können.
- Zusammenbinden von Bändern an Schürzen und Vorbindern, damit sie nicht ineinanderhaken und mühselig auseinandergemacht werden müssen.
- Ärmel an Pullovern und Hemden entrollen, damit die Kleidung sauber wird.
- Wäsche sortieren, um Verfärbungen oder Schäden zu vermeiden.
- Beschädigte Wäschestücke, z. B. Löcher in Hosen, grob ausbessern.
- Kleine Teile wie Strumpfhosen oder Miederwaren in Wäschesäcke geben, damit sie nicht verloren gehen oder ihre Haken andere Stücke beschädigen.
- Nicht waschbare Wäschestücke aussortieren, z. B. für die chemische Reinigung.
- Flecken vorbehandeln, so kann Waschmittel geringer dosiert werden und schwer entfernbare Flecken lösen sich leichter.

Eine Fleckvorbehandlung wird häufig nur noch im Privathaushalt durchgeführt (s. S. 480).

In großen Wäschereien werden Flecken häufig erst nach der Wäsche entfernt, da es kostengünstiger ist, einzelne Teile separat zu behandeln, als die gesamte Wäsche einer Spezialbehandlung zu unterziehen.

Bild 2: *Reißverschluss und Knöpfe schließen*

4.4 Sortieren der Wäsche

Das Sortieren von Schmutzwäsche bedeutet eine Aufteilung der Wäsche nach verschiedenen Kriterien, die in Tabelle 1 dargestellt sind. Richtiges Sortieren vermeidet Ärger um verfärbte oder vergraute Wäsche. Die Fasern bleiben gut erhalten und die Wahl der richtigen Temperatur spart Energie.

Dunkle Textilien stets getrennt von hellen waschen, farbgleiche Stücke möglichst zusammen in die Wäsche geben. Arbeitskleidung getrennt von Küchenwäsche waschen. Nur Wäschestücke gleicher Sorte und Pflegeanleitung dürfen zusammen gewaschen werden.

Bild 1: *Sortieren von Wäsche nach Farben*

Sortieren	Beispiel
Farbe hell, dunkel, gemischte Farbtöne	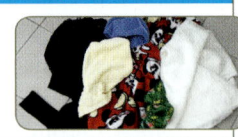
Temperatur Maschinenwäsche, Handwäsche	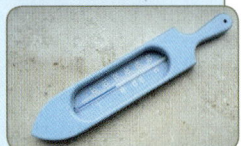
Faserart Naturfaser, Chemiefaser, Mischfaser	
Verwendung Küchenwäsche, Personalwäsche, Berufsbekleidung, Heimtextilien, Krankenhauswäsche	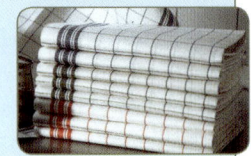
Herstellungsart Pullover, Jeans	
Textilart Oberbekleidung, Wohntextilien, Funktionswäsche	
Ausrüstung knitterfrei, bügelfrei, pflegeleicht, appretiert (bei neuer Wäsche) oder filzfrei bei Wolle	
Verschmutzungsgrad (normal, leicht, stark, verfleckt, infektiös)	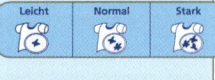
Verschmutzungsart Öl-, Eiweiß-, Stärkeflecken	

Tabelle 1: *Sortieren von Wäsche*

Aufgaben:

1. Informieren Sie sich über die auf dem Markt erhältlichen Sammel- und Sortiersysteme für Privathaushalte und Großhaushalte.

2. Vergleichen Sie innerhalb der Klasse die Sortiersysteme in Ihren Betrieben. Diskutieren Sie über mögliche Unterschiede.

3. Erstellen Sie in übersichtlicher Form (Tabelle) eine Arbeitsanweisung zum Sortieren von Bewohnerwäsche.

5 │ Wäsche reinigen und pflegen

Schmutz sieht nicht nur schlecht aus, er ist ein idealer Nährboden für Bakterien. Deshalb sollte Schmutz von Textilien möglichst gründlich ent- fernt werden. Doch geht es beim Waschen nicht allein um das momentane Entfernen von Schmutz, sondern auch um die Pflege der Textilien.

5.1 Trockenreinigung

Nicht alle Wäschestücke müssen gleich gewaschen werden. Je nach Art des Schmutzes oder der Flecken sind unterschiedliche Arten der Wäschebehandlung möglich. Eine Möglichkeit ist die Trockenreinigung:

- **Ausschütteln:** Lose aufliegender Staub wird entfernt.
- **Ausbürsten:** Die Kleidungsstücke werden zum Ausstauben ausgebürstet (Schlammspritzer vorher trocknen lassen), Flusen mit einer Flusenbürste oder Fusselrolle entfernen oder Kleidungsstücke wie Sakkos mit einer weichen Bürste abbürsten.
- **Aufdämpfen oder Aufbügeln:** Textilien, die Schurwolle oder Wollmischungen enthalten (Hosen, Sakkos, Röcke), werden aufgedämpft, um Beulen oder Glanzstellen zu entfernen. Es kann auch mit einem feuchten Tuch, das auf das Kleidungsstück gelegt wird, aufgebügelt werden. Einfacher ist der Vorgang mit einem Dampfbügeleisen oder dem Bügeleisen der Dampfbügelstation durchzuführen, wie in Bild 1 dargestellt.
- Das **Lüften** kann bei Textilien angewandt werden, die in verrauchten Räumen getragen wurden, jedoch nicht verschmutzt sind. Die

Teile werden auf Kunststoff-Kleiderbügeln nach draußen gehängt. Sie dürfen dabei jedoch nicht intensiver Sonneneinstrahlung oder Regen ausgesetzt sein, da dies zu Schäden führen kann (Flecken oder Ausbleichen).
- Die gesamte Wäsche oder ein Teil davon kann sowohl von Privathaushalten als auch Gemeinschaftseinrichtungen an **Wäschereien vergeben** werden oder bei speziellen Stücken oder Flecken an **chemische Reinigungen**.

Ansonsten wird die Nasswäsche durch das Waschen in der Maschine oder von Hand durchgeführt (s. S. 483).

Bild 1: *Dämpfen eines Kleidungsstückes*

5.2 Verschmutzungsgrad

Die Stärke der Verschmutzung wird durch den Verschmutzungsgrad angegeben.

Es werden drei Verschmutzungsgrade unterschieden (Bild 1, S. 476). Der Verschmutzungsgrad ist eine wichtige Größe für die Dosierung des Waschmittels. Es sollten möglichst Wäschestücke mit gleichem Verschmutzungsgrad zusammen gewaschen werden, da dieser eine entscheidende

Größe bei der Auswahl des Waschprogramms ist. Leicht verschmutzte Textilien können im niedrigen Temperaturbereich gewaschen werden, während stark verschmutzte Wäsche hohe Temperaturen benötigt. So können durch das Trennen der Wäsche nach Verschmutzungsgrad Waschmittel und Strom gespart werden. Dies trägt zum nachhaltigen Waschen bei.

Verschmutzungsgrad von Textilien

Leicht	Normal	Stark

Keine Verschmutzungen und Flecken* erkennbar. Einige Kleidungsstücke haben Körpergeruch angenommen.	Verschmutzungen sichtbar und/oder wenige leichte Flecken* erkennbar.	Verschmutzungen und/oder Flecken* deutlich erkennbar.

* Typische Flecken: **Bleichbar:** Tee, Kaffee, Rotwein, Obst, Gemüse · **Fett-/ölhaltig:** Hautfett, Speiseöle/-fette, Soßen, Mineralöl, Wachse · **Eiweiß-/kohlenhydrathaltig:** Blut, Ei, Milch, Stärke · **Pigment:** Ruß, Erde, Sand · Bei einer Fleckenvorbehandlung der Wäsche kann die Waschmittelmenge entsprechend reduziert werden!

Quelle (2008): Industrieverband Körperpflege- und Waschmittel e.V. (IKW)

Bild 1: *Verschmutzungsgrad von Textilien*

5.3 Waschfaktoren

Der Waschvorgang wird beeinflusst durch die in Bild 2 dargestellten fünf Waschfaktoren:

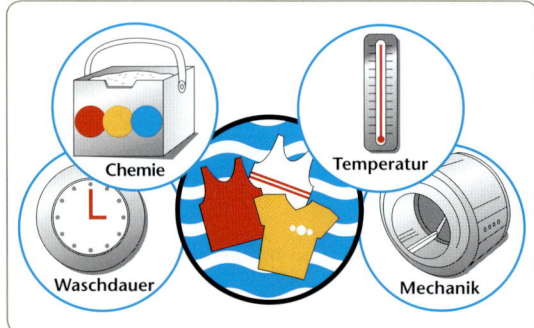

Bild 2: *Waschfaktoren*

Wichtigster Waschfaktor bei der Reinigung von Wäsche ist das **Wasser**. Es dient

- als Lösemittel für wasserlösliche Verschmutzungen und für das Waschmittel. Beide zusammen bilden die **Waschflotte**.

- zum Ausschwemmen gelöster Verschmutzungen.

- als Überträger der in der Waschmaschine erzeugten Wärme auf die Wäsche.

Damit die Wäsche sauber wird, ist eine ausreichende Wassermenge erforderlich. Die Wassermenge steht in einem direkten Verhältnis zur Wäschemenge. Dieses Verhältnis wird als Flottenverhältnis bezeichnet.

Das **Flottenverhältnis** ist abhängig vom Waschprogramm (Koch-/Buntwaschprogramm, Pflegeleicht- oder Schonwaschprogramm), als freie Flotte bezeichnet, und der Saugfähigkeit der Textilfasern, gebundene Flotte genannt.

Feinwäsche oder pflegeleichte Wäsche, die nicht knittern darf, wird deshalb mit einem hohen Flottenverhältnis gewaschen. Das bedeutet: Wenig Wäsche und viel Wasser in der Maschine erzeugen geringe mechanische Beanspruchung und schonen die Fasern.

Durch das heutige Waschen mit geringen Wassermengen ist das Einhalten der anderen Faktoren besonders wichtig, damit die Wäsche sauber wird.

Durch die **Mechanik**, das Bewegen der Wäsche mit der Hand oder der rotierenden Waschmaschinentrommel, wird das Lösen des Schmutzes beschleunigt. Die Wahl des Waschprogramms bestimmt die Mechanik.

Durch die **Temperatur** können Wasser und Waschmittel ihre Wirkung entfalten. Die Höhe der Temperatur ist abhängig von der Faser- und Gewebeart und dem Grad der Verschmutzung.

Die **Zeit** wird vom jeweiligen Waschprogramm in Abhängigkeit des Verschmutzungsgrades bestimmt.

5.4 Waschmittel

Neben dem Wasser als wichtigstem Waschfaktor sind die Waschmittel von großer Bedeutung.

Folgende Ansprüche werden an Waschmittel gestellt:

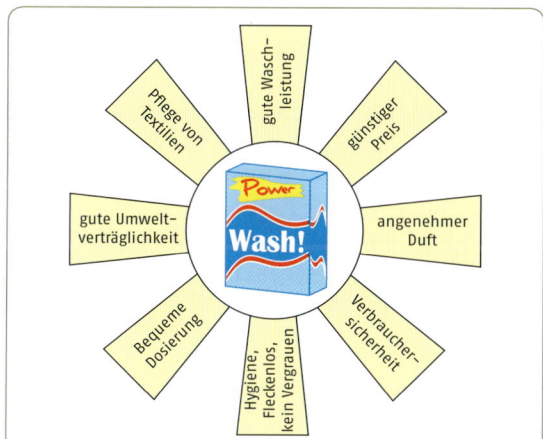

Bild 1: *Ansprüche an Waschmittel*

Angebotsformen bei Waschmitteln

Waschmittel werden in unterschiedlichen Formen angeboten (Bild 2):

- **Pulver** ist die klassische Angebotsform mit höherer Dosierung, da es weniger stark konzentriert ist. Durch die enthaltenen Füllstoffe ist es ökologisch nicht unbedenklich.
- **Perlen**, Superkompaktate, sind hoch konzentrierte Waschmittel, die geringer dosiert werden müssen.
- **Tabs**, bzw. Tablets haben eine fertig portionierte Form, sind leicht und sauber dosierbar. Es ist kein Messbecher vorhanden, kein Verschütten, keine individuelle Dosierung möglich.

- **Liquitabs:** Die Hülle wird in Wasser gelöst, es handelt sich um flüssige Waschmittel. Eine individuelle Dosierung ist nicht möglich. Sie sind hoch konzentriert, werden in die Waschtrommel gegeben. Vorteilhaft ist, dass keine Hautberührung mit dem Waschmittel stattfindet, es leicht dosierbar ist und keine Überdosierung stattfindet.
- **Flüssigwaschmittel** sind besonders für Mikrofasern und Funktionskleidung geeignet, Pulver verstopfen die Membrane. Sie sind leicht löslich und es gibt keine weißen Flecken auf dunkler Kleidung. Sie sind gut für Handwäsche und Kurzprogramme in der Waschmaschine geeignet.
- **Dosieranlagen** werden in Großwäschereien oder Großbetrieben angewandt, da die Waschmittel aufgrund ihrer Konzentration sehr exakt dosiert werden müssen.

Bild 2: *Angebotsformen von Waschmitteln*

Inhaltsstoffe in Waschmitteln

Waschmittel enthalten unterschiedliche Inhaltsstoffe.

Alle Inhaltsstoffe haben verschiedene Aufgaben, die für ein gutes Waschergebnis sorgen. Sie werden in Tabelle 1, S. 478 dargestellt.

Bild 1: *Waschmittelpackung Inhaltsstoffe*

Inhaltsstoff/chemische Bezeichnung	Wirkung
Tenside LAS, SAS, Seife, Alkoholhoxylate	Benetzen Faser mit Wasser, lösen Schmutz aus der Wäsche
Enzyme Proteasen, Amylasen, Lipasen	Lösen Eiweiß
Enthärter Natriumaluminiumsilikat, Polycarboxylate, Citrate	Vermeiden, dass die Wasserhärte Tenside unwirksam macht
Bleichmittel Natriumperborat, TAED, Natriumpercarbonat	Bewirken, dass Farbstoffe durch Oxydation zersetzt werden
Bleichaktivatoren TAED	Durch sie wirken Bleichmittel schon bei niedrigen Temperaturen
Optische Aufheller Stilben- und Pyrazolinderivate	Lassen weiße Wäsche weißer erscheinen, machen jedoch nicht sauber
Verfärbungsinhibitoren PVP	Sie verhindern ein Verfärben von farbiger Wäsche
Vergrauungsinhibitoren Carboxymethylcellulose	Verhindern, dass sich der gelöste Schmutz wieder auf der Wäsche absetzt
Parfum/Duftstoffe	Sorgen für Geruchsverbesserung

Tabelle1: *Inhaltsstoffe in Waschmitteln*

Arten von Waschmitteln/Anwendung

Je nach Faser, Farbe oder Verschmutzungsgrad sind unterschiedliche Waschmittel notwendig. Nach ihrer Verwendung wird folgende Einteilung vorgenommen/unterschieden: In Tabelle 2 wird eine Übersicht über die gebräuchlichsten Waschmittel gegeben:

Vollwaschmittel
- Für weiße Wäsche oder Wäsche mit unempfindlichen Farben, bei starken Verschmutzungen, da sie sie bleichend wirken.
- Haben die größte Waschkraft, für alle Temperaturen von 20 bis 95 °C

Colorwaschmittel
- Für farbige Wäsche von kalt bis 60 °C, jedoch nicht für Wolle und Seide. Sie schonen die Farben, schützen vor Farbübertragung.

Feinwaschmittel
- Ähnlich wie Colorwaschmittel für empfindliche farbige Wäsche, die bei niedrigen Temperaturen gewaschen wird.
- Verhindern Farbübertragung, nicht für Wolle und Seide, feinporiger Schaum schützt die Fasern vor mechanischen Einflüssen.

Wollwaschmittel
- Für Wolle und Seide, weil sie keine Enzyme (Proteasen) enthalten und pH-neutral sind.
- Wichtig im Wollwaschprogramm, um Verfilzen zu vermeiden, da sie mehr Schaum entwickeln als Feinwaschmittel.

Gardinenwaschmittel
- Sie enthalten speziell für weiße Gardinen optische Aufheller und Vergrauungsinhibitoren, bei 30–40 °C einsetzbar.

Baukastensysteme
- Sie bestehen aus Basiswaschmittel, Enthärter und Bleichmittel.
- Enthärter und Bleichmittel werden nicht allen Waschgängen zugegeben.
- Wegen geringer Nachfrage sind sie nur noch in Spezialgeschäften erhältlich.

Tabelle 2: *Arten von Waschmitteln*

Gesichtspunkte bei der Dosierung von Waschmitteln

Auf jeder Waschmittelverpackung ist eine Dosierempfehlung für einen Waschgang angegeben. Berücksichtigt wird gemäß der Detergentien-Verordnung jeweils eine Waschmaschinenladung mit 4,5 kg Trockengewicht bei Universalwaschmitteln, bei Feinwaschmitteln von 2,5 kg Trockenwäsche.

Die benötigte Waschmittelmenge ist abhängig von der Wasserhärte und dem Verschmutzungsgrad. Da Waschmittelrezepturen ständig weiterentwickelt werden, ändern sich auch die Dosiermengen. Deshalb sollte nach jedem Kauf einer neuen Packung die Dosierung überprüft werden. Bild 1 zeigt die Dosierempfehlung auf einer Waschmittelpackung.

Für jeden Waschgang sollte das richtige Waschmittel genau dosiert und sparsam verwendet werden. Alle Waschmittel enthalten Kalkschutz, ein zusätzlicher Wasserenthärter ist nur bei sehr hoher Wasserhärte nötig.

Eine **Überdosierung**, also ein Zuviel an Waschmitteln, ist teuer und ökologisch bedenklich. Die Wäsche wird nicht sauberer als bei richtiger Dosierung. Es können, vor allem bei dunkler Wäsche sichtbar, Waschmittelrückstände auf den Wäschestücken verbleiben.

Eine **Unterdosierung** führt zur Vergrauung von weißer Wäsche. Flecken werden möglicherweise nicht vollständig entfernt und „brennen" bei erneutem Waschen ein. Außerdem können Fettläuse entstehen; das sind kleine Fettpartikel, die beim Waschen gelöst, aber nicht aus der Wäsche transportiert werden. Die Waschmaschine kann beschädigt werden (z. B. verkalken oder es bilden sich Ablagerungen).

Zur richtigen Dosierung ist ein Dosierbecher einzusetzen, kein Becher oder eine Tasse. Aus Umweltschutzgründen enthalten Waschmittelpackungen keine Dosierbecher mehr. Sie sind kostenlos über eine Hotline bei den Waschmittelherstellern zu beziehen.

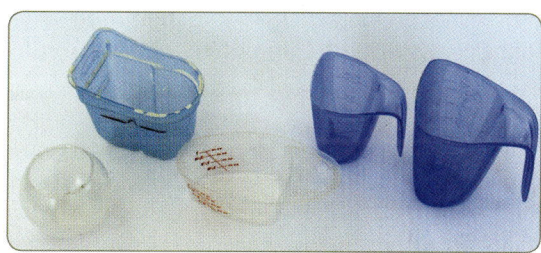

Härtebereich / Verschmutzungsgrad	Leicht	Normal	Stark
Weich	40 ml	70 ml	110 ml
Mittel	50 ml	90 ml	130 ml
Hart	60 ml	100 ml	150 ml

Anwendungsbeispiel: Bei einem Härtebereich „Mittel" und einem normalen Verschmutzungsgrad würden Sie nach dieser Dosierempfehlung 90 ml Ihres Waschmittels für Ihre Waschmaschine benötigen.

Bild 1: *Dosieren von Waschmitteln*

Wichtig ist, dass der Dosierbecher gut lesbare Maßeinheiten hat. Ein zu großer Dosierbecher verführt dazu, mehr Waschmittel zu verwenden.

Bild 2: *Dosierbecher verschiedener Größen*

Zur besseren Übersicht für den Verbraucher ist auf jeder Waschmittelpackung die Ergiebigkeit angegeben. Das Symbol „Zahl unter einem Wäschekorb" macht dies kenntlich.

Bild 3: *Ergiebigkeit*

Waschmittelverpackungen enthalten Piktogramme mit Warnhinweisen, die einem sicheren Umgang mit Waschmitteln dienen sollen.

Die acht Sicherheitsabbildungen sind europaweit einheitlich durch den internationalen Verband der Hersteller von Wasch-, Pflege- und Reinigungsmitteln (A.I.S.E.) geregelt, s. S. 480, Bild 1.

Bild 1: *Piktogramme mit Warnhinweisen*　© AISE

5.5　Waschhilfsmittel

Waschhilfsmittel **unterstützen** die **Waschwirkung** von Waschmitteln, wenn Textilien besondere Flecken oder fest haftende Verschmutzungen aufweisen. Sie werden auch als gezielte **Vorbehandlung** von Wäsche eingesetzt, wenn auf das Vorwaschen verzichtet wird.

Zu den Waschhilfsmitteln werden gezählt:

- Vorbehandlungsmittel
- Einweichmittel
- Entfärber
- Fleckensalz
- Wasserenthärter

Bild 2: *Waschhilfsmittel*

Vorbehandlungsmittel sind Schwerpunktverstärker wie Waschpasten, die auf die Flecken der vorgefeuchteten Wäsche gegeben werden. Nach kurzer Einwirkzeit wird wie üblich gewaschen. Sie dienen auch als Waschmittel für Handwäsche. Vorwaschsprays arbeiten wie Waschpasten, sind jedoch einfacher in der Handhabung.

Gallseifen haben durch ihre besonders gute emulgierende Wirkung gute Fettlösekraft, müssen jedoch einige Zeit einwirken. Alle Mittel werden vor dem Waschen in der Maschine nicht ausgewaschen. Es muss daher überlegt werden, ob die Waschmittelmenge reduziert werden kann. Auch Flüssigwaschmittel können zur Fleckenvorbehandlung eingesetzt werden.

Einweichmittel werden bei einzelnen stark verschmutzten Stücken angewandt. Diese Teile, wie Berufskittel oder Sportbekleidung, werden über Nacht in eine Waschwanne mit lauwarmem Wasser und dem Einweichmittel gegeben. Danach kann im Normalwaschgang gewaschen werden.

Fleckensalze sollten nur bei bleichbaren Verschmutzungen eingesetzt werden, da sie die Farben in Textilien verändern. Während der Anwendung bleichen Farbflecken mittels Oxidation auf chemischem Wege mit sogenanntem Aktivsauerstoff. Da viele Flecken Mischflecken sind, die besser durch Enzyme zu entfernen sind, wird dazu geraten, auch aus Kostengründen Vollwaschmittel gezielt einzusetzen.

Wasserenthärter

Sie sind in Waschmitteln enthalten und nur bei sehr hohen Wasserhärtegraden ab Stufe 2 notwendig. Bei Zugabe von Enthärtungsmitteln muss die Waschmittelmenge reduziert werden, da es sonst zu Überdosierung kommt.

5.6 Nachbehandlungsmittel

Wäschenachbehandlungsmittel werden entweder dem letzten Spülbad zugegeben oder nach dem Trocknen der Wäsche, beispielsweise beim Bügeln, aufgesprüht. Sie sollen Wäsche weich machen oder genau das Gegenteil bewirken: die Wäsche steifen (Bild 1).

Bild 1: *Wäschenachbehandlungsmittel*

Weichspüler

Sie werden dem letzten Spülbad zugegeben oder sind in Waschmitteln enthalten. Weichspüler reinigen nicht und werden bei jeder Wäsche wieder herausgewaschen. Ihre Aufgabe ist das Verhindern der beim Trocknen von Wäsche auftretenden Trockenstarre.

Die Vorteile sind:

- Weicher und angenehmer Griff der Wäsche
- Frisches Aussehen
- Guter Duft
- Leichteres Bügeln der Wäsche
- Es müssen nicht alle Stücke gebügelt werden.
- Synthetics laden sich weniger elektrostatisch auf.

Nachteile von Weichspülern sind:

- Sie können Allergien auslösen.
- Die Saugfähigkeit der Textilien wird herabgesetzt, deshalb sind sie ungünstig beim Einsatz von Geschirr- oder Handtüchern.
- Beim Auswaschen aus der Kleidung reichern sie sich im Klärschlamm an, sind deshalb ökologisch bedenklich.
- Weichspüler verkleben die Fühler von Wäschetrocknern, deshalb nicht bei Wäsche einsetzen, die im Trockner getrocknet wird.

- Bei Funktionskleidung mit Membranfunktion (s. S. 466) können Weichspüler die Oberfläche der Kleidung verschließen. So ist der Abtransport des Schweißes vom Körper nach außen nicht mehr gewährleistet.

Feinappreturen

Appreturen werden nach dem Waschen eingesetzt. Ihre Aufgabe ist das Verschönern von Oberbekleidung (Hemden, Blusen) und Bett- und Tischwäsche, die nicht ausgerüstet und daher „lappig" im Griff ist. Es sollen ein fülliger Griff, Oberflächenschutz (glatte Oberfläche vermindert Schmutzauftrag) und Elastizität verliehen werden. Bei Appreturen handelt es sich um besonders behandelte Naturstärken, die dem letzten Spülbad zugegeben werden.

Formspüler

Sie werden vorwiegend bei Hemden, Blusen, Bett- und Tischwäsche kalt angewendet, manchmal als Sprühstärke. Durch das Aufbringen von Kunstharzteilchen wird ein leichter elastischer Stand erreicht und die Bügelarbeit erleichtert.

Bügelhilfen

Sie sind als Sprays oder als Sprühmittel im Handel erhältlich und werden punktuell auf Kragen, Manschetten, Spitzen oder Rüschen direkt beim Bügeln aufgetragen. Sie beseitigen Knitter, erleichtern das Bügeln durch Gleitmittel und geben der Wäsche einen besseren Stand.

Stärke

Stärken werden heiß oder kalt löslich (Reis- oder Kartoffelstärke) angeboten. Feinste Stärkekörnchen füllen die Hohlräume des Gewebes und verkleben die Faseroberfläche. Es entsteht eine feste bis brettartige Oberfläche, die bei Tischwäsche und Berufskleidung für ein besseres Aussehen sorgt und durch die glatte Oberfläche ein Anschmutzen vermindert. Stärke wird bei jeder Wäsche herausgewaschen.

Dauerappretur/Steife

Es werden Kunstharze auf die Wäsche gebracht, die eine hohe Waschbeständigkeit aufweisen. Die gesteifte Wäsche wird schmutzunempfindlich, jedoch lassen sich Flecken auch schlechter entfernen. Ihren Einsatz finden diese Produkte bei Tischwäsche und Schürzen.

Hygienespüler

Hygienespüler sind antimikrobiell wirkende Stoffe, die Keime und Bakterien im niedrigen Waschbereich bis 60 °C beseitigen. Anwendung findet dieses Produkt bei Unterwäsche, Kinder- und Babywäsche, Dessous, Socken und Sportkleidung, die nicht kochecht sind. Hygienespüler werden über die Weichspülkammer zu dem Waschgang zugefügt. Das Waschmittel wird wie gewohnt dazu dosiert.

5.7 Fleckentfernungsmittel

Fleckentfernung wird durchgeführt bei kleinflächigen Verschmutzungen auf Textilien, wenn das Waschen des gesamten Textils nicht lohnt oder die Vorbehandlung den Waschgang erleichtert oder besondere Verschmutzungen vorliegen, die durch Waschen nicht entfernt werden können.

Auch hier gilt wieder die Regel:

> Je eher der Fleck entfernt wird, desto leichter lässt er sich entfernen, denn die Verschmutzung dringt langsam in das Gewebe ein.

Bild 1: *Fleckentfernungsmittel*

Für jeden Fleck werden spezielle Mittel angeboten, aber auch Feinwaschmittel und Gallseife finden Verwendung.

Arbeitsablauf der Fleckentfernung

- Aufliegenden groben Schmutz, wie Speisereste oder Kerzenwachs, vorsichtig abschaben.
- Flecken mit Küchenkrepp oder saugfähigem Tuch abtupfen.
- Je nach Material und Fleckenart das passende Mittel auswählen.

- An verdeckter Stelle (Naht oder Saum) prüfen, ob das Mittel für das Material geeignet ist.
- Die verschmutzte Stelle zur Fleckentfernung auf ein saugfähiges weißes Tuch oder Küchenkrepp legen (bei starker Verschmutzung das Tuch mehrfach wechseln).
- Fleckenmittel auf ein sauberes weißes Tuch geben, in kreisenden Bewegungen den Fleck bearbeiten. Von außen nach innen arbeiten, um die Bildung von Rändern zu verhindern. Starkes Reiben führt zur Pillingbildung (Knötchen), deshalb kann eine Fleckentfernung von der linken Seite günstiger sein.
- Das Fleckenmittel muss einwirken, darf jedoch nicht eintrocknen.
- Je nach Art des Mittels wird es nach der Bearbeitung des Fleckens mit einem stark saugenden Tuch aufgenommen oder ausgespült oder nur an der Luft getrocknet.
- Nach der Behandlung mit Fleckenmittel Kleidungsstücke gut lüften und ausbürsten.

> ### Hinweise zur Fleckentfernung
>
> - Vor Gebrauch eines Fleckenmittels die Gebrauchsanweisung genau lesen.
>
> - Bei chemischen Mitteln Fenster öffnen, keine giftigen Dämpfe einatmen.
>
> - Für jede Fleckenart gibt es spezielle Mittel.
>
> - Bei stark färbenden Textilien (wie Jeans) den Fleck nicht herausreiben, die Stelle wird heller – es entsteht sonst ein neuer bleibender Fleck.
>
> - Gute Kleidungsstücke in die Reinigung geben, nicht selbst probieren, sonst geht der Fleck schlechter raus.

5.8 Handwäsche

Handwäsche wird heute nur noch selten durchgeführt, da die meisten Textilien in der Maschine gewaschen werden können. Anwendung findet Handwäsche deshalb:

- bei Einzelstücken oder kleinen Mengen,
- bei stark färbenden Textilien bei der ersten Wäsche,
- bei schnell benötigten Wäschestücken,
- bei leicht verschmutzten Einzelstücken,
- bei Reinigung von Teilbereichen wie Manschetten, Flecken in der Kleidung.

Da das Handwaschen bei falscher Durchführung zu Wäscheschäden führen kann, sind nachfolgende Regeln einzuhalten:

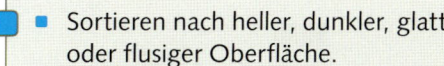

- Sortieren nach heller, dunkler, glatter oder flusiger Oberfläche.

- Wäscheteile nur drücken, nicht wringen oder reiben.

- Geeignetes Waschmittel auswählen.

- Wäschestücke ihrer Art entsprechend liegend oder auf einem Kunststoffbügel hängend trocknen.

- Waschmittel gut auswaschen, sonst wird das Gewebe beschädigt.

5.9 Waschmaschinen

Eine Vielzahl von Waschmaschinen ist auf dem Markt erhältlich. Sie werden unterschieden

- nach Art der Beschickung,
- der Bauform,
- der Größe und
- der Programmwahl.

Die **Beschickung** von Waschmaschinen geschieht durch **Front- oder Toplader**.

Die Wäsche wird durch eine Tür/Bullauge von vorne eingefüllt und entnommen. Trockner kann oben daraufgestellt werden. Unterbaufähig in Küchenzeile oder Hausarbeitsraum.

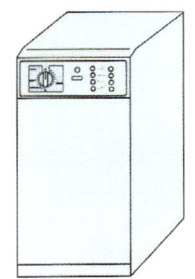

Einfüllöffnung oben, bequemes Einfüllen. Oft schmale Geräte, für Nischen geeignet. „Vergessene" Wäschestücke können später noch zugegeben werden. Bauart der Trommel bedingt lange Haltbarkeit.

Nach ihrer **Bauform** gibt es drei Gerätearten:

- Standgeräte, frei im Raum aufgestellt,
- Unterbaugeräte, unter eine Arbeitsplatte oder in eine Schrankwand integriert,
- Raumspargerät als Wasch-Trockensäule (Waschmaschine mit aufgesetztem Trockner).

Die **Größe** einer Waschmaschine wird nach der Füllmenge berechnet. Im Privathaushalt sind Maschinen mit einer Trommelgröße von 4,5–5 kg Trockenwäsche üblich. Größere Maschinen mit einem Trockenfüllgewicht von 6–8 kg Wäsche sind zum Waschen von Heimtextilien wie Gardinen und Oberbetten besser geeignet. Die Waschmaschine sollte bestmöglich gefüllt sein. Bedingt durch das größere Volumen der Trommel und die damit verbundene größere Wäschemenge wird die Reibung und somit die Bewegung und Reinigung der Wäschestücke erhöht.

Die **Programmwahl** wird aufgrund des Fasermaterials und der Art des Stückes (Jeans oder Seidenschal), der Verwendung (Arbeitskleidung oder Unterwäsche), der Temperaturbeständigkeit (Pflegekennzeichnung) und des Verschmutzungsgrades entschieden. Die Waschdauer hängt vom gewählten Programm ab. Waschmaschinen werden als Einknopfautomatik (Bild 1, S. 484) oder Mehrknopfautomatik angeboten. Je mehr Knöpfe vorhanden sind, desto mehr Programmwahl ist gegeben.

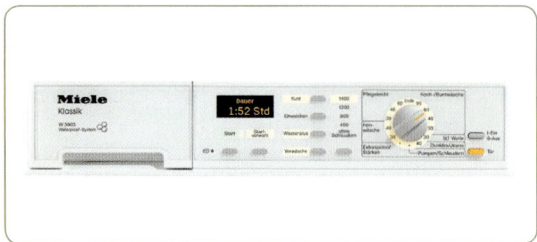

Bild 1: *Einknopfautomatik*

Es sollte immer mit der geringstmöglichen Temperatur gewaschen werden.

Zum **Bedienkomfort** einer Waschmaschine zählt die Bedienblende. Sie kann mit einer Restzeitanzeige, einer Anzeige verschiedener Kontrollfunktionen im Display, einem Kundendienst-Testprogramm und der Wahl von Wasserzuschaltung oder Wechsel des Schleuderprogramms ausgestattet sein (Bild 2). An der Bedienblende werden auch Waschprogramm, Temperatur und evtl. vorhandene Sonderfunktionen und Spezialprogramme eingestellt.

Bild 2: *Bedienblende einer Waschmaschine*

Gelochte Mitnehmerrippen (Bild 3) bewirken eine bessere Waschwirkung.

Das Wabenmuster der Trommel sorgt durch den Luftpolstereffekt für ein schonendes Waschen.

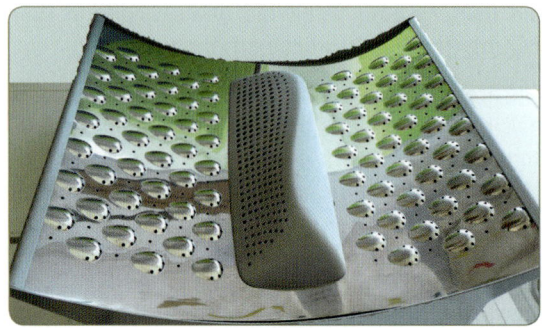

Bild 3: *Gelochte Mitnehmerrippen*

Schleudern mit der Waschmaschine

Das Schleudern wird bei modernen Waschmaschinen als Zwischenschleudern durchgeführt, um Schmutzbestandteile und Waschmittelreste zu entfernen, damit mit weniger Wasser gewaschen werden kann. Das Endschleudern wird nach dem Spülen der Wäsche durchgeführt. Es kann zwischen 15 und 20 Minuten dauern und sorgt für die Reduzierung der Restfeuchte in der Wäsche. Wäsche, die im elektrischen Trockner getrocknet werden soll, muss möglichst hoch geschleudert werden (1 200 bis 1 800 U/Min.), um die Restfeuchte zu verringern und beim elektrischen Trocknen den Stromverbrauch zu minimieren. Die maximale Drehzahl wird in den letzten ein bis zwei Minuten erreicht. Zum Schluss wird eine Auflockerungsphase durchgeführt, die bewirkt, dass die Wäsche leichter aus der Trommel entnommen werden kann. Pflegeleichte Wäsche oder Wolle wird bei niedrigeren Schleudertouren entwässert, damit sie knitterarm entnommen werden kann.

Sicherheitseinrichtungen bei Waschmaschinen

Das Aqua-Stop-System besitzt ein elektrisches Sicherheitssystem am Wasserhahn, einen zusätzlichen Sicherheitsmantel um den Zulaufschlauch und einen Wasserfühler am Geräteboden. So wird gewährleistet, dass der Wasserzulauf bei Auftreten eines Fehlers sofort gestoppt wird. Der Wasserhahn muss nicht vor und nach Gebrauch der Maschine geöffnet, bzw. geschlossen werden und die Beaufsichtigung der Maschine während des Waschvorganges kann entfallen.

Bild 4: *Überlaufschutz*

Ein mechanischer Überlaufschutz verhindert, dass das Fenster der Maschine während des Waschvorganges geöffnet werden kann, sowie ein Ansteigen des Wasserniveaus in der Maschine.

Ein Unwuchtkontrollsystem (UKS) verhindert das „Wandern" der Waschmaschine während des Schleudervorganges. Tritt beim Schleudern von großen Einzelstücken oder schwerer Wäsche wie Jeans eine Unwucht auf, wird die Schleuderumdrehungszahl verringert oder die Maschine stoppt den Schleudervorgang und beginnt erneut.

Energieeffizienz und Waschwirksamkeit

Geräte, die wenig Strom, Wasser und Energie benötigen, sind zu bevorzugen. In diesem Bereich hat die Industrie in den vergangenen Jahren große Anstrengungen unternommen und verschiedene Verfahren zum sparsamen Umgang entwickelt.

Zur **Einsparung von Waschmitteln** wurden das Umflutverfahren und der Laugenbehälterverschluss mit Kugel oder Klappe eingeführt.

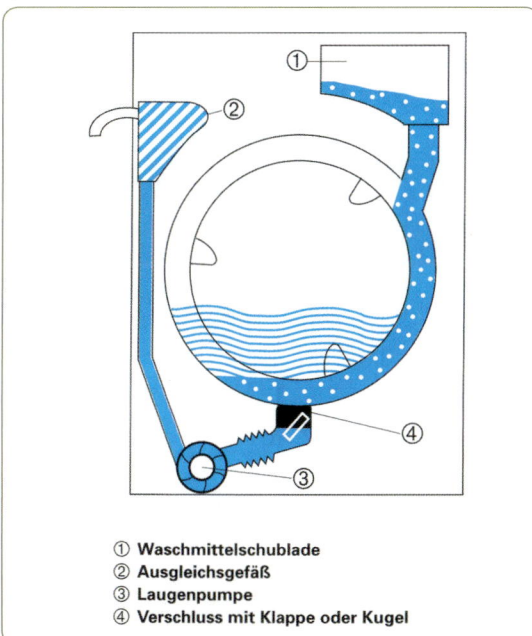

① Waschmittelschublade
② Ausgleichsgefäß
③ Laugenpumpe
④ Verschluss mit Klappe oder Kugel

Bild 1: *Laugenbehälterverschluss mit Klappe oder Kugel*

Einrichtungen zum **Einsparen von Wasser** sind das Schöpfsystem, das Sprühsystem und das Direkteinspülsystem.

Die Gerätehersteller sind verpflichtet, Angaben zu Energie- und Wasserverbrauch zu machen. Dazu wurde das sogenannte Energielabel eingeführt (s. S. 64).

Das Energielabel hilft beim Einkauf sparsame Geräte schnell zu erkennen, denn Gerätedaten sind übersichtlich tabellarisch und mit Buchstaben farbig dargestellt. Der Strom- und Wasserverbrauch bei 60 °C Buntwäsche, das Fassungsvermögen und die Geräuschemission dienen neben der Waschwirkung und Schleuderwirkung als Grundlage.

Teurere, aber sparsamere Geräte lohnen den Kauf bezogen auf die Dauer der Nutzung. Neue Waschmaschinen benötigen weniger Wasser und Strom als alte und haben laut Stiftung Warentest eine bessere Waschwirkung. Sie leisten einen erheblichen Beitrag zum Umweltschutz. Deshalb ist zu prüfen, ob ein Neukauf aus ökonomischen und ökologischen Gründen geplant werden sollte, auch wenn die alte Maschine noch nicht kaputt ist.

Weitere Aspekte zum umweltfreundlichen, nachhaltigen Waschen sind:

- Bei normal verschmutzter Wäsche sollte man auf Vorwäsche verzichten.
- Jeweils eine Temperaturstufe niedriger waschen. Die meisten Wäschestücke werden bereits bei höchstens 60 °C richtig sauber. Kochwäsche und desinfizierende Waschmittel sollten im Privathaushalt die Ausnahme sein, z. B. bei ansteckenden Krankheiten.

Industrielle (gewerbliche) Waschmaschinen

In größeren hauswirtschaftlichen Betrieben werden gewerbliche Waschmaschinen eingesetzt. Dies können einerseits professionelle Waschmaschinen in Form von **Waschschleudermaschinen** sein, die ähnlich den Haushaltswaschmaschinen arbeiten und sich von diesen unterscheiden durch:

- ihre größere Bauweise und einen leistungsfähigeren Motor,
- eine größere Beladungskapazität,
- eine größere Türöffnung zum schnelleren und bequemeren Be- und Entladen,
- eine kürzere Waschdauer,
- andere Beheizungssysteme (Gas, Dampf oder elektrisch),
- eine stärkere Entwässerung,
- eine andere Lochung der Waschtrommel zur besseren Durchflutung der Wäsche.

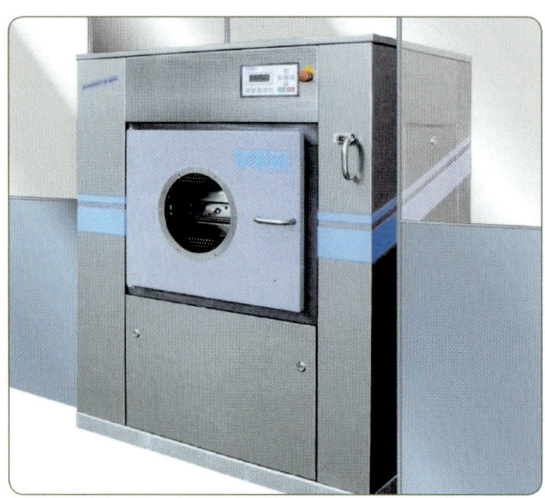

Bild 1: *Hygiene-(Trennwand-)Waschmaschine*

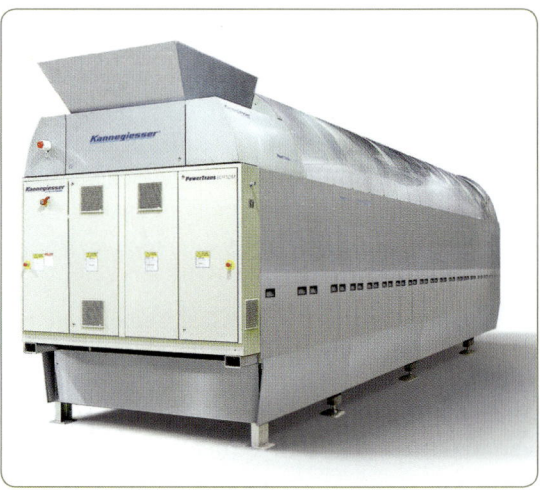

Bild 2: *Kontinueanlage*

Werden besondere hygienische Anforderungen gestellt, wie bei Krankenhauswäsche oder Wäsche von Pflegestationen in Senioreneinrichtungen, sind **Trennwandwaschmaschinen** eine Lösung. Diese auch **Durchlademaschinen** genannten Waschmaschinen sind so konstruiert, dass sie von zwei hermetisch getrennten Seiten aus zugänglich sind. Auf der unreinen Seite erfolgt das Beladen, auf der reinen Seite das Entladen (Bild 1). Der Kontakt zwischen sauberer und schmutziger Wäsche wird vermieden und dadurch optimale Hygiene geschaffen.

Kontinueanlagen (Bild 2) finden ihren Einsatz in Wäschereien, wo große Mengen gleichartiger Wäscheposten gewaschen werden. Es handelt sich um stetig oder taktweise arbeitende Waschstraßen, bei denen das Waschgut vollautomatisch und kontinuierlich gewaschen wird. Ein Maschinenstillstand durch Be- und Entladung findet nicht statt. Die Wäsche wird in einer Kammer, die schneckenartig die Maschine durchläuft, gewaschen.

Verlässt hinten ein Waschposten die Kammer, wird vorne eine neue Ladung Schmutzwäsche zugegeben. Die Entwässerung findet hinter der Waschstraße mittels einer Wäschepresse statt. Dabei wird die Waschflotte mit großem Druck durch einen Stempel herausgedrückt.

Diese Maschinen arbeiten ressourcensparend. Das bedeutet, es wird häufig durch Flottenrückgewinnung das Wasser aus Wasch- und Spülbädern mehrfach verwendet und so der Wasser- und Energieverbrauch gesenkt.

Waschverfahren und Desinfektion

Wäsche, die infektionsverdächtig ist, muss desinfizierend gewaschen werden. Dies kann durch zwei Verfahren erfolgen.

Thermische Desinfektion	Chemo-thermische Desinfektion
Konstantes Waschen mindestens 10 Minuten bei 90 °C oder mind. 20 Min. bei 85 °C	Desinfizierendes Waschen bei 60 oder 70 °C mindestens über den in der Anwendungsvorschrift angegebenen Zeitraum

Tabelle 1: *Desinfektion*

Bei thermischer Desinfektion von 90 °C muss kein desinfizierendes Waschmittel eingesetzt werden (laut Robert-Koch-Institut RKI). Diese Art der Desinfektion ist auch ausreichend bei Durchfallerkrankungen, jedoch nicht für jede Wäscheart, z. B. Wollpullover, anwendbar.

Die verwendeten Waschmittel müssen getestet und ihre desinfizierende Wirkung nachgewiesen sein. Das bedeutet, sie sind nach DGHM (Deutsche Gesellschaft für Hygiene und Mikrobiologie) oder RKI „gelistet".

Nur bei akuten übertragbaren Krankheiten oder einem geschwächten Immunsystem ist eine 90-Grad-Wäsche oder der Zusatz von Desinfektionsmitteln erforderlich.

Reinigung und Wartung der Waschmaschinen im Haushalt

Im Großbetrieb wird die Reinigung und Wartung der Waschmaschine im Hygieneplan festgelegt und nach vorgegebenen Regeln gereinigt.

Im Privathaushalt sollte die Reinigung und Wartung in regelmäßigen Abständen erfolgen:

- Waschmittelschublade herausnehmen und reinigen

Bild 1: *Reinigung der Waschmittelschublade*

- Flusensieb (Fremdkörperfalle) nach Gebrauchsanweisung öffnen und reinigen
- Tür und Gummidichtring reinigen, Gummidichtung in den Falten auf Fremdkörper überprüfen

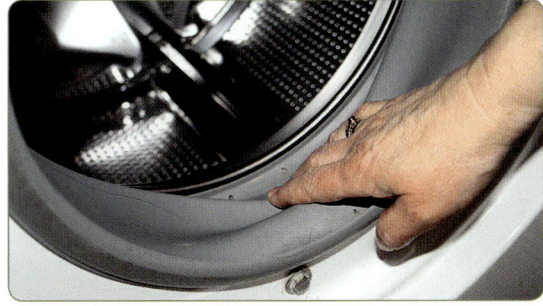

Bild 2: *Prüfung auf Fremdkörper*

- Gehäuse außen, Schlauch und Kabel mit Mikrofasertuch abwischen
- Wasserzulaufschlauch auf Festigkeit überprüfen

Aufgaben:

1. Recherchieren Sie die Flottenverhältnisse der unterschiedlichen Waschprogramme Kochprogramm, Buntwaschprogramm, Pflegeleichtprogramm, Wollwaschprogramm und Schonprogramm.

2. Erstellen Sie eine Fleckentabelle mit den am häufigsten auftretenden Flecken. Geben Sie zu den Flecken die entsprechende Behandlung an.

3. Stellen Sie einen Arbeitsplan zur Durchführung einer Handwäsche auf: dunkelblauer Mohairpullover, Seidenschal, helle Wollsocken, gelbe Seidenbluse.

4. Beschreiben Sie in Arbeitsschritten den Ablauf zur Durchführung des Waschens mit Maschine.

5. Informieren Sie die Klasse über die Bedeutung der einzelnen Sicherheitspiktogramme, die auf Seite 480 dargestellt sind.

6. Erkundigen Sie sich im Fachhandel nach unterschiedlichen Waschmaschinen. Vergleichen Sie die Geräte hinsichtlich ihrer Ausstattung, Größe und der Preise. Wählen Sie eine Maschine für Ihren Privathaushalt aus und begründen Sie Ihre Wahl.

7. Wiegen Sie einen Satz Bettwäsche in Ihrem Betrieb. Ermitteln Sie, wie viel Bettwäsche in eine Maschinenfüllung passt und die Betriebs- und Lohnkosten. Berechnen Sie die Kosten für eine Waschmaschinenfüllung und vergleichen Sie sie mit den Kosten, die bei Vergabe der Wäsche anfallen würden.

8. Der Reinigung von Geräten im Großhaushalt kommt eine besondere Bedeutung zu. Informieren Sie sich, wie die Reinigung von Waschmaschine und Trockner in Ihrem Betrieb durchgeführt wird und besprechen das Ergebnis mit Ihrer Ausbilderin.

6 │ Trocknen von Wäsche

Beim Trocknen wird der Wäsche die beim Waschen zugeführte Flüssigkeit wieder entzogen. Dies kann durch Luftströmung erfolgen. Je besser die Luft-bewegung beim Trocknen und die Höhe der Temperatur sind, desto geringer ist die Trockenstarre und umso weicher wird das Wäschestück.

6.1 Trocknen an der Luft

Das Wäschetrocknen kann an der Luft im Freien oder in Räumen wie Trockenkeller, Wäscheboden oder Badezimmer erfolgen. Beim Trocknen in Räumen ist auf gute Belüftung zu achten, damit die Feuchtigkeit sich nicht an Wänden und Inventar absetzt und zur Schimmelbildung führt.

Vorteile dieser Art des Trocknens sind die geringen Kosten, da weder Wasser noch Energie gebraucht wird und die einmalige Anschaffung von Klammern und Trockengeräten nicht so teuer ist wie die Anschaffung eines Trockners. Der natürliche Duft der Wäsche wird in Gegenden mit geringer Luft-verschmutzung sehr geschätzt. Das Trocknen im Freien kann jedoch nur bei günstigen Wetter-bedingungen und nicht im Winter durchgeführt werden. Das Auf- und Abhängen der Wäsche erfordert viel Zeit und Kraft.

Geräte zum Aufhängen von Wäsche

Im Handel sind unterschiedliche Geräte in ver-schiedenen Größen zum Trocknen für drinnen und draußen erhältlich. In Tabelle 1 sind die gebräuch-lichsten aufgeführt.

Wäscheleine	Wäschespinne	Wäscheflügeltrockner	Wandtrockner
Für drinnen und draußen	Für drinnen und draußen	Für drinnen und draußen	Für drinnen
Je nach Länge für das Trocknen mehrerer Waschmaschinen-ladungen	Nur zum Trocknen von zwei bis drei Wasch-maschinenladungen, Platz sparend	Für maximal ein bis zwei Wasch-maschinenladungen	Nur für kleine Wäsche-mengen

Tabelle 1: *Geräte zum Aufhängen der Wäsche*

Regeln zum Aufhängen von Wäsche

Das Einhalten von Regeln zum Wäscheaufhängen spart Bügelarbeit, deshalb:

- Wäscheleine mit einem feuchten Tuch abwi-schen, wenn keine zusammenklappbare Leine vorhanden ist
- Klammern müssen sauber sein, deshalb nicht draußen auf der Leine lassen

- Für die Klammern einen Beutel, eine Schürze oder ein Eimerchen bereitstellen, um unnötige Wege zu sparen
- Wäsche ausschlagen und glatt ziehen, besonders Kragen, Manschetten, Nähte, Bänder und Webkanten
- Wäsche soll sich beim Aufhängen nicht verziehen, deshalb fadengerade aufhängen.
- Kragen, Manschetten, Nähte, Bänder und Webkanten glatt streichen
- Wäschekorb auf einen Hocker stellen oder einen Korb mit Füßen benutzen

Bild 1: *Wäschekorb mit Füßen*

- Wäsche bleicht in der Sonne aus – deshalb die Wäsche besser auf links ziehen
- Gleiche Wäschestücke nebeneinander hängen, das spart Zeit beim Abnehmen, Bügeln und Zusammenlegen der Wäsche
- Gleiche Strümpfe möglichst nebeneinander hängen, damit sie nach dem Abnehmen sofort zusammengesteckt, in den Wäschekorb gelegt und eingeräumt werden können
- Große Teile wie Bett- und Tischwäsche 10–20 cm über die Leine schlagen, damit die Wäschestücke sich nicht verziehen (Bild 2)

Bild 2: *Aufhängen von großen Wäschestücken*

- Bettwäsche mit der geöffneten Verschlussleiste zur Seite aufhängen, damit die Wäsche schneller trocknet
- Blusen, Hemden und Kittel möglichst auf einen Kunststoffbügel hängen. Holzbügel färben ab.
- Die Wäsche darf den Boden nicht berühren, damit sie nicht verschmutzt
- Um unnötiges Verziehen zu vermeiden, werden die einzelnen Stücke je nach Art an den Trägern, Nähten oder am Bund aufgehängt (Bild 3). Wäscheklammern sind draußen bei Wind nötig. Ihre Abdrücke sollten später nicht sichtbar sein.

Bild 3: *Aufhängen von Kleidung*

Richtiges Abnehmen der Wäsche

- Wäsche sorgfältig in einen Korb legen, um Falten und unnötiges Bügeln zu vermeiden
- Bügelwäsche leicht feucht abnehmen
- Bügelfreie Wäsche gut trocken abnehmen, damit keine Stockflecken entstehen
- Große Teile unten in den Korb, die leichteren darüberlegen
- Hemden und Blusen gleich auf Bügel hängen, nicht in den Korb legen, sonst knittern sie unnötig und erfordern mehr Bügelarbeit
- Wäsche möglichst wenig falten, um Knitterfalten zu vermeiden.

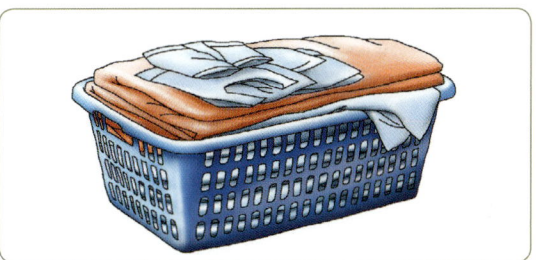

Bild 4: *Große Teile nach unten legen*

6.2 Wäschetrockner

Durch den Einsatz von elektrischen Wäschetrocknern wird die Trockenzeit erheblich verkürzt und vereinfacht. Aus ökologischen Gründen sollte jedoch gut überlegt werden, wann der Einsatz eines solchen Gerätes sinnvoll ist.

Arten von Wäschetrocknern

Für Haushalte sind zwei Arten von elektrischen Wäschetrocknern auf dem Markt: Ablufttrockner und Kondensationstrockner. Bei beiden Geräten wird in einer Trommel, die größer ist als die einer Waschmaschine, getrocknet.

Beim **Ablufttrockner** (Bild 1) wird durch ein Gebläse frische Luft aus dem Raum angesaugt und durch eine Heizung erwärmt. Diese heiße Luft wird an der sich bewegenden Wäsche vorbeigeführt. Dabei geht die Feuchtigkeit der Wäsche in die heiße Luft über und wird mittels eines Ventilators über einen Abluftschlauch nach außen geführt.

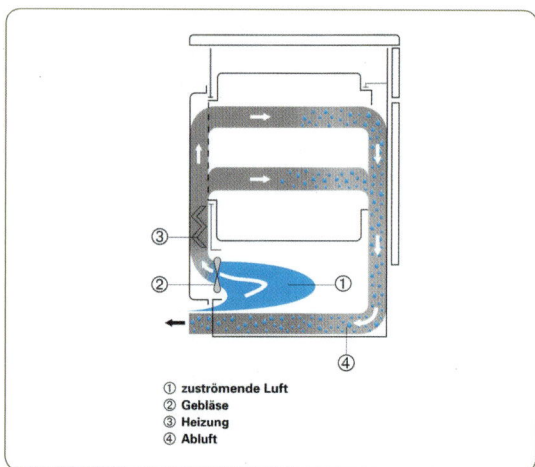

① zuströmende Luft
② Gebläse
③ Heizung
④ Abluft

Bild 1: *Schema des Ablufttrockners*

Der Raum muss bei Einsatz dieses Gerätes gut belüftbar sein und ein Abluftkanal durch die Wand nach außen oder in einen Lüftungsschacht geführt werden. Diese Geräte haben die kürzeste Trocknungszeit und den geringsten Stromverbrauch.

Beim **Kondensationstrockner** ist neben einer Steckdose kein weiterer Anschluss nötig, da er einen geschlossenen Luftkreislauf hat. Das Trocknen geschieht wie beim Ablufttrockner durch Zufuhr von heißer Luft. Diese wird anschließend über einen Wärmetauscher geleitet, wo sie kondensiert. Das

Wasser wird im Kondensationsbehälter aufgefangen. Je nach Gerät kann dieses Wasser direkt in den Abfluss gepumpt oder der Behälter nach dem Trocknungsvorgang entleert werden.

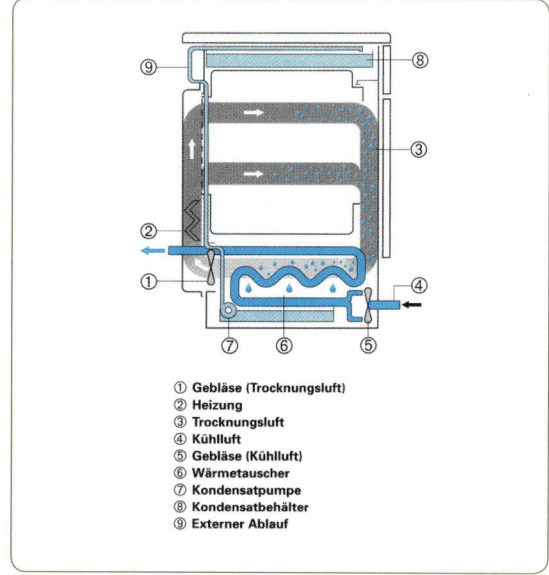

① Gebläse (Trocknungsluft)
② Heizung
③ Trocknungsluft
④ Kühlluft
⑤ Gebläse (Kühlluft)
⑥ Wärmetauscher
⑦ Kondensatpumpe
⑧ Kondensatbehälter
⑨ Externer Ablauf

Bild 2: *Kondensationstrockner*

Schaltflächen von Trocknern

Trockner können nach zwei verschiedenen Arten der Programmsteuerung den gewünschten Trocknungsgrad erreichen: feuchtigkeitsabhängig oder zeitabhängig gesteuert. Viele Trockner haben beide Möglichkeiten der Steuerung eingebaut (Bild 3).

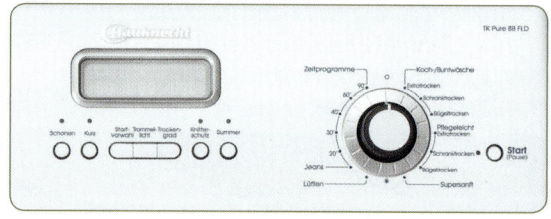

Bild 3: *Steuerung der Programme*

Der **zeitlich gesteuerte Ablauf** wird vorwiegend bei Ablufttrocknern oder als Zusatzprogramm zum Nachtrocknen angewandt. Diese Art der Steuerung erfordert viel Erfahrung.

Die **elektronische Feuchtigkeitsmessung** ermittelt durch elektronische Sensoren den Feuchtigkeitsgrad der Wäsche und somit deren Trocknungsdauer. Vorteilhaft ist hierbei, dass die gewünschte Trockenstufe, wie z. B. mangelfeucht, bügelfeucht oder extra trocken, genau eingestellt werden kann.

Zu jedem Trocknungsvorgang gehört die Abkühlzeit. Dabei wird durch Zuführen kalter Luft ein Übertrocknen vermieden, aber auch dem schnellen Knittern der heißen Gewebe vorgebeugt.

Alle Textilien können unter Beachtung der Pflegekennzeichnung (s. S. 468) im Trockner getrocknet werden. Hierbei wird mit unterschiedlicher Hitze gearbeitet. Wolle oder wollhaltige Stücke werden je nach Modell des Trockners in einem Spezialprogramm oder Spezialwollekorb getrocknet.

Wird der Trockner zu voll befüllt oder das Trocknungsverfahren zu heiß gewählt, knittert die Wäsche stark und es muss gebügelt werden. Geräte, die mittels Wärmepumpe oder Gas betrieben werden, sind teurer in der Anschaffung, jedoch wesentlich sparsamer im Energieverbrauch.

Vorteile von Trocknern:

- Schnelle Art des Trocknens
- Trocknen mit geringem Platzaufwand
- Unabhängigkeit von Trockenplätzen auf dem Dachboden, im Keller oder draußen
- Unabhängigkeit von Wetter, Jahreszeit, Luftverschmutzung und Belegungsplan des Trockenraumes
- Zeit- und kraftsparend, da der Trockner meistens neben der Waschmaschine steht und so weite Wege mit schweren Wäschekörben zum Trockenplatz entfallen
- Geringere Bügelzeiten, da die Wäsche durch die Luftströmung glatter wird
- Einsparen des Weichspülers, da die Wäsche flauschig und weich wird
- Einsprengen von Wäsche kann eingespart werden, wenn der Trocknungsgrad genau eingestellt wird.

Nachteile von Trocknern:

- Hohe Anschaffungs- und Energiekosten
- Nicht trocknergeeignete Wäsche kann beim ersten Trocknen stark schrumpfen.
- Wird die Wäsche nicht direkt nach dem Trocknen entnommen, entstehen Knitter, die aufwendig geglättet werden müssen.
- Synthetische Fasern laden sich stark elektrostatisch auf.

Regeln für den Umgang mit dem Trockner

- Wäschestücke vor dem Einlegen ausschlagen und locker einlegen

- Wäsche nur bis zum gewünschten Trocknungsgrad trocknen

- Wäsche nach Programmablauf sofort entnehmen

- Wäsche locker in den Wäschekorb legen oder leicht falten

- Nur Textilien mit gleichartigen Fasern gleichzeitig trocknen, sonst kann die Abkühlphase zu früh oder zu spät einsetzen und das Trockenergebnis ist ungleichmäßig

Reinigung und Pflege des Wäschetrockners

Wäschetrockner sind regelmäßig zu reinigen, bzw. zu warten. Nach jedem Trocknungsgang ist das Flusensieb zu reinigen und bei Kondensationstrocknern der Wasserbehälter zu leeren. Die Wärmetauscher bei Kondenstrocknern sind mehrmals im Jahr nach Gebrauchsanweisung zu reinigen. Die Flusensiebvorrichtung sollte mehrmals jährlich mit der Fugendüse des Staubsaugers ausgesaugt werden. Bei einigen Trocknern wird eine spezielle Fugendüse für diese Arbeit mitgeliefert. Wird die Trommel nach Benutzung geschlossen, verschmutzt sie nicht so schnell. Sie wird, wie auch das Gehäuse und die Kabel, mit einem Mikrofasertuch feucht aus- bzw. abgewischt.

Aufgaben:

1. Recherchieren Sie, was ein Waschtrockner ist und wo er eingesetzt werden kann. Welche Besonderheiten hat dieses Gerät? Stellen Sie Ihrer Klasse anschließend Ihre Ergebnisse vor.

2. Informieren Sie sich über die Anschaffungskosten und Verbrauchswerte von Abluft- und Kondensationstrocknern. Wählen Sie anschließend ein Gerät aus. Begründen Sie Ihre Entscheidung.

7 | Wäsche glätten

Durch das Bügeln sollen Textilien wieder ihre Form bekommen, glänzen und geglättet werden, d. h. falten- und knitterfrei werden. Die Oberfläche nimmt weniger Schmutz auf.

Moderne Fasern oder Fasermischungen und Ausrüstungen (s. S. 465) führen zu einem stark gesunkenen Anteil an Bügelwäsche gegenüber früher. So wird neben der Bügelwäsche ein Teil der Wäsche lediglich zusammengelegt und ein anderer Teil an gewerbliche Mangelbetriebe gegeben. Unterwäsche, Frottierwaren und einige Wollwaren werden nicht gebügelt.

Beim Bügelvorgang wirken verschiedene Faktoren zusammen (Bild 1).

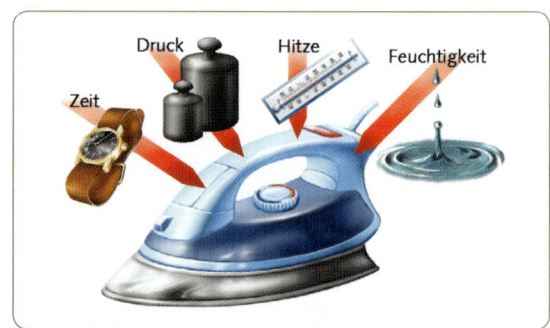

Bild 1: *Faktoren beim Bügelvorgang*

7.1 Bügelgeräte

Die Auswahl der Geräte ist abhängig von Wäschemenge und Wäscheart. Es stehen verschiedene Geräte zur Verfügung:

Reglerbügeleisen

Mit dem herkömmlichen Reglerbügeleisen wird immer seltener gearbeitet, da Wäsche zum Bügeln Feuchtigkeit enthalten muss und deshalb bei dieser Art des Bügelns zusätzliche Arbeit durch das Einsprengen erforderlich ist.

Dampfbügeleisen

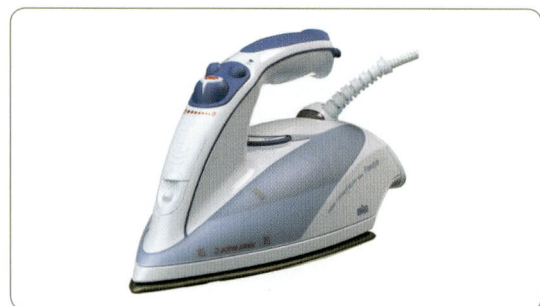

Bild 2: *Dampfbügeleisen*

Mit einem Dampfbügeleisen kann sowohl mit als auch ohne Dampf gebügelt werden. Es gleicht dem konventionellen Bügeleisen, hat jedoch zusätzlich einen Wassertank und Düsen an der Bügeleisensohle, durch die der Dampf austritt und die Wäsche befeuchtet. Die Dampferzeugung er-

folgt im Bügeleisen. Da der Dampf direkt an der heißen Bügeleisensohle ab etwa 130 °C entsteht, wird bei niedriger Reglereinstellung ohne Dampf gearbeitet.

Je mehr Dampfaustrittsöffnungen vorhanden sind, desto besser ist das Bügelergebnis, da die Wäsche mehr befeuchtet wird. Das Einfeuchten der Wäsche vor dem Bügeln kann daher entfallen, zumal durch Sprühvorrichtungen zusätzlich ein Dampfstoß auf die Wäsche abgegeben werden kann, z. B. um eingebügelte Falten zu entfernen oder Bügelfalten an Hosen zu fixieren. Je nach Menge des Dampfaustritts kann auch doppellagig gebügelt werden.

Diese Geräte sind schwerer und teurer als herkömmliche Bügeleisen, das Bügelergebnis ist jedoch besser.

Dampfbügelstationen/Generatoren

Das Angebot an Dampfbügelgeräten ist in den letzten Jahren sehr gewachsen. So unterschiedlich wie das Angebot sind auch die Preise. Die angebotenen Geräte arbeiten mit unterschiedlicher Technik.

Großer Dampfdruck und hohe Dampfleistung sind die Vorteile von Dampfbügelstationen. Sie erleichtern bei hohem Wäscheaufkommen das Bügeln und führen zu großer Zeitersparnis gegenüber Dampfbügeleisen.

Dampfbügelstationen mit externem Wassertank

Sie arbeiten mit geringen Wassermengen und heizen schnell auf. Das Aufdämpfen von Oberbekleidung in senkrechter Position ist nicht immer möglich. Der Wassertank kann jederzeit nachgefüllt werden, die Oberfläche des Wassertanks dient häufig als Abstellfläche für das Bügeleisen (Bild 1).

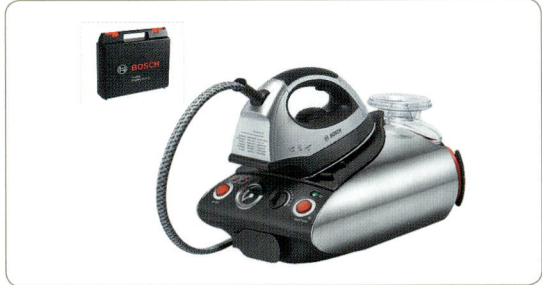

Bild 1: *Dampfbügelstation*

Stationen mit Dampferzeuger im externen Wassertank

Sie erzeugen Dampf mit hohem Druck (2,5–3,2 bar) und haben eine Aufheizzeit von 5–10 Minuten. Die Geräte müssen abkühlen, bevor wieder Wasser nachgefüllt werden kann. Das Aufdämpfen von Oberbekleidung in senkrechter Position ist möglich. Die Dampfmenge ist regulierbar (Bild 2). Im Aussehen gleichen sie Dampfbügeleisen mit Dampfreinigern.

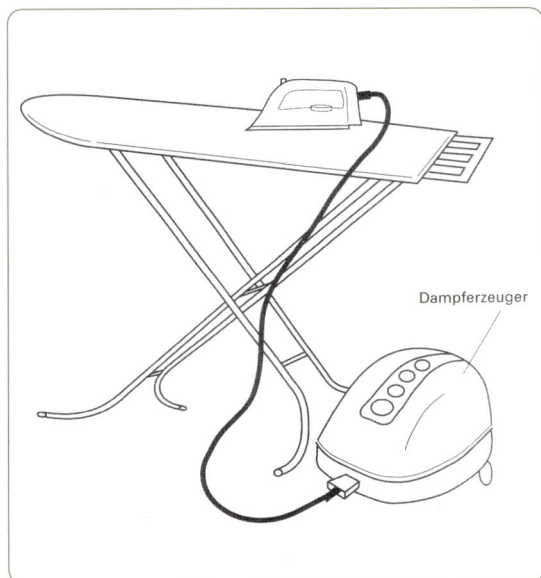

Bild 2: *Dampfbügelstation mit externem Wassertank*

Dampfbügelsysteme

Sie bestehen aus einem Dampfbügeleisen mit einem externen Wassertank/Dampferzeuger/Generator und einem Bügeltisch. Das Bügelbrett ist je nach Hersteller mit Absauggebläse und/oder Flächenbeheizung ausgestattet und wird auch als „Active Board" bezeichnet. So trocknet die Wäsche schneller. Das Dampfbügelsystem sollte einen festen Standort haben, weil ein häufiger Auf- und Abbau, bedingt durch das hohe Gewicht, nicht einfach ist (Bild 4).

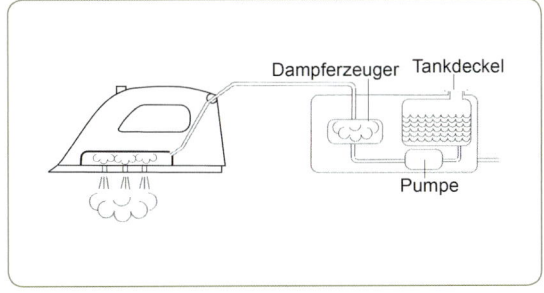

Bild 3: *Dampfbügelsystem*

Beim Einsatz von Dampfbügelgeräten ist es ratsam, einen dampfdurchlässigen Bügeltisch oder einen mit Wasserdampfabzug zu benutzen, damit die Wäsche schneller nachtrocknet.

Mit im Angebot sind auch Dampfbügeleisen mit Anschluss an einen Dampfreiniger. Der Dampfreiniger dient als externer Wassertank mit Dampferzeuger.

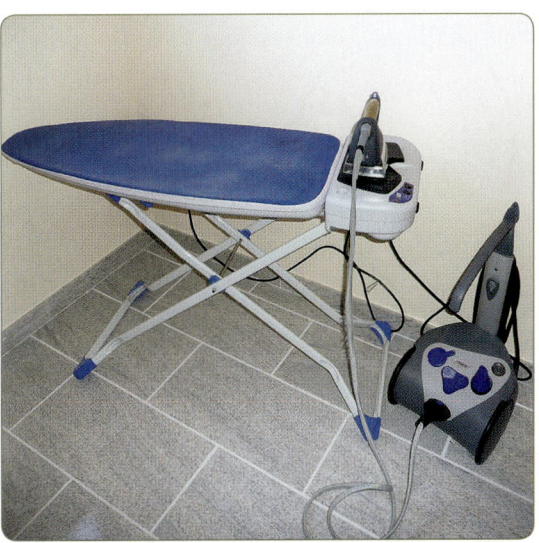

Bild 4: *Bügelstation mit Anschluss am Dampfreiniger*

7.2 Arbeitsplatz zum Bügeln

Das Bügeln von Hand wird an einem Bügelbrett (Bügeltisch) durchgeführt. Es ist in der Höhe verstellbar und sollte der Körpergröße des Bügelnden angepasst sein, um Haltungsschäden und Ermüdung vorzubeugen. Das Bügelbrett sollte eine gute Standsicherheit haben. Eine breite Bügelfläche, Abstellfläche für das Bügeleisen und Kniefreiheit erleichtern das Bügeln.

Ein Wechsel oder Waschen der Bügelbrettbezüge ist einfach und aus hygienischen Gründen öfter durchzuführen. Wichtig ist ein faltenfreies Aufziehen, sonst entstehen Falten im Bügelgut.

Das richtige **Einrichten eines Arbeitsplatzes zum Bügeln** ist für Rechtshänder in Bild 1 dargestellt.

Es gelten dafür folgende Regeln:

- Lichteinfall möglichst von der linken Seite
- Höhenverstellbarer Stuhl oder Sitz-Steh-Hilfe
- Steckdose in Reichweite, um Stolperfallen zu vermeiden

7.3 Bügelregeln

Damit das Bügeln schnell und rationell erfolgen kann, sind einige Regeln einzuhalten.

- Wäsche nach Bügeltemperatur sortieren (Pflegeetiketten berücksichtigen, s. S. 468). Es wird mit den niedrigen Temperaturen begonnen.

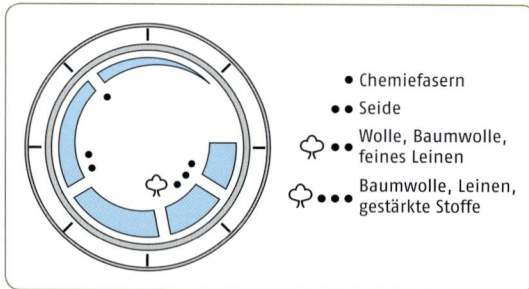

Bild 2: *Bügeltemperaturen*

- Abstehende Teile wie Bänder oder Kragen, Ärmel zuerst bügeln
- Wäsche, die von rechts gebügelt wird, auf die rechte Seite drehen. Eine Ausnahme sind doppelte Stoffteile: Taschen und Knopfleisten an Kitteln oder Hemden werden erst von links, dann von rechts gebügelt.

- Bei langen Teilen den Boden abdecken, um Verschmutzungen zu vermeiden
- Sprühflasche mit Wasser bereitstellen, um eingebügelte Falten sofort entfernen zu können
- Kleiderständer und Bügel zum Auslüften der Wäsche in Reichweite stellen
- Es wird von rechts nach links gearbeitet.

Bild 1: *Einrichten des Bügelarbeitsplatzes*

- Teile, die Glanz bekommen sollen, von rechts bügeln
- Im Fadenlauf bügeln, damit der Stoff sich nicht verzieht
- Nicht über Haken, Reißverschlüsse und Knöpfe bügeln, da die Sohle verkratzt wird
- Bügeleisen langsam und gleichmäßig über den Stoff führen, dabei rechte und linke Hand abwechseln

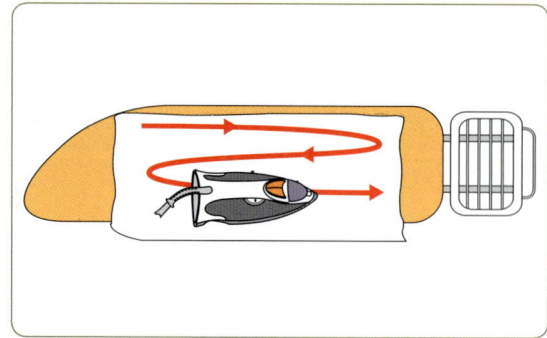

Bild 3: *Bewegungen beim Bügeln*

- Das ungebügelte Stück hängt zur Bügelperson, wird dann über das Bügelbrett „abgerollt".

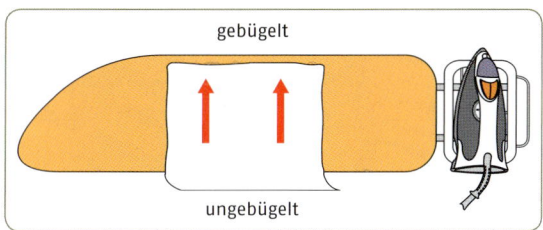

Bild 1: *Bügelrichtung*

- Stickereien zuerst von rechts, dann von links bügeln, damit sich das Muster besser herausformt
- Falten und Kräusel mit der Spitze des Bügeleisens bügeln
- Beim Einfüllen des Wassers darf wegen der Unfallgefahr der Stecker nicht in der Steckdose sein.
- Die Auswahl des Wassers ist von der Herstellerangabe abhängig und kann je nach Wasserhärte (s. S. 424) Leitungswasser oder destilliertes Wasser oder ein Gemisch von beidem sein.

Reinigung und Pflege von Bügeleisen

Netzstecker zum Ende des Bügelns ziehen, das Gerät abkühlen lassen.

Wassertank zum Ende des Bügelns immer entleeren, da es zu Geruchsbelästigung kommen und destilliertes Wasser zu Schäden führen kann.

Entkalkungsmittel, Duftwasser und Trocknerwasser können die Geräteleitungen zerstören, Düsen verstopfen und zu Flecken in der Kleidung führen und sollten daher nicht verwandt werden.

Die Reinigung der **Bügeleisensohle** ist vom Material abhängig. Wichtig ist, nach dem Bügeln die Sohle zu kontrollieren und evtl. feucht abzuwischen und nachzutrocknen. Das Gehäuse kann mit einem Mikrofasertuch feucht abgewischt werden.

Bei hartnäckigen Verschmutzungen der Bügeleisensohle sind mehrere Möglichkeiten gegeben:

- Wasser und Spiritus auf Sohlenreinigerschwamm geben – Sohle damit abwischen
- Bügeleisen auf einen in Essig getauchten Lappen stellen, danach abwischen
- Eine Kerze in ein altes Tuch wickeln und mit dem Bügeleisen so lange darübergehen, bis die Sohle sauber ist. Anschließend über ein altes Tuch bügeln, um alle Wachsreste zu entfernen
- Salz und Essig
- Spezielle Bügeleisenreiniger

Zum **Entkalken** von Bügeleisen und/oder Generatoren sind immer die Hinweise des Herstellers zu beachten.

Generator nach mehrmaligem Gebrauch ausspülen. Dies ist teilweise sehr umständlich, zum Entfernen von Kalkresten jedoch nötig.

Je nach Modell sind herausnehmbare Anti-Kalk-Patronen bei Bügelgeräten zu erneuern oder mit klarem Wasser abzuspülen.

7.4 Bügelmaschinen/Mangeln

Bügelmaschinen werden in Privathaushalten und kleinen hauswirtschaftlichen sowie gastronomischen Betrieben eingesetzt, wenn größere Mengen Flachwäsche (Tisch- und Bettwäsche, Handtücher) vorhanden sind. Sie sind zum Glätten von großen und glatten Teilen günstig. Das Mangeln von geformten Teilen erfordert viel Übung und ist bei kleiner Walzenbreite leichter durchzuführen.

Bei diesen Geräten wird die Wäsche zwischen einer rotierenden Walze und einer beheizbaren Wange durchgeführt. Ein erhöhter Bügeldruck sorgt für glatte Wäsche. Das Einstellen der Temperatur erfolgt wie bei Bügeleisen. Die Geschwindigkeit der Walze kann gewählt werden.

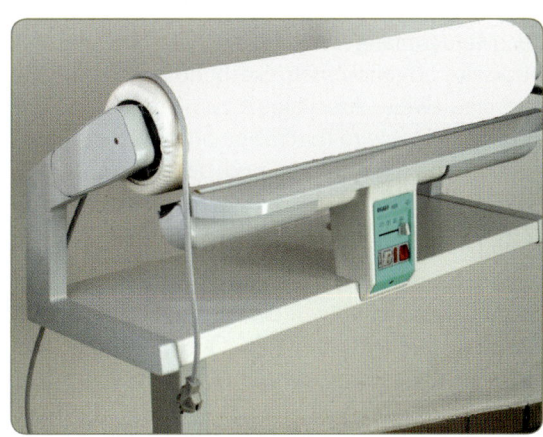

Bild 2: *Mangel im Privathaushalt*

Zum rationellen Arbeiten muss die Wäsche gut vorbereitet sein: Das bedeutet, sie wird gereckt, gestreckt, eingefeuchtet oder bügelfeucht von der Leine oder aus dem Trockner genommen. Große glatte Teile ziehharmonikaförmig zusammenlegen.

Bild 1: *Richtiges Einlegen von Mangelwäsche*

Beim Arbeiten mit der Mangel gelten die bekannten Bügelregeln (s. S. 494 und 495).

Damit das Walzentuch nicht verbrennt, wird bei kleinen Stücken abwechselnd rechts und links auf der Mangel die Wäsche eingelegt oder lange Teile der Breite, nicht der Länge nach. Die Wäsche wird beim Durchlaufen von der Mitte nach außen gestrichen, nicht an den Enden gezogen, um Zipfelbildung zu vermeiden.

Die Bügelwäsche muss genügend feucht sein, wenn keine Dampfbügelfunktion vorhanden ist.

In Wäschereien und großen hauswirtschaftlichen bzw. gastronomischen Betrieben werden professionelle Geräte zum Mangeln eingesetzt. Zwei unterschiedliche Systeme finden je nach vorhandenem Platz- und Personalangebot Verwendung:

Bei **Muldenmangeln** wird die Wäsche auf der Rückseite abgenommen. Sie benötigen viel Platz und eine zweite Arbeitskraft zum Abnehmen der Wäsche. Diese wird durch eine oder zwei rotierende Walzen in geformten und beheizten Mulden unter Druck geglättet (s. Bild 3).

Zylindermangeln stehen an der Wand. Ein Gurtsystem führt die Wäsche durch die Mangel und sorgt für gleichmäßigen Druck, hinterlässt jedoch Abdrücke auf der Wäsche. Die Maschine kann von einer Person bedient werden (s. Bild 3).

Beide Mangelsysteme werden zum Glätten von Flachwäsche eingesetzt.

Bild 2: *Muldenmangel*   **Bild 3:** *Zylindermangel*

Bügelpressen

Bügelpressen werden in unterschiedlichen Spezialformen angeboten, um z. B. Hosenbeine, Kragen, Manschetten oder Schulterpartien von Hemden eine dauerhafte Form zu geben.

Sie werden selten in Privathaushalten, dafür in kleinen gewerblichen Betrieben eingesetzt. Sie haben einen feststehenden Bügeltisch, der auf die Heizfläche gedrückt wird. Das Wäschestück wird mit der Hand bewegt. Gegenüber dem Bügeleisen wird mit mehr Druck und einer zehnmal größeren Fläche gearbeitet. Die Verbrennungsgefahr ist hoch. Die Wäschepresse ist geeignet für kleine Wäscheteile oder wenig geformte Wäsche, die mit einiger Übung jedoch auch geglättet werden kann.

Das Wäschestück wird zwischen zwei Bügelplatten gelegt. Die obere ist beweglich und presst das Bügelgut auf die untere Platte. Neben Dampf, der wieder abgesaugt wird, sind Druck, Temperatur und Bearbeitungszeit wählbar und beeinflussen den Bügeleffekt.

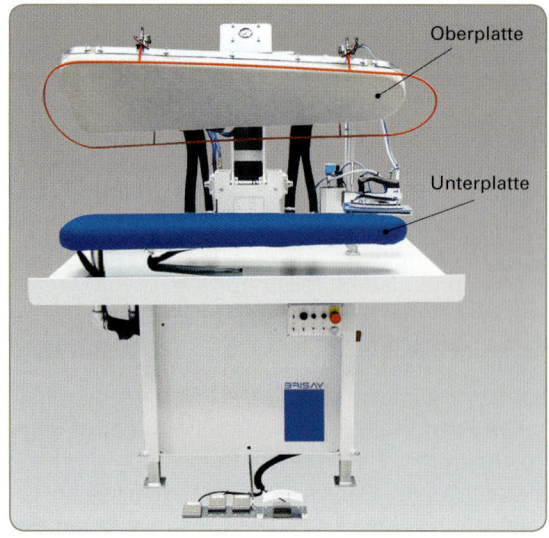

Oberplatte

Unterplatte

Bild 4: *Bügelpresse*

7.5 Finishen

Beim Finisher handelt es sich um eine sogenannte Dämpfpuppe. Sie wird selten in Privathaushalten, dafür in der gewerblichen Wäscherei eingesetzt und bringt Kleidungsstücke in Form. Je nach Einsatzgebiet unterscheiden sich die technische Ausstattung und die Größe.

Die Kleidungsstücke werden über die Puppe gestülpt. Heiße Luft im Innern und Druck glätten die Gewebe formgerecht innerhalb von Sekunden. Es gibt Geräte zum Finishen von Hosen und Geräte für die Bearbeitung von Kitteln, Hemden oder Nachthemden (Bild 1).

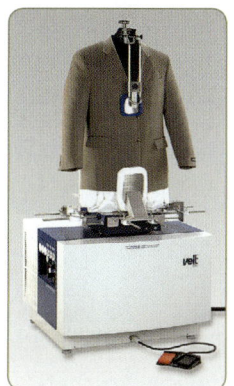
Bild 1: *Finisher*

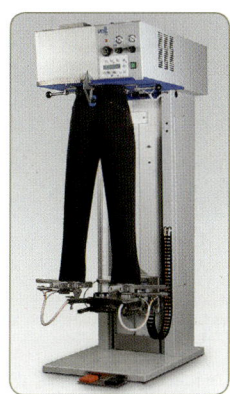
Bild 2: *Formfinisher*

7.6 Schrankfertige Wäsche

Nach dem Glätten wird die Wäsche gelegt bzw. gefaltet. So wird eine schrankgerechte und stapelbare Form erreicht. In Privathaushalten wird das Falten von Hand durchgeführt, in Wäschereibetrieben von Maschinen.

Wie die Wäsche gelegt wird, hängt in Privathaushalten von der Größe des Kleiderschranks ab. Im gewerblichen Bereich bestimmt der Kunde, welche Form die Wäsche erhält. Dennoch gibt es einige einheitliche Standards, die sich durchgesetzt haben.

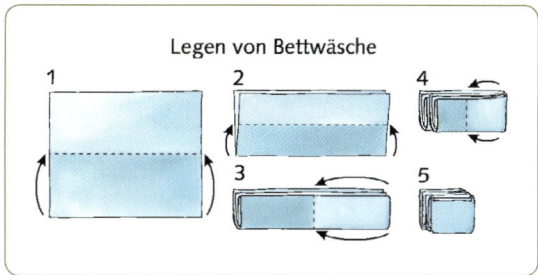
Bild 3: *Legen von Bettwäsche*

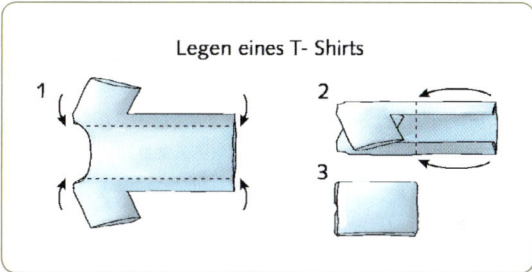
Bild 4: *Legen eines T-Shirts*

Hinweise für das Legen von Wäsche

- Wäschestücke sollten sich beim Gebrauch leicht entfalten lassen, deshalb einfach falten.

- Geschlossene Kanten liegen übereinander und vorne, Monogramme rechts oben.

- Die linke Wäscheseite und abstehende Teile liegen innen.

- Gleichartige Wäschestücke immer gleich legen.

- Wäsche beim Legen nicht unnötig anheben und wenden, beschädigte Wäsche aussortieren.

7.7 Wäsche lagern und verteilen

Während im Privathaushalt der Transport der Wäsche in Wäschekörben erfolgt, geschieht das Verteilen der Wäsche und Kleidungsstücke im gewerblichen Bereich bereits in der Wäscherei. Entsprechend der Kennzeichnung wird die Wäsche in Transportwagen gepackt und zu den Kunden transportiert (s. Bild 2). Dort wird die Wäsche hausintern verteilt.

Der Wäschetransport findet in Wäschewagen statt. In einigen Häusern sind Wäschekammern mit Regalen vorhanden. Dann muss die Wäsche aus den Wagen ausgepackt und in die Regale geräumt werden. In anderen Einrichtungen gibt es Schränke, in die die Wäschewagen eingeschoben werden können. Häufig wird hier die Wäsche auf Vollständigkeit überprüft.

Bild 1: *Wäscheschrank*

Ähnlich dem Lagern von Lebensmitteln gilt auch hier, dass die Räume gut durchlüftet sein sollen. Frisch gewaschene Wäsche wird hinten gelagert, die bereits im Lager befindliche Wäsche vorne aufbewahrt, damit sie zuerst benutzt wird. Die geschlossene Wäschekante liegt immer vorne. Kleidungsstücke wie Hemden, Blusen, Kleider, Sakkos usw. werden auf Bügel gehängt, damit sie nicht unnötig knittern.

Die Sortierwagen sind häufig mit Tüchern abgehängt, die für einen hygienischen Transport sorgen. Nach Gebrauch werden die Wagen gereinigt.

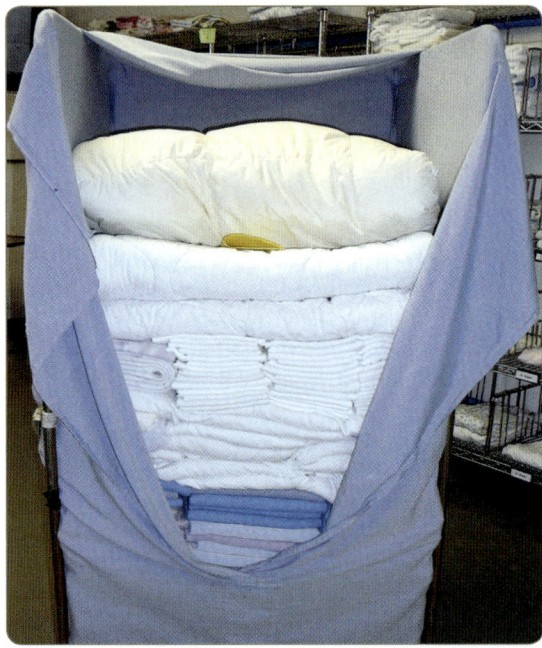

Bild 2: *Sortierwagen für Wäsche*

> **Aufgaben:**
>
> **1.** Sie sind verantwortlich für die Anschaffung eines Bügelgerätes in einem Vier-Personen-Haushalt. Informieren Sie sich über verschiedene auf dem Markt befindliche Geräte, deren Ausstattungsmerkmale, die Kosten für Anschaffung und Betrieb. Vergleichen Sie verschiedene Geräte, wählen Sie eines aus. Tragen Sie Ihre Entscheidung der Klasse vor.
>
> **2.** Erstellen Sie eine Arbeitsanleitung zum Gebrauch eines Dampfbügeleisens für eine Person, die noch nie gebügelt hat.
>
> **3.** Erarbeiten Sie eine Arbeitsbeschreibung zum Bügeln eines Herrenhemdes nach REFA. Lassen Sie das Bügeln der Beschreibung entsprechend von vier Schülerinnen der Klasse durchführen, nehmen Sie dabei die Zeit und beurteilen Sie die Ergebnisse.
>
> **4.** Vergleichen Sie innerhalb der Klasse die verschiedenen Legemethoden von Wäschestücken in Ihren Betrieben und diskutieren Sie.

8 Instandhaltung von Wäsche

Instandhaltungsarbeiten bei Wäsche und Kleidungsstücken werden notwendig:

- bei Beschädigungen wie Rissen und Löchern oder offenen Nähten,
- bei Verschleiß, d. h. bei dünnen Stellen,
- wenn die Passform nicht mehr stimmt (zu eng, zu klein, zu weit),
- wenn die Mode sich ändert und das Stück zu schade zum Wegwerfen ist.

Aufwand und Kosten müssen in einem angemessenen Verhältnis stehen. Ob die Arbeit lohnend ist, hängt von nachfolgenden Faktoren ab:

- Preis und Wert eines Stückes
- Stoffqualität
- Größe und Art des Schadens bzw. des Gesamtzustandes des Stückes

- Kann die Arbeit selbst durchgeführt werden oder muss eine Vergabe stattfinden?

> **Regeln zur Instandhaltung:**
>
> - Je früher ein Schaden repariert wird, desto kleiner ist er und desto einfacher lässt er sich beseitigen.
>
> - Reparatur nicht zu klein ausführen, damit die Stelle nicht wieder auf- oder ausreißt.
>
> - Beim Auftrennen einer Naht, z. B. zum Einsetzen eines Aufhängers, darf der Stoff nicht von Trenner oder Schere beschädigt werden.

8.1 Näharbeitsplatz

Bei einem gut eingerichteten Näharbeitsplatz befinden sich Bügelbrett und Bügeleisen in der Nähe. Der Arbeitsbereich sollte von vorne oder von links beleuchtet sein.

Um vorzeitiger Ermüdung oder Rückenschmerzen vorzubeugen, wird ein Bürostuhl mit verstellbarer Sitzhöhe und variabler Rückenlehne benötigt sowie ein Tisch mit geeigneter Arbeitshöhe von etwa 75 cm.

Rechts von der Nähmaschine liegen in Reichweite alle benötigten Nähutensilien, die öfter gebraucht werden (Schere, Trenner, Stecknadeln usw.). Faden- oder Stoffreste werden in einem Abfallschälchen oder Mülleimer gesammelt.

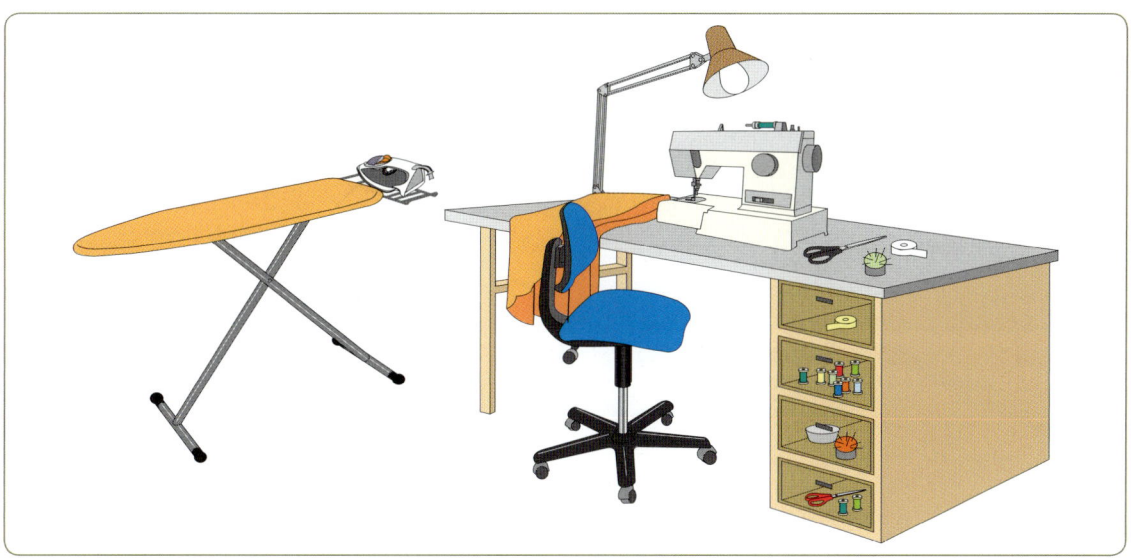

Bild 1: *Näharbeitsplatz*

8.2 Arbeits- und Hilfsmittel zum Nähen

Für Ausbesserungsarbeiten werden die in Tabelle 1 dargestellten Arbeits- und Nähutensilien benötigt.

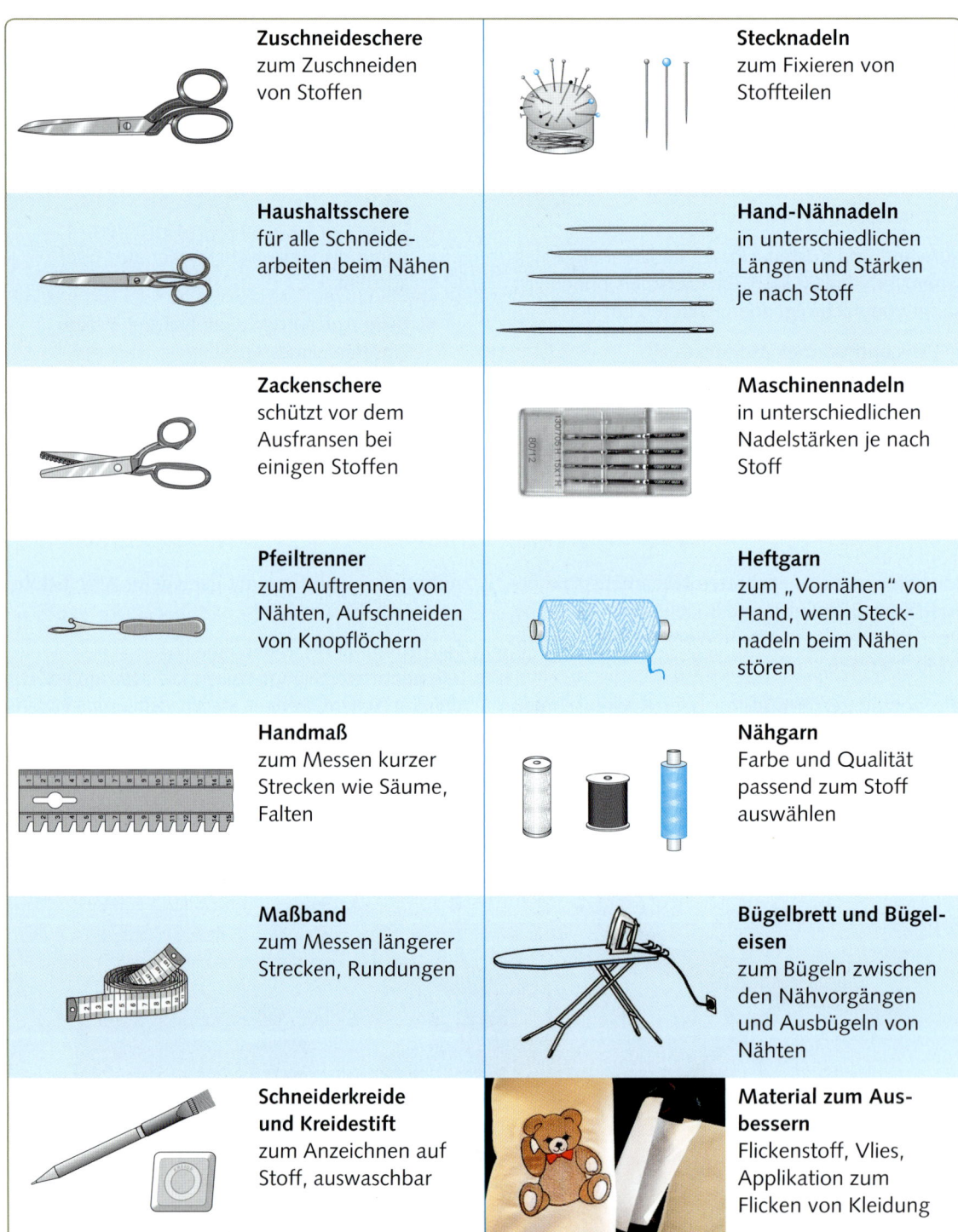

Zuschneideschere zum Zuschneiden von Stoffen	**Stecknadeln** zum Fixieren von Stoffteilen
Haushaltsschere für alle Schneidearbeiten beim Nähen	**Hand-Nähnadeln** in unterschiedlichen Längen und Stärken je nach Stoff
Zackenschere schützt vor dem Ausfransen bei einigen Stoffen	**Maschinennadeln** in unterschiedlichen Nadelstärken je nach Stoff
Pfeiltrenner zum Auftrennen von Nähten, Aufschneiden von Knopflöchern	**Heftgarn** zum „Vornähen" von Hand, wenn Stecknadeln beim Nähen stören
Handmaß zum Messen kurzer Strecken wie Säume, Falten	**Nähgarn** Farbe und Qualität passend zum Stoff auswählen
Maßband zum Messen längerer Strecken, Rundungen	**Bügelbrett und Bügeleisen** zum Bügeln zwischen den Nähvorgängen und Ausbügeln von Nähten
Schneiderkreide und Kreidestift zum Anzeichnen auf Stoff, auswaschbar	**Material zum Ausbessern** Flickenstoff, Vlies, Applikation zum Flicken von Kleidung

Tabelle 1: *Arbeits- und Nähutensilien*

8.3 Umgang mit der Nähmaschine

Auf dem Markt sind unterschiedliche Nähmaschinen erhältlich. Wegen der baulichen Unterschiede bei den Maschinen ist vor der ersten Benutzung das Handbuch zu lesen und anhand dessen das Einlegen des Oberfadens durchzuführen. Das Ergebnis beim Arbeiten mit der Nähmaschine wird nur einwandfrei, wenn Ober- und Unterfaden richtig platziert sind.

Einsetzen der Spule

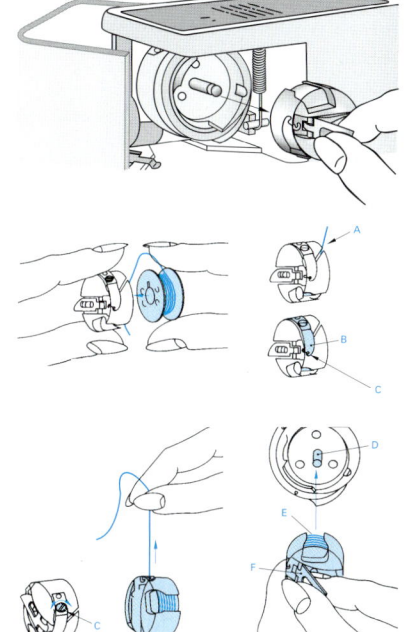

- Nadel der Nähmaschine in die höchste Stellung bringen
- Gehäuseklappe für Spulenkapsel öffnen
- Klappe der Spulenkapsel zu sich hinziehen
- Spule herausziehen
- Spulenkapsel in die linke Hand nehmen
- Spule mit der rechten Hand so in die Kapsel setzen, dass der Faden im Uhrzeigersinn läuft (nach hinten läuft)
- Faden durch den Schlitz A ziehen
- Faden unter dem Federblech B durchziehen, bis er in die Fadenführungsöse kommt
- Der Faden muss etwa 7–10 cm lang sein.
- Die Unterfadenspannung wird geprüft durch Faden festhalten und ruckartiges Ziehen
- Die Spulenkapsel muss stufenweise niedersinken
- Durch geringes Drehen der Schraube C nach links wird die Unterfadenspannung schwächer, durch minimales Drehen nach rechts wird die Unterfadenspannung fester.
- Spulenkapsel an der Klappe F halten
- Öffnung der Spulenkapsel E nach oben halten
- Spulenkapsel auf den Stift des Greifers D schieben, bis die Kapsel hörbar einrastet
- Kapselklappe loslassen und kontrollieren, ob die Kapsel fest sitzt (der Stift des Greifers muss sichtbar sein)

Bild 1: *Einsetzen der Spule*

Hochholen des Unterfadens

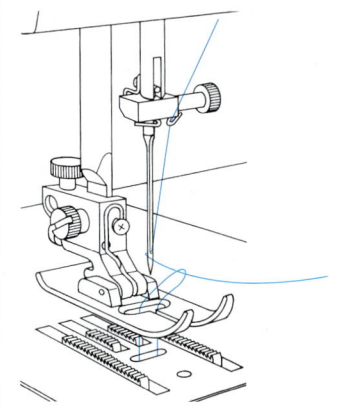

- Das Ende des Oberfadens locker in der linken Hand halten, die Nadel steht in der höchsten Position.
- Handrad nach vorne (zu sich hin) drehen, bis die Nadel wieder in der höchsten Position ist
- Am Oberfaden leicht ziehen, damit der Unterfaden aus dem Stichloch geholt wird
- Beide Fadenenden unter den Nähfuß nach hinten legen

Bild 2: *Hochholen des Unterfadens*

8.4 Grundtechniken beim Nähen

Stecken

Mit Stecknadeln werden kurzfristig mehrere Stoffteile zusammengehalten, damit diese nicht verrutschen. Stecknadeln werden quer zur Stoffkante gesteckt. Dies geschieht immer von der Mitte nach außen, damit die Stoffteile genau aufeinander passen und sich nicht auf einer Seite verschieben.

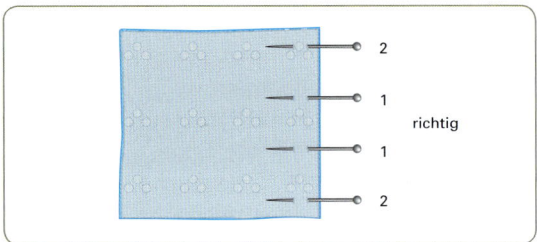

Bild 1: *Richtiges Stecken*

Quer gesteckte Stecknadeln, genau im rechten Winkel zur Nahtlinie, können vorsichtig übernäht werden, ohne dass die Nadel abbricht. Sie sollen so stecken, dass die Einstichstelle die Nahtlinie trifft, die Ausstichstelle auf die Nahtzugabe. Die Stecknadelköpfe dürfen nicht in Nähe der Nählinie liegen, da der Nähfuß zerkratzt oder das Stoffstück nicht weiter transportiert wird.

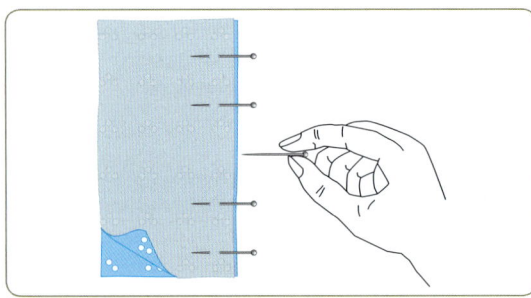

Bild 2: *Quer gesteckte Stecknadeln*

Die Nadeln können während des Nähens aus dem Stoff gezogen werden.

Heften

Durch Heften werden mehrere Stoffteile zusammengehalten, damit sie beim Nähen mit der Maschine nicht verrutschen. Es wird vorwiegend angewandt, wenn Stecknadeln beim Nähen stören wie z. B. beim Einnähen eines Reißverschlusses. Heftfäden werden nach Beendigung der Arbeit

wieder entfernt. Deshalb wird nur bei dicken Stofflagen mit doppeltem Faden gearbeitet.

Die Technik sichert ein ordentliches Nähergebnis und ist besonders für Nähanfänger wichtig. Es wird mit einfachem Vorstich und verknotetem Fadenende gearbeitet.

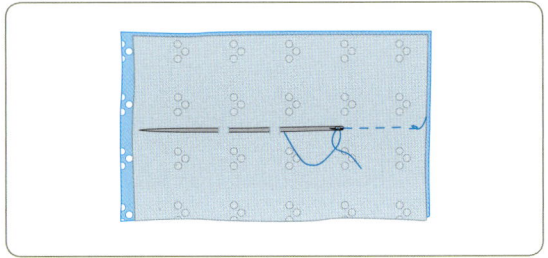

Bild 3: *Heften*

8.4.1 Einfache Naht

Die einfache Naht ist schnell durchzuführen und wird deshalb häufig bei Kleidungs- und Wäschestücken und an Säumen durchgeführt.

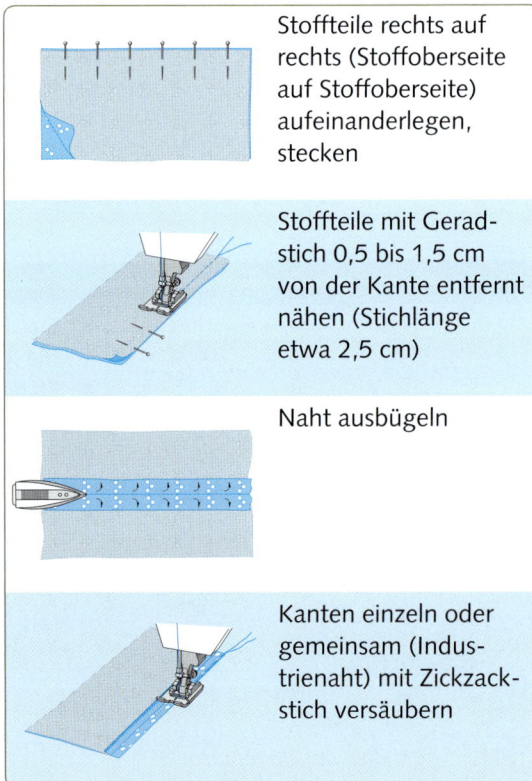

8.4.2 Rechts-Links-Naht/Doppelnaht

Die Doppelnaht ist sehr strapazierfähig und sieht von beiden Stoffseiten sauber aus.

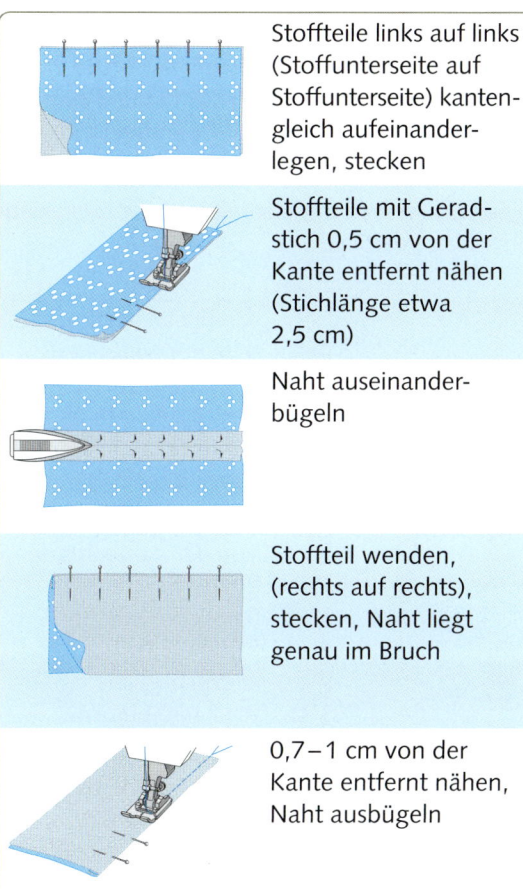

Stoffteile links auf links (Stoffunterseite auf Stoffunterseite) kantengleich aufeinanderlegen, stecken

Stoffteile mit Geradstich 0,5 cm von der Kante entfernt nähen (Stichlänge etwa 2,5 cm)

Naht auseinanderbügeln

Stoffteil wenden, (rechts auf rechts), stecken, Naht liegt genau im Bruch

0,7 – 1 cm von der Kante entfernt nähen, Naht ausbügeln

8.4.3 Flachnaht/Kappnaht

Diese Naht ist strapazierfähig, liegt flach, kann beidseitig und als Schmucknaht (Jeans) verwendet werden und wird beim eingesetzten Flicken angewandt.

Bild 1: *Flachnaht als Schmucknaht*

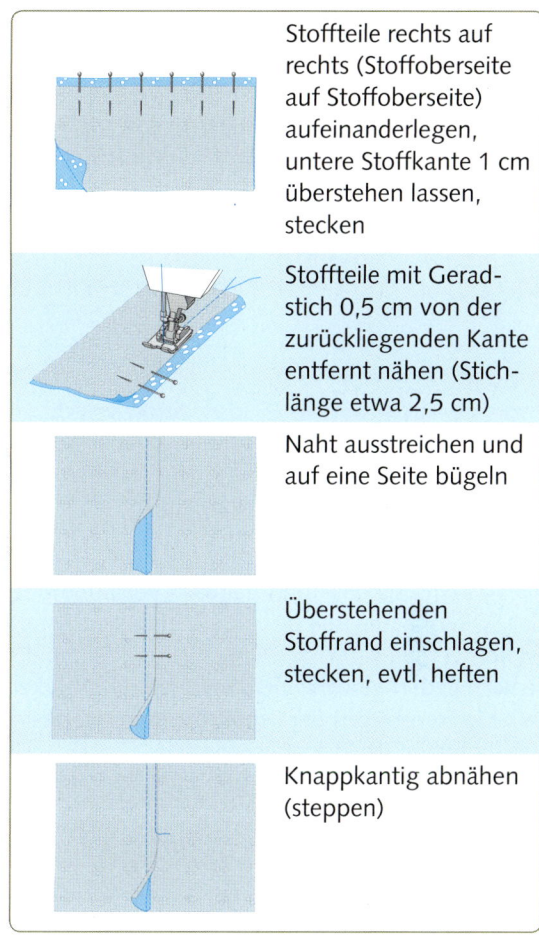

Stoffteile rechts auf rechts (Stoffoberseite auf Stoffoberseite) aufeinanderlegen, untere Stoffkante 1 cm überstehen lassen, stecken

Stoffteile mit Geradstich 0,5 cm von der zurückliegenden Kante entfernt nähen (Stichlänge etwa 2,5 cm)

Naht ausstreichen und auf eine Seite bügeln

Überstehenden Stoffrand einschlagen, stecken, evtl. heften

Knappkantig abnähen (steppen)

8.4.4 Kanten versäubern/Säume

Die Kanten von Nahtzugaben müssen versäubert werden, damit sie nicht ausfransen und das genähte Stück auf Dauer haltbar ist. Dafür gibt es verschiedene Möglichkeiten:

Versäubern mit der Zackenschere

Die Nahtzugabe wird am Rand mit der Zackenschere knappkantig abgeschnitten. Anwendung findet diese Methode bei Stoffen, die wenig fransen, z. B. tuchartigen Wollstoffen oder Jersey und Baumwollstoffen, oder bei nicht fransenden Stoffen wie Filz und Vlies.

Versäubern mit Handstichen

Der **Überwendlichstich** wird bei Ecken und Kanten angewandt, die mit der Maschine nicht zu versäubern sind, oder bei sehr kurzen Strecken von Ausbesserungsarbeiten. Feste, wenig fransende Stoffkanten werden umstochen. Dieser Stich dient als Zierde bei Handarbeiten (Bild 1).

Der **Schlingenstich** ist ein Handstich von links nach rechts, der bei lockeren, stark fransenden Stoffkanten Anwendung findet.

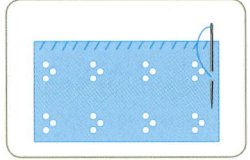

Bild 1: *Überwendlichstich*

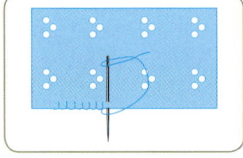

Bild 2: *Schlingenstich*

Versäubern mit Zickzackstichen mit der Nähmaschine

Dies ist eine schnelle und haltbare Versäuberung der Schnittkanten, die bei allen Materialien angewandt werden kann, da Stichlänge und Stichbreite nach Bedarf gewählt werden können. Je stärker sich die Fransen aus der Schnittkante lösen, desto breiter sollten die Zickzackstiche sein.

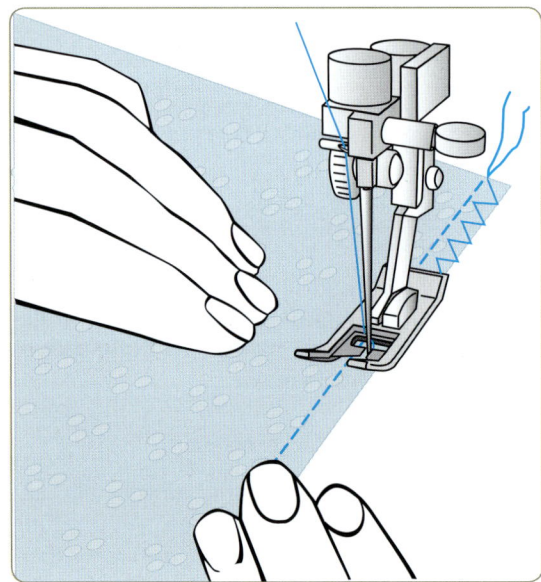

Bild 3: *Zickzackstiche mit Maschine*

Maschinensaum eingeschlagen oder mit Umschlag

Der Maschinensaum kann schnell genäht werden und ist sehr haltbar. Die Nählinie ist jedoch auf der Oberseite sichtbar. Deshalb wird diese Kantenversäuberung an Haushaltswäsche, Kinder- und Berufskleidung sowie Jeans angewandt. Die Größe des Einschlags hängt von der Stoffart und dem Anwendungszweck ab. Sie wird meistens zwischen 0,5 bis 1,5 cm gewählt.

Dieser Saum wird mit einem Einschlag und einem Umschlag gearbeitet.

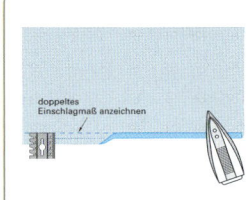

Auf der linken Stoffseite doppeltes Maß vom Saum anzeichnen, Stoffkante bis zur Kennzeichnungslinie legen, bügeln

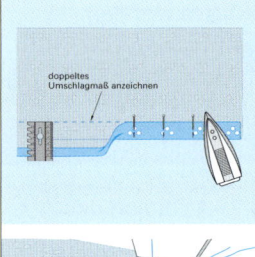

Von der Kante aus das doppelte Saummaß (Umschlagmaß) anzeichnen, bis zur Kennzeichnungslinie umschlagen, bügeln, stecken

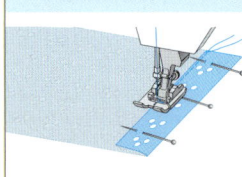

An der offenen Kante knappkantig mit Geradstich abnähen (steppen)

Handsaum

Der Handsaum ist auf der Stoffoberseite nicht zu sehen und wird bei Röcken und Hosen angewandt. Er ist nicht so haltbar wie der Maschinensaum, außerdem sehr zeitaufwendig zu arbeiten. Der Handsaum wird bei Kleidung angewendet, die gekürzt werden muss. Eventuell erfolgt vorher eine Kantenversäuberung durch Zick-Zack-Stich.

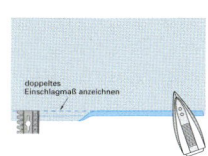

Auf der linken Stoffseite doppeltes Maß vom Saum anzeichnen, Stoffkante bis zur Kennzeichnungslinie legen, bügeln

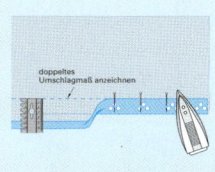

Von der Kante aus das doppelte Saummaß (Umschlagmaß) anzeichnen, bis zur Kennzeichnungslinie umschlagen, bügeln, stecken

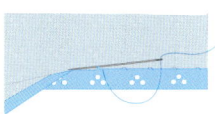

An der offenen Kante mit dem Staffierstich befestigen:
die Nadel durch die Bruchkante stechen, dann zwei Fäden vom Oberstoff fassen

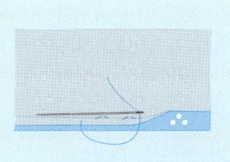

Oder als hohl angenähten Saum festnähen: vom Oberstoff und der umgeschlagenen Bruchkante je zwei Gewebefäden fassen

Bild 1: *Handsaum*

8.5 Stopfen von Hand

Das Stopfen von Hand wird bei kleinen Schäden an Oberbekleidung, vor allem aber an Strickwaren angewandt. Gestopft werden dünn geschlissene Stellen, kleine Löcher und kleine Risse.

Das Stopfen von Haushaltswäsche, Unterwäsche oder Wirkwaren aus Baumwolle geschieht mit Stopftwist aus Baumwolle. Stopfgarn (Wolle oder Synthetics) wird für Strickwaren und Strümpfe aus Wolle, Chemiefasern oder Mischgeweben verwendet.

Stopfstück über ein Stopfei oder Stopfpilz stülpen, dabei das Teil nicht zu sehr auseinanderziehen, sonst entsteht eine Beule; Stopffaden nicht knoten.

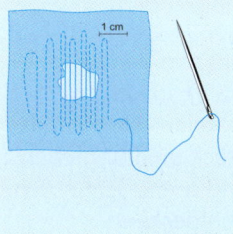

Im heilen Gewebe immer wieder von oben nach unten durchstechen. Im Bereich der kaputten Stelle Kettfäden spannen. An den Enden ungleichmäßig lang stopfen, damit die Stelle nicht ausreißt. Etwa 1 cm in das heile Gewebe hineinstopfen, immer abwechselnd in der einen Reihe unten, in der anderen Reihe oben durchstechen (wie beim Weben).

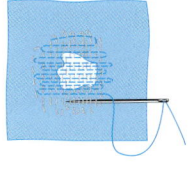

Die gespannten Fäden in Querrichtung durchstopfen.
Der Kettfaden wird immer abwechselnd über- oder unterquert. Jede Reihe versetzt arbeiten.

8.6 Stopfen mit Maschine

Mit der Maschine können Risse und kleine oder große Löcher gestopft werden. Das Einstellen der Nähmaschine erfolgt nach Bedienungsanleitung.

	Je nach Maschine Stopffuß einsetzen, Transporteur versenken, Geradstich einstellen, Stopfgut evtl. in einen Rahmen spannen
	Risse mit großen Stichen zusammennähen
	Stopfgut von Hand langsam und gleichmäßig führen. In Reihen stopfen, das Stück um 90° drehen und so die Spannstiche überdecken

Bei größeren Löchern werden Mull oder Fäden vom Stopftwist untergelegt. An den Enden ungleichmäßig lang und rund stopfen, außerdem nicht zu dicht, damit der Stopfen nicht ausreißt.

Bild 1: *Riss mit der Maschine gestopft*

8.7 Aufhänger annähen

Aufhänger kann man im Handel als vorgefertigtes Halbleinenband oder Wäscheband in unterschiedlichen Breiten fertig kaufen oder selbst herstellen:

- Stoffstück 4 x 8 cm zuschneiden
- Stoffstück der Länge nach an beiden Seiten 1 cm zur Mitte einbügeln
- In der Mitte längs bügeln
- Knappkantig nähen

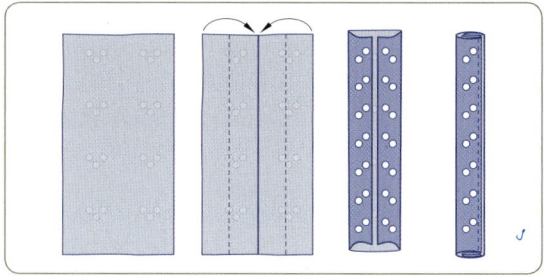

Bild 2: *Aufhänger selbst herstellen*

Aufgesetzte Aufhänger werden bei Wäscheteilen mit fester Kante, aber ohne Saum angewandt, z. B. an Waschlappen, Gästehandtüchern oder Spültüchern.

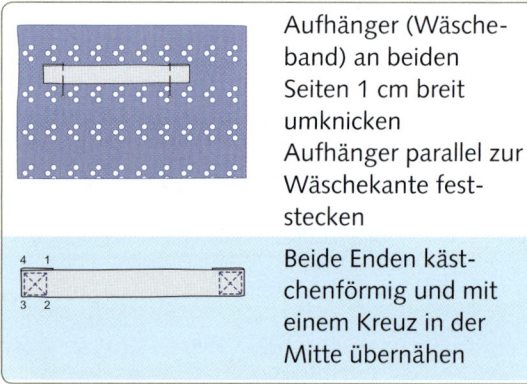

	Aufhänger (Wäscheband) an beiden Seiten 1 cm breit umknicken Aufhänger parallel zur Wäschekante feststecken
	Beide Enden kästchenförmig und mit einem Kreuz in der Mitte übernähen

Eingeschobene Aufhänger

Eingeschobene Aufhänger werden in die Saumkante geschoben und angenäht (Handtuch, Geschirrtuch). Bei abgerissenen Aufhängern den fertigen Saum jeweils 1 cm auftrennen. Aufhänger in den Saum einschieben und feststecken. Den Saum mit der Maschine knappkantig festnähen. Je nach Art des Stückes werden verschiedene Möglichkeiten des Einsetzens bevorzugt, die in Bild 1, 2 und 3, S. 507 gezeigt werden.

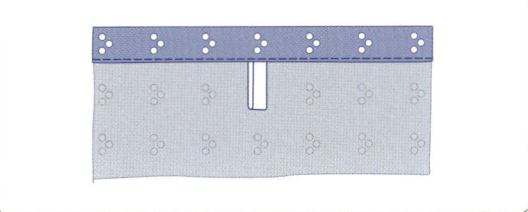

Bild 1: *Für Röcke, Hosen, Handtücher, Geschirrtücher*

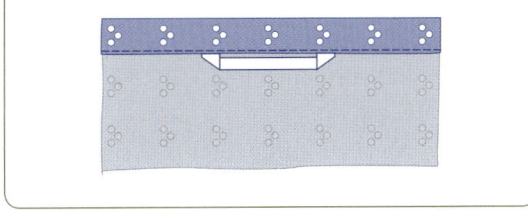

Bild 3: *Für Jacken, Mäntel, Anoraks, Handtücher, Geschirrtücher*

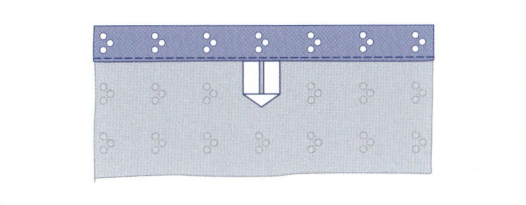

Bild 2: *Für Topflappen, Röcke*

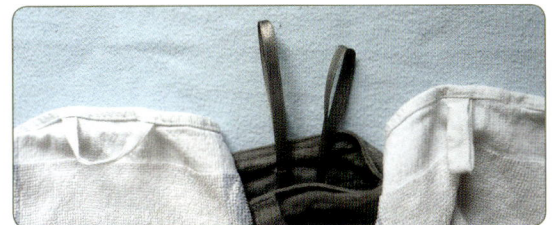

Bild 4: *Aufhänger*

8.8 Aufsetzen von Flicken

Flicken werden heute aus Kostengründen nicht mehr eingesetzt, sondern als aufgesetzter Flicken gearbeitet. Die Technik entspricht der des Applizierens. Das bedeutet, es wird ein Stoffstück mit Zickzackstichen auf die beschädigte Stelle genäht. Je nach Art des Stückes (Kinderhose oder Arbeitshose) wird ein Motiv (z. B. Herz) oder ein viereckiges Stück Stoff verwendet. Die Größe des Loches und die Routine der Näherin bestimmen, ob mit Haftvlies (Trägermaterial mit beidseitigem Kleber) oder ohne gearbeitet wird. Der Flickenstoff muss dieselben Wascheigenschaften wie das kaputte Stück haben und daher evtl. vorher gewaschen sein.

Bild 5: *Aufgesetzter Flicken*

Fertigflicken können aufgebügelt werden. Haltbarer ist das knappkantige Aufnähen mit Geradstich.

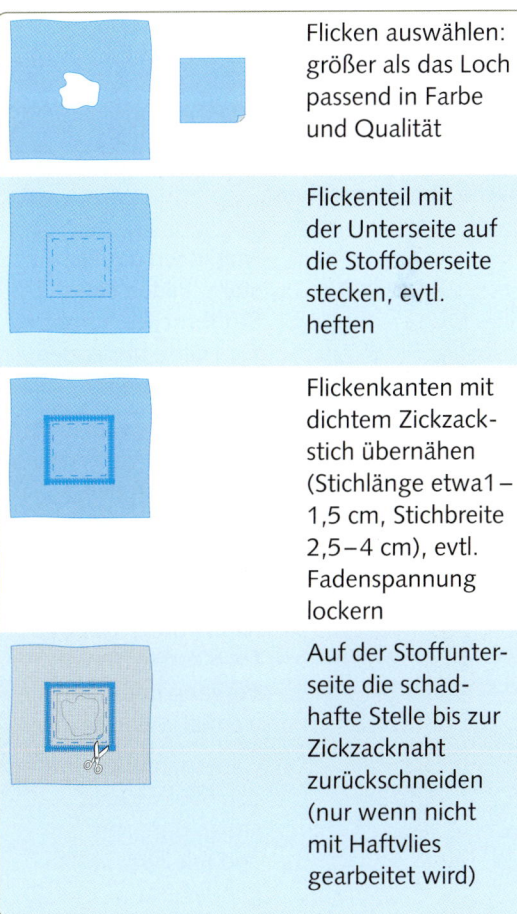

Flicken auswählen: größer als das Loch passend in Farbe und Qualität

Flickenteil mit der Unterseite auf die Stoffoberseite stecken, evtl. heften

Flickenkanten mit dichtem Zickzackstich übernähen (Stichlänge etwa 1 – 1,5 cm, Stichbreite 2,5 – 4 cm), evtl. Fadenspannung lockern

Auf der Stoffunterseite die schadhafte Stelle bis zur Zickzacknaht zurückschneiden (nur wenn nicht mit Haftvlies gearbeitet wird)

8.9 Verlängern/Kürzen von Hose und Rock

Beim **Erweitern von Kleidung** sind verschiedene Möglichkeiten gegeben:

Nähte und Abnäher auftrennen und die vorhandenen Nahtzugaben nach Bedarf auslassen. Eventuell Stoffteile oder Borten einsetzen oder Knöpfe nach außen versetzen. Alle Maßnahmen sind nur in begrenztem Rahmen möglich, damit das Kleidungsstück die Form nicht verliert.

Das **Kürzen von Kleidung** geschieht durch Auftrennen der Säume, Abschneiden auf die gewünschte Länge, Versäubern der Kanten und erneutes Säumen.

Zum **Verlängern von Kleidung** können Säume und Aufschläge ausgelassen, ein falscher Saum oder Stoffstreifen, Borten oder Volants angesetzt werden. Hosenbeine unterhalb des Knies abschneiden, beidseitiges Ösenband einsetzen und mit einem Lederband verschnüren, so entstehen aus einer Hose zwei.

Das **Verengen von Kleidung** ist recht einfach: Nähte auftrennen und mit verbreiterter Nahtzugabe wieder zusammennähen. Außerdem können Abnäher vergrößert und Knöpfe versetzt werden.

8.10 Verschlüsse

Zum Schließen von Kleidung gibt es viele Möglichkeiten. Sie werden nachfolgend dargestellt.

8.10.1 Knöpfe annähen

Knöpfe werden je nach Art und Verwendung der Textilien verschieden angenäht.

Flache Knöpfe annähen

	Markieren der Nähstelle, Bilden eines Stoffbruches, Knopf zur Hälfte hinter den Stoffbruch legen
	Nadel mit doppeltem Faden von hinten nach vorne durch den Stoffbruch und das untere Loch führen
	Nadel von vorne nach hinten durch das obere Loch zurückführen, Vorgang drei- bis viermal wiederholen
	Garn mehrmals um den Stiel wickeln, Faden durchstechen und mit zwei Schlingen sichern

8.10.2 Druckknöpfe zum Annähen

Druckknöpfe werden auf doppeltem Stoff, bei dünnen Stoffen mit zusätzlicher Einlage angenäht. Auf der Vorderseite sollten die Stiche nicht zu sehen sein. Die Druckknopfhälfte mit dem Dorn wird auf die Innenseite des Übertritts genäht. Eine durch das Passloch gesteckte Nadel markiert auf dem darunter liegenden Stoff den Punkt für die untere Druckknopfhälfte.

Druckknöpfe müssen in Farbe, Größe und Material den Kleidungsstücken angepasst sein. Anwendung finden sie bei Kinder-, Sport- und Freizeitkleidung, Wäsche, Leder und Arbeitskleidung.

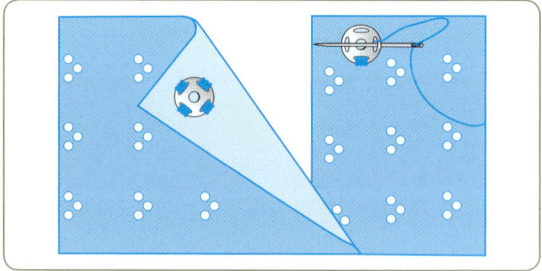

Bild 1: *Druckknöpfe zum Annähen*

8.10.3 Druckknöpfe zum Einnieten

Nähfreie Druckknöpfe werden eingenietet. Dafür sind Handzangen oder Kleinwerkzeug erforderlich. Das nötige Spezialgerät und eine entsprechende Arbeitsanleitung sind in jeder Packung Druckknöpfe enthalten.

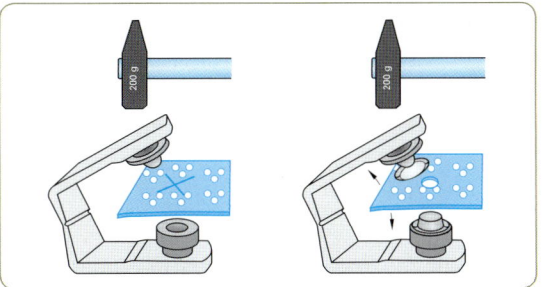

Bild 1: *Druckknöpfe zum Einnieten*

8.10.4 Haken und Ösen

Haken und Ösen werden meistens bei Ausbesserungsarbeiten am Rockbund und Mieder eingesetzt. Es gibt vorgefertigte Verschlussbänder und -teile zum Einnähen. Die Stiche dürfen auf der rechten Seite nicht zu sehen sein.

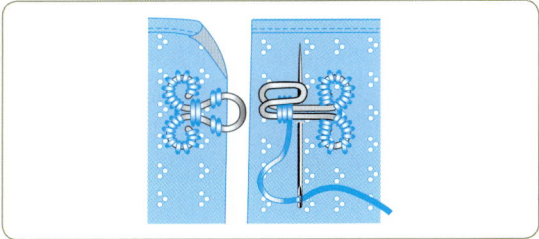

Bild 2: *Haken und Ösen*

8.10.5 Klettverschlüsse

Sie bestehen aus zwei Bändern, die auf der rauen Seite kleine Widerhaken, auf der anderen weichen Seite eine samtartige Oberfläche haben. Durch Aufeinanderdrücken halten sie wie Kletten zusammen. Sie sind im Handel zum Annähen oder Ankleben erhältlich.

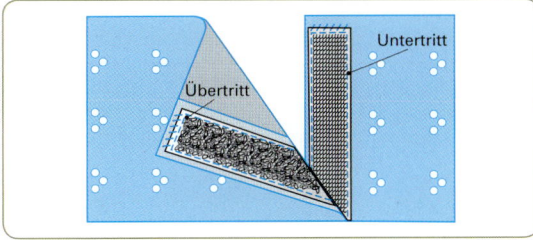

Bild 3: *Klettverschlüsse*

Die Klettbänder können mit kleinen Handstichen oder am Rand mit Geradstich der Nähmaschine knappkantig angenäht werden.

8.10.6 Einnähen eines Reißverschlusses

Kaputte Reißverschlüsse können mit etwas Übung ersetzt werden. Der alte wird herausgetrennt und der neue festgesteckt, geheftet und mit Geradstich mit dem Reißverschlussfuß festgesteppt. Dabei ist die Betriebsanleitung der Nähmaschine zu beachten.

In Hosen wird vorwiegend der einseitig verdeckte Reißverschluss verwendet.

Geschlossenen Reißverschluss unter das linke Vorderteil legen (Zähnchen dicht an der Kante), heften, festnähen

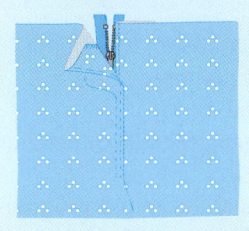

Rechte Stoffkante über den Reißverschluss legen, durch alle Lagen nahe am Bruch heften

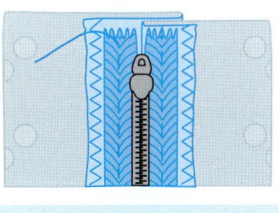

Von innen den Reißverschluss an der Stepplinie durch alle Lagen aufheften

Auf der Oberseite des rechten Vorderteils an der Heftlinie durch alle Lagen absteppen, Fadenenden auf der Rückseite verknoten, Heftfäden entfernen

9 Kostenberechnung

Betriebe müssen immer wieder die Wirtschaftlichkeit ihrer Arbeitsbereiche überprüfen. Spätestens wenn die Maschinen überaltert sind und Investitionen anstehen, wird überlegt, ob die Wäsche zukünftig durch Outsourcen (Ausgliederung von Tätigkeiten), Leasen oder Selberwaschen gereinigt und gepflegt wird. So dient die Kostenrechnung als Grundlage für Planungen und Entscheidungen.

9.1 Kosten ermitteln

Die Kostenkalkulation wird ebenso benötigt, um Preise einzelner Leistungen wie beispielsweise der Bewohnerwäsche zu haben oder als Rahmen für die Budgetierung.

Zur Kostenrechnung gehören die Ermittlung von Betriebs- und Kapitalkosten, des Zeitbedarfs für einzelne Aufgaben und ein anschließender Vergleich der ermittelten Kosten mit denen einer gewerblichen Wäscherei oder Reinigung. Verglichen werden können aber auch die Kosten für das Waschen in einer älteren und einer neuen Waschmaschine (siehe im Internet Kostenvergleichsrechner www.forum-waschen.de oder bei den Verbraucherzentralen).

Grundsätzlich muss bei einer **Kostenkalkulation** ermittelt werden:

- Wäschemenge einzelner Posten (Waschmaschinenladung einer bestimmten Sorte, z. B. Handtücher) pro Woche
- Füllmenge pro Waschgang für Waschmaschine und Trockner
- Verbrauch an Wasser und Strom pro Wäscheposten für Waschen, Trocknen, Bügeln
- Preise für Strom, Wasser, Abwasser, Waschmittel oder Waschhilfsmittel

- Zeit für das Einfüllen und Herausnehmen der Wäsche in Waschmaschine und Wäschetrockner und das Legen der Wäsche
- Kosten der Anschaffung und Abschreibung der benötigten Geräte und der Gebäude sowie deren Instandhaltung
- Personalkosten

Eine Grundlage zur Ermittlung der Kosten sind die Betriebskosten. Das sind veränderbare Kosten, die bei der Benutzung von Maschinen und Geräten anfallen. Sie sind von der Wäschemenge abhängig und entstehen für Wasser, Energie (Strom, Gas usw.) und Waschmittel oder Waschhilfsmittel.

Zur Ermittlung dieser Kosten sind die Verbrauchsdaten und die entsprechenden Kostendaten Grundlage. Im Internet, bei den Energieversorgern und durch Marktrecherche sind die notwendigen Kostendaten erhältlich. Zur Ermittlung der Wäschemenge kann eine Strichliste der durchgeführten Waschgänge helfen.

Das Wiegen einzelner Wäscheposten oder einzelner Wäschestücke lässt Rückschlüsse auf Waschmaschinenladungen zu.

Hilfs- und Betriebsstoffe	Einheit	Preis pro Einheit	Verbrauch pro Waschgang	Kosten pro Waschgang
Wasser	m³			
Strom	KWh			
Waschmittel	g			

Tabelle 1: *Muster zur Ermittlung der Betriebskosten*

9.2 Wäschevergabe

Beim **Outsourcing**, also der Vergabe von Wäsche nach außerhalb, wird diese in externen Wäschereien gereinigt und gepflegt. Die Kosten dafür sind vorher durch Preisvergleiche verschiedener Anbieter zu ermitteln.

Ein Vorteil dieser Art der Wäschepflege ist der geringe Personalaufwand und Betriebskostenaufwand. Pflegefehler gehen nicht auf Kosten des Hauses und die Wäsche bleibt in der Farbe einheitlich. Die Einhaltung der gesetzlich geforderten Hygienestandards wird garantiert, die vorgeschriebenen Umweltschutzauflagen von Dritten getragen.

Beschädigte Wäsche wird allerdings nicht aussortiert und pflegeleichte Stücke werden nicht handgebügelt. Daher wird oft eine Mischform gewählt: Die Privatwäsche der Bewohner wird im Haus gewaschen, gepflegt und ausgebessert und die betriebseigene Flachwäsche ausgelagert.

Bedingt durch gesetzliche Anforderungen an Hygienestandards wird die Wäsche in Großwäschereien besonderen thermischen, chemischen und mechanischen Belastungen ausgesetzt. Deshalb ist beim Kauf der Wäsche auf besonders gute Qualität zu achten. Die Anlieferung der sauberen Wäsche kann nach unterschiedlichen Kriterien erfolgen: unsortiert, nach Wäschearten sortiert oder stationsweise sortiert. Die Art der Sortierung bedingt unterschiedliche Kosten.

Leasing wird vorwiegend bei Flachwäsche oder Berufskleidung angewandt. So ist die Wäsche jederzeit im Bestzustand und wird just in time geliefert. Die Lagerfläche wird reduziert und Transportsysteme werden von der Leasingfirma zur Verfügung gestellt. Bei Personalveränderungen ist Flexibilität bei den Kleidergrößen gegeben. Hoher Kapitalaufwand durch Investitionen und Personalkosten entfallen.

Welches System für den Betrieb optimal ist, lässt sich nicht einfach an den Kosten ablesen, da auch die Zufriedenheit der Kunden, die Qualität des Ergebnisses und die Flexibilität mit einbezogen werden müssen.

Die Qualität des Waschergebnisses ist in besonderem Maße vom richtigen Sortieren der Schmutzwäsche abhängig.

Bild 1: *Wäscherei*

Aufgaben:

1. Ermitteln Sie innerhalb Ihres Klassenverbandes, in wie vielen Betrieben die Wäsche nach außerhalb vergeben oder selbst gewaschen wird.

   a) Welche Gründe sind für diese Art der Wäschereinigung maßgebend?
   b) Welche Erfahrungen wurden mit dieser Art der Wäschereinigung gemacht?

2. Vergleichen Sie die Kosten für das Waschen von sieben Herrenoberhemden im Privathaushalt mit einer fünf Jahre alten Waschmaschine, einer neuen Waschmaschine und der Vergabe an eine örtliche Wäscherei.

3. Erstellen Sie anhand einer Collage ein Schema des Wäschekreislaufs in Ihrem Betrieb. Vergleichen Sie Ihre Ergebnisse innerhalb der Klasse.

4. Berechnen Sie die Kosten für das Einnähen eines Reißverschlusses in eine Hose. Informieren Sie sich in einer Näherei am Wohnort und stellen Sie die ermittelten Preise gegenüber. Diskutieren Sie das Ergebnis im Klassenverband.

5. Informieren Sie sich über mögliche Nähstörungen beim Umgang mit der Maschine, deren Ursachen und Behebung. Erstellen Sie dazu eine Tabelle.

6. Stellen Sie im Klassenverband Regeln auf, wann das Ausbessern von Kleidung lohnend ist.

7. Entwickeln Sie eine Anleitung für das Einfädeln und die Bedienung Ihrer Schulnähmaschinen.

Wohnumfeld und Funktionsbereiche gestalten

Lernsituation

In einem Mehrgenerationenhaus befindet sich ein Familienservicebüro, das unterschiedliche Betreuungsangebote für Familien und Alleinerziehende macht. Ein Wunschgroßelternservice und Bildungsangebote werden koordiniert, vielfältige Projekte unterstützt und Integrationsarbeit für Migrantinnen und Migranten geleistet. Menschen jeden Alters können sich in ungezwungener Atmosphäre begegnen.

Den Mittelpunkt des Mehrgenerationenhauses bildet eine Cafeteria. Dort nutzen junge und ältere Mitbürger das preiswerte Speisenangebot. Gemeinsame Feiern werden vierteljährlich veranstaltet. Ein Raum für private Feiern kann angemietet werden. Wegen der starken Frequentierung wurde die Cafeteria vergrößert. Der Anbau wird in Kürze fertiggestellt.

Nach seinem Bundes-Freiwilligendienst hat Thorsten eine Ausbildung als Hauswirtschafter im Mehrgenerationenhaus begonnen. Da er bereits im zweiten Ausbildungsjahr ist, kennt er die Gäste und deren Vorlieben gut.

Thorstens Ausbilderin überträgt ihm die Aufgabe, die Neugestaltung des Raumes und der Tische zu übernehmen und Vorschläge für geeignete neue Tischwäsche zu machen. Dazu gehören auch eine Kostenberechnung und der Vergleich von Angeboten verschiedener Anbieter.

Lernziele

- Allgemeine Rahmenbedingungen ermitteln (Budget, Übersicht über benötigtes Material …)
- Bezugsquellen (Kataloge, Zeitschriften, Internet, …) nutzen und prüfen
- Allgemeine Informationen sammeln (Übersicht über Tischwäsche, Zimmerpflanzen, Dekorationselemente)
- Kenntnisse zum Dekorieren und Gestalten von Wohnungen und Einrichtungen erwerben
- Kenntnisse über Auswahl von Pflanzen und Blumen gewinnen
- Auswahl geeigneter Pflanzen für unterschiedliche Standorte treffen
- Anwenden von Kenntnissen über Pflege von Pflanzen und Blumen
- Wohn- und Funktionsbereiche kennenlernen und beurteilen
- Kosten von Tischwäsche, Gestaltungs- und Dekorationsmaterialien, Zimmerpflanzen einholen
- Kosten unterschiedlicher Anbieter vergleichen
- Auswahl von Tischwäsche, Gestaltungs- und Dekorationselementen und Pflanzen im Rahmen des Budgets treffen und für eine Präsentation aufbereiten

Methode: Zukunftswerkstatt

Bei der Betrachtung von sozialen Einrichtungen, wie z. B. Jugendheimen, Seniorenheimen oder auch Schulen fällt häufig auf, dass die Besucher/Bewohner sich dort nicht unbedingt wohlfühlen. So bräuchten viele Klassenräume einen neuen Anstrich, es fehlen Pflanzen oder in der Schulcafeteria ist kein geeigneter Platz, um sich mal so richtig zu entspannen.

Bild 1: *Beispiel einer Cafeteria vor der Umgestaltung*

Ursachen dafür gibt es sicherlich viele, eine der häufigsten Ursachen, die genannt wird, ist das fehlende Geld für z. B. eine neue Bestuhlung der Cafeteria. Diese Rahmenbedingungen führen häufig dazu, dass erst gar keine kreativen Verbesserungsvorschläge mehr gemacht werden. Dem kann mithilfe der Methode Zukunftswerkstatt entgegengewirkt werden.

Die Zukunftswerkstatt ist eine Methode, kreative, manchmal auch provokante Lösungsvorschläge zu einer Problematik zu entwickeln, die im Idealfall auch umgesetzt werden.

Die Zukunftswerkstat verläuft in drei Phasen:

- Kritikphase
- Fantasie-/Utopiephase
- Umsetzungsphase

In der **Kritikphase** werden zunächst möglichst präzise und radikal Missstände formuliert. Dies kann z. B. mithilfe einer Kartenabfrage oder durch ein Brainstorming erfolgen.

Anschließend werden die einzelnen Kritikpunkte systematisch nach Problembereichen zusammengefasst. Es folgt eine Bewertung und Gewichtung der Problembereiche, sodass deutlich wird, welche Probleme vorrangig angegangen werden sollen.

In der **Fantasie- bzw. Utopiephase** geht es nun darum, die aufgedeckten Missstände ins Positive umzuwandeln. Entscheidend ist, dass die Teilnehmer der Zukunftswerkstatt ohne irgendwelche Rahmenbedingungen ihrer Fantasie freien Lauf lassen können. Sie haben Macht und Geld spielt keine Rolle, so dass der Kreativität keine Grenzen gesetzt sind und utopische Projektskizzen von z. B. dem perfekten Seniorenheim entwickelt werden können.

Je nach Größe der Gruppe können in Kleingruppen mehrere Entwürfe erstellt werden, die dann in einer Präsentationsrunde vorgesellt werden.

In der **Umsetzungsphase** werden die Entwürfe dann wieder auf ihre Realisierbarkeit hin überprüft, ohne sie direkt wieder kaputt zu reden. Vielmehr geht es darum, sich darauf zu verständigen, welcher der Entwürfe bzw. welche Teilaspekte umgesetzt werden sollen. Dann müssen Durchsetzungsstrategien entwickelt werden und ein gemeinsames Projekt, wie z. B. die Renovierung der Schulmensa wird geplant.

Nach der Durchführung des Projekts sollte natürlich die gesamte Zukunftswerkstatt reflektiert werden.

Aufgaben:

Betrachten Sie Ihre Schule:

1. Lädt diese Schule zum Lernen in einer angenehmen Atmosphäre ein?

2. Gibt es Möglichkeiten zur Entspannung oder zum Verweilen?

3. Stellen Sie diese und andere Fragen im Rahmen einer Zukunftswerkstatt und entwickeln Sie ein konkretes Projekt, wie Sie Ihre Schule ein Stück schöner machen können.

1 Wohnumfeld und Funktionsbereiche

Mit dem Wort **Wohnen** wird „Leben oder Verwurzelung an einem Ort" oder „Räumlicher Lebensmittelpunkt" assoziiert.

Der Begriff „Wohnumfeld" beinhaltet zum einen die bauliche Struktur von Gebäuden und Wohnungen. Zum anderen gehören die Ausstattung und Gestaltung (Grünflächen und lokale Ökonomie) dazu. Weiterhin werden dazu die sozialen Bezüge und Anknüpfungs- wie Einbindungsangebote (Vereine, Initiativen der Nachbarschaft oder Veranstaltungen) gezählt.

1.1 Generelle Wohnbedürfnisse

Wohnen ist ein menschliches Grundbedürfnis. Die Wohnung dient dem Menschen als Schutz vor Witterungseinflüssen und Gefahren, als Sicherheit vor Eindringlingen und gibt Geborgenheit, auch als „Dach über dem Kopf" bezeichnet. Die Unverletzlichkeit des privaten Wohnbereichs gehört deshalb zu den verfassungsmäßig verbürgten Grundrechten. Eine Wohnung ist auch Ausdruck der jeweiligen Kultur.

Die Wohnung hat verschiedene **Funktionen**. Sie dient:

- Der Erholung und Entspannung wie Essen, Spielen, Schlafen
- Dem Familienleben, z. B. Kinderbetreuung und -erziehung, Kommunikation, Geselligkeit
- Der Ausübung von Tätigkeiten wie Berufstätigkeit oder Hobby
- Hauswirtschaftlichen Aufgaben wie Nahrungszubereitung, Textilpflege, Hauspflege und der Versorgung von Haushaltsangehörigen

Funktionsbereiche

Die genannten Funktionen werden in Funktionsbereiche aufgeteilt.

Für den **Individual- und Kommunikationsbereich** (Wohn-, Schlafräume, Kinderzimmer, Esszimmer, Hobbyraum oder Arbeitszimmer) wird mit 72 Prozent der meiste Raum benötigt. Der **haustechnische Bereich** (Küche, Bad, WC, Abstellräume, Hausarbeitsraum) umfasst in der Regel 18 Prozent, für die **Verkehrsflächen** (Flur, Diele, Treppen) werden 10 Prozent der Wohnfläche berechnet.

72 % Wohnen, Essen, Schlafen, Spielen, Arbeit, Gastlichkeit

10 % Flur, Diele, Treppe

18 % Vorrat, Bad, Küche

Bild 1: *Wohnfunktionen*

1.2 Individuelle Wohnbedürfnisse

Die **Wohnbedürfnisse** eines jeden Menschen sind verschieden. Sie hängen von der jeweiligen Persönlichkeit ab und werden deshalb als individuelle Wohnbedürfnisse bezeichnet.

Manche Menschen bevorzugen viele und große Wohnräume mit gehobener Ausstattung, andere möchten eine Einraumwohnung, weil sie weniger Arbeitsaufwand erfordert und noch genügend Geld für andere Dinge wie Reisen, Hobby usw. bleibt.

Für die **Auswahl einer Wohnung** sind die Größe der Familie und deren Zusammensetzung sowie das Alter der Familienmitglieder und deren Geschlecht ebenso wichtig wie die Lebensgewohnheiten und Interessen der Familienmitglieder. Der Gesundheitszustand und die finanziellen Möglichkeiten einer Familie sind außerdem von großer Bedeutung. Ältere oder behinderte Menschen benötigen eine andere Ausstattung der Wohnung, um ihre Eigenständigkeit zu bewahren.

Familien mit Kindern beanspruchen ausreichend Platz, damit jeder genügend Möglichkeiten zum Rückzug und zur Entfaltung hat.

Für **Raumgrößen** werden die in nebenstehender Tabelle dargestellten **Richtwerte** für ein bis vier Personen empfohlen. Bei großen Familien werden für die gemeinschaftlich genutzten Räume, wie Wohnzimmer und Küche, mehr Quadratmeter angenommen. Die Richtwerte basieren auf einer DIN-Norm, die inzwischen zurückgezogen wurde, für den sozialen Wohnungsbau jedoch immer noch zugrunde gelegt wird.

Raum	Größe
Arbeitsküche	8–10 m²
Wohnküche	10–12 m²
offene Küche	6–8 m²
Wohnzimmer	18–20 m²
Wohnzimmer mit Essplatz	20–30 m²
Schlafzimmer Eltern	15–17 m²
Kinderzimmer	10–15 m²
Bad mit WC	4–6 m²
WC	1–3 m²
Abstellraum	1–2 m²
Balkon	7 m²

Tabelle 1: *Richtwerte Raumgrößen*

1.3 Wohnbedürfnisse im Großhaushalt

Ältere Menschen oder Menschen mit Handicap benötigen eine Wohnung, die barrierefrei und sicher ist sowie ausreichende Bewegungsfläche bietet. Die Maße sind in der DIN 18024 geregelt.

Bei den modernen Wohnkonzepten wird die größtmögliche Selbstständigkeit, verbunden mit dem ausreichenden Maß an Betreuung oder Hilfeleistung, durch barrierefreies Wohnen ermöglicht. Eine Kochnische und/oder ein abschließbarer Wohnbereich bewahren die Eigenständigkeit des Bewohners.

Private Rückzugsmöglichkeiten sind durch ein Einbettzimmer, ein eigenes Telefon und ein Fernsehgerät gegeben. In einem Zweizimmerappartement ist dies jedoch nicht immer einfach umzusetzen.

Gestaltungsmöglichkeiten bietet die Mitnahme eigener Möbel, Teppiche und Bilder oder die eigene Auswahl von Vorhängen und Pflanzen im Zimmer oder auf dem Balkon.

In Wohnanlagen sind Gemeinschaftsräume mit wohnlicher Ausstattung von zentraler Bedeutung. Diese sollen das Miteinander fördern und für alle Menschen gut erreichbar sein. Wichtig ist eine Öffnung dieser Räume auch für Besucher.

Nachteilig beim Wohnen in Senioreneinrichtungen ist, dass vorwiegend lediglich ältere Menschen innerhalb der Anlage zusammenleben. Eine Nachbarschaft von älteren und jüngeren Menschen findet nur in ausgewählten Projekten statt.

1.4 Wohnungsbewertung

Der **Wohnwert** einer Wohnung entscheidet in hohem Maße über die Wohnzufriedenheit und ist abhängig von der **Wohnlage**.

- Verbindung zum Arbeitsplatz
- Nähe von Einkaufsmöglichkeiten, sozialen und kulturellen Einrichtungen wie Theater, Bücherei, Gemeindezentrum

- Standort von Kindergarten und Schulen und deren Erreichbarkeit
- Nähe von Ärzten, Post, Bank, Handwerkern
- Nähe von Verwandten und Freunden
- Lage von Erholungszentren wie Parks und Sportplätzen
- Standort in Stadtnähe, Stadtmitte oder am Ortsrand

- Luft- und Lärmbelastung oder Geruchsbelästigung durch Mülldeponien oder Industriebetriebe
- Bequeme Anbindung an den öffentlichen Nahverkehr

Bild 1: *Wohnlage*

Bei der Auswahl der **Wohnlage innerhalb des Hauses** werden Wohnungen im Dachgeschoss wegen ihrer Aussicht und der Tatsache, dass „niemand auf dem Kopf herumläuft" von älteren Menschen bevorzugt. Allerdings sollte ein Aufzug vorhanden sein. Der durch die Dachschrägen etwas geringere, aber sehr gemütlich wirkende Wohnraum reizt häufig auch junge Leute, diese Wohnungen zu mieten.

Junge Familien mit Kindern bevorzugen Erdgeschosswohnungen, da sie oft mit einer Terrasse oder einem kleinen Gartenstück versehen sind. So können die Kinder draußen toben und erhalten einen Einblick in die Natur. Fehlt ein Aufzug im Haus, haben auch ältere Menschen, die gehbehindert sind, eine Vorliebe für diese Wohnungen, die jedoch eher „fußkalt" sind.

Die Lage der Räume zur **Himmelsrichtung** ist ein entscheidender Faktor bei der Auswahl der Wohnung oder des Hauses, da Lichteinfall und Wärme durch sie bestimmt werden.

Schlafzimmer sollen kühl sein, deshalb ist die Lage nach Norden günstig. Das einfallende Licht von Osten bringt Morgensonne beim Aufwachen. Wohnzimmer nach Süden geben Wärme und Licht, Kinderzimmer liegen günstig nach Süden oder Westen, damit genügend Sonneneinstrahlung gegeben ist.

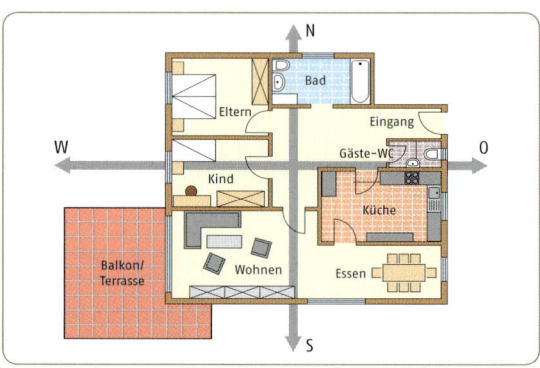

Bild 2: *Lage der Räume zur Himmelsrichtung*

Die **Lage der Räume zueinander** gewährleistet einen störungsfreien Ablauf der Wohnaktivitäten. Die Verkehrswege sollten kurz sein und möglichst direkte Verbindungen haben. Das bedeutet, ein Raum wird nicht durch einen anderen, sondern vom Flur aus betreten. Günstig sind folgende Raumzuordnungen:

- Küche nahe Esszimmer, Verbindung von Küche und Abstell- oder Vorratsraum
- Bei Kleinkindern kurze Wege von der Küche zum Kinderzimmer
- Kurze oder direkte Verbindung zwischen Schlafzimmer und Bad und Toilette
- Direkter Zugang vom Wohnungseingang zu allen Räumen
- WC getrennt vom Bad oder Gäste-WC

Die **Grundrissqualität** zeigt sich durch die Benutzbarkeit der Räume, ihre Ausrichtung zur Sonne, die Größe und den Schnitt. Folgende Kriterien sind wichtig:

- **Raumproportionen** und -größen: Lange schmale Räume sind ungünstig. Das Wohnzimmer sollte großzügig geschnitten sein, damit eine vielfältige Raumnutzung möglich ist.

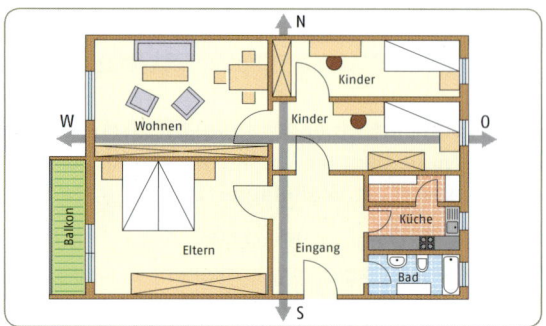

Bild 3: *Ungünstige Raumproportionen*

- **Lage der Türen:** genügend Platz für Schrankwände, Öffnen der Türen in die richtige Richtung, nicht zu viele Türen in einem Raum. Fenster und Türen sind ideal, wenn sie mindestens 60 cm von der Wand entfernt sind, damit ein Schrank an der Wand abgestellt werden kann.
- **Barrierefreiheit:** Möglichkeit, hindernisfrei auch auf Krücken/mit Rollstuhl durch die Wohnung zu gelangen, Breite der Türen, keine Schwellen an Haustür oder Terrassen.

Der Wohnwert wird gesteigert, wenn möglichst „schnelles" **Internet, ein Kabel- oder SAT-Anschluss und Fernsehempfang** preiswert und in allen Räumen vorhanden sind.

Die **Kosten für eine Wohnung** berechnen sich aus der Miete und den Nebenkosten, beispielsweise für Wasser, Strom, Heizung und Grundsteuer. Beim eigenen Haus sind Kosten für den eventuell anfallenden Abtrag von Darlehen anstelle der Miete und die Nebenkosten zu berücksichtigen. Die Kosten sollten 25 Prozent des Einkommens nicht überschreiten (s. S. 55).

Veränderungen des Wohnbedarfs

Durch Zunahme von Arbeitsplatzwechsel und damit verbundener Mobilität und der Vielfalt heutiger Lebensformen ist eine flexible Gestaltung des Wohnraumes nötig. Auch Veränderungen der Familiengröße (Bild 1) oder plötzlich auftretende gesundheitliche Beeinträchtigungen erfordern Räume, die umfunktioniert werden können.

Bild 1: *Veränderung des Wohnbedarfs*

Günstig sind Räume, die aufgrund ihres Zuschnitts unterschiedliche Möglichkeiten der Raumnutzung bieten und bei Bedarf anders genutzt werden können, als vorher gedacht. Beispielsweise kann das Arbeitszimmer als Kinderzimmer genutzt werden, wenn in Wohn- oder Schlafzimmer genügend Platz für den Arbeitsplatz geschaffen werden kann.

> Der Wohnwert wird durch Raumproportionen, die Lage der Räume zueinander und zur Himmelsrichtung und durch Möglichkeiten zur flexiblen Raumnutzung bestimmt.

Grundrisszeichnungen

In einem Grundriss wird eine Wohnung, ein Haus oder ein Zimmer maßstabsgetreu zeichnerisch dargestellt. Dabei werden Fenster- und Türöffnungen eingezeichnet. Es wird immer eine Draufsicht gezeichnet. Je größer die Zeichnung ist, desto größer ist die Aussagekraft. Deshalb werden Küchenpläne im Maßstab 1:20 erstellt.

Maßstabsgetreu bedeutet, dass 1 cm Grundriss 100 cm in der Realität entsprechen. Dieses Verhältnis wird als Maßstab 1:100 bezeichnet.

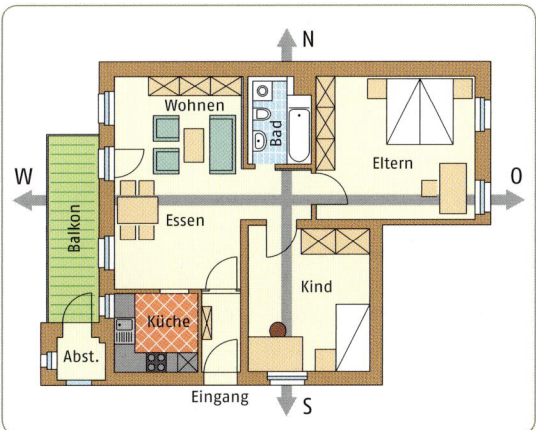

Bild 2: *Beispiel einer Grundrisszeichnung*

Bild 2 zeigt die Grundrisszeichnung einer Wohnung in Form einer Draufsicht, also dem Blick von oben. Grundrisse können auch zweidimensional dargestellt werden (Bild 1, S. 518). Seit einigen Jahren sind mithilfe von Computerprogrammen dreidimensionale Ansichten möglich (Bild 2, S. 518).

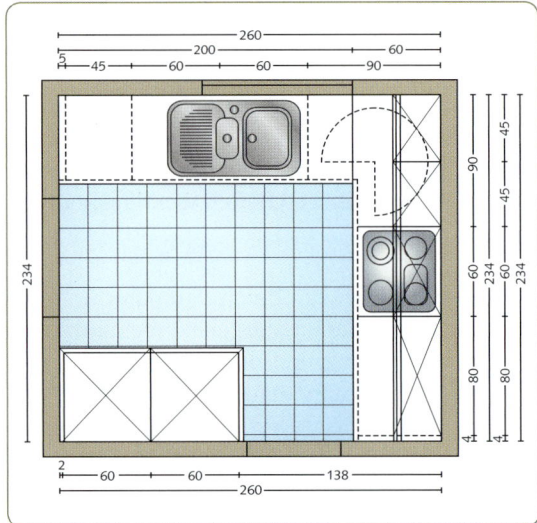

Bild 1: *Draufsicht – zweidimensional*

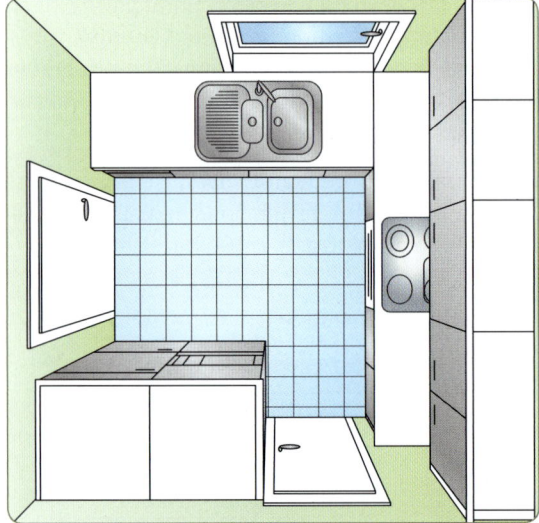

Bild 2: *Draufsicht – dreidimensional*

Einrichtungsgegenstände werden mit Symbolen (Bild 3) gekennzeichnet und einheitlich dargestellt. So werden Bauzeichnungen übersichtlicher. Vor einem Umzug können die Möbel auf dem Papier hin- und hergeschoben und die optimale Einrichtung entwickelt werden.

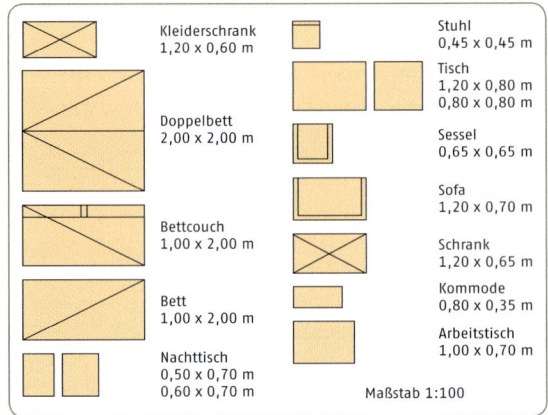

Bild 3: *Symbole zum maßstäblichen Einrichten*

Aufgaben:

1. Zeichnen Sie Ihr Zimmer maßstabsgetreu im Grundriss auf. Richten Sie den Raum mit Möbelsymbolen auf zwei unterschiedliche Arten ein. Begründen Sie die jeweilige Einrichtung schriftlich.

2. Machen Sie Vorschläge für Raumänderungen für den Grundriss auf Seite 517:

   a) für eine Familie mit Kleinkind;
   b) für eine Familie mit zwei Kindern;
   c) für eine Familie mit einem Kind; ein zusätzliches Arbeitszimmer wird benötigt

3. Ermitteln Sie die bei Ihnen ortsüblichen Mieten von Einzimmer-Appartements und Wohnungen von etwa 100 m². Berechnen Sie, wie hoch Ihr Einkommen sein müsste, um den Empfehlungen auf S. 517 zu entsprechen.

4. Beurteilen Sie den Grundriss von Bild 2 S. 517 hinsichtlich der Lage zur Himmelsrichtung, der Lage der Räume zueinander und der Grundrissqualität. Besprechen Sie Ihr Ergebnis im Klassenverband.

5. Führen Sie eine Wohnungsbewertung Ihres Zimmers nach den im Text genannten Kriterien durch.

6. Recherchieren Sie, welche Räume zum Wirtschaftsbereich in einem Großhaushalt gehören (LF 4 – 6).

2 Gestaltungselemente

Gestalten einer Wohnung bedeutet, sie wird persönlich so ausgestattet und eingerichtet, dass der Bewohner sich wohlfühlt. In diesem Zusammenhang wird häufig von den „eigenen vier Wänden" gesprochen. Durch Gestaltungselemente werden die Sinne berührt, Stimmungen erzeugt und Räumen eine bestimmte Ausstrahlung gegeben. Beim

Betreten einer Wohnung entscheidet der erste Eindruck unbewusst über das Wohlgefühl.

Der persönliche Geschmack und die Ansprüche ändern sich jedoch im Laufe des Lebens mehrfach, nicht zuletzt durch Veränderungen in Mode und Design.

2.1 Farbenlehre

Farben beeinflussen die optische Wahrnehmung und Stimmung eines Menschen. Sie sind ein wichtiges Gestaltungsmittel. Farben haben unterschiedliche Wirkung auf die Sinne: kalt, warm oder neutral.

Das Zusammenwirken von Farben wird in unterschiedlichen Farbtheorien seit Jahrhunderten ergründet und in Farbtabellen bzw. Farbkreisen dargestellt.

Bild 1: *Farbkreis nach J. Itten und H. Küppers*

Die **Grundfarben** Rot, Blau und Gelb sind die Ausgangsbasis für Farbmischungen. Sie werden auch als Primärfarben oder Farben erster Ordnung bezeichnet.

Aus der Mischung von zwei Primärfarben entstehen die **Sekundärfarben**, auch als Farben zweiter Ordnung bezeichnet.

Durch das Mischen einer Primärfarbe und einer Sekundärfarbe entsteht eine Farbe dritter Ordnung, auch **Tertiärfarbe** genannt.

Komplementärfarben liegen sich im Farbkreis gegenüber und bilden bei der Wohnungseinrichtung wichtige Akzente.

Durch das Zumischen von Weiß oder Schwarz wirken Farben heller oder dunkler, kühler oder wärmer, klarer oder trüber, glänzend oder stumpf oder pastellfarben. Weiß, Schwarz und Grau sind keine Farben im eigentlichen Sinne und werden als unbunte oder **Nichtfarben** bezeichnet. In der Wohnraumgestaltung haben sie einen wichtigen Stellenwert als Kombinationsfarben.

Farbwirkungen

Bei der Farbgestaltung ist es wichtig, vorher zu überlegen, welche Stimmung in einem Raum erzeugt werden soll. Farben und somit ihre Wirkung werden unbewusst wahrgenommen.

Es werden warme (überwiegend Gelb- und Rotanteile) und kalte Farben (überwiegend Grün- und Blauanteile) unterschieden. In Versuchen wurde festgestellt, dass in Räumen, in denen kalte Farben vorherrschen, die Raumtemperatur um 2–3 °C niedriger empfunden wird als in Räumen mit warmen Farben.

Fehlende farbliche Gestaltung von Räumen hat Einfluss auf das Wohlbefinden, die Konzentrationsfähigkeit und Leistungsbereitschaft. Deshalb ist eine dunkle Ecke in Wohnung oder Keller für den heimischen Arbeitsplatz ungeeignet.

Jeder hat seine bevorzugten Farben, dennoch werden bestimmten Farbtönen bestimmte Wirkungen zugeschrieben, die in Tabelle 1, nächste Seite aufgeführt sind:

Farbe	Einfluss auf die Stimmung	Einfluss auf Räume/Anwendung
Gelb	Belebend, stimmungsfördernd, fördert Kommunikation und Intellekt, wirkt sonnig, leicht	erwärmen Räume, erhellen dunkle Räume, für Diskussions- und Besprechungsräume, Kinderzimmer
Orange	Belebend, kräftigend, aufheiternd, anregend, festlich, freudig	erwärmt, schafft gesellige Atmosphäre, für Küche und Esszimmer, kleine dunkle Räume, Partyräume
Rot	Belebend, aktivierend, stimulierend, appetitanregend, kann aggressiv machen	für Küche, Spielzimmer, Durchgänge, zuviel Rot wirkt aggressiv
Violett	Entmutigend, befremdend, unruhig strahlt Würde aus, steht für Spiritualität	vermittelt Extravaganz, Luxus, für Empfangsräume, in Küche, Ess- und Wohnzimmer sparsam verwenden
Blau	Entspannend, erfrischend, kühlend, führt zur Ruhe, aber auch Konzentration	für Schlafzimmer und Räume zur Entspannung, Bad, Arbeitsräume, in engen und niedrigen Räumen optische Vergrößerung
Grün	Beruhigend, ausgleichend, harmonisch, macht gelassen oder gleichgültig	Ruhe, Weite, Wohlsein; Wohn- und Arbeitsbereich, Schlafzimmer
Weiß	Reinheit, Vollkommenheit, vermittelt Sauberkeit, wirkt distanzierend; wirkt offen, unbestimmt, grenzenlos	gibt in Kombination mit anderen Farben das gewisse Etwas, kann Farbgruppen neutralisieren, aufhellen, beleben, für kleine Zimmer
Grau	Neutralität, Unauffälligkeit, Langeweile, Zurückhaltung; betont die anderen Farben in der Kombination	neutral bis langweilig; Wohnräume, Esszimmer, wenn die Einrichtung Akzente setzt
Schwarz	Absorbierend, schwer, kann verstärken, Kraft betonen, wirkt feierlich	hart, schwer, abweisend, Tiefe, Spannung, Eleganz, nicht für ganze Räume, nur einzelne Wände oder Möbel, Dekoration

Tabelle 1: *Farbwirkungen*

In verschiedenen Kulturkreisen hat Farbe unterschiedliche Bedeutung, da die Verfügbarkeit der Farben und die Lebensweisen jeweils unterschiedlich sind. So gilt z. B. in Europa die Farbe Rot als eine warnende Farbe, im asiatischen Raum wird damit Reichtum verbunden.

Farben können Raumproportionen verändern. Helle Farben machen Räume freundlich und behaglich und vergrößern optisch. Dunkle Farben verkleinern. Streifen können je nach Richtung Räume höher erscheinen lassen (senkrechte Streifen) oder verkürzen (waagerechte Streifen).

Die Wirkung einer Farbfläche ist auch davon abhängig, wo sie sich im Raum befindet: an der Zimmerdecke, an der Wand oder auf dem Fußboden.

Bild 1: *Wirkung von Farbe und Muster*

In nachfolgender Tabelle sind einige Beispiele für die Wirkung von Farben, Streifen, Mustern in Räumen dargestellt.

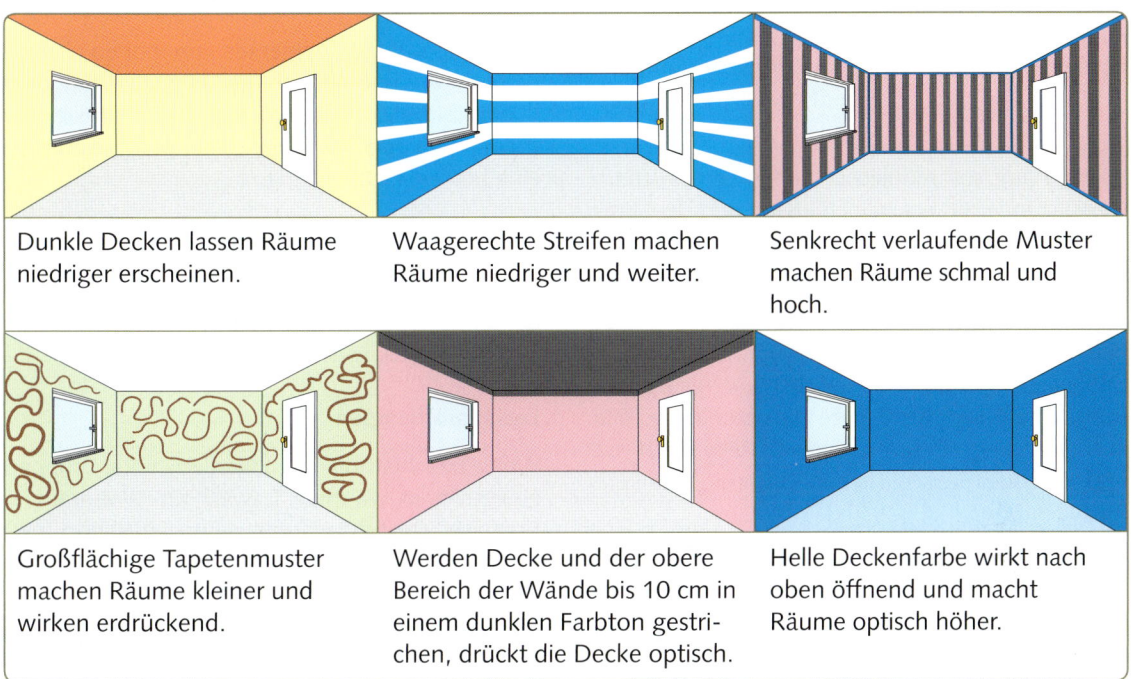

Dunkle Decken lassen Räume niedriger erscheinen.	Waagerechte Streifen machen Räume niedriger und weiter.	Senkrecht verlaufende Muster machen Räume schmal und hoch.
Großflächige Tapetenmuster machen Räume kleiner und wirken erdrückend.	Werden Decke und der obere Bereich der Wände bis 10 cm in einem dunklen Farbton gestrichen, drückt die Decke optisch.	Helle Deckenfarbe wirkt nach oben öffnend und macht Räume optisch höher.

Tabelle 1: *Wirkung von Farben, Streifen und Mustern im Raum*

Bei der Farbgestaltung in Räumen sollte eine Farbe vorherrschen, die durch Möbel, Textilien und Raumschmuck harmonisch ergänzt wird.

Kräftige Farben und große Muster werden schneller als störend empfunden. Eine frühzeitige Renovierung ist oft die Folge.

Außer den Grundfarben gibt es Farbmischungen und unendlich viele verschiedene Farbschattierungen. Ein hellerer oder dunklerer Farbton einer bestimmten Farbe wirkt sich unterschiedlich auf das Empfinden und die Raumwirkung aus. So können Farben Ton in Ton oder komplementär verarbeitet werden. Farben verändern sich durch Beleuchtung, den jeweiligen Hintergrund und das verwendete Material.

Bild 1: *Farbe im Raum*

Bild 2: *Farbe im Raum*

2.2 Licht

Licht ist ein entscheidender Faktor für den Wohnwert. Es sorgt für ein behagliches Raumklima und gute Konzentration. Dafür sind genügend große Fenster, die richtige Lage der Räume zur Himmelsrichtung, aber auch die Bepflanzung von außen und die Gardinen ausschlaggebend.

Beleuchtung soll müheloses Sehen ermöglichen, Gegenstände gut erscheinen lassen und die Stimmung beeinflussen, also Behaglichkeit verbreiten.

Tageslicht lässt Farben natürlich und in ihrer Wirkung ursprünglich erscheinen. Kunstlicht dagegen beeinflusst die Farben, hilft Raumproportionen zu korrigieren. Daher ist es von besonderer Bedeutung, eine ausreichend gute und blendungsfreie künstliche Beleuchtung zu haben. Menschen mit nachlassender Sehschärfe benötigen eine stärkere Ausleuchtung.

Leuchtmittel und Licht

Der Lichtbedarf ist abhängig von der Funktion, der Höhe, der Größe und der Lage eines Raumes. Dafür sind Lampen in verschiedenen Ausführungen im Handel erhältlich. Lampen sind Lichtquellen, auch Leuchtmittel genannt.

Bild 1: *Leuchtmittel*

Leuchten bestehen aus Lampe, Aufhängung, Fassung und Schirm. Angeboten werden u. a. Steh-, Tisch-, Wand-, Decken- und Pendelleuchten sowie Strahler.

Standardglühlampen und konventionelle Halogenlampen werden bis 2012 aus dem Handel genommen. Der Einsatz effizienter Technologien

wie LED, Energiesparlampen oder 12-Volt-Technologien soll gefördert werden.

Glühlampen sind, gemessen am hohen Strombedarf, aufgrund der geringen Lichtausbeute dem Klima abträglich. Alternativen dazu sind Energiesparlampen oder Metalldampflampen. Sie bringen eine bessere Lichtleistung.

Energiesparlampen sind Glühlampen ähnlich. Sie verbrauchen 80 Prozent weniger Strom für die gleiche Lichtleistung, sind zehnmal haltbarer. Da sie Quecksilber enthalten, sind sie, wie Leuchtstoffröhren, als Sondermüll zu entsorgen.

Leuchtstofflampen

Weiße Leuchtstofflampen werden in drei Gruppen eingeteilt: in warmweiß (ww) für Wohnräume, Konferenz- und Büroräume, neutral-/kaltweiß (nw) für Büros, Ausstellungsräume und Werkstätten und tageslichtweiß (tw) als Tageslichtersatz in geschlossenen Räumen. Sie haben eine lange Lebensdauer und geben helles Licht. Sie sind als Sondermüll zu entsorgen.

Halogenlampen sind verbesserte Glühlampen. Sie geben etwa 100 Prozent mehr Helligkeit als diese und sind mit 2 000 Betriebsstunden Lebensdauer auch doppelt so lange einsatzfähig. Das Licht erscheint brillant. Halogenlampen können im Hausmüll entsorgt werden.

LED-Leuchten (**L**ight **E**mitting **D**iode) arbeiten mit Halbleiterkristallen, die durch Strom leuchten. Neben der Allgemeinbeleuchtung können mit LED-Lampen gezielt einzelne Bereiche beleuchtet werden. Sie sind stromsparender als Halogenstrahler.

Soffitten sind kleine Stablampen, die meist als Leuchtkörper für Lichterketten verwendet werden. In Verbindung mit Stuckleisten können sie indirektes Licht erzeugen.

Beleuchtungsarten

Viel Licht ist nicht gleichzusetzen mit einer guten Beleuchtung. Räume benötigen je nach Verwendungszweck verschiedene Lichtquellen und unterschiedliche Helligkeit. Lampen und Leuchten dienen nicht nur zum Ausleuchten von Räumen, sondern auch als Dekoration.

Der persönliche Geschmack, die Form der Leuchten, die damit verbundene Lichtstreuung und das Material bestimmen die Richtung des Lichtes und die Lichtverteilung. **Lichtinseln** sorgen für Behaglichkeiten und lassen schmale Räume großzügiger erscheinen.

Die unterschiedlichen Beleuchtungsarten werden nachfolgend dargestellt:

Die **Allgemeinbeleuchtung** bietet eine schnelle und sichere Orientierung z. B. in Fluren, Arbeitsräumen und auf Treppen. Das Licht strahlt hierbei meistens von Leuchten, die an der Decke angebracht sind, auf Wände und Boden (Bild 1).

Bei der **indirekten Beleuchtung** wird das Licht von der Oberfläche eines angestrahlten Körpers (Wand oder Decke) möglichst gleichmäßig in alle Richtungen reflektiert. Das entstehende diffuse Licht ist „weich" und beleuchtet Wand- und Bodenflächen. Die Helligkeit ist dabei eingeschränkt. Für die Allgemeinbeleuchtung in Schlafräumen oder zum Fernsehen ist diese Art der Beleuchtung gut geeignet.

Bei der **punktuellen Beleuchtung**, auch Zonenlicht oder direkte Beleuchtung genannt, wird eine bestimmte Stelle direkt angestrahlt. Dadurch entsteht dort eine höhere Helligkeit als in der Umgebung. Diese Beleuchtungsart bietet schattenfreies Licht und findet u. a. Anwendung am Arbeitsplatz, am Esstisch, in der Küche und beim Lesen.

Für die **Arbeitsplatzbeleuchtung** gelten besondere Regeln, die in der DIN EN 12464 „Beleuchtung von Arbeitsstätten" geregelt sind.

Bild 1: *Allgemeinbeleuchtung*

Bild 2: *Indirekte Beleuchtung*

Bild 3: *Punktuelle Beleuchtung*

2.3 Wandgestaltung

Die Dekoration von Wänden hat eine mehr als tausendjährige Geschichte. Höhlenmalereien und die Dekorationskunst der Griechen, Römer und Araber sind weltbekannt. In früher Zeit wurden die Menschen vor der Kälte durch Behängen der Wände massiver Steinbauten mit Wandteppichen oder Textilien geschützt. Im Mittelalter sind daraus die hölzernen Verkleidungen entstanden, die heute mehr denn je für einen optimierten Wärmeschutz sorgen.

Die Wandgestaltung ist ein beliebtes Mittel der Innendekoration. Es gibt viele Möglichkeiten:

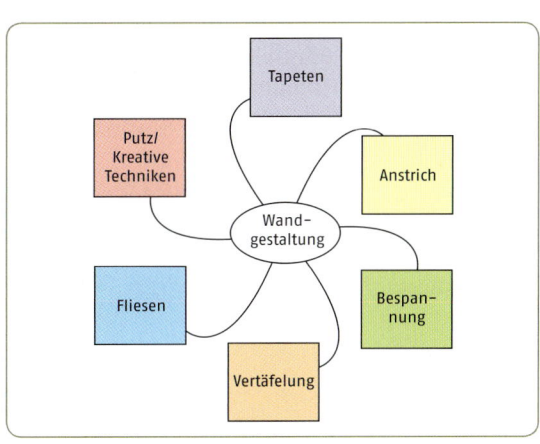
Bild 4: *Möglichkeiten der Wandgestaltung*

Tapeten

Viele Jahrzehnte lang war die Raufasertapete die Königin der Wandgestaltung, da sie einfach zu verarbeiten und preiswert ist. Inzwischen ist eine Vielfalt von Tapeten aus den verschiedensten Materialien wie Papier, Glasfasern, Metall, Textil oder Kunststoff auf dem Markt. Je nach gewünschter optischer Wirkung und Ansprüchen an die Pflege kann ausgewählt werden.

Beim Kauf geben Symbole Auskunft über die Licht- oder Waschbeständigkeit der Tapeten und lassen erkennen, wie die Tapete verarbeitet werden muss.

Bild 1: *Tapetensymbole*

Im Internet bieten Hersteller von Farben und Tapeten Programme an, mit deren Hilfe Wände von Musterräumen gestaltet werden können und ein Überblick über die Raumwirkung möglich ist.

Anstriche

Innenraumfarben beeinflussen das Raumklima, können schmücken oder eine schützende Funktion haben. Je nach Raumfunktion sind die Eigenschaften wie Wasch-, Wisch- oder Scheuerfestigkeit entscheidende Auswahlkriterien, aber auch Feuchtigkeitsbeständigkeit oder Atmungsaktivität. Nicht alle Anstriche sind für jeden Untergrund geeignet.

Lösemittelhaltige Anstriche sollten nicht in Wohn- oder Schlafräumen eingesetzt werden. Küche und Bad benötigen einen atmungsaktiven Anstrich oder eine atmungsaktive Tapete. Umweltfreundliche Anstriche sind immer zu bevorzugen. In Tabelle 1 ist eine Auswahl von Anstrichen und Putzen aufgeführt.

> Wände können nur 4- bis 5-mal überstrichen werden, danach sind sie versiegelt und nicht mehr atmungsaktiv.

Wände erhalten durch Anbringen von Bildern und Wandteppichen einen besonderen Blickpunkt. Weitere Möglichkeiten der Wandgestaltung sind das Anbringen von Zier- oder Stuckleisten oder von Glasplatten, die Räumen einen besonderen Charakter verleihen oder als Wandschutz beispielsweise bei Garderoben dienen.

Dispersions-farben	Durch unterschiedliche Zusammensetzung beständiger und hochwertiger. Sie ist fleckenbeständig und abwaschbar, lässt sich glatt und gleichmäßig auftragen und deckt gut. Sie riecht kaum und trocknet schnell. Mit Abtönfarbe ist sie einfärbbar und bietet viele dekorative Farbvarianten und ist in Innenräumen universell einsetzbar.
Kalkfarben/ Milchfarbe/ Kalkmilch	Mineralische Farben, die mit Wasser gelöst sind, inzwischen durch Dispersionsfarbe jedoch weitgehend verdrängt wurden. Verwendung für historische Gebäude und Restaurationen von Bauwerken.
Kaseinfarbe	Kaseinfarbe ist frei von Konservierungsstoffen sowie Giften und sehr atmungsaktiv. Ökologische Farbe, die nicht im Baumarkt erhältlich ist. Kann auf normal saugenden Untergründen wie Raufaser, verputzten Wänden oder Gipskartonwänden verarbeitet werden.

Tabelle 1: *Anstriche und Putze*

Latexfarbe	Echte Latexfarbe (unter Verwendung von Kautschuk) ist selten geworden. Heute werden vorwiegend Dispersionsfarben mit einem Bindemittel aus Kunstharz angeboten. Diese sind wasserdampfdurchlässig, sehr strapazierfähig, scheuerbeständig und unempfindlich gegenüber üblichen Reinigungsmitteln. Nach dem Trocknen haben sie eine fast lackartige Oberfläche, die sich mit einem feuchten Schwamm gut reinigen lässt. Die Farbe vergilbt nicht und bleibt elastisch. Einsatz in Räumen mit starker Beanspruchung, wie Kinderzimmer, Küche und Bad, aber auch Flure und Treppenhäuser.
Struktur-farben/Flüssig Raufaser/ Roll- und Streichputz	Strukturfarbe enthält Sandkörner (Quarzsand) oder kleine Kügelchen, die beim Streichen der Oberfläche ein Muster und Struktur geben. Diese Wandfarben sind auf allen saugfähigen Oberflächen (glatten verputzten Wänden, Gipskartonplatten und Zementfaserplatten) anwendbar und können kleine Unebenheiten oder Risse überdecken.
Dekorations-farben/ Lasuren	Ein transparenter Anstrich, dessen Farbpigmente und Farbstoffe eine dünne Schicht auf einer Grundierung aus Wandfarbe bilden. Verschiedene Techniken wie **Wickel-, Schwamm- und Wischtechnik oder „Stupftechnik"** ergeben besondere Effekte mit mediterranem oder antikem Ambiente. Je nach Zusammensetzung sind Lasurfarben (basierend auf Kunststoffdispersion) oder Lasurlacke (basierend auf Lacken) erhältlich.
Leimfarben	Ungiftige und organische Farben, deren Bindemittel wasserlöslich ist. Deshalb dürfen sie nicht in Feuchträumen eingesetzt werden. Ideal auf Innenwänden und Raufasertapeten.
Silikat-anstriche	Speziell für Räume mit hoher Luftfeuchtigkeit, wie Bäder. Nicht für jeden Untergrund geeignet. Sehr gute Atmungsaktivität, fungizide und antibakterielle Wirkung, wasch-, witterungs- und chemikalienbeständig.

Tabelle 1: *Anstriche und Putze (Fortsetzung)*

2.4 Fußböden

Die unterschiedlichen Bodenbelagsarten sind im LF 7 ausführlich dargestellt. Bild 1 gibt eine kurze Übersicht.

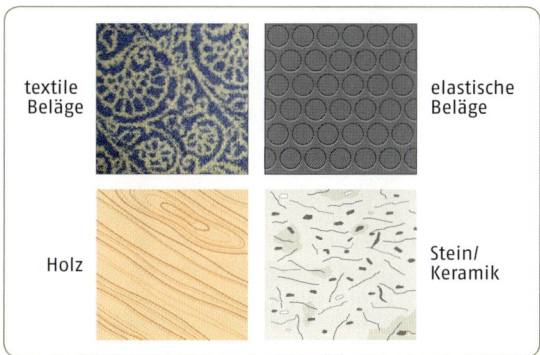

Bild 1: *Verschiedene Arten von Bodenbelägen*

Kriterien über die Auswahl von Bodenbelägen sind:

Fußwärme: Empfindet der Bewohner einen Belag als fußwarm, kann bei gleichbleibender Behaglichkeit die Raumtemperatur um 2–3 °C gesenkt werden.

Die **Elastizität** eines Bodens beugt der Ermüdung der Muskulatur vor.

Der **Trittschall** wird durch harte Böden gefördert, durch weiche oder textile Böden gemindert.

Rutschhemmende Bodenbeläge werden vorwiegend in gewerblichen Bereichen wie Großküchen gefordert.

Elektrostatisches Aufladen tritt besonders bei Teppichböden auf. Bei empfindlichen Geräten, wie Computern, ist dies zu vermeiden. Die Aufladung fördert außerdem eine schnellere Anschmutzung von textilen Oberflächen.

Der unterschiedliche **Reinigungs- und Pflegeaufwand**, je nach Bodenart, hat einen entscheidenden Einfluss auf die Unterhaltskosten und die Lebensdauer von Bodenbelägen.

Lösungsmittelfreies Verlegen der Beläge ist ein entscheidender Beitrag zur Gesunderhaltung der Bewohner.

Der optische Eindruck wird durch Farben und Auswahl entsprechend der Raumnutzung getroffen. Wird in der gesamten Wohnung der gleiche Bodenbelag gewählt, wirkt die Wohnung größer. Bei kleinen Wohnungen hilft auch das Verlegen in einer einheitlichen Farbe. In Flur, Küche und Bad sind robuste, pflegeleichte Materialien günstig.

Auswahl der Böden

In Küchen sind pflegeleichte Böden wie versiegeltes Parkett, Kork oder Fliesen günstig.

In Schlaf- und Wohnzimmer können alle Böden verlegt werden. Zu beachten ist jedoch, dass sich

auf glatten Flächen, wie Laminat, schnell Staub bildet. Zudem sind Laminat und Fliesen eher fußkalt.

In Kinderzimmern sind fußwarme Böden ideal, deshalb sind Kork oder Teppichböden gut geeignet. Außerdem ist Kork günstig für Allergiker.

Im Eingangsbereich sollte der Boden versiegelt sein, keine Feuchtigkeit aufnehmen und rutschfest sein. Gut geeignet sind: Stein, Beton, Marmor oder PVC.

Für **Großhaushalte** sind die Bodenbeläge so auszuwählen, dass sie nicht nur hübsch anzusehen, sondern farbecht, robust (haltbar) und leicht zu reinigen sind. Wichtig ist ihre Unempfindlichkeit gegen starke Belastung durch Besucher und Bewohner. Glänzende Böden vermitteln den Eindruck, als sei es glatt. Vor allem ältere Menschen werden dadurch unsicher beim Laufen.

2.5   Fensterdekoration

Das Wort **Vorhänge** ist ein Sammelbegriff für Gardinen, Stores, Seitenschals und Rollos (Falt- oder Raffrollos). Sie sollen vor neugierigen Blicken schützen und Sonnenstrahlen abhalten. Dabei darf die Sicht nach außen nicht versperrt werden. Vorhänge können auch zum Verdunkeln von Räumen eingesetzt werden.

sollte bedacht werden, dass die Fensterdekoration einen hohen Kostenfaktor darstellt und deshalb über einen längeren Zeitraum nicht ausgetauscht wird. Deshalb ist es wichtig, Wohntextilien zur übrigen Einrichtung und zur Wandgestaltung passend auszuwählen.

Bild 1: *Fensterdekoration*

Fensterdekorationen wirken u. a. als wichtiges Einrichtungsdetail. Sie sind ein Ausdruck des persönlichen Lebensstils.

Bei der großen Auswahl an Materialien und Farben, die der Mode folgend fast jährlich wechseln,

Bild 2: *Fenster mit Raffrollo*

Die Länge der Gardinen bzw. Stores und deren Befestigung beeinflussen stark das Aussehen eines Raumes. Gardinen können die Architektur eines

Raumes optisch verändern: Kleine Fenster wirken größer, wenn die Vorhänge Bodenlänge haben und rechts und links über das Fenster hinaus auf die Wand reichen. Fenster, die dicht beieinander liegen, wirken größer, wenn die Dekoration zusammengefasst wird.

Dunkle Räume wirken mit hellen transparenten Stoffen heller. Wie schon bei Tapeten gilt auch hier: Kleine Räume benötigen kleine Muster, da große Muster die Räume optisch dominieren.

Material, Farbe und Muster sowie die Struktur der Stoffe sind harmonisch auf den Raum abzustimmen. Gardinen werden uni, transparent, farbig bedruckt oder in dichter Optik angeboten und sind so für unterschiedliche Wohnstile geeignet.

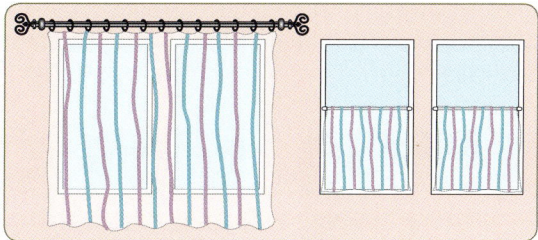

Bild 1: *Optische Veränderung von Räumen durch Gardinen*

Moderne **Flächenvorhänge** aus Dekostoff hängen in Bahnen glatt herunter. Die Stoffe können transparent und/oder blickdicht sein; Stoffstärken können miteinander kombiniert und überlagernd an Schienen befestigt sein.

2.6 Dekorationselemente

Der Begriff **Dekoration** steht für Verzierung, Ausschmücken, Schmuck. Er umfasst in Wohnungen Textilien wie Kissen, Tischwäsche, Bettwäsche, Decken, Tagesdecken, aber auch Accessoires wie Geschirr und Kerzenleuchter, Pflanzentöpfe und vieles mehr.

Bild 2: *Dekoelemente*

Vorhänge und Kissen auf dem Sofa machen Räume wohnlicher, fördern die Gemütlichkeit und setzen farbliche Akzente, wenn sie auf die Farbe von Sofa und Wand abgestimmt sind.

Ohne Dekorationen wirken Wohnungen kalt und langweilig. Kleine Teppiche oder Läufer dienen einerseits der Geräuschdämmung und dem Wärmen der Füße, andererseits bringen sie Farbe auf triste Fußböden.

Zimmerpflanzen bringen ein Stück Natur in die eigenen vier Wände. Sie filtern außerdem die Raumluft und bieten optisch eine gute Wirkung.

> Beim Dekorieren sind der Fantasie keine Grenzen gesetzt. Es gilt stets: Weniger ist mehr! Sonst wirken Räume unordentlich und unruhig.

Tischwäsche

Ein schön gedeckter Tisch wirkt durch passende Tischwäsche richtig festlich.

Tischdecken gibt es in vielen Variationen, Farben und Mustern. Sie können grob oder fein gewebt, mit Applikationen, mit Spitzen, bedruckt oder gefärbt sein.

Die klassische Tischdecke wird aus Leinen und/oder Baumwolle hergestellt. Größe, Material und Design bestimmen den Preis. Qualität und Farbe der Tischwäsche wird nach dem Verwendungszweck gewählt. Für eine Festtafel wird eine andere Qualität gewählt als in der privaten Küche. In Großbetrieben ist eine gute Qualität wegen des häufigen Wäschewechsels und Waschens besonders wichtig, da dies einen hohen Kostenfaktor darstellt. Hier wird vielfach hochwertiger Damast (eingewebtes Muster) aus Baumwolle für Bett-

und Tischwäsche eingesetzt. Farbiger Damast besteht aus gebleichtem Kett- und gefärbtem Schussgarn.

Bild 1: *Buntsatin*

Bild 2: *Tischdamast*

> Weiß wirkt bei jedem Anlass festlich und ist neutral. Tischwäsche wird farblich und im Stil auf die Räumlichkeiten, den Anlass, das Geschirr und das Essen abgestimmt.

Vliesprodukte gewinnen immer größere Bedeutung. Sie können nur einmal verwendet werden. Dafür entfallen die Waschkosten. Die Muster sind je nach Jahreszeit in unterschiedlichen Designs erhältlich.

Skirtings, auch Büfettschürzen genannt, sind elegante Tischkleider, die dem Büfetttisch ein festliches Aussehen verleihen. Sie werden durch Clips oder Klettverschluss befestigt und sind in unterschiedlichen Ausführungen (mannigfache Faltenarten) und Materialien erhältlich. Vorwiegend eingesetzt werden pflegeleichte Polyesterstoffe oder Mischgewebe.

Hussen werden über Stühle oder Stehtische gestülpt und geben bei unterschiedlicher Möblierung ein einheitliches festliches Aussehen.

Bild 3: *Skirting*

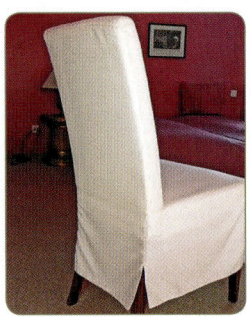

Bild 4: *Stuhlhusse*

Aufgaben:

1. Erstellen Sie eine Collage, aus der die Regeln zur Farbgestaltung, der Einsatz von Komplementärfarben und die räumliche Veränderung durch Farben und Wandgestaltung erkennbar sind. Stellen Sie Ihr Ergebnis der Klasse vor.

2. Richtiger Umgang mit Leuchten hilft Unfälle zu vermeiden. Recherchieren Sie und stellen Sie ein Merkblatt mit Regeln zusammen.

3. Informieren Sie sich über die in Bild 4 auf Seite 523 aufgeführten Möglichkeiten der Wandgestaltung ausführlich und stellen Sie diese in einem Referat Ihren Mitschülerinnen vor.

4. Ermitteln Sie die unterschiedlichen Möglichkeiten der Fensterdekoration. Stellen Sie verschiedene Fensterbehänge für ein Bewohnerzimmer im Seniorenheim, die Cafeteria in einem Mehrgenerationenhaus und für ein Kinderzimmer vor. Erkunden und berechnen Sie dafür auch die jeweiligen Kosten. Besprechen Sie die Ergebnisse in der Klasse.

5. Fertigen Sie eine Liste mit Bodenbelägen an, die bei Ihnen zu Hause im Schlafzimmer und in der Küche sind. Welche Beläge finden Sie in Ihrem Betrieb in der Küche und in den Bewohnerzimmern? Nennen Sie Kriterien, nach denen die Auswahl in den unterschiedlichen Räumen vorgenommen werden sollte und begründen dies vor Ihrer Klasse.

6. Auch Dekorationselemente unterliegen der Mode. Sammeln Sie Informationen aus Prospekten, Katalogen, im Internet und in Ausstellungen oder Möbelhäusern.

   a) Ergründen Sie, wie sich Dekorationselemente im Laufe der letzten 50 Jahre gewandelt haben.
   b) Überlegen Sie Möglichkeiten Dekorationen der Jahreszeit anzupassen im Privathaushalt, in Gemeinschaftseinrichtungen und in Hotels.

3 Räume einrichten

Bei der Neugestaltung einer Wohnung muss überlegt werden, ob die Zimmer modern, antik oder klassisch, elegant oder eher kitschig eingerichtet sein sollen. Demnach werden der Wand-, Fußboden- und Deckenbelag bzw. deren Farben entschieden. Es wird ein Wohnkonzept geschaffen. Einfacher ist das, wenn noch keine Möbel vorhanden sind, ansonsten muss zu den bestehenden Möbeln das Umfeld passend gewählt werden. Bei einem Umzug ist zu überlegen, welche Möbel mitgenommen und welche durch Neukauf ersetzt werden.

Das Einrichten der Räume hängt von der Wohnungsgröße, dem Alter der Bewohner und der Zusammensetzung der Familie ebenso ab wie vom zur Verfügung stehenden Budget.

> Wohnung und Zimmer nicht zu voll stellen. Durchgänge zum Fenster freilassen
>
> Bequeme und funktionelle Möbel von guter Qualität wählen
>
> Möbel nicht zu groß und zu wuchtig (überproportioniert)
>
> Genügend Stauraum durch Schränke und Regale schafft Ordnung und Gemütlichkeit

3.1 Wohnzimmer

Das Wohnzimmer eines Hauses oder einer Wohnung ist das Zentrum für die Familie.

Der Wohnbereich erfüllt folgende **Funktionen**:

- Geselligkeit für Familie und Gäste
- Spielen der Kinder
- Eventuell Einnahme der Mahlzeiten
- Unterhaltung durch Fernseher, Radio oder eigene Musik
- Unterbringen von Geschirr, Büchern u. a.
- Durchführen von Schreib- oder Näharbeiten, Computerspiel

Bei der Einrichtung des Wohnzimmers ergibt sich daraus eine Einteilung in verschiedene Funktionszonen.

Sitzmöbel gehören zur Grundeinrichtung. Art und Form von Sofa und Sessel bestimmen stark das Aussehen eines Raumes, aber auch die Bequemlichkeit. Trends bei Polstermöbeln vorsichtig einsetzen, da die Möbel über einen langen Zeitraum erhalten bleiben und einen hohen Kostenfaktor darstellen.

> Gute Planung ist wichtig, damit alles zusammenpasst und der Raum zum Wohlfühlen und Entspannen gut geeignet ist. Zeitlose Eleganz und gute Qualität sind immer eine solide Ausgangsbasis.

Anforderungen an Möbel

Bild 1: *Gütezeichen für Möbel*

Möbel sollten stabil, gut verarbeitet, sicher, haltbar, kippsicher und leicht zu reinigen sein. Gerundete Kanten mindern die Unfall- bzw. Verletzungsgefahr. Ein Gütezeichen ist Kennzeichen für gute Qualität.

Das **Wohnkonzept** ist abhängig von den zur Verfügung stehenden Mitteln. So kann mit Anbaumöbeln oder Serienmöbeln, die über einen längeren Zeitraum nachgekauft und ergänzt werden können, der Raum nach und nach erweitert werden. Doch auch wenige gute Einzelstücke oder das Sammeln von Antiquitäten bieten eine gute Möglichkeit der Erweiterung.

Eine Wohnzimmerwand kann den Fernseher, Cds, Bücher und evtl. Geschirr unterbringen. Wichtig dafür ist genügend Stellraum für die Möbel. Durch die geeignete Auswahl von Möbeln ist eine gute Raumnutzung möglich. Nischen und schwierig zu möblierende Räume können mit Möbeln nach Maß, evtl. vom Tischler gefertigt, sinnvoll genutzt werden.

Bild 1: *Wohnzimmer*

gezogen werden kann. Die Stühle sind nicht nur Blickfang. Ebenso wichtig ist ihre ergonomische Gestaltung, damit ein bequemes Sitzen möglich ist. Sind genügend Stühle da, muss bei einer Feier kein Mix von unterschiedlich hohen Stühlen zusammengesucht werden. Der Schrank in Form einer Vitrine oder eines Highboards bietet Stauraum für Geschirr und Gläser und sorgt für kurze Wege.

Ein Teil des Wohnzimmers wird oft durch eine Essecke genutzt. Dabei sollten beide Bereiche so gestaltet werden, dass zwar eine optische Abgrenzung stattfindet, dennoch durch das Aufeinanderabstimmen eine Einheit gebildet wird. Das wirkt ruhiger.

Der Esstisch sollte genügend groß sein. Günstig ist, wenn er für besondere Veranstaltungen aus-

Bild 2: *Sitzbereich im Esszimmer*

3.2   Kinderzimmer, Jugendzimmer

Die Bewohner von Kinderzimmern erfahren in jeweils kurzen Zeitabschnitten eine Wandlung vom Kleinkind bis zum Jugendlichen. Da ist es wichtig, dass das Zimmer den Bedürfnissen angepasst wird.

- Helle und freundliche **Farben**, jedoch warm und kräftig, damit die Kinder sich wohlfühlen
- Die Wände müssen nicht großflächig gestrichen sein. Farbige **Accessoires**, Vorhänge, Möbel und Dekorsticker schaffen Abwechslung.
- Gutes harmonisches **Licht** sorgt einerseits für Entspannung, dient aber auch der Konzentration bei den Hausaufgaben.
- Möbel sollen **funktionell** sein – so kann ein Hochbett zum Schlafen und Spielen genutzt werden.
- Die Möbel für Kleinkinder, wie Wickelkommode oder Kinderbett, können durch **Umbau** „mitwachsen". Schreibtische sollten höhenverstellbar sein. Eine neutrale Farbe und gute Qualität der Möbel sind dabei besonders wichtig.

- **Themenbezogene** Kinderzimmer liegen im Trend (Prinzessin, Fußball, Dinosaurier usw.) – jedoch sollte berücksichtigt werden, dass der Geschmack der Kinder schnell wechseln kann – und dann eine günstige Möglichkeit der Änderung gefunden werden muss.

Bild 3: *Kinderzimmer*

- **Raumteilungskonzepte** ermöglichen eine Trennung von Arbeits- und Schlafbereich, damit sich Kinder gut auf die Hausaufgaben konzentrieren können und die aufgebauten Spiellandschaften nicht im Weg sind.

- Zimmer nicht zu voll stellen, damit genügend **freier Platz** auf dem Fußboden ist, um dort frei spielen zu können.
- **Sicherheit** im Kinderzimmer kann erreicht werden durch: Kindersicherung an Steckdosen, abgerundete Kanten an Möbeln, Herausfallschutz am Bett für Kleinkinder, Ordnungssysteme, in denen verschluckbare Kleinteile untergebracht werden können, Schubladen mit

Stoppfunktion, um Quetschungen an Fingern zu vermeiden.

Jugendliche haben andere Ansprüche an ihr Zimmer als jüngere Kinder. Mehrere Funktionen müssen oft auf wenig Raum erfüllt werden: Schlafen, Lernen, Lesen, Musikhören und Treffen mit Freunden. Um genügend Platz zu gewinnen, sind Möbel mit mehreren Funktionen wie ein Schlafsofa oder verwandelbare Einzelmöbel günstig. Die Arbeitsfläche auf dem Schreibtisch muss genügend groß sein.

3.3 Küchen im Privathaushalt

Bei der Einrichtung von Küchen hat sich in den letzten Jahrzehnten vieles geändert. Früher wurden einzelne Geräte und Schränke nebeneinandergestellt. Später wurde die Einbauküche entwickelt. Dabei entfielen die lästigen Ritzen und Zwischenräume und eine leichtere Reinigung wurde möglich. Nun hält sogar Hightech Einzug in die Küche. Bausteinsysteme ermöglichen eine noch individuellere Planung und unterschiedliche Arbeitshöhen oder Geräte in Augenhöhe ermöglichen rückenschonendes Arbeiten.

Bild 1: *Küche heute*

Arten von Küchen

Arbeitsküche: Alle Arbeiten zur Speisenversorgung der Familie werden hier erledigt.

Wohnküche: Sie bietet neben der Arbeitsküche noch Platz zur Einnahme von Mahlzeiten.

Kochnische: Notwendige Kücheneinrichtung auf engstem Raum, meistens für Singles oder Alleinstehende.

Küchenplanung

Der Nutzwert einer Küche ist abhängig von:

- Der Länge der Stellfläche
- Der Raumbreite
- Den Installationsanschlüssen; Beleuchtung, Entlüftung
- Arbeitsgerechten Abmessungen
- Der Anordnung der Einrichtung
- Der Kürze der Wege

Für einen Vierpersonenhaushalt werden insgesamt sieben Meter Stellfläche als ausreichend angesehen. Diese Stellfläche kann je nach Raum unterschiedlich angeordnet werden (s. Tabelle 1, S. 532).

Durchgehende Arbeitsflächen und Wandschränke (Anbaumöbel) sparen unnötige Wege und ermöglichen eine leichtere Reinigung. Die Maße sind genormt. Die Schranktiefe und Normbreite betragen jeweils 60 cm. Es sind Sondermaße in unterschiedlichen Breiten erhältlich, die jedoch erheblich mehr kosten.

Je nach Personengröße werden höhere Arbeitsflächen angeboten (zwischen 85 und 95 cm gelten als optimal) oder Backöfen und Mikrowellengeräte in Augenhöhe eingebaut. Das ermöglicht ein rückenschonendes Arbeiten.

Im Internet und Küchenfachhandel gibt es Tabellen, mit deren Hilfe die optimale Arbeitshöhe ermittelt werden kann.

zweizeilige Küche

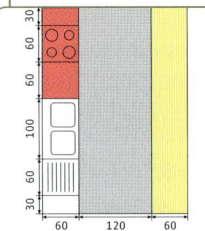

Auf einer Seite ist in der Regel die Installationszeile, die andere bietet Stellfläche für Schrankraum, zusätzliche Arbeitsfläche und evtl. Backofen und Kühlschrank.

L-Küche

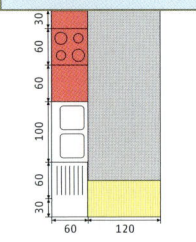

Für kleine Familien; sie ist besonders Wege sparend, da die Arbeitsplätze vorteilhaft angeordnet sind. Auch ein Essplatz kann zusätzlich eingerichtet werden.

U-Küche

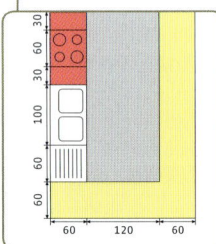

Für große Familien vorteilhaft, allerdings sind die Eckschränke sehr teuer.

Tabelle 1: *Küchenformen*

Beine und Rücken werden durch Verändern der Arbeitshaltung entlastet. Dabei helfen Stehsitze oder Stehhilfen. Das Einrichten eines Sitzarbeitsplatzes ist empfehlenswert.

Die Anordnung der Schränke wird dem **Arbeitsablauf** entsprechend geplant. Nach dem sogenannten „Arbeitsdreieck" werden die Funktionsbereiche Vorratshaltung, Vorbereitungszentrum, Kochzentrum von links nach rechts geplant (s. Ansicht Bild 1 für Rechtshänder).

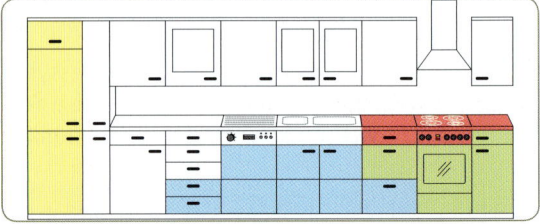

Bild 1: *Arbeitsablauf in einer einzeiligen Küche*

Vor- und Zubereiten: Reinigen und Zubereiten der LM zwischen Herd und Spüle. Notwendige Arbeitsgeräte sollten in der Nähe untergebracht sein.

Kochen: Neben dem Vor- und Zubereitungszentrum ist rechts der Herd, Topfschrank sollte rechts neben dem Herd sein, Gewürze darüber im Hängeschrank, Kühlschrank und Vorratsschränke sind auf der gegenüberliegenden Seite gut untergebracht.

Abwaschen: Links vom Herd auf dem Arbeitstisch wird das schmutzige Geschirr gesammelt und geordnet, in der Spüle oder Spülmaschine gereinigt. Rechts und links von der Spüle sollte genügend Platz sein. Die Spülmaschine wird in der Regel unterhalb der Abtropffläche der Spüle untergebracht. Bei Vorhandensein einer Spülmaschine reicht eine Einbeckenspüle mit zusätzlichem Ausguss.

3.4 Küchen im Großhaushalt

Gemeinschaftseinrichtungen, auch Großhaushalte genannt, wie beispielsweise Heime, Krankenhäuser, Tagungshäuser, Kindertagesstätten oder Jugendeinrichtungen, bieten je nach Art der Einrichtung und Ziel des Hauses unterschiedliche Verpflegungssysteme. Hier kann auch die Größe der Einrichtung ein Entscheidungsfaktor sein.

Küchen können in Eigenregie geführt werden. Die Zusammenarbeit mit anderen Einrichtungen oder Fremdregie sind ebenfalls möglich.

Je nach Ablauforganisation werden verschiedene Küchensysteme unterschieden, die auf den Seiten 345–349 näher erläutert werden:

- Zubereitungsküchen
- Aufbereitungsküchen
- Mischküchen

Das Verpflegungsangebot sollte bewohnerorientiert, flexibel und variabel sein.

Abhängig vom gewählten Verpflegungssystem, dem Ausgabesystem der Speisen, der Zahl der Essensteilnehmer, der Ansprüche der Essensteilnehmer, den räumlichen Möglichkeiten, dem Standort und dem Finanzrahmen sind Küchen unterschiedlich zu planen.

In Großküchen sind aufgrund der Arbeitsorganisation die **Funktionsbereiche** anders gegliedert als in einer Privatküche.

Für die **Warenlagerung** sind Trocken-, Kühl- und Tiefkühllager vorhanden. Der **Vorbereitungsbereich** wird gegliedert für Gemüse, Salate und Kartoffeln sowie Fleisch, Fisch und Geflügel. Für die **Zubereitung** steht die warme Küche mit dem Garbereich oder zum Regenerieren oder Fertiggaren der Speisen zur Verfügung. Dazu gehören außerdem die Kalte Küche und die Backküche. Die **Speisen- und Getränkeausgabe** ist für die Portionierung von Speisen und Getränken in unterschiedlichen Ausgabesystemen da. Der Bereich **Entsorgung** umfasst das Spülen in der Spülküche, die

Lagerung von Leergut und die Lagerung von Speiseabfällen.

Bild 1: *Funktionsbereiche einer Großküche*

3.5 Bad und WC

Das Baden hat sich im Laufe der Geschichte häufig gewandelt. So hatte das öffentliche gemeinsame Baden in der römischen Kultur einen hohen Stellenwert, der im Mittelalter verlorenging. Gegen Ende des 19. Jahrhunderts, mit der Entwicklung des technischen Zeitalters, wurde in England das erste WC gebaut. Damit begann auch der Bau seriengefertigter Badewannen. Anfang der 1960er Jahre weckte die Industrie beim Verbraucher den Wunsch nach farbigen Baderäumen. Glänzend glasierte Fliesen wandelten sich im Laufe der Jahrzehnte zu matten, melierten, beigen, weißen oder grauen unterschiedlich großen Fliesen.

In einer Mietwohnung gibt es wenige Möglichkeiten der Veränderung. Diese können lediglich durch Badezimmeraccessoires, wie Badteppiche oder farbige Handtücher, geschaffen werden.

Beim Bau eines Hauses kann je nach Budget geplant werden. Da ist zu überlegen, ob eine Dusche ausreicht oder eine Badewanne benötigt oder gar beides gewünscht wird. Vorwandinstallationen der wasserführenden Installationen vermindern die Geräuschübertragung, wenn Wasser läuft.

Bild 2: *Badezimmer*

Wände und Boden im Bad werden in der Regel gefliest. Die Wandfliesen sollten jedoch nicht raumhoch angebracht werden.

Anstriche oder Tapeten, die Feuchtigkeit aufnehmen, sind günstiger, damit die feuchtwarme Luft von den Wänden aufgenommen werden kann. Sonst kann es leicht zu Schimmelbildung kommen.

Bei innenliegenden Bädern ist eine Lüftung zwingend nötig. Oft erfolgt diese über den Lichtschalter.

Bild 1: *Bad halb hoch gefliest*

Je nach Größe der Familie können zwei Einzel- oder ein Doppelwaschbecken eingebaut werden. Waschbecken und Toiletten an der Wand erleichtern die Reinigungsarbeit. Tiefspülertoiletten vermindern die Geruchsbelästigung.

Wichtig ist ein Spiegel über dem Waschbecken. Das Licht sollte hell, aber blendfrei neben oder über dem Spiegel angebracht sein.

Steckdosen und Schalter sind außerhalb des Schutzbereiches von Badewanne, Dusche und Waschbecken zu installieren. Steckdosen in der Nähe des Waschbeckens benötigen einen Spritzschutz.

Auf dem Markt ist ein reichhaltiges Angebot an Badmöbeln erhältlich, um wichtige Utensilien unterzubringen. Diese sollten feuchtraumgeeignet sein, deshalb werden sie häufig aus Kunststoff gefertigt. Zusätzliche Halterungen für Seife, Zahnputzglas, Waschlappen und Handtücher sind notwendig.

Bidet (Sitzwaschbecken) und Urinal können je nach Haushaltsgröße und Wünschen der Bewohner die Badezimmereinrichtung ergänzen. Die Verfügbarkeit eines Gäste-WC's ist für Besucher oder größere Familien günstig. Der Zugang sollte vom Flur sein.

3.6 Wohnen für Senioren

Früher haben Kinder ihre Eltern ganz selbstverständlich gepflegt. Doch durch Veränderung der Lebensformen gibt es nur noch wenige Großfamilien. Die rechtzeitige Entscheidung der Lebensart im Alter ermöglicht eine individuelle Wahl.

So gestatten spezielle Wohnformen wie das betreute Wohnen, Wohnen im Stift, in einer Seniorenresidenz oder generationenübergreifendes Wohnen ein angenehmes Leben im Alter. Sie haben jedoch ihre Grenzen, wenn Pflegebedürftigkeit eintritt. Klassische Wohnformen sind das Wohnen im Altersheim oder Altenpflegeheim.

Eine Übersicht über bestehende Wohnprojekte in Deutschland liefern Internetangebote.

Bürgertelefone der Städte und Gemeinden vermitteln Wohnberatung, die kostenlos oder gegen eine geringe Gebühr durchgeführt wird. Sie können helfen, die eigene Wohnung barrierefrei so umzugestalten, dass ein selbstständiges Wohnen möglichst lange möglich ist.

Auch Fachstellen für Wohnraumberatung der Bundesländer bieten Hilfestellung. Deren Adressen sind ebenfalls über das Internet zu ermitteln.

Da ältere Menschen durch körperliche Gebrechen in ihrem Aktionsradius eingeschränkt bzw. an ihre Wohnung gebunden sind, gewinnen die Wohnbedingungen und das Wohnumfeld an Bedeutung. Ältere Menschen möchten unabhängig bzw. selbstständig, aber sicher wohnen. Sozialkontakte sollen beibehalten werden bzw. gepflegt werden.

Dafür müssen bestimmte **Voraussetzungen** geschaffen werden:

- Genügend Freiraum in der Wohnung gibt Rollstuhlfahrern ausreichend Bewegungsfreiheit.
- Lose im Raum liegende Teppiche mit doppelseitigem Klebeband fixieren, lose Kabel festkleben. Rutschfeste Matten verhindern Stolpern und Ausrutschen.
- Hohe Türschwellen an Terrassen- oder Balkontür lassen sich über eine Rampe mit einem Gehwagen überwinden.
- Sturzgefahr auf Treppen zur oder in die Wohnung werden durch Montage eines Treppengeländers oder von Griffen auf beiden Seiten gemindert.
- Zu niedrige Polstermöbel sind durch Möbelerhöhungen oder Sessel mit Aufstehhilfe gut nutzbar.

- Mit Holzklötzen lassen sich auch Betten und andere Möbel erhöhen. Ein elektrisch verstellbares Bett mit Fernbedienung ist die professionelle Variante.
- Im Kleiderschrank kann eine auf Greifhöhe herausziehbare Kleiderstange (Garderobenlift) helfen.

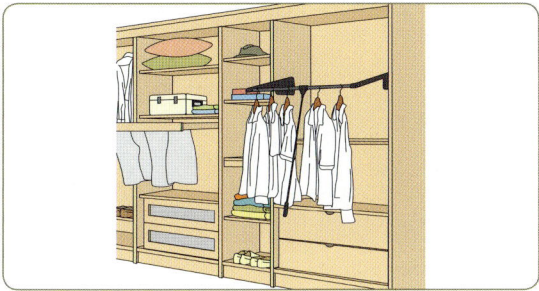

Bild 1: *Garderoben-/Kleiderlift*

- Zu hoch angebrachte Hängeschränke in Küchen führen zu gefährlichen Kletteraktionen und Unfällen durch den eingeschränkten Gleichgewichtssinn. Das Aufbewahren von häufig benötigten Dingen in bequemer Höhe schafft Abhilfe.
- Unfallträchtig ist das Bad. Rutschfeste Matten vor und in der Wanne sind wichtig. Haltegriffe an den Wänden helfen beim Ein- und Aussteigen aus der Wanne. Manchmal ist auch das Anbringen eines Hebeliftes eine Lösung. Der Ausbau der Wanne und Einbau einer ebenerdigen Dusche mit einer Sitzgelegenheit kann sinnvoll sein, besonders wenn die Möglichkeit besteht, direkt mit dem Rollstuhl in die Dusche zu fahren. Höhenverstellbare Waschtische erleichtern die selbstständige Körperpflege.

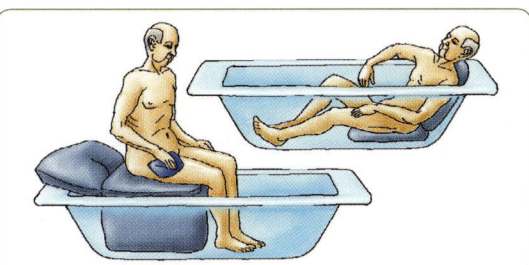

Bild 2: *Badewannenlifter*

- Die Türen müssen breit genug sein, damit auch Menschen mit Gehwagen oder Rollstuhl durchkommen. Vor allem die Tür des Badezimmers

sollte in einer Notfallsituation von außen zu öffnen sein. Schiebetüren oder Türen, die nach außen aufgehen, lassen sich auch öffnen, wenn jemand nach einem Sturz direkt dahinter liegt.
- Andere zweckmäßige Ausstattungsmerkmale sind per Handsender oder Taster elektrisch zu öffnende Türen, Fenster und Rollos und niedrige Klinken für Rollstuhlfahrer.
- Treppen können durch Installation eines Treppenliftes überwunden werden. Das vorherige „Probesitzen" beim Verkäufer ist hilfreich bei der richtigen Auswahl.

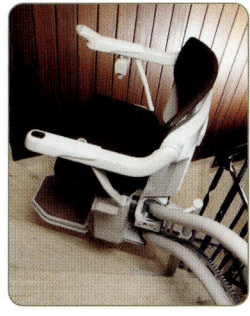

Bild 3: *Treppenlift*

In Senioren- und Pflegeheimen werden besondere Anforderungen an Tische und Stühle gestellt: Sie sollten kratz- und hitzebeständig sein. Neben dem Sitzkomfort von Stühlen ist wichtig, auf stabile Objekte zurückzugreifen. Dabei dürfen sie nicht schwer sein, evtl. stapelbar, da raumsparend, und eine pflegeleichte Oberfläche bieten.

Aufgaben:

1. Informieren Sie sich durch Internet, Prospekte und Besuch in Möbelhäusern über die unterschiedlichen Qualitäten von Möbeln. Fassen Sie Ihre Erkenntnisse in Form einer Präsentation zusammen und stellen Sie diese Ihrer Klasse vor.

2. Planen Sie die Einrichtung eines Zimmers in einem Tagungshaus. Begründen Sie Ihre Auswahl.

3. Das Raumklima trägt durch Be- und Entlüftung und richtiges Heizen zum Wohlbefinden bei und mindert Schäden an der Bausubstanz. Erstellen Sie ein Referat zu diesem Thema und tragen Sie es in Ihrer Klasse vor.

4 Pflanzen

Zimmerpflanzen gehören heutzutage ganz selbstverständlich zur Einrichtung. Innenarchitekten planen sie bei der Anlage oft gleich mit ein. In gewerblichen oder öffentlichen Einrichtungen (Büroräume, Eingangshallen, Flure, Cafes usw.) werden große Solitärpflanzen (große, freistehende Pflanzen) eingesetzt. Diese können auch gemietet werden.

Pflanzen oder Pflanzengruppen im Haus haben unterschiedliche **Funktionen**:

- Sie dienen als Dekoration, schaffen eine wohnliche, heimelige Atmosphäre.
- Sie bieten einen schönen Anblick und schaffen optische Ruhepunkte oder dienen als Raumteiler.
- Sie sind Luftverbesserer durch die Produktion von Sauerstoff.
- Sie sind Hobby, besonders für ältere Menschen, unterstützen auch den Kontakt zur Natur.

Gestalten mit Pflanzen

Neben Blumen auf Fensterbänken und Solitärpflanzen werden in großen Räumen häufig Pflanzengruppen zusammengestellt. Dabei haben die Gewächse unterschiedliche Höhen und Größen und können aus einer oder verschiedenen Arten bestehen. Sind die Blumen gleich hoch, schaffen Hocker, Tischchen, rollbare Untersetzer oder große Pflanzkübel Höhenunterschiede. Effekte werden durch das Verschieben nach weiter hinten oder vorne erreicht.

Bild 1: *Pflanzengruppe*

Der Standort muss den Anforderungen der Pflanzen entsprechen, damit sie gut wachsen. Die Übertöpfe sind ein wichtiges Gestaltungselement und daher dem Stil der Einrichtung und der Pflanze anzupassen. Blühende Blumen benötigen farblich passende oder neutrale Töpfe, damit sie zur Geltung kommen.

Die Raumbegrünung muss bezüglich des Standortes und des Lichtes genau geplant werden. Fachleute können durch professionelle Messung die Lichtverhältnisse prüfen. Falls die Räume zu dunkel sind, werden Pflanzenleuchten eingesetzt. Eine Alternative sind Textilpflanzen. Diese wurden in den vergangenen Jahren so gut entwickelt, dass sie sich optisch von echten Pflanzen kaum noch unterscheiden.

4.1 Topfpflanzen

Auswahl von Pflanzen

Als Zimmerpflanzen geeignet sind vorwiegend die Arten, die sich den Bedingungen von Wohnräumen anpassen.

Es gibt zwar botanisch keine Einteilung von Zimmerpflanzen. Aus Gründen der Übersichtlichkeit werden jedoch, abhängig vom Aussehen und den klimatischen Bedingungen des Herkunftslandes, drei Gruppen unterschieden. Genauere Kenntnisse über den natürlichen Vegetationsraum einer Pflanze sind bei der Pflege sehr hilfreich.

> Wenn Kinder oder Haustiere vorhanden sind, sollen keine giftigen Pflanzen oder solche mit Stacheln, Dornen oder scharfen Blättern gekauft werden.
>
> Stark duftende Pflanzen können Kopfschmerzen verursachen.
>
> Pflanzen können Allergien auslösen, dies ist beim Kauf zu berücksichtigen.

Blütenpflanzen 	Je nach Art und Pflege blühen sie ein- bis zweimal jährlich, benötigen halbschattigen oder sonnigen Standort und je nach Art mehr (Primel) oder weniger (Orchidee) Wasser. Sie setzen Blickpunkte durch ihre Farbigkeit, oft auch durch das bunte Blattkleid.
Grün- oder Blattpflanzen 	Auch als Blattpflanzen bezeichnet wirken sie durch ihre schönen Blätter. Sie benötigen nicht soviel Licht wie Blütenpflanzen, sind widerstandsfähiger gegen Schädlinge. Farne benötigen wenig Licht, dafür hohe Luftfeuchtigkeit.
Sukkulenten 	Zu dieser Gruppe zählen Kakteen und Dickblattgewächse. Sie können je nach Art auch blühen. Es sind Pflanzen mit geringem Wasserbedarf.

Tabelle 1: *Einteilung der Pflanzen*

Wachstumsfaktoren

Für das Pflanzenwachstum sind verschiedene Voraussetzungen unerlässlich. Nur wenn alle Wachstumsfaktoren optimal sind, können die Pflanzen gut wachsen. Zimmerpflanzen verlangen zum Leben die gleichen Voraussetzungen wie Pflanzen im Freien.

Bild 1: *Wachstumsfaktoren*

Die Wachstumsfaktoren sind:

Licht: Die Lichtansprüche sind je nach Pflanze unterschiedlich. Die meisten Pflanzen mögen helles Licht, jedoch keinen direkten Sonnenschein.

Pflanzen können nicht wie Möbelstücke hin- und hergerückt werden. Auf der Fensterbank haben Blumen das meiste Licht, etwa drei Meter weiter im Raum sind es nur noch 5–10 Prozent. Doch auch weiter entfernt vom Fenster können manche Grünpflanzen wie beispielsweise Palmen, Gummibäume, Philodendron oder Flamingoblume wachsen (siehe Bild 2).

Bild 2: *Lichtverhältnisse im Raum*

Es gibt Pflanzen, die Sonne vertragen, und solche, die nur im Schatten gedeihen. Beim Kauf sind die Pflegeeigenschaften an einem beigefügten Schild erkennbar. Folgende Symbole werden zur Kennzeichnung der Sonnenverträglichkeit verwendet:

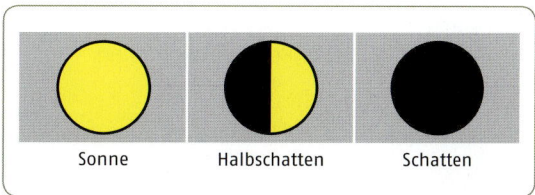

Bild 3: *Kennzeichnung der Sonnenverträglichkeit*

Luft: Räume gut lüften, jedoch Zugluft vermeiden

Wasser: Das Gießwasser sollte abgestanden sein und Zimmertemperatur haben. Gegossen wird je nach Jahreszeit, Blütenstand, Standort, Ruhezeit der Pflanze, Wachstum und Topfgröße. Wichtig ist, dass nicht zu viel gegossen wird (keine „nassen Füße"). Durch Prüfen mit den Fingern kann ermittelt werden, ob wieder gegossen werden muss.

Bild 1: *Methoden des Wässerns/Gießens*

Nährstoffe werden von den Wurzeln aufgenommen und je nach Art des Düngers für das Wachstum, die Bildung von Blütenknospen oder die Widerstandsfähigkeit gegen Krankheiten eingesetzt.

Wärme: Je nach Herkunft der Pflanze sind die Ansprüche unterschiedlich.

Erde gibt den Pflanzen Halt, dient als Wasserspeicher und ist Träger der Nährstoffe. Je nach Art der Pflanze wird ein anderer Typ Blumenerde, auch Substrat genannt, benötigt.

 Gießen, je nach Art und Größe der Pflanze

 Kontrolle auf Blattkrankheiten oder Schädlinge

 Entfernen von welken und kranken Pflanzenteilen

 Auflockern der Erde

 Düngen je nach Jahreszeit und Pflanze

 Reinigen von Untersetzern und Übertöpfen, um Krankheiten und Schädlinge zu vermeiden

Umtopfen von Pflanzen

Zimmerpflanzen entnehmen der Erde das Wasser und die Nährstoffe, die sie zum Wachsen und Blühen benötigen. Ist der Wurzelballen groß und fest, die Erde oben vermoost oder kommen die Wurzeln oben und unten aus dem Topf heraus, muss umgetopft werden. Das geschieht meistens im Frühjahr oder nach der Blüte.

Bei Pflanzen, deren Wurzelwachstum geringer ist (z. B. Gummibäume), wird nur die Erde gewechselt. Pflanzen mit starkem Wurzelwachstum (Zierspargel, Grünlilie) erhalten einen Topf, der höchstens zwei Nummern größer ist als der alte. Ansonsten dauert es zu lange, bis die Pflanze „wieder Fuß gefasst" hat und wächst oder blüht. Blumen nicht während der Blütezeit oder der Ruhezeit umtopfen.

Arbeitsschritte zum Umtopfen

Arbeitsplatz vorbereiten:

- Abdeckfolie oder Zeitung,
- Blumentöpfe,
- Tonscherben,
- Blumenerde,
- Wanne mit Wasser,
- Gießkanne,
- Messer,
- Schere,
- Abfalleimer,
- Handfeger/Kehrschaufel,
- Pflanzen, die umgetopft werden sollen,
- Untersetzer oder Übertopf

Bild 2: *Arbeitsplatz zum Umtopfen*

Durchführung des Umtopfens

 Neuen Topf messen und Tontöpfe vor Gebrauch in kaltes Wasser legen, damit es später nicht der Erde die Feuchtigkeit entzieht

 Alte Töpfe reinigen, damit keine Krankheiten übertragen werden

 Pflanze aus dem Topf entnehmen, dabei Topf an der Tischkante aufstoßen oder mit Messer lösen

 Wurzelballen auflockern, alte Blumenerde vorsichtig entfernen. Vertrocknete, faule oder zu lange Wurzeln abschneiden

 Loch im Topf mit Tonscherbe abdecken, so werden der Wasserabzug reguliert und notwendige Belüftung für Faserwurzeln garantiert.

 Etwa 2 – 3 cm hoch Erde locker einfüllen

 Pflanze in die Topfmitte setzen, Erde einfüllen, vorsichtig rütteln. Damit sich die Blumenerde um die Wurzeln legt, den Topf aufstoßen

 Erde mit Daumen oder Fingerspitzen festdrücken, dabei einen zentimetertiefen Gießrand formen

 Zum Schluss Pflanze gießen, Topf abwischen, Arbeitsplatz aufräumen

Gerade umgetopfte Pflanzen erhalten einen hellen, zugluftfreien Platz, werden weniger gegossen und nicht gedüngt (die frische Erde enthält Dünger).

Pflanzenschäden/Schädlinge

Fehlen die nötigen Lebensbedingungen für die Pflanzen, führt dies zu Krankheiten, Pflanzenschäden oder Schädlingen. Das Drehen von Pflanzen begünstigt Wachstumsstörungen oder Blühunwilligkeit.

Auftretende **Krankheiten** können sein:

- Schimmel- oder Pilzbelag auf Blättern
- Kräuselung der Blätter
- Absonderung von Honigtau oder Rußtaupilz
- Blätter und Triebe werden welk
- Farbveränderungen oder Vergilbungen an Blättern
- Blattränder oder ganze Blätter werden braun und fallen ab

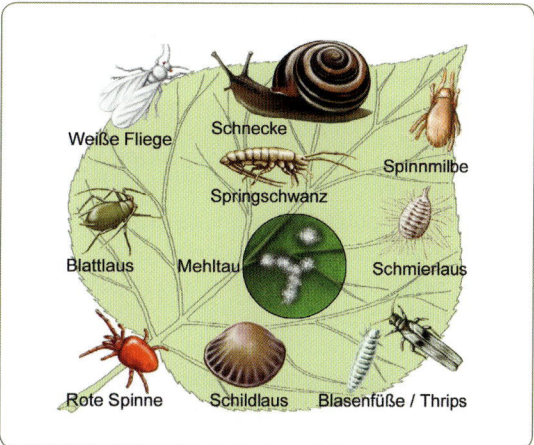

Bild 1: *Schädlinge*

Vorbeugende Maßnahmen sind:

- Eine gute Pflege der Pflanzen mit den notwendigen Wachstumsfaktoren
- Die richtige Auswahl des Standortes
- Eine regelmäßige Kontrolle der Pflanzen
- Sofortiges Entfernen kranker Pflanzenteile

> Schädlinge und Krankheiten sofort nach Auftreten behandeln, damit nicht alle Pflanzen befallen werden.

Nützlinge	z. B. Marienkäfer, Florfliegen, Gallmücken, Raubmilben	Physikalische Maßnahmen	Ablesen der Schädlinge Abduschen Ausreißen von Unkraut
Lockstoffe oder Fallen	Gelbtafeln, Mausefallen	Chemische Pflanzenschutzmittel	Einsatz von Fungiziden, Insektiziden, Nematiziden usw. je nach Befall

Tabelle 1: *Einige Möglichkeiten der Schadbekämpfung*

4.2 Hydrokulturen

Der Begriff Hydrokultur bedeutet Wasserkultur. Es sind erdlose Kulturen. Die Erde wird durch den sogenannten Blähton ersetzt, der einen Luftaustausch ermöglicht. Die Nährstoffversorgung erfolgt mit Spezialdünger über das Wasser. Hydrokulturen sind für alle Pflanzen geeignet. Kakteen benötigen weniger Wasser, werden also seltener gegossen.

Vorteile:

- Langzeitversorgung der Pflanzen mit Wasser und Dünger
- Saubere hygienische Kultur, da keine Erde
- Einfache Messung des Wasserstandes
- Schädlinge und Krankheiten, die bodenabhängig sind, entfallen.

Granulierter poröser Blähton dient den Pflanzen als Halt und versorgt die Wurzeln mit dem nötigen Sauerstoff. Deshalb darf nicht zu häufig gegossen werden. Spezieller Hydrokulturdünger gibt den Pflanzen Nahrung.

Bei der Anlage einer Hydrokultur können bereits in Hydrokultur vorgezogene Pflanzen verwendet werden. Pflanzen, die in Erde gezogen wurden, dürfen nicht älter als drei Jahre sein. Die Erde muss sehr gründlich und vorsichtig unter lauwarmem Wasser abgespült werden. Danach wird die Pflanze in einen Spezialkulturtopf mit Blähton so eingesetzt, dass der Wurzelansatz am oberen Topfrand sichtbar ist.

Hydrokulturen dürfen nicht zu kalt gegossen werden.

Aufbau einer Hydrokultur

Bild 1: *Hydrokultur*

Bild 2: *Aufbau einer Hydrokultur*

4.3 Balkonkästen und Kübel

Terrassen und Balkone erhalten eine Bepflanzung mit Kübeln oder Balkonkästen als Sichtschutz oder als Gestaltungselement. Diese haben einen repräsentativen Charakter und verbreiten eine gemütliche und einladende Atmosphäre, geben Fassaden bunte Farbtupfer, der Duft der Blüten verbreitet Urlaubsgefühle.

Die Bepflanzung wird je nach Jahreszeit unterschiedlich durchgeführt, da nicht alle Pflanzen winterhart sind. Geringen Pflegeaufwand verursachen immergrüne Gewächse und Ranken wie Zierwinde, Prunkbohnen, Clematis oder Wein.

Bild 1: *Balkonkastenbepflanzung*

Die Art der **Balkonkastenbepflanzung** richtet sich u. a. nach der Größe des Balkons. Blumenkästen können am Balkongeländer angebracht werden. Pflanzkübel auf dem Balkon oder der Terrasse benötigen jedoch Stellfläche. Auch die Himmelsrichtung mit der jeweiligen Sonnenscheindauer ist von Bedeutung. Geeignete Pflanzen sind:

Gartenfreunde pflanzen erst ab Mitte Mai, nach den Eisheiligen, weil dann in der Regel nicht mehr mit Frost zu rechnen ist. Die Pflegemaßnahmen sind wie bei den Zimmerpflanzen durchzuführen.

Hängende Geranien werden gern zur Balkonbepflanzung genommen, da sie unempfindlich sind. Gartenkenner holen sie im Frühherbst zum Überwintern ins Haus, nachdem sie zurückgeschnitten wurden. Eine schöne und abwechslungsreiche Bepflanzung bieten Balkonkästen mit verschiedenen Pflanzen wie Petunien, Margeriten, Salbei und Pantoffelblumen.

Die Anlage eines kleinen Kräutergartens auf dem Balkon ist nützlich. Dieser kann aus Schnittlauch, Basilikum, Rosmarin, Thymian, Pfefferminze, Petersilie und Zitronenmelisse bestehen. So können nicht nur die Blüten genossen werden, sondern auch die Kräuter für die Küche Verwendung finden.

Für Balkonkübel sind Margeriten oder Fuchsienhochstämme gut geeignet, aber auch Oleander, Hibiskus- und Lavendelhochstämme in Terrakottatöpfen verbreiten Mittelmeerstimmung.

Balkonkästen lassen sich für den Winter mit Pfennigkraut, Koniferen, Silberblatt oder Erika kombinieren, die sind dekorativ und winterhart. Auch manche Ziergräser können im Pflanzkasten überwintern. In der Adventszeit kann mit einer Außenlichterkette geschmückt werden.

Bild 2: *Pflanzen und ihre Standorte*

Bild 3: *Winterbepflanzung*

4.4 Blumensträuße

Ein Blumenstrauß entsteht durch das lockere Zusammenfügen von Blumen. Dunkle und große Blüten können leicht erdrücken und gehören deshalb nach unten. Helle filigrane Blüten werden weiter oben eingearbeitet. Gebundene Sträuße werden nicht gelöst.

Bild 1: *Blumenstrauß*

Das Größenverhältnis von Strauß zu Vase ist abhängig von der Höhe der Blumen und der Fülle des Blumenstraußes. Einer alten japanischen Regel zufolge sollte der Blumenstrauß eineinhalbmal so hoch und so breit sein wie die Vase. Daraus ergibt sich die Faustregel: ein Drittel Vase und zwei Drittel Blumen.

Das lose Einstecken von Blumen, besonders in runde Vasen, ist nicht einfach. Damit die Blumen ein schönes gleichmäßiges Bild geben, können **Einsteckhilfen** in Form von Zweigen, sauberen Steinen, Draht, Steckigel oder Glasperlen verwendet werden.

Bilder 2 – 4: *Einsteckhilfen*

Regeln zum Umgang mit Schnittblumen

- Vasen müssen sauber sein, sonst bilden sich Trübstoffe, die die Leitungsbahnen verstopfen.
- Blätter so weit entfernen, dass sie nicht in das Vasenwasser gelangen
- Blütenstiele stets schräg anschneiden. Gehölzstiele mit einem scharfen Messer einritzen. Die

Stängel hartstieliger Pflanzen, wie z. B. Sonnenblumen, Rosen oder Flieder, sollen kurz in kochendes Wasser getaucht werden. Danach die Blumen in kaltes Wasser stellen.

Bild 5: *Anschneiden von Blumen*

- Lauwarmes Vasenwasser enthält nicht so viel Sauerstoff und verhindert das Verstopfen der Leitungsbahnen.
- Frischhaltemittel verlängern die Frische der Blumen, dabei auf die Dosierung achten.
- Schnittblumen sollten kühl, nicht in der Sonne und nicht in Zugluft stehen.
- Schnittblumen nicht in die Nähe von reifen Äpfeln stellen, da das austretende Äthanol die Reife beschleunigt und somit das Welken der Blumen.
- Bei Sonnenblumen und Flieder stets alle Blätter entfernen, damit die Blüten länger halten.
- Die beste Tageszeit zum Schneiden von Blumen, die noch nicht aufgeblüht sind, ist der frühe Abend, aufgeblühte Pflanzen am frühen Morgen. Wasserflecken von Regen oder Tau führen zu Fäulnisbildung der Blütenblätter.

Beim **Einkauf von Schnittblumen** darauf achten, dass die Blüten nicht zu weit geöffnet, dennoch genügend ausgereift sind. Der Blütenstaub darf nicht zu locker sitzen. Die Stiele sollten fest und grün sein. Die Schnittstelle darf nicht braun gefärbt sein.

Dieses Zeichen beim Kauf von Blumen zeigt, dass hochgiftige und krebserregende Pestizide ebenso verboten sind wie Kinder- und Zwangsarbeit. In den produzierenden Blumenbetrieben werden existenzsichernde Löhne gezahlt.

Bild 6: *FLP-Zertifikat*

4.5 Gestecke

Auch mit Schnittblumen in Form von Gestecken und Kränzen können Räume und Tische gestaltet werden. Hier wird häufig jahreszeitlich und anlassbezogen gearbeitet.

Bild 1: *Blumengesteck zum Geburtstag*

Grundsätzliches zur Blumendekoration

Bei der Erstellung von Blumenschmuck für Tische wird das Motto des Festes ebenso berücksichtigt wie die Raumfarbe und Ausstattung des Zimmers und die Farbe des Geschirrs. Pflanzendekoration darf nicht zu üppig sein und den Raum dominieren. Sie sollte nicht zu ausladend gearbeitet sein, damit genügend Platz für Ess- und Serviergeschirr bleibt.

In Größe und Form werden die Gestecke der Tafelform und -größe angepasst. Gäste sollen sich nicht „durch die Blume" unterhalten, deshalb dürfen Gestecke nicht höher als 20–25 cm sein.

Bei Verwendung von Blüten und Blättern aus dem eigenen Garten müssen diese gut abgeputzt werden.

Bei der Tischdekoration mit Blumen sollten keine stark duftenden oder stark Blütenstaub abgebenden Sorten ausgewählt werden.

Giftige Pflanzen wie Maiglöckchen oder Efeu dürfen nicht als Dekoration auf den Tisch gestellt werden.

Topfpflanzen sind aus hygienischen Gründen nicht als Tischdekoration geeignet (Schimmelpilzsporen).

Bei der Herstellung von Gestecken werden vier **Gestaltungsarten** unterschieden.

Die **vegetative Form** hat eine asymmetrische, lockere Anordnung, die der Wuchsrichtung der Pflanzen nachempfunden ist.

Bild 2: *Vegetative Form*

Die **dekorative Form** wird häufig angewendet und hat symmetrische Formen, z. B. Kugelform.

Bild 3: *Dekorative Form*

Bei der **formal-linearen Form** werden wenige Pflanzen verwendet. Es dominiert die Gefäßform, im Vordergrund stehen Linien und Formen. Die Form wirkt leicht extravagant.

Bild 4: *Formal-Lineare Form*

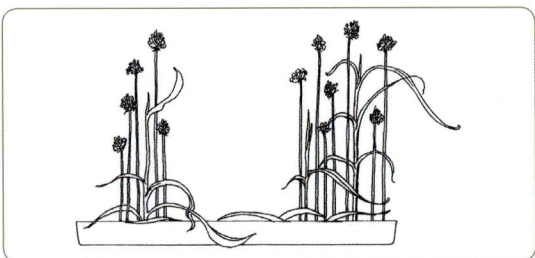

Bild 1: *Parallele Form*

Die **parallele Form** kann eine symmetrische oder asymmetrische Anordnung haben. Hier werden vorwiegend flache, größere Gefäße eingesetzt.

Herstellung von Gestecken

Vor Beginn der Arbeit sollten alle erforderlichen Dinge bereitliegen, damit die Arbeit nicht unterbrochen werden muss.

Vorbereitende Arbeiten:

- Steckschwamm etwa zwölf Stunden vor Verwendung auf das Wasser in einer Schüssel legen, damit er sich vollsaugen kann. Nicht drücken, dann zieht das Wasser nicht bis in die Mitte
- Arbeitsfläche mit Zeitungspapier, Folie oder Wachstuch abdecken
- Arbeitsmittel und -geräte herbeiholen: Blumen, Blätter, Beiwerk, Accessoires wie Steine, Zweige, Schleifenbänder, Gefäß für das Blumengesteck, Abfalleimer, scharfes Messer und Gartenschere

Gefäße zum Stecken

Die Wirkung des Gesteckes hängt stark von der Wahl des Gefäßes ab. Saubere flache Ton-, Porzellan- oder Glasschalen oder Schalen aus Silber bzw. Metall werden je nach gewünschtem Effekt (elegant, rustikal, modern) und Anlass ausgewählt. Die Gefäße müssen wasserdicht und standfest sein. Granulat oder Steine können Glasgefäße zusätzlich zieren.

Bild 2: *Schmuckelemente*

Befestigung der Blumen

- Steckmasse aus grünem Schwamm für Frischgestecke
- Igel aus Metall, Kunststoff oder Glas
- Knetmasse oder Trockenschwamm (grau) für Trockengestecke
- Mit Draht zusammengebundenes Moos
- Rostfreier Maschendraht

Blumen und Dekomaterialien vorbereiten

Steckmasse in das Gefäß einpassen (auf Größe schneiden, am Rand schräg abschneiden)

Steckmasse mit Grün, wie Farn, Zweige, Gräser, abdecken

Blumen und Beiwerk schräg anschneiden und in den Schwamm einstecken

Gesteck mit Blumen, Zweigen und Dekomaterial ausgestalten

Tabelle 1: *Arbeitsschritte zur Herstellung eines Gestecks*

Regeln beim Stecken: Blumen nicht überkreuzen. Weiche Stiele mit Draht oder einem Zahnstocher festigen. Bei Nelken zwischen den Verdickungen schräg anschneiden, sonst sitzt der Stiel nicht fest in der Steckmasse.

4.6 Dekorationen zu verschiedenen Anlässen

Raumschmuck wird für spezielle Räume, wie Eingangshallen, Flure, Restaurants, hergestellt. Hier kann eine Dauerbepflanzung mit Topfpflanzen, aber auch mit jahreszeitlich angepassten Blumengebinde hergestellt werden. Die Dekoration muss zum Stil des Raumes, der Einrichtung passen.

So können im Frühling im Eingangsbereich oder in den Aufenthaltsräumen Zweige in Bodenvasen oder Frühlingssträuße oder Gestecke ein freundliches Bild geben.

Obwohl es inzwischen ganzjährig eine große Auswahl an Pflanzen und Blumen gibt, hat jede Jahreszeit ihre typischen Blumen, Farben und Materialien.

Anlässe für ausgewählten Blumenschmuck sind im Jahreslauf gesehen Ostern, Erntedank, Allerheiligen, Advent und Weihnachten. Familienbezogene Anlässe sind Taufe, Kommunion/Konfirmation, Hochzeit, „runde" Geburtstage und Beerdigung/Trauerfeier. Auch hierbei wird der Blumenschmuck jahreszeittypisch gewählt. Kenntnisse über die Herkunft und Bedeutung der Feste helfen bei der Auswahl des Blumenschmucks.

Ostern
Licht, Eier, Hasen, Hähne, Hühner
Gelb, Hellgrün
Gestecke, Blumensträuße, Türkränze

Erntedankfest
Früchte, Getreide, Beeren
Orange, Rot, Braun
Erntekranz, Türkranz, Körbe mit Blumen

Advent/Weihnachten
Kränze, Kerzen, Licht
Rot, Grün
Adventskranz, Weihnachtsbaum, Gestecke, Türkränze

Hochzeit
Herzen, Schleifen
Rot, Grün, Weiß
Gestecke, Kränze, Brautstrauß

Tabelle 1: *Symbole, Farben und Blumenschmuck*

Aufgaben:

1. Recherchieren Sie, welche Pflanzen für Schlafzimmer, Wohnzimmer, Küche, Bad und Seniorenzimmer geeignet sind. Erstellen Sie dazu eine Collage mit Abbildungen der einzelnen Pflanzen (aus Gartenkatalogen, Kalenderblättern oder Internet), den notwendigen Pflegemaßnahmen und Symbolen für die Lebensbedingungen.

2. Ermitteln Sie, welche Aufgabe die verschiedenen Nährstoffe bei Pflanzen haben, welche Arten von Dünger im Handel erhältlich sind und deren Einsatz im Großhaushalt.

3. Stellen Sie eine Liste von Wachstumsfehlern und Pflanzenkrankheiten zusammen. Recherchieren Sie dazu die im Handel erhältlichen Arten von Pflanzenschutzmitteln, deren Kennzeichnung und Einsatz.

4. Fertigen Sie eine Tabelle an, in der Schnittblumen nach Jahreszeit (Frühling, Sommer, Herbst und Winter sowie ganzjährig) aufgezählt werden. Sammeln Sie dazu passende Abbildungen und kleben Sie sie dazu.

Personen individuell wahrnehmen und beobachten

Lernsituation

Sarah, die ihre Ausbildung in einem Senioren-heim absolviert, wird für die kommenden sechs Monate als Servicekraft im Speisesaal und in den Wohnbereichen des Seniorenheimes tätig werden. Zu ihren Tätigkeiten gehören u. a. das Anreichen von Speisen und Getränken sowie Hilfestellungen beim Essen und Trinken im Speisesaal. Im Wohnbereich übernimmt sie die Aufgaben im Wäsche- und Reinigungsservice.

Durch diese neuen Aufgaben bekommt Sarah jetzt engeren Kontakt mit vielen Bewohnern der Einrichtung. Sie wird die Bewohner mit ihren Stärken und Schwächen oder altersbedingten Einschränkungen kennenlernen. So trifft Sarah auf unterschiedlichste Wünsche und Bedürf-nisse, die sie zunächst einmal wahrnehmen muss, um auf sie eingehen zu können.

Bevor Sarah ihre Tätigkeit im Wohnbereich „Zur schönen Aussicht" beginnt, stellt sie sich den Bewohnern persönlich vor. Durch das Gespräch mit jedem Bewohner möchte sie einen ersten Kontakt aufbauen.

Im Anschluss an diese Gespräche warten die Wohnbereichsleiterin und ihre Ausbilderin auf Sarah, die über ihre Kontaktaufnahme berich-ten soll.

In diesem Gespräch erfährt Sarah weitere Ein-zelheiten über ihre Tätigkeit im Wohnbereich. Für jeden Bewohner wird eine Pflegedokumen-tation geführt. In die Handhabung wird Sarah durch eine Mitarbeiterin in den nächsten Tagen eingeführt. Es finden monatliche Teamsitzun-gen aller Mitarbeiter statt; neben Raum und Zeit für aktuelle Themen ist auch immer ein Themenschwerpunkt vorgesehen.

Lernziele

- Wahrnehmungsabläufe bewusster wahrnehmen
- Wahrnehmungsmöglichkeiten einzel-ner Sinnesorgane üben
- Einflussfaktoren auf die Wahrnehmung unterscheiden
- Beobachtungsmöglichkeiten unter-scheiden
- Kriterien zur gezielten Beobachtung entwickeln und anwenden
- Einflussfaktoren auf die Beobachtung benennen
- Wesentliche Aspekte der Kommuni-kation im Team kennen
- Konflikte im Team erkennen und lösen
- Verschiedene Ansätze zur Konflikt-lösung kennen lernen und anwenden können

Methode: Wahrnehmungsrundgang

Das folgende Kapitel beschäftigt sich mit der Wahrnehmung des Menschen. Genauer gesagt damit, wie der Mensch sich selbst, seine Umgebung und andere Menschen wahrnimmt. Jeder kennt das Gefühl, hungrig durch die Innenstadt zu gehen. Seltsamerweise werden Gerüche dann anders wahrgenommen als wenn man nach dem Mittagessen einen Stadtbummel macht. Es wird also bereits deutlich, bei der Wahrnehmung des Menschen spielen viele verschiedene Faktoren eine Rolle.

Um sich auf das Thema Wahrnehmung einzustellen, bietet sich folgende Übung an.

Der Wahrnehmungsrundgang

Für den Wahrnehmungsrundgang wird die Klasse in Vierergruppen eingeteilt. Jede Gruppe soll sich dann in eine andere Rolle versetzen:

- neue hauswirtschaftliche Auszubildende
- Küchenangestellte
- Eltern
- neue Lehrer
- Reinigungskräfte
- potenzielle Einbrecher
- Architekten
- Hausmeister

Bild 1: *Wie nehmen neue Schüler oder Reinigungskräfte dieses Schulgebäudes wahr?*

Anschließend gehen die Schüler in diesen unterschiedlichen Rollen durch und um das Schulgebäude und bekommen folgende Aufgabe:

Versetzen Sie sich in die Rolle einer Gruppe neuer hauswirtschaftlicher Auszubildender, potenzieller Einbrecher, Reinigungskräfte usw.

Betrachten Sie das Schulgebäude. Gehen Sie dabei durch und um das Schulgebäude.

Beantworten Sie folgende Fragen:

- Wie sieht die Schule aus?
- Was haben wir gesehen?
- Was ist uns besonders aufgefallen?

Sie haben etwa zehn Minuten Zeit. Schreiben Sie anschließend Ihre Ergebnisse gut leserlich auf ein A3 Plakat.

Präsentieren Sie Ihre Ergebnisse im Plenum. Die Ergebnisse werden in der Klasse ausgetauscht.

Es wird deutlich werden, dass die Wahrnehmung von der Rollenzugehörigkeit abhängt.

Anschließend können Hypothesen aufgestellt werden, welche weiteren Faktoren bei der Wahrnehmung eine Rolle spielen und bei der Erarbeitung des Lernfelds 10 überprüft werden.

1 Wahrnehmung

Wenn im Folgenden die Wahrnehmung und die Beobachtung getrennt vorgestellt werden, dann nur um beide Aspekte genauer beschreiben zu können. Im Alltag laufen beide Prozesse nacheinander ab, wobei das Wahrnehmen oftmals unbewusster geschieht als das Beobachten.

Bild 1: *Vexierbild*

Die Wahrnehmung ist das Fenster zur Welt. Sie spielt eine zentrale Rolle sowohl für das Erleben wie auch das Überleben in der Welt.

> Das Erleben beruht auf der **Aktivität** der zur Verfügung stehenden **Sinne**
>
> - Auge/Sehen
> - Ohr/Hören und Gleichgewicht
> - Haut/Berührung, Wärme und Kälte sowie Schmerz,
> - Zunge/Geschmack
> - Nase/Geruch
>
> und ihrer **Rezeptoren**.

Rezeptoren sind Zellen, die Informationen aufnehmen und weiterleiten. Für das menschliche Überleben ist diese Informationsbeschaffung wichtig, da der Mensch sich dann in seiner Umwelt orientieren und angemessen reagieren kann.

Diese Informationen können aber auch aus dem Körperinneren kommen, wie beispielsweise die Wahrnehmung von Schmerz bei einem Stich an einer Nadel.

Bei der Bewältigung der Flut von Informationen kommt dem Gehirn eine zentrale Rolle zu: Es reduziert die Datenmenge mit einer ganzen Reihe von „Tricks", die auf Seite 549 genauer beschrieben werden.

1.1 Wahrnehmungsprozess

Reize aus der Umwelt treffen auf die Sinnesorgane. Sie lösen Nervenimpulse aus, die weitergeleitet werden. Beispielsweise fällt unser Blick auf ein Plakat mit grellen Farben. Von der Netzhaut ausgehend werden die Informationen per Sehnerv an das Gehirn weitergegeben.

Was so einfach klingt, verbirgt die Tatsache, dass dieser Wahrnehmungsprozess ein Feuerwerk von elektrischen Impulsen ist. Und kaum vorstellbar ist der zeitliche Aspekt: Innerhalb von etwa ¼ Sekunde hat das Gehirn alle relevanten Informationen verarbeitet und zu einem **„Bild"** zusammengesetzt. Dieses „Bild" ist jedoch ein subjektives Bild, denn das visuelle System (Augen – Sehnerv – Gehirn) hat bei der Informationsverarbeitung einen Vergleich mit bereits gespeicherten Informationen (z. B. Mustern, Formen, Farben) gezogen. Ziel ist eine Wiedererkennung und somit eine Einordnung in bekannte Muster, Gegenstände oder Lebewesen. Sollte das Gesehene unbekannt sein, ist das Gehirn mit weiteren Wahrnehmungs- und Erkennungsaufgaben beschäftigt. Das bedeutet, dass jeder Mensch mit seinen Augen sieht, aber nicht unbedingt das, was andere sehen (subjektive Wahrnehmung).

Daher hat man bei der Betrachtung von Bild 1, Seite 550, auch Schwierigkeiten, alle Einzelheiten zu entdecken: Das Gehirn versucht die Bildeindrücke zu verarbeiten, indem es diese mit bekannten Bildern vergleicht. Da jedoch kein eindeutiges Zuordnen zu bekannten Bildern möglich scheint, sieht es jedes Mal einen anderen Ausschnitt aus der Wirklichkeit. Wenn diese Wirklichkeit zu komplex ist bzw. das Gehirn es als „unwahr(scheinlich)" einordnet, können Sinnestäuschungen – auch optische Täuschungen genannt – entstehen (s. Kapitel 1.4.1, S. 552).

> Was hier am Beispiel der Wahrnehmung des Sehens erklärt wurde, gilt in ähnlicher Weise auch für die anderen vier Sinne. Schaltzentrale ist immer das Gehirn, das die ankommenden Impulse verarbeitet und entsprechend weiterleitet: Aus der (ankommenden) Erregung wird eine Empfindung ausgelöst und durch Vergleich mit gespeicherten Informationen wird daraus eine Wahrnehmung.

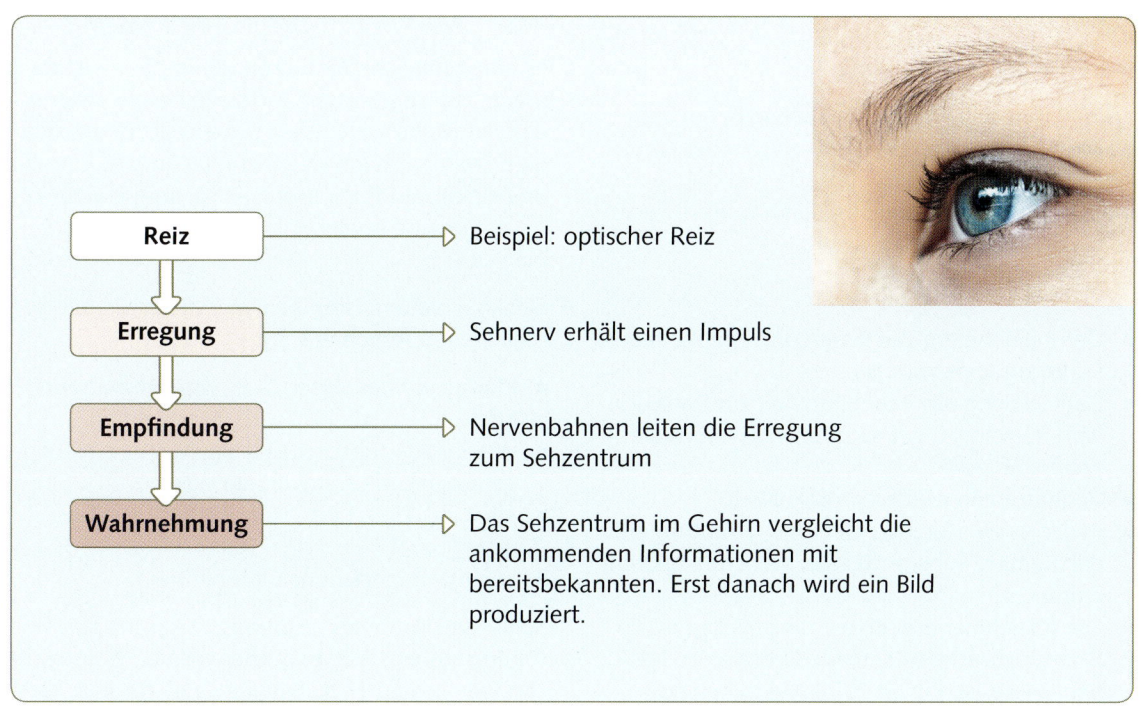

Reiz ▷ Beispiel: optischer Reiz

Erregung ▷ Sehnerv erhält einen Impuls

Empfindung ▷ Nervenbahnen leiten die Erregung zum Sehzentrum

Wahrnehmung ▷ Das Sehzentrum im Gehirn vergleicht die ankommenden Informationen mit bereitsbekannten. Erst danach wird ein Bild produziert.

Bild 1: *Prozess der Wahrnehmung*

1.2 Übungen zur Wahrnehmung

Die folgenden Übungen sind als **Anregungen, Ideen, Möglichkeiten** zu verstehen, den Prozess der Wahrnehmung bewusster zu erleben. Hierbei wird der Fokus jeweils auf nur eines der Sinnesorgane gelenkt.

Zielsetzung dieser Übungen ist nicht nur die Sensibilisierung der eigenen Sinne, sondern auch eine Sensibilisierung für Situationen/Menschen, die mit einem Handikap eines oder mehrerer Sinne leben, z. B. Schwerhörigkeit oder Blindheit.

Hinweise zur Durchführung der Übungen

Vor der Durchführung:

- Einen geeigneten Rahmen schaffen: z. B. einen ruhigen Raum auswählen, frei von Störungen auf Fluren oder Gängen
- Das erforderliche Material für die jeweiligen Übungen vorbereiten: z. B. CD-Player mit entsprechender CD, Materialien in Dosen füllen (evtl. kleine Filmdosen, leere „Überraschungseier")
- Die Aufgabenstellung für die Teilnehmer verständlich formulieren und ggf. für alle sichtbar aushängen: z. B. die Übung mit geschlossenen Augen durchführen, die zur Verfügung stehende Zeit nennen

Während der Durchführung:

- Im Raum sollte möglichst Stille sein.
- Die Augen sollten bei der Mehrzahl der Übungen verbunden sein.
- Es sollte ggf. Hilfestellung durch weitere Personen gegeben werden.

Nach der Durchführung:

- Den Teilnehmern Zeit lassen, um wieder in den Raum zurückzukommen.
- Den Teilnehmern Raum und Zeit zur Reflexion der Erfahrungen geben, z. B.: Was haben sie gehört/erfühlt?
- Vermutungen werden protokolliert.
- In der Auswertung werden die Vermutungen dahingehend überprüft, was als richtig erkannt wurde.
- Die Teilnehmer ermutigen, die jeweiligen Sinneseindrücke trotz Unsicherheiten zu nennen. Dieses sensibilisiert für Menschen mit entsprechendem Handicap.

Übungen zum „Hören"

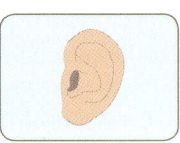

Die Sensibilisierung des Hörens kann auf unterschiedlichen Wegen geschehen. Im Folgenden werden zwei vorgestellt:

- die Wahrnehmung von einzelnen Klängen, Geräuschen oder Tönen und
- die Wahrnehmung von Stille, wobei der Begriff „Stille" unterschiedlich gehandhabt wird.

> Im engeren Sinn ist Stille das Fehlen jeglicher Geräusche und Töne, die Lautlosigkeit. Im Weiteren gefasst ist Stille in meditativen Übungen ein Zur-Ruhe-Kommen, sich auf sich selbst konzentrieren, gelassen werden, vom Alltag und seiner Unruhe Abstand bekommen.

Die Stille wahrzunehmen scheint eine einfache Aufgabe, die durch meditative Übungen auch mit Kindern geübt werden kann. Doch die tägliche Geräuschkulisse – ein Mix aus vielen unterschiedlichen Geräuschen, Stimmen und Tönen – erschwert das Wahrnehmen einzelner Klänge.

Es gibt zahlreiche Einführungen in die meditative Praxis, die abgestimmt auf die jeweilige Zielgruppe zu verstehen sind. Allen gemeinsam ist das ständige Training, denn das Umschalten von Unruhe und Hektik auf Ruhe und Zu-sich-Kommen funktioniert nicht auf Anhieb. Gleiches gilt für das Einnehmen einer bestimmten Körperhaltung und Atmung.

Denkbar wären Übungen in der Natur mit geschlossenen Augen wie z. B.:

- Klänge auf der Wiese (z. B. Vogelgezwitscher) oder
- im Wald das Rascheln der Bäume ohne Nebengeräusche wie Autoverkehr oder
- auch das Plätschern eines Baches, des Regens oder
- auch Windgeräusche wahrnehmen.

Sollte die Natur als „Übungsort" nicht zur Verfügung stehen, gibt es mittlerweile auch entsprechende Medien (z. B. Bücher, CDs) für den Klassenraum.

Nun könnten im zweiten Schritt einzelne Klänge, Töne, Geräusche wiedererkannt werden. Hierfür sind entsprechende Vorbereitungen zu treffen, wie z. B. Zucker, Reis, Nägel, Sand, Steine, Watte oder Wasser in Behältnisse zu füllen, etwa Schachteln oder Flaschen. Es können auch alltägliche Geräusche verwendet werden: z. B. Fahrradklingel, Autohupe, Martinshorn.

Übungen zum „Schmecken"

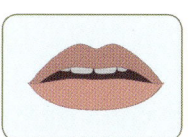

Unser Geschmackssinn wird durch die heutige Ernährung stark beeinflusst. Der Konsum von Fertigprodukten mit den darin enthaltenen Salzen und Geschmacksverstärkern ist hier vor allem zu nennen. Für die Durchführung dieser Übungen sollten saisonale Produkte verwendet werden. Neben dem Wiedererkennen bestimmter Lebensmittel können aber auch die unterschiedlichen Geschmacksrichtungen – süß, salzig, sauer und bitter – trainiert werden. Hierfür eignen sich sowohl flüssige als auch feste Lebensmittel wie z. B. Essig, Fruchtsaft oder Zucker und Honig.

Übungen zum „Riechen"

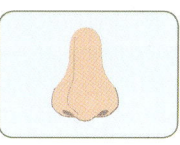

Der Geruchssinn ist der ursprünglichste Sinn des Menschen. Die Wahrnehmung von Gerüchen weckt Erinnerungen und Gefühle wie Freude oder Trauer.

Für die Durchführung dieser Übungen eignen sich:

- Naturmaterialien wie stark duftende Pflanzen und Kräuter (z. B. Flieder, Jasmin, Rosmarin)
- Waldboden
- Ätherische Öle dieser und anderer Pflanzen, Kräuter und Lebensmittel (z. B. Limone, Pfefferminze, Vanille)

Die „Düfte" können entweder frisch vorbereitet oder auf Watte geträufelt – und bis zur Durchführung der Übung in verschlossenen Behältnissen aufbewahrt – werden.

Übungen zum „Fühlen"

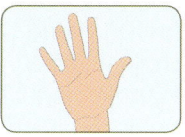

Von den Kleinkindern ist bekannt, dass sie alles in die Hand und in den Mund nehmen, um ihre Umwelt kennenzulernen. Es macht deutlich, wie wichtig die Hände und der Tastsinn sind.

So soll in diesen Übungen der Tastsinn in den Mittelpunkt gestellt werden. Wichtig auch hier: die Augen wieder ausschließen, um allein diesen Sinn zu trainieren.

Die zu erratenden Gegenstände werden so „verpackt", dass sie nicht gesehen werden. Dafür eignen sich Kartons, gefüllt mit z. B.:

- Materialien aus der Natur wie Waldboden, Federn, Tannenzapfen, Sand, Kastanien oder Steine
- Gegenständen des Alltags wie Stifte, Papier, Besteckteile oder Stoffreste
- Denkbar ist es auch, Lebensmittel wie Möhren, Kartoffeln oder Orangen zu ertasten.

Die Kartons werden mit Öffnungen versehen, die nur Hände durchlassen, sodass die Materialien nicht zu sehen sind. Das Fühlen kann auch mit den Füßen geschehen. Hier kann entweder ein Parcours für einen Barfußspaziergang vorbereitet werden oder die oben genannten Kartons sind so groß, dass ein oder beide Füße hineinpassen. Beim Barfußspaziergang können unterschiedliche Bodenbeschaffenheiten gespürt werden wie z. B. Rasen, Steinboden, Waldboden oder Wasserlauf.

Übungen zum „Sehen"

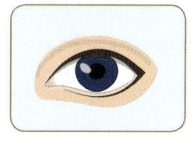

Der Tagesablauf ist in zunehmendem Maß durch Medien wie Fernsehen und Computer geprägt. Diese Reizüberflutung macht vor allem den Augen zu schaffen. Es gibt viele Bilder in schneller Abfolge zu sehen, sodass die Wahrnehmung sehr oberflächlich bleibt; Details werden übersehen. Daher kann bei den folgenden Sehübungen ein genaues Hinschauen und Beobachten trainiert werden. Dieses kann vielfältig gestaltet werden:

Gegenstände aus der Natur werden auf einen Tisch gelegt. Nach einer vorher festgelegten Zeit des Betrachtens werden die Materialien mit einem Tuch abgedeckt und müssen nun möglichst vollständig – mündlich oder schriftlich – aufgelistet werden.

Eine Variante könnte sein: Als Ergebnis muss das Bild mit den Materialien nachgelegt werden.

Statt Naturmaterialien können auch Bilder – per Folie oder Beamer – verwendet werden, die ebenfalls für einen bestimmten Zeitraum betrachtet und dann ausgeblendet werden. Nun können mithilfe von Fragen zum Bild die gesehenen Einzelheiten erfragt werden.

Eine andere Möglichkeit, das Sehen zu trainieren, ist der Einsatz von Bildern mit optischen Täuschungen. Zum einen wird hier das Auge auf Details gerichtet, zum anderen wird hier aber auch die Leistungsgrenze der Augen spürbar.

1.3 Wie „wahr" ist die Wahrnehmung?

Das Gehirn als „Schaltzentrale" der Wahrnehmungen erhält eine Flut von Informationen, die bewältigt und bearbeitet werden müssen. Müsste das Gehirn alle ankommenden Reize verarbeiten, würde es vermutlich mehrere Tonnen wiegen und wäre permanent überfordert. So muss das Gehirn eine ganze Reihe von **„Tricks"** anwenden, um die Fülle an Informationen für die weitere sinnvolle Verarbeitung zu reduzieren.

> Wir nehmen die Dinge, Menschen, Geräusche oder Gerüche wahr, auf die wir unsere gezielte Aufmerksamkeit richten. Weitergegeben an das Bewusstsein werden nur die Reize, die für die momentane Situation relevant sind.

Faktoren, die den größten Einfluss auf die Wahrnehmung haben, sind vor allem:

- Die **emotionale und seelische Verfassung:** Trauer oder Glück, Angst oder Mut lassen die Wahrnehmung jeweils in einem anderen Licht erscheinen
  – *Wenn ich glücklich bin, sauge ich die Wärme eines sonnigen Tages intensiv in mich auf.*
- **Persönliche Interessen**, Motive und Bedürfnisse: Was ist in dieser Situation wichtig?
  – *Muss ich wegen eines Termins meine Arbeitsstelle pünktlich verlassen, werde ich während der Arbeitszeit häufiger auf die Uhr schauen.*
- **Bisherige Erfahrungen**, die zur Einordnung der „neuen" Wahrnehmung herangezogen werden: *Erkenne ich den Gegenstand wieder? Was löst ein bestimmter Geruch an Erinnerungen aus?*
- Die **körperliche Verfassung**: Gesundheit oder Krankheit, vorübergehende Verletzungen oder dauerhafte Behinderungen

1.3.1 Wahrnehmungsstörungen

> Wenn die Wahrnehmungsfähigkeit so weit eingeschränkt ist, dass ein völlig falsches „Abbild" der Wirklichkeit entsteht, spricht man von **Wahrnehmungsstörungen**.
>
> Zu den Wahrnehmungsstörungen werden **Halluzinationen** und **Illusionen** gezählt.

Wenn nicht vorhandene Stimmen gehört oder nicht vorhandene Menschen und Dinge gesehen werden, spricht man von **Halluzination**. Obwohl kein Reiz zugrunde liegt – sprich: niemand real anwesend ist –, hält die halluzinierende Person ihre „Wahrnehmung" für Realität. Gründe, warum Menschen an Halluzinationen leiden, können Erkrankungen sein wie z. B. Alkoholismus, Drogenabhängigkeit oder Schizophrenie.

Im Gegensatz zur Halluzination ist bei einer **Illusion** ein Reiz Auslöser einer Wahrnehmung, die in diesem Fall jedoch falsch eingeordnet und gedeutet wird. Die bekannteste Illusion ist die visuelle Illusion – auch optische Täuschung genannt. Bei optischen Täuschungen wird das vom Auge aufgenommene Bild durch das Gehirn falsch beurteilt. Die visuelle Täuschung kann alle Bereiche des Sehens betreffen, so z. B. die Wahrnehmung von Farben, geometrischen Figuren und Entfernungen. Einprägsame Beispiele für optische Täuschungen finden sich sowohl in der Kunst als auch in wissenschaftlichen Versuchsreihen zur Ursachenforschung für „fehlgelaufene" Sinneswahrnehmungen. Aber auch die Magier arbeiten mit der Illusion in ihren Bühnenshows. Selbst der Alltag bietet Beispiele für diese Täuschungen: Zwei Fahrzeuge (z. B.: Straßenbahnen, Autos oder Züge) stehen nebeneinander. Der Betrachter sitzt in einem der Fahrzeuge. Beim Anfahren des anderen Fahrzeuges hat man das Gefühl, das eigene Fahrzeug fährt.

Die Wahrnehmung ist ein subjektiver Vorgang. Dieses kann bedeuten, dass

a) eine andere Person, die denselben Wahrnehmungsprozess durchläuft, zu einem anderen Ergebnis kommt,
b) das vermeintliche Ergebnis nicht der Realität entspricht.

Die folgenden Bilder als Beispiele für optische Täuschung verdeutlichen die Aussage des Merksatzes.

Beispiele für optische Täuschungen

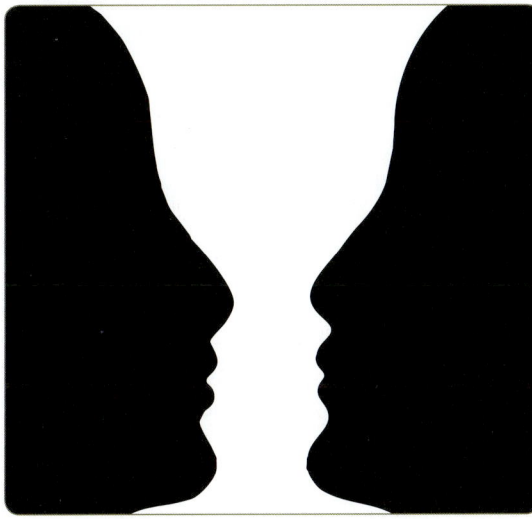

Bild 1: *Ein Pokal oder zwei Köpfe im Profil?*

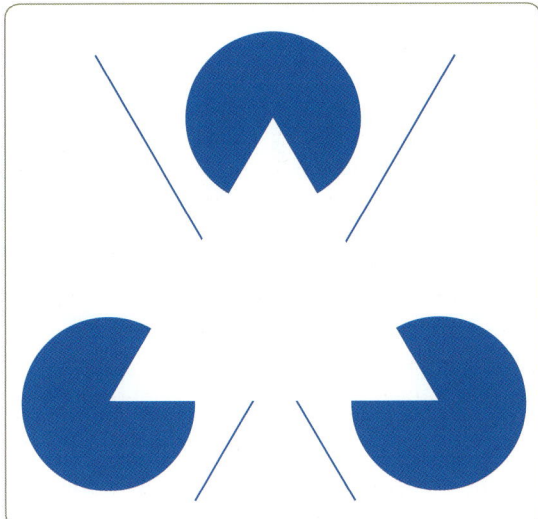

Bild 2: *Wie viele Dreiecke sind zu sehen?*

Im Laufe des Lebens nimmt die Leistungsfähigkeit der Sinnesorgane ab, sodass auch **altersbedingte Wahrnehmungsstörungen** auftreten können. So kann z. B. das Gehör im Alter die hohen Töne nicht mehr wahrnehmen und die Augen können meist den Nahbereich nicht mehr sehr scharf fokussieren. Das folgende Bild verdeutlicht die Fehlsichtigkeit im Alter.

Bild 3: *Fehlsichtigkeit der Augen*

Im Miteinander mit alten Menschen sind eindeutige Anzeichen dieser Veränderungen erlebbar:

- **Altersschwerhörigkeit** – wenn auf das Klingeln an der Haustür nicht mehr reagiert wird,
- **Alterssichtigkeit** – wenn das morgendliche Zeitungslesen nur noch mit Lesebrille klappt,
- **Veränderungen des Geruchs- und/oder des Geschmackssinnes** – wenn „angebrannte" Milch angeboten oder eine schmackhafte Suppe als fade oder als versalzen empfunden wird.

Einige (nicht alle) Sinnesveränderungen, z. B. das Sehen und Hören, können mithilfe von geeigneten Hilfsmitteln wie z. B. Brille und Hörgerät kompensiert werden.

1.3.2 Mögliche Fehler bei der Wahrnehmung

Neben den Wahrnehmungsstörungen kennt die Psychologie eine Reihe von **Wahrnehmungsfehlern**:

- Primäreffekt
- Hof-Effekt
- Logischer Fehler
- Tendenz zur Mitte
- Sympathiefehler

Diese Fehler entstehen durch eine Verknüpfung der Wahrnehmung eines Menschen – oder einer Beziehung zu einem Menschen – mit einem Urteil (Vorurteil) über diese Person oder Beziehung. Dieses Urteil ist subjektiv und kann daher der realen Wahrnehmung entsprechen oder völlig danebenliegen. Im Folgenden eine kurze Erklärung einiger Wahrnehmungsfehler anhand von Beispielen:

Primäreffekt – „Der erste Eindruck entscheidet!"

Bild 1: *Vorstellungsgespräch*

Sarah bewirbt sich für eine neue Ausbildungsstelle. Sie macht im Vorstellungsgespräch einen gepflegten Eindruck. Wenn die zukünftige Arbeitgeberin diesen ersten Eindruck als Basis zukünftiger Beurteilungen der neuen Auszubildenden nimmt und nicht mehr in Frage stellt oder ihre Einschätzung nicht mehr ändert, spricht man von dem so genannten **Primäreffekt**.

Hof-Effekt – „Einmal langsam, immer langsam!"

Sarah hat im Vorstellungsgespräch betont langsam gesprochen, um ihre Nervosität zu verbergen. Wenn die zukünftige Arbeitgeberin die Wahrneh-

mung des langsamen Sprechens mit ihrem (Vor-) Urteil, diese Person wird dann auch langsam arbeiten, verbindet, spricht man von dem so genannten **Hof-Effekt**. Hier wird von einer wahrgenommenen Eigenschaft, die einen „Hof" bildet – vergleichbar mit dem Schein einer Lampe – auf andere, nicht wahrgenommene Eigenschaften geschlossen.

Bild 2: *Vorstellungsgespräch*

Logischer Fehler – „Leise Stimme, kann sich nicht durchsetzen!"

Bild 3: *Vorstellungsgespräch*

Eine der Mitbewerberinnen in den Vorstellungsgesprächen fällt durch eine sehr leise Stimme auf. Der zukünftige Arbeitgeber schließt daraus, dass sie sich in der Arbeitswelt wohl nicht durchsetzen wird. Hier begeht er einen **logischen Fehler**, indem er von einer wahrgenommenen Eigenschaft auf eine zweite schließt, die nicht unbedingt im Zusammenhang stehen muss.

Tendenz zur Mitte – „Ich weiß nicht, wie soll ich mich entscheiden?"

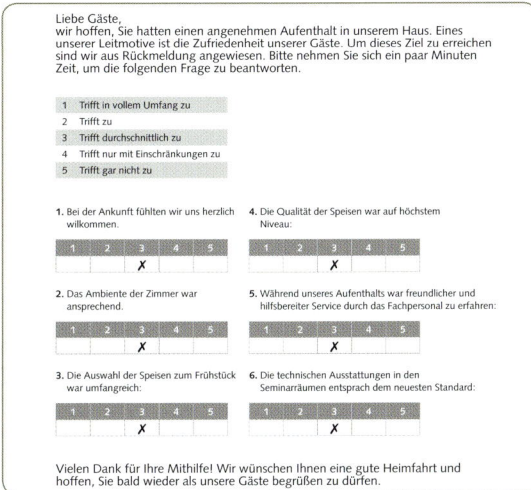

Bild 1: *Fragebogen*

Innerhalb des Vorstellungsverfahrens erhalten die Kandidaten einen Fragebogen zur Selbsteinschätzung ihrer Fertigkeiten und Fähigkeiten. Eine der Kandidatinnen ist sehr unsicher beim Ausfüllen: Sie will sich nicht zu gut, aber auch nicht zu schlecht einschätzen, sodass sie bei der vorgegebenen Skala von 1 bis 5 fast immer die 3 ankreuzt. Keine Frage, eine solche Beurteilung entspricht nicht ihren wirklichen Stärken und Schwächen. Sie hat hier die **Tendenz zur Mitte** gewählt, um extreme Beurteilungen zu vermeiden.

Sympathiefehler – Sympathie lässt über vieles hinwegsehen

Sarah hat den Ausbildungsplatz erhalten und sehr schnell durch ihr Engagement die **Sympathie** ihrer Ausbilderin gewonnen. Als sie am Montagmorgen verspätet zur Arbeit erscheint, zeigt die Ausbilderin Verständnis. Eine Arbeitskollegin von Sarah ist sehr irritiert über das Verhalten der Arbeitgeberin, denn in der vergangenen Woche hat sie sich eine Strafpredigt anhören müssen, als sie 10 Minuten Verspätung hatte. Menschen, die wir mögen, werden immer positiver beurteilt als andere.

Bild 2: *Gespräch Ausbilderin – Auszubildende*

Aufgaben:

1. Beschreiben Sie den Wahrnehmungsprozess am Beispiel des Hörens.

2. Überlegen Sie sich jeweils eine Übung zur Wahrnehmung der vorgestellten Sinne, die Sie

   a) mit Kindergartenkindern,
   b) mit älteren Menschen

   durchführen können.

3. Nennen Sie drei Faktoren, die die Wahrnehmung beeinflussen.

4. Unterscheiden Sie die Begriffe „Wahrnehmungsstörungen" und „Wahrnehmungsfehler"!

5. Erklären Sie mit eigenen Worten jeweils ein Beispiel für:

   a) Wahrnehmungsstörungen
   b) Wahrnehmungsfehler

6. Gestalten Sie in einem Team ein Mindmap zum Thema „In unserem hauswirtschaftlichen Berufsalltag Menschen individuell wahrnehmen!"

7. Präsentieren Sie Ihre Mindmap innerhalb eines kurzen Vortrages der Klasse.

2 Beobachtung

> Beobachtung ist eine aufmerksame, meist selektive Wahrnehmung, die bestimmte Vorgänge, Ereignisse oder Menschen in einer jeweiligen Situation beachtet und registriert.

In pädagogischen und pflegerischen Berufen gehört die Beobachtung in das jeweilige Kompetenzprofil des Berufes, denn eine genaue Beobachtung ist hier z. B. entscheidend für die Unterstützung von Kindern und deren Förderung. Gleiches gilt für den Beruf der Hauswirtschafterin.

2.1 Formen der Beobachtung

2.1.1 Unsystematische oder freie Beobachtung

Bild 1: *Szene in der Stadt*

Ein Gast in einem Straßencafé nimmt seine Umgebung eher zufällig und ungerichtet wahr. Sicherlich wird seine Beobachtung durch seine persönlichen Interessen und Erfahrungen gelenkt. Lebt er als Single, fällt der Blick vielleicht eher auf weibliche Passanten. Hat er eigene Kinder, reagiert er möglicherweise eher auf das Schreien eines Kindes.

Die Hauswirtschafterin wird je nach Lebenssituation ähnliche oder andere Erfahrungen aus dem Privatbereich kennen. Wichtig für den beruflichen Alltag ist zu wissen, dass diese Form der Beobachtung:

- subjektiv, d. h. aus dem Blickwinkel des jeweiligen Beobachters wahrgenommen,
- vieldeutig, d. h. es sind mehrere Deutungsmuster gültig,
- ergebnisoffen, d. h. die Beobachtung lässt mehrere Möglichkeiten in der Folge zu.

2.1.2 Systematische oder fachliche Beobachtung

Die systematische Beobachtung erfolgt zielgerichtet, d. h., ein spezieller Aspekt soll beobachtet und dokumentiert werden. Vor Beginn der eigentlichen Beobachtung sind folgende Aspekte zu klären:

- Wer oder was soll beobachtet werden?
- Wann soll die Beobachtung durchgeführt werden?
- In welcher Form soll die Beobachtung dokumentiert werden? Möglichkeiten der Dokumentation sind z. B. ein Fragebogen, eine Tabelle oder ein Hörprotokoll.
- Welche Kriterien sollen im Fokus der Beobachtung stehen? Diese Beobachtungskriterien sollten dann auch in der Dokumentation wiederzufinden sein.

Bei der systematischen Beobachtung sollten vor allem die folgenden Aspekte berücksichtigt werden:

- **Sachlichkeit (Objektivität)**
- **Zuverlässigkeit (Reliabilität)**
- **Gültigkeit (Validität)**

Sachlichkeit: Die Beobachtung eines Aspektes, z. B. die tägliche Flüssigkeitszufuhr einer Bewohnerin, steht im Zentrum. Emotionen, Vermutungen und Deutungen werden an dieser Stelle ausgeblendet. Ziel dieser Beobachtung ist festzustellen, wie viel Frau Köhler täglich trinkt; es werden keine Vermutungen oder Spekulationen über eine ungefähre Trinkmenge festgehalten.

Zuverlässigkeit: Bezogen auf das oben genannte Beispiel bedeutet dieser Aspekt, dass die Beobachtung und die Dokumentation die Trinkmenge für einen festgelegten Tag festhält. Nur so können zuverlässige Aussagen getroffen werden.

Gültigkeit: Die mögliche Ausgangssituation, dass der Hauswirtschafterin aufgefallen ist, Frau Köhler trinkt sehr wenig, kann nun durch ein Trinkprotokoll bestätigt werden.

Beispiele für fachliche Beobachtungen im hauswirtschaftlichen Bereich:

- **Krankenbeobachtung**, z. B. im Privathaushalt, in Kinder- und Jugendheimen, mithilfe einer Fieberkurve
- **Zufriedenheit** der Gäste mit der Speiseplanung, z. B. in einem Seniorenheim, Tagungsstätte, mithilfe eines Fragebogens
- **Beobachtung von neuen Bewohnern** in einem Seniorenheim mithilfe eines Fragebogens

Das Bild veranschaulicht ein Trinkprotokoll, das z. B. für Senioren geführt wird, wenn die tägliche Trinkmenge kontrolliert werden muss.

Pflegedokumentation –
Überwachung der Flüssigkeitsaufnahme/Trinkprotokoll

Name des Patienten: Datum:
Frau C. O.   25.09.09
Zimmer 211

Uhrzeit	Getränkeart	Trinkmenge (in ml)	Namenskürzel
	Schwarzer Tee	150	Fi
10.00	Orangensaft	150	Ka
10.45	Stilles Mineralwasser	150	Fi
11.30	Stilles Mineralwasser	150	Fi
12.30	Stilles Mineralwasser	2 x 150	Scho
15.00	Schwarzer Tee	150	Be
15.30	Stilles Mineralwasser	150	Be
16.10	Stilles Mineralwasser	150	Be
17.00	Fruchtschorle	150	Be
18.00	Früchtetee	150	Be
19.00	Früchtetee	150	Be
20.00	Stilles Mineralwasser	100	Be
21.15	Stilles Mineralwasser	100	Hü
23.00	Stilles Mineralwasser	100	Hü
	Gesamtmenge:	2,1 l	Hü

Bild 1: *Pflegedokumentation*

2.1.3 Fremdbeobachtung

Hier wird eine Person durch andere beobachtet. In der pädagogischen Arbeit unterscheidet man zwei Vorgehensweisen:

a) Die beteiligten Personen sind miteinander im Gespräch oder Spiel.
b) Die Beobachterin ist nicht ins Geschehen eingebunden. Sie dokumentiert ihre Beobachtungen sofort (siehe Kapitel 2.1.2).

Eine aktuelle Form der Fremdbeobachtung wird unter dem Begriff „Assessment" geführt. Hier trainieren z. B. Berufsanfänger Bewerbungssituationen unter der Beobachtung von geschulten Trainern. So bekommen sie eine sofortige Rückmeldung, wie sie sich im Bewerbungsgespräch verhalten haben und wo sie noch an sich selbst arbeiten müssen.

2.2 Mögliche Fehler bei der Beobachtung

Für die Beobachtung gilt Gleiches wie für die Wahrnehmung: Beobachtungen können aus unterschiedlichen Gründen fehlerhaft verstanden werden. Fehler sind menschlich und nicht immer vermeidbar.

Aber auch eine bestimmte Situation oder ein notwendiges Hilfsmittel können für das Auftreten von Fehlern verantwortlich sein. Die Tabelle 1 „Beobachtungsfehler" auf S. 558 veranschaulicht diese Aspekte.

Wichtig ist,

- sein Bewusstsein dafür zu schärfen, dass Fehler auftreten können,
- seine eigene Wahrnehmungsfähigkeit zu trainieren,
- Beobachtungen genau zu planen, durchzuführen und zu dokumentieren.

Mögliche Beobachtungsfehler:			
Beim/durch den Beobachter:	■ Müdigkeit, ■ Stress, ■ Schmerzen,	■ Eigene Bedürfnisse, ■ Einstellungen, ■ Vorurteile,	■ Sympathie, ■ Antipathie, ■ Erwartungen
Durch die Situation:	■ Ablenkung,	■ Lärm,	■ Lichtverhältnisse
Durch Hilfsmittel:	■ Defekte Geräte,	■ kaputter Stift,	■ leere Batterien

Tabelle 1: *Beobachtungsfehler*

Aufgabe: Quadratübung

Es bilden sich Fünfergruppen, die jeweils um einen Tisch sitzen. Jeder Gruppe wird ein Beobachter zugeteilt, der auf die Einhaltung der Regeln achtet und das Verhalten beobachtet.

Auf dem Tisch jeder Fünfergruppe liegt ein großer Umschlag. Er enthält fünf Briefumschläge, die jeweils durch einen eigenen Großbuchstaben gekennzeichnet sind: A – B – C – D – E. Jeder Briefumschlag enthält Quadratteile, die nach einer entsprechenden Vorlage (siehe Bild 1) aus genau gleich großen Kartonquadraten von jeweils 10 cm Seitenlänge gefertigt wurden.

Jede Fünfergruppe erhält folgende Anweisung (zuerst im Plenum mit der Gelegenheit zu Rückfragen, dann durch ein Blatt, das der Beobachter mitnimmt oder das auf dem Tisch liegt):

In dem großen Umschlag, der auf eurem Tisch liegt, sind fünf weitere Umschläge. Jeder dieser kleinen Umschläge enthält verschieden geformte Teilstücke, aus denen Quadrate zu bilden sind. Die Aufgabe jeder Gruppe ist es, fünf Quadrate von genau gleicher Größe herzustellen. Die Aufgabe ist beendet, wenn jedes Mitglied ein vollständiges Quadrat von genau gleicher Größe vor sich liegen hat.

Während der Übung sind folgende Regeln zu beachten:

Kein Mitglied darf sprechen.

Kein Mitglied darf ein anderes um ein Teilstück bitten oder in irgendeiner Weise signalisieren, dass es ein bestimmtes Teilstück braucht, das ein anderer ihm geben soll.

Jedes Mitglied kann, wenn es will, Teilstücke in die Mitte des Tisches legen oder an ein anderes

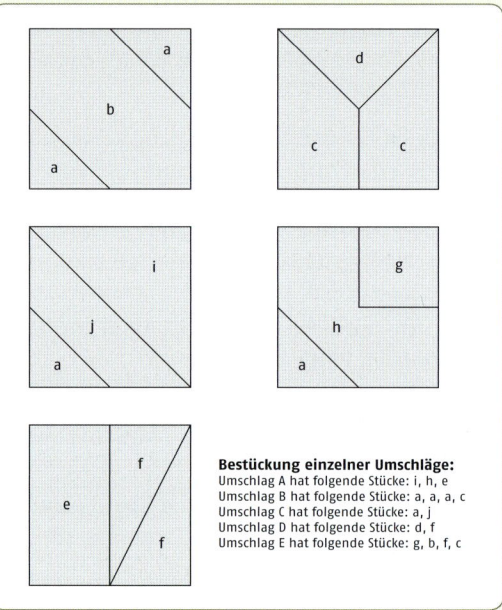

Bild 1: *Anleitung für Quadratteile*

Bestückung einzelner Umschläge:
Umschlag A hat folgende Stücke: i, h, e
Umschlag B hat folgende Stücke: a, a, a, c
Umschlag C hat folgende Stücke: a, j
Umschlag D hat folgende Stücke: d, f
Umschlag E hat folgende Stücke: g, b, f, c

Mitglied geben, jedoch darf niemand direkt in die Figur des anderen eingreifen.

Jedes Mitglied darf Teilstücke aus der Mitte nehmen, aber niemand darf Teile in der Mitte des Tisches montieren.

Ein Gruppenmitglied öffnet jeweils den großen Umschlag und überreicht jedem Teilnehmer einen der verschlossenen Briefumschläge A – E. Die Beobachter geben ein Startzeichen für den Beginn der Zusammenarbeit und stoppen die Zeit, die vergeht, bis alle ihr Quadrat zusammengebaut haben.

Es kann ein Reflexionsgespräch über die Erfahrungen während der Übung folgen.

3 Kommunikation im Team

Zum Berufsbild der Hauswirtschaft gehört die Zusammenarbeit in einem Team verschiedener Berufsgruppen, z. B. Pädagogen und Pflegekräfte.

> Der Begriff **Team** meint eine Gruppe von Menschen, die eine gemeinsame Aufgabe haben und sich dabei gegenseitig unterstützen, um ein gemeinsames Ziel zu erreichen.

Die Arbeit in und mit einem Team ist nicht unbedingt einfach, da hier Menschen mit unterschiedlichsten Interessen und Bedürfnissen zusammenkommen. Jedes Teammitglied möchte als Person Anerkennung und Wertschätzung erfahren. Beides kann kommunikativ vermittelt werden. Dabei stehen Möglichkeiten der verbalen und nonverbalen Kommunikation zur Verfügung (s. S. 563).

Die Begrüßung und Gestaltung des Miteinanders (Umgangsformen) geben einen Einblick, welche Wertschätzung das Gegenüber erfährt, aber auch wie nah und vertraut die Gesprächspartner miteinander sind.

3.1 Begrüßung

Jede Kultur – eigentlich jede Generation – hat ihre eigenen Rituale bei der Begrüßung. Neben der unterschiedlichen Wortwahl – von „Hey" bis „Guten Tag" – ist vieles hörbar. Je nach Anlass und Situation ist Nähe oder Abstand bei einem Gespräch erwünscht. Je geringer der Abstand der Personen wird, desto mehr wird vom Gegenüber wahrgenommen (z. B. Mundgeruch oder der Duft eines Parfums). Schon das Wahrnehmen von Gerüchen entscheidet darüber, ob die betreffende Person als sympathisch oder unsympathisch beurteilt wird. Es werden vier **Distanzzonen** unterschieden.

> **Distanzzonen** beschreiben den räumlichen Abstand zwischen den bei einem Gespräch beteiligten Personen.

Über das Gelingen eines Gespräches kann bereits die richtige Begrüßung entscheiden. In der jeweiligen Situation müssen die Gesprächspartner die richtige Distanz wählen.

Bei der **intimen Distanz** sind sich die Menschen ganz nah, haben körperlichen Kontakt. So dicht dürfen nur wenige Menschen kommen, wie z. B. Lebenspartner, Freunde. Dringen Menschen ohne Erlaubnis in diese intime Distanz ein, kann dies Ablehnung und sogar Aggression auslösen. Im be-

ruflichen Alltag ist eine so intime Begrüßung mit Vorsicht zu behandeln, vor allem wenn man sich zum ersten Mal begrüßt.

Beispiel: In Bild 1 ist zu sehen, dass Sarah vor ihrer Arbeitsstelle von einer Freundin erwartet wird. Bei der freudigen Begrüßung fallen sich die Freundinnen in die Arme.

Bild 1: *Vertraute Begrüßung*

Die **persönliche Distanz** erlaubt einen Abstand zwischen den beiden Gesprächspartnern von etwa 50 cm bis einen Meter. Der körperliche Kontakt beschränkt sich hier auf die Hand, ein Handschlag ist erlaubt. Es ist beiden Seiten wichtig, den anderen auf Abstand zu halten, um deutlich zu machen: So vertraut ist man miteinander nicht, um sich näher zu kommen.

Beispiel: Das folgende Bild zeigt, dass Sarah den Bewohnern des Wohnbereiches vorgestellt wird. Freundlich begrüßt eine Bewohnerin mit einem festen Händedruck die Auszubildende.

Bild 1: *Persönliche Begrüßung*

Die **gesellschaftliche Distanz** umfasst eine Entfernung von etwa 1–2 Metern zwischen den Gesprächspartnern. Hier ist die Begegnung meist ohne körperliche Berührung. Oft ist es ein zufälliger Kontakt, dem nicht unbedingt ein Gespräch folgen muss.

Beispiel: Wie in Bild 2 zu sehen ist, bringt Sarah die gefüllten Wäschekörbe in die Wäscherei. Auf dem Weg dorthin begegnet sie einer Kollegin aus der Großküche. Freundlich tauschen die beiden Frauen ein „Hallo" aus.

Der Arbeitsablauf lässt vielleicht noch einen kurzen Austausch über ihre Erfahrungen in den derzeitigen Arbeitsbereichen außerhalb der Großküche zu. Dann verabschieden sich die beiden Frauen voneinander.

Bild 2: *Gesellschaftliche Begrüßung*

Die vierte Distanzzone ist die **öffentliche**, hier sind mehrere Meter Abstand zwischen den Beteiligten. Diese Situationen finden wir bei Vorträgen, Eröffnungen von sportlichen Veranstaltungen oder Gedenkfeiern.

Beispiel: Bild 3 zeigt diese Distanzzone innerhalb eines Klassenraumes. Sarah besucht einmal pro Woche die Berufsschule. Mit einem freundlichen „Guten Morgen" beginnt die Klassenlehrerin den Berufsschultag.

Bild 3: *Öffentliche Begrüßung*

3.2 Das Miteinander gestalten

Der erste Eindruck entscheidet oft über den weiteren Verlauf der Beziehung der Gesprächspartner. Dies gilt sowohl für den privaten als auch für den beruflichen Alltag.

Größere Firmen lassen ihre Mitarbeiter in den Umgangsformen schulen, damit z. B. ein gemeinsames Essen mit potenziellen Kunden ohne größere Peinlichkeiten stattfinden kann. Ein anderes Beispiel: Ein international tätiger Konzern hat auch Kunden im arabischen und indischen Kulturkreis. Die Mitarbeiter erhalten Informationen zu den in diesen Kulturen gebräuchlichen Umgangsformen: Ein arabischer Geschäftsmann gibt einer deutschen Ingenieurin nicht die Hand bei der Begrüßung und wird ihr auch nicht in die Augen schauen; dieses Verhalten beruht auf der Wertschätzung der Frau im arabischen Kulturkreis.

Im hauswirtschaftlichen Dienstleistungsbereich ist der Kontakt mit vielen unterschiedlichen Menschen gegeben. Hier treffen Generationen mit unterschiedlichen Wertvorstellungen aufeinander. So sollten einige grundlegende Umgangsformen beachtet werden, die die

- Begrüßung,
- Gespräche und
- „Tischsitten" betreffen.

Begrüßung:
- Distanzzone beachten
- Reihenfolge beachten: im Berufsalltag zuerst den Vorgesetzten, im Privaten die Frau(en) zuerst begrüßen

Gespräche:
- Freundlich zuhören
- Themen für einen „Small Talk" kennen; nicht geeignete Themen sind Politik und Religion!

Tischsitten:
- Besteck entsprechend nehmen und in der Hand halten
- Weinglas am Stiel anfassen
- Mit dem Essen wird erst begonnen, wenn der Gastgeber zum Beginn auffordert.

Zum ersten Eindruck gehört aber auch die Garderobe. Im beruflichen Alltag kann anhand der Arbeitskleidung abgelesen werden, ob die Standards wie Sauberkeit und Hygiene eingehalten werden. Im privaten Bereich signalisiert die Kleidung, ob der Anlass der Veranstaltung richtig erkannt wurde.

Sportkleidung Berufskleidung Festliche Kleidung

Bild 1: *Beispiele für den Anlass angemessene Kleidung*

Aufgabe: „Milling"

Bild 1: *Gruppen miteinander ins Gespräch bringen*

Der Begriff „Milling" kommt aus dem Englischen, bedeutet übersetzt so viel wie „Durcheinanderwuseln". Frei übersetzt steht Milling für die Methode der Sprechmühle. Die Methode ist ursprünglich von der amerikanischen Therapeutin Joanna Macy entwickelt worden. In Deutschland ist sie vor allem an der Universität Oldenburg durch Jörg Schlee bekannter geworden. Ziel dieser ganzheitlichen Methode kann ein besseres Kennenlernen einer Gruppe untereinander sein. Diese Methode eignet sich aber auch dazu, innerhalb von Unterricht inhaltsorientiert zu arbeiten; z. B. kann eine Wiederholung für eine Klassenarbeit durchgeführt werden. Ein wesentliches Kennzeichen dieser Methode sind die Zweiergespräche. In diesen Gesprächen kann vor allem das aktive Zuhören trainiert werden.

Zur Vorbereitung:

- Der Lehrer formuliert drei bis fünf Fragenstellungen.
- Eine passende Musik für den Hintergrund wird ausgesucht (es eignet sich ruhige, meditative oder klassische Musik).
- Ein geeigneter Raum zum Bewegen der Gruppe wird ausgewählt.
- Tische und Stühle sind aus dem Weg zu räumen.

Zur Durchführung:

- Die Lehrkraft stellt den Ablauf der Methode den Teilnehmern kurz vor. Außerdem wird auf die Vertraulichkeit der Zweiergespräche hingewiesen.
- Alle Teilnehmer schlendern langsam frei durch den Raum, während die Musik spielt.
- Sobald die Musik aussetzt, finden sich Paare zusammen. Sie suchen eine Sitzmöglichkeit für das folgende Gespräch zu zweit.
- Nun kann eine Anweisung zum Gesprächsbeginn erfolgen; z. B.: „Derjenige, dessen Vorname im Alphabet zuerst vorkommt, beginnt das Gespräch."
  Der Lehrer kann zunächst ein Thema zum Ankommen und Aufwärmen nehmen (z. B.: Wie war die vergangene Woche im Ausbildungsbetrieb?").
  Es ist aber auch möglich, eine Aufgabe zur Wiederholung für die Klassenarbeit zu stellen, z. B.: „Jeder Partner erklärt zwei Distanzzonen"!
  Die Paare haben etwa 5 Minuten Zeit, sich gegenseitig die Aufgabe vorzustellen.
- Es ertönt ein Signal des Lehrers, die Paare lösen sich auf und bewegen sich wieder zur einsetzenden Musik. Nach einiger Zeit wird die Musik wieder unterbrochen und der Ablauf mit einer neuen Fragestellung beginnt von Neuem.
- Nach drei bis fünf Durchgängen kann das „Milling" beendet werden.

Zur Auswertung:

Im eigentlichen Sinn soll die Sprechmühle für sich stehen gelassen werden, die Inhalte der Zweiergespräche werden nicht offen weiter diskutiert.
Es kann aber in Einzelfällen sein, dass Fragen und Probleme innerhalb der Zweiergespräche nicht geklärt werden konnten. So könnten diese als Stichworte auf Karteikarten festgehalten werden, um sie dann im Plenum gemeinsam zu lösen. Daher könnte dann der Arbeitsauftrag für den letzten Durchgang der Sprechmühle z. B. lauten: „Notieren Sie auf den ausliegenden Karteikarten offen Fragen und Probleme!"

3.3 Kommunikation kompakt

Der Beruf der Hauswirtschafterin ist ein durch und durch kommunikativer Beruf: Menschen begegnen sich in den unterschiedlichsten Situationen. So zieht sich das Thema „Kommunikation" auch durch die gesamten Ausbildungsinhalte. An dieser Stelle des Buches sollen daher nur einige grundlegende Informationen vorgestellt werden.

Es gibt die Aussage des Kommunikationswissenschaftlers Paul Watzlawick, dass der Mensch nicht nichtkommunizieren kann. Damit ist die Tatsache in Worte gefasst: Sobald zwei Menschen sich begegnen, beginnt Kommunikation – auch ohne Sprache. Dies ist gerade in der Begegnung mit Säuglingen und Babys zu spüren. Diese kleinen Wesen können schon sehr wohl mit Gestik und Mimik ihre Wünsche zum Ausdruck bringen.

Auch in der Krankenpflege ist die nonverbale (= nichtsprachliche) Kommunikation nicht zu unterschätzen. Ist durch die Erkrankung keine verbale (= sprachliche) Kommunikation möglich, so sind die Betreuer des Erkrankten auf nonverbale Signale angewiesen, um Bedürfnisse und Wünsche zu erfahren.

> **Verbale Kommunikation** bezieht sich auf das **sprachliche** Miteinander, **Nonverbale Kommunikation** auf die **nichtsprachlichen** Signale wie Mimik, Gestik und Körperhaltung.

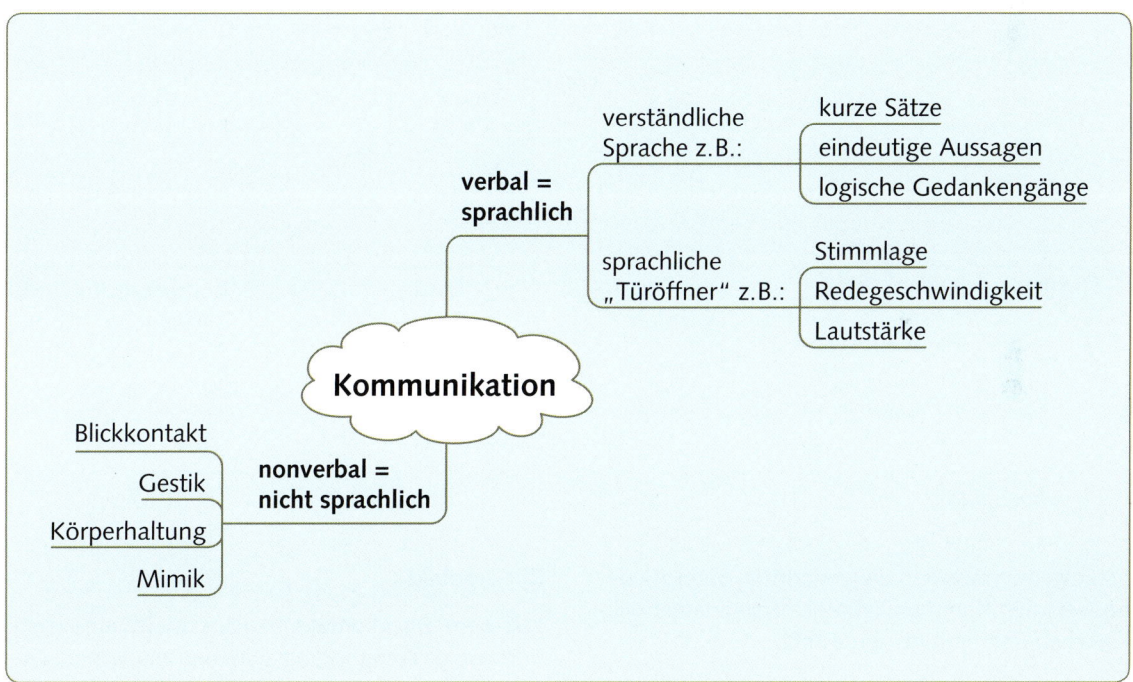

Bild 1: *Mindmap „Kommunikation"*

3.3.1 Nonverbale Kommunikation

Die nichtsprachliche Kommunikation ist ebenso wichtig wie die sprachliche. Unser Körper sendet „stumme" Signale aus, die Empfindungen, Gefühle und mögliche Interessen verraten. Ein Gespräch wird auch durch diese nonverbalen Signale sehr stark beeinflusst.

Die „gesendeten" Körpersignale sollten richtig gedeutet werden, um das Gegenüber besser zu verstehen. Allerdings ist dies nicht immer einfach, denn einzelne Signale sind durchaus mehrdeutig. So werden dann Missverständnisse ausgelöst (s. auch Kap. 1.4: „Wie wahr ist Wahrnehmung?", S. 552).

Beispiel: Durch die Körperhaltung kann ein Gesprächspartner ablesen, ob ihm im Verlauf des Gesprächs Wertschätzung und Empathie entgegengebracht werden (s. S. 568).

Situationen, in denen nonverbale Kommunikation als einzige mögliche Verständigung eingesetzt wird, finden wir z. B. bei der Gebärdensprache. Hier kann aufgrund organischer Beeinträchtigungen keine sprachliche Kommunikation stattfinden. Die Bedeutung der Gebärden muss genauso gelernt werden wie das Sprechen.

In der künstlerischen Szene wird nonverbale Kommunikation in der Pantomime eingesetzt; Samy Molcho ist einer der bekanntesten Pantomimen.

Fasst man den Begriff der nonverbalen Kommunikation sehr weit, so könnte man auch die bewusste Wahrnehmung unserer Sinne hierzu ordnen:

- Denn ein errötetes oder verschwitztes Gesicht sendet auch Signale aus.
- Ebenso liefert der Tastsinn durch Wahrnehmung nonverbale Hinweise zu Temperatur oder Bewegung.
- Nicht zu vergessen ist der Geruchssinn („Ich kann dich nicht riechen!"), der uns andere Menschen sympathisch oder unsympathisch erscheinen lässt.

In der häuslichen Krankenpflege (s. S. 603) kann die Hauswirtschafterin hierauf zurückgreifen.

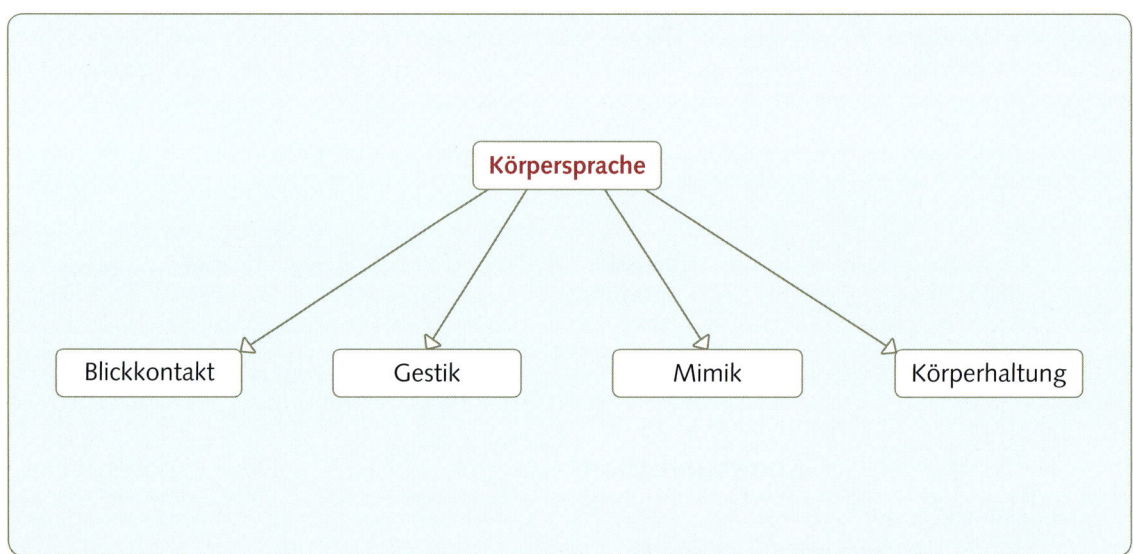

Bild 1: *Körpersprache*

Im Folgenden werden die genannten Bereiche der nonverbalen Kommunikation einzeln in einer willkürlichen Reihenfolge vorgestellt.

Im Alltag wird die Körpersprache meist in ihrer Gesamtheit wahrgenommen. Das bewusste Wahrnehmen einzelner Elemente geschieht vor allem dann, wenn der Gesprächspartner verunsichert ist. Er überprüft dann, ob seine Wahrnehmung richtig ist. Im Berufsalltag der Hauswirtschafterin spielt Körpersprache vor allem im Umgang mit Kunden und Gästen, aber auch mit Teamkollegen eine wesentliche Rolle.

Blickkontakt

Mit dem **Blickkontakt** beginnt meist eine erste nonverbale Annäherung zwischen Menschen. Gesprächspartner versuchen z. B. an den Augen abzulesen, in welcher Stimmung sich der andere befindet. Im Volksmund heißt es auch: „den Wunsch von den Augen ablesen". Der Blickkontakt kann vielsagend sein. Dies bedeutet, dass die Interpretation des jeweiligen Blickes vom jeweiligen Betrachter subjektiv erfolgt. Die folgende Tabelle greift einige Beispiele auf und ordnet mögliche Bedeutungen zu.

Signal: ein dem Gesprächspartner zugewandter Blick. Die Gesprächspartner halten Blickkontakt.	**Signal:** Der Blickkontakt ist nicht vorhanden. Der Gesprächspartner schaut weg.	**Signal:** Es kommt kein Blickkontakt zustande. Der Gesprächspartner schaut „vorbei".
Mögliche Bedeutung: *Positiv:* Interesse, Zuneigung *Negativ:* abschätzend, drohend	**Mögliche Bedeutung:** *Positiv:* neue Gedanken, Ideen abwägen *Negativ:* Ablehnung, Desinteresse	**Mögliche Bedeutung:** *Positiv:* Probleme überdenken, nach Lösungen suchen *Negativ:* Unentschlossenheit, Unsicherheit

Tabelle 1: *Blickkontakt*

Mimik

Ist aus der Blickrichtung keine eindeutige Aussage über die andere Person oder die zu erwartende Situation abzulesen, wird die Mimik angeschaut. Die Mimik ist am gesamten **Gesichtsausdruck** abzulesen.

 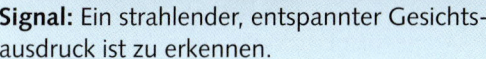 

Signal: Ein strahlender, entspannter Gesichtsausdruck ist zu erkennen.	**Signal:** Der Gesichtsausdruck signalisiert Anspannung.
Mögliche Bedeutung: Interesse, Zuneigung, Wertschätzung, positive Stimmung	**Mögliche Bedeutung:** Ablehnung, Unlust, Ärger, Wut, Anspannung, Skepsis

Tabelle 2: *Mimik*

Gestik

Um sicherzugehen, dass die Interpretation von Blickkontakt und Mimik auch richtig ist, wird nun die Gestik des Gegenübers angeschaut. Hier wird der Fokus der Beobachtung auf die Bewegung von Kopf, Armen und Händen gerichtet. Eine Geste kann die sprachliche Kommunikation unterstüt-

zen. Durch das Nicken des Kopfes kann der Zuhörer dem Redner signalisieren, dass er aktiv zuhört, ihm im Gespräch Wertschätzung entgegenbringt. Mit der Bewegung der Hände während eines Gespräches kann der sprachliche Anteil verdeutlicht werden (siehe Tabelle 1).

Signal: Arme sind vor dem Körper verschränkt.

Mögliche Bedeutung: Ablehnung, Unsicherheit, Abwehr

Signal: Hände in den Taschen

Mögliche Bedeutung: Lustlosigkeit, unhöflich, Desinteresse

Signal: Hände und Arme bewegen sich vor dem Körper.

Mögliche Bedeutung: bildliches Mitteilen, Offenheit

Tabelle 1: *Gestik*

Körperhaltung

Hier wird vor allem auf die Haltung des Oberkörpers und der Beine geachtet. Der Blick „wandert" über das gesamte Erscheinungsbild des Gegenübers. Der Körper kann die wirkliche Einstellung, Gefühle und Ansichten zum Gesprächspartner „verraten". Dies geschieht meist unbewusst, beeinflusst aber ganz stark das Urteil des anderen. Zwei Grundhaltungen sind zu unterscheiden, die

in Tab. 2 veranschaulicht werden. Die **geschlossene Körperhaltung** ist durch hängende Schultern, gesenkten Kopf und vor dem Körper verschränkte herunterhängende Arme zu erkennen. Die **offene Körperhaltung** ist durch eine aufrechte Haltung gekennzeichnet ist: Die Schultern sind aufgerichtet, der Oberkörper aufrecht, der Kopf ist angehoben, es ist Blickkontakt möglich, die Arme können sich in den Raum hineinbewegen.

Signal: geschlossene Körperhaltung

Mögliche Bedeutung: Traurigkeit, Schuld, Unsicherheit

Signal: offene Körperhaltung

Mögliche Bedeutung: Interesse, Gesprächsbereitschaft

Tabelle 2: *Körperhaltung*

3.3.2 Verbale Kommunikation

Die Sprache ist das wichtigste Instrument in einem Dienstleistungsbereich wie der Hauswirtschaft; dies gilt für den mündlichen Mitteilungsweg wie auch für die schriftliche Form.

Beispiele: In einem Gespräch zwischen jugendlichen Gästen in einer Jugendherberge und der hauswirtschaftlichen Betriebsleitung werden Wünsche, Fragen und Anregungen zum Aufenthalt geklärt. Mittels eines Fragebogens kann die Zufriedenheit der Gäste ermittelt werden.

Gesprächsführung

Arten von Gesprächen

- Einzelgespräche, z. B.: Sarah stellt sich einer Bewohnerin vor.
- Gespräche mit mehreren Personen, z. B.: Die Wohnbereichsleiterin begrüßt einen neuen Bewohner und seine Familie.
- Mitarbeitergespräche, z. B.: Einmal pro Woche bittet die Ausbilderin Sarah zu einem Gespräch.

- Beratungsgespräche, z. B. mit einer Schulsozialpädagogin
- Teamgespräche, z. B.: Im Wohnbereich findet pro Monat ein Teamgespräch mit allen Mitarbeitern statt.
- Konfliktgespräche, z. B. innerhalb eines Teams
- Einstellungsgespräche, z. B. um eine Ausbildung zu beginnen
- Annahme eines Telefonanrufes, z. B.: Telefonisch wird eine Bestellung aufgegeben.

Vorbereitung von Gesprächen

- Allen beteiligten Personen sind der Zeitpunkt, der Ort und der Inhalt des Gespräches rechtzeitig mitzuteilen.
- Der Leiter oder alle Beteiligten bereiten sich entsprechend auf das Gespräch vor, indem sie sich z. B. mit dem Inhalt auseinandersetzen.

Durchführung von Gesprächen

Das Gelingen eines Gespräches hängt von unterschiedlichen Faktoren ab:

Positive Faktoren	Negative Faktoren
Angenehme Rahmenbedingungen (z. B. geeigneter Raum, geeignete Sitzmöbel)	Viele Störungen von außen (z. B. Unbeteiligte Dritte betreten den Raum.)
Gute Vorbereitung des Gespräches seitens des Gesprächsleiters	Hoher Redeanteile einzelner Personen
Freundlicher, offener Gesichtsausdruck aller am Gespräch beteiligten Personen	Abweisende Körperhaltung (z. B. sitzt eine Person so, dass sie aus dem Fenster schaut anstatt in die Gesprächsrunde)
Langsames, dem Zuhörer zugewandtes Reden	Schnelles oder leises Sprechen
Anwendung von „Ich"-Botschaften	Anwendung von Killerphrasen (z. B.: „Immer bin ich schuld!")
Aktives Zuhören	Von sich reden, nicht zuhören
Gefühlsebene wird berücksichtigt (siehe Eisberg-Modell)	Konflikte unter der „Oberfläche" werden nicht wahrgenommen.

Tabelle 1: *Positive und negative Faktoren eines Gespräches*

Einige der in der Tabelle gelisteten positiven Faktoren sind so wichtig für ein Gelingen eines Gespräches, dass sie im Folgenden näher erklärt werden. Andere werden im Zusammenhang mit Konflikten erklärt, z. B. das Eisberg-Modell (s. S. 573).

3.3.3 „Ich-Botschaften"

Oft werden in Gesprächen Formulierungen wie „Du" oder „man" verwendet (z. B.: „Du bist schuld, dass mir die Kartoffeln angebrannt sind!"), was dann zu Ärger und Missverständnissen bis hin zum handfesten Streit im zwischenmenschlichen Umgang führen kann. In einer „Du"-Botschaft schwingt immer ein Hauch von negativer Bewertung des anderen mit. Der Gesprächspartner fühlt sich falsch beurteilt, „schaltet" auf Widerstand und Konfrontation.

Eine beginnende Konfliktsituation kann entschärft werden, indem beide Gesprächspartner in der „Ich"-Form ihre Aussage formulieren.

> Unter „Ich-Botschaften" sind Formulierungen in der „Ich"-Form zu verstehen (statt „man"). So können in einem Gespräch die eigene Meinung, Gefühle, Gedanken dem Gesprächspartner gegenüber verständlicher vermittelt werden.

Beispiel: Die Ausbilderin sagt zu Sarah: „Ich bin verärgert, dass Sie zum dritten Mal in diesem Monat verspätet zur Arbeit erschienen sind!"

So erfährt Sarah direkt eine verbale Rückmeldung ihrer Ausbilderin auf die Unpünktlichkeit.

Für die Formulierung von „Ich"-Botschaften spricht:

- Ich baue keine versteckte Kritik gegenüber Dritten ein (z. B.: „Du hast …! Du bist …!").
- Sie ermöglichen ein konstruktives, d. h. offenes, vertrautes Gespräch.
- Die Gesprächspartner erfahren voneinander Wertschätzung und Akzeptanz.
- Die Gesprächspartner sind gleichwertig, keiner steht über dem anderen.
- Sie bewirken in einem Konfliktgespräch eher eine Deeskalation des Gespräches (s. S. 573).

3.3.4 Aktives Zuhören

Dieses wichtige Gesprächselement geht auf den amerikanischen Psychotherapeuten Carl Rogers zurück.

> Aktives Zuhören versteht sich als grundlegende Haltung in einem Gespräch. Der Zuhörende signalisiert durch Worte, z. B. „ja – aha" und durch ein Kopfnicken dem Redner: „Ich höre dir zu. Ich schenke dir meine Aufmerksamkeit"!

Aktives Zuhören gelingt, wenn der Zuhörer dem Redner mit Empathie begegnet.

> Unter Empathie versteht man die Fähigkeit eines Menschen, sein Gegenüber ganzheitlich zu erfassen und sich auf dessen Situation einzulassen, ohne sie als seine eigene zu betrachten.

Im aktiven Zuhören geht es nicht um eine „Echo"-Wirkung, das Gesagte wortwörtlich wiederzugeben.

Aktives Zuhören ist vor allem gekennzeichnet durch folgende Aspekte:

- Der Zuhörer schenkt dem Redner ungeteilte Aufmerksamkeit und signalisiert dieses auch nonverbal.
- Der Zuhörer übt sich in Geduld und lässt den Redner ausreden.
- Der Zuhörer konzentriert sich auf die Schilderung des Redners und lässt seine eigenen Interessen und Probleme „zu Hause".
- Der Zuhörer fasst das Gehörte sachlich ohne persönliche Kommentare zusammen.
- Der Zuhörer kann auch das in Worte fassen, was er während des Zuhörens gefühlt hat oder was nicht direkt angesprochen wurde.

3.3.5 Die vier Seiten einer Nachricht

Nicht selten entsteht ein Missverständnis, weil das, was eine Person gesagt hat, nicht das ist, was eine andere hört. In der Kommunikationstheorie verwendet man hierfür Vokabeln aus der Technikwelt. So wird die sprachliche Mitteilung als Nachricht, die betreffenden Personen als Sender (= derjenige, der etwas sagt) und Empfänger (= derjenige, der hört) bezeichnet. In die Techniksprache übersetzt würde es heißen: Die empfangene Nachricht entspricht nicht der gesendeten! Eine mögliche Erklärung hierfür wird im Folgenden vorgestellt: Eine Nachricht oder Aussage enthält mehrere Botschaften. Aus unterschiedlichen Gründen (z. B. Situation oder nonverbale Signale) wird eine dieser Botschaften stärker wahrgenommen als eine andere.

> Dieses Modell wird auch Vier-Ohren-Modell genannt. Es ist ein Kommunikationsmodell, das auf Friedemann Schulz von Thun zurückgeht.

Nach diesem Modell enthält eine Nachricht die folgenden vier Aspekte (auch Ebenen oder Botschaften genannt) gleichzeitig:

- die sachliche Botschaft,
- die selbstoffenbarende Botschaft,
- die Botschaft zur Beziehung der Gesprächspartner,
- eine appellierende Botschaft.

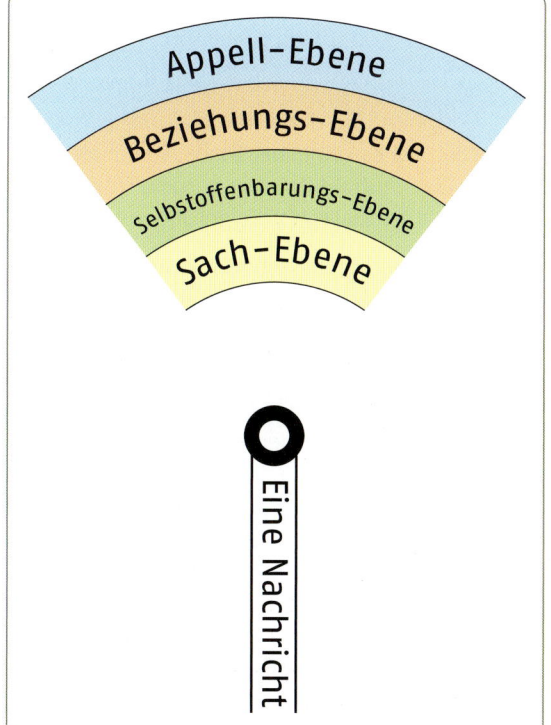

Bild 1: *Vier Seiten einer Nachricht*

Die **Sachebene** enthält die Sachinformation, Daten bzw. Fakten, die sich auf ein bestimmtes Thema beziehen. Im Berufsalltag einer Hauswirtschafterin können dies fachliche Informationen, z. B. zur Nahrungszubereitung oder Zimmerreinigung sein.

Die **Selbstoffenbarungsebene** offenbart die Emotionen, Wünsche, Motive des „Senders". Hier gibt der Redner Auskunft über seine Fähigkeiten und Einschätzungen. Es kann sein, dass er unbewusst über seine inneren Befindlichkeiten informiert, es kann aber auch als Selbstdarstellung bewusst eingesetzt werden. Im Berufsalltag kann eine Hauswirtschafterin z. B. in Gesprächen mit ihrer Ausbilderin oder auch mit Gästen ihr Engagement im und für den Betrieb offenbaren.

Die **Beziehungsebene** gibt Einblick, wie die Beziehung zwischen „Sender" und „Empfänger" gestaltet ist. So kann der Sendende seine Wertschätzung gegenüber dem Empfänger zum Ausdruck bringen; im schlimmsten Fall ist es seine Geringschätzung. Im Berufsalltag einer Hauswirtschafterin kann eine Anweisung von der Ausbilderin der Auszubildenden verdeutlichen, wer die Weisungsbefugnis besitzt.

Die **Appellebene** enthält eine Aufforderung, einen Wunsch, der „Empfänger" möge entsprechend den Vorstellungen des Senders handeln; aber auch die Wahrnehmung von Gedanken und Gefühlen kann angesprochen werden. Diese Appellbotschaft kann direkt (z. B.: „Reinigen Sie das Gästezimmer!") oder auch verdeckt formuliert sein (z. B.: „Überprüfen Sie, ob alle Gästezimmer bezugsfertig sind!").

Missverständnisse in einem Gespräch können entstehen, wenn der Empfänger der Nachricht eine andere Ebene bewusster wahrnimmt, als der Sender es verstanden haben will. Stellt eine Kollegin eine Nachfrage und betont damit die Sachebene, kann dies bei einer Kollegin eher die Beziehungsebene ansprechen.

Für die richtige Wahrnehmung von Nachrichten und deren Botschaften ist wichtig,

- sich auf das Gespräch zu konzentrieren.
- den Gesprächspartner ausreden zu lassen.
- sich regelmäßig zu vergewissern, ob die Nachricht richtig verstanden wurde.
- Aussagen des Gesprächspartners nicht zu schnell zu bewerten.

Das folgende Schaubild veranschaulicht anhand eines Beispiels aus dem Berufsalltag einer Hauswirtschafterin das Vier-Ohren-Modell. Je nach ihrer momentanen Situation wird Sarah eine der vier Ebenen stärker als die anderen wahrnehmen. Dies muss nicht mit der gesendeten Ebene der Ausbilderin identisch sein.

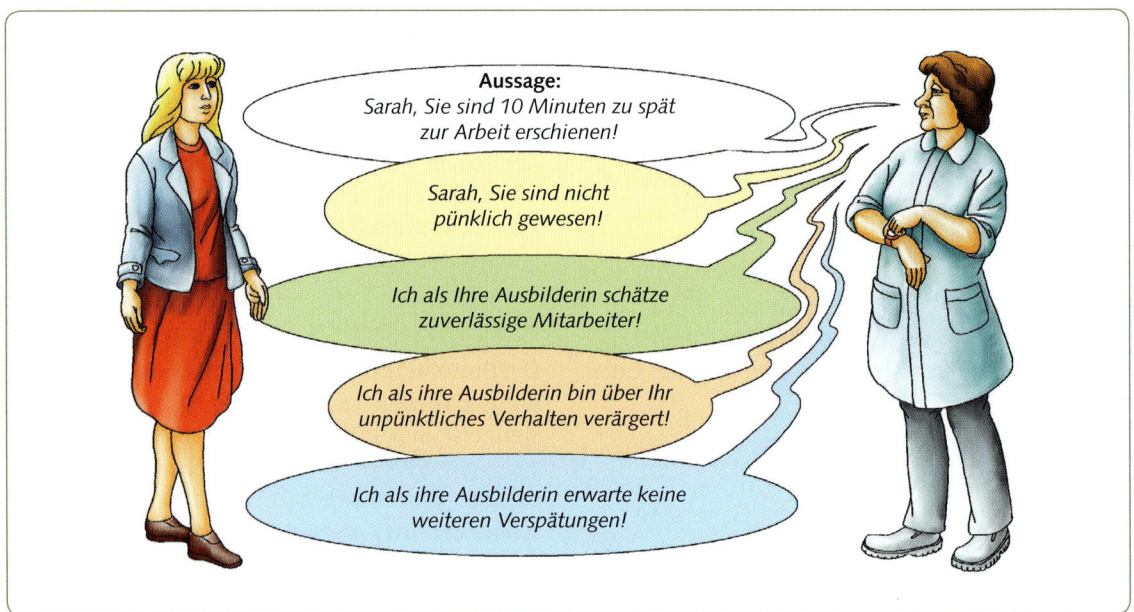

Aussage:
Sarah, Sie sind 10 Minuten zu spät zur Arbeit erschienen!

Sarah, Sie sind nicht pünktlich gewesen!

Ich als Ihre Ausbilderin schätze zuverlässige Mitarbeiter!

Ich als ihre Ausbilderin bin über Ihr unpünktliches Verhalten verärgert!

Ich als ihre Ausbilderin erwarte keine weiteren Verspätungen!

Bild 1: *Eine Aussage – vier Botschaften*

Aufgaben:

1. Übungen zur nonverbalen Kommunikation:

a) „*Gefühlparcours*"
Die Klasse wird in zwei Gruppen unterteilt. Eine Gruppe erhält die Aufgabe, Gefühle darzustellen, die andere muss sie erraten. Beispiele für Gefühle wie „traurig", „fröhlich", „wütend" sind auf Kärtchen vorbereitet und werden an die einzelnen Schüler der darstellenden Gruppe verteilt.

b) „*Ganzkörper-Memory*"
Zwei Schüler werden vor die Tür geschickt. Alle übrigen Schüler finden sich zu Paaren zusammen. Diese überlegen sich ein Standbild, das die Pärchen jeweils während des Spieles einnehmen.
Alle Schüler verteilen sich einzeln in einer neutralen Haltung im Raum, möglichst die Paare nicht nebeneinander. Beide Schüler werden in den Raum geholt und müssen die zusammengehörigen Paare finden. Regeln wie beim Memory: zwei Schüler antippen, die dann ihre Haltung einnehmen. Ist es keine identische, so kehren sie in die neutrale Position zurück. Sieger ist, wer die meisten Paare gefunden hat.

2. Spiel zur verbalen Kommunikation: „Stille Post"

Ein Schüler überlegt sich ein Wort oder eine Botschaft aus mehreren Wörtern. Diese wird von Ohr zu Ohr sehr leise weitergegeben. Spannend ist, was beim letzten Teilnehmer ankommt, der das Gehörte laut sagen muss.

3. Die vier Seiten einer Nachricht sind jeweils anhand von folgenden Aussagen zu formulieren:

a) Die Ausbilderin sagt zu Sarah: „Der Speisesaal ist noch nicht aufgeräumt!"

b) Ein Gast kommt mit folgender Aussage zur Rezeption einer Tagungsstätte: „Die Nachttischlampe an meinem Bett funktioniert nicht!"

3.4 Konflikte

Bild 1: *Manchmal wird man zum Streithahn*

3.4.1 Konflikte erkennen und lösen

Jeder kennt Konfliktsituationen, hat sie schon erlebt, erinnert sich an Gefühle wie Traurigkeit und Wut, Schmerz und Einsamkeit. Und so mancher hat den Wunsch, solche oder ähnliche Konfliktsituationen nicht noch einmal zu erleben. Im Folgenden werden mögliche Werkzeuge für eine konstruktive Lösung von Konflikten vorgestellt.

Der Begriff „Konflikt" wird oft sehr undifferenziert benutzt. Manches Problem, das nicht sofort lösbar scheint, wird als Konflikt beschrieben. Daher eine kurze Umschreibung des Begriffes:

Das Wort **Konflikt** stammt aus der lateinischen Sprache und bedeutet so viel wie „Zusammenstoß, Widerstreit". Wenn verschiedene Vorstellungen, Meinungen, Wünsche oder Interessen aufeinandertreffen und es nicht möglich ist, alle gleichzeitig zu realisieren, entsteht ein Konflikt.

Konflikte gehören zum Menschsein dazu, genauso wie die Fähigkeit, sie kreativ und engagiert zu überwinden. In jeder Altersgruppe treten die unterschiedlichsten Konflikte auf: miteinander, aber auch – und vor allem in der Pubertät – mit sich selbst. Konflikte werden auf unterschiedlichste Weise „ausgetragen": Kinder/Jugendliche „raufen" sich, Paare „schreien" sich an oder der Konflikt wird nicht ausgetragen – er wird „runtergeschluckt". Und genau hier wird es kritisch, denn nicht der eigentliche Konflikt ist das Problem, sondern die Art und Weise, wie mit ihm umgegangen wird. Konflikte nicht zu lösen kann dazu führen, dass die Konflikte sich ständig wiederholen, d. h. immer wieder in den unterschiedlichsten Lebenssituationen – gewollt und ungewollt – auftreten und zum Teil dann auch eskalieren.

Beispiel: Lernt ein Kind nicht, dass Konflikte innerhalb der Familie gemeinsam besprochen werden, so wird es in späteren Jahren auch eher Konflikte „totschweigen" oder möglicherweise mit Gewalt zu lösen versuchen.

Oft leiden alle Beteiligten sehr darunter und finden keinen Ausweg mehr. Hier können unbeteiligte Dritte, z. B. Mediatoren (= Streitschlichter), als Vermittler fungieren. Sie versuchen die Situation zu entschärfen, den Konflikt zu erkennen und hilfreich bei der Lösung zu sein.

Menschen senden in (nahenden) Konfliktsituationen verbale und nonverbale Signale, wie z. B.:

- Veränderte Stimmlage
- Knappe, meist gereizte Antworten
- „Spitze", meist verletzende Aussagen
- Fehlender Blickkontakt
- Abweisende Körperhaltung

Diese Signale wahrzunehmen kann ein erster Schritt sein, den Konflikt als solchen wahr- und ernst zu nehmen.

Ein weiterer Schritt auf dem Weg zu einer fairen Konfliktlösung kann die Beantwortung der folgenden Fragen sein:

Konfliktpartner	Erklärung
„Ich" = Konflikte mit mir selbst	Entweder ist es ein innerseelischer Konflikt, den ein Mensch mit sich selbst hat, z. B. Unzufriedenheit, oder ein Konflikt zwischen zwei Personen.
„Gruppe" = Teamkonflikte	Hier tauchen Konflikte z. B. in der Klasse, in der Familie, im Team auf.
„Gesellschaft" = internationale Konflikte	Hiermit sind internationale Konflikte zwischen Staaten oder Bevölkerungsgruppen gemeint.

Tabelle 1: *Wer sind die Konfliktpartner?*

Worum geht es – inhaltlich – im Konflikt?

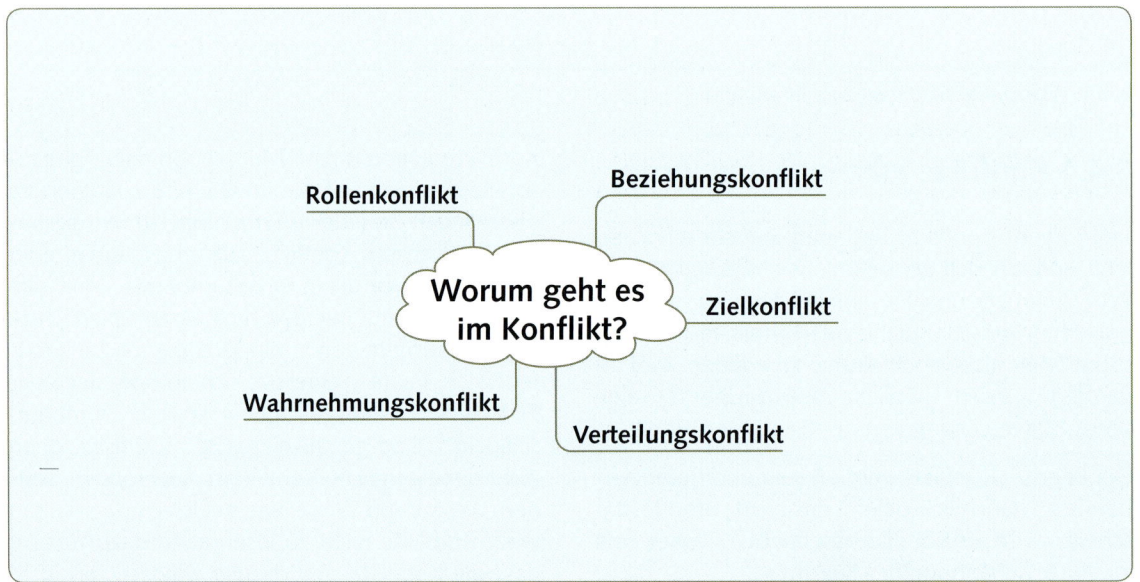

Bild 1: *Inhalte von Konflikten*

- **Beziehungskonflikt:** Hier stimmt meist die „Chemie" zwischen zwei Menschen nicht. Man findet die andere Person und/oder ihre Angewohnheiten unsympathisch.
- **Rollenkonflikt:** Hier wird eine Person, die eine bestimmte Rolle (Aufgabe) einnimmt, mit unterschiedlichen und sich widersprechenden Erwartungen konfrontiert; z. B. steht ein Jugendlicher zwischen den Erwartungen der Eltern und der Freunde.

- **Verteilungskonflikt:** Hier entsteht der Konflikt bei der Verteilung begrenzter Ressourcen (Mittel wie z. B. Geld).
- **Wahrnehmungskonflikt:** Hier prallen unterschiedliche Vorstellung und Weltansichten aufeinander und behindern sich gegenseitig. Beispiele sind hier die zahlreichen religiösen Auseinandersetzungen weltweit.

- **Zielkonflikt:**
  Variante 1: Es sollen mehrere Ziele gleichzeitig erreicht werden, die sich widersprechen.
  Variante 2: Zwei Personen, Gruppen usw. streben gegensätzliche Ziele an.

Das Eisberg-Modell

Ein Konflikt wird durch zwei Anteile sehr stark geprägt: einen sichtbaren und einen nicht sichtbaren Teil. Der Vergleich mit einem Eisberg kann hier zum besseren Verstehen herangezogen werden. Ähnlich wie bei einem Eisberg, der nur zu 1/3 sichtbar ist, ist die sachliche Ebene eines Konfliktes schnell zu erkennen. Die Konfliktparteien können relativ schnell ihre Sichtweise eines Konfliktes benennen. Das auslösende Moment eines Konfliktes ist schwerer zu beschreiben, denn hier spielen Gefühle eine wesentliche Rolle. Gefühle wie fehlende Wertschätzung oder verletzte Gefühle beeinflussen Konflikte sehr. Viele Menschen spüren diese Gefühle, können sie aber schwer in Worte fassen. Daher spricht man auch hier vom „unsichtbaren" Teil eines Konfliktes. Dieser unsichtbare Anteil hat ein ähnlich starkes Gewicht wie im Bild des Eisberges, dessen unsichtbarer Teil 2/3 seines Gesamtgewichtes ausmacht. Im Konflikt zählen neben den genannten Gefühlen auch die eigenen Wertvorstellungen, Ängste und persönlichen Erfahrungen zu dem „unsichtbaren" Teil.

Bild 1: *Das Eisberg-Modell*

Um einer Lösung des Konfliktes näher zu kommen, ist es wichtig, gerade diesen Teil des Konfliktes wahrzunehmen und anzusprechen. Ein behutsames Vorgehen im Umgang mit dem unsichtbaren Anteil eines Konfliktes in einem Konfliktlösungsgespräch ist ratsam. Die Gefahr besteht, dass sonst eher eine Eskalation als eine Lösung erzielt werden kann.

Wie zeigen sich die Konflikte nach außen?

„Außenwirkung" der Konflikte	Erklärung
Heiße Konflikte	Lautstarke Auseinandersetzung, die äußerst emotional und engagiert geführt wird
Kalte Konflikte	Auseinandersetzungen, die durch äußere Beherrschung, Berechnung und Zynismus gekennzeichnet sind
Latente Konflikte	Beginnende Konflikte, wenn sie für die Beteiligten selbst noch nicht erkennbar sind
Offene Konflikte	Für alle sichtbare, „ausgebrochene" Konflikte
Formgebundene Konflikte	Konflikte, die z. B. vor einem Gericht ausgetragen werden

Tabelle 1: *Außenwahrnehmung von Konflikten*

Wie verläuft ein Konflikt?

Ein Konflikt durchläuft kurz gefasst drei Phasen:

- **Streitphase**
- **Bearbeitungsphase**
- **Entspannungsphase**

Die meisten Turbulenzen findet man in der **Streitphase**, denn hier entwickelt der Konflikt eine eigene Dynamik. Beginnend mit unterschiedlichen Meinungen und Ansichten zu einem Sachverhalt und übergehend in emotionale Attacken kann der Konflikt in der Streitphase dahin eskalieren, dass nur noch die „Vernichtung" des Gegenübers angepeilt wird.

Gut ist es, wenn es in der Konfliktsituation nicht so weit kommt, sondern die **Bearbeitung** des Konfliktes im Mittelpunkt steht. Um emotionale Verletzungen zu vermeiden, kann ein solches Gespräch im Vorfeld vorbereitet werden. Jede Konfliktpartei nimmt sich die Zeit, sich mit dem Konflikt in Ruhe zu beschäftigen und die folgenden Fragen zu klären:

- Wer sind die Konfliktpartner?
- Worum geht es inhaltlich im Konflikt?
- Welche Themen sind noch nicht genannt worden, beeinflussen aber den aktuellen Konflikt?
- Wie zeigt sich der Konflikt nach außen?

Für das Lösungsgespräch selbst sollten gemeinsam Regeln aufgestellt werden, wie z. B.:

- Jeder darf ausreden.
- Jeder spricht mit „Ich-Botschaften" (s. S. 568).
- Jeder hört aktiv zu.

Ein möglicher Weg des Gesprächsverlaufes könnte folgende „Wegmarkierungen" abschreiten:

1. Alle am Konflikt beteiligten Personen schildern ihre Wahrnehmung der Konfliktsituation.
2. Beide Seiten des Konfliktes – siehe Eisberg-Modell – sind zu beschreiben; d. h. die unterschiedlichen Wahrnehmungen, Werte, Gefühle, Ziele benennen.
3. Gemeinsame Lösungsvorschläge und/oder Vereinbarungen formulieren – noch besser wäre es, diese schriftlich festzuhalten.

Wenn zwei Konfliktparteien nicht allein in der Lage sind, ihren Konflikt zu lösen, sollten sie das Gespräch mit einem Mediator suchen.

Mediation – was verbirgt sich dahinter?

> Wörtlich übersetzt bedeutet Mediation Vermittlung. Diese Art von Vermittlung ist eine aus den USA stammende Methode, Konflikte konstruktiv zu lösen.

In einem **Mediationsgespräch** versucht ein unparteiischer Dritter, der ohne emotionale Verknüpfungen mit dem Konflikt ist, in einem solchen zu vermitteln. Diese mögliche Gesprächsführung ist vor allem dann hilfreich, wenn die Konfliktparteien fest in ihren jeweiligen Sichtweisen verstrickt sind und eine Eskalation des Konfliktes droht. So

kann der Mediator die Gesprächsführung übernehmen und die Einhaltung der Regeln überwachen. Er räumt beiden Seiten die Möglichkeit ein zu reden, aber auch sich gegenseitig zuzuhören. So können alle Beteiligten ihre eigenen Sichtweisen und Gefühle erkennen und die der anderen Seite verstehen. Gemeinsam wird nach einer Lösung gesucht, sodass in der **Entspannungsphase** alle Beteiligten mit einer Vereinbarung und/oder Versöhnung den Konflikt beenden.

Bild 1: *Mediation*

Hilfreich kann es sein, wesentliche Aussagen eines Lösungsgespräches schriftlich festzuhalten und die getroffenen Vereinbarungen/Lösungen allen Beteiligten auszuhändigen.

Waren Mediatoren in Deutschland ursprünglich vor allem im Rahmen von Scheidungsprozessen im Einsatz, so setzt sich dieser Gedanke der Konfliktlösung mittlerweile auch in vielen Schulen und in der Jugendarbeit durch. Bereits in Grundschulen werden Schüler als Streitschlichter oder Konfliktlotsen ausgebildet, sodass sie in der Lage sind, Konflikte innerhalb der Schülerschaft selbst zu lösen.

3.4.2 Konflikte am Arbeitsplatz

Konflikte am Arbeitsplatz gehören zum Alltag dazu, denn hier arbeiten unterschiedliche Persönlichkeiten mit eigenen Stärken und Schwächen zusammen, die sich auf eine oder wenige Zielvorgaben verständigen müssen. Außerdem gehören zum Dienstleistungsberuf der Hauswirtschaft auch der

Kontakt zu Gästen und Kunden, die ebenfalls mit eigenen Wünschen und Vorstellungen auftreten. So gehört auch das Erkennen, die Bearbeitung und die Lösung von Konflikten zum Arbeitsalltag dazu. Wird ein Konflikt als solcher nicht wahrgenommen oder gar „totgeschwiegen", leiden alle Beteiligten an der angespannten Arbeitsatmosphäre. Auch der Verlust von Kunden oder die Unzufriedenheit von Gästen kann eine Folge von nicht gelösten Konflikten sein.

Bild 1: *Konfliktparteien*

Die häufigsten Konflikte sind sicherlich Konflikte innerhalb eines Teams, wenn z. B. unterschiedliche Interessen oder Zielvorstellungen aufeinandertreffen. Daneben gibt es aber auch Konflikte zwischen einem Teamleiter und einzelnen Teammitgliedern oder zwischen dem Teamleiter und dem gesamten Team.

Die inhaltliche Seite eines Konfliktes am Arbeitsplatz kann vielschichtig sein: Selten ist nur ein Aspekt der Auslöser für eine Konfliktsituation, meist sind es mehrere wie z. B. Beziehungs- und Rollenkonflikte.

Wichtig für ein gutes Team ist die Bereitschaft, Konflikte zu lösen, anstatt sie zu verdrängen. So sollte jedes Teammitglied die Fähigkeit und die Bereitschaft mitbringen, sich im Team auszutauschen und gemeinsam nach Lösungen zu suchen. „Mobbing" am Arbeitsplatz ist nicht nur eine Verletzung

der Persönlichkeit, sondern mindert auch die Bereitschaft, motiviert und engagiert in einem Team zu arbeiten. Sollten Lösungsgespräche innerhalb eines Teams nicht das gewünschte Ziel erreichen oder gar nicht möglich sein, stehen die Möglichkeiten der Mediation oder Supervision zur Verfügung.

> Supervision ist ein Gespräch unter Leitung eines Supervisors, der innerhalb eines Teams Möglichkeiten der Reflexion (bestimmter Vorgänge, Abläufe im Miteinander) anbietet. Ziel ist eine Verbesserung des Miteinanders.

In beiden Fällen sind außen stehende Dritte als Vermittler tätig, die nicht in den Konflikt des Teams involviert sind. Lösungsgespräche im Team sollten durch einen Mediator, Supervisor oder auch einen Teamleiter vorbereitet werden, um emotional geladene und meist destruktive Spitzen aus dem Konflikt herauszunehmen. Bei der Vorbereitung dieser Gespräche kann eine Checkliste hilfreich sein:

- Welche Personen sind beteiligt?
- Worum geht es bei diesem Konflikt?
- Wie ist der Verlauf des Konfliktes?
- Was ist gesagt, was ist nicht gesagt worden?
- Wie kann ein möglicher Lösungsweg aussehen?

Beispiel für ein Konfliktgespräch innerhalb eines Teams

Ausgangssituation:

Das Team „Hausreinigung" hat sich bereits wiederholt bei der hauswirtschaftlichen Leiterin beschwert, dass im Frühdienst Zeit verloren geht, bis das benötigte Arbeitsmaterial zusammengestellt wird. Sie vermissen immer wieder Arbeitsgeräte, die eigentlich in einem festgelegten Raum (Fäkalienraum) abgestellt werden sollten.

Der Frühdienst unterstellt der anderen Schicht, nicht sorgfältig zu arbeiten. Wiederholt kommt es zu Sticheleien unter den Kolleginnen.

Die Leiterin bittet alle Beteiligten zu einem konstruktiven Gespräch.

1. Vor Beginn des eigentlichen Gespräches werden Gesprächsregeln festgelegt:

- Jeder Gesprächsteilnehmer darf aussprechen.
- Jeder Gesprächsteilnehmer spricht in „Ich"-Botschaften.
- Jeder Gesprächsteilnehmer hört aktiv zu.
- Es werden keine verletzenden Aussagen getroffen.

2. Alle Beteiligten erzählen ihre Sichtweise:

Die fünf Kolleginnen der Frühschicht berichten darüber, dass sie vor dem Beginn der Reinigungsarbeiten wiederholt Arbeitsmittel wie z. B. Lappen suchen oder Reinigungsmittel erst auffüllen müssen. Sie geraten dadurch unter Zeitdruck bei den eigentlichen Reinigungsarbeiten.

Die drei Kolleginnen der Spätschicht berichten, dass sie alle von ihnen benutzten Lappen in die Wäsche geben. Dass die Reinigungsmittel manchmal fast leer sind, haben sie so noch nicht wahrgenommen.

→ Die Gesprächsleiterin fasst mit ihren eigenen Worten das Gesagte zusammen und vergewissert sich, ob ihre Beschreibung des Konfliktes so richtig ist.

3. Auch die unsichtbare Seite des Konfliktes (siehe Eisberg-Modell) wird beschrieben:

Entweder spricht die Gesprächsleiterin die von ihr wahrgenommenen Aspekte wie Gefühle, Bedürfnisse oder Ängste an oder jeder Gesprächsteilnehmer erhält die Möglichkeit, diese zu äußern.

So äußert eine der Kolleginnen der Frühschicht ihren Unmut (Frust, Ärger) darüber, dass sie immer unter Zeitdruck arbeiten muss, während die Kolleginnen der Spätschicht sehr viel mehr Ruhe haben.

Dies ärgert die angesprochenen Kolleginnen sehr, da auch sie nicht unter Langeweile leiden.

→ Hier prallen unterschiedliche Sichtweisen über den Arbeitsablauf der anderen aufeinander.
→ Die Gefühle werden verbalisiert.
→ Mögliche strukturelle Probleme tauchen auf, d.h.: Sind die Reinigungstätigkeiten der Schichten ungleich verteilt?

→ Schwingen hier zwischenmenschliche Probleme mit? (Werden die Kolleginnen der Spätschicht als langsame oder faule Kolleginnen wahrgenommen?)
→ Die Aufgabe der Gesprächsleiterin ist die jeweilige Aussage zu wiederholen und der angesprochenen Seite Zeit für ihre Version (Richtigstellung) zu geben.
→ Es sollte genügend Zeit eingeräumt werden, gerade diese unsichtbaren Seiten des Konfliktes zu besprechen. Dabei sollte seitens der Gesprächleiterin darauf geachtet werden, dass die vereinbarten Gesprächsregeln von allen Beteiligten eingehalten werden.

4. Gemeinsame Lösungsvorschläge und/oder Vereinbarungen formulieren und diese schriftlich festhalten:

- Die Verteilung der Reinigungstätigkeiten anschauen und ggf. Tätigkeiten aus der Frühschicht in den Spätdienst verlagern.
- Das Auffüllen der Reinigungsmittel übernimmt jeweils eine Kollegin der Spätschicht – für jeweils eine Woche. Ein entsprechender Kalender mit einer Liste der Reinigungsmittel wird von der hauswirtschaftlichen Leiterin erstellt und ausgehängt. Dort ist dann per Name die jeweilige Tätigkeit abzuhaken.
- Sollten noch persönliche Probleme untereinander nicht gelöst worden sein, besteht das Angebot eines Mediationsgespräches; dieses sollte auf freiwilliger Basis stattfinden, ggf. mit einem unparteiischen Dritten.
- Es wird ein gemeinsamer Termin für ein weiteres Gespräch festgelegt. In diesem Gespräch wird geschaut, ob die Lösungen praktikabel sind/waren oder ob neue oder andere Lösungen eher angesagt sind.

Bild 1: *Lösungsvorschläge stehen im Vordergrund*

Aufgaben

1. Listen Sie jeweils drei verbale und nonverbale Signale für einen möglichen Konflikt auf!

2. Benennen Sie bei den folgenden Beispielen die jeweiligen Konfliktpartner:

   a) Sarah steht schon seit Stunden vor ihrem Kleiderschrank und kann sich nicht entscheiden, welches Outfit sie heute zur Disko anzieht.

   b) Über die Uhrzeit, wann Sarah nach der Disco zuhause sein soll, entsteht immer wieder ein Streit zwischen ihr und ihren Eltern.

3. Finden Sie zu den folgenden Konflikten ein Beispiel aus Ihrem Alltag (Beruf oder privat):

   a) Wahrnehmungskonflikt
   b) Rollenkonflikt
   c) Beziehungskonflikt

4. Woran erkennen Personen, die nicht am Konflikt unmittelbar beteiligt sind, einen ausgebrochenen (aktuellen) Konflikt?

5. Nennen Sie die drei Phasen eines Konfliktes und formulieren Sie mit eigenen Worten die jeweilige Beschreibung!

6. Erklären Sie mit eigenen Worten das Eisberg-Modell!

Bild 1: *Das Eisberg-Modell*

7. Erklären Sie den Begriff Mediation!

8. Beschreiben Sie die Rolle des Mediators während des Mediationsgespräches!

9. Begründen Sie die Aussage: „Konflikte zu lösen gehört zum Berufsalltag einer Hauswirtschafterin!"

10. Listen Sie drei mögliche Konfliktsituationen am Arbeitsplatz auf!

11. Als Hauswirtschafterin in einer Kindertagesstätte beobachten Sie die in Bild 2 dargestellte Szene:

Bild 2: *Streitende Kinder*

Ihre Aufgabe ist es, den Konflikt der Beiden zu lösen.

   a) Überlegen Sie alle wesentlichen Schritte, um dem Alter der Kinder entsprechend eine Lösung zu finden.

   b) Stellen Sie diesen Konflikt und seine Lösung in einem Rollenspiel dar.

12. Rollenspiel: Innerhalb Ihres Teams kommt es immer wieder zu Reibungspunkten. Ihre Ausbilderin erteilt Ihnen die Aufgabe, als Gesprächsleiterin ein Konfliktlösungsgespräch zu führen.

   a) Überlegen Sie mögliche Gründe für die immer wiederkehrenden Reibungspunkte.

   b) Stellen Sie alle für Ihre Rolle notwendigen Informationen zusammen!

   c) Führen Sie ein Konfliktlösungsgespräch.

   d) Werten Sie das Gespräch innerhalb der Klasse aus.

Lernfeld 11
Personen individuell betreuen

Lernsituation

Thorsten befindet sich im dritten Jahr seiner Ausbildung zum Hauswirtschafter in einem Mehrgenerationenhaus.

Die Hauswirtschafterin koordiniert u. a. die hauseigenen Angebote, wie die

- der engagierten Freiwilligen, wie z. B.
  - die Verkaufshilfen für den Verkauf im „Mehr-Cafe",
  - Mütterbetreuung beim verlässigen Mittagstisch für Schulkinder,
  - der Großeltern-Service,
  - die Schüler, die den Senioren Computerkurse geben,
- der Stamm-Mitarbeiter, wie z. B.
  - der Köchin,
  - den Erzieherinnen,
  - dem Hausmeister und
  - dem Praktikanten im sozialen Jahr

Zu den „Außer-Haus-Angeboten" gehören z. B.

- Absprachen mit dem ambulanten Dienst und
- die Vergabe der Seminarräume für Veranstaltungen

Alle diese Angebote werden von den Anwohnern, die sich in den unterschiedlichsten Lebenssituationen befinden, genutzt.

Ein älteres Ehepaar bittet die Hauswirtschafterin um Hilfe, da der Hausarzt bei der Ehefrau eine beginnende Demenz festgestellt hat. Das Ehepaar will so lange wie möglich zusammen in der alten Wohnung bleiben. Die Hauswirtschafterin und Thorsten beginnen gemeinsam die Planung.

Lernziele

- Informationen sammeln über besondere Aspekte der jeweiligen Lebensabschnitte und Lebenssituationen
- Auf Bedürfnisse der jeweiligen Lebensabschnitte und Lebenssituationen eingehen
- Personenorientierte individuelle hauswirtschaftliche Dienstleistungen anbieten und durchführen
- Hilfestellung bei Alltagsverrichtungen geben
- häusliche Krankenbetreuung initiieren
- erfolgreich im Team die Maßnahmen umsetzen, kontrollieren und ggf. anpassen
- anlassbezogene Gesprächsführung durchführen
- Rechtsgrundlagen in den Bereichen Betreuungsrecht und Pflegeversicherung

Methode: Collagen erstellen

Der Begriff Collage kommt aus dem Französischen und kann mit „Klebearbeit" übersetzt werden. Es handelt sich um geklebte Bilder aus Papier, Fotos oder anderen Materialien. Das Erstellen von Collagen ist eine geeignete Methode, um Assoziationen zu einem bestimmten Thema wie z. B. Leben in den verschiedenen Altersphasen zu wecken und Gedanken sowie persönliche Erfahrungen zu diesem Thema darzustellen und bei der Präsentation mitzuteilen. Der Kreativität sind dabei keine Grenzen gesetzt.

Bild 1: *Collage zum Thema „Leben"*

Bei dieser Methode setzt sich die Lerngruppe mit einem bestimmten Thema in Kleingruppen arbeitsgleich oder arbeitsteilig auseinander. Dieses Lernfeld beschäftigt sich mit dem Umgang und der Betreuung von Personen in unterschiedlichsten Lebensphasen und Lebenssituationen. Um Berührungsängste bei bestimmten Themen, wie z. B. Umgang mit behinderten Menschen, Leben und Lieben im Alter, zu vermeiden, ist eine in der Gruppe erstellte Collage eine gute Einführung.

Nachdem sich die Teilnehmer der Arbeitsgruppe ausgetauscht haben, schneiden sie z. B. aus Zeitschriften passende Situationen heraus und erstellen eine Collage. Anschließend präsentiert jede Arbeitsgruppe ihre Ergebnisse und erläutert ihre Assoziationen. Wichtig ist, dass die Gruppen genügend Zeit und ausreichend Materialien (große Papierbögen, Plakate, verschiedene Sorten Papier, Kataloge, Zeitschriften, Schere, Klebstoff, Holz, Stoff, Styropor usw.) zur Verfügung haben.

Aufgaben:

1. Notieren Sie in Stichpunkten Ihre Gedanken zu der Frage: Was bedeutet die individuelle Betreuung von Personen für mich?

2. Sammeln Sie anschließend Materialien (Fotos, Bilder, Lieder usw.), mit denen Sie Ihre Gedanken verdeutlichen können.

3. Tauschen Sie in Kleingruppen (4–5 Personen) Ihre Gedanken aus und erstellen Sie eine Collage, die Sie anschließend dem Kurs präsentieren.

4. Nach der Bearbeitung des Kapitels sollten Sie sich die Collagen noch einmal ansehen und gemeinsam überlegen, welche wichtigen Aspekte berücksichtigt bzw. welche vernachlässigt worden sind.

1 Bedürfnisse unterschiedlicher Personengruppen in verschiedenen Lebenssituationen

1.1 Lebensabschnitte und Altersstufen

> Menschen haben in unterschiedlichen Lebenssituationen und Altersstufen verschiedene Bedürfnisse.

Altersstufen können wie folgt unterschieden werden (hierbei handelt es sich um Durchschnittsangaben):

Altersstufe	Lebensjahre
Säuglingsalter	Bis 1. Jahr
Kindheit	1 – 12
Kleinkind	1 – 3
Vorschulkind	4 – 5
Grundschulkind	6 – 8
Späte Kindheit, Schulkind	9 – 12
Jugendalter	13 – 18
Frühe Adoleszenz	11 – 14
Mittlere Adoleszenz	15 – 17
Späte Adoleszenz	18 – 21
Junger Erwachsener	22 – 25
Erwachsener	25 – 65
Senioren	ab 66
Junge, aktive Alte	66 – 74
Hochbetagte	75 – 90
Höchstbetagte	90 – 100
Langlebige	über 100

Tabelle 1: *Altersstufen*

Die Altersstufen sind fließend: Mancher Mensch gestaltet schon sehr früh selbstverantwortlich sein Leben, z. B. übernimmt er mit 16 Jahren als Erwachsener Verantwortung für ein eigenes Kind. Manchmal tritt ein Mensch vor Erreichen der Rente oder Pension in den Ruhestand und gehört vielleicht mit 55 Lebensjahren in die Gruppe der Senioren. Mit den Altersstufen können physiologische,

psychologische und soziale Veränderungen verbunden sein, z. B. braucht ein Säugling eine andere Energiedichte als ein Erwachsener, durch Abschlussprüfungen reift der Jugendliche und tritt in die Erwachsenenwelt ein oder im Alter nehmen möglicherweise aus vielerlei Gründen die sozialen Kontakte ab.

1.1.1 Bevölkerungsentwicklung in Deutschland

Seit Jahrzehnten sinkende Geburtenzahlen und die steigende Lebenserwartung verändern die Altersstruktur der deutschen Bevölkerung. Der Anteil an der Gesamtbevölkerung der 20- bis 60-Jährigen sinkt, wohingegen der Anteil der über 60-Jährigen weiter steigt. Diese Tendenz wird sich fortsetzen bei gleichzeitiger Abnahme der Gesamtbevölkerungszahl.

Für die Hauswirtschafterin bedeutet dies, dass ein großes Betätigungsfeld in der Versorgung und Betreuung der älteren Menschen liegen könnte.

1.1.2 Lebenssituationen

Unter Lebenssituationen oder -phasen wird allgemein verstanden, was dem jeweiligen Menschen im jeweiligen Alter passiert. Beispielsweise sind Schwangerschaft und Geburt Lebenssituationen der Frau. Hierbei ändert sich durch die Schwangerschaft oder Stillzeit der Bedarf an Nährstoffen und als Mutter wird Verantwortung für das Leben des neuen Erdenbürgers übernommen. Die Schulzeit ist eine Lebenssituation, die das Kind in der mittleren Kindheit bis zum Teenager betrifft. Hier finden z. B. Trennung und Abgrenzung vom Elternhaus statt.

Für die Hauswirtschafterin ist es wichtig, die Altersstufe und die Lebenssituation zu kennen, da sie die Betreuungs- und Versorgungsleistungen an die betreffende Person anpassen muss. Sie hilft bei der Erfüllung der Bedürfnisse.

1.2 Betreuungsbereiche in Bezug auf Bedürfnisse

Die „Bedürfnispyramide von Maslow" gibt einen Überblick darüber, welche Bedürfnisse bei einem Menschen im Laufe des Lebens auftreten können (s. S. 52).

Die Hauswirtschafterin hat in der Ausübung ihres Berufs mit Menschen aller Altersstufen und deren Bedürfnissen zu tun. Die **Grundbedürfnisse** müssen in jedem Alter erfüllt werden. So kann es Aufgabe der Hauswirtschafterin sein, Menschen bei der Nahrungsaufnahme zu helfen. Um die Erfüllung des **Bedürfnisses nach Sicherheit** sorgt sie sich ebenfalls, indem sie Vertrauen ausstrahlt und Geborgenheit gibt, die Menschen müssen sich auf sie verlassen können. Die Hauswirtschafterin erfüllt **soziale Bedürfnisse**, indem sie emotionale Wärme und freundliche Worte gibt. Sie kann auch dafür sorgen, dass Kontakte zu anderen Menschen, z. B. Bewohnern des Mehrgenerationenhauses, hergestellt werden. Beispielsweise, indem sie Tanzabende oder Computerkurse organisiert. Dem **Bedürfnis nach Wertschätzung** kann die Hauswirtschafterin nachkommen, indem sie den Menschen in den täglichen Ablauf, soweit es geht, mit einplant und dessen Leistungen würdigt, z. B. die erfolgreich erledigten Hausaufgaben oder die geschälten Kartoffeln eines geschwächten Seniors beachtet und schätzt. Auf der Ebene des **Bedürfnisses nach Selbsterfüllung** ermöglicht die Hauswirtschafterin, dass den Menschen besondere Erlebnisse zuteilwerden. Sie kann helfen, dass die Menschen Aufgaben übernehmen, mit denen sie etwas bewirken, z. B. den Jüngeren Ratschläge geben. Auch kann die Hauswirtschafterin versuchen, gemeinsam mit dem Menschen nach einer Orientierung im Leben zu suchen und so dem Bedürfnis nach Sinnhaftigkeit nachkommen.

Aufgaben:

1. Finden Sie weitere Beispiele, bei denen eine Hauswirtschafterin hilft, die Bedürfnisse
   a) eines Kindes,
   b) eines Jugendlichen und
   c) eines alten Menschen zu erfüllen.

2. Betrachten Sie die Lebenskurve auf der nächsten Seite. Welche Erlebnisse ereignen sich in Susannes Leben bis zum 22. Lebensjahr? Übertragen Sie die Lebenskurve in Ihr Arbeitsheft. Lesen Sie das „Leben von Susanne" und setzen Sie die Lebenskurve fort.

Welche Bedürfnisse hat Susanne in den Lebensabschnitten?

Das Leben von Susanne

Mit 23 Jahren hat sie ihre Ausbildung erfolgreich abgeschlossen. Ein Jahr später heiratet sie Paul. Sie haben ein schönes Leben, reisen um die Welt und sind viel unterwegs. Als Susanne Ende 20 ist, stirbt ihre Mutter ganz plötzlich. Für Susanne ist es ein Schock. Mit Mitte 30 wird Susanne selbst Mutter. Die kleine Melanie kommt ganz nach ihrer Mutter. Susanne kümmert sich mit Paul um die Erziehung und sucht einen geeigneten Kindergarten und später eine Schule. Als Susanne 37 ist, findet sie heraus, dass ihr Mann Paul eine andere Frau kennen gelernt hat. Sie ist sehr enttäuscht, aber sie gibt ihm eine zweite Chance. Zwei Jahre später wird bei Susanne eine schlimme Krankheit festgestellt. Sie muss über zwei Jahre im Bett bleiben und gepflegt werden, sie wird häufig zur Therapie ins Krankenhaus gefahren. Ihr Mann und ihre Tochter sind für sie da, so gut es geht, und unterstützen sie sehr. Das gibt Susanne viel Kraft und sie übersteht die Krankheit. Das Leben geht weiter und Susanne und Paul werden immer älter. Alles geht nicht mehr so leicht, die Wege werden schwerer und die Treppen können nicht mehr so leicht überwunden werden. Aber gemeinsam helfen sich die beiden und werden auch von ihrer Tochter Melanie unterstützt. Mit 67 Jahren verlassen sie ihre Wohnung und ziehen in ein Mehrgenerationenhaus in eine kleine Wohnung, dort lernen sie schnell die anderen Bewohner kennen. Mit 69 wird Susanne Oma. Heute ist Susanne 71 Jahre alt und lebt allein, kümmert sich um ihre Enkelin und andere Kinder des Mehrgenerationenhauses. Sie fühlt sich wohl und blickt auf ein erfülltes Leben zurück. *(Fortsetzung: nächste Seite)*

Aufgaben:

(→ *Fortsetzung von S. 581*)

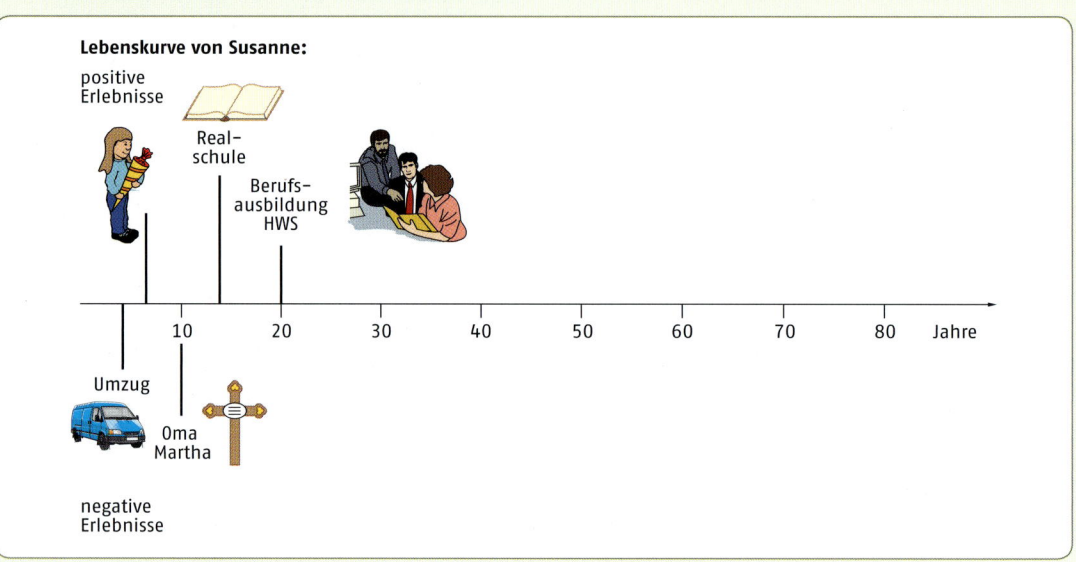

Bild 1: *Susannes Lebenskurve*

3. Erstellen Sie nun Ihre eigene Lebenskurve. Übertragen Sie das Bild 2 auf einen DIN-A3-Bogen.

   a) Notieren Sie Ihre Erlebnisse bis zum heutigen Tag. Unterscheiden Sie danach, was für Sie und Ihr Leben bedeutend oder sehr bedeutend war. Zeichnen Sie dafür Symbole oder Bilder.

   b) Benennen Sie die dazugehörigen Bedürfnisse.

   c) Setzen Sie Ihre Lebenskurve fort und zeichnen Sie ein:
   - Was soll sich an positiven Ereignissen in Ihrem Leben ereignen?
   - Was wollen Sie erreichen?
     z. B. Welchen Beruf wollen Sie ausüben?
     Wie soll Ihre familiäre Situation sein? Wie und wo wollen Sie wohnen? Welche Wünsche wollen Sie sich erfüllen?

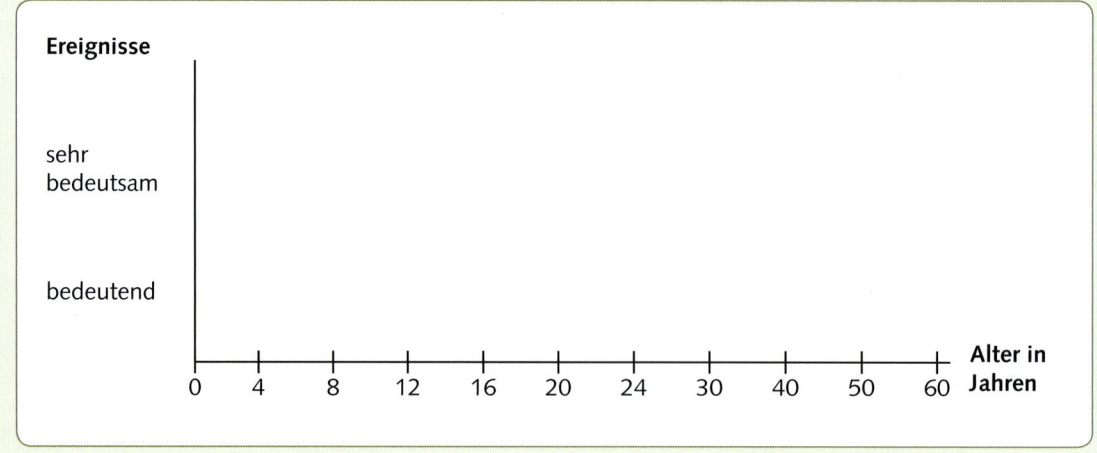

Bild 2: *Eigene Lebenskurve (Vorlage)*

2 Personenorientierte Durchführung hauswirtschaftlicher Betreuungsleistungen

Die im Folgenden beschriebenen Betreuungsaufgaben beziehen sich überwiegend auf gesunde Personen.

2.1 Säuglinge und Kleinkinder

Die gesunde Entwicklung eines Kindes hängt sehr von seinem körperlichen Wohl, seinem Denken, Fühlen und dem sozialen Verhalten ab.

Ab der Geburt bis zum Alter von etwa drei Jahren machen Kinder grundsätzliche Erfahrungen mit ihrem Körper und anderen Menschen, die ihr gesamtes späteres Leben prägen und beeinflussen.

Diese Zeit des Kindes ist besonders wichtig, in der sie behutsame pädagogische Hilfen und Betreuungen benötigen. Neben der Befriedigung der körperlichen Bedürfnisse nach Nahrung, Wärme, Sauberkeit und Schlaf besteht bei jedem Kind ein Grundbedürfnis nach verlässlicher, ständig verfügbarer, liebevoller Zuwendung. Das baut das Vertrauen des Kindes in seine Umwelt auf. Dieses „Urvertrauen" bildet die Grundlage für eine positive Lebenseinstellung. Das Kind lernt andere zu lieben, weil es selbst geliebt wird. Wichtig in dieser Entwicklungsphase ist **Kontinuität**: Je häufiger die Bezugspersonen wechseln, umso schwieriger ist es für das Kind, feste zwischenmenschliche Beziehungen aufzubauen und Vertrauen zu fassen.

Ein Umfeld, das sie behütet und in dem sie geborgen ausprobieren und erforschen können, ist nötig, damit Kinder selbstständig und selbstbewusst werden können. Beispielsweise werden alle erreichbaren Gegenstände in die Hand genommen und genau erkundet. Meistens wird daran gerochen oder geleckt. Das Ergreifen, Fühlen und Lecken von allerlei Dingen führt bei den Kindern zu einem sprichwörtlichen „Begreifen" des Gegenstandes. Es handelt sich also nicht allein um körperliche Erfahrungen, sondern vor allem auch um geistiges Erkennen und „Verstehen" von materiellen Strukturen. Auf gesundheitliche Unbedenklichkeit ist unbedingt zu achten.

Bild 1: *Betreuung in der Kinderkrippe*

Es können Erstickungen oder Vergiftungen auftreten. Kleinkinder sind daher immer auf eine Aufsichtsperson angewiesen, die für eine gefahrlose Erkundung des Lebensumfeldes sorgt.

2.1.1 Körperpflege

Sowohl für den Säugling als auch das Kleinkind gilt, dass die Pflege von der Hauswirtschafterin beherrscht werden sollte: Vom Verhalten hängt ab, wie sich das Verhältnis des Kindes zu seinen Ausscheidungen und zu seinem gesamten Körper entwickelt. Das Windelwechseln beispielsweise sollte vom Kind als etwas Normales und Angenehmes empfunden werden. Die frische Windel, das liebevolle Waschen und eine freundliche Atmosphäre am Wickeltisch führen beim Kind zu einem wohligen Gefühl, das auch der Erwachsene empfinden kann. Die Kinder aber haben einen großen Bewegungsdrang. Bei allen Körperpflegen sollte die Hauswirtschafterin stets eine Hand am Kind haben, um zu verhindern, dass es z. B. vom Wickeltisch herunterfällt.

Wickeln

Windeln sollen zwei Bedingungen erfüllen: die Nässe aufsaugen, ohne dass das Baby wund wird, und beim Strampeln ausreichend Bewegungsfreiheit bieten. Dies wird am besten mit der sogenannten Breitwickelmethode erreicht. Diese Methode eignet sich für das Wickeln mit Baumwoll- bzw. Mullwindeln.

Dieser Methode nachempfunden wurden die Wegwerfwindeln. Werden diese richtig angelegt, hat das Baby viel Beinfreiheit und Schutz vor Nässe.

Es sollte darauf geachtet werden, dass Babys nicht zu fest gewickelt werden, da sonst die Gefahr besteht, dass Pilzkrankheiten entstehen. Sie entstehen durch Feuchtigkeit. Aus dem gleichen Grund sollten die Windeln regelmäßig vor jeder Mahlzeit gewechselt werden, etwa fünf Mal täglich. Nach den Mahlzeiten sollte das Kind ruhen können und nicht gewickelt werden müssen.

Benötigte Gegenstände:

- Wärmelampe
- Wasserdichte Unterlage
- Windeleimer
- Windel
- Zellstoff und Öl für die Vorreinigung
- Waschlappen aus Baumwolle und Wasser für die Reinigung
- Creme für die Pflege der Haut

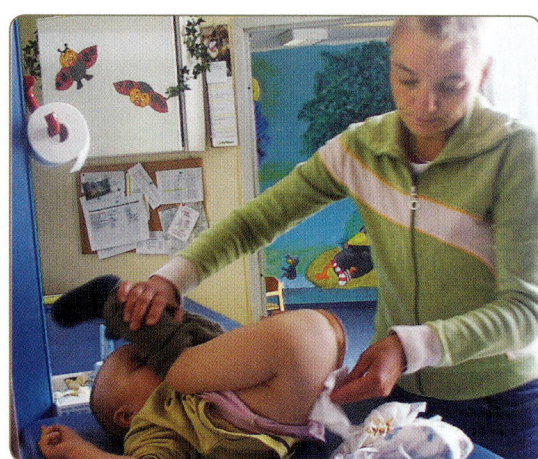

Bild 1: *Windeln wechseln*

Wichtig ist dabei die Schamspalte bei Mädchen von vorn nach hinten zu reinigen, damit keine Darmbakterien in die Scheide gelangen können.

Bei Jungen ist die Vorhaut des Gliedes im Babyalter bis längstens zum dritten Lebensjahr verklebt und eng. Auf keinen Fall sollte diese gelöst werden, sonst könnten Entzündungen entstehen. Später lässt sie sich verschieben. Nur wenn sie sich auch nach dem dritten Lebensjahr noch nicht über die Eichel zurückschieben lässt, sollte man einen Arzt aufsuchen. Es besteht Verdacht auf eine Vorhautverengung (Phimose).

Zur Pflege der Haut ist generell zu sagen, dass möglichst wenig Creme, Öl und Seife verwendet werden sollte. Enthaltene Wirkstoffe können Hautreaktionen oder Allergien verursachen. Die beste Reinigung besteht in der Nutzung warmen Wassers, einer milden Babyseife und einem Baumwolltuch.

Sollte das Kind einen wunden Po entwickeln, kommen mehrere Ursachen in Frage. Manchmal hilft es, die Windelmarke zu wechseln, das Baby in warmer Sahne oder Milch statt Wasser zu baden oder Heilerde aus der Apotheke zu verwenden. Eine Paste wird auf den wunden Po aufgetragen. Spezielle Cremes können ebenfalls helfen.

Baden

Das Bad (die Häufigkeit richtet sich nach dem Grad der Verschmutzung, häufiges Baden fördert die Austrocknung der Haut) sollte nicht länger als fünf Minuten dauern bei einer Wassertemperatur von etwa 36–37 °C, damit das Baby nicht auskühlt. Erkältete Kinder sollten nicht gebadet, stattdessen gründlich und schnell gesäubert werden. Der Raum sollte ebenfalls eine angenehme Temperatur haben und Durchzug vermieden werden.

Benötigte Gegenstände:

- Babybadewanne oder Tummy Tub
- Badethermometer
- Milde Seife (normale Seifen zerstören den Säureschutzmantel der Haut)
- Angewärmtes Badetuch
- 2 Waschlappen für Körper und Po
- Badeöl, Creme
- Frische Windel und Wäsche

Mit einem sicheren Griff, der das strampelnde Kind stabilisiert, wird gebadet: Dafür wird mit der linken Hand unter dem Nacken hindurchgegriffen und die Hand umfasst den Oberarm unterhalb der Achselhöhle. Das hat den Vorteil, dass das Kind zum Umdrehen nicht aus der Badewanne herausgehoben werden muss.

Zunächst wird das Gesicht gereinigt. Mit einem nassen Tuch werden die Augen von außen nach innen gereinigt, Danach wird der Rest des Gesichts und der gesamte Körper gereinigt.

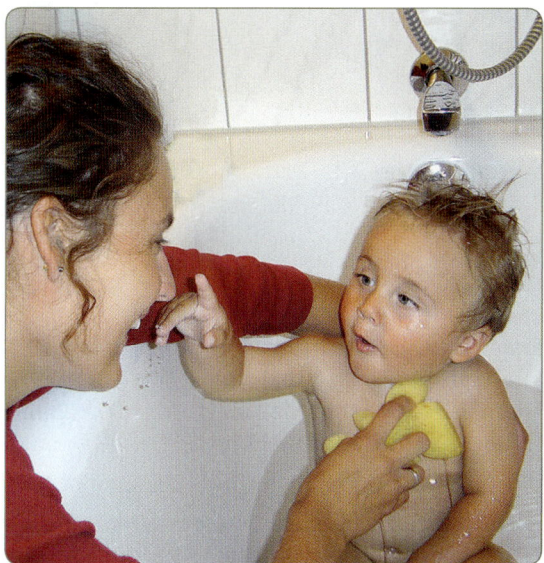

Bild 1: *Baden*

Schließlich wird das Kind aus der Wanne herausgehoben, auf das Badetuch gelegt und sorgfältig abgetrocknet. Anschließend wird der Körper evtl. eingeölt. Abschließend wird das Kind gewickelt, angezogen, Haare gebürstet, eventuell noch Nägel geschnitten. Für das Schneiden der Nägel wird eine abgerundete Säuglingsschere verwendet und die Nägel werden gerade abgeschnitten.

Zahnpflege

Der erste von insgesamt 20 Milchzähnen wird im Alter von 5–10 Monaten entdeckt. In der Regel kommen zuerst die unteren beiden Schneidezähne zum Vorschein. Im Alter von zweieinhalb Jahren ist das Milchgebiss vollständig. Beim Zahnen kann es zu einer leichten Rötung des Zahnfleisches, zu Schmerzen und gelegentlich zu Fieber oder mal Durchfall kommen.

Sobald die ersten Zähne da sind, sollte mit der Zahnpflege begonnen werden: die Zähne nach jeder Mahlzeit mit Wattestäbchen oder einer Mullbinde putzen. Später sollte das Kind eine eigene kleine Kinderzahnbürste bekommen.

Durch das Putzen soll der Zahnbelag, der durch zuckerhaltige Nahrungsmittel entsteht, entfernt werden. Dieser Zahnbelag ist Nährboden für Karieserreger.

Am besten stellt man sich hinter das Kind, umfasst den Kiefer mit der linken Hand und hält den Kopf fest. In dieser kuscheligen Stellung öffnet das Kind den Mund bereitwillig. Dauerhaft begreift das Kind die Wichtigkeit des Zähneputzens dadurch, dass es die Bezugsperson beim Reinigen beobachten kann und es spielerisch nachahmt.

2.1.2 Entwicklungsstufen

> Die Entwicklung eines Menschen ist ein lebenslanger, dynamischer Prozess, der auf psychischer und auch physiologischer Ebene vonstattengeht.

Das Wachsen und Reifen eines Menschen geschieht in Abhängigkeit von der chronologischen Zeit, von zufällig auftretenden Ereignissen, von Wechselwirkungen mit anderen Menschen und Umwelteinflüssen. Dieser Prozess ist nicht umkehrbar. Zu jeder Entwicklungsstufe werden weitere, höher ausdifferenzierte Strukturen erworben.

Es werden verschiedene Bereiche, in denen sich die Menschen entwickeln, unterschieden:

- Physiologische Entwicklung
- Motorische und feinmotorische Entwicklung
- Psychologische und kognitive Entwicklung, d. h. Persönlichkeits- und Denkentwicklung
- Sprachentwicklung
- Leistungsmotivation, Leistungsentwicklung
- Sozialentwicklung, moralische Entwicklung

Unter der **körperlichen Entwicklung** wird das Wachstum des menschlichen Körpers und Organismus verstanden. Die **motorische Entwicklung** beschreibt, inwieweit der Mensch sich körperlich bewegen kann. **Feinmotorik** ist die Bewegung mit den Händen. **Psychologische und kognitive Entwicklung** beinhaltet das geistige, logische und abstrakte Denken und die Anlage von Strukturen, dazu gehört beispielsweise die Sprachentwicklung. Die **Denkentwicklung** wird durch das kindliche Spiel und soziale Beziehungen gefördert. Leistungsmotivation ist nötig, damit der Mensch sich selbstständig weiterentwickeln kann. Zur **Sozialentwicklung** gehört es, Konflikte zu bewältigen und ein gesellschaftsfähiger Mensch zu werden.

Nicht alle Entwicklungen verlaufen gleichzeitig oder aufbauend. Aber es ist gewiss, dass eine stetige körperliche Entwicklung großen Einfluss auf die geistige Entwicklung eines Menschen hat, wie es das Sprichwort ausdrückt: „In einem gesunden Körper wohnt ein gesunder Geist".

2.1.3 Entwicklung des Säuglings

Für die geistig-seelische Entwicklung des Säuglings ist es wichtig, mit der Mutter bzw. der Pflegeperson Kontakt aufzubauen und Umwelterfahrungen zu erwerben.

Bild 1: *Kind spielt mit der Rassel*

Kein Kind und Kleinkind wächst nach „Schema F" auf. Die folgenden Entwicklungsschritte können je nach Kind früher oder später auftreten und geben noch keinen Anlass zur Sorge. Selbst ein „Rückstand" von einem Monat kann durchaus normal sein. Bei regelmäßigen Untersuchungen durch den Kinderarzt können durch Tests Entwicklungsverzögerungen oder Behinderungen festgestellt werden: Nur wenn mehrere Symptome auffällig sind, ist eine Entwicklungsstörung möglich (s. S. 588 f.).

Gesunde **Neugeborene** drehen den Kopf in Bauchlage zur Seite. Ihre Hände sind zur Faust geschlossen, Arme und Beine gebeugt, die Knie angezogen. Auf ein lautes Geräusch reagiert das Neugeborene mit einer Schreckreaktion, dem Moro-Reflex. Hierbei öffnet es den Mund, bewegt die Arme ein wenig nach außen und spreizt die Finger. Dann schließt es den Mund wieder und führt die Arme zusammen, als wollte es etwas umklammern. Gegen Ende des dritten Monats verschwindet dieser Reflex. Der Saugreflex beispielsweise wird ausgelöst, wenn dem Baby ein Finger an den Mund gehalten wird. Es beginnt sofort am Finger zu saugen. Dies gelingt auch, wenn das Kind keinen Hunger hat.

Weitere lebenswichtige Reflexe des Neugeborenen sind der Atmungs-, Such-, Saug-, Greif- und Schluckreflex. Diese verlieren sich im Laufe der nächsten Wochen. An deren Stelle treten willkürliche und gezielte Bewegungsformen.

Ende des **ersten Monats** folgen die Babys einem interessanten Spielzeug u. a. mit den Augen, die Kinder schauen gern ins Gesicht der Bezugspersonen, manche lächeln schon.

Ende des **zweiten Monats** hebt das Kind den Kopf in Bauchlage um etwa 45 Grad und kann ihn etwa 10 Sekunden oben halten. Beim Sitzen kann es den Kopf einige Sekunden aufrecht halten, auf das Lächeln von Erwachsenen wird geantwortet und die Stimme fängt an, unterschiedliche Laute zu entwickeln.

Diese Entwicklung wird fortgesetzt und die Muskulatur bildet sich weiter aus: Das Kind kann Gegenstände umfassen.

Ende des **fünften Monats** fängt das Kind an zu „schwimmen": Es schaukelt auf dem Bauch, ohne sich abstützen zu müssen. Der Kopf wird immer besser balanciert und erste Stehversuche können beobachtet werden. Nach interessanten Spielzeugen wird mit beiden Händen gegriffen. Das Kind fängt an zu plappern.

Ende des **siebten Monats** entstehen beim Sprechen einzelne Silben und Laute, wie z. B. „Dada, lala". Versteckspiele mit einem Tuch werden zu einem lustigen Vergnügen. Kinder spielen gerne mit ihren Füßen und stecken sie sogar in den Mund.

Ende des **neunten Monats** lernt das Kind bekannte und fremde Gesichter zu unterscheiden und beginnt zu fremdeln. Es fängt bei fremden Personen an zu weinen oder sich zu verstecken, auf dem Arm der Bezugsperson gewinnt es an Zutrauen zu der fremden Person. Das Kind kann frei sitzen, sich an Gegenständen hochziehen und „robben". Beim **Robben** bewegen sich die Füße nicht mit, sie werden hinterhergezogen. Ein besonderes Spiel wird entdeckt: Gegenstände absichtlich fallen lassen und sich freuen, wenn sie aufgehoben werden. Hierfür verwenden die Kinder den „Scherengriff": Zwischen Zeigefinger und Daumen werden Gegenstände festgehalten.

Ende des **zehnten Monats** können Kinder im Langsitz mit gestreckten Beinen auf dem Boden sitzen, sich aus der Bauchlage aufsetzen und sich mit Hilfe zum Stehen hochziehen. Das Kind versteht die Bedeutung von Worten, die Ablehnung oder Anerkennung ausdrücken.

Bild 1: *Kind im siebten Monat*

Ende des **elften Monats „krabbelt"** das Kind mit großer Sicherheit durch die Wohnung. Beim Krabbeln bewegt sich das Kind auf Händen und Knien. Es kann sich an Möbeln hochziehen und geht mit unsicheren Schritten, wenn es an beiden Händen geführt wird. Die Unfallgefahren steigen.

Ende des **zwölften Monats** beherrscht das Kind den „Zangengriff", mit gebeugtem Zeigefinger und Daumen werden auch kleinere Gegenstände ergriffen und hochgehoben. Zwei Spiele sind für das Kind sehr interessant: Beim Papagei-Spiel ahmt das Kind alles Gehörte wie ein Papagei nach. Beim Ballspiel wird aus zwei bis drei Metern Abstand ein Ball zugerollt. Das Kind greift zu und versucht den Ball zurückzurollen, was noch sehr schwierig ist.

Bild 2: *Krabbeln des Kleinkindes*

Im weiteren Verlauf werden die Unterschiede in der Entwicklung der einzelnen Kinder immer größer, der Vergleich immer schwieriger. Eltern machen sich häufig Sorgen, ob sich ihr Kind „richtig" entwickelt. Nur ärztliche Untersuchungen können Entwicklungsverzögerungen feststellen. Dafür gibt es eine feste Vorgehensweise.

2.1.4 Früherkennungsuntersuchungen

Bei der Früherkennung geht es darum, Störungen der körperlichen, geistigen und sozialen Entwicklung rechtzeitig zu erkennen. Ein frühes Erkennen bedeutet vielfach, dass die Kinder die beste Chance auf Heilung oder Besserung haben. Mit dem gelben „Untersuchungsheft für Kinder" führt der Arzt bis zum 13. Lebensjahr notwendige Untersuchungen durch. Es ist ratsam, zum Ende des Untersuchungszeitraums zum Arzt zu gehen, damit das Kind ausreichend Zeit zur Entwicklung hatte. Die Untersuchungen werden von den Krankenkassen unterstützt und sollten zum Wohle des Kindes unbedingt durchgeführt werden.

Bei den Früherkennungsuntersuchungen U1 bis U9 und J1 werden sowohl physiologische, sprachliche als auch psychosoziale Tests durchgeführt. Schon gleich nach der Geburt werden Tests zum Beispiel zum Nachweis von angeborenen Stoffwechselkrankheiten, wie PKU (Phenylketonurie) gemacht. Diese Krankheit würde bei Nichtbehandlung zu schweren Behinderungen oder sogar zum frühen Tod führen.

Nr.	Zeitpunkt	Untersuchung
U1	unmittelbar nach der Geburt	Früherkennung von Stoffwechselerkrankungen, Apgar-Test: Atmung, Puls, Grundtonus, Aussehen, Reflexe
U2	3.–10. Lebenstag	Kinderärztliche Untersuchung, Rachitisvorsorge
U3	4.–6. Woche	Ernährungszustand, Gewicht, altersgerechte Beweglichkeit
U4	3.–4. Monat	Körperliche und geistige Entwicklung, erste Impfungen
U5	5.–7. Monat	Bewegungsmöglichkeiten, Geschicklichkeit, Impfungen
U6	10.–12. Monat	Fähigkeiten der Fortbewegung, Entwicklung der Geschlechtsorgane, Hören, Sehen, Sprechen
U7	21.–24. Monat	Altersgerechte Entwicklung
U7a	34.–36. Monat	Zahngesundheit, soziales Verhalten
U8	43.–48. Monat	Körperliche Geschicklichkeit, Sprachentwicklung, Selbstständigkeit, soziale Kontaktfähigkeit
U9	60.–64. Monat	Schulfähigkeit, Organe, Körperhaltungen, soziales Verhalten
J1	13.–15. Lebensjahr	Körperliche Gesundheit, Fragen der Pubertät, psychosoziale Entwicklungen

Tabelle 1: *Früherkennungsuntersuchungen*

2.1.5 Entwicklung des Kleinkindes

> Das Kind entdeckt sein eigenes Ich und beginnt sich durchzusetzen. Seine manuellen und geistigen Fähigkeiten verfeinert es im Spiel.

Zwischen dem 10. und 15. Monat befinden sich die Kinder in der sogenannten **„ersten Fülle"**, was bedeutet, dass sich das Längenwachstum verlangsamt, aber die Muskel- und Fettmasse zunimmt. Die Extremitäten erscheinen verkürzt und der Kopf groß im Verhältnis zum Rumpf. Das Skelett wird stabiler und ermöglicht eine bessere Körperbeherrschung und Fortbewegung.

Das Kind erreicht die erste Stufe der **Persönlichkeitsentwicklung**, indem es von sich selbst nicht mehr in der dritten Person spricht, sondern von „ich".

Es entdeckt seinen eigenen Willen und erlebt, dass es seinen Willen nicht immer durchsetzen kann. Diese Phase wird als **Autonomiealter** bezeichnet.

Bis etwa zum dritten Lebensjahr lernen die Kinder alle wichtigen **motorischen Grundfertigkeiten:** laufen, sprechen, selbstständig essen und Blase und Darm beherrschen. Das Kleinkind kann sich immer sicherer bewegen und schneller laufen. Es lernt Treppe steigen, balancieren und springen.

Bild 1: *Der grobmotorische Bewegungsablauf wird beherrscht.*

Die Hände greifen immer geschickter zu und es möchte alles kennen lernen. Es lernt Türen zu öffnen, Deckel von Flaschen abzudrehen und Stifte zu halten. Mit drei Jahren kann das Kind sich allein an- und ausziehen, Schuhschnallen öffnen und mit der Schere umgehen. Die Gefahrenquellen nehmen zu und das Umfeld muss noch „kindersicherer" werden.

Im Bereich der **Denkentwicklung** nimmt das Kind Reize der Umwelt auf, kann diese aber noch nicht miteinander verknüpfen: Wenn das Kind beispielsweise Musik hört, kann es noch nicht feststellen, von wo die Musik kommt. Das Zusammenarbeiten der Sinne wird dadurch gefördert, dass das Kind z. B. seine Spielsachen anschaut, befühlt und in den Mund steckt.

Die **Sprachentwicklung** nimmt weiter zu: Das erste Fragealter setzt ein. Die Kinder beginnen nach bestimmten Namen und Begriffen zu fragen und erweitern dadurch ihren Wortschatz. Die Kinder lernen Objekte und deren Merkmale zu benennen und wiederzuerkennen. Im Alter von zwei bis drei Jahren beginnen die Kinder einfache Sätze zu bilden, dabei kommt es häufig zu grammatikalischen Fehlern, die aber korrigiert werden können. Mit etwa drei Jahren gibt es das zweite Fragealter. Hier stellen die Kinder Warum-Fragen.

2.1.6 Betreuungsaufgaben beim Säugling und Kleinkind

Jedes Kind benötigt eine individuelle Erziehung, die an das Elternhaus, das Wohnumfeld und an die Entwicklung angepasst ist. Daher ist ein intensiver Austausch zwischen Hauswirtschafterinnen und Eltern unabdingbar, denn nur so können die Fähigkeiten des Kindes richtig eingeschätzt und gefördert werden.

> Die Betreuungsaufgaben und Spiele werden an die Entwicklungsstufe des Kindes angepasst.

Für das Spiel benötigt das Kind Anregungen durch die Erwachsenen, die mit ihm spielen und zeigen, wie man mit den Spielsachen umgeht. Freiräume gewähren und gleichzeitig geduldig einwirken sind wichtige Voraussetzungen für die Entwicklung eines glücklichen Kindes.

Zu den Betreuungsaufgaben während dieser Altersstufe gehören:

- Aktivitäten der Entwicklung entsprechend auswählen und anleiten
- Raum für freies Spiel lassen
- Für Sicherheit sorgen
- Ruhephasen einplanen
- Rücksprachen mit den Eltern
- Erziehungsziele der Eltern durchsetzen
- Hilfen beim An-, Ausziehen
- Hilfen bei der Körper- und Zahnpflege

Bild 1: *Raum für Aktivitäten*

Für die Förderung der **Motorik** benötigt das Kind im Säuglingsalter bis ein Jahr z. B. eine Kugelkette zum Anfassen, einen Greifring, Rasselspielzeug, weiche Stoffspielwaren und erste Steckspielzeuge. Ein einfacher stabiler Schiebewagen unterstützt die Beweglichkeit.

Wenn das Kind krabbelt oder läuft, ist ein Ball geeignet oder ein Wagen zum Hinterherziehen.

Für das Kleinkindalter eignen sich Bausteine, Knetmaterial, Sandkiste und Naturmaterialien wie Zweige, Steine. Die Kinder beginnen zu sammeln und zu sortieren. Malen und Basteln eignen sich nicht nur zur Ausbildung der Feinmotorik, sie regen ebenfalls die Fantasie und Kreativität an und helfen so der Denkentwicklung.

Ein abgesicherter Platz zum Hüpfen, Laufen lernen ist wichtig. Am Klettergerüst oder auf der Schaukel stärkt das Kind seine Beweglichkeit und den Gleichgewichtssinn.

Spielzeug zum Nachziehen oder Schieben, einfache, grobe Bauklötze, Steckspiele, ein Ball, erste reißfeste Bücher und eine Spieluhr zum Einschlafen sind sinnvoll.

Bei Schlag- oder Klangspielzeugen ist darauf zu achten, dass sie für die Kinder (und die Erwachsenen) nicht zu laut sind, da die Sinnesorgane noch sehr empfindlich sind.

Bauklötze oder ein Hohlraumwürfel unterstützen die **Entwicklung des Denkens** und räumlichen Wahrnehmens.

Durch Vorlesen von Geschichten und Märchen wird das Sprach- und Denkvermögen unterstützt. Wichtig ist es, das Kind nicht zu überfordern. Wenn es müde ist, sollte das Spiel unterbrochen werden. Täglich sollte es Zeiten für eigenes und angeleitetes Spiel geben. Beim eigenen Spiel entwickelt es Kreativität und entspannt sich.

Betreuungsaufgaben im **persönlichen Bereich** betreffen Hilfen beim Anziehen der Kinder. Das kann bedeuten, dass

- Kleidung bereitgelegt wird,
- beim „Einfädeln" in die Ärmel oder Hosenbeine geholfen wird,
- beim Anziehen und Schließen der Schuhe geholfen wird.

Bild 1: *Kind beim Anziehen einer Jacke*

2.2 Vorschulkind

> Für das Vorschulalter ist ein Entwicklungsfortschritt im körperlichen Bereich charakteristisch.

Es kommt zum sogenannten „ersten Gestaltwandel". Das Kind erfährt einen Wachstumsschub, die Extremitäten wachsen dabei relativ schnell, der Rumpf wird schlanker und eine Taille bildet sich aus, der Kopf schrumpft im Verhältnis zum Körper und die Gesichtsproportionen verändern sich. Das Kind verliert das Milchgebiss.

2.2.1 Entwicklung des Vorschulkindes

Die **motorische Entwicklung** des Kindergartenkindes nimmt weiter zu. Der Bewegungsdrang nimmt zu und das Kind braucht Platz und Raum, um sich ausgiebig bewegen zu können. Es beherrscht nun alle Fortbewegungsarten, es kann rennen, klettern, laufen, hüpfen, Treppe steigen, springen, Fahrrad fahren. Das Kind kann im Stehen und im Sitzen schaukeln. Die Bewegungsabläufe werden harmonischer. Zu den **feinmotorischen Leistungen** gehören beispielsweise, dass das Kind gegenständlicher malen kann, z.B. Mensch- und Tierzeichnungen, Papier in Schnipsel reißen, Formen ausstechen und mit der Schere an einer Linie entlangschneiden. Auch Hämmern und Sägen macht dem Kind Spaß.

Bild 2: *Fünfjähriges Kind malt*

Die **Leistungsmotivation** ist stark ausgeprägt: Das Kind versteht, dass es gewinnt, wenn es als Erster mit einer Aufgabe fertig ist. Selbst wenn es viele Male verloren hat, glaubt es bei jedem weiteren Versuch, dass es gewinnen kann, d.h., dem Kind fehlt es an einer realistischen Einschätzung seiner Leistungen. Mit fünf Jahren schätzt es seine Leistungsfähigkeit realistischer ein. Gleichzeitig kann es Misserfolge besser ertragen und den Erfolg anderer anerkennen. Mit sechs Jahren strengen sich die Kinder noch mehr an, um beim nächsten Mal ebenfalls zu gewinnen.

Die **Denkentwicklung** lässt komplexe Vorstellungen zu. Mithilfe der Sprache kann das Kind leichter denken, ist jedoch noch an Gegenstände gebunden. Ab sechs Jahre ist das Kind fähig, gedankliche Schlüsse zu ziehen und Lösungen innerlich vorzunehmen, die immer mehr den Gesetzen der Logik folgen. Die Realität muss dabei nicht mehr konkret gesehen werden, muss aber existieren, d. h. vorstellbar sein. Damit verbunden entwickelt das Kind ebenfalls mehr Verständnis für seine Mitmenschen.

Die **Sprachentwicklung** lässt die Bildung längerer Sätze und Satzgefüge mit Nebensätzen zu. Der Wortschatz wird durch Farben und Pronomen erweitert. Ab sechs Jahre kann das Kind alle Laute deutlich aussprechen, der Wortschatz ist groß und kindgerechte abstrakte Begriffe werden sicher angewandt. Die Grammatik wird gut beherrscht und Gedankengänge können beschrieben werden. Das Kind kann Erlebnisse nacherzählen und es wählt unter mehreren Zeitstufen.

Soziale Verhaltensweisen werden im Kindergarten eingeübt. Hier werden Kontakte geknüpft und das Kind ordnet sich in Gruppen ein. Das geschieht z. B. durch gemeinsames Spiel, durch gegenseitige Rücksichtnahme und durch das Teilen von Spielsachen und Speisen. Auseinandersetzungen sollen gelöst werden und tragen so zur Entwicklung des Sozialverhaltens bei. Beliebte Spiele dieser Entwicklungsstufe sind Rollenspiele, in denen meist die Rollen der Familie nachgespielt werden. Sie dienen ebenfalls zum Erlernen des Sozialverhaltens und regen die Fantasie an.

2.2.2 Betreuungsaufgaben

Zu den Betreuungsaufgaben der Vier- bis Fünfjährigen gehören:

- Angeleitete Aktivitäten der Entwicklung entsprechend durchführen
- Raum für freies Spiel lassen
- Kindergeburtstage planen und durchführen
- Rücksprachen mit den Eltern halten
- Erziehungsstile der Eltern durchsetzen
- Hilfen beim An- und Ausziehen
- Hilfen bei der Körper- und Zahnpflege
- Begleiten zum/vom Kindergarten

Zur motorischen Entwicklung

Ein erstes Fahrrad, Roll- oder Schlittschuhe oder mit Stelzen laufen, Springseile, Wurf- und Ballspiele fördern die Beweglichkeit und Körperbeherrschung.

Bastelbücher für Drachen, Spielboote, Laternen, Fensterbilder, Handpuppen usw. sind geeignet, um die Feinmotorik zu trainieren.

Zur Sprachentwicklung

Wichtig ist es, ein Vorbild zu sein, denn Kinder lernen durch Nachahmung. Kurze, klare Sätze mit Blickkontakt sind wichtig.

Unbedingt den Kindern ausreichend Zeit zur Beantwortung geben. Die Kinder sollten nicht gedrängt oder unterbrochen werden.

Hörkassetten und Bilderbücher mit kurzen Geschichten zum Vorlesen und Nacherzählen helfen den Wortschatz zu erweitern.

Zur Denkentwicklung

Musikalische Erziehung fördert die Denkentwicklung und späteres Verständnis für wissenschaftliches Arbeiten.

Speziell ausgewählte Computerspiele können helfen. Die Zeit, die ein Kind damit verbringt, sollte jedoch begrenzt werden, da es sich um bewegungsarme, aber eine hohe Konzentration fordernde Tätigkeiten handelt.

Bild 1: *Gemeinsames Lesen*

Zur sozialen Entwicklung

Die Kinder beginnen verschiedene Situationen nachzuspielen: z. B. den Besuch beim Doktor, Erlebnisse der Familie oder des Umfeldes, Einsatz der Feuerwehr oder Polizei und vieles mehr.

Dadurch wird ihre Kreativität genauso gefördert wie das Einnehmen und Nachahmen von Rollen in einem sozialen Umfeld. Das Spiel mit Puppen kann die gleiche Funktion übernehmen.

Gesellschaftsspiele mit einfachen Regeln können von den Kindern ausgeführt werden. Dazu gehören z. B. Konstruktions- oder Geschicklichkeitsspiele, Kartenspiele.

Kriterien für die Spielzeugauswahl

Das Spielzeug sollte

- **altersgemäß** sein und der Entwicklung des Kindes entsprechen, so kann Über- oder Unterforderung vermieden werden,
- ein **pädagogisches Ziel** verfolgen, also entsprechend der Entwicklungsstufe und dem zu unterstützenden Bereich ausgewählt sein,
- **Spaß machen** und anregend wirkend, Freiraum zur Entwicklung von Fantasie und Kreativität lassen und viele Spielmöglichkeiten zulassen,
- **ungefährlich und nachhaltig sein**, dabei helfen Prüfzeichen.

Prüfzeichen helfen

Siegel und Prüfzeichen wurden eingeführt, um dem Verbraucher eine Hilfe bei der Suche nach geeigneten und ungefährlichen Spielzeugen an die Hand zu geben.

Prüfzeichen	Erläuterung
	Von der Verbraucherberatung auf Spielwert, Materialien, Verarbeitung, Sicherheit, Umweltverträglichkeit untersuchte Waren
	Von unabhängiger Prüfstelle auf Sicherheit und Gesundheitsanforderungen getestet
	Nach Öko-Tex-Standards auf Schadstoffe untersuchte Stofftiere und Stoffspielsachen
	Der Verband der Elektrotechnik prüft die Sicherheit von Elektrik, Mechanik, Thermik, Chemie usw.

Tabelle 1: *Prüfzeichen bei Spielzeugen*

Aufgaben:

Situation: Marthas Geburtstag

Sie arbeiten als Hauswirtschafterin im Mehrgenerationenhaushalt und werden von Familie Krüger gebeten, eine Geburtstagsfeier für die Tochter Martha, die sechs Jahre alt wird, zu organisieren.

Neben der Verpflegung der gesamten Haushaltsmitglieder sind Sie auch für die Betreuung des vierjährigen Sohnes Robert zuständig. In zwei Wochen hat Martha Geburtstag. Dazu möchte sie Freundinnen und Freunde aus der Schule am Samstag einladen. Es ist vorgesehen, dass Sie zwei Stunden für die Betreuung der Kinder, für die Dekoration der Geburtstagstafel und für die Versorgung der Gäste mit Speisen zustän-

dig sind. Herr Krüger erwartet von Ihnen Vorschläge für verschiedene Aktivitäten.

Herr Krüger: „Also ich erwarte, dass Sie für meine Kinder und deren sechs Gäste altersgemäße Spiele bereithalten und den Kindern ein spielerisches Lernen ermöglichen. Natürlich soll auch eine körperliche Betätigung nicht fehlen. Aber besonders wichtig ist mir, dass die Fantasie, die Sprache, die Sinne und die Zusammenarbeit der Kinder spielerisch gefördert werden. Und Sie kennen das ja, da man nie weiß, wie hier das Wetter sein wird, ist es notwendig, dass Sie sowohl Spiele für den Innen- als auch für den Außenbereich vorbereiten. Ich denke, damit ist alles klar und Sie können mit Ihrer Arbeit beginnen!"

(Fortsetzung: nächste Seite)

→ *(Fortsetzung von S. 592)*

a) Wählen Sie zwei geeignete Spiele aus, die die Vorgaben von Herrn Krüger berücksichtigen.
b) Erstellen Sie zu ihren ausgewählten Spielen jeweils einen Steckbrief.
c) Überlegen Sie, welche Tischdekoration, Speisen und Getränke für den Kindergeburtstag geeignet sind.
d) Schreiben Sie eine Einladungskarte.
e) Entwickeln Sie einen Ablaufplan für das gesamte Fest. Die Gäste sind von 15.00 bis 18.00 Uhr eingeladen. Mindestens ein Elternteil begleitet sein Kind.

Steckbrief für das Spiel:

Personenzahl: _____

Altersstufe von _____ bis _____ Jahren.

Dauer des Spiels: _____

Benötigtes Material: _____

Innenbereich/Außenbereich _____

pädagogische(s) Ziel(e): _____

Spielanleitung: _____

Mögliche Varianten: _____

Sonstige Besonderheiten: _____

2.3 Erziehungsstile

Die Hauswirtschafterin begleitet die Erziehung der zu betreuenden Kinder. Sie erzieht auf der Basis, was Eltern, Erziehungsberechtigte oder Erzieher und Sozialassistentinnen in der Krippe, im Kindergarten oder in der Vorschule vorgeben. Jegliche Maßnahme geschieht in Rücksprache mit den Erziehungsberechtigten. Um adäquat zu handeln, ist es notwendig, dass die Hauswirtschafterin weiß, welche Aufgaben mit „Erziehung" verbunden sind und welche Erziehungsstile bei den Erziehenden möglich sind. Die Hauswirtschafterin sollte ihren „eigenen" Erziehungsstil reflektieren, damit sie in Stresssituationen angemessen handeln kann.

2.3.1 Erziehungsbegriff

Erziehung bedeutet, dass alle bewussten und unbewussten Handlungen der Erziehenden die Kinder zu einer selbstbestimmten Lebensführung hinführen.

Erziehung aus lernpsychologischer Sicht legt Wert auf Lernen und Lernförderung. Durch positive Verstärker und Vorbilder werden Lernprozesse initiiert. Für die Sozialpsychologie bedeutet Erziehung Begegnung und Aufbau von Beziehungen durch gegenseitige Beeinflussung.

Bild 1: *Erziehung*

Durch Erziehung entwickelt der Mensch eine soziale und kulturelle Lebensform. Diese führt dazu, dass der Mensch eigenverantwortlich und selbstbestimmt im Rahmen der gesellschaftlichen Vorgaben und Kultur lebt und einen Weg zum persönlichen Glück findet. In der Regel meint Erziehen das Handeln erwachsener Menschen an der jungen Generation. Sie erfolgt anhand von Erziehungszielen und Erziehungsmitteln.

Das wichtigste **Erziehungsziel** der heutigen Zeit ist Selbstständigkeit, um autonom lebensfähig zu sein. Die Förderung des Menschen geschieht auf der Basis seiner Interessen und Fähigkeiten. Hierbei geht es um Sozial-, Personal-, Sach- und Methodenkompetenz. Diese Kompetenzen bilden die Grundlage dafür, dass sich der Mensch selbst weiterentwickeln und lernen kann. Die Ziele sind nicht für alle Menschen gleich. Manch ein Erziehender sieht Anpassung, Pflichtbewusstsein oder Unterordnung als die höchsten Ziele an.

Erziehungsziele lassen sich nicht für alle Zeiten festlegen, sie unterliegen einem gesellschaftlichen Wandel und bedürfen einer ständigen Überarbeitung und Änderung.

Erziehungsmittel sind Maßnahmen, die der Erziehende ergreift, um beim Kind eine erwünschte Wirkung, d. h. Verhaltensänderung hervorzurufen. Sie helfen dabei, für das Leben gewappnet zu sein. Dazu gehören beispielsweise Lob, Anerkennung, Belohnung, Ermutigung, Vorbild sein, Ermutigungen zu eigenen Erfahrungen, aber auch Verbote, Ermahnungen, Tadel, Kritik oder Strafe.

Unter dem Begriff **„Erziehungsstil"** versteht man die Art und Weise, wie Kinder erzogen werden können. Die Erziehungsstile unterscheiden sich nach ihren Zielen und nach Erziehungsmitteln. Es werden drei Haupterziehungsstile unterschieden:

- **autoritär**
- **antiautoritär oder Laisser-faire**
- **demokratisch**

Jeder Mensch bedient sich seines eigenen persönlichen Erziehungsstils. Es handelt sich dabei um eine relativ konstante Ausprägung des Umgangs eines Erwachsenen mit den Kindern. Für die erzieherische Praxis ist es wichtig, seinen eigenen Stil und die klassischen Formen in ihrer Reinform zu kennen. In Situationen, in denen schnelle Entscheidungen gefragt sind, wird spontan auf den Erziehungsstil zurückgegriffen, der von den Eltern vorgelebt wurde. Meist findet eine Mischung dieser Erziehungsstile Anwendung.

	Autoritär	**Antiautoritär**	**Demokratisch**
Bild			
Begriff	herrschend, mit Einfluss	gegen die Herrschaft eingestellt sein und erziehen	gemeinsam entscheiden (vom Volk aus)
Ziele	**Gehorsam** - Unterordnung unter den Herrscher (meist der Vater) - Einhaltung der hierarchischen Ordnung gibt Sicherheit - Anweisungen folgen - hohe Anpassung an Vorgaben gewünscht	**Das Kind findet seinen Weg selbst** - möglichst keine Vorgaben oder Anregungen geben - sehr großen Freiraum zur eigenständigen Entwicklung lassen - hohe Wertschätzung des Kindes - Ablehnung von Unterdrückung, Zwang und Machtausübung	**partnerschaftliche Entscheidungen treffen** - gegenseitiges Vertrauen, Freundschaft und Akzeptanz - Berücksichtigung der Bedürfnisse und Eigenart des Kindes - Anerkennung der Meinung des Kindes - Freiraum für Erfahrungen des Kindes werden eingeräumt
Erziehungsmittel	Tadel, Drohungen, Strafen, Gebote, Verbote	Eingreifen bei Gefahr, gewähren lassen	positive Verstärkungen, Lob, Ermunterungen, Anerkennung

Tabelle 1: *Erziehungsstile*

2.4 Grundschulkind und Schulkind

Zum Ende des Vorschulalters hat das Kind die Entwicklungsaufgaben bewältigt, die es in die Lage versetzt, sich den neuen und höheren Anforderungen der Schule zu stellen.

> Das Kind hat den ersten körperlichen Gestaltwandel durchlaufen und ist schulfähig.

Bei den Neun- bis Zwölfjährigen vollzieht sich allmählich der Übergang zur „zweiten Fülle": In dieser Phase wird die Muskel- und Fettmasse neuerlich aufgefüllt und ein Längenwachstum findet statt.

2.4.1 Entwicklung des Grundschul- und Schulkindes

Motorische Fähigkeiten: Kinder können Bälle aus unterschiedlichen Richtungen auffangen und zurückwerfen. Mechanische Zusammenhänge werden interessant. Die Kinder bauen einfache Modelle nach Vorlage zusammen.

Das Schreiben ist eine besondere **motorische Leistung**, die mit sechs Jahren erlernt werden kann. Die Steuerung erfolgt zwar noch aus der Armmuskulatur, wird aber nach und nach vom Handgelenk übernommen. Die Buchstaben werden dann kleiner und differenzierter.

Der **Leistungsgedanke** spielt im Schulalter eine wichtige Rolle. Die Schule trägt dazu bei, dass sich die Fähigkeit zur Selbsteinschätzung entwickelt. Dies ist von großer Bedeutung für die Selbstbewertung und Entwicklung der Persönlichkeit.

Zum Ende der Grundschulzeit kann das Kind Begriffe in Kategorien einordnen. Wahrnehmungen werden zunehmend analytischer und differenzierter. Dadurch wird das **Wissen** reichhaltiger und geordneter.

In der späteren Kindheit verändert sich das Denken und wandelt sich vom konkreten zum theoretischen, abstrakten, auf Anschauungen basierenden Denken. Einteilungen in Ober- und Unterklassen finden statt. Grundlegende Fertigkeiten wie Lesen, Schreiben und Rechnen sind ausgebildet. Langsam entwickeln sich Neigungen und Interessen in bestimmten Bereichen.

Bild 1: *Freizeit*

In der **sozialen Entwicklung** beginnt in der späten Kindheit der Prozess der Ablösung vom Elternhaus. Es gewinnen Freizeitgruppen mit Gleichaltrigen an Bedeutung. Anfangs sind die Geschlechter dabei getrennt, wobei diese Trennung zunehmend aufgehoben wird, und sie erlernen ein männliches bzw. weibliches soziales Rollenverhalten.

2.4.2 Betreuungsaufgaben

In dieser Altersstufe haben Hauswirtschafterinnen die Aufgabe, die Kinder zu beaufsichtigen, für Bewegung zu sorgen, bei den Hausaufgaben zu helfen, zur Ordnung und Pünktlichkeit anzuleiten, auf die Körperhygiene und ausreichend Schlaf zu achten. Mit der Organisation und Durchführung eines Kinderfestes kann die Hauswirtschafterin ebenfalls betraut werden.

Erziehungsgrundsätze sind einzuhalten und im Laufe des Tages gemachte Beobachtungen werden den Erziehungsberechtigten mitgeteilt.

Zur motorischen Entwicklung

Bewegungsspiele im Freien, als Ausgleich zum langen Sitzen in der Schule, sind hilfreich. Versteckspiele, Ballspiele, Springen über ein Springseil eignen sich.

Die Kinder können in Sportvereine gehen, die sich gezielt um die Förderung der Beweglichkeit kümmern.

Zur Sprachentwicklung

Nach dem Schulbesuch haben die Kinder häufig das Bedürfnis, ihre Erlebnisse des Tages zu schildern. Nacherzählen des Erlebten fördert die Sprachentwicklung.

Kinder erzählen eigene Geschichten oder Erlebnisberichte von zu Hause oder vom Urlaub, Bilder und Fotos erleichtern das Erzählen. Das stärkt die sprachliche Ausdrucksfähigkeit der Kinder und kann Grundlage zum Verfassen eigener Texte sein.

Zur Denkentwicklung

Konzentrationsfähigkeit und Durchhaltevermögen werden trainiert und gefördert. Dies kann durch einen Einkauf von Brötchen oder anderes, bei dem das Kind sich etwas über einen längeren Zeitraum hinweg merken muss, eingeübt werden. Übertragung von verantwortungsvollen Aufgaben stärkt zudem das Selbstbewusstsein des Kindes.

2.5   Jugendalter

> Das Jugendalter, auch Adoleszenz genannt, ist eine Alterszeitspanne von zehn Jahren, in der spezifische Entwicklungsaufgaben vom Heranwachsenden zu lösen sind.

Dazu gehören z. B. der Aufbau eines Freundeskreises, das Akzeptieren der körperlichen Veränderungen, die Aufnahme intimer Beziehungen, die Ablösung vom Elternhaus, einhergehend mit der Entwicklung eigener Vorstellungen über sich selbst, die Umwelt und die Zukunft.

Mädchen bekommen im Alter von 12 oder 13 Jahren, Jungen zwei Jahre später einen Wachstumsschub, den **zweiten Gestaltwandel**. In dieser Zeit wirken die Schulkinder schlaksig und die Bewegungen sind ungeschickt, weil die Extremitäten im Verhältnis zum Rumpf unterschiedlich schnell wachsen.

Die Geschlechtsreifung tritt durch hormonale Veränderungen ein. Brüste und Behaarung im Genitalbereich bilden sich aus. Männliche Heranwachsende bekommen eine tiefere Stimme.

Mit 16 bis 18 Jahren bei den Mädchen und bei den Jungen etwa zwei Jahre später ist das **Längenwachstum** abgeschlossen und das Breitenwachstum setzt ein, welches auch mit der geschlechtlichen Entwicklung einhergeht. Die Mädchen bekommen ein breiteres Becken, während bei den Jungen die Schulterbreite zunimmt. Der Körper bekommt seine endgültige Form.

Bild 1: *Jugendliche*

2.5.1 Entwicklung des Jugendlichen

Die **Denkentwicklung** steht auf der Stufe des Abstrakten: Das Kind bzw. der Jugendliche kann von abstrakten Voraussetzungen ausgehend logische Schlussfolgerungen ziehen. Er kann Hypothesen formulieren und diese systematisch überprüfen. Das Denken wird multidimensional. Das verbessert die Informationsaufnahme und -verarbeitung.

Im Jugendalter beginnt die bewusste **emotionale Ablösung** vom Elternhaus. Werte und Normen, die das Kind von den Eltern übernommen hat, werden hinterfragt. Der Jugendliche will selbst entscheiden und sich nichts mehr von den Erziehungsberechtigten sagen lassen. Gleichaltrige werden wichtiger und alle Probleme werden mit den Freunden oder Freundinnen besprochen. Die Jugendlichen begeben sich auf die Suche nach sich selbst, beziehen die Sicht anderer, der Vergangenheit und der Zukunft mit ein. Allerdings lässt der Wunsch nach schulischen Leistungen nach. Stattdessen wird die Welt mit ihren Angeboten erkundet und Erfahrungen werden gesammelt.

2.5.2 Betreuungsaufgaben von Jugendlichen und jungen Erwachsenen

Die Jugendlichen lösen sich von ihrem Elternhaus und gestalten ihr Leben zunehmend selbst und selbstbestimmt. Betreuungsaufgaben sind immer weniger nötig. Und dennoch kann die Hauswirtschafterin Angebote unterschiedlicher Art machen:

Sportliche Angebote: Schwimmen im Schwimmbad oder am Badesee, Wandern, Spazieren gehen, Inlineskates fahren, Badminton, Squash, Tennis und vieles mehr

Unterhaltungsangebote: Spielen, mit Freunden treffen, Tanzen, Lesen, Musikkonzerte, Theater, Oper, Kunstausstellung, Museum, Basteln, Ratespiele, Tierpark usw.

Der Wunsch nach Freiheit und eigener Lebenserfahrung ist so groß, dass mitunter die Gefahren, z. B. im Umgang mit Computer und Internet, übersehen werden. Hier sollte die Hauswirtschafterin aufmerksam sein und über Gefahren aufklären.

2.6 Betreuungsaufgaben Erwachsener in besonderen Lebenssituationen

In der Regel fallen für die Hauswirtschafterin wenige Betreuungsaufgaben für Menschen dieses Alters an. Die Betreuungsaufgaben bestehen möglicherweise darin, Erwachsene in speziellen Lebenssituationen wie z. B. in der Schwangerschaft, Stillzeit oder den Wechseljahren zu beraten.

2.6.1 In der Schwangerschaft

Eine Schwangerschaft ist Aufregung und Stress zugleich. Die Gefühle der zukünftigen Eltern schwanken zwischen Vorfreude und Unsicherheit, zwischen Glück oder Sorge. Jeder hat stets gut gemeinte Ratschläge parat. Die Hauswirtschafterin hat dann die Aufgabe zuzuhören und zu beruhigen. Die Schwangere ist in der Regel nicht krank und will auch nicht so behandelt werden.

Wegen der physiologischen Belastungen kann bei einer Schwangeren die Geruchs- und Geschmacksempfindung beeinträchtigt sein. Dies verändert die Essgewohnheiten und kann zu Heißhungerattacken auf spezielle Lebensmittel führen oder einige Lieblingsspeisen lösen Übelkeit oder Ablehnung aus. Manch ein Parfumduft kann zu „Atemnot" führen.

Einige Frauen leiden unter der morgendlichen Übelkeit. Hier kann eine Tasse langsam getrunkener Kamillentee noch vor dem Aufstehen helfen.

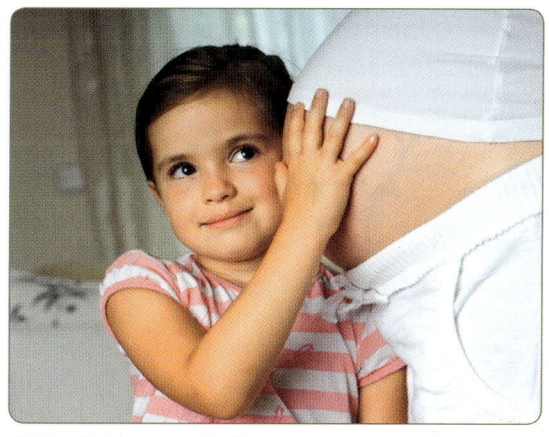

Bild 1: *Schwangerschaft*

Einige Frauen neigen zu Aufstoßen oder Sodbrennen, ihnen wird das Verzehren kleiner und häufiger Mahlzeiten empfohlen.

Viele Frauen sind besonders müde, das kann am Hormon Progesteron liegen, welches u. a. beruhigend wirkt. Schwangere sollten daher einige Pausen in ihren Tagesablauf integrieren.

Toxoplasmose ist eine Infektionskrankheit, hervorgerufen durch einzellige Parasiten, die Toxoplasma gondii. Passieren Toxoplasmose-Erreger die feine Membran der Plazenta und gelangen in den kindlichen Kreislauf, der noch durch kein funktionsfähiges Immunsystem geschützt ist, können sowohl körperliche als auch geistige Behinderungen die Folge sein. Selbst eine Fehlgeburt kann ausgelöst werden. Leider sind mögliche Folgen nicht bei allen infizierten Neugeborenen gleich zu erkennen. Manchmal treten Gesundheitsschäden erst nach Monaten oder sogar Jahren auf. An erster Stelle der Übertragung der Erreger auf den Menschen steht Fleisch vom Schwein oder Schaf – insbesondere roh oder rosa gebraten –, Tartar, „englisch" gebratene Steaks, aber auch Rohwurst wie z. B. Mettwurst und Salami sowie Käse aus Rohmilch. Diese Lebensmittel sollten nach Möglichkeit nicht verzehrt werden.

2.6.2 In der Stillzeit

Das Stillen ist in den ersten Lebensmonaten des Kindes von großer Bedeutung: Mutter und Kind leben sehr nahe, die Muttermilch ist nicht nur Nahrung für den Körper, sondern auch für die Seele. Muttermilch ist leicht verdaulich und an die Bedürfnisse des Kindes angepasst, stärkt das Immunsystem und senkt das Allergierisiko. Das Saugen des kindlichen Kiefers stärkt die Muskulatur und beugt Zahnschiefstellung vor. Muttermilch ist wohl temperiert, hygienisch einwandfrei und kostensparend (s. S. 329 f). Die Mutter hat in der Stillzeit einen erhöhten Bedarf an Nährstoffen, um sich selbst zu ernähren und genügend Nährstoffe für die Milchbildung zur Verfügung zu haben. Die Bedürfnisse der Mutter treten in dieser Lebenssituation häufig in den Hintergrund. Die Bedürfnisse der Frau, des Mannes und des Kindes sollten bewusst wahrgenommen und in einem ausgewogenen Verhältnis berücksichtigt werden.

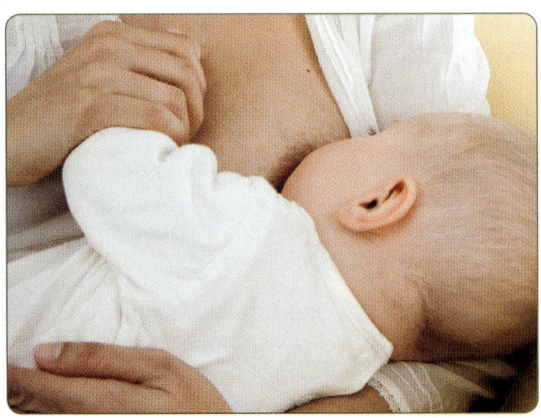

Bild 1: *Stillzeit*

2.6.3 Frauen in den Wechseljahren

Viele Frauen sehen dem 50. Geburtstag mit gemischten Gefühlen entgegen. Die Wechseljahre fallen in eine kritische Phase des Älterwerdens. Stolz über das Erreichte mischt sich oft mit der Enttäuschung über geplatzte Lebensträume. Die Wechseljahre sind keine Krankheit, sondern eine Lebensphase, die nicht zwangsläufig mit Beschwerden und Belastungen einhergehen muss.

Bild 2: *Frauen in den Wechseljahren*

Es ist eine Phase, in der der Körper ein neues hormonelles Gleichgewicht sucht. Sie ist vergleichbar mit der Pubertät, nur mit dem Vorteil, dass die Frau einiges an Lebenserfahrung dazugewonnen hat.

Bei den meisten Frauen treten die ersten Zyklusunregelmäßigkeiten zwischen dem 40. und 45. Lebensjahr auf. Die Umstellung des Hormonsystems erfolgt in Schüben, Östrogen- und Progesteronspiegel schwanken und andere Hormone (LH, FSH) steigen. Als Folge daraus gibt es unregelmäßige Zyklen, Wachstum kleiner Pickelchen oder dunkler Haare am Kinn, ab Zyklusmitte spannen die Brüste stärker als früher. Viele Frauen erkennen die Wechseljahre daran, dass sich Beschwerden wie z. B. Hitzewallungen, Schweißausbrüche und eine trockene und dünnere Scheidenschleimhaut einstellen. Nach einer mehr oder weniger langen Umstellungsphase erfolgt bei den meisten Frauen die letzte Monatsblutung zwischen dem 50. und 52. Lebensjahr.

2.7 Senioren

Das Altern beginnt mit der Geburt und verläuft bei jedem Menschen in unterschiedlichen Phasen und Zyklen. Es gibt weder den „typischen" Alten noch einen „typischen" Altersverlauf.

> Das Altern ist ein genetisch festgelegtes Geschehen, das durch äußere Faktoren frühzeitig in Gang gesetzt und beschleunigt werden kann.

Bild 1: *Senioren*

Beispielsweise wird das Altern der Haut durch intensives Sonnenbaden oder Rauchen beschleunigt. Andererseits kann z. B. die Gehirnleistung durch regelmäßiges Training bis ins hohe Alter aktiv bleiben oder sogar gesteigert werden. Altern bedeutet nicht nur einen Abbau von Fähigkeiten, sondern auch einen Zugewinn an Erfahrung und Verantwortungsgefühl.

2.7.1 Altersbedingte Veränderungen

> Die physiologischen Veränderungen sind vielfältig und sie erfolgen nicht in allen Teilen des Organismus gleichmäßig und gleichzeitig. Die Alterungsprozesse können zu psychischen Veränderungen führen und große Veränderungen im sozialen Gefüge bewirken.

Die ersten Veränderungen machen sich in der Regel an den Sinnesorganen bemerkbar. Die Tabelle auf S. 600 stellt die Veränderungen dar. Bei jedem Menschen gibt es individuelle Unterschiede. Nicht alle beschriebenen Veränderungen treffen bei jedem Menschen ein.

2.7.2 Betreuungsaufgaben

Körperhygiene ist unerlässlich

„Falten zeigen nur den Platz, wo ein Lächeln gestanden hat." (Mark Twain)

Durch das Nachlassen der Beweglichkeit und Sehkraft wird die morgendliche und abendliche Toilette zunehmend schwieriger und zeitaufwendiger. Trotzdem hat die Körperhygiene Priorität, da sie Infektionen verbeugen hilft. Zum Beispiel neigt die Haut dazu, leichter auszutrocknen und dünner zu werden. Juckreiz und Aufkratzen können die Folge sein. Durch verlangsamte Zellteilung entstehen Altersflecken oder Falten. Tägliches Einreiben mit Körpermilch oder -lotion mildert diese Gefahren, da die Fähigkeit, Wasser aufzunehmen, verbessert wird.

Ein- bis zweimal Duschen oder Baden in der Woche sind ausreichend. Jedoch sollte man täglich ein gründliches Reinigen des Intimbereichs und unter den Armen durchführen. Dies schützt vor Erkrankungen.

Verringerter Speichelfluss, Prothesen und die Einnahme von Medikamenten begünstigen Kariesbefall und Zahnfleischschwund. Tägliche Reinigung (immer nach allen Mahlzeiten) der Prothesen und der eigenen Zähne ist nötig.

Maniküre und Fußpflege stabilisieren das Selbstwertgefühl. Füße sollten regelmäßig auf Druckstellen kontrolliert werden. Fußnägel können sich verformen, einwachsen und Schmerzen verursachen.

Hilfen beim Anziehen

- Bereitlegen der Kleidung
- Bereitlegen der Anziehhilfen
- Evtl. beim Anziehen einzelner Kleidungsstücke, z. B. beim „Einfädeln" in die Ärmel oder Hosenbeine, helfen

Veränderungen	
Nachlassende Wahrnehmungen, körperliche Einschränkungen	■ Geschmack, Geruch, Speichelbildung ■ Sehkraft, Kurzsichtigkeit, Farbempfinden ■ Kau-, Schluckbeschwerden, fehlende Zähne, falsch sitzende Zahnprothesen ■ Feinmotorik, Mobilität, Grobmotorik, Sturzneigung ■ Gedächtnisleistung ■ Lungenfunktion, Harninkontinenz
Regulationsstörungen	■ Vermindertes Durstempfinden ■ Eingeschränkter Appetit
Körperzusammensetzung	■ Abnahme der Knochen- und Muskelmasse ■ Abnahme des Körperwassers
Verdauung, Resorption	■ Eingeschränkte Verträglichkeit von Laktose, Fett ■ Obstipationsneigung (Verstopfungsneigung) ■ Verminderte Aufnahme von Nährstoffen, z. B. Vitamin B12
Stoffwechsel	■ Verringerter Grundumsatz wegen Muskelabbau ■ Abnehmende Hormonproduktion (z. B. Geschlechtshormone, Wachstumshormone)
Energie-, Nährstoffbedarf	■ Energiebedarf sinkt bei gleich bleibendem Bedarf an Nährstoffen wie z. B. Vitaminen, Mineralstoffen ■ Bedarf erhöht bei Krankheiten: z. B. Infektionen (Vitamin C, Zink), Wundheilung/ Dekubitus (Protein, Zink, Omega-3-Fettsäuren), Demenz (Energie), Einnahme einiger Medikamente (Kalium, Magnesium nach Einnahmen von Laxanzien oder Diuretika)
Psychosozial	■ Beendigung des Arbeitslebens, dadurch evtl. Statusveränderungen ■ Niedrige Renten ■ Angst vor dem Verlust der Selbstbestimmung ■ Unangepasste Wohnverhältnisse, weit entfernte Einkaufsmöglichkeiten ■ Einsamkeit, Depressionen, Vergesslichkeit, Verwirrtheit, Demenz

Tabelle 1: *Altersbedingte Veränderungen*

■ Schließen von Knöpfen und Reißverschlüssen
■ Beim Verschließen von Schuhen oder Stiefeln helfen oder Schuhe mit Klettverschlüssen bevorzugen

Fit durch Bewegung

Ältere Menschen wollen Lebensqualität haben. Dazu verhilft geistige und körperliche Fitness. Einfache Übungen für Beweglichkeit, Kraft und Koordination verbessern den körperlichen Zustand und scheinen den geistigen Verfall zu bremsen. Balancetrainings verringern das Sturzrisiko erheblich. Tanzen stärkt nicht nur die körperliche Haltung, das Gleichgewichtsvermögen und die Beweglichkeit, es unterstützt ebenfalls geistige Fähigkeiten und erhöht das Konzentrationsvermögen.

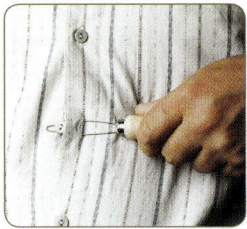
Bild 1: *Knöpfhilfe*

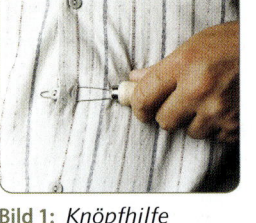
Bild 2: *Anziehhilfe*

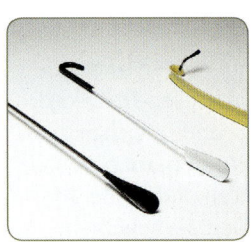
Bild 3: *Schuhanzieher*

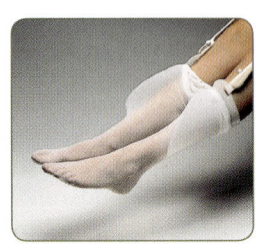
Bild 4: *Strumpfanzieher*

Bild 1: *Senioren halten sich fit*

Geist und Seele

Ständige Aktivitäten, neue Erfahrungen und Herausforderungen regen geistige Leistungen jedes Menschen an. Der Ruhezustand stört die Aktivität des Gehirns. Allerdings stellen Senioren fest, dass gewisse Denkprozesse langsamer verlaufen. Das liegt an einer geringeren Energie- und Sauerstoffzufuhr der Gehirnzellen, was oftmals durch Arterienverkalkung hervorgerufen wird.

Empfehlenswert sind regelmäßige körperliche Aktivitäten und anschließende Entspannungsphasen. So werden Stress und Gehirnblockaden vermieden.

Übungen, die den Geist fit halten, können Fragespiele, Kreuzworträtsel, Sudoku, Memory oder Gesellschaftsspiele sein. Sie fördern das Gedächtnis und die Konzentrationsfähigkeit.

Kontakte zu anderen Menschen, Mitmenschen und Angehörigen sind besonders wichtig für den Erhalt der Denkleistungen und haben Einfluss auf das innere Gleichgewicht und Wohlfühlen.

Wohnformen

Das **Mehrgenerationenhaus** ist eine alternative Wohn- und Lebensform, die es älteren Menschen ermöglicht, selbstbestimmt und eigenverantwortlich so lange wie möglich in der eigenen Wohnung zu leben. Die unterschiedlichen Generationen profitieren voneinander und unterstützen sich gegenseitig nach ihren Fähigkeiten. Zum Beispiel können ältere Menschen bei der Betreuung der jüngeren helfen, während deren Eltern für die Senioren einkaufen gehen können.

Meist liegt das Mehrgenerationenhaus in einem größeren Wohnbereich, in dem noch weitere Angebote für die Bewohner und andere Interessierte gemacht werden. Ein Café und Treffpunkte für Austausch, Beratungen und Seminarangebote sind in diesem Rahmen denkbar. Die Bewohner versuchen selbst die Angebote zu initiieren. Mitunter werden beispielsweise Hauswirtschafterinnen, hauswirtschaftliche Betriebsleiterinnen, Pflegekräfte oder Sozialpädagogen zur Unterstützung eingestellt.

In **Wohngemeinschaften** wohnen Menschen mit Gemeinsamkeiten oder sich ergänzenden Interessen zusammen, damit sie sich so lange wie möglich selbst versorgen können. Erfahrungen, Wissen und Fähigkeiten werden in die Wohngemeinschaft eingebracht. Menschen einer Wohngemeinschaft befinden sich häufig in ähnlichen Lebenssituationen, die sie gemeinsam leichter bewältigen können. Diese Wohnform gewinnt unter älteren Menschen immer mehr an Popularität.

Betreutes Wohnen ist eine Wohnform für ältere Menschen oder Menschen mit Einschränkungen, die keiner ständigen Pflege, aber gelegentlicher Hilfe bedürfen. Hierbei kann es sich um Wohn-Kauf-Angebote, Genossenschaften oder Wohlfahrtspflege handeln. Die Höhe der Miete ist abhängig von der Wohnlage, Größe der Wohnung und zusätzlichen Angeboten. Die Bewohner haben ihre eigenen Wohnungen und können je nach Bedarf Dienstleistungen in Anspruch nehmen. Es werden z. B. Hausmeisterservice, Hausnotruf, Rufbereitschaft eines Pflegedienstes u. Ä. angeboten. Sollte Ganztagspflege nötig werden, kann diese schnell in die Wege geleitet werden.

Bild 2: *Miteinander der Generationen*

Aufgaben:

1. Welche Freizeitbeschäftigungen können Sie Jugendlichen vorschlagen, die nichts oder sehr wenig kosten?

2. Welche Nachteile kann ein unbegrenzter Umgang mit dem Computer bei Jugendlichen haben? Gehen Sie dafür auf die physiologische, psychologische und soziale Veränderungen beim Jugendlichen ein.

3. Welche Softwareangebote gibt es derzeit im Handel, die eine Kontrolle des Umgangs mit dem Computer für die Eltern erleichtern? Welche Firmen bieten so etwas an? Wie viel kosten die Produkte? Welche Voraussetzungen muss der Computer erfüllen? Erstellen Sie einen Steckbrief für mindestens zwei unterschiedliche Angebote.

4. Führen Sie in der Klasse eine Pro- und Kontra- Diskussion zum Thema: „Beteiligung in sozialen Netzwerken muss sein" durch. Teilen Sie dafür die Klasse in zwei Gruppen, eine Pro- und eine Kontragruppe. Schreiben Sie Ihre Argumente auf Karten. Abwechselnd stellen Sie Ihre Argumente der anderen Gruppe vor. Achten Sie darauf, Argument und Gegenargument gegenüber zu stellen. Welche Gruppe hat die überzeugensten Argumente vorgebracht?

5. Welche Internetspiele gibt es derzeit im Handel, die zum Lernen geeignet sind? Suchen Sie Angebote zum Bereich gesunde Ernährung, gesundes Kochen, Rechnen und Rechtschreibung. Ermitteln Sie den Preis, Computervoraussetzungen und Hinweise zum Aufbau und Inhalt. Begründen Sie Ihre Auswahl.

6. Hin und wieder passiert es, dass 15 oder 16 jährige junge Frauen schwanger werden. Welche Risiken für die Gesundheit der Frau und das Baby können auftreten?

7. Welche Hilfen und Unterstützungsmöglichkeiten durch öffentliche Einrichtungen gibt es bei Schwangerschaften? Welche Einrichtungen in Ihrem Wohnort bieten diese Hilfsangebote an?

8. Diskutieren Sie in Ihrer Klasse die Einrichtung der Babyklappe. Begründen Sie Ihre Meinung. Wo gibt es in Ihrer Nähe eine Babyklappe?

9. Welche Verhütungsmittel gibt es? Welche Vorteile und Risiken sind mit ihnen verbunden?

10. Informieren Sie sich über Aufgaben von Hebammen. Wobei können sie helfen? Wo und wie arbeiten Hebammen?

11. Welche Angebote gibt es für den Ersatz der Muttermilch? Welche Firmen bieten das an? Worin unterscheiden sich die Produkte? Für welche Altersstufen gibt es Ersatznahrungen? Welche Hinweise zur Herstellung müssen beachtet werden?

12. Manchmal kommt es während der Stillzeit zu Entzündungen der Brust. Welche Ursachen gibt es dafür? Welche Maßnahmen helfen, die Entzündung zu lindern? Welche Tipps haben Sie als Hauswirtschafterin zum Thema Stillen?

13. Erkundigen Sie sich z. B. beim Zahnarzt, in der Apotheke oder im Internet, wie und mit welchen Hilfsmitteln Zahnprothesen gründlich zu reinigen sind.

14. Wie reagiert die Hauswirtschafterin auf das Nachlassen des Geschmacksempfindens?

15. Was ist Essen auf Rädern? Welche Angebote gibt es in Ihrer Nähe? Welche Kosten können entstehen?

16. Welche weiteren Bewegungsmöglichkeiten gibt es für Senioren? Welche Sportangebote gibt es in Ihrer Nähe?

17. Welche Übungen gibt es, mit denen die Gedächtnisleistung der Senioren unterstützt wird?

18. Welche Gesellschaftsspiele können Sie mit Senioren spielen? Welche körperlichen Beeinträchtigungen können beim Spiel hinderlich sein? Welche Möglichkeiten der Hilfe stehen Ihnen zur Verfügung?

3 Personenorientierte Durchführung von häuslicher Krankenpflege

Selbst wenn für eine Hauswirtschafterin ein Dauereinsatz im Bereich der Pflege nicht vorgesehen ist, ist es trotzdem wichtig, im Bereich der Ersten Hilfe ausgebildet zu sein und in der kurzfristigen häuslichen Krankenpflege über ein Grundwissen zu verfügen. Erste Hilfe (s. S. 240 ff.) am Arbeitsplatz und häusliche Krankenpflege können notwendig werden bei:

- Bagatellverletzungen, z. B.
  - Schnittwunden
  - Verbrühungen und Verbrennungen
  - Stauchungen und Prellungen
  - Insektenstiche
  - Nasenbluten
- Fremdkörper im Auge oder anderen Körperteilen
- Vergiftungen

- Unfälle, ausgelöst durch Strom
- Kurzfristige Bettruhe, z. B. wegen Grippe, Magen-Darm-Infektion
- Kinderkrankheiten wie z. B. Masern, Röteln, Windpocken

Wichtige Telefonnummern, wie die von Haus- und Kinderarzt, sollten neben den allgemeinen Notrufnummern (siehe unten) „einsatzbereit" am Telefon oder in der Tür der Hausapotheke deponiert werden.

- **112** = Feuerwehr
- **110** = Polizei
- **19 222** = Rettungsdienst kann direkt, ggf. mit Vorwahl angewählt werden

3.1 Hausapotheke

Jeder Haushalt sollte eine gut sortierte, gut erreichbare Hausapotheke besitzen.

Persönliche Medikamente sollten zur Vermeidung von Verwechslungen an einem zweiten Ort gelagert werden.

Wenn sie in der Hausapotheke untergebracht werden, sollten sie mit dem Patientennamen versehen und optisch getrennt von den allgemeinen Materialien einsortiert werden. Der Beipackzettel ist aufzubewahren und es ist auf das Verfallsdatum zu achten.

Die Hausapotheke sollte regelmäßig auf Vollständigkeit, Einsatzfähigkeit und die Mindesthaltbarkeitsdaten geprüft werden. Nach Gebrauch ist das verbrauchte Material zu ersetzen.

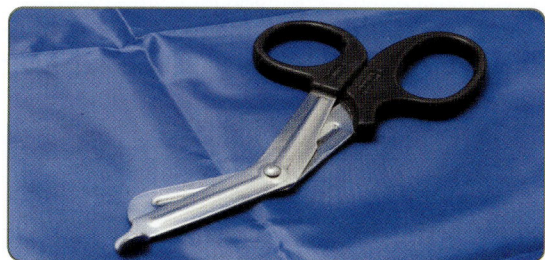

Bild 1: *Verbandsschere*

Heftpflaster (5 m × 2,5 cm)
Wundschnellverband (10 × 6 cm)
Verbandpäckchen (Größe G und Größe M)
Verbandtuch (60 × 80 cm und 40 × 60 cm)
Mullbinde (4 m × 8 cm und 4 m × 6 cm)
Kompresse (10 × 10 cm)
Dreiecktuch
Einmal-Handschuhe
Desinfektionsmittel
Verbandsschere
Splitterpinzette
Fieberthermometer
Rettungsdecke
Erste-Hilfe-Broschüre
Liste mit den wichtigsten Telefonnummern
Rezeptfreie Medikamente gegen „Bagatellerkrankungen" wie z. B. • Schmerzen • Erkältung • Durchfall • Verdauungsstörungen • u. Ä.

Tabelle 1: *Inhalt der Hausapotheke*

3.1.1 Behandlung von häuslichen Unfällen

Schnittverletzungen

Schnittverletzungen sind unangenehm, aber meist harmlos. Die Schnittwunde

- mit klarem Wasser reinigen,
- die umliegende Haut trocknen,
- desinfizieren und
- mit einem Heftpflaster versorgen.

Befindet sich die Verletzung an der Fingerkuppe oder am Nagelbett, sollte statt eines normalen Heftpflasters ein Fingerkuppenverband zum Einsatz kommen.

Personen, die weiterarbeiten, besonders im Bereich der Lebensmittelverarbeitung, müssen einen Fingerschutz bzw. einen Einmalhandschuh tragen. Einerseits zum Eigenschutz vor weiteren Infektionen, andererseits soll die „Weitergabe" von Krankheitserregern an andere Personen verhindert werden.

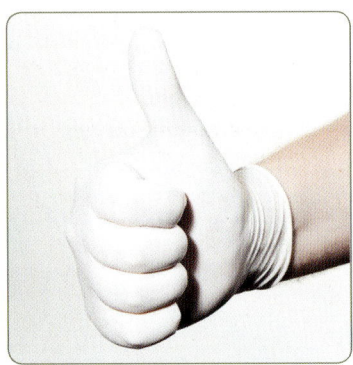

Bild 1: *Handschuh bei Daumenverletzung*

Ein Arzt sollte aufgesucht werden, wenn

- die Wunde auseinanderklafft,
- die Wunde sehr groß bzw. tief ist,
- die Blutung nicht zum Stillstand kommt und/ oder
- Strukturen von Sehnen erkennbar sind.

Dabei sollten die tiefen Wunden nicht berührt und nur mit einem sterilen Verband abgedeckt werden.

> Tetanus-Impfung nicht vergessen!

Verbrennungen und Verbrühungen

Besonders im Bereich des Haushaltes bzw. im Küchenbereich kommt es zu vielen Verletzungen durch Verbrennungen und Verbrühungen – meistens bedingt durch das Verschütten von heißen Flüssigkeiten oder das Berühren von heißen Arbeitsgeräten.

Verbrennungen 1. Grades	Die Haut ist gerötet.
Verbrennungen 2. Grades	Die Haut ist stark gerötet, es bilden sich Blasen.
Verbrennungen 3. Grades	Die Haut und das Gewebe darunter sind verkohlt.

Tabelle 1: *Verbrennungsgrade*

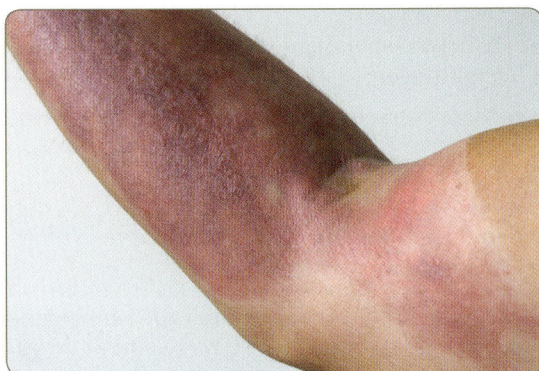

Bild 2: *Verbrennungen 2. Grades*

Eine größere Verbrennung bzw. Verbrühung (Lebensgefahr besteht, wenn etwa 15 % der Hautoberfläche bei Erwachsenen und etwa 5 % bei Kindern geschädigt ist) kann einen massiven Flüssigkeitsverlust zur Folge haben und zu einer lebensbedrohlichen Situation – bis hin zum Schock – führen. Deshalb sollte immer der Notarzt gerufen bzw. ein Arzt aufgesucht werden. Generell gelten folgende Erste-Hilfe-Maßnahmen:

- Vorsichtiges Entfernen von evtl. vorhandener Kleidung von den umliegenden Körperpartien
- „Festklebende" Kleidung an der Wunde nicht entfernen
- Sofort etwa 15 Minuten lang kaltes Wasser (10 – 20 °C) über den betroffenen Bereich laufen lassen
- Kein Eiswasser nehmen
- Keine Salben, andere Medikamente oder alte Hausmittel auf die Wunde auftragen

- Wunde mit einem sterilen Verband locker und ohne Druck abdecken
- Die Befestigung der sterilen Abdeckung sollte nicht mit Heftpflastern, sondern mit Mullbinden oder Dreiecktüchern erfolgen.
- Entstehende Blasen nicht öffnen
- Verbrennungen/Verbrühungen im Gesicht nicht abdecken
- Bei Verbrennungen/Verbrühungen im Bereich der Hände bzw. Füße sollten zwischen die Finger bzw. Zehen sterile Abdeckungen gelegt werden, um ein Zusammenkleben zu vermeiden

Verletzung durch Fremdkörper

Kleine festsitzende Glas-, Metall- und Holzsplitter, Dornen und Stacheln von Pflanzen können gezielt mit einer Pinzette entfernt werden.

Größere, tiefer eingedrungene und evtl. schwer zu entfernende Fremdkörper nicht entfernen. Die Wunde mit dem Fremdkörper mit einer sterilen Wundauflage vorsichtig und locker abdecken. Dabei sollten „Höhenunterschiede" vom Fremdkörper zum Körper mit weichen, sterilen Materialien ausgeglichen werden. Sofort in ärztliche Behandlung begeben.

Verschluckte Fremdkörper

Besonders kleine Kinder stecken sich immer wieder Gegenstände in den Mund und können sich daran verschlucken.

- Nicht versuchen, den Fremdkörper mit den Fingern aus dem Mund-Rachen-Raum zu entfernen. Er könnte dabei noch tiefer geschoben werden.
- Das Kind zum Erbrechen bringen. Sollte das nicht gelingen,
- das Kind bäuchlings auf das eigene Knie legen und den Fremdkörper durch kräftiges Klopfen zwischen die Schulterblätter herausbefördern.
- Wird der Fremdkörper nicht erbrochen oder herausgehustet, muss der Notruf erfolgen.

Verletzungen im Augenbereich

Fremdkörper wie kleine Staub- bzw. Sandkörnchen werden folgendermaßen entfernt:
- Mit einer feuchten Tuchecke vom äußeren Augenwinkel in Richtung Nasenwurzel wischen oder
- das Auge ausspülen.

Sollten diese Maßnahmen nicht erfolgreich sein, gibt es je nach Sitz des Fremdkörpers folgende Möglichkeiten der Entfernung:

- Bei einem Fremdkörper unter dem Unterlid nach oben sehen, das Unterlid herunterziehen und den Fremdkörper in Richtung Nase entfernen.
- Bei einem Fremdkörper unter dem Oberlid nach unten sehen, das Oberlid an den Wimpern über das Unterlid ziehen und wieder zurückgleiten lassen. Durch diesen Vorgang entfernen die Wimpern den Fremdkörper von der Innenseite des Oberlids.
- Festsitzende Fremdkörper, z.B. aus Metall, Glas oder Holz, sollten, um bleibende Schäden zu vermeiden, nur durch den Augenarzt entfernt werden. Legen Sie für den Weg zum Arzt einen Schutzverband über beide Augen.

Bei Augenverletzungen durch Säuren, Laugen und Dämpfe muss mit einer sofortigen Augenspülung begonnen werden.

- Dabei hält der Betroffene seinen Kopf seitlich, sodass das betroffene Auge nach unten zeigt. So fließt die Spülflüssigkeit nur durch das betroffene Auge und die ätzenden Stoffe laufen nicht über das gesunde Auge.
- Für das Ausspülen müssen die beiden Augenlider auseinandergezogen und die Spülflüssigkeit von der Nasenwurzel zum äußeren Augenwinkel gegossen werden.

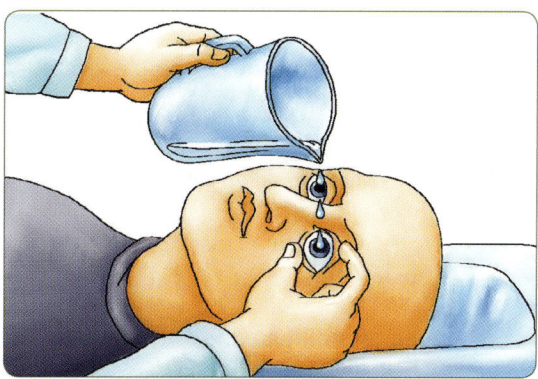

Bild 1: *Ausspülen des Auges*

Unfälle durch/mit Strom

Bei Unfällen durch elektrischen Strom ist die Eigensicherung von großer Bedeutung. Deshalb folgendermaßen verfahren:

- Zuerst die Stromquelle und evtl. den Hauptschalter ausschalten
- Notruf veranlassen
- Nur wenn es möglich ist, den Verletzten mit nicht leitenden Gegenständen (z. B. Gummimatten, Holzbretter oder Stoffdecken) von der Stromquelle trennen
- Wenn der Verletzte geborgen ist, Brandwunden keimfrei abdecken

Insektenstiche

Bei Insektenstichen die Haut sofort kühlen oder zum alten Hausmittel der Zwiebel greifen. Zwiebel halbieren und auf den Einstich legen.

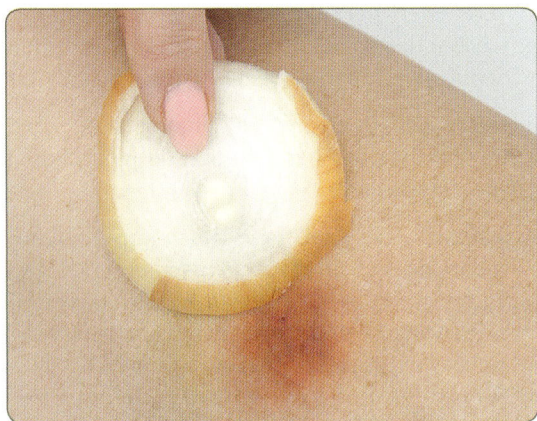

Bild 1: *Insektenstich mit Zwiebel behandeln*

Bei Insektenstichen im Mund-, Zungen- und Rachenbereich ist schnelles Handeln notwendig, da es in kürzester Zeit zu extremen Schwellungen der Schleimhäute kommen kann, wodurch wiederum die Atmung beeinträchtigt wird. Es droht Erstickung.

- Kalte Umschläge um den betroffenen Bereich legen
- Patienten Eiswürfel zum Lutschen geben
- Notruf ausführen!

Stauchungen, Prellungen und Zerrungen

Jeder kann stolpern oder stürzen. Aber bei Kindern und älteren Menschen kommt es häufiger vor.

Kinder sind durch ihren natürlichen Bewegungsdrang und ältere Menschen durch ihre zunehmende Unbeweglichkeit und Unsicherheit beim Gehen betroffen. Erkennbar sind Stauchungen und Prellungen durch Schmerzen, Bewegungseinschrän-

kungen, unbewusste Schonhaltung und evtl. Anschwellen des betroffenen Körperteils bis hin zu einem erkennbaren Bluterguss.

- Das betroffene Körperteil ruhig stellen
- und kühlen.

Bei Verdacht auf einen Knochenbruch das Körperteil ruhig stellen und den Notarzt verständigen.

Vergiftungen

Vorwahl	Rufnummer	Land/Stadt
05 51	1 92 40	Bremen Hamburg Schleswig-Holstein Niedersachsen
0 30	1 92 40	Berlin, Brandenburg
07 61	1 92 40	Baden-Württemberg
0 89 09 11	1 92 40 3 98 24 51	Bayern – München Bayern – Nürnberg
06131	1 92 40	Hessen Rheinland-Pfalz
03 61	73 07 30	Mecklenburg- Vorpommern Sachsen Sachsen-Anhalt Thüringen
02 28	1 92 40	Nordrhein-Westfalen
068 41	1 92 40	Saarland

Tabelle 1: *Giftnotruf-Zentralen*

Weitere Informationen zu Vergiftungen sind im Internet zu finden unter:

- www. giftinfo.de
- www.giftnotruf.de

Besonders Kinder trinken und essen aus Neugier Dinge, die zu Vergiftungen führen können.

- Notruf durchführen
- Herausfinden, um welchen Giftstoff es sich handelt, evtl. Reste sicherstellen
- Gleichzeitig die Giftnotruf-Zentrale anrufen zur Abklärung der weiteren Vorgehensweise

Dabei sollten der Giftnotruf-Zentrale neben dem möglichen Gift auch dessen Menge sowie Alter und Gewicht des Betroffenen und bereits durchgeführte Maßnahmen mitgeteilt werden.

Nasenbluten

Nasenbluten kann z.B. hervorgerufen werden durch Stürze, heftiges Ausschnupfen und durch bestimmte Erkrankungen. Früher nahm man den Kopf in den Nacken oder legte sich sogar hin. Das ist falsch. Das in den Rachen laufende Blut kann zum Verschlucken und zur Übelkeit bis hin zum Erbrechen führen. Richtig verhält man sich, wenn

- die Kleidung um den Halsbereich gelockert wird,
- der Betroffene gerade oder leicht nach vorn gebeugt sitzt und seinen Kopf mit seinen Händen an der Stirn abstützt,
- kalte Umschläge oder ein Eisbeutel in den Nackenbereich gelegt werden,
- bei längerer Blutung die Nasenlöcher mit Watte austamponiert werden,
- nach Stoppung der Blutung nicht sofort die Nase geputzt wird.

Dauert die Blutung länger als 15 Minuten oder tritt sie wiederholt häufiger auf, sollte mithilfe eines Arztbesuches die Ursache geklärt werden.

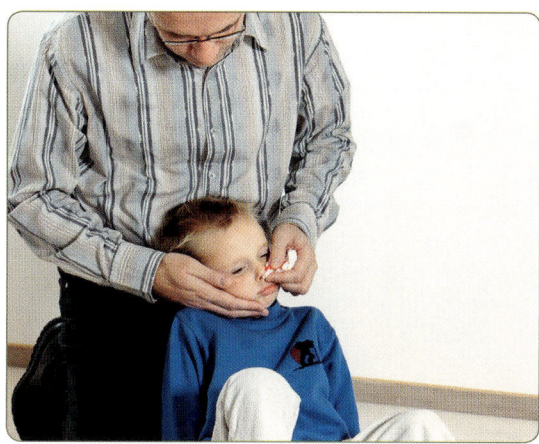

Bild 1: *Kopfhaltung bei Nasenbluten*

3.2 Arzneimittel

Arzneimittel sind im Sinne des Arzneimittelgesetzes (AMG) Stoffe und Zubereitungen aus Stoffen, die dazu bestimmt sind, durch Anwendung am oder im menschlichen Körper Krankheiten

- zu heilen,
- zu lindern,
- zu verhüten oder
- zu erkennen.

3.2.1 Arten und Einnahme von Arzneimitteln

Arzneimittel bzw. Medikamente gibt es schon seit vielen Jahrhunderten. Allerdings war die Verabreichung häufig schwierig, weil ihre Wirkstoffe sehr unangenehm schmeckten oder sie nicht gezielt an den Ort im Körper abgegeben werden konnten, wo ihre Wirkung notwendig war. Deshalb wurden die verschiedensten Arzneimittelformen entwickelt, um die eigentlichen Wirkstoffe so zu verpacken, dass eine optimale Wirkungsweise erreicht werden kann. Dabei wird der Wirkstoff mit sogenannten Füllstoffen, die es ermöglichen, aus der Arznei eine Tablette zu pressen oder eine Flüssigkeit herzustellen, verarbeitet.

Arzneimittel-formen	Verabreichung
▪ Tablette ▪ Dragee ▪ Kapsel ▪ Tropfen ▪ Pulver	oral
▪ Spray	Inhalieren bzw. Aufnahme über die Mundschleimhaut
▪ Zäpfchen	rektal
▪ Injektion	intramuskulär
▪ Injektion	intravenös
▪ Salbe ▪ Creme ▪ Gel ▪ Spray	Durch Auftragen auf die Haut

Tabelle 1: *Verabreichung von Arzneimitteln*

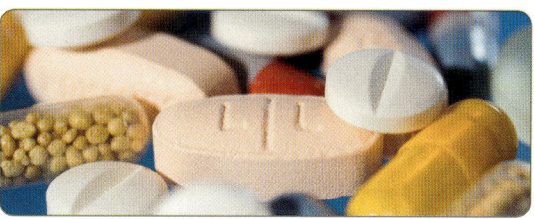

Bild 2: *Arzneimittel*

3.2.2 Umgang mit Arzneimitteln

- Immer den Beipackzettel lesen! Besonders die Wechselwirkungen mit anderen Arzneimitteln und den Hinweis auf evtl. Nebenwirkungen beachten
- Auf das Verfallsdatum achten
- Längere Selbstmedikamentationen weitgehend vermeiden, Rücksprache mit dem Arzt halten
- Bestimmte Arzneimittel, wie z. B. Insulin, im Kühlschrank aufbewahren
- Arzneimittel trocken und dunkel lagern
- Arzneimittel so lagern, dass Kinder sie nicht erreichen können

- Persönliche Arzneien mit Namen beschriften, damit eine Zugehörigkeit erkennbar ist
- Müssen über den Tag bzw. die Woche mehrere verschiedene Arzneimittel eingenommen werden, empfiehlt sich der Einsatz einer Medikamentenbox (Bild 1).

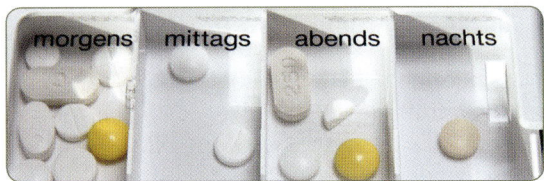

Bild 1: *Medikamentenbox*

3.3 Wirkung und Einsatz von Kräutern und Früchten

Viele Kräuter und Früchte werden schon seit Jahrhunderten als Heilmittel gegen die verschiedensten körperlichen und auch seelischen Beschwerden eingesetzt. Auch in der heutigen Zeit greift die Medizin immer wieder auf sie zurück.

> Werden die Kräuter und Früchte mit einem Hinweis auf eine Heilwirkung verkauft, muss das Produkt den Anforderungen des Arzneimittelgesetzes entsprechen.

Die Kräuter und Früchte werden in den unterschiedlichsten Formen angeboten, z. B. als

- getrocknete Produkte,
- Tee,
- Bonbons oder Pastillen,
- Öle oder
- Salben

Bild 2: *Tee aus Zitronenmelisse*

Hinweise für die Zubereitung und Lagerung von Kräuter- und Früchtetees

- Die meisten Tees mit sprudelndem, siedendem Wasser aufgießen
- Die verschiedenen Zubereitungszeiten beachten, damit die jeweiligen Inhaltsstoffe ihre volle Wirksamkeit erlangen können
- Aromadicht, trocken, kühl, gut belüftet und dunkel lagern, damit die Inhaltsstoffe nicht verloren gehen
- Auf das Verfallsdatum achten, deshalb nur kleine Mengen kaufen und lagern

Bild 3: *Verschiedene Produkte aus Salbei*

Kräuter / Früchte		Wirkungsweise	Einsatzbereich
Baldrian		▪ entspannend	▪ Schlaflosigkeit ▪ Magen- und Darm- krämpfe
Brennnessel		▪ harntreibend ▪ blutreinigend ▪ belebend	▪ Blasen- und Nieren- entzündungen ▪ Wassereinlagerungen
Fenchel		▪ beruhigend ▪ blähungsmindernd	▪ Schlafstörungen ▪ Verdauungsstörungen Einsatz besonders bei Säuglingen und Klein- kindern
Hibiskus		▪ kreislaufstärkend	▪ Kreislaufprobleme
Fliederbeeren		▪ schweißtreibend	▪ fieberhafte Erkältungs- erkrankungen
Kamille		▪ entzündungshemmend ▪ fördert den Heilungs- prozess ▪ beruhigend	▪ Magenprobleme ▪ Blähungen ▪ Schlaflosigkeit ▪ Äußerliche Anwendung bei Entzündungen und Hautunreinheiten
Lindenblüten		▪ schweißtreibend ▪ beruhigend	▪ Erkältungserkrankungen
Pfefferminze		▪ kühlend ▪ krampflösend	▪ Verdauungsstörungen ▪ Übelkeit und Krämpfe ▪ Blähungen und Durchfall
Salbei		▪ entzündungshemmend ▪ beruhigend	▪ entzündungshemmend ▪ Nachtschweiß
Zitronen-melisse		▪ beruhigend ▪ verdauungsfördernd	▪ Einschlafstörungen ▪ Magen- und Darmprobleme

Tabelle 1: *Wirkungsweise von Kräutern und Früchten*

3.4 Kurzfristige häusliche Krankenpflege

Arbeitet eine Hauswirtschafterin im häuslichen Bereich, kann eine kurzfristige häusliche Krankenpflege eines Familienmitglieds notwendig sein.

3.4.1 Objektives Beobachten von möglichen Krankheitssymptomen

Um festzustellen, ob jemand erkrankt ist, muss eine objektive Beobachtung erfolgen, die dann ggf. dem Arzt mitgeteilt werden kann. Dabei sollten die Atmung, der Puls, die Körpertemperatur geprüft und schon etwaige auftretende Symptome wie z. B. Appetitlosigkeit, Unwohlsein, Übelkeit, Kopf- und Gliederschmerzen, Schwitzen, Schüttelfrost, Erbrechen, Durchfall, Schmerzen festgestellt werden.

Zur objektiven Beobachtung gehört auch das Dokumentieren insbesondere der Atmung, des Pulses und der Körpertemperatur. Sollte ein Arzt erst einige Tage nach dem ersten Auftreten der verschiedenen Symptome hinzugezogen werden, ist es durch die Dokumentation einfacher, alle Daten und Fakten von mehreren Tagen wiederzugeben.

Atmung

Das Atmen erfolgt unbewusst in einem gleich bleibenden Rhythmus. Die Atemfrequenz kann sich durch Aufregung, Stress oder körperliche Anstrengung verändern.

- Ein Atemzug besteht aus der Einatmung, der Ausatmung und der Atempause. Die Atmung erfolgt unwillkürlich. Deshalb verändert sie sich auch, wenn eine Eigenbeobachtung oder wahrgenommene Fremdbeobachtung erfolgt.
- Mit zunehmendem Lebensalter nimmt die Atemfrequenz ab.
- Nicht nur die Atemfrequenz, sondern auch Veränderungen im Atemzug selbst können zu Rückschlüssen auf bestimmte Beeinträchtigungen führen.
- Bei Angst und starken Schmerzen werden die Atemzüge flach.
- Atemgeräusche lassen auf eine Verengung der Atemwege schließen, wie z. B. bei Erkältungen und Asthma.

Körpertemperatur

Für das Feststellen der Körpertemperatur wird als Hilfsmittel ein Fieberthermometer benötigt.

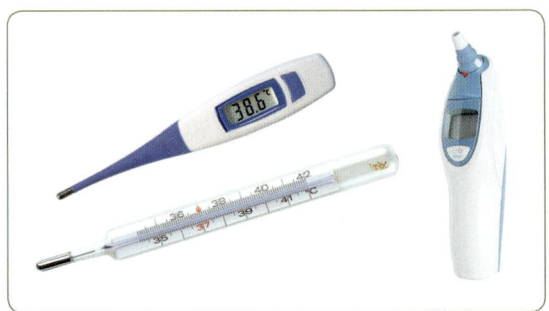

Bild 1: *Verschiedene Fieberthermometer*

Die Temperatur kann an verschiedenen Körperstellen gemessen werden:

- unter der Zunge (oral)
- im Ohr
- an der Schläfe
- unter der Achsel (axillar)
- im Enddarm (rektal)

Die Messungen sollten während eines Krankheitsverlaufes zur Vergleichbarkeit immer an derselben Körperstelle und mit demselben Thermometer vorgenommen werden. Denn die unterschiedlichen Messorte weisen zur wirklichen Körperinnentemperatur große Unterschiede auf. So kommt die Messung im Enddarm der Körperinnentemperatur am nächsten, die Messung unter der Achsel ist vom wirklichen Wert am weitesten entfernt.

Körpertemperatur	
unter 36 °C	Untertemperatur/ Unterkühlung
36,0–37,5 °C	normale Temperatur
37,6–38,0 °C	erhöhte Temperatur
38,1–39,0 °C	Fieber
Über 39,0 °C	hohes Fieber

Wadenwickel sind eine Maßnahme, um Fieber entgegenzuwirken.

- Jeweils ein feuchtes kaltes Tuch um jede Wade wickeln
- Jedes Bein mit einem trockenen Tuch abdecken
- Dem Patienten Socken anziehen, damit die Füße warm bleiben
- Innerhalb von 30 Minuten alle 10 Minuten den Wadenwickel erneuern
- Nach den Wadenwickeln wieder die Körpertemperatur feststellen und dokumentieren

Unterkühlungen treten bei Menschen auf,

- die sich leicht bekleidet lange Zeit draußen, evtl. in feuchter Umgebung aufgehalten haben,
- die durch einen Sturz innerhalb der Wohnung über einen längeren Zeitraum gelegen haben.

Unterkühlte Personen sollten

- in einen warmen Raum gebracht werden,
- warme Kleidung und eine Decke bekommen,
- warme, gesüßte aber alkoholfreie Getränke trinken.

Pulsfrequenz

Der Puls wird mit dem Zeige-, Mittel- und Ringfinger gefühlt, nicht mit dem Daumen! Die drei Finger werden von oben um das Handgelenk des Patienten herumgelegt, sodass Sie den Puls an der Unterseite des Unterarmes in Verlängerung des Daumens ertasten können. 15 Sekunden lang wird der Pulsschlag gezählt und das Ergebnis mal vier genommen, um den Wert des Pulses für eine Minute zu errechnen. Nicht nur die Pulsfrequenz ist wichtig, sondern auch die Regelmäßigkeit des Pulsschlages.

> Bei Fieber ist der Pulsschlag erhöht.

Altersgruppe	Normale Pulsfrequenz pro Minute
Säuglinge	120 bis 140
Kinder	80 bis 120
Jugendliche	60 bis 90
Erwachsene	60 bis 80

3.4.2 Kinderkrankheiten

Zu den klassischen Kinderkrankheiten zählen Erkrankungen, die mit juckenden, z. T. nässenden Hautveränderungen, Hautrötungen und Hautausschlag sichtbar werden, wie z. B. Masern, Röteln, Scharlach, Windpocken. Aber auch Keuchhusten und Mumps treten häufig im Kindesalter auf.

Neben den oben aufgeführten Kinderkrankheiten können bei jeder zu betreuenden Person, egal welchen Alters, Erkrankungen der Atemwege (Erkältungen, Grippe, Bronchitis, Mandelentzündungen Mittelohrentzündungen) und des Verdauungstraktes (Übelkeit, Erbrechen, Durchfall) auftreten.

Immunisierung

Gegen die viruellen und bakteriellen Erkrankungen empfehlen Kinderärzte und Ärzte wenige Wochen nach der Geburt mit verschiedenen Impfungen nach einem von der STIKO (**St**ändige **I**mpf**ko**mmission) empfohlenen Impfplan zu beginnen. Alle Impfungen werden in einem Impfpass festgehalten.

Erkrankung	durch	Inkubationszeit	Übertragung durch
Masern	**Viren**	9–14 Tage	Tröpfcheninfektion
Mumps	**Viren**	12–25 Tage	Tröpfcheninfektion
Keuchhusten	**Bakterien**	7–14 Tage	Tröpfcheninfektion
Röteln	**Viren**	14–21 Tage	Tröpfcheninfektion Körperkontakt Frisch infizierte Gegenstände
Scharlach	**Bakterien**	3–6 Tage	Körperkontakt
Windpocken	**Viren**	16–21 Tage	Körperkontakt Tröpfcheninfektion

Tabelle 1: *Übertragung von Kinderkrankheiten*

Für die verschiedenen Erkrankungen sind unterschiedlich viele Impfungen (1–4) zur vollständigen Immunisierung erforderlich. Außerdem werden in bestimmten Zeitrhythmen sogenannte Auffrischungsimpfungen empfohlen.

> Bei den Impfungen werden die Impfstoffe entweder per Spritze oder durch orale Einnahme (z. B. Schluckimpfung bei Kinderlähmung) verabreicht.
>
> Durch den Vorgang der Immunisierung soll eine Immunität gegenüber der beimpften Erkrankung erreicht werden.
>
> Eine Immunität ist erreicht worden, wenn gegenüber bestimmten Erkrankungen eine Unempfänglichkeit entstanden ist. Die Krankheit tritt dann gar nicht oder in sehr abgeschwächter Form auf.
>
> → Alle Impfungen sind freiwillig!

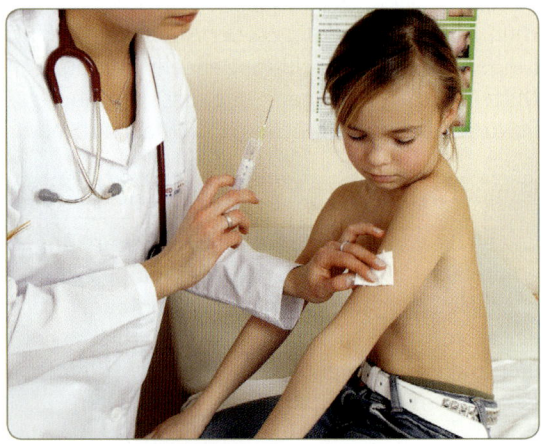

Bild 1: *Impfung mit Spritze*

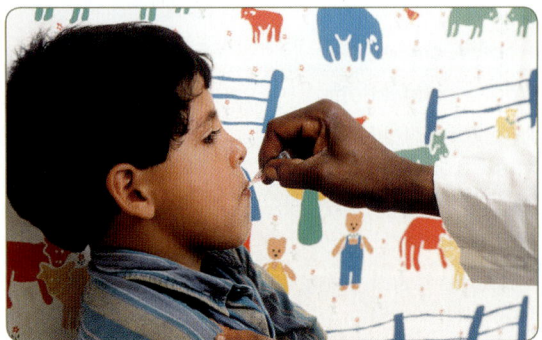

Bild 2: *Schluckimpfung*

Mindestens drei Monate vor Schwangerschaftsbeginn sollte abgeklärt sein, ob eine Röteln- und Windpockenimmunität besteht, um das Risiko einer schweren Schädigung des Ungeborenen zu vermeiden.

Außerdem sind Impfungen empfehlenswert gegen:

- Poliomyelitis (Kinderlähmung)
- Pneumokokken-Erkrankungen
- Meningokokken-Erkrankungen
- Haemophilus influenzae Typ b (Hib)
- Humane Papilloma-Viren (HVP)
- Influenza

Was ist was?

Polio/Kinderlähmung ist eine akute fieberhafte Infektion. Das Virus greift bevorzugt die Nervenzellen im Rückenmark an, die für die Muskelkontrolle zuständig sind. Meist verläuft die Polio ähnlich wie ein grippaler Infekt. In 1 % aller Fälle kann es zu bleibenden Schäden im Bereich der Arme und Beine kommen.

Pneumokokken-Erkrankungen sind schwer verlaufende Infektionen wie Hirnhaut-, Lungen- und Mittelohrentzündungen. Besonders betroffen sind Säuglinge, Kleinkinder und ältere Menschen.

Meningokokken-Erkrankungen können durch Bakterien Hirnhautentzündungen oder Blutvergiftungen auslösen.

Haemophilus influenzae Typ b (Hib) ist besonders bei Kindern eine lebensgefährliche, entzündliche Erkrankung im Hals-Nasen-Ohren-Bereich. Dazu gehören die Kehldeckelentzündung (Erstickungsgefahr) und die eitrige Hirnhautentzündung (Hörschäden, Entwicklungsstörungen).

Humane Papilloma-Viren (HVP) sind Viren, die bei der Warzenbildung eine Rolle spielen, aber auch verschiedene Karzinome, insbesondere Gebärmutterhalskrebs, hervorrufen können.

Influenza ist eine Viruserkrankung, die nicht mit einer Erkältung oder einem grippalen Infekt zu vergleichen ist. Nach der Infektion kommt es sehr schnell zu Abgeschlagenheit, sehr hohem Fieber und einem trockenen Husten. Personen mit einem geschwächten Immunsystem können an einer Influenza sterben. Eine jährliche Impfung ist notwendig, da sich die Viren ständig verändern und somit eine Immunisierung nicht möglich ist.

Lebensalter	Diphtherie	Hib Typ b	Hepatitis B	Keuchhusten	Kinderlähmung	Masern	Meningokokken	Mumps	Pneumokokken	Röteln	Tetanus	Windpocken	HVP	Grippe
2. Monat	1.	1.	1.	1.	1.				1.		1.			
3. Monat	2.		2.	2.	2.				2.		2.			
4. Monat	3.	2.	3.	3.	3.	1.		1.	3.	1.	3.	1.		
11./14. Monat	4.	3.	4.	4.	4.				4.		4.			
13. Monat							1.							
15/23. Monat						2.		2.		2.		(ggf.)		
1./2. Lebensjahr														
5./6. Lebensjahr	A			A							A	GW		
9./17. Lebensjahr	A		GH	A	A						A			
12./17. Lebensjahr													GM	
> 18. Lebensjahr	A10										A10			
> 30. Lebensjahr														In1
> 65. Lebensjahr									A6					

Tabelle 1: *Impfplan (A = Auffrischung / A6 = alle 6 Jahre / A10 = alle 10 Jahre Auffrischung / GH = Grundimmunisierung ungeimpfter Jugendlicher / GM = Grundimmunisierung für Mädchen / In1 = Grippe jährlich / GW = Grundimmunisierung ungeimpfter Jugendlicher ohne vorherige Windpockenerkrankung)*

Krankheitssymptome der Kinderkrankheiten

Bei Masern

- Hohes Fieber in Schwankungen
- Abgeschlagenheit
- Krampfartiger, bellender Husten
- Schnupfen
- Bindehautentzündung
- Weiße Flecken in der Mundschleimhaut (Koplische Flecken)
- Roter, kleinfleckiger Hautausschlag, der sich vom Kopf zu den Füßen bildet und in der gleichen Reihenfolge abheilt

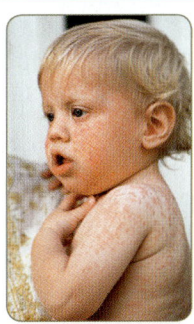

Bei Mumps

- Schwellung der entzündeten Ohrspeicheldrüse, die dicht unterhalb des Ohrs ihren Sitz hat
- Öffnen des Mundes ist mit Schmerzen verbunden
- Leichtes Fieber
- Hörstörungen

Krankheitssymptome der Kinderkrankheiten	
Bei Röteln	■ Leichtes Fieber ■ Gelenkschmerzen ■ Anschwellen der Lymphknoten am Hals und Nacken ■ Blassrosa Flecken, beginnend im Gesicht und am Hals, die sich innerhalb von 24 Stunden über den gesamten Körper ausbreiten ■ Flecken verschwinden nach etwa 3 Tagen	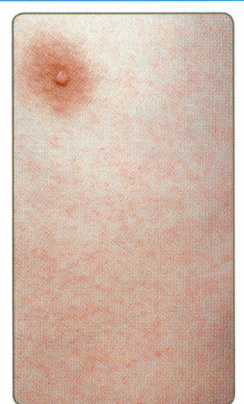
Bei Scharlach	■ Hohes Fieber, bis zu 7 Tagen ■ Rachen- und Mandelentzündung ■ Feinfleckiger Hautausschlag auf der Mundschleimhaut und der Zunge, der nach dem Ablösen die typische himbeerrote Zunge zum Vorschein kommen lässt ■ Nach etwa einer Woche Schälen der Haut, besonders an Händen und Füßen	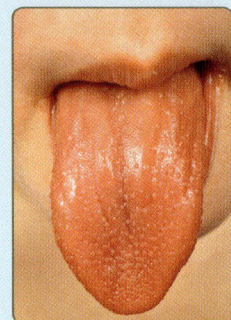
Bei Windpocken	■ Fieber ■ Kleine bis linsengroße, einzeln auftretende rote Flecken, die nach einigen Tagen verschorfen ■ Der Ausschlag breitet sich vom Rumpf beginnend über Arme und Beine und den Kopf aus. ■ Starker Juckreiz; da das Abkratzen des Schorfs zu Narbenbildung führt, sollte mit Salben und Lotionen dem Juckreiz entgegengewirkt werden.	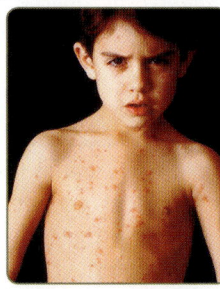

Bei Keuchhusten	■ Schnupfen
	■ Eventuell Bindehautentzündung
	■ Krampfhusten, der meist in der Nacht auftritt.
	  ■ Der Husten kommt in bellenden, vielen kurzen Hustenstößen mit dem Auswurf eines glasigen, zähen Schleims.
	  ■ Anschließend wird der Vorgang durch ein keuchendes Einatmen beendet, bevor es zu einem nochmaligen Anfall kommt.
	  ■ Dieser Krampfhusten kann in kurzen Abständen immer wieder auftreten.
	Besonders bei Säuglingen können Atemstillstände auftreten.
		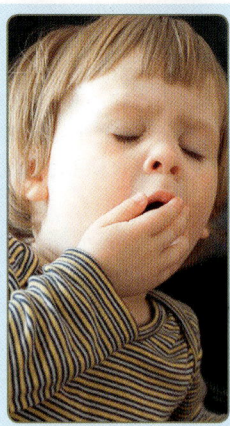

3.4.3 Ernährung des erkrankten Kindes

Kinderkrankheiten sind zwar keine ernährungsbedingten Erkrankungen, aber die erkrankten Kinder fühlen sich schlapp, abgeschlagen, haben leichtes bis hohes Fieber, schwitzen. Sie mögen nicht essen und trinken, besonders wenn Mund- und Rachenraum – bei Scharlach, Keuchhusten und bei Erkältungserkrankungen – betroffen sind. Die Ernährung muss auf diese Umstände Rücksicht nehmen und sich der jeweiligen Krankheitssituation anpassen.

> Besonders wichtig ist die ausreichende Flüssigkeitszufuhr. Das können bei einem fieberkranken Kind 2–3 l Flüssigkeit am Tag sein.

Die Flüssigkeitsgabe sollte in Form von zimmerwarmem Wasser pur oder mit wenig Fruchtsäften ohne Kohlensäure und lauwarmen, z. T. leicht mit Honig gesüßten Kräuter- und Früchtetees erfolgen. Fruchtsäfte sollten verdünnt werden und nur zum Einsatz kommen, wenn das Kind keine Entzündungen im Mund- und Rachenraum hat. Schwarzer Tee ist für Kinder nur bedingt geeignet, z. B. bei Durchfall.

Bei Keuchhusten sind Milch und Milchmixgetränke wegen der Schleimbildung zu meiden.

Strohhalme und Trinkbecher mit Aufsatz erleichtern das Trinken im Liegen.

Durch das Schwitzen verliert das erkrankte Kind nicht nur Wasser, sondern auch lebenswichtige Mineralstoffe und Spurenelemente. Dagegen hilft in den ersten Tagen einer Erkrankung die Gabe von leicht gesalzener, fettarmer Fleisch- und Gemüsebrühe. Ab dem dritten Tag kann die Brühe mit leicht verdaulichen Einlagen, wie z. B. Eierstich, aufgewertet werden.

Bei der ersten festen Nahrungsaufnahme nach Abklingen der Erkrankung ist zu beachten, dass

- die Portionen klein sind,
- viele, kleine Mahlzeiten über den Tag verteilt angeboten werden,
- die Speisen zerkleinert oder sogar püriert angeboten werden,

- Lieblingsspeisen hergestellt werden und
- die Speisen ansprechend angerichtet werden.
- Vorsicht mit „reizenden" Gewürzen wie z. B. Pfeffer, Paprika, Curry
- Fette, zuckerhaltige und schwer verdauliche Lebensmittel (Kohl, Müsli, Süßigkeiten) sind zu meiden.
- Der Übergang zur normalen Mischkost erfolgt mit fortschreitender Genesung.

Magen-Darm-Erkrankungen

Bei kurzfristigen Verdauungsproblemen, verbunden mit Erbrechen und/oder Durchfall, sollte der Verdauungstrakt über 1–3 Tage ruhiggestellt werden.

Am 1. Tag wird ein völliger Nahrungsverzicht vorgeschlagen, allerdings verbunden mit einer ausreichenden Flüssigkeitsaufnahme. Hier kann der schwarze Tee bei Durchfall zum Einsatz kommen.

Am 2. Tag kann die **Rohapfeldiät** oder die **Karottensuppendiät** zum Einsatz kommen.

> **Rohapfeldiät:** 250–300 g Äpfel mit Schale auf einer Glasreibe ohne Kerne und Kerngehäuse reiben und mit etwas Zitronensaft vermischen. Es können am Tag bis zu fünf Mahlzeiten dieser Art gereicht werden.
>
> **Karottensuppendiät:** 500 g Karotten mit 1 l Wasser etwas 60 Minuten kochen und danach durch ein Haarsieb streichen. Die fertige passierte Suppe wird mit Wasser auf insgesamt 1 l aufgefüllt und mit 3 g Kochsalz abgeschmeckt. Diese Menge soll in mehreren Portionen über den Tag verteilt angeboten werden.

Die Pektine aus den Äpfeln und Karotten sind aufgrund ihres großen Quellvermögen in der Lage, etwaige Gifte und unerwünschte Mikroorganismen im Verdauungstrakt zu binden und auszuscheiden.

Am 3. Tag werden leichte Hafer- und Reisschleimsuppen zubereitet.

Ab dem 4. Tag wird langsam auf normale Kost, wie z. B. Nudeln mit einer milden Soße oder Kartoffelpüree mit Fleischklößchen, umgestellt.

3.4.4 Zimmergestaltung für einen kurzfristig bettlägerigen Erkrankten

Bei der häuslichen kurzfristigen Krankenbetreuung wird sich der Kranke in dem Raum der Wohnung aufhalten, in dem er auch sonst schläft.

- Das Zimmer sollte zweimal am Tag kurz, aber kräftig gelüftet werden (Stoßlüftung).
- Durchschnittlich sollte die Raumtemperatur 18°C, höchstens 20°C betragen.
- Die Bettdecke und das Kopfkissen sollten genauso wie die Bettwäsche atmungsaktiv und schweißaufnehmend sein.

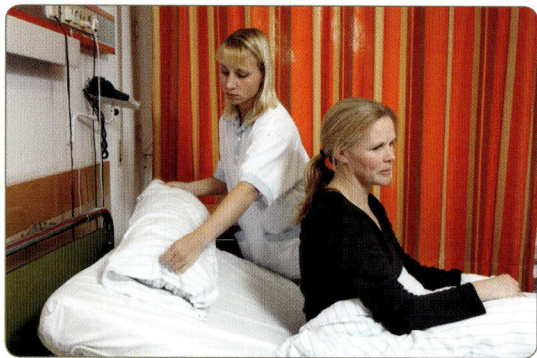

Bild 1: *Kissen aufschütteln*

- Die Bettdecke und das Kopfkissen zwei- bis dreimal am Tag gut aufschütteln
- Bettwäsche und Schlafanzug je nach Bedarf wechseln
- Für eine optimale Luftfeuchtigkeit von 45–55 % sorgen
- In der Umgebung des kurzfristigen Krankenzimmers sollte Lärm vermieden bzw. so gering wie möglich gehalten werden.
- Einen Stuhl in die Nähe vom Bett stellen, damit ein sofortiges Hinsetzen möglich ist, wenn der Erkrankte kurzfristig das Bett verlässt
- Einen Beistelltisch direkt neben das Bett stellen, um kleine Mahlzeiten, Telefon, Spielsachen und/oder Bücher u. Ä. abstellen zu können
- Ein Klapp- oder auch Kissentablett erleichtert die Nahrungsaufnahme im Bett. Es kann auch als Lese- oder Spielunterlage genutzt werden, wenn sich der Patient auf dem Wege der Besserung befindet.
- Den Patienten nicht „überbetreuen", sondern ihm auch Ruhephasen gönnen

Bild 2: *Kissentablett*

Aufgaben:

1. Führen Sie eine Notfallmeldung über Telefon für verschiedene Situationen durch:

   a) Ein 9-jähriges Kind hat sich den rechten Oberarm mit kochendem Wasser verbrüht.
   b) Ein 4-jähriges Kind hat auf dem Spielplatz einige gelbe Blüten gegessen.
   c) Ein 75-jähriger Besucher ist im „Mehr-Generationen-Café" gestürzt und kann nicht mehr von alleine aufstehen.

2. Ermitteln Sie weitere Kräuter und Früchte und deren Wirkung auf den menschlichen Körper.

3. Ein 7-jähriges Kind war an einer Magen-Darm-Infektion erkrankt. Nach einem Tag ohne Nahrungsaufnahme und zwei Tagen mit Zwieback und schwarzem Tee soll wieder mit einer „normalen" Nahrungsaufnahme begonnen werden. Wie sollte der Speiseplan für die nächsten drei Tage aussehen?

Bild 3: *Beistelltisch*

4 Betreuungsleistungen bei körperlich und geistig eingeschränkten Menschen

Was ist eine Krankheit? Was ist eine Behinderung? Wo ist der Unterschied?

> Als **Krankheit** wird eine Störung der normalen Funktionen des Körpers bzw. seiner Organe und Organsysteme gesehen, die durch eine medizinische Behandlung
> - geheilt,
> - gelindert (bei chronischen Erkrankungen wie z. B. Diabetes mellitus) oder
> - verhindert (z. B. durch Impfung, siehe Kap. 11.3) werden kann.

Dagegen ist die Definition von **Behinderung** wesentlich schwieriger. Manch einer fühlt sich schon durch eine kurzfristige Erkrankung (z. B. Grippe, Knochenbruch) behindert, obwohl es sich nur um eine vorübergehende, zeitlich absehbare körperliche Einschränkung handelt.

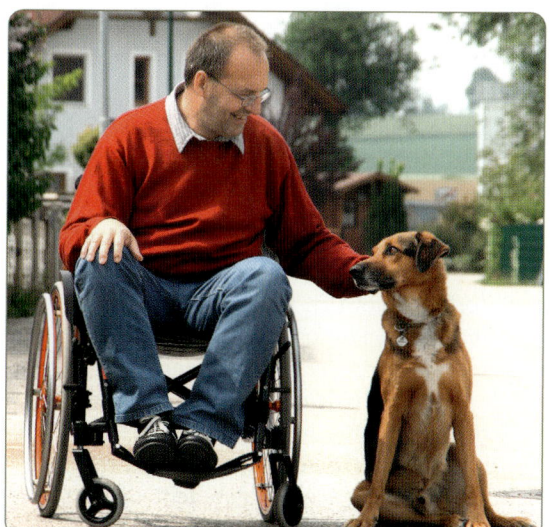

Bild 1: *Person mit körperlicher Behinderung*

> **Behinderungen** werden hier als angeborene bzw. andauernde körperliche und seelische Beeinträchtigungen im Vergleich zum „Normal"-Gesunden gesehen.

Jeder Mensch jeden Alters kann erkranken. Allerdings gibt es Krankheiten, die vermehrt im Kindesalter (s. Kap. 11.3) oder mit zunehmendem Erwachsenenalter bis weit über das Rentenalter hinaus auftreten.

So wie ein Säugling wächst, sich das Gehirn, die Organe und die Knochen ausbilden, so verändert sich der erwachsene Körper mit zunehmendem Alter. Der Körper baut ab. Viele dieser Veränderungen sind als „normal" zu betrachten, einige allerdings gehen mit mehr oder weniger körperlichen, seelischen und auch sozialen Einschränkungen einher (s. Kap. 11.2.7).

Mit zunehmendem Alter können u. a. vermehrt folgende Erkrankungen auftreten:

- Stoffwechselerkrankungen wie z. B. Diabetes mellitus Typ 2, Gicht
- Herz- und Gefäßerkrankungen wie z. B. Arteriosklerose, Bluthochdruck
- Erkrankungen der Gelenke wie z. B. Arthrose, Osteoporose
- Harnwegsinfekte bis hin zur Inkontinenz
- Nerven- und gehirnbedingte Erkrankungen wie z. B. Morbus Parkinson, Demenz

Die Behandlung und medizinische Betreuung obliegt bei diesen Erkrankungen dem Arzt und dem Pflegepersonal.

Die Hauswirtschafterin kann in den Bereichen Versorgung und Betreuung mit zur positiven Behandlung beitragen:

- im Bereich der Versorgung mit einer gesunden Ernährung (s. S. 314 ff.) bzw. durch eine angeordnete diätetisch hergestellte Kost und
- im Bereich der Betreuung durch
- Wahrnehmen und Beobachtung (s. S. 548 ff.), z. B. bei Gewichts- oder auch Verhaltensveränderungen, und
- dem Einhalten spezifischer Betreuungsregeln.

Im nachfolgenden Text wird exemplarisch auf die Stoffwechselerkrankung des Diabetes mellitus und eine neurologische Erkrankung, die Demenz, eingegangen.

4.1 Betreuung bei Diabetes mellitus

Besonders die Hauswirtschafterin, die im familiären Bereich arbeitet, muss sich mit den Symptomen der verschiedenen Erkrankungen auskennen.

Das rechtzeitige Erkennen von Erkrankungen ist zwecks der frühzeitigen Behandlung wichtig. So können auch die Spätschäden verhindert bzw. in Grenzen gehalten werden.

Bei Diabetes mellitus werden besonders durch die Hyperglykämie die Blutgefäße geschädigt. Es kann zu Nierenschädigungen, Erblindung, Herzinfarkt und dem sogenannten „diabetischen Fuß" kommen.

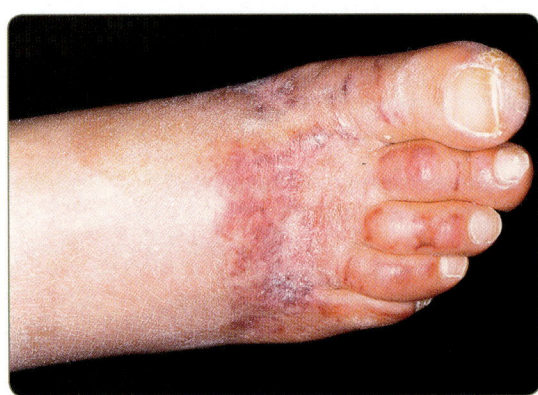

Bild 1: *Diabetischer Fuß*

Symptome des Diabetes mellitus Typ 1

- Starkes Durstgefühl
- Vermehrtes Wasserlassen
- Zuckerhaltige Urinausscheidung, messbar mithilfe von Test-Glucosestreifen
- Gewichtsverlust und Schwäche
- Acetonartiger Körpergeruch
- Bewusstseinsbeeinträchtigungen bis hin zum diabetischen Koma

Symptome des Diabetes mellitus Typ 2

Der Diabetes mellitus Typ 2 wird leider häufig verspätet entdeckt, da die ersten Symptome sehr unspezifisch sind, wie z. B.:

- allgemeine Schwäche
- häufige Infektionen
- schlechte Wundheilung
- trockene und juckende Haut

Hypoglykämischer Schock

Werden zu wenige Kohlenhydrate aufgenommen oder wird dem Körper eine zu hohe Menge an Insulin zugeführt, kommt es zu einer Unterzuckerung des Körpers. Dies zeigt sich durch Kopfschmerzen, Herzklopfen, Unruhe und Zittern.

Bei den ersten Anzeichen einer Hypoglykämie (Unterzuckerung) sollte

- der zu betreuenden Person sofort schnell resorbierbare Kohlenhydrate in Form von Traubenzucker, gesüßtem Tee, gesüßten Fruchtsäften o. Ä. gegeben werden.
- wenn möglich, der Blutzucker mit einem Schnelltest festgestellt werden.

Hyperglykämie

Eine Hyperglykämie bis hin zum diabetischen Koma tritt bei plötzlichen hohen Blutzuckerwerten auf.

Auslöser dafür können sein, z. B.

- zu niedrig dosierte oder vergessene Medikamente,
- Diätfehler (zu viele kohlenhydrathaltige Lebensmittel),
- erhöhter Bedarf an Insulin, z. B. durch eine Infektion oder Stress.

Symptome sind Appetitlosigkeit, Übelkeit, Erbrechen, Bauchschmerzen, Aceton-Atem, Schwäche, Schwindel bis hin zur Bewusstlosigkeit.

Sofortmaßnahmen

- Sofort den Notruf 112 wählen
- Bewusstsein, Puls und Atmung kontrollieren
- Beruhigend mit der Person reden
- Wenn möglich, den Blutzucker mit einem Schnelltest feststellen
- Verliert die Person das Bewusstsein, muss sie in die stabile Seitenlage gebracht werden

> Steht nicht fest, ob es sich um ein diabetisches Koma (Überzuckerung) oder um eine Hypoglykämie handelt, niemals Insulin geben, denn Insulin kann bei einer Unterzuckerung tödlich sein.

Die Trinkecke

Jeder Mensch sollte am Tag genügend Flüssigkeit zu sich nehmen (s. S. 317 ff.). So ist das auch besonders wichtig für erkrankte Personen, z. B. für Diabetiker und Gichtkranke.

> Damit die zu betreuende Person an das tägliche Trinken erinnert wird, sollte die Hauswirtschafterin eine „Trinkecke" an einem festen Standort einrichten!
>
> Wird die zu betreuende Person durch dieses Vorgehen eher abgeschreckt *(„Oh, so viel muss ich noch trinken!")*, muss gemeinsam eine andere Vorgehensweise gefunden werden, um das Trinken nicht zu vergessen.

Beim Einrichten der Trinkecke sollte Folgendes bedacht werden:

- Am besten die Trinkmengen gezielt in einem Trinkplan festlegen und evtl. auch festhalten
- Der Kräuter- und Früchtetee sollte am Morgen hergestellt werden, damit er immer trinkbereit zur Verfügung steht.
- Ebenso sollte das Mineralwasser sichtbar bereitgestellt werden.
- Das Mineralwasser sollte wenig bis keine Kohlensäure enthalten.

- Ab und zu können verdünnter Fruchtsaft und Buttermilch mit in den Trinkplan aufgenommen werden.

Wann?	Was?	Wie viel in ml?
Nach dem Aufstehen	Stilles Wasser	100
08.00	Schwarzer Tee oder Kaffee	125
09.00	Mineralwasser	150
10.00	Kräuter- oder Früchtetee	250
11.00	Mineralwasser	150
12.00	Kräuter- oder Früchtetee	125
13.00	Mineralwasser	200
15.00	Kräuter- oder Früchtetee	125
16.00	Schwarzer Tee oder Kaffee	125
17.00	Mineralwasser	150
18.00	Kräuter- oder Früchtetee	125
19.00	Mineralwasser	150
20.30	Kräuter- oder Früchtetee	125
21.30	Stilles Wasser	100
		2 000

Tabelle 1: *Trinkplan für einen Tagesbedarf von 2 l Flüssigkeit*

| Stilles Wasser | Kaffee und schwarzer Tee | Mineralwasser 0,8 l | Kräuter- und Früchtetee |

Bild 1: *Tagestrinkmenge*

4.2 Betreuung bei Demenz

Der Begriff Demenz (lat: de = ohne, mentia = Geist) bezeichnet eine Reihe von Erkrankungen, die zuerst durch die Einschränkung und mit fortschreitender Zeit durch zunehmenden Verlust

- des Denkens,
- des Erinnerns,
- der Orientierung und
- des Verknüpfens von mehreren logischen Abfolgen

gekennzeichnet sind, aber verschiedene medizinische Ursachen haben können.

Die primären Demenzen sind zurzeit nicht heilbar. Sekundäre Demenzen können bei rechtzeitigem Erkennen und Behandlung der Grunderkrankung zurückgehen.

- Primäre Demenzen (90 %)
  - Alzheimer Demenz (60 %)
  - Vaskuläre Demenz (20 %)
  - Mischformen (10 %)
- Sekundäre Demenzen (10 %) können ausgelöst werden durch
  - Hirntumore
  - Vitaminmangel
  - Stoffwechsel- und Hormonstörungen
  - Erkrankungen wie z. B. Parkinson und Morbus Huntington

Warum muss sich eine Hauswirtschafterin auch im Bereich der Demenz auskennen?

Der Grund dafür ist die Tatsache, dass die Menschen immer älter werden und mit zunehmendem Alter das Risiko steigt, an einer Form der Demenz zu erkranken. In der Bundesrepublik Deutschland gibt es zurzeit etwa 1 Million an Demenz erkrankte Menschen, davon sind etwa 700 000 von der Alzheimer Demenz betroffen. Im Jahre 2030 wird jeder dritte Bundesbürger 65 Jahre und älter sein. Der Versorgungs- und Betreuungsbedarf in diesem Bereich wird stetig steigen.

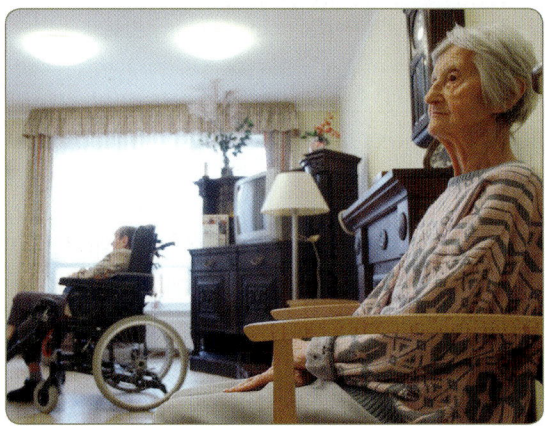

Bild 1: *Demente Person*

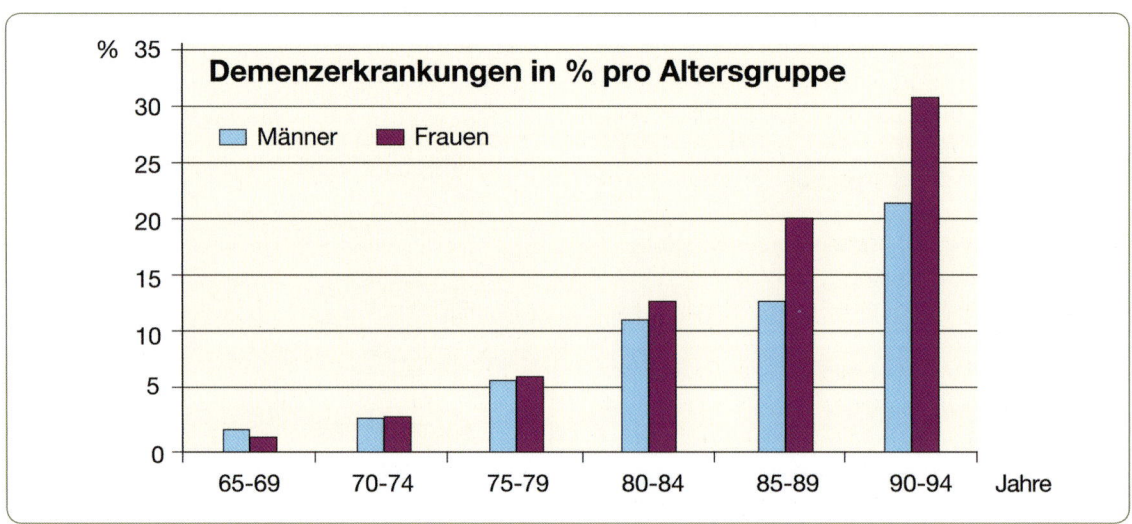

Bild 2: *Demenzerkrankungen in Prozent pro Altersgruppe*

Betreuung des Demenzkranken

Für die Betreuung von älteren Menschen, die an Demenz erkrankt sind, ist es wichtig zu wissen, welche Eigenschaften diesen Personen verloren gehen bzw. sich verändern können.

- Verlust der Eigeninitiative
- Vernachlässigung ihrer gewohnten Arbeiten und Hobbys
- Vernachlässigung der eigenen Person hinsichtlich der Körperpflege und ihrer Wohnung
- Verlust der Motorik
- Verlust der Merkfähigkeit
- Verlust des Tag-Nacht-Rhythmus
- Auftreten von Hypo- oder Hyperaktivität
- Verlust des Kontrastsehens
- Verlust des Hunger- und Durstgefühls
- Vergessen, die Nahrung zu kauen und auch hinunterzuschlucken
- Verlust des Geschmackssinns

Neben den normalen Umgangsregeln im täglichen Leben und besonders beim Trinken und der Nahrungsaufnahme gibt es noch spezielle Regeln zu beachten.

- Einen immer wiederkehrenden Tages- und auch Nachtrhythmus einhalten.
- Bitten und Aufträge nur einzeln in einem kurzen Satz in einfacher Sprache aussprechen: *„Bitte, ziehen Sie Ihre Schuhe an!"* Erst wenn die Schuhe angezogen sind, die weitere Bitte nach dem Anziehen des Mantels aussprechen.
- Immer Geduld bewahren.
- Lebensräume nicht verändern. Wenn Veränderungen anstehen, wie z. B. der Umzug in ein Betreutes Wohnen, einige „alte" Möbel mitnehmen und die Zimmer ähnlich gestalten wie „zu Hause".
- Bei bestimmten Hausarbeiten den Demenzkranken mit einbeziehen, wie z. B. beim Abwaschen; allerdings muss diese Arbeit in „gewohnter" Weise getan werden dürfen. Nicht mit der Spülmaschine, sondern im Spülbecken, vielleicht sogar in einer Spülschüssel. An diese Gegenstände „aus alter Zeit" wird sich eher erinnert als an neue technische Geräte.
- Personen immer von vorne ansprechen und den Blickkontakt halten, evtl. Körperkontakt durch z. B. Halten der Hand herstellen.
- Die Biografie des Erkrankten zu kennen, hilft Gespräche zu führen.

- Bei Unterhaltungen Gesprächspausen machen, damit die betroffene Person das Erzählte verarbeiten kann.
- Einen Bereich zum Snoezelen einrichten.

Was ist Snoezelen?

Der Begriff Snoezelen (ausgesprochen „snuzelen") setzt sich zusammen aus „snuffeln" (holl.: schnuppern) und „doezelen" (holl.: dösen).

Snoezelen wurde als Entspannungs- und Erholungsmethode für geistig schwerstbehinderte Menschen in den 70er Jahren in den Niederlanden entwickelt.

Durch optimale Gestaltung von Bereichen hinsichtlich harmonisch aufeinander abgestimmter Reize (Licht, Farbe, Töne, Düfte usw.) sollen das Wohlbefinden und die Tiefenentspannung gefördert werden. Besonders für verwirrte Personen, wie z.B. Demenzkranke, eignet sich diese Methode zum Abbau der „inneren Unruhe".

Es fördert allerdings keine intellektuellen oder verbalen Fähigkeiten, sondern dient „nur" der Entspannung und dem Wohlbefinden.

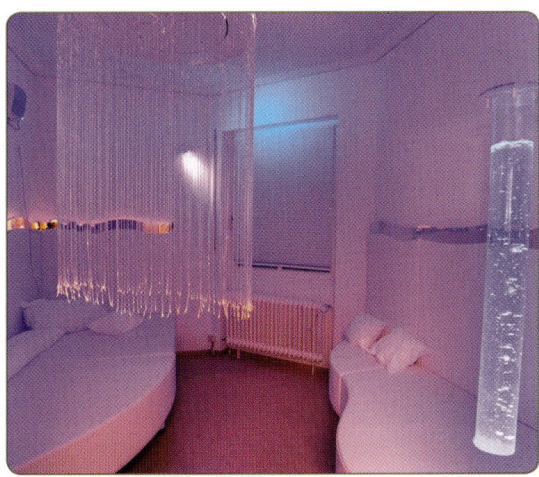

Bild 1: *Snoezelen-Raum*

- Den Esstisch kontrastreich eindecken. Ein weißer Essteller auf weißer Tischdecke und vielleicht noch ein helles Essen ist für einen an Demenz Erkrankten schlecht zu erkennen,

- deshalb farbige Tischwäsche und/oder farbiges Geschirr auswählen.
- Der Tisch sollte für alle Personen des Haushaltes, auch für die betreuende Person, eingedeckt sein. Erstens kann die erkrankte Person von den anderen Familienmitgliedern vergessene Handhabungen „abgucken" und zweitens wird sie nicht anfangen zu essen, wenn nicht alle am Tisch sitzen.
- Das Essen sollte nicht zu heiß serviert werden, da die Gefahr, sich zu verbrühen, oft nicht mehr erkannt wird.
- Süße und gut gewürzte (allerdings nicht zu salzige) Speisen anbieten.
- Immer wieder zum Trinken auffordern bzw. Getränke direkt anbieten (siehe 4.1.1 Trinkecke). Schon gleich am Morgen nach dem Aufstehen damit anfangen. Gesüßte Getränke werden eher getrunken als ungesüßte.
- Bei Getränken kann das Problem des Nicht-mehr-hinunterschlucken-Könnens damit gelöst werden, dass die Getränke angedickt werden.
- Bekannte Speisen und Gerichte aus der Jugend oder dem Heimatgebiet anbieten. Diese werden aus „Erinnerungsgründen" gerne gegessen.
- Speisen einzeln servieren. Ein Salat zum Hauptgericht auf einem Extrateller an der Seite kann schon zu Verwirrungen führen. („Was soll ich denn nun zuerst essen?")
- Speisen müssen ab einem bestimmten Zeitpunkt püriert werden. Dabei ist darauf zu achten, dass die jeweilige Speise eine einheitliche Konsistenz aufweist. Sollten sich in einer Speise Stückchen befinden, will der Demenzkranke diese Stückchen im Mund aussortieren und vergisst dabei das Hinunterschlucken.
- Demente Personen essen gerne mit den Fingern, weil ihnen der Umgang mit dem Besteck schwerfällt. Gerichte sollten deshalb auf ihre „Fingerfood-Tauglichkeit" betrachtet werden.
- Die Hauswirtschafterin bzw. die Betreuer sollten ein sogenanntes Mahlzeiten-Tagebuch führen, damit ein Überblick über die tatsächliche Nahrungs- und Flüssigkeitsaufnahme vorliegt.
- Viele an Demenz Erkrankte sind hyperaktiv. Sie werden immer wieder aufstehen und herumlaufen müssen.
- Durch diesen Bewegungsdrang „laufen auch viele Demente weg". Sie müssen immer „gut im Blick" behalten werden.

Bei all diesen Einschränkungen sollte die Würde des Erkrankten immer bewahrt werden.

Deshalb den dementen Menschen:

- nur mit gesäubertem Mund und gesäuberten Händen vom Tisch aufstehen lassen
- immer im normalen Ton ansprechen
- für den eigenen Stressfaktor immer ruhig bleiben und viel Geduld aufbringen

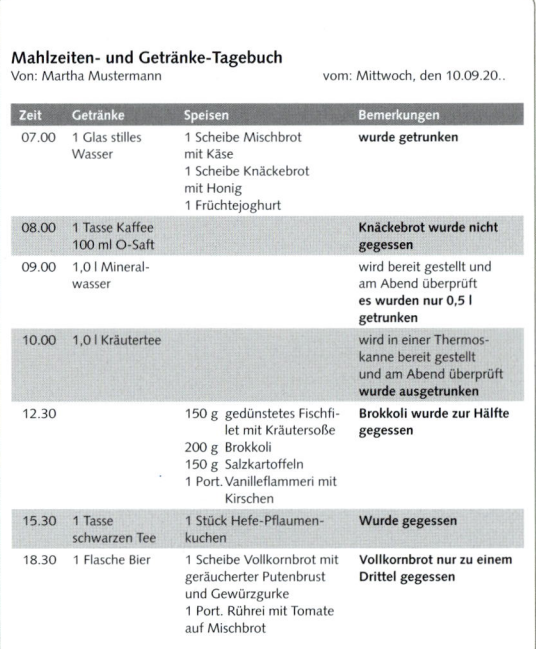

Mahlzeiten- und Getränke-Tagebuch
Von: Martha Mustermann · vom: Mittwoch, den 10.09.20..

Zeit	Getränke	Speisen	Bemerkungen
07.00	1 Glas stilles Wasser	1 Scheibe Mischbrot mit Käse 1 Scheibe Knäckebrot mit Honig 1 Früchtejoghurt	**wurde getrunken**
08.00	1 Tasse Kaffee 100 ml O-Saft		**Knäckebrot wurde nicht gegessen**
09.00	1,0 l Mineralwasser		wird bereit gestellt und am Abend überprüft **es wurden nur 0,5 l getrunken**
10.00	1,0 l Kräutertee		wird in einer Thermoskanne bereit gestellt und am Abend überprüft **wurde ausgetrunken**
12.30		150 g gedünstetes Fischfilet mit Kräutersoße 200 g Brokkoli 150 g Salzkartoffeln 1 Port. Vanilleflammeri mit Kirschen	**Brokkoli wurde zur Hälfte gegessen**
15.30	1 Tasse schwarzen Tee	1 Stück Hefe-Pflaumenkuchen	**Wurde gegessen**
18.30	1 Flasche Bier	1 Scheibe Vollkornbrot mit geräucherter Putenbrust und Gewürzgurke 1 Port. Rührei mit Tomate auf Mischbrot	Vollkornbrot nur zu einem Drittel gegessen

Bild 1: *Seite aus einem Mahlzeiten-Tagebuch*

Aufgaben:

1. Überlegen Sie sich weitere Methoden neben der Trinkecke, wie zu betreuende Personen daran erinnert werden können, ihre tägliche Flüssigkeitsmenge zu trinken.

2. Stellen Sie die Entspannungsmethode Snoezelen in einem Referat mithilfe einer

   a) Collage
   b) einer eingerichteten Snoezelen-Ecke"

   vor!

4.3 Menschen mit Behinderungen

Laut neuester Definition der Weltgesundheitsorganisation (WHO) wird seit 2001 eine Behinderung nach der ICF (Internationale Klassifikation der Funktionsfähigkeit, Behinderung und Gesundheit) neu eingeteilt. Für die ICF liegt eine Behinderung vor, wenn

- eine körperliche Schädigung vorliegt,
- die individuellen Aktivitäten dadurch eingeschränkt werden und
- eine Partizipationseinschränkung vorhanden ist.

> Ob jemand als behinderter Mensch oder als Mensch mit Aktivitätsbeeinträchtigung bezeichnet wird, wird in jeder Gesellschaft an der Norm von Menschen ohne Behinderung gemessen.

Einteilung nach Behinderungen:

- Körperbehinderung
- Sinnesbehinderung
- Sprachbehinderung
- Geistige Behinderung, auch Intelligenzminderung genannt

4.3.1 Körperliche Behinderungen

Als körperliche Behinderung wird eine individuelle körperliche Einschränkung in den Bereichen

- des Stütz- und Bewegungsapparates, z.B. das Fehlen eines Gliedmaßes, Muskelschwund, Spastiken, Lähmungen,
- des Organsystems, z.B. Versagen der Nieren, oder
- einer chronischen Erkrankung gesehen.

Diese körperliche Beeinträchtigung hindert den Menschen, am „normalen" sozialen Leben im persönlich gewünschten Rahmen teilzunehmen.

Betreuung von Personen mit körperlichen Einschränkungen

Bei körperlichen Behinderungen in den Bereichen der Organe oder bei chronischen Erkrankungen muss sich die Hauswirtschafterin an die Anweisungen und Diätpläne des Arztes halten.

Menschen mit körperlichen Einschränkungen im Bereich des Stütz- und Bewegungsapparates benötigen sehr oft Gehhilfen, wie z.B. Unterarmstützen, Rollatoren und Rollstühle, und daher mehr Platz, um sich im Haus zu bewegen. Deshalb sollten

- die Verkehrswege frei sein und keine unnötigen Gegenstände darin abgestellt werden,
- in den „öffentlichen" Räumen (Speiseraum, Lesezimmer, Fernsehzimmer usw.) für die Person ein fester Platz, abgestimmt auf die persönliche Situation, vorhanden sein.

Allerdings gibt es immer mehr Menschen in den unterschiedlichsten Altersgruppen, die zwar körperliche Einschränkungen bis hin zum Verlust eines Körperteiles haben, aber durch die immer besser werdende Prothetik in der Lage sind, aktiv am „normalen" Leben und sogar an besonderen Veranstaltungen, wie z.B. den Paralympics, teilzunehmen.

Bild 1: *Läufer bei den Paralympics*

4.3.2 Sinnesbehinderungen

Als Sinnesbehinderung wird das eingeschränkte oder gänzlich ausgeschlossene Wahrnehmen über die Augen und Ohren bezeichnet.

Betreuung von Personen mit Seheinschränkungen bzw. Erblindung

- Das Essen immer gleich auf dem Teller anrichten:
  - Fleisch/Fisch liegt auf 6 Uhr,
  - Gemüse auf 2 Uhr,
  - Sättigungsbeilage auf 10 Uhr.
- Fest stehende, gut greifbare Gläser immer auf derselben Position (über 2 Uhr) eindecken
- Im persönlichen Raum die persönliche Ordnung einhalten
- Räume nicht umräumen, und wenn, dann mit der betroffenen Person den „neuen" Raum zusammen abgehen und alle Veränderungen mitteilen
- Barrierefreie Flure und Wege in den Räumen schaffen und auch immer einhalten
- Stolperquellen vermeiden, z. B. keine Kabel „quer durch den Raum"
- Immer alle Türen von Schränken schließen

- Eine Hörbuch-Ecke einrichten, evtl. mit mehreren Kopfhörern, damit mehrere Personen einen Nutzen davon haben
- Bücher in Braille- bzw. Blindenschrift bereitlegen

Betreuung von Personen mit Höreinschränkungen bzw. Taubheit

- Immer zur Person hin sprechen und den Blickkontakt aufbauen bzw. halten, vielleicht kann die Person von den Lippen ablesen.
- Langsam und deutlich sprechen
- Nicht von hinten an die Person „anschleichen", sie könnte sich erschrecken.
- Ein Gespräch immer deutlich beenden und sich nicht zwischendurch mit anderen unterhalten
- Bei Gesprächen zusätzliche Geräuschquellen vermeiden, wie z. B. andere Gesprächsgruppen, Fernseher, Radio

Bild 1: *Angerichteter Teller*

Bild 3: *Gespräch mit einer höreingeschränkten Person*

Bild 2: *Brailleschrift „lesen"*

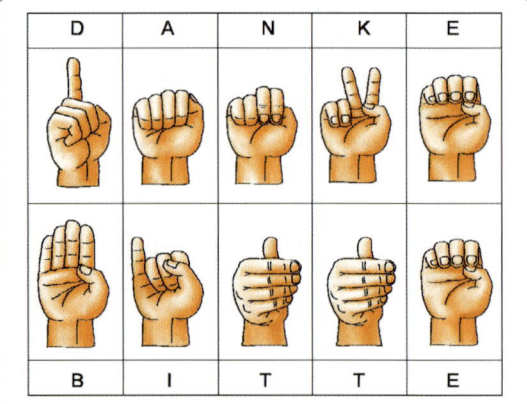

Bild 4: *Gebärdensprache*

- Immer einen Schreibblock und Stift dabei haben, damit Informationen aufgeschrieben und gelesen werden können
- Wichtige Begriffe in Gebärdensprache erlernen

Aufgaben:

Um die Probleme im Alltag von Menschen mit Einschränkungen zu verstehen, sollte man deren Probleme einmal selbst erfahren haben. Führen Sie die Aufgaben in einer Gruppe durch und berichten Sie von Ihren Erfahrungen.

1. Essen Sie mit verbundenen Augen ein Mittagsgericht, das wie in Kap. 4.3.2 angerichtet ist.
2. Fertigen Sie Fühlkisten mit unterschiedlichen Inhalten bzw. Gegenständen an (z. B., Federn, Hülsenfrüchten, Korken).
3. Entwickeln Sie ein Tast-Memory.
4. Sprechen Sie mit den Händen. Stellen Sie ein kurzes Gedicht oder ein Lied in der Gruppe vor.
5. Stellen Sie Wort- und Satzspiele für Kinder und Erwachsene vor und erproben Sie sie in der Gruppe.

4.3.3 Sprachbehinderung

Als Sprachbehinderung wird eine Einschränkung im Bereich des Sprechens, wie z. B. Stottern, oder der möglichen Ausdrucksweise, wie z. B. geringer Wortschatz oder fehlender Gebrauch der Grammatik, verstanden. Bei fehlender logopädischer Behandlung kann sich daraus auch eine Lese- und Schreibschwäche entwickeln.

Betreuung von Personen mit einer Sprachbehinderung

- Stotternde Menschen nicht drängen, schneller zu sprechen.
- In kurzen, grammatikalisch einwandfreien Sätzen sprechen.
- Wort- und Satzspiele besonders mit Kindern machen, aber auch bei Erwachsenen kann diese Übung sinnvoll sein.

4.3.4 Geistige Behinderungen

Als geistige Behinderung wird eine Einschränkung im kognitiven Bereich gesehen, die auch Auswirkungen auf die Sprache und die motorischen und sozialen Fähigkeiten haben kann. Nach der Klassifikation nach ICD-10 wird die Intelligenzminderung in mehrere Stufen unterteilt. Als Grundlage dient die Feststellung der IQ (Intelligenzquotient), der mithilfe verschiedener Tests ermittelt werden kann. Der durchschnittliche IQ liegt zwischen 85 und 114. Im Bereich von 70–84 wird von einer Lernbehinderung gesprochen und die Bereiche zwischen 70 und 20 werden von der ICD-10 in die Stufen „leichte bis schwerste Intelligenzminderung" eingeteilt.

Obwohl viele Auslöser für so eine geistige Einschränkung noch immer nicht bekannt sind, können neben

- genetischen Defekten, z. B. Trisomie 21 und
- Stoffwechseldefekten, z. B. Phenylketonerie, Galaktosämie, sowie
- späteren Erkrankungen, wie z. B. Meningitis, Schilddrüsenunterfunktion und
- Unfälle mit schweren Kopfverletzungen,

besonders äußere Einflüsse während der Schwangerschaft dafür verantwortlich sein, z. B.

- Infektionen, wie z. B. Röteln, Toxoplasmose und
- Intoxikationen, wie z. B. Rauchen, Alkoholkonsum und Medikamenteneinnahme durch die werdende Mutter.

Betreuung von Personen mit geistiger Behinderung

- Wie jeden anderen „normalen" Menschen auch behandeln
- Die noch vorhandenen Fähigkeiten nutzen und in den Alltag mit einbeziehen

Bild 1: *„Ich kann backen!"*

5 Hilfe bei Alltagsverrichtungen

Jeder Mensch in jedem Alter nimmt für die unterschiedlichsten Tätigkeiten im Alltag Hilfe von anderen und Hilfsmittel – meist unbewusst – in Anspruch. Viele dieser Hilfen und Geräte (z. B. In-den-Mantel-Helfen, Schuhanzieher u. Ä.) werden als selbstverständlich angesehen. Erst durch das Auftreten vorübergehender oder auch bleibender körperlicher Veränderungen und Beeinträchtigungen wird einem die Einschränkung oder der Verlust der jeweiligen Fähigkeit bewusst.

Die Hauswirtschafterin kann durch die Vielfältigkeit ihrer beruflichen Einsatzmöglichkeiten mit dieser Art der Hilfeleistung in Berührung kommen, besonders wenn ihr Aufgabengebiet in der Betreuung von Kindern, älteren Menschen oder Menschen mit Behinderung liegt. Dies ist überwiegend in Privathaushalten, im Betreuten Wohnen und in Seniorenwohnanlagen der Fall.

Hier tritt besonders die Überschneidung zum pflegerischen Bereich zu Tage. Während im Privathaushalt die vorübergehende Pflege von erkrankten Kindern und meist älteren Familienmitgliedern übernommen werden kann, ist in größeren Häusern für diese Aufgabe das Pflegepersonal zuständig. Trotzdem wird die Hauswirtschafterin – in Absprache mit dem Fachpersonal – auch einige Hilfestellungen in den Bereichen des Anziehens und der Körperpflege übernehmen.

5.1 Hilfe durch gezieltes Einrichten

Hilfestellungen können direkt in der Küche und im Service erfolgen oder aber sind bei der Planung (siehe LF 9) für Häuser dieser Art im Vorfeld zu bedenken. Dabei ist auf die Ausstattung und Einrichtung der allgemeinen Räume genauso wie auf die Bewohnerräume hinsichtlich ihrer Behaglichkeit und besonders ihrer Funktionalität zu achten.

Welche Hilfestellungen sollten im Bewohnerbereich berücksichtigt werden?

In der Küche

- Spezialmesser, z. B. mit abgeknicktem Griff
- Bretter mit Befestigungsvorrichtungen für das Brett selbst und für das Lebensmittel
- Tabletts mit Antirutschoberfläche und Tragegriff
- Kehrgarnitur mit langen Griffen
- Wasserhahnöffner
- Bürstenhalter
- Spezielle Dosen-/Flaschenöffner

Im Bad

- Notklingel
- Klappsitz in der Dusche
- Badewannengriff und Badewannensitz
- Universalstützen
- Niedriges Anbringen von Spiegeln

In der Wohnung

- Höhere Sitzhöhe bei Betten (48–52 cm)
- Höhenverstellbare Kopf- und Fußteile von Betten
- Stabile Stühle mit Armlehnen
- Sessel mit Fußstütze

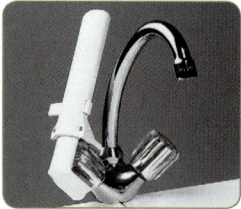

Bild 1: *Wasserhahnöffner*

Bild 2: *Klappsitz in der Dusche*

Bild 3: *Badewannengriff*

Bild 4: *Einhand-Dosenöffner*

5.2 Hilfe von Mitarbeitern aus der Küche

Welche Hilfeleistungen kann die Küche anbieten?

- Essen auf Tellern mit erhöhtem Rand (Schieberand) anrichten
- Essen auf Tellern mit Warmhaltevorrichtung anrichten
- Teile des Essens klein schneiden
- Mixgetränke anbieten
- Rohes Obst und Gemüse klein schneiden bzw. fein raspeln

- bestimmte Lebensmittel „vorbearbeiten", z. B.
  – die Rinde von Brot abschneiden,
  – den Apfel schälen
- Speisen weicher garen, z. B.
  – Gemüse und Fleisch,
  – mehlig kochende Kartoffelsorten auswählen,
  – evtl. Teile eines Gerichts pürieren

5.3 Hilfe von Mitarbeitern aus dem Servicebereich

Welche Hilfeleistungen können Mitarbeiter aus dem Service anbieten?

- Sitzplatzbereich am Esstisch im Restaurant für Rollstuhlfahrer freihalten
- Beim Platzieren des Rollstuhls behilflich sein, Rollstuhl feststellen
- Auf den Blickkontakt zum Rollstuhlfahrer achten, Servicepersonal sollte beim Gespräch ggf. „in die Knie gehen"
- „Parkplatz" für den Rollator/Gehwagen in der Nähe des Esstisches einplanen
- Bewegungseingeschränkten Gästen/Bewohnern beim Hinsetzen behilflich sein
- Abstellmöglichkeiten (sog. Stockhalter) für Gehstöcke und Gehhilfen am Tisch anbringen
- Spezielles Besteck bereithalten, z. B. Schrägbesteck, Besteck mit breiten Griffen, Besteck mit Griffbändern
- Spezielle Trinkgefäße bereithalten, z. B. Rillenbecher, Gläser mit Becher-Handgriff, Becher mit Trinkhalmeinsatz, extrem farbige Becher für Sehbehinderte, „Lätzchen" und Serviettenklammer bereithalten
- Auf Wunsch des Gastes/Bewohners die Servietten vorlegen und ggf. befestigen
- Teller in den Sichtbereich des Gastes/Bewohners stellen
- Bestimmte Speisen erst nach Vorstellung des Menüs am Tisch klein schneiden
- Salatteller nach Wünschen des Gastes/Bewohners am Salatbüfett zusammenstellen
- Immer alkoholfreie Getränke bereitstellen

Bild 1: *Schrägbesteck*

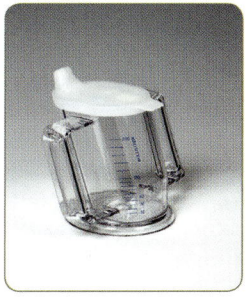

Bild 2: *Schrägbecher*

Bild 3: *Löffel mit Kugelgelenk*

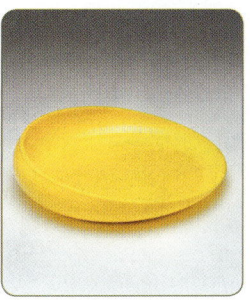

Bild 4: *Tellerrand erhöht*

Bild 5: *Warmhalteteller*

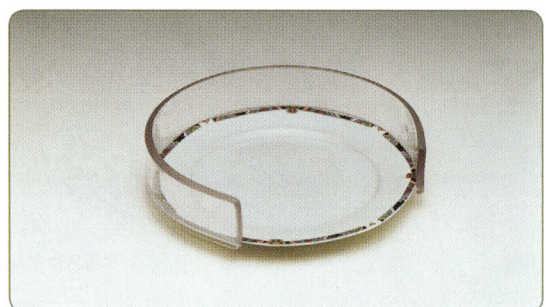

Bild 1: *Teller mit Schieberand*

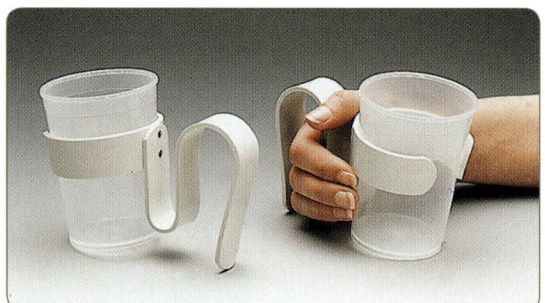

Bild 2: *Becher mit Griffband*

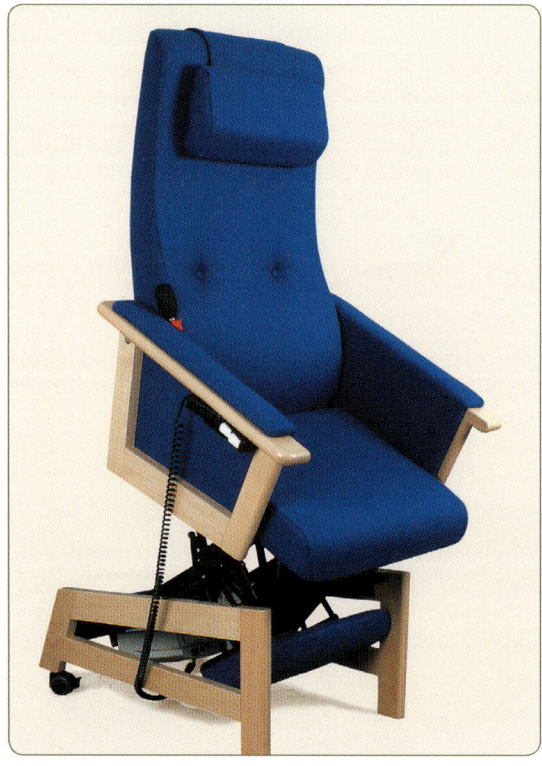

Bild 3: *Höhenverstellbarer Sessel mit Fußstütze*

Bild 4: *Besteck für Rechts- und Linkshänder*

Bild 5: *Becher mit Doppelgriff*

Aufgaben:

1. Erproben Sie den Umgang mit den folgenden Geräten hinsichtlich ihres Einsatzes und Umgangs.

   a) Besteck mit abgeknickten Griffen
   b) Rollator
   c) Rollstuhl zum Schieben

2. Erstellen Sie Regeln für den Umgang mit einem Rollstuhl zum Schieben.

3. Im Mehrgenerationenhaus soll das „Mehr-Generationen-Café renoviert werden. Erstellen Sie Ihre Wunschliste, was alles im Hinblick auf die neue Einrichtung beachtet werden sollte, besonders für …

   a) Kinder im Alter von 3–6 Jahren
   b) bewegungseingeschränkte Menschen
   c) stark sehbehinderte Menschen

6 Personenorientierte Zusammenarbeit und Gesprächsführung

„Die Leistung der Gruppe ist mehr als die Summe der Einzelleistungen."

Das bedeutet, dass nur als Team besondere Leistungen erbracht werden können. Es geht darum, wie die Gruppe am besten, d. h. am effektivsten, zusammenarbeiten kann. Jeder einzelne hat Fähigkeiten, die eingebracht werden, und zusammen ergibt sich eine nützliche Lösung oder ein Arbeitsergebnis.

6.1 Teamarbeit in der Hauswirtschaft

> Teamarbeit ist ein Begriff aus dem Englischen und bedeutet wörtlich übersetzt: **team** = Gespann oder Reihe zusammenarbeitender Tiere und **work** = Werk, Arbeit.

Gemeint ist eine gut aufeinander abgestimmte Gruppe, die sich zusammenfindet, weil die Mitglieder ein gemeinsames Ziel verfolgen. Das kann beispielsweise der Berufsschulabschluss oder ein Problem in der Berufsausübung sein. Meist wird für eine bestimmte Zeit nach vorher festgelegten Regeln und Vereinbarungen daran gearbeitet. Es werden zwei Arten von Teams unterschieden:

- **Arbeitsteams**
  Diese Gruppe arbeitet über einen längeren Zeitraum zusammen, wobei sich die Zusammensetzung der Gruppe abwechseln kann.

Zum Beispiel: In einem Seniorenheim arbeiten mehrere Hauswirtschafterinnen in einem Bereich, z. B. Versorgung der Bewohner, zusammen.

- **Temporäre Teams**
  Diese Gruppe hat ein bestimmtes Ziel, welches in einem kurzen und festgelegten Zeitraum bearbeitet wird. In diesen Teams gibt es in der Regel keine personellen Wechsel.

Zum Beispiel: Drei Hauswirtschafterinnen planen für ein Seniorenheim ein Sommerfest.

6.1.1 Teamstrukturen

Teamstrukturen regeln, in welcher Rangordnung (Hierarchie) zusammengearbeitet wird. Unterschieden werden:

- **Autokratie**
  Entspricht einem Ein-Mann-Unternehmen: Einer ist verantwortlich und gibt an seine Mitarbeiter Anweisungen, die schnell umzusetzen sind. Im Mittelpunkt steht der Chef.

Zum Beispiel: Eine Hauswirtschaftsleiterin vergibt Aufgaben an einen Reinigungsdienst.

Bild 1: *Autokratie*

- **Bürokratie**
  Hier werden die Verantwortlichkeiten verteilt: Eine Person bestimmt, eine Kleingruppe ordnet und gibt Anweisungen zur Umsetzung an die ausführenden Personen und Mitarbeiter weiter. Im Mittelpunkt steht die Aufgabe.

Bild 2: *Bürokratie*

Zum Beispiel: Eine Hauswirtschaftsleiterin gibt an ein Team aus drei Hauswirtschafterinnen den Auftrag, ein Sommerfest zu organisieren und durchzuführen. Die Hauswirtschafterinnen übernehmen die Planung und bestimmen wiederum, wer vom Personal Teilaufgaben übernimmt.

- **Demokratie**
  Hierbei geht es um Mitbestimmung und Mitverantwortung bei der Entwicklung und Durchführung von Aufgaben. Im Mittelpunkt steht die Gruppe.

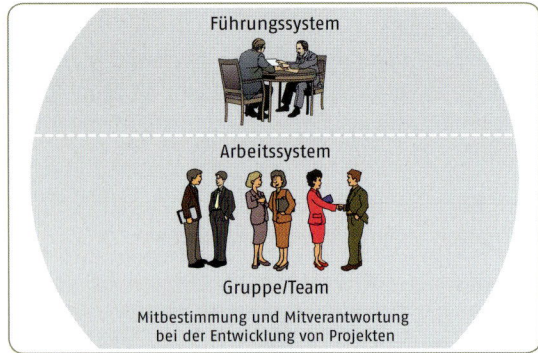

Bild 1: *Demokratie*

Zum Beispiel: Eine Gruppe von Hauswirtschafterinnen im Reinigungsbereich möchte Geräte anschaffen, die die Arbeit erleichtern. Gemeinsam entscheiden sie sich für Arbeitsgeräte und sorgen für eine Verbesserung ihrer Arbeitsbedingungen.

Die Teamstrukturen können von Team zu Team unterschiedlich gewählt sein, Mischformen sind ebenfalls möglich. Sie werden je nach Betriebsstruktur und Ziel bestimmt. Ein weiterer wichtiger Aspekt sind die Teilnehmer selbst. Hier kommt es auf die Fähigkeiten, Schwächen und Stärken der Teammitglieder an.

6.1.2 Rollen im Team

Jedes Mitglied erfüllt eine bestimmte Rolle. Beim Zusammenstellen eines gut funktionierenden Teams sollte darauf geachtet werden, dass die Teammitglieder unterschiedliche Kompetenzen einbringen können. Rollen in einem Team ergeben sich aus dem Charakter und den Fähigkeiten des einzelnen Teammitglieds. Jeder sollte sich der Rollen bewusst sein, um Teams zusammenzustellen, in denen sich die Teammitglieder ergänzen. Wichtig ist eine

ausgewogene Mischung. Überwiegt eine Rolle im Team, z. B. der Ideengeber, kann es leicht passieren, dass es unzählige neue Ideen gibt, jedoch niemand entscheidet, welche davon umgesetzt werden sollen.

In besonders erfolgreichen Teams konnten Psychologen acht Rollen ausmachen:

- Der **Teamleiter** mit besonderen Stärken in der Motivation von Mitgliedern oder Delegieren von Arbeiten, z. B. Hauswirtschaftsleiter.
- Der **Zuarbeiter** mit großem praktischen Talent, der an klaren, gewohnten Strukturen festhält und seine Kolleginnen tatkräftig unterstützt.
- Der **Ideengeber**, der für frischen Wind und neue Vorschläge sorgt, die aber nicht alle umsetzbar sind. Routinearbeiten liegen ihm nicht.
- Der **Ressourcenverwalter** stellt die Materialien und notwendigen Informationen bereit. Er knüpft Kontakte zu außenstehenden Personen, z. B. zu Verbänden, Angehörigen, Ärzten.
- Der **Gestalter** ordnet Diskussionen und Arbeitsergebnisse. Er sorgt dafür, dass alles in Strukturen dargelegt wird.
- Der **Beobachter** durchdringt die Argumente, wägt sie ab. Er fördert, dass Entscheidungen getroffen werden können.
- Der **Teamarbeiter** ist derjenige, der die Aufgaben ausarbeitet. Er steckt seine Energie hinein, sodass Entscheidungen umgesetzt werden.
- Der **Qualitätsprüfer** sorgt dafür, dass die Ergebnisse eine gewisse Qualität haben. Er hat den Blick auf wichtige Details.

Eine Idealbesetzung ist in den Teams meist nicht möglich, da sie häufig zu klein sind oder auf die Zusammensetzung nicht geachtet werden kann. Meist entstehen Teams aufgrund des gemeinsamen Arbeitsplatzes. Eine ideale Mischung muss auch nicht sein, denn Lücken werden ausgefüllt, indem einige Mitglieder mehrere Rollen übernehmen und manchmal so über sich hinauswachsen.

6.1.3 Teambildungsphasen

Wird ein Team gebildet, kommen Menschen zusammen, die ein gemeinsames Ziel verfolgen. Dann durchläuft das Team in der Regel vier Phasen. Diese Phasen sind unterschiedlich lang und verlaufen auch nicht wie auf einer Perlenkette aufgereiht, sondern eher schleifenartig, teils mit Rückschlägen. Während dieser Entwicklungsphasen wird inhaltlich gearbeitet, aber gleichzeitig kommt es zu zwischenmenschlichen Verwicklungen. Werden diese Störungen des Gruppenprozesses nicht behoben, arbeitet das Team auch nicht produktiv.

Die vier Entwicklungsphasen eines Teams

1. Orientierung, Phase des Ankommens

Bild 1: *Anfangssituation*

Hier lernen sich die Mitglieder kennen, beobachten sich gegenseitig und versuchen, sich ein Bild von den anderen Mitgliedern zu machen.

Man sucht Antworten auf die Fragen:

- Wie sind die anderen?
- Wie komme ich mit ihnen zurecht?
- Was wird von mir erwartet?

Vom Gruppenleiter wird erwartet, dass er Strukturen vorgibt und für Sicherheit sorgt. Dies wird erreicht durch gegenseitiges Kennenlernen und gemeinsames Entwickeln von Team- und Arbeitsregeln.

Aufgaben in dieser Phase bestehen vor allem darin, dass man Ziele, gemeinsame Gruppenregeln und Methoden entwickelt, wie man vorgehen möchte.

Zum Beispiel: Drei neue Auszubildende beginnen ihre Ausbildung zur Hauswirtschafterin. Sie lernen die Kolleginnen des Betriebes und der Berufsschule kennen, die die Klassen- und Arbeitsregeln bestimmen.

2. Konfrontation, Phase der Gärung und Klärung

Bild 2: *Konfrontation*

Je besser sich die Mitglieder kennen, umso leichter ist es, Meinungen und Ideen zu äußern. Dies kann zu Auseinandersetzungen führen. Hinter sachlichen Meinungsverschiedenheiten verbergen sich häufig Probleme auf der Beziehungsebene, nicht selten geht es um Macht und Anerkennung der Rollen. Entscheidend ist, die Eigenarten des anderen zu akzeptieren und sich konstruktiv miteinander auseinanderzusetzen. Wird die Konfrontationen fruchtbar aufgelöst, bleibt niemand als Verlierer übrig.

Folgende Fragen helfen bei der Klärung:

- Welche Ziele sollen erreicht werden?
- Wie sollen die Ziele erreicht werden?
- Was bedeutet das für die tägliche Arbeitsorganisation?
- Wer ist für was verantwortlich, wer arbeitet mit?

Aufgaben: Die Teammitglieder erkennen ihre Rolle und bringen sich ihren Fähigkeiten entsprechend ein. Ihre individuellen Bedürfnisse sollen im Prozess berücksichtigt werden. Der Teamleiter hilft bei der Klärung und unterstützt bei der Überprüfung der aufgestellten Regeln.

Zum Beispiel: Einige Auszubildende weigern sich, mit einer anderen Auszubildenden zusammenzuarbeiten, weil sie zu wenig leistet.

3. Organisation und Integration, Phase der Arbeitslust und Produktivität

Bild 1: *Organisation und Integration*

In dieser Phase fängt die Gruppe an, sich selbst zu steuern: Abläufe, Entscheidungen, Verteilung der Arbeiten werden untereinander geregelt.

Innerhalb der Gruppe herrscht ein positives Gemeinschaftsgefühl, was durch gegenseitiges Vertrauen gekennzeichnet ist. Konflikte werden schnell und kompetent gelöst. Der Drang nach Harmonie darf aber nicht dazu führen, dass andersartige Gedanken verhindert werden. Die Qualität würde darunter leiden. Ziel ist es, die unterschiedlichen Ansätze und Meinungen zu integrieren und nutzbar zu machen.

Die Gruppe arbeitet mit viel Freude und hoher Qualität zusammen. Die Aufgaben werden schnellstmöglich erledigt. Der Teamleiter sorgt dafür, dass gute Arbeitsbedingungen weiterhin gegeben sind und alle ihre Energie und Motivation optimal nutzen können.

Aufgaben: Offener Austausch von Daten, Ideen, Meinungen und Alternativen sowie Verfeinerung der Arbeitsteilung, Informations- und Materialbeschaffung, Auswahl und Gewichtung der Informationen, Kleingruppenarbeit wechseln sich mit Diskussionen im Plenum ab.

Zum Beispiel: Die Berufsschulklasse überlegt gemeinsame Maßnahmen, um alle Mitglieder in die Klassengemeinschaft zu integrieren und planen einen Ausflug.

4. Abschied, Phase des Ausstiegs und Transfers

Bild 2: *Abschied*

Diese Phase kommt nur dann zum Tragen, wenn ein Team seine Aufgabe erledigt hat und sich auflöst. Hier ist es wichtig, einen Rückblick auf den Prozess vorzunehmen und die Ergebnisse zu bewerten. Alle sollen gut auseinandergehen können, so dass ein Übergang in einen anderen beruflichen Alltag erreicht werden kann. Die Phase wird erfolgreich durchschritten, wenn alles beendet, alles gesagt ist und jeder einen unbelasteten Neuanfang starten kann.

Aufgaben: Reflexion der Arbeit, des Teams und des Teamleiters, Rückblick auf die eingangs formulierten Zielvereinbarungen und eventuelle Veränderungen.

Zum Beispiel: Die Berufsschulklasse hat den Ausflug gemacht und reflektiert, inwieweit sich die Klassengemeinschaft verändert hat.

6.1.4 Arbeitstechniken in der Teamarbeit

Mithilfe des **„Modells der vollständigen Handlung"** lässt sich das Arbeiten in Teams sehr leicht und strukturiert durchführen. Die vollständige Handlung unterteilt sich in sieben Schritte. Je nach Aufgabe werden alle oder ein Teil der Schritte durchlaufen (s. Bild 1, S. 633)

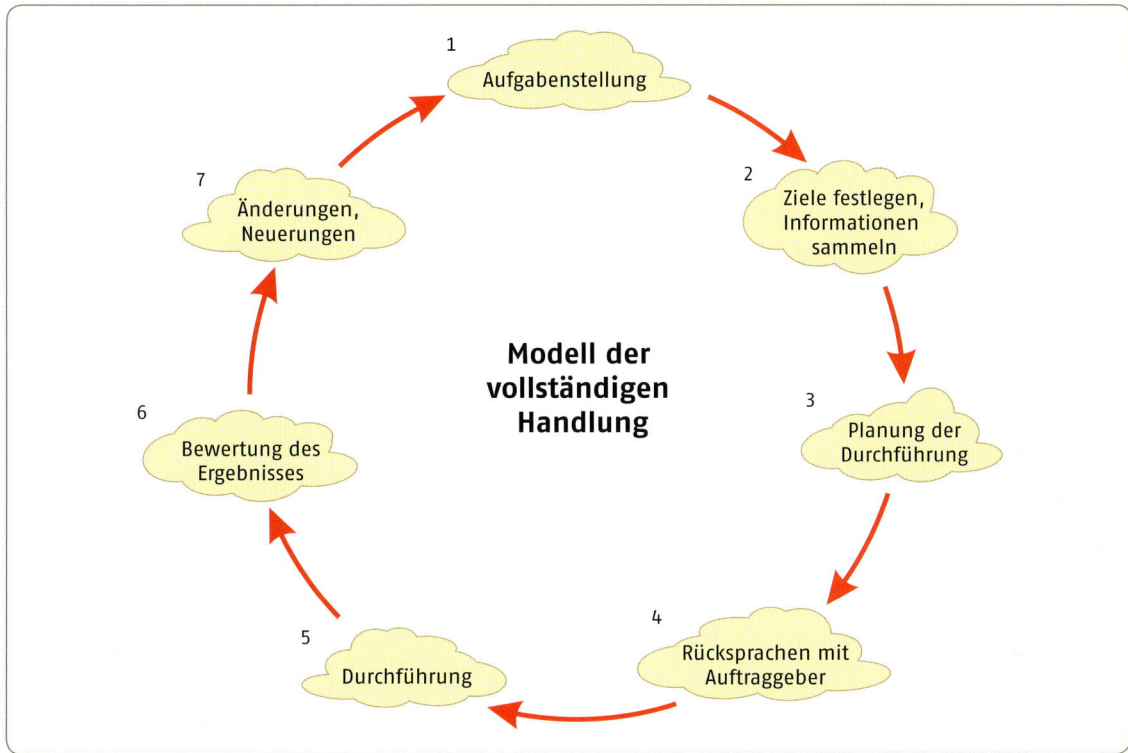

Bild 1: *Modell der vollständigen Handlung*

1. Schritt: Eine Aufgabe wird gestellt und ein Team einberufen oder dieses ergibt sich aus der Aufgabenstellung.

Eine Hauswirtschaftsleiterin erteilt einem Team aus drei Hauswirtschafterinnen den Auftrag, ein Sommerfest im Kindergarten zu planen, zu organisieren und durchzuführen.

2. Schritt: Die Mitarbeiter legen Ziele und Nebenziele fest, einigen sich auf Teamregeln und sammeln dann systematisch Informationen zu dem Projekt.

Das Team einigt sich auf Arbeitsregeln, da es das erste Mal ist, dass sie mit solch einem Projekt betraut worden sind; sie wollen möglichst effizient arbeiten.

Das Datum, die Personenzahl, die Dauer und der Ablauf werden als Ziel festgelegt. Ein Nebenziel ist, dass Produkte zum Verkauf angeboten werden, mit denen die Ausgaben gedeckt werden sollen.

3. Schritt: Die Durchführung wird geplant, d. h. es werden Lösungen festgelegt und gewichtet.

Das Team legt fest, welche Produkte angeboten werden sollen, gibt dies an andere Mitarbeiter weiter und legt den Ablauf des Festes fest.

4. Schritt: Eventuell ist eine Rücksprache mit dem Vorgesetzten nötig. Korrekturen können vorgenommen werden.

Die Hauswirtschaftsleiterin ist mit der Planung sehr zufrieden und erteilt den Auftrag, das Fest in der geplanten Form durchzuführen.

5. Schritt: Die Mitarbeiter führen ihre Aufgaben selbstständig durch.

Das Fest findet am geplanten Tag statt. Alle Produkte sind bereitgestellt, alle Aufgaben wie geplant erledigt.

6. Schritt: Die Arbeiten werden kontrolliert und überprüft.

Die Ziele und Nebenziele werden mit den Ergebnissen verglichen: War die Planung richtig? War alles rechtzeitig fertig und ansprechend dekoriert? Wurde alles verkauft? Wie viel Geld wurde eingenommen? Wie viel Geld wurde ausgegeben?

7. Schritt: Führen die Arbeiten nicht zu dem Ziel, das man vorgesehen hatte, müssen die Aufgaben entsprechend verändert und erneut durchgeführt werden. Der Vorgesetzte sollte über Ergebnisse unterrichtet werden, da er entscheidet, ob weiter an der Aufgabe gearbeitet werden soll oder nicht.

Das Team hat erfolgreich geplant und gearbeitet. Der Verkauf war erfolgreich, es hätte sogar noch mehr verkauft werden können; einige Gäste haben sich noch mehr Aktivitäten gewünscht. Dies wird in der Planung für das nächste Sommerfest berücksichtigt werden.

Diese Handlung tritt bei Teams mit bürokratischen Strukturen auf (s. S. 629). Bei demokratischen Teamstrukturen entscheidet das Team selbstständig die Vorgehensweise und nimmt keine Rücksprache mit dem Vorgesetzten.

6.1.5 Ziele festlegen

Ziele sind richtungsweisend, d. h. aus ihnen ergeben sich Vereinbarungen und Aufgaben, die erfüllt werden, um das Problem zu lösen. Mit Zielvereinbarungen wird die Arbeit gesteuert und der Erfolg gesichert. Jeder weiß, wer welche Aufgaben hat und bis wann welche Ergebnisse vorliegen sollen, denn *„wer nicht weiß, wohin er will, darf sich auch nicht wundern, wo er ankommt."* (Mosche Feldenkrais)

Bei der Zielsetzung muss also festgelegt werden:

- bis wann?
- wie?
- in welcher Form?
- von wem?

Ziele müssen präzise sein

Sie sind so zu formulieren, dass leicht überprüfbar ist, ob sie erreicht wurden:

Zum Beispiel: Das Sommerfest findet in einem halben Jahr, am 15. August statt (wann?). Es wird von drei Hauswirtschafterinnen geplant (von wem?), alle Mitarbeiter übernehmen Aufgaben (wie?), es dauert einen Tag und durch den Verkauf von Speisen sollen die Ausgaben gedeckt werden (in welcher Form?). Eltern begleiten ihre Kinder. Es soll Spiele für drinnen und draußen für die Altersstufen von zwei bis sechs Jahren geben.

Ziele müssen realistisch sein

Dafür soll das Leistungsvermögen des Teams und die Rahmenbedingungen bei der Zielvereinbarung berücksichtigt werden.

Zum Beispiel: Das Team hat für die Planung des Sommerfestes ein halbes Jahr Zeit und erhält Unterstützung von allen Mitarbeitern des Hauses.

Ziele müssen überschaubar sein

Vier oder fünf wichtige Ziele sind überschaubar und in einem bestimmten Zeitraum umsetzbar. Deshalb sollte man sich auf wenige wesentliche Ziele beschränken.

Ziele müssen positiv formuliert sein

Sie sollen motivieren, dass man sie umsetzt, negative Formulierungen unterstellen ein Defizit und lassen sich nicht realisieren.

Zum Beispiel: Es werden keine Speisen angeboten, die teuer sind.

Besser: Der Tagessatz für alle Speisen und Getränke des Sommerfestes muss eingehalten werden.

Ziele sind zeitlich begrenzt

Wer ein Ziel setzt, muss auch bestimmen, bis wann es erreicht sein soll. Bei langfristigen Zielen sollte man eventuell zeitlich begrenzte Teilziele festlegen. Gleichzeitig terminierte Ziele werden nach Priorität sortiert und umgesetzt.

Zum Beispiel: Das Sommerfest findet am 15. August von 14.00 bis 18.00 Uhr statt.

Ziele sollen motivieren.

Sie bieten einen Anreiz oder eine Herausforderung, es umzusetzen. Sie dürfen deshalb weder im „Vorbeigehen" erreichbar sein noch eine Überforderung darstellen.

Zum Beispiel: Das Sommerfest wird im nächsten Jahr wieder stattfinden.

6.2 Teamregeln

Jedes Team braucht Regeln für die Organisation der Arbeit und für den Umgang der Teammitglieder untereinander. Diese Regeln sind eine wichtige Hilfe, gerade in der Anfangsphase der gemeinsamen Tätigkeit und im Teambildungsprozess. Alle sollten sich an der Bildung des Regelwerks beteiligen, da dies dann leichter akzeptiert und angewendet werden kann. Diese Regeln gelten, so lange die Arbeit an dem Problem nicht beendet ist. Alle halten sich an die Regeln und sorgen gegenseitig für deren Einhaltung. Regeln dürfen nur in Absprache und durch Abstimmung aller geändert werden.

Folgende Liste zeigt vier wichtige Grundregeln, die für jede Gruppe individuell erweiterbar sind und den Umgang miteinander sichern:

Regel 1: Jedes Mitglied ist für die Aufgabenerledigung, die Arbeitsergebnisse und die Zusammenarbeit im Team mitverantwortlich.

Regel 2: Probleme auf der Beziehungsebene müssen immer mit höchster Priorität gelöst werden. Sie haben Vorrang vor Sachthemen.

Regel 3: Jeder hat das Recht, Fragen und Probleme vorzutragen und gehört zu werden.

Regel 4: Wichtige Entscheidungen, die die Sachaufgaben und die Zusammenarbeit betreffen, werden gemeinsam beschlossen.

Los, wir schaffen das.

Gemeinsam sind wir stark.

Bild 1: *Teamregeln*

6.3 Chancen und Widerstände

> Teamarbeit ist zweckmäßig, wenn die Aufgabe das Leistungsvermögen eines Einzelnen übersteigt.

Das ist beispielsweise dann der Fall, wenn die Aufgabe sehr komplex ist und in verschiedenen Arbeitsbereichen angesiedelt ist.

Der große Nutzen von Teamarbeit besteht darin, dass

- alle von dem Wissen und den Fähigkeiten aller profitieren können.
- Durch den Austausch können sich alle gegenseitig motivieren und ihre Kreativität steigern.
- Gleichzeitig kann sich das Team gegenseitig unterstützen und Fehler aufdecken.
- Insgesamt werden Entscheidungen leichter akzeptiert und umgesetzt, wenn sie von allen entwickelt und getragen werden.

Allerdings können Interessenkonflikte oder Kompetenzgerangel dazu führen, dass die Teamarbeit mehr Zeit beansprucht als nötig wäre, wenn allein daran gearbeitet würde. Daraus könnten sogar höhere Kosten entstehen.

Eventuell besteht die Gruppe darauf, dass alle der gleichen Meinung sind, was die Kreativität behindert. Das kann dazu führen, dass Teams endlos an Aufgaben arbeiten, aber nicht vorankommen, einzelne Teammitglieder aussteigen oder das Team im Streit auseinanderfällt.

Die meisten Teams scheitern an

- unklarer Zielvorgabe oder Aufgabenstellung,
- falscher personeller Zusammensetzung,
- unterschiedlichen Zielvorstellungen der Teammitglieder
- mangelnder Anerkennung der Teamleistung,
- einem unklaren Handlungsrahmen,
- mangelnder Kommunikation und Transparenz,
- einem autoritären Führungsstil.

Widerstände zeigen sich auch bei einzelnen Teammitgliedern durch ihre Äußerungen:

„Das hat doch noch nie geklappt!"

„Ich würde ja gern, aber die Rahmenbedingungen lassen das nicht zu."

„Dazu haben wir keine Zeit."

„Das haben wir immer so gemacht!"

Diese Killerphrasen führen dazu, dass neue Ideen abgeblockt werden.

Aufgaben:

1. Unter welchen Bedingungen ist eine Berufsschulklasse ein Team? Geben Sie ein Bespiel.

2. Welche Rollen haben Sie in Ihrem Arbeitsteam und im Klassenteam?

3. Ordnen Sie Personen Ihrer Klasse den Rollen zu und belegen Sie Ihre Meinung mit Beispielen. Diskutieren Sie in der Gruppe über die Richtigkeit und Bedeutung der Rollen für Ihre Gruppe.

4. **Eine Übung für die erste Phase der Teambildung**

Unser Team als Schiffsmannschaft:
Für diese Übung benötigen Sie einen Bogen Pinwandpapier für jede Gruppe, große Filzschreiber und eventuell Ölkreide.

Teil 1: Ohne miteinander zu reden, malt die Gruppe gemeinsam ein Schiff auf den Bogen. Dann wird die Schiffsmannschaft eingezeichnet. Anschließend kann das Bild bunt ausgemalt werden.

Teil 2: Die Gruppe entscheidet sich gemeinsam für einen Namen des Schiffes.

Teil 3: Es werden folgende Funktionen untereinander in der Gruppe ausgehandelt:

a) Wer sind die Matrosen?
b) Wer ist der Maat (zuständig für die Navigation)?
c) Wer ist der 2. Offizier?
d) Wer ist der 1. Offizier?
e) Wer ist der Kapitän? Wer ist der Reeder?

Teil 4: Welche Aufgaben erfüllen diese Personen in der Gruppe?

5. **Phase 2:** Die Ärgertorte

Benötigt wird pro Person ein DIN A3 Bogen und ein großer Filzstift.
Zeichnen Sie bitte einen großen Kreis (= Torte). Diese Torte wird in Stücke unterteilt, je nach Größe des jeweiligen Ärgers. In die Tortenstücke wird eingetragen, was Sie an Ihrem Klassenteam ärgert. Die Torten werden anonym eingesammelt und nach Themen sortiert. Die Klasse überlegt gemeinsam, was und wie sie das Klassenklima ändern will.

6. **Phase 3:** Welche wichtigen Fragen müssen in dieser Phase geklärt werden? Stellen Sie diese mithilfe einer Tabelle dar.

7. **Phase 4:** Abfrage

Blicken Sie nun zurück auf das Thema Teamarbeit und beantworten Sie folgende Fragen:

a) Wie habe ich mich in dieser Gruppe gefühlt?
b) Wie ging es mir mit dem Thema?
c) Wie ging es mir mit dem Umfeld?
d) Wie ging es mir mit der Leitung?

8. Formulieren Sie weitere Killerphrasen, die Sie in der Schule, zu Hause oder im Beruf gehört haben. Überlegen Sie dazu passende Antworten.

6.4 Gesprächsführung

Die Hauswirtschafterin hat bei der Ausübung ihres Berufes Kontakt zu vielen verschiedenen Menschen, zum Beispiel zu Vorgesetzten, Mitarbeitern, Kollegen oder Menschen in verschiedenen Lebensaltern oder Lebenssituationen. Daher hat jedes Gespräch unterschiedliche Anforderungen und Inhalte. Es gilt, sich auf jedes Gespräch vorzubereiten, damit der Verlauf so ist, wie es von allen Beteiligten gewünscht wird.

6.4.1 Gespräche strategisch planen

Egal, um welche Art eines Gespräches oder um welchen Gesprächspartner es sich handelt, für die Vorbereitung sollte jeder die drei wesentlichen Fragen beantworten:

- Was will ich erreichen? – Gesprächsziel
- Was akzeptiere ich? – Teilziele und Kompromisse
- Was sage ich? – Argumente

1. Das Gesprächsziel festlegen

Das Ziel wird in einem Satz (s. S. 634) festgelegt. Hierbei kann es darum gehen, dass eine Verhaltensänderung bei einem Mitarbeiter herbeigeführt, ein Sachverhalt dargestellt, eine Person überzeugt oder eine Beschwerde vorgebracht wird.

Wer sein Ziel kennt, kann es auch erreichen. Mögliche Ziele:

Ich will meine Ausbilderin informieren, dass ich fast jeden Tag mindestens 30 Minuten länger arbeiten muss als vereinbart.

Ich will erreichen, dass die anfallenden Überstunden auf alle Mitarbeiter gleich verteilt werden.

2. Teilziele und Kompromisse überlegen

Nicht alle Ziele lassen sich sofort umsetzen, deshalb ist es wichtig, sich Teilziele zu überlegen, die unbedingt erreicht werden müssen. Daraus ergibt sich, dass Kompromisse vorüberlegt werden können. Hierbei sollte die Gegenseite mitbetrachtet werden.

Hilfreiche Fragen sind:

- Welche Teilziele muss ich unbedingt durchsetzen?
- Welche Kompromisse kann ich eingehen?

- Welche Zugeständnisse fordere ich von der Gegenseite?

Ich will mindestens erreichen, dass ich pro Woche nur noch eine Stunde mehr arbeite.

Ich will erreichen, dass die anfallenden Überstunden auf alle Mitarbeiter anteilig, je nach Arbeitszeit, verteilt werden.

3. Argumente zusammentragen

Hierfür ist es erforderlich, dass Argumente, die die eigene Seite stärken, und Gegenargumente miteinander abgewogen werden. Dafür ist es notwendig, sich in die Position der Gegenseite hineinzuversetzen und deren Argumente zu überlegen, um dann wiederum Gegenargumente dafür vorbringen zu können. Es findet eine Art innerer Dialog statt.

Hilfreiche Fragen sind:

- Welche Argumente habe ich für mein Ziel?
- Welche Gegenargumente könnte mir mein Gesprächspartner entgegenhalten?
- Welche Zielsetzung könnte mein Gesprächspartner haben?
- Mit welchen Gegenargumenten kann ich die vorgebrachten Argumente entkräften?
- Ich welcher Reihenfolge bringe ich meine Argumente vor? Welche schlagkräftigen Argumente bewahre ich bis zum Schluss auf?
- Mit welchen Bespielen kann ich meine Argumente anschaulich darstellen?

Damit die wesentlichen Argumente „im Eifer des Gefechts" nicht vergessen werden, werden die Argumente aufgeschrieben. Dies kann in Tabellenform als Mindmap oder auf Karteikarten geschehen.

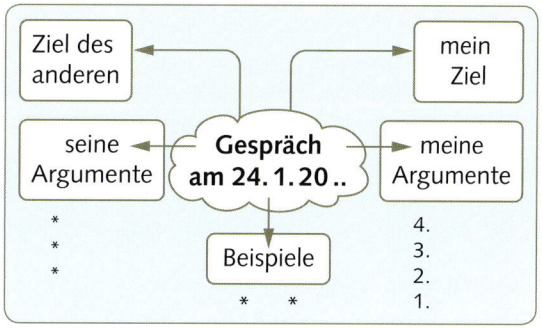

Bild 1: *Argumente zusammentragen*

Der Verlauf des Gesprächs sollte ebenfalls geplant werden und einer Grundgliederung folgen:

Als **Vorbereitung** auf das Gespräch wird für eine angenehme Atmosphäre gesorgt. Dies geschieht zum Beispiel durch die Wahl eines Raumes, Tischdekoration, Sitzordnung, reichlich Belüftung und angenehme Temperatur. Alle Beteiligten sollen sich wohl fühlen.

Einleitung: Das Gespräch beginnt mit der Begrüßung und Vorstellung der Anwesenden, evtl. wird jemand bestimmt, der ein Protokoll schreibt und auf die Einhaltung der Zeit achtet. Auch ein Gespräch über das Wohlbefinden schafft Entspannung.

Hauptteil: Es werden Probleme, Ziele, Argumente und Gegenargumente vorgebracht und nach gemeinsamen Kompromisslösungen gesucht.

Wichtig ist hierbei, dass alle beteiligten Personen zu Wort kommen. Der Vorsitzende muss besonders auf die Einhaltung von Gesprächsregeln achten. Persönliche verbale Anfeindungen müssen unterbunden werden. Eine sachliche Diskussion ist nötig, gerade wenn es um persönliche Probleme zwischen Kolleginnen und Kollegen geht.

Kompromissvorschläge können vom Vorsitzenden eingebracht werden. Aber nur wenn alle Parteien mit ihnen einverstanden sind, sind es geeignete Kompromisse. Sie müssen, genau wie Ziele, positiv formuliert und in vereinbarter Zeit umsetzbar sein. Ebenfalls muss festgelegt werden, wer für die Umsetzung der Lösungen zuständig ist.

Schluss: Der Vorsitzende leitet ihn ein, indem er die Ergebnisse zusammenfasst, die Teilergebnisse positiv hervorhebt und alle sich verpflichten, bis zu einem bestimmten Zeitpunkt für die Umsetzung zu sorgen. Sollte es keine Einigung geben, wird ein neuer Termin vereinbart. Schließlich verabschieden sich alle voneinander.

Protokoll		
Vorsitzende:		
Anwesende:		
Protokollführer:		
Datum: 24. Januar 20 ..	**Beginn:** 9.00 Uhr	**Ende:** 10.00 Uhr
Problem 1	**Gegenargument(e)**	**Kompromiss**
Seit zwei Monaten täglich mindestens 30 Minuten Überstunden	Falsche Zeiteinteilung	Team plant gemeinsam zu Beginn jedes Arbeitstages die Arbeiten (was, wie, von wem und in welcher Reihenfolge), die auszuführen sind. Diese werden auf alle Teammitglieder gleichmäßig verteilt.
Problem 2	**Gegenargument**	**Kompromiss**
…	…	…
Schluss	Bis zum 24. März werden die Kompromisse umgesetzt. Dann trifft sich das Team erneut und bespricht die Ergebnisse. Nächstes Treffen: 24. März 20.., 9.00 bis 10.00	

Bild 1: *Protokoll*

Aufgaben:

Bereiten Sie sich auf das Gespräch strategisch vor. Spielen sie das Gespräch mit verteilten Rollen und zeigen Sie ein Gespräch mit positivem Ausgang. Geben Sie sich gegenseitig Rückmeldung.

Situation 1

Seit einem Jahr werden Sie in dem Mehrgenerationenhaus zur Hauswirtschafterin ausgebildet. Sie verstehen sich gut mit den anderen Mitarbeiterinnen des Teams. Nur in der Zusammenarbeit mit einer älteren Mitarbeiterin treten in letzter Zeit verstärkt Konflikte auf. Diese Kollegin lässt ihre schlechte Laune in erster Linie an Ihnen aus. Sie sollen zum Beispiel Fehler bei der Zuteilung der Speisen, bei der Reinigung der Wäsche und beim Anrichten der Speisen gemacht haben. Sie haben das Gefühl, dass Sie von dieser Kollegin schikaniert werden. Deshalb haben Sie Ihre Vorgesetzte gebeten, ein klärendes Gespräch zu dritt zu führen.

Situation 2

Zahlreiche Auszubildende Ihrer Berufsschule kommen mit öffentlichen Verkehrsmitteln zur Schule. Aufgrund der Fahrpläne erreichen viele die Schule schon um 7.15 Uhr, obwohl der Unterricht erst um 8.00 Uhr beginnt. Die Schülervertretung hat deshalb beschlossen, bei der Schulleitung die Einrichtung eines Aufenthaltsraums zu beantragen. Er soll ab 7.00 bis Schulschluss geöffnet sein. Zusätzlich soll der Kiosk in der Pausenhalle Getränke und Verpflegung schon ab dieser Zeit anbieten. Als Sprecher der Schülervertretung sollen Sie das Gespräch mit der Schulleitung führen.

Situation 3

Sie möchten mit Ihrer Berufsschulklasse zum Abschluss des Schuljahres gemeinsam einen Ausflug unternehmen, diesmal mit größerem Vergnügungscharakter. Aber die Ausflüge müssen Berufsbezug haben, sonst werden sie von der Schulleitung nicht genehmigt. Als Klassensprecher bereiten Sie sich auf ein Gespräch mit der Schulleitung vor.

6.4.2 Gespräche führen mit Personen in unterschiedlichen Lebensaltern und Lebenssituationen

Will man Gespräche mit Kindern, Erwachsenen oder Senioren führen, bedarf dieses einer besonderen Vorbereitung, weil deren Lebenssituation mitberücksichtigt werden muss. Es braucht viel Erfahrung und den Willen, sich auf die jeweiligen Menschen einzulassen. Aber: Das Gespräch ist für alle wichtig und braucht eine professionelle Grundhaltung aus **Akzeptanz**, **Empathie** und **Kongruenz**. Diese Grundhaltung ist für alle Lebensalter und Lebenssituationen gleich.

- **Akzeptanz (Annehmen, Anerkennen):** Die Gesprächsperson wird als Person geachtet, seine Äußerungen werden ohne Bewertung aufgenommen. Das bedeutet jedoch nicht, dass die Hauswirtschafterin dem Gesagten zustimmen muss, aber dass sie es respektiert und nicht den Sprecher als Person ablehnt. Es geht bei dem Gesprächspartner immer um dessen Wohlergehen. Hierfür kann die Hauswirtschafterin Hilfe und Ratschläge anbieten. Dies sollte jedoch nicht ironisierend, belehrend, moralisierend oder vorwurfsvoll vorgebracht werden, sondern eher gleichberechtigt, anerkennend und wertschätzend.

- **Empathie (Einfühlungsvermögen):** Die Hauswirtschafterin als Ratgebende versucht, sich in die Wahrnehmung des Gesprächspartners hineinzudenken und einzufühlen, gleichsam die Welt mit seinen Augen zu sehen, und dabei die eigene Sichtweise zurückzustellen. Dann ist es möglich, auf die richtige, adäquate Art und Weise zu antworten und zu beraten.

- **Kongruenz oder Authentizität (Echtheit):** Jeder Mensch spürt, wann etwas verheimlicht oder falsch dargestellt wird. In so sensiblen Situationen wie Beratungsgesprächen ist es notwendig, die Wahrheit zu sagen, damit der Ratsuchende

Vertrauen entwickeln kann. Die Hauswirtschafterin sagt, was sie meint, aber in der Art, dass der Gesprächspartner sie verstehen und akzeptieren kann.

Allgemeine Gesprächstechniken

- **Nicht festlegende Aufforderung:** Der Ratsuchende wird ermuntert, von sich zu sprechen. „Möchtest du mehr darüber erzählen?" Wichtig ist, dass dies offene Botschaften sind. Diese Aufforderungen fungieren wie „Türöffner".
- **Paraphrasierung:** Das vom Gesprächspartner Gesagte wird von der Hauswirtschafterin mit ihren eigenen Worten nochmals zusammengefasst, um sicher zu gehen, dass alles richtig verstanden wurde.
- **Persönliche Ansprache:** Den Gesprächspartner persönlich ansprechen, nicht allgemein von „den Menschen" oder „man müsste…" sprechen.
- **Erklärungen:** Alle Empfehlungen sollten erläutert und begründet werden, damit der Gesprächspartner versteht, warum er sein Verhalten ändern sollte und mit welchen Konsequenzen er zu rechnen habe.
- **Fremdwörter vermeiden:** Je deutlicher, knapper und einfacher gesprochen wird, umso leichter wird verstanden, was wichtig ist.
- **Klarstellung:** Die vom Gesprächspartner gemachten Überlegungen werden deutlich von der Hauswirtschafterin herausgestellt, wenn es für die Klärung eines Problems notwendig ist.
- **Zusammenfassung:** Am Ende des Gesprächs sollten die wichtigsten Vereinbarungen zusammengefasst werden, um zu gewährleisten, dass beide das Gleiche aus dem Gespräch mitnehmen. Diese Ergebnisse werden dann protokolliert (s. S. 638).

Mit Mitarbeitern und Kollegen Gespräche führen

Häufige Themen bei Gesprächen zwischen Vorgesetzten und Mitarbeitern oder Kollegen miteinander behandeln die Ausübung der Arbeit, die Leistungsbereitschaft einzelner oder Konflikte untereinander. Die Vorbereitung auf diese Gespräche lässt sich anhand des beschriebenen Leitfadens durchführen. In besonders schwierigen Situationen sollte der Vorgesetzte oder ein Außenstehender, z. B. ein Psychologe, Mediator oder Streitschlichter hinzugezogen werden.

Bild 1: *Vorgesetzter im Gespräch mit einer Mitarbeiterin*

Mit Kindern reden

Gesprächsthemen mit Kindern haben vielerlei Inhalte: erzieherische Maßnahmen, Verhaltensänderungen, Motivierungen, Verbote, Erklärungen und vieles mehr. Für alles gilt, dass ein Problem auf eine einfache, für das Kind leicht verständliche Sprache reduziert werden sollte, d. h., es sollte in der Sprache des Kindes vorgebracht werden, und nicht in „Erwachsenensprache".

Alle Maßnahmen sollten vorab mit den Eltern abgesprochen werden, da diese die Verantwortlichen sind. Eltern sind Vorbilder. Eltern sollten beim Essen auch als gutes Beispiel vorangehen. Will man die Ernährung von Kindern umstellen, sollten die Eltern miteinbezogen werden, da diese die Mahlzeiten in der Regel selbst herstellen.

Kinder, je nach Alter, haben einen unterschiedlich gut ausgeprägten Wortschatz und Verständnis für soziale Zusammenhänge. In der Vorbereitung muss der Hintergrund genau bekannt sein, deshalb sollten vorher Gespräche mit den Eltern geführt werden.

Im Gespräch sollte die Hauswirtschafterin sich durch Rückfragen immer wieder versichern, dass das Kind alles richtig verstanden hat.

Möchte man eine Verhaltensänderung des Kindes herbeiführen, ist es wichtig, sein Verhalten aufzuzeigen oder genau mithilfe von Beispielen zu beschreiben. Dies kann beispielsweise durch das Erzählen von Geschichten, Fabeln oder Märchen geschehen. Es sollten Bilder und altersgerechte kurze Texte verwendet werden.

Die Hauswirtschafterin sollte keinen Druck ausüben, sondern versuchen, einen Anreiz zu finden, der das Kind zum Mitmachen motiviert. Dies sollte vorher mit den Eltern besprochen worden sein.

Zum Beispiel: Wenn du jeden Tag eine Portion Obst isst, bekommst du einen Punkt. Wenn du 15 Punkte hast, darfst du dir etwas aus der Geschenkekiste auswählen.

Die Hauswirtschafterin sollte versuchen, das Kind zu verstehen und auf Wünsche, wenn es möglich ist, Rücksicht nehmen; dann wird das Kind sein Verhalten überdenken und ändern.

Den Kindern werden klare Grenzen und Konsequenzen aufgezeigt. Bei Übertreten der Grenzen, müssen die besprochenen Maßnahmen konsequent umgesetzt werden.

Kindern wird Verantwortung für ihr Tun übertragen.

Zum Beispiel könnten sie lernen, Mahlzeiten selbst zuzubereiten oder Aufgaben in der Kindergruppe zu übernehmen.

Von Kindern verlangt die Hauswirtschafterin nichts Unmögliches, stattdessen sollte sie immer in kleinen Schritten vorgehen.

Kranke Kinder werden nicht bemitleidet, sondern ernst genommen.

Bild 1: *Gespräch Erzieherin mit Kind*

Mit Jugendlichen reden

Jugendliche haben oft einen schweren Stand: Sie sind nicht mehr Kind, aber noch nicht erwachsen. Sie haben häufig Probleme mit Eltern, Lehrern oder in der Liebe. Zukunft und Gesundheit sind eher untergeordnete bis unbedeutende Themen.

Ratschläge von Erwachsenen oder Beratern werden kaum angenommen. Jugendliche streben nach Unabhängigkeit.

Viel Akzeptanz ist nötig. Das Selbstwertgefühl kann gesteigert werden, wenn der Berater sich wirklich für das Leben der Jugendlichen interessiert. Mit Lob und Anerkennung kann viel erreicht werden.

Strikte Verbote führen zum Gegenteil. Verbote, wie zum Beispiel: „Du darfst keine Schokolade mehr essen." bewirken das Gegenteil. Besser ist es, wenn Schokolade gegessen wird, aber in vorher festgelegten Grenzen, zum Beispiel: „Du darfst 2 Tafeln Schokolade pro Woche essen." Wie die Schokokolade verteilt wird, ist Sache des Jugendlichen.

Bild 2: *Gespräch mit jungem Erwachsenen*

Mit Patienten reden

Gespräche mit Patienten können zum Inhalt haben: Allgemeine Fragen zum Wohlbefinden, zur Ernährung, allgemeine Wünsche oder Hilfestellungen im Haushalt, beim Anziehen, Reinigung und Ähnliches.

Diätberatungen oder Auskünfte zur Krankheit gehören in die Hände von Ärzten, Diätassistentinnen, Diätologen oder Krankenschwestern. Hauswirtschafterinnen können an diese Fachkräfte verweisen und Kontakte herstellen.

Vor Beginn eines Gesprächs ist es wichtig, sich in den Patienten hineinzuversetzen. Das Einbeziehen der Lebensbedingungen wie Familie, Beruf, Hobbys oder kurze Gespräche mit Fachpersonal können ebenfalls weiterhelfen.

Mit älteren Menschen reden

Für ältere Menschen gilt alles vorher Beschriebene. Geduld und Einfühlungsvermögen sind auch hier besonders wichtig. Zusätzlich sollten körperliche Beeinträchtigungen im Gesprächsverhalten berücksichtigt werden:

Welche körperlichen Beeinträchtigungen liegen vor? (Sehkraft, Hörsinn)

Es sollte entsprechend laut, deutlich und langsam gesprochen werden. Durch Rückfragen kontrollieren, ob das Gesagte richtig verstanden wurde.

Werden Texte verwendet, dann sollte die Schrift groß und gut lesbar sein.

Welche Erkrankungen liegen vor (Demenz, Verwirrtheit, psychische Störungen u. Ä.)

Vorab sollte ein Gespräch mit Präsenzkräften, Mitarbeiterinnen der Haus- und Familienpflege, dem behandelnden Arzt oder Pflegepersonal geführt werden, indem die Hauswirtschafterin über den Menschen Informationen einholt, die für das Gespräch relevant sind, sowie Inhalte und Ziele des Gespräches abspricht. Die Hauswirtschafterin darf das ausführen, was ihr übertragen wird, sie darf aber keine eigenen Maßnahmen vornehmen, d. h., sie darf ihre Kompetenzen nicht überschreiten und muss ihre Grenzen kennen. („Lieber einmal mehr fragen, als zu schnell handeln.“). Schwierige Gespräche lehnt sie ab, verweist auf das Fachpersonal und kann entsprechende Kontakte herstellen.

Bild 1: *Gespräch mit einem älteren Menschen*

In der Beratung sollten nur die wichtigsten Inhalte besprochen werden.

Geduld und Zeit sind für ein erfolgreiches Gespräch wichtig.

Eventuell ausgesprochene Kritik des Patienten oder Beschimpfungen dürfen nicht persönlich genommen werden.

„Logische" Erklärungen oder Argumente werden oft nicht verstanden. Es gehört zum Krankheitsbild, dass Argumentationsketten nicht mehr gefolgt werden kann.

Aufgaben:

Bereiten Sie sich auf Gespräche vor und spielen Sie sie in verteilten Rollen.

Besprechen Sie mit der Klasse den Verlauf und Ihre Grundhaltungen während des Gesprächs.

Wie haben Sie sich als Beraterin verhalten? Achten Sie auf Sprache, Ausdruck, non verbale Signale.

Situationen

1. Sie sind Auszubildende in einem Mehrgenerationenhaus und reden mit Ihrem Vorgesetzten über den Arbeitseinsatz. Sie wünschen in der nächsten Woche frei zu haben, obwohl ein großes Sommerfest in Ihrem Betrieb stattfindet.

2. Sie arbeiten als Auszubildende in einem Kindergarten. Eltern eines fünfjährigen Kindes sind an Sie herangetreten, weil sie sich Hilfen bei der Ernährung wünschen. Das Kind isst kein Gemüse.

3. Sie arbeiten als Hauswirtschafterin in einem Mehrgenerationenhaushalt. Sie beobachten einen Jugendlichen, der recht unglücklich auf sie wirkt. Sie wollen mit ihm zusammen überlegen, welche Freizeitaktivitäten er machen kann.

4. Sie arbeiten in einer Seniorenwohnanlage und sind für die Essensausgabe zuständig. Ein schwieriger Bewohner hat besondere Essenswünsche. Sie besprechen diese mit ihm.

7 Auszüge aus dem Sozialgesetzbuch und dem Betreuungsrecht

7.1 Soziale Pflegeversicherung (SGB XI)

Die Pflegeversicherung (festgeschrieben im Sozialgesetzbuch/SGB XI) wurde am 01. Januar 1995 als fünfte Säule neben Renten-, Kranken-, Arbeitslosen- und Unfallversicherung in die Sozialversicherungen mit aufgenommen. Das war notwendig, weil die Krankenversicherung alleine bei einer immer weiter steigenden Lebenserwartung die immer weiter steigenden Pflegekosten für die Betreuung von überwiegend älteren Menschen nicht mehr tragen konnte. Gesetzlich versicherte Arbeitnehmer gehören automatisch zur Pflegeversicherung; privatversicherte Arbeitnehmer müssen selbst für sich diese Versicherung abschließen.

Wer ist pflegebedürftig?

Laut § 14 SGB XI ist derjenige pflegebedürftig, der wegen einer körperlichen, geistigen oder seelischen Krankheit oder Behinderung für die gewöhnlichen und regelmäßig wiederkehrenden Verrichtungen im Ablauf des täglichen Lebens auf Dauer, voraussichtlich für mindestens sechs Monate, in erheblichem oder höherem Maße der Hilfe bedarf. Die Leistungen der Pflegeversicherung können zu Hause oder in einer stationären Pflegeeinrichtung geleistet werden. Vorrang hat die Pflege im häuslichen Bereich, bei der die Eigenversorgung erhalten bleiben soll bzw. z. T. verloren gegangene Fähigkeiten wieder aktiviert werden sollen.

Feststellung der Pflegestufe

Die Zuordnung in eine der drei Pflegestufen erfolgt durch eine Begutachtung des Medizinischen Dienstes der Krankenversicherungen (MDK) nach den Begutachtungs-Richtlinien (BRi).

Die Zuordnung zu einer der Pflegestufen hängt ab von

- der Häufigkeit des Pflegebedarfs und
- dem zeitlichen Aufwand.

Die Festlegung des zeitlichen Aufwandes wird in § 15 SGB beschrieben. Der wöchentliche Zeitaufwand, den ein Familienangehöriger, Nachbar oder eine andere nicht als Pflegekraft ausgebildete Pflegeperson für alle berücksichtigungsfähigen Verrichtungen der Grundpflege und hauswirtschaftlichen Versorgung benötigt, muss im Tagesdurchschnitt die in der Tabelle angegebene Zeit ergeben. Hilfebedarf allein bei der hauswirtschaftlichen Versorgung oder in Verbindung mit geringfügigem Hilfebedarf in der Grundpflege – das bedeutet weniger als 46 Minuten – reicht für die Zuordnung in die Pflegestufe 1 nicht aus; es resultiert die sogenannte Pflegestufe „0".

Gewöhnliche und regelmäßig wiederkehrende Verrichtungen des täglichen Lebens im Bereich der hauswirtschaftlichen Versorgung sind:

- Einkaufen
- Kochen
- Reinigung der Wohnung
- Abspülen
- Wechseln/Waschen der Wäsche/Kleidung
- Beheizen der Wohnung

Die Zuordnung der mundgerechten Zubereitung der Nahrung wird als Grundpflege angesehen, umfasst aber nur das „mundgerechte" Aufbereiten der schon fertig hergestellten Speisen. Das heißt, dass

- die Speisen auf einem Teller angerichtet werden,
- bestimmte Speisen zerkleinert bzw. geschnitten werden,
- nicht essbare Bestandteile, wie z. B. Knochen, Gräten, entfernt werden,
- Eingießen und Darbieten (z. B. mit Strohhalm) von Getränken,
- Einweichen von harten Lebensmitteln bei Kauproblemen.

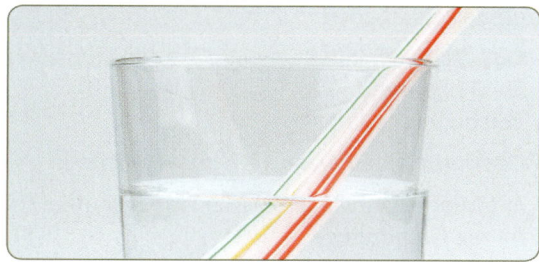

Bild 1: *Getränk mit Strohhalm reichen*

Die gesamte Herstellung von kalten und warmen „normalen" oder diätetischen Speisen und Getränken bis zum Zeitpunkt der mundgerechten Zubereitung wird zum Bereich Kochen in der hauswirtschaftlichen Versorgung gerechnet. Außerdem gehören das Erstellen von Speiseplänen, auch unter Berücksichtigung individueller Diäten, und alle Vorarbeiten der Speisen- und Getränkeherstel-

lung, wie z. B. das Berechnen, Abwiegen und die Vorbereitung des Arbeitsplatzes, dazu.

Das Einkaufen umfasst nicht das Beschaffen alleine, sondern auch

- das Planen,
- das Informieren und
- den Einkaufsweg.

Körperpflege (KP)	Zeit/KP Minuten	Ernährung (Ern)	Zeit/Ern Minuten	Mobilität (Mo)	Zeit/Mo Minuten
Waschen: Ganzkörperwäsche	20–25	Mundgerechte Zubereitung der Nahrung	2–3	Aufstehen und Zubettgehen	1–3
Teilwäsche					
■ Oberkörper	8–10				
■ Unterkörper	12–15				
■ Hände/Gesicht	1–2				
Duschen	15–20	Nahrungsaufnahme	15–20	An/Auskleiden	2–10
Baden	20–25			Gehen	*
Zahnpflege	5			Stehen	*
Kämmen	1–3			Treppensteigen	*
Rasieren	5–10			Verlassen und Wiederaufsuchen der Wohnung	*
Darm-/Blasenentleerung	1–10				

Tabelle 1: *Gewöhnliche und regelmäßig wiederkehrende Verrichtungen des täglichen Lebens im Bereich der Grundpflege*

    * Die jeweiligen Zeitbedarfe müssen individuell festgelegt werden.

	Pflegestufe 1: Erhebliche Pflegebedürftigkeit	Pflegestufe 2: Schwerpflegebedürftigkeit	Pflegestufe 3: Schwerstpflegebedürftigkeit
Hilfebedarf bei ■ **der Körperpflege,** ■ **der Ernährung und/oder** ■ **der Mobilität**	1 x täglich Bei mind. 2 Verrichtungen	Mind. 3 x täglich Zu verschiedenen Tageszeiten	Rund um die Uhr (auch nachts)
Tägl. Zeitaufwand für den Hilfebedarf	Mind. 46 Minuten	Mind. 2 Stunden	Mind. 4 Stunden
Tägl. Zeitaufwand für die hauswirt. Versorgung	45 Minuten	1 Stunde	1 Stunde
Gesamter Zeitaufwand	Mind. 90 Minuten	Mind. 3 Stunden,	Mind. 5 Stunden,
mit Mindestaufwand für die Grundpflege	Mind. 45 Minuten	Mind. 2 Stunden	Mind. 4 Stunden

Tabelle 2: *Leistungen der Pflegeversicherung*

7.2 Sozialhilfe (SGB XII)

2005 haben die Bestimmungen des Zwölften Sozialgesetzbuches (SGB XII) das Bundessozialhilfegesetz (BSHG) abgelöst.

Laut § 1 Abs. 1 umfasst die Sozialhilfe Hilfe zum Lebensunterhalt und Hilfe in besonderen Lebenslagen. Aufgabe (§ 1 Abs. 2) der Sozialhilfe ist es, dem Empfänger der Hilfe die Führung eines Lebens zu ermöglichen, das der Würde des Menschen entspricht. Die Hilfe soll ihn so weit wie möglich befähigen, unabhängig von ihr zu leben; hierbei muss er nach seinen Kräften mitwirken.

Prinzip der Nachrangigkeit der Sozialhilfe

Bevor es zur Genehmigung der Sozialhilfe kommt, müssen andere mögliche Quellen genutzt werden:

- Das eigene Vermögen muss erst für den Lebensunterhalt verbraucht werden.
- Andere Ansprüche gegenüber weiteren Personen (z. B. Unterhaltszahlungen) oder Sozialleistungsträgern müssen genutzt werden.
- Zumutbare Arbeitsstellen müssen angetreten werden.

Es wird unterschieden zwischen

- Hilfe zum laufenden Lebensunterhalt,
- Hilfe bei einmaligen wirtschaftlichen Notlagen und
- Hilfe in besonderen Lebenslagen.

Zur Hilfe in besonderen Lebenslagen gehören u. a.:

- §§ 47 – 52: Hilfen zum Gesundheitswert, z. B. bei Schwangerschaft und Mutterschaft
- §§ 53 – 60: Eingliederungshilfen für Behinderte
- §§ 61 – 66: Hilfe zur Pflege
- § 70: Hilfe zur Weiterführung des Haushalts
- § 71: Altenhilfe
- § 72: Blindenhilfe

Eingliederungshilfe für Behinderte

Eingliederungshilfe wird den Personen gewährt, deren körperliche Funktionen, geistige Fähigkeiten oder seelische Gesundheit mit hoher Wahrscheinlichkeit länger als sechs Monate von dem für das Lebensalter typischen Zustand abweicht.

Aufgabe der Eingliederungshilfe ist es, eine drohende Behinderung zu verhüten oder eine vorhandene Behinderung oder deren Folgen zu beseitigen oder zu mildern und den Behinderten in die Gesellschaft einzugliedern. Hierzu gehört vor allem, dem Behinderten die Teilnahme am Leben in der Gemeinschaft zu ermöglichen oder zu erleichtern, ihm die Ausübung eines angemessenen Berufs oder einer sonstigen angemessenen Tätigkeit zu ermöglichen oder ihn so weit wie möglich unabhängig von Pflege zu machen.

Altenhilfe

Abs. 1: Alten Menschen soll außer der Hilfe nach den übrigen Bestimmungen dieses Gesetzes Altenhilfe gewährt werden. Sie soll dazu beitragen, Schwierigkeiten, die durch das Alter entstehen, zu verhüten, zu überwinden oder zu mildern und alten Menschen die Möglichkeit erhalten, am Leben in der Gemeinschaft teilzunehmen.

Abs. 2: Als Maßnahmen der Hilfe kommen u. a. in Betracht:

- Hilfe bei der Beschaffung und zur Erhaltung einer Wohnung, die den Bedürfnissen des alten Menschen entspricht.
- Hilfe in allen Fragen der Aufnahme in eine Einrichtung, die der Betreuung alter Menschen dient, insbesondere bei der Beschaffung eines geeigneten Heimplatzes.
- Hilfe zum Besuch von Veranstaltungen oder Einrichtungen, die der Gesellschaft, der Unterhaltung, der Bildung oder den kulturellen Bedürfnissen alter Menschen dienen.
- Hilfe, die alten Menschen die Verbindung mit nahestehenden Personen ermöglicht.

Altenhilfe soll ohne Rücksicht auf vorhandenes Einkommen oder Vermögen gewährt werden, soweit im Einzelfall persönliche Hilfe erforderlich ist.

7.3 Betreuungsrecht

Seit Einführung des neuen Betreuungsrechts (BtR) von 1990 gibt es keine Entmündigung und Gebrechlichkeitspflegschaft mehr. Durch das Betreuungsrecht werden die betroffenen Personen ernst genommen und ihre Rechte gestärkt.

> Rechtseingriffe sind nur dort zulässig, wo es unvermeidbar ist.

Welche Voraussetzungen müssen für eine Betreuung vorliegen?

Eine Betreuung für eine volljährige Person kann aufgrund einer psychischen Krankheit oder einer körperlichen, geistigen oder seelischen Behinderung notwendig werden, wenn

- die betroffene Person ihre Angelegenheiten ganz oder teilweise nicht mehr selbst ausführen kann und
- ein Vormundschaftsgericht die Betreuung anordnet.
- die betroffene Person dieser Betreuung zustimmt.
- die Betreuung wirklich erforderlich ist. Es gilt die **Erforderlichkeitsregel**: Der Betreuer darf nur die ihm zugewiesenen Bereiche bearbeiten.

Die Betreuung muss spätestens alle sieben Jahre überprüft werden.

Wer kann Betreuer werden?

Zum Betreuer kann eine natürliche Person (meist Verwandte oder gute Freunde; siehe Vorsorgeverfügungen), der Mitarbeiter eines Betreuungsvereins oder einer Betreuungsbehörde ernannt werden. Der zu Betreuende kann selbst einen Betreuer vorschlagen. Sollte es notwendig sein, von Amts wegen einen Betreuer zu bestellen, sollte der zu Betreuende dem Vorschlag zustimmen. Durch eine/n Betreuungsurkunde/Betreuerausweis kann sich der Betreuer ausweisen und z. B. bei Ämtern und Geldinstituten Einsicht in die Unterlagen erhalten.

> Alle gewählten Maßnahmen haben das Wohl des zu Betreuenden im Blick und müssen mit ihm besprochen werden.

Für welche Bereiche kann eine Betreuung bestimmt werden?

- Schriftverkehr
- Vermögensverwaltung
- Vertretung gegenüber Behörden u. Ä.
- Wohnungs- und Heimangelegenheiten
- Gesundheitsfürsorge, inkl. Pflege
- Pflege des Wohnbereiches
- Aufenthaltsbestimmungsrecht

Vorsorgeverfügungen

Mit zunehmendem Alter kann der Verlust von körperlichen und geistigen Fähigkeiten schneller voranschreiten als gewünscht. Jeder kann die gerichtliche Einsetzung eines Betreuers verhindern, wenn durch rechtzeitige Vorsorge bestimmte Verfügungen schriftlich festgehalten werden.

- Betreuungsverfügung
- Vorsorgevollmacht
- Patientenverfügung
- Generalvollmacht

Durch eine **Betreuungsverfügung** wird die spätere mögliche Betreuung durch einen persönlichen Betreuer der eigenen Wahl frühzeitig festgelegt.

Mit einer **Vorsorgevollmacht** kann eine dadurch bevollmächtigte Person des persönlichen Vertrauens sofort für den ausgeschriebenen Bereich alle Handlungen durchführen, ohne lange auf eine Entscheidung des Vormundschaftsgerichtes warten zu müssen.

Zur Absicherung der eigenen Wohles sollte auch über eine **Patientenverfügung** nachgedacht werden. In dieser Patientenverfügung wird eine Vertrauensperson festgelegt, die den Willen des entscheidungsunfähigen Patienten gegenüber den behandelten Ärzten vertritt.

Soll **nur eine Person alle Aufgaben** ausführen, so muss eine **Generalvollmacht** aufgesetzt werden.

Die Verfügungen und Vollmachten können aus dem Internet ausgedruckt oder bei den Krankenkassen angefragt werden. Sie sollten vom Ersteller und vom möglichen Betreuer mit Ort und Datum unterschrieben werden. Eine notarielle Beglaubigung ist zwar kostenpflichtig, aber kann im Verlauf der Betreuung hilfreich sein.

Emma Mustermann

03.04.1930 in München

Goldweg 5, 21234 Hamburg

Betreuungsverfügung

Für den Fall, dass für mich eine Betreuung notwendig werden sollte, möchte ich, dass

Anna Mustermann, geb. am 27.09.1980 in Berlin
Wohnhaft in Rostock, Gerbergasse 18

ersatzweise

Peter Mustermann, geb. am 23.12.1985 in Berlin
Wohnhaft in Hannover, Amselweg 34

diese Aufgabe übernehmen soll.

Ich möchte
- dass mein geäußerter Wille – festgehalten in meiner Patientenverfügung – wortgetreu beachtet wird.(*)

- im Pflegefall, solange es geht, zu Hause versorgt werden.(*)

- _____ (**)

  _____

  _____

Datum und Unterschrift : _Hamburg, den 11.07.20.._ _Emma, Mustermann_

Ich/Wir(*) bestätige(n) mit meiner/unserer(*) Unterschrift, dass **Frau E. Mustermann**

die Verfügung im Vollbesitz ihrer/seiner(*) geistigen Kräfte verfasst hat.

Unterschrift	Datum	Ort	Name	Geburtsdatum	Wohnort
Otto Meier	11.07.20..	Hamburg	Dr. Otto Meier	31.01.1960	Hamburg
Traute Saaler	11.07.20..	Hamburg	Traute Saaler	26.10.1970	Lüneburg

(*) unzutreffendes bitte streichen (**) eigene Wünsche eintragen

Bild 1: _Beispiel einer Betreuungsverfügung_

Lernfeld 12
Produkte und Dienstleistungen vermarkten

Lernsituation

Ihre Schule beabsichtigt zur Versorgung der Schüler eine Schülerfirma zu gründen. In den Unterrichtsstunden sollen sich die Schüler darauf vorbereiten. Gemeinsam mit den anderen hauswirtschaftlichen Klassen sollen in einem Auftakt-Workshop Ideen für die Umsetzung gesammelt werden. Jede Gruppe erhält dazu entsprechende Informationen und einen zeitlich begrenzten Rahmen.

Die Auszubildenden Sarah und Ayse aus dem 3. Lehrjahr bilden eine Gruppe, die sich mit den unterschiedlichen Dienstleistungen der Hauswirtschaft beschäftigt. Olga wird den Privathaushalt befragen.

Die Teilnehmerinnen aus dem 45.2-Lehrgang unterstützen die Auszubildenden. Sie arbeiten Grundlagen der Existenzgründung aus und berechnen die Kosten und Preise für Personal und Dienstleistung. Birgit wird sich Informationen über die Vermarktungswege bei ihrem Ausbildungsbetrieb, einem landwirtschaftlichen Unternehmen, holen. Thorsten informiert sich über Lebensmittelverpackung und Lebensmittelkennzeichnung.

Gemeinsam werden sie einen Flyer entwerfen und eine Checkliste für die Gründung der Schülerfirma erstellen. Diese soll dann der Schulleitung zur weiteren Bearbeiung vorgelegt werden.

Lernziele

- Die Hauswirtschaft als Dienstleistungsanbieter kennenlernen
- Angebot und Nachfrage ermitteln können
- Mögliche Dienstleistungsangebote benennen können
- Vermarktungswege aufzeigen können
- Verpackungs- und Kennzeichnungsvorschriften von Lebensmittelverpackungen kennen
- Verpackungsmaterial selbst herstellen
- Werbung und den Einsatz von Werbemitteln kennen
- Kundenberatung und Verkauf
- Kostenkalkulation und Preisgestaltung für hauswirtschaftliche Dienstleistungen erarbeiten können
- Wichtige Grundlagen für eine Existenzgründung kennen

Methode: Sätze beenden oder: Was wäre, wenn …

Dieses Lernfeld setzt sich mit der Vermarktung von Produkten und Dienstleistungen auseinander. Um sich dieser Thematik kreativ zu nähern bzw. verschiedene Aspekte des Themas zu erkennen und zu formulieren, eignet sich die Methode „Sätze beenden".

Bei dieser Methode wird ein Satzanfang auf ein Plakat geschrieben, der von den Schülern vollendet werden soll.

Beispiel:

Um den Absatz von Schokoriegeln in unserem Schulkiosk zu steigern, sollten wir

- die Preise senken.
- verschiedene Sorten anbieten.
- Schokoriegel zum Probieren anbieten.

Um Vor- und Nachteile einer Überlegung herauszuarbeiten, bietet es sich an, mit einer provozierenden Was-wäre-wenn-Aussage zu arbeiten.

Beispiel:

Was wäre, wenn wir keine Süßigkeiten mehr am Schulkiosk anbieten würden?

Vorteile	Nachteile
■ Die Schüler würden sich gesünder ernähren.	■ Der Umsatz würde sinken.
■ Ernährungsbewusste Lehrer und Schüler würden mehr konsumieren.	■ Die Schüler blieben dem Kiosk fern.
■ Wir hätten wieder Platz in den Regalen und könnten die Produktpalette verändern.	■ Die Schüler würden woanders Süßigkeiten kaufen.

Da bei beiden Methoden möglichst viele Antworten gesammelt werden sollen, bietet es sich an, zunächst in Kleingruppen zu arbeiten. Jede Gruppe erstellt dann ein Plakat, auf dem die Satzenden bzw. Vor- und Nachteile gesammelt werden.

Die Arbeitsgruppen präsentieren ihre Ergebnisse. In einer anschließenden Diskussionsrunde werden die Ideen reflektiert.

Aufgaben:

Bilden Sie je nach Klassenstärke vier oder fünf Kleingruppen (4 bis 6 Personen pro Kleingruppe).

Schreiben Sie folgenden Satzanfang gut leserlich auf ein Plakat:

> Um unser mediterranes Menü zu vermarkten, sollten wir . . .
> -
> -
> -

Bild 1: *Beispiel für die Methode „Sätze beenden"*

1. Vollenden Sie diesen Satz.
2. Stellen Sie Ihre Ergebnisse im Plenum vor.
3. Diskutieren Sie, inwieweit Ihre Vorschläge sinnvoll und umsetzbar sind.
4. Gestalten Sie unter Berücksichtigung der genannten Vorschläge ein Werbeplakat, das auf Ihr mediterranes Menü aufmerksam macht.

Bei der Bearbeitung dieses Lernfeldes können Sie überprüfen, welche Aspekte Sie bei der Vermarktung von Produkten und Dienstleistungen bereits erfasst und welche Sie noch nicht berücksichtigt haben.

1 Dienstleistung Hauswirtschaft

1.1 Zielgruppe

Die Hauswirtschaft als Dienstleistungsanbieter wird immer mehr nachgefragt. Wo Menschen betreut oder versorgt werden, muss ein entsprechendes Angebot zur Verfügung stehen.

Single-Haushalte, Familien mit Kindern, aber vor allem Senioren sind Zielgruppen, die durch entsprechende Angebote angesprochen werden. Abhängig von der Haushaltsform, z.B. Einrichtung für Senioren, Tagungshaus, landwirtschaftliches Unternehmen, privater Haushalt oder Krankenhaus, sind die Angebote an die Nachfrage anzupassen.

Dabei werden die angebotene Dienstleistung und die Sachleistung unterschieden. Neben einem Waren- und Sachgüterangebot macht das Dienstleistungsangebot in der Hauswirtschaft den größeren Umfang aus.

Die Zubereitung von Speisen und Getränken, die Haus- und Wohnungspflege, Textil- und Wäschepflege, die Planung und Gestaltung von Festen sowie die Betreuung und Versorgung von Personen unterschiedlichen Alters sind Aufgabengebiete, die in Form einer Dienstleistung von der Hauswirtschaft nachgefragt und angeboten werden.

Bild 1: *Hauswirtschaft bietet Dienstleistungen für verschiedene Zielgruppen*

1.2 Angebot und Nachfrage

Als **Angebot** bezeichnet man eine Menge von Gütern und/oder Leistungen, die ein Anbieter zu einem bestimmten Preis abgibt oder anbietet. Dabei kann er als Preis Geld, andere Güter oder bestimmte Leistungen verlangen.

Gesamtwirtschaftlich meint **Angebot** die gesamte Menge am Markt verfügbarer Güter oder Leistungen. Das bedeutet z.B. die Aussage: „Das Angebot an Erdbeeren ist wegen der schlechten Ernte sehr gering."

Wie hoch die Nachfrage ist, hängt von vielen unterschiedlichen Faktoren und Haushaltstypen ab.

Die Nachfrage geht von folgenden möglichen Haushaltstypen aus:

- **Selbstversorgerhaushalte** übernehmen die Produktion ihrer Güter und erbringen ihre Dienstleistungen selbst – Eigenarbeit bis 100 %.
- **Dienstleistungshaushalte** kaufen die Sachgüter wie Lebensmittel und Kleidung ein. Kochen, Waschen, Reinigen und die Kinderbetreuung werden als Dienstleistung selbst erbracht – Eigenarbeit etwa 50 %.

- **Vergabehaushalte** vergeben alle Aufgaben. Sie setzen ihre Arbeitskraft zum Erwerb von Einkommen ein. Sie sind darauf angewiesen, dass hauswirtschaftliche Dienstleistungseinrichtungen anfallende hauswirtschaftliche Aufgaben übernehmen – der Anteil an Eigenarbeit ist sehr gering.

Zuerst gibt es ein Bedürfnis, dieses spezielle Gut zu erwerben oder diese Dienstleistung anzufordern. Je nach Höhe des Einkommens und je nach Preis des Gutes kann die Nachfrage höher oder niedriger ausfallen. Ein niedriges Einkommen führt zwangsläufig zu einer niedrigen Nachfrage. Die Lohnentwicklung hängt demnach eng mit der Gesamtnachfrage zusammen. Angebot und Nachfrage bestimmen den Preis.

> Je größer ein Angebot an Waren und Dienstleistungen auf einem Markt ist, desto stärker fallen die Preise. Je größer die Nachfrage ist, desto höher steigen die Preise.

1.3 Sortiment

Die Gesamtheit aller ausgewählten und angebotenen Waren, Sach- und Dienstleistungen bezeichnen wir als Sortiment. Maßgeblich ist dabei der **Sortimentsaufbau** oder die **Sortimentsstruktur**.

Wir teilen sie auf in die Warenbereiche, Warengattungen, Warenarten, Artikel, Sorten und Stücke.

Daraus entsteht die für den Handel wichtige **Sortimentsbildung**. Sie zeigt dem Kunden die spezifische und unverwechselbare Leistung des Betriebes auf.

Im Jahresverlauf werden Sortimente immer wieder neu zusammengestellt. Die Frage, welche Sortimente gebildet und wo sie angeboten werden, ist abhängig vom Betriebstyp und vom Angebotszeitraum. Sie sind essenzielle Bestandteile eines strategischen Marketingplanes des Betriebes.

Um ein festes Sortiment zu haben, erstellt der Betrieb ein **Kernsortiment**. Damit wird der Hauptumsatz gemacht. Außerdem gibt es ein **Grundsortiment**. Beide können identisch sein, aber auch etwas voneinander abweichen. Alle Artikel, deren Umsatz gering ist, werden als Randsortiment bezeichnet.

Der Betrieb bietet den Kunden einen zusätzlichen Service, um sich von den Mitbewerbern abzugrenzen. Für Angebote mit geringer Nachfrage wird ein **Untersortiment** angeboten. Die Gestaltung des Sortiments und dessen Steuerung bezeichnen wir als **Sortimentspolitik**. Sie steuert und kontrolliert den Wareneingang und Warenausgang. Aus den Erkenntnissen kann sich eine **Sortimentserweiterung** oder Sortimentsbereinigung ergeben.

1.4 Angebote hauswirtschaftlicher Dienstleistungen

Die Hauswirtschaft bietet unterschiedliche Dienstleistungen im Bereich Betreuung und Versorgung an. Abhängig von der Betriebsstruktur werden im Jahresverlauf Veranstaltungen oder Leistungen wie der Verkauf selbst hergestellter Produkte angeboten. Selbstständige Unternehmerinnen im Dienstleistungsbereich stellen ein Dienstleistungsangebot zusammen und werben damit. Zum Beispiel können in Einrichtungen für Senioren neben den Senioren noch Gäste, Mitarbeiter, Familienangehörige versorgt und betreut werden.

In Tagungsstätten können Kinder, Jugendliche und Erwachsene betreut werden. Vielfältige Angebote neben der Versorgung werden angeboten.

Im Privathaushalt werden die Menschen versorgt, die zur Familie gehören. Ausrichten von Feierlichkeiten im Jahresverlauf sind zusätzliche Dienstleistungen.

Im Krankenhaus gibt es neben dem Verpflegungsangebot zusätzliche Angebote für die Angehörigen und das Pflegepersonal.

Im landwirtschaftlichen Unternehmen mit Hofladen ist es der Kunde, der nach regionalen, ökologisch hergestellten Produkten fragt. Dafür wird ein entsprechendes Warensortiment bereitgestellt.

> Wie beim Warenhandel ist auch für die entsprechenden Dienstleistungsangebote der Hauswirtschaft ein gutes Marketingkonzept wichtig.
>
> Je besser das Konzept auf den Kunden abgestimmt ist, desto größer der Erfolg! Auch die regionalen Spezialitäten dürfen dabei nicht vergessen werden.

Aufgaben:

1. Überlegen Sie in Ihrer Ausbildungsgruppe welche Haushaltstypen es gibt. Erstellen Sie eine Collage zu diesem Thema.

2. Ein Dienstleistungsangebot für Ihre Schule/Institution soll erstellt werden.

   - Sammeln Sie gemeinsam Ideen, welche Dienstleistungen möglich sind.

   - Erarbeiten Sie mit Ihren Mitschülern ein mögliches Dienstleistungs- und Sachgüterangebot.

	Angebotene Dienstleistung	Weg vom Anbieter zum Kunden	Abrechnungsmodalitäten
Privat-haushalt	▪ Versorgung und Betreuung aller Familienmitglieder und Gäste ▪ Haus- und Wohnungspflege ▪ Säuglings- Kinder- und Krankenpflege	▪ Gespräch mit den Familienmitgliedern ▪ vertraglich vereinbarter Auftragsumfang (bei Bedarf)	▪ Abrechnung nach Arbeitsleistung und Arbeitsauftrag durch Gehalt oder Einzelabrechnung
Haushalte landwirtschaftlicher Unternehmen	▪ Kundenbetreuung beim Einkauf ▪ Hauswirtschaftlicher Dienstleistungsservice (Catering) ▪ Tierische und pflanzliche Produkte des Betriebes ▪ Ferien auf dem Bauernhof	▪ Öffentlichkeitsarbeit wie Internet, Flyer, Anzeigen ▪ Tag des offenen Hofes ▪ Verkauf auf Märkten ▪ Hinweisschilder am Straßenrand	▪ Kalkulation der Preise ▪ Über den Hofladen durch Geldeinnahmen ▪ Arbeitsaufwand kalkulieren und Rechnungen für den Dienstleistungsservice schreiben
Tagungs-stätten	▪ Spezielle Verpflegung besonderer Gruppen ▪ Veranstaltung im Haus anbieten ▪ Wäsche- und Ausbesserungsservice ▪ Wünsche der Kunden annehmen	▪ Aktionswochen anbieten ▪ Artikel in der Tageszeitung oder Fachpresse ▪ Internetauftritt, Flyer, Telefonkontakt ▪ Weiterempfehlung durch zufriedene Kunden	▪ Abrechnung der Übernachtungskosten ▪ Verpflegungskosten, Veranstaltungskosten ▪ Kosten für Zimmerservice ▪ Kosten für die Koordination von Veranstaltungen (Abrechnungen im Auftrag wie besonderes Catering)
Einrichtungen für Senioren	▪ Zubereitung altersgerechter Kost ▪ Reinigung, Gestaltung der Wohnräume ▪ Wäscheservice, Ausbesserung der Wäsche ▪ Feiern im Jahresverlauf	▪ Telefonat, Internetauftritt, Flyer ▪ Persönliches Gespräch ▪ Tag der offenen Tür ▪ Aktionswochen ▪ Pflegeheimverzeichnis	▪ Kosten der Unterbringung von Senioren und Gästen ▪ Abrechnung der Veranstaltungen und Feiern ▪ Sonderleistungen für Flick- oder Wäscheservice
Krankenhaus	▪ Besondere Kostformen herstellen ▪ Service in der Cafeteria ▪ Gestaltung der Räume und Verkehrsflächen nach Jahreszeit ▪ Hol und Bring-Service (Wäsche, Post) ▪ Zimmerreinigung	▪ Internet, Flyer ▪ Tag der offenen Tür ▪ Vorträge ▪ Aktionswochen in der Cafeteria ▪ Aushang von Speiseplänen	▪ Verkauf im Kiosk oder Cafeteria, besondere Dienstleistung durch sofortige Abrechnung ▪ Rechnung für ausgeführte Dienstleistungen über Rechnungsstelle im Haus

Tabelle 1: *Übersicht möglicher Dienstleistungen*

2 Produkte und Dienstleistungen anbieten

Die Leistungen der Hauswirtschaft müssen nach wirtschaftlichen und unternehmerischen Gesichtspunkten beworben werden.

Die Hauswirtschafterin oder hauswirtschaftliche Fachkraft ist Anbieterin. Sie bietet ihre Produkte und Dienstleistungen dem Kunden an. Ihre Angebote sind kundenorientiert. Dazu beobachtet sie den Markt und stellt sich auf die Ansprüche und Bedürfnisse der Kunden ein.

Im Großhaushalt arbeitet die Hauswirtschafterin nach kaufmännischen Gesichtspunkten bei der Versorgung und Betreuung der Menschen. Ihre

Dienstleistungen und Produkte sind in einem Angebot kalkuliert. Jeder Kunde kann dann entsprechend seinen Wünschen und Bedürfnissen einzelne Dienstleistungen oder Produkte einkaufen. So wirbt sie z. B. in der Nahrungszubereitung mit dem Einsatz regionaler und saisonaler Produkte. Kunden fordern eine gute Qualität bei der Vergabe ihrer Aufträge an die Hauswirtschafterin.

Im Dienstleistungsbereich Hauswirtschaft reicht die Spanne von der Versorgung mit Speisen und Getränken, der Wäschepflege, Haus- und Wohnungspflege bis zur Betreuung der alten und kranken Menschen und der Kinder.

2.1 Vermarktungswege hauswirtschaftlicher Dienstleistungen

Die Hauswirtschafterin im ländlichen Betrieb mit Hofladen oder Catering produziert Speisen und Lebensmittel zum Verkauf oder bietet z. B. „Ferien auf dem Bauernhof" an. Unter den angebotenen Gütern stellen Lebensmittel als Verbrauchsgüter einen sehr großen Anteil dar. Sie werden frisch gekocht, zubereitet und nicht gelagert.

In den letzten Jahren haben sich die landwirtschaftlichen Betriebe immer häufiger ein zusätzliches Einkommensfeld erschlossen. Auf dem ländlichen Betrieb sind Hofläden entstanden, die selbst hergestellte Produkte an die Kunden weitergeben. Die Produktpalette ist an der Jahreszeit orientiert. Diese Form der Direktvermarktung gibt dem Kunden die Möglichkeit, auf kurzem Weg landwirtschaftliche Produkte direkt beim Erzeuger zu kaufen. Das garantiert Frische und Qualität.

Viele Betriebe betreiben auch ein Hofcafe, in dem die Gäste selbst gebackenen Kuchen oder Speisen zu sich nehmen können.

Um einen größeren Kundenstamm zu bekommen, ist in den letzten Jahren in vielen Regionen „der Landservice" gegründet worden, ein Catering-System, das sich aus verschiedenen Betrieben mit unterschiedlichen Schwerpunkten zusammensetzt. Aufträge werden im Verbund bearbeitet und die hauswirtschaftliche Fachkraft bereitet z. B. in ihrem Betrieb die Salate für ein großes Büfett vor. In einem anderen Betrieb wird dann z. B. das Fleisch vorbereitet. Wichtig ist dabei, dass alle am „Land-

service" beteiligten Betriebe über eine von der Lebensmittelaufsicht genehmigte Küche verfügen müssen.

Eine weitere Einkommensvariante ist der Urlaub auf dem Bauernhof.

Ein Catering-Unternehmen macht z. B. der Schule ein Angebot. Die Ganztagsschule beauftragt den Caterer, die Mittagsverpflegung zu liefern. Ein eingereichter Speiseplan gibt den Schülern die Möglichkeit, sich ihr Mittagessen auszuwählen. In der Regel werden immer zwei Gerichte zur Auswahl angeboten. Die Speisenkomponenten werden dann zu einem bestimmten Zeitpunkt in die Schule geliefert. Dort werden sie von der Hauswirtschafterin oder der hauswirtschaftlichen Fachkraft ergänzt und ausgegeben.

Sind in einem Haushalt alle Haushaltsmitglieder überwiegend berufstätig, kann es sehr nützlich sein, Dienstleistungen einkaufen zu können und Aufträge zu vergeben.

Die Hauswirtschafterin oder hauswirtschaftliche Fachkraft bietet diesen Haushalten ihre **Dienstleistung** an. Sie übernimmt z. B. die Verpflegung der Kinder in der Mittagszeit, bereitet das Essen vor und erledigt vom Auftraggeber gewünschte haushaltsbezogene Dienstleistungen. In Seniorenhaushalten betreut sie die Senioren, reinigt die Räume und unterstützt und begleitet sie bei den alltäglichen Arbeiten.

Diese Aufgaben übernimmt sie als Selbstständige oder arbeitet als Angestellte in einer Dienstleistungsagentur.

Aufgaben:

In Ihrer Schule sollen die regionalen Produkte angeboten und die Dienstleistungen der Schule an einem Aktionstag dargestellt werden.

a) Hören Sie sich in Ihrer Stadt um, ob es ähnliche Projekte gegeben hat und welche Möglichkeiten es gibt, Ihre Produkte und Dienstleistungen bekannt zu machen.

b) Erstellen Sie mit Ihren Mitschülern eine Liste der Caterer oder Anbieter hauswirtschaftlicher Dienstleistungen aus Ihrem Ort.

c) Welche Unterschiede zu Ihren Angeboten stellen Sie fest?

d) Was können Sie zum nächsten Aktionstag verbessern?

Bild 1: *Mittagsverpflegung in der Schulmensa*

2.2   Verpackung und Kennzeichnung von Lebensmitteln

Eine Verpackung ist nicht nur eine hübsche Hülle. Während nur ein verschwindend geringer Anteil der täglichen Werbebotschaften das Bewusstsein der Verbraucher erreicht, bewirken Verpackungen rund 70 Prozent der Kaufentscheidungen.

Die richtige Lebensmittelverpackung spricht nicht nur einen Sinneskanal an. In ihr steckt ein für den Markt bedeutendes Potenzial. Geschickt ausgewählt auf die Zielgruppe der Konsumenten sorgt sie für einen guten Verkauf des Produktes.

Außerdem soll sie das Produkt frisch halten. Dazu muss sie hohen lebensmittelrechtlichen Qualitätsansprüchen gerecht werden.

Technologisch schützt sie das Produkt vor Umwelteinflüssen und sorgt für eine gute Haltbarkeit. Verpackte Produkte lassen sich besser transportieren, stapeln und zu Verkaufseinheiten zusammenstellen.

Auf der Verpackung findet der Verbraucher wichtige Produktinformationen. Sie ermöglichen ihm das Warenangebot miteinander zu vergleichen. So bekommt z. B. der Allergiker durch die Zutatenliste eines Produktes wichtige Zusatzinformationen, die ihm Auskunft über die Menge der einzelnen Zusatzstoffe geben – wichtig für die Kaufentscheidung.

Bild 2: *Arten der Verpackung*

Folgende Verpackungsarten werden unterschieden:

- **EVE (Einzelverkaufseinheit)**
  Kleinste Einheit, die angeboten wird. Sie ist für den Einzelhandel oder Großverbraucher bestimmt.
- **VPE (Verpackungseinheit)**
  Ein Überkarton, der noch mit den Händen zu tragen ist
- **Colli (Transporteinheit)**
  Eine Palette oder ein Container auf dem zum Beispiel Einzelkartons, 6er-Träger, Kisten zum Weitertransport gepackt werden.

> Bei jeder Art der Verpackung wird darauf geachtet, dass das richtige Etikett darauf steht, das Volumen des Kartons optimal ist und die Zielgruppe richtig angesprochen wird. Das Material der Verpackung muss zum Produkt passen. Es wird wesentlich bei der Produktentwicklung berücksichtigt.

Packungsmaterial

Die Industrie stellt je nach Anforderungsprofil des Lebensmittels unterschiedliche Packungsarten her. Es werden u. a. unterschieden: luftdichte Verpackungen, Verpackungen unter Schutzatmosphäre, Lichtschutzpackungen sowie spezielle Verpackungen zum Tiefkühlen und Kühlen.

Je nachdem, wie die Konsistenz des Lebensmittels ist, wird das Packungsmaterial ausgewählt. Dem Lebensmittel dient es als Schutz vor Umwelteinflüssen und zur Verlängerung der Haltbarkeit sowie als Schutz vor Verunreinigungen, Feuchtigkeit, mikrobiologischer Belastung. Geruchs-, Geschmacks- und Farbbeeinträchtigung können so ausgeschlossen werden. Die Auswahl des Verpackungsmaterials ist abhängig von den späteren Lagerungsansprüchen des Produktes.

Zielgruppe

Für Großverbraucher sind die Verpackungen eher schlicht. Es ist kein aufwendiges Design erforderlich, da der Kunde sein Produkt kennt und auf wenig Verpackung und viel Inhalt Wert legt.

Der Einzelhandel dagegen benötigt Verpackungen, die den Kunden ansprechen. Ob eine Familienpackung oder Singlepackung gewünscht wird, entscheidet der Kunde im Geschäft. Ein gutes Packungsdesign und eine ausführliche Produktinformation werden vom Kunden erwartet und unterstützen die Kaufentscheidung.

Bild 1: *Verpackungsmöglichkeiten*

Etikett

Lebensmittel müssen entsprechend der Lebensmittelkennzeichnungsverordnung fünf wesentliche Angaben auf der Verpackung haben.

Bild 2: *Angaben auf dem Etikett*

Wesentliche Angaben

- Verkehrsbezeichnung des Produkts
- Mengenangabe
- Mindesthaltbarkeits- oder Verbrauchsdatum
- Name oder Firma und Adresse/Anschrift vom Hersteller, Verpacker oder Verkäufer des Produkts
- Zutatenverzeichnis nach Vorkommen, in Prozentanteilen absteigend

Weitere Angaben

- Chargenbezeichnung (Loskennzeichnung)
- Lagerbedingungen (Temperatur)
- Gebrauchsanleitung oder Verwendungsanleitung
- Alkoholgehalt des Produktes
- Verpackungsart, z. B. unter Schutzatmosphäre

Diese Informationen sind auf dem Etikett oder auf einem mit dem Produkt verbundenen Etikett zu finden. Die Information muss für den Kunden sofort deutlich sichtbar und gut lesbar sein. Im Regelfall wird es die deutsche Sprache sein. Einige Namen von Produkten sind bereits eingebürgert, obwohl sie fremdsprachig sind wie z. B. Corned Beef, Mixed Pickles, Sauce Hollandaise.

Die handelsübliche Produktbezeichnung, das Mindesthaltbarkeitsdatum, die Mengenangaben und der Alkoholgehalt bei alkoholischen Getränken müssen im gleichen Sichtfeld angebracht sein. Dadurch erhalten sie einen optischen Zusammenhang. Sie müssen aber nicht auf der Hauptseite angebracht werden.

Anforderungen an Verpackungen

Je nach Anforderung an die Verpackung finden verschiedene Gesetze und Verordnungen im Entwicklungsprozess des Verpackungsmaterials Anwendung. Sie schützen und informieren den Verbraucher.

Beispiele für Gesetze

- Verpackungsverordnung
- Lebensmittel- und Futtermittelgesetzbuch
- Lebensmittel-Hygieneverordnung
- Lebensmittelkennzeichnungsverordnung

Aufgaben:

1. Für den Aktionstag sollen die selbst hergestellten Produkte entsprechend gekennzeichnet werden.

   Stellen Sie für ein selbst hergestelltes Produkt ein Etikett her. Berücksichtigen Sie, dass es den Käufer ansprechen soll.

2. Welche wichtigen Informationen dürfen auf einem selbst hergestellten Produkt nicht fehlen?

3. Informieren Sie sich im Internet über die Kennzeichnungsverordnung.

4. Warum ist die Zutatenliste auf dem Etikett für den Verbraucher wichtig?

Richtige Verpackungen auswählen

Beim Einkauf von Lebensmitteln bietet der Handel dem Verbraucher unterschiedliche Verpackungen an. Günstig ist es, Mehrwegverpackungen zu kaufen. Auch eine Papiertasche sollte der Plastiktüte vorgezogen werden.

Wichtig ist bei der Auswahl der Verpackung, das Lebensmittel vor Geschmacks- oder Geruchsübertragung zu schützen.

Bei Obst und Gemüse ist eine Verpackung nicht zwingend erforderlich. Beim Einkauf kann ein Korb benutzt werden.

Bei Geflügel- und Hackfleischprodukten ist eine geschlossene Verpackung empfehlenswert, um einer Übertragung von Mikroorganismen vorzubeugen.

Bild 1: *Verpacktes Hackfleisch*

2.3 Verpackungen selbst herstellen

Für verschiedene Anlässe können Verpackungen selbst hergestellt werden. Beispiele:

- Konfitüre, in Gläser abgefüllt
- Konfekt in selbst gefertigten Kartons
- Kekse in selbst gefertigten Tüten

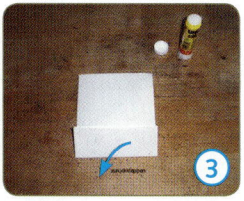

1. Ein DIN A4-Blatt quer vor sich hinlegen.

2. Die linke Seite nach rechts klappen und falten, sodass ein etwa 2 cm breiter Streifen sichtbar bleibt. Den freien Streifen nach links klappen, falten und festkleben.

3. Von unten etwa 5 cm nach oben falten und wieder zurückfalten.

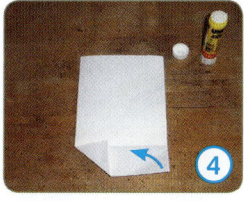

4. Die linke Ecke an die Knicklinie falten, ebenso die rechte Ecke.

5. Beide Ecken wieder zurückfalten. Papier umdrehen und das Falten von der anderen Seite wiederholen.

6. Ecken wieder zurückfalten und von unten in das Papierstück greifen, die Öffnung auseinanderklappen.

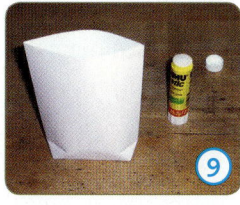

7. Von unten ein Stück Papier bis etwas über die Mittellinie hochklappen und festkleben. Keinen Kleber in die Mitte geben, da sonst der Tütenboden an der Tütenwand festklebt. Nur an die seitlichen Dreiecke Kleber geben.

8. Das zweite Stück ebenfalls über die Mittellinie falten, festkleben. Jetzt auch die Mitte mit Kleber versehen, damit kein Loch bleibt

9. Nach dem Trocknen von oben in die Tüte fassen. Boden eindrücken.

Je nach Papiergröße lassen sich nach dieser Beschreibung auch größere bzw. kleinere Tüten herstellen.

Bild 1: *Papiertüten selbst herstellen*

3 Werbung

3.1 Chancen der Umsetzung

Ist ein Produkt entstanden oder die Idee für eine Dienstleistung festgelegt, dann soll sie entsprechend beworben werden. Durch Werbung werden die Bedürfnisse und das Interesse des Kunden an einem Produkt geweckt.

Richtige Werbung erhöht die Verkaufschancen für ein Produkt. Deshalb muss die geeignete Werbemaßnahme sorgfältig ausgewählt werden.

Der Erfolg der Werbung ist von vielen Faktoren abhängig. Mit guter Planung wird der Weg bis zur Veröffentlichung festgelegt und ist damit kontrollierbar.

Es ist dazu notwendig, sich bestimmte Fragen zu stellen:

- Was will ich bewerben?
- Was ist mein Produkt- oder mein Dienstleistungsangebot?
- Kennen meine Kunden mein Produkt/meine Dienstleistung schon oder ist es/sie neu?
- Was hat der Kunde für einen Nutzen von meinem Produkt oder meiner Dienstleistung?
- Wie kann ich ihn dazu bewegen, mein Produkt zu kaufen?
- Inwieweit unterscheidet sich mein Produkt oder meine Dienstleistung von denen meiner Mitbewerber?
- Welche Zielgruppe will ich genau ansprechen?
- Wie und wo treffe ich meine Zielgruppe?
- Wie soll die Werbung wirken?

> Je genauer diese Fragen beantwortet werden, desto einfacher ist die exakte Definition der Werbeziele zu erreichen.

Der Kunde soll durch die Werbemaßnahmen informiert, überzeugt und veranlasst werden, das beworbene Produkt zu kaufen. Witzige und kreative Werbemaßnahmen steigern die Kaufentscheidung.

Weitere wichtige Überlegungen

- die gesamte Dauer der Werbemaßnahmen
- die Menge der Produkte oder Dienstleistungen, die verkauft werden soll
- die Kosten für die gesamte Maßnahme; dabei unbedingt eine Höchstgrenze für die Kosten festlegen
- die Höhe des Gewinns aus der Werbeaktion
- die Anzahl der neuen Kunden, die gewonnen werden können

Bevor nicht alle Fragen geklärt sind, ist eine Weiterführung der Werbemaßnahmen nicht sinnvoll.

✓ **QUALITÄT**
✓ **KOMPETENZ**
✓ **SERVICE**

Bild 1: *Aussagen kontrollieren*

3.2 Werbemittel und Einsatz

Der Einsatz von Werbemitteln muss auf die zu bewerbende Zielgruppe abgestimmt werden. Es gibt viele Wege, **Werbebotschaften** an Kunden zu schicken.

In die **Gestaltung von Anzeigen** oder **Durchführung von Werbemaßnahmen** sind die unterschiedlichen Ebenen der Kommunikation wie

- affektive Ebene (Gefühl)
- kognitive Ebene (Gedanken)
- konative Ebene (konkretes Handeln)

unbedingt einzubeziehen.

Bei der Einführung von neuen Produkten ist das Hinzuziehen von Werbefachleuten ratsam.

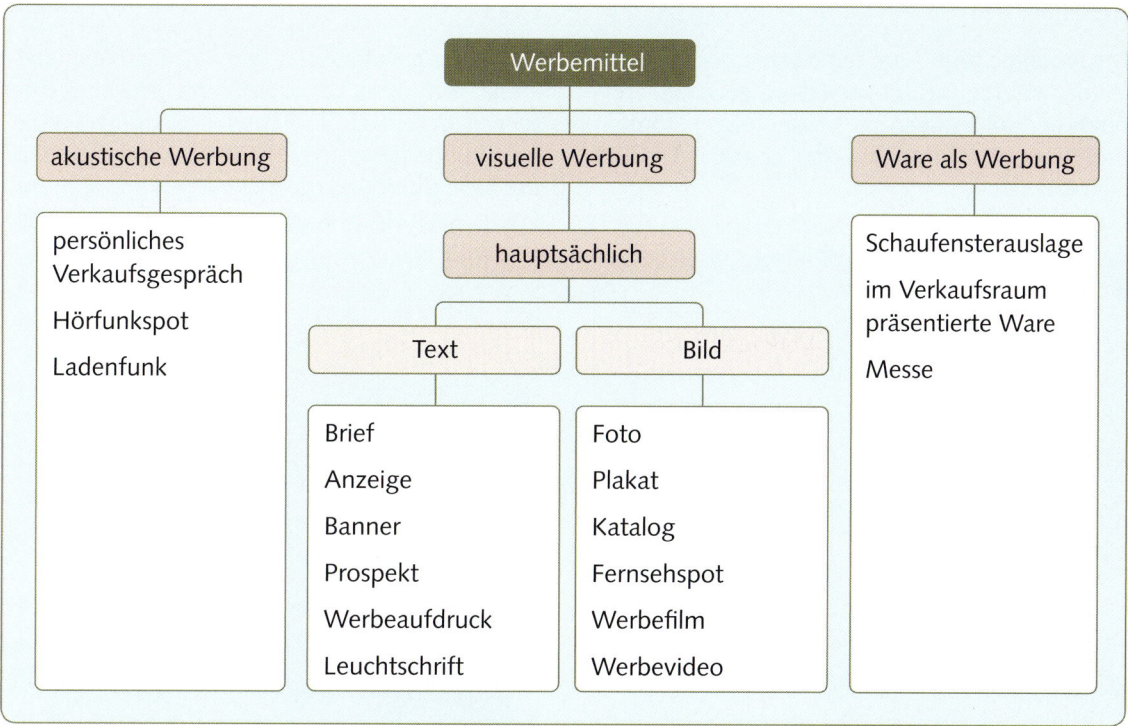

Bild1: *Mögliche Werbemittel*

Bild 2: *Beispiel für eine Anzeigenwerbung*

Headline

Die **Headline** formuliert den Nutzen des Produkts für den Käufer. Das Interesse wird geweckt. **Treffende Formulierungen**, die sich einprägen, fordern den Betrachter auf, sich weiter über das Produkt zu informieren.

> **Beispiel:**
> - Hauswirtschaft schafft Lebensqualität
> - Richtig ernähren und fit bleiben

Blickfang

Der Blickfang zählt zu den optischen Gestaltungselementen und muss bei dem Betrachter eine starke Aufmerksamkeit erzeugen. Der Blickfang visualisiert die Headline.

> **Beispiel:**
> - Bildschön gedeckter Tisch mit Hauswirtschafterin

Text

Der Werbetext formuliert und begründet den **Nutzen** des Produktes oder einer Dienstleistung. Der Text muss den Betrachter zum Weiterlesen anregen und Argumente enthalten, die den Umworbenen zur Annahme des Leistungsangebotes veranlassen sollen.

> **Beispiel:**
> Der Beruf eignet sich für Menschen, die:
> - gerne mit anderen und für andere arbeiten …
> - eigenverantwortlich und selbstständig arbeiten möchten …
> - kreativ sind und Organisationstalent haben …

Logo

Das Logo gewährleistet den Wiedererkennungseffekt. Ein gutes Logo bleibt für den Betrachter schnell im Gedächtnis haften. Die richtige Platzierung auf dem Produkt erhöht die Aufmerksamkeit des Betrachters und trägt als Werbekonstante zum Erfolg einer Marke oder eines Dienstleistungsangebots bei.

Nds. Landjugend, LandFrauenverband Hannover u. Weser-Ems

Bild 1: *Beispiel für einen Flyer*

Slogan

Der Slogan (Schlagwort) ist für den Werbenden eine kommunikative Möglichkeit, den Wert einer Marke oder eines Produktes in komprimierter Form darzustellen. Ein ausgewählter Slogan sollte über einen längeren Zeitraum verwendet werden.

> **Beispiel:**
> - Sie mögen den Umgang mit Menschen?
> - Sie arbeiten gern im Team?
> - Sie sind an hauswirtschaftlichen Tätigkeiten interessiert?
> - Machen Sie den ersten Schritt – werden Sie Hauswirtschafterin!

3.3 Wege der Werbung

Werbeträger sind Medien, durch die Werbemittel an die Zielgruppe herangetragen werden sollen.

Wenn der Anzeigentext für ein Produkt erstellt ist, muss er am Markt positioniert werden. Dabei können unterschiedliche Werbeträger eingesetzt werden. Sie lassen sich in drei große Gruppen wie Printmedien, elektronische Medien und die Außenwerbung einteilen.

Printmedien sind z. B. die Tageszeitung oder Wochenzeitung, Zeitschriften, z. B. Fachzeitschriften, Zeitschriften für eine bestimmte Zielgruppe, Kundenzeitschriften unterschiedlicher Firmen, z. B. Lebensmittelgeschäfte. Außerdem alle Anzeigenblätter oder Wurfsendungen.

Elektronische Medien sind das Fernsehen, der Hörfunk, Film, das Internet und auch die Telefonwerbung.

Außenwerbung finden wir an Hauswänden, Schaufenster, Plakatanschlagstellen und Verkehrsmitteln.

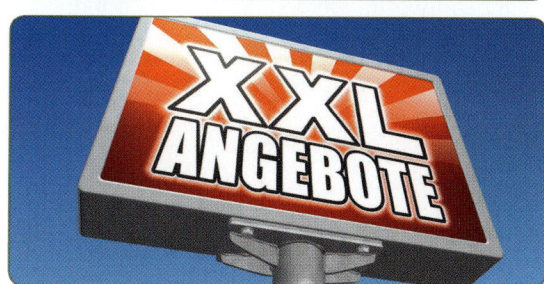

Bild 1: *Verschiedene Medien*

Die Auswahl der Werbemittel für ein Produkt muss genau auf die Zielgruppe abgestimmt werden. Die Streubreite muss gering gehalten werden und sich auf eine bestimmte Zielgruppe beschränken. Damit Informationen schnell aufgenommen werden können, ist der Text möglichst kurz zu fassen. Der Text muss den Kunden neugierig machen und ihn zum weiteren Lesen veranlassen. Eine attraktive Gestaltung z. B. eines Flyers regt zum Mitnehmen an.

Die Aufgabe der Werbung kann zusammenfassend durch die AIDA-Formel dargestellt werden.

> **Die Aufgabe der Werbung kann zusammenfassend durch die AIDA-Formel dargestellt werden.**
>
> **A**ttention Aufmerksamkeit wecken
>
> **I**nterest Interesse wecken (Was gibt es da? Schauen wir mal.)
>
> **D**esire Wünsche wecken (Das will ich! oder: Warum nicht einmal probieren?)
>
> **A**ction Durch Handeln zum Kaufabschluss bewegen

Bild 2: *Die AIDA-Formel*

Aufgaben:

1. Zeigen Sie für Ihren Aktionstag unterschiedliche Möglichkeiten der Werbung auf.

   a) Erstellen Sie mithilfe einer Mindmap einen Ideenspeicher.
   b) Treffen Sie eine Auswahl, welche Werbemittel Sie einsetzen wollen.
   c) Legen Sie die einzelnen Zielgruppen fest.
   d) Bilden Sie Arbeitsgruppen, in denen Sie die Vorschläge erarbeiten, und stellen Sie die Ergebnisse der gesamten Gruppe vor.

2. Wofür steht die Abkürzung AIDA?

4 | Kundenberatung und Verkauf

Hauswirtschaftliche Dienstleistungen müssen auf die Bedarfe der Kunden ausgerichtet werden. Dienstleistungen sind individuelle Güter, die zur Lösung von Kundenwünschen dienen. Eine Orientierung am Kunden ist deshalb unerlässlich. Ein Verkaufsgespräch verläuft umso erfolgreicher, je größer die Übereinstimmung zwischen den beiden Partnern ist. Gute **Kundenorientierung** ist wichtiger denn je!

Soll ein Produkt oder eine Dienstleistung einem Kunden verkauft werden, ist auf die richtige Körpersprache, Wortwahl, das Sprechtempo, eine entsprechende Gestik und Aussprache zu achten.

Die Körpersprache ist hierbei ein nicht zu unterschätzendes Instrument eine gute Grundstimmung zu erzeugen. Treten Sie freundlich und offen einem Gast gegenüber wird sich Ihr Lächeln widerspiegeln und dem Gast ein angenehmes Gefühl geben. Fragende und ablehnende Haltung rufen beim Gast eher eine Missstimmung hervor, die ihn nicht zu einem längeren Aufenthalt veranlasst. Besonders beim Verkaufsgespräch ist das nonverbale Verhalten ausschlaggebend für den Erfolg.

Bild 1: *Körpersprache*

4.1 Verkaufsgespräch

Ein Gast betritt den Speiseraum. Schon in diesem Moment entscheidet sich innerhalb weniger Sekunden, wie sich das Verhältnis zwischen Gast und Servicepersonal entwickelt.

Sofort beginnt das Verkaufsgespräch. Es wird eine Beziehung aufgebaut. Das kann nonverbal, durch ein Lächeln oder verbal durch einen höflichen Gruß geschehen.

Ganz wichtig ist dabei das äußere Erscheinungsbild des Servicepersonals. Es muss sich mit dem Betrieb identifizieren. Ist die Arbeitskleidung dem Aufgabengebiet entsprechend, weiß der Gast sofort, an wen er sich wenden kann.

Viele Betriebe haben für ihre Arbeitskleidung ein bestimmtes Styling gewählt und es mit der Betriebsart abgestimmt. Die sogenannte „Corporate Identity" soll sich bei dem Gast einprägen und zum Wiederkommen anregen.

Durch Anwenden von Fragearten kann ein Verkaufsgespräch geleitet werden.

Zur Verfügung stehen hier die offenen Fragen als Türöffner. Sie beginnen im Allgemeinen mit den W-Fragen (wann, welche, wie).

> **Beispiel:**
> - „Welche Beilage möchten Sie stattdessen?"
> - „Wann möchten Sie Ihren Kaffee einnehmen?"

Geschlossene Fragen können nur mit Ja oder Nein beantwortet werden. Sie beginnen mit: „Sind Sie …, haben Sie …, können Sie …, möchten Sie …"

> **Beispiel:**
> - „Haben Sie noch ausreichend Getränke?"
> - „Möchten Sie noch etwas von der Suppe?"

Durch **suggestive Fragen** wie „Sie möchten doch nicht …" oder „Sind Sie auch der Meinung, dass…" kann der Verkäufer dem Gespräch eine bestimmte Richtung geben. Der Einsatz von Suggestivfragen ist sehr begrenzt. Sie können falsch eingeschätzt werden und auf den Käufer Druck ausüben.

> **Beispiel:**
>
> „Sie möchten doch sicher nicht in der Zeit von … kommen?"

Alternativfragen zwingen den Gesprächspartner zu einer Entscheidung. Der Käufer kann zwischen zwei Möglichkeiten wählen.

> **Beispiel:**
>
> - „Sie können zwischen einem grünen und einem gemischten Salat wählen."
> - „Möchten Sie das Mittagsmenü oder stellen Sie sich selbst ein Gericht zusammen?"

> Bei allen Fragen ist es wichtig, sachlich zu bleiben. Selbstverständlich sollen die Fragen stets höflich und taktvoll sein.

Wurden die Wünsche des Gastes oder Kunden nachgefragt, muss entsprechend darauf reagiert werden.

Freundlich und sachkundig Empfehlungen aussprechen und den Kunden z. B. auf besondere Speisen hinweisen.

Äußert ein Gast Sonderwünsche, niemals „Nein" sagen.

Die Wünsche müssen ernst genommen und mit Aussagen wie „Augenblick bitte, ich schau mal, was ich machen kann" nach Möglichkeit weitestgehend erfüllt werden.

Gibt es keine Möglichkeit, dem Gast seinen Wunsch zu erfüllen, kann ein Alternativangebot vorgeschlagen werden.

> **Beispiel:**
>
> „Ein vegetarisches Gericht haben wir heute nicht im Angebot, aber wir können Ihnen den Auflauf auch ohne Fleisch zubereiten."

Wenn sich der Gast entschieden hat, wird die Bestellung angenommen. Dabei muss genau auf die Zeit geachtet werden. Zu lange Wartezeiten zwischen der Bestellung und dem Service dürfen nicht entstehen.

Ist die Speise serviert, soll der Gast in Ruhe das Essen beginnen können. Um zu erfahren, ob alles in Ordnung ist, kann nach einer bestimmten Zeit beim Gast nachgefragt werden.

> **Beispiel:**
>
> - „Sind Sie mit dem Auflauf so zufrieden?"
> - „Ist alles zu Ihrer Zufriedenheit?"

Eine gute Beobachtung der Gäste und eine dezente, sachliche Nachfrage ermöglichen schnelles und sicheres Reagieren.

Bild 1: *Richtige Arbeitskleidung*

4.2   Qualität in der Kundenbetreuung

Ein hohes Maß an Einfühlungsvermögen und Anpassungsfähigkeit wird von einem Mitarbeiter im Service gefordert. Dabei spielt es keine Rolle, wie es dem Mitarbeiter persönlich geht. Der Gast oder Kunde erwartet immer eine gleich bleibende Leistungsbereitschaft und Leistungsfähigkeit.

> Der Gast oder Kunde erwartet eine uneingeschränkte Aufmerksamkeit vom Servicepersonal. Er ist die wichtigste Person!

Was müssen wir bedenken:

- Wir sind vom Gast oder Kunden abhängig.
- Unsere Arbeit ist auf den Gast oder Kunden ausgerichtet. Es darf nicht der Eindruck entstehen, dass der Gast oder Kunde uns stört.
- Wir werden vom Gast oder Kunden für die Erfüllung seiner Wünsche bezahlt.
- Ein Gast oder Kunde ist keine Nummer. Er möchte wie ein Mensch behandelt werden.
- Ein Gast oder Kunde darf seine Meinung äußern.
- Die Wünsche des Gastes haben für uns oberste Priorität.

> Qualität ist, wenn der Gast oder Kunde zurückkommmt und nicht das Produkt.

Gelingt es nicht, den Kunden zufriedenzustellen, dann muss innerhalb des Betriebes nach den Schwachstellen gesucht werden.

Bild 1: *Freundlichkeit hat Priorität*

Typische Schwachstellen sind:
- **Unfreundlichkeit** des Personals:
  Die persönliche, schlechte Verfassung wird mit in die Arbeit genommen.
- **Unkonzentriertheit** des Personals:
  Es werden Bestellungen verwechselt oder die Reihenfolge der Bestellung wird nicht eingehalten
- **Mangelnde Information** der Mitarbeiter:
  Der Gast kann nicht ausreichend informiert werden.
- **Mangelnde Identifikation** der Mitarbeiter:
  Der Gast hat nicht das Gefühl, dass dem Mitarbeiter die Arbeit gefällt.
- **Fehlende Schulung:**
  Die Mitarbeiter werden nicht regelmäßig im Bereich Kundenorientierung geschult.

4.3   Gästetypen

Bei guter Beobachtung können wir im Laufe der Zeit die verschiedenen Gästetypen in vier Kategorien einordnen.

- Wie betritt der Gast den Speiseraum?
- Was erwartet der Gast von unserem Angebot?
- Wie wählt der Gast seine Speisen aus?
- Wie verhält sich der Gast gegenüber dem Servicepersonal?

Treffen Hauswirtschafter mit den verschiedenen Gasttypen zusammen, dann müssen sie sich schnell auf den Gasttyp einstellen. Für den Verlauf des Umgangs mit dem Gast ist der erste Eindruck des Servicepersonals wichtig.

Eine genaue Beobachtung und schnelle Reaktion auf den Gast geben ihm das Gefühl, etwas „Besonderes" zu sein. Er fühlt sich wohl und wird sich wieder entschließen, das Dienstleistungsangebot in Anspruch zu nehmen.

Die Feinschmeckerin

DIE NUDELN, DOCH NUR MIT WEISSEN TRÜFFELN.

Der zurückhaltende Gast

ÄH...ÄH...ENTSCHUL...

Der unsichere, unentschlossene Gast

ICH WEISS NICHT... WAS NIMMST DENN DU?

Der aufgeregte, nervöse Gast

HALLO! BEDIENUNG!

Der selbstbewusste, entschlossene Gast

WIR NEHMEN DEN REHRÜCKEN FÜR ZWEI PERSONEN!

Der knauserige, geizige Gast

EINEN AUGENBLICK NOCH, ICH HAB´S GLEICH...

Der nörgelnde Gast

ICH HABE BEREITS VOR 2 MINUTEN BESTELLT!

Bild 1: *Gästetypen*

5 Kostenkalkulation und Preisgestaltung

5.1 Kosten und Leistungen

Kosten sind betriebsbezogene Aufwendungen z.B. für den mengenmäßigen Verbrauch von Lebensmitteln, der Menge Waschpulver für die Wäsche, dem Materialverbrauch für die Tischdecke. Sie werden zur Leistungserstellung in Euro bewertet und einem Betriebszweig zugeordnet, z.B. Lebensmittelkosten.

Leistungen sind betriebsbezogene **Erträge** und **Ergebnisse**.

Erträge resultieren aus dem Verkauf von Essen, Getränken und z.B. Übernachtungsleistungen.

Leistungen sind Ergebnisse der Leistungsverwertung wie z.B. bei der Wäscherei oder dem Reinigungsbetrieb. Sie erzielen keine direkten Einkünfte, sondern finanzieren sich von der internen Verrechnung wie z.B. Arbeitsleistung innerhalb des Betriebes.

> **Beispiel:**
>
> Für die Mittagsverpflegung in einer Ganztagsschule werden 50 Portionen Suppe von zwei Mitarbeiterinnen hergestellt. Durch die Unachtsamkeit einer Mitarbeiterin kippt der Suppentopf um. Die Suppe muss erneut hergestellt werden. Die zusätzliche Zeit und die Kosten für den erneuten Einkauf der Zutaten sind nicht eingeplant.

An diesem Beispiel wird deutlich, dass der Betrieb neben den Materialkosten für die erneute Herstellung der Suppe auch zusätzliche Personalkosten (Leistungen) berechnen muss. Um weiteren Ausfällen vorzubeugen, muss die Arbeitsleistung innerhalb des Betriebes kontrolliert werden.

5.2 Kalkulation

Kalkulation ist das Berechnen eines Verkaufspreises. Kalkulation setzt sich aus mehreren Punkten zusammen:

- zweckmäßiger Einkauf (Ware)
- Überwachung des Verbrauchs
- Überwachung der Verluste bei der Herstellung
- Gewinnerzielung

Heute bestimmt immer mehr der Markt den Verkaufspreis. Deshalb darf auf eine gute Kalkulation nicht verzichtet werden. Sie dient der Plausibilitätsprüfung, um zu erkennen ob die eigene Leistungserstellung marktgerecht ist.

> **Beispiel:**
>
> Wer ein Frühstück anbietet, muss genau berechnen, was es kosten sollte. Heute steht ziemlich fest, was ein Frühstück kosten darf. Die Vorkalkulation dient zur Überprüfung, ob man für diesen Preis ein entsprechendes Frühstück anbieten kann, die Gesamtkosten abgedeckt sind und ein Gewinn erzielt werden kann.

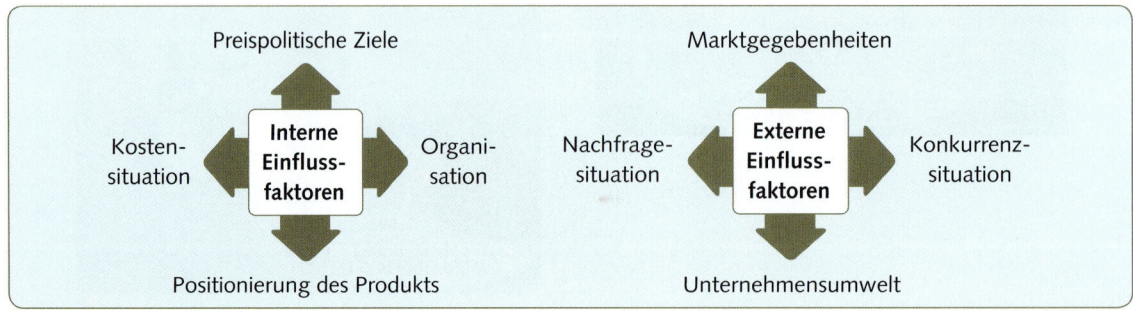

Bild 1: *Einflussfaktoren auf die Preisentscheidung*

5.3 Verkaufspreisberechnung

Damit ein Verkaufspreis errechnet werden kann, müssen einige Daten zusammengetragen werden.

- **Warenkosten** (Materialkosten) z. B. für Nahrungszubereitung (Fleisch, Kartoffeln), Reinigung (Putz- und Reinigungsmittel, Arbeitsmittel), Wäscherei (Waschmittel), Übernachtungen (Seife, Willkommensgruß)
- **Betriebskosten** wie Gehälter, Miete, Abschreibungen usw.
- Der **Gewinnanteil** ist wichtig für das Eigenkapital. Ohne Gewinnanteile gibt es keine Kredite von der Bank.
- Die **Gemeinkosten** sind Miete, Versicherungen, Werbung

> Warenkosten und anteilige Betriebskosten (Strom, Wasser, Räume, Personal) ergeben den Verkaufspreis.

Preisgestaltung für hauswirtschaftliche Dienstleistungen

Wird eine hauswirtschaftliche Dienstleistung vom Kunden angefragt, müssen zur Berechnung des Stundenlohns einer Hauswirtschafterin zunächst alle Einzelkosten aufgelistet werden.

Dazu gehören der Bruttolohn und die Sozialabgaben, Kosten für Urlaub oder Krankheit, eventuell Weihnachtsgeld und die Kosten für die Berufsgenossenschaft.

Zugerechnet werden noch die durchschnittlichen Ausgaben für die Gemeinkosten pro Stunde und jeder Mitarbeiterin anteilig.

> **Beispiel:**
>
> | | |
> |---|---|
> | Monatliche Gesamtlohnkosten | 3 000,00 €: |
> | 167 Stunden (Stundensatz im Jahresdurchschnitt) | = 17,96 € |
> | Gemeinkosten insgesamt | 3 750,00 € |
> | : 167 Stunden (Stundensatz im Jahresdurchschnitt) | = 22,45 € |
> | : 15 Mitarbeiter/Betrieb | = 1,49 € |
>
> **Berechnung:**
>
> | | |
> |---|---|
> | Stundensatz/Mitarbeiter | 17,96 € |
> | Gemeinkosten/Mitarbeiter | 1,49 € |
> | Gesamtstundenlohn | 19,47 € |
> | Gewinnanteil 6 % | 1,17 € |
> | vom Kunden zu zahlender Stundenlohn | 20,64 € |
>
> plus gesetzlicher MwSt.

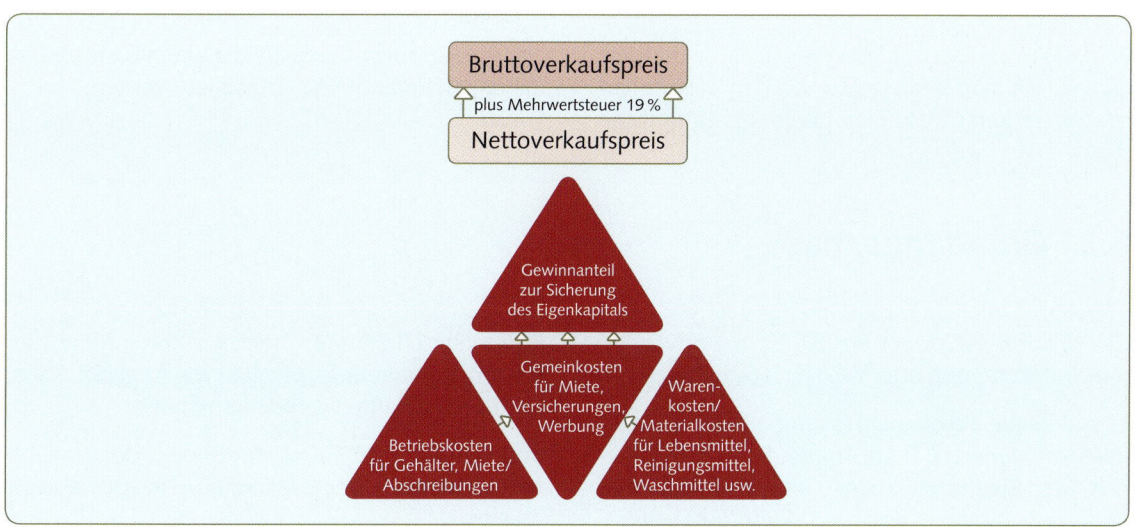

Bild 1: *Preisgestaltung für hauswirtschaftliche Dienstleistungen*

6 Existenzgründung

Nach abgeschlossener Ausbildung und regelmäßiger Fort- und Weiterbildung bietet die Hauswirtschaft Möglichkeiten der Selbstständigkeit: z. B. einen Partyservice eröffnen, Backen für besondere Gelegenheiten, Reinigungsservice, eine Frühstückspension eröffnen oder ein Dienstleistungsunternehmen gründen.

Von der Entscheidung bis zur Durchführung der Selbstständigkeit sind verschiedene Phasen zu durchlaufen.

- Orientierungsphase
- Konzeptphase
- Realisationsphase

6.1 Orientierungsphase

In der Orientierungsphase sind zwei wichtige Fragestellungen zu beantworten:

1. Warum will ich selbstständig werden?
2. Bin ich ein Unternehmertyp?

Dazu ist es wichtig, sich mit der eigenen Risikobereitschaft, dem unbequemen Weg zur Selbstständigkeit, der eigenen Konfliktbereitschaft und der geforderten Flexibilität auseinanderzusetzen.

In der Orientierungsphase muss der Markt beobachtet und eine Geschäftsidee entwickelt und präzisiert werden. Dabei sind Trends und Marktlücken genau zu betrachten.

Hilfe und Unterstützung bieten die Industrie- und Handelskammern, Handwerkskammern, die Berufsverbände und die Wirtschaftsförderung mit Gründertagen und Gründermessen an.

> Selbstständig sein bedeutet professioneller Umgang mit Menschen, Marketing an der eigenen Person und wenig Freizeit zu haben.
>
> Selbstständig sein bietet die Möglichkeit der Selbstbestimmung, Selbstverwirklichung, freier Zeiteinteilung und eventuell drohender Arbeitslosigkeit zu entgehen.

6.2 Konzeptphase

Die Konzeptphase fordert die Erstellung eines Businessplans.

Er ist das Herzstück auf dem Weg in die Selbstständigkeit. Mit dem Businessplan werden alle erfolgsrelevanten Bereiche in eine prägnante schriftliche

Form gebracht. So können die Gedanken und Ideen präzise formuliert und geordnet werden.

Der Businessplan muss ständig aktualisiert und an die neuen Erkenntnisse angepasst werden.

6.3 Gründungsphase

Wenn alle Unterlagen zusammengestellt sind, wird **das Gründungskonzept** erstellt. Es ist notwendig, um eine Förderung oder Kredite zu erhalten.

Es enthält **die Zusammenfassung** mit dem Namen des Unternehmers, dem Angebot, der Besonderheit, der Zielgruppe, dem Gesamtkapitalbedarf und der Zeitangabe, wann mit dem Vorhaben begonnen werden soll, daneben das Besondere an

der Geschäftsidee, die Produktbeschreibung, die Kundenbeschreibung, mögliche Konkurrenz, der Standort, Marketingstrategien wie Angebot, Preis, Vertrieb, geplante Werbemaßnahmen.

Beschreibung der Gründerpersonen, der gewählten Rechtsform, der Organisation, möglicher Mitarbeiter.

Chancen und Risiken, einen Finanzierungs-, Investitions- und Liquiditätsplan.

Eine Rentabilitätsrechnung und Ertragsvorschau zeigen die voraussichtlichen Umsätze, Gewinne und Kosten für die nächsten drei Jahre auf.

Ergänzt wird der Plan mit Unterlagen wie Lebenslauf, Pachtvertrag, Marktanalysen, Branchenkennzahlen, Gutachten, Schutzrechten, eventuell Gesellschaftervertrag, Kooperationsvertrag, Leasingverträgen und einer Übersicht der vorhandenen Sicherheiten.

6.4 Swot-Analyse

SWOT-Analyse (engl.) kurz für:

- **S**trengths (Stärken),
- **W**eaknesses (Schwächen),
- **O**pportunities (Chancen) und
- **T**hreats (Bedrohungen)

Die Swot-Analyse beschreibt die Stärken und Schwächen, Chancen und Risiken, die bei einer Existenzgründung zu beachten sind.

Im gesamten Gründungsverlauf und in der Anfangsphase einer Gründung werden Stärken und Schwächen, die Chancen und das Risiko gegenübergestellt. So kann eine Schwäche zur Stärke oder ein Risiko zur Chance werden.

Bei der Stärken- und Schwächenanalyse wird die persönliche Situation eines Gründers beschrieben. Seine Qualifikation, Führungserfahrung, Erfahrung im Umgang mit Menschen usw.

Vor der Existenzgründung müssen Fragen zu Chancen und Risiken, die bei einer Gründung bedacht werden müssen, genau beantwortet werden. Sie beziehen sich auf Betrachtungen wie:

- Wird das Vorhaben einen Markt erobern können?
- Gibt es viele Mitbewerber?
- Wie viel Eigenkapital ist vorhanden?
- Gibt es eine Preisvorstellungen für das angebotene Produkt?
- Besteht seitens des Existenzgründers eine Eigenkapitaldecke für die Startzeit?

Ursachen von Krisen

Kommt es während der Gründungs- oder Anlaufphase zu Krisensituationen kann die Ursache fehlende oder mangelhafte Qualifikation, Störungen im privaten Bereich, Störungen in der Unternehmensführung oder nicht ausreichendes Finanzpolster sein.

Vermarktung von Dienstleistungen

Dienstleistungen brauchen einen Kostenpreis. Er richtet sich nach dem marktüblichen Preis in der Umgebung des Gründungsbetriebes.

Bei einer guten Vermarktungsstrategie müssen die Angebote der Konkurrenz betrachtet werden. Es der persönlich errechnete Preis höher als der Preis des Konkurrenten werden die Entscheidungsmerkmale deutlich gemacht. Es zählt die Qualität und nicht die Quantität.

Aufgaben:

Sich eine eigene Existenz aufzubauen ist ein häufiger Wunsch

1. Welche Vorüberlegungen sind zu bedenken, damit die Existenzgründung gelingen kann?
2. Erstellen Sie ein Angebot für die Dienstleistung „Wäsche pflegen" und kalkulieren Sie die zu erwartenden Kosten.

Hauswirtschaftliche Arbeitsprozesse koordinieren

Lernsituation

Auf der letzten Bildungsgangskonferenz wurde festgestellt, dass viele Auszubildende Schwierigkeiten mit dem Lernen haben. Da in naher Zukunft die Zwischen- und Abschlussprüfungen anstehen, wurde beschlossen, ein Projekt zum Thema *Lernen lernen* durchzuführen, an dem alle Jahrgänge teilnehmen sollen.

Thema für die Auszubildenden im 1. Lehrjahr sind zum einen die Koordination von Lern- und Arbeitsprozessen und zum anderen die grundlegenden Arbeitstechniken wie Arbeitsvorgänge beschreiben und Protokolle verfassen.

Für die Auszubildenden im 2. und 3. Lehrjahr stehen die optimale Prüfungsvorbereitung und die damit verbundenen Lernstrategien im Vordergrund.

Ein wichtiger Baustein in dieser Projektwoche soll auch das Präsentieren sein. Deswegen werden die Auszubildenden in Kleingruppen Referate zu ihren Schwerpunktthemen vorbereiten.

Die Projektwoche endet mit der Präsentation der Referate. Diese werden u. a. von den zuhörenden Auszubildenden bewertet.

Lernziele

- Sechs Stufen der vollständigen Handlung anhand eines Beispiels kennen lernen
- Grundlegende Arbeitstechniken, z. B. Protokolle verfassen, kennen und anwenden
- Methoden zur Texterschließung erfassen und ausprobieren
- Methoden zur Erarbeitung und Darstellung
- von Lerninhalten anwenden
- Prüfungen und Klausurphasen systematisch vorbereiten
- Lerninhalte und Präsentationen reflektieren

Methode: Lernspiele

Sie haben sich entschieden, den Beruf der Hauswirtschafterin zu erlernen. In diesem Kapitel werden Sie sich mit Methoden auseinandersetzen, die sowohl während der Ausbildung (z. B. Berichte schreiben) als auch in Ihrem weiteren Berufsleben eine Rolle spielen. Dazu gehört beispielsweise das Protokollieren von Teamsitzungen sowie die Planung, Durchführung und Auswertung von Arbeitsprozessen.

Am Ende Ihrer Ausbildung wird es Ihnen aber besonders wichtig sein, die Prüfung zu bestehen. Sie haben in diesem Buch bereits Methoden kennen gelernt, die Ihnen helfen, Wissen zu strukturieren (Mindmapping) bzw. neue Inhalte zu behalten (Karteikasten).

Doch die Vorbereitung auf die Prüfung kann auch spielerisch erfolgen.

Bereits durch das Erstellen eines Spiels setzen Sie sich intensiv mit wesentlichen Inhalten auseinander. Beim Spielen werden Sie dann feststellen, dass Lernen nicht immer nur Büffeln im stillen Kämmerlein sein muss, sondern auch Spaß machen kann. Außerdem können Sie die Spiele, die Sie erstellen, jederzeit einsetzen. So können Pausen oder Freistunden sinnvoll genutzt werden. Beim Erstellen der Spiele sind Ihrer Kreativität keine Grenzen gesetzt. Sie können aber auch bekannte Spiele umwandeln. Hier einige Beispiele:

Quizshow

So können Sie z. B. Quizfragen nach dem Prinzip von Fernsehsendungen erstellen:

Handgemachte Spätzle entstehen durch...?
A: Milben B: Maden
C: Schaben D: Kakerlaken
Lösung: c

Einspruch

Zum Lernen und vor allem Erklären von Fachbegriffen eignet sich dieses Spiel.

Frittieren
Pommes
Fett
heiß
Kalorien
ausbacken

Hier spielen zwei Teams (mindestens zwei Personen pro Team) abwechselnd gegeneinander. Innerhalb eines Teams müssen in einem bestimmten Zeitraum (Dauer einer Sanduhr) Begriffe, die auf einer Spielkarte stehen, beschrieben werden: Einer erklärt, die anderen raten. Dabei dürfen Begriffe, die ebenfalls auf der Karte stehen, nicht verwendet werden. Die gegnerische Mannschaft achtet auf die Zeit und dass die entsprechenden Begriffe nicht verwendet werden. Für jeden richtig geratenen Begriff gibt es einen Punkt.

Brainstorm

Bei diesem Spiel bekommen die Spieler ein Stichwort, z.B „Gartechniken", zu dem sie jene zehn Begriffe suchen müssen, die auf der Karte abgedruckt sind. Dafür haben sie einen Sanduhrdurchlauf Zeit.

GARTECHNIKEN	
Kochen	Frittieren
Pochieren	Grillen
Dämpfen	Dünsten
Braisieren	Garen
Gratinieren	Braten

1 Lern- und Arbeitsprozesse koordinieren

Eine wesentliche Kompetenz, die während der Ausbildung zur Hauswirtschafterin erlangt werden soll, ist die Methodenkompetenz. Das Wort Methode stammt von dem griechischen Wort méthodos und bedeutet „der Weg". In der Wissenschaft wird unter Methode eine Vorgehensweise verstanden, um systematisch Erkenntnisse zu erlangen. Dazu gehört u.a. das Beschaffen und Auswerten von Informationen, das Erkennen von Zusammenhängen, die Entwicklung von Lösungsstrategien zur Bewältigung von Aufgaben, der sinnvolle Umgang mit Kommunikationsmitteln sowie die Dokumentation und Präsentation von Ergebnissen und deren Bewertung.

Im Folgenden wird zunächst ein Weg dargestellt, wie komplexe Arbeitsaufträge systematisch durchgeführt werden können. Im Anschluss daran werden grundsätzliche Arbeitstechniken vorgestellt.

Sowohl im Betrieb als auch im schulischen Unterricht werden komplexe Aufgaben gestellt. Um diese sinnvoll bewältigen zu können, bietet es sich an, sechs Phasen zu berücksichtigen.

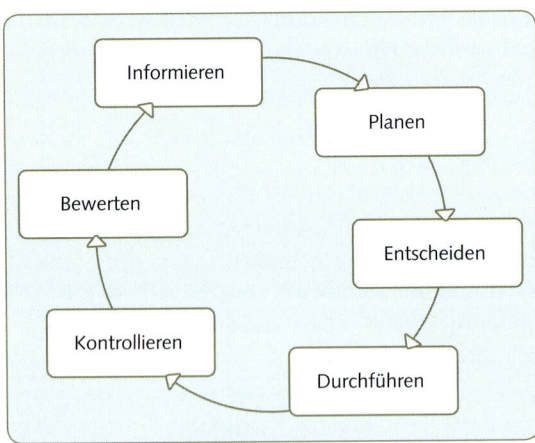

Bild 1: *Sechs Stufen der vollständigen Handlung*

Informieren

Eine komplexe Aufgabe für Auszubildende ist beispielsweise, das Sortiment für das Dessertbüfett in der Schulmensa zu ergänzen, indem verschiedene Dessertsorten hergestellt, angerichtet und garniert werden. Um diese Aufgabe lösen zu können, muss zunächst das Problem bzw. das Ziel dieser Aufgabe geklärt werden. Dazu müssen die wichtigsten

Informationen besorgt werden. Dies kann selbstständig oder mithilfe der Praxisanleitung oder des Fachlehrers geschehen. In diesem Fall ist das Problem, durch welche Desserts das Büffet erweitert werden soll bzw. welche getestet werden sollen. Das Ziel ist, nach der Herstellung zu entscheiden, welche Desserts in das Büffet aufgenommen werden. Zudem sollen im Rahmen dieser Aufgabe die Grundlagen zum Anrichten und Garnieren geübt werden. Hier könnte es sein, dass die Auszubildenden selbstständig eine Dessertauswahl treffen oder der Praxisanleiter vorgibt, dass z.B. sechs Desserts getestet werden.

Planen

In der Planungsphase soll möglichst selbstständig ein Arbeitsablauf erstellt werden. Hier spielt eine Reihe von Fragen eine Rolle:

- Welche Zutaten, Küchengeräte, Gefäße werden benötigt?
- Wie lange dauern Herstellung und Garnierung?
- Wie viel Personal wird benötigt?
- Wer macht was? In diesem Fall könnte eine Gruppe die Desserts anrichten und eine andere Gruppe die Desserts garnieren.

Entscheiden

Wenn die Planung abgeschlossen ist, führen die Auszubildenden eine Entscheidung herbei. Hierbei können verschiedene Lösungswege erörtert werden. Dabei werden noch offene Fragen geklärt, der Arbeitsablauf wird noch einmal überprüft und es wird endgültig entschieden, wie er umgesetzt wird. Je nach Ausbildungsstand ist der Praxisanleiter daran beteiligt.

Man könnte sich z.B. auch darauf verständigen, dass Zweierteams gebildet werden, die jeweils für die Herstellung von zwei Desserts zuständig sind. In diesen Teams soll aber jeder sowohl ein Dessert anrichten als auch ein Dessert garnieren. Auf diese Weise können alle sowohl das portionierte Anrichten als auch das Garnieren üben.

Durchführen

Nun werden die erforderlichen Arbeitsschritte, die in der Planungs- und Entscheidungsphase erarbeitet worden sind, selbstständig durchgeführt.

Es werden also u.a. die Dessertmassen produziert und fertiggestellt, die Garnituren vorbereitet sowie die Arbeitsplätze für das Anrichten (z. B. entsprechende Gefäße bereitstellen) und Garnieren vorbereitet.

Kontrollieren

Nun wird innerhalb der Lerngruppe im Rahmen eines Soll-Ist-Vergleichs festgestellt, ob der Arbeitsauftrag sach- und fachgerecht durchgeführt worden ist und ob das Ziel erreicht wurde. In diesem Fall könnte mithilfe eines Bewertungsbogens eine gemeinsame Endkontrolle der angerichteten Desserts erfolgen. Hier ist es natürlich wichtig, dass im Vorfeld in der Planungs- und Entscheidungsphase Bewertungskriterien wie z. B. eine gleichmäßige, akkurate Garnitur vereinbart worden sind.

Bewerten

In einem letzten Schritt soll das Arbeitsergebnis bewertet werden. Das eigene Verhalten sowie das Teamverhalten sollen dabei reflektiert werden. So stellt sich die Frage, ob das Bilden von Zweierteams sinnvoll war. Vor allem soll in dieser Phase festgestellt werden, was gut und was nicht so gut verlaufen ist. Im Anschluss daran sollen Handlungsalternativen überlegt werden. Die entscheidende Frage in dieser Phase ist also: Was kann man beim nächsten Mal besser machen?

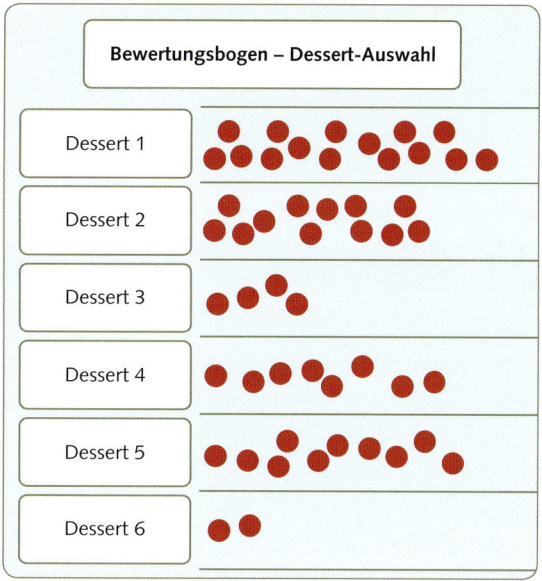

Bild 1: *Bewertungsbogen*

In diesem Fall soll auch noch entschieden werden, welche Desserts in Zukunft in das Büffet aufgenommen werden. Dies wäre mithilfe einer Punktabfrage möglich.

Hierbei erhält jeder Auszubildende drei Klebepunkte, die er auf einem Plakat zuordnet. Es ist dem Auszubildenden selbst überlassen, wie er die Punkte verteilt. Er kann z. B. drei Punkte einem Dessert geben oder je einen Punkt einem Dessert. Die drei Desserts mit den meisten Punkten werden dann ins Sortiment aufgenommen.

Bild 2: *Desserts (Büfett)*

2 Arbeitstechniken

Im Folgenden werden grundlegende Arbeitstechniken vorgestellt, die nicht nur im Berufsleben benötigt werden. Sie sind Grundlage für ein selbstständiges lebenslanges Lernen.

2.1 Gegenstände und Arbeitsvorgänge beschreiben

Bei einer Beschreibung wird das Ziel verfolgt, einem Leser ein möglichst genaues Bild von einem Gegenstand, einem Sachverhalt oder einer Person mithilfe von sprachlichen Mitteln zu vermitteln.

Es gibt verschiedene Situationen, in denen Beschreibungen notwendig sind. Ist beispielsweise etwas verloren gegangen, muss bei der Verlustmeldung der verlorene Gegenstand möglichst genau beschrieben werden. Nach einem Überfall muss für eine erfolgreiche Fahndung der Polizei der Täter möglichst genau beschrieben werden.

Beispiele aus dem alltäglichen Leben sind Wegbeschreibungen, Gebrauchsanweisungen oder auch Spielanleitungen.

Im hauswirtschaftlichen Bereich geht es vor allem um Vorgangsbeschreibungen. So müssen sich Hauswirtschafter mit den Bedienungsanleitungen verschiedener Haushaltsgeräte (Geschirrspüler) sowie den Arbeitsabläufen im Haushalt (z. B. Fenster reinigen) und in der Küche auseinandersetzen. Hier sind vor allem die Kochrezepte zu erwähnen.

Ziel der Vorgangsbeschreibung ist, dass der Leser aufgrund der sachlichen Information in die Lage versetzt wird, den Vorgang praktisch oder gedanklich nachzuvollziehen.

Merkmale

Da eine Vorgangsbeschreibung einen Vorgang beschreibt, der im Gegensatz zu einem Bericht immer in gleicher Weise abläuft, ist das Tempus der Vorgangsbeschreibung das Präsens.

Es werden einfache Hauptsätze bzw. übersichtliche Satzgefüge in der dritten Person (man/es) verwendet und es werden überwiegend Passivsätze verwendet. Auch findet sich der Einsatz von Imperativen (Befehlsform), allerdings wirkt dieser etwas aufdringlich.

Beispiele:

- Man benutzt den Sparschäler.
- Es wird der Sparschäler benutzt.
- Benutzen Sie den Sparschäler!

Bei der Beschreibung eines Vorgangs ist auf die genaue zeitliche Abfolge zu achten. So kann nicht das Gemüse zuerst angedünstet und dann gewaschen und geschnitten werden.

Zeitliches Nebeneinander oder Nacheinander, z. B. bei der Zubereitung eines Menüs und der Verknüpfung der einzelnen Vorgangabschnitte, werden durch entsprechende Konjunktionen ausgedrückt.

- Vorgänge, die nebeneinander stattfinden: während, dabei, zugleich, indem…
  Beispiel: Während die Kartoffeln kochen, wird das Obst für das Dessert vorbereitet.
- Vorgänge, die nacheinander stattfinden: anschließend, danach, sodann, später, daraufhin, nachfolgend…
  Beispiel: Zunächst werden die Kartoffeln geschält, dann gewaschen und anschließend in Würfel geschnitten.
- Verknüpfungen: weil, indem, daher, deshalb, deswegen, dazu, dadurch, damit…
  Beispiel: Zum Fischgang wird ein Weißwein serviert. Damit sich das Aroma richtig entfalten kann, wird dieser 15 Minuten vor dem Servieren geöffnet.

Beschreibungen sollen möglichst präzise und sachlich sein. Es soll lediglich das beschrieben werden, was man tatsächlich wahrnehmen kann. Es sollen also keine Wertungen vorgenommen werden, es sei denn, der Leser oder Zuhörer erwartet ein Urteil. Wenn beispielsweise in einem Elektrofachgeschäft der Verkäufer dem Kunden verschiedene Modelle eines Dampfgarers vorstellt, dann erwartet dieser, dass der Verkäufer ihm auch Vor- und Nachteile der verschiedenen Geräte nennt.

Fachsprache

Zutreffende und knappe Beschreibungen setzen den Einsatz von Fachbegriffen voraus. Allerdings ist hier der Adressatenbezug zu beachten. Wenn beispielsweise in der Großküche dem neuen Koch ein Rezept erklärt wird, kann der Chefkoch davon ausgehen, dass Begriffe wie Pochieren oder Braisieren bekannt sind. Wird aber im Privathaushalt mit einem 13-jährigen Mädchen gekocht, ist dies nicht der Fall.

Grundsätzlich sollten Sie im Rahmen der Ausbildung daran arbeiten, Ihren Wortschatz zu erweitern. Den Umgang mit dem Fremdwörterlexikon sollten Sie sich aneignen. Darüber hinaus sind hauswirtschaftliche Fachbegriffe wie die Vokabeln einer Fremdsprache zu erwerben. Hilfreich ist hier das Anlegen von Karteikarten, wie es auf Seite 51 beschrieben ist.

Aufgabe:

Menü mit Vorspeise, Fisch- und Fleischgericht, Dessert, Sekt, Weiß- und Rotwein

Sie sollen einen Tisch für vier Personen eindecken. Die Gäste haben ein fünfgängiges Menü bestellt. Es werden eine Vorspeise, eine Suppe, ein Fischgericht, ein Fleischgericht und ein Dessert serviert. Beschreiben Sie, wie beim Tischdecken vorgegangen wird.

Tipps zur Vorgehensweise

Schreiben Sie nicht einfach los, sondern berücksichtigen Sie bei der Anfertigung einer Vorgangsbeschreibung folgende Punkte.

Vorbereitung

Zerlegen Sie den Vorgang gedanklich in seine wesentlichen Phasen und notieren Sie diese stichpunktartig. Überlegen Sie sich zu den einzelnen Phasen die entsprechenden bzw. geeigneten Nomen, Verben und Adjektive sowie die notwendigen Fachbegriffe und überprüfen Sie die zeitliche Abfolge.

Gliederung und Ausführung

Formulieren Sie eine Einleitung, in der Sie auf die Art und die Bedeutung des Vorgangs hinweisen.

Es folgt der Hauptteil. Dieser ist entsprechend den Phasen des Arbeitsvorgangs zu gliedern. Wenn Sie sich intensiv vorbereitet haben, müssen Sie eigentlich nur noch Ihre Stichpunkte ausformulieren.

Seien Sie nicht mit der ersten Fassung Ihres Textes zufrieden, sondern überprüfen Sie, ob Sie folgende Aspekte beachtet haben, und nehmen Sie eventuelle Korrekturen vor.

Sind die oben genannten Merkmale berücksichtigt?

- Werden unterschiedliche Satzanfänge benutzt (zuerst, jetzt, daraufhin, als Nächstes) oder wird nur das Adverb „dann" eingesetzt?
- Werden die Passivsätze abwechslungsreich gestaltet? (Die Sahne wird geschlagen. Anschließend schlägt man die Sahne. Die Sahne ist zu schlagen.)
- Sind entsprechend den einzelnen Phasen Absätze angelegt worden?
- Ist der Text fehlerfrei (Rechtschreibung, Zeichensetzung)?

2.2 Berichte schreiben

Während der beruflichen und schulischen Ausbildung werden immer wieder Berichte angefertigt, sei es das wöchentliche Führen des Berichts-
hefts oder das Erstellen einer Praktikumsmappe
am Ende eines Praktikums, die z. B. Tagesberichte
enthält.

Für das Berichten gibt es verschiedene Anlässe
wie Unfälle, Sportereignisse oder Konzertveran-
staltungen.

Grundsätzlich wird der Leser durch Berichte **genau, knapp und sachlich informiert.** Das heißt, der
Bericht enthält möglichst keine Wertungen.

Im Bericht werden die wichtigsten **W-Fragen** beantwortet:

- Wann ereignet sich etwas?
- Worüber soll berichtet werden?
- Wer waren die am Geschehen beteiligten
  Hauptpersonen?
- Wo ereignete sich etwas?

Arbeits- und Tätigkeitsberichte sollen Auskunft
über die Tätigkeiten während eines bestimmten
Zeitraums und/oder teilweise auch über den Stand
des fachlichen Wissens geben.

In Praktikumsberichten werden z. B. Tagesberichte
erwartet. Diese sollen über den Ablauf eines Arbeitstages informieren. Im Vordergrund steht die
berufliche Tätigkeit. Deshalb soll auf die Wieder-
gabe von Gefühlen bzw. persönliche Wertungen
wie z. B. „Das tägliche Reinigen der Kaffeemaschine
war langweilig." verzichtet werden. Darauf können
Sie im Reflexionsteil eingehen. Zudem soll auf Mittel zur Spannungserzeugung oder Unterhaltung
verzichtet werden. Deswegen wird in schriftlichen
Berichten auch **keine Umgangssprache** verwendet.
Also nicht: „Dann heißt es – raus aus dem Freizeit-
look, rein in die Dienstkleidung", sondern „Der Tag
begann mit dem Anziehen der Berufskleidung."

Berichte werden grundsätzlich im **Präteritum** (Zeit-
form der Vergangenheit) verfasst: „Mein Arbeitstag begann um 6.30 Uhr mit der Vorbereitung des
Frühstücksbüffets."

Bei den Tagsberichten wird zwischen tabellarischen
und ausformulierten Berichten unterschieden.

 In schriftlichen Berichten wird keine Umgangssprache verwendet. Deswegen stehen
die Zeitangaben in der Hochsprache.

- Umgangssprachlich: „um Viertel nach
  sechs"
- Hochsprachlich in Worten/in Zahlen:
  „um sechs Uhr fünfzehn" oder „um
  6.15 Uhr"

Aufgabe:

Verfassen Sie aus diesem tabellarischen Bericht einen ausformulierten, zusammenhängenden
Tagesbericht!

Uhrzeit	Tätigkeit
7.45	Ankunft im Hotel/Umkleiden
8.00 bis ca. 10.30	Arbeitsbeginn, Arbeitsanweisung von der Restaurantchefin: Frühstücksbüffet anrichten, auffüllen und Gäste betreuen
10.30–11.30	Büffet abräumen, Tische abräumen und säubern, Speiseraum saugen, Tische neu eindecken
12.30–14.00	Gäste empfangen, zum Tisch begleiten; Bestellungen entgegennehmen und servieren
14.00–15.30	Tische abräumen und säubern, Speiseraum saugen, Tische für das Abendbrot neu eindecken; Getränke auffüllen
15.30	Dienstschluss

2.3 Protokolle schreiben

Das Protokoll ist eine besondere Form des Berichtens. Es handelt sich um eine förmliche Niederschrift, die als Beweismittel eingesetzt werden kann.

Protokolle werden bei unterschiedlichen beruflichen (Mitarbeiterbesprechungen) und außerberuflichen Veranstaltungen (Vorstandsitzung eines Sportvereins) angefertigt, um den Verlauf und die Ergebnisse einer Verhandlung, eines Gesprächs oder einer Versammlung in sachlicher Form und inhaltlich richtig festzuhalten, sodass alle, auch diejenigen, die an der Veranstaltung bzw. Sitzung nicht teilnehmen konnten, über möglichst umfassende, richtige und übereinstimmende Informationen verfügen. Das Protokoll ist also die gemeinsame Grundlage oder auch Gedächtnisstütze für die zukünftige Arbeit. Es gewährleistet die Verbindlichkeit der getroffenen Absprachen und vereinbarten Zielvorstellungen.

Formen des Protokolls

Es werden zwei Formen des Protokolls unterschieden:

- **Verlaufsprotokoll:** Es wird der genaue Ablauf einer Versammlung, einer Unterrichtsstunde usw. mit allen Redebeiträgen, Anträgen und Ergebnissen in chronologischer Reihenfolge wiedergegeben.
- **Ergebnisprotokoll:** Es werden die wesentliche Ergebnisse/Vereinbarungen einer Versammlung festgehalten. Zur weiteren Information, vor allem der Abwesenden, können die wesentlichen Aussagen der Gesprächsbeiträge hinzugefügt werden.

Bild 1: *Zutaten für ein gutes Protokoll*

Merkmale des Protokolls

Beide Formen des Protokolls haben gemeinsame Merkmale:

In einem sogenannten Kopf werden Angaben über Ort, Datum, Zeit, Anwesende und Tagesordnungspunkte gemacht, wobei eine Anwesenheitsliste und die Tagesordnung dem Anhang beigefügt werden kann. Bei der Anwesenheitsliste ist es auch wichtig, einzutragen, welche abwesenden Personen entschuldigt fehlen. Eine Begründung des Fehlens ist in der Regel nicht erforderlich. Die Tagesordnung sollte zudem durch die Gliederung des Protokolls deutlich werden.

Protokoll der Deutschstunde

Datum: 17.08.2010

Ort: Name der Schule, Adresse, Raum

Protokoll: Name des Protokollanten

Anwesende: Namen der Schüler auflisten oder: siehe Anwesenheitsliste

Thema: Thema der Unterrichtsstunde, z. B. Merkmale eines Protokolls

Beginn: Uhrzeit eintragen, z. B. 8.00 Uhr

Verlauf der Unterrichtsstunde:
In der Deutschstunde haben wir uns mit den wesentlichen Merkmalen eines Protokolls befasst. Die Stunde begann mit der Wiederholung der Frage, warum Protokolle geschrieben werden …

Im Anschluss daran …

Die Stunde endete mit der Bekanntgabe der Hausaufgabe:
Fertigen Sie von Ihrer nächsten Teamsitzung ein Ergebnisprotokoll an!

Ende: Uhrzeit eintragen, z. B. 8.30 Uhr

Haan, 18.08.20..   *M. Muster*

Ort, Datum   Unterschrift des
der Abfassung   Protokollanten

Bild 2: *Beispiel für ein Verlaufsprotokoll*

Ein Ergebnisprotokoll kann folgendermaßen aussehen:

Protokoll der Teamsitzung

Datum: 17.08.2010

Ort: Name des Betriebs, Adresse, Raum

Protokoll: Name des Protokollanten

Anwesende: Namen der Mitarbeiter auflisten oder: siehe Anwesenheitsliste

Tagesordnung: Tagungsordnungspunkte nennen oder auf Anhang verweisen

Beginn: Uhrzeit eintragen, z. B. 15.00 Uhr

TOP 1: Genehmigung der Niederschrift
Die Niederschrift vom 15.06.2010 wurde einstimmig angenommen.

Top 2: Neuanschaffungen
Für die Mensa wird ein neues Geschirr angeschafft. Aus finanziellen Gründen wird zunächst kein neues Besteck besorgt.

TOP 3: …

TOP 4: Verschiedenes

Ende: Uhrzeit eintragen, z. B. 16.30 Uhr

Moers, 18.08.2010   *M. Muster*

Ort, Datum   Unterschrift des
der Abfassung   Protokollanten

Bild 1: *Beispiel für ein Ergebnisprotokoll*

Sprache des Protokolls

Die Sprache in einem Protokoll sollte klar und präzise sein. Deswegen sollte der Satzbau einfach und die Wortauswahl sachlich sein. Wertungen bzw. Meinungen des Protokollanten (wie z. B.: „Frau Meier hatte wie immer etwas zu meckern.") haben in einem Protokoll nicht zu suchen. Vielmehr müssen Redebeiträge in indirekter Rede (Konjunktiv) wiedergegeben werden: „Frau Meier kritisierte, dass der Personalraum unordentlich sei."

Protokolle werden im Präsens verfasst, da sie für die Gegenwart von Bedeutung sind.

Aufgabe:

Die Leitung der Kantine des Berufskollegs hat am 22.08.20.. zur monatlichen Teamsitzung eingeladen. Spielen Sie diese Teamsitzung.

a) Bestimmen Sie vorher die Leiterin/den Leiter, die/der diese Teamsitzung leitet, und einen Protokollanten.

b) Folgende Tagesordnungspunkte sollen besprochen werden:
Top 1: Begrüßung
Top 2: Meckerecke – Anmerkungen zum Arbeitsklima
Top 3: Planung der Italienischen Woche (z. B. Menüplan, Dekoration, Kosten)
Top 4: Aktivitäten zur Weihnachtszeit
Top 5: Vorschläge zu Neuanschaffungen
Top 6: Verschiedenes

c) Verfassen Sie ein Verlaufsprotokoll.

Bild 2: *Protokollieren*

3 Erarbeitung – Informationen beschaffen und verarbeiten

In der Ausbildung und im Beruf müssen fachliche Inhalte aus Fachbüchern, Fachberichten und Produktinformationen erschlossen werden. Man muss in der Lage sein, möglichst fundiert und umfassend die relevanten Informationen aus Texten, Tabellen und Grafiken entnehmen und präsentieren zu können.

3.1 Texte erschließen

Bei der Informationsbeschaffung ist vor allem die Texterschließung von Bedeutung. Im Folgenden werden zwei Methoden zur systematischen Texterschließung vorgestellt.

Die Fünf-Schritt-Lesemethode

Die Fünf-Schritt-Lesemethode, die auch SQ3R-Methode genannt wird, fasst mehrere Lesestrategien zusammen und ist zur Texterschließung sehr hilfreich.

1. Schritt: Überfliegen

Der Text wird zunächst überflogen, um sich mit ihm vertraut zu machen. Man betrachtet die Überschrift, Zwischenüberschriften, Hervorhebungen, Angaben zum Autor, Erscheinungsjahr, Erscheinungsort usw., um sich so einen Gesamtüberblick zu verschaffen.

2. Schritt: Fragen stellen

Bereits beim Überfliegen ergeben sich erste Fragen an den Text bzw. kann man sich im Anschluss daran überlegen, auf welche Fragen der Text Antworten gibt. Diese Fragen sollten von ungeübten Lesern notiert werden. Hierbei kann es sich um Verständnisfragen handeln oder um z. B. unbekannte Begriffe (Fremdwörter) oder andere Unklarheiten, die im weiteren Verlauf geklärt werden sollen. Nach einiger Übung können routinierte Leser diese Fragen in Gedanken klären.

3. Schritt: Gründlich Lesen

Nun wird der Text Zeile für Zeile gründlich gelesen. Dabei sollten die Fragen, die zuvor gestellt worden sind, beantwortet werden. Manchmal ist es notwendig, einige Textpassagen mehrfach zu lesen. Außerdem müssen fremde Begriffe geklärt werden. Sollte dies nicht mithilfe des Textes möglich sein, müssen Nachschlagewerke benutzt werden.

4. Schritt: Zusammenfassen

Beim Lesen sollte nach jedem Sinnabschnitt eine Pause gemacht werden, damit sich das Gelesene im Gedächtnis verankern kann. Dazu ist es sinnvoll, noch einmal zu überlegen, was man gerade gelesen hat und ob die Fragen geklärt worden sind. Diese Zeit sollte zudem genutzt werden, den Sinnabschnitt in Stichworten gedanklich oder schriftlich in Stichpunkten zusammenzufassen. Manchmal treten auch neue Fragen auf, die entweder beim weiteren Lesen oder durch eine wiederholte Auseinandersetzung mit dem Text geklärt werden.

5. Schritt: Wiederholen

Abschließend werden die wichtigsten Informationen des Textes mithilfe der Stichpunkte noch einmal in Gedanken, mündlich oder schriftlich wiedergegeben. Erst wenn man den Text mit eigenen Worten wiedergeben kann, stellt man fest, ob man den Text verstanden hat oder nicht.

> Ob man den Text richtig verstanden hat, kann man überprüfen, indem man den Inhalt des Textes jemandem erklärt, der den Text nicht gelesen hat. Versteht diese Person die Aussagen des Textes, kann man sicher sein, dass man den Inhalt des Textes richtig erfasst hat.

Das reziproke Lesen

Im Gegensatz zur Fünf-Schritt-Lesemethode ist das reziproke Lesen eine Methode zur gemeinsamen Texterschließung innerhalb einer Arbeitsgruppe, die aus vier Personen besteht. Beim reziproken Lesen wird ein Text abschnittsweise gemeinsam erarbeitet.

Dabei gibt es unterschiedliche Vorgehensweisen:

Variante I:

Bevor die Arbeit in der Vierergruppe beginnt, erfolgt vorab eine individuelle Lesephase, in der der zu besprechende Abschnitt bereits bearbeitet wird. Dies setzt allerdings voraus, dass wesentliche Methoden der Texterschließung wie z. B. das Markieren beherrscht werden.

In den Vierergruppen bekommt jedes Team eine Aufgabe:

Mitglied A stellt Fragen (Wer? Was? Wie? Wo? Wann? Warum?) zu den wichtigsten Informationen des Texts. Die anderen Gruppenmitglieder beantworten diese Fragen.

Mitglied B fasst anschließend den Abschnitt zusammen. Die Zusammenfassung wird von dem Rest der Gruppe überprüft, korrigiert und ergänzt.

Mitglied C greift schwierige bzw. noch nicht geklärte Textstellen oder Begriffe auf und lässt diese erläutern.

Mitglied D entwickelt schließlich eine Prognose, wie der Text im nächsten Abschnitt weitergeht.

Die Bearbeitung des Textes geht nun abschnittsweise weiter, wobei nach jedem Abschnitt die Aufgaben im Uhrzeigersinn weitergegeben werden.

Variante II:

Die zweite Variante eignet sich für Gruppen, die Methoden der Texterschließung trainieren sollen. Die Aufgabenverteilung sieht dann wie folgt aus:

Mitglied A liest den Textabschnitt laut vor.

Mitglied B stellt Fragen zum Inhalt, aber auch zu Unklarheiten bzw. **Fremdwörtern, die von der Gruppe beantwortet werden.**

Mitglied C schlägt Markierungen vor, die in der Gruppe diskutiert und vorgenommen werden.

Mitglied D fasst den Abschnitt mündlich zusammen und wird möglicherweise von der Gruppe ergänzt.

Es folgt die Bearbeitung des nächsten Abschnitts mit entsprechender Aufgabenverschiebung.

> Visualisieren Sie die Aufgaben auf vier Karten. Beim Rotieren der Aufgaben werden dann einfach die Karten weitergereicht.

Markierungsregeln

Bild 1: *Textmarker*

Beide beschriebenen Methoden der Texterschließung gehen davon aus, dass Markierungsregeln beherrscht werden. Da dies häufig nicht der Fall ist, sondern willkürlich verhältnismäßig viel im Text gekennzeichnet wird, werden im Folgenden wesentliche Markierungsregeln vorgestellt.

Zum Markieren werden Bleistift, Lineal, Textmarker und/oder dünne Filzstifte bereit gelegt.

Sinnvoll ist es, beim ersten Lesen mit dem Bleistift wichtige Textstellen zu unterstreichen. Überflüssige Markierungen können dann bei der weiteren Bearbeitung des Textes wieder entfernt werden.

Im zweiten Durchgang werden die angemarkerten Stellen intensiv gelesen, um die entscheidenden Schlüsselbegriffe herauszufinden. Diese werden dann mit dem Textmarker gekennzeichnet. Es eignet sich die Farbe Gelb.

Nebeninformationen, welche die Schlüsselbegriffe erklären, werden mit dem roten Filzstift dünn unterstrichen.

Wichtig ist aber, dass nicht zu viel unterstrichen wird, da es dann wieder unübersichtlich wird.

Grundsätzlich gilt: Ein Text ist sinnvoll markiert, wenn man die wesentlichen Aussagen mithilfe der Markierungen wiedergeben kann. Ein erneutes ausführliches Lesen des Textes ist dann nicht mehr erforderlich.

Neben den Markierungen ist es häufig auch sinnvoll, Randnotizen einzufügen. So kann z. B. ein sympathischer Gedanke mit einem Smiley ☺ gekennzeichnet werden.

Statt zu unterstreichen, kann man Schlüsselbegriffe auch (einkreisen) oder einrahmen.	1.2.3. zur Nummerierung von Abschnitten oder Gesichtspunkten

Neben diesen Markierungen kann man auch Randnotizen machen, die individuell unterschiedlich sein können. Hier einige Beispiele:

!	ein wichtiger Gedankengang
?	unklar
? ?	fragwürdig bzw. unverständlich
☺	sympathischer Gedanke
+	Zustimmung
—	Ablehnung

Hilfreich sind auch Abkürzungen, welche den argumentativen Aufbau eines Textes verdeutlichen:

Def.	Definitionen
Th.	These
Arg.	Argument
Bsp.	Beispiel
Zit.	Zitat

3.2 Referate vorbereiten und vortragen

Während der Ausbildung wie auch im späteren Berufsleben werden Referate oder Kurzvorträge erwartet. So soll z. B. ein fachliches Thema wie Ernährung im Kindesalter adressatengerecht dargestellt werden. Das setzt eine intensive Vorbereitung voraus.

Bild 1: *Vorbereitung in der Bibliothek*

3.2.1 Vorbereitung des Referats

Der Erfolg eines Referats ist von einer intensiven und guten Vorbereitung abhängig. Eine gute Vorbereitung ist die beste Möglichkeit, Stress bzw. Nervosität während des Vortrags vorzubeugen.

Zunächst muss das Thema des Referats eindeutig formuliert sein, damit die Recherche beginnen kann. Zudem sollte bewusst sein, für welche Zielgruppe der Vortrag gedacht ist. So werden er-

fahrene Hauswirtschafterinnen andere Interessen haben als eine Gruppe junger Eltern, wenn es um die Ernährung von Kindern geht.

3.2.2 Recherche

Bevor ein Referat gehalten werden kann, muss der Referent sich entsprechendes Sachwissen aneignen. Dazu kann er in Schulbüchern und Lexika erste Informationen finden. In Bibliotheken gibt es sogenannte Schlagwort- bzw. Verfasserkataloge, sodass man zielgerichtet die entsprechende Literatur finden kann.

Heutzutage gibt es zu fast allen Themen Informationen im Internet. Suchmaschinen wie Google oder Yahoo! helfen hier weiter. Allerdings sollten diese Informationen sorgfältig geprüft werden, da nicht nur seriöse und richtige Angaben zu finden sind. Am besten vergleicht man verschiedene Internetseiten.

Bild 2: *Internetrecherche*

Sowohl bei der Recherche in Bibliotheken als auch bei der Internetrecherche ist es wichtig, dass die Quellenangaben notiert werden, damit man ein Literaturverzeichnis erstellen und dadurch nachweisen kann, woher die Informationen stammen, die weitergegeben werden.

3.2.3 Informationen auswerten

Wenn die Recherche abgeschlossen ist, wird entschieden, welche Informationen wie dem Zuhörer präsentiert werden sollen. Das heißt, es wird eine Gliederung erstellt und entschieden, welche Präsentationsformen (Plakat, Folie usw.) benutzt werden.

Sicherlich können nicht alle Informationen, die der Referent recherchiert hat, präsentiert werden. Ein umfangreiches Sachwissen gibt dem Referenten aber Sicherheit beim Vortragen. Zudem kann man auf dieses Wissen häufig bei Fragen der Zuhörer zurückgreifen.

3.2.4 Aufbau eines Referats

Ein Referat muss übersichtlich und sinnvoll gegliedert sein. Das erleichtert dem Referenten das Vortragen und dem Zuhörer den Verstehensprozess. In der Regel besteht ein Vortrag aus einer kurzen Einleitung, einem ausführlichen, strukturierten Hauptteil und einem kurzen Schluss.

Einleitung: In der Einleitung führt man in das Thema ein. Es soll die Aufmerksamkeit der Zuhörer geweckt werden. Dies kann durch ein persönliches Erlebnis, ein aktuelles Ereignis, ein originelles Zitat oder eine Karikatur geschehen.

Zudem sollte dem Zuhörer die Gliederung des Referats vorgestellt werden, damit er sich auf den Verlauf des Vortrags einstellen kann. Bei umfangreichen Referaten sollte dies schriftlich erfolgen.

Hauptteil: Im Hauptteil werden je nach Thema die wesentlichen Fakten, Daten, Definitionen, Statistiken, Thesen, Argumente usw. vorgestellt und erklärt.

Schluss: Am Ende des Vortrags werden die wichtigsten Aspekte noch einmal kurz und knapp zusammengefasst. Da es bisher um eine sachliche, möglichst objektive Darstellung ging, kann je nach Thema im Schlussteil persönlich Stellung genommen werden. Es kann auch verdeutlicht werden, welche Themen interessant wären, aber im Rahmen dieses Referats z. B. aus Zeitmangel nicht berücksichtigt werden konnten. Zudem kann ein provozierendes Schlusswort in die Diskussion mit den Zuhörern überleiten.

Zur Vorbereitung eines Vortrags gehört zudem die **Vorbereitung eines Stichwortzettels**, hier eignen sich besonders Karteikarten und das **Einüben des Vortrags**.

Für ungeübte Referenten ist es durchaus möglich, den Vortrag auszuformulieren. Dann sollten jedoch lediglich Schlüsselbegriffe markiert werden, damit man auf keinen Fall den gesamten Text abliest.

Besser ist das **Anfertigen von Karteikarten**. Für jeden Abschnitt des Referats wird mindestens eine Karte angefertigt.

Sie enthält eine Überschrift, die den thematischen Schwerpunkt verdeutlicht.

II. Aufbau eines Referats		Nr. 1
<u>1. Einleitung:</u>	– kurzer thematischer Einstieg – Gliederung vorstellen	Folie auflegen, schrittweise aufdecken
<u>2. Hauptteil:</u>	– ausführliche Darstellung des Themas	
<u>3. Schluss:</u>	– Fazit/Zusammenfassung – Ausblick – Diskussion/Fragen	

Bild 1: *Beispiel für eine Karteikarte*